Ullstein Sachbuch

Ullstein Sachbuch
Ullstein Buch Nr. 34216
im Verlag Ullstein GmbH,
Frankfurt/M – Berlin – Wien

Für die Taschenbuchausgabe
durchgesehene Edition (1984)

Umschlagentwurf:
Hans Joachim Reich
Umschlagabbildung:
Allegorie auf die Krönung Friedrich I.
zum ersten Köning in Preußen, in Königsberg 1701

Printed in Germany 1984
Druck und Verarbeitung:
Clausen & Bosse, Leck
ISBN 3-548-34216-7

Mai 1984

CIP-Kurztitelaufnahme
der Deutschen Bibliothek

Heinrich, Gerd:
Geschichte Preußens: Staat u.
Dynastie/Gerd Heinrich. –
Für d. Taschenbuchausg. durchges. Ed. –
Frankfurt/M; Berlin; Wien;
Ullstein 1984
(Ullstein-Buch;
Nr. 34216: Ullstein Sachbuch)
ISBN 3-548-34216-7

NE: GT

Gerd Heinrich

Geschichte Preußens

Staat und Dynastie

Mit 101 Bilddokumenten

Ullstein Sachbuch

Inhalt

[illegible] KAPITEL

[illegible] KAPITEL

Epilog

Anhang

Vorwort

Die historische Preußen-Literatur nimmt einen Umfang an, wie ihn vor wenigen Jahren niemand vorherzusagen gewagt hätte. Preußische Fragen und Warnungen, Aktualitäten und Bilanzversuche, Profile und Gloriolen, Anti-Legenden und Neo-Legenden, dazu einige gut getarnte Diffamierungen zeigen, in welchem Maße ein großes Thema und ein ruhendes Potential vernachlässigt worden sind. Die Motive des erwachten Interesses sind bei der Mehrheit der Autoren und Leser in einem Ungenügen an der politischen Gegenwart zu suchen. Die Grundstimmung der individuellen Gefährdung und der allgemeinen Bedrohung Mitteleuropas bewegt die Nachdenklichen, den Blick auf Preußen zu richten. Absichtsvoll wird auf die besondere Modernität und Liberalität, auf die »Qualität der Staatlichkeit« (S. Haffner), auf die Integrationsfähigkeit gegenüber Minderheiten (B. Engelmann), auf die »Orientierungsfunktion für die eigene politische Kultur« (M. Greiffenhagen), auf das Beispiel der Modernisierung und Reformfähigkeit (R. von Thadden), auf den widersinnig angeklagten Staat (W. Venohr: »Es ist historisch weder billig noch zulässig, die Sünden und Versäumnisse der bürgerlichen und proletarischen Klassen Deutschlands dem preußischen Staat anzulasten«) und auf Preußen als »Teil unserer Vergangenheit« (I. Mittenzwei) hingewiesen. Seltener wird nach der Dynastie gefragt. Sicher ist es richtig, daß eine einseitig auf die dynastischen Wirkungskräfte gerichtete Fragestellung dazu führen kann, »daß Land und Leute aus dem Blick geraten« (R. von Thadden). Aber man wird andererseits nicht bestreiten können, daß bis weit in das 19. Jahrhundert hinein die brandenburgisch-preußischen Herrscher als Entscheidungsträger und als bis in das Unterbewußtsein der gesamten Bevölkerung hineinwirkende Stimulatoren eine geschichtsmächtige Rolle gespielt haben. Die Außenpolitik bietet dafür die auffälligsten, aber nicht die einzigen Beispiele. Schwach entwickelt ist auch das

Verständnis für die besondere Gefährdung Preußens durch seine Lage am Rande des östlichen Mitteleuropa. Auch diese Fragestellung kann von der Gegenwart angeregt werden. Sie unterscheidet sich aber von anderen Gesichtspunkten dadurch, daß dieses Problem bereits in der preußischen Geschichte den Handelnden immer bewußt gewesen ist. Die Raumlage gehört zu den Grundfragen der preußischen Staatsraison, die weit mehr gewesen ist als nur der »Kitt« der als »Kunststaat« mißverstandenen Monarchie.

Wer der preußischen Geschichte mit der Ungeduld des aktualisierenden Zeitgenossen Fragen stellt, wird sicher unbefriedigende Antworten erhalten. Man täuscht sich selbst und andere, wenn man Geschichte nur daraufhin durchsucht, wo und wann sich etwas ereignete und entwickelte, was heutigen Wünschen und Idealen entspricht. Wohl aber vermag die preußische Geschichte den Blick für die durchgehenden und wiederkehrenden Tendenzen oder für die Konstanten der räumlichen Lage zu schärfen. Auch bietet die Geschichte Hinweise dafür, wie historische Erfahrungen und Gefährdungen politische Entscheidungen mitbeeinflussen können und wie andererseits unter dem Druck des Tages zwanghaft gehandelt wird, als gäbe es kein Destillat aus dem Gewesenen.

Die jüngsten Publikationen zeigen nicht selten, wie vieles sich unter dem Sammelbegriff »Preußen« vereinigen läßt. Ein so kraftvolles und vielgestaltiges Staatswesen wie Preußen verführt leicht dazu, in die allgemeine oder Spezialgeschichte auszugreifen. Manches wird vorgeführt, was nur versteinertes Leben ist und auf antiquarisches Interesse rechnen darf. Strömungen in der Geschichtswissenschaft kommen dem in gewisser Weise entgegen. Die Arbeitsrente eines Kossäten oder die borussische Mentalität von Oberlehrern um 1892 erweckt zur Zeit mancherorts ein höheres Interesse als Bündniskonstellationen und Konflikte, aus denen die Auslöschung ganzer Staatswesen hervorgehen konnte. Man wird beides im Auge behalten müssen. Der Verengung durch Detail-Überbetonung, wie sie bei Ausstellungen leicht eintreten kann, entspricht das Verfahren, Phänomene der deutschen und europäischen Geschichte in die preußische »Geschichte« hineinzuziehen. Gewiß wird man die Grenzen nicht zu eng ziehen dürfen. Aber grundsätzlich bedarf Preußen nicht ergänzender, Absolution spendender Importe aus den Welten der europäischen Zivilisation, der Künste und Wissenschaften, soweit nicht eine enge entlehnungskulturelle Beziehung besteht. Seine originären Leistungen und Versäumnisse müssen für sich sprechen.

Die vorliegende Darstellung soll kein Handbuch und keines der älteren faktenreichen Kompendien ersetzen. Die Forschungsinteressen des Autors sind erkennbar. Kritische Akzente mögen der in Fluß gekommenen Preußen-Forschung willkommen sein. Vieles bleibt vom Forschungsstand abhängig. Erhebliche Teile der preußischen Geschichte sind bisher nicht hinreichend untersucht. Vor allem fehlen Vergleiche mit anderen Staaten.

Das Buch ist für einen weiteren Leserkreis bestimmt. Manches, was dem

Fachhistoriker vertraut ist, bedurfte deshalb eines erklärenden Zusatzes. Fremdsprachige Zitate wurden in der Regel in deutscher Übersetzung wiedergegeben. Die Hauptereignisse verschränken sich mit strukturgeschichtlichen Problemfeldern, deren vertiefte Darstellung den Leser quellennah an zeittypische Zustände heranführen soll.

Der Autor ist Verstorbenen und Lebenden zu Dank verpflichtet. Den Arbeiten von Otto Hintze († 1940), Carl Hinrichs († 1963) und Gerhard Oestreich († 1978) wird die Forschung noch lange verbunden bleiben. Zahlreichen Kollegen verdanke ich Anregungen und spezielle Hinweise. Besonders nenne ich Peter Baumgart (Würzburg), Willi A. Boelcke (Stuttgart), Walter Bußmann (Karlsruhe), Reimer Hansen (Berlin), Walter Hubatsch (Bonn), Hagen Schulze (Berlin), Walter Schlesinger (Marburg), Stephan Skalweit (Bonn), Wilhelm Treue (Göttingen), Klaus Zernack (Gießen) und meinem Assistenten Peter Michael Hahn, der auch den Entwurf für die Zeittafel erarbeitete.

Zu danken habe ich Bibliotheken, Archiven und Forschungsstätten, die die Vorstudien unterstützten, vornehmlich der Historischen Kommission zu Berlin, dem Geheimen Staatsarchiv Berlin-Dahlem – Stiftung Preußischer Kulturbesitz und der Senatsbibliothek Berlin. Die Reinschrift der Texte besorgte Ingrid Böhm-Tettelbach, die Karte entwickelte und zeichnete Willy Schlag; am Literaturverzeichnis, dem Register und den Korrekturen arbeiteten Eva-Barbara Funk und Heinz Nitschke mit (Abteilung für Historische Landeskunde, Fachbereich 13, Freie Universität Berlin). Der Abbildungsteil entstand im Zusammenwirken mit dem Propyläen Verlag, dessen Mitarbeiter das Werk mit kundigem Zuspruch förderten. Meine Familienangehörigen, insbesondere meine Frau und meine Mutter, dazu mancher gute Freund mit preußischer Tradition begleiteten das Vorhaben mit Geduld, Rat und Hilfe. Ihnen allen gilt mein sehr herzlicher Dank.

Berlin, im August 1981 Gerd Heinrich

Vorwort zur Taschenbuchausgabe

Das im Herbst 1981 während der Schlußphase der Berliner Preußen-Ausstellung erschienene Werk war ein Jahr später vergriffen. Es ist von der Kritik wohlwollend-positiv aufgenommen worden. Mein Dank gilt allen, die mir Hinweise auf Versehen oder Irrtümer zugehen ließen. Nach Möglichkeit sind solche Korrekturen bereits in dieser Taschenbuch-Auflage berücksichtigt worden. Die wichtigsten Titel aus der Preußen-Literatur seit 1981 wurden in einem Nachtrag zusammengefaßt. Die Ahnentafeln (I–V) sollen die überregionalen Beziehungen der primären preußischen Führungsschicht erläutern.

Berlin, im Januar 1984 Gerd Heinrich

Einleitung

> »Mit der historischen Aufhellung – die ohnehin höchst mißlich ist und oft noch mehr vorbeischießt als die Dichtung – ist dem Bedürfnis des Volkes nicht immer am meisten gedient.« Theodor Fontane

Raum und Geschichtslandschaft

Die preußische Geschichte mit ihren Beziehungsfeldern ist im Laufe der Jahrhunderte von verschiedenen Triebkräften bewegt und gestaltet worden. Kraft und Ehrgeiz der Dynastie, die den Staat auf seine Bahn brachte, sind dabei ebenso bedeutsam wie die Leistungsfähigkeit verschiedener sozialer Gruppen beim Aufbau und Ausbau neuer »preußischer« Kulturlandschaften im östlichen Deutschland und Mitteleuropa. Geistige und politische Führungsschichten, Heer, Agrarwirtschaft und Gewerbe und zahlreiche andere Faktoren wirkten beim Aufstieg Brandenburg-Preußens mit. Nicht selten wird übersehen, daß noch eine weitere Grundkraft still und stetig Richtungen bestimmt und Entscheidungen mitbestimmt hat, nämlich der Raum und die vorgegebenen Geschichtslandschaften. Der preußische »Staat« ist seit dem 17. Jahrhundert aus den altbrandenburgischen Verklammerungen herausgewachsen, ohne sich jedoch jemals den geopolitischen Zwängen und Voraussetzungen der Kerngebiete entziehen zu können. Auch nach 1815 lag der Schwerpunkt mit dem Zentrum Berlin unverändert in den Provinzen zwischen Elbe und Weichsel, Raumbeziehungen und Landschaftseigenarten haben in Preußens politischer Entwicklung eine der harten Konstanten gebildet, gleichviel, ob man die Feldzüge des 17. Jahrhunderts, den Siebenjährigen Krieg, die Polnischen Teilungen, die Kämpfe von 1813 oder noch den Verlauf der Okkupation von 1945 betrachtet.

Brandenburg-Preußen entwickelte sich schwerpunktmäßig »zwischen Elbe und Oder« in einer nur zweihundertfünfzig Kilometer breiten Landenge zwischen der Südspitze des Stettiner Haffs und der Landeskrone bei Görlitz. Dieser Landstreifen, mit der Oderachse zwischen der nach Süden hin ausgebuchteten Ostsee und den Mittelgebirgsbögen der Karpaten-Sudeten und des sächsischen Erzgebirges, hat wie ein nach Osteuropa hin geöffneter Trichter seit den ältesten

Zeiten Völkerbewegungen, Heerzüge und Handelsströme auf sich gezogen und ausgesandt. An der schmalsten Stelle zwischen mittlerer Elbe und unterer Oder liegt die »Mark Brandenburg« mit dem im Hochmittelalter entstandenen Verkehrsknotenpunkt Berlin–Cölln. Das Gebiet ist als Teil des nur mit örtlichen Reliefs durchsetzten Flachlandes der norddeutschen Tiefebene nach allen Seiten hin »offen«. Das Land wird nicht vom Meere, vom Gebirge oder größeren Binnengewässern begrenzt und bietet insofern günstige Voraussetzungen für großräumige Herrschaftsbildungen mit Schwerpunkten an Flußübergängen. Andererseits ist es durch eiszeitliche Einflüsse, die zu den breiten, häufig sumpfigen Niederungen des großen Talnetzes geführt haben, deutlich untergliedert. Wabenartig schließen sich die auf Hochflächeninseln liegenden Kleinlandschaften (Terrae) aneinander. Sie werden durch ein vielläufiges Gewässernetz und durch Luch und Bruch getrennt und vor- und miteinander geschützt. Der Verkehr zu Lande mußte bestimmte Übergänge einhalten. Im besonders verkehrsfeindlichen Havelland mit seinen durch Brücken- und Dammzerstörungen leicht zu sperrenden Ausgängen deuten die Namen der Paßorte wie Friesack, Kremmen, Bötzow-Oranienburg und Fehrbellin nicht zufällig altehrwürdige historische Stätten von mehr als nur lokalem Range an. Erst mit den dauerhaften Entwässerungen und Kanalbauten im Zeitalter des Absolutismus, sodann mit Kunststraßen und den ihnen größerenteils folgenden Bahnbauten des 19. Jahrhunderts wurden das Havelland und die anderen mittelmärkischen Teillandschaften stärker den modernen Verkehrsarten und auch dichterer Besiedlung erschlossen. Aber noch heute sind die alten Rückzugsgebiete erkennbar, noch heute übertrifft dort die ländliche Siedlungsdichte nicht wesentlich die der Preußen-Zeit um 1800. Und lediglich die vor wenigen Jahren fertiggestellte moderne Autobahn nach Rostock (beziehungsweise Hamburg) durchläuft auf Schüttungen und Sandschellen das nordöstliche Havelland.

Nur ein bedeutender Straßenzug (Magdeburg–Brandenburg–Berlin) stieß im Hochmittelalter in die Mark hinein. Im Osten Berlins verzweigten sich dann die Straßen nach Polen (über Frankfurt an der Oder), in die Neumark (über Küstrin) und weiter durch Hinterpommern und Pommerellen (Westpreußen) in das einstige Deutschordensland Preußen. Von überregionaler Bedeutung war, etwas später entstanden, die Nordverbindung Berlins über Angermünde mit der pommerschen Haupt- und Hafenstadt Stettin. Die Heer- und Handelsstraße zog sich von dort an der Küste entlang nach Danzig, nach Marienburg und Königsberg. Im Süden, zwischen den böhmischen Gebirgszügen und der für die Sicherheit der Mittelmark nicht unwichtigen Lausitzer Platte, verläuft der über viele Jahrhunderte hin bedeutendere West-Ost-Durchgang, mit mehreren Hauptstraßenzügen über Leipzig, aber auch über die Residenz Dresden. Von dort aus lief der Verkehr nach Schlesien, nach Polen und in das Baltikum. Hier war zwischen Süd und Nord frühzeitig eine geopolitische und handelspolitische Konkurrenzlage gegeben, deren Konfliktmöglichkeiten besonders im 18. Jahrhundert in der aufflammenden preußisch-sächsischen Rivalität deutlich geworden sind.

Nach Osten hin war der Blick der älteren Markgrafen, aber auch Friedrich Wilhelms I. und Friedrichs des Großen »trichterförmig« auf Schlesien, auf das Königreich Polen und auf Vor- und Hinterpommern gerichtet. Preußen dagegen, das Deutschordensland, berührte nur gelegentlich das politische Kalkül der Brandenburger. Sie waren mit der Neumark unmittelbare Nachbarn der Ordensritter, ihre Hand lag auf entscheidenden Teilen der Transitwege nach Nordosten. Hier hat erst die dynastische Verbindung (1525/1591) den Wandel zur Allianz hin eingeleitet. Das Oderland Schlesien im Südosten schien näher zu liegen, mindestens mit den überwiegend deutschbesiedelten niederschlesischen Fürstentümern, die auf dem Wasserwege leichter als auf dem Landwege zu erreichen waren. Die Oder hatte Brückenstädte als Stapelplätze aufblühen lassen. Wer Anlieger der Oder war, hatte einen handels- und machtpolitischen Vorteil in der Hand, trotz des sich verstärkenden Landverkehrs in Zeiten der Wasser-Zoll-Konflikte und Handels-Kriege mit Stettin oder Breslau. Schlesien blieb auf die Zufahrt zu den nördlichen Meeren angewiesen. Die brandenburgische und preußische Wirtschaftspolitik war deshalb immer auch Wasserstraßenpolitik. Kanäle, wie der wirkungsreiche Friedrich-Wilhelms-Kanal (1664), in dem flußreichen Zentralraum verbesserten die Binnenstruktur und verstärkten den einträglichen Transitverkehr, sofern dieser nicht in die Hände hamburgischer oder anderer auswärtiger Schiffsführer überging. Als 1774 der Bromberger Kanal die Netze mit der Brahe-Weichsel verband, war die Zusammenfassung aller ostdeutschen Flußsysteme unter der Leitung Preußens vollendet. Das 1740 eroberte Schlesien sah sich nun an die nord- und nordostdeutschen Wirtschafts- und Verkehrsräume nahtlos angeschlossen. Pommern, von Natur aus weniger reich ausgestattet, blieb Brandenburgs stiller Widersacher im Nordosten bis 1637/1648. Durch seine Zwischen- und Flankenlage war das Küstenland für Brandenburg, Dänemark (später Schweden), Mecklenburg und Polen gleichermaßen bedeutsam und begehrenswert. Politische oder sogar territoriale Verbindungen zwischen Polen und Pommern konnten die brandenburgischen Nordostgebiete recht bald in eine gefährdete Lage versetzen. Das Land bietet zwischen Brandenburg und Vorpommern, außer der später grenzbildenden und mit kleineren Burgen gesicherten Randow-Welse-Niederung, keine größeren Hindernisse. Beide Lande hatten die Möglichkeit, ohne Schwierigkeiten Teilgebiete voneinander zu übernehmen, was wiederholt geschah. Dementsprechend mußte sich Pommern mit einer tiefgestaffelten Burgenkette beiderseits der Oder gegen Brandenburg und auch gegen Polen sichern, anknüpfend zum Teil noch an die pommeranischen Kastellaneien des 12. Jahrhunderts.

Im Norden lag Mecklenburg, wie Brandenburg durch seine dichte Natur-Struktur gedeckt. Das Land blieb unwegsam und war auf der Schweriner Seite zu breit, als daß die Brandenburger an irgendeiner Stelle den Durchbruch zur

Ostsee hätten erwägen können. Umgekehrt sperrten die Obotriten-Herrschaften den brandenburgischen Zentralraum ab. Das lenkte den Seeblick der Kurfürsten auf den näher gelegenen Odermündungsraum.

In dem Altsiedelgebiet Nordwestdeutschlands hatte Brandenburg als Nachzügler in der Herrschaftsbildung von vornherein mächtige Gegenkräfte zu erwarten. Von der Spree her gesehen ragte die Altmark mit Stendal und Salzwedel wie ein großer Brückenkopf in die flachen Heidelandschaften zwischen Dannenberg und Wolfsburg hinein. Die welfischen Territorien, das Erbe Heinrichs des Löwen, lagen flächig vor Altmark und Prignitz. Im Osten bildeten Fluß und Gräben die polnische Grenze, die trotz mancher Überlappungen die mehr bäuerliche Altsiedellandschaft von der stärker gutsherrschaftlich bestimmten Koloniallandschaft schied. Es ist kein Zufall, daß diese Grenze erst spät, durch Bismarck 1866, aufgebrochen wurde, daß ein »Norddeutscher« der natürlichen Einheit des Raumes die politisch-verwaltungsmäßige Verbindung folgen ließ.

Als leichter angreifbar hat sich dagegen im Südwesten der Mittelelberaum mit dem Mittelpunkt Magdeburg erwiesen. Hier überquerten die großen, oben erwähnten Straßen den Fluß, hier lag und liegt nach der Börde-Bodengüte und der seit dem Hochmittelalter aufgewachsenen Kultur-Ausstattung eine der reichsten Landschaften im Umkreis Brandenburgs überhaupt. So machte auch der Kampf um die Herrschaft im Erzstift einen erheblichen Teil der Streitfälle zwischen Hohenzollern und Wettinern aus. Brandenburg-Preußen obsiegte zuletzt doch (1648) und schob sich damit saaleaufwärts bis Halle in die westliche Flanke Kursachsens. Preußen hat dann nicht gezögert, diese Situation 1815 für weitere Abrundungen zu Lasten des Königreichs Sachsen zu nutzen. So schließt sich der Kreis der Raumvorgaben und geschichtlichen Landschaften, die dem brandenburgischen und preußischen Staatswesen Gesicht und Gestalt, aber auch Ziele und Anreize gegeben haben.

Führungsschichten

Ein Staat wie Brandenburg-Preußen mit einer allezeit prekär gebliebenen geopolitischen Situation war stärker als andere Landesstaaten von der Qualität der Führungsschichten und Dynasten abhängig. Der »Staat« gedieh und lebte mit seinen Vor-Bildern; er bedurfte des herausragenden, positiv empfundenen Beispiels, des Vorlebens als Überlieferung. Dies ist geschehen, immer wieder, mitunter spät oder verspätet, jedenfalls in der Summe mehr als hinreichend, trotz aller Härten und Schwächen, die auch der preußischen Geschichte anhaften. Das bedeutende Beispiel wirkt wenig, wenn es nur in einzelnen Regenten, im hohen Wollen weniger, womöglich der Machtlosen, Gestalt annimmt. Je gefährdeter ein Staatswesen von seiner regionalistischen Struktur her ist, desto mehr bedarf es einer geschlossenen und zugleich erneuerungsfähigen Führungsschicht (»Elite«). Es macht einen Teil des Geheimnisses von Preußens Aufstieg aus, daß eine solche der Landesherrschaft und dem Staat verpflichtete Schicht wennschon nicht ein für allemal geschaffen, so doch immer wieder herangezogen und ausgebildet werden konnte. Man wird sich aber von der Vorstellung zu lösen haben, daß »der Adel« oder »die Amtsträger« von einem bestimmten Zeitpunkt an ausschließlich für den Staat oder die Armee arbeiteten und zu Opfern jederzeit bereit waren. Unter der sozialhistorischen Lupe erscheint manches in anderem Licht.

Preußen hat immer nur über eine kleine in obersten Staatsstellungen einsetzbare Schicht verfügt. Auf der Ebene der Minister fehlte es an politischen Begabungen. Nicht nur aus innenpolitischen Überlegungen heraus mußte häufig auf »Ausländer« zurückgegriffen werden. Die klassischen ostdeutschen Landadligen (»Junker«) waren keine politische Führungsschicht im engeren Sinne, vielmehr eine soziale Mittel- und Oberschicht, zeitlich und regional recht verschiedenartig begabt und ausgebildet. Der Landadel war selbst in seinen durch ein Studium besonders gebildeten Gestalten nicht von vornherein darauf vorbereitet, den »modernen« Staat des späten 17. oder des 18. Jahrhunderts mitzugestalten und an einer waghalsigen Politik auf europäischem Terrain mitzuwirken. So ist es ein Mißverständnis zu meinen, der »Junkerstaat« (den es in dieser Ausschließlichkeit nie gab) oder der »Militärstaat« hätte aus sich heraus größere Personalreservoirs bilden können. Für weite Zeitabschnitte scheint eher das Gegenteil der Fall gewesen zu sein. Es war ein Glücksfall, wenn ein Regent eine außerordentliche Begabung für eine Position an der Spitze aufspürte und in Dienst nahm. Preußens »Fortune« bestand in der Fähigkeit der Herrscher, noch rechtzeitig bedeutende Führungskräfte ans Ruder zu stellen und gewähren zu lassen.

Das Spannungsverhältnis zwischen »Regent« und *»Premierminister«* läßt sich in allen Perioden beobachten. Friedrich der Große stand der Einrichtung des Premierministers im Grundsatz positiv gegenüber, weil ihm der Mangel an Einheit in der Regierung Ludwigs XV. vor Augen stand. Er hat seine Nachfolger an die Omnipotenz eines Adam von Schwarzenberg oder des Kolbe von Wartenberg erinnert: Mindestens Friedrich Wilhelm III. hat Friedrichs Testamente noch zur Kenntnis genommen. Aber Stein und Hardenberg und später auch Bismarck, die sich die Stellung von Premierministern erkämpft hatten, verdankten ihren Einstieg einem Staatsnotstand. Sie sahen sich vom Mißtrauen des Hauses und Hofes umgeben. Das nachwirkende und nie mehr erreichte Vorbild des Alleinregenten Friedrich ist bei alledem unübersehbar. Otto Hintze hat in diesem Zusammenhang, nicht zuletzt mit dem Blick auf den oberflächlichen Regierungsstil Wilhelms II., von einer »verhängnisvollen Erbschaft der friderizianischen Epoche« gesprochen. Jedenfalls bleibt es unbestreitbar, daß Preußen in seinen besten Jahrzehnten nicht jenen Reichtum an politischen Begabungen und politischen Theoretikern einzusetzen vermochte, wie er in England, Frankreich oder auch in den italienischen Fürstentümern von Haus aus vorhanden war.

Es bleibt festzuhalten, daß starke Naturen aus dem europäischen *»linken Lager«* in Preußen ebensowenig wie im übrigen Deutschland bis zum Ausgang des zweiten Weltkrieges einen politischen oder geistigen Durchbruch erzielen konnten, obwohl seit dem späten 18. Jahrhundert die allgemeine »Linksrichtung« in der Welttendenz erkennbar wurde. Man flüchtete in die Vereinigten Staaten (Carl Schurz), sah sich zur Abwanderung gezwungen (Karl Marx und Friedrich Engels), scheiterte an sich selbst (Ferdinand Lassalle) oder vereinigte sich wieder mit den machthabenden Mehrheiten, wie es viele »Achtundvierziger« taten. Kein Umsturz, keine revolutionären Strukturreformen, jedenfalls nicht ohne ausländische Schützenhilfe. Soziologische Erklärungen versagen an diesem Punkt, weil sie Oberflächen beschreiben. Marx und Engels haben sich an der Theoriefeindlichkeit preußischer Phänomene die Zähne ausgebissen. Die Geschichte insgesamt, seit dem Hochmittelalter, gibt eine Antwort, wenn man sich ihr mit Geduld und Verständnis nähert.

Volksstämme und Nation

Eine weitere Frage ist die nach der Bedeutung »nationaler« Triebkräfte in der preußischen Entwicklung. Gemeint ist damit weniger die Idee eines besonderen »deutschen Berufs«, einer überwiegend auf eine spätere deutsche Einheit ausgerichteten Politik von Dynastie und Staat, wie er historiographisch in den Werken Johann Gustav Droysens und seiner Schüler sichtbar wurde. Mit Recht ist davor gewarnt worden, die brandenburgische und preußische Geschichte von dem Staatssein und Staatswollen des 19. und frühen 20. Jahrhunderts her zu deuten. Manche Fehlurteile der Vergangenheit beruhen wohl darauf. Wurzeln und Geäst des Staates gehören verschiedenen Zeiten an, waren verschiedenfarbig und verschiedenwertig. Die »rein-politische Schöpfung, das Werk einer Dynastie und ihrer Diener« (U. Scheuner) läßt sich auch bei anderen Landesstaaten beobachten. Habsburger und Wittelsbacher haben ebenfalls weit voneinander entfernte Herrschaften zusammengebunden. Es geht jedoch nicht an, Brandenburg-Preußen die »vorgegebenen kulturell-nationalen Gemeinsamkeiten« abzusprechen, jedenfalls nicht für die älteren mittel- und ostdeutschen Provinzen.

Hier sind vielmehr seit dem Hochmittelalter im Zuge der deutschen Ostbewegung ausgeformte relativ *einheitliche Siedlungslandschaften* zu bemerken, auf deren Bevölkerung sich Preußen auch dann noch stützte, als nach den polnischen Teilungen und nach dem Wiener Kongreß polnische und westdeutsche Bevölkerungsgruppen und Gebiete hinzukamen und sodann deren regionale und konfessionelle Eigenarten die Staatspolitik belasteten. Der scheinbar einleuchtende Vergleich mit Nationalstaaten des europäischen Westens kann zu schiefen oder falschen Urteilen führen. Die regionalen Strukturen etwa Spaniens, Dänemarks und Frankreichs sollten nicht übersehen werden. Die Leichtigkeit, mit der Preußen immer wieder Zuwachsgebiete sich eingliederte, verweist ebenfalls auf die hohe Homogenität der Kernräume. Es sind andererseits die entscheidenden Vorgänge in der deutschen Verfassungsgeschichte seit dem ausgehenden Hochmittelalter – Entstehung und freie Ausbildung der Landesherrschaften –, auf denen wiederum die speziellen *Verfassungsunterschiede* in Brandenburg, Magdeburg, Pommern oder dem Herzogtum Preußen beruhen. Es bleibt eine auch für das Problem des Fortlebens von älteren Volksstämmen und Restbevölkerungen beachtenswerte Tatsache, wie stark sich ältere Verfassungs- und Verwaltungseinrichtungen und provinziale und lokale Rechte »unter« dem Absolutismus behauptet haben, wie »Land« und »Herrschaft« auch in Brandenburg-Preußen nebeneinander arbeiten.

Der entscheidende Gesichtspunkt bis zur Reformzeit und darüber hinaus blieb Sicherheit und Wohlfahrt der »Einwohner« oder »Staatsbürger« unter den Bedingungen der Hohenzollern-Monarchie. Wenn Forderungen nach der Einheit auch von Sprache beziehungsweise »Kultur« (Zivilisation) erhoben wurden (etwa von Friedrich II.), dann bezogen sie sich unmittelbar auf die politische Einheit oder waren von dem Interesse der Bürokratie bestimmt. Mit unserem Jahrhundert der Vertreibungen ist dies kaum vergleichbar.

Auch als Preußen unter dem Druck der langsam aufkommenden *Nationalbewegungen* und des napoleonischen Expansionismus aus seiner »pränationalen« Haltung um einiges heraustreten mußte, blieb die übernationale, besser übervölkische Komponente im preußischen Staatsdenken wirksam; doch sah sich das »alte Preußen« nun mehr und mehr durch den Gegensatz zu dem neuen, auf »bürgerliche« Gesellschaftsbilder gegründeten Nationalstaatsdenken in die Defensive gedrängt, bis Bismarck diese Spannungen in seiner Reichsgründung aufzuheben versuchte.

Der auf eine »Nation« Preußen gerichtete *Preußen-Patriotismus* auch bedeutender Gestalten wird nicht selten als Beleg für den Erfolg des gesamtstaatlichen Verschmelzungsprozesses gewertet. Doch sind solche Äußerungen, gehäuft-übertrieben seit 1849 auftretend, nach Ort und Zeit mit Skepsis zu betrachten. Abgesehen von der je verschiedenen Interessenlage zeigt sich nicht selten unter der Oberfläche des offiziellen Preußentums ein unverwüstlicher *Regionalismus*. Hierin drückt sich eine der eigenartigsten Leistungen Preußens aus, daß nämlich auch der ausgebildete Staat die landschaftlichen Besonderheiten, ja Extrovertiertheiten zwischen Memel und Kleve nicht in den Boden gestampft hat. Die bekannte Anziehungskraft der Monarchie auf Männer und ganze Bevölkerungsschichten anderer Länder wäre ohne diese die Religions-Toleranz ergänzende und einbettende Regional-Toleranz nicht denkbar gewesen. Die »Weite und Werbekraft eines wahrhaft bedeutenden Staates« (U. Scheuner) bewies sich an alledem besonders sinnfällig, freilich eines überwiegend norddeutschen Staates. Wenn Barthold Georg Niebuhr (1776 bis 1831), ein sensibler Preußen-Beobachter und Wahl-Preuße dänischer Herkunft, die nationale Polyvalenz Preußens 1814 hervorhob (»In der jetzigen preußischen Nation sind eine Menge kleinerer Völkerschaften vereinigt. Ihre Eigentümlichkeiten sind unverändert. Westfälinger, Niederländer, Friesen, Pommern, und Märker haben ihren Charakter nicht aufzuopfern brauchen, um Preußen zu sein. Sie gehören einer Nation an, deren Namen sie mit Stolz aussprechen«), dann zeigt schon diese Aufzählung, daß sich unter der preußischen Krone die östlichen »Neustämme« mit jenen »Altstämmen« verbanden, denen sie in der Siedlungszeit hauptsächlich ihr Entstehen verdankten.

Abgehoben von der Realität erscheint dagegen der hochgemute und politisch zielgerichtete Satz des Berliner Juristen Eduard Gans (1791 bis 1839), liberaler Rechts-Hegelianer und Freund Varnhagens, über jenen Staat, der ihm, nach der Taufe, den Zugang zur Berliner Fakultät eröffnet hatte: »Er kann nicht anders als intelligent sein. Auf keine angeborene physische und nationale Grundlage sich stützend, muß er stets eins sein mit seiner Zeit.« Der Gedanke des »Retorten-Staates«, ein Berliner Produkt, war in Ministerien und Universitäten verbreitet und lag noch lange im Widerstreit mit den Auffassungen bodenständig-konservativer Kräfte vom Wesen der preußischen Monarchie. Wie vieldeutig und wandelbar eines guten Preußen Nationalität sein konnte, läßt Bismarcks Stammes- und Staats-Bewußtsein unübertrefflich erkennen. Es stellt sich gleichsam als ein Speicher dar, in dem sich die Elemente, Traditionen und Lebensformen des ostsächsischen Altmärkers, des lebenslangen Hauptstadt-Konsumenten, des Brandenburgers und Pommern, des Altpreußen, Norddeutschen und schließlich des »Deutschen«, im eigens verkleinerten Reiche aufgeschichtet hatten.

Vom Preußentum und seinen Tugenden

Der Begriff des »Preußentums« im engeren Sinne umfaßt vor allem zweierlei: die Eigenarten des Staatswesens in den gewissermaßen offiziellen Erscheinungsformen, sodann die Denk- und Verhaltensweisen einzelner oder sozialer Gruppen, die in und unter diesem Staat ihr Leben verbrachten, es wohl auch jenem »Vaterland« Preußen in Krieg und Frieden opferten. Das Preußentum des Staates ist historisch eher bestimmbar als das personenbezogene. Das Spezifische des Staates blieb in seiner vornehmlich schriftlichen Überlieferung faßbar und erforschbar. Das »Preußische« in einzelnen Persönlichkeiten dagegen oder in Fragmenten der Gesellschaftsschichten erscheint sogleich vieldeutiger und ist in reiner Form schwer zu finden.

Das »Preußische« in der Monarchie – darin besteht in der Literatur weitgehende Einigkeit – umfaßt jene bemerkenswerten *Grundhaltungen* und *Werte,* die den Weg Brandenburg-Preußens vor allem bis zur Reichsgründung bestimmt haben, die – nach und nach ausgebildet – das Staatswesen über Einbrüche und Krisen hinweg stabilisierten und widerstandsfähig erhielten: Zu nennen sind die wesentlich von Friedrich Wilhelm I. und Friedrich dem Großen erarbeitete, erkämpfte und vorgelebte *Staatsgesinnung.* Damit verbunden sind der generelle *Pflichtgedanke,* die Idee der unparteilichen Justiz (»Rechtsstaat«), die Forderung und Durchsetzung religiöser *Toleranz,* die relative Denk- und Pressefreiheit und, nicht zuletzt, die Forderung nach *Wehrhaftigkeit.* Fontane, der sich wie kaum ein anderer im älteren Preußentum auskannte, hat in seiner durchaus auch preußenkritischen Altersphase Friedrich Wilhelm I. nachgerühmt, er habe »nicht bloß das Königtum stabilisiert, er hat auch, was viel wichtiger, die Fundamente für eine neue Zeit geschaffen und an die Stelle von Zerfahrenheit, selbstischer Vielherrschaft und Willkür Ordnung und Gerechtigkeit gesetzt. Gerechtigkeit, das war sein bester ›rocher de bronze‹.« Und mit alledem verband sich, langsam einsetzend seit dem frühen 18. Jahrhundert, ein neues *Leistungsbewußtsein* und Arbeitsdenken; im Rahmen eines über Preußen hinausreichenden europäischen »Disziplinierungsprozesses« drangen neue Verhaltensformen in weitere Bevölkerungsschichten ein. Es wäre jedoch ein Irrtum, wollte man annehmen, die »preußische« Mentalität hätte gleichmäßig alle Provinzen erreicht. Auch die gefühlsmäßige Bindung an das Herrscherhaus weist erhebliche Unterschiede auf. Dennoch schlug die Idee des werktätigen, mit Dienst und Arbeit verbundenen Preußentums schließlich Wurzeln in weiten Bevölkerungsschichten. Wie ein Symbol des Umbruchs in der Bewertung der Arbeit erscheint es, wenn Friedrich 1785 bei Küstrin vor verschmutzten Brucharbeitern seinen Hut abnimmt und ihnen als Fürst der »Bürger« dankt.

Der einzelne sah sich aufgefordert und erzogen, um eines bedeutenden staatspolitischen Zieles willen alle Kräfte zusammenzufassen, auch im Notfall zu Opfern bereit zu sein. Nicht alles davon war anerzogen oder aus dem preußischen Milieu hervorgegangen. Manche Eigenarten und Verhaltensformen waren bereits im Volkscharakter des Markengebietes (Mecklenburger, Brandenburger-»Märker« und Pommern) angelegt und verbreiteten sich in der preußischen Periode, wurden staatstypisch. Sie verringerten sich in der Auflösungszeit Preußens, ohne jedoch, wie gelegentlich mit großem Abstand vom alltäglichen Leben in Preußen behauptet wird, gänzlich in Verlust geraten zu sein.

Über die weltlichen *Tugenden* und über das Preußentum insgesamt ist erst geschrieben worden, als man in Berlin das Geschichtliche neben den Hohenzollern entdeckte. Fontane etwa hat mit kritischem Blick auf den »Borussismus« seiner Zeit erste Bilanz gezogen und über Haupt- und Nebentugenden sowie den Verfall des »echten« Preußentums meditiert. Es ist nicht ohne Reiz, den aus Quellen solcher Art gespeisten Katalog der Tugendbegriffe der Zeit nach 1840 mit jenen älteren Tugendvorstellungen zu vergleichen, die von der spätantiken Lebens- und Moralphilosophie ausgehend über die Fürsten- und Adelserziehung des 17. und 18. Jahrhunderts in Brandenburg-Preußen Eingang gefunden haben.

Fraglos hat es vielerorts auch eine dunkle Kehrseite der Medaille gegeben. Es bedarf kaum des Hinweises, daß dominante Tugenden problematische Seiten haben können. Das Vorherrschen von allgemeinen »Tugenden« und besonderen Werthaltungen ist etwas eminent Historisches. Mit Empfehlungen oder Ablehnungen hat dies nichts zu tun; dies sei ins Stammbuch besorgter Soziologen geschrieben, die ihre Leser mit aktualisierten »Warnungen« vor den unheimlichen preußischen Tugenden versehen (unter anderem M. Greiffenhagen, Chr. Graf von Krockow).

Das »wahre Preußentum«, meinte Fontane, habe sich durch *Humanität* und *Gesinnung* ausgezeichnet. Sein Dubslaw von Stechlin besaß »eine tiefe, so recht aus dem Herzen kommende Humanität, und Dünkel und Überheblichkeit- ... waren so ziemlich die einzigen Dinge, die ihn empörten«. Und von einem Grafen Flemming schreibt er in den »Kinderjahren«, er wäre gewesen »von jener eigentümlichen, glücklicherweise häufiger vorkommenden Art, die nie verletzt, so wie es Fromme gibt, deren Frömmigkeit nie bedrückt. Jene Adligen und diese Frommen haben eben nur das Bewußtsein eines inneren Vermögens, still, ohne jede Provokation. Der alte Flemming gehörte zu jenen Bevorzugten; er war vollkommen anspruchslos, eine tief bescheidene Natur, die die sogenannten Gaben nicht verachtete, aber auch nicht überschätzte und das Gewicht auf die Gesinnung legte« (1892).

Wenn Fontane und andere die Gesinnung in den Mittelpunkt der Bewertung rücken, so greifen sie kaum etwas anderes auf als die ältere *Tugend*-Lehre (Arete, Virtus), einen zentralen Begriff im Denken der Aristokratien: die Haltung des vornehmen Menschen. Nach diesen Leitgedanken europäischer Adelskultur ist der Geburtsadel zur Tugend geboren und hatte die damit erhobenen strengen Gebote zu erfüllen, durch passive und aktive Bildung und durch Erziehung. Die weltlichen Tugenden sind mithin lehrbar und erwerbbar, und zwar über diejenigen hinaus, die zur weltlichen und geistlichen Tugend verpflichtet sind. Die immer wieder erneuerte Rezeption der Tugenden vollzieht sich vor dem Hintergrund »der inneren Verchristlichung der abendländischen Laienwelt« (O. Brunner), bei den Herrschern beginnend und von »oben« nach »unten« voranschreitend. Brandenburg-Preußen stellt hierin keine Ausnahme dar, nur daß bestimmte Tugenden um einige Jahrzehnte eher »unten« angekommen sind, etwa mit der Hilfe des Halleschen Pietismus. In der Phasenverschiebung liegt dann die Geschichtsmächtigkeit dieser wenig erforschten Erziehungsprozesse.

Die altbodenständigen (»märkischen«) und die preußisch-anerzogenen Tugenden lassen sich ohne Schwierigkeiten den vier klassischen Tugenden der Weisheit und des Maßhaltens (Lebenskunst – Philosophie), der Tapferkeit und der Gerechtigkeit (Lebenspraxis – Politik) zuordnen, jedoch mit aufschlußreichen Akzenten. Die Quellen überliefern zur »Weisheit«: Humanität, Takt, Herzensgüte, Aufrichtigkeit, Großmut (dagegen: »Dünkel« und »Überheblichkeit«); zum »Maßhalten«: Einfachheit, Anspruchslosigkeit, Sparsamkeit, Haushalten (dagegen: »Sechsdreierwirtschaft«, »Kleinstiezigkeit«), Verzichtbereitschaft, die Fähigkeit zur Demission; zur »Tapferkeit« (virtus = Mannhaftigkeit): Treue, Festigkeit (constantia), Ordnungssinn (ordo), Übungsbereitschaft (exercitium; dagegen: »Drill«), Ausharren in verzweifelter Lage (patientia = Geduld), Dienstwilligkeit (parientia = Gehorsam; dagegen: »Servilität«, »subalterne Dienstlichkeit«, »Strammsein«, »Schneidigkeit«); schließlich zur »Gerechtigkeit«: Sinn für Billigkeit, Toleranz, Gemeinsinn und Pflichtgefühl (»Ich habe meine Schuldigkeit getan«).

An diesem Auszug ist zweierlei bemerkenswert. Den »Tugenden« lassen sich, wie sollte es anders sein, »Untugenden«, Verstiegenheiten oder Mißbräuche zuweisen. Im Vergleich mit anderen Landschaften ließe sich die in manchem prosaischere Art, ja der »lederne« Grundzug auf den verschiedensten Gebieten herausarbeiten. Und doch bleibt uns das erstaunliche Bild einer Staats-Bevölkerung mit besonderen Werthaltungen, die auch zu den zeitlosen Voraussetzungen des erfolgreichen (oder: ausbeuterischen) Regierens gehören. Dieses Ergebnis wird noch verstärkt, wenn man die Frage nach jenen profanen Tugenden der Lebenskunst und Lebenspraxis stellt, die hier nicht herauszuheben waren, weil sie nicht für das alte Preußen typisch waren und zum Teil Komplementär-Mentalitäten meinen: Phantasiereichtum, Sinn für Formen, Poesie, Liebenswürdigkeit, Weltoffenheit, Eloquenz, dazu jene nicht unbedingt mit den Tugenden zu vermählenden Eigentümlichkeiten des Volkscharakters wie Stolz, Eifererturn, Aufsässigkeit, Räsonnieren (Ausnahme: Berlin), Hitzigkeit, Blutrünstigkeit oder gar die nervöse Schwarzseherei als Ausfluß eines besitz- und bildungsbürgerlichen Krisenbewußtseins seit der Industrialisierung. Vermissen wird man Selbstverständlichkeiten jüngeren Datums wie Lerntrieb, Fleiß und Pünktlichkeit. Eigenschaften wie diese waren im älteren »Märkertum« oder in den preußisch-polnischen Mischzonen mit Sicherheit nicht herausragend angelegt. Sie sind erst im Zusammenwirken von Pietismus, Absolutismus und Aufklärung in einem mühseligen Prozeß auf einen vergleichsweise annähernd durchschnittlichen Stand gebracht worden.

Das Gesamtbild, das sich andeutet, wird ideal gestimmte Gemüter nicht befriedigen. Es bezeugt jedoch, als Prozeß sozialer »Modernisierung« und gesellschaftlicher Erziehung betrachtet, eine unerhörte Leistung – vor dem Hintergrund der Ausgangslage um 1600. Denn von märkisch-preußischen Apfelbäumen darf man keine Orangen erwarten.

So wird der Problemkreis Preußentum und Preußentugenden Kritiker aller Windrichtungen wohl immer zum Widerspruch oder zum übertriebenen Lobe reizen – von Engelmann bis Fernau. Nachsicht und Geduld sind geboten, wenn nicht glatte tagespolitische Bösartigkeit am Werke ist, oder nur der Drang zur publizistischen Übertreibung und die Überheblichkeit des in seiner Gegenwart Verhafteten. Abgesehen vom Beispiel des Toleranz-Königs Friedrich, der auf ihn bezogene Schmäh »niedriger hängen« ließ, hat auch ein so reizbarer Preuße wie Fontane mit den Erscheinungsformen überzogener und affektierter *Preußen-Kritik* zu schaffen gehabt. Zum klassischen Fall entwickelte sich ihm in den Reaktionsjahren 1852 bis 1856 Theodor Storm mit seiner Geringschätzung (»Husumerei«) von Dänen und Preußen. Es war der »alte Fontane«, der 1894 so deutlich wurde, daß man Satz für Satz unterschreiben möchte; es »spotte jeder Beschreibung«, notierte er, »was wir Altpreußen uns auf diesem Gebiete gefallen lassen müssen und tatsächlich beständig gefallen lassen«.

Es ging um Militär und Kultur, um Sanssouci (Fontane: »kaum etwas Entzückenderes«) und »das Inferiore preußischen Wesens«. Und Fontane berichtete dann, daß er mit Storm Gespräche über »das diffizile Thema: Preußen« geführt habe, den Anwürfen mit Zustimmung und mit Ungeduld folgend: »Mit Zustimmung, weil ich das, was man Preußen vorwirft, oft so gerechtfertigt finde, daß ich die Vorwürfe womöglich noch überbieten möchte; mit Ungeduld, weil sich in dieser ewigen Verkleinerung Preußens eine ganz unerträgliche Anmaßung und Überheblichkeit ausspricht, also genau das, was man uns vorwirft. In Selbstgerechtigkeit sind die deutschen Volksschaften untereinander ... gleichartig und ebenbürtig ...«; es ginge vielmehr um die Beurteilung der alle Gebiete des Lebens umfassenden Taten, und wer wolle »da so leichten Spieles mit uns fertig werden! Vieles in ›Berlin und Potsdam‹ war immer sehr ledern und ist es noch, wenn's aber zum Letzten und Eigentlichsten kommt, was ist dann, um nur *ein* halbes Jahrhundert als Beispiel herauszugreifen, die ganze schleswig-holsteinsche Geschichte neben der Geschichte des alten Fritzen ... neben Hochkirch und Kunersdorf – ich nehme mit Absicht Unglücksschlachten, weil wir uns diesen Luxus leisten können – geht doch dieser ganze Kleinkram in die Luft. Diesen Satz will ich vor Gott und den Menschen vertreten. Es liegt nun einmal so.« Es kann gezeigt werden, daß es so liegt – wenigstens »dann und wann«.

ERSTES KAPITEL

Preußische Zentrallandschaft: Die Mark Brandenburg bis zum Tode des Kurfürsten Johann Georg (1134 bis 1598)

»Vom Kriegführen halte ich nichts. Es bringt nichts Gutes. Wenn man nicht zur Beschützung des Vaterlandes und um eine große Unbilligkeit anzuwenden den Degen ziehen muß, ist's besser, davon zu bleiben... Vergesset nicht, den Adel im Zaum zu halten, denn dessen Übermut verübt viel Böses. Strafet sie, wenn sie die Gesetze und Landesordnungen übertreten. Lasset ihnen nicht zu, daß sie jemand über Gebühr beschweren können.« Johann Cicero, um 1499

Gründung durch die Askanier

Die Mark Brandenburg, mit Recht als die erste und eigentliche »Wiege Preußens« bezeichnet, verdankt ihre Entstehung den deutschen Königen des Hochmittelalters und den im Ostsächsischen Schwaben- und Nordthüringgau ansässigen Grafen von Ballenstedt, den späteren Askaniern. Es war König Lothar III. (von Süpplingenburg; bei Königslutter), der die durch das Aussterben der Markgrafen aus dem Hause Stade freigewordene Grenz-Grafschaft der ostsächsischen Nordmark 1134 dem Grafen *Albrecht* (dem »Bären«) von Ballenstedt als Reichslehen übergeben hat. Von dieser Zeit bis 1319 haben Albrechts brandenburgische Nachkommen ihre Herrschaft in der Markgrafschaft so stark erweitert und ausgebaut, daß sie bereits an der Wende vom Hochmittelalter zum Spätmittelalter zu den größten relativ geschlossenen Herrschaften im Reiche zu zählen war.

Bis dahin war es jedoch – von 1134 aus gesehen – ein weiter und harter Weg. Land und Rechte der Markgrafschaft harrten nicht einfach des Zugriffs der Markgrafen. Die *Nordmark,* von Besitzungen um Helmstedt, Haldensleben und Salzwedel über die Elbe hinweg bis zu den Räumen der unteren Peene und Oder zwischen Lebus und Stettin reichend, war nach ihrer Entwicklung seit dem 10. Jahrhundert Grenzraum, Vorfeld und Anspruchsgebiet des Reiches. Dort hatte sich der jeweilige Markgraf gegenüber anderen weltlichen und geistlichen Herrschaftsträgern wie etwa den Bischöfen von Havelberg und Brandenburg zu behaupten. Markgraf Albrecht (um 1100 bis 1170) vermochte trotz eines verlustreichen Konfliktes (1138 bis 1141) mit seinen welfischen Blutsverwandten um das Herzogtum Sachsen die Chance zu nutzen, die ihm die Nordmarkgrafschaft bot. Amt und Ausbau der Eigengüter brachten ihn in den Jahrzehnten zwischen 1141 und 1170 in eine herausragende Position unter den im Aufsteigen begriffenen Fürsten des Reiches. Die Könige Lothar III., Konrad III. und Friedrich I. Barbarossa schätzten ihn wegen seiner Macht und seiner persönlichen Eigenschaften und zogen ihn wiederholt zur Reichspolitik heran, obwohl Albrecht immer mit erheblichem Mut eigene Wege ging, um seine Machtbasis zu erweitern. Sein Ansehen beruhte nicht zuletzt darauf, daß er neben seinem Neffen Heinrich (dem Löwen) von Braunschweig und dem Magdeburger Erzbischof Wichmann in der Ostbewegung eine wirkungsvolle Rolle spielte. Schon die Zeitgenossen erkannten, rühmten und besangen in ihm den wegen seiner Kampfesfreudigkeit gefürchteten Förderer von deutschrechtlicher Herrschaft und Siedlung in *Altmark, Prignitz* und *Havelland*. Der Raum zwischen mittlerer Elbe und Oder war damals von Kleinstämmen der westslawischen Lutizen besiedelt; im Norden, dem späteren Mecklenburg, schlossen sich Stämme der Abotriten an, während im Süden sorbische Kleinstämme gesiedelt hatten. Burgwallanlagen sicherten die Herrschaft einiger westslawischer Kleinfürsten.

Den Weg zur Oder sperrte die Wasserfeste *Brandenburg* (948 gegründet, 983 im Slawenaufstand verloren), der Mittelpunkt der Herrschaft des Slawenfürsten Pribislaw-Heinrich. Hier setzte Albrecht an. Er übernahm, wohl 1127, die an askanischen Streubesitz angrenzende Landschaft »Zauche« südlich des Havellandes als »Patengeschenk« Pribislaws für seinen Sohn Otto (I.) und ließ sich etwas später von dem kinderlosen Slawenfürsten das Erbrecht an »Brandenburg« übertragen (1142 bis 1147). Von Havelberg (948 gegründet, 983 im Slawenaufstand verloren) aus, dem Mittelpunkt des nun wiederhergestellten Bistums des Bischofs Anselm, vertrat Albrecht seine Interessen und Ambitionen und von Fall zu Fall die des Königs, dessen Ostlegat er gleichsam war. 1148 empfing er den pommerschen Fürsten Ratibor in Havelberg, wobei offenbar die Abgrenzung der Interessensphären im Vordergrund stand. Wenig später, im Januar 1148, verhandelte Albrecht mit anderen ostsächsischen Fürsten in Kruschwitz bei Hohensalza über die Machtverhältnisse und Missionsprobleme im Raum zwischen Elbe und Oder. Die Absprachen mit den Polenherzögen Boleslaw und Minczyslaw wurden mit dem Ehe-Bündnis zwischen Albrechts Sohn Otto und der Piastentochter Judith befestigt. Alle diese Vorgänge mit Absprachen und Verträgen (Herrschafts-, Missions-, Wirtschafts- und Transit-Fragen) enthielten im Ansatz nicht wenige der raumtypischen Blickrichtungen und politischen Merkmale, wie sie durch die »brandenburgischen« und »preußischen« Jahrhunderte hindurch bis an die Schwelle der Gegenwart antriebsmächtig geblieben sind.

Die Eroberung der Brandenburg

Als Pribislaw-Heinrich 1150 gestorben war, besetzte der Markgraf mit einem Aufgebot die Feste *Brandenburg*. Einen Gegenstoß von Osten, aus dem Herrschaftszentrum *Köpenick* (östlich von Berlin), fing er ab. Er setzte sich am 11. Juni 1157 endgültig in den Besitz der Havelburg. Neben Dienstleuten halfen ihm ostsächsische Edelfreie und Gemeinfreie, die für ihre Leistungen Land und Siedlungsrechte erhielten. Den Tag, an dem Albrecht sein Banner neben der Petruskapelle auf der Dominsel aufrichten konnte, wird man als die Geburtsstunde der Mark Brandenburg zu bezeichnen haben. Die siebzehnjährige politische Grundlegung hatte einen ersten Abschluß erreicht. Vorher, zwischen 1147 und 1157, waren kleinere Herrschaften in dem Grenzsaum zwischen dem nördlichen Havelland und der nördlichen Prignitz begründet (Friesack, Kyritz, Putlitz) und die Herrschaft der Erben des Kleinfürsten Wirkind von Havelberg ausgelöst worden. Neben diesen auf unbekannten Rechtstiteln beruhenden Sonderherrschaften, zu denen um 1214 die Herrschaft (»Grafschaft«) Ruppin der Herren und Grafen von Arnstein (bis 1524) trat, entwickelten sich kleinere Adelsherrschaften. Sie waren über das markgräfliche Herrschaftsgebiet verstreut. Das Verhältnis zwischen Siedlungs-Adel und Markgrafen war von Anfang an von wechselseitigen Interessen bestimmt: Der Markgraf setzte kraft seiner Gewalt Ministerialen und Freie Herren in durch Wallanlagen und Steintürme gesicherte Wirtschaftshöfe und Gewaltbezirke ein. Der Adel seinerseits schuf auf dieser Grundlage, auch selbständig, ein lokales und regionales Herrschaftsgefüge für die Markgrafen. Ohne Herrenstand keine Markgrafenherrschaft, aber ohne Markgraf auch kein Landnahme-Adel im Kolonisationsgebiet mit seinen zahlreichen Möglichkeiten.

Herrschaftsbildung

Otto I. hat als mitbelehnter Markgraf (seit 1144) bereits von Brandenburg aus regiert und die 1157 beginnende Siedlungsbewegung vornehmlich gelenkt. Als er 1184 starb, erstreckte sich seine markgräfliche Gewalt über den größten Teil der Altmark, das Havelland, die Zauche und einige Randgebiete sowie altaskanischen Streubesitz im Westen. Otto I. ist als erster Markgraf inmitten der versinkenden und im Wandel begriffenen slawischen Altlandschaften als Herr über Deutsche und Slawen bodenständig geworden. Der König hatte sich gegenüber der Markgrafschaft, die weiter als Königslehen galt, noch Rechte vorbehalten. Nach und nach ist es jedoch den Askaniern gelungen, Amtsgewalt zu allodialisieren, das heißt sie in eine Gesamtherrschaft kraft eigenen Rechtes umzuwandeln, in der allodiale und lehnsmäßige Rechte mit originären markgräflichen Rechten verbunden waren. Es gelang ihnen, Amtsgut, Fremd-Lehen, Gerichtsrechte und Eigengüter, eigene und an den Dienstadel bereits verlehnte Burgen unter einer Landesherrschaft zusammenzufassen. Die Herrschaft sollte nach innen weitgehend »geschlossen« sein und dem deutschen König gegenüber nur in lehensrechtlicher Abhängigkeit stehen. Um 1250 hatte der Territorialisierungsprozeß einen ersten Abschluß erreicht.

Kämpfe um den Zentralraum zwischen Elbe und Oder

Markgraf Otto II. (1184 bis 1205) hat ebenso wie sein Bruder und Nachfolger Albrecht II. (1205 bis 1220) versucht, sein Herrschaftsgebiet in der alten »Nordmark« zu erweitern. Gegen Ende des 12. Jahrhunderts erreichte der Zuzug von Dorfgründungs-Unternehmern und bäuerlichen Siedlern erstmals einen solchen Umfang, daß Landschaften, die bisher nicht unmittelbar unter markgräflicher Herrschaft standen (beispielsweise die Lande Ruppin, Barnim und Teltow), von der Siedlung erreicht wurden. Landnahme und Landesherrschaftsübernahme waren eng miteinander verflochten. Sie haben sich aber weder zeitlich noch räumlich gedeckt. Ziel askanischer Vorstöße über die Havel-Nuthe-Linie hinaus waren neben *Teltow* und *Barnim* die Oder (Burg Oderberg, um 1214) und die an den Barnim nördlich anschließenden süduckermärkischen Gebiete.

Hier stießen die Markgrafen Otto II. und Albrecht II. auf den Dänenkönig als Schutzherrn der Pommern. Die Zeit von 1190 bis 1220 steht in Nordostdeutschland unter dem Zeichen dänischer Einflußnahme, die erst 1227 gebrochen worden ist. Der fortdauernde Kampf zwischen Staufern und Welfen im Reiche, der auch im mittelelbisch-ostsächsischen Raum ausgetragen wurde, beanspruchte die Kräfte Albrechts II. zusätzlich. Trotz dieser Kriegszüge hat Albrecht II. zwischen 1205 und 1220 den Ausbau der Herrschaft vorantreiben können. Die später so bezeichnete *Altmark* (Stendal, Salzwedel), in der sich Verfassungsformen Altdeutschlands mit denen der Mark vermischten, wurde zu einem fast geschlossen der Landesherrschaft untergebenen Raum. Wohl gab es fernerhin viele Orte, die der Kirche (Halberstadt, Magdeburg, Klöster) oder größeren Adelsfamilien gehörten; die Markgrafen setzten jedoch gegen alle Herrschaftskonkurrenten eine bereits als flächenhaft verstandene Landesherrschaft durch.

Albrecht II. und seine Nachfolger hatten sich auch mit dem Erzstift Magdeburg auseinanderzusetzen. Die Erzbischöfe errichteten ebenfalls eine eigene Landesherrschaft, mit der die Askanier im Magdeburger Nordthüringgau und bei Jüterbog-Zinna, später auch im Osten zusammengestoßen sind. Die erzwungene Übertragung weiter Teile der Altmark und sonstiger Gebiete (1196) als »Lehen« an das Erzstift hat die Markgrafschaft nicht auf die Dauer zu schwächen vermocht; sie bezeichnet lediglich den Höhepunkt einer schweren Krise. Mit der Übertragung war die mittelelbische Konzeption der Brandenburger, der Otto I. und noch Otto II. gefolgt waren, vorerst gescheitert. Der Gegensatz zwischen Otto II. und seinem Halbbruder Albrecht (II.) bestand offenbar darin, daß Albrecht um 1200 konsequenter für eine »ostelbische« Herrschaftsausweitung eintrat, weil die sonstigen Landesherrschaften an der mittleren Elbe bereits zu stark geworden waren. Zwischen Elbe und Oder jedoch, vorab an Havel und Spree durften die Markgrafen noch auf größere Raumgewinne hoffen. Von dort aus konnte dann auch ein Zugang zur *Ostseeküste* geschaffen werden. Mit dem Ausbau der Burg Wolmirstedt (1208) und dem Erwerb von Jerichow (1209) sicherte Albrecht II. die Südflanke der west-östlichen Verbindungslinien zwischen der Altmark und den neuen mittelmärkischen Gebieten.

Um 1210 hat Albrecht in diesem Zusammenhang den Plan betrieben, nordöstlich gelegene Teile der Diözese Brandenburg (den »Barnim«, Gebiete um Oderberg-Stolpe, Liebenwalde-Zehdenick), die er an einigen Punkten wohl bereits mit seinen Parteigängern besetzt hatte und unter seine Herrschaft zu bringen gedachte, vom Bistum abzutrennen und mit einer eigenen Stiftskirche *(Berlin)* auszustatten. Der Markgraf, vor allem aber seine Siedlungsplätze suchenden Vasallen sind dann über die Havelgrenze hinweg nach Norden (Bötzow–Gransee–Fürstenberg) und nach Nordosten (Bernau–Biesenthal–Eberswalde–Oderberg) vorgedrungen. Es ist kaum zu bezweifeln, daß sich Markgraf Albrecht II. der alten Rechtsansprüche auf diese Gebiete bewußt war. Die Stettiner Herzöge widersetzten sich seinem Vordringen als Landesherren und als christliche Fürsten. Der Stoß in das Zentrum der vorpommerschen Macht bezeugt, daß die schon von Albrecht dem Bären angestrebte Lehnsherrschaft über *Pommern*, die Markgraf Otto II. 1198/99 von König Philipp bestätigt erhalten hatte, nunmehr erneuert werden sollte. 1250 erhielten die durch Verwandtschaft mit den Greifenherzögen verbundenen Söhne Albrechts II. eine Bestätigung ihrer Lehnsherrschaft. Ließ sich somit ein Zugang zur Ostsee nicht erreichen, so behielt der Markgraf doch Teile des nördlichen *Barnim*.

In die Zeit um 1200 reichen auch die Anfänge der brandenburgisch-preußischen Hauptstadt *Berlin* zurück. Ihr Standort, fast in der Mitte zwischen Elbe und Oder, in der Spreeniederung und im Achsenkreuz sich entwickelnder Handels- und Heerwege war hervorragend gewählt. Die konkurrierenden Vororte Stendal, Brandenburg und später auch Frankfurt an der Oder besaßen gegenüber einem solchen Mittelpunkt auf die Dauer keine Chance. Von der Burg *Spandau* (erwähnt 1197) aus, wo sich eine kleine städtische Siedlung erhob, drängten sich die Markgrafen an den Berliner Punkt heran; außerdem setzten sie sich im nordwestlichen Teltow fest, während im Ostteltow mit Köpenick (1209) und Mittenwalde und vielleicht auch in Teilen des südöstlichen Barnim die wettinischen Markgrafen der Lausitz Herrschaft ausübten. Im Vorfeld askanischer wie wettinischer Herrschaftsbildung betätigte sich der Templerorden erfolgreich als Siedlungsunternehmer. Der Ausbau von Berlin und Cölln (erwähnt 1237), wo offenbar frühzeitig Fernhändler ansässig wurden, hat dann um 1250 einen ersten Abschluß erreicht.

Die Söhne Markgraf Albrechts II., Johann I. († 1266) und Otto III. († 1267), die »Städtegründer«, haben mit einer nun räumlich und sachlich viel weiter ausgreifenden Politik planvoller Siedlung und Herrschaftsbildung den Grund für jene »Markgrafschaft« gelegt, die bis zur Wende des Jahrhunderts zur nordostdeutschen Großmacht geworden ist. Um 1230/34 wurden weitere *Barnim-Teile* sowie der Süd-Teil der *Uckermark* (bis zur Welse) erworben. 1250 erlangten sie die nördliche Uckermark (Prenzlau, Templin). 1236 konnte das Land *Stargard* (Stargard, Beseritz und Wustrow) übernommen werden. Die Richtung dieser Politik zeichnete sich ab: das Haff und die Ostsee. Im Teltow-Krieg (1239 bis 1245) gelang es ihnen, Markgraf Heinrich von Meißen aus den Burgbezirken Köpenick und Mittenwalde zu verdrängen. Der Kampf um den Zentralraum zwischen Elbe und Oder war im wesentlichen entschieden. Der weitere territoriale Zugewinn wurde mit fast atemberaubender Geschwindigkeit durchgesetzt.

Als Folge der Heirat Markgraf Ottos III. mit Beatrix von Böhmen ergab sich ein Bündnis mit dem böhmischen Königshaus. Die *Oberlausitz* konnte zwischen 1253 und 1264 als Pfandbesitz übernommen werden. Im Osten wurde um 1250 das »Land« *Lebus* aus piastisch-schlesischem Besitz, zusammen mit dem Erzbischof von Magdeburg, erworben. Damit befand sich das Mittelstück der Oderachse in der Hand der Brandenburger; Magdeburg als Konkurrent in der Herrschaftsbildung jenseits der Oder war beiseite gedrängt. Vom Lebuser Land und von der Uckermark aus drangen die Askanier in das zwischen Pommern und Polen seit längerem umstrittene Land nördlich der Warthe und Netze *(Neumark)* ein. Bis 1319 wurden sie zur mitbestimmenden Macht zwischen Landsberg an der Warthe (1257) und den ostpommerschen Gebieten um Stolpe und Rügenwalde an der Küste vor Danzig. Denn eine auf Anschluß an die Ostsee gerichtete Politik konnte nur noch im Nordosten mit nennenswerten Erfolgschancen rechnen.

Rostock, Stettin, Stralsund und Rügen waren durch Herrschaftsrechte der mecklenburgischen, pommerschen und rügenschen Fürsten versperrt. So suchten die Markgrafen, unter Ausnutzung pommersch-polnischer Rivalitäten, von der Neumark aus Pommern und die Lande des Bischofs von Kammin zu umgehen und sogar bis zur Weichselmündung vorzudringen. 1303 wurde bereits Deutsch-Krone angelegt. 1312 war die Küddow-Linie erreicht. Die Versuche der Markgrafen, sich in *Danzig* (1309) festzusetzen, scheiterten am Widerstand des Deutschen Ordens, obwohl Markgraf Woldemar gewisse Rechtstitel besaß und ein Ururenkel Mestwins I. von Pommerellen war. Wie diese Erwerbungen lassen die Fortschritte im Süden (*Niederlausitz,* 1303) und im Südosten (Herrschaft *Krossen,* 1277) Rückschlüsse auf eine größere territoriale Konzeption zu. Die Oder zwischen Krossen und Glogau, die Elbe zwischen Torgau und Magdeburg wurden offensichtlich als Grenzen anvisiert. 1283 vermochte Otto IV. seinen Bruder Erich zum Erzbischof von *Magdeburg* wählen zu lassen.

In den letzten Jahrzehnten vor 1319 war der Ausbau des in sich vielgliedrigen Herrschaftsgebietes zu einem auch verfassungsmäßig einheitlich überformten Territorium fast gelungen. Doch rief die ungebrochene Ausdehnungskraft der Askanier, die von der inneren Linie aus vorgehen konnten, wiederholt Einkreisungsbündnisse der Nachbarn hervor. Die Erwerbungspolitik der letzten askanischen Markgrafen Otto IV. († 1308), Hermann († 1308), Woldemar († 1319) und Johann V. († 1317) hatten einen Herrschaftsraum erschlossen, der vom Helmstedter Lappwald bis in die Nähe Danzigs, vom uckermärkischen Pasewalk bis nach Görlitz in der Oberlausitz reichte. Die Erträgnisse und Kapitalbeschaffungsmöglichkeiten in den älteren Landesteilen mußten hierfür bis an die äußersten Grenzen ausgenutzt werden. Tendenz und Gefahr einer Herrschaftsüberdehnung waren unverkennbar.

Markgraf Woldemar (1308 bis 1319)

Als 1308 Woldemar wegen der Unmündigkeit Markgraf Johanns V. (1302 bis 1317) die Herrschaft über die Gebiete beider Linien übernahm, schloß er Vergleiche mit dem Deutschen Orden wegen Danzig und Pommerellen (1310), dazu Oderdurchfahrtsverträge mit Otto I. von Pommern-Stettin (1311) und führte 1312 einen überraschenden Schlag im Süden gegen Markgraf Friedrich von Meißen, mit dem Ergebnis der Abtretung von Torgau und Großenhain. Der Markgraf zielte offenbar auf die gesamte Markgrafschaft Meißen ab. Wenig später entbrannte im Norden ein Konflikt, als Woldemar Ansprüche auf Teile des auf dem Erbwege an Heinrich II. von Mecklenburg gefallenen Landes Stargard (Strelitz) und des Landes Loitz erhob. Rasch fand sich nun aber eine Koalition fast aller Nachbarn Brandenburgs zusammen, angeführt von König Erich Menved von Dänemark. Er nötigte Woldemar zu unerhört kostspieligen Kriegszügen, die der Markgraf jedoch durchstand. Kurz vor seinem Tode löste er im Osten und Südosten der Mark aus piastischen Teilherrschaften *Schwerin, Meseritz* und *Krossen* heraus, während er im Nordwesten mit der Übernahme der Herrschaft Lüchow (1317/18) in Interessenbereiche der Herzöge von Braunschweig hineinstieß und wohl auch an einer Landverbindung zu den askanischen Vettern an der Unterelbe bei Sachsen-Lauenburg arbeitete.

Die Anforderungen dieser Kriege (1315 bis 1317) hatten die markgräflichen *Rechte und Einkünfte* ausgehöhlt. Der finanzielle Notstand der nachfolgenden Wittelsbacher war eine Folge der hohen Kosten, die die Politik der letzten Askanier verursacht hatte. Seit 1290 hatte sich auch die Zahl der Markgrafen rasch verringert, so daß 1319 nur noch die Markgrafen Woldemar und Heinrich (II.) lebten. Für die Markgrafschaft bedeutete der unverhofft eingetretene

Tod Woldemars 1319 (8. August) einen katastrophalen Einschnitt. Sein Vetter Heinrich starb bereits im Juli 1320 zwölfjährig in Prenzlau. Die Begleiter ließen den kleinen Körper in der (1945 ausgebrannten) Marienkirche einmauern, während bereits geistliche und weltliche Landesherren von allen Seiten her in die gefürchtete und nun gefallene Markgrafschaft eindrangen, als wollten sie sich mit den Federn des halbtoten brandenburgischen Adlers schmücken.

Vor diesem Hintergrund ist nach den Ursachen der ungewöhnlichen Erfolge der Askanier zu fragen. Sie erlitten keine militärischen Niederlagen, die es ihren Gegnern gestattet hätten, Teile der Herrschaft an sich zu reißen. Die Städte, die den Landesherren Zug um Zug die wichtigsten Rechte abzukaufen vermochten, hielten in gefährlichen Lagen zu den Markgrafen. Fast durch das ganze 13. Jahrhundert hindurch läßt sich eine gewisse *Unaufhaltsamkeit des Erfolges* beobachten. Erst in den achtziger Jahren verstärkten sich Widerstände der schwächeren Nachbar-Landesherrschaften. Wesentlich für den Erfolg war die Einigkeit der Markgrafen; ihre Politik wurde kaum durch Hausstreit geschwächt. Die Beziehungen zum König, zu den Staufern und deren Nachfolgern, verwickelten die die Nordostflanke des Reiches sichernden Askanier nur selten in territoriale Konflikte. Sie blieben, von der Episode um Kaiser Otto IV. und einer Auseinandersetzung mit König Albrecht 1303 bis 1305 abgesehen, die am wenigsten in die Reichspolitik verstrickten Landesherren, fast unabhängig, stets vorsichtig behandelt, weil die Mitwirkung an der Königswahl ihnen früh besonderes Gewicht verlieh. Die weitere politische Einflußzone der Markgrafen, ihr lehnsherrschaftlicher und verwandtschaftlicher Verbund, reichte im ausgehenden 13. Jahrhundert von der Küste der westlichen Ostsee bis nach Böhmen, Schlesien-Breslau und Thüringen-Henneberg. Zwei Töchter deutscher Könige heirateten Askanier.

Die Markgrafen besaßen den Blick für die Möglichkeiten der Zusammenfassung des nordostdeutschen Raumes. Sie waren im Begriff, sich um 1300 ein eigenes »Reich«, das fast wie ein Vorläufer Preußens wirkt, zu schaffen. Sie erwiesen sich als ungewöhnlich »land- und seetüchtig«. Ihr Reisepensum übertraf das vieler fürstlicher Zeitgenossen. Sie erreichten in Stadt und Land einen hohen Grad der Verteidigungsbereitschaft. Noch 1308 bis 1316 entstanden Ketten neuer Burgen an den Nordgrenzen. Dieser *Burgenbau* war nur mit hohen Kosten, mit zahlreichen Arbeitskräften und mit gut ausgestatteten Lehnsleuten zu bestreiten, da in dem flachen Lande Erhebungen und Steinbrüche fehlten.

Brandenburg war mit einem dichten Netz großer und kleinerer Burgen überzogen worden, deren Anlagen oder Rudimente heute noch vielerorts sichtbar sind. Der Mangel an machtvollen Burgen aus Natursteinen wurde durch die Menge der aus Feld- und Ziegelsteinen sowie Eichen errichteten Kleinburgen ausgeglichen. Kein Paßort, kein Ländchen blieb ohne stärkere Burgsicherung. Da es kein stehendes Heer gab, wurden die großen Burgen Vögten oder adligen Herren übertragen, die sich dort einrichteten (»Schloßgesessene« Familien). Die

Mark besaß keinen Mittelpunkt, keine große Stadt, vor die man hätte ziehen können, um die Markgrafschaft »ins Herz« zu treffen; auch wegen ihrer Ausdehnung war sie schwer zu überwältigen. Die Kämpfe um den »Falschen Waldemar« oder die Kriege des 17. Jahrhunderts bewiesen das erneut. Wer die Mark erobern wollte, mußte wenigstens Frankfurt, Berlin, Brandenburg, Stendal und Salzwedel und rund fünfundzwanzig Gebietsburgen in seine Hand bringen. Dafür reichten die kleinen Heerhaufen der Gegner der Askanier nicht aus. Zur Politik der Markgrafen gehörte es auch, große Adels-Herrschaften in Grenzgebieten zu fördern, um gefährdete Gebiete zu sichern (Wedel, Bartensleben und andere).

Der brandenburgische Adel hat seine Dienstwilligkeit gegenüber den Markgrafen vielfältig bezeugt, obwohl das tatsächliche Aufgebot bei Kriegszügen erheblich unter der Zahl der schloß- und hofgesessenen Adligen gelegen haben dürfte. Der auf seinen sechs bis acht Hufen wirtschaftende adlige Lehnsmann war in der Regel nur für Verteidigungszwecke verwendbar. Doch waren die Landesherren in der Lage, im Kriegsfall an die fünfhundert roßdienstpflichtige Adlige auf einen Schlag aufzubieten, sofern sie deren Versorgung und Ausrüstung während der Heerfahrten sicherten. Die Askanier bewältigten diese Aufgabe bis zuletzt.

Unter Wittelsbachern und Luxemburgern

Von 1319 bis 1323 hatte die Markgrafschaft schweren Belastungen standzuhalten. Zwietracht und Unsicherheit, Chaos und Faustrecht herrschten im Lande. Die Uckermark wurde von den pommerschen Herzögen besetzt, ebenso Teile der Neumark. Die Fürsten von Mecklenburg-Schwerin brachten die Prignitz unter ihre Pfandherrschaft und das Land *Grabow* dauernd in ihren Besitz (1321). Polen begann sogleich die Rückeroberung der östlichen Neumark zu betreiben. Weiter südlich wurde das Gebiet um *Meseritz* und *Schwerin* sowie *Schwiebus* und *Krossen* von Polen zurückgewonnen. Schließlich gingen nicht nur die Rechte an den beiden *Lausitzen,* sondern überhaupt die letzten brandenburgischen Rechte an der mittleren Elbe, am Südharz und im Magdeburger Raum verloren. Das »Land« *Jerichow* (1354) und das Gebiet um *Wolmirstedt* fielen nach und nach an das Erzstift, während die Herzöge von Braunschweig Stadt und Land *Wittingen* (1350), die Herrschaft *Lüchow* durch Kauf und die Altmark als Pfand übernahmen. Die größten Aussichten auf Nachfolge in der Markgrafschaft besaß, als Askanier, Herzog Rudolf I. von Sachsen-Wittenberg.

König Ludwig der Bayer zog jedoch die Mark als erledigtes Lehen ein und wies sie im Hausinteresse 1323 und endgültig 1324 (24. Juni) seinem achtjährigen Sohn Ludwig zu. Ludwig empfing durch seinen Vater das Fürstentum und die Brandenburger Mark (principatus et marchia Brandenburgensis) nebst dem

Erzkämmereramt des Reiches mit den Herzogtümern Stettin und Demmin, Land Stargard, Grafschaft Wernigerode sowie alle sonstigen Grafschaften, Herrschaften, die durch den Tod Woldemars als Reichslehen an den König zurückgefallen waren. Ungeachtet ihrer rechtlichen Wurzel wurden nun alle Gebiete, die jemals unter der unmittelbaren Herrschaft der letzten Askanier gestanden hatten, als Teile des Reichslehens Markgrafschaft Brandenburg angesehen. Eine askanische Gesamtherrschaft im nordostdeutschen Raum ist dadurch verhindert worden. Man wird das im Reichsinteresse und im Interesse einer unangefochteneren Entwicklung im deutschen Nordosten wohl eher zu bedauern haben; die wirtschaftlichen und kulturellen Beziehungen zum Süden des Reiches ergaben sich auch ohne den dynastischen Verbund. Trotz der Verdienste, die sich die Wittelsbacher durch modernere Formen der Verwaltung erworben haben, erreichten sie es nicht, in der Mark heimisch zu werden. Zwischen Bayern und Brandenburg gab es keine wittelsbachisch beherrschte Landbrücke. Daran und dann an Kaiser Karl IV., ihrem finanzpolitisch überlegenen Gegenspieler, sind die Wittelsbacher gescheitert.

Markgraf Ludwig der Ältere (1323/24 bis 1351, † 1361) vermochte sich nur langsam in der Mark durchzusetzen. Die Herrschaft mußte Stück um Stück wieder aufgerichtet werden. Erschwerend trat hinzu, daß die »Bayern« weder mit Sitten und Gebräuchen noch mit der niederdeutschen Sprache der Bevölkerung vertraut waren. Die Vormundschaft, eine Art Statthalterschaft, lag anfangs bei dem mit den Askaniern verwandten Grafen Berthold (VII.) von Henneberg-Schleusingen sowie dem Markgrafen Friedrich von Meißen. Sie ließen ihrerseits das Land durch Vögte und Hauptleute regieren. Wesentlich war, daß es den Wittelsbachern gelang, durch Verträge mit den Herzögen von Braunschweig die Altmark bei der Markgrafschaft zu halten. Vertreter einer landständischen Opposition, geführt unter anderen von den Ruppiner Grafen, beobachteten die Herrschaft scharf. Sie erwiesen sich fortan als ein Machtfaktor, mit dem alle Regenten zu rechnen hatten.

1334 schlossen die Wittelsbacher eine Erbvereinigung, durch die die gegenseitige Beerbung aller Söhne Ludwigs des Bayern in allen Besitzungen festgesetzt wurde. Die Brüder Ludwigs des Älteren empfingen die Belehnung mit Brandenburg deshalb zur gesamten Hand. Das hat sich in der Folgezeit nicht günstig auf die Geschicke Brandenburgs ausgewirkt. Als 1342 die Tiroler Erbtochter Margarete »Maultasch« mit Ludwig vermählt wurde, mußte dieser in weit voneinander entfernten Landschaften regieren. Während seiner Abwesenheit ließ sich Ludwig durch einen Landeshauptmann vertreten.

Seit 1342 erscheinen in diesem Amt Landfremde, so Graf Günther von Schwarzburg (1342 bis 1344), Burggraf Johann von Nürnberg (1345 bis 1346) und von 1347 bis 1365 der Süddeutsche Friedrich von Lochen. Die Affaire um den »Falschen Waldemar« (1348 bis 1357), eines von Karl IV. im Kampf gegen die Wittelsbacher vorgeschickten politischen Betrügers, schwächte die Grundlagen der Wittelsbacherherrschaft. 1351 zog sich Ludwig offenbar erschöpft und desinteressiert nach Bayern zurück. Er übergab das Land seinen Halbbrüdern Ludwig dem Römer (1352 bis 1365) und Otto (1352 bis 1373). Nach Ludwigs Tod 1365 hat Markgraf Otto allein »regiert«, bereits umworben und umstrickt von Karl IV., der auf eine Gelegenheit wartete, Brandenburg an sich zu bringen.

Eine »Erbverbrüderung« (1363) sicherte Karl IV. die Anwartschaft auf die Mark. Durch die 1366 geschlossene Ehe des Markgrafen Otto mit der kinderlos verwitweten Kaisertochter Katharina (1342 bis 1386) steigerte der Kaiser seinen Einfluß weiter. 1367 mußte Otto bereits die *Lausitz* an König Wenzel und die Krone Böhmen verkaufen. Mit Gewalt gelang es dem Kaiser schließlich zwischen 1371 und 1373, den Wittelsbachern Otto und Friedrich ihre Rechte mit fünfhunderttausend Gulden abzukaufen.

Brandenburg 1373/1375

Die Mark Brandenburg, die Karl IV. (am 15. August 1373) für eine halbe Million Gulden »gekauft« hatte, bestand nach dem Verzeichnis vom Herbst 1373 aus folgenden Landesteilen: der »Neuen Mark« *(Nova marchia)*, das heißt der Mittelmark im engeren Sinne; sodann der »Alten Mark« *(Antiqua marchia)*, der Altmark; drittens der Prignitz; viertens dem Uckerland *(Ukara)* und fünftens der »Mark über der Oder« *(Marchia trans Oderam)*, der Neumark. Dazu kamen die Lande der Bischöfe von Havelberg, Brandenburg und Lebus, die man in diesem Gebietsprogramm ohne Rücksicht auf ihre Reichsunmittelbarkeit vereinnahmte. Gleiches widerfuhr den Grafen von Lindow-Ruppin. Politische Wünsche und politische Wirklichkeit klafften auch um 1375 auseinander.

Das Gebietsprogramm schloß das vielleicht Erreichbare, das noch nicht endgültig Verlorene ein. Die Gebietsverluste, die zwischen 1319 und 1373 eingetreten waren, blieben unberücksichtigt. Die Lande Wolmirstedt und Jerichow waren ebenso verloren wie das Land Grabow (am Nordrand der Prignitz) oder Fürstenberg und Lychen. Gleiches gilt für die nördliche und östliche Uckermark mit ihren Zugangsmöglichkeiten zum Stettiner Haff; hier, bei seinen neuen Verwandten, erreichte Karl nur eine allgemeine Rücklösungszusage (1377). Das Länderdreieck um Pasewalk-Torgelow fiel erst 1720 an Preußen. Schließlich erschienen auch die verlorenen Teile der östlichen Neumark und die Burgbezirke Meseritz und Schwerin am Ostrand des Sternberger Landes 1373 nicht mehr, auch wenn gegenüber diesen Gebieten Rechtsansprüche bewahrt und wiederholt erneuert worden sind.

Die einstmals brandenburgisch-askanischen Lausitzen dagegen waren seit 1320 beziehungsweise 1367/68 im Besitz der böhmischen Krone. Sie stellten die Landbrücke nach Norden dar und ließen den Vorstoß Karls über Brandenburg zum Meer als aussichtsreich erscheinen. Insgesamt blieb Brandenburg mit seiner enormen West-Ost-Ausdehnung zwischen Salzwedel und Driesen (rund dreihundertfünfzig Kilometer) ein unverändert an zahlreichen Paßorten und Exklaven bedrohtes Inselterritorium, das auf die Dauer nur von einem Markgrafen aus dem Zentrum heraus zu regieren und zu behaupten war.

Bevölkerung und Besitzstand

Keine Quelle berichtet, wieviel Menschen um 1375 auf dem Territorium Haus und Hof besaßen. Man hat errechnet, daß in den etwa hundert Städten und Flecken und in ungefähr zweitausendfünfhundert ganz oder teilweise besetzten Dörfern an die zweihunderttausend Menschen gelebt haben könnten. Diese Rechnung beruht auf einer geschätzten Einwohnerzahl je Dorf und dorfähnlicher Siedlung von sechzig Personen und auf einer geschätzten Zahl der städtischen Einwohner in Höhe von etwa fünfzigtausend.

Die aus dem Herbst 1373 im Landbuch Karls IV. stammende Beschreibung ist zwar besonders im Hinblick auf den geistlichen Besitz unvollständig, gestattet aber Einblicke in die Besitzstandsstruktur. Verzeichnet werden zweiundsiebzig größere Städte (civitates), einundfünfzig Kleinstädte (»Minderstädte«), Burgen und Burgsiedlungen sowie elf schloß- und burggesessene Familien des Adels (nobiles), während die dem ursprünglich edelfreien Hochadel angehörigen Grafen von Barby und die Grafen von Ruppin als »barones« geführt wurden. Gemessen an böhmischen Verhältnissen mußte der neue Landesherr die Schicht der fast unabhängigen und der dem jüngeren Hochadel zuzurechnenden »Barone« vermissen. Doch befanden sich unter den Schloßgesessenen einige Familien, die sich nicht nur feste Häuser erbaut, sondern auch eigene Vasallen zugelegt hatten. Hervorgehoben werden 1373 die *Rochow* mit Burg und Städtchen Golzow, die *Bredow* mit Burg und Städtchen Friesack, die *Gröben* mit der Nuthe-Wasserburg Beuthen und der Insel Potsdam, die *Wulkow* mit Burg und Städtchen Falkenhagen, die *Steglitz* mit Burg Biesenthal, die *Lochen* mit der Stadt Wriezen. Das war die Mittelmark. Aus der Altmark erscheinen die *Schulenburg* mit Burg Betzendorf, mit »Stadt« und Burg Apenburg, die *Bartensleben* (deren Besitz bis Wolfsburg und Kloster Marienthal reichte), die *Alvensleben* mit den Burgen Kalbe und Klötze, die *Jagow* mit Burg Aulosen, die Burg Gartow, die *Erxleben* mit Burg und Städtchen Erxleben, die *Schenk* mit Burg Flechtingen, die Schenk von *Arneburg*, die *Wedern, Oberge* und, schon ins Lüneburgische ausgreifend, die *Bodendik* (Bodenteich). Aus der Prignitz erscheinen die *Gans zu Putlitz* mit gleichnamiger Burg, die *Rohr* (mit späterhin eigenen Häusern in Meyenburg und Freyenstein), die *Bosel* mit Burg Stavenow, die *Quitzow* mit starkem Besitz in der westlichen Prignitz. Für die Uckermark notierte der Schreiber die *Greifenberg* mit gleichnamigem Burgstädtchen, die *Holtzendorff* mit Burg Wernitz und die *Steglitz* mit dem Städtchen Brüssow. Aus der Neumark schließlich werden dem

Kaiser genannt die *Wedel* mit ausgedehnten Herrschaften samt Städten und Burgflecken, die *Uchtenhagen* mit Burg und Städtchen Zantoch, die *Osten* mit Burg und Städtchen Driesen, *Brederlow* mit Burg Dertzow und die *Vockenrode* mit Burg und Städtlein Sonnenburg. Im Kreise der Namen, die uns in der preußischen Geschichte größerenteils als Namen von Ministern und Generälen wieder begegnen werden, vermißt man lediglich das Haus *Arnim,* das zwar im Havelland und in der Uckermark um 1375 bereits begütert, doch noch nicht »schloßgesessen« war.

Es bleibt die Frage, ob Karl IV. von Begeisterung erfüllt war, als man ihm die Besitzstandsbilanz von 1373 vorlegte. Von den hundertdreiundzwanzig Städten, Burgstädten und Burgen waren nur sechsundvierzig in der Hand des Adels und sieben im Besitz von Bischöfen, Domkapiteln und Klöstern (etwa fünfundvierzig Prozent). Die volle Wahrheit aber zeigte sich erst bei den Burgorten. Fünfunddreißig Adelsburgen standen höchstens zweiundzwanzig überwiegend verpfändete landesherrliche Burgen, Burgstädte und Stadt-Burgen gegenüber. Auch deshalb dürfte die Zahl der verteidigungsbereiten Adelssitze noch höher gewesen sein. Aus alledem ergibt sich, daß Karl IV. nur einen äußerst begrenzten Raum tatsächlich beherrscht hat.

Die Tätigkeit und die Weisungen Karls für die Mark galten vor allem der Erhöhung der Einkünfte. Man wird zu bezweifeln haben, daß er bei den Ständen oder beim einfachen Volk sonderlich beliebt war. 1377 hat er wichtige Zollstätten selber inspiziert, sich Abrechnungen vorlegen lassen und ein höheres Einnahmesoll bestimmt. Wenig später verabschiedete er sich von seinen brandenburgischen Untertanen, indem er noch einmal eine »stura sive lantbete« im Werte von rund dreihunderttausend Scheffeln Hartgetreide vereinnahmen ließ. Rechnet man die 6647 Schock Groschen dieser Landbede in Gulden um (26 588 Florin), so ergibt sich in etwa der Betrag, der bei einer fünfprozentigen Verzinsung der Kaufsumme von einer halben Million Gulden zu zahlen war. Insoweit scheint allenfalls die Rechnung des Kaisers aufgegangen zu sein. Daß dem Nimmermüden seine weniger befähigten Söhne, denen die Geldquellen unter den Händen versiegten, einen Strich durch alle territorialen Pläne machten, steht auf einem anderen Blatt.

Es bleibt bemerkenswert, daß Karl den Blick auf die Ostsee richtete. Die Hanse wurde umworben, die dänischen sowie schwedischen Verwicklungen und Krisen ließ der Kaiser aufmerksam verfolgen. Sein Besuch in Lübeck 1375 stellt den Höhepunkt aller dieser, aus der Tangermünder Burg vorgetragenen Politik dar. Ein böhmisches Großreich von Prag über Tangermünde bis Lübeck, flankiert von der Elb- und der Oderachse, schien sich anzudeuten.

Doch es widerfuhr ihm das gleiche wie seinen askanischen Vorgängern. An den mißtrauischen und im Verhandeln zähen Fürsten in Sachsen-Lauenburg, Mecklenburg und Pommern lief er sich fest. Auch die Hanse-Herren in Lübeck nahmen seine Wirtschafts- und Verkehrsprojekte lediglich mit ehrfürchtigem Interesse zur Kenntnis. Freilich waren die Mittel des Kaisers, die für eine Fortführung der Nordpolitik nötig gewesen wären, zur Neige gegangen. Seine

Kräfte ließen nach; der Höhepunkt der Nordpolitik war bereits Ende 1375 überschritten. Fragen der Westpolitik und Ungarns erzwangen die Aufmerksamkeit des Herrschers. Er begann, sein Ende zu bedenken. 1375 beging er den auch für die Mark folgenreichen Fehler der Realteilung seines Hausbesitzes. Mit der Gründung des Burgstifts 1377 bei der neuen Residenz Tangermünde zeigte Karl, daß er seinen Nachkommen einen auf lange Zeiten berechneten Stützpunkt schaffen wollte. Doch diese verschleuderten das Erbe.

1378 folgte unter den Söhnen und Neffen des Kaisers erneut der Zerfall der Landesherrschaft. Die Luxemburger residierten nur noch selten in der Mark. Große Familien des Adels, die Bischöfe und die Grafen von Lindow-Ruppin sicherten notdürftig die Ordnung. Die Mark ist nach 1378 wiederholt in Ausstattungs- und Abfindungs-Herrschaften für einzelne Angehörige des böhmisch-luxemburgischen Hauses zerlegt worden, ohne ihre reichsrechtlich gesicherte Einheit zu verlieren. Die »Kur« hielt die »Mark« zusammen. Die beiden *Lausitzen* wurden zu Böhmen geschlagen. Die *Alt- und Mittelmark* erhielt Karls Sohn Sigmund (1378 bis 1388), die *Neumark* mit Sternberg fiel dessen Bruder Johann »von Görlitz« (1378 bis 1396) zu. Für Sigmund, seit 1385 König von Ungarn, und seine Verwandten ist die Mark Nebenland und Pfründe gewesen. Die Luxemburger haben 1402 dem Deutschen Orden die *Neumark* (als Pfandbesitz) verkauft. Es war der gefährlichste Gebietsverlust des nachaskanischen Jahrhunderts für den Bestand der Markgrafschaft. Die Chance, die in einem erneuerten Brandenburg liegen konnte, hat Sigmund nicht nutzen können. Er blieb in die süddeutsche, böhmische und italienische Politik eingebunden. Der Luxemburger hatte sich in jenen Jahren wiederholt der Tatkraft und auch finanziellen Hilfe des Burggrafen Friedrich VI. von Nürnberg bedient, zuletzt bei seiner Wahl zum Deutschen König (1410 in Frankfurt am Main).

Die Zustände in der Mark, wo sich derweilen die Herren von Quitzow mit ihren Parteigängern eine Interimsherrschaft eingerichtet hatten, wiesen fast bürgerkriegsähnliche Züge auf. Auf der Burg in Ofen (Budapest) verlangte eine Gruppe brandenburgischer Landesvertreter im Juli 1410 vom König einen Entscheid, um Recht und Ruhe wiederherzustellen. Am 8. Juli 1411 hat Sigmund dann den Burggrafen Friedrich VI. von Nürnberg (Zollern) zum »obersten Hauptmann und Verweser in der Mark« bestimmt. Es besteht kein Zweifel, daß er die Absicht hatte, seinem Parteigänger die Markgrafschaft und den Kurfürstenstatus Zug um Zug, unter Verrechnung von Krediten, zu übergeben.

Anfänge der Hohenzollernherrschaft

Das Jahr 1415 hat als Jahr des Dynastiewechsels in der brandenburgischen und preußischen Geschichte Epoche gemacht. Eine fünfhundertjährige, von den *Hohenzollern* in achtzehn Generationen bestimmte Periode nahm ihren Anfang.

Es verwundert nicht, wenn die älteren Historiker Brandenburg-Preußens stets auf diesen Einschnitt hingewiesen haben. Der Aufstieg der dem König verpflichteten Burggrafen von Nürnberg aus dem Hause der schwäbischen Grafen von Zollern in die kleine Gruppe der führenden Fürsten des Reiches und in den Kreis der unmittelbaren Königswähler war damit äußerlich abgeschlossen. Friedrich (VI.) I. († 1440) verfügte über günstige Voraussetzungen. Seit 1401 war er mit der Wittelsbacherin Elisabeth von Bayern-Landshut vermählt, einer Blutsverwandten, da er selbst in dritter Generation ein Nachkomme Kaiser Ludwigs des Bayern war. Er zählte überdies in fünfter Generation zu den Nachfahren des letzten staufischen Kaisers Friedrich II. und König Rudolfs von Habsburg. Von daher erklärt sich sein ausgeprägtes Selbstgefühl.

Friedrich I. besaß die Rechte eines Landesherrn, mit Ausnahme des Kurrechtes. Mit einem Gefolge fränkischer Ritter traf er am 22. Juni 1412 in Neustadt-Brandenburg ein. Man begrüßte sein Erscheinen in fast allen mittelmärkischen Städten. Auch die Bischöfe von Brandenburg und Lebus und die Geistlichen dieser Diözesen ergriffen seine Partei. Dagegen kam nur ein Teil des landsässigen Adels zur Huldigung in die Hauptstadt Brandenburg/Havel (10. Juli 1412). Der Adel der Prignitz und Altmark war nicht erschienen und legte es auf eine Kraftprobe an. Seine Führer waren der kriegstüchtige Kaspar Gans zu Putlitz († 1430), der in der nördlichen Prignitz über eine an Mecklenburg angrenzende flächige Herrschaft verfügte. Ihm standen Johann von Quitzow († 1437) und Dietrich von Quitzow († 1417), die die Paßorte Plaue und Friesack beherrschten und sich dort mit starker Rüstung verschanzt hatten, zur Seite. Wohl die gesamte westliche und nordwestliche Mark Brandenburg verweigerte die Huldigung. Der Burggraf sah sich einer umfassenden Rebellion gegenüber, deren politische und wirtschaftliche Wurzeln weit zurückreichten. Ein Jahrhundert der Ausbeutung und Überfremdung der Mark durch die häufig wechselnden süd- und südostdeutschen Landesherren und deren Vertreter dürfte seine Spuren im politischen Bewußtsein hinterlassen haben. Ein Teil des Adels war es überdrüssig, Jahr um Jahr Steuergelder nach Böhmen, Mähren oder Ungarn an die Höfe der Luxemburger abfließen zu sehen. Dazu kamen Ereignisse jüngeren Datums, die das Vertrauen der Brandenburger zu König Sigmund erschüttert hatten. So stand das »Recht« des Landes dem »Recht« des neuen Fürsten gegenüber. In der Literatur (Fontane) ist das Quitzow-Thema wiederholt ausgebreitet worden.

Nachdem Friedrich I. in dem Gefecht am Kremmer Damm (24. Oktober 1412) die der Quitzow-Partei zu Hilfe eilenden Pommern zurückgedrängt hatte, schloß er ein zweijähriges Schutzbündnis mit dem Erzbischof von Magdeburg. Aber erst im Februar 1414 griff er, unterstützt durch Magdeburg und Rudolf von Sachsen-Wittenberg, die Adelspartei auf ihren Schlössern an. Die Burgen Friesack und Plaue fielen, als »die große Büchse« Steinkugeln schleuderte. In Tangermünde hat Friedrich I. dann im März ein Landfriedensgesetz verkündet und die »Landfriedensbrecher« verurteilen lassen.

Als Dank für seine Verdienste um König und Reich übertrug ihm Sigmund in Konstanz (30. April 1415) das Kurfürstentum Brandenburg mit Kurrecht und Erzkämmereramt zu erblichem Besitz. Die Zahlung wurde auf vierhunderttausend Gulden festgesetzt. Zwei Jahre später (18. August 1417) wurde Friedrich in Konstanz feierlich mit der Markgrafschaft, dem Reichskämmereramt und dem Kurrecht belehnt, nachdem ihm in Brandenburg erneut gehuldigt worden war.

Das Gebiet Friedrichs I. umfaßte die Altmark, Prignitz, Havelland, Zauche, Teltow, Barnim, Lebus, Sternberg und einen Teil der Uckermark. Die Tafelgüter und Stiftsgebiete der rechtlich als reichsunmittelbar anzusehenden drei Bistümer Brandenburg, Havelberg und Lebus waren mit der Mark eng verbunden. Nachdem Friedrich in der Mark soweit Frieden gestiftet hatte, kehrte er nach Franken zurück (1416 bis 1420). 1419 kam es jedoch zu einem Bündnis der Herzöge von Pommern und Mecklenburg, des Erzbischofs von Magdeburg, der Könige von Polen und Dänemark gegen den Brandenburger. Der von Süden heranziehende Kurfürst errang zusammen mit seinem einstigen Gegner Kaspar Gans zu Putlitz am 25./26. März 1420 bei Angermünde einen im Volkslied besungenen Sieg über Herzog Kasimir von Pommern, der sich polnischer Hilfe bedient hatte. Brandenburg gewann das weitere Gebiet um Angermünde zurück.

Ende 1420 suchte Friedrich, um seine Erfolge zu sichern, Rückhalt bei Polen. Er betrieb den Plan, die Erbprinzessin Hedwig mit seinem Sohn Friedrich zu verheiraten. Den anderen Sohn Johann hatte er bereits 1412 mit Barbara von Sachsen-Wittenberg verbunden. Die vage Aussicht auf eine Hohenzollern-Herrschaft von Krakau bis Prenzlau und von Warschau bis Dessau zerschlug sich. Das wenig durchdachte brandenburgisch-polnische Bündnis, vor allem gegen den Deutschen Orden gerichtet, führte bald zur Feindschaft zwischen König Sigmund und Friedrich. Die Übertragung des Kurfürstentums Sachsen auf den Brandenburger, nach dem Aussterben der dortigen Askanier, scheiterte deshalb (1423). Die Wettiner erlangten den begehrten Kurhut und rückten damit in die erste Stelle unter den Rivalen Brandenburgs ein.

Die Kämpfe Friedrichs I. mit den Gegnern im Norden und Nordosten, die sich der offenen Unterstützung König Sigmunds erfreuen durften, setzten bald wieder ein. Nachdem nämlich Friedrich an dem Versuch mitgewirkt hatte, die Reichsregierung an das Kurfürstenkollegium zu bringen (Binger Kurverein, 17. Januar 1424), verlieh der König sogleich den Herzögen von Pommern die Uckermark (17. Februar 1424). Nun brach Friedrichs politische Stellung rasch zusammen. Er hatte die Schwierigkeiten einer in einer Hand liegenden weiträumigen Landesherrschaft über Franken und Brandenburg offenbar unterschätzt. Der Diplomatie Sigmunds war er nicht gewachsen. Das Bündnis mit Polen erwies sich bald als wertlos, weil dem sechsundsiebzigjährigen König Wladislaw von Polen von seiner vierten Gemahlin überraschenderweise noch seit 1424 vier Kinder geboren wurden. Polnische Streifscharen beteiligten sich sogar im Frühjahr 1425 an einem allgemeinen Krieg gegen die Uckermark, den die Herzöge von Pommern zusammen mit Mecklenburg-Stargard, Werle, dem Deutschen Orden und dem König von Dänemark begonnen hatten.

Als Friedrich I. erst im September die Belagerung der Grenzburg Vierraden mit geliehenem sächsischen Geschütz aufnahm, zeigten sich die Schwächen seiner Kriegskunst. Vor den Angriffen überlegener Gegner mußte er sich so eilig zurückziehen, daß sein schweres Gerät den Feinden zufiel. Der brandenburgische Adel und die sonstigen Streiter scheinen ihn zum Rückzug gezwungen zu haben. Der Unmut über den landfremden Fürsten hatte sich wieder ausgebreitet. Diesen Schlag und das Desinteresse fast aller seiner auswärtigen Bündnispartner an seinem Prestige hat Friedrich I. nicht verwunden. Nachdem er, die Konsequenzen ziehend, im Beisein der Stände die Regierung in der Mark zugunsten des ältesten Sohnes Johann niedergelegt hatte (Rathenow, 13. Januar 1426), betrieb er die Aussöhnung mit König Sigmund (Wien, 16. März 1426) und wandte sich wieder der fränkischen und der Reichspolitik zu.

Auf den Boden der Mark, für die er Wesentliches geleistet zu haben meinte, hat er seinen Fuß nicht mehr gesetzt. Aber er behielt sich als Kurfürst eine Art Oberherrschaft vor. Seine Hoffnung, für sein Haus die Königskrone zu erlangen (1438), zerschlug sich. Als er 1440 (21. September) auf der ansbachischen Cadolzburg, wo die Regierungsarbeit der Zollern konzentriert war, starb, war er in der Mark halbvergessen. Dort hatte er sich insgesamt nur drei Jahre lang aufgehalten.

Es hieße anachronistisch zu urteilen, wollte man gegen ihn aus späterer Sicht den Vorwurf erheben , daß er Brandenburg als eine bessere Sekundogenitur, als eine wenig ertragreiche Außenherrschaft betrachtet habe. Er verhielt sich wie alle Fürsten seiner Zeit, die Wittelsbacher eingeschlossen, und sah seine Aufgaben im Umkreis der Burggrafschaft, in der Reichspolitik, als Feldhauptmann des Königs und auch als Friedensfürst (Iglau, 1436). Der territorialfürstliche Partikularismus erscheint noch nicht als bestimmender Zug in seinem Handeln; erst in seinem Sohn Friedrich II. und in dem Enkel Johann bildet sich dieser Typ langsam aus.

Friedrich I. war eine der eindrucksvollsten Persönlichkeiten des deutschen Spätmittelalters, aber die territorialpolitische Perspektive eines »großen nordostdeutschen Staates« (E. Brandenburg) lag dem »schlichten Amtmann« Gottes »an den Fürstentümern« (1420) fern. Er war und blieb ein süddeutscher Dynast ohne erkennbaren Sinn für die raumpolitischen Gegebenheiten und Bezüge seiner nordostdeutschen Herrschaftsteile. Mehrung des Hausbesitzes, nicht »Staatsgründung« war sein Ziel. Mit den Erbteilungen seines Testamentes (1437) hat er das begonnene Werk zugleich gefährdet und – unabsichtlich – gefördert. Denn erst durch eine tatsächliche Trennung von den fränkischen Herrschaften konnte die Mark Brandenburg erhalten, was sie benötigte: den selbstverantwortlichen Herrscher.

Markgraf Johann († 1464), der zwischen 1426 und 1437 vom Schloß Tangermünde aus die Mark regiert hat, ist der inneren und äußeren Probleme Brandenburgs wenigstens in einigen Hauptpunkten (Friedenssicherung gegenüber Mecklenburg und Pommern, 1426/27) Herr geworden. Den fortdauernden Raubzügen einzelner Adliger wurde unter anderem mit Städtebünden (1434 bis 1437) zu begegnen versucht. Als die Hussiten 1432 entlang der Neiße und Oder mit Zehntausend Mann bis Bernau vorstießen, wurden sie von Johann erfolgreich zurückgedrängt. Berlin und Cölln, die sich 1432 vereinigt hatten, verhielten sich dem Landesherrn gegenüber abweisend. Johann residierte in der Spandauer Burg und vor allem im Kaiserschloß Tangermünde über der Elbe.

Als Friedrich I. dann 1437 seine Herrschaften für seine vier Söhne teilte, erhielt Johann den obergebirgischen Landesteil in Franken, während Friedrich II. († 1471), mit seinem zur Mitherrschaft bestimmten gleichnamigen jüngeren Bruder, mit der Mark und Kur ausgestattet wurde (1437 bis 1470). Alle Söhne sollten die Gesamtbelehnung vom Reich und die Huldigungen der Herrschaften empfangen, um einander beerben zu können. Jeder Sohn führte den Titel Burggraf und Markgraf, während der Titel »Kurfürst« und »Erzkämmerer« jeweils einem der in Brandenburg berechtigten Herrscher zukommen sollte. Eine Teilung zwischen den Friedrich-Brüdern war vorgesehen und ist zeitweise erfolgt (1447 bis 1463).

Mit diesen Bestimmungen über die Erbfolge war eindeutig gegen den Geist und Wortlaut der Goldenen Bulle verstoßen worden, denn die jeweilige »Kur« sollte sich auf ein einheitliches, unteilbares Territorium gründen. Schon die Teilungen, die Karl IV. und seine Nachkommen vorgenommen hatten, verstießen gegen die Goldene Bulle, obwohl durch die Rechtsform der Verpfändung (auch im Falle der Neumark) der ursprüngliche Zusammenhang jedenfalls juristisch gewahrt blieb. Auch die Markgrafschaft als Ganzes nebst Kurfürstentum kam erst nach dem Tode Sigmunds 1437 unwiderruflich an die Zollern, nachdem das Wiederkaufsrecht, das sich Sigmund 1415 im Hinblick auf die zu erwartenden Proteste der böhmischen Stände vorbehalten hatte, endgültig erloschen war.

Unter der langen Regierungszeit Friedrichs II. ist die Landesherrschaft der Zollern recht eigentlich begründet und verfestigt worden. Der Kurfürst erwies sich als tatkräftig, autoritär und besonnen, mit einem eigentümlichen, vielleicht durch seinen langen Jugendaufenthalt in Krakau hervorgerufenen »deutschen« Grundzug. Gegenüber den Unbotmäßigen des Adels, vor allem in den Grenzgebieten, setzte er sich soweit durch, daß er 1465 nach Mecklenburg mitteilen ließ, man könne die Straßen der Mark wieder unbehelligt benutzen. Mit der Unterwerfung von Berlin-Cölln (1442 bis 1448) und dem ersten Schloßbau an der Spree (1442 bis 1450) innerhalb des Mauerringes fiel die Entscheidung über den Standort der neuen Residenz; der Aufstieg Brandenburgs zum schließlich mächtigsten deutschen Teilstaat hatte begonnen.

Die geistliche Gerichtsbarkeit wurde nach und nach zurückgedrängt; das

Nominationsrecht für die Landesbistümer erwarb er von der Kurie (1447). Den Städten bestritt er, obwohl sie sich auch infolge des Vordringens holländischer und englischer Kaufherren im nördlichen Mitteleuropa in einer wenig günstigen Phase befanden, das Recht, die Mitgliedschaften in der Hanse wahrzunehmen. Von ähnlichen landesfürstlichen Aktivposten ist die außenpolitische Bilanz erfüllt. 1444 ließ sich Friedrich vom deutschen König ermächtigen, die der Mark entfremdeten Teile zurückzugewinnen, damit »alles nach gepurlichkeit widder darzu gelassen und bracht werden solle, alsdann von alters darzu gehort hat«. 1454/55 gab der Deutsche Orden die verwahrloste Neumark für vierzigtausend Gulden zurück. 1448 hatte der Kurfürst bereits die gesamte Niederlausitz erwerben können, doch mußte er den größeren Teil dieses Pfandbesitzes 1462 an Böhmen zurückgeben; immerhin behielt Brandenburg mit der Herrschaft Cottbus, mit Peitz, Teupitz und Bärwalde ein nicht unwichtiges Restgebiet, durch das der weitere Berliner Raum nach Süden hin etwas abgedeckt wurde. Erst Friedrich der Große löste 1742 den böhmischen Lehnsnexus dieser Herrschaften ab.

Die territorialen Hauptprobleme bestanden weiterhin in der Uckermark, die sich fast zur Hälfte seit 1354 im Besitz der Stettiner Herzöge befand. Wollte Brandenburg je zur Ostsee vordringen, mußten als erstes die alten Grenzen der Uckermark wiedererlangt werden. Der Kurfürst versuchte deshalb 1464, nach dem Ende der Stettiner Linie des pommerschen Herzogshauses, dort unmittelbar die Herrschaft zu ergreifen. Scharfe Kämpfe ergaben sich, als Friedrich – wie schon die Askanier – versuchte, bei Ückermünde wenigstens Anrainer des Haffs zu werden. Beim Waffenstillstand 1469 blieben die Burgorte Schwedt, Vierraden und Löcknitz vorerst bei Brandenburg. 1470 legte Friedrich II., der keine männlichen Erben besaß, die Herrschaft nieder. Er zog sich nach Franken zurück, wo er im folgenden Jahr starb. Im Hinblick auf die Wiedergewinnung brandenburgischer Gebiete hat er einige Erfolge zu verzeichnen gehabt.

Sein Bruder und Nachfolger Albrecht Achilles (1470 bis 1486) gehört zu den bedeutenden Fürsten seiner Zeit. In der Reichspolitik hat er, wie sein Vater, eine herausragende Stellung gewinnen können, nachdem er die Jugend als »Brandenburger« auf dem Tangermünder Schloß Karls IV. verlebt hatte (1414 bis 1426). Um 1438/39 unterstützte er König Albrecht II. im böhmisch-schlesischen Raum gegen König Kasimir von Polen und erhielt die dortige Hauptmannschaft. Den seit dem Nürnberger Reichstag (1444) in seinen Erblanden verbliebenen Kaiser Friedrich III. vertrat er als Reichshauptmann bei den Türkenkämpfen und in der Vorbereitung der Königswahl Maximilians I. Als Albrecht Achilles 1463/1467 seine Tochter Ursula mit Heinrich I. von Schlesien-Münsterberg, einem Sohn König Georg Podiebrads von Böhmen, verheiratete, kam es zu einer etwa bis 1471 reichenden Verstimmung mit dem Kaiser.

Bevor Albrecht die Mark übernahm, hatte er in Franken als Regent des »Unterlandes« (seit 1440, um Ansbach) und später auch des »Oberlandes« (seit

1464, mit Kulmbach und der Plassenburg) eine aufwendige, später jedoch wegen ihrer Aussichtslosigkeit von ihm bedauerte Politik getrieben. Ihm schwebte der Ausbau eines »Herzogtums« der fränkischen Bistümer und Städte vor. Die Widerstände im Hochstift Würzburg und im Umkreis von Nürnberg waren jedoch zu stark. Trotz aller Kriegsfahrten blieb er ein guter, weil harter Haushalter. Seine Erben empfingen die fränkischen Herrschaften nicht nur ohne Schulden, sie konnten auch noch einen erheblichen »Vorrat« (im Wert von vierhunderttausend Gulden) übernehmen.

Einer solchen Finanzkapazität bedurfte die ärmliche, von Friedrich II. zusätzlich in Schulden (hunderttausend Gulden) gestürzte Mark Brandenburg damals dringend. Albrecht hat, nachdem 1470 Herrschaft und Kurfürstenwürde auf ihn übergegangen waren, für die finanzwirtschaftliche Ordnung gesorgt, als erster der sechs bedeutenden »Haushalter« und Staatswirtschaftstalente unter den Kurfürsten und Königen. Durch genaue Aufsicht und Rechnungsführung, durch neue Zölle und Zinsen und zäh geführte Finanzverhandlungen mit den Ständen hat er die brandenburgischen Einkünfte seit 1470 (= 100) um etwa vierundvierzig Prozent steigern können; zu seinen Bruttoeinnahmen in Höhe von rund hunderttausend Gulden trug die Mark zuletzt etwa vierzig Prozent bei. Die Mark erhielt nichts geschenkt. Sie hatte sich grundsätzlich aus eigenen Mitteln zu erhalten.

Albrechts Räte regierten in der Mark energisch mit. Süddeutsch-fränkische Einflüsse, auch im Kulturleben, sind seit Albrechts Herrschaft stärker am *Berliner Hofe* wirksam geworden.

Mit fränkischen Heerhaufen und Rüstgeräten mußte Albrecht alsbald an den märkischen Grenzen fechten. Die Lage, die sein Bruder ihm überlassen hatte, war kritisch. Die gesamte Ostseite der Mark war in Gefahr, weil von *Pommern–Stettin* (1472 bis 1478) und von *Schlesien–Ungarn* aus (1478 bis 1482) Feinde gegen Brandenburg andrängten; Albrecht behauptete sich.

Durch seine Tochter Barbara, die er elfjährig 1472 mit dem bejahrten Piastenherzog Heinrich XI. von Niederschlesien-Glogau-Krossen († 1476) verheiratet hatte, war auch er nach dessen Tod in den Besitz von Erbansprüchen gelangt. Der Streit um dieses Erbe weitete sich zu einem Kampf um die Vorherrschaft im nördlichen Niederschlesien aus, während gleichzeitig an der Grenze zu Pommern neuerliche Grenz-Kämpfe drohten. Dort hatte Albrecht zwar in der Folge der »auf den ganzen Seestrand« gerichteten maritimen Politik seines Bruders die feierliche Bestätigung von dessen Landgewinnen (Frieden von Prenzlau, 1472) samt Anerkennung der Lehnshoheit erreicht. Es war aber ersichtlich, daß die Pommernherzöge Wartislaw X. († 17. Dezember 1478) und Bogislaw X. (1454 bis 1523) den Gewaltfrieden, zumal den Verlust der Städtchen Penkun und Gartz vor Stettin, umzustoßen versuchen würden. Indem Albrecht nunmehr ohne Rücksicht auf die Lage der Mark Brandenburg, lediglich im Hausinteresse handelnd, die zwölfjährige Witwe Barbara an König Wladislaw von Polen und

Böhmen gab, geriet er zwischen die Fronten und löste einen Streitfall aus, mit dessen Folgen seine Söhne noch mehr als zwei Jahrzehnte zu kämpfen hatten.

Ungarns Macht stieg unter Matthias Corvinus. Der Kaiser und Wladislaw von Polen verglichen sich mit ihm; die böhmischen Nebenlande Mähren und Schlesien kamen zu Ungarn. Seit Ende 1476 kämpfte Herzog Hans von Sagan, als weiterer Erbe, bei Glogau, Krossen und im Land Sternberg gegen die Brandenburger. Albrecht hatte auf ein lahmes Pferd gesetzt. Seit April 1478 drangen die Pommern bis Küstrin, Hans von Sagan mit ungarischen Kräften sogar bis zur Oderstadt *Frankfurt* und bis in die Zauche vor. Der Zangenangriff brachte die Brandenburger in eine Krise, die an gefährliche Wochen des Siebenjährigen Krieges erinnert. An der Wespentaille Brandenburgs zwischen Frankfurt und Schwedt drohte ein Schnitt. Karl IV., der Stratege, hatte hier seine Operationen beginnen lassen, bevor er die Wittelsbacher aus der Mark warf. Stände, Kanzler und Kurprinz Johann riefen nach Albrecht; Johann verglich sich, verzweifelt, mit einem Vogel im Fluge, »dem man beide Flügel abhauet«.

Erst Ende Juni 1478 traf Albrecht mit fünfhundert reisigen Pferden, größerenteils Franken, und zweitausend Söldnern zu Fuß nebst Gerät in Berlin ein; er stieß zur Oder vor, ließ seinen Sohn nach Süden hin sichern und drängte die *Pommern* in blutigen Gefechten aus den neumärkischen und pommerschen Grenzgebieten hinaus, mit Hilfe des alt- und mittelmärkischen Adels zu Pferde. Kurz bevor Albrecht das Land Stettin unter seine Botmäßigkeit bringen konnte, kam unter polnischem Einfluß eine Waffenruhe zustande (28. September 1478), gefordert auch von Familien des Adels, die beiderseits der Grenzen seit alters begütert waren. Die mächtigen Brüder Werner der Ältere und Werner der Jüngere von der Schulenburg bildeten politisch das Zünglein an der Waage; vom jüngeren Schulenburg, dem Teile der Altmark und der Uckermark gehörten, sagt der Chronist Kantzow: »Dan er was der Fürsten stets zu Friede oder Krieg mechtig.« Ähnlich verhielt es sich mit dem Johanniterorden in der Neumark, wo ein weiterer Schulenburg und ein Schlabrendorff Einfluß besaßen, alles Männer, die sich ihre Dörfer beiderseits der Grenzen nicht verbrennen lassen wollten. Dem hatte sich auch ein Albrecht Achilles zu fügen.

Der im folgenden Jahr geschlossene Frieden mit dem nunmehr regierenden Bogislaw X. bestätigte den Vorkriegsstand. Die größeren Gefahren drohten noch im Süden. Hans von Sagan, der das von Albrechts Tochter Barbara und einigen Brandenburgern gehaltene Krossen belagerte, wurde von Markgraf Johann bei *Krossen* in offener Feldschlacht besiegt (10. Oktober 1478); doch gegen ungarische Heerhaufen, die Ende 1478 bei Mittenwalde ein märkisches Aufgebot von sechshundert Mann zersprengten, verhielt sich Albrecht defensiv. Er wohnte in den Wintermonaten bei Frankfurter Patriziern, als scheute er sich, den alten Sieger-Nimbus gegenüber den Ungarn aufs Spiel zu setzen. Seine Diplomatie war dann insofern erfolgreich, als er sich mit Matthias Corvinus und Wladislaw von Böhmen-Polen zu einigen verstand, nachdem er eine Schwester des Wladislaw, Sophie, mit seinem Sohn Friedrich (1460 bis 1535), dem Stammvater der fränkischen Markgrafen, hatte vermählen können. Als Ergebnis mehrerer Absprachen kam es dann 1482 zum *Kamenzer Vertrag*, durch den Brandenburg noch Krossen nebst Züllichau zugesprochen erhielt. Damit hatte die Mark im Verfolg einer gewagten Operation ein erstes Stück Schlesiens gewonnen – als Einfallstor für spätere Zeiten.

Die Mark hat der an Gicht leidende Albrecht seit 1479 nicht mehr aufgesucht. Unter scharfer Aufsicht des Vaters regierte Johann. Die ständige Rücksicht auf die fränkische und reichspolitische Lage hat der Mark nicht nur Nutzen gebracht. Mit Albrechts Namen ist die *Erbfolgebestimmung* (»Dispositio Achillea« 1473) verbunden, die fortan galt, obwohl sie eigentlich nur für Albrechts Tod gelten sollte. Ein Teilungsverbot für die neuen Herrschaften stellte die Verfügung nicht dar: Seinem ältesten Sohn Johann und dessen Erben wurde die Mark Brandenburg mit allem Zubehör zugesprochen; der zweite und dritte Sohn (Friedrich und Sigismund) sowie deren Erben erhielten die beiden Fürstentümer in Franken, nach Losentscheid. Die übrigen Söhne sollten Bischöfe werden; die älteren Brüder mußten die Kosten für den Erwerb der Episkopate durch Jahreszahlungen finanzieren. Stürbe einer der weltlichen Fürsten, so hätten die Geistlichen nachzurücken, so daß die jeweils ältesten Brüder die Regenten seien.

Wesentlich für die weitere brandenburgisch-preußische Geschichte blieb aber doch die Tatsache, daß Albrecht die Mark ungeteilt ließ, während er in Franken eine Teilung wie bisher für vertretbar gehalten hat. Der Grund liegt in der Kenntnis Albrechts von den märkischen Einnahmen; sie reichten für zwei gute Hofhaltungen nicht aus. Seinem Bruder hat er einmal trocken entgegengehalten: Besser ein reicher Burggraf als ein armer Kurfürst. Später sah er die Frage des Landeswertes, rhetorisch gewandt, von der anderen Seite an: Die Mark Brandenburg sei ein »Land«, in Franken aber hätte man mit jedermann Grenzen. Mit großen Sorgen bemerkte er die Verschwendungslust seines Ältesten; er stachelte sogar dessen Kammersekretär zum Widerspruch an: »Sprecht ir aber ›ja herr‹, so wil der jung herr wenen, es sei alles gut und lebt im saus, bis das er nichts behelt.« Das ist fast das gleiche, was Friedrich der Große Heinitz für den Nachfolger aufgetragen hat, wissend, wie schnell ein Staat Schatz und Kredit einbüßen kann.

Kein Zweifel, daß mit Albrecht, der am 11. März 1486 nach der Königswahl im Frankfurter Dominikanerkloster starb, einer der bedeutendsten Zollern-Fürsten dahingegangen war. Sein Leben war reicher an Plänen als an Ergebnissen, erfüllter von Kämpfen als von Erfolgen; aber er erwies sich doch mit seinen elf nicht ganz gleichmäßig versorgten Kindern als ein Stammvater, dessen Blut bereits in der vierten Generation in fast allen deutschen Dynastien nachweisbar ist. Und er war, wie sein Urenkel Hans von Küstrin, ein »fürstlicher Kapitalist«, ein Ökonom, der in beiden Herrschaften Haus und Land für den Eintritt in die noch im Morgengrauen liegende »Neuzeit« vorbereitet hat. Aus brandenburgischer Sicht kommt Albrecht das Verdienst zu, das Land nicht geteilt, seinen Selbstbehauptungswillen gestärkt und Richtungen der Politik an der Ostgrenze, zum Teil auf von den Askaniern vorgezeichneten Bahnen, gewiesen zu haben.

Kurfürst Johann (1486 bis 1499)

Albrechts ältester Sohn hat die Politik des Vaters mit anderen Mitteln fortgesetzt. Eine Zäsur ist 1486 nicht zu erkennen. Es war ein Fehlurteil zu meinen, daß für Brandenburg nun ein »Stilleben« (R. Koser) eingesetzt habe, daß das »heroische Zeitalter« der Hohenzollern den Abschluß erreicht hätte. Die Kontinuität der Hauptfragen steht einer solchen Trennung entgegen. Ebensowenig ist jedoch die Regierungszeit Johanns lediglich ein Anhang der Periode Albrechts und Friedrichs II. gewesen (O. Hintze).

Obschon in der Regierungszeit Albrechts und Johanns (1470 bis 1499) das machtmäßig zu wahrende Landesinteresse deutlicher hervortritt, bleiben beide Fürsten noch jenseits einer Linie, die den Wechsel bezeichnet. Lediglich die letzten Regierungsjahre des Kurfürsten Johann lassen das Neue spürbar werden; beispielsweise, wenn sich der »Vater des ganzen Landes«, wie sich Johann in einem apokryphen Testament genannt haben soll, für den Plan einer *Universität* (Frankfurt, 1506) einsetzt.

Die geringere Wertschätzung Johanns in der älteren Historiographie mit den Gesichtspunkten des territorialen Zugewinns und der robusten Interessenvertretung stellt nicht das letzte Wort dar, auch wenn sich der Kurfürst tatsächlich auf das Bewahren des Erreichten und auf das Erreichbare beim inneren Ausbau des Territoriums beschränkt hat. Immerhin wurden die Möglichkeiten für eine Öffnung des Landes zur Ostsee hin im Auge behalten. Im Vordergrund stand die Wahrung der brandenburgischen Lehnsherrschaft über *Gesamt-Pommern* und die Erbeinigung mit den Herzögen. Die Lehnsherrschaft wollte jedoch der in seinen Mitteln nicht wählerische Bogislaw X. mit Hilfe von Polen, Dänemark und Böhmen abschütteln. In der entscheidenden Frage der Reichsstandschaft erzielte der listig-gewandte Pommernherzog einen Erfolg, der Lehnsdienst blieb ihm fortan erlassen. Die Anerkennung der brandenburgischen Erbanfallsansprüche wurde 1493 von hundertfünfzig pommerschen Prälaten und Herren beschworen und besiegelt. Doch blieben die feindseligen Stimmungen des Pommernherzogs, der sich durch Heiraten Rückhalt in Polen, Mecklenburg und Braunschweig verschafft hatte, gegenüber Brandenburg bis 1498 erhalten.

In der Frage der Reichsstandschaft Pommerns unterlag die brandenburgische Diplomatie, weil Pommern mehr und mehr zu den Reichslasten unmittelbar herangezogen wurde. In den Bereich der auswärtigen Politik gehört auch der

Ankauf der Herrschaft *Zossen* (1490), vierzig Kilometer südlich von Berlin gelegen, die wie Cottbus, Peitz und Teupitz bis 1742 böhmisches Lehen blieb. Gegenüber dem *Reiche* traten die Hohenzollern auch nach 1486 als einheitliche Dynastie auf und erhielten 1487 die Gesamtbelehnung. So wurde auch bei den Reichssteuern verfahren.

In der norddeutschen Politik nahm Johann zahlreiche Schiedsrichterfunktionen ein, unterstützte die Standesgenossen im Kampf gegen die »Freiheiten« der großen Städte und bewegte sich mit Augenmaß in einem Rahmen, der nach dem Verlust des an der Person Albrechts haftenden Prestiges den tatsächlichen Machtverhältnissen entsprach. Daß Johann alles andere als ein nur friedfertiger Bete-Fürst war, zeigte sich beim Streit um die neue auf das Bier gelegte Verbrauchssteuer (1488). Als sich in den altmärkischen Städten *Aufruhr* regte und Angehörige der Oberschichten besonders von den Stendaler Tuchmachern bedrängt und ermordet wurden, schlug Johann den Aufstand nieder und ließ fünf Rädelsführer hinrichten.

In neuen Verfassungsurkunden wurde der Status fürstenabhängiger Städte (später: Immediatstädte) festgeschrieben (1488 bis 1490). Auch hierin kündigte sich die neue Zeit an. Adel und Prälaten blieben im übrigen von der Steuer, die man dann im steuerkreativen 16. Jahrhundert als das »alte Biergeld« bezeichnete, befreit. Sie sollten lediglich kein Bier für den Verkauf brauen. Verstöße gegen diese Verbote haben die brandenburgisch-preußischen Amtsträger noch lange beschäftigt.

Johann hat im Einklang mit den großen *Adelsfamilien* regiert. Er war im Interesse der Landessicherheit auf ein starkes und rasch erscheinendes Aufgebot der Ritterschaft angewiesen. Ehe er Söldnerhaufen angeworben hatte, konnte ein Landesteil von Feinden überrannt und okkupiert worden sein. Kriegserlebnisse hatten ihm gezeigt, daß ohne Reitertruppen an den Grenzen der weiträumigen Mark nichts zu gewinnen und nichts zu halten war. Seine Haltung gegenüber dem Adel unterschied sich somit nicht von der seiner kurfürstlichen und königlichen Nachfahren.

Kurfürst Johann hat wenig gewagt und wenig gewonnen. Politische Kombinationen großen Stils waren seine Sache nicht, zumal die Möglichkeit einer Hilfe aus Franken weitgehend entfallen war. Er hielt friedfertig mit den Kräften Brandenburgs haus und fand auch deshalb das Wohlgefallen der Stände. Die letzten Monate seines Lebens verbrachte Johann, redlicher Verwalter eines aussichtsreichen Erbes, auf dem Elbschloß Arneburg, wo er am 9. Januar 1499 starb. Die sterblichen Überreste wurden später in den alten Berliner Dom (bis 1749) überführt. Ein Epitaph (heute Dom Berlin) der Erzgießer Peter und Hans Fischer aus Nürnberg bezeichnete dort die Ruhestätte, bis dann unter Friedrich dem Großen ein Teil der alten Kurfürstengräber bei der Domverlegung verschüttet worden ist.

Joachim I. (1499 bis 1535)

Mit sechzehn Jahren übernahm Joachim I. die Regierung. Er widersetzte sich mit Erfolg der Vormundschaft seines fränkischen Oheims Friedrich und heiratete 1502 die Dänen-Prinzessin Elisabeth. Stärker als sein Vater war er von dem Willen erfüllt, als Landesfürst persönlich zu regieren, den Ständen keine weiteren Rechte einzuräumen und im Reich als Kurfürst mitzuwirken. Die einzige Erwerbung Joachims, die *Herrschaft Ruppin,* ist ihm 1524 nach dem Tode des letzten Grafen friedlich zugefallen. Im Innern vollzog sich um 1500 ein folgenreicher Wandel. Unter Joachim sind zum letztenmal Erscheinungen des »Raubrittertums« bezeugt (1503 bis 1534). Söhne des Adels schädigten, ohne und mit Fehdeansage, Land und Leute. Der Kurfürst griff durch und ließ wohl fünfzehn Rädelsführer hinrichten, andere hart bestrafen. Willibald Alexis hat sich des Themas angenommen in: »Die Hosen des Herrn von Bredow«.

Sinkende Grundrenten, steigende Agrarpreise und monopolistische Tendenzen im Getreideexport, dazu Geburtenüberschuß und auch das Eindringen bürgerlicher Juristen in den Dienst des Landesherrn hatten die soziale und die wirtschaftliche Basis nicht weniger Familien gemindert. Während dieser Unruhen setzte bereits die Hinwendung des Landadels zur Gutswirtschaft und zur »Marktproduktion« ein. Wünschen des Adels hat Joachim I. stärker als sein Nachfolger nachgegeben. Er ließ sich auch von den Senioren der mächtigen Familien beraten. Bürgerliche Juristen blieben in der oberen Führungsschicht in der Minderheit.

Nach längeren Vorbereitungen (seit 1493) konnte 1506 die Universität Frankfurt eröffnet werden. Dietrich von Bülow, der Lebuser Bischof war, Eitelwolf von Stein und die Ratsbürger von Frankfurt teilten sich das Verdienst der Gründung dieser ersten, den humanistischen Studien verpflichteten Landes-Hochschule. Ulrich von Hutten und Thomas Müntzer gehörten zu den ersten Studenten. Die Landesherrschaft hatte nun die Möglichkeit, den Nachwuchs für Verwaltung und Rechtspflege unter eigener Kontrolle ausbilden zu lassen. Landeskinder, die in Frankfurt studiert hatten, wurden bei der Anstellung alsbald bevorzugt. Von rund fünfzig Brandenburgern, die im 16. Jahrhundert jährlich studierten, ließen sich fünfunddreißig an der »Viadrina« einschreiben. Bis 1810 haben dort außerdem zweitausendsechshundert Ausländer gehört; neunzig Prozent von ihnen stammten aus den östlichen Nachbarländern, vor allem aus Schlesien. So war die Oderstadt nicht nur ein Wirtschaftszentrum (Messe), sondern auch eine Stätte der Begegnung und Vermittlung für die Wissenschaft und Kultur im östlichen Mitteleuropa.

1515 erließ Joachim eine erste Städteordnung, die neben anderen Satzungen bezeugt, daß sich die Landesherrschaft nun anschickte, in das Leben der Bürger stärker einzugreifen. Auch die Bestimmung der Aufgaben des *Kammergerichts* im Widerstreit mit den Ständen (1516) verweist auf einen gewissen Wandel im

Selbstverständnis des Fürsten. Die Judenverfolgung (1510), in der der Landesherr sich als hilflos erwies, zeigte andererseits, wie stark Vorstellungen des Mittelalters fortwirkten. Juden wurden zum Feuertod verurteilt; andere mußten die Mark für einige Zeit verlassen.

In der Politik gegenüber *Kaiser und Reich* erwies sich der Kurfürst ebenfalls als eine Gestalt des ausgehenden Mittelalters. Er war jedoch auch mit modernen Wesenszügen ausgestattet. Im Reich kannte man ihn als friedfertigen, nur selten vom Jähzorn übermannten Territorialfürsten, der Recht und Ordnung in fester Hand behielt, »um unserer Lande und Untertanen gemeinsamen Nutzen zu befördern«. Er trat zugleich als ein hochgebildeter Herr auf, in Wissenschaften und Sprachen unterrichtet, Kenner und Mäzen in Person, so wie das Bild des älteren Cranach ihn zeigt.

Mit dieser Mentalität ist Joachim an Reichsangelegenheiten, vor allem an die *»Luthersache«* herangetreten. Luthers Einfluß und Lehre waren für ihn bald mehr als nur ein konfessionspolitisches Landesproblem. Im Bistum Brandenburg lag mit Wittenberg das Zentrum der Reformation. Unschlüssig hat Joachim den Unruheherd vor seiner Tür beobachtet. Des Reformators Wort und Schrift drang in die Familie des Kurfürsten ein. Luther griff auch Joachims Bruder, den Magdeburger und Mainzer Kardinal-Erzbischof Albrecht, wegen des Ablaßhandels an. Er hat den Kurfürsten selbst in der Affäre um die 1528 aus dem Cöllner Schloß nach Wittenberg unter den Schutz Kurfürst Johanns von Sachsen geflüchtete Kurfürstin Elisabeth, die Luther herzlich anhing, und wegen seiner Verbindung mit der schönen Berlinerin Katharina Blankenfelde scharf ermahnt. Der streitbare Reformator war dem Fürsten zum Widersacher in Haus und Land geworden. Hof- und Hauskonflikt Joachims hat Werner Bergengruen eindringlich in einem Roman nachempfunden: »Am Himmel wie auf Erden«.

Seinen Vetter Albrecht, Hochmeister des Deutschen Ordens, der 1525 auf Luthers Rat hin zur neuen Lehre übertrat und weltlicher Herzog in *(Ost-)Preußen* wurde, anerkannte er nicht.

Vor diesem Hintergrund ist die Stellung Joachims I. zur Reformation und zu Karl V. zu bewerten. Anfänglich in einem recht scharfen Gegensatz zum Kaiser stehend, beugte er sich mehr und mehr der Staatskunst des Austro-Spaniers und suchte das Durchdringen der Reformation in Deutschland zu verhindern. Trotz seines Geldmangels verführte ihn die Aussicht auf geistliche Güter nicht zum Übertritt in das Lager der Luther stützenden Fürsten.

Das Feld seiner nicht eng gespannten Hoffnungen aber blieb die Außenpolitik, überwiegend im Gewande der Heiratspolitik. Dort ist er erfolglos geblieben. Nach dem Reichstag von Worms (1521) mußte er bemerken, daß weder seine französischen Heiratspläne für den Kurprinzen noch die Erneuerung der Lehnsherrschaft über *Pommern* beim Kaiser durchzusetzen waren. Die von Karl V. in Worms verkündete Reichsunmittelbarkeit Pommerns hatte er hinzunehmen. Doch sicherte er 1529 mit dem Erbfolgerecht Brandenburg neuerlich die Aussicht der Nachfolge in Pommern. Eine Schaukelpolitik zwischen Habsburg und Frankreich versprach seit 1525 keine Erfolge mehr, obwohl die Hohenzollern seit 1515 über zwei Stimmen im Kurfürstenkolleg des Reiches (Brandenburg und Mainz) verfügten. Die Heirat des Kurprinzen Joachim mit der Tochter des altkirchlichen Herzogs Georg von Sachsen 1524, der Gegensatz zu Albrecht von Preußen, das Aufgebot im Bauernkrieg 1525 und eine Zusammenkunft mit König Ferdinand 1527 bezeichnen Etappen des Weges zum Gefolgsmann des Kaisers und zum zwischen Widerstand und Resignation schwankenden Verteidiger der in ihrer Schicksalsstunde stehenden Papst-Kirche.

Die den Zeitgenossen im Grundsatz geläufige Idee eines geeinten Territoriums der hohenzollernschen Fürsten von Mainz über Erfurt, Halberstadt, Magdeburg, Berlin, Jägerndorf bis nach Königsberg blieb bei ihm unbeachtet. Als Joachim 1535 verschied, waren bereits in Wittenberg von Luther und seinen Helfern mehr als hundert geborene Brandenburger ausgebildet und ordiniert worden. Sie alle konnten nun ungefährdet zurückkehren, weil eine Mehrheit im Lande Brandenburg Reformation und neue Kirchenordnung begehrte.

Magdeburg, Preußen und die Reformation

Kurfürst Joachim II. (1535 bis 1571) erwies sich als einer der besonnensten Politiker des Hauses, wenngleich auch er den Versuchungen seines Jahrhunderts nicht zu entgehen vermochte. Die Bauleidenschaft ist darunter wohl die kostspieligste gewesen. Das neue, die Macht des Kurhauses Brandenburg vorstellende Cöllner Schloß, der Ausbau der Feste Spandau oder das Jagdschloß Grunewald sind von dem hitzig genießenden und unbekümmert Kredit fordernden Landesherrn gegen die Stände durchgesetzt worden. Die Schuldforderungen gegen Joachim, die sich bei seinem Tode auf vier Millionen und siebenhunderttausend Gulden belaufen haben sollen, sowie die Schuldentilgung durch die Stände haben das Land beschwert und alle Stände mit dem Gedanken vertraut werden lassen, daß regelmäßige Steuerzahlungen für das Gedeihen des Landes erforderlich seien. Joachims immer wieder auflaufende Schulden besaßen so gesehen größtenteils den Charakter von Sondersteuern, mit denen neben dem Luxus-Verbrauch zu Lasten und zu Gunsten aller Einwohner der Ausbau Brandenburgs finanziert worden ist.

Der Kurfürst verstand es, mit zum Teil aus Sachsen und Hessen angeworbenen Amtsträgern das militärisch unzureichend gerüstete Land erfolgreich durch die Fährnisse der Zeit Karls V. zu steuern. Der Aufbau einer stärkeren sekundären Führungsschicht in der Landesverwaltung, die Hofordnungen von 1537 und 1551, die Ordnungen für die Landeskirche, die Vorbereitung weiterer Erwerbungen, alles dies ist sein Werk gewesen. Erste Grundlagen für den absolutistischen Staat des 17. Jahrhunderts sind damals geschaffen worden, indem Joachim, den trotz eines Hanges zur Volkstümlichkeit ein ungebrochenes fürstliches Selbstbewußtsein auszeichnete, die Stände durch ihre Einbindung in die Steuerschuldenverwaltung der Landesherrschaft dienstbar machte.

Beweglichkeit und taktischen Spürsinn bewies der Kurfürst auch in der *Außenpolitik*. Aus den Auseinandersetzungen im Reich zwischen Karl V. und seinen protestantischen Gegenspielern hat er Brandenburg weitgehend heraushalten können. *Magdeburgs* wegen sah er sich genötigt, an des Kaisers Seite am Kampf gegen den Schmalkaldischen Bund teilzunehmen und die Belagerung der Stadt (1550) zu unterstützen. Die Folge dieses Zwischenspiels mit den Habsburgern war, daß mit Zustimmung Herzog Moritz' von Sachsen 1550, 1552/1553 und 1566 brandenburgische Prinzen zu Erzbischöfen beziehungsweise Administratoren gewählt wurden; von 1513 bis 1626/1631 regierten ohne Unterbrechung Hohenzollern-Prinzen das mit reichem Kirchengut durchsetzte Erzstift. Sie bereiteten trotz konkurrierender Ansprüche der sächsischen Kurfürsten die Übernahme dieser Schlüsselstellung vor.

Insgesamt suchte Joachim, der das territoriale vor das konfessionelle Interesse stellte, politisch-militärische Aktionen großen Stiles zu vermeiden. Auch als Heerführer im Türkenkrieg hat er keinen Ruhm geerntet. Seine diplomatische Haltung, die sich in seiner Beteiligung am Augsburger Interim (1548) am sichtbarsten ausdrückt, hat Brandenburg vor Kriegslasten bewahrt. Gleichwohl geriet er als Senior des Gesamthauses in eine prekäre Lage, als sich sein Vetter zweiten Grades *Albrecht Alcibiades* von Brandenburg-Kulmbach (1522 bis 1557) als fürstlicher Condottiere eine gefährliche Sonderrolle anmaßte.

Seit 1551/1552 ging der »wilde Markgraf« immer gewagtere Kriegshändel ein, überfiel Würzburg und Bamberg, hoffend, mit Säkularisationsgewinnen doch noch ein »Herzogtum Franken« zustande zu bringen, wie es sein Urgroßvater geplant hatte. Als gefürchtetem Krieger und Söldnerführer, wendig und brutal, lief das kriegslustige Volk ihm überall zu; Kaiser und Papst planten mit seinen Kohorten. Doch er überspannte sein Aktionsfeld, wurde 1553 (bei Sievershausen) von Moritz von Sachsen geschlagen und starb – vom Reich geächtet – im Januar 1557 in Pforzheim. Der verwilderte Markgraf hinterließ ein Erbe, das sich überwiegend in den Händen seiner Feinde, der »fränkischen Einigungsverwandten«, befand. Hier drohte ein Einbruch in die fränkische Machtstellung, die in Berlin im Gesamtkalkül eine Rolle spielte, zumal auch die schlesischen Herrschaften *Oppeln, Ratibor* und *Jägerndorf* (die König Ferdinand I. an sich zu bringen trachtete) unmittelbar bedroht waren. Es bedurfte aller Verhandlungskünste Joachims und massiver Drohungen (»Wir alle Markgrafen zu Brandenburg [können] die [fränkischen] Bischöfe nicht anders als unsere Widerwärtige halten«), um das Stammland für den jungen Markgrafen Georg Friedrich (1539 bis 1603) zu erhalten (Wien, 1558).

Von ähnlicher Bedeutung für die Zukunft Brandenburg-Preußens war die *Polen-* und *Preußen-Politik* Joachims und seines hochbefähigten Kanzlers Lampert

Distelmeier. Joachims 1535 geschlossene Ehe mit Hedwig von Polen bot Anknüpfungspunkte, zumal über den in dieser Ehe erstgeborenen Sigismund. Auch Albrecht Alcibiades hatte, wohl mit dem Blick auf seinen schlesischen Besitz, noch 1556 zur Verbesserung der Beziehungen mit dem polnischen Hofe geraten. Dies geschah, weil Polen im Osten durch Angriffe Iwans des Schrecklichen und das Vordringen der Dänen und Schweden im Baltikum an guten Verbindungen zu den protestantischen Fürsten Nordostdeutschlands interessiert war. Ein Bündnis zwischen Polen-Litauen, dem Herzogtum Preußen und Brandenburg könnte, so ist damals wohl von den brandenburgischen und polnischen Unterhändlern gesagt worden, Rußlands Weg nach Europa behindern. Jedenfalls wurde durch beharrliches Verhandeln 1563 eine erste Zusage, nach dem Tod Herzog Albrechts (1568) bei der Belehnung Albrecht Friedrichs dann die Mitbelehnung der Kurlinie (an zweiter Stelle) erreicht (19. Juli 1569). Daß Joachim das Ereignis mit einem Fest beging, war angemessen. Es zeigt, daß er bei aller Friedfertigkeit einen wachen Sinn für bedeutende territoriale Perspektiven besaß.

Joachims Bruder, Markgraf *Johann* (»Hans«) von Küstrin (1535 bis 1571), besaß als Politiker wohl nicht den Weitblick Joachims, war jedoch auf wirtschaftlichem Gebiet als Regent seines Nebenlandes und in militärischen Angelegenheiten die tatkräftigere und rücksichtslosere Natur. Sein Herrschaftsbereich, den er selbständig, ohne Teilhabe an der Kurstimme regierte, umfaßte die Neumark, Sternberg, Krossen, Züllichau und Sommerfeld und die Herrschaft Cottbus. Er schuf dort, ohne sonderliche Rücksicht auf ständische Interessen, eine Wirtschafts- und Finanzverwaltung, die ihn bald befähigte, als Kreditgeber unter Standesgenossen aufzutreten. Er war eigensinnig und jähzornig, bekenntnistreu und um das Wohlwollen des Kaisers bemüht. Er glich insofern seinem Nachkommen Friedrich Wilhelm I.

In der Vorbereitung der späteren Machtstellung Brandenburg-Preußens spielt die *Reformation* mit ihren unmittelbaren und mittelbaren Folgen eine erhebliche Rolle. Wäre Brandenburg altkirchlich geblieben, hätten sich die späteren territorialen Allianzen nicht durchsetzen lassen; Bindungen an Polen und die Habsburger in Schlesien hätten sich andererseits ergeben können. Aber Konjunktive zählen nicht. Markgraf Johann hatte schon 1538 das Abendmahl in beiderlei Gestalt genommen und mit der für die Festigung seiner Landesherrschaft bedeutsamen Einziehung der geistlichen Güter begonnen. Joachim II. folgte, gedrängt von Adel und Städten, 1539, indem er – selbst zurückhaltend – öffentliche Bekenntnisakte freigab und 1540 eine neue Kirchenordnung erließ und Visitationen beginnen ließ. Trotz des Beibehaltens altkirchlicher Traditionen und Gebräuche ist das Land in beiden Teilen bald gut lutherisch geworden.

Der Kurfürst selbst hat sich vorsichtshalber öffentlich erst nach 1555 zur neuen Lehre bekannt. Aber Klostergüter und Bistümer gaben ihm eine erhebliche ökonomische Manövriermasse an die Hand, die er auf seine Art zu nutzen verstand. Trotz zahlreicher Verpfändungen an kapitalkräftige adlige Stände- und Landespolitiker ist es ihm und seinen Nachfolgern gelungen, den Großteil des säkularisierten Gutes in Ämtern zusammenzufassen und die Landesherrschaft damit entscheidend zu verstärken. Anderer geistlicher Besitz (Domstifte, Johanniterorden) dienten mittelbar der Hohenzollernherrschaft, indem sich der Landesherr Besetzungsrechte vorbehielt. Adel und Städte wurden mit kleineren Beständen und Gütern abgefunden, sofern sie nicht alte Hausklöster durch Kauf oder Tausch faktisch ihren Herrschaften eingliederten und auch dadurch den Abstand zu den übrigen Standesgenossen, den in der Regel nicht »Schloßgesessenen«, vergrößerten. Die Universität Frankfurt erhielt aus Kirchengütern eine verbesserte Ausstattung. Joachim bezeichnete sie in seinem Testament (1562) als »ein sonderlich kleinot unsers landes«, wo gottesfürchtige und gelehrte Leute für die geistlichen und weltlichen Ämter des Landes »aufgezogen« werden müßten.

Der Nachfolger Johann Georg (1571 bis 1598) konnte, da der Küstriner Oheim zehn Tage nach Joachim II. söhnelos gestorben war, Kurmark und Neumark vereinigen; nur die Küstriner Sonderbehörden bestanden fort (Regierung nebst Konsistorium seit dem 17. Jahrhundert, Preußische Kriegs- und Domänenkammer Küstrin bis 1815; Regierung Frankfurt/Oder bis 1945). Er erscheint als Mensch und Landesherr weit weniger beweglich als sein Vater. Als er im sechsundvierzigsten Lebensjahr an die Regierung kam, war er bereits ein gealterter, den großen Tagen der lutherischen Vergangenheit nachhängender Friedens- und Betefürst, der den Religionsfrieden von 1555 als Ausgangspunkt aller weiteren Politik betrachtete und dementsprechend gehandelt hat. Zu seinen Tugenden zählten Sparsamkeit, Sittsamkeit und ein kräftiger Familiensinn. Er galt bei der Kurie als reicher Fürst, da er als Verwalter der Havelberger, Lebuser und Brandenburger bischöflichen Tafelgüter und später auch als Nutznießer von Magdeburger Einkünften große Kapitalien zurückzulegen verstanden hatte. Dies war auch deshalb nötig, weil ihn von zweiundzwanzig Kindern immerhin vierzehn überlebten.

Eine geordnete *Güter- und Finanzverwaltung* erwies sich überhaupt als die entscheidende Voraussetzung für die Gesundung der desolaten Landesfinanzen. Auf den Landtagen von 1572 in Berlin und Küstrin wurde die Masse der angelaufenen Schulden (eineinhalb Millionen Taler) von den Ständen übernommen. Der kurmärkische Adel, der überraschend doppelt soviel wie die Städte tragen wollte, ließ sich damals neben den üblichen Bestätigungen noch die Erhaltung der Stiftskapitel (Brandenburg, Havelberg), die regelmäßige Zuwendung der dortigen Domherrenstellen an Märkische vom Adel, die ungestörte Ausübung der Kirchenpatronatsrechte in den Adelsdörfern und die Förderung der »in großen Abgang geratenen« Frankfurter Universität zusichern – sämtlich Konzessionen, die weit in die preußische Zeit hinein wirksam geblieben sind, weil auch die Könige ständische Grundrechte und Privilegien achteten. Die bald vom Kurfürsten geordnete Finanzwirtschaft hatte auch die Folge, daß er, im Gegensatz zu seinem Vater, von den Ständen stets ehrerbietig angesprochen wurde und daß er selbst die Landesherrschaft ständischen Einflüssen nicht mehr als üblich zu öffnen brauchte.

Der Regierungsantritt verband sich mit einem scharfen Kurswechsel. Die für die bisherige Mißwirtschaft Verantwortlichen wurden entlassen; der jüdische Leibarzt und Bankier seines Vaters, Lippold, fiel einem Justizmord zum Opfer und wurde in aller Öffentlichkeit verbrannt; Judenverfolgungen und Ausweisungen, von den Ständen gefordert, schlossen sich an. An »Toleranz« gegenüber Nicht-Christen war noch nicht zu denken. Die letzte Geliebte Joachims II., Anna Sydow, wurde auf die Zitadelle in Spandau gebracht. Dort ist sie 1575 gestorben. Das ziemlich brutale Vorgehen wirkte wie eine Warnung an die Angehörigen des Hauses, Konkubinate zu unterlassen.

Neben den Haus- und Landesfinanzen hat Johann Georg auf dem Gebiet der Kirchenverwaltung als strenger Lutheraner mit der umfangreichen *Kirchen- und Konsistorialordnung* (1573) ein bis in die absolutistische Periode hineinwirkendes kirchenverfassungsmäßiges Grundgesetz geschaffen, das auch dem allgemeinen Schulwesen in Stadt und Land stärkeren Auftrieb gab. Gerichts- und Regionalordnungen sowie General-Kirchenvisitationen (1573 bis 1581) dienten ebenfalls der »Modernisierung« der Landesverwaltung und der Landeskultur. Überhaupt hat Johann Georg die Bevölkerung in seiner »Landesherrschaft« an den lokalen Herrschaftsträgern vorbei nur dadurch erreichen und beeinflussen können, daß er das landesherrliche Kirchenregiment (Summepiskopat) so weit wie möglich in Anspruch nahm und auch die beiden Konsistorien stärkte. Die Pfarrer mußten 1577 einen Eid auf die in Kursachsen abgefaßte »Konkordienformel« leisten, die gegen die Melanchthon-Anhänger gerichtet war. Wer die Unterschrift verweigerte, hatte außer Landes sein Brot zu suchen. Diese offizielle Intoleranz behielt der Kurfürst bis zu seinem Ende bei. Der Kalenderreform Gregors XIII. (1582) trat er nicht bei. Noch im Testament warnte er vor den kalvinistischen und anderen sektiererischen Irrtümern. Und dennoch wurde seit den neunziger Jahren das reformierte Bekenntnis mehr und mehr geduldet. Kryptokalvinisten adligen Standes wie Graf Rochus von Lynar blieben ohnehin unbehelligt; niederländische Tuchmacher wurden in sechs Städten angesetzt. Es waren die ersten *Glaubensvertriebenen,* denen Brandenburg eine neue Heimat gab. Wie bei Johann Georgs Nachfolgern galt die Ökonomie mehr als die Konfession. Die Zunahme der Kalvinisten im Lande muß den alten Herrn noch in seinem Todesjahr beunruhigt haben, als ahnte er von den künftigen Konflikten zwischen Haus und Land. In seiner Leichenpredigt wird überliefert, er habe geäußert: Sollte er hören, daß seine Professoren zu Frankfurt kalvinisch würden, so wollte er lieber, daß Kollegium und Universität lichterloh in Flammen stünden.

In der *Außenpolitik* vermochte Johann Georg nur wenige Gewinne zu erzielen. Das enge, auch verwandtschaftlich begründete Einvernehmen mit Kursachsen ging so weit, daß in bedeutsamen Fragen zuerst der Rat des Kurfürsten August in Dresden eingeholt wurde. Sachsen und Brandenburg statteten in Reichsangelegenheiten ihre Gesandten mit gemeinschaftlichen Instruktionen aus. Als seit 1576 die Gegenreformation einsetzte, offenbarte sich in vielen Einzelfragen die Wehrlosigkeit des deutschen Protestantismus. Brandenburg war besonders in der Magdeburger Frage betroffen. Auf dem Augsburger Reichstag 1582 war dem Administrator Joachim Friedrich, dem ältesten Sohn Johann Georgs, Sitz und Stimme im Fürstenrat von den altkirchlichen Ständen verweigert worden. Der Administrator mußte unter Protest zurückweichen. Auch im Straßburger Bistumsstreit (1583 bis 1604) mußte sich Brandenburg 1604 schließlich mit einer Abfindung zufriedengeben, die dem protestantischen Gegenbischof Johann Georg von Brandenburg-Jägerndorf gezahlt wurde.

Bedeutungsvoll für die weitere Entwicklung sind jedoch neben der Jülicher Erbfolge, die im Zusammenhang im nächsten Kapitel behandelt wird, die Beziehungen zu Pommern geworden. Hier warf der hitzig geführte Handelsstreit zwischen Stettin und Frankfurt einen Schatten auf das Verhältnis der Fürstenhäuser. Es war Johann Georg daran gelegen, von den pommerschen Ständen die übliche Eventualhuldigung zu erlangen. Sein Schwiegersohn Johann Friedrich (1542 bis 1600) verlangte jedoch eine Gegenanwartschaft, die dem pommerschen Hause auch 1574 für die Neumark eingeräumt worden ist; sie wurde vom Kaiser bestätigt. Danach sind die Erbhuldigungen den Brandenburgern wieder geleistet worden, so daß sie sich 1637 nach dem Aussterben der Herzöge auf Ansprüche berufen konnten, die durch die Jahrhunderte hindurch bestätigt worden waren.

Schwieriger war dem Handelskrieg beizukommen, den Johann Georg 1572 bis 1574 verschärft hatte. Das Stettiner Handelshaus der Loitze brach damals zusammen. Als 1577 die Handelssperre nach Stettin aufgehoben wurde, um den Getreideexport des brandenburgischen Adels nicht mehr zu behindern, waren auch auf brandenburgischer Seite bereits erhebliche finanzielle und sonstige Schäden entstanden. Der Wohlstand im Lande sank langsam, aber stetig, weil die Handelsgewinne zurückgingen. In der für Brandenburg so bedeutsamen Getreide-Konjunktur zeichnete sich eine rückläufige Tendenz ab. Nicht nur in den größeren Städten, sondern auch im Bereich der Gutsherrschaften häuften sich die Depressionsfolgen. Die seit etwa 1580 ansteigende Zahl der Güterkonkurse bezeugte das Ausmaß der Wirtschaftskrise. Johann Georgs Wirtschaftspolitik war mithin aus inneren und äußeren Gründen ein Fehlschlag. Die Folgen blieben lange spürbar. Auf der Habenseite dagegen steht die in aller Vorsicht begonnene Vorbereitung des Aufbaus neuer Herrschaftspositionen im Westen und Osten. Wer im Kreis der Wanderstaaten nicht vorwärts ging, der siechte dahin. Brandenburg hatte sich für das Voranschreiten, für die Expansion entschieden.

ZWEITES KAPITEL

Territorialgewinn durch Erbschaft: Preußen, Jülich und die erste Regierungsreform (1598 bis 1619)

»Wann wir bei dem Kurfürsten viel sollten verlieren, viel leiden, viel ausstehen, so gewinnen und erhalten wir gleichwohl die Religion, welche mit keinem Schatze zu vergleichen, wir erhalten unsere deutschen Sitten, Sprach, Gebrauch, welches bei polnischem Regiment alles zu (Grunde) gehet.« Der preußische Kanzler Christoph von Rappe, 1611

Dynastie und Außenpolitik

Die Verbindung zwischen Brandenburg und dem Herzogtum Preußen war das Ergebnis dynastischer Heirats- und Erbpolitik. Joachim Friedrich (1598 bis 1608) hatte 1591 die Idee seines in Preußen als Vormund regierenden ansbachischen Vetters Georg Friedrich aufgegriffen, seinen Sohn Johann Sigismund mit der damals vierzehnjährigen Prinzessin Anna von Preußen zu vermählen. Anna vereinigte in sich als älteste Tochter des wegen Schwachsinns seit 1577 regierungsunfähigen Herzogs Albrecht Friedrich und der Jülicherin Marie Eleonore Erbansprüche auf Preußen und die Jülich-Kleveschen Lande. Obschon die junge Dame nicht von untadelhaftem Wuchs und, sogar nach dem Urteil ihrer Mutter, »der Schönsten keine« war, kam die Ehe zustande, zumal sich der Ansbacher bei seinen Verwandten für die neue Allianz nachdrücklich einsetzte. Kurfürst Johann Georg freilich erblickte nur Bedenklichkeiten. Er glaubte voraussehen zu können, daß die Jülichschen Erblande schwerlich »ohne Streit und auch wohl Kriege zu erhalten sein werden; ist dabei wohl zu sehen, daß man sich ungewisser Hoffnung willen nicht das Gewisse auf das Spiel setze und unsre Nachkommen, die noch allerseits jung und unmündig, in beschwerliche Verwicklungen stecke« (18. Februar 1590).

Weihnachten 1591 fand die Verlobung trotz starker Konkurrenzangebote des ebenso stark interessierten rheinischen Pfalzgrafenhauses statt; 1594 wurde in Königsberg das eheliche Beilager festlich begangen. Damit hatte Brandenburg, dynastisch gesehen, seine Hand bereits auf das Herzogtum gelegt. Das Endziel zu erreichen blieb eine Frage der Leistungsfähigkeit der brandenburgischen Diplomatie und Finanzwirtschaft. Der Erwerb großer Gebiete, gleichzeitig im Osten und Westen, kostete Geld. Wo die Haus-Einkünfte nicht reichten, mußten die Stände weiteres bewilligen. Bewilligten diese nichts, so blieb nur die Kreditaufnahme an westeuropäischen Bankplätzen.

Joachim Friedrich hatte nach dem Tode seines Vaters andere, näherliegende Sorgen. Auch dabei ging es um den Bestand von Haus und Herrschaft. Johann Georg hatte 1596 eine Teilung vor allem zu Gunsten seiner Kinder aus dritter Ehe verfügt, deren Auskommen er durch Land, nicht durch Renten sichergestellt sehen wollte. Er meinte, Teilung vermeide Streit unter den Stiefbrüdern. Als Kurprinz hatte Joachim Friedrich der Teilung nicht zugestimmt, unter Hinweis auf den alten Grundsatz der Unteilbarkeit der Kurlande. Nach dem Regierungsantritt hat das vom Kaiser konfirmierte Testament die brandenburgische Politik mehrere Jahre lang stark behindert. Markgraf Christian, der vor allem begünstigte älteste Sohn aus dritter Ehe Johann Georgs, bestand auf der Übergabe der ihm zugewiesenen Neumark, doch widersetzten sich die kurmärkischen Stände einer Aufteilung (1602). An den Beitritt Brandenburgs zu einem evangelischen Bunde oder an eine gegen den Kaiser gerichtete Politik im Interesse der evangelischen Reichsstände war unter diesen Umständen nicht zu denken, da der Kaiser die strittigen Gebietsteile hätte unter Sequester (Zwangsverwaltung) stellen können. Die Rückkehr der Brandenburger in das kaiserliche Lager (Februar 1603) rief bei der reichsständischen Opposition Proteste hervor, da sich nun auch der Straßburger Administrator Johann Georg von seinem Vater ebenso im Stich gelassen sah wie Georg Friedrich von Ansbach, der Stratege und zum Teil auch Finanzier dieser weiträumigen Politik. Aber es blieb richtig, den zweiten Schritt nicht vor dem ersten zu tun. Und so betulich-vorsichtig in der Sicht Droysens und auch noch Hintzes diese Politik erschienen sein mochte, sie war nicht nur zeittypisch, sondern auch wirklichkeitsnah.

Der neue Kanzler Johann von Loeben, Joachim Friedrichs Berater und Günstling seit langem schon in Magdeburg, hat an Stelle Christian Distelmeiers, der an dem Teilungsprojekt mitgewirkt hatte, Schwerpunkte im engen Einvernehmen mit den Ständen gesetzt. Die Reihenfolge: 1. Beschluß in der Testaments- und Teilungsfrage, 2. Preußen und Niederrhein, 3. Verbesserung der Finanzlage und Verwaltungsorganisation, 4. Zusammenwirken mit den anderen Evangelischen. Auf dem Ausschußtage im Januar 1603 haben die Stände zwar grundsätzlich die Zweckmäßigkeit einer wagemutigeren Politik zugegeben, aber darauf verwiesen, daß es aussichtslos sei, gegen Mächte von der Größenordnung Spaniens, Österreichs oder der großen geistlichen Fürsten anzukämpfen. Auch sei es problematisch, Frankreich oder die Generalstaaten dazu zu verleiten, sich in Fragen des Reiches und der Territorien einzumischen. Die Stände vertraten also eine Politik der Friedenswahrung, auch des Einvernehmens mit den Ständen der als Erbe zu erwartenden Territorien.

Es ist schwer zu bestreiten, daß eine solche Politik (wie sie später von den Ständen wiederholt gefordert worden ist) die Stände nicht nur zu geringerer Beisteuer nötigte, sondern auch der ungefestigten Gesamtsituation Brandenburgs besser entsprach. Der Tod Herzog Georg Friedrichs (26. April 1603) hat dazu beigetragen, den Erbstreit zu beenden. Die fränkischen Erblande standen nun zur Disposition des Gesamthauses. Joachim Friedrich konnte sich mit seinen Brüdern vergleichen. Sie nahmen im wesentlichen den 1598 zu Gera aufgestellten neuen Hausvertrag *(Geraer Vergleich)* an. Der *Onolzbacher Vergleich* (Juli 1603) besagte, daß die Kurbrandenburg mit allen Annexen und Anwartschaften, unter denen das Herzogtum Preußen besonders genannt wird, als unteilbares Herrschaftsgebiet in gerader Linie des Kurhauses zu vererben sei. Die beiden fränkischen Herzogtümer dagegen sollten den nachgeborenen Markgrafen Christian und Joachim Ernst zufallen (Sekundogenituren). Joachim Friedrichs zweiter Sohn Johann Georg, in Straßburg 1599 bis 1603 gescheitert, sollte aus der Erbmasse des Ansbachers das schlesische Herzogtum Jägerndorf als dritte Sekundogenitur erhalten. Für die übrigen Kinder waren Geldabfindungen vorgesehen oder zeitlich begrenzte Herrschaftsämter wie die Magdeburger Administration (Christian Wilhelm).

Trotz des herrschaftsrechtlichen Untergrundes der Frage wurde für die Unteilbarkeitsregelung ein politisches Argument in den Vordergrund gerückt. Es heißt: »... weil jetziger Zeiten die läufte nicht gelinder, sondern beschwerlicher werden und um so vielmehr dahin sorgfältig zu sehen ist, damit unser Haus bei ohne das obliegenden schweren Sachen und Geschäften, die doch demselben, ob Gott will, werden zu mehrerer Weiterung dienen, nicht in Abfall komme.«

Während Albrecht Achilles noch auf Bedürfnisse der fürstlichen Hofhaltung sowie die Lage der Landesfinanzen abstellte, erzwangen nun Gesichtspunkte der auswärtigen (Erb-)Politik die Einsicht, daß die Landesherrschaft als »Ganzes« anders als »private« fürstliche Beziehungen zu behandeln seien. Die Liebe der Eltern zu ihren Kindern habe, so Joachim Friedrich, Einschränkungen hinzunehmen, wenn es um die Erhaltung des »Hauses« ginge.

Die Bedeutung dieser *Erbregelung* geht über Anlaß und Zeitumstände hinaus. Noch war dies alles der Form nach eine »private« dynastische Erbfolge, keine staatliche »Thronfolge«. Aber das Neue kündigte sich an, indem nicht mehr allen Söhnen ein gleiches Recht zugestanden wurde. Die älteren auf dem Grundsatz der Unteilbarkeit beruhenden Hausgesetze, wie sie in größeren deutschen Landesherrschaften im letzten Drittel des 15. Jahrhunderts erlassen worden waren, waren immer wieder angefochten und durchbrochen worden. Mittelalterliche Traditionen wirkten weiter. Nun kam mit dem neuen Herrschaftsbewußtsein die *Primogeniturerbfolge* auf (Bayern 1578; Österreich 1621; albertinisches Sachsen 1652). Die Zollern gehörten 1598/1603 zu den ersten Dynastien, die das fortschrittliche staatsförderliche Prinzip durchsetzten, im Gefolge eines Landesteilungsplanes, der die Berechtigten zwang, die strittigen Fragen vor dem Hintergrund des mitteleuropäischen Mächtekonzertes zu durchdenken. Insofern hat Johann Georg mit seinem Plan ungewollt einen Anstoß für den weiteren Aufstieg Brandenburgs gegeben.

Die Erbfolgeregelung nebst Begründung (Aufstieg des »Hauses«) bezeugt aber auch, daß die »Herrschaft« im Begriff stand, Ansätze einer differenzierteren »Regierung« zu entwickeln. Auch das Selbstverständnis der Fürsten wandelte sich langsam. Der im 15. und im 16. Jahrhundert verwendete biblische Topos von den Fürsten als Gottes Amtsleuten (Weisheit Salomonis, 6,5), mit von den Ständen als den berufenen Vertretern des »Landes« anklagbaren und einklagbaren Schuldigkeiten und Pflichtigkeiten, empfing nach der Reformation mit der Übernahme der Verantwortung für das Seelenheil der Untertanen (Kirchenregiment) oder mit der Verantwortung für die Wiederherstellung des Seelenheils (Gegenreformation) und mit dem Aufkommen der neuen Staats- und Rechts-Theorien einen festeren Grund. Das von Gottes Gnaden übertragene Amt stand nunmehr auch in Brandenburg in einem als wechselseitig empfundenen Verhältnis zu Flor und Gedeihen des »Hauses«. Haus und Herrschaft zu erweitern diente der zeitlichen und der ewigen Wohlfahrt der Untertanen, die Gott den Fürsten anvertraut hatte.

Gründung des Geheimen Rates

Die Gründung des Geheimen Rates wurde nicht zufällig in einer Lage vorgenommen, in der der Kampf um die großen Erbschaften in sein entscheidendes Stadium trat. Der Zustand der zentralen Organe der Landesverwaltung war so beschaffen, daß eine Angleichung an die Verwaltungsorganisation anderer Landesstaaten (Sachsen, Bayern, Kurpfalz) als unumgänglich erkannt wurde. Im Rahmen der bisherigen »Kammerregierung« waren das Kammergericht für die Rechtssachen, das Konsistorium für die Kirchenangelegenheiten und die Lehnskanzlei für das Lehnswesen zuständig gewesen. In der »Kammer« selbst, den Räumen des Fürsten, bearbeitete dieser mit seinen »vertrauten« Räten und Sekretären die bedeutsamen Regierungsgeschäfte. Hier lief die Außenpolitik zusammen, hier wurden auch Weisungen für die innere Landesverwaltung erteilt.

Demgemäß hieß es noch in einer Bestallung für einen Kammersekretär Joachim Friedrichs von 1598: »Insonderheit soll er zu unserer Kammer fleißig aufwarten, unserer Händel und Sachen, so viel ihm davon von uns selbst oder unserm Kanzler an unser Statt anbefohlen und vertrauet, sich zu getreuer Expedition lassen angelegen sein«. Diese »Kammer«, zu der mehrere Sekretäre und Schreiber gehörten, war das zentrale Regierungsbüro. Es ist nicht mit dem späteren Kabinett der absolutistischen Herrscher vergleichbar. Das Neue an der kollegialisch arbeitenden Behörde von 1604 bestand darin, daß dieser »Geheime Rat« neben die älteren Behörden gesetzt wurde und einen Teil der bisherigen Aufgaben der »Kammer« sowie sonstige Bereiche zugewiesen erhielt, die für »des Landes Aufnehmen« wesentlich waren: Finanzwesen, Handel und Gewerbe, allgemeine Landespolizei und ähnliches mehr, dazu Teile der Außenpolitik und das Kriegswesen (»Defensionswerk«). Es blieb dem Kurfürsten, der an den Sitzungen des Geheimen Rates in dieser Phase noch nicht teilnahm, anheimgestellt, was in das Rats-Plenum gegeben werden sollte. Der Landesherr regierte auch künftighin »über« den Kollegien in und mit der »Kammer«. Aber er delegierte jetzt stärker und durfte qualifiziertere Beratungsergebnisse erwarten. Zu einer wirklichen »außen- und innenpolitischen Zentralbehörde des modernen Staates« (G. Oestreich) hat sich der neue Geheime Rat nur langsam entwickeln können. Das persönliche Regiment der Fürsten von Joachim Friedrich bis zu Friedrich Wilhelm ließ die Formen und Schwerpunkte noch häufig wechseln. Aber der entscheidende Neubeginn konnte mit der Ratsordnung von 1604 vollzogen werden. Es war ein erster Schritt auf dem Wege zu den späteren zentralen Ministerien Preußens.

Die Anregung zur Ratsgründung ist wohl von dem Kalvinisten Otto Heinrich von Bylandt, Herr zu Rheydt ausgegangen. Er entstammte einer Familie des Herzogtums Kleve, gehörte zu den Führern der jülichischen Patriotenpartei und hatte bis 1603 in den Diensten Georg Friedrichs von Ansbach gestanden; seit Oktober 1603 arbeitete er als Vertrauensmann der Kurprinzenpartei und vor allem der Herzogin Maria Eleonore von Preußen als Obrist und Geheimer Rat in Berlin. Ihm wurden vor allem Aufträge in den – wie es in der Präambel der neuen Ratsordnung heißt – »hochangelegenen, beschwerlichen Sachen«, zumal »die preußische, gulichsche, Straßburg- und jägerndorfische«, übertragen.

Im Juli/August 1604 hatte sich Rheydt, der »erste moderne Staatsmann in der brandenburgischen Geschichte« und »Apostel des politischen Kalvinismus und der niederländisch-französischen Staatsraison im Kampfe gegen das römisch-spanische Prinzip« (O. Hintze) in Heidelberg immerhin mit Erfolg um eine engere Verbindung zwischen Brandenburg und der Pfalz bemüht. Neben der bedeutsamen Verabredung einer dynastischen Verbindung wurde für das Vorgehen in Jülich-Kleve ein Modus verabredet, der sich bis zum Xantener Vertrag bewährt hat. Rheydt hat damals nicht nur die Gesichtspunkte einer das übliche Partikularinteresse überragenden kalvinischen Europa-Politik erfahren können, er sah auch ein »modernes« Ratskollegium in Aktion. Es ist dann und deshalb vor allem Rheydt gewesen, der im Spätherbst 1604 mit seinen Freunden die Neuordnung des Geheimen Rates durchgesetzt hat, und zwar gegen den Widerstand des Kanzlers von Loeben und anderer Lutheraner. Es war aber nicht nur die Ordnung selbst – wichtig genug –, die dem bedenkenvollen alten Kurfürsten abgerungen werden mußte, sondern eine erneuerte Politik im ganzen. Die Tendenzen der modernen Verstaatung überdeckten und durchdrangen zum ersten Mal die Gesichtspunkte des zähflüssigen Territorialismus.

Das »Regierungsprogramm« enthielt in die Zukunft weisende Begriffe: Finanzen, Militär, Förderung der wirtschaftlichen Wohlfahrt, Leistungsfähigkeit des Landes insgesamt. Hier wurde von einigen Feuerköpfen mit aller Schärfe ausgesprochen, daß es so wie bisher nicht weitergehen könne, daß man zurückfiele, daß man den Anschluß verlöre, wenn man an dem territorialistischen Schlendrian, an den Betulichkeiten und Bedachtsamkeiten des vorangegangenen Jahrhunderts festhielte. Erst seit und mit dem Großen Kurfürsten ist dieses Programm sichtbar verwirklicht worden, so möchte man meinen. Tatsächlich ging aber bereits manches in der »Vorlaufphase« bis 1640 in die brandenburgische Politik ein. Denn allen diesen Gedanken gehörte die Zukunft. Sie entsprachen dem Geist der Zeit, der sich vom Westen Europas nach Osten ausbreitete, nicht zum ersten und nicht zum letzten Mal.

Erbfolge in Jülich-Kleve und in Preußen

Die neue »Politik« erscheint in deutlichem Gegensatz zu den in vieler Hinsicht beengten Berliner Verhältnissen. Dennoch gelang es 1605, zwei Erfolge zu erzielen. Rheydt konnte im Auftrage des Kurprinzen Johann Sigismund und seiner Gemahlin Anna das Bündnis mit Kurpfalz nebst Eheberedung abschließen (7. Februar 1605); für den Erbprinzen Georg Wilhelm wurde die Heirat mit Elisabeth Charlotte (1597 bis 1660) in Aussicht genommen. Sie war eine Enkelin Wilhelms »des Schweigers« von Oranien (siehe Stammtafel III). Dazu kam dann ein Vertrag beider Kurfürsten mit den Generalstaaten (25. April), der gegen den Kaiser gerichtet war, falls dieser die Erbnachfolge behindern sollte. Gegen eine Zahlung von nicht weniger als je dreihunderttausend Gulden sollten in Holland fünftausend Mann bereitgehalten werden, die niederrheinischen Erblande beim Tode Wilhelms IV. von Jülich oder bei Vorstößen der Spanier für die Haupterbberechtigten zu sichern. Der Vertrag erregte Aufsehen und hatte damit einen Teil seines Zweckes erfüllt.

Aber es enthüllte sich auch die *militärische Schwäche* des Stammlandes Brandenburg. Es verfügte noch kaum über Söldner, die im Falle der Gefahr am Niederrhein hätten eingesetzt werden können. Im günstigsten Fall war mit einem Aufgebot von rund elfhundert Pferden (1604: tausenddreiundsiebzig) und rund zweitausendfünfhundert Mann Fußmiliz der märkischen Städte zu rechnen. Dazu kamen einige Kompanien Leibgarde und die kleinen Festungsgarnisonen unter dem Befehl der Festungsgouverneure (Oberhauptleute). Nun, unter dem Zwang, in Jülich möglicherweise über längere Zeit hin militärisch präsent sein zu müssen, wurde auch die Reform der brandenburgischen Kriegsverfassung begonnen und unter Johann Sigismund mit Nachdruck fortgesetzt. Die alte Lehnkriegsverfassung mit ihrem Aufgebot für die unmittelbare Landesverteidigung mußte Zug um Zug umgewandelt werden. Brandenburg brauchte bewegliche Eingreifreserven auf Sold-Basis. Das war die Aufgabe, die Johann Sigismund und seine reformierten Berater sahen und die sie nach dem Regierungswechsel auch zu bewältigen versucht haben. Erst einmal aber mußte noch Geld allenthalben die unzulängliche Rüstung ergänzen und ersetzen.

Die Erwerbung der Vormundschaft in *Preußen* gelang ebenfalls im April 1605, nachdem in Warschau und Krakau (Loeben und Waldenfels) lange verhandelt worden war. In Preußen besaß das Zollern-Haus inzwischen eine Art von Sperrminorität, nachdem Joachim Friedrich seine zweite Ehe mit der Schwester seiner Schwiegertochter im vorgerückten Alter von neunundfünfzig Jahren geschlossen hatte (23. Februar 1603). Er war nun Schwager seines Sohnes. Die Heiratsdiplomatie der Hohenzollern hat damals, was den Grad der Bedenkenlosigkeit angeht, ihren Höhepunkt erreicht.

Der Erfolg blieb nicht aus. Ungestört von anderen durch Einheirat Erbberechtigten konnte mit König Sigismund August III. von Polen verhandelt werden. Nicht nur der König, sondern auch die sonstigen maßgeblichen Kräfte der Adelsrepublik, die im Kampf mit Rußland und Schweden stand, entwickelten ein verständliches Talent, die preußischen Rechtstitel so hoch wie möglich zu vermarkten, um Gelder in die leeren Kriegs- und Staatskassen fließen zu lassen. Im Grunde war der Preußen-Handel ein Verkauf in Raten, zu dem sich Polen immer wieder unter dem Druck der Umstände bereitfand. Auch der jüngsten Geschichte ist die Vergabe von territorialen Titeln unter Rechtsvorbehalt nicht unbekannt.

1605 kam man nach langem krisenreichen Verhandeln zum Ergebnis. Dreihunderttausend Gulden waren für die Kuratel und Landesverweserschaft sogleich zu entrichten. Der persönliche Lehnseid wurde dem Brandenburger vorgeschrieben. Auf Erfordern des Königs seien für die Defension Preußens gegen Schweden vier Kriegsschiffe zu armieren; bei der Ausschreibung einer Sondersteuer (Tributum) im Königreich hätte Preußen jeweils sechzigtausend Gulden beizulegen. Die Stände Brandenburgs bewilligten nach und nach den größten Teil der geforderten dreihunderttausend Gulden für den Ankauf Preußens. Der Rubikon war überschritten. Alles Weitere bestand in der Herrschaftsübernahme und der rechtlichen Anbindung an Brandenburg.

Die bald darauf (1605 bis 1608) am Berliner Hofe zwischen Bylandt und dem Kurprinzen einerseits und der Loeben-Waldenfels-Partei andererseits auflebenden Auseinandersetzungen über die Grenzen der Risiko-Politik haben außer durch Verzögerungen kaum auf die neuen Grundlinien eingewirkt. Als Joachim Friedrich, der sich auch um den inneren Ausbau des Landes Verdienste erworben hat (Siedlungen im Netzebruch, Gründung der Fürstenschule in Joachimsthal für fünfundsechzig adlige und ebenso viele bürgerliche Schüler im Jahr 1607), am 28. Juli 1608 vom Schlag getroffen wurde, war die Umwandlung Brandenburgs in ein west-östliches Verbundterritorium mit Anschlüssen an die großen Mächte bereits in das Stadium des Vollzuges übergegangen.

Der Nachfolger Johann Sigismund (1608 bis 1620) hatte nach alledem, wie es scheint, nur bergauf zu schreiten und das Erbe in Besitz zu nehmen. An politischem Talent fehlte es ihm nicht; da seine Mutter eine Tochter Johanns von Küstrin war, vereinigten und potenzierten sich in ihm die Erbanlagen der älteren Hohenzollern, doch auch deren Schwächen. Geld konnte er rasch beschaffen und reichlich ausgeben. Der körperliche Zustand des beim Regierungsantritt erst Siebenunddreißigjährigen ließ zu wünschen übrig. Seine kulinarische Genußfreudigkeit kannte nur wenige Grenzen. Das eheliche Familienleben verkümmerte mehr und mehr, da die Kurfürstin Anna, die gleichsam an der Wiege Brandenburg-Preußens stand, eigenwillig, stolz und auch politisch urteilsfähig veranlagt war.

Ihr Ahnenerbe, mit Geistesstörungen beim Vater und bei den mütterlichen Vorfahren (einer ihrer Urgroßväter war Kaiser Ferdinand I., Sohn Johannas der Wahnsinnigen), schlug ungeachtet einiger menschlich gewinnender Züge soweit durch, daß ihr bewegliches Gemüt Hof und Politik regelmäßig in bedenkliche Unruhe versetzte. Sie beharrte auf einem eigenen politischen Mitwirkungsfeld mindestens in Sachen des Jülicher Erbes. Dies mußte ihr von Johann Sigismund, nicht ohne böse Mißhelligkeiten, von Fall zu Fall zugestanden werden. Parteien des Kurfürsten und der »Madama« standen sich häufig gegenüber.

Auch Markgraf Johann Georg von Jägerndorf, dem Bruder des Kurfürsten, war es zwischen 1612 und 1615 nicht gelungen, für Ordnung und Stetigkeit in Hof und Regierung zu sorgen. Im März 1609 trat mit dem Tod Johann Wilhelms von Jülich der an den Höfen mit Spannung erwartete Erbfall am Niederrhein ein.

Kleve, Mark und Ravensberg

Die Haupterben Kurbrandenburg und Pfalz-Neuburg hatten keine Hilfe von anderen Mächten zu erwarten, da die finanziellen Bedingungen des Vertrages mit den Niederlanden von Brandenburg nicht erfüllt worden waren. So kam es bald zu einer ersten Einigung zwischen Markgraf Ernst von Brandenburg und Wolfgang Wilhelm von Pfalz-Neuburg (31. Mai 1609), die bis zu einer Entscheidung über das strittige Erbrecht den gemeinsamen Besitz von Jülich-Kleve durch die Erben vorsah. Nach längeren Verhandlungen mit Wolfgang Wilhelm, der 1613 zum katholischen Glauben konvertierte und eine bayerische Prinzessin heiratete, ist dann unter Vermittlung der protestantischen Union, Frankreichs und Englands der Vertrag von Xanten geschlossen worden (2. November 1614), durch den die Teilung der Erblande in einen Neuburger Landesteil (Herzogtümer Berg und Jülich, mit Düsseldorf) und in die Brandenburger Lande (Kleve, Mark, Ravensberg, Ravenstein) festgelegt worden ist. Mit diesem Abkommen war die Teilung des Jülicher Erbes besiegelt.

Im Hinblick auf die hohen Kosten der Herrschaftssicherung am Niederrhein hatten die kur- und neumärkischen Stände im Herbst 1609 rund sechshunderttausend Gulden Beisteuer bewilligt, die auch in Preußen eingesetzt werden konnten. Es wurde lediglich die Erwartung ausgesprochen, daß der Kurfürst späterhin »von dem Einkommen solcher Herzogtumben diesen Erblanden hinwieder mit Hilfe beitrette« (5. September 1609).

Das Gebiet der Neuburger war geschlossener, wenngleich durch das Territorium Kurkölns zerrissen. Der Anteil Brandenburgs erwies sich auf die Dauer als wirtschaftlich wertvoller und ausbaufähiger, zumal nachdem Geldern und Mörs 1703/1712 hinzugekommen waren. Auch verfügte Brandenburg mit dem Klever Raum über den besseren Anschluß an die Wirtschafts- und Handelsrepublik der Vereinigten Niederlande. Insgesamt hatte Brandenburg, wie häufig schon in der Geschichte seiner territorialen Akquisitionen, beträchtliches Glück auf seiner Seite gehabt – nur daß es damals kaum jemand erkannt hat.

Das Land blieb noch lange Zeit von Spaniern und Holländern besetzt. Sie sicherten die neue Ordnung der Teilung, an der vorerst weder Brandenburg noch Neuburg Gefallen fanden. Doch das Provisorium ist zum Definitivum geworden. »Die Geschichte des Hauses Brandenburg«, schrieb später Friedrich der Große, »wird erst fesselnd mit Johann Sigismund: einmal infolge der Erwerbung des Herzogtums Preußen, sodann durch die Klevische Erbfolge, auf die er durch Heirat Rechtsansprüche hatte. Erst von dem Zeitabschnitt an gewinnt der Stoff an Fülle ...«

Es ist keine Frage, daß nicht nur Friedrich, sondern auch die Zeitgenossen an den Höfen und in den Kanzleien – zumal in Wien – das Ereignis zu würdigen verstanden. Dem nordostdeutschen Landesstaat war eine ungewöhnliche Chance zugefallen – das Band »von Memel bis Kleve« deutete sich an. Man hat von Pflöcken gesprochen, die damals im Osten und Westen eingesteckt und späterhin durch weitere Erwerbungen verbunden worden seien; das Territorium Brandenburgs sei an keinen einzelnen deutschen Volksstamm, an keine landsmannschaftliche Grenze mehr gebunden, etwas Ähnliches wie ein »Klein-Deutschland« sei nun im Entstehen begriffen (R. Koser). Auch wenn hier der von Droysen vertretene Gedanke einer »deutschen« Aufgabe Preußens durchzuschimmern scheint, bleibt es doch zutreffend, daß wie bei den Habsburgern nunmehr unter der Hohenzollern-Dynastie Herrschaften und Bevölkerungsgruppen vereinigt wurden, die wenig Gemeinsames aufzuweisen hatten, wenn man von siedlungszeitlichen Verbindungen zwischen dem niederrheinisch-westfälischen Raum und der Mark oder dem Deutschordensland Preußen absieht. In der Tat war es ein »Pflock«, der im »Westen« eingeschlagen worden war und der aus der sicherheits- und verkehrspolitischen Logik der Räume heraus nach verdichtenden Arrondierungen verlangte. Andererseits war es ein normaler, jedermann geläufiger Vorgang, daß der Hochadel Erbschaften einsammelte, wo immer sie zu erlangen waren.

Äußerlich betrachtet handelte es sich um kleine Gebiete. Um 1618 standen den westlichen hundertvier Quadratmeilen tausenddreihundertsechsundsechzig

Quadratmeilen »östliche« Territorien gegenüber (sieben zu dreiundneunzig Prozent). Die westlichen Lande machten, bezogen auf die brandenburgische Kur- und Neumark, etwa fünfzehn Prozent aus. Zu Beginn des 18. Jahrhunderts hatte sich das Verhältnis nicht wesentlich geändert. 1713, nach der Übernahme von *Minden, Mörs, Obergeldern, Tecklenburg* und *Lingen,* erreichten die westlichen Lande achteinhalb Prozent der Gesamtfläche Brandenburg-Preußens. Die wirtschaftliche Bedeutung der Gebiete, die an Brandenburg kamen, ist hoch zu bewerten. Es sei auf den Rheinhandel der Städte, auf die Zölle (Emmerich) oder auf die Ravensberger Leinenproduktion hingewiesen. Fast zwei Drittel der sich schon damals langsam entwickelnden Gewerbelandschaft des späteren Ruhrgebietes nebst Siegerland (Mark) gehörten nun zu Brandenburg. Eine »Bastion« am Rhein verlieh Brandenburg zusätzliches Prestige, zumal Brandenburg über ähnliche Sperr- und Zollpunkte an Weser (Ravensberg-Minden), Elbe und Oder verfügte.

Landesverteidigung und neues Heerwesen

Der Beginn der Arbeiten an einem »Defensionswerk«, das heißt einer Heeresverfassungsreform stand in engem Zusammenhang mit den Anfängen der »Niederländischen Bewegung«. Der Aufstieg der Niederlande zu einer der führenden Welthandels- und Weltkolonialmächte zwischen 1580 und 1620 hatte die Blicke der »Welt« auf das kleine Küstenland gezogen. Auf den Gebieten der Ackerkultur, der Architektur, der fiskalischen Landesverwaltung, der Natur- und Geisteswissenschaften und nicht zuletzt der schönen Künste erreichte das Land einen so starken Vorsprung, daß Gebildete und Bildungswillige aus allen zivilisierten Ländern Europas im frühen 17. Jahrhundert das Vorbild Holland studierten und nachzuahmen suchten. Auch ein Teil des Adels und der Ratsbürger Brandenburgs reiste Jahr um Jahr nach Westen, um in Utrecht, Leiden oder Franeker zu studieren.

Eine Sehenswürdigkeit ersten Ranges stellte das Heerwesen der Nassau-Oranier dar. Erstmals konnte man die Abteilungen eines neuartigen stehenden Heeres beim täglichen Exerzieren unter der Aufsicht eines gebildeten Offizierskorps beobachten. Aber nicht nur dieses sichtbare Beispiel wirkte immer wieder auf Brandenburgs Führungsschichten ein. Die geistigen Werke der Niederländer, vorab die des Neustoizisten und Staatstheoretikers Justus Lipsius (1547 bis 1606), breiteten sich auch im Osten aus. Lipsius avancierte zum politologischen Modeautor seiner Zeit (»De constantia in malis publicis«). Er schien ein Licht zu werfen in die Finsternisse der bedrohlicher werdenden Welt. Schon 1591 wechselte Lipsius Briefe mit dem Humanisten Franz Hildesheim (Universität Frankfurt an der Oder), der später Leibarzt Joachim Friedrichs geworden ist. 1606 erschien eine Auswahl aus den Schriften des Lipsius mit einer Widmung an den

Geheimen Rat und ehemaligen Kanzler Christian Distelmeier (1552 bis 1612), der zum Kreis Johann Sigismunds gehörte. So darf man annehmen, daß die Staatslehre des Lipsius samt seinen Verteidigungs-Maximen in Brandenburg bei den geistig und politisch führenden Kreisen verbreitet war, und zwar bereits vor 1612, als die »Politik« in der Stadt der »Viadrina« gedruckt worden war. »Noch vor dem offiziellen Übertritt des Kurfürsten zum Calvinismus wurde an der brandenburgischen Landesuniversität mit der Erziehung einer neuen Generation von Staatsmännern und Beamten im Geiste der neustoischen Ethik und Staatsauffassung begonnen« (G. Oestreich).

Ebenfalls noch vor 1613 wurde damit begonnen, die *Wehrverfassung* den veränderten Zeitumständen anzupassen. So wie die Reform des Geheimen Rats trotz einiger Rückfälle in die Kammer-Regierung eine große Stunde des Umdenkens und Neubeginns bezeichnet (Droysen: »Es ist der Anfang des preußischen Beamtentums«), so kündigte sich auch mit den Militär-Denkschriften dieser Jahre die Zeitenwende an, jedenfalls im politischen Denken und Planen einiger Amtsträger. Was als »Preußen« unter Friedrich I. und Friedrich Wilhelm I. so wuchtig und scheinbar überraschend formiert erscheint, ist in Wirklichkeit in Ursprüngen und Ansätzen über ein Jahrhundert weit zurückzuverfolgen. Gedanken, Modelle und Anwendungsbereiche der »Disziplina militaris« erreichten in einer ersten Welle das wirtschaftlich darniederliegende und nur geringe Überschüsse erwirtschaftende Kurfürstentum seit 1604 und stärker seit 1610. Der Getreidepreis stieg, die Ernteerträge sanken. Das Land befand sich in einer schweren Depression.

Eine Art Mobilmachung in der politischen Krise von 1610 (vierhundert Lehnpferde, sechshundert Mann aus den Städten) hatte schwere Mängel ergeben; in den Städten war es zu Protestaktionen gegen die Rüstungsbelastungen gekommen. Vor diesem Hintergrund wurden 1610/1615 Vorschläge zur Reform der Militärverfassung entwickelt, in denen der Einfluß der kurpfälzischen und niederländischen Wehrverfassungen erkennbar wurde: Regelmäßige Übungen in den Städten unter eigens angestellten Offizieren, Anwerbung von »Drillmeistern aus den Niederlanden, Schildwachen und Exerzieren vor dem Berliner Schloß, regelmäßige Paroleausgabe für die Truppen in der Residenz, Beschaffung von Rüstungsgerät im Laufe der nächsten sechs Jahre für etwa zwölftausend Mann (zu Fuß), welches in den Niederlanden zu kaufen und dann einzulagern sei«, als ein köstlicher Schatz des Landes, auch solle ein Ingenieur angestellt werden, um die strategisch wichtigen Punkte Brandenburgs zu vermessen und kartographisch darzustellen.

Der Autor der zweiten Schrift, möglicherweise der berühmte reformierte Geheime Rat Abraham von Dohna, suchte die begrenzten Quellen und Kräfte des Landes möglichst umfassend für die Verteidigung zu nutzen. Die Frage der raschen Aufrüstung war 1614/15 erneut dringlich geworden, nachdem die Spanier unter Spinola im Einverständnis mit dem 1613 katholisch gewordenen

Haus Pfalz-Neuburg in die niederrheinischen Territorien eingefallen waren. Die Stände wurden um vierhunderttausend Gulden für Defensionszwecke innerhalb und außerhalb der Landesgrenzen ersucht. Die unmittelbaren, von den Ständen unabhängigen Einnahmen Johann Sigismunds betrugen lediglich zwischen neunzigtausend und hunderttausend Taler und reichten kaum für die dringlichen Hof- und Herrschaftsausgaben. Das langsame Verfahren der Sondersteuerbewilligung durch die Stände, die mit der Verzinsung und Tilgung älterer und jüngerer Landesschulden belastet waren, erwies sich als wenig geeignet, in Notlagen rasch Geld für die Kriegskassen zu beschaffen. So auch 1615/16.

In einem gewissermaßen »demokratischen« Verfahren mußten jeweils erst die Kreistage des Adels die Forderungen vorberaten und Deputierte für einen großen *Ständetag* in Berlin bestellen. Im allgemeinen zeigten sich die Stände einsichtsvoll, obwohl ihnen Johann Sigismund – wie sein Vorfahr Joachim II. – überreichlich Schuldenübernahmen aufgezwungen hatte. Ein solches System war nicht beliebig fortsetzbar, wenn man nicht auf einen volkswirtschaftlichen Kollaps zusteuern wollte. Die Kosten der auswärtigen Politik drohten Brandenburg zu ruinieren. In der Altmark und Prignitz, Landschaften mit teilweise sehr ertragreichen Böden und guten Verkehrsverbindungen für die Vermarktung der Agrarprodukte, suchte man dem Kurfürsten entgegenzukommen. Provinzieller verhielt sich die uckermärkische Ritterschaft. Sie war bereits seit langem als zahlungsunwillig bekannt; dort schwatzte man in Gegenwart des kurfürstlichen Kommissars »über Hunde und Jagd« und schickte dreist keine Deputierten in die Residenz.

Man wird dabei zu beachten haben, daß der Ärger aller Stände über den Konfessionswechsel bei Hofe Fragen der Landesverteidigung in den Hintergrund drängte. Dem Kurfürsten wurde dann von einer Mehrheit angeraten, die »Defension« auf eigene Kosten nach seinem Gutdünken zu betreiben. Der Kurfürst Friedrich Wilhelm hat das dann mit Erfolg getan. So blieb unter Johann Sigismund das modern geplante »Defensionswerk« in Einzelmaßnahmen stecken. Der Kurfürst arbeitete weiter mit Krediten. Schlecht und recht kam man durch die Krisenjahre. Bis 1618 war die Schuldenlast der Herrschaft auf zwei Millionen und hundertzweiundvierzigtausend Taler angestiegen. Im Hinblick auf die sozialen und kreditpolitischen Folgeerscheinungen ist die Ausdehnung im Osten und Westen außerordentlich teuer bezahlt worden. Für eine grundlegende Auseinandersetzung mit den Ständen über eine Reform der gesamten Besteuerung war unter diesen gesamtpolitisch heiklen Umständen kein Spielraum gegeben.

In unmittelbarem Zusammenhang mit der Sicherung der Erwerbungen stand das Konfessionsproblem. Auch hier sind in der Regierungszeit Johann Sigismunds folgenreiche Entwicklungen ausgelöst worden. Zwei Bindungen an Grundsätze der Gewissensfreiheit waren vor 1613 erfolgt. 1609 hatte Johann Sigismund den Ständen von Kleve und Mark die Bestätigung erteilt, die drei Konfessionen der Katholiken, Calvinisten und Lutheraner nicht behindern zu wollen. Obwohl der Neuburger Fürst nach einigen Jahren von diesem Stände-Revers abrückte, hielt der Kurfürst daran fest. Als 1611 in den Verhandlungen über die Belehnung Johann Sigismunds mit Preußen die Religionsausübung erörtert wurde, sahen sich die Brandenburger genötigt, zu Gunsten der Katholiken Zugeständnisse für freie Religionsausübung (ungestörter Besitz der Kirchen und Bethäuser, keine konfessionellen Schranken bei der Übernahme von Ämtern) einzuräumen. Das Interesse der Dynastie am territorialen Zugewinn erscheint hier als hauptsächliche, wenn nicht einzige Ursache religiöser Duldung.

Der *Konfessions-Konflikt* in Brandenburg brach aus, als sich nach längeren politischen und religiösen Erwägungen Johann Sigismund entschloß, die Position des orthodoxen Luthertums aufzugeben und sich dem (deutsch-)reformierten Bekenntnis und damit politisch dem »Westen« zuzuwenden (25. Dezember 1613). Seit seinem Heidelberger Aufenthalt war auf den Brandenburger von einer Gruppe calvinistischer Adliger und Landesfürsten eingewirkt worden, während sich die Kurfürstin Anna abweisend verhielt. Der Kurfürst faßte den Entschluß zum Übertritt zu einem außenpolitisch entscheidungsträchtigen Zeitpunkt und gewiß auch mit dem Blick auf seine niederrheinischen Ansprüche. Die brandenburgischen und sonstigen Landstände waren weder gefragt worden, noch waren sie, nach einer solchen Rücksichtslosigkeit, bereit, den Übertritt mit Geldbewilligungen zu honorieren. Fast stärker noch als das Konfessionsbedenken und die Toleranz-Unwilligkeit war die Sorge verbreitet, mit der Schaffung neuer Stellen in den Residenz- und Universitätsstädten könnte Geld verschleudert werden. Diese Sorge war auch hier nicht unberechtigt. Das Vertrauen des Kurfürsten und der Mehrzahl der Mitglieder des Geheimen Rates auf die Durchschlagskraft der reformierten Lehre bestätigte sich nicht. Man stieß im Lande weithin auf eine festgefügte lutherische Front. Es entspann sich nun ein auf mehreren Ebenen geführter Machtkampf (1614 bis 1616), der den geringen Grad des Duldungsbewußtseins erkennen läßt. In rascher Folge erschienen an die zweihundert Streitschriften.

Vorerst ging es dem Kurfürsten darum, die Intoleranz der Lutheraner zu überwinden. Es war folgerichtig, daß die neue Richtung sich bemühte, Reformierten in der *Universität Frankfurt* Zugang zu verschaffen, was teilweise gelang. Von hoher Bedeutung war die Besetzung der Hofpredigerstellen, das eigentliche

Einfallstor der Reformierten. Der *Berliner Religionstumult* vom 3./4. April 1615 richtete sich gegen die Hofprediger Salomo Finck und Martin Füssel, deren Häuser bei den von Schießereien begleiteten Tumulten verwüstet wurden. Sechzig Trabanten mußten fortan für die Sicherheit des Hofes sorgen. Das ungeschickte Verhalten des Kurfürsten und seines Bruders, des Brandenburger Statthalters Markgraf Johann Georg (von Brandenburg-Jägerndorf) hat dazu beigetragen, daß die Bevölkerung eine Art Widerstandsrecht in Anspruch nahm und, im Einklang mit dem Votum der Stände, dem Landesherrn das jus reformandi bestritt.

Der Kurfürst scheiterte am *Widerstand* von Landadel und Städten, von Amtsträgern, von Theologen und seiner eigenen Frau, die »mit heiserer Weiberstimme« aus einem Fenster des Schlosses Berliner ermuntert hatte, sich den lutherischen Kaplan nicht nehmen zu lassen. Der Kompromiß, der dann ausgehandelt wurde und der für die Entwicklung in Brandenburg-Preußen konstitutiv geworden ist, sah folgendermaßen aus: Der Grundsatz eingeschränkter Bekenntnisfreiheit und der Gewissensfreiheit wurde für Lutheraner und Reformierte festgeschrieben. Keiner solle seines Glaubens wegen »gehetzet, angefeindet oder verfolget werden« (25. Januar 1615). In der Instruktion für den Geheimen Rat 1616 heißt es: »Niemanden seines Glaubens und seiner Religion wegen in einerlei Wege beunruhigen zu lassen, ... alle schädliche und verdammte Ketzereien und Sekten, als da sind alte und neue Arianer, alte und neue Photianer und dergleichen, abzuwehren.«

Die Katholiken, deren Kirchenobrigkeiten zu dieser Zeit (Habsburgische Lande, Schlesien) den »Evangelischen« Verfolgungen angedeihen ließen, wurden im Hinblick auf Polen toleriert. Ihnen war die private Bekenntnisfreiheit zugestanden. In der Instruktion für Georg Wilhelm (1619) heißt es, daß niemand beschwert werden sollte, »der sonsten from und still zu leben begehret«. Der Kurfürst aber war für die obrigkeitliche Ordnung in Staat und Kirche – unter Beirat der Stände – verantwortlich. Er war nun auch verpflichtet, für den konfessionellen Frieden einzutreten. Es ist einleuchtend, daß eine solche Garantie in erster Linie der Minorität zugute kommen mußte. Der Kurfürst wahrte sich das Recht, die Universität Frankfurt, die Schule zu Joachimsthal, den Geheimen Rat sowie die Hofpredigerstellen mit Reformierten zu besetzen. Auf der anderen Seite mußte er zugestehen, bei seinen Patronatskirchen keine Reformierten einzuführen.

Obwohl sich Fürst und Regierung 1618 resignierend eingestehen mußten, daß nur ein Bruchteil der Pläne gegenüber dem »Land« durchzusetzen gewesen war und daß die Reformierten damit auf unabsehbare Zeit eine kleine Minderheit bleiben würden, war etwas Entscheidendes geschehen: Brandenburg mit Annexen war ein paritätischer protestantischer Landesstaat geworden, in dem der Grundsatz »Cuius regio eius religio« nicht mehr galt. Die in sich geschlossene konfessionell gebundene Landesherrschaft war überwunden, weil der Herrscher, wie es Ranke die Zukunft vorwegnehmend ausgesprochen hat, »von dem herrschenden Bekenntnis einen Schritt zurückgetreten« war. Kirche und Staat entwickelten sich nun, trotz des fortbestehenden Summepiskopats, auseinander. Die Toleranzforderung wirkte in diesem Prozeß als eine von vielen Antriebskräften mit. Weichen für die Zukunft waren gestellt, auch wenn der Kurfürst selbst (»Er reitet, wie man ihn setzt«) über die Brandenburgs Aufstieg begünstigenden Konsequenzen seines Schrittes (O. Hintze: »Eine Achsenverschiebung der ganzen Lebenssphäre«) bestenfalls fragmentarisch Klarheit besessen haben dürfte.

Preußens ältere Geschichte

Das Herzogtum Preußen, im wesentlichen die spätere preußische Provinz Ostpreußen ohne das Ermland, entsprach jenem Rumpfstaat des Deutschen Ordens, der 1525 von dem Hochmeister Albrecht von Brandenburg-Ansbach (seit 1511) in ein weltliches Herzogtum umgewandelt worden war. Der 1198 gegründete Ritterorden hatte seit 1226 (Goldbulle von Rimini Friedrichs II. für den Hochmeister Hermann von Salza, †1239) mit der Missionierung der baltischen Pruzzen zwischen Weichsel und Pregel begonnen, war 1234 auch von Gregor IX. unter päpstlichen Schutz gestellt worden und hatte besonders seit 1295 durch intensive Kolonisationstätigkeit an die tausend Zinsdörfer rechts von der Weichsel und dreiundneunzig Städte (bis 1410) anlegen lassen können. Nach der Übernahme von Danzig und Pommerellen (1308 bis 1313), um das sich auch Brandenburg und Polen nach dem Aussterben der pommerellischen Fürsten bemüht hatten, erstreckte sich der Herrschaftsraum von der Neumark bis in die Grenzgebiete Estlands.

1309 hatte der Hochmeister seinen Sitz von Venedig nach *Marienburg* an der Nogat (südöstlich von Danzig) verlegt. Dort entstand im 14. Jahrhundert das gewaltige Hochmeisterschloß, das die Kämpfe von 1945 überdauert hat. Dort befand sich bis 1457 (Verpfändung des Schlosses durch Söldner) der Mittelpunkt des »Ordensstaates«, der sich durch moderne Landes- und Wirtschaftsverwaltung auszeichnete. Als Ostseemacht hatte der Orden, in Verbindung mit dem livländischen Schwertbrüderorden, Anteil an einem Handels- und Verkehrsraum, der sich von Rußland bis England erstreckte. In den Kämpfen mit der polnisch-litauischen Union seit dem Ende des 14. Jahrhunderts zeigte es sich, daß der Rückhalt des Ordens im Lande bei Adel, Bauern, Städten und den langsam in der deutschen Bevölkerung aufgehenden Pruzzen-Nachfahren nicht ausreichte. Die Schlacht bei Tannenberg (1410) und der zweite Frieden von Thorn (1466: Verlust von Kulmerland und Ermland an Polen) bezeichneten den Rückgang der Ordensmacht.

1457 verlegte der Hochmeister den Hauptsitz in die Ordensburg in *Königsberg* am Pregel. Der Orden mußte 1466 nächst dem Papst die Lehnsherrschaft der Krone Polens anerkennen. Diese Lehnsherrschaft verdichtete sich noch, als Albrecht von Brandenburg 1525 auch auf Luthers Rat hin die Säkularisierung des unverändert außerhalb des alten Reichsverbandes stehenden Staatswesens durchsetzte. Er ließ sich von Sigismund I. von Polen erneut belehnen, um seine Herrschaft gegen Papst, Kaiser und Deutschmeister abzusichern. Die Reformation breitete sich rasch aus. Das eher schwache und abhängige Herzogtum gewann Bedeutung als nordöstliche Bastion des Protestantismus. Die 1544 gegründete Universität in Königsberg entwickelte sich zu einem Mittelpunkt evangelischer Kultur und Ausbildung. Geist und Gestalt der alten Ordensherrschaft waren im späten 15. und 16. Jahrhundert bis auf Fragmente versunken. Züge und Verhaltensformen der polnischen Adelsmonarchie hatten auf Preußen übergegriffen, zumal das unmittelbar unter der polnischen Krone stehende Fürstbistum Ermland das Herzogtum wie ein Keil aufspaltete.

Elemente des »Ordensstaates« sind auf Brandenburg-Preußen nicht übergegangen, wenn man von örtlichen Verwaltungsstrukturen (zum Beispiel Amtshauptmannschaften etc.) absieht. Der Geist des Ordensstaates war erloschen. Was sich im späteren Preußentum, im Staatsdenken der Könige an Verantwortungsbewußtsein, an Nüchternheit und Selbstdisziplin findet, ist aus anderen Wurzeln hervorgegangen oder es beruht auf ähnlichen Mentalitäten und kolonialen Verhaltensformen der in Nordostdeutschland entstandenen Neustämme. Ebensowenig läßt sich wohl das elitäre Moment im preußischen Offizierskorps auf den asketischen und kollegialen Geist der Ordensritter zurückführen (W. Hubatsch). Das unausgebildete Geschichtsbewußtsein im 17. und 18. Jahrhundert und der fortdauernde Regionalismus standen solchen Ableitungen entgegen. Für Friedrich den Großen war der Ordensstaat eine in grauen Vorzeiten angesiedelte Erscheinung, die ihn geistig nicht bewegt hat.

Schweden, Polen und die Preußen-Nachfolge

Johann Sigismund hatte 1611, wohlweislich vor seiner Konversion, die Erneuerung der Vormundschaft und des Nachfolgerechts erlangt, zu »harten und abscheulichen« Bedingungen. Die Rechte des Herzogs in Preußen waren, auf Betreiben einer Adelsgruppe, durch Dekret des königlichen Lehnsherrn noch gemindert worden. Nur die dem Calvinismus zuneigende Familie der Burggrafen zu Dohna, mit einigen auch an holländischen Universitäten ausgebildeten Mitgliedern, stand fest zum Hause Brandenburg. Abraham von Dohna, Neffe des preußischen Oberburggrafen Fabian, vertraute seine wahre Meinung nur dem Tagebuch an: »Ich wollt' lieber bei Kurbrandenburg ein wenig haben, als bei Polen ein vieles«. Auch der Königsberger Kanzler Christoph von Rappe

(1566 bis 1619), kein Parteigänger der Dohnas, sah bereits in Brandenburg die protestantische Macht, die Preußen vor der Unterwanderung und Unterwerfung durch Gegenreformation und Polentum bewahren könnte. Während die vier »Oberräte« unter loser Berliner Aufsicht am Pregel regierten, dämmerte der letzte Ostpreußen-Herzog im Schloß seinem Ende entgegen. Auch der Kurfürst litt unter »Defekten«, wie sich ein auswärtiger Berichterstatter dezent ausdrückte. Seine Gemahlin bezeichnete ihn rundheraus mit ungewöhnlichem Takt »als durch langwierige Krankheit sehr am Verstande geschwächt«.

Von solchen Erscheinungen hängen geschichtliche Prozesse wohl auch ab. Das Regiment begann dem Kurfürsten zu entgleiten. Die von ihm lange Zeit zurückgedrängte Kurfürstin konnte nun das brandenburgische Konzert mitdirigieren, von besorgten Räten beobachtet und von den lutherischen Ständen gestützt.

Die Werbung Schwedens, König Gustav II. Adolf mit der Kurfürstentochter Maria Eleonore zu vermählen, mußte in Berlin wie ein Explosivgeschoß wirken, zumal dahinter ein gefährliches Bündnisangebot stand. Unvermittelt sah sich Brandenburg in den Konflikt zwischen der vorrangig von Schweden und (seit 1612) den Niederlanden getragenen »evangelischen« Koalition gegen Polen gestellt. Die Kurfürstin mit ihrem »allzu polnischen Herz« (wie ihr Mann kühl und klar bemerkte) suchte den unerwünschten Bewerber umgehend zu vergraulen: Ihr werde es viel lieber sein, ihrer Tochter zum Grabe zu folgen, als zur Trauung mit dem Schwedenkönig. Gegenüber zum Widerspruch neigenden reformierten Räten stimmte sie ähnlich makabre Saiten an: Wer nicht richtig riete, den könne es wohl noch an Kopf und Kragen gehen. Eine Löwin, die einen großen Wurf zu verteidigen meinte. Aber weder die brandenburgische noch die preußische Politik ist wesentlich von Frauen bestimmt worden. Der Kurfürst von Sachsen, als Schwager mit der schwierigen und auch sympathische Züge aufweisenden Psyche der preußischen Dame vertraut, besah sich 1616 die verworrenen und unter starken Reibungsverlusten leidenden Hofzustände und hat dem hilflos lächelnden Johann Sigismund den guten, aber anachronistischen Rat gegeben, notfalls »Maulschellen« auszuteilen. Damit waren jedenfalls die politischen Probleme auf die Dauer auch nicht lösbar.

Schwedens Schatten lag bereits auf der Südküste des Baltischen Meeres. Und Holland mit einem eher zunehmenden Ostseehandel zog mit; im Haag wünschte man das evangelische Brandenburg in der Preußen-Nachfolge reüssieren zu lassen. *Holländisches Kapital* stand via Kleve bereit, Brandenburgs endgültige Besitzergreifung in Preußen mitzufinanzieren, wenn die Berliner Politiker es nur wollten. Anfang 1617 kam als Vertreter der Generalstaaten für zwei Jahre Johann Sticke nach Berlin; als Grund für die Reise hat er selber angegeben, daß der Verlust Preußens Holland, Schweden, die gesamte Ostsee und natürlich auch die Sache des Evangeliums schädigen würde. Auch Landgraf Moritz von Hessen, einer der großen Bündnispolitiker dieser Zeit, war im Sinne eines internationalen evangelischen Generalkonvents tätig. Die protestantische Union, der Brandenburg nun halbherzig angehörte, sollte um die nordischen Reiche, um England, die Niederlande und sogar die Protestanten in der Schweiz erweitert werden. Dies alles bildete den Hintergrund, als der Kurfürst nach dem Tode Albrecht Friedrichs (18. August 1618) zur Übernahme der verheißungsvollen Erbschaft aufgerufen war.

Der Übertritt zu den Reformierten hatte ihm bei den lutherischen Ständen Ostpreußens wenig Gegenliebe eingetragen. In Livland stand ein Heer Gustav Adolfs. Es stellte für Polen eine massive Drohung dar, von der auch Brandenburg, obwohl nicht im Bündnis mit Schweden, guten Nutzen zog. Einer Gewalttat Polens an Johann Sigismunds Herrschaft, die jedoch kaum im Bereich des Denkbaren lag, hätte Schweden wohl nicht untätig zugeschaut. Es kam hinzu, daß sich Gustav Adolf unverändert mit der brandenburgischen Prinzessin zu vermählen gedachte. Neben dem bündnispolitischen Vorteil, den man von einem Junior-Partner Brandenburg erhoffte, stand die Aussicht, sich mit dieser Heirat an einen genealogisch und politisch bedeutenden Heiratskreis anzuschließen. Jedenfalls wurde hier bereits gegeben und empfangen. Genommen werden mußten auch Kredite, wo immer man sie bekam, in den Niederlanden oder 1610 beim König von Dänemark, der sich zu einer stark gesicherten Anleihe (zweihunderttausend Gulden zu sechs Prozent) herbeiließ. Die Hälfte war für die »Jülicher Händel« bestimmt, der Rest sollte unter Kontrolle der Stände als Staatsschatz für Verteidigungszwecke aufbewahrt werden. Die Schulden stiegen trotzdem (1619: 2 142 000 Taler), aber die Regierung blieb liquide, zumal bald darauf der Münz-Betrug und die Inflation der Kipper- und Wipperzeit vielen Gläubigern Abbruch tat.

Aus späterer *polnischer Sicht* mußte die endgültige Lehnsübertragung als Fehler erscheinen, als nationaler Verrat, als einer der Meilensteine auf dem Wege in die Katastrophe der Teilungen. Doch erscheint eine solche Bewertung auch deshalb als übertrieben, weil Polen keine reale Chance besaß, das Herzogtum zu inkorporieren, das heißt über den Thorner Frieden noch hinauszugehen. Der Abwehrkampf im Norden und Osten band alle Kräfte, die Weichselmündung blieb frei, und Preußen konnte im Notfall, so mochte es damals scheinen, durch einen Angriff erdrückt werden. Doch ist es nicht sicher, ob solche Erwägungen angesichts eines normalen dynastischen Erweiterungsaktes überhaupt von verantwortlicher Seite angestellt worden sind. Wenn man so will, hat Polen den Anerkennungsakt von 1605/1618 erst 1945, nach hohen Opfern, aufheben können, jedoch um den Preis ungewöhnlich hoher territorialer Abtretungen hinter seinen alten Ostgrenzen und anderer, zeitlich ungemessener Lasten. 1618, als Polen noch hinter der Düna und in der Ukraine stand, mußte dem polnischen König, den Magnaten, der Kirche und den Ständen die Herrschaft des Kurfürsten von Brandenburg über das evangelische Preußen in vieler Hinsicht als ein kleineres Übel erscheinen, verglichen mit der von den Schweden ausgehenden

Gefahr. Wer hätte damals auch in Warschau den Niedergang der Ostsee-Großmacht und den atemberaubenden Aufstieg Brandenburg-Preußens voraussagen wollen.

Ende einer Übergangszeit

Im Herbst 1619 verfiel der Kurfürst in tödliches Siechtum. Am 3. November übergab er die Regierung dem Kurprinzen. Am 2. Januar 1620 beendete ein weiterer Schlaganfall das Leben des Siebenundvierzigjährigen, auffälligerweise nicht im Schloß in der Nähe der Kurfürstin, sondern im Hause seines Kammerdieners in der Berliner Poststraße. Blickt man auf seine Zeit, so bleibt festzuhalten, daß er außenpolitisch längst nicht das hat einlösen können, was er als ein überaus tatkräftiger Kurprinz zu versprechen schien. Es trifft für ihn in besonderem Maße zu, daß er viel Bedeutsames hatte in die Scheuer fahren können, was seine Vorgänger und deren Berater weitsichtig ausgesät hatten.

Aber er hat das Tor zum Westen nicht nur vorsichtig offengehalten, sondern für modernen Geist und höhere Kultur weit aufgetan, so daß im westlichen Zugwind einiges von dem abgestandenen älteren territorialstaatlichen Wesen vergehen konnte. Unter dem Gesichtspunkt einer weiträumig verstandenen brandenburgisch-preußischen Staatsraison ist seine Regierung unverändert als »eine der bedeutsamsten in der Geschichte des brandenburgischen Hauses« zu werten (O. Hintze). Daß vieles noch ungesichert war, ändert an dem grundsätzlichen Erfolg nichts. Und die Fortschritte waren mit dem geringen Wirtschafts- und Finanzvolumen der vergleichsweise dürftig ausgestatteten brandenburgischen Alt-Gebiete erreicht worden. Das Weitere hing davon ab, ob man Besitz und Besitz-Ansprüche fest ergreifen und auf die Dauer würde behaupten können. Brandenburg war nun kein ausschließlich im Reich liegender Herrschaftskomplex mehr.

Mit Sorge blickte man deshalb immer wieder von Berlin nach *Wien*. Der Reichshofrat konnte auf Antrag des Kaisers die brandenburgischen Besitztitel für unerheblich erklären, am Niederrhein ebenso wie im säkularisierten Preußen. Die Besitztitel im schlesischen »Herzogtum« Jägerndorf waren nicht minder anfechtbar als die Administrationsherrschaft in Magdeburg. An den für eine Klage erforderlichen geistlichen und weltlichen Vorbesitzern oder Anspruchsberechtigten bestand nie Mangel. Und Brandenburg mit seiner nun kühn begonnenen Expansion war und blieb so gut wie ungerüstet. Mit dem Aufgebot der Lehnsleute und Spieß-Bürger war kein modernes Söldnerheer mehr zu zerschlagen. So fehlte es auch an einer Strategie, wie im Notfall die verstreuten Territorien verteidigt werden könnten. Nur kleinere Trabanten-Gruppen sicherten die Herrschaftsmittelpunkte. Doch darf nicht übersehen werden, daß neben aller

Machtpolitik eine festgefügte Rechtsordnung bestand, die aller Herrschaft ihren Grund gab.

»Gutes Recht« besaßen die Brandenburger nun in Fülle, mehr als sie eigentlich finanziell verkraften konnten. Mit dem Blick auf alle diese ungünstigen Voraussetzungen bleibt Johann Sigismund der Herrscher, dem in allem persönlichen und äußeren Mißgeschick doch das Glück des späten Erfolges zuteil geworden ist: Er hat, wagemutig und vorsichtig, die Bahnen des engen territorialen Handelns endgültig verlassen, als wäre in ihm bereits der Gedanke künftiger Möglichkeiten gewesen. Die Zeit von 1598 bis 1619 erscheint so als ein Ausschnitt aus der umfassenderen Zeitenwende. Um 1620 war nichts mehr so, wie es noch in den neunziger Jahren gewesen war. Das Reformationsjahrhundert mit seinen nachmittelalterlichen Zügen konnte als überwunden angesehen werden. Als Johann Sigismund im Cöllner Domstift beigesetzt wurde, ahnte niemand, daß von der Not und dem Glanz des 17. Jahrhunderts Brandenburg und Preußen ein mehr als angemessener Teil zufallen würde.

DRITTES KAPITEL

Vorfeld der Großmächte: Brandenburg und Preußen als Kriegsschauplatz und Ausbeutungsobjekt (1620 bis 1640)

»Will der Herr Kurfürst noch für andere interzedieren! Er sollte froh sein, wenn er sein eigenes Land behält.« Albrecht von Wallenstein, 1627

»Seine Liebden müssen fürwahr entweder Freund oder Feind sein; wann ich an ihre Grenzen komme, so muß sie kalt oder warm sich erklären. Hier streitet Gott und der Teufel.« Gustav II. Adolf, 1630

Herrscher, Heiratspolitik und Preußen-Belehnung

Die Geschichtsschreibung hat den Kurfürsten Georg Wilhelm (1619/20 bis 1640), das erstgeborene von acht Kindern Johann Sigismunds, überwiegend negativ beurteilt. Die Not, die die kurfürstlichen Lande während des nunmehr beginnenden Dreißigjährigen Krieges zu erleiden gehabt hatten, und das Ausbleiben territorialen Zugewinns mögen dabei den Ausschlag gegeben haben. Der beim Regierungsantritt Fünfundzwanzigjährige hatte 1611 die Universität Frankfurt besucht und hatte seit 1615 als Statthalter in Kleve politische Erfahrungen sammeln können. Dort war er Adam Graf von Schwarzenberg, seinem späteren Minister, begegnet. In das Stammbuch seines Bruders Joachim Sigismund (1603 bis 1625) hat er 1620 im Vollgefühl frischen Regentenglücks den Spruch eingeschrieben: Dem tapferen Herzen ist nichts unmöglich (»au cœur vaillant rien impossible«). Man wird auch für ihn annehmen können, daß er in Frankfurt wie in Kleve mit der besonders in den Niederlanden (Lipsius) gepflegten neustoisch-humanistischen Staatslehre und Lebensphilosophie in Berührung gekommen ist. Doch ist nicht erkennbar, daß dies erheblich zur Verbesserung seiner Regenten-Fähigkeiten beigetragen hätte. Er war eher bequem und vor allem kränklich, vielleicht auch gezeichnet durch die gestörte Ehe seiner Eltern. Seit 1620 litt er zudem an einer Beinkrankheit, so daß er seitdem eine Sänfte benutzen mußte. Von der harten Tatkraft seiner Mutter Anna scheint er wenig aufgenommen zu haben, allenfalls Eigensinn. So blieben die Verhältnisse bei Hofe unerquicklich, zumal es weiterhin an Geld fehlte.

Am liebsten hätte der Sohn die Mutter auf den Witwensitz Schwedt an der Oder abgeschoben, um ihrer unerbetenen Ratschläge ledig zu sein. Das Projekt einer Teilung oder Doppelregierung Brandenburgs, wie zur Zeit Joachims I., zerschlug sich, als der zweite Sohn Joachim Sigismund ebenfalls zur reformierten

Lehre übertrat; die Gegensätze zwischen der hartnäckig um unverminderten Einfluß auf die Regierungsgeschäfte kämpfenden Kurfürsten-Mutter und Georg Wilhelm verschärften sich so von Jahr zu Jahr. Neben ihrem kaum anfechtbaren Status als eine Art Oberregentin in Kleve besaß die Alt-Kurfürstin noch die Möglichkeit, mit den Heiraten ihrer übrigen Kinder europäische Politik zu betreiben. Und sie nutzte diese Chance, zur Verblüffung und zum Ärger ihres Sohnes.

Das schwierigste Projekt, vor dem der junge Kurfürst stand, bildete die Erneuerung der *Belehnung mit Preußen;* hier waren längere und kostspielige Verhandlungen zu erwarten, die von Königsberg aus geführt werden mußten. Nicht ohne schwere Bedenken ist der Kurfürst, begleitet von seinem nunmehrigen ersten Berater Schwarzenberg, Anfang Februar 1620 abgereist. Dem die erste Regierungsverantwortung tragenden Geheimen Rat Adam von Putlitz hatte Georg Wilhelm ahnungsvoll eine Instruktion schreiben lassen: »Im fall sich unsere Frau mutter in Sachen das regiment betreffend einmischen oder aber eines oder das andere wider uns zu praktisiren sich unterfahen wollete, sollen unsere Geh. Räte solches nicht zugeben ... und es verhindern.«

Anfang Juni erschien unversehens König Gustav Adolf incognito in Berlin, um seine 1617 erörterte Brautwerbung um Maria Eleonore zum Abschluß zu bringen; nachdem er die Prinzessin für gut befunden, näherte sich der stattliche Mann nach einem Sonntagsgottesdienst der Mutter, »sehr demütig«, und erlangte deren Einwilligung. Anna, 1617/18 mehr einer Verbindung mit dem polnischen Königshaus zugeneigt, mochte die Anlehnung an die aufsteigende lutherische Großmacht nun für günstiger halten. Es bot sich hier eine »Partie« ersten Ranges für das vergleichsweise unvermögende Brandenburger Haus an. Es war aber nun auch ein politischer Drahtseilakt nötig, um mit den nächstgelegenen Folgen dieser Heirat, vor allem in Polen, fertig zu werden.

Kein Wunder, daß die Nachricht von der Quasi-Verlobung im Königsberger Schloß wie eine Bombe einschlug; man unterstellte dort der Brautmutter sogleich den Plan, durch die Bloßstellung des Kurfürsten das Herzogtum Preußen an seinen jüngeren Bruder bringen zu wollen. Der Kurfürst war genötigt, sich öffentlich gegen die Heirat auszusprechen. Es bedurfte etlicher Schreiben und Gutachten, in einer Art Blaubuch für Warschau zusammengefaßt, um den verständlichen Unmut König Sigismunds zu besänftigen. Tatsächlich konnte der Kurfürst nachweisen, daß Mutter und Schwester ohne offizielle Einwilligung und ohne seine Beteiligung gehandelt hatten. Für sein gesamtes Prestige war diese Affäre nicht günstig. Er kam in den Ruf eines Zauderers. Es bleibt jedoch die Frage, ob Georg Wilhelms Haltung nicht auch Komplement eines stark ausgebildeten Problembewußtseins gewesen ist.

Die *Preußen-Belehnung* brachte er zu einem guten Abschluß. König Sigismund hatte versucht, ihm Schwierigkeiten zu bereiten. Wegen des laufenden schwedisch-polnischen Krieges hatte er Truppen ins Herzogtum einziehen lassen, begleitet von Kommissaren zur Regelung der Landesschäden. Georg Wilhelm jedoch gewann rasch ein besseres Verhältnis zu den Ständen (im Gegensatz zu Vater und Großvater), denen die Anmaßungen polnischer Kommissare im Lande mißfielen. Auf dem Landtag von 1621 standen Kurfürst und Stände zur Überraschung der polnischen Vertreter in außenpolitischen Fragen zusammen; eine Stände-Gesandtschaft ging nach Warschau ab, um die Belehnung des Hohenzollern zu befördern. Den letzten Anstoß gab dann Georg Wilhelms neuer Schwager (25. November 1620), der mit seinen Truppen Riga besetzt hatte und durch Livland stürmte. Ein weiteres Verweigern hätte Brandenburg stärker noch in die Arme Schwedens getrieben; am 23. September 1621 erhielt der Kurfürst das Lehen unter den gleichen Bedingungen wie seine beiden Vorgänger. Das war ein bedeutender Erfolg der brandenburgischen Neutralitätspolitik.

Kirchenpolitik

Unter der Regierung Georg Wilhelms, der der Religionspolitik seines Vaters folgte, trat der *Toleranzgedanke* landesoffiziell kaum hervor, weil das Kirchenwesen im alten Stande verblieb oder teilweise verfiel. Mit einer Mischung von Gleichmut und Geduld betrachteten die reformierten Theologen der Universität Frankfurt 1633 die tristen Zeitläufte: »Darum lasse man es noch eine zeitlang mit Lehren und Ceremonien hinpassiren, gebe einem jedweden seine Confession frey, wie bishero geschehen. Denn damit hat man viel mehr ausgerichtet, als wenn mit strengem Verüben das Werck wäre getrieben worden. Wir wollen hoffen, es soll sich das Zancken und disputiren selbst hinführo verlieren.«

Auch Visitationen, die Intoleranzen und Mißstände im Alltag des Landes insgesamt hätten aufdecken können, wurden nicht vorgenommen. Der kalvinistische Impuls blieb, bis auf die kontinuierliche Besetzung der Hofprediger- und Professoren-Stellen, ohne auffällige Erfolge. Immerhin wurde das seit 1633 fast erloschene Berliner Konsistorium 1637 paritätisch mit einem »friedfertigen« Lutheraner und einem reformierten Hofprediger (Bergius) besetzt. Die Stelle eines Generalsuperintendenten blieb dagegen unbesetzt. Gegen die These der Lutheraner von dem fundamentalen konfessions- und demzufolge auch kirchenverfassungsmäßigen Unterschied zwischen Lutheranern und Reformierten wurde mit dieser Personalpolitik die Idee der Parität und der evangelischen Einheit festgeschrieben.

Die Regierungszeit Georg Wilhelms wurde überschattet vom Dreißigjährigen Krieg. Pest und Inflation standen am Anfang, Verwüstung und Entvölkerung am Ende. Der Kurfürst ist von Schuld an dem wirtschaftlichen Niedergang Brandenburgs ebensowenig freizusprechen wie die Stände, die mit der Bewilligung der Rüstungsgelder noch zögerten, als der europäische Krieg erkennbar war. Die Politik des Kurfürsten lief darauf hinaus, Brandenburgs Neutralität zu wahren, ohne das Land mit einem schlagkräftigen Heer schützen zu können. Am Ende behandelten die kaiserlichen und schwedischen Generäle ihn und seine Herrschaft wie eine Besatzungszone, in der man nach Belieben requirieren, liquidieren und kontribuieren könnte. Kriegsvölker durchzogen Jahr um Jahr die Mark und erpreßten Unterhalt. Zeitweise war der Kurfürst nur Herr der befestigten Orte, wie Spandau, Berlin, Küstrin und Königsberg. Das Land verwahrloste, Teile der Bevölkerung entflohen. Die angeworbenen Söldnerhaufen reichten nicht hin, das Territorium zu verteidigen. Die Lehnsverfassung war in Verfall geraten. Dem ritterlichen Lehnsaufgebot (1579: 1732 Pferde) kam keine militärische Bedeutung mehr zu.

Der König von *Dänemark* nutzte 1626 die Altmark als Aufmarschplatz gegen die Kaiserlichen unter Tilly. Im April 1626 strömten die Truppen des Grafen von Mansfeld nach der Niederlage bei Dessau in die Mittelmark zurück. Von Süden her marschierten Tilly und Wallenstein, ein Nachfahre des Kurfürsten Albrecht Achilles, in die Alt- und Mittelmark ein, während in der Neumark ebenfalls kaiserliche Truppen standen. 1627 gelang es Schwarzenberg, den Kurfürsten zu einem ersten Bündnis mit dem Kaiser zu bewegen. Dahinter stand nicht allein die Absicht, Georg Wilhelm für die alte Kirche zurückzugewinnen, sondern auch Brandenburg als Barriere gegen das von Gustav Adolf seit Juni 1630 errichtete *schwedisch-pommersche Machtzentrum* einzusetzen.

Als der König der Schweden dann im April 1631 durch die Neumark gegen Kaiserliche vorstieß, begrüßte ihn die verängstigte Bevölkerung noch als Bundesgenossen des Protestantismus und als Befreier der Mark. In einem stürmischen Siegeszug wurde Frankfurt erobert, drangen schwedische Heerhaufen gegen die Paßorte Berlin, Spandau und gegen das Havelland vor. Der König suchte seinen Schwager mit allen Mitteln zum Anschluß an Schweden zu bewegen. Als Kartaunen auf Georg Wilhelms Residenzschloß gerichtet wurden, gab er dem herben verwandtschaftlichen Drängen nach (Juni 1631). Nach dem Tode Gustav Adolfs in der Schlacht von Lützen (Ende 1632) verlagerte sich das Kriegstheater erneut in die Mark. Kaiserliche Truppen drangen oderabwärts gegen die Neumark vor. Unter dem Einfluß Schwarzenbergs, der wie ein Diktator in Spandau residierte, trat der Kurfürst 1635 dem *Prager Frieden* bei, den der Kaiser mit Sachsen ausgehandelt hatte, und begab sich wiederum an die Seite des Kaisers. Brandenburg trieb die typische Schaukelpolitik einer Mittelmacht zwischen Großmächten; letztlich kam alles auf die Bilanz beim Friedensschluß an: ob man nämlich noch Vertrauen und Freunde in allen Lagern finden würde.

1636 gelang es den Schweden bei Wittstock unter Marschall Banér, das um ein Viertel stärkere sächsisch-kaiserliche Heer (zweiundzwanzigtausend Mann) zu schlagen und damit aus der Mark zu werfen. Der Kurfürst suchte sich der Schweden zu erwehren, zumal ihm diese die Nachfolge in *Pommern,* dessen letzter Herrscher Bogislaw XIV. 1637 gestorben war, vorenthielten. Gleichwohl beherrschten in den folgenden Jahren, von Spandau abgesehen, der kaiserliche General Gallas und der Schwede Banér das Land. Georg Wilhelm zog sich 1638 halbresigniert in das unangefochtenere Hauptschloß seines preußischen Herzogtums erneut zurück.

Krieg mit Schweden und die Pommern-Frage

Auf militärischem Gebiet gab es zudem Rückschläge über Rückschläge. Brauchbare Regimenter waren kaum noch zusammenzubringen. Im Sommer 1638 bezeichnete es der aus der Prignitz stammende General von Klitzing, erster »General« in der brandenburgisch-preußischen Militärgeschichte, als Schimpf und Schande, mit so wenigen Soldaten einen solchen Rang zu führen. *Schwarzenberg* ließ wegen allgemeiner Unzuverlässigkeit die Truppen verringern (»Reduktion«), ohne daß eine Besserung der Disziplin und Kampffähigkeit eingetreten wäre. 1639 vertrieben schwedische Regimenter brandenburgische Besatzungen aus Landsberg, Driesen und Frankfurt. Nur die Hauptfestungen Küstrin, Peitz und Spandau, in dessen Pallas Schwarzenberg Wohnung und Amtssitz genommen hatte, wurden eben noch gehalten.

Beim Tode des Kurfürsten bestand die »Armee« aus viertausendsechshundertfünfzig Mann, Albrecht Achilles hatte bei seinen Kämpfen entlang der Oderachse kaum weniger eingesetzt. Krieg kostet Blut und Geld, und daran fehlte es allenthalben, zumal, wie Schwarzenberg dem Kurfürsten mitteilen mußte, bei den Werbungen die Offiziere »so viel in den Beutel gestochen und kaum den sechsten Mann geliefert haben« (27. August 1638). Mit alledem war eine Politik der »bewaffneten Neutralität«, wie sie von der Anti-Schwarzenberg-Partei, zu der nun auch Kurfürstin und Kurprinz zählten, vertreten wurde, nicht durchführbar. Die brandenburgischen Truppen, mit Ausnahme der Festungskommandanten, hatten überdies nicht nur dem Kurfürsten, sondern auch dem Kaiser den Fahneneid geschworen. Und die kaiserlichen Truppen, unter dem berüchtigten General und Mordbrenner Gallas, besaßen keine Weisung, für Brandenburg das pommersche Eisen aus dem schwedischen Feuer zu reißen.

Hier, in der *Pommern-Problematik,* lag nunmehr der Angelpunkt aller außen- und machtpolitischen Erwägungen. Im Laufe des Jahres 1639 hatte sich herausgestellt, daß man in Prag und Wien auf Sonderverhandlungen mit Schweden zusteuerte. Brandenburg erhielt durch den Reichsvizekanzler, den Grafen Kurtz in Königsberg (1. Juni 1639) entgegen früheren Zusicherungen etwas verlegen den Rat übermittelt, mit Schweden den Vergleich zu suchen. Das bedeutete, daß man für längere Zeit auf einen strategisch wichtigen Teil Pommerns – offensichtlich den gesamten Odermündungsraum – verzichten sollte. Die Enttäuschung des allzu wohlmeinenden Kurfürsten war erheblich; bei dem Kurprinzen Friedrich Wilhelm hat das lehrreiche Ereignis wohl lebenslang nachgewirkt. Schwarzenbergs letzter Versuch einer Offensivpolitik war gescheitert, weil Brandenburg selbst über kein stetig ausgebildetes und funktionstüchtiges Militärsystem verfügte. Georg Wilhelm meinte resignierend, bei einer Abtretung von Stralsund und Rügen hätte er längst seinen Frieden mit Schweden haben können. Dies aber wird man zu bezweifeln haben. Schwedens Ambitionen, die Gustaf Adolf schon mit Härte aufgedeckt hatte, blieben noch lange auf alle strategisch wichtigen Teile Vor- und Hinterpommerns gerichtet. Nur die unanfechtbaren brandenburgischen Erbrechtstitel lagen dem im Wege.

An Schwarzenberg schrieb der Kurfürst 1639 ernüchtert und mit bezeichnender Mutlosigkeit: »Es macht uns nicht wenig perplex, daß, nachdem Wir eher Unsere Lande und Leute ganz ruinieren und verderben lassen, als von der untertänigsten getreuen Devotion gegen Kaiserliche Majestät im geringsten aussetzen wollen, Wir nun auch noch endlichen Verlust davontragen und dadurch den Reichsfrieden erwerben sollen.« Ihm lag der Gedanke offenbar fern, daß ein Pommern-Vergleich durch Kompensationen bei Stiftslanden kaiserlicherseits späterhin honoriert werden könnte. Aber man blickte, wie eh und je, nicht ohne Grund auf die Odermündung. Schwarzenberg hat die spätere Kompensations-Chance wohl immer im Blick gehabt, wie seine letzten Denkschriften bezeugen; aber 1639/40 mußte er sich eingestehen, daß die »Freunde« des Prager Friedens, Kaiserliche und Sachsen, dem Hause Brandenburg »auch keinen Nutzen« gebracht hätten.

Schwarzenberg und Arnim

Es bedarf noch eines Blickes auf die führende Gestalt dieser Periode, den Grafen Adam von Schwarzenberg. Die Hohenzollern mit ihrer Empfindlichkeit gegenüber »Premierministern« und demzufolge auch die Geschichtsschreiber des Hauses sind mit dieser Persönlichkeit nicht sonderlich gewissenhaft umgegangen, mit Ausnahme des Archivars Meinardus. Zu ungewöhnlich wirkte der Sohn eines vermögenden kaiserlichen Feldmarschalls mit ausschließlich kurkölnischen Ahnen im Kreis der brandenburgischen und ostpreußischen Rats-Junker. Die Abneigung gegenüber »Ausländern«, wie sie auch von den Ständen gegenüber der Landesherrschaft immer wieder vorgebracht worden war, verband sich hier mit dem Haß gegenüber einem Katholiken, dem Herrschaft über Lutheraner und Reformierte überantwortet worden war. In älterer Zeit hat Friedrich der Große sein Auge auf die Innenpolitik Schwarzenbergs gerichtet. »Er schrieb«, vermerkte der König, »Kontributionen aus eigener Machtvollkommenheit aus, und es blieb den Ständen nur das Verdienst der blinden Unterwerfung unter die Befehle des Hofes«. In der Notlage des kriegsüberrannten Brandenburg blieb Schwarzenberg nichts anderes übrig; es ist die Frage, ob er – der allerdings mit den Oberständen familiär nicht verbunden war – grundsätzlich antiständisch eingestellt war.

Friedrichs müßiggehender Bruder August Wilhelm hat um die gleiche Zeit bei einem Besuch in der Spandauer Nikolai-Kirche Grabstätte und Sarg des Statthalters öffnen und sich mit läppischer Neugier den Schädel vorweisen lassen. Er soll dann – so berichtet Fontane – nach Betrachtung des Capitum unwillig ausgerufen haben: »Ja, das ist er. Man werfe ihn nur wieder hin!«

Eine spätere Autopsie (1777, in Gegenwart des Arztes Ernst Ludwig Heim) ergab ein prächtiges Bild. Schwarzenbergs Sterbliches lag in einem wie üblich mit violettem Samt ausgeschlagenen und mit Goldtressen besetzten Sarg, auf weißen Taftkissen. Das Kleid bestand aus einer langen spanischen Weste aus Silberstoff nebst fleischfarbigen Strümpfen. Ein schwarzer niedergeschlagener Samthut mit goldener Rundschnur befand sich auf dem Körper; der Degen bezeichnete den Stand. Und der nun neben dem Rumpf liegende Kopf stellte jenes Gehäuse dar, in dem Brandenburg-Preußens Politik fast zwei Jahrzehnte lang ersonnen und verborgen worden war.

Es war eine Politik der »Kunst des Möglichen«, während manches brave Gehirn von Pulverdampf vernebelt und vom Konfessionshaß getrübt war. Gewiß bleibt das Handeln Schwarzenbergs im Spiegel der von Tag zu Tag entstandenen Quellen schillernd und zweideutig. Doch für Hardenberg oder Bismarck gilt Gleiches. Keine der »politischen« Familien der Arnim, Alvensleben, Schulenburg, Putlitz, Knesebeck oder Winterfeldt bot Georg Wilhelm eine starke Persönlichkeit nebst Programm an, die Brandenburg-Preußen in den dreißiger Jahren alsbald einen günstigeren Kurs hätte anweisen können.

Der wohl beste Kopf und Kämpfer Brandenburgs überhaupt in dieser Zeit, der Feldmarschall Hans Georg von Arnim aus Schloß Boitzenburg-Uckermark, diente mit Bravour und politischer Intelligenz dem Kaiser und Wallenstein, dann dem sächsischen Kurfürsten. Er wirkte von dieser Position aus im Sinne einer protestantischen Mittelpartei, einer »dritten Kraft«, als vornehmster Vertreter einer protestantischen Reichspolitik (J. Pekař). Wegen der insgesamt anhaltenden, auch wirtschafts- und kreditpolitisch bedingten Schwäche der protestantischen Reichsfürsten, zumal Sachsens und Brandenburgs, war auch Arnims Programm letztlich nicht durchführbar. Ziel seiner Politik blieb es bis zum Schluß, die Feinde und Okkupanten, vorab Schweden und Frankreich, vom Reichsboden zu vertreiben. Insofern befand er sich mit Schwarzenberg in einer gewissen Übereinstimmung. Arnim war es auch, der nach der Schlacht bei Wittstock nicht aufgab und den Kurfürsten in Peitz beredete, zu rüsten, um 1637 erneut gegen die Schweden vorgehen zu können.

Als Schwedens Reichskanzler Oxenstierna im März 1637 in einer wohlberechneten Aktion Arnim überfallen und nach Stockholm bringen ließ, fehlte an der schwedischen Front der einzige, der Schweden vielleicht noch im Felde hätte gefährlich werden können. Aus den brandenburgischen und sächsischen Ressourcen allein waren neue Feldzüge gegen Schweden jedoch nicht zu bestreiten. Alles hing davon ab, ob es gelingen konnte, das Haus Habsburg zu bewegen, in dem europäischen Machtkampf der nördlichen Front auf einige Zeit den Vorrang einzuräumen.

Als sich spätestens im Sommer 1638 bei den Musterungen (Gallas in Eberswalde) herausstellte, daß dies nicht der Fall war, blieb nur die Politik der vorsichtigen Rückkehr zur bewaffneten Neutralität übrig. Wie alle anderen Reichsstände hatte Brandenburg das Gesetz des Handelns grundsätzlich seit langem eingebüßt. So war es eine unlösbare Aufgabe, vor die sich Georg Wilhelm und Schwarzenberg gestellt sahen, zumal von einer »über die partikularen und konfessionellen Schranken hinausweisenden politischen Solidarität der Reichsstände« (E. W. Zeeden) doch nur in begrenztem Umfange die Rede sein konnte. Territorialinteresse, Konfessionsinteresse und Reichsinteresse waren nicht zur Deckung zu bringen.

»Im Dreißigjährigen Krieg aber nahm alles größere Dimensionen an; da konnte ein aus verschiedenen und entlegenen Bestandteilen zusammengesetztes Staatswesen, wie das brandenburgische, zu keiner Consistenz, noch Einwirkung auf die Welt gelangen; es war schon genug, wenn es nicht geradehin zu Grunde gerichtet wurde.« So erschien die Szenerie dem entrückten Ranke, mit deutlichem Unterschied zu Droysen und dessen Nachfolgern. Und er bemerkt weiter: Brandenburg »war zwischen zwei Mächten eingeengt, die, wie jene kynaeischen Felsen der ältesten Schiffahrtssage, unaufhörlich aufeinander stoßend, alles, was in ihre Mitte geriet, zu zerquetschen drohten«; Georg Wilhelms »Mißgeschick rührte von der Verschiedenartigkeit und Entlegenheit seiner Provinzen, den Entzweiungen seiner Räthe her, die er zu überwinden nicht die persönlichen Eigenschaften besaß, vor allem aber von der Überlegenheit der großen im Kampfe begriffenen Weltelemente und der Mangelhaftigkeit seiner eigenen Macht«.

Zu den »märkischen« Vorwürfen gegen Schwarzenberg gehört, daß er wirtschaften konnte, ein Vermögen zusammengebracht haben soll (»Truhen mit Gold«), während man im »Lande« 1638 auf Brennesseln und Kadaver zurückgreifen mußte. Daß Koser, der Landpfarrerssohn, unter Berufung auf spitze Bemerkungen politischer Gegner (Samuel von Winterfeldt) meint, Schwarzenberg habe es verstanden, »auch sein Hab und Gut in jeder Weise zu mehren, während das Land im Elend verdarb«, gehört der Tendenz nach zur preußischen

Armutspoesie, über die bei Fontane nachzulesen ist. Es ist ziemlich unerheblich, welche Einkünfte die zentrale politische Figur bezog. Wesentlich ist die Frage, ob unter den gegebenen Umständen das Interesse von Haus und Ländern gewahrt wurde. Daß ein Statthalter in Armut lebt, wird man nicht erwarten dürfen, am wenigsten während eines Krieges, in dem unter anderem das Spiel um Aufstieg und Fall bedeutender Vermögen dem Alltag nicht weniger fürstlicher und adliger »Unternehmer« erst den Pfeffer und das Feuer gab, insbesondere bei den großen Heerführern. Aber die Verluste, Zusammenbrüche und Ausplünderungen überwogen jedenfalls im nordöstlichen Deutschland bei weitem.

Ganze Adelsherrschaften haben in Brandenburg, Pommern und Preußen während und infolge des Krieges und infolge der seit der Kipper-Wipper-Zeit anhaltenden Zerrüttung der allgemeinen Kreditverhältnisse (einschließlich der ständischen Kassen) den Eigentümer gewechselt. Die wenigen, die das Ihrige mit Glück und Härte vermehren konnten, legten das Kapital zum Teil in Grundrenten an, nicht nur Heerführer, Teilhaber von Handelshäusern (Weiler – Sturm – Essenbrücher in Berlin), auch fürstliche und sonstige Amtsträger in Stadt und Land.

Der andere Vorwurf Kosers gilt dem Katholiken Schwarzenberg, der seinen Gebieter zur Konversion habe verleiten wollen. Der »Judas« habe den bedauernswerten Kurfürsten »in die Hände zelotischer Bekehrer« spielen wollen. Gemeint sind ein einzelner Jesuit der römischen Propaganda-Kongregation (Johann von Leckow), den Schwarzenberg zu fördern versprochen hatte, und Korrespondenzen mit Kardinal Khlesl und dem Beichtvater Kaiser Ferdinands II. über Möglichkeiten, Georg Wilhelm zur katholischen Kirche zu ziehen.

Man wird heute weitherziger über solche Episoden denken, wie sie Schwarzenberg, vielleicht auch zur Verbesserung seiner Position am Kaiserhofe, unternommen hat. Das 17. Jahrhundert ist erfüllt von Konversions-Versuchen, mit denen man sich interessant machen, Freunde und Feinde schaffen konnte. Schwarzenbergs Handeln hätte deutlichere Konturen gewonnen, wenn er für Brandenburg in den Friedensverhandlungen hätte mitsprechen können. Oder ist nicht das Ergebnis von 1648 wesentlich ein Ergebnis der Politik Schwarzenbergs? Wir müssen diese Frage, für deren positive Beantwortung manches spricht, offenlassen.

Zustand der Landesteile

Zwischen 1635 und 1640 wurden mehr Schäden angerichtet, Ortschaften verbrannt und Menschen getötet und vertrieben als während aller übrigen Kriegsjahre. Die Mark verelendete in Durchzugs- und Randgebieten wie Prignitz, Ruppin und Uckermark. Etwa fünfundvierzig Prozent der Altbevölkerung gingen verloren. Dagegen hatte das von Gewässern geschützte Havelland hohe Verluste nicht so sehr in den Dörfern, sondern eher in den Städten zu beklagen (37,8 Prozent).

Im magdeburgischen Administrationsgebiet und in Kleve, Mark und Ravensberg war die Lage nicht viel günstiger. Magdeburg, auf das die brandenburgische Politik so lange abgezielt hatte, war bei der Einnahme durch die Kaiserlichen (1636) in Flammen aufgegangen; das Land war ausgesaugt, obschon es sich rascher als Brandenburg mit seinen schlechteren Böden zu erholen vermochte. In Kleve-Mark hielten sich Zerstörungen und Bevölkerungsverluste in Grenzen. Aber große Teile, Städte und befestigte Orte, waren unverändert mit niederländischen (auf der rechtsrheinischen Seite), mit hessischen (auf der linksrheinischen Seite) und mit kaiserlichen Truppen (Hamm und Lippstadt) besetzt.

Die aus der Zeit Johann Sigismunds herrührende Hoefysersche Schuld, ein mit Kleveschen Einkünften verbürgter hoher Kredit, wuchs mit Zins und Zinses-Zins ins Unermeßliche; der Kredit hielt Brandenburg gleichsam in holländischer Zinsknechtschaft. Die Abtragung hat sich bis in das 18. Jahrhundert hingezogen. Lediglich Preußen, wo ein kleines Truppenkontingent zum Schutze Königsbergs stand, konnte, paradoxerweise, als halbwegs gesichertes Refugium der Brandenburger angesehen werden. Kein Wunder, daß der brandenburgische Resident in Hamburg, der ehemalige Geheime Rat Samuel von Winterfeldt, voller Zweifel, aber auch mit deutlichem Anti-Schwarzenberg-Affekt 1640 auf die Position des Kurfürsten blickte: »Pommern ist dahin, Jülich ist dahin, Preußen haben wir wie einen Aal beim Schwanz, und die Marke wollen wir auch vermarketendieren«.

Diese eindrucksvoll-einseitige Bilanz, immer wieder zitiert, gibt die nervöse Stimmung der von Schwarzenberg beiseite gedrängten Diplomaten und Landespolitiker, aber auch die allgemeine Mißstimmung im Lande wieder, besonders bei den Ständen, denen Winterfeldt zuzurechnen ist. Den Prager Vertrag von 1635 hatten die Stände noch gutgeheißen, weil sie Frieden und Minderung der Lasten erhofft hatten. Nun aber wurden laufend neue Kriegssteuern ausgeschrieben, ohne Befragung der Stände. Schwarzenberg schob Adel und Städte beiseite: Necessitas non habet legem. Die Geistlichkeit vermochte er dennoch nicht mundtot zu machen. Für sie stellte sich die Lage einfacher dar. Der Bund mit den Papisten war und blieb fluchwürdig, durch den Krieg gegen Schweden schien dem evangelischen Bekenntnis schwerer Schaden zu drohen. Für den Landmann aber war es ziemlich gleichgültig, ob ihm kaiserliche, schwedische oder brandenburgische Soldateska die letzte Sau aus dem Koben trieb. Die Stimmung vornehmlich in Brandenburg war seit 1635 eindeutig gegen Schwarzenberg und seine Mitarbeiter gerichtet, ein Zeichen der ungebrochenen Macht der Stände. Schmähschriften gingen um. Schwarzenberg beklagte sich: »Im ganzen Lande ist kein Ort, da mehr Pasquillen und böser Sachen geschrieben werden als in Berlin«. Seine »Tyrannei« und »Landzwingerei« waren mithin begrenzt. Die

Stände nutzten die ihnen seit 1613 verbriefte »Toleranz« unverblümt aus, und die Berliner ließen sich schon damals den Mund nicht verbieten.

Ende Georg Wilhelms

In dieser politischen Situation starb Georg Wilhelm, erst sechsundvierzigjährig, im Königsberger Schloß an der Wassersucht, der Familienkrankheit (1. Dezember 1640). Seine Gemahlin, die tatkräftigere pfälzische Elisabeth Charlotte, die ihm zwei Söhne und zwei Töchter geboren hatte, überlebte ihn um zwanzig Jahre. Man wird den frühen Abbruch der Regierungszeit Georg Wilhelms von der weiteren geschichtlichen Entwicklung her nicht zu bedauern haben. Ein wegen seiner frühen Invalidität fast unbeweglicher Kurfürst eignete sich wenig für ein gefährdetes und überdehntes Territorium. Man wußte an den Höfen, daß ein wesentlich potenterer, wenngleich noch jugendlicher Nachfolger bereitstand.

VIERTES KAPITEL

Teilhaber europäischer Machtpolitik: Der Große Kurfürst Friedrich Wilhelm und die Festigung der Herrschaft (1640 bis 1688)

»... undt weill Gott unser Hauß mit viellen Landen reichlich gesegnet, So habt Ihr auff deren conservation alleine zu gedencken, undt huttet Euch, das Ihr durch appetirung mehrer Lande nicht grossen neidt undt feindtschaft auff Euch ladet undt dadurch auch was Ihr schon habet in gefahr setzet.«
Friedrich Wilhelm, 1668

Herrscher und Hof

Als im Januar 1750 die Überreste der älteren Hohenzollern in die Gruftkammer des neuerbauten Domes geschafft wurden, ließ sich der König den »Großen Kurfürsten« zeigen. Er betrachtete das Sterbliche seines Urgroßvaters und bemerkte dann: »Messieurs, der hat viel getan!« Der mit diesem hohen Lob ausgezeichnete Vorgänger trat die Regierung zu einem Zeitpunkt an, da der politische Kurs Brandenburgs an der internationalen Machtbörse auf den bislang niedrigsten Stand gefallen war. Dem Land fehlte es nun an allem – an Geld, Kredit, Verbündeten, an zuverlässigen Soldaten und an Menschen überhaupt. Nur ungebetene Gäste in Gestalt fremder Kriegsvölker gab es reichlich.

Ein besseres Erbe als die traurigen Hinterlassenschaften seines Vaters bestand wohl noch in des Kurfürsten unmittelbaren Vorfahren, deren Führungstalente sich in ihm in einer solchen Weise vereinigt hatten, daß er den Durchschnitt der deutschen Landesfürsten weit überragte. »Es leuchtete aus seinem Antlitz«, schrieb Samuel Pufendorf, der ihn beobachtet hatte, »gleich beim ersten Anblick ein gewisses Etwas, das sofort den Helden erkennen ließ«. Eine ansehnliche Verwandtschaft umgab den jungen Dynasten. Neben den Kurfürsten von der Pfalz, den Landgrafen von Hessen und Zweigen des Hauses Nassau-Oranien erscheint unter den Urgroßeltern Charlotte von Bourbon-Montpellier (1555 bis 1582). In stärkerem Maße als je zuvor bei einem brandenburgischen Kurfürsten hatte sich in ihm französisches Blut mit deutschem gemischt. Man ist geneigt, wegen des Erscheinungsbildes Friedrich Wilhelms und seiner Nachfolger von einem Umschlag in der Erbmasse zu sprechen. Es ist aus der preußischen Geschichte bekannt, wie viele Begabungen in der französisch-deutschen Symbiose begründet sind. Im alten Cöllner Schloß an der Spree geboren (16. Januar 1620), war seine Erziehung vor allem von seiner Mutter Elisabeth Charlotte (von der Pfalz) und von deren Mutter, der Oranierin Luise Juliane (1576 bis 1644) geleistet und geleitet worden. Die Großmutter, Witwe Friedrichs IV. von der Pfalz (1610), hatte seit dem Ende des Heidelberger Hofes bei ihrer Tochter in Berlin Wohnsitz genommen. Die beiden Damen erzogen den Jungen nach Art der Oranier. Das Ergebnis war denn auch unter anderem, daß der Sohn zu seinem Vater kein engeres Verhältnis gewinnen konnte, daß mancherlei Mißtrauen die Beziehungen vergiftete, daß Georg Wilhelm zum Beispiel ohne Grund dem Siebzehnjährigen die Bitte abschlug, ihm die formale Statthalterschaft am Rhein (Kleve-Mark) zu übertragen.

Die Eindrücke seiner Jugend haben den Prinzen auf die großen Seemächte verwiesen. In Wolgast geleitete er 1633 die Überreste Gustav Adolfs auf das Schiff, das den »Kriegshelden« nach Stockholm zurückbringen sollte. Gustav Adolf hatte den lebhaften Prinzen, seinen Neffen, noch 1632 in Berlin beobachten können und sogleich erwogen, ihn zum Gemahl seiner Tochter und damit zum König-Kurfürsten eines schwedisch-brandenburgischen Großreiches beiderseits des Meeres aufsteigen zu lassen. In Entwürfen erwies der Schwedenherrscher sich als unerschöpflich. Der Kurprinz eiferte dem Oheim nach. Es mag ihn in der Tiefe bewegt haben, daß sich seine Tante Maria Eleonore im Thronsaal des Spandauer Pallas tagelang mit dem aufgerichteten und wieder bekleideten Körper Gustav Adolfs eingeschlossen hat, um vor der Leichenfahrt nach Norden mit des Königs Majestät geheimnisvolles Zwiegespräch zu pflegen (20. bis 27. Dezember).

Der Krieg, der auf die Jugend Friedrich Wilhelms tiefe Schatten geworfen hatte, stieß ihn herum, ließ ihn diese Welt erkennen. Man hütete ihn mit Sorgfalt. Zukunft und Hoffnung des Hauses ruhten auf dem Kurprinzen allein. Außer ihm lebten nur noch ein Vetter seines Vaters, Markgraf Ernst von Jägerndorf (1617 bis 1642), sowie die Linien Bayreuth und Ansbach mit nur drei Stammhaltern. Dem brandenburgischen Hauptzweig der Zollern drohte das Schicksal des Aussterbens. Den Thronerben hat früh die Furcht befallen, daß man ihn aus dem Wege räumen könnte.

In der Festung Küstrin empfing er seit 1627 die pädagogische »Information« eines westdeutschen Adligen, Johann Friedrich Calcum, genannt von Leuchtmar. 1634 gingen beide wohlbewacht auf die niederländische *Universität Leyden.* Friedrich Wilhelm wurde dort bald der französischen, holländischen und polnischen Sprache mächtig und studierte die Kultur der Antike, Mathematik, Kriegswesen und Geschichte. Die Werke eines Lipsius mit der Gedankenwelt des Neustoizismus und die anderer Staatstheoretiker erreichten ihn dort. Doch blieb es nicht beim Studium. Er nahm die weite Welt der Niederlande mit ihrer offenen Kultur und Wirtschaft in sich auf, eiferte ihr fortan in vielen Stücken nach. Hier, in diesen kurzen Lehrjahren, liegt einer der stärksten Impulse für die zweite Welle *„Niederländischer Bewegung“*, der Brandenburg-Preußen wiederum Anstöße und Zuwachs zu verdanken hatte.

Im Feldlager des Halbbruders seiner Großmutter, des Statthalters Friedrich Heinrich von Oranien, seines späteren Schwiegervaters, erlebte er moderne Formen des Kriegshandwerks – notwendig genug für einen jungen Brandenburger in diesen bösen Zeiten. Am Kaiserhofe war man über die Kavalierstour des Kurprinzen unterrichtet. Die Beobachter meinten, daß dieser »sehr gut holländisch« sei. Auch *Frankreich* wurde besucht. Beim Anblick der Ausdrucksformen der Staatsmacht und der Aristokratie dürfte er erkannt haben, wie weit der Weg zu einem großmächtigen Brandenburg-Preußen noch sein würde.

Mit alledem war immerhin ein tragfähiger Grund an Kenntnissen gelegt worden. In einen ersten politischen Streitfall mit seinem Vater geriet Friedrich Wilhelm 1637, als sich am Königsberger Hof der Eindruck verdichtet hatte, der Kurprinz könnte in Holland und in Kleve zu sehr Wurzeln schlagen und womöglich auf eine politisch unerwünschte Ehe zusteuern. So wurde er 1637 zurückgerufen und mußte sich im Mai 1638 dazu bequemen, über Amsterdam und Hamburg nach Spandau zurückzufahren. Es blieb ihm verwehrt, als Statthalter in Kleve unmittelbare politische Erfahrungen sammeln zu können. In Spandau kam es zu einer nur äußerlichen Aussöhnung mit Georg Wilhelm. Schwarzenberg, der sich um Friedrich Wilhelms Vertrauen regelmäßig bemüht hatte, veranstaltete am 16. Juni 1638 (zur Zeit der höchsten Landesnot) ein Bankett im Spandauer Pallas, vielleicht mit dem Hintergedanken, Kurfürst und Kurprinz einem Ausgleich näher zu bringen. Nach dem Festmahl, bei dem nach Art Georg Wilhelms scharf gezecht worden war, erkrankte der Kurprinz an Masern. Er war überzeugt, daß Schwarzenberg ihm nach dem Leben getrachtet habe. Er ging dem Statthalter fortan möglichst aus dem Wege, obwohl dieser sich noch 1639 dafür eingesetzt hat, den Kurprinzen mit der kleveschen Statthalterschaft zu betrauen. Es war der kranke Kurfürst selbst, der seinen Sohn eigensinnig und mißtrauisch von allen Geschäften fernhielt, ihn wie einen »Wildfremden« (so der Kurprinz) behandelte, so daß dieser in schwere Melancholien verfiel, die ihm auch später noch zu schaffen machen sollten. Er war nicht »einfach eine problemlose Kraftnatur; seelische Krisen, schwere Erschütterungen seines Selbstbewußtseins gehören mit zum Bild seines Charakters« (E. Opgenoorth).

Friedrich Wilhelm war von Frankfurter Theologen in der reformierten Konfession erzogen worden, und er ist ein engagierter Kalvinist geblieben, wie die Kirchenpolitik gezeigt hat. Der Einfluß einer aktivistischen kalvinistischen Ethik auf die Politik, mit dem Ergebnis der Freisetzung neuer Kräfte, scheint in der Gestalt Friedrich Wilhelms – im Vergleich mit anderen brandenburgischen Fürsten – am stärksten spürbar zu sein. Er hat sich als ein Werkzeug göttlichen Waltens verstanden; von daher sah er sich auch in der Überzeugung bestärkt, eine ihm allein zugewachsene Herrscheraufgabe erfüllen zu müssen.

Sein Glaube war schlicht und einseitig, und er entbehrte theologischer Finessen. Seine »Tugend« war die Religion. Neben dem Heer habe die Religion

»Alles« in der Herrschaft Friedrich Wilhelms zusammengehalten – meinte Ranke in einem tieferen Sinne. Man wird ihm trotz einiger Zusätze im Hinblick auf die einigende Kraft dynastischer Herrschaftsverfassungen noch immer zustimmen müssen.

Leicht mag bei Friedrich Wilhelm der Eindruck einer caesaristischen Persönlichkeit entstehen. Herrscherporträts und Schlüters einzigartig-kühnes Reiterdenkmal bevorzugen diese Pose. Aber es scheint so, als hätte er von der Vaterseite her manches an »Wankelmütigkeit«, an Unstetigkeit im Handeln geerbt. Sein Selbstbewußtsein konnte Widerstände gelegentlich sieghaft überrennen, aber ebenso rasch konnten unverhoffte Rückschläge ihn in den dunkelsten Seelentiefen treffen, ihn lähmen und verzweifeln lassen. Zuspruch der beiden durchaus herrschaftsbefähigten Gemahlinnen und seine Willenskraft, die am Schreibstil ablesbar ist, hoben ihn wieder aus den schwarzen Fluten. Wenn ihn, den Hochgezüchteten, der Weltverdruß befiel, dann zog er sich nicht selten aus seiner Residenz zurück, überließ Geschäft und Schiedsgericht den Räten und ging dem Waidwerk nach, dem er von früher Jugend an verfallen war. Nur von Freund und Knecht begleitet, jagte er dann wochenlang im Auenwald am Niederrhein oder in der Großen Heide Werbellin, auf den Spuren der markgräflichen Vorfahren. Dort, bei Land und Leuten, fand er zu sich selbst zurück und konnte Plan und Realität bedenken. Überhaupt war Friedrich Wilhelm schon als Prinz dem Verwertbaren und Nützlichen zugetan. Zum Lernen und Studieren hat man ihn anhalten müssen; weit mehr interessierten ihn Geometrie, Zeichnen, Festungspläne, Schiffbau oder die in den Niederlanden gebräuchliche Architektur. Den schönen Künsten widmete er sich von jungen Jahren an als Sammler: Münzen, »nordische« Altertümer, asiatische Waffen, Porzellan aus China und die »anwendbaren« Bücher für die neue Cöllner Schloßbibliothek. Seit 1661 war sie der Öffentlichkeit zugänglich. Nach dem Muster der Wolfenbütteler Bibliothek wurden Bücher und Handschriften über Staatswissenschaften, Botanik und Gartenbau, orientalische und asiatische Sprachen, Militaria, Reisebeschreibungen sowie Atlanten gesammelt.

Ein solcher Fürstensproß mußte die verschiedensten Heiratskombinationen anregen. 1640 war er noch unversprochen: eine glänzende Partie, trotz Brandenburgs Ruin. Als man ihm bald nach dem Regierungswechsel zu einer Heirat riet, soll er geäußert haben, er hätte in dieser bösen Zeit mit sich allein genug zu schaffen. 1645 ist dann zuerst seine ältere Schwester Louise Charlotte mit dem sehr vermögenden Herzog Jakob von Kurland im Königsberger Schloß verheiratet worden. Der Dichter des »Ännchen von Tharau«, Simon Dach, schrieb das Festgedicht. Die seit längerem betriebenen hochpolitischen Pläne einer Bündnis-Heirat mit Schweden zerschlugen sich im Sommer 1646. Die mehr in sich selbst ruhende Cousine Christine wies des Brandenburgers Anerbieten mit Rat des Reichskanzlers Oxenstierna ab. Nun war die Partei der pfälzisch-oranischen Damen am Zuge. Die Tochter seines oranischen Großonkels Friedrich Heinrich

(† 14. März 1647) Louise Henriette wurde für eine Ehe ausersehen und willigte fügsam ein.

Der Kurfürst zog alsbald nach Kleve. Von dort fuhr er mit dreißig Karossen im Haag ein (23. November 1646), um zuerst vor den Vertretern der sieben Provinzen seine Verlobung anzukündigen. Er benutzte mit allgemein beachteter Gewandtheit die Gelegenheit, um seine Politik vor allem in Pommern und in Kleve-Jülich vorzustellen. Die Ehe (7. Dezember 1646) sollte dann einem politischen Bündnis den Weg bereiten. Diese Hoffnungen der brandenburgischen Politiker erfüllten sich nicht. Aber die Allianz mit den Oraniern hat doch über alle Krisen hinweg der Politik des Kurfürsten am Niederrhein und im größeren Rahmen einen mehr als nur gefühlsmäßigen Rückhalt gewährt. Und für das politische Prestige Brandenburgs in dieser Phase war die Heirats-Allianz mit den Oraniern von hohem Wert. Die Zugehörigkeit zu einer herausragenden Dynasten-Gruppe wie den Oraniern gestattete es Friedrich Wilhelm, bei den Friedensverhandlungen mit gesteigertem Selbstgefühl vorstellig zu werden. Die politisch-kühl begonnene Ehe erwies sich bald als außerordentlich glücklich und fruchtbar. Wohl auch an den Folgen ihrer zahlreichen Schwangerschaften und des unruhig-rücksichtslosen Lebens des Herrschers ist Louise Henriette, ähnlich wie die spätere Königin Luise, mit neununddreißig Jahren (8. Juni 1667) gestorben. Drei Kinder überlebten sie.

Der fast unziemlich rasch (1668) geschlossenen zweiten Ehe mit der nicht minder geschäftstüchtigen Dorothea von Holstein-Glücksburg sind dann noch einmal sieben Kinder entsprossen, unter ihnen Philipp, der Stammvater der Markgrafen von Brandenburg-Schwedt.

Kriegsfolgen und Außenpolitik

Als man Georg Wilhelm beisetzte, hat der Königsberger Hofprediger für den Nachfolger in die Fürbitte den Satz geflochten: »Möge der Herr mit ihm sein, daß durch ihn gebaut werde, was so lange wüst gelegen, daß er einen Grund lege, der für und für bleibe«. Mit kleinen Schritten mußte überall begonnen werden, diesen Grund zu schaffen. Die *ersten Maßnahmen* schienen anzudeuten, daß er keinen scharfen Systemwechsel wollte. Schwarzenberg wurde als Statthalter in der »Kurmark« und in seinen sonstigen Ämtern bestätigt. Er kontrollierte »Armee« und »Geld« – Realitäten und Chimären zugleich. Der Kurfürst blieb mit dem Hof in Königsberg, was wenig sinnvoll war. Alle Landesteile verlangten nach dem neuen Herrscher. Unverzüglich hätte er sich wohl selbst ein Bild machen müssen. Daß er erst einundfünfzig Monate nach dem Regierungswechsel in der Mark eintraf, wurde dort ungünstig aufgenommen.

Wie prekär es auch in Preußen um seine Herrschaft stand, erweist sich daran, daß er nur mit Mühe gegen den polnischen Königs-Kommissar durchsetzen konnte, noch vor der Investitur Herrschaft im Lande ausüben zu dürfen. Bei jedem Übergang des Herzogtums an einen neuen Besitzer erhoben die Polen weitere Ansprüche. Nach zähen Verhandlungen wurde der Kurfürst am 27. September 1641 in Warschau, wo er selbst erschienen war, belehnt. Es war die letzte Belehnung eines Brandenburgers durch einen polnischen König. Beim Einzug in Königsberg nach dem Lehnsakt war ihm eine Ehrenpforte mit dem vom Herrscher gewählten Psalmisten-Sinnspruch errichtet worden: »Domine, fac me scire viam per quam ambulem«.

Die Lage der kurfürstlichen Lande im Zeitraum zwischen 1640 und 1648 kann nur als katastrophal bezeichnet werden. Die *Bevölkerung* in Brandenburg hatte sich durch Tod und das Fortlaufen in norddeutsche Küstenstädte fast um die Hälfte vermindert. Berlin dürfte 1645 kaum mehr als 4000 Menschen (1625: etwa 7000) mit seinen Mauern umschlossen haben, Spandau, ohnehin ein märkisches »Nest«, 1050 Einwohner (1625: etwa 1700), Altstadt Brandenburg höchstens 600 Einwohner (1625: 2800), Neustadt Brandenburg etwa 1500 (1625: 2800), Rathenow 1653 etwa 600 (1625: etwa 1200), Nauen 1645 etwa 460 (1625: etwa 740), Potsdam 1645 etwa 340 (1625: etwa 800), Frankfurt an der Oder 1653 2366 (1625: etwa 5000) und Stendal 1653/1655 etwa 1600 (1625: etwa 4800, 1670: etwa 2000). Diese Beispiele zeigen, wie schwach die gesamte Basis der Landesherrschaft geworden war. Jede neue Steuerbelastung führte zu Bevölkerungsveränderungen. Noch aus den sechziger und siebziger Jahren gibt es Berichte, daß sich Bauern den Steuereintreibungen entzogen haben, indem sie ins Ausland (Polen) gingen.

In der Mark waren die Einkünfte des Kurfürsten auf 13,46 Prozent (rund fünfunddreißigtausend Taler) zurückgegangen. Wichtige Zollstätten (Lenzen, Emmerich) waren ungeschickterweise verpfändet oder guten Freunden überlassen worden. Die Verpfändungen haben während der Regierungszeit des Kurfürsten angehalten, wodurch ein Moment der Instabilität in die innere Politik des Kurfürsten gekommen ist. Doch darf nicht übersehen werden, daß sich erst unter ihm der Übergang von der älteren territorialherrschaftlichen *Finanzwirtschaft* zu moderneren Formen abzuzeichnen beginnt. Aber es verträgt sich nicht mit der Imagination des Reiterstandbildes des Kurfürsten, wenn man hört, daß er sich bei seinen Räten und Statthaltern (Johann Moritz von Nassau) immer wieder hoch verschuldet hat oder daß die Hofküche sich außerstande sah einzukaufen und fünfzehn Taler vom Berliner Rat geliehen werden mußten. In Kleve oder Königsberg sah es nicht anders aus, wenn der Kurfürst sich dort mit Hof und mehrhundertköpfigem Gefolge aufhielt.

Man stelle sich vor, Friedrich der Große hätte 1741 für die Küche fünfzehn Taler aufnehmen müssen. In seinen Schloßgewölben standen die Tonnen mit den Golddukaten seines Vaters und Großvaters, lagerte ein Silberschatz von Millionenwert. Das zeigt den hundertjährigen und doch so schnell durchschrittenen Weg von der »Herrschaft« zum »Staat«.

Aus dem östlichen Preußen war noch weniger herauszuwirtschaften für die neue, sich langsam entfaltende Machtpolitik. Die Seezölle, noch die sicherste landesfürstliche Einnahmequelle, waren während des Krieges erst von Schweden, dann von Polen erhoben worden. Seit 1638 wurde der Ertrag des vierprozentigen Aufschlages auf die Waren, die die Häfen passierten, zwischen Preußen und Polen geteilt. Friedrich Wilhelm verstand es, sich bald nach dem Regierungsantritt mit dem König auf eine jährliche Pauschalsumme, wie sie noch heute bei Transitvereinbarungen üblich ist, zu einigen. Fünf Jahre später, mit gefestigtem Selbstgefühl, hat er diese Zahlungen eingestellt. In den westlichen Landesteilen jenseits der Weser, auf die noch zurückzukommen sein wird, sah es nicht besser aus. Niederländer, Spanier und sonstige Truppen lagen in den befestigten Orten. Ohne Geld und ohne eigene Truppen waren sie auch dort nicht hinauszuwerfen. Die Lage des Landes zwang den Kurfürsten – wo immer er hinblickte –, die Machtfrage zu stellen und so oder so zu beantworten – in der Regel aber mit Geduld zu Werke zu gehen.

Der *Waffenstillstand mit Schweden*, das 1641 größere Teile Brandenburgs besetzt hielt, ist von dem Kurfürsten gegen Schwarzenbergs Rat sogleich in Stockholm erbeten worden: »Ob nicht ein particulier Stillstand der Waffen zwischen E. K. M. [von Schweden] und der Brandenburgische Soldatesca auf eine Weile getroffen werden köndte.« Schwedens Reichskanzler Oxenstierna zögerte. Erst Mitte 1641 (14. Juli) kam es zu einer Art von Unterwerfungsvertrag unter Ausnutzung der faktischen Ohnmacht des Kurfürsten (»impotentia electoris«), der zwar wegen einiger strittiger Restpunkte nicht rechtskräftig wurde, tatsächlich jedoch den Waffenstillstand auf der Grundlage von monatlichen Zahlungen und der Einräumung von Standorten für schwedische Truppen brachte. So entstand ein Zustand zwischen Krieg und Frieden mit feindlich-friedlichen Okkupationsstreitkräften, wie ihn die Mark noch häufiger erleben sollte. Durchmärsche kaiserlicher und schwedischer Heerhaufen 1642 bis 1644 und 1646/1647 belasteten die Kernlande. Noch 1647 klagte der Kurfürst, Land und Leute seien von Fremden verderbet und besessen.

Schwarzenbergs Tage, politisch und körperlich, waren gezählt. Er hat dem Kurfürsten, der sich seit Mitte Februar 1641 von Sigismund von Götze als Kanzler beraten ließ, eine politische Warnung, gleichsam sein Testament, zugehen lassen. Waffenstillstand sei eine »weiche« Angelegenheit, die Schweden würden nur härter und übermütiger werden; eine Abdankung von Truppen sei nicht zu verantworten, auch wenn deren Zustand, wie sich Schwarzenberg nicht verhehlen konnte, alles andere als erfreulich war; sie führten sich, kaiserlich gestimmt, wie Räuberhaufen im eigenen Land auf. In das Zentrum der politischen Interessenlage Brandenburgs führte der warnende Hinweis, daß ein erneuter Wechsel des Bündnisses für Brandenburg in der Pommern-Frage nichts bringen würde, daß man Schweden weder im Guten noch im Bösen dazu bewegen werden könne, auf alle Teile Pommerns zu verzichten; der Ersatz für den an Schweden kommenden Teil ließe sich nur im Einvernehmen mit Kaiser und Reich festsetzen.

Von der Hilfe »fremder Könige und Potentaten« sei nichts zu erwarten. Friedrich Wilhelm solle sich nicht selbst von den Vorteilen des Prager Friedens mit der dort eingegangenen Verpflichtung des Kaisers »abschneiden«. Die Sorge Schwarzenbergs ging vor allem dahin, daß der junge Herrscher sich in die Abhängigkeit von Schweden ziehen lassen könnte. Das ist auf die Dauer nicht geschehen. Es wird sich nachweisen lassen, wie weit Schwarzenbergs Rat noch fortgewirkt hat. Die Truppenreduktion, die der Kurfürst später als schweren Fehler eingestehen mußte, war in der Form, wie sie nach Schwarzenbergs Tod und noch vor Abschluß des Waffenstillstandes durchgesetzt worden ist, nicht zwingend geboten; was not tat, war eine Reform der wirtschaftlichen Grundlagen des Militärs und ein Rückgriff auf den Adel der kurfürstlichen Lande bei der Reform und Wiederauffüllung des kleinen Offizierskorps, wie es später geschah. Dafür war die Zeit auch wirtschaftlich noch nicht gekommen. Von den etwa 600 wehrfähigen Adligen Brandenburgs und Preußens besaßen damals nur wenige das Dienstethos, dem Landesherrn in dieser Lage zu dienen.

Schwarzenbergs Tod am 14. März 1641, der nach Auseinandersetzungen mit Offizieren unter Führung des gewalttätigen Moritz August von Rochow einen Gehirnschlag erlitten hatte, kam dem Kurfürsten und seinen Beratern wie gerufen. Es war der impulsive und vielseitig begabte Konrad von Burgsdorff, Obrist und Kommandant von Küstrin (1595 bis 1652), der als des Kurfürsten seit langem Vertrauter nicht nur die Losung ausgab, die Anhänger Schwarzenbergs mit der Wurzel auszurotten, sondern auch nach der Weisung verlangte, die erpresserischen, betrügerischen und unbotmäßigen kaiserlich-kurfürstlichen Offiziere in Spandau und Umgebung brutal mit der Waffe zu disziplinieren. Was denn auch geschah. Im übrigen war Burgsdorff, schon von seinem Beruf her, kein Fürsprecher der Abrüstung. Neben dem zurückgerufenen bedächtigen, schweden- und ständefreundlichen Kanzler von Götze stand Burgsdorff bald als erster Berater des Landesherrn. Im Januar 1642 erhielt er das Oberkommando über die brandenburgischen Festungen, wenig später wurde er Oberkammerherr (der Funktion nach eine Mischung von Haus- und Kabinettsminister) und nahm an allen Sitzungen des *Geheimen Rates* teil, sofern er nicht in Geschäften abwesend war. Burgsdorffs draufgängerische Art kam dem »sanguinischen Zug im Naturell des Kurfürsten« entgegen (E. Opgenoorth), jedenfalls in dieser Phase. Von geringerem Einfluß war damals noch Otto von Schwerin (1616–1679), ein Pommer, der über den Hofdienst bei Georg Wilhelm zum Kurfürsten gekommen war, seit 1645 Geheimer Rat, seit 1658 dann Oberpräsident. Neben ihnen standen in der ersten Regierungshälfte vor allem als Geheime Räte Philipp Horn, Friedrich von Jena, Thomas von der Knesebeck, Johann Georg von Ribbeck, Erasmus Seidel, Lorenz Christoph von Somnitz, Sebastian Stripe, Johann Tornow, Daniel Weimann (Kleve), Samuel von Winterfeldt und die Statthalter der größeren Landesteile, die von Fall zu Fall an zentralen Regierungsgeschäften teilnahmen.

Der Kurfürst trieb eine *ständefreundliche* Politik, durch die sich Adel und Städte zum Mitwirken aufgerufen sahen. Die Versuche des alten Statthalters, eine nichtständische Finanz- und Heeresverwaltung aufzubauen, wurden aufgegeben. Der Rat der Stände wurde gefordert, auch in außenpolitischen Fragen. Die Erfahrungen des Kurprinzen in den Niederlanden dürften dabei mitgesprochen haben. Aber die brandenburgischen Stände waren auf das materielle und geistige Wohl des Landes bedacht; nur wenn die Außenpolitik des Landesherrn riskante und demzufolge kostspielige Züge annahm, gaben die Stände ein warnendes Votum in auswärtigen Staatssachen ab. Bei von der Landesherrschaft ausgehenden Steuer-Konflikten konnte sich von Zeit zu Zeit ein politischer Akzent ergeben, der sich in der Länge der Zeit in der Regel bald wieder verlor. Adel und städtische Oberschichten trugen diese »Stände-Politik« oder besser Interessen-Ausgleichspolitik. Man kann die brandenburgische Stände-Situation schwerlich mit dem »Kampf zwischen Krone und Parlament in England« (Fr. Carsten) vergleichen. Zu andersartig war ein Großteil der Voraussetzungen. Mehr als nur formale Gesichtspunkte frühparlamentarischer Auseinandersetzungen anderer europäischer Länder lassen sich auf die Verhältnisse nicht übertragen. Schon die »Freund-Feind«-Vorstellung, der »Kampf«-Begriff erweisen sich auf die Dauer für Brandenburg-Preußens Hauptgebiete wie für die meisten Territorien des Reiches als unangemessen.

Als der Kurfürst im Frühjahr 1643 in die Mark kam, schien er bei der verbliebenen Bevölkerung freundliche Zustimmung gefunden zu haben. Bei der Ankunft in Spandau (16. März) zur *Huldigung*, der unvermeidlich eine mehrstündige Jagd im Grunewald vorausgegangen war, empfingen ihn die Vertreter der Städte des Havellandes und der Zauche vor den Stadtfestungsanlagen: »Der Rat und die ganze Bürgerschaft gingen ihm mit der Stadt-Fahne und ihrem Gewehr über die Schlangenbrücke bis an die Gärten entgegen, wo sie ihn durch den Bürgermeister und Stadtschreiber Christian Ungnade mit einer Glückwunsch-Rede begrüßten, zu deren Anhörung der Ober-Kämmerer und Obrister Conrad von Burgsdorff vom Pferde stieg und im Namen des Churfürsten antwortete.« Dann zog man durch die Stadt zur Festung, wo am nächsten Tag auf dem »Rondeel« ein »Theatrum« aufgeschlagen war und »der Churfürst um zehn Uhr in Begleitung des Kanzlers Sigismund von Goez, des Obermarschall Adam George Gans, Edlen Herren zu Putlitz, der mit bloßem Schwert vor dem Churfürsten herging, des Lehnssecretarius Sebastian Stripen und vieler andern erschienen« und, nach Anrede und Antwort, der Huldigungs-Eid, den der Lehnssekretär vorlas, »mit entblößtem Haupt und aufgehobenen zweien Fingern abgelegt wurde«. Am Tage darauf waren noch die »gewöhnlichen Geschenke« (vierhundertneunundsechzig Taler) für den Kurfürsten und sein Gefolge in Berlin abzuliefern. Jede dieser Huldigungen in den Landesteilen innerhalb und außerhalb Brandenburgs (bis 1645) wurde mit einem Festmahl in Rathäusern, Burgen oder den Festsälen der Domkapitel abgeschlossen, wobei der Kurfürst nicht selten ersucht wurde, sich noch durch einen Umritt, wie in Brandenburg, von dem jämmerlichen Zustande »der über alle Maßen verwüsteten« Städte zu unterrichten.

Nach diesen ersten vier Jahren saß Friedrich Wilhelm einigermaßen fest im Regierungs-Sattel. Auf Drängen Burgsdorffs begannen 1643/44 wieder Werbungen, um die *Truppen* etwas aufzufüllen. Man hat in der entscheidenden Sitzung (25. Juni 1644) des Geheimen Rates die Anfänge der brandenburgisch-preußischen Armee sehen wollen. Das ist – trotz neuerlicher Truppenverminderung 1653 auf ca. 800 Mann – insoweit zutreffend, als nunmehr die Idee des »miles perpetuus«, des Stehenden Heeres als eines unumgänglichen Machtinstruments in dieser Welt nicht mehr aus dem Denken der politischen Führer Brandenburgs verschwindet. Das Wichtigste fehlte aber 1644: Geld und nochmals Geld. Burgsdorff führte in der Sitzung aus, wegen Pommern und der Kaiserlichen, die der Mark wie »einer fetten Henne« gedroht hätten, müsse man nun anfangen zu rüsten. Wäre erst Pommern verloren, würden die Schweden von dort aus weiter ausgreifen: »Also seine Gedanken, Churfürstlicher Durchlaucht in Respect und Autorität durch Degen zu setzen. Dazu Geld vonnöten, ehe es nicht anzufangen. Darumb besser, ein Viertel vom Lande zu versetzen, als in Furcht zu sein, das ganze Land zu verlieren.« Ohne Militärverfassung würde der Kurfürst um Land und Leute kommen, er müsse sich in Ansehen bringen, sich »considerabel« machen. Und Leuchtmar, der Kalvinist, verwies auf die bereits entstandenen Heere anderer Mittelstaaten wie Hessen, Braunschweig und Bayern und ermunterte den Kurfürsten frei heraus zu mehr »Tapferkeit und Großmütigkeit«, dann würde Brandenburg auch mit mehr »Respect« behandelt werden. Die meisten der braven Brandenburger im Geheimen Rat votierten eher vorsichtig wegen der vier Millionen Taler Landesschulden. Gleichviel, die Werbungen wurden aufgenommen nach dieser »Consultation von großer Importanz« (von Loeben). Dreitausend Mann wurden nach und nach bis 1646 am Niederrhein unter dem dortigen Kommandeur Johann von Norprath an Plätzen wie Duisburg, Dinslaken und Holt zusammengebracht. Beruhigende Versicherungen ergingen an die überraschten Nachbarmächte.

Etwa gleichzeitig ließ sich der Kurfürst durch Leuchtmar und Burgsdorff davon überzeugen, daß man eine politische Verbindung mit *Frankreich* aufbauen müsse, um aus dem Teufelskreis des Pendelns zwischen Schweden und dem Kaiser herauszukommen. Die Pflege der französischen Beziehungen hat dazu beigetragen, daß dann auf dem westfälischen Friedenskongreß französische Diplomaten – auch im Interesse Frankreichs – die Forderungen Brandenburgs teilweise massiv unterstützten. Ein solcher Schachzug bot sich auch deshalb an, weil die oranische Heirat des Kurfürsten (1646) vorerst nicht zu einer engeren Verbindung mit den Niederlanden geführt hatte.

In *Münster und Osnabrück* hat Friedrich Wilhelm seine Ansprüche mit großer Zähigkeit verfochten. Wegen Pommern war Schweden Brandenburgs Hauptwidersacher. »Je schwächer er ist, desto besser ist es für uns«, hatte Axel Oxenstierna im Reichsrat als Linie angegeben. Der Kurfürst, von der Burg Kleve aus die Verhandlungen nervös beobachtend, mußte schließlich der *Teilung Pommerns* zustimmen (13. Januar 1647). Vorpommern und Rügen, das Herzstück Stettin und ein Streifen Hinterpommerns blieben schwedisch. Als Entschädigung für das entgangene Drittel Pommerns erhielt der Kurfürst dank der vereinigten Bemühungen Frankreichs und Schwedens die ehemaligen Bistumsgebiete *Magdeburg, Halberstadt* und *Minden* mit zusammen etwa hundertachtundsiebzig Quadratmeilen Fläche. Da andernfalls Brandenburg mit den schlesischen Fürstentümern Glogau und Sagan entschädigt hätte werden müssen, stimmten die Kaiserlichen schließlich zu. Schwarzenbergs Rechnung war aufgegangen. Daß Stettin schwedisch blieb, hat Friedrich Wilhelm dem Anschein nach nie verwunden, zumal die Nachfolge in Magdeburg erst 1680 nach dem Tod des kursächsischen Administrators eintreten sollte. Nicht nur im Rückblick war deutlich, daß Brandenburg einen geradezu glänzenden Abschluß erreicht hatte, gemessen an dem mageren Gewicht, das es in die Waagschale zu werfen hatte. Die Stiftslande, als echte Etappenstraße nach Westen, wären im 18. Jahrhundert nicht mehr zu erlangen gewesen, weil sie dann von den welfischen und sonstigen Territorien inkorporiert gewesen wären, wie es das Beispiel Hildesheims zeigt. Vorpommern jedoch, in der Hand einer auswärtigen und durch die Baltische See von der Erwerbung getrennten Macht, konnte immer noch zu glücklicherer Zeit aufgenommen werden. Die relative Eigenständigkeit der brandenburgischen Politik seit 1643/44 mit Werbungen und einigen militärischen Drohgebärden vor allem am Niederrhein hatte sich, so scheint es jedenfalls, 1647/48 ausgezahlt.

Die Beziehungen mit *Jülich-Berg* blieben gespannt; noch war der endgültige Ausgleich nicht erfolgt. Es kam zwar 1647 zu einem vorläufigen Vergleich mit Pfalz-Neuburg durch Austausch der wechselseitigen Anteile an Ravensberg und Ravenstein. Aber die Bedrückung evangelischer Untertanen durch den Pfalzgrafen ließ den Kurfürsten 1650/51 zu dem ebenso verwegenen wie völkerrechtswidrigen Plan gelangen, einen Teil des Gebietes von Berg zu besetzen. Die großen Mächte und die vereinigten Stände von Jülich-Kleve-Mark erstickten den in vollster Unbesonnenheit gelegten Brand. Erst 1666 kam es zum endgültigen Teilungsvertrag mit Pfalz-Neuburg, nachdem Brandenburg eingesehen hatte, daß alle Revisionshoffnungen illusorisch waren.

Als eine fast unmittelbare Folge der blamablen Aktion gegen Pfalz-Neuburg erscheint der Sturz Konrad von Burgsdorffs (1651). Er fiel einer starken Hofpartei zum Opfer, an deren Spitze die alles andere als unpolitische Kurfürstin stand, unterstützt durch Otto von Schwerin, Joachim Friedrich von Blumenthal und den aufsteigenden Stern: Graf Georg Friedrich von Waldeck. Der ermattete Burgsdorff, dem der Kurfürst manches verdankte, wurde etwas schäbig beiseite geschoben. Er starb bereits Anfang 1652. Seine Schwäche lag in der Unfähigkeit, das grandiose Finanzgebaren bei Hofe in geordnete Bahnen zu bringen. Aber dieser Vorwurf trifft auch lebenslang den Kurfürsten.

Waldeck nahm eine Neuorganisation des Geheimen Rates vor (Dezember 1651). Er griff die älteren brandenburgischen Versuche auf, in Nord- und Mitteldeutschland die antikaiserliche Opposition in einer gewissen Verbindung zu Frankreich zu organisieren. Mit den welfischen Territorien, um die sich Friedrich Wilhelm schon 1647/48 nachhaltig bemüht hatte (Braunschweig-Wolfenbüttel), und mit Hessen-Kassel kam ein Defensivbündnis zustande (Juli 1655). Gänzlich andere Dimensionen aber eröffneten sich dann mit dem neuerlichen *Krieg im Norden* (1655 bis 1660), den Karl X. Gustav von Schweden gegen den katholischen Wasa-König Johann Kasimir von Polen ungestüm begonnen hatte. Die Meinung der Räte in Berlin war geteilt. Schwerin und der Fachmann für Polen Hoverbeck traten für ein polnisches Bündnis ein, für die Aufnahme des Kampfes gegen das Hegemonie-Streben Schwedens im mittleren Ostseeraum (mit der Blickrichtung Pommern); Waldeck dagegen riß den Kurfürsten fürs erste mit, indem er die Bewahrung und Verbesserung der preußischen Position in den Vordergrund aller Überlegungen stellte (Königsberger Vertrag mit Schweden, 17. Januar 1656). Die unmittelbare Folge dieses Militärbündnisses war die Teilnahme brandenburgischer Truppen an der dreitägigen furiosen Schlacht vor Warschau (28. bis 30. Juli), in der sich die brandenburgischen Regimenter den schwedischen als ebenbürtig erwiesen und der Kurfürst seinen Ruf als Kriegsmann und Feldherr begründete.

Als jedoch Polen sich rasch erholte, Warschau und Wien zum Abschluß eines Bündnisses kamen (1657), die Königin von Polen Luise Marie von Gonzaga-Nevers und Louise Henriette tatkräftig in die Politik eingriffen und auch Polen, wie vordem Schweden (Labiau, 20. November 1656), dem Kurfürsten die volle Souveränität in Preußen verhieß, wechselte Friedrich Wilhelm mit der vollen Unbedenklichkeit des auf den Landesvorteil bedachten Politikers die Fronten. Daß als Auslagenersatz für die brandenburgische Kriegshilfe noch Lauenburg und Bütow sowie die an die nördliche Neumark grenzenden Starosteien Draheim (als Pfandbesitz) und eventuell sogar Elbing winkten, mag ihm den Entschluß erleichtert haben (Wehlauer Vertrag, 17. November 1657). Waldeck, dessen Politik nunmehr gescheitert war, verließ den Dienst. Brandenburg beteiligte sich dann, nach Bündnis-Divergenzen 1658, an der Befreiung Schleswig-Holsteins und Jütlands von den bis dort vorgedrungenen Schweden, ließ sich von Kaiserlichen und Polen sogar noch in eine Besetzung Vorpommerns hineinziehen.

Nach dem Tode Karls X. (23. Februar 1660) erzwangen jedoch Frankreich, England und Holland den Frieden, der zwischen Österreich, Polen, Brandenburg und Schweden am 3. April 1660 im Kloster Oliva bei Danzig geschlossen worden ist. Im Ergebnis war Schwedens Position geschwächt. Brandenburg hatte zwar keinen territorialen Vorteil in Vorpommern erlangen können, wohl aber die Souveränität über Preußen bestätigt und endgültig erhalten, ein »Kleinod«, wie der Kurfürst gemeint hat. Auch Lauenburg und Bütow, alte Deutschordens-Komtureien und Burgen, blieben fortan bei Brandenburg-Preußen.

Während des Krieges, der die hohe Sensibilität und Flexibilität des Kurfürsten in einem brisanten Kräftefeld erwiesen hatte, ist von dem überaus begabten klevischen Vizekanzler Weimann die offiziell an Schweden gerichtete patriotische Flugschrift (»Gedenke daß du ein Teutscher bist«) in Umlauf gesetzt worden; sie verrät nicht, wie man gemeint hat, »deutsche« Interessen des Kurfürsten, zeigt aber, daß die Führungsgruppe um den Kurfürsten die Bedeutung des Nationalgefühls im deutschen Sprach- und Reichsraum im Blick hatte.

Im Gesichtskreis der Brandenburger erschien während des Nordischen Krieges erstmals eine Macht, mit der man noch zu tun haben würde: *Rußland*. Erste Beziehungen waren 1649 angeknüpft worden. Im Juli 1654 war dann bereits ein Abgesandter des Zaren an der Spree erschienen, um dem Herzog von (Ost-)Preußen zu erläutern, weswegen man sich in Moskau genötigt sähe, das Königreich Polen mit Krieg zu überziehen. Der Kurfürst ließ seine Vermittlung anbieten und empfing sodann die überraschende Versicherung, daß man ihn nicht angreifen wolle (August 1655). Auf das Ansinnen, Preußen vom Zaren zu Lehen zu nehmen, ist Friedrich Wilhelm vorsichtshalber nicht eingegangen (1656). Er ließ jedoch durch seinen Gesandten Eulenburg in Moskau einen ersten Nichtangriffsvertrag abschließen. Vorläufer der russischen Westexpansion hatten erstmals Litauen mit Wilna erreicht. Ein langanhaltender schwedisch-russischer Konflikt zeichnete sich außerdem am Horizont ab.

In den für Brandenburg friedlicheren Jahren zwischen 1660 und 1670 hat sich Friedrich Wilhelm stärker auf Verfassung und Verwaltung seiner Lande konzentrieren können. Sein wichtigstes außenpolitisches Ziel blieb Stettin. Nach mehreren subsidienträchtigen Verträgen mit *Frankreich*, dessen Hegemoniestreben seit 1667 immer schärfere Formen annahm, hat der Kurfürst 1672 erstmals wieder mit *Holland* einen Vertrag geschlossen, ebenfalls als Condottiere: zwanzigtausend Mann gegen Subsidien. Seiner Bündnispflicht aber entzog er sich, obwohl der Kaiser dem Bündnis beigetreten war und Holland stark gefährdet erschien. Vielmehr wechselte er, unter stärkerem französischen Bestechungsdruck auf Hof und Regierung, erneut die Fronten (Vertrag von Vossem, 6. Juni 1673), ohne jedoch das »Wechselfieber« so weit steigen zu lassen, daß er obendrein noch gegen seine holländischen Freunde zu Felde gezogen wäre. Französische Zahlungen und »Geschenke« hatten den Hof (einschließlich der Kurfürstinnen Louise Henriette und Dorothea) korrumpiert.

Es gibt Anzeichen dafür, daß sich der Kurfürst in diesen Formen politischer »Mobilität« nicht recht wohl gefühlt hat, daß sich sein Gewissen als Reichsfürst regte. Dem Reichskrieg gegen Frankreich (1674) schloß er sich denn auch mit seinen Truppen an, zog ins Elsaß, zusammen mit dem kaiserlichen Feldherrn Franz de Bournonville, einem etwas undurchsichtigen Anhänger defensiver

Kriegführung. Der Feldzug verlief wenig rühmlich. Die beiden ungleichartigen Feldherren waren Turenne nicht gewachsen. Anfang Januar zogen sich die Heere über den Rhein in die Winterquartiere zurück. Der Kurfürst ging nach Franken, von tiefer Verzweiflung erfüllt. Anfang Dezember war der Kurprinz Karl Emil, den er ins Elsaß mitgenommen hatte, gestorben. Den Verlust dieses ersten Kindes der Louise Henriette hat er nicht verwinden können. Der nunmehrige Kurprinz Friedrich stand ihm stiefsohnartig fern. Aber für Melancholien gab es wenig Zeit. Frankreich ließ seinen abtrünnigen Bundesgenossen seine weitreichende Macht spitz und scharf spüren – von Norden her.

Fehrbellin 1675

Am Oberrhein waren keine militärischen Lorbeeren zu gewinnen gewesen. Im fränkischen Winterquartier erreichte den Kurfürsten die Nachricht, daß *schwedische Truppen* (rund zwanzigtausend Mann, unter dem Reichsfeldherrn Karl Gustav Wrangel) auf Geheiß Frankreichs (April 1674) in die nördliche Mittelmark, in die Neumark und in Hinterpommern eingefallen seien (28. Dezember 1674). Obwohl man mit einem solchen Diversionsmanöver hatte rechnen müssen, waren nur die Festungen mit einigen hundert Mann besetzt. Der Berliner Statthalter Johann Georg von Anhalt erhielt Weisung, durch Werbung weitere Kompanien zusammenzubringen, notfalls aber auf alte Roßdienste des Adels und auf das Aufgebot der Bürger und Bauern zurückzugreifen. Eine Art *»Landsturm«* (wie 1813) entstand. Die Städte mußten vierhundert Mann aufbringen. In den Festungen wurde Mann für Mann »gemustert«, einexerziert und bewaffnet. In Berlin sind so zweitausendfünfhundert Mann unter Waffen gebracht worden; dazu kamen sechshundert arbeitslose Handwerkergesellen. Sogar Forstpersonal wurde unter Führung des Oberjägermeisters von Oppen an den Pässen postiert, bei Zehdenick und Bredereiche vor Fürstenberg, bei Fehrbellin, Oranienburg, Kremmen, am Nauener Damm und auch bei Havelberg, dem Übergang zur Altmark. Überall herrschte Furcht vor den Schweden und Angst vor den Rüstungskosten.

Im Dezember, vor dem Angriff der Schweden, verkündeten die *Stände* auf einer regulären Versammlung in Berlin, daß die Grenzen der Leistungskraft des Landes erreicht seien, nachdem man schon den Rheinfeldzug des Kurfürsten mitfinanziert habe. Sie verlangten, beim Landesaufgebot gehört und beteiligt zu werden. Ohne den Adel waren keine kampffähigen Verbände aufzustellen. Kreisweise, mit Hilfe der eingesessenen Kreiskommissare und adliger (»Reserve«-)Offiziere, wurde jeder sechste ledige Mann in Amts- und Gutsdörfern ausgehoben. Die Kompanien wurden mit Kreisfahnen und Kreisverpflegung ausgestattet. Es entstand eine Art Landsturm-Regiment mit dem Kurprinzen als Regiments-Chef. Nach dem Kriege veranlaßten die Stände, daß der Rest des

Regiments aus dem Militäretat besoldet wurde. Es bildete den Traditionsverband für das Grenadierregiment Friedrich Wilhelms I. (»Lange Kerle«). Auch in der Altmark ließ der Adel auf Weisung des Landeshauptmanns Achaz von der Schulenburg die Bauern für den Grenzschutz bewaffnen; sie erhielten Fahnen mit dem roten Adler Brandenburgs auf weißem Grunde; aufgearbeitet war der Spruch:

»Wihr · Bauern · von · gering · Guth · dienen · unsern ·
Gnädigen · Churfürsten · und Herrn · mit · unsern · Bluth«.

Die Weisungen des Kurfürsten, die unaufhörlich in Berlin eingingen, atmeten etwas vom Geiste des »Kleinen Krieges« mit Partisanen und Sabotage. Der Gegner mit einem der modernsten Heere der Zeit war übermächtig. Also: keine Quartiergewährung, passiver Widerstand, Straßensperren, Überfälle auf einzelne, denen »ohne Pardon die Hälse zu brechen« seien. Noch war die Angst groß, und niemand verstand, warum der Kurfürst aus Franken nicht heraufzog. Aber ein Krieg gegen die Großmacht Schweden wollte allseitig und umsichtig vorbereitet sein. Ohne die Niederlande, ohne Dänemark, ohne Kaperkrieg in der Ostsee war nichts zu gewinnen. Erst nachdem sich Friedrich Wilhelm Ende März in Kleve und am 15. Mai im Haag (Haager Protokoll) in eine größere Koalition eingereiht sah (Spanien, Niederlande, der Kaiser, Celle, Wolfenbüttel, Brandenburg und Dänemark), hatte er die Handlungsfreiheit gewonnen, den offenen Krieg zur Vertreibung Schwedens aus Nord- und vor allem Nordostdeutschland aufzunehmen.

Sein erklärtes Ziel war die Erwerbung von Restpommern. »Es ging wesentlich um mehr Macht für Brandenburg auf Kosten Schwedens« (E. Opgenoorth). Wie üblich beäugten sich die Verbündeten mißtrauisch. Der Kurfürst schien sich des Gesamt-Risikos nicht in vollem Umfang bewußt gewesen zu sein, das darin lag, an einem nicht unwesentlichen Punkt Europas in die Mächte-Balance mit rauher Hand einzugreifen. Man wird sehen, was unter dem Strich verblieb. Gicht hatte ihn in Kleve erneut wochenlang ans Bett gefesselt, während die Rüstungen vorangingen. Er hatte es noch von Kleve aus vermocht, durch den Reeder Benjamin Raule aus einigen gecharterten Kriegsschiffen eine kleine Flotte formieren zu lassen, die bereits 1675 in den Mündungen von Ems und Weser gegen schwedische Schiffe operierte. 1676 wagte sich dann diese erste brandenburgische Kriegsmarine zusammen mit Niederländern in die Ostsee. Raule besorgte den Küstenschutz vor Preußen und Hinterpommern. Die Dreistigkeit der Brandenburger kannte auch auf dem Meere keine Grenzen: Die Seemacht Schweden verlor mehr als zwanzig Handelsschiffe.

Schwedische Regimenter hatten sich inzwischen, von den Brüdern Wrangel und dem Feldmarschall Mardefeldt geführt, raubend und plündernd des westlichen Havellandes mit Brandenburg und Rathenow bemächtigt. Der Grenzschutz der Brandenburger war geworfen worden und hatte sich unrühmlich verlaufen (7. bis 20. Juni). Das schwedische Heer, von einem Observationskommissar des subsidienzahlenden Frankreich begleitet, litt unter Disziplinmängeln, war ansonsten jedoch intakt. Nur sechzehn Tage brauchte der Kurfürst, um sein Heer in Eilmärschen aus Franken nach Magdeburg zu führen. Die Überraschung gelang. Nach einem Kriegsrat in Magdeburg (21. Juni) entschied sich der Kurfürst dafür, mit einem Sichelschnitt den mittleren Punkt der feindlichen Aufstellung – Rathenow – wegzunehmen und sich sodann gegen Wolmar Wrangel (den Bruder des Feldherrn), der bei Brandenburg stand, zu wenden. Der Vorstoß glückte, weil die Marschgeschwindigkeit der Brandenburger um etwa zwanzig Prozent über der der Schweden lag. Fünftausend Mann Kavallerie, achthundert infanteristisch einzusetzende Dragoner, tausend Musketiere, dazu vierzehn bespannte Geschütze und sechsundvierzig Pontons auf großen Wagen (in denen die mit Schweinsfedern bewaffneten Musketiere saßen) rückten bis in die Gegend südlich von Rathenow vor.

Am frühen Morgen des 25. Juni wurde das gut befestigte *Rathenow* von Musketieren und Kavallerie gestürmt. Die Schweden verteidigten sich wild von Straßenzug zu Straßenzug; ihre berühmten Dragoner mußten einzeln niedergemacht werden, zum Teil mit Knütteln und Äxten, weil sie sich trotz faustgroßer Wunden als »gefroren«, als hieb- und stichfest erwiesen. Ein leichtes Fechten war das nicht. Zweihundert Gefangene nebst mehreren hohen Offizieren konnten fürs erste eingebracht werden.

Auf die Nachricht dieses blutigen Auftaktes hin suchte das schwedische Heer unter Wolmar Wrangel durch das Havelland nach Norden zu entweichen. Durch Schwadronen unter dem Obristen Hennigs (von Treffenfeldt), die das Luch durchritten, ließ der Kurfürst die Fehrbelliner Brücke zerstören. Er verfolgte nur mit seinen berittenen Truppen über Nauen die Schweden, die sich hinter dem Nauener Damm in Schlachtordnung aufgestellt hatten (27. Juni). Nachts setzten die Schweden den Rückzug fort, um sich auf Befehl des Feldherrn Wrangel im Norden bei Wittstock mit dem anderen Korps zu vereinigen.

Der Landgraf von Hessen-Homburg, dem als Reitergeneral in schwedischen Diensten ein Bein abgeschossen worden war und der als Besitzer des Ruppiner Amtes Neustadt an der Dosse das Land genau kannte, verfolgte mit etwa tausendfünfhundert Berittenen die Schweden seit dem frühesten Morgen.

Bei *Hakenberg,* sechs Kilometer vor dem Rettung verheißenden Fehrbelliner Paß, entwickelte sich im warmen Vormittagsnebel Gefecht und Schlacht zwischen achttausend Schweden, zur Hälfte Infanterie (mit achtunddreißig Geschützen), und den nach und nach aufschließenden sechstausend Brandenburgern (neun Reiterregimenter, zwölf kleine Geschütze), denen es bis auf einige aufgesessene Trabanten an Fußtruppen fehlte. Der Feldmarschall Derfflinger, vierundsechzigjährig, war skeptisch. Er hatte eine weiträumige Umfassung der Schweden über Kremmen vorgeschlagen. Friedrich Wilhelm jedoch ging das volle Risiko des Kampfes gegen verschiedene Regeln der Kriegskunst ein.

Die Schweden hatten quer zur Straße vor Hakenberg eine klassische Schlachtordnung aufgestellt, mit der Ir[illegible]erie in der Mitte und Kavallerie an beiden Flügeln auf kleinen Sandsch[illegible]en. Vor allem auf dem rechten schwedischen Flügel entspann sich sogleich die Reiterschlacht, in die der Kurfürst und Derfflinger die Regimenter aus dem Anmarsch heraus hineinführten. Nach einigen kritischen Phasen, während deren der Kurfürst und Derfflinger (ein Vorfahr Bismarcks) fast vom Pferd gestochen wurden und der Kurfürst im Kampfgetümmel seinen auffälligen Schimmel eilends abgeben mußte, war der rechte Flügel der Schweden geworfen und flüchtete.

Die höhere *Kampfmoral* der Brandenburger glich die Überlegenheit des Feindes aus. Die schwere Infanterie des schwedischen Zentrums niederzureiten hätte jedoch hohe Verluste zur Folge gehabt. Wrangels einigermaßen geordneter Rückzug nach Fehrbellin war von blutigen Gefechten begleitet, aber die Kraft der Brandenburger, die seit Magdeburg nicht abgesattelt hatten, war erschöpft.

Über die von schwedischen Pionieren instandgesetzte Brücke zogen sich die Schweden durch das Ruppiner Land in die nördliche Prignitz zurück, unter Verlust von einigen hundert Bagagewagen, geschwächt durch Tausende von Desertionen. Bei der Generalmusterung in Demmin, einige Tage später, ergab es sich, daß die Hälfte der Armee verloren war.

Der Kurfürst, nach alledem erschöpft und überreizt, soll in Drohungen und Klagen gegen einige Offiziere ausgebrochen sein; der Prinz von Homburg verließ eine Woche nach dem siegreichen Gefecht die Armee. Erst nach längerer Zeit ist dem Kurfürsten das ganze Ausmaß seines Erfolges deutlich geworden. Unter den gegebenen Umständen war auf brandenburgischer Seite das äußerst Mögliche erstritten worden. Die taktischen und strategischen Fehlgriffe der Schweden hatten die Chance der Brandenburger wesentlich gesteigert. Die Fernaufklärung der Schweden erwies sich als unzulänglich, ihre Führer handelten uneinheitlich, die Marschleistungen waren unzureichend. Im Gefecht ist die Infanterie nicht offensiv eingesetzt worden. Der Rückzug vollzog sich überstürzt. Im brandenburgischen Heer bildete sich nach Fehrbellin die Tradition des Überraschungsangriffes aus. Die Entscheidungsschlacht trotz ungleicher Kräfte und die weiträumigen Operationen galten mehr als die defensive Strategie.

Die *Wirkung der Schlacht,* der ersten ohne fremde Hilfe, ging über das Militärische hinaus. Die »Mittelmacht« hatte sich über Nacht bei den Zeitgenossen einen besonderen Platz errungen. In den Niederlanden wurden Freudenfeste veranstaltet; im Elsaß erschien ein Lied vom »Großen Kurfürsten«. Der Kurfürst verstand es, durch Flugschriften-Propaganda seine Position und seinen Erfolg ins öffentliche Bewußtsein zu heben. Sein Nimbus im eigenen Lande wuchs, zumal er bei Fehrbellin unversehrt geblieben war. Auch keiner seiner Nachfolger ist je in der Schlacht oder durch Attentat zu Fall gebracht worden; wie es dem Herrscher in den Augen des Volkes zukommt: »Könige« mußten kugelfest sein. Friedrich Wilhelm hatte nunmehr den Ruf der Schweden zerstört, die besten Soldaten Europas ins Feld stellen zu können. Kein Wunder, daß ihm sein Urenkel Friedrich helles Lob spendete. Fehrbellin ließe erkennen, was der Kurfürst geleistet hätte, »wäre er im Elsaß sein eigener Herr gewesen. Dieser kühne und glänzende Kriegszug verdient es, Cäsars Veni, vidi, vici auf ihn anzuwenden. Selbst seine Feinde rühmten Friedrich Wilhelm, seine Untertanen segneten ihn. Und seine Nachkommen datieren von diesem ruhmreichen Tage den hohen Aufschwung, den das Haus Brandenburg in der Folge genommen hat.«

Feldzüge in Vorpommern und Preußen (1675 bis 1679)

Schweden hatte am Rhinpaß eine Schlacht, aber nicht den Krieg verloren. Nun erst mußte es sich zeigen, ob die neue brandenburgische Streitmacht einen Zufallstreffer erzielt hatte oder ob sie jeder Situation gewachsen war. Bogislaw von Schwerin-Spantekow, einer der ersten schwedisch-vorpommerschen Schwerine in brandenburgisch-preußischen Diensten, besetzte mit der nachgezogenen Infanterie im Oktober *Wollin* und *Swinemünde*, der Kurfürst stürmte auf den Spuren Friedrichs II. und des Albrecht Achilles *Wolgast* und im folgenden Jahr wurden nach und nach fast alle vorpommerschen Städte eingenommen – bis auf das hochragende Stettin. Das Angebot Ludwigs XIV. auf Sonderfrieden wurde im Siegesrausch abgelehnt (ein Fehler – wie 1916). Die Kosten stiegen unaufhörlich, das Land litt unter den Kontributionen. Jeder Monat verschlang rund hunderttausend Taler. Der Kurfürst hatte erfahrene Militärs in seinen Sold genommen, bis zu den Kapitänen der Schiffe hin, die unter Raules Kommando die Zufuhr nach Stettin und Rügen unterbrachen und bis nach Memel ihre Kaperfahrten ausdehnten. Ende 1676 schuldeten Spanien und Holland dem Kurfürsten bereits eine Million und dreihunderttausend Taler. Die Regulierung dieser Schulden sollte sich noch über ein Jahrzehnt hinziehen. Als Friedrich Wilhelm schließlich in das bezwungene Stettin eintritt (6. Januar 1678), waren zweitausendvierhundertdreiunddreißig Einwohner umgekommen und nur dreihundert Schweden übriggeblieben. Man huldigte, etwas voreilig.

Ende 1678, nachdem noch Rügen mit Hilfe von zweihundertzehn Segelkuttern und siebentausend Mann und Stralsund mit Brandgeschossen bezwungen worden waren, unternahm Schweden mit Hilfe des ebenfalls von Frankreich unterstützten polnischen Königs Johann Sobieski (der Preußen erhalten sollte) die letzte Offensive. Sechzehntausend Mann unter Heinrich von Horn fielen von Livland aus in Preußen ein; Kleve war bereits von Franzosen besetzt worden. Der gefährlichen Überdehnung der brandenburgischen Herrschaftsräume war nur durch außergewöhnliche Mobilität zu begegnen. Preußen, wo nur ein schwaches Landesaufgebot stand, schien verloren. Dann jedoch wurden fünftausend Brandenburger unter Generalleutnant von Görtzke an den Pregel geworfen. Wenig später zog der an Gicht leidende Landesfürst mit fünftausendfünfhundert

Reitern und dreitausendfünfhundert Mann vom besten Fußvolk (nebst vierunddreißig Geschützen) in Sturm und Schnee dem souveränen Herzogtum entgegen (16. Dezember bis 30. Januar).

Kurfürstin und Kurprinz waren mit von dieser »heißen« Winter-Partie, die auf Kupferstichen und Gobelins der Nachwelt überliefert wurde. Hinter Marienwerder ließ er die Musketiere auf tausend requirierte und vom ostpreußischen Adel bereitgestellte Schlitten setzen. In einer wüsten Jagd über Haff und Nehrung wurden die Schweden aus dem Land getrieben, unter dem Kommando vor allem brandenburgischer und pommerscher Offiziere (Joachim Ernst von Görtzke, Hans Adam von Schöning, Kurd Hildebrand von der Marwitz, Joachim Balthasar von Dewitz und viele andere). Der Feldzug, an Härte unüberbietbar, endete erst acht Meilen vor Riga, wohin sich noch knapp dreitausend Mann des Hornschen Heeres hatten flüchten können. Tausende der schwedischen Söldner erfroren, wurden von kurländisch-litauischen Bauern erschlagen oder von den brandenburgischen Verfolgern (tausendfünfhundert Reiter und Dragoner unter General von Schöning) gefangengenommen. Viel Ruhm für Brandenburgs rotweiße Adler-Fahnen. Und doch, am Ende, verlorene Siege in einem Kampfe, der ebensolange wie der erste Weltkrieg gewährt hatte.

Nymwegen und St. Germain

Der Kurfürst glaubte nach diesen Erfolgen kurz vor dem Ziel aller seiner territorialpolitischen Wünsche zu stehen. Die schwedische Machtstellung war zusammengebrochen. In Nymwegen jedoch wurde bereits zwischen Holland und Frankreich verhandelt und separat unterzeichnet (1676). Dem schlossen sich Kaiser und Reich an, die nicht ohne eifersüchtige Sorgen die militärischen Erfolge Brandenburgs betrachtet hatten. In Wien äußerte man, dem Kaiser gefiele es nicht, daß ein Königreich der Wenden am baltischen Meere entstehe.

Friedrich Wilhelm sah sich genötigt, in *St. Germain-en-Laye* (29. Juli 1679) den Nymweger Vertrag zu akzeptieren. Vergeblich und verzweifelt versuchte der Kurfürst noch, Kleve gegen Pommern zu vertauschen. Lediglich die schwedischen Landstreifen rechts von der Oder und der Anteil am Kolberger Zoll (seit 1653) wurden Brandenburg zugesprochen, weil seine Verbündeten es bereits in Nymwegen hatten festschreiben lassen. Immerhin zahlte Frankreichs König, wohl nicht ohne Anflüge von Bewunderung für seinen ungestüm-widerspenstigen Bündnispartner, dem Kurfürsten dreihunderttausend Kronen Kriegskostenentschädigung. Auch der Kurfürstin wurden artige Geschenke in Gold und Diamanten verehrt und der Minister Meinders mit einer jährlichen Pension von immerhin fünfzigtausend Livres bedacht, die er in Berliner Grundstücken anlegte.

Friedrich Wilhelm hatte mit hohem Einsatz gespielt, hatte seine Möglichkeiten überschätzt und den bündnispolitischen Überblick zeitweise verloren. Aber er stand doch nicht mit gänzlich leeren Händen da. Er war nirgends besiegt worden; auch hatte er sich um einige Quadratmeilen näher an Stettin herangeschoben. Schweden mußte wissen, daß es diese Position nicht mehr allzu lange gegen die stärker werdenden Brandenburger würde behaupten können.

Das unmittelbar anschließende erneute Bündnis mit *Frankreich* lag insofern in der Konsequenz der Vorgänge, als nur Frankreich in die vorerst gespannt bleibenden brandenburgisch-schwedischen Beziehungen regulierend und garantierend eingreifen konnte. Frankreich zahlte im übrigen hunderttausend Livres Subsidien jährlich, eine Art von Gnadengeschenk, für Brandenburg aber ein Liquiditäts- und Investitionsfaktor von hoher Bedeutung. Land und Städte wurden seit den späten sechziger Jahren stetig ausgebaut. Es fehlte vor allem an Kapital. Brandenburg hat sich mit seiner noch bis 1713 fortgeführten Subsidien-Politik außenpolitisch wiederholt »prostituieren« müssen, aber wirtschafts- und innenpolitisch wenigstens teilweise sanieren können. Im Wissen um die preußischen Aufstiegsfaktoren bemerkte Friedrich der Große ungerührt zu diesem Punkt: »Der eine gab Subsidien, während er sein Volk bedrückte. Der andere empfing sie und unterstützte damit sein Volk.«

Sechs Jahre lang ließ sich Friedrich Wilhelm mit purem Gold an die Seite *Frankreichs* locken. Die Motive dieser Politik waren wesentlich sicherheitspolitischer Art. Er fürchtete eine Koalition Dänemarks und Schwedens und sah die geringe Widerstandsfähigkeit der Niederlande und des Reiches. Daß er die französischen Reunionen-Erfolge im Elsaß und anderswo wenigstens begünstigt hat, wird sich nicht bestreiten lassen. Glücklich war man in Berlin über diesen bösen Hintergrund nicht; der Kurfürst brachte es auf die Formel: Der Wein sei gezapft (nämlich in Nymwegen und St. Germain), nun müsse man ihn wohl trinken. Nach der voreiligen Anerkennung der Reunionen durch den Kaiser, der die Türken vor sich hatte, sank Brandenburgs Wert in den französischen Kalkulationen. Nun wandte sich Friedrich Wilhelm wieder dem Kaiser und dem alten Bündnispartner Holland zu (23. August 1685). Der Bund mit Frankreich verlor seinen Wert.

Das *Edikt von Potsdam* (8. November 1685) steht am Ende einer konfessionspolitischen Entwicklung in Frankreich, die dem Kurfürsten und seinen Beratern zunehmend Sorgen bereitet hatte. Ohne das Bündnis aufzukündigen, nahm Brandenburg mehr und mehr eine vermittelnde und kühlere Haltung gegenüber Ludwig XIV. ein. Die Verfolgungen von Reformierten im Staat des Sonnenkönigs und die Berliner Reaktion darauf zogen Maßregelungen der diplomatischen Residenten nach sich. Der ausgabegewandte Gesandte Rébénac in Berlin durfte für einige Zeit keine Messen mehr in seinem Hause lesen lassen, weil der brandenburgische Gesandte Beck das Ausreisegeschäft der Hugenotten allzu tatkräftig betrieben hatte. Die politische Wende deutete sich auch darin an, daß

Brandenburg mit der evangelischen Macht Schweden unbeschadet der territorialen Differenzen Gespräche führte (April 1685).

Dahinter stand das Fernziel eines größeren Bündnisses evangelischer Mächte. Dem diente auch ein Aufenthalt des Landesherrn in Kleve (August 1686), wo er nicht nur wohlgefällig eine Parade niederländischer Truppen abnahm (welcher Wandel in vierzig Jahren!) und den Zustand der Landmacht der Oranier begutachtete, sondern auch mit Wilhelm III. Feldzugspläne gegen Frankreich, die Lage in England und die »Oranische Erbschaft« erörtert haben dürfte.

Wilhelm III. (1650 bis 1702, 1688 König von England), der Enkel von Friedrich Wilhelms erstem Schwiegervater, scheint Brandenburg mit den Verheißungen oranischer Erbanteile auf seine Generallinie eines umfassenden Bündnisses gegen Frankreich gebracht zu haben. Bis in die Todesstunde hat Friedrich Wilhelm noch die Gefahren und Aussichten dieser neuen Lage erwogen, wobei er auch an die Versorgung seiner nachgeborenen Kinder gedacht haben mag.

1685/86 näherte er sich wieder der Politik des *Kaisers*, der das erprobte brandenburgische Heer im Kampf gegen die Türken einzusetzen wünschte. Das brandenburgische Korps unter Generalleutnant Hans Adam von Schöning, ebenfalls einem Pensionär Rébénacs, wurde gegen eine Entschädigung von hundertfünfzigtausend Talern in Marsch gesetzt, und zwar im Rahmen eines allgemeinen, auf zwanzig Jahre angelegten Verteidigungsbündnisses mit Österreich, das in Friedenszeiten mit hunderttausend Gulden, in Kriegszeiten mit hunderttausend Talern honoriert werden sollte (1. April 1686). Die immer noch erhobenen Rest-Ansprüche Brandenburgs auf Teile Schlesiens wurden mit anderen Anwartschaften *(Greetsiel/Ostfriesland)* sowie der Übertragung des Gebietes von Schwiebus an Brandenburg abgegolten; doch hinterrücks hatte der Kurprinz dem Kaiser eine Art von Gutschein auf die Rückgabe von Schwiebus zugestellt.

Ein Strategie-Dokument des Kurfürsten aus jenen Tagen, auf die Niederwerfung Frankreichs gerichtet, zeigt noch einmal die reichspatriotische und konfessionspolitische Komponente im Denken des Großen Kurfürsten. Ein Aufgebot von etwa zweihunderttausend Mann sollte gegen den Grenzräuber und »Reichsfeind« Ludwig XIV. zusammengebracht werden, darunter vierzigtausend Kaiserliche und zweiundzwanzigtausend Brandenburger. Die Denkweise in den Wiener Kollegien war allein schon dazu angetan, dem exzentrischen Plan jede Chance auf Realisation zu nehmen.

Die letzten außenpolitischen Unternehmen betrafen die norddeutschen Verhältnisse. Im Streit um die Freiheit *Hamburgs,* das von Braunschweig-Celle bedroht und von Dänemark zugleich begehrt wurde, erzwang der Kurfürst Verhandlungen (1684/85), bei denen es dann vor allem um die Wiedereinsetzung des Herzogs von Schleswig-Gottorp ging. 1689 schließlich gab Dänemark nach.

Überblickt man die auswärtige Politik, so war es gleichsam ein langer Weg von der defensiven Neutralität über Bündnisse mit den europäischen Großmächten wiederum zur defensiven Neutralität mit Anlehnung an den Kaiser. Dennoch bestand ein staunenerregender Unterschied zum Stand von 1640: Die Hilflosigkeit des »Kurfürsten von Königsberg«, den die Schweden als politisch impotent verhöhnen konnten, und dagegen die allseitig gefestigte Lage von 1688, wo man Aktivitäten und Waffen der Brandenburger nicht mehr aus den Augen ließ. Ein Adlerflug.

Heer und Militärwesen

Brandenburg-Preußens Militärmacht verdankt dem Großen Kurfürsten ihre Begründung. Die folgenden Herrscher haben das Heer ausgebaut, verbessert, vergrößert, dann jedoch aus dem Griff verloren. Das erste größere Heer wurde bei Beginn des schwedisch-polnischen Krieges aufgestellt. Es umfaßte etwa fünfundzwanzigtausend Mann, von denen zwanzigtausend Mann bei Warschau ins Treffen geführt worden sind. Die monatlichen Unterhaltskosten beliefen sich auf 171 190 Taler. Nach dem Frieden von Oliva wurde ein kleines *stehendes Heer* beibehalten (dreizehnhundertfünfzig Reiter, dreihundert Dragoner, tausendneunhundert Mann Fußtruppen), das jederzeit aufgefüllt und ausgedehnt werden konnte.

Neben diesem Heer lagen Truppen in den ständig erweiterten und ausgebauten *Festungen* und *befestigten Städten*. Sie sicherten die strategisch wichtigen Punkte zwischen Preußen und Kleve. Im Testament von 1667 werden Ausbauanweisungen gegeben für Löknitz und Müllrose in der Mark, für Labiau und Wehlau in Preußen, für Minden, Kalkar und Lippstadt im Westen. Im Denken des Kurfürsten waren die Städte die Sicherheitsknoten im System der auseinandergezogenen Herrschaften. Dort lagen die gefüllten Magazine und Zeughäuser. An ihnen sollte der Feind sich im Notfall festrennen. Es sollten, empfiehlt er, im Frieden in Berlin 800 Mann liegen, in Spandau 300, in Küstrin 500, in Peitz 250, in Driesen an der Netze 160, in Oderberg 150, in Frankfurt an der Oder 150, in Löknitz 50, im kleinen Göritz bei Lebus 12, in Müllrose 160, in Pillau 600, in Memel 400, in Fischhausen/Samland 100, in Königsberg 300, in Kolberg 600, in Minden »so lange keine Citadell gebaut« 600, in Sparrenberg 80, Lippstadt 600, Hamm 100 und in Kalkar 250 Mann. In diesen Zahlen zeigen sich, für den Militärsektor, die Anfänge staatseinheitlicher Regie und – für das Städtewesen – die Anfänge des später so bedeutsamen Garnison-Impulses.

In den Kriegen gegen Frankreich und Schweden hat das *Heer* seine größte Ausdehnung erfahren. 1678 bestand es aus etwa fünfundvierzigtausend Mann in dreihundertzwei Kompanien. Auch nach St. Germain blieben etwa fünfundzwanzigtausend Mann unter den Waffen. Der Kurfürst konnte jederzeit mit fünfzehntausend bis notfalls zwanzigtausend Mann ins Feld rücken, ungerechnet der Festungs-Mannschaften. Für die Refugiés wurden nach 1685 besondere Truppenteile errichtet. 1688 zählte das gesamte Heer 30 625 Mann (12,6 Prozent Kavallerie; 4,7 Prozent Dragoner; 46,5 Prozent Infanterie; 1,6 Prozent Artillerie; 0,2 Prozent Generalstab). Die Bevölkerung Brandenburg-Preußens bestand um 1688 aus 1 067 157 Menschen. Das Heer umfaßte etwa drei Prozent der Landesbewohner. Statistisch gesehen mußten pro Kopf rund ein und ein Viertel Taler im Jahr für die Landesrüstung ausgegeben werden.

Die Truppen waren vom Fürsten als dem *»obersten Kriegsherrn«* eidlich abhängig, strenge Disziplin erfüllte, mindestens in der Theorie, das gesamte Offizierskorps. Der Kurfürst behielt die Heeresverwaltung in der Hand. Er allein dotierte die Generalität, die als Zeichen der Zufriedenheit über den etatsmäßigen Sold hinaus mit Gouverneursstellen in Festungsstädten, mit Amtshauptmannschaften, mit Domherrenpfründen in Brandenburg oder Halberstadt oder in besonderen Fällen mit Rittergütern belohnt werden konnte. Auch die Grundsätze der Organisation und der Rechtsordnung hatte Friedrich Wilhelm holländischen und schwedischen Vorbildern entnommen. Das erste brandenburgische *Exerzierreglement* (1654/55) enthielt auf dem Titelblatt den Hinweis: »Nach Anweisung des Prinzen Moritz von Oranien«. Die von Gustav Adolf nach ebenfalls niederländischen Mustern verfaßten Kriegsartikel wurden 1656 als Grundlage für das »Churfürstliche Brandenburgische Kriegs-Recht oder Artikuls-Brief« herangezogen.

Als Offiziere kommandierten Angehörige jener Familien, die noch mehr als zweihundert Jahre lang das Ansehen des preußischen Heeres befestigen sollten: Schöning, Marwitz, Barfuß, Strauß, Brandt, Dohna, Truchseß, Belling, Heide, Löschebrand, Bornstedt, Schlabrendorff, Arnim, Blankensee, Derfflinger, Natzmer und andere mehr. Die Feldzeichen enthielten wackere Sprüche und Sinnbilder. Eine Standarte zeigte einen feuerspeienden Berg mit der Inschrift: »Durch angeborene Tapferkeit«. Ohne strenge Disziplin kein modernes Heer. Die Ungnade des Kriegsherrn konnte sich für den Offizier in Absetzung, Kriegsgericht, Festungshaft oder Landesverweisung äußern. Den Mannschaften drohten Leibes- und Haftstrafen. Das neue Heer stellte für die Bevölkerung am sinnfälligsten die das Territoriale überwölbende einheitliche Gewalt des Landesfürsten dar.
fürsten dar.

Einen tiefen Blick in die Entstehung des Preußen-Geistes auf dem Militärsektor gewähren die Berichte von 1686/87 über Truppenteile und Kampfhandlungen des brandenburgischen Kontingents zum *Türkenkrieg,* in dem sich die Brandenburger beim blutigen Sturm auf Ofen (2. September 1686) besonders auszeichneten und mehr als ein Drittel ihres Bestandes im Kampf verloren haben.

Dieses Armee-Korps erfuhr vor seinem Abmarsch im April 1686 im *Feldlager bei Crossen* eine Spezial-Besichtigung. Der leidende Kurfürst, vor einem Zelt sitzend, ließ die Truppen »mit prächtigen Uniformen«, »in der schönsten Ordnung, unter

Trompeten-, Pauken-, Trommeln- und Schallmeien-Schall vorbei passieren«, kommandiert von dem Geheimen Staats- und Kriegsrat und Generalleutnant von Schöning. Es war nun nicht mehr das von militärischen Führern abhängige Söldnerheer, das hier defilierte und sich durch den Anblick seines Helden »encouragierte«. Nach dem Beispiel der Heeresformen in Frankreich war seit 1676 Zug um Zug die neue Kriegsverfassung geschaffen worden.

In dem Tagebuch des späteren Generalmajors Christoph Friedrich von Bismarck (1652 bis 1704) heißt es, im Einklang mit anderen Berichten, über den Sturm auf die goldreiche Festung: »Es wurde alle niedergehauen, gestochen oder geschossen. Es gab Flecke, wo mir das Blut bis an die Knöchel ging und habe ich mein Lebtag solche Haufen von Leichen nicht gesehen. Alles mußte über die Klinge springen ... ich lobe unsere Brandenburger; sie waren die einzigen, die noch auf ihre Offiziere hörten; wir hinderten sie nicht, die Beute zu machen, die ihnen rechtmäßig zukam, aber wir hinderten sie, den alten Ruhm Kurbrandenburgischer Waffen durch Gräuel zu beflecken. Am schlimmsten hauseten die Völker aus dem Reich. Beim Sturm waren sie die letzten gewesen; bei der Schändung und Ermordung der Weiber waren sie die ersten. Wahrlich, so ein Brandenburger Musketier Kurprinz zu Fuß kam mir an jenem Tage viel edler und vornehmer vor, als mancher Leutnant aus dem Reich.«

Die brandenburgischen »Feuermänner«, wie sie von den Türken genannt wurden, begnügten sich beim Beutemachen mit einigen Türkinnen und Türken, die am Berliner und Dresdener Hofe in verschiedenen Diensten gebraucht wurden; dazu kamen einige Bücher für des Kurfürsten Bibliothek, Kanonen und zwei Paar mit Menschenhaut bespannte tatarische Pauken.

Zu den eigenartigsten Unternehmungen des Kurfürsten gehört die *Marine-Politik*, die der niederländische Unternehmer und »Admiral« Benjamin Raule (1634 bis 1707) für ihn betrieben hat. Die Idee einer Handelskompagnie für Brandenburg ist dem Kurfürsten durch den holländischen Admiral Gijsels van Lier erstmals vorgetragen worden. Der Kurfürst hat, von seinen Jugend-Impressionen her, Schiffahrt und Seehandel nie aus dem Auge verloren. Nach dem Krieg gegen Schweden fuhr eine Expedition unter Otto Friedrich von der Groeben unter brandenburgischer Flagge nach Guinea, gründete dort das Fort »Groß-Friedrichsburg«, dessen Hauptgebäude und Befestigungen noch erhalten sind. Er begann mit der »Brandenburgisch-Afrikanischen Handelskompagnie« (Königsberg, 1682) einen nicht übermäßig einträglichen Handel mit Gummi, Straußenfedern, Gold, Elfenbein und auch Sklaven (nach Westindien) zu betreiben. Das Kapital kam von vermögenden Personen des Hofes, vom Kurfürsten selbst und auch den hier wagemutigen ostpreußischen Ständen. 1683 konnte Emden als Hafen für die Kompagnie gewonnen werden. In der Zeit zwischen 1680 und 1697 gingen bis zu zwanzig Kauffahrteischiffe in See, denen eine kleine Kriegsflotte von zeitweise zehn Schiffen Schutz geben sollte. Der Hafen von Stettin fehlte dem Unternehmen.

Nach dem Bankrott der Gesellschaft (1711) mußte der eher für Spree-Fahrten zu begeisternde König als Hauptgläubiger das Geschäft übernehmen. Friedrich Wilhelm I., der den Überseehandel als »Chimäre« ansah, stieß die Firma samt afrikanischen Besitzungen für zweiundsiebzigtausend Dukaten in eben jenem Jahre an die Holländer ab, in dem er Stettin endgültig erworben hatte (1721).

Benjamin Raule, den der Große Kurfürst bis zuletzt stützte, hat manche gute Idee zur Wirtschaftsförderung des Landes beigesteuert. Er verlangte den Bau billiger Wohnungen für die Unterschichten mit Staatshilfe, Steuersubventionen für Grundnahrungsmittel, die gesetzliche Feuerversicherung vorerst für Residenzstädte; er riet zur Aufnahme der Religionsflüchtlinge und forderte die Errichtung eines besonderen Kommerzienkollegs. Raule, seit 1676 besoldeter Amtsträger und freier Unternehmer zugleich, hat auch den Schiffbau in Brandenburg-Preußen angeregt, vor allem in Kolberg, Pillau, Berlin und Havelberg. Zuletzt wurde er noch in den Sturz des Oberpräsidenten Dankelman verwickelt und mußte wegen zeitgemäß-unübersichtlicher Geschäftsabschlüsse dreieinhalb Jahre Festungshaft erdulden. Für eine großzügigere Unternehmer-Förderung fehlten im sandreichen Brandenburg-Preußen bis 1740 wesentliche Voraussetzungen.

Verfassung und Verwaltung

Zu Beginn der Regierungszeit Friedrich Wilhelms besaßen die einzelnen Landesteile jeweils eine oberste Behörde. In Brandenburg selbst war es der *Geheime Rat,* in Preußen die *Oberratsstube* oder in Kleve die *Geheime Landesregierung*. Die Landstände verfügten in allen diesen Kollegien über Einflußmöglichkeiten, weil ein Teil der Sitze entsprechend dem Herkommen mit landsässigen Adligen (Indigenat) besetzt wurde. Offiziell bestand keine Gesamtstaatsbehörde für alle Landesteile. Tatsächlich hat jedoch der Geheime Rat, der nach 1604 bereits ständig mit den Anwartschaften auf Preußen und Jülich befaßt gewesen war, wenigstens zeitweise die Funktionen einer solchen Zentralbehörde wahrgenommen, insbesondere dann, wenn der Kurfürst in Berlin, Königsberg oder Kleve die Mehrzahl der Räte und Minister um sich versammeln konnte. Das ist nicht selten der Fall gewesen. Insofern war der Geheime Rat keine Behörde im modernen Sinn, sondern ein wanderndes Kollegialorgan, aufteilbar und überall an die Entscheidung des Fürsten gebunden. Die übrigen ständigen oberen Amtsträger in dieser »behördenlosen Zeit« (K. Breysig) arbeiteten dem Kurfürsten zu, wo immer sich dieser aufhielt. Selbst lokale Quisquilien wurden über fünfhundert Kilometer weit zur Entscheidung nach Kleve oder Königsberg gesandt. Andererseits blieben die Räte in Berlin bei Abwesenheit des Kurfürsten nicht auf die märkischen Sachen beschränkt. Sie bearbeiteten die Vorgänge bis zur Entscheidungsreife. Die Justiz des Kammergerichts bildete bereits einen eigenen Bereich; lediglich Appellationen und besondere Problemfälle wurden von einzelnen Räten übernommen. Die Person und Persönlichkeit des Fürsten allein war es, die mithin die relative Einheitlichkeit der oberen Regierungsgeschäfte sicherte. Die Räte arbeiteten wie die späteren Kabinettsräte, und der Geheime Rat selbst war Form und Hülle für die tägliche »Kabinetts«-Arbeit und Entscheidung des Regenten. Bei Unpäßlichkeit oder kürzerer Abwesenheit blieben die Dinge liegen, oder es wurden vorläufige Bescheide ausgesandt.

Um diese unklaren, mit zahlreichen Kompetenzüberlagerungen behafteten Formen zu verbessern, ist 1651 versucht worden, den *Geheimen Rat* neu zu gliedern. Initiator scheint Graf Georg Friedrich von Waldeck gewesen zu sein. Für zehn Räte wurden neunzehn ungleichmäßig gewichtete Referate geschaffen, und zwar für ganz Brandenburg-Preußen. Dieser Reformversuch, der die Einsicht in die Unzulänglichkeit der Verhältnisse dokumentiert, scheiterte im Grundsätzlichen: Man kehrte bald zu dem alten Verfahren zurück, das für das Prestige der Räte schonender war. Gleichwohl setzte nach dieser Zeit die Ausgliederung und Abspaltung gesamtstaatlicher Fachbehörden (Außenpolitik, Finanzen, Kriegswesen) ein, indem besondere Verwaltungsaufträge vergeben und aus mehreren kommissarisch beauftragten Amtsträgern Ausschüsse gebildet wurden, aus denen sich dann echte Behörden entwickeln konnten. Dem Prinzip der Arbeitsteilung und der Herausnahme der auf den gesamten Staat hin arbeitenden Zentral- und Spezial-Ressorts gehörte die Zukunft. Der im 18. Jahrhundert erreichte Zustand – Kabinettsregierung in Verbindung mit voneinander unabhängig arbeitenden Zentralbehörden – geht stellenweise bis in die Zeit vor 1688 zurück. Aber der Prozeß verlief unter und wegen der überstarken Persönlichkeit des Kurfürsten weit langsamer, als er hätte verlaufen können. Auch der Vergleich mit anderen Landesstaaten zeigt das. Ein Verwaltungsgenie war der erste Friedrich Wilhelm nicht.

Das *Finanzwesen*, die Achillesferse, mit regionalen Amtskammern bzw. Kammermeistern sowie individuell tätigen Kammerräten an der Spitze, erfuhr erst 1683 mit der Berufung von Dodo Freiherr von Knyphausen zum Leiter der allgemeinen Kammerverwaltung eine erste Verbesserung. 1689 entstand auf Vorschlag Knyphausens aus seinem Arbeitsbereich die »Geheime Hofkammer« für die oberste Verwaltung der Domänen- und sonstiger ziviler Einkünfte. Sie wurde, in den letzten Jahren vor 1713 heruntergewirtschaftet, 1713 als »Generalfinanzdirektorium« wiederhergestellt und verbessert. Das war die eine Säule des neuen Behördenstaats.

Die zweite Säule entwickelte sich seit 1660 mit dem Amt des *Generalkriegskommissars*, der für alle Provinzen zuständig war. Das ältere Kommissariatswesen (Kommissare für die Intendanturgeschäfte der Heere) wurde nun, aus der Notwendigkeit des vergrößerten Heeres heraus, zentralisiert und spezialisiert. 1674 gewann der Generalkriegskommissar, der seine eigene »Behörde« aufbaute, die Kompetenz für die Feldkriegskasse des gesamten Staates hinzu. Die Beschaffung der Unterhaltsgelder für das Heer erzwang Eingriffe des Generalkriegskommissars in die praktische Wirtschafts-, Finanz- und Steuerpolitik. Mit dem Geheimen Rat waren diese Spezialfragen nicht mehr lösbar. 1713 ist dann das Generalkriegskommissariat in eine nach dem Kollegialitätsprinzip arbeitende Behörde umgewandelt worden, die mit dem »Generalfinanzdirektorium« anhaltend in Kompetenzkonflikte geriet. An diesem Punkt setzte dann der verwaltungsmäßige Neubau Friedrich Wilhelms I. ein.

Lokalverwaltung

Die ersten Eingriffe in die Verfassungen der *Städte* waren bereits im Gefolge des Krieges durch den Kurfürsten vorgenommen worden. Provinz für Provinz sind die Städte dann einer jedenfalls oberflächlichen Aufsicht unterworfen worden. Mit Berlin und der Kur- und Neumark begann man, während sich die Städte an den entferntesten Punkten des über 1025 km auseinandergezogenen Staatswesens, in Kleve und in Preußen, am hartnäckigsten gesträubt haben. Zug um Zug erweiterte die zentrale Führungsschicht Einfluß und Aufsicht gegenüber Städten und Ämtern (Domänen).

In die *Landtagsrezesse* und die sonstigen Verträge mit ständischen Korporationen (seit 1653), wurden nach Möglichkeit Notstandsklauseln und Hinweise auf Vorbehaltsrechte eingefügt, die sich auf die römisch-rechtlichen Theorien des Oberaufsichtsrechtes des Staates gründeten. Dies gestattete Eingriffe in die bis dahin kaum gestörten politischen, jurisdiktionellen, polizeilichen und wirtschaftlichen Herrschaftsinteressen in Stadt und Land.

Der Aufbau der *Garnisonen* und der Festungsbau zogen wegen der Bauten polizeiliche Eingriffe nach sich, führten zu Forderungen nach Lieferungen und zu Quartierlasten. Bald ging der Sicherheitsdienst in größeren Städten auf das Militär über; Gouverneure, Kommandanten und Kommandeure begannen (in Berlin 1658) dort den »Staat« zu repräsentieren. Keine Huldigung vollzog sich ohne Truppenparade und das Feuern von Geschützen auf den Festungswällen. Der »Militarismus« als eine der drei staatlichen Grunderscheinungen des Barockzeitalters drückte größeren Städten seinen Stempel auf. Eingriffe hoher Militärs führten jedoch auch zu Verbesserungen im Gebäude- und Straßenbau sowie im städtischen Erscheinungsbild.

Die Verwaltung der städtischen *Akzise*, der neuen Hauptsteuer, ging nach und nach auf den Staat über. Steuerkommissare (seit 1688), als Vorläufer der Steuerräte, übernahmen steuerpolizeilich die Aufsicht über die Städte. »Neue« Städte (»Akzisestädte«) wurden später in Ostpreußen, Mark und Ravensberg angelegt. Von der Abgabenverwaltung her dringen langsam Elemente des »Bürokratismus« ein. Ohne neue Amtsträger kein Wandel in den Städten. Erst die Anwesenheit staatlicher »Autorität« konnte die an der »Idee der Nahrung«

(Sombart) festhaltenden Einwohner überhaupt dazu bewegen, Leistungen zu steigern und sich von älteren Verhaltensformen zu lösen. Das geschah am ehesten in den Haupt- und Manufakturstädten. Mit Hilfe der *Kriegskommissare* beziehungsweise *Landräte* wurden das platte Land und sonstige Städte und Flecken von einer langsam intensiver werdenden Verwaltung erfaßt.

Mit den *Einwanderungen,* der Peuplierung (seit 1685) sind Verordnungen, von den Kanzeln abgekündigte Edikte und weiteres zur Wohnraum- und Arbeitsplatzbeschaffung verbunden gewesen, durch die Behörden besonders in das Leben der Hauptstädte eingriffen. Wo Exulanten-Neustädte entstanden, waren es »Staats-Städte«.

Das Vorgehen der Regierung gegen *Monopole* (Klein-Zünfte, Hauseigentümer-Vorrechte, privatisierte Stadt-Handelsrechte) wurde um 1689 erstmals in der modern klingenden Weisung zusammengefaßt: »Wir halten gnädigst dafür, daß die monopolia auf alle Weise abzuschaffen und dahingegen die libertas commerciorum et negotiorum zu befördern sei.«

Die Statistik bemächtigte sich des Landes. Städte konnten sich nicht dem Recht der Zentralgewalt auf Stadt- und Bevölkerungsuntersuchungen widersetzen, wenn über Quotierungen und Kriegslasten unter Gesichtspunkten des »allgemeinen Wohls« entschieden werden mußte. Vom Gerechtigkeitsgrundsatz her mußte mit der Lokalobrigkeit das Individuum (sc. die Feuerstelle, der Hausbesitzer, der Steuerpflichtige) visitiert werden. Von den Berichten über alle Wehrfähigen (Landreiterberichte, 1652) über den Listeneintrag der Steuerfähigen bis zu den Jahr um Jahr angefertigten Tabellen unter dem zahlensüchtigen Friedrich Wilhelm I. vergingen nur sechs Jahrzehnte.

Stadtverfassungsrevisionen, die von Betroffenen vom Landesherrn erbeten wurden, blieben jedoch die Ausnahme. Kurfürst Friedrich Wilhelm hat nur in zwei Fällen Gewalt angewandt. In *Königsberg* verweigerten Rat und Zünfte dem Kurfürsten die Huldigung nach dem Erwerb der Souveränität. Der Kurfürst segelte Ende Oktober 1662 mit zweitausend Mann an den Pregel, versammelte dreitausend Mann im Schloßhofe, ließ Kanonen stadteinwärts richten, den Schöppenmeister Roth verhaften und wandte sich dann an die Bürger. Sie hätten die Wahl. Verhielten sie sich nach Gebühr, so würde er ihnen ein gnädiger Landesvater sein. Bei Widerstand müsse er vor Gott, der Welt und vor seinen Nachkommen die Verantwortung für Unheil ablehnen, das Frauen und Kindern und Königsberg erwachsen könne. Dann richtete er die Frage an die Versammelten, ob sie mit dem Schöppenmeister gemeinsame Sache machen wollten. Es wurde verneint.

Einmarschdrohungen verfingen auch im Falle *Magdeburgs.* Nach dem Muster Königsbergs wurde 1666 eine Aktion vorbereitet, im Handstreich der Stadt die Garnison aufzuzwingen. Truppen umstellten die Stadt. Der Bürgermeister Otto von Guericke lenkte ein. Der Bergener Vertrag (6. Juni 1666) verpflichtete die Bürger, einen Zuschuß zur Besatzung zu leisten. Nach der Huldigung wurde ein

Gouverneur eingesetzt. Auch die »Landschaft« (Stände) mußte sich (seit 1683) zu einem Beitrag für Garnison und Festung herbeilassen. Magdeburg war nach vier Wochen Pression brandenburgisch geworden, wenngleich der staatsrechtlich gültige Anfall des gesamten Herzogtums erst 1680 geschah. In der Nachbarschaft Brandenburgs hatten die Einnahme von Lüneburg (1639ff.) und Münster (1661) gleiche Tendenzen erkennen lassen. Die Beispiele zeigen, daß die Widerstandsmöglichkeiten der großen Städte gegenüber Zugriffen des Staates sich auf Verhandlungen beschränkten. Von einem einheitlichen und gleichmäßig erfolgreichen Regulieren und Reglementieren der Stadtverfassungen und Stadtvermögen vor wie nach 1713 kann jedoch in *keinem* Landesteil die Rede sein.

Berlin und die Residenzen

Der Aufstieg Berlins zur Hauptstadt Preußens, zur auf der Höhe der Zeit stehenden Residenzstadt wird in seiner Bedeutung erst vor dem Hintergrund der während des Dreißigjährigen Krieges entstandenen Verwahrlosung erkennbar. Die Alt-Berliner Ratsbauordnung vom 30. November 1641 überliefert noch das Bild der verwinkelten und schweinestallreichen nachmittelalterlichen Stadt. Von der Macht und dem Geist des Landesherrn ist bis auf den Schloßbezirk wenig zu spüren. Die neuen Prinzipien der Stadtgestaltung, wie sie in westlicheren Residenzen üblich waren, waren noch nicht angewendet worden. Als Friedrich Wilhelm 1643 in die Doppelstadt einzog, zählte man, daß von tausendzweihundert Bürgerhäusern über ein Drittel unbesetzt waren. Die Zahl der Bewohner dürfte sich gegen Kriegsende auf fünftausend belaufen haben. Die Oberschicht war zum Teil in die norddeutschen Küstenstädte geflohen oder Krieg und Seuchen zum Opfer gefallen. 1652 begann der Aufbau der Residenz mit Hilfe einiger niederländischer oder doch in den Generalstaaten geschulter Architekten und Ingenieure.

Bis zum Dreißigjährigen Krieg hatte die Festung Spandau den Schutz der Hauptstadt übernommen. Während des Krieges stellte sich heraus, daß Berlin mit seinen altertümlichen Mauern gegenüber feindlichen Heeren wehrlos war. Den Umschwung brachte das Jahr 1657, als der Kurfürst die Befestigungsanlagen König Christians IV. in Kopenhagen kennenlernen konnte. Unter der Leitung des in den Niederlanden ausgebildeten Architekten Johann Gregor Memhardt († 1678) wurde 1658 der *Bau der Festung,* die zweitausend Garnison-Soldaten aufnehmen sollte, begonnen. Die Städte mußten rund siebzigtausend Taler zum Festungswerk beisteuern. Die Bürger hatten umschichtig wöchentlich mit Schaufel und Hacke auf ihren ehemaligen Gärten zu bauen.

1683 konnte die Berliner Befestigung mit dem Bau des prächtigen Leipziger Tores (J. A. Nering) beendet werden. Anders als in Mannheim, der vom mütterlichen Großvater des Großen Kurfürsten seit 1609 errichteten Stadtfestung, wurden in Berlin die Soldaten der Garnison in Bürgerquartieren untergebracht. Erst seit 1700 entstanden als Vorläufer der nach 1735 gebauten ersten Kasernen Baracken an der berlinischen Stadtmauer. Für eine kurze Zeit schien das ältere Berlin zum »Inhalt« der Festung geworden zu sein. Der Plan Memhardts (1658) sah bereits für das Gebiet zwischen dem Schloßgebiet von Alt-Cölln und den vorgelagerten Bastionen eine Neustadt *(Friedrichswerder)* vor. Innerhalb von zehn Jahren waren hundert Parzellen bebaut und besetzt. Die Häuser wurden überwiegend von Hofbediensteten bewohnt. 1669 ließ der Kurfürst seinen Baumeister Memhardt eine Verwaltung einrichten, der Memhardt als Bürgermeister und Amtsträger und Hofkavaliere als Ratsherren vorstanden. Diese Neustadt entstand noch als Annex der mittelalterlichen Doppelstadt. Es ist bezeichnend, daß diese Anlage nicht auf Zuwachs geplant worden ist. Die Finanzlage setzte Grenzen; auch ließ der Zustand Brandenburgs alles andere als eine Bevölkerungsexplosion erahnen. Fast ein Jahrzehnt später hat dann der Kurfürst, wagemutiger und anspruchsvoller, mit dem Gedanken gespielt, in dem seit 1666 brandenburgischen Magdeburg oder in Tangermünde eine »Ideal-Stadt«, »einen Königssitz der Weisheit« (1667) errichten zu lassen. In dieser Mittelpunkt-Stadt der europäischen Welt mit einer »Universität für alle Völkerwissenschaften und Künste« sollte eine Freistätte für alle durch Unduldsamkeit Verfolgten errichtet werden. Das Projekt zerschlug sich, doch es bezeichnet den Geist der Zeit.

Seit 1659 wurde das *Berliner Schloß* ausgebaut; in *Potsdam* entstand seit 1660 das Kernstück des Stadtschlosses (de Chièze und Memhardt) nebst Tiergarten, in *Caputh* ein Lustschlößchen (1662, de Chièze), in *Oranienburg*, seit 1650 mit dem Amt im Besitz der Kurfürstin, das Schloß (1651, Memhardt, erhalten), mehrere Jagdhäuser im Umkreis Berlins mit Gartenanlagen, das Johanniter-Ordenschloß *Sonnenburg* des Herrenmeisters Johann Moritz von Nassau (1661, Cornellis Ryckwaert), der gleichzeitig in *Kleve* die Alleen und Parkanlagen geschaffen hat. Das alte Schloß in Kleve wurde 1664 instandgesetzt. Die Kurfürstin Dorothea ließ seit 1673 das ihr übereignete Gebiet der Berliner *»Dorotheenstadt«* bebauen und in ihrer Herrschaft *Schwedt* seit 1670 das Schloß (Ryckwaert) errichten. Norddeutsche, niederländische und französische Maler kamen an den Hof und sorgten für die Ausstattung der neuen Bauten. Der Holländer *Adam de Clerck* wurde Hofmaler und schuf Porträts der höheren Offiziere aus brandenburgischem Adel. Die Gemäldesammlung des Kurfürsten umfaßte flämische und italienische Meister und bezeugt den Willen, »seiner Sammlung einen europäischen Horizont zu geben« (H. Börsch-Supan).

Die Sonderstellung des »Herzogtums« in der brandenburgischen Behördenorganisation vor 1688 und fernerhin beruhte auf seinem insularen Status. Als der Kurfürst 1640 in Kleve antrat, fand er ein ständisch bestimmtes Regiment vor, das von ihm, besonders 1643–1646, Sanktion, Legitimation und damit ein Zurückweichen verlangte. Der Rezeß vom 9. Oktober 1649 bedeutete für die *Stände* einen Erfolg.

Der erste Statthalter Johann von Norprath (1643 bis 1646) hatte im Umgang mit den Ständen keine glückliche Hand. Ein Rechts- und Verwaltungschaos bedrohte Kleve, als brandenburgische Truppen unter Ehrentreich von Burgsdorff Quartiere in Duisburg und Kalkar bezogen. Diese etwa fünfhundert Reiter und siebenhundert Fußsoldaten, deren Unterhalt an die zwölftausend Reichstaler ausmachte, bedeuteten für Kleve den Anbruch einer neuen Zeit. Erst als der Kurfürst längeren Aufenthalt in Kleve nahm (Herbst 1646 bis Oktober 1649), begannen sich die Konflikte zu verringern. Entscheidend wurde dann der Entschluß Friedrich Wilhelms, *Johann Moritz von Oranien* (einen Vetter zweiten Grades der Louise Henriette) als Statthalter zu bestellen. Der Oranier stand innenpolitisch zwischen den adligen Ständen und dem brandenburgischen Absolutismus. Er, der zahlreiche Beziehungen zu den Generalstaaten unterhielt, aber auch als Herrenmeister des Johanniterordens häufig in *Sonnenburg* (bei Küstrin) weilte, vertrat gleichsam als »Fürst von Kleve« konziliant ebenso die Interessen des Landes wie die des Kurfürsten. Sein Verdienst lag darin, daß er Kleve vor der Einordnung in das »Staatssystem« Brandenburgs bewahrt hat. Der Kurfürst begnügte sich im Streit mit den Ständen schließlich mit einem Teilerfolg (Rezeß von 1661), der Kernfragen seiner modernisierten Herrschaft betraf: kein Zustimmungsrecht der Stände zur Werbung und zur Truppenlokation und kein Eid der kurfürstlichen Amtsträger auf die ständischen Rezesse. Die Stände aber behaupteten bis 1806 das Selbstversammlungsrecht, die Steuerbewilligung und einen Teil der Steuerverwaltung (Schuldenverwaltung), dazu das Indigenatsrecht für den größeren Teil der Sitze im dortigen »Geheimen Rat«, im Justizrat (Hofgericht), in den Drostenämtern sowie für die sonstigen Bedienungen. Zur Verfassungswirklichkeit späterer Jahrzehnte gehörten die fortbestehenden Verbindungen mit den Niederlanden sowie die Übernahme des Regiments durch die Stände in Notzeiten, wenn die Amtsträger Brandenburgs außer Funktion gesetzt waren. Dies ist viel, verglichen mit anderen Gebieten. Die Lasten, die der Kurfürst von Kleve forderte, waren eher geringer als anderswo. Nicht »Despotismus« bestimmte das Vorgehen des Kurfürsten, wohl aber eine neue Staatsgesinnung, die sich bei der Durchsetzung ihrer Zwecke nun auf das Gemeinwohl zu berufen pflegte.

Die Kirchenpolitik des Kurfürsten, von der vor allem das Testament von 1667 in aller Subjektivität Zeugnis ablegt, war von den Staatsnotwendigkeiten, wie sie der absolutistische Herrscher verstand, bestimmt, nicht von den Gesichtspunkten einer idealen Toleranz. Die Kirchenpolitik hielt sich überwiegend an die territorialen Gegebenheiten und Rechtsgrundlagen, doch sollte auch fernerhin die reformierte Konfession, als Hof- und Staatsreligion, mit Vorrang behandelt werden:

»So ist furnehmlich dahin zu sehen undt zu trachten, auf das die Reformirte Religion, welche auf das wahre wortt Gottes undt auff die Simbola der Apostellen allein gegrundet, undt ohne Menschen zusatz ist, In allen Eweren Landen moge vortgepflantzet werden, doch solcher gestaldt, das es nicht mitt zwangsmittelen, oder entziehung der Lutterischen Kirchen, undt abgang deren Rentten oder inkunften gesche, sondern auß Eweren eigenen mitellen, solchen bau der Reformirten kirchen in Eweren Landen befordert«. Und zur »Abgötterei« der »Papstlichen« schärfte er ein: »Es muß auch fleissige acht gegeben werden, damitt sich die Romische Cattollische nicht wider heimblich einschleichen, beforab weillen deren in der Chur Brandenburg undt Pommeren keine verhanden sein, undt den wenigen, so auffem Lande wohnen, das exercitium weder offentlich oder heimlich zu verstatten ist, wie dan auch Ihnen sider das die Reformation alhier in obgenanntten beiden Landen niehmals ist verstattet worden, Ausser wan Kayserliche oder Konigliche gesantten zu Berlin gewesen«.

Hierbei handelt es sich um eine religionspolitische Abschirmung der zentralen Territorien, in denen so gut wie keine Römisch-Katholischen wohnten. Das Problem der Katholiken in der Armee oder bei der Neusiedlung stellte sich noch nicht. Es war jedoch abzusehen, daß sich dieser Zustand aus der Interessenlage des Gesamtstaats heraus nicht mehr lange halten lassen würde.

In der Regierungspraxis ist während des Zeitraumes bis 1688 eine Spannung zwischen rechtlichen und regionalen Gegebenheiten und konfessionellen Sympathien des Kurfürsten zu beobachten. Doch waren im Grunde die Verhältnisse stärker als der Fürst. Eine einheitliche Kirchenpolitik kam nicht zustande, weil kein Einheitsstaat bestand. So finden sich recht verschiedene Formen von Toleranz. In *Minden, Halberstadt* und *Magdeburg* wurden, auf der Grundlage des Westfälischen Friedens (Bewahrung des geistlichen Besitzstandes von 1624), einige katholische Stifte weiterhin geduldet. Katholische Gemeinden bestanden in diesen überwiegend evangelischen Gebieten offiziell nicht. In *Kleve* und *Mark* behaupteten sich Katholiken in stärkerem Umfang. Der Vergleich von 1672, durch den der Religionsstreit mit Pfalz-Neuburg beendet wurde, festigte dann den Besitzstand der Katholiken. Die Landesherrschaft nahm ihren Aufstieg zur fast gleichberechtigten dritten Konfession hin, um das abgelegene Territorium nicht durch innere Unruhen zusätzlich zu gefährden. In *Pommern* und *Brandenburg* blieb katholischer Gottesdienst in der Öffentlichkeit untersagt. In *Preußen* sicherte der Wehlauer Vertrag (1657) die erstmals 1611 verbürgten Rechte der Katholiken. Ebenso wurde der konfessionelle Status in *Lauenburg-Bütow* (Hinterpommern), *Draheim* (bei Schivelbein) und *Schwiebus* (Niederschlesien) behutsam gewahrt, um Streitpunkte mit Polen und dem Kaiser auszuschließen. Auch unter Friedrich I. wurde dort kirchenpolitisch nicht viel anders verfahren; der Duldungsgrundsatz war noch nicht von allen territorialen Fesseln befreit. In *Lingen* bedrückte beispielsweise eine reformierte Minderheit wenig gestört eine katholische Mehrheit. Mit *Geldern* kam ein ausschließlich katholisches Gebiet zu *Brandenburg*-Preußen; der Zustand blieb erhalten.

Eine andere Frage war es, wie der *Alltag* der Konfessionen aussah. Friedrich Wilhelm übte vornehmlich in Berlin-Brandenburg und Pommern bis zum Tode Louise Henriettes eine »reformierte« Toleranz. Kennzeichnend ist die Empfindlichkeit, mit der der Kurfürst, die reformierten Mitglieder der oberen Führungsschicht und besonders die Hofprediger auf Polemiken der Landes-Pastoren reagierten. Von toleranter Gelassenheit ist in dieser allerdings herrschaftspolitisch und gruppenpsychologisch spannungsreichen Situation nicht viel zu spüren. Wo Herrschaftsinteresse und Toleranzforderung aufeinander stießen, enthüllte sich der ungefestigte, jeweils an Charakter, Takt und Intelligenz des Herrschers gebundene Zustand der Duldung. Trotz mancher Demütigungen und Einschränkungen (Zensur theologischer Schriften, seit 1654) ließen sich lutheranische Theologen – mit dem Rückhalt bei den Ständen und der Universität Wittenberg – nicht davon abbringen, die Reformierten anzugreifen, je mehr die Absichten der reformierten Staats-Religion offenbar zu werden schienen. Hier bestand ein Ansatzpunkt für die Regierung, die in diesen Fragen über keine Strategie verfügte.

Zwischen 1662 und 1667 hat der Kurfürst, nicht ohne Anwendung verschiedenster Machtmittel, versucht, die Reformierten als antiständische und dem Hause besonders verpflichtete Gruppe zu stärken, mit dem Fernziel einer evangelisch-reformierten Einheitskonfession. Der Kurfürst decouvrierte sich in diesem *Machtkampf* in der Begrenztheit seiner Perspektiven und Handlungsformen gegenüber ziemlich selbständigen Territorialkräften. Diese traten ihm mit dem modernen Prinzip des staatlichen Kirchenschutzes in gleichsam umgekehrte Frontstellung entgegen, um auf den mittleren und unteren Ebenen die Kirchenherrschaft »im Staate« zu behaupten. Es ließe sich auch sagen, daß die primäre (zentrale) Führungsschicht und größere Teile der sekundären (Amtsträger-)Führungsschichten einen Positionskampf um den Primat der Sozialdisziplinierung geführt haben. Diese überkonfessionelle Dimension des Toleranz-Streites haben Kurfürst und Räte zu spät bemerkt. Das Berliner Religionsgespräch 1662/63 scheiterte, weil die Luther-Theologen und Ständevertreter beobachteten, daß Grundfragen der inneren Existenz Brandenburgs, Pommerns und Magdeburgs auf dem Spiele standen. Das Ungeschick des Ministers Otto von

Schwerin, dessen scharfe Maßnahmen der Kurfürst immer deckte, trieb den Streit ins Unerbittliche. Als Amtsentsetzungen drohten, Unterschriften der Pfarrer unter das 1662 erneuerte Toleranzedikt mit der Anordnung des »Berufsverbotes« in Brandenburg erzwungen wurden, sah sich die Kurfürsten-Partei einem Intellektuellen-Aufstand gegenüber, der frontal nicht mehr zu überwinden und politisch nicht zu verkraften war.

Die 1652/53 keineswegs überwundenen *Stände* demonstrierten Rechtswahrung. Sie traten vor allem 1665 als Sachwalter konfessioneller und sonstiger Grundrechte auf und hielten dem Kurfürsten mit Schärfe die Intoleranz seiner »Toleranz« vor. Sie forderten, das Nebeneinander der Konfessionen auf der Grundlage der Zusagen von 1614 beizubehalten. Der halbgewaltsamen Umarmungstoleranz widersetzten sie sich mit jener Härte und Abwanderungsbereitschaft, wie sie Paul Gerhardt bezeugt hat. Die Toleranzdiskussion offenbarte die Grenzen der kurfürstlichen Macht und die Verletzlichkeit seines Absolutismus. Er mußte sich vorhalten lassen, daß »Ruhe und Einigkeit« nicht auf administrativem Wege zu stiften seien. Damit waren auch die rabiaten Konfessions-Verhöre kurfürstlicher Kommissare und Hoftheologen gemeint. Erst 1667, im Todesjahr seiner Gemahlin, brach der innenpolitische Kampfwille des Kurfürsten zusammen. Gemäßigte Edikte folgten (1667/68), die alten wurden wenig beachtet. Die Stände durften, insgeheim, triumphieren: Kalvinisierung war beabsichtigt, General-Toleranz erreicht worden. Ein fruchtbarer polykonfessioneller Zustand blieb letztlich erhalten.

Eine Voraussetzung für den weiteren Aufstieg Brandenburg-Preußens mit seinem patriarchalischen Absolutismus war damit paradoxerweise von den Ständen miterhalten und mitstabilisiert worden.

Das *Edikt von Potsdam* (1685), durch das Brandenburg-Preußen offiziell zur Heimstätte der Glaubensvertriebenen aller Länder erhoben wurde, wäre im Lande auf härteste Widerstände gestoßen, wenn der Kurfürst seit 1668 nicht bekundet hätte, daß er zwischen seiner Privat-Religion und den mit dem Summepiskopat verbundenen Toleranz-Pflichten zu unterscheiden gelernt hätte.

Gleichwohl waren Schwierigkeiten verschiedener Art zu überwinden, um die am Herkömmlichen hängende Stadt- und Landbevölkerung mit ihrem überwiegend ärmlichen, ja trostlosen Lebenszuschnitt aufnahmebereit zu machen. Manches erinnert an die Einweisung »preußischer« Flüchtlinge in die Westzonen nach 1945. Hugenotten, Niederländer und besonders Juden wurden als unerwünschte Exoten betrachtet und behandelt. In Magdeburg (1685), Burg und Stendal wurden Glaubensvertriebene, besonders die von Frankreich und Savoyen verfolgten Waldenser, soweit sie sich in Brandenburg ansässig machen wollten (achthundertvierzig Personen), anfänglich mit erheblichem Widerwillen empfangen, dann jedoch mit energischem Druck kurfürstlicher Kommissare dort sowie in Spandau, Templin und Angermünde untergebracht (1688).

Der Beginn des »Zeitalters der Toleranz« hat sich in Brandenburg-Preußen nicht mit einem Regentenwechsel verknüpft. Der Durchbruch zu einer freieren und aktiven Toleranzgesinnung, ein vorerst alle oberen Schichten erfassender Prozeß des Anders-Denkens, ereignete sich vor allem zwischen 1675 und 1725. Es gehört zu den fortwirkenden Leistungen der Führungsschicht um den Kurfürsten, daß der Herrscher aus der Enge der Konfessions-Konflikte und der Kleinkriege mit den Ständen hinausgeführt werden konnte in eine Zeit modernerer Staatsgesinnung. Die neue Grundstimmung bei den Ministern und Ratgebern Friedrich Wilhelms und dann auch Friedrichs III., die fast alle in Holland ausgebildet und von den Hauptwerken Samuel von Pufendorfs (1672/73) – mit der Scheidung von Religion und Politik – berührt worden waren, fand Ausdruck in einem Schreiben, das der Minister Paul von Fuchs 1686 für den Kurfürsten entwarf. Dort heißt es: »Wie heftig auch immer in der Regel der aus Verschiedenheit der Religionsmeinungen entstehende Haß sein mag, älter und heiliger ist doch das Gesetz der Natur, nach welchem der Mensch den Menschen tragen, dulden, ja dem ohne Schuld Gebeugten zu helfen verpflichtet ist. Denn ohne dieses Band der menschlichen Gesellschaft, durch welches nicht allein die gesitteten, sondern auch die barbarischen Völker in allen Zeiten miteinander verwachsen sind, hätte nie irgendein Verkehr unter den Völkern sein und bestehen können.« Pufendorf hat 1687 dem Kurfürsten des ersten großen Exulanten-Gesetzes seine Schrift gewidmet: »Über das Verhältnis der christlichen Religion zum Staate«. Sie war von zwei Gedanken bestimmt: Glaubens- und Religionsfreiheit, hier sich ausweitend auf sonstige Glaubens-Fraktionen; dann aber der Lehre, daß Religionen der Aufsicht des Staates untergeben seien; Zweck dieser auf die Hoheitsrechte des Fürsten und die Souveränität des Staatswesens gegründeten Aufsicht sei es, den Konfessions-Frieden einerseits und die öffentliche Ordnung andererseits zu sichern. Diese Gedanken sind wirksam geworden. Der Zustand von evangelischem Summepiskopat und allgemeiner Konfessions-Toleranz änderte nichts daran, daß sich nunmehr die Zeit des älteren glaubensmäßig eingebundenen christlichen Landesstaates ihrem Ende zuneigte.

Bilanz und Ende

Man hat sich an den historiographischen Lobestitel gewöhnt, der Große Kurfürst sei der Gründer des Staates gewesen und geworden, »sein Lebenswerk, die Staatseinheit« (O. Hintze), sei zwar noch mit einem »starken Rest von patrimonialen Gewohnheiten und Motiven« behaftet gewesen, aber man könne ihn als den Begründer des »Gesamtstaats« bezeichnen. Fritz Hartung spricht von den Anfängen des Baues eines Gesamtstaats. Die Betrachtung der fiskalischen, ständischen und sozialen Realitäten führt zu einer etwas anderen Bilanz. Unter Friedrich Wilhelm hat der ältere Territorialstaat, in barocker Überformung, sein letztes Stadium erreicht. Der Trend zum Gesamtstaat war lediglich in den achtziger Jahren gedanklich angelegt, institutionell jedoch noch kaum sichtbar. Dies zeigt sich deutlich in dem Verhältnis von *Landesherrschaft* und *Ständen*. In der Regel wurden die älteren Privilegien und Grundrechte der Stände bestätigt und auf dem Wege des Kompromisses modernisiert. Der in seiner Bedeutung überschätzte kurmärkische Landtag von 1652/53 bestätigte die Position der Stände gegen eine Bewilligung von 530000 Talern (auf sechs Jahre verteilt), die der Finanzierung des Heeres dienen sollten. Daraus entwickelte sich als regelmäßige ländliche Steuer die »Kontribution«, die der Adel auch für von ihm bewirtschafteten ehemaligen Bauernhufen zahlen mußte. So wirkten die Stände an dem Aufbau des Heeres mit. Sie blieben auch über 1688 hinaus für viele Fragen der inneren Landesordnung zuständig (Kirche, Rechtspflege, Steuerverteilungsfragen). Die Basis der Stände blieb unangetastet. Die zunehmende Schwäche der Stände beruht darauf, daß der Landesherr nach der Erweiterung des Territoriums nicht mehr auf Bewilligungen der Landtage oder Ausschüsse eines einzigen Landes angewiesen war, daß die Stände nie auf die Idee gekommen sind, einen Stände-Ausschuß des »Staates« zu bilden, und daß die adligen und städtischen Korpora infolge der schlechten Konjunkturen im 17. Jahrhundert nicht mehr als Kreditgeber für den Fürsten in Erscheinung treten konnten. Aber trotz der schwächer werdenden Beziehungen zwischen der mit unabhängigen Amtsträgern besetzten Hofstaatsgesellschaft und dem Landadel blieb die landständische Regionalorganisation im wesentlichen bis 1806 intakt und lebte auch dann noch in anderen Formen weiter.

Die Gleichung »Ein Fürst, ein Heer – ein Staat« ist also unzutreffend. Nichts bestätigt den trotz aller Aktivitäten von Friedrich Wilhelm beibehaltenen territorialen Stil deutlicher als die Irrungen, mit denen er selbst vor seinem Tode noch Haus, Hof und Herrschaft erschüttert hat.

Dem Kurfürsten waren aus der Ehe mit Dorothea von Holstein vier Söhne geboren worden. Auf offenbar dringliches Verlangen der Mutter entschloß sich der Herrscher in seinen »privaten« *Testamenten* (1680, 1686), diese Söhne mit den Fürstentümern Minden und Halberstadt, mit Ravensberg, dem hinterpommerschen Amt Naugard, den dortigen Landen Lauenburg, Bütow und Draheim sowie dem Amt Egeln (Magdeburg) auszustatten. Außerdem wurden Pfründen ausgetan. Die Außen-Beziehungen und vor allem das Militärwesen sollten zwar weiter von der brandenburgischen Hauptherrschaft her zu dirigieren sein, aber es war leicht auszumachen, daß sich Sekundogenituren mit eigener Kreisstandschaft, Ständen, Huldigung etc. unter schwächeren Kurfürsten absondern könnten. Man wird die Bestimmungen auch nicht als Ergebnisse verstehbarer Schwäche vorgerückter Jahre abtun können. Sie zeigen vielmehr den Vorrang der »Erhaltung des Churfürstlichen Hauses« auch in der Gestalt gut fundierter Nebenlinien.

Alles erscheint als abtrennbar, vertauschbar und auf andere Häuser vererbbar

– bis auf Brandenburg selbst mit der Kur. Es mag sein, daß das Verhalten des Kurprinzen, mit dessen Entwicklung der Kurfürst wenig zufrieden war, ihn in seinen dezentralistischen Dispositionen bestärkt hat. Daß sich die Vater-Sohn-Beziehung dann durch das Testament weiter verschlechterte, liegt nahe. Die Atmosphäre bei Hofe war nun bis 1688 vergiftet. Die Konflikte nahmen eine solche Schärfe an, daß Friedrich einerseits seine Stiefmutter des Giftmordes an seinem Bruder Ludwig bezichtigte und sich sogar selbst in dieser Gefahr wähnte. Auch die stolze Sophie Charlotte von Hannover, des Kurprinzen Gemahlin, scheint ihren Schwiegereltern kein Wort schuldig geblieben zu sein. Das Paar emigrierte gleichsam nach Hannover, flüchtete aus der Kurmark. Der Kurfürst andererseits, in seinem altersgesteigerten Jähzorn, ging in dieser blamablen Affäre so weit, neben anderem die kurprinzlichen Einkünfte zu sperren und zu drohen, das Herzogtum Preußen demnächst seinem ältesten Sohn aus zweiter Ehe zu überschreiben. Dieser Vorgang beweist mit letzter Deutlichkeit, wie stark das patrimoniale Prinzip im Denken des Fürsten verwurzelt war. Es ist so weit nun nicht gekommen; man versöhnte sich noch einigermaßen, vermittelt durch den Landgrafen von Hessen-Kassel, den ersten Schwiegervater des Kurprinzen. Abschriften der gefährlichen Testamente hatte der Kurfürst wie üblich dem Kaiser zur Exekution überantwortet.

So läßt auch die letzte Phase der Familienpolitik des großen Mannes jenen Überblick vermissen, den ihm die Nachwelt so gern nachrühmen wollte. Aber Schwächen im Hause müssen nicht bedeuten, daß auch in der Politik der Sinn für das Wesentliche abhanden gekommen wäre. Gewiß waren die letzten Jahre körperlich zur Leidenszeit geworden. Herzkrankheiten, Gicht und schließlich Brustwassersucht, mit achtundsechzig Jahren. Aber er hat, wie sein Urenkel, erst zwei Tage vor dem Tode die Zügel der Regierung aus den Händen gleiten lassen.

Am 7. Mai 1688 bat er die Minister des Geheimen Rates ein letztes Mal zu sich, schärfte ihnen die Interessenlage Brandenburg-Preußens ein, verwies in Umrissen auf die Höhepunkte und Erfolge seiner Regierungszeit und nahm dann Abschied von einem jeden. Den Kurprinzen behielt er später allein bei sich, vermahnte ihn noch einmal gut fürstlich und altväterlich und gab ihm den Segen. Die Familie und die engere Dienerschaft umstanden tagelang den ermattenden Patriarchen. Hofprediger stärkten ihn mit Zuspruch und Gebet im Glauben der Väter. Mehrmals nahm er Abschied von den übrigen Kindern, die er alle segnete. Den Kurprinzen erinnerte er an die Fürsorge für die Refugiés. Noch in der letzten Krankheit umkreisten seine Gedanken die Lage und die Zukunft des Hauses Brandenburg, ablesbar an den beiden Paroleworten, die er ausgab: »London« und »Amsterdam«. Es klingt wie ein Resümee nach vielen politischen Irrwegen. Der Blick war nach Westen gerichtet. In der Frühe des 9. Mai 1688 endete unverzagt und wohlvorbereitet ein in vieler Hinsicht klassisches Fürstenleben mit den Worten: »Komme mein Jesu, bald, ich bin bereit.«

FÜNFTES KAPITEL

Wohlgerüstete Friedfertigkeit: Friedrich III./I. und die Königsberger Königskrone (1688 bis 1713)

»Gleichwie Wir die Armatur Unsers Hauses durch ... unablässige Bemühung und Sorgfalt weit höher ... gebracht, ... also Seine Liebden dieses Mittels sich auch weiter bedienen und ihre Armatur jedesmal so hoch, als es ihres getreuen Königreichs, Churfürstentumbs und übriger Lande Zustand erleiden will, einrichten wollen, zumal nicht abzusehen, wie bei diesen höchstgefährlichen und geschwinden Läuften ein großer Herr sich und seinen Estat anders als durch gute und beständige Kriegsverfassung mainteniren und erhalten könne.« Friedrich I., 1705

Herrscher und Erbauseinandersetzung

Friedrich I. und seine Zeit, in der der Neubau des preußischen Staates begonnen wurde, ist immer wieder unterbewertet worden. Das scharfe Urteil seines kriegskundigen und blitzgescheiten Enkels hat in magischer Weise die Historiographie fast bis zum Ende der Monarchie mitbestimmt. Friedrich hatte seinen Großvater nicht mehr kennengelernt. Als Vierunddreißigjähriger, aber mit Schlesien in der Tasche, verfaßte er in seiner »Geschichte des Hauses Brandenburg«, mit dem Blick auf Voltaire und eine weitere Leserschaft, in verblüffender Offenheit eine Art von Psychogramm des ersten Königs: »Er war klein und verwachsen; seine Miene war stolz, seine Physiognomie gewöhnlich. Seine Seele glich den Spiegeln, die jeden Gegenstand zurückwerfen. Er war äußerst bestimmbar. Daher konnten diejenigen, die einen gewissen Einfluß auf ihn gewonnen hatten, seinen Geist nach Gefallen erregen oder beschwichtigen. Ließ er sich fortreißen, geschah es aus Laune; war er sanft, so kam es von seiner Lässigkeit. Er verwechselte Eitelkeiten mit echter Größe.« Und so fort, ein europäischer Fürstenspiegel und eine der eigenartigsten Propagandaschriften, die ein Königshaus je für seinen Ruhm an die Öffentlichkeit hat gelangen lassen. Denn der Fürst, so verkündete nun Friedrich, habe keinen verschwenderischen Prunk zu treiben, das Blut seines Volkes nicht an das Ausland zu verschachern, er sei der erste Diener und Beamte des Staats und schulde diesem Rechenschaft über die Verwendung der Einkünfte; der König habe bei der Hungersnot in Ostpreußen nicht geholfen: »Ein geiziger Fürst ist für sein Volk wie ein Arzt, der einen Kranken in seinem Blut ersticken läßt.«

Man möchte meinen, Friedrich hätte mit diesen Bildern seine europäischen Kollegen zur am Staatswohl orientierten Freigebigkeit verleiten wollen, derweilen er bis 1786 den härtesten Tresor aller Mächte unter Verschluß hielt. Und dann der umwerfende Schluß: »Alles in allem: er war groß im Kleinen und klein im Großen. Und sein Unglück wollte es, daß er in der Geschichte seinen Platz zwischen einem Vater und einem Sohn fand, die ihn durch überlegene Begabung verdunkeln.«

Es ist schwer zu sagen, ob er über die tatsächliche Staatskunst Friedrichs nicht mehr sagen wollte oder nicht mehr mitzuteilen vermochte. Das Fresko-Gemälde wirkte fort. Ein mit einem Buckel geschlagener, verwachsener Fürst, der sich lediglich »mit der Erwerbung der Königskrone begnügt« habe, ohne Sinn »für das Wesen der Macht«, erfüllt von »Prunksucht und Verschwendung« und ohne »Kraft und Größe« (O. Hintze). Man schaute auf den ersten König wie auf einen Pfauen auf märkischem Sande, ein heiteres Farbenspiel, aber unnütz, weil der täglichen Nahrung und dem Fortkommen nicht dienlich.

Die erste bedeutende Leistung des Kurfürsten bestand darin, daß er das Testament von 1686 für ungültig erklärte und seinen Halbbruder Philipp Wilhelm, den Begründer der brandenburgisch-preußischen Artillerie, mit einem Jahreseinkommen von etwa vierundzwanzigtausend Talern abfand.

Der Prinz behielt die *Herrschaft Schwedt* in der Uckermark; dort haben seine Nachkommen als »Markgrafen von Schwedt«, im Rahmen einer fürstlichen Sekundogenitur eine eigene, gleichsam mediatisierte Fürstenherrschaft, jedenfalls nicht nur als »große Grundherren« (O. Hintze) regieren können. Die Markgrafen besaßen zwar keine Militärhoheit oder selbständige Reichs- und Kreisstandschaft; sie blieben jedoch von aller gesamtstaatlichen Besteuerung eximiert, vereidigten die Zivilbedienten auf ihren Namen und übten in der Herrschaft, die zuletzt vierzig Dörfer und drei Städte in Brandenburg und Pommern umfaßte, die Blutgerichtsbarkeit aus, richteten eine eigene Kriegs- und Domänenkammer, jedoch kein Konsistorium ein. Sie führten als besonderes Herrschaftszeichen den mit einem Fürstenhut gekrönten Brandenburger Adler im Wappen, den sie an Kirchenkanzeln, Toren und Schloßportalen anbrachten. Neben den hohen Apanage-Geldern, die durch Einkünfte aus Statthalterschaften und durch Anteile an spanischen Subsidien vermehrt waren, standen Zusagen für die Schwedter Prinzen auf Generalspatente im Heer.

1699, als sich Markgraf Philipp Wilhelm mit Johanna Charlotte von Anhalt-Dessau vermählte, versprach der Kurfürst zusätzlich, den nachgeborenen Söhnen, die den Titel »Königliche Hoheit« führen durften, tausendfünfhundert Taler jährlich zuzuschießen; vom achtzehnten Lebensjahr an sollte jeder Sohn sechstausend Taler und jede Prinzessin vom zwölften Lebensjahr an tausendachthundert Taler persönliche Apanage erhalten. Kein Wunder, daß die Markgrafen bald, nach einer Bemerkung Friedrichs des Großen, zu den reichsten preußischen Prinzen gehörten und auch von daher selbstbewußt Hof halten und dem Staat gegenüber auftreten zu können meinten. Markgraf Philipp verfügte um 1706/07 über eine Jahreseinnahme von 65 609 Talern, davon kamen etwa 17,7 Prozent aus dem Amt Schwedt selbst (1704/05: 11 659 Taler). Die überschüssigen Gelder wurden fast ausnahmslos für den Ausbau des Schwedter Schlosses (1945 ausgebrannt), der Hof- und der Stadtbauten verwendet. Schwedt entwickelte sich zu einer der ansehnlichsten und reizvollsten Kunst- und Kultur-Filiationen der Hohenzollern. Entscheidend aber war, daß die Nebenlinie über Alimentationen und Heiraten mit der Hauptlinie verbunden blieb und sich, trotz gelegentlicher Gelüste (1746, 1758), nicht auf ein reichsrechtlich selbständiges Fürstentum kaprizierte.

Friedrich III. hat 1698 mit Genugtuung auf diese seine erfolgreiche Wahrung des Hausinteresses zurückblicken können: »Mein Hauß ist nirgens grohs geworden als eben dardurch, daß die primogenitura eingefüret worden, welches mir meine Herr Vatter mit eigener handt auch schriftlich nachgelaßen hat, und würde er sein tage auch keine disposition darwieder gemacht haben, wan Er nicht durch viel lamentiren meiner Stief Frau Mutter endtlich wäre verführet worden ...«; entsprechend dem Geraischen Vertrag sollten nur drei regierende Häuser geduldet werden; es dürfte nichts abgetrennt werden. Was künftighin von Pommern und Mecklenburg dem Kurhause zufiele, sei ebenfalls auf ewige Zeiten der »Chur« zu inkorporieren. Und so habe er auch mit den Äquivalent-Gebieten für Pommern (Halberstadt und Minden) verfahren müssen, um den »grandeur des hauses« zu heben.

Die Königskrone

Seit seinem Regierungsantritt, wenn nicht schon früher, hatte Friedrich die Idee, für sein Haus die Königskrone zu erwerben. Dies konnte er nicht als Fürst des Reiches, wohl aber als europäischer Souverän in (Ost-)Preußen ins Werk setzen. Von der Rechtslage her war dort eine Erhebung möglich. Die Probleme lagen in den Auswirkungen eines solchen aufsehenerregenden Aktes auf die Beziehungen zu Kaiser und Reich und zu anderen Territorien und Staaten. Friedrich mußte bei diesem schwierigen Balanceakt europäischer Hausmachtpolitik auf einen politisch günstigen Zeitpunkt warten, um die Erhebung mit einem möglichst breiten politischen Konsens durchsetzen zu können.

Hierin liegt der pragmatische Teil der Leistung des Herrschers und der Minister, daß der »Zipfel des Mantels der Geschichte« im rechten Augenblick ergriffen werden konnte. Fünfzehn Jahre später wäre wohl eine so weitgehende Legitimation und Anerkennung des Aktes durch die mächtiger gewordenen Habsburger nicht mehr erreichbar gewesen. Ebenso bedeutsam ist die Leistung, die in der rechtzeitigen Erkenntnis der Notwendigkeit der Rangaufbesserung liegt. Danckelman hat das Projekt seines Zöglings eher zu behindern gesucht; es schien ihm überflüssig, unökonomisch und voreilig geplant zu sein. An keinem Punkt werden die Grenzen des Premierministers deutlicher als an diesem. Seit 1688 stand die Frage der Nachfolge des Hauses *Hannover* auf den Thron von

England an den Höfen zur Debatte. Seit 1692 war Hannover in den Kreis der Kurfürsten-Lande aufgerückt. Von Jahr zu Jahr verschärfte sich der Rangstreit der Mächte. Mit dem Kurfürstenhut konnte man sich gewissermaßen nicht mehr in der europäischen Politik sehen lassen. Die Krone bezeugte Gleichberechtigung und partielle Souveränität. Als auch *Sachsen* 1697 sich in Personalunion mit der Wahlmonarchie Polen verbinden und die polnische Königskrone gewinnen konnte, mußte Brandenburg-Preußen aus Prestigegründen nachziehen.

Das Haus Habsburg hatte mit dem Frieden von Carlowitz (1699), durch den Ungarn, Siebenbürgen, Kroatien und Slowenien einverleibt wurden, eine europäische Großmachtstellung erreicht, die auf die Reichsstände zurückwirken mußte. Der Spanische Erbfolgekrieg kündigte sich an; mit dem Prinzen Eugen verfügte Leopold I. über einen Feldherrn und Staatsmann, der die Augen der Fürsten auf sich zog. Bei den Friedensverhandlungen in Ryswijk (1697) wurden die brandenburgischen Gesandten als Vertreter einer weniger geachteten »Auxiliarmacht« ausgeschlossen und brüskiert. Nicht zuletzt war es die Idee einer besonderen norddeutsch-protestantischen Kultur, die den Kurfürsten in dieser Situation zum Handeln bewegen mußte.

Auf brandenburgischer Seite ist das Wort von einem in der Zukunft zu errichtenden protestantischen Kaisertum belegt (um 1700). Weitgespannte Ideen, die auch mit der Nachfolge Wilhelms III. in Holland und England sowie der Thronfolge in Schweden in Zusammenhang standen, mögen außerdem mitgesprochen haben. Friedrichs Interesse an konfessionspolitischen Unionsplänen beruhte auf dem Gedanken, mit Hilfe eines protestantischen Bündnisses im Reich eine bedeutendere Rolle einnehmen zu können. Schließlich sind auch die verschiedenen Formen seines Repräsentationsbedürfnisses bis hin zu den großartigen Schloß- und Gartenanlagen Ausdruck barocker Hausmachtpolitik.

Alle Vorarbeiten für die Erhebung zum König in Preußen wären ergebnislos geblieben, wenn der Kurfürst von Brandenburg nicht über jenes bereits geachtete Heer verfügt hätte, das der *Kaiser* in dem bevorstehenden Erbfolgekrieg einzusetzen wünschte. Der Bündnisvertrag (Wien, 16. November 1700) in der Nachfolge des Abkommens von 1686 sicherte Kaiser Leopold I. ein Kontingent von achttausend Mann, um die Ansprüche des Hauses Habsburg bei der spanischen Erbfolge zu befriedigen. Im Gegenzug sollte Brandenburg hundertfünfzigtausend Gulden Subsidien Jahr um Jahr empfangen. Es sollte weiterhin die Anerkennung der hannoverschen (8.) Kur sowie die Renovation der böhmischen Kur unterstützen und fernerhin bei der nächsten Kaiserwahl für das Haus Österreich stimmen. Der Kaiser aber wollte es hinnehmen und anerkennen, wenn Friedrich sich »über kurz oder lang . . . wegen seines Herzogtums Preußen sich vor einen König proklamieren und krönen lassen wird«.

Damit waren die Würfel gefallen. Kurzfristig war Brandenburg gebunden und gefährdet, langfristig gewann es Handlungsfreiheit. In Wien traf zwei Tage nach Vertragsabschluß die Nachricht vom Tode König Karls II. von Spanien ein. Die

Krönung in Königsberg vollzog sich vor einem schlagartig veränderten weltpolitischen Hintergrund. Ludwig XIV. hatte alsbald auf dem seinen Enkel begünstigenden Testament Karls II. beharrt, eine spätere Vereinigung Spaniens und Frankreichs nicht ausgeschlossen und damit die Seemächte England und Holland sowie Kaiser und Reich in die Schranken gefordert. England und Holland anerkannten die preußische Königswürde sogleich. Im Kampf um die Herrschaft der Welt, zumal der überseeischen, waren die märkischen Musketiere über Nacht im Kurs gestiegen. »So ist es eine weltgeschichtliche Fügung zu nennen, daß Ludwig XIV. Unersättlichkeit den preußischen Königstitel gesichert hat, die Erhebung derjenigen Macht, die dereinst das von Frankreich bedrängte und immer wieder bis zur Auflösung gebrachte Reich neu begründen sollte« (C. Hinrichs, 1941).

Zuerst war das Geld für das *Krönungsunternehmen* zu beschaffen. Die getreuen brandenburgischen Stände brachten hunderttausend Taler für ihren Landesherrn auf; eine »freiwillige« Kronsteuer aller Lande ließ noch einmal eine halbe Million in die Kassen fließen. Damit konnte man sich sehen lassen. Gespart wurde nicht. Das scharlachrote Krönungsgewand des Königs wurde mit Diamantknöpfen besetzt, von denen jeder an die dreitausend Dukaten gekostet haben soll; die beiden großen Diamanten in der Krone mußten für hundertachtzigtausend Taler gekauft werden. Für den Betrag hätte man gut und gerne eine kleine Stadt aufbauen können. (Die Kroninsignien, bestehend aus Szepter, Reichsapfel und Carcassen der Kronen befinden sich heute im Schloß Charlottenburg; die neue Krone [1889] ist auf Burg Hohenzollern zu sehen.) Während die Kurfürstin von der hannoverschen Position her in Ablehnung und Spott verharrte, hat der Thronfolger die Bedeutung erahnt.

Friedrich hat sich am *18. Januar 1701* im Audienzsaal des Königsberger Deutschordensschlosses in Gegenwart der Hofgesellschaft und der Stände die Krone aufs Haupt gesetzt. Diese Form der Selbstkrönung war ein unnötiger und bedenklicher Bruch mit klassischen Krönungs-Traditionen. Erst in der Schloßkirche wurde durch den zum protestantischen Bischof erhobenen Hofprediger Ursinus von Bär, assistiert vom lutherischen Oberhofprediger, eine Salbung des Königspaares vorgenommen. Das auch kirchenrechtlich wenig befriedigende Verfahren ist schwerlich dem vorzüglichen Oberzeremonienmeister Johann von Besser vorzuwerfen; es war vielmehr Ausdruck einer brandenburgischen »Frühaufklärung« und eines ungewöhnlichen fürstlichen Selbstgefühls, das schon Leopold von Rankes Aufmerksamkeit erregt hat: »Daß die Salbung nicht vorangeht, sondern nachfolgt, und zwar durch zwei eben hierzu zu Bischöfen erhobene Geistliche, drückt eine Unabhängigkeit der weltlichen Macht von der geistlichen aus, wie sie, vielleicht ausgenommen bei der Krönung Kaiser Friedrichs II. in Jerusalem, früher bei keiner Krönung hervorgetreten ist. Das geistliche Element erschien in der einzigen Selbständigkeit, welche ihm in protestantischen Staaten geblieben, der Lehre und Ermahnung.«

Schon 1698 hatte Friedrich mit dem Blick auf Vorgänge in der Pfalz mit Härte verlangt, daß die »clerisie« im Zaum zu halten sei und sich nicht in die »regierung« zu mischen habe. Eine Mitwirkung des ermländischen Bischofs, dessen Diözese das gesamte Ostpreußen umfaßte und der sich deshalb in Erinnerung gebracht hatte, war vom König darum abgelehnt worden. Man wollte sich verständlicherweise nicht zusätzlich polnischen oder päpstlichen Oberhoheitsansprüchen ausgesetzt sehen.

Generös und klug war dies nicht, da in Wien und Rom von einigen einflußreichen Katholiken zu Gunsten Friedrichs vorgearbeitet worden war. Eine Krone, die dauern soll, bedarf des geistlichen Konsenses und ungeteilten Zuspruchs. Die Kurie hat denn auch erst 1787 das Königtum des Markgrafen von Brandenburg anerkannt, nachdem sie von Friedrich dem Großen lediglich dazu bewegt werden konnte, ihn als »Herrscher von Preußen und Schlesien« und als »König« zu titulieren.

Auch der Deutsche Orden (Mergentheim) legte gegen die preußische Selbstkrönung Verwahrung ein; sein Rechtsanspruch auf Ostpreußen als eines geistlichen Territoriums schien erneut lädiert zu sein. Eine Verbindung zwischen dem neuen Preußen und dem Ordensstaat ist aus alledem nicht ablesbar. Seit der Mitte des 19. Jahrhunderts war das durch Heinrich v. Treitschke und andere versucht worden. Man entschloß sich, den Farben Preußens fortan im Hauptwappen den Vorrang einzuräumen. Das war in den unmittelbaren politischen und rechtlichen Voraussetzungen des Krönungsvorganges angelegt. Während der Krönungsfestlichkeiten wurde der Orden vom »Schwarzen Adler« gestiftet (17. Januar 1701). Er war mit Friedrichs Devise »Suum cuique« versehen. Graf Wartenberg und neunzehn Hofherren und Offiziere sahen sich damit ausgezeichnet.

Als scharfer Beobachter seiner Zeit hat Gottfried Wilhelm Leibniz (1646 bis 1716) darauf verwiesen, daß die eigentliche Bedeutung einer Königserhebung in der magischen *Wirkung* des Königs-Namens läge. Und so ist es geschehen. Langsam und stetig breitete sich der königliche Adler als Herrschaftssymbol in allen Landesteilen aus, auch wenn man offiziell noch bis 1806 von den »Staaten« des Königs von Preußen zu schreiben hatte. Die Armee mit dem unmittelbaren Bezug zum »obersten Kriegsherrn« verstand sich zuerst als »königlich« preußische Armee. Die Behörden und Beamten wurden »königlich«. Friedrich I. selbst sprach mitunter in der Kurzform von seinem »Königreich« zwischen Kleve und Memel. Teile der Bevölkerung, soweit sie nicht zur Amtsträgerschaft zu rechnen waren, blieben in ihrem Preußen-Gefühl zurückhaltend, wechselnd und bis zur Mitte des 19. Jahrhunderts hinein eigensinnig-regionalistisch gestimmt.

Die magische Wirkung, die Leibniz im Sinn hatte, beruhte nicht nur auf Rang und Namen im vordergründigen Verständnis. Der Krönung mußte eine andere, »höhere« *Herrschaftsausübung* folgen. Der »König«, mit seinem »Amt der Mitte«, hatte idealen und überzeitlichen Vorstellungen wenigstens bildhaft zu entsprechen. Riten und Zeremonien, Zeichen und Farben sollten auf Beständiges und Ewiges verweisen. Den Hohenzollern war fortan aufgegeben, einen Schatz an Königs-Legitimität anzusammeln, wenn sie sich mit ihrem Neu-Königtum gegenüber den älteren, sakral besser fundierten Kronen, wenn sie sich überhaupt behaupten wollten. Allein durch die Aufnahme der Königs-Formen, durch neue Goldschmiedearbeiten, war dieser Schatz nicht zu gewinnen. Er mußte nun in Jahrhunderten gesammelt werden, in denen doch bereits die Zeit der Kronen zur Neige ging und der Gedanke der Republik, den die antike Geschichte immer wacherhalten hatte, stärker durchdacht wurde. Innere und äußere Legitimität mußten zusammentreffen, um den ungewöhnlichen Thron zu gründen. Und alle Kronen-Träger (und ihre Blutsverwandten) würden sich fortan den Maßen eines in Sage und Historie überlieferten idealen Königtums zu stellen haben.

Bedeutsames sei herausgegriffen: die Aufgabe des Kirchenschutzes, der Tempel-Errichtung (undenkbar: ein »König« der Gottlosen); der König als Schutzherr der Schwachen und als der gerechte Richter, der Gesetz und Friede wahrt und Gnade ergehen läßt; der Förderer der Landes-Wohlfahrt, der oberste Bau-Herr, der Bekämpfer von Ödland, Sumpf und Krankheiten; der Herrscher als Leitbild der Tapferkeit im Kriege. Neben diesen nach außen gerichteten Verhaltensformen der Kronenträger stehen die Normen und Attribute des Königtums und König-Seins: die Herrschaftseinweisung in gleichbleibenden Formen; Kathedrale (Dom), Königsstadt, Hofstaat und Heer als Zeichen weltlicher und geistlicher Machtbezüge; der König muß in seiner Residenz mit Schloß und Thron regelmäßig »sichtbar« sein, wie er auch in seinen Landen durch Symbole (Adler, Krone, Farben) »allgegenwärtig« zu sein hat, denn der zurückgezogen in einem Jagdschloß oder Gut lebende König verletzt den Auftrag des Herrschens; zum Königtum gehört der geordnete Jahresablauf, die Berechenbarkeit des Königs-Kalenders (ein zu Pfingsten Hirsche hetzender König öffnet das Land dem Chaos); er hat unverletzbar zu sein, aktiv und passiv, das Geschoß der Feinde tötet ihn nicht, der Attentäter verfehlt sein Leben; ein idealer König muß auch den Nachfolger so heranbilden, daß in der Stunde seines Todes kein Unheil entsteht und der Erbe die Last des Königseins zu tragen vermag; so ist auch der Tod eines Herrschers kein Familienereignis, vielmehr eine Prüfung des Landes oder Reiches. Aus alledem wird bereits deutlich, wieviel künftig auch davon abhängen würde, die Erziehung und Bildung der königlichen Prinzen ethisch und geschichtlich auf hohem Niveau zu gründen.

Das neue Königtum hat die *Strukturen des Staates* und der Gesellschaft nicht verändert, aber es hat längerfristig als Antriebskraft bei den Veränderungen mitgewirkt. In diesem Sinne ist 1701 als eine Zäsur, besser als der Beginn einer neuen Zeit zu verstehen. Friedrich der Große, bei dem »Preußen« wirklich erfaßbar wird, hat dessen Geschichte in seinen geschichtlichen Rückblicken weder 1701 noch 1640 beginnen lassen. Er sah die Vielfalt der Linien und Bezüge, die auf ihn und seine Zeit zuliefen, denen er sich nicht entziehen konnte und die mit der »Krone« wenig zu tun hatten. Nur eine vorrangig juristische Betrachtungsweise kann zu dem Ergebnis kommen, daß man in der älteren brandenburgischen Geschichte keine Vorstufen des Späteren finden könne (U. Scheuner).

Auch ohne Krone wäre Brandenburg-Preußen wohl mit seinen Rechten und Potenzen seinen eigenständigen Weg gegangen, in den Dualismus hinein, in den Kampf um die Vorherrschaft in Norddeutschland und schließlich im ganzen Deutschland. Und auch das »Preußentum« verdankt dem Kron-Mythos zwar nicht zu unterschätzende Schübe und Anreize. Aber es ist im wesentlichen der eigenartige Ausdruck der aus zahlreichen Quellen gespeisten brandenburgisch-preußischen Staatsgesellschaft geworden. Preußentum erhielt sich noch im Staate, als die Krone bereits von ihren Trägern mißachtet und abgelegt wurde. Niemand vermag zu sagen, ob Friedrich auch als Kurfürst in Schlesien eingefallen wäre. In der Krone lag das Angebot, die Forderung, auch an die Träger selbst. Aus der Dignität konnte, mußte jedoch nicht besondere Leistung erwachsen. Es macht das Unverwechselbare der preußischen Entwicklung aus, daß die beiden bedeutenden Nachfolger Friedrichs I. der Kron-Erhöhung die Vertiefung des Staats-Denkens folgen ließen.

Außenpolitik und Kriege

Bald nach dem Regierungsantritt hatte Friedrich in konsequenter Befolgung der Politik seines Vaters Wilhelm III. von Oranien bei dessen Machtergreifung in England in der Weise unterstützt, daß die brandenburgischen Regimenter am Niederrhein (Besetzung von Köln) Frankreich von einem Angriff abhielten. Obwohl der Kurfürst in der Zeit bis 1697 Danckelman einen wesentlichen Anteil an der Führung der gesamten Staatsgeschäfte eingeräumt hatte, behielt er doch die Gesamtleitung in der Hand und besaß die Qualifikation, das europäische Terrain und die eigenen Möglichkeiten sachgerecht zu beurteilen.

1689 trat er der großen Allianz gegen Frankreich bei und beobachtete und kontrollierte seine Truppen im Stellungskrieg vor Bonn, das von den Brandenburgern unter dem danach von Friedrich wegen Unbotmäßigkeit entfernten Feldmarschall von Schöning gestürmt wurde (13. Oktober 1689). Außer Subsidien und schlichtem militärischem Ruhm nebst Gefallenen war bei diesen Unternehmungen kaum etwas zu gewinnen. Der Friede von Ryswijk bestätigte diese bittere Einsicht auch dem allzu optimistischen Kurfürsten. »Es war das Problem der jungen, aufsteigenden Staaten zweiten Ranges, die durch eine Zone gefahrvoller Abhängigkeit und geschlossenen Widerstandes älterer Mächte hindurch müssen, ein Weg, der nur durch Zusammenfassung aller Mittel und durch die geschmeidigste Ausnutzung aller Lücken und Gegensätze im Ring der größeren Staaten zurückgelegt werden kann« (C. Hinrichs).

Im Herbst 1697 ließ Friedrich Danckelman fallen, dem er auch die außenpolitischen Mißerfolge nachtrug. Die tieferen Ursachen des Sturzes des Premierministers liegen darin, daß dieser eine rigorose Finanzpolitik trieb, die ihn in immer härtere Konflikte mit der Kurfürstin, mit dem Erzieher des Kurprinzen, Alexander Dohna, und mit deren höfischem Anhang verwickelte. Daß er dem Kron-Projekt des Kurfürsten wiederholt entgegentrat, zeigt wenig Sinn für Hofdiplomatie. Die Erziehung des Kurprinzen leiten zu wollen, gegen die Wünsche der welfischen Mutter, bedeutete eine gefährliche Grenzüberschreitung. Manches erinnert an Bismarcks Konflikte mit dem Hause, nur daß es Danckelman an jener Eloquenz und Form gebrach, die es Bismarck bis 1888 gestattete, seinen Einfluß gegenüber Hofströmungen immer wieder aufzurichten.

Danckelman wurde nach seiner Verhaftung (20. Dezember 1697), die er wesentlich der Kurfürstin zu verdanken hatte, nach Spandau, später nach Peitz gebracht; ein Prozeß erwies sich als unmöglich, weil es an Beweismaterial fehlte. Danckelman konnte belegen, daß der schlechte Zustand der Finanzen, den man ihm vorhielt, wesentlich durch die Repräsentation des Landesherrn verursacht worden sei. Es scheint so, als habe sich der Kurfürst vor allem dem Argument seiner Gemahlin gebeugt, daß der freigelassene Danckelman durch sein intimes Herrschaftswissen dem Staat vom Ausland aus schweren Schaden zufügen könne. Erst 1707 wurde der Minister entlassen, hatte sich jedoch in Cottbus wie ein Verbannter aufzuhalten, obwohl die Geheimen Räte bereits Ende 1700 Freispruch und Freilassung gefordert hatten.

Der Sturz Danckelmans konnte als Erfolg des Hauses Hannover in Berlin gewertet werden. Mit dem Beitritt zur Großen Allianz gegen Frankreich verknüpfte der Kurfürst auch die Hoffnung, als Erbe an Teile des oranischen Hausbesitzes gelangen zu können. Die Truppen des neuen Königs hatten auf niederländischen, süddeutschen und italienischen Schlachtfeldern zu streiten (Höchstädt, Turin, Malplaquet). Im Utrechter Frieden (1713) erhielt Preußen das Oberquartier von Geldern sowie einen Teil der oranischen Erbschaft (Mörs, Lingen, Neufchâtel). Insofern ist der Einsatz der Truppen-Kontingente nicht ohne materiellen Erfolg geblieben; die »Auxiliarmacht« des »Roi mercenaire« (Friedrich II.) kämpfte auch für die Interessen Preußens auf westlichen Kriegsschauplätzen.

Im *Nordischen Krieg* bestand vorerst keine Chance auf territorialen Zugewinn; die militärischen Kräfte reichten nicht aus. Der König und seine außenpolitischen Berater wollten aber kein Risiko eingehen. Die einfache Formel Droysens (im Westen Krieg ohne Politik, im Osten Politik ohne Krieg) ist jedoch weitgehend widerlegt worden. Weder auf schwedischer noch auf polnischer Seite, noch an der Seite des Zaren war rascher territorialer Gewinn zu erwarten. Der Kurfürst, Ilgen als auswärtiger Hauptberater und die anderen Minister haben die Lage insgesamt zutreffend analysiert. Wohl aber hat die Schwächung Frankreichs unter Mitwirkung der preußischen Armee dazu beigetragen, daß

Schweden im Frieden von Stockholm (1720) das südliche Vorpommern mit Stettin an Preußen veräußern mußte, weil insbesondere Frankreich nicht mehr intervenieren konnte. Um 1713, als Russen, Polen und Sachsen militärisch in Norddeutschland zu triumphieren schienen, war durch die behutsame Neutralitätspolitik Preußens bereits die Voraussetzung für das spätere Arrangement mit Schweden geschaffen worden. Es hatte sich ziemlich genau bestätigt, was Friedrich 1705 seinem Nachfolger in das Testament geschrieben hatte: Man müsse bei dem gegenwärtigen polnischen Kriege vorsichtig verfahren, »exacte Neutralität« halten, in guter Kriegs-Verfassung bleiben, das richtige Tempo wahrnehmen, um »dennoch bei künftig erfolgendem Frieden, oder auch noch vorher, ein oder ander considerables Avantage« vornehmen zu können.

Kirchenpolitik und Wissenschaften

Unter der Regierung Friedrichs I. vollzog sich in der Kirchenpolitik der Übergang zu freieren Auffassungen. Der Herrscher selbst erscheint in seinen Testamenten zwar als der in Haus-Traditionen eingebundene Protektor der Reformierten, aber doch mit auffälligen eklektischen und »liberalen« Akzenten; so schrieb er 1694: »Prüfet alles, das Beste laßet Euch gefallen und wirket es«. Er wolle sich vor allem einen »Christen« nennen; aber da man sich in der Welt zu einer Kirche bekennen müsse, »werde ich mich wohl einen Reformirten nennen lassen, wiewohl ich nicht sehe, worinnen mein obiges Bekanntnus aus der reinen und unverwälschten Lehre des Herr Lutheri schreiten sollte«. Den Namen eines »Kalvinisten« lehnte er ab. Er sah sich nicht als Glied der »militanten kalvinistischen Oberschicht« (A. Müller-Armack) weit über den lutherischen Untertanen. Hätte er an den älteren Auffassungen seines Vaters festgehalten, so wäre Brandenburg-Preußen aus den Konfessionsstreitigkeiten nicht herausgekommen. Es hätten sich bei einem weniger durchmischten geistes- und sozialgeschichtlichen Prozeß Züge puritanischer Schärfe und kleinlicher Verfolgungssucht gegenüber Sektierern und Dissidenten ergeben können, wie sie einseitig gebundene Eliten oder Kader gelegentlich anwenden.

Der erste König öffnete sich also erstaunlich weit den Strömungen des Zeitalters. Unter seinen Augen entwickelte sich eine Art Frühaufklärung. Auch in der Toleranzfrage zeichnete sich der Übergang zur aktiven Toleranz ab. Mit dem »Pfaffengezänk« wollte er nichts mehr zu tun haben, »maßen ich aus der Experienz abnehmen kan, daß diese Gauckeley nichts zur Ehre Gottes und Beförderung seiner Seeligkeit, sondern zur Ehre und Menschen-Respect angesehen seyn«. Er wolle jedem die »Freiheit seines Gewissens« lassen. Die Katholische Kirche, obschon in ihren unmittelbaren Herrschaftsbereichen von immer noch scharfer Intoleranz, wurde von ihm, wie bisher, geschützt. Doch verlangte er als erklärter Anwalt der Evangelischen im Reiche (Konversion der Dresdener

Kurfürsten, 1697) das gleiche Maß an Duldung von seinen katholischen Mitständen in deren Territorien. Die politische Wurzel der antipäpstlichen Haltung wird sichtbar, wenn der König 1705 den Nachfolger sorgsam belehrt: »... auch durch die Reformation und dabei secularisirte Fürstentümer und Lande die Macht Unsers Hauses merklich angewachsen ist und dannenhero, wan der Pabst wieder die Oberhand bekommen solte, solch Unser Haus dabei notwendig auch an seiner Grandeur ein großes Abnehmen würde erleiden müssen.«

Es bestand eine Wechselwirkung zwischen der territorialpolitischen Besitzstandswahrung und der Toleranz-Ausweitung bis zur Gleichberechtigung (Parität) hin. Bis zuletzt blieb deshalb des Königs Toleranz-Position gegenüber den Katholiken ambivalent. In Kleve, Geldern, Lingen und Brandenburgisch-Ostpreußen waren öffentliche Bekenntnismöglichkeiten gegeben. Die Öffnung in Berlin-Brandenburg war überfällig. Im September 1711 reiste der Apostolische Vikar Steffani (Hannover) zum König nach Alt-Landsberg, um für die nunmehr etwa 800 Katholiken in Berlin und Umgebung bessere Gottesdienstbedingungen zu erreichen. Die Gespräche, auch mit den Ministern Ilgen und Printzen, blieben ziemlich erfolglos, obwohl der König einen Trinkspruch »auf gute Wiedervereinigung der Religionen« ausgebracht hatte. Das Haus- und Staatsinteresse stand hier, wo es alsbald um Vikariate und Diözesen gegangen wäre, einer aktiven Toleranzpolitik noch entgegen. Diese Grundhaltung ist um so verständlicher, als Rom auch fernerhin keine Anstalten machte, dem »Markgrafen von Brandenburg« in der Titelfrage und in der von Toleranz-Feindlichkeit bestimmten theologischen Position entgegenzukommen. Brandenburg-Preußens »Toleranz« gegenüber der römischen »Intoleranz« war hier in der Tat an der äußersten Grenze angelangt.

In der geistigen Welt des Landesstaates begegneten sich Elemente niederländisch-deutscher mit denen der nunmehr »moderneren« französischen Kulturgesinnung und Staatsausformung, kreuzten und überlagerten sich fruchtbar bei Hofe, in der Amtsträgerschaft, der Geistlichkeit, dem Heer und an den vier Universitäten. Die großzügige Toleranzpolitik bestand auch dort landesweit die Bewährungsprobe. Neben dem ökumenisch gesinnten Daniel Ernst Jablonski (1660 bis 1741), Bischof der Mährischen Brüder und Hofprediger reformierter Konfession, und neben dem ebenfalls reformierten Krönungs-Hofprediger Benjamin Ursinus von Bär (1646 bis 1720) wirkte der Berliner Propst der Lutheraner Philipp Jakob Spener (1635 bis 1705), der zuletzt noch den sächsischen Pfarrerssohn Samuel Pufendorf (1632 bis 1694) zu seinen Gemeindemitgliedern zählen durfte.

Für die Entwicklung der *Wissenschaften* besitzt 1694 die Gründung der Friedrichs-Universität Halle eine mindestens ebenso große Bedeutung wie die der Berliner Universität 1810. Die Grundidee der Minister Paul von Fuchs (1640 bis 1704) und Eberhard Danckelman (1643 bis 1722) bestand darin, jeder größeren Provinz einen geistigen Mittelpunkt zu verschaffen; neben Königsberg in Preußen, Frankfurt an der Oder und Duisburg (1655, für die westlichen Landesteile) erhielt der bevölkerungs- und kulturstarke magdeburgsich-halberstädtische Raum (die spätere Provinz Sachsen) ein von staatsreformerischen Ideen getragenes Ausbildungszentrum, in nächster Nähe des vorerst angeseheneren kursächsischen Leipzig. Daß bei dieser zielstrebig lokalisierten Konkurrenzgründung auch Gesichtspunkte der allgemeinen Staatspolitik eine Rolle gespielt haben, wird man annehmen dürfen. Denn neben der territorialen Konkurrenz mit Sachsen um den lausitzischen und nordniederschlesischen Raum fand ein stilles Ringen um die Position der führenden Macht des Protestantismus in Deutschland statt. Die Gründung in Halle war ein Signal dafür, daß dieser Positionsstreit nun in sein Entscheidungs-Stadium treten würde. Neben dem Pietismus August Hermann Franckes (1663 bis 1727) stand den an der Universität das untheologische Naturrecht des Christian Thomasius (1655 bis 1720) und die Verwaltungsstaatslehre (»Christenstaat« – »Fürstenstaat«) eines Veit Ludwig von Seckendorf, des ersten Universitätskanzlers. Und neben diesen lehrten dort unter anderem die beiden Staatsrechtler Samuel und Johann Samuel Stryk, der Polyhistor Johann Peter von Ludewig sowie Nicolaus Gundling.

Die Berliner *Akademie-Gründung* (1700) gehört zu den vom geistigen Europa ebenso stark beachteten Ereignissen. Hier besaßen auf längere Zeit hin die Berliner Hugenotten den Vorrang, deren Toleranz im übrigen (wie der Berliner Fall des Hugenotten Jean Barbeyrac [1674 bis 1744] zeigte) begrenzter war als die des Königs und seiner Minister, die nunmehr bereits eine öffentliche Lehrtätigkeit von Glaubensfragen grundsätzlich trennten. Bereits 1696 war die Akademie der Künste nach dem Vorbild ähnlicher Institute in Rom und Paris gegründet worden.

Die Residenzlandschaft Berlin

Für König Friedrich I. war nicht die Krönungsstadt Königsberg, sondern Berlin das Zentrum barockfürstlicher Selbstdarstellung. Ohne die von starken Ideen getragene Bauphase von 1688 bis 1713, in der Herrscher und Minister die Hauptstadt als »Ausbildungszentrum für die latenten Schöpferkräfte des Geistes« (W. Schachermeyr) erkannt haben, ohne dieses Vierteljahrhundert des Hauptstadtaufbaus wäre der Aufstieg des Staates schwerer durchsetzbar gewesen, jedenfalls verzögert worden. Die »Machtfrage« unter den europäischen Staaten war auch eine Frage der Hauptstadtkräfte. Preußen besaß von 1640 bis 1786 Regenten, die trotz aller Irrtümer im einzelnen und trotz der Härte des Regierungsstils die Hauptstadt und »Residenzlandschaft« bewußt entwickelt haben.

Die Zeit des ersten Königs war mehr als nur ein »Vorfrühling«, auch wenn nicht alles Wurzeln schlug, was damals gepflanzt worden ist. Friedrich konnte an die Residenz-Arbeit seines Vaters anknüpfen, er hat aber doch die Stärke und die

Geschwindigkeit des Aufbaus noch steigern können. Unter den Leistungen dieser Regierungszeit nimmt der Ausbau Berlins und der die Hauptstadt umschließenden *Residenzlandschaft* einen herausragenden Platz ein. Noch heute, nach den Zerstörungen des Krieges, überliefern uns die Bauten Friedrichs I. die stärksten Eindrücke von der »preußischen« Variante des europäischen Barockzeitalters. Dabei bleibt zu beachten, daß der erste König nicht nur Repräsentationsbauten errichten ließ, sondern vor allem in ungewöhnlich »moderner« Weise den Bau der Neustädte für die zuziehenden Kolonisten vorantreiben ließ.

Den Zustand Berlins im Todesjahr Friedrich Wilhelms hält der Perspektivplan von Schultz (1688) fest. Neben den Festungsanlagen erscheinen Friedrichswerder, Neukölln am Wasser (zwischen den Bastionen und Alt-Cölln), sodann die von leichten Befestigungen umgebene Dorotheenstadt. An den Stadträndern ist der Beginn der Vorstadtsiedlung entlang den Ausfallstraßen erkennbar. Der neue Herrscher konzentrierte seine Kräfte als erstes auf die *»Friedrichstadt«*. Noch 1688 wurde die von Danckelman, Grumbkow, Smidts und Nering geleitete Baukommission bestellt; 1695 konnte dem Herrscher der Plan für eine Stadt mit tausend Häusern vorgelegt werden. Bereits nach drei Jahren wohnten dort hundertneunundsiebzig Eigentümer, darunter nur neunundzwanzig Franzosen. Um 1695 waren dreihundert Häuser besetzt. Ein Drittel der Deutschen bestand aus Beamten und dem Hofe nahestehenden Künstlern, mehr als die Hälfte jedoch aus Handwerkern. Die Stadt – eine im Wirtschaftsleben als nicht ungefährlich angesehene Konkurrenz für die anderen Alt- und Neustädte – wuchs rasch. Das anspruchsvolle Planungskonzept sah öffentliche Bauten, Prinzen- und Adels-Paläste für die Markgrafen (»Markgrafenstraße«) sowie freistehende Häuser mit kunstvollen Gartenanlagen vor. Das Parallelstraßensystem schloß an die Dorotheenstadt an und weist in der dann endgültig gewordenen Form des Plans von 1698 Ähnlichkeit mit dem Grundriß von Neu-Kopenhagen (1650/1658 bis 1668) auf.

Die Friedrichstadt in ihrer endgültigen Form zeigt das Prinzip der an ältere Stadtkerne anschließenden »Flüchtlingsstädte«, nämlich gleichförmige, überwiegend rechteckige sowie quadratische Quartiere ohne Gliederungen nach Schwerpunkten, ohne weiträumige Perspektivlinien. Diese Quartiere erweisen sich als die Vorläufer und Urzellen der Massenquartiere der Manufakturstadt und der der ersten Million entgegenwachsenden Großstadt der Zeit bis 1878. In die weitere vorläufige Palisaden-Befestigung wurde die ältere Friedrichstadt einbezogen.

Der Plan, Berlin mit allen Neustädten mit einer weiteren »schweren« Befestigung nach Art der Bastionen von 1658 bis 1678 zu umgeben, wurde um 1705 aus Kostengründen und wegen des Wachstums der Vorstädte aufgegeben. Diesen Plänen lag noch das Ideal der von einem engeren und einem weiteren Ring umschlossenen Fürstenstadt mit dem Schloß in der Mitte und verschiedenen Nebenstädten zugrunde. Berlin wäre der Fläche nach zur größten Stadtfestung

Europas geworden. Aber auch ohnedem war das »Tempo« in der Friedrichstadt in jeder Hinsicht ungewöhnlich.

Zwischen 1698 und 1708 betrug der jährliche Durchschnitt der *Einwanderung* (Kolonisten-Bürger) rund siebenundzwanzig; doch gab es Spitzenjahre, wie 1701 oder 1703, in denen neunundfünfzig oder sogar neunundsechzig Neubürger zu verzeichnen waren. Zwischen 1689 und 1712 belief sich die Gesamtzahl der Zuwanderer aller Berliner Städte im Jahresdurchschnitt auf hundertneunundfünfzig, woran die Friedrichstadt mit siebzehn Prozent beteiligt war. Um 1713 waren für den äußeren Ausbau der Residenz die wichtigsten Richtpunkte und Umrisse beiderseits des Spree-Laufes geschaffen worden, so daß dem weiteren Aufbau der Quartiere in Preußens Hauptstadt nichts mehr im Wege stand.

Während sich dies vollzog, setzte Friedrich I. 1709 rechtzeitig genug die Zusammenlegung der fünf Städte, vier Magistrate und fünf Bürgerschaften sowie der Vorstädte zu einer Einheitsgemeinde durch. Die Eingemeindung wurde auch von den Arbeiten an der Infrastruktur her erzwungen, die des planvollen Vorgehens in allen Stadtteilen bedurften. Straßen, Brunnen und Alt-Häuser wurden erneuert.

Das Zentrum aller Baupläne ist dann seit 1697 der *Schloßbezirk* geworden, nachdem bereits 1690 das Amtshaus für den Oberjägermeister, 1693 der Hetzgarten für die Tierspiele, 1695 die Parochialkirche und das Zeughaus (Jean de Bodt), 1697 das Friedrichs-Hospital und das Kurfürsten-Denkmal auf der Langen Brücke errichtet oder begonnen worden waren. Diese Bauwerke sind, auch im Hinblick auf die Nachahmung und die Fortwirkung in den preußischen Provinzen, mehr als nur »ein kurzes barockes Zwischenspiel« (R. Teufel) gewesen. Die Bauten und Planungen von Andreas Schlüter (in Berlin tätig 1694 bis 1707, seit 1699 Hofbaudirektor), von Jean Baptiste Broebes, de Bodt, Nering und anderen verfolgten die Absicht, von der Königstraße bis an die Ränder der Friedrichstadt hin den Schloßbezirk als Blickpunkt zu gestalten. In Baukunst und Malerei verstärkte sich der Einfluß französischer Vorbilder und Künstler, doch blieben auch holländische, italienische und englische Strömungen wirksam. Unter den zahlreichen Bauten sind hervorzuheben das Schloß *Köpenik* (1677–1705: Rutger von Langerfeld), die Erweiterung von *Oranienburg* (1688), das Berliner *Zeughaus* (1695–1706: Francois Blondel, Arnold Nering, Andreas Schlüter, Jean de Bodt), Schloß *Monbijou* (für Graf Wartenberg, 1706: Eosander von Göthe) und als Klein-Versailles *Charlottenburg* (1695ff.), wo Sophie Charlotte glanzvoll und klug Hof hielt, Musik und Oper pflegte und Leibniz mehrfach einlud: »Diese wahrhaft königliche Frau hat mit der Fülle und Harmonie ihres Wesens dem Schloß einen bedeutenden gesellschaftlichen Inhalt gegeben und ihren Hof zu einer Stätte europäischen Geisteslebens erhoben« (M. Kühn).

Die Bauten mußten Brandenburg-Preußen bis an die äußersten Grenzen der erreicht (G. Peschken).

Die Bauten mußten Brandenburg-Preußen bis an die äußersten Grenzen der finanziellen und künstlerischen Leistungsfähigkeit drängen. Schlüters Münzturmkatastrophe bezeugte nicht so sehr die Grenzen seines Ingenieur-Wissens als vielmehr die Unzulänglichkeiten der Regierung Wittgenstein-Wartenberg sowie der gesamten mit Bau- und Finanzsachen befaßten zentralen Verwaltung. Bauprojekte dieses Ausmaßes bedurften einer behutsameren Durchführung, einer langfristigeren Finanzplanung und einer besseren personellen Ausstattung. Hier trat die Schwäche der Verwaltung unter Friedrich I. zutage. Schlüters Sturz bezeichnete den Anfang der politischen Zeitenwende. An den Durchbruch einer neuen Achse zur Friedrichstadt hin oder durch die krummen Gassen Cöllns hindurch wagte sich nun niemand mehr. Der Tod des Königs, dem Schlüter noch als letzten Dienst den mächtigen Sarkophag gebildet hatte, beendete eine Ära leidenschaftlichen Baudenkens, bis dahin unbekannter Bauleistungen und starker künstlerischer Produktivität.

Das Berlin Friedrichs I. und Friedrich Wilhelms I. entwickelte sich in kurzer Zeit zum *Kolonisten-Zentrum*, zur »Mutter der Vertriebenen«, wie es am Genfer Reformierten-Denkmal (18. Jahrhundert) heißt. In der ersten Phase von 1685 bis um 1700 wurde die große Masse der Zuwanderer in und um Berlin angesetzt. Insgesamt ist für die Zeit von 1688 bis 1786 mit dem Zuzug von rund fünftausend nichtpreußischen Zuwandererfamilien zu rechnen. Etwa tausendfünfhundert Familien (rund sechstausend Personen) waren davon *»Franzosen«* der »Kolonie«, die zwischen 1700 und 1713 der Zahl und der Bedeutung nach ihren Höhepunkt erreichte. Um 1700 bestand noch ungefähr der siebente Teil der Bevölkerung aus Kolonie-Franzosen. Doch schon um 1713 war Berlins Einwohnerzahl auf einundsechzigtausend (einschließlich dreitausendeinhundertvierzig Mann Garnison und rund sechstausend »Franzosen«) gestiegen.

Fortan kamen Jahr für Jahr neue »Ausländer« in die Residenz, die um 1755 bereits 100336 Einwohner und 1790 150803 Zivil- und Militärpersonen umfaßte. Um 1750, als der *Verschmelzungsprozeß* zwischen den einzelnen Stadtteilen im vollen Gange war, belief sich das Verhältnis von Deutschen und sonstigen Nationen (Franzosen: 6592; Böhmen: 1534; Juden: 2188) auf 88,5 zu 11,5 Prozent.

Die »Ausländer«, ohne die französische Kolonie freilich, machten zwischen 1709 bis 1750 nur 34,5 Prozent der Neubürger aus, während alle anderen Zuwanderer aus preußischen Provinzen, insbesondere aus der Mark Brandenburg (34,4 Prozent) stammten. 97,6 Prozent der Zuwanderer waren Deutsche und Deutsch-Schweizer, so daß der romanische und der slawische Einschlag in der Berliner Bevölkerung um die Mitte des 18. Jahrhunderts einschließlich der französischen Kolonie auf etwa sechs Prozent beziehungsweise drei Prozent zu veranschlagen ist. Dazu kamen seit 1673 achtzig *Judenfamilien*. Sie zogen weitere Gelder und Glaubensbrüder in die Residenzstädte nach. Sie versorgten die Residenzen und deren Umland mit Luxuswaren, mit Gold, Silber, Seidenwaren, Konfektion, trieben Export und Import. Die Handelsbeziehungen der Familien Liebmann und Gumperts umfaßten den gesamten preußischen Staat.

Alle diese Bauten und inneren Entwicklungen im Berliner Raum zeigen, daß es der unberechenbar-zielbewußte Herrscher vermocht hatte, das Königtum auch mit dem zeitgemäßen Glanz der Residenz-Hauptstadt und der Neben-Residenzen aufzuwerten. Berlin mit seinen Neustädten war nun von einer auf den landesfürstlichen »Ämtern« beruhenden »Krongutlandschaft« entlang den Flußrandgebieten umgeben. Von Caputh am Rande der »Insel Potsdam« über Potsdam, Charlottenburg, Schönhausen, Oranienburg, Friedrichsthal, Alt-Landsberg bis Berlin-Cölln, nach Köpenick und Wendisch (Königs-)Wusterhausen zog sich die Reihe neuer Schlösser und Gärten hin. Den Nachfolgern war es aufgegeben, dieses ungewöhnliche, auch mit Subsidien-Blut geschaffene Kulturgut sinnvoll zu nutzen und stetig zu mehren.

Bilanz und Lebensende

Am Ende der Regierungszeit hätte der König eine Bilanz aufmachen können, wie sie kaum einer seiner Nachbarfürsten vorzuweisen hatte. Vielleicht sind ihm nicht alle Einzelheiten dieser Bilanz gegenwärtig gewesen, zumal im Finanzwesen. Aber auch hier mag man ihn unterschätzen. Der Minusmacher war zugleich ein Plusmacher. Liquiditätsschwierigkeiten gestatten keine Rückschlüsse auf die Substanz. Und eben diese Substanz an Land und Leuten ist zwischen 1688 und 1713 stetig gewachsen, trotz mancher Fehlentscheidungen im einzelnen, die das Urteil der älteren preußischen Historiographie mitbestimmt haben. Daß Friedrich den »bürgerlichen« Präsidenten Danckelman stürzte und auf Betreiben einer Adels-Gruppe für zehn Jahre auf die Festung Peitz bringen ließ, hat die Meinung über ihn ebenso nachhaltig negativ bestimmt wie die kalte »preußische« Verurteilung, die Friedrich II. demjenigen zuteil werden ließ, den er nie mit Wärme als seinen Großvater bezeichnet hat.

Erst Carl Hinrichs, nach zwei Jahrhunderten, hat dem ersten König Gerechtigkeit widerfahren lassen. Nicht nur, daß infolge der verbesserten Etatseinrichtung und Rechnungslegung und der verminderten Immediatanweisungen von Geldern erstmals ein beträchtlicher *Münz- und Edelmetall-Schatz* vorhanden war; nicht nur, daß rund vierzehn Millionen Taler Subsidien-Gelder in die regelmäßigen Etats eingeflossen sind; und nicht nur, daß eine Baukonjunktur Städte und Dörfer vor allem in den mittleren Provinzen erfaßte. Die Bevölkerung selbst als wichtigstes Substrat des Königreiches war in erstaunlichem Umfange angewachsen, von 1 113 700 auf 1 672 000 Zivil- und Militäreinwohner: ein Anstieg um rund siebenundvierzig Prozent. Dementsprechend war das Heer vermehrt worden, war der Behördenapparat verbessert und differenziert worden.

In einer Zeit schwerster internationaler Bewegungen und Unruhen hatte sich Brandenburg-Preußen mehr als nur behauptet: seine Position war erfolgreich ausgebaut worden. Frankreich als europäische Hauptmacht sah sich von stärkeren Koalitionen auf die Grenzen seiner Expansionsmöglichkeiten verwiesen. Holland und Schweden begannen an Bedeutung zu verlieren, die Türkei wurde zurückgedrängt. In Mitteleuropa erhob sich das Reich der Habsburger als Großmacht, noch unangefochten, während von Osten her über das schwächer werdende Polen Rußlands Schatten erstmals stärker und unmittelbarer auf die innereuropäischen Streitfälle fiel. Aus der Berliner Sicht Spannungsfelder ringsum, zumal an der ausgedehnten Nordostflanke von Schlesien bis zur See. Das Kriegspotential, der Sprengstoff im wörtlichen Sinne wuchs überall rasch an; leicht konnte das Kriegsfeuer überschlagen. Und dennoch blieb unter der Regierung eines »gütigen und milden« Regenten, wie ihn sein Minister Christoph zu Dohna nannte, der Friede erhalten, wurden das Ansehen des Staates gemehrt und seine kulturellen Einrichtungen und Traditionen fester begründet.

Es geht nicht an, bei einer solchen Gesamt-Bilanz den Regenten als Versager zu bezeichnen, der zwar die Königskrone beschaffte, aber der von den Nachfolgern geprägten andersartigen Königs-Vorstellung nicht zu entsprechen vermochte. In ihm fand das Barockzeitalter seinen nach Aufwand und Prachtentfaltung am stärksten gesteigerten »brandenburgischen« Ausdruck. Im übrigen ist es nicht angemessen, sich von den teilweise konträren Verhaltensformen und Normen eines Königs wie Friedrich Wilhelm I. zu dem Urteil verleiten zu lassen, der höfische Absolutismus und die Welt des Hochbarock wären damit unversehens an einem Ende angekommen.

Schon unter Friedrich I. entfalteten sich auf allen Gebieten in die Zukunft weisende Kräfte und Formen, und der Nachfolger hat auch nicht alle Perücken an einem Tage ins Feuer werfen, Staat, Gesellschaft und Kultur nicht in wenigen Jahren verwandeln können. Die Zäsuren sind geringer, als es nach dem Spektaculum des Regierungswechsels erscheinen könnte. Keine Frage, daß ein mäßiger, häufig hintergangener Landesfürst durch einen in mancher Hinsicht genialbesessenen Administrator ersetzt worden ist, der ebenfalls hintergangen und betrogen worden ist und dessen alte Tage ebenso gram und grau aussahen wie die letzten Jahre seines Vaters.

Die Zustände bei Hofe sind Zustände des Zeitalters gewesen. Zwischen Hannover und Berlin herrschte vor 1713 in den wesentlichen strukturellen Fragen kein nennenswerter Unterschied. Friedrich I. verstand es, Menschen und Dinge zu nehmen, wie sie waren, er konnte in seiner entrückten Lebensform Schicksale wachsen lassen und fallen sehen. Ziemlich illusionslos gegenüber den Winkelzügen der Hofkreaturen, mit leicht distanzierendem Spott, blieben ihm viele der Enttäuschungen seines Sohnes erspart, der sich nicht selten an Kräften verbiß und festrannte, die es nun einmal gab, und der bereits auf Kräfte hoffte, die es kaum erst gab. Und von seiner Psyche her ist es nicht erstaunlich, daß es der erste König immer wieder mit Geduld vermochte, den ungebärdigen und stillosen Nachfolger im Rahmen seiner preziösen Hofstaatsverfassung in die Regierungs- und Staatsaufgabe hineinwachsen zu lassen. Keine Gift-Psychosen wie vordem, wie vordem, kein Katte-Konflikt wie nachdem, kein eifersüchtig-ängstliches kein Katte-Konflikt wie nachdem, kein eifersüchtig-ängstliches Ausschließen von den Schwächen und Geheimnissen der Regierung, sondern Möglichkeiten zur Einarbeitung: Probeherrschaft, Musterkompanie und Statthalterschaften. Und die Einsicht, daß die Energie der Jugend mit ihren Verbesserungs-Träumen ein Recht und eine Chance haben muß, von Generation zu Generation.

Dies allein war schon Ausdruck bedeutender herrscherlicher Haltung, wenn man bedenkt, wie die immer wieder aufbrausende Kritik des heißblütigen Kronprinzen die kühle Dignität des Königs tangierte. Aber auch dieser hatte sich, was der zweite Friedrich nicht zu sehen vermochte, bereits dem »Staat« als erster Diener unterworfen, nur nicht in der profanen Form auf dem Feldbett und mit Ärmelschützern. Er habe sich, bemerkt er einmal, in aller Gelassenheit, »Tag und Nacht auf alles, was den Flor und Wolstand Unsers Königlichen Hauses einiger Gestalt befordern und hingegen Unheil und Schaden von demselben abwenden kann«, appliziert, und er wünsche, daß sich der Sohn ebenso »in glücklicher, ruhiger und friedsamer Beherrschung« des gesamten »Königreichs« mit Land und Leuten verhielte (1705).

Die letzten Monate des Königs waren überschattet von den sich auftürmenden Gewitterwolken des neuen Nordischen Krieges. Unglück lag über dem Hause. Die dritte Gemahlin des Königs war in Geistesstörung verfallen. Sie wurde aus seiner Nähe entfernt, nachdem er von Siechtum betroffen war. Als sich herausstellte, daß der König unter einer wohl tödlichen Brustkrankheit litt, wurden Hof und Residenz von fast unheimlicher Aufregung erfaßt. Man glaubte zu wissen, daß der Regierungswechsel ein einschneidender Systemwechsel sein würde. Vom 11. bis zum 25. Februar 1713 lagen die Regierungsgeschäfte ausschließlich in den unruhiger und schlaffer werdenden Händen der Minister, die sich bis zuletzt unversöhnbar in zwei Parteien gegenüberstanden.

Auf der einen Seite die Gruppe der Kameke, Wartensleben, Blaspil, Dohna und Bartholdi, auf der anderen, der »kaiserlichen« Seite, die Partei der Ilgen, Grumbkow und des Fürsten Leopold von Anhalt-Dessau, denen auch der Kronprinz vorsichtig zuneigte. Der König nahm unter deutlichen Ermahnungen von allen Abschied; zu dem dunklen Ehrenmann und genialen Ränkeschmied Grumbkow, der zu einer der Hauptstützen seines Sohnes werden sollte, sagte er mit Schärfe und Urteilskraft vom Todeslager her: »Sie wissen, daß Sie ein großer Schelm sind, bessern Sie sich, oder machen Sie sich darauf gefaßt, daß Sie niemals zu der Glückseligkeit gelangen, zu der ich bald eingegangen sein werde.«

Als Friedrich Wilhelm am Mittag des 25. Februar erneut an das Lager des Sterbenden eilte, empfing ihn dieser mit den Worten: »Wo seid Ihr gewesen, mein Sohn, Gott wolle den Segen bestätigen, den ich Euch gegeben habe.« Mit leiser Stimme wünschte er ihm noch einmal eine lange und glückliche Regierung, küßte den Nachfolger und starb.

In einer violett ausgeschlagenen Kammer des Berliner Königsschlosses wurde der tote Herrscher in Hermelin und Gold aufgebahrt, damit die Vertreter der hohen Staatsgesellschaft an ihm vorbeiziehen konnten, während tief unten in den Kellern des Schlosses der Hort des ersten preußischen Midas der Zählung harrte. Mit allen barocken Ehren wurde Preußens erster König beigesetzt. Der erzene Prunksarkophag Schlüters, heute im Gruftstaub des wilhelminischen Domes stehend, kündigt von der Gloriole eines Königs, unter dessen Regierung »unvergängliche Leistungen der künstlerischen und geistigen Kultur« (C. Hinrichs) entstehen konnten. Sie haben Brandenburg-Preußens Fundamente und den weiteren Weg des Staates ebenso stark geprägt wie des Nachfolgers fortgesetzte Arbeit an den ökonomischen und militärischen, den administrativen und den sozialen Grundlagen Brandenburg-Preußens.

SECHSTES KAPITEL

Vorarbeiter des Aufstiegs: Friedrich Wilhelm I. und die Anfänge des Preußentums (1713 bis 1740)

»Parohll auf dieser weldt ist nits als mühe und arbeit, und wo man nit selber, mit permission zu sagen, die nase in allen dreck selber stecket, so gehen die sachen nit wie es gehen soll, den auf die meiste bedinte sich nit zu verlassen, wo man nit selber danach sehet.« Friedrich Wilhelm, 1726

Herrscher und Hof

Das Bild der Persönlichkeit Friedrich Wilhelms I. wird von den Eigenheiten seines psychischen und moralischen Charakters, von der Vielschichtigkeit der Arbeitsleistung und der Wirkungskraft der Ergebnisse bestimmt. Er hat auf seine Weise im preußischen Staat Ordnung geschaffen und Verwaltung, Heer, Finanzen und Wirtschaft auf einen neuen, in ihrer Funktionsfähigkeit und Straffheit bisher kaum gekannten Stand gebracht. Der nicht geringe Preis dieses Erfolges mit Schweiß und Leid und Blut war vom Herrscher selbst, aber auch von den vielen, vielen anderen zu entrichten, die in seiner Herrschaft zu Dienst verpflichtet waren. Der Fürst habe »nicht zu faullentzen, sondern zu arbeiten und seine Lender wohll zu Regiren« (1722). Dies war sein Credo, gültig auch für den Thronfolger, der Ende Mai 1740 sein Urteil mit königlicher Nachsicht in dem Satz zusammenfaßte: »Mein Vater ist groß«.

Als Mensch gab Friedrich Wilhelm seiner Umwelt viele Rätsel auf: ungestüm und derb, fanatisch und reizbar, verletzlich und eigenwillig, bestimmbar und verzweifelt. Man hat von seiner »vulkanischen Naturanlage« gesprochen (G. Oestreich). Die Tyrannis im eigenen Hause, der Kronprinzen-Konflikt, die Strafjustiz, sie alle scheinen überwiegend brutale Züge in seinem Wesen zu bestätigen. Das Problem liegt aber tiefer. Seine durch einen längeren Aufenthalt bei der Großmutter in Hannover gestörte frühkindliche Entwicklung, die wechselhafte Erziehung am Hofe der Sophie Charlotte mit dem Mangel echter Bindungen, zumal an den Vater, dürften sich negativ ausgewirkt haben. Ein weicher, anlehnungsbedürftiger Knabe wurde zur Härte, Strenge und Verschlossenheit hin erzogen. Unter allem Anerzogenen und Erzwungenen blieb ihm eine scheu verborgene Gutherzigkeit und das Bedürfnis, aus der Härte der Herrschereinsamkeit heraus mit kleinen Gnadenerweisen und Geschenken etwas von jener Liebe und Freundschaft zu gewinnen, die ihm als hartem Herrscher versagt blieb. Er war und blieb ein Zerrissener und ein sich selbst immer wieder Bändigender. Kein Begriff deckt sein Wesentliches und Eigentliches völlig ab, zu allem drängt sich das Gegenbeispiel auf. In Friedrich Wilhelm lebten mehrere Gestalten. Und überdies wird häufig übersehen, wie sich in seiner inneren Entwicklung als Herrscher die Gewichte im Handeln und Urteilen verschoben haben; was 1715 gesagt wurde, mußte nicht in gleicher Schärfe 1735 gelten. Die Ambivalenz ergibt sich auch aus Raum und Zeit.

Der Kontrast zu seinem splendiden Vater konnte nicht stärker ausfallen, bedenkt man das bürgerliche Habit, den Offiziersrock, den immer wieder einmal fast ins Bäuerische abgleitenden Stil. Das Königtum wurde zu einem nützlichen Bestandteil des Staates. Ihn unter einer leibhaftigen Krone schreiten zu sehen, erscheint als eine fast absurde Vorstellung. Manches läßt sich vom *Ahnenerbe* und Erscheinungsbild seiner Eltern und Voreltern her erklären, mindestens vermuten. Seine Vorfahren hat Erich Brandenburg nach der Herkunft ausgezählt: vierundfünfzig Prozent deutsche, acht Prozent skandinavische, vierundzwanzig Prozent romanische und zwölf Prozent slawische Fürsten erscheinen in den Ahnentafeln. Er sei »der germanischste der großen Hohenzollernherrscher überhaupt«. Die genauere Betrachtung, wie sie erstmals Carl Hinrichs vorgenommen hat, zeigt den hohen pfälzisch-oranischen Bluteinschlag infolge der »westlichen« Heiraten seit dem Großen Kurfürsten.

Mit Recht ist von Hinrichs darauf verwiesen worden, daß hier eine Art von Charakterumwandlung des Hauses Hohenzollern stattgefunden habe, im Sinne einer Anhebung der herrscherlichen Qualitäten, jedenfalls bis 1786. Ein vielfältiges, teilweise nicht unproblematisches Erbe: Neben dem militärischen Können standen Sparsamkeit, Sinn für Ökonomie, Leidenschaftlichkeit, gelegentlich Hang zum patriarchalischen Despotismus, verbunden mit maßlosem Mißtrauen und Argwohn, aber auch der Zwang zur Schatz- und Juwelenanhäufung wie im Hause Solms, dazu die Schöngeistigkeit der Mutter Sophie Charlotte, die im Enkel auflebte. Von den älteren Hohenzollern her, aber doch wohl auch aus anderen Ahnenquellen stammten die Verhaltensformen der asketischen Pflichterfüllung, der sittlichen Strenge, des Lebensernstes bis zur Melancholie hin, im vollen Gegensatz zur Libertinage des Hannoverschen Hofes, den Friedrich Wilhelms unzweifelhafter Großvater Ernst August, der »Gentleman Europas«, belebt hatte. Mit dem allzu leichten Lebenswandel, mit der eleganten feinen Form hatte Friedrich Wilhelm seit der Jugendzeit wenig im Sinn. In vielem war und blieb er »Brandenburger«. Im Testament von 1722 verweist er auf die guten Traditionen des lutherisch-kalvinistischen Landesstaates: »Mein lieber Successor, sei wohl versichert, daß alle glücklichen Regenten, die Gott für die Augen haben und keine Matressen, es besser zu nennen Huren haben und ein gottseliges Leben führen, diese Regenten wird Gott mit allen weltlichen und geistlichen Segen beschützen«; seit Johann Sigismund seien Mätressen, Operas, Komödien,

Ballets, Maskeraden im brandenburgischen Hause nicht geduldet worden: »Leset die Historie von Unserem Hause, da werdet Ihr finden, daß dieses der Wahrheit gemäß ist«. Wie ein Schlüssel zu Friedrich Wilhelms Wesen wirken diese Sätze.

Seine eigentliche Natur ist nicht nur von dieser Welt gewesen. Die *Religion* war auch eine beherrschende Kraft in seinem Leben und Königtum. Im »Projekt« zum neuen (Haus-)Testament, das er in der Nacht vom 11. zum 12. November 1727 schrieb, offenbarte er seine existentielle Gotteskindschaft, die ewige Seligkeit von Gott erbittend, der »mir armen wuhrm hat so genedig von Jugent auf erhalten und mir so vielle genade getahn, die ich nit werdt gewehsen. Den er mir hat gegehben, wahs mein hertz hat verlanget, und ich Ihm nit genug da vor dancken kan.« Sein Leib solle geöffnet werden, um die Todesursache festzustellen, aber man solle alles so belassen, »wie ich aus Mutterleibe gekomen«; er wolle begraben sein, wo er auch immer stürbe (»woferne es nit in katholische landen ist«), und man solle ihn in keinem Gewölbe beisetzen, »sonder so tiff in die erde, als man ümer grahben kan«.

Eben dies war der König: ein gläubiger evangelischer Christ, von unangenehmer Sensibilität, scharfer Beobachtungsgabe und starkem Willen. Dazu kam eine unglaubliche Härte im Amt, die ihre Stoßkraft aus dem Bewußtsein des höheren Auftrages und aus den Dämonien eines alteuropäischen Fürstengeblüts empfing.

Die Ungebärdigkeit war ihm schon als Kind vorgehalten worden. In seinem äußeren *Erscheinungsbild* aber glich er mehr seiner welfischen Mutter als seinem Vater. Der eher weiche Gesichtsausdruck, Stirn und Lippenpartie verweisen auf Sophie Charlotte. Das Bild von 1722 (Harper) zeigt ihn in seiner besten Phase, ein fürstlicher General. Nach der Beschreibung des Kammerherrn v. Pöllnitz war er »von mittelmäßiger Größe; seine Stirn war erhaben; seine Augen groß, voller Feuer und Leben, für gewöhnlich düster und ernst, doch auch lachend, wenn er wollte«. Er liebte gutes Essen und Trinken bis zur Maßlosigkeit. An der Familientafel des sparsamen Fürsten ging es wohl nicht so üppig wie in Dresden oder Wien zu, bürgerlich-»deutsche« Kost kam auf den Tisch. Auswärtige Gäste von Rang ließ er gelegentlich in den Häusern seiner üppiger tafelnden Minister beköstigen. Auch ließ er sich selbst nicht ungern in anderer Leute Haus zur Tafel bitten. Seinem Minister, dem Gourmand Friedrich Wilhelm von Grumbkow (1678 bis 1739), spendete er Komplimente: »Wer besser essen will als bei mir, der muß zu Grumbkow gehen«. Grumbkow, regelmäßige Spesengelder aus Wien nicht verschmähend, übermittelte dann wohl dem kaiserlichen Gesandten Seckendorff ein Stimmungsbild: »Seine Majestät hat gestern wie ein Wolf bei mir zu Mittag gegessen und ebenfalls zu Abend; er besoff sich und ging um Mitternacht fort.«

Die andere Seite dieses nicht unbedingt puritanischen Lebenswandels, der an manchen Vorfahren erinnert, bestand in der frühzeitigen Minderung und Zerstörung der *Gesundheit.* Neben Fettleibigkeit (1730: zweihundertvierzig Pfund), die die Bilder bald verrieten, scheint er an Bluthochdruck gelitten zu haben. Das Übermaß an Tatkraft, die Ausbrüche in Wort und Tat mögen hier eine ihrer Wurzeln haben. Gicht und später eine mit Herzleiden verbundene Wassersucht traten hinzu. Seit 1734, nach zwanzig Jahren fast wütender Staatsarbeit, ging es mit seiner Gesundheit bergab. Länger anhaltende Melancholien überfielen ihn: »Ich begreife nits mehr in dieser weldt. Gott gehbe uns bald ein sehlig Ende«. Einige seiner Ölbilder, an denen er dann in aller Stille arbeitete, versah er, als wollte er sich entschuldigen, mit der Inschrift: In tormentis pinxit – unter Schmerzen gemalt. Frühzeitig sah er unter der Doppellast von Krone und Regierung den *Tod* auf sich zukommen. Er malte den Mann mit der Sanduhr. Seit Anfang Februar 1740 empfand er seine Zeit endgültig als abgelaufen. Man mag sich beiläufig fragen, welchen Weg Preußens Geschichte genommen hätte, wenn er einige Jahre länger Regent geblieben wäre. Sein Kranksein ließ die Staatsmaschinerie jedoch nie stillstehen. Ende April 1740 hatte er noch eine Ministerkonferenz im Berliner Stadtschloß geleitet. Mit einem wehmütigen »Leb wohl Berlin, in Potsdam will ich sterben« zog er sich nach Potsdam zurück. Ein Teil des Volkes sah den »alten Menschenquäler«, wie er sich selbst bezeichnet hat, nicht ungern scheiden. Alles hoffte wieder auf ein Arkadien, doch der König war nun überzeugt, daß »Sparta« fortbestehen würde.

Es macht einen großen Teil der Haus- und Hofgeschichte aus, daß der König mit zunehmenden Zweifeln, dann in wilder Leidenschaftlichkeit und bitteren Haßausbrüchen seine Zweifel äußerte, ob der *Thronfolger* »Fritz« den Aufgaben des neuen Staates gewachsen sein würde. Die Geschichte seines Ringens mit dem Nachfolger um das rechte Staatsverständnis ist mehr als nur ein klassisch-fürstlicher Vater-Sohn-Konflikt gewesen. Der Staat, den Friedrich Wilhelm nach eigenem Wort wie einen Fels von Erz aufgerichtet sehen wollte, enthüllte sich vor den mit hoher Aufmerksamkeit zuschauenden in- und ausländischen Zeitgenossen in seinen innersten Spannungen und Bruchstellen, weil der Regent in Haus und Hof nicht jene Ordnung und Disziplin einführen und halten lassen konnte, die im Heere galt und die in der Staatsverwaltung im Entstehen war. Aber vielleicht war die Hofgesellschaft nichts anderes als eine Art von Spiegelbild des Landes, halbvollendet und stets gefährdet.

König, Kronprinz und Königin

Aus der mit vierzehn Geburten gesegneten Ehe Friedrich Wilhelms mit seiner Cousine Sophie Dorothea von Braunschweig-Hannover-England war Prinz Friedrich 1712 hervorgegangen. Dreiundzwanzig Jahre lang war sie in ziemlich regelmäßigen Abständen bis 1730 niedergekommen; man kann nicht behaupten, daß diese Ehe als solche nicht glücklich gewesen sei. Aber ihre Stellung neben dem »König« in Preußen entsprach nicht den Träumen der rangstolzen Welfentochter, die wie ihre Großmutter Sophie und ihre Tante Sophie Charlotte nicht nur in der anders getönten Welt des »Westens« lebte und dachte, sondern in Berlin das Leben ihres Elternhauses so weit wie möglich fortzusetzen wünschte.

Nun bestand der Berliner Hof seit 1713 gewiß nicht nur aus gescheuerten Eichentischen, auf denen Biersuppe oder fett gekochte Hammelkaldaunen angerichtet waren. Aber Ton und Stil waren nach und nach schon um einiges soldatischer und nüchterner geworden als an der hannoverschen Leine; Architektur, Musik und Dichtung schien es anfangs in der Regel nur in Sonderausgaben als Kirchbau und Rathaus, als Feldmusik vor Stralsund und die Literatur schwarz eingebunden als Amadäus Creuzbergs »Tägliche Andacht« zu geben. Bei genauerem Hinsehen zeigt sich, daß nicht alles »auf den einfachen Fuß« (G. Oestreich) gestellt worden ist. Die Schwerpunkte verschoben sich, der Stil – über Preußen hinaus – wandelte sich, so wie eine Mode kommt und geht. Die Formen des Hofes, so stilprägend diese werden konnten, legten sich nicht, wie man gemeint hat, mit bleierner Schwere auf alles und jedes im Lande.

Johann Michael von Loen (1694 bis 1776), Jurist aus Frankfurt am Main und später (1752) Präsident der preußischen Regierung in Lingen, berichtete, nachdem er in Halle studiert hatte, vom Berliner Hof: »Ich sehe hier einen königlichen Hof, der nichts Glänzendes und nichts Prächtiges hat als seine Soldaten. Es ist also möglich, daß man ein großer König sein kann, ohne die Majestät in dem äußerlichen Pomp und einem langen Schweif buntfarbiger, in Gold und Silber beschlagener Kreaturen zu suchen. Hier ist die hohe Schule der Ordnung und der Haushaltungskunst, wo Große und Kleine sich nach dem Exempel ihres Oberhauptes mustern lernen. Die Zucht macht Leute; die preußische ist herrlich. Ich kenne unter den preußischen Soldaten verschiedene gute Köpfe, welche der Wissenschaft mehr Ehre machen als die, deren Handwerk eigentlich ist, Gelehrte zu sein. Der König braucht sie in den wichtigsten Geschäften und zu allerhand Verschickungen an anderen Höfen. Er kann damit mehr ausrichten als mit einem stolzen Pedanten ... die Räte, Kammerherren, Hofjunker und dergleichen, wenn sie nicht zugleich Kriegsämter haben, werden nicht viel geachtet und kommen meistenteils wenig nach Hofe.«

Auch in sozialständischer Hinsicht bemerkte Loen einige Unterschiede zu westdeutschen Höfen und fand an der freieren Luft Preußens Gefallen: «Man bemerket bei Hofe weder die ausschweifende Lebensart der Franzosen noch das steife und gezwungene Wesen der Deutschen, welche meinen, es ließe sich schön und vornehm an, wenn sie sich schwülstig und hochmütig gebärdeten. Man kann also mit Recht den preußischen Hof die Schule der Höflichkeit nennen. Es herrschet an demselben eine solche durchgängige Leutseligkeit und ein solches angenehmes Wesen, daß man öfters nicht wußte, daß ein Unterschied der Stände sei, wann einem nicht zuweilen ein Ordensband oder ein prächtiges Gebäude in die Augen fiel und diesen Unterschied bemerkte; denn im Umgang sind die Markgrafen, die Prinzen, die Generals, die Staatsminister und sowohl der hohe als niedere Adel überhaupt leutselig und höflich. Man sieht hier keine großen Staatsperücken mit steifen Köpfen und preustigen Mienen. Man macht keine Komplimenten, die nichts heißen. Man hält nichts auf ein törichtes Gepräng und große Zeremonien, welche heutzutage fast die halbe Welt zu Komödianten machen.«

Man spürt den Umbruch im Denken, den Abstieg von Leitbildern des Hochbarock, wohl auch Wirkungen des Pietismus, wenn Loen fortfährt: »Was im übrigen die Lustbarkeiten bei Hof betrifft, so kommen dieselbe mit denjenigen des wienerischen und dresdnischen Hofes in keinen Vergleich. Ja, ich muß schier sagen, man findet hier gar keine, wenn man solche nicht in einem artigen Gespräch, kleinen Spiel, in einer guten Tafel, in angenehmen Gesellschaften und Spaziergängen, in mittelmäßigen Konzerten, in Künsten und Wissenschaften und dergleichen Dingen zu suchen gewohnt ist« (1717/18). Das ist ganz gut beobachtet, auch für die Berliner Zustände über die Zeit Friedrich Wilhelms hinaus.

Den Frohsinn der neuen Königin wird es nicht gesteigert haben, daß Friedrich Wilhelm 1713 mit dem berühmten »Strich durch den Etat« und noch in den folgenden Sparjahren des Nordischen Krieges den Hofstaat seines Vaters verringert hat. Der größere Teil des alten, unzweifelhaft viel zu stark angewachsenen Hofstaates wurde aufgelöst oder für andere Aufgaben verwendet. Im ersten Anlauf strich der König die allgemeinen Hof-Kosten von zweihundertsechsundsiebzigtausend Talern auf sechsundfünfzigtausend Taler zusammmen. Die Königin erhielt für ihren besonderen Hofstaat zweiunddreißigtausend Taler (1735: etwa achtzigtausend Taler); sie behielt lediglich die Oberhofmeisterin und einige Hofdamen. Von diesen Geldern hatte sie auch Kleidung und Wäsche der gesamten königlichen Familie zu bestreiten. Kein Wunder, daß unter solchen Umständen das Haushalten recht schwer und die Versuchung nicht gering war, sich von auswärts, beispielsweise aus französischen Quellen, Geld zu beschaffen. Sparsamkeit gehörte nicht zu den herausragenden Tugenden der Töchter und Enkelinnen der alten Sophie von Hannover. Kein Zweifel, daß es östlich von der Elbe etwas knapper und rigoroser zuging. Doch Not mußte die zweite Königin nicht leiden. Auch unter einem »puritanischen« König konnte man in Stadt und Land das Leben in vollen Zügen genießen, wo die Einkünfte es zuließen. Für eine schlichte *Abendtafel* der Königin (27. Juli 1735) wurde, zum Beispiel, von der Schloßküche aufgetragen: gebratener Damhirschrücken, Hammelkarbonade, gespickte Kalbsfrikandeaus mit Champignons, Taubenpastete, Karauschen mit dicker Butter und Majoran, gebratener Kälberbrösen, grüne Erbsen und Kopfsalat, Weißkohlsalat mit Speck; den Hofdamen wurde lediglich gebratenes Damhirschblatt, Hammelragout und Schminkbohnen sowie Eierkuchen vorgelegt. An der Tafel des Königs konnte täglich eineinhalb bis zwei Stunden lang mit dreißig Tischgästen in sieben Gängen das Beste der Provinzen verkostet werden. »Deutsche« Rheinweine und Ungarweine, für deren Import der »Plusmacher« einmal auf einem Brett fünfunddreißigtausend Taler ausgegeben hat, sorgten für wohltemperierte Tafelfreude und Bekömmlichkeit.

Eine größere *politische Rolle* blieb der Königin von vornherein versagt, jedenfalls nach außen hin. Der König hatte sie 1713 »zu ihrem Nähewerk« gewiesen. Damit war der Grund zur *Opposition* des Hofes der Königin gelegt: Die Königstochter Sophie Dorothea begann gegen Friedrich Wilhelms neue Regierung, deren bedeutende Zielsetzungen ihr wohl unklar geblieben sind, zu frondieren, vor allem gegen Leopold von Anhalt-Dessau und gegen Grumbkow als dem Chef-Minister. Sie fand in der Stille Rückhalt bei allen jenen, die einen Teil der Regierungspraxis als rechtswidrig ansahen, gleichviel, ob es nun der Anhang der Wartensleben, Kameke, Arnim und Schulenburg war oder ob es die Erzieher des Kronprinzen, der General Graf Finckenstein und der Oberst von Derschau, waren, deren Arbeitsfreude durch die Ausbrüche und den Kommandoton des Königs nicht aufgebessert wurde. Dazu kam ein oppositionelles Denken in der oberen Geistlichkeit, die eher von einem friedlich-christlichen Wohlfahrtsregiment träumte und die sich nun von allerlei Schreckensnachrichten und profanen Aufgaben gestört sah. Und draußen auf dem Lande saßen jene »Junker«, denen der König die althergebrachte und wohlkonservierte Autorität »ruinieren« wollte, jedenfalls den starken Worten nach. Während des Streites um die Allodifikation der Lehen (1717 bis 1725) hielten die größeren Geschlechter wie eh und je Familientage ab, auf denen die Rechtslage und auch die Qualifikationen des Königs gemessen erörtert wurden. Auf dem Treffen der Kattes in Vieritz (November 1717), an dem das spätere Opfer des Königs teilnahm, wurde doppeldeutig-dunkel bemerkt: »Immerhin ist Er der Sohn und der Enkel«.

Das Hauptinteresse der Hof-Opposition bestand darin, den künftigen König gegen die lästige Härte Friedrich Wilhelms einzunehmen und eine *West-Orientierung* der Politik vorzubereiten. Zu diesem Zweck betrieb die Königin das Projekt der Doppelheirat mit ihren welfischen Verwandten: Friedrich sollte mit einer englischen Prinzessin, die ältere Tochter Wilhelmine mit dem Prinzen von Wales vermählt werden. Bald zeigte sich, daß hier eine der Nahtstellen europäischer Politik offenlag. England wünschte vor den Heiraten politische Abschlüsse mit Preußen, das habsburgische Erzhaus suchte dagegen Friedrich Wilhelms »Reichspatriotismus« auszubeuten.

General von Seckendorff, seit 1726 als kaiserlicher Gesandter in Berlin, und der von ihm alsbald zur Beihilfe bewogene Grumbkow hatten die Hauptaufgabe vom Prinzen Eugen zugewiesen erhalten, Preußen und England-Hannover auseinanderzuhalten. Diese Aufgabe war nicht unlösbar. Die Beziehungen zwischen Berlin und Hannover–London waren nämlich belastet durch die Erbstreitigkeiten nach dem Tode der Prinzessin von Ahlden (der Mutter der Sophie Dorothea) und Georgs I., die für Friedrich Wilhelm ungünstig verliefen.

»Englische« und »Kaiserliche« standen sich in Berlin gegenüber. Haß und Intrigen kannten zeitweise kaum Grenzen. Grumbkow sah sich in einem Kampf auf Leben und Tod verstrickt. Er wußte, daß die Königin ihn stürzen wollte, so wie ihre Tante den Oberpräsidenten Danckelmann in den Abgrund gestoßen hatte Als sie erfuhr, daß der Minister ihren Mann in einem Brief als »brutale Bestie« bezeichnet hatte, suchte sie sich 1713 der Quelle in England zu bemächtigen. Und Grumbkow, den König nicht aus den Augen lassend, überwachte mit Agenten den Hof und machte sich auch von daher dem König unentbehrlich. Dieser wagte es schließlich nicht mehr, sich von diesem fast alles wissenden, mit universalen Talenten, nur nicht mit Weitblick gesegneten Hauptstaatsminister zu trennen, der den Vorzug besaß, »den gantzen Adell« (1722) gegen sich zu haben: Divide et impera. Die Kehrseite dieser eigenartigen Abhängigkeit (»Marquiret Ihm confiance«) bestand darin, daß der »Premierminister« seinem von geheimen Unsicherheiten gequälten Herrn perfide Hof- und Familieninformationen injizierte, die ihn in Raserei und Wahnvorstellungen stürzten.

Mit diesen Konflikten verknüpfte sich nun die *Erziehungskrise* des Kronprinzen. Der König, der seinen Vater selbst in schwierigen Lagen immer respektiert hatte, steigerte sich in die Vorstellung hinein, Preußen könne nur erhalten bleiben, wenn der junge Friedrich sich zu seinem Ebenbild formen ließe. Der neue Staat brauche einen ähnlichen Herrscher als Nachfolger, wenn er in der rücksichtslosen Konkurrenz der Mächte auch nur um ein Jahrhundert länger bestehen sollte. So findet sich in der Instruktion von 1722 der Hinweis, daß der Aufstieg Brandenburg-Preußens unlöslich mit den sittlichen Qualitäten der Herrscher verknüpft sei. Wer sich dem Stillstand, dem Genuß, dem Glanz und Gleisnerischen überlasse, verschleudere nicht nur die Arbeit von Generationen, sondern auch sein »eigenes Meisterstück«, daß er nämlich in neun Jahren fast alles in »guhte ordre und verfassung« gebracht habe. So lauteten die Ermahnungen; in der Praxis hieß das für den Kronprinzen, sich von früh an dem Stil des Arbeitskönigs, der ein König der Arbeitenden sein wollte, anzupassen. Das führte zu einer ständigen Überforderung seiner körperlichen und seelischen Kräfte. Ein Schmerzenstal mit einigen Klausen, diese Prinzenjugend. Früh aufstehen, saubere Grenadieruniform tragen, reiten, schießen. Dazu kam die Teilnahme an Inspektionsreisen des Königs, die so eingerichtet waren, daß nach jeweils drei Jahren alle Provinzen bereist waren.

Eingefügt waren in diesen unerbittlichen Tageskalender haufenweise Erziehungssprüche: »Fritz, denke an das, was ich Dir sage, halte immer eine gute und große Armee. Du kannst keinen besseren Freund haben und Dich ohne sie nicht halten. Unsere Nachbarn wünschen nichts mehr, als uns über den Haufen zu werfen, ich kenne ihre Absichten, und Du wirst sie noch kennen lernen, glaube mir, denke nicht an die Eitelkeit, sondern halte Dich an das Reelle, halte immer auf eine gute Armee und auf das Geld, darin besteht der Ruhm und die Sicherheit eines Fürsten.«

Aber dieser Fritz schmierte sich nicht, wie sein Vater, das Gesicht mit Öl ein, um recht braun und soldatisch auszusehen, sammelte keine Waffen und stach nicht fröhlich in den Keiler, den des Königs Kugel eben niedergeworfen hatte. Er war spätestens seit dem zehnten Jahre ein Vaterschreck von schlimmer Sorte und lebte sich – je mehr noch dieser bat und tobte – in die Rolle des stummen Protestes hinein, verschlossen und verstockt, dann hochmütig und spöttisch werdend. In der Reichweite der bequemeren Mutter las man Romane, schlug die Laute und pflegte die zeittötenden kleinen Spiele. Eher ließ er sich schlagen, als daß er aus seinem Selbst zu vertreiben war. Schon der Zwölfjährige wurde dem Vater unheimlich; er war begierig zu wissen, »was in diesem kleinen Kopf vorgeht«.

Der kleine Kopf entdeckte die Religion und dann die Philosophie als eine zweischneidige Waffe, mit der man sich mancherlei Menschen und Dinge vom Leibe halten konnte. Die alte kalvinistische Lehre von der Vorherbestimmung des Menschen, gegen den Willen des Vaters von einem Hofprediger fast wie ein Racheakt gelehrt, diente ihm bald dazu, das Unveräußerliche seiner Individualität zu schirmen und zu schützen. Und er entwaffnete immer wieder den dräuenden Vater mit dem Satz, notfalls müsse »man Gott mehr gehorchen denn den Menschen«.

Der Sechzehnjährige träumte Weltflucht, weil ihn der Zwang, die Rolle des Königs einnehmen zu müssen, zu erdrücken drohte. Quantz lehrte ihn das Flötenspiel, erste Verse entstanden, eine Bibliothek von bald dreitausend Bänden regte zum Blättern und zum Vergleichen an; Fénelon und Bayle vermittelten frühe Denkgenüsse. Die Schwester Wilhelmine, vom Vater ebenfalls patriarchalisch gequält, wurde zum Tresor seiner unschuldigen und schuldigen Geheimnisse. Wenn sich ringsum alles verdüsterte, versenkte er sich – wie später noch in Krisentagen – in das Abbild eines Totenkopfes und sann über die Grenzen zum Jenseits nach.

Der Achtzehnjährige schließlich, der nun auch an den »sardanapahlischen Fleischlüsten« des wollusttollen Dresdener Hofes ein kleines Gefallen gefunden hatte, schien im Zentrum Preußens ein komplettes Anti-Preußen-Leben zu führen, wie ein wandelndes Abbild einer gescheiterten Thronfolger-Erziehung. Was nun noch hätte helfen können, ging Friedrich Wilhelm damals völlig ab: Geduld und Zuspruch. Statt dessen blinde Wütigkeit und tägliche Konflikte vor den Augen der »Welt«. Die Figuren für eine Tragödie von einigem Rang waren aufgestellt.

Der *Konflikt* in seiner letzten Zuspitzung war unvermeidlich, weil es Friedrich Wilhelm verschmähte, mit gutchristlich-pädagogischen Methoden den Knoten zu lockern, geistliche Helfer – wie es sonst an Höfen üblich war – beizuziehen oder gar seine eigene Position zu prüfen. Aber der König der Schnelligkeit und des Antreibens der Staatsmaschinerie war kein Mann und Vater, der gelassen-zuversichtlich etwas wachsen sehen konnte. Und Friedrich, mit den »Kinderkrankheiten seines Genies« (C. Hinrichs), konnte in allen seinen nicht nur erhebenden geistigen und sinnlichen Abenteuern keinen Zugang zu einem alttestamentlich-harten Vater finden, dessen fast zyklisch auftretende Angst-, Depressions- und Wut-Zustände wie eine Mauer zwischen ihm und den Kindern standen.

Friedrichs Verhalten war psychisch-physisch folgerichtig, war »modern«, entsprach in aller Unbesonnenheit dem damals vielberedeten Naturrecht. Nur von einer »Naivität« Friedrichs sollte man im Hinblick auf die lebensvoll-entschlossene Fluchtentscheidung des Achtzehnjährigen nicht sprechen, wenn man nicht den gleichen Terminus auf die nicht wenigen Fehlentscheidungen des »Vaters« in Haus und Herrschaft anwenden will. Friedrich war im übrigen nicht der erste und auch nicht der letzte Prinz, der sich unerträglichen Hofverhältnissen zu entziehen trachtete. Das Beispiel seines nach Hannover emigrierten Großvaters war ihm bekannt, er berief sich zum Ärger des Vaters darauf. Jedenfalls geht es nicht an, die autoritäre und mit selbstverschuldeten Ridikülitäten belastete Position des Königs zum Hauptmaßstab bei der Bewertung der Tragödie zu bestimmen.

Friedrich besaß mehrere Helfer bei dem seit längerer Zeit erwogenen Plan, in das nichtpreußische Ausland zu gehen. *Hans Hermann von Katte* (28. Februar 1704 bis 6. November 1730) war der Sohn des Generals und späteren Feldmarschalls Hans Heinrich (Graf) von Katte (1681 bis 1741) und einer Tochter des Feldmarschalls Alexander Herrmann Graf von Wartensleben (1650 bis 1734). Er war vier Jahre in Halle im Pädagogium Regium der Universität ausgebildet worden, hatte dann Jurisprudenz in Königsberg und Utrecht studiert und diente seit 1725 als Kornett, seit 1730 als Premierleutnant im Kürassierregiment Garde Gens d'armes. Seine musischen und musikalischen Neigungen hatten den wohl ungewöhnlich begabten, kühnen und humorvollen Kavalier mit dem Kronprinzen Freundschaft schließen lassen. Demgemäß ging er in Monbijou bei der Königin als dem Haupt der englischen Partei ein und aus und hat, wie der König in dem Kabinetts-Dekret vom 1. November 1730 festhielt, »mit frembden Minister und Gesandten allemal durcheinandergestecket«.

Auftragsweise, wird man hinzusetzen müssen. Seit dem Frühjahr 1730 war Katte darüber unterrichtet, daß Friedrich bei Gelegenheit eine »retraite« unternehmen wollte. Er hat dem Vorhaben des Kronprinzen am Ende mehr entgegengewirkt als es gefördert. Er bewahrte jedoch dessen geheime Gelder und Briefschaften auf. Auch der Page Keith und andere Freunde des Kronprinzen waren über dessen Absichten unterrichtet; des intriganten Grumbkow Spione beobachteten die Vorgänge. Im Juni hatte der König den Kronprinzen erneut gedemütigt, auch geschlagen. Im Juli fürchtete dieser, des Lebens nicht mehr sicher zu sein. Dann folgte der *Fluchtversuch* in Steinsfurt bei Mannheim (5. August 1730). Der Vorgang wurde dem ahnungsvollen König entdeckt. Am 12. August ist dann Friedrich verhaftet, von seinem Vater noch in Wesel verhört und unter sicherer

Offiziersbedeckung auf die Festung Küstrin gebracht worden. Katte, obwohl noch gewarnt, ließ in Berlin die Verhaftung auf sich zukommen, weil er durch eine Flucht das Leben des Prinzen wohl zusätzlich gefährdet hätte.

Vor der redlich-behutsam arbeitenden Untersuchungskommission (Mylius) verteidigte sich Friedrich kaltblütig und gewandt, die Absicht des Königs, ihn von der Thronfolge auszuschließen, durchkreuzte er mit Antworten wie: »Er könne sein Richter nicht sein«, oder: »Er submittiere sich des Königs Gnade und Willen«. Der Haß des Königs nahm zeitweise pathologische Züge an. Dem Vater Kattes, der um Gnade bat, schrieb er kurzerhand: »Sein Sohn ist ein Schurke, meiner auch, also was können die Vaters davor?«

Zu den Mitwissern des »Komplotts« schien dem König auch die sechzehnjährige Potsdamer Kantorstochter Doris Elisabeth Ritter zu gehören, der der Kronprinz und Katte gelegentlich harmlose, die Hof-Grenzen überschreitende Besuche gemacht hatten. Sie wurde am 1. September verhaftet, einer negativ verlaufenden Virginitäts-Autopsie unterzogen, am 7. September auf Strafentscheid des Königs hin durch den Henker an mehreren Ecken der Potsdamer Innenstadt öffentlich mit Staupenschlag bedacht und »auf ewig« in das Spinn-Haus zu Spandau eingeliefert. Der ebenso unschuldige Vater, ein Württemberger und Francke-Schüler, hatte Potsdam zu verlassen, ging ins stillere Mecklenburg. Erst Mitte Juli 1733 gab ihm Friedrich Wilhelm die Tochter frei. Auch dieses Verfahren bezeugt die Zustände der Raserei, Geistestrübung und Uneinsichtigkeit, in die Friedrich Wilhelm im Herbst 1730 trotz seines zur Schau gestellten Frohsinns immer wieder geriet. Von einigen Vorfahren her, bei denen Wahnsinn nachgewiesen ist (unter anderem Elisabeth von Braunschweig-Kalenberg geborene Prinzessin von Brandenburg; Herzog Albrecht von Preußen), war er gefährdet.

Der Plan, den englischen Einfluß bei Hofe zu zerschlagen, schien glänzend aufzugehen. Der Wille des Kronprinzen sollte zerbrochen werden, dem Kaiser hatte er sich zu Dank verpflichtet zu fühlen. Ein Bittschreiben des Kaisers, von Seckendorff verfaßt, wurde am 3. Oktober 1730 (nachdem sich das Kriegsgericht für den Kronprinzen als unzuständig erklärt hatte) dem König überreicht. Über Katte brach das Verhängnis herein. Einer Folterung, die der König angeordnet hatte, widerriet Grumbkow klüglich. Schließlich gab Katte als halbes Geständnis preis: »Wenn der Kronprinz würde weggelaufen sein, so hätte er nachgehen wollen und würde ihm gefolgt sein. Er habe aber geglaubt, der Kronprinz würde gewiß wieder herkommen.« So wurde ihm Verabredung und Vorbereitung der Desertion und Hochverrat vorgeworfen, den Eidbruch des Offiziers eingeschlossen. Katte unterwarf sich vertrauensvoll der Gnade seines Königs, denn er habe »vieles aus Unbedachtsamkeit getan«.

Ein *Kriegsgericht* im eilig wieder möblierten Schloß Köpenick verurteilte ihn zu lebenslänglicher Festungshaft. Es blieb auch dabei, nachdem der König einen schärferen Spruch verlangt hatte. Darauf hat der Herrscher durch sein berühmt gewordenes Kabinettsdekret vom 1. November (Wusterhausen) das Urteil verschärft in Todesstrafe, weil »dieser Katte mit der künftigen Sonne tramiret zur Desertion«, weil er »complottirt« habe; ginge dies durch, könne er sich künftighin auf keinen Offizier oder Diener, die in Eid und Pflicht seien, verlassen, alle künftigen Täter würden sich auf Katte berufen können. Er wolle deshalb, »und zwar von Rechts wegen, daß der Katte, ob er schon nach den Rechten verdienet gehabt, wegen des begangenen crimen laesae Majestatis mit glühenden Zangen gerissen und aufgehänget zu werden, Er dennoch nur, in Consideration seiner Familie, mit dem Schwert vom Leben zum Tode gebracht werden soll. Wann das Krieges-Recht dem Katten die Sentenz publiciret, soll Ihm gesagt werden, daß Sr. K[öniglichen] M[ajestät] es leid thäte, es wäre aber beßer, daß er stürbe als daß die Justiz aus der Welt käme«. Dem achtzigjährigen Großvater Wartensleben, der noch um Gnade gebeten hatte, wurde ähnlich der Bescheid zuteil, daß »die Wohlfahrt des ganzen Landes und meiner selbst, wie auch meiner Familie, wegen der künftigen Zeiten« die Hinrichtung erfordere, »zum Exempel und Warnung anderer« müsse »der Kopf abgeschlagen werden«.

Katte selbst begehrte nicht auf, erwähnte nur im religiös gehaltenen Abschiedsbrief an seine Eltern seinen »schändlichen Tod« und ermahnte zuletzt noch großherzig den Kronprinzen, keinen Groll gegen den König zu hegen, ihn vielmehr als Diener der »Gerechtigkeit Gottes« zu begreifen. Katte starb als Edelmann: standhaft, unerschrocken und freimütig. Auf dem Weg zur Richtstätte vor den Kasematten wechselte er Abschiedsworte mit dem anfänglich zum Zuschauen gezwungenen Freunde, reichte seinen Begleit-Offizieren am Sandhaufen die Hand, empfing von den Geistlichen Absolution und Einsegnung. Dann kniete er, nach dem Bericht des Garnisonspredigers, nieder »und rief: ›Herr Jesu, nimm meinen Geist auf!‹« Danach »ward das erlösete Haupt mit einem glücklich gerathenen Streich durch die Hand und Schwert des Scharfrichters Coblentz vom Leibe abgesondert ... ich nahm ferner nichts mehr wahr als einige Zuckungen des Körpers, so vom frischen Geblüt und Leben herrührten«.

Über die *Kronprinzenflucht* und *Katte-Tragödie* ist viel gedacht und geschrieben worden; der Vorgang gehört zu den Grundschichten im preußischen Bewußtsein. Weit stärker als bei der Affäre des Prinzen vom Homburg 1675 oder bei Yorcks Ungehorsam von 1812, beides Fälle, die letztlich harmlos verlaufen sind, war hier der Nerv der Staatsgesinnung getroffen, ein Regierungs-Exempel statuiert worden, den Nachfolgern zur Mißachtung oder Nachahmung anheimgegeben. Was für eine Zeit, möchte man heute sagen, da man wegen des Lebens und Sterbens eines exekutierten einzelnen noch Bücher schrieb, eine Hauptstadt und ein Land sich heimlich-laut erregten und Kattes und Friedrichs Bilder von Hand zu Hand gingen und die europäischen Höfe mit der Frage befaßt waren, ob hier ein König sein Amt verfehlt, ob sich Tyrannis ins Richtergewand gekleidet habe. Denn es ist nicht zutreffend, daß Hof, Adel und Armee alles, was geschehen war, »zwar streng, sehr streng vielleicht, aber schließlich doch nur in der

Ordnung« gefunden hätten, wie Fontane 1863, mit dem Beifall Rankes, geschrieben hatte.

In der Geistlichkeit regte sich Widerstand; den Küstriner Hofprediger brachte der König Mitte November mit der Drohung zum Schweigen, ihn auf eine Dorf-Pfarre zu verbannen. Die Spitzen der Armee ersuchten um ihren Abschied (Anhalt-Dessau, Wartensleben, Arnim, Natzmer, Katte), den der König verweigerte; er versuchte vielmehr der Unruhe durch »Promotions« in Gestalt von Orden und Banketten entgegenzuwirken. Die Mißstimmung hielt dennoch lange an. Selbst sein Lieblingssohn August Wilhelm trat ihm keck mit Kritik entgegen: »Mein lieber Papa läßet ja seinen Offiziers die Köpfe abhauen.«

Als am englischen Hofe Ende November die »verdrießlichen Diskurse« zunahmen, versah der König, wiederum in höchster Erregtheit, den Bericht mit der Marginal-Resolution: »... das wan noch 100 000 solche Katten wehren, ich sie alle mit einander lassen Redern, da es genug wehre, das er ein meineidiger schelm wehre gewesen, fiad justiecia aut Pereat Mundo, so lange Gott mir das lehben gehbe, ich mir als Herr dispoticke suteniren werde, wan ich auch noch sollte 1000 der vornehmste die Köppe abschlagen lassen, denn die Engellender solten wissen, daß ich keine Nehben Regenten nit würde bey meiner seite zu lassen, den die sich nur der mine machten, würde die Köppe lassen abschlagen.« Unwürdig, hektisch und ein in seiner Subjektivität bezeichnendes Psychogramm eines insgeheim unsicheren Absolutisten.

So führt die Betrachtung des Prozesses tiefer als anderes in die Problematik Preußens hinein. Die Entscheidung des Königs als oberster Gerichtsherr war formal unanfechtbar; ihm oblag das Bestätigungsrecht, das er in der Kriminaljustiz mit ziemlicher Härte und nicht ohne Abweichungen (Zahlungen an die Rekrutenkasse) regelmäßig wahrgenommen hat. Gleichwohl erscheint, von einem objektiveren Blickpunkt her (den auch Zeitgenossen einzunehmen in der Lage waren), die Entscheidung der Richter-Mehrheit von »Ungerechtigkeit« bestimmt zu sein: 1. Der Haupttäter und Anstifter des Ganzen wurde aus dem Verfahren seines Standes wegen herausgenommen; 2. eine Erörterung des mittelbaren Schuldanteils des Königs oder Grumbkows, die die jungen Kavaliere vielleicht sogar in eine Art von Falle laufen ließen, war unstatthaft; 3. die desolaten Hofverhältnisse konnten nicht als mildernde Umstände gewertet werden; 4. Präzedenz-Fälle wurden nicht zur Milderung des Spruches herangezogen, weil dann die Justiz-Praxis des Königs, die von der Vergeltungsidee bestimmt war, hätte erörtert werden müssen, wozu die Mehrzahl der Offiziere nicht in der Lage war. – An dem Repressions-Charakter des Urteils ist nicht zu zweifeln; der König hat es zugegeben, wie die Zitate zeigten. Drei Antriebe wirkten auf seine Entscheidung ein: 1. die bessere »Erziehung« des Kronprinzen durch das Schreckensbild der Hinrichtung; 2. die Niederhaltung des unverändert in größeren Teilen opponierenden Adels; 3. die Disziplinierung von Heer und Amtsträgerschaft (»Wohlfahrt des Landes«) mit Blut, ein fast orientalisch anmutendes Verfahren, wie es in Brandenburg-Preußen vordem kaum je zu beobachten war. Friedrich Wilhelm war eines »objektiven« Urteils, einer hohen Festungsstrafe etwa, nicht fähig.

Es handelte sich um einen *»politischen«* Prozeß. Rechts-Erfordernisse und gegenwärtiges Obrigkeits-Interesse gingen ineinander über. Zu Gunsten des Königs wird man anzunehmen haben, daß er nur zum Teil »naiv« gehandelt hat, im übrigen aber im Verlauf der elfwöchigen Untersuchungszeit die Chance erkannt hat, sich mit Kattes Hinrichtung innen- und außenpolitisch besser in Statur zu setzen. Es spricht für ihn, und es spricht gegen ihn, daß er bis zuletzt von Skrupeln nicht frei gewesen zu sein scheint. Nach dem Bericht des braunschweigischen Residenten soll er, wider seine Pflicht, das glänzend geschriebene Gnadengesuch Kattes (»Die Hoffnung der Erholung schonet noch des verdorrten Baumes und erhält ihn vor der Glut des Feuers; warum soll dann mein Baum! der schon wiederum neue Knospen neuer Treu und Untertänigkeit wirft, – nicht Gnade vor Ew. Majestät Augen finden...«) erst zwei Tage nach dem Blutakt geöffnet und gelesen haben; er habe die verspätete Lektüre bedauert, weil er ihm andernfalls das Leben geschenkt hätte. Wäre es zutreffend, so bestätigte sich darin die innere Zerrissenheit des Herrschers aller Preußen. Aber: ein König, dessen Hand den Gefangenen noch schlägt, dessen Fuß den Gestrauchelten noch tritt, vermag auch keine Gnade zu spenden. Er wollte sich als Regierender »fürchterlich machen«, er mußte es: sein Dämon zwang ihn in die Schuld des Blutrichters hinein. Niemand hatte tatsächlich die Hand gegen ihn erhoben, keine Palastrevolution hatte stattgefunden, nur ein verzweifeltes Ausweichen gegenüber demjenigen, der über die erschreckten Saaten stampfte – säend, rodend und ernten wollend zugleich. Der Weg zur »Wohlfahrt« des Landes mußte nicht solcherart mit Tränen, Zwang und Blut befestigt werden. Der Satz ist zutreffend: »Wer seine Seele retten will, sollte nicht Politiker werden« (M. Montaigne). Es gibt Grenzen; sie hatte Friedrich Wilhelm überschritten. Keine Spur von »Schmuck«, »Edelstein« und »Blutkarneol«, wie es Fontane im »Schreckensschauspiel« entdecken wollte. Es bleibt in der Summe das Versagen eines »Königs«, der den Auftrag des Herrschens nicht mit dem Geschäft des Regierens in Einklang zu bringen vermochte.

Auch von den *Wirkungen* her wird man den »Machtspruch« (Hans-Heinrich von Katte) nicht als ein Toten-Opfer für ein künftiges Preußen zu begreifen haben. Wir wissen nicht, wie häufig vor 1944 im vertrauten Gespräch Kattes Tod als Menetekel beschworen worden ist. Aber um 1730 war der Adel Preußens mit solchen Praktiken nicht zu beeindrucken. Die tonangebenden großen Familien, wie viele von der borussischen Geschichtsschreibung kaum beachtete Beispiele zeigen, ließen sich nicht in den Status von Königs-Hörigen bringen. Mit Gewalt war der »Adel« nicht in neue Formen zu zwingen. Ohnehin diente nur ein Bruchteil im Heer. Man lebte auf den Gütern, baute Häuser, andere gingen ins Ausland. Preußen hatte »offene Grenzen«.

Die Hauptperson, der *Kronprinz*, litt bis in die Träume seines Alters hinein unter den Erinnerungen an den auch weiterhin zu Gewalttätigkeiten neigenden Vater. Für Ranke stellten sich die Folgen der Küstriner Exekution in günstigem Lichte dar: »Obwohl der Prinz von seinem Vater hart behandelt wurde, so darf man doch behaupten, daß dies ein Glück für ihn war; denn sonst hätte er sich wahrscheinlich nicht durch jene militärischen und anderen Tugenden ausgezeichnet, durch die er nachher berühmt wurde.« Friedrich selbst hat diese schöne Kausalität in seinen Äußerungen über den schrecklichen, strengen, grausamen, barbarischen, gerechten, klugen und sachkundigen Vater nicht bestätigt. Wohl aber ließ er, nicht ohne Pathos, eine andere Abfolge gelten: »Nur durch seine Sorgen, seine unermüdliche Arbeit, seine von peinlichster Genauigkeit erfüllte Politik, seine große und bewundernswürdige Sparsamkeit und die strenge Manneszucht, die er in dem von ihm geschaffenen Heere einführte, nur dadurch sind meine bisherigen Leistungen ermöglicht worden« (25. April 1758). Insgesamt hatte Friedrich aus der Flucht-Affäre etwas Wesentliches gelernt: sich zu beugen, ohne die innerste Natur aufzugeben, dem Ränkespiel des Hofes möglichst fernzubleiben, die Sprache, zumal in Briefen an den Vater, zu verwenden, wie es der Empfänger zu hören wünschte, ohne dabei seine Gedanken preiszugeben.

Nach der Begnadigung hatte Friedrich in *Küstrin* in der Kriegs- und Domänenkammer »von der Pike auf« zu arbeiten, anfänglich als Auskultator, dann als Rat mit Sitz und Stimme im Kollegium der Räte. Die Einzelheiten des Ausbildungsganges waren bis zur Lektüre hin vorgeschrieben; mit seinen Kollegen sollte gesprochen werden »von göttlichem Wort, von der Landesverfassung, von Manufakturen, Polizeisachen, Bestellung des Landes, Abnahme von Rechnungen, Raisonnements über Pachtungen, imgleichen Prozeßordnungen«. Danach lernte er auch außerhalb der Verwaltungssitzungen die tägliche Arbeit in den Domänenämtern kennen und entwickelte in besonderen Briefen an den König Vorschläge zur Wirtschaftsführung einzelner neumärkischer Ämter. Das Innenleben des Staates erschloß sich ihm, – aber es hätte sich ihm auch ohnedem eröffnet. Als er am 26. Februar 1732 Küstrin verließ, hatte er lebenslang wirksame Anregungen empfangen. Das nächste Ausbildungsziel war vorgeschriebenermaßen die Armee, war die spöttisch »geliebte Garnison« Neuruppin.

Bevor er dort eintraf, hatte sich die *Heiratsfrage* erneut gestellt. Sie beschwor neue Hof-Konflikte herauf. Die Lieblingsschwester Wilhelmine war 1731 genötigt worden, den wenig ansehnlichen Markgrafen von Bayreuth zu heiraten. Nun drängten Seckendorff, Grumbkow und der König ihm mit fast unanständiger Eile »ein modestes und gottesfürchtiges Mensch« auf: *Elisabeth-Christine* von Braunschweig-Bevern. Friedrich war verletzt und empört: die Ausersehene sei unbeholfen wie ein Klotz, tanze wie eine Gans, er werde sie nie lieben können und alsbald verstoßen. Nichts half. Für die vom kaiserlichen Hof gewünschte Verlobung wurde Grumbkow dann nach Vollzug im März 1732 ein Honorar von vierzigtausend Gulden gezahlt, abgesehen von dem jährlichen »Ehrensold« (tausend Dukaten).

Mit der neuen preußischen Kronprinzessin (Salzdahlum, Juni 1733), einer Cousine zweiten Grades der Kaiserin, glaubte man in Wien für längere Zeit gut vorgebaut zu haben, obwohl der Prinz Eugen im Zweifel blieb, wie weit der Kronprinz kaiserlich gesonnen sei. Er war es überhaupt nicht. Die Wunden, die die Vertreter des Hauses Österreich ihm zwischen 1729 und 1733 zugefügt hatten, sind diesem wohl teuer zu stehen gekommen; unter den Motiven für den Angriff auf Schlesien 1740 nimmt das Ehetrauma keinen geringen Platz ein. Friedrich Wilhelm I. freilich trägt die Hauptverantwortung dafür, daß sein an Nachkommen durchaus interessierter Sohn mit seiner Drohung ernst machte und lieber »unglücklich« blieb, als sich der Lächerlichkeit des Umganges mit einer »dummen Frau« ausgesetzt zu sehen. Die Zukunft sollte erweisen, daß diese unbedachte Verheiraterei, die wie ein Axtschlag in die Wurzeln der Dynastie wirkte, böse Folgen haben sollte, gewiß nicht ohne Friedrichs Schuld. Er hätte sich im Interesse der Dynastie aus der erzwungenen Ehe lösen können.

Kronprinz Friedrich in Rheinsberg

Friedrich hatte Ende Februar 1732 die Ernennung zum Chef und Obristen des bisherigen Goltzschen Musketier-Regiments erhalten, dessen zweites Bataillon mit der reglementsmäßig dem Kommandeur zustehenden 1. Kompanie nach Neuruppin verlegt wurde. Seit dem 2. Juli hatte der Kronprinz dort Wohnung genommen. Vom 7. Juni 1736 ab residierte er in *Rheinsberg*, das der König 1733 erworben hatte und das seitdem durch Knobelsdorff umgebaut und als Kronprinzenschloß eingerichtet worden war. Es sind acht Jahre gewesen, die Friedrich nach dem Konflikt zur Vorbereitung auf die Regierungstätigkeit, vor allem aber für die bislang weithin vernachlässigten Studien verblieben. Vorab hatte er neben den militärischen Aufgaben die durch seinen Vater zerstreute Bibliothek wieder aufzubauen. Bald befand er sich vor allem deshalb in erheblichen Geldverlegenheiten und mußte den kaiserlichen Gesandten Seckendorff wiederholt wegen Geldes angehen, um seine Braut Elisabeth Christine in Braunschweig besuchen zu können. Grumbkow, nun sein Informant bei Hofe, versorgte ihn klüglich mit französischen Büchern – Belletristik, Historie und Philosophie.

Nach und nach geriet der Zwanzigjährige in ein immer dichteres Studium, das ihn ebenso sehr beschäftigte wie die intellektuelle Teilnahme an europäischen Staatsaktionen. Nicht wieder hat sich ein preußischer Kronprinz so intensiv auf die Regierung vorbereiten können, wie Friedrich im Ruppiner Prinzenhaus und in dem Remusberger Turmgelaß. Nun, wo er trotz der fortdauernden Aufsicht des noch mißtrauischen Vaters frei war in der Wahl der Lektüre und Unterhaltung, wühlte er sich hinein in Dichtung und Staatsgeschichte, in englische und französische Philosophie (Leibniz, Wolff, Descartes, Voltaire, Locke), in alte und neue Theologen und Kirchenhistoriker (1737: »Man braucht weder Luther noch Calvin, um Gott zu lieben«) und sogar in neueste Publikationen der theoretischen und praktischen Physik (Newton: Mathematische Prinzipien der Naturphilosophie). In Rheinsberg legte er sich neben einem Physik-Bestand seiner Bibliothek ein Observatorium an, stellte Experimente an und ließ sich bei Aufenthalten in Berlin von den Naturwissenschaftlern Kirch und Lieberkühn unterrichten. Doch blieb dies oberflächlich, weil sich ihm die Geometrie verschloß.

Als erstes hatte er in Ruppin die Theoretiker des Kriegswesens zu lesen begonnen. Er korrespondierte gewandt mit Leopold von Anhalt-Dessau über fortifikatorische und strategische Fragen, durchmaß das Gefechtsfeld von Fehrbellin und gründete mit Baron Heinrich August de la Motte-Fouqué unter der Devise »Sans peur et sans reproche« den sogenannten Bayard-Orden, in dem sich nächste Verwandte und Vertraute des Kronprinzen, ohne Wissen des Königs und überhaupt insgeheim, sentimental und waffenstolz vereinigten. Die beschworenen allgemein geschätzten Tugenden der Bravour, Rechtlichkeit (droiture) und Ehrfurcht (piété) sollten mit einer stetigen Arbeit in der Kriegswissenschaft und Kriegsgeschichte einhergehen; Friedrich hat diesem Gelöbnis, im Gegensatz zu seinem kraftlosen Bruder August Wilhelm, bis in die Zeit nach 1763 in der Tat entsprochen. In alledem fand er auch Anschluß an Kriegstraditionen der Oranier und den politischen Neustoizismus, aber ebenso an die großen Namen der französischen Geschichte des 16. und 17. Jahrhunderts, zu der er sich – der Urenkel einer Französin – nicht nur wegen fehlender Lateinkenntnisse hingezogen fühlte.

Bei den frühen Schriften und Briefen Friedrichs fällt die wendige Intelligenz, ja dialektische Begabung für die Erfassung und Umformung schwieriger Sachverhalte auf. Damit verband sich eine natürliche stilistische Gewandtheit. Kaum einer unter den welfischen, wettinischen oder habsburgischen Prinzen, der ihm hier gleichgekommen wäre. Und der Vater, mit seinem hartholzigen Instruktions-Deutsch, scheint doch (wie die zwischen Potsdam und Ruppin gewechselten Briefe von 1739/40 zeigen) von Friedrichs Genialität etwas geahnt, ja erkannt zu haben, nachdem erstmals Friedrichs Berichte von der ostpreußischen Inspektionsreise 1735 (23. September bis 30. Oktober) wegen ihrer »Applikation und Einsicht« des Königs »besonderes Vergnügen« hervorgerufen hatten. In seinen deutschen Alltagskorrespondenzen war und blieb Friedrich im übrigen des Vaters Sohn und fabrizierte mit lässigem Witz ein »Kutscherdeutsch« für Landeseingesessene, wie es die nicht modernisierten Fredersdorf-Briefe und seine Schreiben an den Vater während der Katte-Affaire überliefern. Gleichwohl blieb die Welt, in der des Kronprinzen Geist und Gefühl lebten und webten, die Kulturwelt Frankreichs und des Westens. Mit Luther hätte er sich an die »Grenzen der Barbarei« versetzt sehen können. Die Sehnsucht nach dem, was in der romanischen Welt gedacht und gedruckt, gebildet und gebaut wurde, hat ihn nie verlassen. Kein »Franzose auf märkischem Sande«, wie jemand ein Kapitel überschrieb, sondern ein zeitgemäßes Glied in einer Reihe mit denen, die Geist und Kultur für Brandenburg-Preußen aufgriffen und anwandten, um das west-östliche Kulturgefälle zu mindern.

Am Ende dieser Erziehung des Thronfolgers, der auch den alten König ins Nach- und Umdenken gebracht hatte, waren vor allem drei Verhaltensformen in Friedrich angelegt, die überhaupt in der Führungsschichten-Erziehung im Mittelpunkt stehen: Autorität, Kritik und Toleranz. Friedrich hatte die Bedeutung einer kraftvollen Autorität des Chefs der Staatsregierung und des Heeres erfaßt; er besaß die Fähigkeit distanzierender Kritik gegenüber Personen und Sachverhalten; ihm war schließlich die dem Herrscher zukommende Toleranz erwachsen, mit der Fähigkeit, das aufgeklärte Geltenlassen gegenüber geistlich-weltlichen Bewegungen am Himmel wie auf Erden üben zu können, sofern Raison und Idee des Preußen-Staates nicht fundamental betroffen waren. Von seinen Schwächen der Spottsucht, des frivolen Witzes und der verletzenden Schärfe berichtet die Literatur seiner Zeit.

Bei diesem Tun zwischen Traum und Tag war Friedrich nicht frei von der Gefahr, in Vielwisserei zu ertrinken, wie ein französischer Diplomat bemerkte. Doch zeigen die Korrespondenzen, daß er sich trotz rasch-rauschhaften Genusses an den französischen Modeautoren bald wesentlicher Fragen bewußt wurde, daß er mit blendendem Gedächtnis nach kurzer Zeit nicht nur den Überblick, sondern auch Einblick in Probleme zu gewinnen verstand, wie es seine Antimachiavell-Studie bezeugt.

Herrschaft, »Staat« und Dynastie

Friedrich Wilhelm I. hat mit Edikt vom 13. August 1713 den Grundsatz der *Unveräußerlichkeit* für den ererbten und vor allem neuerworbenen Besitz des Hauses grundsätzlich bestätigt. Der Vererbpachtung von Domänen sollte ein Riegel vorgeschoben werden. Er knüpfte an eine Disposition von 1710 an, mit der Friedrich I. den neuerworbenen Hausbesitz, für den Dispositionsfreiheit bestand, als ein Fideikommiß dem übrigen Hausbesitz (= »Staats«-Besitz) zugefügt hatte. Das bisherige »Schatullgut« (Neuerwerbungen) wurde also für Hausgut erklärt; Friedrich Wilhelm sanktionierte diese Entscheidung auch durch Zusammenlegungen in der Finanzverwaltung. Der Vorgang zeigt das unveränderte Vorherrschen der patrimonialen Herrschaftsanschauung in der Dynastie und ihrem ersten Repräsentanten, und zwar in nicht viel anderen Formen als im 16. Jahrhundert.

Ein *»Staatsbewußtsein«* im Hinblick auf die Besitzverhältnisse des Hauses bestand noch nicht. Obrigkeitliche und »privat«-rechtliche Rechte blieben vermischt. Der Grundsatz der *Unteilbarkeit* für alle unbeweglichen und einen Teil der mit der Herrschaftsausübung unmittelbar verbundenen beweglichen (Kron-Insignien etc.) Herrschaftsgüter wurde nicht angetastet. Für die von ihm neuerworbenen Liegenschaften verzichtete der König auf sein Recht der Veräußerung, ohne jedoch – wie die weitere Entwicklung zeigte – damit die Möglichkeit auszuschließen, auf Personen des Hauses verschriebene neue Güter als eine besondere Besitzgruppe *(»Prinzliche Herrschaften«)* zu qualifizieren.

Es gab primäres Hausgut und sekundäres Hausgut, welches aber der »Krone« nicht verloren gehen sollte. Der König bestimmte 1726/28 im Testamentsentwurf: »Vermache ich alles und alles totto titulo, mein lande und Provincer an mein elsten sohn friderich. ich hoffe, das er wierdt mein lande und armee so vorstehen wie ein Braver Brandenburger.« Bemerkenswert ist dieser letztwillige Wunsch des zweiten Preußen-Königs. Die nachgeborenen Söhne erhalten unter anderem unveräußerliche Güter (Herrschaft Wusterhausen, Niegripp), für die seit 1729 ein Kammerrat tätig ist. Ähnlich 1733, als er bestimmte, daß die Güter seiner »drei Jungens« von diesen »als Edelleute« zu besitzen seien, jedoch nicht belastet werden dürften (»müssen eisern sein«). Nach dem Tode des letzten der drei Söhne sollten diese »Prinzlichen Güter« an den König zurückfallen. In den Schatzkellern des Schlosses bestand für diesen Besitz, neben dem *»Großen Tresor«* (Staats-Regierung) und dem 1719 begründeten *»Kleinen Tresor«* (Dispositions-Fonds des Königs für Sonderausgaben), ein *»Prinzliches Gewölbe«* (1735) mit einem Ausgangsbestand von sechshunderttausend Talern, die zum Teil noch in den Prinzlichen Herrschaften in Brandenburg, Magdeburg und Halberstadt investiert worden sind. Die Masse dieser Güter, die der allzeit sparsam wirtschaftende Kronprinz und König mit »viellen Sauren schweiß und arbeit« für seine Kinder erworben hat, ist aus Tresorgeldern, aus regulären Herrschafts-Überschüssen also, bezahlt worden. Dabei ist zu bedenken, daß eine Königs-Apanage (»Gehalt«) nicht ausgeworfen wurde.

Es bleibt aber bezeichnend für die rudimentäre Trennung von öffentlicher und privater Herrschaftssphäre im Denken des Königs, daß er Tresorgelder nach Möglichkeit schonte, wenn er seinem zweiten Vergnügen nachging und wie ein Landadliger Dörfer und Güter aufkaufte. Beim Erwerb der Restherrschaften Teupitz (mit Groß-Köris und sechs weiteren Dörfern) und (Märkisch-)Buchholz von den von Schenck und von Oppen (1717/18) hat er aus den wohlverwahrten Substanzen seines Vaters Juwelen (32 298 Taler), altes Silber (19 675 Taler), »antike Büsten« (20 000 Taler) und anderes an verschiedene Berliner Juden veräußert und die Gegenwerte in das Geschäft eingebracht.

Es ist nicht zutreffend, daß 1713/14 alles Gold und Silber eingeschmolzen und »mit dem Stempel der Armee versehen als Staatsschatz in die Keller des Berliner Schlosses verfrachtet worden ist« (G. Oestreich). Vielmehr sind von dem königlichen Ökonomen die Anlageformen des Hausbesitzes sinnvoll verändert worden, indem unter anderem Mobiliarvermögen in Immobiliarvermögen getauscht wurde. Die Bestände an Tafel- und Gebrauchssilber blieben immer noch von erheblichem Umfang, zumal die künstlerisch wertvollen Stücke nicht eingeschmolzen worden waren. Es ergibt sich somit, daß in dieser Zeit von einem Umschlag der »patrimonialen Staatsauffassung« zur »modernen Staatsidee« (O. Hintze) noch nicht die Rede sein kann. Das »Interesse« des Königs und das des Landes (Hintze, 1905) decken sich nur in einem engen zeitgebundenen und fast fatalistischen Sinne. Abgesehen von der Wahrung des Landesinteresses auch durch die Stände zeigt beispielsweise die Anhäufung sekundären Hausgutes – teilweise unter Anwendung landesherrlicher Zwangsmöglichkeiten –, wie bedenklich es ist, dem Preußen Friedrich Wilhelms eine jüngere Staatsidee zu unterlegen. Auch Friedrich verwandte immer noch einen anderen Staatsbegriff. In seinem »Staat« ist Haus- und Staatsgut, Kronfideikommiß und Fiskus noch ungeschieden, obwohl das Bewußtsein eines eigenständigen Staatskörpers nunmehr in rascherem Zunehmen begriffen ist.

Die Herrschaft der Markgrafen von Schwedt wurde von Friedrich Wilhelm I. nicht ohne Argwohn beobachtet. Dem König entging nicht, wie selbständig sich die gut apanagierten »Königlichen Prinzen« dort aufführten; die Grenze zur freien Sekundogenitur war leicht überschreitbar. Er wolle nicht, notierte er sich im Testamentsentwurf von 1733, »das status in statu sei, und meine Vettern wie meine Kinder ihre Güter anderer Gestalt nicht als Edelleute besitzen und genießen ohne Landeshoheit, und auch mit scharfer Subordination dazu anzuhalten«. Hier werden ebenfalls alte Kategorien der Landesherrschaft sichtbar, in denen sich sein Denken bis zum Tode bewegt hat.

Verfassung und Verwaltung

Die ersten zehn Jahre der Regierungstätigkeit im Innern hatte der König den Grundfragen der fiskalischen und wirtschaftlichen Ordnung gewidmet. Er hatte, wie er sagte, die »Affairen« wieder in Ordnung gebracht. Das Testament von 1722 ist Rückblick und Ausblick zugleich geworden. Gegen Ende 1722 nahm er die Vereinigung der beiden großen Behörden für das Finanz- und das Militärwesen vor. Das neue »General-Ober-Finanz-Kriegs- und Domänen-Direktorium« begann 1723 zu arbeiten. Die Verwaltung des Innern, des Militärs, der Finanzen, aber auch die Aufsicht über die Provinzen waren darin untergebracht. In der Zentralbehörde »Generaldirektorium« bestand mithin eine Kombination zwischen Territorial-Ressort und Sachressort. Jedes der fünf Departements wurde von einem Minister (mit vier bis fünf Räten) geleitet.

Dem I. Departement waren die Provinzen Preußen, Pommern, Neumark, dem II. Departement die Provinzen Kurmark und Magdeburg sowie die Marsch-, Verpflegungs- und Einquartierungsangelegenheiten zugewiesen. Das III. Departement war zuständig für die Herrschaften Moers, Geldern, Kleve, Mark,

Neuchatel und die »Oranische Erbschaft«, dazu für das Salz- und Postwesen. Dem IV. Departement oblag die Aufsicht über die Herrschaften beziehungsweise Kammerbezirke Minden-Ravensberg, Tecklenburg, Lingen und Halberstadt; dazu kam das Münzwesen und die Invalidenversorgung. Das V., das Justizdepartement, war für alle Landesteile zuständig. Die Departements arbeiteten nicht wie Einzelministerien für sich. Viermal in der Woche fanden Beratungen des Gesamtkollegiums der Minister und Räte im Berliner Schloß, wo ein Teil der Behörden untergebracht war, statt. Es gab seit 1722 zwei allgemeine Kassen, eine für die »Kriegsgefälle« (Akzise und Kontribution), die andere für die Domänengefälle (sonstige reguläre Staatseinnahmen). Der Staatsschatz im Schloßkeller wurde vom König mit besonderen Amtsträgern verwaltet, doch war den Ministern das Volumen im wesentlichen bekannt.

Die ebenfalls seit 1723 tätigen »Kriegs- und Domänenkammern« erfüllten die Aufgabe unmittelbar nachgeordneter Behörden des Generaldirektoriums für die oben genannten Landesteile. Es gab im Staat Friedrich Wilhelms I. neun Kriegs- und Domänenkammern. Sie waren zuständig für die Aufnahme der Steuern und sonstigen Einkünfte sowie für deren Verwaltung und die etatsmäßige Verwendung. Sodann hatten die Kammern für die gesamte »Landeskultur« zu arbeiten: Meliorationen, Kolonistenansiedlung, Förderung von Landwirtschaft, Manufakturen, Handel, Gewerbe und Verkehr, Polizeiaufsicht. Von Fall zu Fall kamen Forst-, Salz- und Bergwerkssachen hinzu. Auch die Kammern waren kollegialisch arbeitende Behörden. Eine wechselseitige Kontrolle der Beamten fand statt. Alle Beschlüsse wurden im Plenum nach einer »demokratischen« Abstimmung gefaßt. Der Beschluß (Dekret) wurde gemeinsam unterzeichnet, um die Verantwortung eines jeden festzuhalten. Als besondere Abteilung bestand in jeder Kammer ein Kriegs-Departement (Durchmärsche, Einquartierungslasten, Verpflegungssachen, Vorspann, Magazin-Aufsicht). Die Pflicht zur regelmäßigen Berichterstattung wurde eingeführt und mit scharfen Ermahnungen immer wieder durchgesetzt.

Die seit 1713 eingerichtete Rechnungskontrolle ergänzte den neuen oberen Behördenaufbau nach der Sicherheitsseite hin. Die »Ober-Kriegs- und Domänen-Rechenkammer« (Potsdam), die als Vor-Institution des heutigen Bundesrechnungshofes beziehungsweise der Landesrechnungshöfe verstanden werden kann, war mit der Prüfung der gesamten Kammerwirtschaft und fernerhin aller Staatsausgaben befaßt. Die Kreisverfassung (Distrikte) hatte sich auf der Grundlage älterer territorialer Einheiten seit dem 16. Jahrhundert durchgesetzt und im 17. Jahrhundert verfestigt. Der »Landrat« stand nun in den mittleren und östlichen Provinzen an der Spitze des Kreises. Er arbeitete als Vertreter der Kreisstände (adlige und sonstige »Ritterguts«-Besitzer) und zugleich als Amtsträger des Königs. Seit Friedrich Wilhelm I. ist das Landratsamt dann mehr und mehr in den preußischen Beamtenstaat einbezogen worden, obwohl es bis in die wilhelminische Zeit eine Art Reservat der eingesessenen größeren Grundbesitzer blieb und insofern seinen ständischen Bestandteil unter der Monarchie nicht völlig verloren hat. Die Güter und Dörfer auf dem »platten« Lande wurden von den jeweiligen Grundherren verwaltet, die sich seit alters im Besitz nachgeordneter »öffentlicher« Rechte (zum Beispiel Patrimonialgerichtsbarkeit) befanden.

Ein besonderes Problem stellten die auf sechs Jahre verpachteten Domänen dar. 1722 riet Leopold von Dessau, der auch die Zusammenlegung der Kriegs- und Finanzbehörden auf Grund eigener Erfahrungen angeregt hatte, die Königsgüter wieder als staatlich verwaltete Betriebe zu führen. Der König gab mit der Antwort zu verstehen, daß sein Erziehungswerk bei den Amtsträgern noch in den Anfängen steckte und daß der freie Unternehmer, der Zeitpächter, in der Regel schärfer denkt und mehr erwirtschaftet als der unselbständige Verwalter eines Staatsgutes: »Administration ist viel Papier, aber kein Geld«.

Städtewesen

Friedrich Wilhelm hat eine Stadt-Polizei-Ordnung für die Städte der Monarchie nicht geschaffen. Das Ausmaß der »Unregierbarkeit« im Städtewesen war enorm. Aufwendige Streitfälle um das Finanzwesen der Kleve-Märkischen Städte, bei denen »die Mißbräuche der Verwaltung greller als irgendwo anders waren« (G. Schmoller), dürften ihn nachdenklich gestimmt haben, obschon er sich dort mit Hilfe einer General-Kommission zwischen 1713 und 1739 schließlich noch durchgesetzt hat. Nur wenige Verwaltungs-Edikte sind an alle Städte der Monarchie gerichtet. Sie betreffen nicht die Stadtverfassungen, sondern Einzelfragen wie das Bauwesen (1715), die Verpachtung von Kämmereigütern (1716) oder die Erhebung von Kommunalsteuern (1728). Für das Herzogtum Magdeburg wurde immerhin ein »General-Reglement« über die Bürgervertretung in den Städten (1717) erlassen. Insgesamt hat der König, der sich auf Landes- und Kreisebene unverändert den ständischen Körperschaften (Ausschüssen etc.) gegenübersah, einheitliche Städte-Verfassungen als nicht durchführbar angesehen. So betrieb er eine Politik der Verhinderung von Mißständen im Verwaltungsablauf. Steuer- und Etat-Ehrlichkeit waren gefordert. Dies ist dann im »Stillen« durch eine verbesserte Staatsaufsicht so weit wie damals möglich erreicht worden. Das Ergebnis war jedenfalls bei größeren Städten ein verbesserter Verwaltungszustand, so sehr sich dann wieder in der Wirklichkeit örtliches Interesse der neuen Formen bedient haben mag. Die Reformen, die einen Teil der Städte (unter anderem Mediat-Städte des Adels) fast unberührt ließen, waren in diesem Stadium in erster Linie von fiskalischen und allgemeinen Sparsamkeitsüberlegungen bestimmt. Vor allem aber wurde auf die Einheit der lokalen Verwaltung hingearbeitet.

Der *Magistrat* als leitende Stadtbehörde sollte nach und nach überall auf fünf bis sechs auf Lebenszeit bestellte Personen verringert werden. Der jährliche

Ratswechsel wurde beseitigt. Der Magistrat ergänzte sich in der Regel fortan durch Selbstwahl, die von königlicher Bestätigung abhängig war. Eine etwas weniger günstige Form der Ergänzung gewährte dem Magistrat lediglich ein Vorschlagsrecht, dem die Ernennung folgte. Friedrich Wilhelm I. hat von Bewerbern für städtische Ämter zeitweilig Zahlungen an seine »Rekrutenkasse« (Werbungs-Gelder) verlangt und deshalb wenig geeignete, aber zahlungskräftige Bewerber bevorzugt. Doch entwickelte sich aus diesen überhöhten »Gebühren« des fiskalistischen Königs kein System des Ämterkaufs wie etwa in Frankreich.

Eine Mitwirkung der sonstigen *Bürgerschaft* oder ihrer Verordneten bei der Wahl, wie sie um 1685 noch in Stadt-Reglements vorgesehen war, läßt sich zwischen 1713 und 1740 nicht beobachten. Die Amtseinführung der Magistratspersonen nahm für den König der commissarius loci (Steuerrat) vor, dem, beispielsweise, in Gegenwart des Magistrats und der »Bürgerdeputierten« zu schwören war: »Ich ... schwöre zu Gott einen leiblichen Eid, daß ich bei der Verwaltung des Bürgermeister-Amtes in Wittstock Seiner Königlichen Majestät in Preußen, unsers allergnädigsten Königs und Herr Interesse, auch des Rathauses und [all]gemeiner Stadt und Bürgerschaft Nutzen und Bestes nach Möglichkeit suchen, dahingegen Schaden und Nachteil abwenden, einem jeden unparteiische Justiz administerieren und in Summa nicht, als einem getreuen und aufrichtigen Bürgermeister gebühret, verhalten wolle, so wahr mir Gott helfe durch seinen Sohn Jesum Christum.« Die Dienst-Einkünfte der Magistratsmitglieder wurden auf Geld umgestellt: Entnahmen (Deputate) aus dem Kämmereivermögen blieben begrenzt. Bei mittleren und kleinen Städten war das jedoch nicht durchführbar, so daß die herkömmlichen Mischfinanzierungen mit der Möglichkeit der Bevorzugung von »Rats-Verwandten« noch bis in das 19. Jahrhundert hinein beibehalten werden mußten.

Bei fast allen Städten blieben *Gerichte* und *»Polizei«* städtisch. Von einer »Verstaatlichung« der Städte oder Stadtverwaltungen kann man also nicht sprechen. Eine Ausnahme bilden die Landeshauptstädte, in denen königliche Stadtpräsidenten oder Polizeidirektoren als Vorgesetzte der Magistrate tätig wurden. Das Amt des Ersten (»Dirigierenden«) Bürgermeisters ist in der Regel an den Vorsitz im Stadtgericht gebunden. Größere Städte (Frankfurt/O.) erhielten Stadtgerichtsinstruktionen. Die Finanzverwaltung der Städte wurde von 1713 bis 1740 auf das Magistrats- und Stadtvermögen beschränkt. Bereits im Herbst 1713 erging Weisung an alle Städte, »Inventar- oder Lagerbücher« aufzustellen und einzusenden; etwa gleichzeitig begann der Landes-Baumeister Philipp Gerlach (1679 bis 1748) vor allem in Brandenburg und Pommern mit dem Aufstellen von (Ur-)Katastern und Plänen. Mit den neuen, von Staatsbehörden bestätigten Jahres-Etats war regelmäßige Rechnungslegung vor den Steuerräten, vereinzelt auch vor Stadtverordneten verbunden. Kreditgeschäfte waren den städtischen Kassen nunmehr untersagt.

Das Institut der vereidigten *»Stadtverordneten«* wurde in den neuen Stadtverfassungen auf dem bisherigen Stand belassen. Es hat sich häufig als Kristallisationspunkt bürgerschaftlicher Freiheiten bewährt. Die Tätigkeit erstreckte sich auf die Verwaltung bürgerschaftlichen Vermögens, die Genehmigung der Kämmerei-Jahres-Rechnungen, auf Prozeßvertretungen und sonstige Mitwirkungs-Bereiche. Auch hierin lebte ein Teil der mittelalterlichen und frühneuzeitlichen Stadtverfassung fort. In kleineren Städten findet sich häufig eine stärkere Mitwirkung der Bürger-Verordneten.

Kontrollinstanzen ergänzten das Reformwerk. Das Institut der Steuerkommissare beziehungsweise *Steuerräte* mit einem zwei Landkreise umfassenden Bezirk ist bis 1720 auf den gesamten Staat ausgedehnt worden. Instruktionen wurden 1703, 1712, 1730, 1766 und 1779 erlassen. Der Steuerrat traf bei seinen beiden Besuchen im Jahr im Rahmen seiner Aufsichtsrechte Anordnungen, zum Teil zusammen mit dem Magistrat. Er war gut besoldet und erscheint im Rückblick als der klassische höhere Verwaltungsjurist auf der lokalen Ebene. Ihn unterstützten (seit 17[illegible]3) *Polizeiausreiter;* dazu kamen seit 1723/24 nebenamtliche *Fabrikinspektoren* (seit 1724), *Städte-Bauinspektoren* (seit 1720), *Städte-Forstmeister,* in Ostpreußen *Landphysici* sowie ein langsam wachsendes Büropersonal.

Der Steuerrat sollte das »Auge des Königs« in den Städten sein. In der Praxis nahm er jedoch häufig eine vermittelnde Stellung wie der Landrat in den Kreisen ein, nicht ganz selten kapitulierten Steuerräte vor dem unausrottbaren städtischen »Schlendrian« und ließen Urväter Recht und Gewohnheit stillschweigend weitergelten. Eine Reform aller lokalen Verwaltungen war in der kurzen Zeit von siebenundzwanzig Jahren nicht zu bewältigen. Aber ein Haltzeichen konnte doch gesetzt werden, indem sich begründetermaßen die Furcht vor Kontrolle und Aufsicht ausbreitete, vor allem in Garnisonstädten. Viele Mängel blieben noch zu beseitigen, bis die meisten Kommunalorgane preußisch-»einwandfrei« ihre Aufgaben erfüllten. Die geistige und räumliche Beweglichkeit der aufsichtführenden Beamten ließ im 18. Jahrhundert noch lange zu wünschen übrig. Mitunter hat ein tatkräftig-intelligenter Regimentskommandeur mehr für den Wohlstand und äußeren Zustand seiner Stadt getan als Steuerrat und Magistrat zusammen. Bei alledem gab es Widerstände, die durch das neue, rechtsstaatlicher werdende System möglich wurden. Mit öffentlichen Rechten ausgestattete Institutionen und Personen der lokalen Ebene verstanden es, sich mit den Waffen der Eingaben, Gegenreden, Klagen, Verzögerungen und Teilzugeständnisse überspitzten Forderungen des »Absolutismus« zu entziehen. Der König und seine oberen Amtsträger hatten auch hier eine wahre Sisyphus-Arbeit zu leisten.

Überhaupt hing der Erfolg aller Verwaltungsreformen davon ab, ob eine neue Beamtenschaft herangebildet werden konnte. Zug um Zug wurden deshalb im 18. Jahrhundert die Anstellungsvoraussetzungen verbessert und verschärft. In Halle und den anderen Landesuniversitäten mußte die höhere Beamtenschaft in der Regel studiert haben. Der König ernannte und beförderte jeden einzelnen Beamten, wobei er sich auf die Vorschläge der Vorgesetzten und auf Qualifikationslisten (Conduiten-Listen) stützte, die jährlich von allen Behörden nach Berlin eingesandt werden mußten. Auch die Geistlichkeit sah sich einer solchen Kontrolle unterworfen. In der Zivilverwaltung ließ Friedrich Wilhelm I. keine geburtsständischen Schranken gelten. Die Hälfte der Staatsminister und fünf Sechstel der Geheimen Finanz- und Kammerräte stammten aus Bürger-Häusern. Wer sich besonders bewährte, erhielt den Brief-Adel. In den Stellen des unteren Staatsdienstes und der Stadt- und Landkreis-Verwaltung wurden häufiger ausgediente Soldaten im Rahmen einer sich langsam herausbildenden Zivilversorgung verwendet. Die zivile und die militärische Verwaltung sind dadurch in ein engeres Verhältnis gekommen. Die Absicht des Königs bestand vor allem darin, den Soldatenstand in seinem Ansehen zu heben, ihm längerfristig ein »bürgerliches« Ansehen zu geben. Daß Stil und Tonlage des militärisch-straffer organisierten Staates auch seine Amtsträger ergriff, ist selbstverständlich.

Andere europäische Staaten haben sehr ähnliches erleben müssen. Nicht eine wie immer bestimmbare »Militarisierung«, sondern die Staatsbezogenheit war es, die die »neue« Beamtenschaft auszuzeichnen begann. Fontane hat darauf verwiesen, daß Friedrich Wilhelm I. und sein Sohn »organisatorische Genies«, vor allem aber in einem zeitlos staatserhaltenden Sinne Werte-Schöpfer gewesen seien: »Beide genannten Könige nahmen einen ganz gewöhnlichen, oft einen ruppigen Kerl und sagten: Du bist nun Rendant oder Steuerinspektor oder Postmeister oder auch Gesandter. Alle vier, in den weitaus meisten Fällen, blieben ruppige, rohe, selbstsüchtige Subjekte, der Rang aber, der ihnen verliehen worden war, die bevorzugte Stellung, deren sie sich erfreuten, die pekuniären Vorteile, die ihnen zuflossen, gaben ihnen ein starkes Standes- und zuletzt auch ein persönliches Selbstgefühl, das in der zweiten und dritten Generation segensreiche Frucht trug. Es war also inzwischen nicht bloß ein Staatswesen, sondern, was ich höher veranschlage, eine Gruppe kluger, rechtschaffener und selbst edeldenkender Familien geboren worden. Alles bloß aus dem ›Wichtignehmen‹, aus dem unausgesetzt genährten Gefühl heraus, ein K. Postsekretär, ein K. Wegebaumeister, ein K. Kanzleirat und so weiter seien höchst wichtige Personen.«

Der Friede zu Utrecht hatte die Lage zu Gunsten Preußens verändert (11. April 1713), weil die Truppen nun nicht mehr im Westen gebunden waren. Nunmehr bestand die Chance, bei den Kämpfen der Ostsee-Anliegermächte noch ein Wort mitzureden. Während Friedrich Wilhelm fieberhaft die Finanzen ordnete, seinen Kriegsschatz auffüllte und die Armee mobilisierte (von achtunddreißigtausend auf sechsundsiebzigtausend Mann), waren die Verbündeten (Russen, Polen und Dänen) bereits dabei, *Stettin* zu erobern. Eile war geboten. Der König sah sich, wie ihm nach und nach deutlicher wurde, in eine bedrohliche außenpolitische Konstellation verflochten. Er hatte unter anderem zu befürchten, daß sich *Rußland* nunmehr in den brandenburgisch-preußischen Einfluß- und Anspruchsgebieten festsetzen könnte, vorab in Schwedisch-Pommern, aber auch (seit 1715) in Mecklenburg, zumal in dem seit 1648 schwedischen Ostseehafen Wismar, auf den die Russen »prätendierten« (1716: Bericht des dänischen Generalleutnants Franz Joachim von Dewitz) und vergeblich einzudringen versuchten. Preußen war zum Handeln gezwungen, wenn es nicht seine machtpolitische Reputation einbüßen wollte.

Die ökonomischen und militärpolitischen Grundlagen für die Aufnahme einer aktiveren Politik im Osten sind noch von Friedrich I. gelegt worden, was nicht selten übersehen wird. Seine Subsidien-Politik und sein Staatsschatz waren es neben dem intakten und angesehenen Heer und des Königs Ordnungs-Arbeit, die ihn überhaupt in den Stand setzten, Zahlungen anzubieten, zu leisten, die Diplomatie angemessen zu finanzieren und Kriegskosten trotz des starken Rückganges der Steuern aus dem pestverwüsteten Ostpreußen zu tragen.

Eine ähnliche Interessenlage war für die *hannoversche Diplomatie* gegeben, die die schwedischen Festungen Bremen und Verden im Auge hatte, zugleich aber Holstein nicht an ein siegreiches Dänemark fallen lassen durfte, weil die holsteinische Herrschaft die nördliche Einflußsphäre von Hannover-Celle abzuschirmen half. Im Grundsatz neigten Preußen und Hannover-England zu dem protestantischen und antirussischen Schweden, weil man in London erkennen zu können glaubte, welche Folgen es für das Gleichgewicht in dem auch rüstungswirtschaftlich bedeutsamen Ostseeraum haben würde, wenn England nicht das unter Karl XII. dem Ruin entgegengehende Schweden gegen »den Moskowiter und den Polen« stützen würde. Andererseits war, da der Schwedenkönig den Export von Schiffbaumaterialien für die englische Kriegs- und Handelsmarine durch einen undifferenzierten Kaperkrieg und durch Blockaden verhinderte, England genötigt, an der Seite einer antischwedischen Koalition das Hegemonie-Streben Rußlands zu dämpfen.

Es ist vor allem der hannoversche Premierminister Andreas Graf *Bernstorff* gewesen, der nach dem Regierungsantritt des Kurfürsten Georg Ludwig als Georg I. (12. August 1714) Englands Seemacht in die Waagschale des Nordischen Krieges geworfen hat. Bernstorff hat aber auch mit dem Leichtsinn des klassischen Kabinettspolitikers den Zaren an dem nordmitteleuropäischen Spiel teilhaben lassen. Schon im Mai 1712 hatte er, auf antibrandenburgischem Kurs seit St. Germain (1679), den Residenten in Wien angewiesen, ein Bündnis des Zaren mit dem Kaiser zu unterstützen, weil »man den König in Preußen, welcher sonst von seinem heimlichen Verständnis und Machinationen mit Frankreich und denen Übergesinnten in Engelland nicht ablassen würde, durch den Zar dergestalt in Zaum halten könnte, daß er sich nicht rühren dörfte«.

Das lebhafte Mißtrauen zwischen Berlin und Hannover besaß, wie man sieht, trotz der Heiraten reale Grundlagen. Preußen ist durch die Politik Bernstorffs an die Seite des Zaren gedrängt worden. Langsam ließ sich der König in die antischwedische Front hineinziehen; er fürchtete das Odium des ungerechten Krieges. In Schwedt (6. Oktober 1713) erhielt Preußen gegen Zahlung von vierhunderttausend Talern Belagerungskosten *Stettin* und *Vorpommern* bis zur Peene zur Verwaltung übereignet. Dem schlossen sich Abkommen mit Rußland (12. Juni 1714) und den anderen Mächten an. Zug um Zug ließ sich Preußen, dessen Außenpolitik nun vor allem von dem vorsichtigen Quasi-Außenminister Heinrich Rüdiger (von) Ilgen (1654 bis 1728) geleitet wurde, darauf ein, im Rahmen der fragilen Koalition gegen Schweden mit seinem unverbrauchten Heer Leistungen zu erbringen, die nicht nur damals durch Subsidien oder Landabtretungen zu honorieren waren. Friedrich Wilhelm freilich war von einer merkwürdigen Affinität zu dem rustikalen Peter I. erfüllt, die fast bis zu dessen Tod anhielt (1725). Das gemeinsame Interesse an der Niederringung der schwedischen Machtstellung am Südrande des Baltischen Meeres wog jedenfalls schwerer als andere Bedenken, die sich aus der preußischen Garantie für die Eroberungen Peters in Karelien, Ingermanland und Estland sowie der Einflußnahme auf das an Ostpreußen grenzende Kurland ergaben.

Der erweiterten *Koalition* von 1714/15 (Rußland, Preußen, Sachsen-Polen, Dänemark und Hannover-England) war Karl XII., der sich seit Ende 1714 in Stralsund verschanzt hatte, nicht gewachsen. Als schwedische Verbände Ende Februar 1715 preußische Okkupationstruppen aus Wolgast verdrängten und auf Usedom angriffen, fühlte der König sich erleichtert, da er nun glauben konnte, für eine gerechte Sache zu kämpfen. Sein Zögern beruhte aber noch auf einer anderen Kalkulation.

Der Blick des Königs war mindestens ebenso stark auf *Polen* gerichtet wie auf Schwedisch-Vorpommern. Seit der Königskrönung hatte man in Berlin mit August II. von Sachsen paktiert. Der polnische Reichstag dagegen verweigerte 1701/02 die Anerkennung der preußischen Königskrone, weil damit ein »Präjudiz« entstehen könne. Diese Verweigerung wiederum, die bis in die Zeit nach dem Siebenjährigen Krieg anhielt, bewog den neuen König, das »homagium eventuale« (den Lehnseid auf den Heimfall des Lehens an Polen) nicht zu leisten.

Das Unteilbarkeits-Statut Friedrich Wilhelms für den Gesamtbesitz des Hauses Hohenzollern (1713) ging ebenfalls über die Rest-Rechte Polens an Ostpreußen hinweg. Nun, 1713 bis 1715, war man in Berlin am Werke, im Nachgang zu älteren Plänen (1710) Ostpreußen mit Hinterpommern zu verbinden, indem der westpreußische Korridor-Bereich, das Ermland, Samogetien sowie eine Anwartschaft auf Kurland von August dem Starken erworben, das heißt erkauft werden sollten. Rußland und Österreich sollten ebenfalls polnische Gebiete erhalten. Die Idee des leitenden sächsischen Ministers, des Grafen und Feldmarschalls Flemming, bestand bei alledem (Vertragsentwurf, 1715) darin, mit Hilfe des preußischen Potentials in dem verkleinerten Polen ein absolutistisches Regiment aufzurichten und nach und nach einen sächsisch-polnischen Einheitsstaat zu schaffen. Der Plan besaß nur dann eine Chance, wenn Rußland in eine Phase der Schwäche zurückgefallen wäre und seine Interventionsmöglichkeiten und sein Schiedsrichteramt, das sich damals gerade konstituierte, für längere Zeit nicht hätte wahrnehmen können.

Von diesen hintergründigen Gedanken bewegt, hat Friedrich Wilhelm I. noch im April 1715 nach Wegen gesucht, den geldfressenden Krieg an der Seite seines ungeliebten englischen Schwagers zu vermeiden. Wie die Kriegspartei am Berliner Hofe dem Vater Friedrichs Dampf machen mußte, erhellt aus dem Bericht des hannoverschen Residenten für Georg I.: Der Fürst von Anhalt-Dessau habe ihm im Vertrauen gesagt, »er besorge sehr, daß der hiesige Hof sich zum Accodement verleiten lassen dörfte [mit den Schweden]; solches zu verhindern wäre wohl das beste Mittel, wann S. Zarische Majestät dem hiesigen Hof hart und in bedrohlichen Terminis zureden ließen« (27. April 1715).

Das waren die Methoden, mit denen die primäre Führungsschicht die Richtung des Königs zu bestimmen trachtete. So wurde Preußen auch unter dem Druck der preußische Gebiete durchziehenden russischen Truppen in den Krieg hineingestoßen – wie häufiger noch in der Geschichte. Nach der preußischen Kriegserklärung (1. Mai 1715) besetzten die Verbündeten (mit rund dreißigtausend Preußen) *Usedom* und *Wolgast,* stürmten mit Hilfe amphibischer Aktionen die Insel *Rügen* unter Leopold von Anhalt und eroberten am 24. Dezember *Stralsund,* aus dem der Schwedenkönig drei Tage zuvor mit der letzten Kühnheit des Gescheiterten geflohen war.

Die *schwedische Herrschaft* an den Südküsten war damit vorerst weitgehend zusammengebrochen, aber für Preußen war die Partie keineswegs gewonnen. Vielmehr waren die folgenden vier Jahre bis zum Frieden von Stockholm (1. Februar 1720) für den nordostdeutschen Raum von grundsätzlicher Bedeutung, weil sich die Großmachtkonstellation veränderte und geradezu modellartig künftige Mächte- und Raum-Kombinationen erkennbar wurden. Nach der Niederwerfung Karls XII. († 1718) und der Schwächung Schwedens erhob sich die Frage, ob künftig England oder das energisch und rasch maritim aufrüstende Rußland im Ostsee-Wirtschaftsraum den Primat des Segelns und Handelns haben sollte.

Gleichsam über Nacht sah sich Preußen in einen größeren Ost-West-Konflikt verstrickt: Verwandtschaft, Kultur, Religion verwiesen nach Westen, Landessicherung und »Expektanzen« nach Osten. Ohne die Armee wäre Friedrich Wilhelm I. sogleich auf den Prestige-Stand seines Urgroßvaters zurückgefallen. Seit dem russisch-mecklenburgischen Heiratsbündnis (19. April 1716) und der Einquartierung russischer Truppen in Mecklenburg zeigte sich die Gefahr, daß sich ein »alles nivellierender Absolutismus östlicher Prägung« (W. Mediger) bis nach Wismar, Schwerin und auch Gartow ausbreiten könne. Bernstorff hatte nun die vollen Risiken des Vordringens der Zarentruppen nach Westen erkannt und arbeitete in London und Hannover darauf hin, die von den Westmächten erbetene russische Armee abzulenken (1715) und wenigstens aus Mecklenburg herauszubekommen, was 1717/18 mit Hilfe der von Hannover geleiteten Reichsexekution gegen das im Ständekampf befindliche Mecklenburg, aber auch durch sonstige Pressionen auf den Zaren erreicht werden konnte. Die preußische Diplomatie dagegen blieb weiterhin mit dem Plan befaßt, durch Zahlungen an Dänemark auch Stralsund und Rügen zu gewinnen, mithin die gesamte schwedische Position zwischen Brandenburg und der Ostsee zum Einsturz zu bringen.

Die Bündnispläne jagten sich. Ilgen brachte ein Abkommen zwischen Preußen, Frankreich und Rußland zustande (15. August 1717), das lediglich der Vorbereitung der Friedensvertrags-Positionen dienen sollte. Der Zar, in voller Unberechenbarkeit, ließ im Sommer 1718 mit Schweden ein großes Arrangement verhandeln, bei dem Schweden seine deutschen Besitzungen behalten, Rußland das Baltikum ergreifen und Preußen immerhin mit polnischen Gebieten abgefunden werden sollte. Zum ersten Mal wurde allgemeiner sichtbar, was es für Folgen haben konnte, wenn Polen von Rußland besetzt war und Preußen für längere Zeit die Partei Rußlands ergriff. Hannover suchte die Polnische Adelsrepublik, die infolge der »Last des russischen Militärregiments« und der sonstigen Kriegsverheerungen von einer »Welle des Russenhasses« (W. Mediger) erfüllt war, durch ein Bündnis der Westmächte zu stützen.

Im Januar 1719 schlossen dann Kaiser und Reich, England-Hannover, Sachsen-Polen ein Bündnis *(»Wiener Allianz«)*, das sich offensiv gegen Rußland richtete und sekundär auch seinen Partner Preußen mit dessen Ambitionen auf Teile des königlichen Preußen (Westpreußen) im Blick hatte. Dieses erste Bündnis europäischer Mächte zur Erhaltung Polens ist nur deshalb nicht zum Tragen gekommen, weil Peter I. seine Truppen aus Polen alsbald abzog, um die Gegend von Stockholm im Rahmen einer großen und strategisch hervorragend angelegten Diversion unmittelbar anzugreifen und durch brandstifterische Landesverwüstung die Schweden, denen die Engländer nur begrenzt mit ihrer Ostseeflotte helfen konnten, abtretungs- und friedenswilliger zu machen.

Preußen hat zu dieser Zeit, nach dem Abzug der meisten Russen aus Mecklenburg und Polen, in aller Stille daran gearbeitet, die Reorganisation *Polens* durch

August den Starken oder wenigstens die Errichtung einer wettinischen Erbmonarchie in Polen, woran Wien und Hannover nunmehr stark interessiert waren, zu behindern. Die Idee in Berlin bestand darin, den Hetman und Kronfeldherrn Sieniawski zum (Gegen-)König erheben zu lassen (Mai/Juni 1719). Auch wenn dieses gegen die Wettiner und alle Partner der Wiener Allianz gerichtete, etwas desolate Projekt scheiterte, so zeigte es doch blitzartig, wessen Friedrich Wilhelm in seinem im Grunde kühlen Pro-contra-Verhältnis zum Zaren fähig war. Seine Meinung dürfte nunmehr gewesen sein, daß ein unter August II. mit Hilfe absolutistischer Methoden langsam regenerierendes Polen ein für Preußen unerwünschtes Machtkonglomerat darstellen könnte, von dem dann überhaupt keine territorialen Konzessionen mehr zu erwarten gewesen wären.

Entscheidend aber wurde, daß England nun aus handelspolitischen Überlegungen heraus scharf gegen Rußland Front machte und konsequenterweise Preußen aus der Bindung an Peter I. lösen wollte. Ohne Preußen keine Eindämmung Rußlands. Das Bündnis mit England vom August 1719, unumgänglich erscheinend wegen der englischen Position in Schweden, hat den König erneut in schwere emotionale Konflikte und Zustände versetzt (»... wo ich in Englands und des Kaisers Joch komme durch diesen Tractat, so wird es meinen Ministers die Köpfe kosten. Dieses habe prognosticieren wollen.«), da er nicht über die kühl-taktierende, mit den Spielregeln vertraute Bedenkenlosigkeit Ilgens verfügte.

Immerhin hatte er begriffen, daß ein bilaterales Abkommen mit England, das ihn zum Schutz Hannovers gegen Rußland und zur Abwehr russischer Durchmarschwünsche verpflichtete, Preußens Prestige in Europa ganz anders aufwertete als die Abkommen mit dem Zaren. Englands Stanhope hatte den König sogar in Berlin aufgesucht und ihm unverblümt gesagt, er sei populär in England, weil man ihn mit seinem »schönen Landheer« brauche, zusammen mit der »schönen Flotte« Großbritanniens. »Ganz recht«, soll der König wortkarg und geschmeichelt geantwortet haben. Preußen war »umgedreht« und diente als zweiter Sperriegel neben Sachsen-Polen, jedenfalls in der Perspektive der Diplomaten in London, Hannover, Dresden und Wien. Sogar zu einem Krieg gegen Peter I. war Friedrich Wilhelm in seiner Begier nach territorialer Erweiterung bereit; *Stralsund* und *Rügen* müsse man ihm jedoch beschaffen. Wenn etwas »Reelles« geboten wurde, war Friedrich Wilhelm – wie alle seine fürstlichen Zeitgenossen – zu hohem Einsatz bereit. Nur, die preußischen Preise begannen zu steigen.

Nach dem Friedensschluß zwischen England und Schweden kam dann auch Preußen zum Abschluß (Stockholm, 1. Februar 1720). Friedrich Wilhelm erhielt endgültig *Vorpommern bis zur Peene* mit *Stettin* und zahlte zum Ausgleich zwei Millionen Taler: »Die Conditiones seindt stark, aber Stettin bis an die Peene ist auch gut.« Rußland seinerseits, das 1721 in Nystadt mit Schweden überaus günstig abschloß, hat sogleich Friedrich Wilhelms Frontwechsel zu konterkarieren versucht. Doch ließ sich der König nur zu einer Neutralitätsverpflichtung für das außerhalb des Reichsverbandes stehende Ostpreußen herbei; polnische Truppen sollten in Ostpreußen freien Durchzug haben, weil die fortdauernden Vertragsverpflichtungen gegenüber Polen (Souveränität nur für die männliche Nachkommenschaft der Hohenzollern; noch bis 1773) ein Offenhalten erzwängen. Andererseits hat der König sich mit dem Zaren dahin verständigt, »über den Fortbestand der republikanischen Verfassung in Polen einschließlich des Liberum veto zu wachen und Reformen zu verhindern. Zum ersten Mal war die ›goldene Freiheit‹ der Republik damit Gegenstand eines internationalen Vertrages, und zum ersten Mal begab sich Preußen um der polnischen Frage willen in die Abhängigkeit von Rußland« (H. Roos). Im Grunde war die Potsdamer Deklaration (17. Februar 1720) nebst Zusatzerklärungen (26. Juli 1720) der Versuch, neben der immer stärker sich ausbauenden russischen Oberherrschaft über Polen ein gewisses Mitspracherecht zu behaupten, Interventionsmöglichkeiten, zum Beispiel in Konfessionsfragen, offenzuhalten und überhaupt den »Draht« nach Petersburg nicht abreißen zu lassen.

In der Summe der *nordeuropäischen Krise* hatte sich somit auch für Brandenburg-Preußen die Lage erheblich verändert. Sie war gefährlicher, aber auch aussichtsreicher geworden. Preußen hatte fortan mit Rußlands Macht zu rechnen, sich seiner Einflußnahme zu erwehren, sein Territorium und Vorfeld ganz anders als bisher friedlich und militärisch zu schützen und zu sichern. Seine »europäische« Verantwortung nahm zu. Preußens Könige und Minister des Auswärtigen sahen sich nun, wie Friedrichs politische Testamente bezeugen, zunehmend von der Frage bedrängt, welche Stellung Preußen im Vorfeld verschiedenster Großmachtinteressen einnehmen soll und kann.

Die *Expansions-Tendenzen* der auswärtigen Großmächte im Westen wie im Osten wurden klarer gesehen, als man vermuten möchte. Joachim Heinrich von *Bülow,* ein gelehrter Mecklenburger in hannoverschen Diensten, hat um 1719 in einer Denkschrift, in der sich Grundgedanken der hannoversch-englischen Diplomatie kristallisierten, die Hauptprobleme angesprochen:

»Es hat um Teutschland und den ganzen Norden noch nie so gefährlich als jetzo gestanden, und seind die Russen weit mehr zu fürchten als die Türken, weil sie nicht wie diese in ihrer groben Unwissenheit verbleiben und nach vollbrachter Ravage zurückgehen, sondern in Krieges- und Staatssachen mehr und mehr Wissenschaft und Erfahrung erlangen, an Verschlagenheit und Dissimulation es vielen Nationen zuvortuen und uns allmählich immer näher kommen. Wenn man warten will, bis sie auch diesseits der Ostsee zu Lübeck, Wismar, Danzig oder andererorten sich feste gesetzet haben, wird es zu späte sein und Teutschland von ihnen mehr und ärger, als jemalen von den Hunnen und Türken geschehen, verheeret und verwüstet werden. Jetzo aber ist es noch Zeit und ein Mittel übrig, dem Unheil vorzukommen, wenn man mit denen Russen alles Commercium aufhebet und die Quellen ihrer Macht und Reichtums auf einmal verstopfet, auch wenn der Zar daher ansam belli nehmen und ein oder anderer Puissance auf den Hals fallen wollte ...«; Bülow schließt seine Prophezeiungen mit der Bemerkung, »daß man keine Ruhe und Sicherheit haben könne, wo man nicht in Zeiten gesamtter Hand gegen ihn aufstehet und seine Macht durch Entziehung derer Commercien bricht, auch mit der Zeit wieder in die alte Grenzen zurück treibet«.

Es gab keine Macht, die sich in den Jahren nach 1721 Preußen als ein gleichsam natürlicher und, wie es sich Friedrich Wilhelm gewünscht haben mag, einzig-dauerhafter Bündnispartner angeboten hätte, keine, die nicht zugleich von der Absicht erfüllt gewesen wäre, Preußens neue Kräfte zu nutzen, und die es damit in Kalamitäten mit anderen Staaten hätte verwickeln können. Die Konsequenz bewaffneter Neutralität hat Friedrich Wilhelm nicht gezogen. 1725 hat er sich dann auf das *Herrenhausener Bündnis* mit England und Frankreich eingelassen, das gegen eine österreichisch-spanische Koalition gerichtet war. Aber er bewegte sich auch in dieser Gesellschaft vorrangig als »deutscher« Reichsfürst und empfand das Bündnis insoweit fast als widernatürlich. Obwohl Preußens Hauptaufgabe in dem Schutz der Mittel- und Ostprovinzen lag, hat Friedrich Wilhelm nunmehr stärker den Westen mit den Erbfolgerechten in Jülich und Berg im Auge gehabt.

Die fernere Außenpolitik Preußens zielte auf den Erwerb dieses Gebietes. Da der König sein Interesse nicht diplomatisch zu verbergen vermochte, wurde er insgesamt zu einem berechenbaren Faktor für die Großmächte, insbesondere für den Wiener Hof. An treuherzigen Angeboten fehlte es nicht. *Kaiser und Reichsstände* sollten sich in seiner Vorstellung gleichberechtigt zur Zusammenarbeit finden; auch die christlichen Konfessionen sollten ohne Aggressionen in Nord und Süd, Ost und West nebeneinander wirken. Das Fremdländische war ihm, dem »deutsch«-preußischen Dynasten, zuwider. Gefühle solcher Art hinderten ihn aber nicht, Preußens »wohlfahrdt und gloire« vornan zu setzen und den Einsatz seiner »großen, schönen und formidablen Armee«, die die Mißgunst des Kaisers errege, nur für erkennbaren Gewinn an Land und Leuten einzusetzen und dies auch dem Nachfolger dringlich zu empfehlen (1722).

Zu diesem Zeitpunkt, nachdem Friedrich Wilhelm die halbe Strecke seiner Regierung durchschritten hatte, war ersichtlich geworden, daß seinem Charakter auch die Grundzüge seiner Außenpolitik entsprachen. Nicht immer ist eine solche weitgehende Identität gegeben, wenn man sich erinnert, wie schwache Regenten zu einer überstarken Außenpolitik verleitet werden können. Für ihn mußten die Dinge berechenbar und rentabel bleiben. So erscheint er trotz der üblichen grundsätzlichen Ausdehnungstendenz weder als Hasardeur noch als »einer der friedfertigsten Fürsten« (Th. B. Maucauley). Er verhielt sich vielmehr in erstaunlichem Maße »normal«, fast kaufmännisch die auswärtigen Risiken kalkulierend, die Macht-Dämonien bei seinen Verhandlungspartnern trotz seines ausgeprägten Mißtrauens aber wohl eher unterschätzend.

1726/28 gab Friedrich Wilhelm mit den Verträgen von *(Königs) Wusterhausen* und *Berlin,* deren Nutzen ihm der kaiserliche Gesandte General von Seckendorff annehmbar zu machen verstanden hatte, das Bündnis mit den Westmächten auf. Das Haus Pfalz-Sulzbach, Preußens Konkurrent am Niederrhein, schien als Ast der Wittelsbacher auf die französische Karte gesetzt zu haben. Preußen anerkannte und unterstützte im Reich die »Pragmatische Sanktion« für die Thronfolge der Habsburger. Es bekam dafür das große Ehrenwort des Kaisers, innerhalb von nur sechs Monaten den Verzicht von Pfalz-Sulzbach wenigstens auf den Bergischen Landesteil beizubringen. Das Gegenteil trat dann ein. Der Kaiser hieß den pfälzischen Linien die Erbfolge in Jülich-Berg ausfertigen. Gleichwohl hielt Friedrich Wilhelm immer noch an dem Bündnis mit dem Kaiser und an seiner Vorliebe für Rußland fest. Auch durch das Projekt der »Doppelheirat«, das die welfisch-englisch-französische Partei mit Beihilfe der Königin zur Zerstörung der Berlin-Wiener Allianz aufgebaut hatte, ließ der König sich nicht beirren, obwohl das Kaiserhaus mit dem Interesse des ungeliebten nördlichen »Wandalenfürsten« eher kalt und hochmütig umsprang. Noch im *Polnischen Thronfolgekrieg* zwischen Österreich und Frankreich am Rhein hielt der König zum Kaiser, dessen Worten er geduldig Vertrauen entgegenbrachte. Als es dann zum Frieden kam, der Wettiner August III. sich doch noch in Polen als König durchgesetzt hatte (1735), Österreich sich mit Frankreich in einigen Grundfragen verständigte, ging Preußen leer aus; mehr noch, im Jahr des Definitiv-Friedens empfing Friedrich Wilhelm ungewöhnlicherweise gleichlautende Noten der Großmächte Österreich, Frankreich, England und Holland (10. Februar 1738), in denen Preußens Ansprüche mittelbar zurückgewiesen wurden und die vorläufige Einsetzung von Pfalz-Sulzbach, dessen Herrscher auch als Katholiken von Wien begünstigt wurden, angekündigt worden ist.

Mit diesem Mißerfolg war die vorherrschende Beziehung in der Außenpolitik zerbrochen. Der König ging nun sogleich in das antiösterreichische Lager über, drohte wohl auch wenig besonnen mit der Marschbereitschaft seiner Truppen. Er griff noch auf Grumbkows Rat hin dann auf das alte brandenburgische Auskunftsmittel eines geheimen Bündnisses mit *Frankreich* zurück. Und Kardinal Fleury, der geniale Dirigent der nunmehrigen französischen Politik, ließ zum Schein Gespräche mit Österreich weiterlaufen, während im Haag bereits mit Preußen ein geheimer Teilungsvertrag für das Herzogtum Berg ausgehandelt wurde (22. Mai 1739). Auch sparte er nicht mit Komplimenten, um der tristen Psyche des Spreekönigs etwas aufzuhelfen: Preußen verdiene es, wegen der guten Ordnung seiner Finanzen und der großen Anzahl trefflicher Truppen, die es halte, eine ausgezeichnete Rolle in Europa zu spielen; Frankreich werde gern dazu beitragen. »So war nun einmal die Politik der Zeit und besonders des Cardinals Fleury«, meinte Ranke zu diesen Mißhelligkeiten »von weltgeschichtlicher Bedeutung«.

Die Lage des *Kaisers* hatte sich auch sonst verschlechtert, »und vielleicht wäre es für Karl VI. das Beste gewesen, auf das pünktlichste an der Allianz mit Preußen festzuhalten und selbst jene Erbietungen [Truppen gegen Berg] anzunehmen, welche ihm bei Ausbruch der französischen Irrungen von Friedrich Wilhelm gemacht wurden«. Daß das Erzhaus ohne Sinn für die Notwendigkeiten der Zukunft, meinte Ranke, Preußen fallen ließ, »ist ihm unendlich teuer zu stehen gekommen«. Es hat den weiteren Verlauf der Geschichte wesentlich bestimmt. Friedrich Wilhelm selbst, der von den Wiener Hofleuten, den Prinzen Eugen eingeschlossen, bis zuletzt allmonatlich Treueschwüre und altdeutsche Umarmungen empfangen hatte, erhielt hier die tiefe *seelische Wunde*, die seinen körperlichen Verfall wenn schon nicht hervorgerufen, dann doch zur Morbidität gesteigert hat. Für ihn war es eben weit mehr als nur eine der üblichen diplomatischen Durchstechereien der Mächte: »Es scheint beinahe, als habe man in Wien Treu und Glauben, wenigstens in Bezug auf uns, gänzlich bei Seite gesetzt; man will nach der Lehre Machiavellis nicht halbwegs böse sein, sondern ganz und gar; aber vielleicht kommt einmal eine Zeit, wo der Kaiser bereuen wird, daß er seinen besten Freund so empfindlich beleidigt und Anderen aufopfert«.

Die Zeit kam heran, in der ein besserer Kenner Machiavellis seine »großen Farnaugen« auf das auswärtige Beziehungsfeld Preußens richtete, nachdem Friedrich Wilhelm dem Erfolg vorgearbeitet hatte.

Kirchenpolitik und Pietismus

Friedrich Wilhelm I., der sich in allen Anfechtungen doch immer wieder seines Gottes gewiß wurde, blieb den Konfessions-Gedanken seines Vaters und der Welt der Berliner Hofstaatsgesellschaft verhaftet. Für ihn, der nicht alles anders, sondern vieles besser machen wollte, lag die Schwierigkeit darin, daß die Breite der *Toleranzforderungen* zunahm und daß dies mit dem neuen Fiskalismus und den Realitäten im Staate zur Deckung zu bringen war. Dazu kam das Bewußtsein des gläubigen Protestanten, daß die Autorität des »Königs« nirgends leiden dürfe. Seine Abneigung gegen religiöse Splittergruppen hat hier ihre Wurzel. Die inkonformen Gruppen bekamen wortreich Ungnade zu hören: Arianer, Sozianianer, Atheisten, Wolff-Anhänger, Mennoniten, Jesuiten (»Vögel, die dem Satan Raum geben und sein Reich vermehren«), dazu die aller Bosheiten für fähig gehaltenen Juden und andere mehr.

Er glaubte die grundsätzliche Opposition zu spüren, die Widersetzlichkeit gegenüber den Ordnungsschemata; sein übermächtiges Bedürfnis und selbstüberwindendes Wollen nach Klarheit und Einheitlichkeit, nach Norm und Linie lag im Widerstreit mit Eruptionen und Absonderlichkeiten des Geistes, die ihm doch selbst nur zu vertraut waren. Und dennoch, er duldete sie alle, mußte sie auch dulden, denn er war nicht »absolut«. Das Staatsinteresse wog nun mehr als die Regentenmeinung.

So zeigt sich in der Kirchen- und Toleranzpolitik, daß die *Amtsträgerschaft* im Begriff stand, in Konfliktfällen – wenn der König im Affekt das wohlverstandene Staatsinteresse aus den Augen zu verlieren schien – ein Korrektiv ihm gegenüber zu werden, oder es bereits war. Gewiß galt dies nicht sogleich für die gesamte primäre und sekundäre Führungsschicht. Ebenso wie sich im Denken und Sinnen des Königs die Strömungen seiner Zeit kreuzten und im Streit miteinander lagen, so waren auch die weltlichen und geistlichen Amtsträger so verschiedenartigen Lehren und Postulaten wie dem Naturrecht, dem Voranschreiten zu freiheitlicheren Zuständen, dem sozialständischen Traditionalismus, dem der Arbeitswelt geöffneten Pietismus oder weltabgewandter Frömmigkeit verbunden. Was sich in der Regierungszeit des Vorgängers auf geistig-geistlichem Gebiet angebahnt hatte, war ohnehin kaum noch wandelbar, geschweige denn auslöschbar. Die ihn umgaben, unmittelbar berieten oder hinterrücks konterkarierten, waren fast sämtlich in dem einen oder anderen Sinne »Modernisten«. Ihnen wäre es absurd vorgekommen, in Verhaltensformen der Zeit vor 1668 oder gar vor 1613 zurückzufallen. Sie waren Anhänger oder mindestens Leser von Thomasius, Wolff und Pufendorff und fügten Naturrecht und die Idee des aufgeklärten, humaneren Wohlfahrts-Staates Stück um Stück in das wachsende Staatsgebäude ein. Grumbkow gab sich als Verehrer der Wolffschen Philosophie. Die Minister Bartholdi (Justiz) und Katsch hatten in Halle studiert; Samuel von Cocceji (1679 bis 1755), »ein redelicher habiler mensch«, leitete die *Justizreform,* bekämpfte altertümliche Kriminalbräuche (Tortur) und war, wie andere auch, durchaus der Mann, den König notfalls an Regeln der Justiz zu erinnern. Denn der »Rechtsstaat« Preußen, der damals im Entstehen begriffen war, hat auch die Kirchen und religiösen Gemeinschaften mit zusätzlichem Schutz ausgestattet und die konfessionellen und sonstigen Grundrechte normiert, gegen Willkür abgesichert, Schritt um Schritt. Es ist für den Zeitenwandel bezeichnend, daß die als hart empfundenen gerichtsherrlichen Akte und sonstige Gewalttaten des Königs sogleich öffentlich diskutiert wurden und daß er sich noch auf dem letzten Lager Vorhaltungen der Geistlichen wegen einiger Fälle seines Jähzorn-Regiments anhören mußte.

Die *evangelischen Konfessionen* waren ihm gleichwertig. Die Unterschiede rührten lediglich von der »Prediger Zenckereien« her (1722). Und 1726 hat er sein Unions-Christentum des gesunden Menschenverstandes gegenüber dem lutherischen Roloff noch schärfer gefaßt: »Der Unterschied zwischen unsern beiden evangelischen Religionen ist wahrlich ein Pfaffengezänk. Nur äußerlich ist ein großer Unterschied; wenn man es examiniert, so ist es derselbige Glaube in allen Stücken. Aber auf der Kanzel, da machen sie eine Sauce, eine saurer als die andere. Gott verzeihe allen Pfaffen, denn die werden Rechenschaft geben am Gerichte Gottes, daß sie Schulratzen aufwiegeln, das wahre Wort Gottes in Uneinigkeit zu bringen.«

Gleichwohl hat er, dem Zeitvergeudung als schwere Sünde erschien, auf das

Schlichten von Lehrstreitigkeiten unter Theologen und Philosophen in Halle, Berlin und Königsberg eine Menge Zeit verwendet. Trotz vieler Ausbrüche hat er so vielleicht mehr Versöhnlichkeit vorgelebt als andere weltliche und geistliche Personen seiner Umgebung, die sich an den theologischen Parteikämpfen beteiligten. In allen Disputen des auf seine Art aufgeklärten Königs mit Geistlichen ist nicht nur das Kontinuum eines allgemeinchristlichen Glaubens (»Machet keine differance«) mit dem persönlichen Akzent des lutherischen Gnadenuniversalismus spürbar. Die Zeit des »Vaters« führte zu einer dichteren Toleranz hin. Sie war aber auch erfüllt von einem intellektuellen Verfeinerungsprozeß, vor allem in den Landeshauptstädten und in den ländlichen Kulturzentren. Von einer »tiefen Verachtung der Wissenschaft« (F. Hartung) kann so nicht die Rede sein. Es wäre ein Fehler, von gelegentlichen Brutalismen her auf den König insgesamt oder den Zustand des Staates zu schließen. Die großen Linien der Entwicklung sind nicht unterbrochen, eher noch verstärkt worden. Kirchen und Theologen sind zwar äußerlich belastet worden mit stärkeren, von einer Tendenz zur formalen Einheit getragenen Maßnahmen wie Predigtkritik, Zensuranweisungen, Bücherverboten, Abschaffung der lutherischen Privatbeichte, Einführung der Kirchenbuße (seit 1716), zweijährigem Halle-Studium für Theologen (1717, 1727), Reduktion des Auslandsstudiums. Vieles wurde auf des Königs Weisung hin in Landes- und Kirchensachen dekretiert; für eine regelmäßige Kontrolle in einigen tausend Dörfern aber reichten die Kräfte in Berlin bei weitem nicht aus. Der allgemein verstärkten Aufsicht standen Leistungen des finanziell konsolidierten Staates gegenüber, unbeschadet der Konfession; dem Nachfolger wird eingeschärft: »Wo es nöthig ist und es fehle Bauet Kirchen und schuhlen, das Gottes heilige wohrt unter euere Regirung mehr und mehr ausgebreit[et] werde...« (1722).

Die Reformströmung des Hallischen *Pietismus* ist in einer Weise begünstigt worden, die an das Verhältnis des Großen Kurfürsten zur Schicht der Reformierten erinnert. So entstanden neue Probleme. Die dem Staatsinteresse dienlich erscheinenden Methoden der Pietisten mit den Grundsätzen puritanischer Strebsamkeit und Strenge, wie sie besonders in Ostpreußen bei der Besetzung von Pfarr- und Schulstellen seit 1718 angewendet wurden, weiteten sich zeitweise bis zur wenig toleranten Gesinnungsschnüffelei aus. Im Herrschaftsanspruch und im Bekehrungsfanatismus lag die wohl unvermeidliche Schwäche der preußischen Pietisten. Sie hatten sich die Freiheit des Gewissens und des Denkens, »deren man sich... in diesem Lande zu erfreuen« hat (Francke), zunutze gemacht und damit vielerorts schlummernde Kräfte geweckt.

Der Streit zwischen Thomasius und Francke (seit 1696) verwies ebenfalls auf die Problematik einer mehr oder minder gewaltsamen Menschenbildung (die Thomasius ablehnte) im Dienste einer als positiv verstandenen christlichen Weltanschauung. Die Geschichte der Landesverweisung und der Rückkehr des Hallenser Philosophen Christian Wolff zeigte dann aber andererseits, welche

Kraft das Toleranzdenken im Land bereits zu entwickeln vermochte und wie auch dem Primats-Anspruch des Pietismus Grenzen gewiesen worden sind.

Die General-Parole »Toleranz für alle« wurde unter Friedrich Wilhelm auf vielen Gebieten in die Praxis umgesetzt. Glaubensvertriebene waren willkommen, auch wenn der König und die Landesteile für die Exulanten mancherlei Opfer zu erbringen hatten. Neben den böhmisch-mährischen Exulanten (1732/1737) und zahlreichen die Polykonfessionalität besonders in den Mittelprovinzen verstärkenden Kolonisten-Gruppen kamen auf Grund des Einladungs- und Toleranz-Patents vom 2. Februar 1732 etwa 20000 nicht nur unvermögende *Salzburger*. Von ihnen wurden 15 500 Personen in dem pestgeschädigten Ostpreußen angesetzt. Es war der stärkste Erfolg, den Brandenburg-Preußen seit 1685 mit der Toleranz-Politik trotz zunehmender Konkurrenz mit anderen protestantischen Landesstaaten errungen hat.

In der gleichen Zeit ist etwa in den Ländern des *Hauses Habsburg* der Geheimprotestantismus mit zum Teil grausamer Schärfe verfolgt worden. Evangelische wurden vertrieben (Südtirol, 1684) oder zur Umsiedlung gezwungen. Kinder und Halbwüchsige sind ihren Eltern entrissen und in Konversionshäuser eingebracht worden. Es bleibt erstaunlich, daß die bis 1740 andauernden Rekatholisierungsmaßnahmen in Schlesien und das von polnischen Jesuiten veranstaltete »Thorner Blutbad« (1724) die Toleranz-Politik des zum Jähzorn neigenden Königs fast unbeeinflußt gelassen haben. Über die Duldung hinaus ließ er in Berlin, Potsdam und Spandau erstmals Kapellen für seine *Katholiken* einrichten, die von überwiegend in der Militärseelsorge tätigen Halberstädter Dominikanern kuriert wurden. Einige Ansatzpunkte für eine katholische Kirchenorganisation waren damit gegeben, zumal nunmehr fast ein Viertel des Heeres aus Katholiken bestand.

Die Zahl der privilegierten und sonstigen *Juden* hat unter Friedrich Wilhelm I. stark zugenommen. Privilegierte Gruppen hatten sich unter anderem in Halberstadt, in Halle und Königsberg gebildet. Die scharfe Besteuerung wurde teilweise mit Vergünstigungen ausbalanciert. »Toleranz«, Wirtschaft und Staatssteuerinteresse waren solcherart eng verknüpft. Der König selbst jedoch vermochte kein ausgeglichenes Verhältnis zu seinen jüdischen Untertanen zu gewinnen, ebensowenig wie zu Jesuiten oder den militärfeindlichen Mennoniten. Die Juden seien »Heuschrecken einnes landes ... und ruiniren die Kristen, ich bitte euch, gehbet keine Neue schutzbriffe, wen sie euch auch wolten viell geldes gehben, den es euer gröste schade ist und euer untertahnen Ruin, davor sein die Juden guht, wen Ihr vor euren Plesir wahs haben könnet«.

Man könne die Juden mit Sondersteuern in jedem dritten oder vierten Jahr belegen. Im übrigen aber müßte man sie drücken, denn sie seien die Verräter Christi, man könne ihnen nicht trauen und noch der redlichste Jude sei ein »ertzbedriger und schelm«. So der Dreiunddreißigjährige im geheimen Zwiegespräch mit seinem damals zehnjährigen Nachfolger. Doch später werden die

Töne moderater. Viele Mahnungen aus dem Staate, der nun schon ein früher Toleranzstaat war, drangen an sein Ohr. Er bekannte etwas später nicht ohne Skrupel, es werde ihm mitunter schwer, seinen Nächsten zu lieben, »sonderlich die Juden« (1727). Je älter er wurde, desto mehr kehrte Milde in sein Denken ein. In seiner widersprüchlichen Juden-Politik stellte der »Plusmacher« immer wieder dem Rächer Jesu Christi ein Bein. Mehr noch. Neben der General-Toleranz, die die vereinzelt unterbrochene Zuwanderung einschloß, ist die Individual-Toleranz mit Rechtsschutzbestimmungen verbessert worden. Das Generalprivileg (1730) bedeutete einen weiten Schritt auf dem Wege zur jurisdiktionellen und staatsbürgerlichen Gleichberechtigung in den preußischen Staaten. Friedrich Wilhelms Reformen schlossen die Juden nicht aus. Aus Finanzobjekten der Krone waren nun »Steuerzahler des Staates« geworden (S. Stern).

Alles dies, so begrenzt es dem späteren Betrachter erscheinen mag, wäre schwerlich möglich gewesen, wenn nicht – trotz der fortdauernden Abneigung bei Ständen, Bürgern und Zünften – Toleranz und Aufgeschlossenheit bei Amtsträgern und Geistlichen in Zunahme begriffen gewesen wären. Die Naturrechtsbewegung und auch die Vertreter des hallischen Pietismus förderten das Toleranzbewußtsein, auch gegenüber Juden. Das *»Collegium Orientale«* (1702) und ein *Missions-Institut* (1728), beide in Halle, bezeugen den Anstieg der Tendenzen des Verstehens und der Integration in Preußen.

Pietismus und Preußentum

Unter den geistigen Bewegungen, die dem »Preußentum« Konturen und Gehalt gaben, erreichte – vor Kant und dem Zeitalter der preußischen Reformen – der Pietismus starke Tiefen- und Breitenwirkung. Die älteren Kirchen- und sozialkritischen Richtungen des Spiritualismus und der Reformorthodoxie hatten besonders unter dem Eindruck des Dreißigjährigen Krieges dem eigentlichen Pietismus vorgearbeitet. Spener und Francke kannten diese zum Teil scharf antiabsolutistische kirchlich-soziale Anklage-Literatur, von der einiges auch auf brandenburgisch-preußischem Boden entstanden ist, anderes jedoch seine Wurzeln im angelsächsischen Puritanismus besaß, dessen Prädestinationslehre jedoch nicht in den brandenburgisch-preußischen Pietismus eingegangen ist. Geheiligt war dem deutschen Pietisten die Arbeit »für andere«, nicht die Arbeit »um ihrer selbst willen«

So haben Spener und Francke als Aufgabenkern ihrer Erneuerungsbewegung die Wiedergeburt und die Bekehrung im Dienste der *sozialen Verbesserung* der Welt verstanden. Während Spener mehr Seelenhirte blieb, verstand es Francke, die christlich-sozialen Ideen praktikabel zu formulieren, vom Bußerlebnis über die Bekehrung bis zur christlichen neuen Sozialarbeit an dem militärischen »Proletariat«, das sich besonders in Berlin aus dienstunfähigen Soldaten, Soldatenwitwen, Kindern und zugelaufener erwerbsloser Landbevölkerung gebildet hatte. Die Behörden im *Berlin* des Großen Kurfürsten und seines Nachfolgers standen diesen Folgen der Heeresbildung, der Kriege und des Residenzausbaues ziemlich hilflos gegenüber; das Problem der Bettlerschaft wurde von der Almosenverteilung her begriffen. Spener (1692) und Francke stellten dagegen den Gedanken der Arbeitsbeschaffung in den Mittelpunkt ihrer Überlegungen zur Armenfürsorge. Und Francke, der 1695 in Glaucha (bei Halle) in seinem Pfarrhaus die erste Armenschule gegründet hatte, ging bald noch einen Schritt weiter, von der Sozialfürsorge zur Sozial- und Bildungsreform. Ein Mann wie Francke mußte in Berlin bald auffallen. Zu seinen Protektoren gehörte vor allem der General von Natzmer. Francke versprach mit seinem Programm beides: Zuzug qualifizierter Kräfte und sorgsamere Ausbildung vor allem für die sekundäre Führungsschicht des Staates.

Die *Franckeschen Anstalten* umfaßten in einem ausgedehnten Gebäudekomplex das Hauptwaisenhaus, dazu Schulen und Werkstätten. Die Schulen entsprachen der Dreiständegesellschaft Preußens. Eine besondere Anstalt diente der Bildung der künftigen Diplomaten, Amtsträger und Offiziere aus dem Adelsstand. Doch war es nur ein Bruchteil des Adels, der dort seine Erziehung empfing. Unverändert wurden in- und ausländische Universitäten und Ritterakademien besucht, während die weniger vermögenden Familien ihre Söhne nach Halle schickten. Das *Pädagogium,* eigentlich eine pädagogische Hochschule, diente der Heranbildung von Lehrern sowie als Vorstufe für das Studium an einer Universität, in der Regel in Halle selbst. Schließlich unterhielt Francke (mit Spenden, ohne Staatszuschüsse) *Real- und Bürgerschulen* für Kaufleute, Bedienstete, Handwerker und Arbeiter. Francke, der Anregungen auch aus den Niederlanden empfangen hatte, beteiligte alle Insassen seiner Anstalten an wirtschaftsproduktiven Arbeiten und betrieb Wirtschaftsunternehmen, deren Erträge dem Unterhalt und Ausbau der Anstalten dienten. Seine Absolventen des »höheren Dienstes« durchdrangen von Jahr zu Jahr mehr als Feldprediger, Offiziere und Feldärzte die Armee, als Zivil-Pfarrer und als Lehrer Staat und »Gesellschaft« insgesamt, ohne daß wir sicher zu sagen vermöchten, wie hoch der Multiplikationseffekt gewesen ist. Es gab auch Gegenströmungen im Adel, bei Hofe und im Militär.

Fraglich blieb, wie sich Könige und Minister gegenüber dem messianischen *Führungsanspruch* der Bewegung verhalten sollten, da bei Sektenführern die Erleuchtung mit Programmen zur Renovierung dieser Welt und ihrer Regenten einherzugehen pflegt. Eine *»Generalkommission«* sollte nach Franckes Idee 1704 und fernerhin nichts weniger als Kirchenvisitationen in allen preußischen Landen durchführen, die Patronatsrechte von Adel und Städten beschränken, den Zugang zur Universität Halle von sozialständischen Fesseln befreien, Volksschulen gründen, eine Gerichts- und Rechtsreform beginnen, die gewaltsame Soldatenwerbung beseitigen, die Magdeburger Regierung umbilden, Ministerialabteilungen für das Manufaktur- und Ökonomiewesen einrichten und weiteres mehr. Man sieht, er hat nicht lediglich – mit einem Wort von Carl Hinrichs – die Reformation der Kirche, »sondern eine Reformation der Welt erstrebt«. Daß Franckes Werk diesen ins Säkulare ausgreifenden Zug, dazu die Tendenz einer »bürgerlichen« Bewegung gegen eine aristokratisch geprägte Stände-Gesellschaft enthielt, daß er beispielsweise den Mitherrschafts- und Mitspracheanspruch der Land- und Kreisstände im Staate als unzeitgemäß bekämpfte, ist von Freunden und Gegnern begriffen worden.

Tatsächlich hat Francke einen überterritorialen, weil auf eine konfessionelle Bewegung bezogenen *geistigen Führungsanspruch* erhoben. Obwohl das Erziehungs- und Bildungsprogramm anfänglich überregional und damit ohne Bindung an Brandenburg-Preußen ins Werk gesetzt werden sollte, erwiesen sich die ständisch-adligen, die orthodox-lutherischen und die Reaktionen der Reformierten auf Franckes Projekte als so stark, daß er sein Werk, das Friedrich I. 1698 und 1702 durch *Privilegien* geschützt hatte, enger, als es ihm lieb war, mit dem Staat Friedrich Wilhelms I., der als Kronprinz (1711) Franckes Wirken schon neugierig und verständnisvoll beobachtet hatte, verbinden mußte. Der Franckesche Bildungsanspruch ist dann dem Staat dienstbar gemacht worden. Das war eine bedeutende Leistung Friedrich Wilhelms.

Es ist aufschlußreich, daß eine Hauptsorge des Regenten darin bestand, ob Francke die *Rekruten* nicht »vom Kriege« abhalte. Als der König 1713 das Waisenhaus besichtigte, insistierte er: »Aber den Jungens, macht er denen nicht weiß, daß sie der Teufel holen werde, wenn sie Soldaten werden?« Darauf Francke diplomatisch: »Ich kenne manche christlichen Soldaten. Ich habe mehr Freunde und Gönner unter den Soldaten, als unter den Geistlichen. Diese können nicht vertragen, daß ich ihr Tun nicht in allen Stücken billige.« Im übrigen würden mit Theologie-Studenten, wie der König selber wisse, Kirchen und Schulämter besetzt. Nachdem Francke schriftlich die Bedenken des Königs zerstreut hatte, daß »das Werk« »nicht Hoffahrt wäre« (keinen weltlichen Führungsanspruch enthalte), wurden ihm die Privilegien bestätigt. »Aus einer universalen Bewegung war gewissermaßen eine Staatsreligion« geworden (C. Hinrichs).

Teile Preußens wurden für die Reformarbeit und die Reformexperimente Franckes gleichsam freigegeben, indem der Herrscher für die Staatseinrichtungen die Energien der Reformbewegung zielgerichtet und wirtschaftspragmatisch nutzte. Der König wurde zwar nicht zum Pietisten, aber er sah, daß bei Francke etwas »Reales« war: »Bei dem Manne ist Gottes Segen, er kann mit zwei Talern mehr ausrichten als ich mit zehn. Diesen Winter werde ich ihn lassen herkommen. Er kann mir die Anstalten wegen der Soldatenkinderschulen allhier einrichten.« So wurde Francke mehr und mehr zum »Geheimen Rat« des Königs für schwierige Fragen der Sozialpolitik. Die universalen Zielsetzungen des Pietismus mußten zurücktreten.

Bei der Gründung und späteren Verstaatlichung des *»Lagerhauses«* in Berlin, der zentralen Textilmanufaktur, beriet Francke den König ebenso wie bei der Anlage des Potsdamer *»Großen Militärwaisenhauses«* (1722) oder dem Berliner *Kadettenhaus.* Überall dienten die Anstalten Franckes als Vorbild. Das Potsdamer Waisenhaus entwickelte sich zu einem »Staatskonzern«, einer Art »Preußag« des Merkantilismus. Ihm wurden nicht nur bei der Gründung die Einkünfte eines Domänenamtes überwiesen, sondern auch das von den Krauttschen Erben übernommene Lagerhaus (viertausend Beschäftigte) mit Kapitalien, dazu die exportstarke Berliner Gold- und Silbertressenfabrik (Severin Schindler), das Freienwalder Alaunwerk und die Potsdamer Gewehrfabrik. Mit dem Zentralbetrieb des Lagerhauses (in der Berliner Klosterstraße) waren durch die auswärtige Wollbereitung und Spinnerei, durch Tuchlieferung und Handel zahlreiche andere Orte, insbesondere Garnisonorte wirtschaftlich verbunden; der Lagerhaus-Konzern mit den assoziierten Regie-Betrieben stellte gewissermaßen Anfang und Kern der später so bedeutsamen *Heeresindustrie* der Berlin-Potsdamer Residenz- und Zentrallandschaft dar. Geleitet wurden die Betriebe von der »Lagerhauskommission«, in der Vertreter des Potsdamer Militärwaisenhauses (wo der Lagerhaus-Manufaktur ebenfalls zugearbeitet wurde), der von den Ständen gebildeten Kurmärkischen Landschaft (Landeskreditinstitut) und der sonstigen Werkstätten vertreten waren. Wer das Waisenhaus durchlaufen hatte, konnte – ähnlich wie in Halle – als Lehrling in die angeschlossenen Manufakturen vermittelt werden.

Neben der Funktion als Erziehungs- und Bewahranstalt erfüllte das *Waisenhaus* auch die Aufgabe einer Berufsschule, soweit Kinder der Militärbevölkerung nicht den Weg zum Heer fanden. Die Leiter der Lagerhauskommission (Adolf von Manitius und Johann Samuel von Klinggräff) hatten als Schüler Franckes den Halleschen Anstaltskomplex vor Augen.

Für die Zukunft Preußens war es grundsätzlich unerheblich, ob der Lagerhauskomplex fortan immer erfolgreich gearbeitet hat oder ob der sozialpolitische Effekt nicht noch durch vermehrten Einsatz von Kapital, wozu der König nicht bereit war, beträchtlich hätte gesteigert werden können. Auch war die Problematik des Leistungsabfalls, der Kapitalvergeudung und der unternehmerischen Oberflächlichkeit in reinen *Staatsbetrieben* dem König und seinen Finanzräten nicht unbekannt, zumal die Diskussion über die Verpachtung der Domänen (1707/08) noch manchem erinnerlich war. Bedeutsam für die Zukunft war, daß in Preußen Staat und Herrscher die Notwendigkeit regelmäßiger kompakter Interventionen und Investitionen in den Wirtschaftssektoren Gewerbe, »Industrie« und Landwirtschaft schärfer zu sehen begannen. Am schlagendsten wird diese neue Linie dadurch belegt, daß Friedrich der Große 1740 aus den Mitgliedern der Lagerhauskommission das 5. Departement des Generaldirektoriums (Fachministerium für Handel und Gewerbe) bilden konnte.

Die zweite, nicht minder folgenreiche Bedeutung des gesamten Lagerhaus-

Projektes ist in der militärstaatlichen Zielgebung zu sehen. Das *Militärwesen* sollte nach der Idee des Königs nicht selbstzweckartig und unproduktiv neben Zivil-Staat und Privat-Wirtschaft stehen; es sollte vielmehr eingebunden sein in die ökonomischen und geldlichen Kreisläufe. Die starken sozialen Schattenseiten sollten durch eine Ökonomisierung, durch das Einfügen in Wirtschaftsabläufe gemildert werden. Nicht »Militarisierung« der Ökonomie war die Devise, sondern Ökonomisierung des Militärs. Dies ist, wie zu zeigen sein wird, in wesentlichen, wenngleich längst nicht allen Teilen gelungen, bis sich dieses System im Zeitalter der napoleonischen Kriege als überholt und reformbedürftig erwies. Vor der Französischen Revolution war es ein Fortschritt. Neidvoll haben Staatsmänner Österreichs und anderer Länder die Effektivität dieses Systems der Einbindung des Militärs hervorgehoben.

Es ginge zu weit, in diesen Zusammenhängen von einem *»Staats-Sozialismus«* Friedrich Wilhelms zu sprechen. Aber es bleibt die Tatsache bestehen, daß auch der Staat in private ökonomische Sphären eindrang und auf die Arbeitsmoral jedenfalls dort einzuwirken begann, wo sein Kapital- oder sonstiges Interesse gewahrt werden sollte.

Francke und andere unternehmerisch veranlagte Persönlichkeiten haben zahlreiche weitere pädagogische und soziale Stiftungs-Anstalten angeregt und begründet, die sich größerenteils als Filiationen des Halleschen Nucleus begreifen lassen. So ist an den vielfältigen *Wirkungen* des Bundes von Pietismus und Preußen-Staat nicht zu zweifeln. Franckes Ideen haben auf das Weltverständnis der brandenburgisch-preußischen Führungsschichten mittelbar eingewirkt. Bis zur Mitte des 18. Jahrhunderts läßt sich das genauer verfolgen. Die von den Halleschen Anstalten ausgegangenen ethischen Impulse sind darüber hinaus in unübersehbarer Verästelung von allen Schichten aufgenommen worden. Sie haben in der preußischen Manufakturperiode »bürgerlichem« Arbeitsethos und der Arbeitswelt im moderneren Sinne mit den Weg bereitet. Die *puritanische Komponente* in der preußischen Form des Absolutismus ist auch auf das im Staat weitgestreute pietistische Gedankengut zurückzuführen.

Neben den Wirkungen bleibt noch die obengestellte Frage zu beantworten, ob zu Franckes Lebzeiten die noch kleine pietistische Schicht im Staat geistig mit geführt hat oder ob sie nur den Monarchen angeregt und unterstützt hat. Eine schwierige Frage. Männer wie Friedrich Wilhelm I. oder der Minister Grumbkow mußten es aus ihrem Selbstverständnis heraus als etwas Unerhörtes empfinden, daß sich ein Geistlicher anheischig machte, bis zu zentralen Staatsangelegenheiten hin Rat und Hilfe anzubieten.

In der Sicht mancher Minister war Francke ein organisatorisches Genie, aber eben ein Außenseiter, von dem Grumbkow 1713 zu dem pietistischen General von Natzmer bemerkte, er – Grumbkow – wäre »gut franckisch, und wenn derselbe nicht ein Theologus wäre, sollte er nolens volens ins Commissariat gesetzt werden«. Ein Kompliment, von »oben« herab. »Nolens volens« entwikkelte sich aus Franckes Wirken eine Bewegung gegen höfische Verschwendung und die Oberschichten-Oberflächlichkeiten, die sich mit der Absicht verband, den Staat von »unten« und über die Bildung zu reformieren. Würde das »Klasseninteresse« den Lauf der Geschichte bestimmen, so hätte Francke mit seinen Helfern keine Chance gehabt. In Preußen gewährten Herrscher und hohe Amtsträger Freiräume, übernahmen Reformgedanken, prüften sie im Großexperiment des Lagerhauses oder der Ostpreußen-Sanierung, wobei widerstrebende konservative oder interessengebundene Kräfte unblutig beiseite geschoben wurden.

Indem der »Staat« so verfuhr (im Gegensatz zu Kursachsen oder thüringischen Landesstaaten), erneuerte er sich und schuf sich Wachstumskräfte. Die Zeit des Nachfolgers, der den Halleschen Unternehmungen ebenfalls Schutz gewährte, stand im Zeichen der »Aufklärung«. Aber in diese preußische Aufklärung war fast unbemerkt manches von dem eingegangen, was dem Pietismus das Entstehen verdankte. Der große Schwung ließ nach; aber vieles wohl blieb aufgehoben. Es wirkte fort als alltägliches Erbe in Familien und Gruppen, als moralische Komponente in der »preußischen« Lebenswirklichkeit.

Bilanz und Ende

Die Bilanz Preußens im Epochenjahr 1740 enthält »schwarze« Basiszahlen, die jedem Vergleich standhalten und die, für sich genommen, wie ein indirektes Bruttosozialprodukt, den Anstieg und Aufstieg in knapp drei Jahrzehnten ausweisen. Das *Finanzvolumen* (reine Staats-Einnahmen) betrug noch im ersten Regierungsjahr (1713/14) 4 800 303 Taler, im letzten Regierungsjahr (1739/40) 6 917 192 Taler (= 144 Prozent, gegenüber 1713). Die sogenannten reinen Staatseinnahmen sind identisch mit den Netto-Einnahmen, das heißt mit jenen Summen, die sich nach Abzug der Kosten für den Unterhalt der Provinzialbehörden sowie der örtlichen Domänenausgaben ergeben haben. Von diesen reinen Staats-Einnahmen entfielen im Durchschnitt der Jahre fünfzig bis vierundfünfzig Prozent auf den unmittelbaren und unumgänglichen Unterhalt des Heeres, während sich der gesamte »Militäretat« (einschließlich Baukosten, Sozialkosten, Gehälter für Geistliche und Schulbediente der Residenzen und so weiter) im Durchschnitt auf sechsundsechzig bis neunundsechzig Prozent der reinen Staats-Einnahmen belief.

Trotz der relativ hohen Heereskosten wurde seit 1713 so gewirtschaftet, daß zwei Millionen Taler zur Ablösung städtischer Schulden, fünf Millionen für den Aufkauf von Gütern und Höfen zu den Ämtern, zweieinhalb Millionen für den Ausbau der Festungen, zwei Millionen für sonstige Zivilbauten, zwei Millionen Abtretungskosten an Schweden und viereinhalb Millionen für das Retablissement in Ostpreußen (zusammen: sechzehn Millionen Taler) ausgegeben werden konnten. Im »Tresor« lagen als *Staatsschatz* 1740 mindestens 8,7 Millionen Taler in Edelmetall; im Durchschnitt der Jahre 1713 bis 1740 waren 11,1 Prozent der reinen Staats-Einnahmen für den Tresor abgezweigt worden, eine Summe, derer sich kein heutiger Finanzminister rühmen kann. Eine Verschuldung bei ausländischen Kreditgebern bestand nicht. Die steuerliche Pro-Kopf-Belastung dürfte bei wahrscheinlich geringerem Wohlstand etwa doppelt so hoch gewesen sein wie in Österreich unter Kaiser Karl VI.

Die *Bevölkerung* hatte sich von 1 613 587 auf 2 256 500 Einwohner erhöht (= 139,84 Prozent); rechnet man die sogenannte Militärbevölkerung hinzu (125 179 Personen), so lebten in den Landen des Königs 1740 2 381 700 Menschen, das heißt mehr als doppelt so viele Menschen wie 1688 (1 113 700). Der Anstieg auf 142,44 Prozent um 709 700 Menschen beruhte nur zum kleineren Teil auf dem Kolonistenzuzug (27 323 Personen) und der Erwerbung von Süd-Vorpommern mit Stettin (33 400 Personen). Vielmehr ist trotz einiger Epidemien und Mißernten der Geburtenüberschuß unter Friedrich Wilhelm hoch gewesen.

Friedrich Wilhelm I. hat als Pragmatiker neue Wege für den Staat gebahnt. Aber er vermochte nicht sein eigener Theoretiker zu sein. Aus den Maximen seines Handelns erwuchs erst später eine »Ideologie« vom klassischen »Preußentum«. Mit der Feder ungewandt hantierend, hat er keine einfallsreichen Staatsschriften wie sein Sohn hinterlassen. Aber er besaß die Intelligenz, staatsnützliche Ideen aufzugreifen und anzuwenden. Er war in erster Linie ein *Wirtschafts-König* und *Verwaltungs-König*. Auf diesen Gebieten ist nie Vollendung zu erreichen. So hat er Preußen auf vielen, längst nicht allen Gebieten ein Stück vorangebracht.

Vieles ruht noch heute in den geteilten Landen auf Fundamenten aus seiner Regierungszeit. In den von seinen Baumeistern errichteten Rathäusern, in Brandenburg und Pommern etwa, arbeiten mancherorts unverändert Stadtverwaltungen. In Hunderten von Kirchen sitzen Gläubige vor Altären, die der fromm-sparsame König und seine Verwandten oder die sonstigen Patronatsinhaber schnitzen ließen. Die Schlösser und Gutshäuser, die seine Minister und Regimentschefs errichteten oder ausbauten, erinnern noch heute als Ruinen (beispielsweise Finckenstein: Feldmarschall Albrecht Conrad Graf Finck von Finckenstein), als Schulen und Heime (Karwe: von dem Knesebeck; Roskow: von Katte; Hoppenrade: von Kraut; Prötzel: von Kameke; Meseberg: von Wartensleben; Wiepersdorf: von Leipziger; Wust: Feldmarschall Hans Heinrich Graf von Katte) oder unverändert als Wohnplätze derselben Familien (Marck-Tecklenburg: von Diepenbroick; Ippenburg: von dem Bussche; Wolfsburg-Nordsteimke: von der Schulenburg) an die lange Friedenszeit, welche dem »Soldatenkönig« wohl auch zu danken war.

Die leitenden *Tendenzen der Herrschaftsarbeit* Friedrich Wilhelms I. waren vor 1713 bereits vorhanden. Sie waren in den Staatseinrichtungen vorbereitet, eingeleitet oder doch im Ansatz erkennbar und sodann verwertbar. Der sichtbare

Umbruch, den das Jahr 1713 und die Jahre bis 1743 brachten, bestand nicht so sehr in dem »was«, sondern in dem »wie« der neuen Regierungsarbeit. Die Realität des Stehenden Heeres und die Maxime des stetigen Ausbaues im Einklang mit den Möglichkeiten des Landes waren durch beide Vorgänger vorgegeben: Neu war die Variante des fast manischen *»Soldatismus«* und der Verwendung des Militär-Potentials im Landesinteresse mit der Folge lokaler und zeitweiliger »Militarisierungen«, etwa in der Verwaltung.

Der *»Merkantilismus«,* die Kameralistik, die Förderung unterentwickelter Gewerbe, die Spezialisten-Anwerbung samt Staatskolonisation, alles dies wurde seit dem Großen Kurfürsten zunehmend erkannt und betrieben: Neu waren der differenzierte Ökonomismus und Fiskalismus, dazu die autokratischen Fehlentscheidungen. Der gemäßigte *»Puritanismus«* besaß ebenfalls ältere Wurzeln. Aber erst Friedrich Wilhelm hat den Versuch gewagt, dem Volk über die »Idee der Nahrung« hinaus eine Vorstellung beständiger Arbeit im Dienste einer christlich-ständischen Gesellschaft zu geben; oder auch, mit den Worten Fontanes, »an die Stelle von Zerfahrenheit, selbstischer Vielherrschaft und Willkür Ordnung und Gerechtigkeit« zu setzen.

Erstaunlich war die Geduld, mit der die Bevölkerung in den stärker betroffenen Städten und Landesteilen dieses Experiment der »Disziplinierung« und »Modernisierung« hingenommen hat. In dem System Friedrich Wilhelms waren Einschneidendes und Unbedeutendes eigentümlich gemischt. Wenn er den Fehler beging, Gruppen frontal anzugehen, regte sich Widerstand. Neben dem Phlegma der nordostdeutschen Bevölkerung, das absolutistische Aktionen wohl auch versacken und versanden läßt, gab es viele Methoden, den Dirigismus zu mildern. Berlin tanzte gewissermaßen weiter, während schöne Kindesmörderinnen enthauptet und Kirchenbußen verordnet wurden. »Ordnung« und »Gerechtigkeit« kamen von »oben«. Zu den Antworten der Widerstrebenden gehörten Spott und Witz, die geheime Absprache, die absichtsvolle Weitschweifigkeit, die Verweigerung des Dienstes, das Abschiednehmen, schließlich die »Desertion«, je nach Stand auf Zeit oder für immer. Das »Ausland« war nur wenige Meilen von Potsdam oder Berlin entfernt.

Die Anwesenheit weltlicher und geistlicher Amtsträger wenigstens in Städten und Ämter-Orten war ein gewohntes Bild. Neu aber wirkte die Art des Durchgriffs von den Zentralbehörden aus. Land und Orte wurden stärker als bisher erreicht und beaufsichtigt, mindestens in den Schwerpunkten des Interesses des Königs. Die Kontrolle, möglichst vom König noch selbst ausgeübt, sollte alle »hurtig« machen. Wo ökonomische Zwänge bestanden, ist das auch geschehen. Ungewöhnlich war auch der Anspruch auf rasch vorweisbare Ergebnisse, das Rentabilitätsdenken, Pünktlichkeit und Schnelligkeit sowie das schnelle, manchmal allzuschnelle justizmäßige Verfolgen von Versäumnissen, Vergehen und Verbrechen; »woferne Mein lieber Successor ambicion hat und fleißig zu Gohtt behtet und fleißig selber Arbeitet, so wierdt es gewiß angehen« (1722).

Aus alledem ergab sich schwerlich in allen Landen sogleich ein neuer »sozialer Zuschnitt« (G. Oestreich). Die bis dahin noch lückenhafte Decke des »hofstaatlichen Absolutismus«, die nach und nach über die Landesteile ausgebreitet worden war, war nur an den wesentlichen Bezugspunkten geschlossen und verstärkt worden. Die »grundlegenden Veränderungen« bestanden in der Zusammenfassung der obersten Behörden und damit in der einheitlicher gestalteten Politik der Führungsschicht mit und neben dem König. Es brauchte viele Jahrzehnte, teilweise fast ein Jahrhundert, bis sich auch der Leistungsstand der gesamten Verwaltung und die sozialen Grundlagen und Abhängigkeiten veränderten. Es kann kein Zweifel daran bestehen, daß auf den Gebieten der Wirtschaft und Zentralverwaltung von der Einsaat Friedrich Wilhelms noch am meisten zur Blüte gelangt ist. Aber es läßt sich nicht erweisen, daß seine eigentümliche Art des Regierens umfassend durchgesetzt und aufrechterhalten worden ist.

»Land« und König deckten sich im Verhalten nicht. Bereits unter dem in mancher Hinsicht freisinnigeren Nachfolger, der nicht ohne Grund und wiederum nicht ohne Voreiligkeit begeistert begrüßt wurde, verloren sich manche Eigentümlichkeiten und Härten, die andernfalls der Entfaltung eines bürgerlichfreieren, aufgeklärten Preußen entgegengestanden hätten. Mit Recht ist bemerkt worden, daß man bis heute nicht sagen könne, wie weit des Königs »starker Arm in der Kontrolle des Lebenswandels all seiner Untertanen im einzelnen« gereicht habe (G. Oestreich).

Diese Skepsis wird durch die Beobachtung verstärkt, daß trotz jährlicher Bereisung von dem weit auseinandergezogenen Staat immer nur Bruchteile visitiert und »auf Trab« gebracht werden konnten. Der Zustand des »alltäglichen Absolutismus« im Lande der Guts- und Domänenbauern, der kleinstädtischen Bürger und der privilegierten Kolonisten blieb ein anderer als jener aktenkundige normierte Autokratismus und schwungradartige Aktivismus des Königs, der mit aller seiner »persönlichen Vehemenz, eisernen Folgerichtigkeit und schroffen Rücksichtslosigkeit« bleibende Erfolge nur dort erzielen konnte, wo er sich nicht im dichten Netz der Landeseigentümlichkeiten mit alten Rechten verfangen konnte.

Wie ein Naturereignis war diese Regierung über Land und Leute dahingegangen. Manche Saat grünte, Halme richteten sich wieder auf, die Stämme hatten dem Sturm ohnehin widerstanden. Als die Energie des Herrschers sich ausgelebt hatte, als er zerquält zurückfiel, kamen ihm Zweifel, ob nicht Größeres zu bauen gewesen wäre. Wenige der Zeitgenossen bemerkten das *machtpolitische Dynamit,* das mit Schatz und Heer in der kurzen Zeit von siebenundzwanzig Jahren angesammelt worden war.

Im Testament von 1722, vom Dreiunddreißigjährigen mitten in der Aufbauarbeit abgefaßt, heißt es noch vorsichtig, er habe das Land und die Armee in Stand gesetzt, der Nachfolger könne in der Tradition der Vorfahren die »Pretensionen und lender darbeyschaffen, die unserm hauße von Gott und rechtswehgen zugehöhren, bettet zu Gott und fanget niemahlen ein ungerechten Krig an, aber wozu Ihr recht habet, da laßet nicht ab«. Nach den bitteren Erfahrungen mit dem Kaiser wurde der Ton härter: »Dort steht einer, der mich rächen wird« (1736).

Am 28. Mai 1740, am Sonnabend vor dem Tode, instruierte er den aus Rheinsberg herbeigeeilten Kronprinzen im Beisein des Staatsministers von Podewils über die *Lage des Staates,* insbesondere die auswärtigen Angelegenheiten, wobei neben der Gesamtsituation die jülich-bergische Frage sowie die Gebietsansprüche in Ostfriesland und Mecklenburg im Vordergrund gestanden haben. Der Geheimvertrag mit Frankreich solle der Gebietserweiterung am Niederrhein dienen; Georg II. von England sei kein verläßlicher Bündnispartner, nach den Erfahrungen mit dem Bündnis von 1725; mit Rußland seien Konflikte zu vermeiden, einem großen Risiko ständen geringe Gewinn-Chancen gegenüber, eine Politik des guten Einvernehmens sei angebracht. Seine Riesengarde solle Friedrich auflösen, die Kosten seien zu hoch.

Die Abdankung des Königs, die er am Morgen seines Todestages (31. Mai) dem Kronprinzen in Gegenwart von sieben Generälen, zwei Ministern, drei Kabinettssekretären und einem Kammerherrn verkündete, wurde nicht mehr rechtskräftig. Als er am Nachmittag starb, hatte er noch bis zuletzt mit der Neugier eines Naturwissenschaftlers in einem Spiegel seine Auflösung verfolgt (»bis hieher bin ich schon tot«). In der *Todesstunde* trug ihn neben aller Gläubigkeit, Einsicht und Bußfertigkeit (»Ach, Ich bin ein böser Mensch«) das Bewußtsein des Offiziers, am Ende des militärischen Etat-Jahres (von Anfang Juni bis Ende Mai) ohne Tadel und Vorwurf den Abschied nehmen zu können. Er hatte die Staats-Stafette ordnungsgemäß weitergereicht, an einen »würdigen Sohn und Nachfolger«, wie er nun sicher zu wissen glaubte: »Er hat Geist, und alles wird gut gehen«.

SIEBENTES KAPITEL

Eintritt in den Kreis der Großmächte: Friedrich der Große und der Weg zum Reformabsolutismus (1740 bis 1786)

»Je älter man wird, umso mehr überzeugt man sich, daß seine geheiligte Majestät der Zufall drei Viertel von den Geschäften dieser elenden Welt besorgt.« Friedrich an Voltaire, 1759

Herrscher und Hof

Kein Herrscher hat mehr für Brandenburg-Preußen geleistet als Friedrich II., den man zu seinen Lebzeiten mit dem Beiwort der historischen Größe bedacht hat. Es mutet wie eine Ahnung künftigen Streites um seine Person an, wenn er sich bereits als Kronprinz von Schloß Rheinsberg aus gegenüber seinem berühmteren französischen Korrespondenz-Partner Voltaire salviert: »Alle Handlungen der Menschen«, so versicherte er ihm, »sind verschiedenartigen Ausdeutungen unterworfen. Man kann den edlen Handlungen giftige Deutungen geben, und wiederum die schlechten als entschuldbar, wenn nicht als lobenswert hinstellen. Es ist immer die Parteilichkeit oder Unparteilichkeit des Geschichtsschreibers, die das Urteil des Publikums und der Nachwelt bestimmt« (13. November 1737). Um Friedrich haben sich die Parteilichen und die dem Ideal des Unparteiischen Nachstrebenden bemüht. So schwankt noch heute, wie Schiller von Wallenstein sagt, »sein Charakterbild in der Geschichte«.

Friedrich als Mensch hat seit seinem Tode viele Feinde und nur wenige Verteidiger gefunden. Daß ein unbedachtes Wort, ein zu scharfer Tadel ihm immer wieder einmal leicht über die Lippen gegangen ist, ist belegt. Witz, Sarkasmus, Ironie und die Bosheit des versierten Menschenkenners – alles dies stand ihm in reichem Maße zur Verfügung. Es spricht für ihn, daß er den solcherart Blessierten in der Regel Genugtuung gewährte, sobald er den Irrtum bemerkt hatte. Der König erzog Heer und Beamtenschaft durch seine persönliche Schärfe. Sie waren die Fuchtel der Disziplinierung, um der anfälligen Staatsmaschinerie hohe Leistungen abzugewinnen. Er wollte geachtet und auch gefürchtet sein. Er wurde gefürchtet und zugleich respektvoll bewundert.

In der Bitternis des Winters von 1761 zu 1762, als es ihm ungewiß wurde, ob er ohne Landverlust den Krieg beenden könnte, unter rheumatischen Beschwerden leidend, hat er selbst mit den nächsten Mitarbeitern überreizte Wortwechsel geführt. Nur wenige antworteten ihm kühl und standhaft oder mit gleicher Münze, wie Zieten, Seydlitz oder Prinz Heinrich. Sein Vorleser Henry de Catt, Zeuge sonst verborgener Regungen, hatte dieses Problem Friedrichs bald erkannt: »Ein Großer muß einen Privatmann immer schonen. Ein Wort, das eine Kleinigkeit ist, wenn ein Gleichgestellter es ausspricht, wird im Munde eines Königs zum durchbohrenden Pfeil, der fast immer schmerzt, und ein König, wie hoch erhoben er auch sei, darf niemanden erbittern.«

Es gab kaum eine Einzelperson im Staat, die sich durch Friedrich einer Dotation zu erfreuen gehabt hätte, die nicht durch das Staatsinteresse gedeckt gewesen wäre. Die Freunde seiner Tafelrunde und seiner Alterstage waren nicht seine Minister. Die Generale und Minister zählten mit wenigen Ausnahmen (Prittwitz, Fouqué) nicht zum engeren Freundes- und persönlichen Korrespondenten-Kreis. Dies galt auch für die königlichen Prinzen, denen er festumrissene Aufgaben zuwies. Den Vater des späteren Thronfolgers, seinen Bruder *August Wilhelm*, dem es an strategischer und an militärischer Begabung fehlte, degradierte er in der Krise des Augustes 1757 und schrieb ihm: »Ich werde Dir, solange ich lebe, kein Kommando über eine Armee geben, es sei denn, daß ich eine zuviel hätte. Aber Du kannst bei der Armee bleiben, die ich führe, ohne daß Deine Ehre dadurch verletzt wird. Gehst Du nach Berlin, so setzt Du Dich der Gefahr aus, über kurz oder lang von einem Streifkorps aufgegriffen zu werden oder Dich mit den Weibern in irgendeine Festung zu retten. Eine schöne Rolle für einen präsumptiven Thronfolger! ... aber wisse, daß ich Dich als meinen Bruder und Verwandten verleugne, wenn Du nicht dem Gebot der Ehre folgst, dem einzigen, das sich für einen Thronfolger schickt. Du redest mir von Respekt. Meine Denkweise kennst Du: Ich verlange ihn von niemand, aber ich will, daß meine Verwandten anderen das Vorbild der Standhaftigkeit und der Ehre geben, nicht das der Feigheit« (12. August 1757). Ein Jahr später (12. Juni 1758) starb August Wilhelm in der Stille des Schlosses Oranienburg an einem Gehirntumor, unversöhnt mit dem König.

Dies war der Höhepunkt und Abschluß eines Konfliktes, der für *Staat und Dynastie* grundsätzliche Fragen aufwarf und nicht ohne Folgen geblieben ist. Friedrichs Auseinandersetzung mit August Wilhelm war gewissermaßen der Katte-Konflikt seiner Regierungszeit. Der König verlangte vom Thronfolger (seit 1744: »Prinz von Preußen«) das Unmögliche und geriet in Raserei, als der Prinz durch zu langsames Handeln die militärische Position des Königs schwächte. Diese Zornesausbrüche waren Friedrichs väterliches Erbteil. Ein Mann wie Eichel kannte das längst und schrieb 1741 an Podewils: »Wenn man gut ist, so ist man es ganz wunderbar; aber wehe, wenn die Heftigkeit über uns kommt!«

Die »Heftigkeit« kam 1757 nicht von ungefähr. Das Verhältnis zwischen Friedrich auf der einen Seite und vor allem den Brüdern August Wilhelm und

Heinrich auf der anderen Seite hatte sich seit 1749/50 zunehmend getrübt. Damals hatte Friedrich dem Thronfolger geschrieben: »Nur in militärischen Fragen kenne ich keine Schonung, gehen meine Brüder mit gutem Beispiel voran, so freue ich mich unendlich darüber. Tun sie es nicht, so vergesse ich mit dem Augenblick jede Verwandtschaft und tue nur meine Pflicht, nämlich bei meinen Lebzeiten alles in guter Ordnung zu halten.« Die Ähnlichkeit mit den Grundauffassungen des Vaters ist mit Händen zu greifen. Staats-Dienst und dynastische Lebensform standen sich gegenüber. Die Prinzen hatten dem Krieg widerraten und frondierten in vorsichtiger Form; was ihnen als ein überflüssiges politisches Abenteuer erschien – der Kampf um Preußens Großmachtstellung –, war für Friedrich ein durchzufechtender Existenzkampf des vergrößerten Staates. Eine Brücke zwischen beiden Auffassungen gab es nicht. Friedrich beging den Fehler, seinem weniger begabten, willensschwachen und bereits kränkelnden Bruder ein Kommando anzuvertrauen. Dies war bereits gegen sein besseres Wissen geschehen; im Politischen Testament von 1752 hatte er sorgenvoll an die »Geißel einer Minderjährigkeitsregierung« erinnert. Der Sohn des Thronfolgers (Friedrich Wilhelm II.) war 1757 ein zwölfjähriges Kind. Die Dynastie stand, als Friedrich in den Siebenjährigen Krieg zog, in der nachfolgenden Generation auf vier Augen. Da der König ohne Nachkommen blieb, hat man in Wien nicht ohne Schadenfreude gehofft, das Aussterben des männlichen Stammes des Hauses Hohenzollern zu erleben (Kaunitz, 1768).

Außenpolitik und Kriege

Die ersten Schritte des Königs in der Außenpolitik zeigten, daß in Preußen ein anderer Wind wehte, daß eine scharfe Interessenpolitik zu erwarten war. Deutlich wurde den Zeitgenossen alsbald auch, daß nun ein Fürst an die Spitze Brandenburg-Preußens getreten war, der politischen Widerstand gegen die Habsburger als politisches Programm im Kopf trug. Die Rüstung erwies sich als der beste Zeichengeber für die politischen Pläne, die Friedrich mit einer militärischen Partie zu eröffnen gedachte. Die Armee wurde um sieben Infanterieregimenter erweitert, so daß die Feldtruppen Anfang 1741 rd. 100000 Mann umfaßten. Das waren ebenso viele Kämpfer, wie sie auch das Kaiserhaus mit seinen größeren Landen unter Waffen hielt. Wie noch jeder Kron- und Kurprinz seit Johann Sigismund hatte er unter den letzten Mißerfolgen seines Vaters gelitten. Nun wollte er mit Ungestüm und Ehrgeiz den Namen seines Staates der Welt einprägen.

Eine der Voraussetzungen erfolgreicher Außenpolitik wird immer die Geheimhaltung der realen Pläne und der vorbereitenden Schritte sein. Mit den auswärtigen Diplomaten Preußens führte Friedrich vom ersten Regierungstage an die *Korrespondenz* aus dem Kabinett heraus. Ihre Berichte gingen an den König allein, an ihn zuerst, oder es konnten zwei Ausfertigungen an den König und an die Minister des Auswärtigen zugleich geschickt werden. Die Korrespondenz mit anderen Staatsoberhäuptern besorgte Friedrich bei bedeutenderen Vorgängen eigenhändig. Ansonsten gab er dem Kabinettssekretär stichwortartig die Gesichtspunkte und vollzog die Schreiben durch Unterschrift. Der zeremoniale und der gesamte übrige Schriftverkehr oblag dem auswärtigen Ministerium, dessen Minister als des Königs »Räte« mehr auf das Detail, weniger aber auf die großen Linien Einfluß nehmen konnten. Tatsächlich erwies sich die Position des geschäftsführenden Außenministers *Podewils* (1695 bis 1760) zwar als schwierig, aber doch von großer Beständigkeit, da der König an seinen Ministern, wenn sie nicht Unterschlagungen begingen (Fall Goerne), über alle Kontroversen hinweg festhielt. Daran änderten dann auch die unvermeidlichen Tages-Ärgernisse nichts, wenn beispielsweise Friedrich mit seiner scharfen Zunge auswärtige Mächte oder Potentaten brüskierte und der besonnene Außenminister die Dinge entsprechend den internationalen Gepflogenheiten zurechtzurücken hatte und dann wohl unmutig ausrief, der König solle ihn überhaupt nicht mehr informieren oder den Verkehr mit den Gesandten ihm überlassen (1744). Friedrich wiederum hielt die Verbindung von Kriegskunst und Politik in einer Person für die höchste Stufe der Staatsführung. Als er im Herbst 1740 den *Bischof von Lüttich* mit Hilfe von 2000 Mann zwang, die preußische Herrschaft Herstal (einst der Hof Pippins, des Vaters Karls des Großen) für 240 000 Taler endgültig zu übernehmen (20. Oktober 1740), war er zum ersten Mal mit seinen Beratern in einen schärferen Ton geraten; als sie der Pression gegenüber dem Bistum widerrieten, ward ihnen der Bescheid zuteil: »Wenn die Minister von Politik reden, so sind sie geschickte Leute; aber wenn sie vom Kriege sprechen, so ist es, als spräche ein Irokese von der Astronomie«. Hier zeigte sich erstmals die Tatze des Löwen. Der ehrwürdige Lütticher Bischof, ein Reichsfürst, war in den Größenordnungen des Tierreiches soweit bewandert, daß er sich der zweitausend Preußen (Voltaire zu Friedrich: »Zweitausend gute Gründe«) einigermaßen rasch zu entledigen trachtete. Österreich und Frankreich beschränkten sich auf Proteste.

Diese geglückte Aktion hatte den Wert der Geheimhaltung gezeigt. »Meine Geheimnisse«, verriet Friedrich später, »sind fest in meiner Brust verschlossen. Ich habe nur einen einzigen Sekretär, dem ich absolut vertrauen kann; wer also meine Absichten herausfinden möchte, müßte mich selbst bestechen.« Der Sekretär war der Geheime Kriegsrat *Eichel*, aus dem Kabinett des Vaters übernommen, ein Feldwebelssohn aus Berlin, der – typisch für die Möglichkeiten raschen sozialen Aufstieges in Preußen – nach einem Studium der Rechte in Halle von Friedrich Wilhelm I. »entdeckt« und 1730 ins Kabinett genommen wurde. Eichel, alles andere als ein »Faktotum« (J. Schultze), gehörte zu den fünf mächtigsten Männern hinter dem König, dessen Weg er durch alle Tiefen und

Höhen mit fast väterlicher Sorge, mit Verwaltungs-Intelligenz und mit nicht zu erschütternder Verehrung begleitete, bis ihm die Feder entglitt und er 1768 in den Sielen starb. In seiner Funktion ähnelte er, sofern ein solcher Vergleich gestattet ist, dem Staatssekretär im Bundeskanzleramt. Zeitweise übernahm er, während der König Schlachten schlug, stillschweigend Teile der Regentenaufgaben im Hinblick auf Finanzen und innere Verwaltung. Die fremden Geschäftsträger wußten um seine Existenz und seine Geheimnisse. Alle Versuchungen prallten an Eichels Härte ab; in einem Bericht heißt es: »Von keinem sterblichen Auge gesehen, lebt er in völliger Abgeschiedenheit und weiß doch alles; streng bewacht wie ein Strafgefangener, ist er das ganze Jahr über im Dienst, ohne auch nur eine halbe Stunde beurlaubt zu sein; wohin der König geht, dahin geht auch er; seine Kanzlei ist der wahre Sitz der Regierung; jede Mühe, ihn zu sprechen, ist vergeblich.« Für die Führung der auswärtigen Geschäfte war es entscheidend, daß Eichel (der auch geheimdienstliche Aktivitäten koordinierte) mit von Podewils eng zusammenarbeitete. Preußens Außenpolitik stand, in den entscheidenden Jahrzehnten, auf zwei plus vier Augen.

Der Vorstoß nach *Schlesien*, mit dem Friedrich am 14. Dezember 1740 die Machtprobe eröffnete, löste Alarm bei allen größeren europäischen Kabinetten aus. Denn nun geriet das Gleichgewichtssystem Europas, das ohnehin in Abständen von wenigen Jahren immer wieder militärisch-diplomatisch ausbalanciert werden mußte, für einen langen Zeitraum in die Gefahr der Desorganisation. Es mindert das Ausmaß und die Verantwortung des Preußenkönigs nicht, wenn darauf hinzuweisen ist, daß die Labilität der Habsburger Monarchie nach dem Aussterben im Mannesstamm, dazu der sich seit 1739 (»Schmugglerkrieg« zwischen England und Spanien) verstärkende englisch-französische Gegensatz Unruhe und Spannungen stiftende Faktoren gewesen sind. Preußen suchte die Gunst der Stunde zu nutzen. Sachsen und Bayern bezogen 1740 ebenfalls die potentielle Konkursmasse der Habsburger in ihre Kalkulation ein. Friedrich handelte schneller und blieb erfolgreicher. Sein Vorgehen war »gemessen an den Maßstäben der auswärtigen Kabinettspolitik seines Zeitalters mit der raschen Entfesselung dynastischer Kriege und bedenkenlosem Ländertausch ohne Rücksicht auf die Betroffenen nicht singulär« (P. Baumgart). Daß die etablierten Mächte das Vorpreschen des Neulings mit Mißtrauen und Abneigung verfolgten, versteht sich. Aber eine wie immer beschaffene Form von Solidarität der Großmächte, getragen von der Idee einer »aristokratischen Kollektiv-Hegemonie«, gab es nicht. Das sind spätere Sinngebungen. Unverändert rangierte das Einzelinteresse vor den Interessen der Mächte an der Erhaltung des Status quo. Der rasche Partner-Wechsel aller Mächte bestätigt das.

Aufreizend an Friedrichs Vorgehen war vor allem, daß der Versuch des Eindringens in den innersten Kreis des europäischen Mächtesystems an einem neuralgischen Punkt angesetzt wurde, in Schlesien nämlich. Indem Preußen sich auf einen Schlag die Provinz beiderseits der oberen Oder aneignete, bildete sich ein geschlossener *Sperr-Riegel im östlichen Mitteleuropa*, von der pommerschen Küste bis zu den Karpaten reichend. Die Zugänge und Ausgänge in diesem Raum standen fortan unter preußischer Kontrolle. Niemand zweifelte daran, daß Preußen die nunmehr gegebenen Chancen nutzen würde. Die neuen Raumbeziehungen mußten Sachsen, Polen, Rußland und Böhmen-Habsburg berühren. Dazu kam die Besorgnis anderer Mächte, daß Preußen sich auch im norddeutschen Raum mit Hilfe seines nun rasch wachsenden Bevölkerungs- und Finanzpotentials einen eigenen Einfluß oder sogar Herrschaftsbereich aufbauen könnte. Solange England mit Wien kommunizierte, hat Friedrich nicht unterlassen, König Georg II. unverhohlen an die ungeschützte Lage Hannovers zu erinnern. Preußens »unaufhaltsamer« Aufstieg zeigte, daß die Zeit der Zersplitterung Mitteleuropas zu Ende gehen könnte.

Maria Theresia hat die Herausforderung auf Leben und Untergang mit der Unerfahrenheit und Festigkeit ihrer Jugend angenommen. Von der Politik ihres Vaters und seiner Vorfahren gegenüber Brandenburg-Preußen dürfte sie ebensowenig wie von den tatsächlichen Zuständen in Schlesien etwas gewußt haben. Daß die schlesischen Protestanten Friedrich als ihren Befreier begrüßten, berührte die Entschlüsse in Wien offensichtlich nicht. Man dachte unverändert dynastisch; aber unterschwellig beginnt sich die emotionale Kraft von Bevölkerungsgruppen in den historischen Prozeß einzuschieben.

Preußische Truppen in Schlesien standen nun von Preßburg und Wien nicht viel weiter entfernt als die österreichischen Regimenter am Nordrand des böhmischen Kessels in der Stoßrichtung auf Berlin. Ein Duell war mithin eröffnet, mit etwa gleichen Distanzen, mit immer wieder verbesserten Waffen, mit wechselnden Sekundanten, längeren Ruhepausen, mit barbarischem Blutvergießen und einem preußischen »Meisterschützen« am Schluß, der nach dem letzten Kugelwechsel 1866 den Überwundenen in Nikolsburg die Hand reichte.

Als in Rheinsberg, wo Friedrich an einem Fieber darniederlag, am 26. Oktober die Eilstaffette mit der Nachricht eintraf, daß Kaiser *Karl VI.* die Augen geschlossen hatte, gab Friedrich seinem »Fieber den Laufpaß«, brachte seine »Maschine« auf Touren und schrieb Voltaire: »Dies ist der Augenblick der völligen Umwandlung des alten politischen Systems«. Seine Entwürfe hatte er im Kopf. Die Ansprüche Brandenburg-Preußens auf die kleinen schlesischen Fürstentümer Liegnitz, Brieg, Wohlau sowie Jägerndorf waren für alle Fälle aus den Archiven ausgegraben worden. Gegen den Widerspruch des Außenministers und des Feldmarschalls Schwerin, die Verhandlungen über Schlesien wünschten, entschied sich Friedrich für die Inbesitznahme des Landes als Faustpfand. Ehrgeiz, vor allem aber die Staatsraison bestimmten Friedrichs Entschluß. »Nationale« Absichten im Sinne der Erweiterung deutschen Siedlungsraumes lagen Friedrich fern. Auch die Religionsfrage war mehr ein politischer Trumpf als ein Agens seiner Politik. In den ersten Novembertagen gingen die Befehle heraus, durch die das Heer auf »Kriegsfuß« gesetzt wurde. Den für Schlesien bestimmten Regimentern gab man wie üblich lutherische und katholische Feldprediger; alle Offiziere, besonders die Kommandeure, erhielten Anweisung, an allen Orten zu »verhüten, daß von Niemandem weder dem Catholischen Geistlichen noch auch seiner Gemeinde ... zu nahe getreten und denen selben zu querulieren Anlaß gegeben werde, zumahlen Euch wohl wissend, daß ich keine Persecutiones in Religionssachen leyden kan«.

Von *Rußland* war zur Zeit nichts zu befürchten. Die Zarin Anna lag im Sterben. Der Thronwechsel lähmte die Aktionsfähigkeit des Reiches der Moskowiter. Am 11. Dezember erging dann eine Art Ultimatum an Österreich: wenn es Schlesien an Preußen abträte, würde Friedrich an der Seite Maria Theresias für die Kaiserwahl ihres Gemahls Franz stimmen und für das Erzhaus zu Felde ziehen. Bevor eine Antwort eintreffen konnte, rückte ein Teil des Heeres unter dem König zu kriegsunüblicher Jahreszeit in das von österreichischen Truppen entblößte Oderland ein. »Der Mann ist verrückt«, soll Frankreichs König ausgerufen haben, als ihn die Hiobsbotschaft erreichte.

Innerhalb von sieben Wochen vollzog sich die Besitzergreifung. Die Preußen hielten ihre Versprechungen (»Proklamation an die Schlesier«), *Breslau* wurde überrannt. Der König gab den Bewohnern seiner nunmehr vierten Residenzstadt ein glanzvolles Fest. Die Stände fügten sich der Macht der Tatsachen und blieben unbehelligt. Ein Bürger, der den neuen preußischen Adler an einem Rathaus beschaute, bemerkte sarkastisch: »Dieser Vogel hat nur einen Kopf und einen Kropf: vielleicht wird er nicht soviel fressen wie der andere«. Tatsächlich herrschten in Schlesien nach einer Mißernte Hungersnot und Stillstand in den Gewerben. Die Preußen brachten Proviant und das Geld ihrer Kriegskassen ins Land. In wenigen Monaten hatte sich auch die neue Verwaltung allenthalben eingerichtet. So war Friedrichs Rechnung weitgehend aufgegangen. Er hatte die Gegner richtig eingeschätzt. Seine heimlichen Alliierten aber waren Kriegsunlust und Schlendrian, Bestechlichkeit und Verschuldung auf der Gegenseite.

Noch freilich hatten die *Waffen* nicht gesprochen. Die dreiundzwanzigjährige Habsburgerin war, obwohl sie sich einer großen Koalition gegenübersah, zum Kampf entschlossen. Ihren Feldmarschall Neipperg ließ sie mit 14000 Mann Anfang April 1741 in Niederschlesien einrücken. Kurz vor Brieg stießen Österreicher und Preußen zum ersten Mal mit großen Armeen aufeinander. Der neunundzwanzigjährige König sah dem Ausgang des Treffens doch mit Bangen und Sorge entgegen. Am Vorabend der Schlacht von *Mollwitz* (10. April) übersandte er dem Bruder August Wilhelm ein kurzes persönliches Testament: »Wenn ich falle, vergiß einen Bruder nicht, der Dich stets zärtlich geliebt hat. Sterbend empfehle ich Dir meine geliebte Mutter, meine Dienerschaft und mein erstes Bataillon Garde. Eichel und Schumacher (sc. Kabinettssekretäre) wissen über meinen letzten Willen Bescheid. Gedenke meiner stets, aber tröste Dich über meinen Verlust. Der Ruhm der preußischen Waffen und die Ehre des Hauses bestimmen mein Handeln und werden mich bis in den Tod leiten. Du bist mein einziger Erbe. Wenn ich sterbe, empfehle ich Dir die, welche ich im Leben am meisten geliebt habe: Keyserlingk, Jordan, Wartensleben, Hacke, der ein Ehrenmann ist, Fredersdorff und Eichel, denen Du voll vertrauen kannst. Achttausend Taler, die ich bei mir habe, vermache ich meiner Dienerschaft; alles andere aber, was ich besitze, hängt von Dir ab. Mache allen meinen Brüdern und Schwestern in meinem Namen ein Geschenk.« Die Königin bleibt unerwähnt. Der König war aufgeregt, alles stand auf dem Spiele.

Die Preußen wurden von protestantischen Schlesiern über die Positionen der Feinde unterrichtet, nutzten den Überraschungsvorteil aber nicht aus, wie Friedrich später zugeben mußte. Die ausgezeichnete österreichische Kavallerie warf die preußischen Reiter, versuchte die standhaften preußischen Infanterie-Linien zu umgehen und erschöpfte sich schließlich in dem schneematschigen Grunde. In der ersten Krise ließ der preußische Feldmarschall Schwerin den unerfahrenen König vorsichtshalber vom Schlachtfeld fortführen, worunter Friedrichs Selbstgefühl noch lange litt. Dann rief Schwerin der Infanterie einige ermutigende Worte zu und befahl den drei Linien mit klingendem Spiel vorzurücken: »Ich kann wohl sagen«, berichtete ein österreichischer Offizier, »mein Lebtag nichts Superberes gesehen zu haben; sie marschierten mit der größten Contenance und so nach der Schnur, als ob es auf dem Paradeplatz wäre. Das blanke Gewehr machte in der Sonne den schönsten Effekt und ihr Feuer ging nicht anders als ein stetiges Donnergrollen.« Die methodisch geschulte preußische Infanterie des Alten Dessauers (die »Friedrich-Wilhelm-Männer«, wie man später sagte) trieb mit ihrem schnellen Feuer die Feinde auseinander und räumte das Schlachtfeld ab. Für eine Verfolgung reichten Beweglichkeit und Reiterkräfte nicht aus. Beide Seiten hatten je etwa 4500 Mann verloren. Der »mörderische Sieg« zeitigte das gewünschte Ergebnis: »Unsere Sache steht gut« (4. Februar 1742).

Mollwitz hat für die Kriegskunst Friedrichs erhebliche Bedeutung gehabt. Im Lager von Strehlen, von wo aus Friedrich 1741 Schlesien verteidigte und Breslau militärisch besetzen ließ (10. August), wurde die Kavallerie reorganisiert und ein »spartanischer« Lebensstil gepflegt, der die französischen Gäste überraschte. Der Gesandte Valory berichtete seinem Hof einiges Ungewöhnliche aus dem Alltag des Voltaire-Verehrers: »Er quartiert sich unter einem Zelt ein, im Mittelpunkt seines Lagers; er ist es, der alle Befehle erteilt und sich um den ganzen Einzeldienst kümmert, welchen in den französischen Heeren der Quartiermeister von der Kavallerie und der Generalmajor versehen; er befaßt sich mit der Verpflegung, der Artillerie und dem Geniewesen, er hat auch selber den Plan zur Berennung von Brieg entworfen. Er erhebt sich früh um vier Uhr, steigt zu Pferde und besucht vom rechten Flügel bis zum linken alle Posten und Außenposten seines Lagers. Er versieht persönlich alle Offiziere und Generale, die er abordnet, mit Befehlen und Verhaltungsmaßregeln, und ihm persönlich erstatten alle, die sich zurückmelden, ihren Bericht.« Der König verhörte sogar selbst

Deserteure, Spione und Gefangene. Daneben aber regierte er den Staat und trieb eine »machiavellistische« Außenpolitik, deren Hauptziel Schlesien hieß.

Mollwitz, dem eine Woche später die Kapitulation der starken Festung Brieg gefolgt war, hatte den Umschwung gebracht. An eine Aufteilung Preußens konnten die nunmehrigen Verbündeten Österreichs (England, Holland, Sachsen, dann auch Rußland) nicht mehr denken. Friedrichs Bündnis mit Frankreich (4. Juni), die Kandidatur Karl Alberts von Bayern und der Anmarsch einer bayerischen Armee bis nach Oberösterreich stürzten die Doppelmonarchie in eine zusätzliche Krise. Nun mußte sich Maria Theresia mit dem Gedanken befreunden, wenigstens Niederschlesien vorerst aufzugeben, um die Reihe ihrer Feinde zu verringern. Friedrich wiederum war darauf bedacht, das Seinige in Sicherheit zu bringen, da die antihabsburgische Koalition nur geringe Fortschritte zu verzeichnen hatte. So schloß er mit Neipperg unter englischer Vermittlung insgeheim das Abkommen von *Klein-Schnellendorf* (9. Oktober 1741): Neipperg sollte ungehindert abziehen, die Festung Neiße öffnete dem Preußenkönig ihre Tore nach kurzer Scheinbelagerung – Schlesien lag zu seinen Füßen. Das Abkommen wurde vom Wiener Hof verbreitet und Friedrich geriet bei Frankreich und anderen in den Ruf eines nicht sonderlich festen Verbündeten. Aber Verträge galten auch damals nur so lange in der Politik, wie sich deren Voraussetzungen nicht verändert hatten.

Der Waffenstillstand mit Österreich blieb Episode. Wenig später, nachdem die verbündeten Franzosen, Bayern und Sachsen Prag gestürmt hatten (26. November), trat er wieder an deren Seite und operierte vom Frühjahr an mit seinen Truppen in Böhmen. Doch der Krieg zog sich in die Länge. Friedrichs väterlicher Kriegsschatz schmolz zusammen, zwei Drittel waren bereits verbraucht. Preußen drohte wieder in unangenehme Abhängigkeiten zu geraten. Nach der Wahl des Wittelsbachers Karl Albrecht zum Kaiser (»Karl VII.«) im Januar 1742 verdichtete sich bei Friedrich der Eindruck, daß er weder in Wien noch in Paris als das galt, was er sein wollte: eine nordostdeutsche Macht mit dem Anspruch, nach dem internationalen Protokoll der Großmächte behandelt zu werden.

So suchte er die Entscheidung auf den böhmischen Gefilden, bat Kardinal Fleury noch vorher um eine Messe in Notre-Dame zugunsten Preußens und schlug die Österreicher unter Prinz Karl von Lothringen (dem Schwager der Maria Theresia) bei *Chotusitz* (17. Mai), während die Friedensgespräche in Wien dank Englands Vermittlung nicht abrissen. Ein Zustand zwischen Krieg und Frieden wie heute im Nahen Osten. Für alle Zukunft militärisch besorgniserregend war jedoch für die Österreicher, daß die schwächeren Preußen (Bataillone: 38 zu 30; Schwadronen: 93 zu 70) mit verbesserter Kavallerie und 76 leichten, infanteristisch eingesetzten Feldgeschützen und einer geschickten Flügeloperation die böhmische Armee der Königin von Ungarn in vier Stunden in einen desolaten Zustand versetzt hatten. Die Preußen beklagten viertausend Tote und

Verwundete. Friedrich kaufte sogleich einige Morgen Land, um die Toten zu betten. Als Thomas Carlyle im nächsten Jahrhundert die Stelle aufsuchte, wuchsen dort friedlich Roggen, Gerste und Hülsenfrüchte.

Der unverzüglich abgeschlossene *Vorfrieden* (11. Juni) sicherte – dank Englands Vermittlung – Preußen Niederschlesien und den größten Teil Oberschlesiens (unter Einschluß des späteren Kohlenbeckens). Die Übernahme erheblicher Landesschulden durch Preußen kam einem Kaufpreis gleich. Österreich behielt den Westteil Oberschlesiens (Jägerndorf-Teschen). Friedrich (obschon insgeheim triumphierend) besuchte demütig die Friedenspredigt des Breslauer Kardinalbischofs Sinzendorff. Den vorbereiteten Thronsessel verschmähte er und begab sich in das Holzgestühl mit den Worten: »Ich bin ein Mensch wie jeder andere und will also nur eine gewöhnliche Bank haben«.

Der *Berliner Frieden* (28. Juli) bestätigte Preußens Besitzstand im Südosten (mit Glatz). Der König wandte sich sogleich den Auf- und Umbauarbeiten in Schlesien zu, begann auch, als Erholung, seine geschichtlichen Studien. Seine Grundstimmung war friedfertig: »Es handelt sich gegenwärtig nur darum, die politischen Kabinette Europas daran zu gewöhnen, uns in der Stellung zu sehen, in die uns der Krieg gebracht hat, und ich glaube, daß große Mäßigung und Milde gegen alle unsere Nachbarn uns dazu verhelfen kann. Ruhige Zurückhaltung muß für die nächsten Jahre das leitende Prinzip unserer Politik sein; wir brauchen Frieden, um den Staat zu festigen«, ließ er Podewils wissen.

Die internationale Politik fügte sich diesen Wünschen nicht. Frankreich und England suchten jeweils Friedrich zum aktiveren Bündnis zu bewegen. Nach dem Sieg König Georgs II. bei Dettingen (27. Juni 1743) über die französische Partei dominierte die österreichisch-englische Gruppe und Friedrich bemerkte mit einiger Sorge, wie sich die Gewichte zu Ungunsten des wittelsbachischen Kaisers verschoben. Der Plan einer Union der Reichskreise unter der militärischen Führung Preußens scheiterte. Jenseits des Maines, in Franken unter anderem, ist seit 1741 immer wieder einmal erwogen worden, Friedrich zum Kaiser wählen zu lassen. Er ist auf diese Anregungen nicht eingegangen, doch zeigten sie das preußische Ansehen. Seit dem Frühjahr 1744 verschärfte sich die Lage zunehmend; in Wien hoffte man, des »Gegenkaisers« Herr zu werden. Die Holländer ließ Friedrich daran erinnern, welche wirtschaftlichen Motive England mit der Aufrechterhaltung des Spannungszustandes in Mitteleuropa verfolge: »Der König von Engelland fände seine Convenienz durch die Continuation des Krieges, durch Ziehung der starken Subsidien vor die hannöverschen Truppen; dessen Minister Carteret intendire im Trüben zu fischen und die Nation Meister von dem westindischen Commercio sowohl als von allen übrigen Hauptbranchen der Handlungen, mit Ausschließung anderer Nationen, zu machen. Der Kaiser könnte mit allem Rechte wegen so vieler erlittener Affronts und Schäden Indemnisation fordern und wäre noch nicht gewillet, darunter nachzugeben« (22. April 1744). Als sich herausstellte, daß sich auch Sachsen den pragmatischen Verbündeten angeschlossen hatte, suchte Friedrich eine Allianz zwischen Preußen, Rußland und Schweden (wo seine Schwester Ulrike den Thronfolger geheiratet hatte) zustande zu bringen. Mit Frankreich wurde ein Bündnis geschlossen (5. Juni 1744). Während der König in Bad Pyrmont die Brunnenkur nahm, um für die Anstrengungen des bevorstehenden Krieges gewappnet zu sein, trat in Ostfriesland der Erbfall ein. Preußen besaß seit 1694 die von Kaiser und Reich konfirmierte Anwartschaft. Friedrich ließ nun, nach dem Tode Karl Edzards (aus dem Fürstenhause Cirksena), die Besitzergreifung des Landes vornehmen; die hergebrachte Landes- und Ständeverfassung wurde beibehalten.

Der *»Zweite Schlesische Krieg«* wurde von Preußen geführt, um »den Kaiser zu erlösen und das Systema des Teutschen Reichs zu restituieren«, wie gegenüber England und anderen Mächten offiziell erklärt wurde. Tatsächlich war es ein letzter Versuch, im Verein mit Frankreich den Übergang der Kaiser-Stellung auf das Haus Habsburg-Lothringen noch zu verhindern. Der Versuch mißlang, weil die Unterstützung durch Frankreich infolge der Erkrankung Ludwigs XV. größtenteils ausblieb. Preußens Heer umfaßte rd. 140 000 Mann. Die Kavallerie war wesentlich verbessert und die Truppen mit der neuen Einrichtung der Manöver geschult worden. Der Staatsschatz reichte für einen zweijährigen Krieg (6 Millionen Taler). Im Hinblick auf das Mächteumfeld genügten diese Rücklagen jedoch nicht. Da Rußland mit dem neuen Großkanzler Bestuschew mehr der österreichisch-englischen Gruppe zuneigte (Juli 1744), befand sich Friedrich insgesamt in einer ungünstigen Situation, als er den Feldzug in der Rolle der »Auxiliarmacht des Kaisers« schließlich eröffnete.

Die preußische Armee geriet im Herbst 1744 in Böhmen in eine kritische Lage, nachdem sich die Österreicher unter dem Prinzen Karl von Lothringen und dem Feldmarschall Grafen Traun durch ihre Defensivstrategie Vorteile verschafft hatten, einer Entscheidungsschlacht jedoch füglich ausgewichen waren. Friedrich mußte sich im Dezember nach *Schlesien* zurückziehen und hatte 17 000 Mann vor allem durch Desertionen verloren. Weitere Erfolge schienen für die Österreicher bevorzustehen, in Wien triumphierte man bereits. Maria Theresia entband aus der Ferne die Schlesier ihres Eides für den König, da der Friedensbruch die Abtretung habe hinfällig werden lassen. Sachsen war auf Österreichs Seite getreten, die Zarin schwankte zwischen der scharf antipreußischen Politik Bestuschews und der preußenversöhnlichen des Vizekanzlers Woronzew. Karl VII. war am 20. Januar 1745 gestorben. Sein Sohn suchte alsbald den Frieden mit Österreich. Friedrich stand allein. Da auch Frankreich von den österreichischen Niederlanden aus bedroht war, konnte man in Wien wohl hoffen, nun des widerspenstigen Markgrafen von Brandenburg Herr zu werden. Aber trotz der am 8. Januar in Warschau abgeschlossenen Quadrupelallianz zwischen England–Holland und Österreich–Sachsen hatte er es im wesentlichen doch nur mit Österreich-Ungarn zu tun, zumal er zögerte, Sachsen zu besetzen.

Immerhin ließ Friedrich für den Fall einer Katastrophe die Weisung ergehen, daß sich der Hof (nebst Silberschatz und Archiv) in die Festung Spandau retten sollte und daß auf der Linie Magdeburg–Spandau–Küstrin die letzte Widerstandslinie gegen die herandringenden Österreicher und Sachsen gezogen werden sollte. Aber alles kam anders. Friedrichs Mut und Ansprache richtete Offiziere und Mannschaften wieder auf. »Man müsse dem Unglücke, das da kommt«, ermahnte er den aus guten Gründen schwarzseherischen Podewils, »eine Stirn von Erz entgegensetzen«. Die kurmärkischen und sonstigen Stände, in Notzeiten wie eh und je existent, schossen ihm 1,5 Millionen Taler vor. Bei Schweidnitz erwartete Friedrich das Heer der Maria Theresia, deren Schwager Karl beim Anblick seiner eigenen blitzenden 70 000 Mann gemeint hat, es müsse kein Gott im Himmel sein, wenn die Österreicher und Sachsen diese Schlacht nicht gewönnen. Im Vorland des Riesengebirges, zwischen Basaltkuppen, Waldstücken und Fischteichen prallten die Heere aufeinander, mit je etwa 55 000 Mann. Die preußische Kavallerie (Dragonerregiment Bayreuth) errang bei *Hohenfriedeberg* einen überwältigenden Erfolg. Unter Verlust von fast 13 000 Mann zogen sich die Regimenter des Prinzen Karl nach Böhmen zurück. Preußens Friedrich und Friedrichs Preußen sahen sich nach einer schweren, selbstverschuldeten Krise gerettet: »Die besten Alliierten, so wir haben, sind unsere eigenen Truppen«, meinte der König. Doch Hoffnungen auf einen baldigen Frieden erfüllten sich vorerst nicht. Maria Theresia wünschte Preußen besiegt zu sehen; die Kaiserkrone, die ihr nun zugefallen war, schien ihr ohne Schlesien keinen rechten Wert zu besitzen. Aber nachdem die Preußen die Österreicher bei Soor (in Böhmen) und die Sachsen (wo man inzwischen einmarschiert war) bei Kesselsdorf (Leopold von Anhalt-Dessau, 15. Dezember) geworfen hatten, konnte in einer raschen, für Friedrich sehr glücklich verlaufenden Aktion der *Friede von Dresden* (25. Dezember) geschlossen werden. Der wechselseitige Besitzstand blieb gewahrt, Preußen anerkannte die relative Vorherrschaft des Kaiserhauses im Reiche, aber Bayern war vor der Einverleibung in die habsburgischen Lande bewahrt worden. Eine Vorherrschaft Österreichs in Süddeutschland hatte sich mit großer Anstrengung vermeiden lassen. Aber der »Dualismus« der beiden großen Mächte mußte von nun an als ein konstitutives Element der deutschen Geschichte verstanden werden. Friedrich wußte nur zu gut, wie prekär, trotz aller Einzelerfolge, seine Lage geworden war. Die Drohungen aus Rußland hatten in der letzten Phase noch zugenommen, während seine Kriegskassen geleert waren. In der evangelischen Kreuzkirche in Dresden nahm er noch am Dankgottesdienst teil und kehrte dann mit dem Bemerken nach Berlin zurück, er werde fortan »keine Katze mehr angreifen, es sei denn, daß man ihn dazu zwinge«.

Der zurückkehrende König wurde in seiner Hauptstadt, die eben damals das erste Hunderttausend ihrer Einwohnerzahl überschritt, mit vielstimmiger Begeisterung empfangen. Er ließ es sich, anders als später, gern gefallen. Niemand sah in ihm mehr den unsoldatischen Dynastensprößling der Zeit vor 1740. Seine Träume, in denen ihm in schrecklicher Gestalt der »Vater« entgegentrat, sollen nun – jedenfalls nach seinen Berichten – etwas freundlicher ausgefallen sein. »Habe ich es recht gemacht?« Und der Soldatenkönig soll dem jungen Feldherren zugenickt haben; er habe geantwortet: »Wohl, dann bin ich zufrieden, Euer Beifall gilt mir mehr als der der ganzen Welt«. Insgesamt hatte der preußische Staat nach diesen fünf Kriegs- und Krisenjahren einen Zuwachs an Macht und Ansehen, aber auch an außenpolitischer Gefährdung erlangt. Der Staat befand sich nunmehr in einer Fünf-Fronten-Situation (Nordosten, Norden, Nordwesten, Süden, Südosten), kein anderer europäischer Aufsteiger-Staat glich ihm. So waren besondere Sicherungen nötig, um die ersten Jahrzehnte nach der Erwerbung Schlesiens zu überstehen. Im Politischen Testament von 1752 hat Friedrich auch das »Chimärische«, seine *politischen Träumereien* niedergelegt und an Machiavellis Satz erinnert, daß eine selbstlose Macht, die zwischen ehrgeizigen Mächten steht, schließlich zugrunde gehen müsse: »Ich muß leider zugeben, daß Machiavell recht hat. Die Fürsten müssen notwendigerweise Ehrgeiz besitzen, der aber muß weise, maßvoll und von der Vernunft erleuchtet sein.« Er verweist auf Sachsen, Westpreußen und Mecklenburg als besonders erwünschte Gebiete. Bei allen diesen Überlegungen stand der Ausbau des brandenburgischen Kernbereiches zwischen Elbe und Oder im Vordergrund. Die Hauptstadt konnten feindliche Heere unschwer in zwei Tagesmärschen erreichen. Am leichtesten dürfte es noch sein, meinte Friedrich, sich in den Besitz Mecklenburgs zu setzen, da die alten Erbverbrüderungsverträge (1442) unverändert in Kraft seien. Tatsächlich hat Mecklenburg dann Preußen noch um einige Jahre überlebt (1952).

Sachsen jedoch wäre am nützlichsten. Sein Besitz würde die Grenzen am meisten erweitern und deckte Berlin ... die Hauptstadt ist zur Verteidigung zu weitläufig gebaut und hat durch einen Fehler meines Vaters seine Befestigungen eingebüßt. Der Besitz Sachsens würde diese Schwäche der Hauptstadt wettmachen ...«; man könne an der Elbe bei Torgau und am Gebirge Befestigungen (Forts) errichten, um die Kurmark zu decken und gleichsam mit einer doppelten Sperre zu umgeben. Der Primat des geopolitischen Denkens bei Friedrich wird hier besonders deutlich. Notfalls müsse man, sagt er, von Sachsen bei Gelegenheit einen Teil »absprengen«. Kein Wunder, daß noch Bismarck und seine Nachfolger bis 1918 die Edition dieser Partien des Testaments zu verhindern wünschten, weil sie Irritationen befürchteten. Für die Erwerbung von *Polnisch-Preußen* stellte Friedrich bereits 1752 die Prognose, daß sie friedlich verlaufen würde. *Schwedisch-Vorpommern* sei ebenfalls erwünscht, doch sei nicht zu erkennen, wo und wie sich eine reale Tauschsituation ergeben könne. Alles aber hinge davon ab, meint der realistische Träumer zum Schluß, daß die Dynastie große Fürsten hervorbringe, das Heer seine jetzige Kriegszucht bewahre, die Herrscher in Kriegs- und Notzeiten durch Rücklagen über Geld verfügten und mit Geschick und Besonnenheit vorgingen; so könne der Staat vorankommen und mit der Zeit »zu einer der bedeutendsten Mächte Europas« werden.

In der Phase zwischen 1745 und 1756 arbeitete Friedrich unablässig an der *Verbesserung des Heeres*. Neue Instruktionen werden erarbeitet (»Generalprinzipien des Krieges«, 1748), die Kavallerie vermehrt, während die Artillerie durch Bevorzugung des leichteren Geschützes Schwächen zeigte, die durch Improvisationen während des nächsten Krieges behoben werden mußten. Bei Beginn des Siebenjährigen Krieges konnten etwa 154 000 Mann aufgeboten werden. Aber die Ausrüstung und Versorgung wies starke Mängel auf, der Krieg war nicht vorbereitet, die Mobilisation »aus dem Stand« erst seit Mitte Juni 1756 vorgenommen worden. Der preußische Rüstungs- und Ausrüstungsstand des Sommers 1756 reichte nicht aus, um einen Mehrfrontenkrieg mit einiger Sicherheit durchhalten zu können. Nur eine ganz ungewöhnliche Mobilisation alter und neuer Hilfsquellen, wie sie Friedrich dann tatsächlich als seinem eigenen Minister für Finanzen, Waffen und Munition gelungen ist, konnte diesen Mängeln abhelfen.

Der Siebenjährige Krieg

Die bewegenden *Ursachen* des neuen Krieges sind in erster Linie in den Veränderungen des europäischen Staatensystems zu suchen, vor allem in dem sich verschärfenden Gegensatz zwischen den beiden eigentlichen Großmächten Frankreich und England, die seit 1754/55 in Amerika in eine kriegsähnliche Situation gerieten. Österreich, dessen Politik seit 1753 von dem beharrlichen Preußengegner Kaunitz geleitet wurde, suchte das Bündnis mit Frankreich und Rußland, um Preußen zu isolieren. Die Politik des russischen Kanzlers *Bestuschew* war, trotz einiger innenpolitisch bedingter Schwankungen, konsequent gegen das seiner Ansicht nach zu stark gewordene Preußen, sekundär gegen Schweden gerichtet. Das Ziel war die Zerstückelung Preußens: Ostpreußen sollte an Polen gegeben werden, polnische Gebiete nebst Kurland an Rußland fallen, um die Bauernflucht einzuschränken und die Handelsmöglichkeiten zu erweitern. Gegenüber anderen Gruppen, die die Monopolstellung der Engländer im Außenhandel Rußlands durch engere Verbindungen mit Frankreich zu brechen wünschten, hat sich Bestuschew bei der Zarin Elisabeth schließlich 1755/56 durchsetzen können (25. März 1756). Bereits Ende Dezember 1755 hatte Bestuschew den Gesandten Österreichs und Englands die Frage vorgelegt, »was für

Streitkräfte beiderseits bereitgestellt wären, um einem preußischen Angriff auf einen der gemeinsamen Alliierten zu begegnen oder um Preußen selbst anzugreifen« (W. Mediger, 1952). Seit September 1755 war Rußland mit England durch einen Subsidienvertrag verbunden, durch den russische Truppen zum Schutz Hannovers bereitgehalten wurden.

Der Wille Bestuschews zur Auflösung oder Reduktion Preußens traf sich mit der gleichen Absicht in Wien. *Kaunitz* hatte mit dem Einverständnis Maria Theresias den Grundsatz aufgestellt: »Richtig ist, daß Preußen muß übern Haufen geworfen werden, wann das Durchlauchtigste Erzhaus aufrecht stehen soll« (21. August 1755); man müsse Preußen auf den Stand vor dem Dreißigjährigen Kriege bringen. Mit großem Geschick hat Kaunitz auf den europäischen Krieg zur Niederwerfung Preußens hingearbeitet, obgleich ihm die Einsicht nicht fremd war, daß Preußen infolge der europäischen Gleichgewichtsmechanismen wohl Bündnispartner finden würde.

England suchte sich im Hinblick auf seine überseeischen Verpflichtungen anfänglich aus dem neuen Mitteleuropa-Konflikt herauszuhalten und betrieb bislang nur die Sicherung seines Festlandes Hannover. Mit der primär von England gewünschten *Neutralitätskonvention von Westminster* (16. Januar 1756) glaubte Friedrich, die Einkreisung des Staates gesprengt zu haben; England und Preußen wollten sich mit vereinten Kräften dem Einmarsch fremder Truppen nach Deutschland widersetzen. Damit waren Rußland und Frankreich gemeint. Die Fehlkalkulation Friedrichs lag darin, daß er den Kampfwillen in Wien und Petersburg, die Tiefe der englisch-französischen Rivalität und die französisch-österreichische Verhandlungs- und Bündnisbereitschaft unterschätzte.

Bereits am 1. Mai 1756 wurde zwischen Frankreich und Österreich ein *Defensivbündnis* geschlossen, dem dann ein Offensivbündnis folgte. Frankreich nahm Kenntnis davon, daß die Reduktion Preußens vorgesehen sei. Als Friedrich von russisch-französischen Verhandlungen erfuhr, die Rüstungen seiner Gegner bemerkte, ja ihm solche Nachrichten von Bestuschew noch zugespielt wurden, traf er seine *Abwehrmaßnahmen* (19. Juni ff.), zumal ihn auch die Nachricht österreichischer Truppenbewegungen erreichte. An dem grundsätzlichen Friedenswillen Friedrichs von 1746 bis zum Sommer 1756 kann kaum ein Zweifel bestehen. Der indirekten Aggression seiner Gegner hätte er jedoch abwartend und scharf rüstend begegnen können. Hätte er das Heranziehen seiner Gegner im nächsten Frühjahr abgewartet, so wäre er möglicherweise durch den konzentrischen Angriff erdrückt worden. Jedenfalls mußte er von den Quantitäten her diesen Eindruck gewinnen. Niemand vermag abzuschätzen, wie eine solche Partie begonnen hätte und wie sie ausgegangen wäre. Möglicherweise wären moralische Energien freigesetzt worden, die dem Krieg einen anderen Verlauf gegeben hätten. Nicht weniges erinnert an das Jahr 1914.

Friedrich sah, dem Geiste der Zeit und seinem eigenen Elan entsprechend, nur die Chance, die höhere *Kampfbereitschaft* seines Heeres in die Waagschale zu werfen. Als sein Gesandter in Wien von Maria Theresia und von Kaunitz keine Friedenszusicherungen erlangen konnte, eröffnete er mit dem Einmarsch in Sachsen, dessen er sich aus strategischen und wirtschaftlichen Gründen versichern mußte, die Feindseligkeiten.

Bis zum Frühjahr 1757 bildeten sich die beiden *Kriegskoalitionen* aus. Rußland, Schweden, Frankreich und die Mehrzahl der Reichsstände schlossen sich Österreich an. Lediglich Hannover, Braunschweig, Hessen-Kassel und Sachsen-Gotha blieben an der Seite Preußens und Englands. Aber in erster Linie waren es Staat und Lande des Königs von Preußen, die nun einer Standhaftigkeitsprobe von hohem geschichtlichem Rang unterzogen wurden.

Kriegsverlauf

Die sächsische Armee hatte sich in ein festes Lager bei Pirna zurückgezogen. Zum Entsatz heranziehende Österreicher unter dem Feldmarschall Browne wurden bei *Lobositz* (1. Oktober) geschlagen. Die Übernahme der sächsischen Truppenteile in die preußische Armee nach deren Kapitulation erwies sich als ein Mißgriff. Der größere Teil verweigerte den Dienst und lief zum Feind über. Sachsen wurde durch das Feldkriegskommissariat als Besatzungsgebiet verwaltet. Es sollte zum Krieg jährlich bis zu fünf Millionen Taler beisteuern.

Der Feldzug 1757 wurde auf Anraten des Generaladjutanten Hans Karl von Winterfeldt und des Feldmarschalls Schwerin offensiv in Böhmen geführt. Auf den blutigen Sieg bei *Prag* (Tod der Feldmarschälle Schwerin und Browne) folgte die Niederlage von *Kolin* (18. Juni). Die beiden Heere mußten aus Böhmen zurückgezogen werden, Friedrichs Ansehen hatte gelitten, es kam zu einer ersten Krise, in deren Verlauf Prinz August Wilhelm wegen Unfähigkeit seines Kommandos über die bis Bautzen zurückgegangene Armee enthoben wurde. Die Angehörigen der Dynastie und der Berliner Hofgesellschaft sahen sich in ihren Bequemlichkeiten gestört und verstanden den Sinn des Krieges nicht. In Leipzig, Gotha und Dresden dagegen stieß der protestantische Widersacher des Kaiserhauses auf verbreitete Sympathien.

Auf dem westlichen Kriegsschauplatz wurde die hannoversche Armee unter dem Herzog von Cumberland bei Hastenbeck geschlagen und zur *Konvention von Kloster Zewen* (8. September) genötigt, deren Ausführung den Rückzug England-Hannovers aus dem kontinentalen Krieg bedeutet hätte. Da Hannover die westliche Flanke Preußens deckte und tatsächlich in kriegsentscheidender Weise weiter abgedeckt hat, war höchste Gefahr im Verzuge. Friedrich zog in Eilmärschen der zweiten französischen Armee, die sich mit der sogenannten Reichsarmee vereinigt hatte, entgegen und zersprengte sie bei *Roßbach* (5. November) mit Hilfe der Seydlitzschen Kavallerie vollständig. Der moralische Eindruck des

Roßbacher Ereignisses war erheblich. Spott ergoß sich über die Franzosen und die Reichsarmee. *England* anerkannte die Konvention von Zewen nicht, zahlte Friedrich fortan Subsidien (jährlich ca. 4 Millionen Taler) und unterstützte die hannoversch-braunschweigische Armee unter Friedrichs begabtem Schwager, dem Prinzen Ferdinand von Braunschweig. Dank seiner preußischen Militärerfahrung (1750: Generalleutnant) hat Ferdinand mit der reorganisierten »Combinierten Armee« im Frühjahr 1758 Nordwestdeutschland von den Franzosen befreit und deren Heere bei *Krefeld* (23. Juni 1758) und vor allem bei *Minden* (1. August 1759) aus dem Feld schlagen können.

Von Roßbach eilte der König nach Schlesien, wo sich inzwischen die Österreicher unter Karl von Lothringen hatten ausbreiten können. Vor der Schlacht bei *Leuthen* (5. Dezember), die Friedrich mit 35 000 gegen 70 000 Mann wagte, hat der König zur höchsten Leistung angespornt (»Ich verlange, daß ein jeder auf seinem Posten genau auf das Kommando merke und seinen Untergebenen mit unerschrockenem Mut und Tapferkeit vorgehe«). Nun lag Schlesien den Preußen wieder zu Füßen. Nach der Wiedereroberung Breslaus rief der Halberstädter Gleim Maria Theresia zu: »Nun beschließe Deinen Krieg, Kaiser-Königin! Gib Dir selbst den schönsten Sieg! Werde Siegerin!/Der gerechte Waffen trägt ins Gefecht mit Dir, mit uns kommt und sieht und schlägt, Tapferer als wir –/ Heldin, den bezwingst du nicht; Gott kann Wunder tun! Schenk ihm Freundesangesicht, Biete Frieden nun!/Unserm Friedrich, der ein Held, der auch Weiser ist; der ein Wunder dieser Welt, wie du selber bist.«

Die Kaiserin ersetzte ihren Schwager Karl durch den Feldmarschall Daun. In Gefangenschaft geratene höhere Offiziere wurden ausgetauscht. Die Formen des ehrenhaften *Kabinettskrieges* blieben mit wenigen Ausnahmen gewahrt. Noch glaubte Kaunitz, Preußen niederzwingen zu können. Die russische Armee hatte im ersten Kriegsjahr nach einem kleinen Erfolg bei *Großjägersdorf* in Ostpreußen (30. August) das Land um Tilsit verwüstet und sich dann in schlechtem Zustand in die kurländischen Winterquartiere begeben. Aber Friedrich, der den Sturz seines großen Gegners Bestuschew im Frühjahr 1758 wohl wie eine gewonnene Schlacht empfand, sollte die russische Armee noch genauer kennenlernen.

Ende Januar 1758 ging Ostpreußen verloren, Königsberg mußte der Zarin huldigen, im Juni standen die Russen in der Neumark, warfen Küstrin in Brand und konnten bei *Zorndorf* (25. August) nur unter großen Anstrengungen verdrängt werden. Dann jedoch verlor Friedrich in der Oberlausitz bei Hochkirch durch einen geglückten Überfall Dauns und Laudons den größten Teil seiner Artillerie und geriet in die strategische Defensive, obwohl er Menschen und Material noch zu ersetzen vermochte.

Als er 1759 die nunmehr vereinigten Russen und Österreicher bei *Kunersdorf* (12. August) mit einem bereits geschwächten und um 13 000 Mann unterlegenen Heere angriff, erlitt er die schwerste Niederlage seiner militärischen Laufbahn. Wie üblich stand er im schwersten Feuer, Kugeln trafen ihn, ließen ihn jedoch unverletzt. Eine psychische und physische Krise (»Ich habe keine Hilfsmittel mehr, und, um nicht zu lügen, ich glaube, alles ist verloren. Ich werde den Untergang meines Vaterlandes nicht überleben. Adieu für immer«: an den Minister von Finckenstein) überwand er nach 48 Stunden, sammelte diesseits der Oder das auf die Hälfte zusammengeschmolzene Heer, ließ aus Berlin Geschütze herbeifahren, belohnte die Soldaten, deren Verwünschungen am Abend der Niederlage an sein Ohr gedrungen waren, ließ Branntwein ausschenken und wartete auf die letzte Schlacht. Aber die Russen, die in zwei Gefechten 19000 Mann verloren hatten, wollten sich nicht noch einmal auf die Schlachtbank führen lassen, und auch Daun wagte es nicht, zum Durchstoß auf Berlin-Potsdam anzusetzen. Friedrich sprach von einem Wunder, obwohl seine Lage verzweifelt genug war. Doch deckte der mit großer Gewandtheit vorgehende Prinz Heinrich mit dem schlesischen Heer die Oberlausitz und erzielte einige taktische Erfolge, durch die die Partie offengehalten wurde. Prinz Ferdinand behauptete sich nach dem Erfolg bei Minden auf dem westlichen Kriegsschauplatz. Das böse Jahr war noch mit einem schwachen »remis« ausgegangen. Friedrich zog das Fazit: »Dieses Wunder wird lediglich dem Ungeschick und allen den großen Fehlern unserer Feinde verdankt«.

Gegen Jahresende erfuhr Friedrich von ersten Friedensfühlern der Russen. Mit Daun stand er in indirektem Kontakt und suchte ihn durch Generositäten für sich einzunehmen. Pitt unterstützte Friedrich weiter, obwohl England 1759 im wesentlichen seinen Kolonialkrieg gegen Frankreich gewonnen hatte.

Das Frühjahr 1760 ließ jedoch erkennen, daß reale Friedensaussichten für Preußen noch nicht gegeben waren. Friedrich selbst, »eben über Wasser gekommen« (Eichel), lehnte einen Frieden mit Verlusten ab; er bot allenfalls Kompensationen an. Noch hoffte jede Seite, das Ringen vorteilhaft abschließen zu können. Die Russen wünschten vor allem Ostpreußen als Lohn für ihre Opfer zu erhalten. Die Feldzugspläne der Gegner zielten darauf ab, die preußischen Korps von ihren Magazinen und sonstigen Hilfsquellen abzudrängen. Nur Kaunitz und Laudon gaben sich noch der Hoffnung hin, den Preußenkönig vernichten zu können. Als die Bewegungen einsetzten, verfügte der König wieder über rund 100000 Mann, deren Qualität nicht so schlecht war, wie er befürchtet hatte. Er selbst blieb in Sachsen und ließ den Prinzen Heinrich an der Oder mit 35000 Mann, Fouqué bei Landshut in Schlesien mit 10000 Mann operieren. 5000 Mann unter dem Generalleutnant von Manteuffel deckten die ruhige schwedische Front ab. Doch die Zersplitterung der Kräfte brachte Nachteile. Fouqué wurde mit seinen Truppen von Laudon zusammengeschlagen und die erneute Belagerung von Dresden mißlang.

Friedrich zog mit nur 30000 Mann in Richtung Schlesien, von 90000 Österreichern begleitet und verfolgt. Bei *Liegnitz* (15. August) gelang es ihm, durch eine rechtzeitige Drehung seiner Verbände lediglich mit Laudon ins Gefecht zu kommen und diesen zu werfen. »Wir kämpfen für die Religion, für Euch, für das

Vaterland«, bekam der König von seinen Kriegern zu hören, die nun überwiegend aus der Bevölkerung der Altprovinzen stammten. Geistesgegenwart und Glück hatten ihn erneut gerettet. Damit schien der Feldzug im wesentlichen entschieden zu sein. Die preußischen Truppen vereinigten sich bei Breslau und wurden von den Einwohnern der Landeshauptstadt mit guten Dingen traktiert.

Der Gegner manövrierte mit noch größerer Vorsicht. Die Russen vermieden es, die schlesische Oder zu überschreiten. Doch der *Herbst des Jahres 1760* wurde noch weit unruhiger und gefahrvoller, als der König ursprünglich geglaubt hatte. Während er in der Schweidnitzer Gegend gegen Daun manövrierte, unternahmen russische und österreichische Truppen eine Diversion gegen *Berlin* mit rd. 40 000 Mann. Die Stadt mußte übergeben werden, zwei Millionen Taler Kontribution waren zu zahlen; 16 000 Mann zusammengewürfelte preußische Verbände wichen nach Spandau zurück (3. bis 13. Oktober). Auf das Gerücht hin, daß Friedrich zum Entsatz der Hauptstadt heranmarschiere, zogen sich die Feinde rasch zurück, nachdem einige Streifscharen der sonst eher disziplinierten Verbände die Schlösser Schönhausen und Charlottenburg geplündert und verunreinigt hatten.

Die Revanche ließ nicht auf sich warten. Im Januar 1761 befahl der König dem Obristen Johann Friedrich Adolf von der Marwitz (1723 bis 1781), einem Oheim des Ständepolitikers, das Brühlsche Lust-Schloß *Hubertusburg* im Gegenzug zu plündern. Marwitz, »ein feiner und gebildeter Weltmann, ein Freund der Literatur und der Kunst« (Fontane), widersetzte sich dem Befehl. Als der König ihn ärgerlich zur Rede stellte, empfing er die Antwort: »Weil sich dies allenfalls für Offiziere eines Freibataillons schicken würde, nicht aber für den Kommandeur von Seiner Majestät Gensdarmes«. Ein bürgerlicher Réfugié-Offizier übernahm das Geschäft. Als der König nach Kriegsende Marwitz zurücksetzte, erzwang dieser 1769 den Abschied; auf seinem Grabstein in Friedersdorf (Kr. Lebus) sind noch heute die Worte zu lesen: »Er sah Friedrichs Heldenzeit und kämpfte mit ihm in allen seinen Kriegen. Wählte Ungnade, wo Gehorsam nicht Ehre brachte«. Der Vorfall zeigt, daß niemand dem König um jeden Preis zu dienen hatte; der höhere Offizier verfügte über einen Ehrenkodex und die Fähigkeit, standeswidrigen, unmoralischen oder gar verbrecherischen Befehlen der politischen oder militärischen Führung das schlichte »Nein« entgegenzusetzen. Erst in dem immer mörderischer werdenden 20. Jahrhundert verlor sich die Tradition der ehrenhaften Befehlsverweigerung.

Nach der Belästigung Berlins war Friedrich an die Elbe bei Roßlau gezogen und suchte gegen die unter Daun vereinigten Österreicher, die bei *Torgau* standen, die Entscheidungsschlacht, um wenigstens Sachsen als Winterquartier und Ausrüstungsdepot zu behaupten. Mit 44 000 Mann seiner besten Truppen griff er Daun und Lacy (50 000 Mann) westlich von Torgau/Elbe am 3. November im Schneeregen an. Der Zangenangriff von Norden und Süden, den Friedrich und Zieten anführten, gelang nicht völlig. Aber Friedrich blieb mit 7000

Gefangenen, 30 Feldzeichen und 40 Kanonen Sieger in einem Kampf, der ihn fast 17 000 Mann kostete, während die über die Elbbrücke abziehenden Österreicher fast ebenso hohe Verluste zu melden hatten.

Die Truppen auf allen Kriegsschauplätzen marschierten in die *Winterquartiere*, nachdem auch Schweden und Russen zurückgedrängt worden waren. Friedrich glaubte sich annähernd behauptet zu haben. Er hoffte auf die Kriegsmüdigkeit seiner Gegner. In der Tat waren die Franzosen, die in Ostindien und Kanada weitere Niederlagen hatten hinnehmen müssen, erschöpft. »Wir haben kein Geld, keine Hilfsmittel, keine Marine, keine Soldaten, keine Generale, keine Köpfe, keine Minister«, ließ der Herzog von Choiseul den Österreicher Starhemberg deutlich wissen. Am 26. März 1761 ergingen die Einladungen der Verbündeten an England und Preußen zu Friedensverhandlungen in Augsburg.

Friedrich war von Triumphgefühlen weit entfernt. Die Russen lagen noch in Ostpreußen und Hinterpommern. Er wußte, daß sie es auf Ostpreußen abgesehen hatten. Seiner *englischen Verbündeten* konnte sich Friedrich nach dem Tode Georgs II. (25. Oktober 1760) nicht mehr so sicher sein, zumal er durch unüberlegte literarische Sticheleien in London Sympathien verloren hatte. Der Gedanke von Gebietsabtretungen wurde dort seinem Botschafter nahegelegt. Von den Türken war vorerst nichts zu erwarten.

Noch einmal rafften sich *Kaunitz* und *Maria Theresia* auf. Noch einmal wurden Heere und Kräfte der Koalition aufgeboten, Friedrich und seine Parteigänger zu erdrücken. Und noch einmal hat der König, der mit tödlichem Ernst auf seine Lage blickte, mit Werbungen in Sachsen, Mecklenburg, Anhalt, Niederschlesien und Pommern, mit Beutestreifzügen und neuen Kontributionen, mit dem Geld seiner Juden und mit Abstandszahlungen kleinerer Reichsstände das mehrfach erneuerte Heer aufgefüllt und ausgerüstet. Jugendliche Junker, die er bei knabenhaftem Spiele beobachten konnte, mußte er in Offiziersstellen einsetzen. Im Lager vor Meißen, wo er das Heer von insgesamt 100 000 Mann (ohne Garnisontruppen) einexerzieren ließ, fragte er einen der jüngsten Junker mit melancholischem Scherz: »Er ist noch sehr jung, sind seine Ohren schon trocken?« Und erhielt die Antwort: »Ich bin jung, Majestät, aber mein Mut ist alt.«

So begann das schwerste *Kriegsjahr 1761*, in dem Prinz Heinrich, der sich mißmutig absentiert hatte, Sachsen halten sollte, während der König in Schlesien im *Lager von Kunzendorf* mit etwa 60 000 Mann sich bemühte, die Vereinigung der langsam heranziehenden Russen mit den Österreichern unter Laudon zu verhindern. Vier Heere standen gegen zwei. Am 19. August vereinigten sich Russen und Österreicher, Friedrich erwartete ihren Angriff (rund 110 000 Mann) mit rd. 55 000 Mann im stark befestigten Lager von *Bunzelwitz*, wo er unter freiem Himmel auf Stroh schlief, um einen Nacht-Überfall parieren zu können. Aber am 9. September zogen die Russen, deren Oberbefehlshaber Buturlin sich mit Laudon nicht hatte verständigen können, ab und retirierten bis nach Hinterpommern. Die Lage schien gerettet zu sein. Aber so leicht kam

Friedrich nicht davon. Seine zu zwei Dritteln aus Ausländern bestehenden Truppen waren durch Desertionen und Krankheiten gelichtet, Schweidnitz (1. Oktober) und Kolberg (16. Dezember) gingen verloren. Österreicher und Russen überwinterten erstmals in Schlesien und Pommern.

Lediglich Herzog Ferdinand von Braunschweig hatte sich auf dem westlichen, schon wegen der Zugangswege nach Holland und England keineswegs weniger bedeutsamen Kriegsschauplatz erfolgreich (Schlacht bei *Vellinghausen,* 15./16. Juli) behaupten können, so daß die französischen Regimenter ruhmlos zu ihren rheinischen Winterquartieren zurückkehren mußten.

Der König, den Laudon und Kaunitz Anfang Dezember mit Hilfe von Verrätern bei Strehlen einzufangen versucht hatten, mußte sich im demolierten *Breslauer Stadtschloß,* wo er nun den Winter verbrachte, eingestehen, daß seine politische und militärische Lage in höchstem Maße bedrohlich geworden war. Die Nerven verlor er nicht. Kaltsinn und Stoizismus, Geduld und Wachsamkeit bestimmten sein Denken und Handeln auch in dieser Krise. So leicht kam man ihm nicht bei; seine Ressourcen hatten sich verrringert, waren jedoch nicht erschöpft. Einigkeit bei den klassischen Großmächten, die über seine Zukunft beraten zu können meinten, war vor der Hand nicht zu erwarten. Gewiß: »Hier in Schlesien sind alle Festungen den Unternehmungen des Feindes ausgesetzt, Stettin, Küstrin und selbst Berlin sind dem Belieben der Russen preisgegeben, in Sachsen ist mein Bruder sozusagen bei der ersten Bewegung Dauns über die Elbe zurückgeworfen. Alles das ist sehr real, es sind nicht etwa Voraussagungen eines hypochondrischen und misanthropischen Sinnes, sondern unglücklicherweise notwendige Wirkungen der von unseren Feinden wohl vorbereiteten Ursachen.« So schrieb er. Keine Rede jedoch von Kapitulation – im äußersten Falle seines Todes waren zähe Friedensverhandlungen vorgesehen, um für des Königs Neffen so viel wie möglich von den Staatsprovinzen zu retten (6. Januar, an Finckenstein). Seine Hoffnung waren gottloserweise Türken und Tataren, die gegen Österreich und Rußland Diversionsmärsche unternehmen oder doch die Aussicht solcher in Wien verbreiten sollten.

Neue Freiräume erwartete er von einem einzigen geballten Vorstoß im Frühjahr nach Mähren hinein mit einer *»Entscheidungsschlacht«,* deren Verlust er nicht zu überleben gedachte. Doch ist es schwer zu sagen, ob das verbale Spiel mit dem Suizid (Stichwort »Cato«) je einen ernsten Hintergrund gehabt hat, ob sein ruheloser Geist hier nicht nur letzte Grenzen für sich und seine Mitarbeiter markierte, um dann um so härter und entschlossener die Kampffelder zu behaupten. Sein Bruder *Heinrich,* der nun zur vollen Höhe der militärischen und politischen Urteilskraft gelangte, widerriet dem Offensivstoß, der »letzten Schlacht«, mit nüchtern-überzeugenden Argumenten. Die Erfahrung lehre, so hielt er sogleich dem König entgegen, daß man ein Heer mit seinen Armeegruppen nicht ohne weiteres zermalme; es käme darauf an, welcher Tod der langsamste sei, um die Gunst glückhafter Zwischenfälle auch auf längere Zeit hin nicht zu verscherzen. Niederwerfungsstrategie und Ermattungsstrategie, hier freilich schon fast mit umgekehrten, das heißt passiven Vorzeichen.

Friedrich fügte sich den Einwänden mit dem Blick auf den Hauptgegner. Denn die Brüder sowie Finckenstein und Eichel erwogen die *Kriegsmüdigkeit* in Österreich und Rußland. Kaunitz hatte schon im Herbst gegenüber dem österreichischen Botschafter in Versailles die Bilanz der letzten Kampagne aufgemacht: »Die innerlichen Kräfte wollen nicht mehr zureichen, die ungeheuer großen Kriegserfordernisse länger zu bestreiten; die bisherigen militärischen Operationen sind mit der wahrscheinlichen Hoffnung nicht übereingekommen« (31. Oktober 1761). Und ganz ähnlich äußerte sich der Staatskanzler in seinem »Votum über das Militare« (Anfang 1762), das als ein maßgeblicher Beitrag zur anhebenden Diskussion in Wien über die Ursachen der Niederlage zu verstehen ist; das eigene Militärsystem wurde – mehr als ein Jahr vor dem Friedensschluß – radikal in Frage gestellt; Blicke geheimer Bewunderung richteten sich auf den Feldherrn im Norden: »Es ist nicht zu läugnen, daß der ernannte König seinen Kriegs-Staat, sowohl was die Militar- als Oeconomische Einrichtung anbetrifft, bis zur Vollkommenheit gebracht habe«. Man weiß nicht, wieweit Friedrichs nicht wenige Kundschafter und Diplomaten ihn über diese Tendenzen genauer zu unterrichten vermochten. Aber er hatte wohl ein Gespür dafür, daß man in Wien des Krieges überdrüssig zu werden begann.

Was nun Friedrichs *Potential* für die folgende Kampagne betraf, so waren seine Quellen auch längerfristig nicht versiegt; die monetaristischen Operationen seiner Berliner Münzjuden, ein Landmilizimpost der brandenburgischen und sonstigen Provinzialstände, die wenig geschmälerten schlesischen Einkünfte, die hart beigetriebenen Kontributionen aus Mecklenburg (eine Million Taler) und Sachsen (rd. 8 Millionen Taler) brachten allemal, wennschon in der schlechter werdenden Münze, jene rd. 20 Millionen Taler ein, die Krieg und Rüstung verschlangen; Anfang Januar 1762 waren die Kriegskassen immerhin soweit gefüllt, daß er sogar den Türken für den Fall ihres Aufbruchs nach Norden eine Million zufließen lassen wollte; auch sah er sich unverändert in der Lage, Brandschatzungskosten der Feinde und sonstige empfindliche Verluste der Bevölkerung inmitten des Krieges wenigstens teilweise auszugleichen.

Das gesamte *östliche Mitteleuropa* steuerte letztlich zu Friedrichs Kriegführung bei, denn seine betriebsamen, freilich häufig genug auch unredlichen Armeelieferanten füllten die Kriegsmagazine mit Getreide, Fett, Fleisch, Pulver und Metall, das sie in Polen, Ungarn und Rußland aufkauften, ebenso wie sie mit der schlechteren Münze der sächsischen Prägestätten, in denen Tag und Nacht gearbeitet wurde, das altgemünzte Edelmetall aus allen diesen Ländern absaugten. Während der Krieg im Felde mit den ersten Nachtfrösten einzuschlafen begann, ging der Wirtschafts- und Münzkrieg, eingeschlossen die brutalen Kontributionseintreibungen, rund um das Jahr, Preußens zentrale Lage im Schnittwinkel bedeutender zentraleuropäischer Handelswege machte sich hier im bösesten und weitesten Sinne des Wortes bezahlt. Diesen Methoden waren Friedrichs Gegner, vorab Österreich, schlechterdings nicht gewachsen.

Es kam hinzu, daß die *kriegswichtigen Industrien* in den von den feindlichen Heeren weitgehend verschonten Städten (vorab Berlin, Spandau, Eberswalde, Breslau, Magdeburg, Zehdenick) unverändert auf Hochtouren liefen. Friedrich besaß in dem Generalleutnant von Massow († 24. Juli 1761) und in dessen Nachfolger Oberst Johann von Stechow als den Chefs des Berliner Feldzeugamtes hervorragende Rüstungsspezialisten, die den Ausstoß an Waffen und Munition in einer Weise zu steigern verstanden, daß man an die Jahre 1943/44 – horribile dictu – zu erinnern versucht ist. Und was im Staate an Geschützen, Gewehren, Pistolen, Bajonetten, Kugeln, Bomben, Bleikugeln, Patronenhülsen, Schießpulver, Monturen, Lederzeug und Fahrzeugen nicht produziert werden konnte, wurde im Ausland in Auftrag gegeben und auf Land- und Wasserwegen in Magazine und Standorte geschafft: 12000 Flinten mit Bajonetten aus Holland (1761 ff.), 20000 Gewehre aus Suhl in Thüringen (1757 bis 1762), Pistolen aus Solingen, Eisen für Gewehrläufe und Artillerie-Munition aus Schweden, Blei aus England, Schwefel und Salpeter sowie fertiger Sprengstoff aus Holland. Die Zufuhr konnte von den Feindmächten weder durch Überbieten der Preise noch durch Gewaltmaßnahmen unterbunden werden.

Nicht an Geld und nicht an Ausrüstung fehlte es mithin, eher noch an *Menschen*. Hier waren Preußens Lande Anfang 1762 tatsächlich erschöpft. Eine Form der allgemeinen Wehrpflicht gab es auch in diesem Krieg nicht. Doch kamen immer wieder Freiwillige aus den Städten, etwa der Grafschaft Mark oder aus Berlin. Mit Halbwüchsigen freilich, die Friedrichs Heldenbild lockte, war beim besten Willen kein Krieg gegen kräftige Kroaten, Ungarn, Russen zu führen, wo doch, ob zu Fuß oder zu Pferde, die brutale Manneskraft der Anfang aller Standfestigkeit im Gefecht war. Gleichwohl gelang es ihm sehr langsam bis in den Frühling hinein, die Bataillone und Schwadronen aufzufüllen (mit rd. 50000 Mann), so daß er im Sommer über 76000 Mann in Schlesien und Prinz Heinrich über 40000 Mann in Sachsen verfügte; dazu kamen noch 10000 Mann sonstige Truppen in Grenzgebieten und Festungen.

So war Friedrich gerüstet für das *letzte Kriegsjahr*. Alles kam nun darauf an, keinen schweren politischen und militärischen Fehler mehr zu begehen. Als dann nach bitteren Winterwochen in Breslau die Nachricht vom *Tode der Zarin Elisabeth* eintraf (19. Januar 1762), überwand er in kurzer Zeit pessimistische Anwandlungen und kehrte zur nüchternen Autopsie in politicis zurück. Überraschend kam die Nachricht nicht; der Krankheitszustand war bekannt, und Friedrich hatte mit seinem Vorleser auf den Tod der Elisabeth (»Infame Catin du Nord«) gewettet. »Als er aber den Tod der Kaiserin Elisabeth erfuhr, welcher unserer traurigen Lage eine so günstige Wendung gab, blies er drei Stunden auf der Flöte« – so berichtet auch Carl Wilhelm von Hülsen. Erst Ende Januar löste sich Friedrichs Skepsis, als er sichere Nachricht empfangen hatte, daß sich Tschernitschew mit den russischen Truppen, die in der Nähe Laudons in schlesische Winterquartiere marschiert waren, von diesem trennen würde; nun schrieb er an Heinrich: »Dem Himmel sei Dank! Unser Rücken ist frei ... ich hoffe, daß diese Nachricht Sie in gute Stimmung versetzen wird.« Man hat dieses Ereignis lange Zeit als das »Mirakel« Preußens bezeichnen wollen; Friedrich selbst hat es aus seiner bedrückten Situation heraus als einen Glücksumstand von erheblichem Gewicht verstanden. Dem englischen Gesandten, Sir Andrew Mitchell, der ihm über manche Klippe hinweggeholfen hatte, schrieb er dann einige Zeit später: »Das Glück beginnt, seine Haltung mir gegenüber zu wandeln. Ich hoffe, daß es mir bis Ende des Jahres treu bleibt; dann werden wir in diesem Winter einen ehrenvollen und so Gott will, auch dauerhaften Frieden haben.«

Dennoch: Kein deus ex machina hat Friedrich gerettet, wie noch Easum, der Biograph des Prinzen Heinrich meinte. Auch ohne die russische Wende hätte Friedrich mit seinem ungebrochenen Nimbus das Jahr 1762 durchgestanden, vermutlich dann wiederum mit englischen Subsidien gestärkt. *Der Krieg hatte sich selbst verzehrt.* Elend lag über allen Landen; die überseeisch engagierten Großmächte wünschten mehr und mehr des europäischen Scharmützels ledig zu sein, und Friedrich, der sich im Guten wie im Bösen gern literarisch überzeichnete und damit noch seine Biographen in Unsicherheit stürzte, besaß doch über allen Tagesquerelen allein die federnde Härte, den Starrsinn, die verschlossene Unbarmherzigkeit des Feldherrn und die Kälte des Staatsmannes, um zwischen Schlacht und Diplomatie Preußens vitale Interessen bis zum letzten zu wahren.

Die nächsten Entscheidungen folgten Zug um Zug und Schlag auf Schlag, im Guten wie im Bösen. *Peter III.* erwies sich als ein naiver Bewunderer des Königs. Noch vor dem Friedensschluß übersandte dieser ihm den Schwarzen Adlerorden. Der kuriose Sachverhalt reizte seinen wiedererwachten Humor. Gegenüber Englands Geschäftsträger meinte er, dies sei nun ein einigermaßen sonderbarer Ritter in seinem Gefolge, der 80 000 Mann auf preußische Kosten speise, »wenn jeder Hosenbandritter desgleichen tun wollte, so würde Ihr England, das ganze England, wie es da ist, verspeist werden. Ich bitte Sie, meinen Ritter gelehriger zu machen und ihm beizubringen, daß es gegen das Ordensstatut ist, wenn ein Ritter seinen Großmeister verspeist.« Der junge Zar ließ bereits am 23. Februar Friedrich die Botschaft übermitteln, daß er auf alle Eroberungen, auch auf Ostpreußen, verzichten wolle und – mit seinen unmittelbaren Verbündeten – den Abschluß eines Friedensvertrages wünsche, was sodann durch den preußischen Gesandten von der Goltz und Großkanzler Woronzow besorgt wurde (5. Mai). Schweden folgte sogleich (22. Mai). Dagegen begannen Friedrichs Aktien in *England* rapide zu fallen. Das neue Ministerium Bute wünschte Frieden zwischen Preußen und Österreich, notfalls sei Schlesien abzutreten. Und da es Friedrich sorgsam vermied, den englischen Politikern seine tatsächlichen Kriegsziele zu offenbaren, nahm die Verstimmung auf beiden Seiten zu. An

Subsidien war unter diesen Umständen für 1762 nicht mehr zu denken, Friedrich verzichtete schließlich offiziell und hatte freie Hand.

Der *Feldzug* selbst begann im Bündnis (19. Juni) mit Rußland. Einigermaßen konsterniert sah sich Feldmarschall Daun nun Friedrichs schlesischer Hauptarmee und dem mit gefährlichen Kosaken stark bestückten Korps *Tschernitschews* (20000 Mann) gegenüber; auch Tschernitschew war zum Bewunderer Friedrichs geworden (der ihn wegen des Küstriner Bombardements nach Zorndorf öffentlich als Brandstifter diffamiert hatte), da dieser ihn und seine Offiziere mit ausgesuchter Höflichkeit behandelt hatte. Als Friedrich bei Burkersdorf (21. Juli) sich den Raum für die angestrebte Belagerung der Festung Schweidnitz erfolgreich freikämpfte, standen die Russen zu Friedrichs Gunsten am Rande des Gefechtsfeldes Gewehr bei Fuß, obwohl sie in der Folge der Absetzung und Ermordung Peters III. (9./17. Juli) bereits vier Tage zuvor den Abmarschbefehl erhalten hatten. Als sich Tschernitschew in der Morgendämmerung des Tages nach der Schlacht bei Friedrich abmeldete, durfte er den Dank des Königs in Gestalt eines goldenen, mit Diamanten besetzten Degens und wohl auch 15000 Dukaten entgegennehmen.

Am 16. August schließlich, bei *Reichenbach* (der letzten Schlacht Friedrichs, die er, auf dem Rotschimmel Cäsar, selbst kämpfend dirigierte), wurde Daun erneut zurückgeworfen, er zog sich bis Kriegsende in den fast uneinnehmbaren Kessel der Grafschaft Glatz und ins böhmische Gebirge zurück. Schweidnitz kapitulierte nach blutig-tapferem Widerstand mit 10000 Mann am 9. Oktober. Schlesien war nun wieder freigekämpft. Und wenig später gelang es Prinz Heinrich noch, in Sachsen bei *Freiberg* das durch österreichische Regimenter verstärkte Reichsheer unter dem Prinzen von Stolberg-Gedern in die Flucht zu schlagen und bis vor Dresden verfolgen zu lassen; der König war, wie sich denken läßt, von der Nachricht entzückt; er meinte, sie habe ihn um zwanzig Jahre verjüngt. *Streifscharen* drangen nun, obwohl Dresden uneinnehmbar blieb, bis nach Böhmen und vor allem in die Gebiete der Reichsstände (Franken, Thüringen, Fulda) vor; schutzlos geworden, schlossen Württemberg, Bayern, Pfalz, Köln, Mainz, Bamberg, Würzburg und andere mit dem Regensburger Gesandten des Königs Neutralitätsverträge. Am 24. November ersuchte Daun für Österreich, nicht für das Reich, um *Waffenstillstand* mit Preußen, befristet bis zum 1. März. Das »Reich« lag schutzlos vor 6000 preußischen Husaren, die unter Kleist noch bis zum 13. Dezember Reichstag und Kanzleien zur Friedfertigkeit ermunterten. Das Desaster war vollständig, zumal auch *Prinz Ferdinand* von Braunschweig in mehreren Gefechten die Franzosen aus Hessen herausgedrängt hatte.

Obwohl Preußen im Präliminarfrieden zwischen *Frankreich und England* (3. November 1762) mit seinen Interessen nicht erwähnt worden war, war Friedrichs Eigengewicht wieder stark genug geworden, um nunmehr einen günstigen Frieden zu erlangen. Moers, Geldern und Kleve wurden von den Franzosen geräumt; Wien verzichtete darauf, dort noch eigene Truppen einrücken zu lassen. Der Kampfwille Maria Theresias war erloschen.

Österreich befand sich mittlerweile am Rande des Staatsbankrotts. Schon im Sommer 1759 hatte Maria Theresia in einem Schreiben an Daun die Finanznöte des Staates offenbart und als eines ihrer Motive bei der Rückeroberung Schlesiens die Konsolidierung der Staatsfinanzen mit Hilfe der schlesischen Einkünfte angeben müssen. Sie schrieb: »... daß der gegenwärtige Krieg Meine Schulden-Last sehr namhafft vermehreret, und die Länder erschöpfet hat; mithin ohnmöglich fallen dürffte, zu den künfftigen Ausgaben Rath zu schaffen ... Diesen und allen anderen üblen Folgen wäre durch die alleinige Schwächung des Königs in Preußen abgeholffen, und es besteht dahero der wahre Grund des gegenwärtigen Kriegs nicht blosserdings in der Wiedereroberung Schlesiens und Glatz, sondern in der Glücksseligkeit des menschlichen Geschlechts und in der Aufrechterhaltung Unserer heiligen Religion, von welcher Ich in Teutschland fast die alleinige Stütze abgebe.« Nun, im Winter von 1762 auf 1763, breitete sich Verzweiflung in Wien aus; auch Kaunitz sah ein, daß er die Konsequenzen ziehen müsse. Während des Krieges war die Staatsschuld von rund 49 auf mehr als 136 Millionen Gulden angeschwollen; die Bankwelt versagte sich dem Hofe.

Vermittler zum Frieden wurde der sächsische Geheime Rat und Diplomat von Fritsch; der Vorschlag der Zarin an die Kriegführenden, Sachsen sogleich zu räumen, fand Friedrichs Beifall nicht; er wünschte, nachdem die Verhandlungen zwischen Fritsch und Hertzberg am 30. Dezember auf Schloß *Hubertusburg* (bei Oschatz) begonnen hatten, den besten Frieden abzuschließen, den seine Lage noch gestattete: »Stellen Sie sich einen Mann vor«, schrieb er am 28. Januar an Keith, »der lange vom Unwetter auf dem Meere hin- und hergeworfen worden ist und endlich die Küste sieht, wo er landen will. Das ist genau mein Fall ... eine große Gefahr ist überstanden.« In den meisten Punkten setzte er sich durch, er gab Glatz nicht preis, indem er das Begehren der Österreicher als Revanche-Anzeichen denunzierte; den Vorschlag, Ansbach und Bayreuth nach dem Aussterben der Markgrafen nicht einzuziehen, lehnte er glatt ab. Auch handelspolitisch hielt er seine Autarkie-Linie durch und verweigerte Sonderrechte für Schlesiens Handel mit den Habsburgischen Landen. Die Grenzen wurden, entsprechend dem Dresdener Frieden, beiderseits garantiert, und Friedrich legte die brandenburgische Kurstimme für die Kaiserwahl Josephs (II.) auf den Friedensaltar.

Am 2. Februar, als man handelseinig war, schrieb er seinem Bruder Heinrich erleichtert: »Ich glaube, wir haben den besten Frieden abgeschlossen, der unter den vorliegenden Umständen zu erreichen war«. In der Tat, so war es. Zu Hertzberg, der nun bis zu seinem Tode neben Heinrich der außenpolitische Gehilfe und Vertraute war, meinte er mit einem Rückblick auf die Sturmfahrt: »Es ist doch ein gutes Ding um den Frieden, den wir abgeschlossen haben, aber man muß es sich nicht merken lassen«. Kein Wort in den Briefen, daß nun die

Stellung der »kleinen« Großmacht in Europa in sensationeller Weise bestätigt worden war. Er blieb sich der Angreifbarkeit Preußens bewußt und war auf der Hut. Seine Agenten berichteten ihm bald von Freudenkundgebungen in Wien auf die Friedensnachricht hin: »Graf Kaunitz und seine Herrin haben den Krieg gründlich satt. Nach ihrem Verhalten zu urteilen glaube ich, daß sie wenigstens jetzt aufrichtig wünschen, in gutem Einvernehmen mit uns zu leben, Man darf jedoch nicht die Fabel von der Katze und den Mäusen vergessen; Katze bleibt Katze, was sie auch tut« – schrieb er seinem Bruder Heinrich.

Preußens »Mirakel«

Der Krieg der Mächte von 1756 bis 1763 besaß den Rang eines »kleinen Weltkrieges«. Als der eigentliche Gewinner durfte sich die Seemacht *England* betrachten, die sich in Nordamerika und Indien erweiterte Positionen erkämpfen konnte. Sie sollten zu den wichtigsten Bestandteilen des Empire gehören. Eben dort, in Nordamerika, und in Teilen Europas bewunderte man den schmächtigen Preußenkönig, den die Heere von drei »echten« Großmächten nicht aus dem Sattel zu werfen vermocht hatten. Und der Ruhm der Königs-Armee, die durch das Feuer von zweiundzwanzig Schlachten gegangen war, erhielt sich im Bewußtsein besonders der Einwohner jener Völker und Staaten, die Friedrichs Kampf auch als eine Selbstbehauptung der protestantischen Freiheiten im alten Reich und darüber hinaus begriffen. Damit wird ein Punkt berührt, der die Zeitgenossen und die Späteren beschäftigt hat: wie es möglich gewesen sei, welche Kräfte untergründig am Werke waren, daß sich Friedrich mit seinem Staat behaupten konnte. Besaßen die Preußen eine »Moral«, einen besonderen Fundus des Kämpferischen, der sie aus dem Mittelmaß heraushob? Hatten sie mit Friedrich für »Luther« und »Calvin« gekämpft? War die Schwäche und Vielzahl der anderen der Vorteil des einen? Der weimarische Minister Goethe, der diese Frage bedacht hatte, fand die kürzeste Formel; er betonte »Wert, Würde und Starrsinn der Preußen«.

Die *Kriegskunst* Friedrichs und seiner Offiziere befand sich auf der Höhe der Zeit. Friedrich als Feldherr konnte sich einige weltgeschichtlich singuläre Erfolge zuschreiben. Aber das Militärische allein erklärt nicht den Gesamterfolg. Es ist keine Frage, wie die siebenjährige Partie ausgegangen wäre ohne Friedrichs aggressiv-tapfere Standhaftigkeit, ohne seine disziplinierte Härte und ohne nicht häufig ins Wanken geratene stoische Zuversicht. »Strukturen« und »Ökonomien« waren seiner Rationalität in einem für Außenstehende unheimlichen Umfange unterworfen, trotz der Mißerfolge, die Friedrich als sein eigener Historiograph für sich, das Offizierskorps und die Nachwelt festhielt. Es war ein überlegenes Geschichtsbewußtsein und ein auf Verwertbarkeit angelegtes Normengefüge, abgedeckt durch bedeutende Vorbilder, von Caesar bis zu Karl XII.

von Schweden, das den König mehr als seine Gegenspieler trug, bewegte und bewahrte. Außerdem besaß Preußen seine auf die Bedürfnisse der Armee abgestimmte Steuer- und Domänenverwaltung. Alles dies ließ ihn strukturelle Schwächen, mit denen er als Festlands-Generalissimus ebenso wie die Gegenseite zu kämpfen hatte, rascher überwinden.

Erstmals 1759 zeichnete sich das ebenso paradoxe wie schicksalhafte *Kriegsergebnis* ab, daß womöglich die Stärkeren als die Schwächeren das Feld würden räumen müssen. An den propagandistisch wenig geschickten, von Kaunitz inspirierten »Staats-Betrachtungen über gegenwärtigen Preußischen Krieg in Teutschland« (Wien 1761) ist das ebenso ablesbar wie an der weichherzigen Denkschrift der Kaiserin für Daun (24. Juli 1759), in der sie einen »unglücklichen Frieden« erwähnt. Kaunitz und Maria Theresia besaßen zu wenig Gespür für das Gewicht der zeitgeistigen Faktoren, die Friedrichs Politik und Krieg begünstigt haben. Mit einem Satz: Kein literarisch überhöhtes »Fatum« (Thomas Mann), kein undefinierbares glückhaftes »Mirakel«, nur wenige wirkungsschwere »Zufälle«, wohl aber die Erschöpfung der Kriegführenden, die bei Friedrichs Gegnern stärker ausgebildete Traditionsgebundenheit in den Kriegsmaschinerien und, vor allem, das »Individuum« Friedrich mit einer täglich erarbeiteten »Fortune«. Der König, Feldherr und Herrscher in einer Person, den Berechnungen der Gegner spottend, erwies sich als das »Mirakel des Hauses Brandenburg«.

Friedensjahre – Aufbaujahre

Unmittelbar nach dem Friedensschluß wandte sich der König dem Wiederaufbau des Landes zu. Den *Bevölkerungsverlust* seiner Lande hat der König hoch angesetzt. Er nahm an, er habe 500 000 oder noch mehr Menschen verloren. Das ist jedoch bei weitem nicht zutreffend. Auch spätere Schätzungen greifen zu hoch. Der numerische Rückgang der Zivilbevölkerung beträgt 224 684 (= 5,8 Prozent) Menschen für die Zeit zwischen 1756 und 1764. Bereits drei Jahre nach Kriegsende wurde der Vorkriegsstand um 111 436 Menschen (Zivilbevölkerung) übertroffen. Durch Zuzug, Rückkehr der Geflüchteten und Verschleppten und durch die Reproduktionswilligkeit der Bevölkerung ist der erfaßbare Kriegsverlust alsbald ausgeglichen worden. Berlin wies 1764 den gleichen Bevölkerungsstand auf wie 1756. Der Verlust an Getöteten und durch Gewaltanwendung Gestorbenen dürfte ebenfalls geringer gewesen sein. Unzweifelhaft hatten aber die mittleren und östlichen Gebiete die höchsten Rückgänge zu beklagen. An der Spitze steht die von den Russen und durch drei Schlachten verwüstete brandenburgische *Neumark* (26,7 Prozent Rückgang), gefolgt von *Pommern* (19,5 Prozent, sodann *Ostpreußen* (14,7 Prozent) und, mit deutlich weiterem Abstand, der *Kurmark* (9,9 Prozent, *Schlesien* (3,3 Prozent) und *Magdeburg-Halberstadt* (3,2

Prozent). In diesen Zahlen spiegelt sich deutlich Art und Intensität des Kriegsgeschehens im Zeitalter der absoluten Monarchie.

Die Friedensarbeit des *»Zweiten Retablissements«* begann damit, daß man aus den besetzten Gebieten noch möglichst viele Restgelder und Lieferungen mitnahm (»Ausplünderung Sachsens«), daß Facharbeiter aus Meißen für die Berliner Porzellan-Manufaktur abgeworben wurden und daß die Soldaten aufgefordert wurden, in Sachsen nach ehewilligen Mädchen Ausschau zu halten, um sie mit oder ohne Vermögen zu entführen.

Die Beseitigung der unmittelbaren Kriegsschäden konnte in wenigen Jahren durch Staatsschenkungen und *Schwerpunktinvestitionen* erreicht werden. 35 000 Pferde aus Militärbeständen wurden im Lande verteilt, die Getreidemagazine geöffnet und in Danzig aufgekauftes Saatgut in Pommern verteilt. In den betroffenen Provinzen schuf man besondere Retablissementskassen für die Subventionen der Landwirtschaft. Allein in der Neumark wurde für die Wiederherstellung des »platten Landes« eine dreiviertel Million Taler eingesetzt. Um 1767 waren an die 15 000 Gebäude in den besonders betroffenen Provinzen neu errichtet worden. Trotz der von den internationalen Finanzplätzen ausgehenden *Wirtschafts- und Finanzkrise* (1763 bis 1766), durch die es auch in der preußischen Wirtschaft und besonders in Berlin (Gotzkowsky) zu Zusammenbrüchen kam, ist der staatlich gelenkte Ausbau des Landes ohne größere Stockungen fortgesetzt worden.

Die Währung wurde bereinigt, indem die schlechten Münzsorten eingezogen wurden. Eine *Staatsbank* sowie eine Seeassekuranzgesellschaft *(»Seehandlung«)* wurden begründet. Dazu traten Handelsgesellschaften für den Levante- und Rußlandhandel. Über den Emdener Hafen hatte Preußen Zugang zu den überseeischen Handelswegen.

Weniger erfolgreich verlief eine Reform der Steuerverwaltung *(»Regie«)* mit französischen Oberbeamten, die höhere Erträge brachte, aber im Land unbeliebt war. Auch die stärker fiskalisierte Postverwaltung und die neuen *Monopole* für Kaffee (»Kaffeeriecher«) und Tabak sollten helfen, die wachsenden Staatsausgaben zu balancieren. In der *Gewerbe- und Handelspolitik* suchte der König die eigenen Gewerbe und Manufakturen durch hohe Zollmauern zu schützen, andererseits den Export preußischer Waren vor allem nach Osteuropa mit allen Mitteln zu fördern. Der Mangel an Handelskapital erschwerte den Übergang vom Kommissionshandel zum aktiven Eigenhandel größerer Häuser. Wie immer die spätmerkantilistische Wirtschaftspolitik Friedrichs im einzelnen zu bewerten ist, sie zeitigte auf vielen Gebieten respektable Ergebnisse und hat der Industrialisierung wesentlich vorgearbeitet. Die leitenden Gesichtspunkte bei der weiteren Förderung der *Textilgewerbe* (»Seidenindustrie«), bei der Entwicklung des schlesischen und sonstigen *Bergbaues* (seit 1777: Minister von Heynitz), bei der Entwicklung der Binnenschiffahrt und anderem mehr waren gewiß fiskalischer, rüstungspolitischer oder strategischer Art. Daneben wird man aber doch auch von den Anfängen einer volkswirtschaftlichen Gesamtsicht sprechen können. Friedrichs Fiskalismus »schloß nicht aus, daß Preußen in gewisser Weise 1763 bis 1786 stärker auf dem Wege zum Industriestaat war als 1786 bis 1815« (Wilhelm Treue, 1970).

Außenpolitik im Ostraum

Friedrichs Politik nach 1763 war davon bestimmt, daß ihm der politische Rückhalt an England verlorengegangen war. Er bedurfte deshalb eines guten Verhältnisses zur Zarin Katharina. Österreich dagegen blieb mit Frankreich im Bunde. Den Streitfall der Zukunft sollte im Ostraum die *polnische Frage* bilden. Die Verteidigungsbündnisse Preußens mit Rußland (1764, erneuert 1769) wirkten sich unmittelbar auf die Festigung der russischen Position in Polen aus. Sie sicherten Preußen jedoch ein gewisses Mitspracherecht. Mit der Wahl des von der Zarin abhängigen Stanislaus August Poniatowski zum König (nach dem Tode König Augusts III. von Sachsen) unter dem Druck eines einmarschierten russischen Heeres begann 1764 einerseits eine Periode innerer Reformen, andererseits schritt Rußland mit großer Härte »zur Unterdrückung des immer stärkeren Reformwillens in der Adelsnation« (H. Roos). Für Preußen waren die polnischen Unruhen auch insofern unangenehm, als sich russische Besatzungstruppen an neuralgischen strategischen Punkten wie Danzig und Thorn festgesetzt hatten. In mittelfristiger Sicht stellte sich die Frage, wie dieser Zustand zu beenden sei. Im Falle eines Konfliktes, wie Friedrich ihn eben hinter sich hatte, konnten russische Truppen aus dem Stand heraus in wenigen Tagen in Hinterpommern, Ostpreußen und in der Neumark erscheinen.

So nahm er gegen Ende der sechziger Jahre vorsichtig Fühlung mit *Österreich* auf (Begegnungen mit Joseph II. 1769/70), um nicht zu sehr in die Abhängigkeit Rußlands mit seiner expansiven Außenpolitik besonders gegenüber der Türkei zu gelangen. In wechselseitigen Polengesprächen der Mächte bereitete sich etwas von der »Entente cordial der drei schwarzen Adler« vor, von der ein polnischer Historiker gesprochen hat. Der Ausgleich zwischen Rußland und Österreich, die im südöstlichen Balkan scharf miteinander konkurrierten, kam unter preußischer Vermittlung auf Kosten Polens zustande. Als sich die Verkleinerung Polens durch die drei Ostmächte abzeichnete, stimmte Friedrich dieser Fortsetzung der vorangegangenen »negativen Polenpolitik Preußens« (K. Zernack) zu, um die Kriegsgefahr zu beseitigen und um die Land-Brücke nach Ostpreußen zu gewinnen. Zur Befriedung der Orientsituation haben die *Teilungs-Verträge der Mächte* (17. Februar, 5. Juli 1772) beigetragen. Das übrige Europa mußte den Gewaltakt geschehen lassen, doch fehlte es nicht an Protesten.

So war diese Erwerbung kein von langer Hand vorbereitetes Unternehmen, obschon der König bereits 1768 die Fortdauer der polnischen Anarchie bezweifelte, weil sich der Druck der Russen seit 1764 auf Polen verstärkt hatte: »Infolgedessen scheint es mir klar, daß die übermächtigen Nachbarn sich schließlich über die Teilung dieser Beute verständigen werden. Vielleicht bleibt ein stark beschnittenes, von jenen drei Mächten, nämlich Rußland, Preußen und Österreich, eingeschlossenes Königreich bestehen.« Das klingt zurückhaltender als die polnischen Erwerbungs-Träume aus dem Jahre 1752, wo Polnisch-Preußen mit Thorn, Elbing und Marienwerder vor allem aus geopolitischen und militärischen Überlegungen heraus als »mit der Feder« zu erwerbende Gebiete bezeichnet wurden, unter Ausnutzung der polnischen Parteikämpfe. Die untere Weichsel sei sogleich zu befestigen, rät er dem Nachfolger: »Das würde alle Unternehmungen der Russen gegen uns, d. h. Truppenlandungen im Danziger Hafen, Überschreiten der Weichsel vereiteln. Gewiß sind ihre regulären Truppen nicht sehr zu fürchten, aber ihre Kalmücken und Tataren sind durch Mordbrennerei und Grausamkeit bekannte Völker, die die Länder verwüsten, ganze Völker in Gefangenschaft fortschleppen und alle Ortschaften einäschern, wo sie sich als die Stärkeren fühlen. So haben sie es in Finnland getrieben. Du mußt deshalb einen Krieg mit Rußland so lange vermeiden, als Dein Ansehen es zuläßt.« Keine schlechte Prognose, nur daß Friedrichs Nachfolger Wilhelm II. die Lektüre der Testamente offenbar für überflüssig gehalten hat.

Zwei Punkte sind im Hinblick auf die erste Teilung (1772) und die beiden nachfolgenden Teilungen Polens bedeutsam. Die *Grundfigur des Teilungsaktes* (des Zugriffs dreier Randmächte) ist in der geographischen Lage Polens und seiner offensichtlich nicht leicht heilbaren politischen und wirtschaftlichen Schwäche angelegt; deshalb sind in diesem durch Naturbarrieren kaum gestörten ostmitteleuropäischen Durchgangsraum Wiederholungen der Teilungsstrategien, die zu verurteilen wären, im Verlauf der Geschichte denkbar. Auch ist darauf zu verweisen, daß die Tendenzen und die primären Aktivitäten zum Verkleinern und schließlichen Aufteilen Polens von den größeren Mächten Rußland und Österreich (Pfandbesetzung von Zips) ausgegangen sind. Friedrich hat sich der interventionistischen Tendenz Katharinas, die er 1766 als »aggression« bezeichnete, geschmeidig angepaßt und dann schließlich die allen vertraute Idee der Teilung als Geschäftsgrundlage eines territorialen Konsenses zwischen Rußland und Österreich und des Friedensvertrages mit der Türkei ins Gespräch bringen lassen. Die ost- und südosteuropäischen Konflikte hatten Preußens Politik in Zugzwang gebracht.

Es hieße Friedrichs Weitblick zu verkennen, wenn man ihm unterstellte, er habe Problematik und Folgen der ersten Teilung nicht voll erfaßt, nicht bemerkt, daß er für *Rußlands Weg nach Europa* eine der gewichtigsten Barrieren vor Preußen selbst wegräumen half. Rußland (rund 84 000 Quadratkilometer) schob sich bis zur Düna und bis zum Dnjepr vor, Österreich nahm Kleinpolen südlich der oberen Weichsel, Rothruthenien und weiteres (83 900 Quadratkilometer), während Preußen (rund 34 900 Quadratkilometer, 526 000 Einwohner) mit dem ehemaligen westlichen Deutschordensland (Pommerellen, Palatinate Kulm und Marienburg, dem in Ostpreußen liegenden Bistum Ermland, Elbing, Teilen von Kujavien und Posen, jedoch ohne Danzig und Thorn) nur etwa 16 Prozent der Ländereien empfing. Ihr wirtschaftlicher und strategischer Wert war höher, überragte noch die Anteile der anderen Mächte. Preußen übte nunmehr die Kontrolle über etwa vier Fünftel des polnischen Außenhandels aus und konnte von 1775 an aus den Zöllen an der Weichsel mehr Einkünfte ziehen, als das reduzierte Polen aus seinen sonstigen Einnahmequellen gewinnen konnte. Doch scheiterte der Versuch, Danzig zum Anschluß an Preußen zu zwingen, am Einspruch Rußlands. Im übrigen wurde bei der Erwerbung hinsichtlich der Rechtsgrundlagen nicht auf den Deutschen Orden, sondern auf die alten Erbverträge der askanischen Markgrafen mit den pommerellischen Fürsten zurückgegriffen. Dies war staatsrechtlich korrekt und hatte nichts mit einer aufklärerisch geprägten Abneigung gegenüber angeblichen Bekehrungs-Praktiken des Ordens zu tun. In dem besonderen polnisch-preußischen Vertrag (18. September 1773) ist dann noch der Rest der Lehnsabhängigkeit der west- und ostpreußischen Gebiete von der polnischen Krone aufgehoben worden, so daß der König fortan den Titel »König von Preußen« führen konnte. Das übernommene Gebiet war zu etwa zwei Fünfteln deutsch besiedelt, am stärksten entlang der unteren Weichsel und im ganzen Ermland vom Haff bis in die Gegend von Allenstein-Wartenburg.

Es hat den Anschein, als habe der König, besonders nach der Abkühlung der Beziehungen zu Katharina (seit 1781), der *Erhaltung Restpolens* stärkeres Gewicht beigemessen. Der Wert eines solchen Pufferstaates ging ihm auf, als er sich (wie er am 9. Mai 1782 in der Betrachtung über den politischen Zustand Europas bemerkte) plötzlich wieder auf einen Dreibund mit England und der Türkei beschränkt zu sehen glaubte. Aber die Würfel waren 1772 gefallen. Friedrich hat trotz dieser Einsichten dem Nachfolger keine bindenden Direktiven für die polnische Frage hinterlassen wollen.

Viele Fragen sind an die erste polnische Teilung geknüpft worden, auch die nach Preußens und Friedrichs *historischer Schuld*. Die Historiker des mit vielen Nationalitäten besetzten polnischen Staates haben gewiß die leidenschaftlichsten Anklagen vorgetragen, obschon die Einsicht in das Verhängnis des Gesamtprozesses auf allen Seiten gewachsen ist.

Hätte Friedrich 1772 aus moralischen und sonstigen Gründen auf seinen, ihm aus der Logik der geopolitischen Gegebenheiten zufallenden Anteil verzichtet, so hätte er Rußland ohne Not einen entscheidenden territorialen Vorteil überlassen. Bei nächster Gelegenheit, so pflegte man in Kabinetten zu denken, hätte sich Rußland weiterer Teile Polens, etwa im Verein mit Österreich (wie sich bald zeigen sollte), bemächtigt. Ostpreußen wäre umklammert, Hinterpommern unmittelbar gefährdet gewesen. Der Zugriff schien vom Staatsinteresse her geboten, und auch die »menschenfreundliche« Gegenwart kennt Beispiele genug für ein solches Vorgehen von Randmächten, im Nahen Osten und andernorts.

Die Adelsrepublik gegen Rußland von vornherein zu stützen, dazu war Friedrich zu schwach; er hätte einer engeren Verbindung zwischen Wien und Petersburg Vorschub geleistet. Es ist gewiß legitim und verständlich, wenn polnische Historiker die Teilungen nach der Wiederherstellung eines einigermaßen selbständigen polnischen Staates aus dem engeren nationalen Blickwinkel heraus betrachten; der Zeit um 1770 entsprach es nicht.

Obwohl Friedrich die *polnischen Zustände* wiederholt temperamentvoll kritisiert hat, machte es ihm nichts aus, unter seinem Zepter verschiedene Nationalitäten zu vereinigen. Es war unvermeidlich, war zeitgemäß und deckte sich mit der fremdenfreundlichen und Einwanderungen von Ausländern jedweder Zunge begünstigenden Politik seines Staates. Überdies mußten dem aufgeklärten Monarchen menschenwürdige Rechts- und Sozialverhältnisse höher stehen als irgendein nationaler Verbund; die »Menschenrechte« waren in Preußen seit Friedrich besser gewahrt als im weiten Rußland der Katharina, in Russisch-Polen oder in Kurland. In der Gegenwart konkurriert das Argument der höheren Leistungsfähigkeit vielerorts mit dem nationalen Argument; die Welt sähe anders aus, wenn das nationale Argument per Selbstbestimmungsrecht auf dem Erdball durchzusetzen wäre.

Der gewiß nicht preußisch-konservativ denkende Althistoriker *Theodor Mommsen* hat in seiner Römischen Geschichte, im Hinblick auf die Expansion der »italischen Nation«, von dem »Gesetz« gesprochen, das darin liege, daß »das zum Staat entwickelte Volk die politisch unmündigen, das civilisierte die geistig unmündigen Nachbarn in sich auflöst«; dieses Gesetz sei »so allgemeingültig und so sehr Naturgesetz« »wie das Gesetz der Schwere«; er verweist neben der römischen Kolonisation auf Englands Kolonialarbeit in Indien, Amerika und Australien. Über das Ausmaß der komplexen Kulturarbeit der drei Teilungsmächte in Polen wird gewiß noch zu forschen sein. An der Tatsache ist nicht zu zweifeln, denn die exakten Landes- und Verwaltungsbeschreibungen liegen vor.

Westpreußen

Man wird jedoch nicht übersehen dürfen, daß *Westpreußen* und der *Netzedistrikt* seit der Mitte des 17. Jahrhunderts immer wieder von Kriegen und Durchzügen, von Seuchen und anderen Belastungen betroffen war. Die Schwäche der Adelsrepublik Polen hatte sich hier besonders ungünstig ausgewirkt. Zuletzt hatten noch Preußens Siebenjähriger Krieg und die von Rußland inaugurierten Thronfolgewirren nebst Bürgerkrieg neue Leiden über das Land gebracht. Für die preußische Verwaltung bot sich hier ein großes und fruchtbar genutztes Arbeitsfeld. Mit Domhardt, Brenckenhoff und Roden waren hier einige der besten Beamten tätig. Der König fuhr alljährlich nach Mockrau bei Graudenz und verhandelte dort während der Truppen-Revue mit den hohen Landesbeamten über den Ausbau der neuen Provinz.

In Westpreußen wurden aus den Starosteigütern 79 *Domänenämter* gebildet (unter Aufhebung der Leibeigenschaft), die deutschen *Kolonisten* als freie Erbzinsbauern angesetzt, 50 neue Dörfer im Netzedistrikt angelegt, überhaupt 12000 Menschen (= zwei Prozent) bis 1786 in Westpreußen angesiedelt, und zwar nicht nur auf Staatsland, sondern auch in den Herrschaften polnischer und deutscher adliger und sonstiger Grundherren. Gesichtspunkte der »Germanisierung« oder »nationalpolnischer« Kulturarbeit spielten damals keine Rolle. 1773/74 wurde unter Brenckenhoffs Leitung innerhalb von 18 Monaten mit 6000 Arbeitern der *»Bromberger Kanal«* (26 Kilometer, acht Schleusen, 687806 Taler Kosten) errichtet; Altpreußen und Brandenburg-Berlin waren durch eine Wasserstraße verbunden. Danzigs Handel, dem ursprünglich Abbruch getan werden sollte, konnte die Vorteile des besser erschlossenen Hinterlandes nutzen; wie überall im friderizianischen Staat war der Nutzeffekt entscheidend. Als die Wiederherstellung des Großen Remters im *Marienburger* Hochmeisterschloß vorgeschlagen wurde, entschied der König, daß man die Baulichkeiten als Getreidespeicher, Kaserne und für eine Weberei verwenden solle.

Innerhalb von zehn Wochen wurde ein *Postnetz* aufgebaut (600 Pferde); das *Elementarschulwesen* wurde verbessert, die westpreußischen und ermländischen Jesuitenkollegien wurden in *Gymnasien* umgewandelt, wobei der größte Teil der Lehrer im Amte geblieben ist. Überhaupt wurde auch in Westpreußen zwischen den *Konfessionen* grundsätzlich kein Unterschied gemacht. Friedrich lehnte es ab, den Protestanten (die ihn als Befreier vom Glaubenszwang begrüßt hatten) die in der polnischen Zeit enteigneten Kirchen zurückgeben zu lassen. Für die Evangelischen wurden statt dessen, wo nötig, einzelne Neubauten in schlichter Bauweise errichtet. Die Protestanten hatten weiterhin Abgaben an die katholischen Pfarrer zu entrichten. Die besonders in der Weichselniederung angesessenen und, wie in Krefeld-Geldern, durch ihren Fleiß berühmten *Mennoniten* waren gegen Zahlung einer Pauschale (5000 Taler für das neue Kadettenhaus in Kulm) von der Rekrutenaushebung befreit; ihren Grundbesitz sollten sie, jedenfalls als Eigentum, nicht vermehren, damit die militärischen Kantone nicht verringert würden.

Insgesamt sind in die westpreußische Landeskulturarbeit von 1775 bis 1786 etwa 6,7 Millionen Taler investiert worden. Die Hinweise mögen gleichzeitig als Beispiel für die innere Staatsarbeit in dieser Phase dienen. Typisch für die moralischen Antriebskräfte des aufgeklärten Herrschers und seines Reformabsolutismus ist die Bemerkung Friedrichs gegenüber *Voltaire*, er wolle, daß »ein Land, das einen Copernicus hervorgebracht hat, nicht länger in der Barbarei jeglicher Art versumpfe, in welche die Tyrannei der Gewalthaber es versenkt habe« (1772). Im folgenden Jahr empfängt der »kranke Alte« in Ferney dann einen von kleineren literarischen Überheblichkeiten nicht ganz freien Bericht über die neuesten Taten des »Philosophen von Sanssouci«. Dort heißt es: »Ich war zuerst in Preußen (sc. Westpreußen), habe dort allenthalben die Leibeigenschaft aufgehoben, barbarische Gesetze reformiert und neue, vernünftige eingeführt; ich habe einen Kanal eröffnet (sc. die Bauarbeiten), der die Weichsel mit der Netze, der Warthe, der Oder und Elbe verbindet; ich habe einige Städte, die seit der Pest von 1709 zerstört sind, wieder aufbauen lassen; außerdem habe ich 2000 Sümpfe trockengelegt und eine Polizei- und Rechtsordnung eingerichtet in einem Lande, wo diese Begriffe bisher unbekannt waren. Von dort reiste ich nach Schlesien, um meine armen Ignatianer (sc. Jesuiten) über die Härten der römischen Kurie zu trösten, ihren Orden etwas zu stärken und sie als Körperschaft in einigen Provinzen zu erhalten. Da kann ich sie dem Vaterlande nützlich machen, wenn ich sie die Schulen zur Unterweisung der Jugend leiten lasse. Dieser Aufgabe wollen sie sich ganz und gar hingeben. Außerdem habe ich Siedlungen für 60 Dörfer in Oberschlesien ins Leben gerufen, wo noch unbebautes Land brach liegt. Jedes Dorf zählt zwanzig Familien. Zur Erleichterung des Handels habe ich im Gebirge Verkehrswege anlegen lassen und habe zwei verwüstete Städte aufgebaut, die früher nur Holzbauten hatten und jetzt aus Ziegeln und dem dortigen Gebirgsstein errichtet werden.« Im übrigen wolle er den Frieden aufrechterhalten wissen, damit »der Wohlfahrt der Völker« gedient werden könne. Aus diesem kurzen Bericht ist vieles von der inneren Staatsarbeit Friedrichs des Großen ablesbar, vor allem das Dauerhafte, dessen sich die Menschen noch heute in den ehemals preußischen Gebieten erfreuen können. Der Blick in die Werkstatt des nun »alt« gewordenen Königs zeigt aber auch den jugendlichen Schwung, mit dem er immer wieder und bis zuletzt die Staatsarbeit anpackte und vorantrieb, in den Vorstellungen seiner Zeit, gewiß auch mit Starrsinn, aber – »bis die Wärme den Körper verlassen hat« – ohne »Erstarrung«.

Bayerischer Erbfolgekrieg und Fürstenbund

Je mehr in den siebziger Jahren der junge Kaiser auf die österreichische Politik Einfluß nahm, desto mißtrauischer beobachtete Friedrich die Schachzüge des Wiener Hofes. Eine stärkere Machtstellung des Kaiserhauses im Reiche mußte er in der Konsequenz seiner gesamten Politik zu verhindern suchen, freilich möglichst mit friedlichen Mitteln. Als in Bayern mit Max III. Joseph 1777 die Nachfolge der kurpfälzischen Wittelsbacher (Karl Theodor) anstand und auch mit Hilfe des Reichstages durchgesetzt werden konnte, brachte Joseph II. ohne Rücksicht auf weitreichende außenpolitische Komplikationen Ansprüche auf niederbayerisch-oberpfälzische Gebietsteile vor. Friedrich schwang sich mit Erfolg zum Beschützer eines bedrohten Reichsstandes auf, von Sachsen und anderen sowie den empörten Bayern unterstützt. Nach dem ergebnislosen *Bayerischen Erbfolgekrieg* (»Kartoffelkrieg«) sicherte sich Preußen im *Teschener Frieden*, in den Rußland erstmals als Garantiemacht aufgenommen war, die Zustimmung des Kaisers für die bevorstehende Übernahme der fränkischen Markgrafschaften. Die Vermittlung von Frankreich und Rußland in dieser Krise zeigte, daß die beiden Großmächte unverändert den mitteleuropäischen Raum als ein Interventionsforum ansahen.

Der Krieg deckte nicht wenige Schwächen im preußischen *Heer* auf. Bei einer Sollstärke der beiden preußischen Armeen von 154 000 Mann hielten sich die Desertionen mit 2700 Mann in Grenzen. Nachteiliger wirkten sich dagegen Epidemien (Rote Ruhr) aus, so daß zeitweilig 37 887 Kranke und Verwundete in den Feldlazaretten behandelt werden mußten. Die Zahl der Toten belief sich auf 6930. Verpflegung und Nachschub erwiesen sich als nicht zureichend. Aber eine »Generalreform« des Heereswesens wurde dennoch zwischen 1779 und 1786 nicht begonnen. Der König scheute die Kosten. Die schwachen Stellen waren erkennbar: Der Anteil bürgerlicher Offiziere wäre zu verstärken gewesen; eine Kriegsakademie hätte gegründet werden müssen; es fehlte eine Zentralkommission für rüstungstechnische Fragen; der Kasernenbau hätte forciert werden müssen, um das Quartiersystem gänzlich abzulösen. Auch die Löhnung bedurfte einer Reform. Die Zahl der Inländer, mit mittlerer Dienstzeit (sechs Jahre) auf der Grundlage der Freiwilligkeit, wäre zu erhöhen gewesen und anderes mehr. Preußens Armee war eine Defensivarmee wie andere auch geworden. Es war die Armee eines »Friedensfürsten«. Sie besaß seit 1763 nicht mehr jene Geschlossenheit und Gleichartigkeit, die das kleinere Heer der vierziger Jahre ausgezeichnet hatte.

Österreich verfolgte auch in den achtziger Jahren seine Absichten im Hinblick auf Bayern weiter. Es gelang Joseph II., das russisch-preußische Bündnis durch besondere Absprachen weitgehend zu entwerten, um durch Kompensationen auf anderen Gebieten Rußlands Zustimmung zur Übernahme Bayerns zu gewinnen. Der Kurfürst Karl Theodor, in Bayern wenig verwurzelt, war bereit, seinen bayerischen Besitz im Tausch gegen den größeren Teil der habsburgischen Niederlande aufzugeben. Friedrich hat deshalb die an kleineren Höfen entstandene Idee eines »Deutschen Fürstenbundes« (1785) aufgegriffen, seine außenpolitische Isolierung damit durchbrochen und die Selbständigkeit Bayerns mit der Waffendrohung zu bewahren verstanden. Dem Bunde der »Kurfürsten« von Brandenburg-Preußen, Hannover und Sachsen schlossen sich bald die meisten weltlichen und geistlichen Reichsstände an. Joseph II. wich zurück. Obwohl Preußen auch hier keine »deutsche« Politik, vielmehr reine Interessenpolitik trieb, hat der Fürstenbund, dessen Entstehen von einer reichen politischen Publizistik begleitet war, das moralische Ansehen Preußens als interkonfessionell handlungsfähige Gegenmacht im Reich für alle sichtbar werden lassen. Der »Rebell« gegen das Reich trat am Ende seines Weges sinnigerweise als

Schützer der Reichsverfassung auf. Sein Tod wurde deshalb auch von jenen beklagt, die ihn einstmals verflucht hatten.

Staatsverwaltung und Reformbewegung

Friedrich der Große hat die *Regierungs- und Verwaltungsorganisation,* wie sie von seinem Vater ausgebildet worden war, in ihren äußeren Formen beibehalten. Unverändert diente das königliche Kabinett als Herrschaftszentrale und vereinigten sich im »Generaldirektorium« (im Berliner Stadtschloß) die obersten Innen-, Steuer-, Wirtschafts- und Provinzialaufsichtsbehörden. Unter dem Generaldirektorium standen die Kriegs- und Domänenkammern in den Provinzen und sonstigen Landesteilen, denen die Steuerräte für die Städte und die Landräte für das »platte Land« nachgeordnet waren. Auf der obersten Ebene hat der König jedoch aus der praktischen Arbeit heraus weitere Sachressorts eingerichtet, wie das V. Departement für Handel und Gewerbe (1740), das VI. Departement für die Heeresökonomie (1746), ein besonderes Departement für das Zoll- und Akzisewesen (Regie: 1766), das VII. Departement für das Bergwerks- und Hüttenwesen, später auch das Maschinenwesen (1768) sowie das VIII. Departement für die wegen des steigenden Energiebedarfs bedeutsamer gewordene Forst- und Nutzholz-Verwaltung (1770). Besondere Verwaltungskörper in dem losen Rahmen des alten Geheimen (Etats-)Rates bildeten der Justiz-Staatsrat, das Geistliche Departement, der Justizminister für Schlesien, das Kabinettsministerium (= Auswärtiges Amt), das Kriegskonsistorium sowie als dem König unmittelbar (immediat) unterstellte Behörden das Departement des Provinzialministers für Schlesien und das Oberbaudepartement (1740), von wo aus Friedrichs Baumeister Georg Wenzeslaus von Knobelsdorff (bis 1753) und dessen Nachfolger den Ausbau von Berlin und Potsdam leiteten.

In der täglichen *Regierungsarbeit* verkehrte der König mehr und mehr mit den Ministern und Chefs einzeln, obwohl es daneben weiter Kollegialbeschlüsse der Spitzen des Generaldirektoriums gab. Der Geschäftsverkehr mit dem König vollzog sich in der schriftlichen Form oder dadurch, daß er – häufiger als sein Vater – die Amtsträger nach Potsdam oder zu sonstigen Orten kommen ließ. Zu den in dieser Hinsicht bevorzugten und bevorrechtigten Männern gehören vor allem die Minister Ludwig Philipp vom Hagen (1764 bis 1771), sodann des Königs »Kolonisationsminister« Friedrich Wilhelm von Derschau (1769 bis 1779), der als Wirtschafts- und Finanzfachmann besonders bevorzugte Minister Friedrich Wilhelm Frhr. von der Schulenburg-Kehnert (seit 1771), die schlesischen Minister Ernst Wilhelm von Schlabrendorff (1755 bis 1769) und Carl Georg von Hoym (seit 1770), der für Ost- und Westpreußen zuständige Oberpräsident Johann Friedrich Domhardt (bis 1781) und der bedeutende Kolonisator Franz Balthasar Schönberg von Brenckenhoff (1762 bis 1780), der das »Retablissement« in der Neumark und in Vor- und Hinterpommern leitete und dessen Namen mehrere Siedlungen noch heute führen. Einmal im Jahr veranstaltete der König in Potsdam eine »Ministerrevue«, wo Rückschau gehalten und das innenpolitische Arbeits- und Reformprogramm für das nächste Etat-Jahr beraten wurde.

Von der Hand Derschaus liegt ein Bericht über eine solche Ministerrevue (1770) vor. Die *Praxis der Staatskunst* Friedrichs ist hier ablesbar. Sämtliche Minister des Generaldirektoriums erschienen am 1. Juni, um »die gewöhnliche Untersuchung über den Zustand der Domänen und Finanzen in seinen Staaten« vorzunehmen. Der König sah die vorgelegten General-Etats der Zentralkasse durch, zeichnete sie ab, nannte die Sonder-Investitionen für das nächste Jahr, darunter 300000 Taler für die Verbesserung des Grundbesitzes des pommerschen Adels; die Minister wurden ermahnt, die Erhaltung und Unterstützung des Adels nicht zu versäumen: »Ich halte viel auf ihn, denn ich brauche ihn für meine Armee und meine Staatsverwaltung. Es ist Ihnen bekannt, wie viele wichtige Männer ich bereits daraus gezogen und was ich durch sie ausgerichtet habe. Ich bemerke mit Unzufriedenheit, daß er hie und da zu sinken anfängt; und das möchte und wollte ich nicht gern, besonders da es mir jetzt viel Freude macht, daß er anfängt, gesitteter, ordentlicher und brauchbarer zu werden.« Die Minister wurden weiterhin angewiesen, Reisen der Untertanen in fremde Staaten zu fördern, um »anwendbare Kenntnisse« für das Vaterland zu gewinnen.

Als Beispiele nannte er die aus England stammende weiße Zuckerrübe (die nun im Amt Kolbatz angebaut würde = Anfänge der preußischen Zuckerrübenindustrie), die ebenfalls in Kolbatz (bei Stettin) ausprobierte Luzerne, der Hopfenbau, die Stallfütterung und anderes mehr, was die Domänenpächter den schwerfälligen Landleuten in allen Provinzen vorzumachen hätten (wie es dann mit Erfolg geschehen ist). Nach verschiedenen Kolonisten- und Urbarmachungs-Projekten wurde zur »Industrie« übergegangen, zu den Verbesserungen im schlesischen Bergbau, der Beförderung des Steinkohlentransports, der verstärkten Einführung der Steinkohlen bei Bleichereien, Ziegeleien und Kalkbrennereien (um die Wälder zu schonen) und der Förderung des Abbaues von Kobalt. Diese vor allem für Derschau und den Bergbauminister bestimmten Richtlinien wurden ergänzt durch Anregungen, Weisungen und Diskussionen zu den Arbeiten der anderen Minister-Ressorts. Sämtliche Minister wurden auch auf diesem Wege über Spezial- und Generalvorgänge der inneren Staatsverwaltung unterrichtet. Tatsächlich entsprach die Potsdamer Minister-Revue einer Gesamtkonferenz des Generaldirektoriums unter Vorsitz des Königs. Den Blickverengungen der Ressorts und den Schwächen der eingleisigen, aber in ihrer Qualität, Effektivität und Schnelligkeit hochrangigen Kabinettsregierung wurde damit entgegengewirkt.

Die Staatskunst Friedrichs blieb freilich unverändert auf das monarchische

Prinzip gegründet. Die Vorzüge und Nachteile seines Systems lagen dicht beieinander. Es war ein *Ideal-System,* das er immer wieder mit den Realitäten zu versöhnen vermochte. »Eine gut geleitete Staatsverwaltung«, notiert er im politischen Testament von 1752, »muß ein ebenso fest verbundenes System haben wie ein philosophisches Lehrgebäude. Alle Maßnahmen müssen wohl durchdacht werden, und das Finanzwesen, die äußere Politik sowie das Heerwesen müssen demselben Ziele zustreben, nämlich der Stärkung des Staates und der Vergrößerung seiner Macht.« Das System könne nur einem Kopf, nämlich dem des Herrschers entspringen; die Herrscher dürften sich nicht durch träges oder wollüstiges Leben davon abhalten lassen, »an der edlen Aufgabe zu arbeiten, das Glück ihrer Völker zu erstreben«. Die schwachen Herrscher, meint Friedrich mit deutlichem Blick auf seinen Bruder August Wilhelm weiter, würden mit ihrem Namen in der Geschichte allenfalls einen Anhalt für die Zeitgeschichte geben, und: »Ihre Pflichtvergessenheit gegen ihre Völker wird geradezu verbrecherisch. Ein Herrscher wird nicht zu seinem hohen Rang erhoben..., damit er in Verweichlichung seine Tage zubringt, damit er sich von dem Mark seines Volkes mästet und damit er glücklich ist, während alle Welt leidet. *Der Herrscher ist der erste Diener seines Staates.* Er wird gut besoldet, damit er die Würde seiner Stellung aufrechterhält. Aber man verlangt von ihm, daß er tatkräftig zum Wohl seines Staates arbeitet und daß er mindestens mit Aufmerksamkeit die wichtigsten Staatsgeschäfte leitet. Er braucht natürlich Gehilfen..., aber er soll den Klagen von jedermann sein Ohr leihen und prompte Gerechtigkeit denen widerfahren lassen, die man unterdrücken will.« In diesen Sätzen begegnet man dem Kern des friderizianischen aufgeklärten Absolutismus, in dem sich die monarchische Staatspraxis mit der Sozialtheorie des Vernunftrechts vereinigt.

Nicht die Krone nahm, wie in anderen Fürstenherrschaften, den Vorrang ein, sondern der »Staat«, dessen Macht und Gewalt in den inneren wie äußeren Beziehungen letztlich von dem vom Fürsten wohlzuverstehenden Interesse des Volkes in allen seinen Schichten abhängig sein soll. Der Träger der Krone hat in diesem System bestimmte Funktionen, wie wir hörten. Sie ist ein Medium, ein Katalysator für die innerstaatlichen »Machttriebe«, aber sie bleibt, gerade in Preußen, das einheitsstiftende Grundelement des Staates. Denn an der *»dynastischen Natur«* des Staatswesens änderte sich auch über Friedrichs Tod hinaus im Prinzip nichts. Friedrich ist sich über dieses invariable Verfassungselement immer im klaren gewesen; das »Haus Brandenburg« blieb, bildlich gesprochen, der Körper, dem weiteres angefügt und aufgesetzt worden war. Es gehörte zu den Pflichten des Königs, einerseits das Gedeihen des Staates selbst zu befördern (soweit es die Staatsvernunft gebot), andererseits die Amtsträger an ihre Doppelfunktion zu erinnern, neben den fiskalischen Staatszwecken die sozialökonomische Verbesserung des ganzen Landes und damit den Lebensstandard der Untertanen zu bedenken und zu verbessern. Diese Arbeit wurde von Friedrich und den Behördenchefs als eine kontinuierliche Akkumulation und Erneuerung, als ein humanitäres Voranschreiten angesehen.

Der Begriff der staatsbürgerlichen *»Freiheit«* und »Repräsentation«, wie ihn das 19. Jahrhundert stärker entwickelt hat, war Friedrich und seiner Führungsschicht fremd. Anklagen in diesem Punkt wirken anachronistisch. Auch geht es wohl zu weit zu behaupten, »eine freie Meinung habe hier keinen Platz« gehabt (U. Scheuner). Die Mitwirkung der »Bürger« war im Rahmen der bestehenden Hierarchien und der anhörungs- und vertretungspflichtigen Obrigkeiten sowie der Landstände existent. Das Besondere des friderizianischen Absolutismus bestand, gewissermaßen, in einem unregelmäßigen Dreieckssystem (König – Volk – Beamtenschaft / Institutionen), dessen relative Balance allein von der moralischen Energie des Herrschers abhing.

Ein *Bürokratieproblem* im moderneren Sinne hat es in friderizianischer Zeit noch nicht gegeben. Es sei denn, man legte es darauf an, das 18. Jahrhundert mit den Gesichtspunkten des 20. Jahrhunderts zu messen. So ist es unrichtig, von einer Aufblähung des Verwaltungsapparates in dieser Zeit zu sprechen (H. Rosenberg) und die Theorie zu entwickeln, daß der König die Übersicht verloren hätte. Richtig ist vielmehr, daß sich die Stellenvermehrung in engen Grenzen gehalten hat (P. Baumgart). Von den Ministern über die Subalternbeamten bis zu den Land- und Steuerräten waren es etwa 500 Personen, von denen damals die weiten Gebiete des preußischen Staates regiert und verwaltet wurden.

Ein Erfolg der Ausbildungs- und Bildungspolitik der Könige bis 1786 ist es gewesen, daß sich die Qualifikation und damit dann auch das Eigengewicht der Beamtenschaft erhöht hat. Friedrich hat diesen Prozeß genau beobachten können. Er hat eingegriffen, wo er die Balance gestört zu sehen glaubte. Er war nicht »allgegenwärtig«, aber er sah und hörte genug, um kritische Punkte aufgreifen zu können. Minister-Visitationen und die natürliche Konkurrenz der Amtsträger taten das Ihrige. So ging dem Monarchen bis zuletzt die *Kontrolle* über die »Staatsmaschine« kaum verloren, solange er durch die zum Tode führenden Krankheiten nicht behindert war. Andererseits erfuhr der aufgeklärte Absolutismus Friedrichs nach 1763 einige Einschränkungen und Widerstände, die er entweder als berechtigt anerkannte und hinnahm oder aber als Konflikte austrug, wie im Falle des Prozesses des *Wassermüllers Arnold*.

Dieser Streitfall, der weltweites Aufsehen erregte und den Nimbus des Königs als Hüter des Rechts des kleinen Mannes bis in exotische Länder verbreitete, ist in doppelter Hinsicht bedeutsam. Dem Wassermüller in Pommerzig (Krs. Crossen) war durch seinen, mit dem Grundstück höhergelegenen Nachbarn von Gersdorff Wasser entzogen worden; er blieb deshalb mit seinen Abgaben im Rückstand. Daraus entwickelte sich ein Rechtsstreit, in dem der Müller von zuständigen Beamten und den Richtern des Berliner Kammergerichts mehrheitlich negativ beschieden wurde. Der König, den der Müller anrief, zog die Sache an sich und gab ihm nach sorgfältiger Prüfung der Rechtsfragen recht. Anschließend maßregelte der König die beteiligten Amtsträger scharf, doch blieb der Justizminister von Zedlitz im Amt, obwohl er sich geweigert hatte, gegen die Beamten vorzugehen. Daran erweist sich das Maß der Unabhängigkeit, das die Justiz inzwischen erreicht hatte. Ebenso wesentlich ist jedoch, daß nicht die individualistisch-naturrechtlich urteilenden Richter, sondern der »eine sozialpolitische Richtung des Naturrechts« (O. Uhlitz) vertretende König die zutreffendere Rechtsauffassung verteidigt hat. Er vertrat den heute allgemein anerkannten Grundsatz, daß das Eigentum Schranken haben müsse, daß »fließende Gewässer öffentliche Sachen in gemeinem Gebrauch« seien, wie es schon im römischen Recht üblich war. Das Allgemeine Landrecht hat die Rechtsauffassung Friedrichs und anderer ausdrücklich übernommen. Es kann mithin keine Rede davon sein, daß sich »in der Geschichte kein bestürzenderes Beispiel für den mangelnden Sinn eines Herrschers für Recht und Justiz unter Berufung auf Recht und Justiz« fände (H. Diwald). Ebensowenig kann von »nackter Willkür« und »Despotie« etc. gesprochen werden (B. Engelmann). Vielmehr war die gegen Amtsstubenjustiz und Sonderrücksichten gerichtete Entscheidung Friedrichs dazu angetan, die unparteiische Justiz in Preußen zu fördern, das soziale Rechtsbewußtsein zu schärfen und auch von daher eine positiv-humane Staatstradition zu begründen.

Das *»Allgemeine Landrecht«*, als Produkt der Justizreformen der siebziger und achtziger Jahre, ist 1780 (Kabinettsorder vom 6. April an von Carmer) begonnen und unter starker Mitwirkung der Stände fortlaufend beraten worden. In diesem Gesetzbuch, das mit Recht als ein Ausfluß der friderizianischen Periode angesehen wird, hat der Reformabsolutismus seinen wirkungsvollsten Ausdruck gefunden.

Militärverfassung

Zu den bis heute fortgeschriebenen Legenden gehört die Theorie von der »sozialen Militarisierung« Preußens im 18. Jahrhundert. So entspricht es auch nicht den Tatsachen, wenn immer wieder behauptet wird, »die bäuerliche Bevölkerung« sei »zu lebenslänglichem Dienst in der Armee verpflichtet« gewesen (R. Rürup, ZDF-Fernsehen, 1981). Niemand wird leugnen wollen, daß die europäischen Großmächte und die Mittelstaaten in der Phase des »Absolutismus« ihr militärisches Instrumentarium geschärft und ausgebaut haben und daß damit »schneidende Härten« (C. Hinrichs) verbunden waren, besonders vom Empfinden der Gegenwart her. Zu fragen ist jedoch nach der Art der Militärverfassung in Preußen und nach dem statistischen Standort Preußens in der »Rüstungstabelle« der europäischen Mächte.

1786 verfügte Preußen über ein *Heer* mit einer Sollstärke an Kombattanten (einschl. Hautbois, Feldscherer und Fahnenschmiede) von 194 898. Das waren im Verhältnis zur Gesamteinwohnerzahl 3,38 Prozent. Im Hinblick auf die »Militarisierung« handelt es sich vor allem um die Inländer (rund 81 000 Soldaten), so waren 1,42 Prozent der Gesamtbevölkerung zum Wehrdienst verpflichtet. Der Anteil des Heeres an der Gesamtbevölkerung ist zwischen 1763 und 1805 stetig gesunken (4,14 Prozent bis 3,38 Prozent bis 2,34 Prozent). Anders ausgedrückt: Das Heer ist unter Friedrich und seinen Nachfolgern nicht entsprechend dem Bevölkerungs- und Landzuwachs erweitert worden. Setzt man die Zahlen für 1763 gleich 100, so stieg bis 1786 das Heer auf 130, die Bevölkerung jedoch auf 153. Dieser Trend setzte sich bis 1805/06 fort (156 zu 277).

Weite Teile des Staatsgebietes und große Teile der Bevölkerung waren infolge des preußischen Systems der Wehrersatz-Beschaffung von unmittelbaren Belastungen befreit oder hatten sich im Laufe der Zeit freimachen können. Die *Bauern wurden geschont,* indem unter Friedrich die Zahl der Ausländer unter den Mannschaften auf 50 Prozent anstieg. Damit nicht genug. Die oben zur Berechnung herangezogenen Sollstärken entsprachen nicht der tatsächlichen Friedensstärke während eines Jahres. Ein großer Teil des Heeres war für zehn Monate beurlaubt (auf Rechnung des Königs). 1786 waren es 72 000 von 164 000 Nicht-Chargierten (= 43,90 Prozent). Während des größten Teiles des Jahres bestanden nur Stammeinheiten, gebildet aus Ausländern (die wegen der Desertionsgefahr nicht in gleichem Maße beurlaubt werden konnten wie die Inländer) sowie aus dem Stammpersonal an Offizieren und Unteroffizieren. Darüber hinaus gingen von den Dienstausübenden noch die »Freiwächter« ab, nämlich jene Soldaten, die in und nahe bei der Garnison für kürzere Zeit beurlaubt waren (auf Rechnung des Kapitäns/Kompaniechefs) und die sich als Lohnarbeiter oder Gewerbetätige offiziell ein Zubrot zum kargen Sold verdienten, um ihre Familie zu ernähren. So gesehen war es eine ziemlich gemütliche Armee – in Friedenszeiten. Bei einem solchen ökonomisch austarierten System, das andere Staaten nachzuahmen versuchten, bedurfte es in den verbleibenden zwei Monaten aller Anstrengungen, um durch Exerzieren, Manöver und auf der Revue (Königs-Besichtigung) ein geschlossenes und kampfkräftiges Heer immer erneut zu formieren.

Vergleicht man die oben genannten Zahlen über die Anteile des Heeres an der Gesamtbevölkerung mit den *Zahlen anderer Staaten,* so fällt Preußen mit seinem Militärsystem keineswegs aus dem Üblichen heraus. Wenn der von Preußen-Gegnern gern zitierte Nachrichten-Sammler Mirabeau (La monarchie prussienne, 1788) hinterhältig als Preußens Gewerbe den Krieg bezeichnet hat und die Armee als den Hauptzweck des Staates darstellte, so war das eine recht wirkungsvolle politische Übertreibung. Berlin und Potsdam mit ihren überstarken Garnisonen, die nämlich Mirabeau ausschließlich vor Augen hatte, sind nicht typisch für den Gesamtstaat gewesen. Die Realitäten der Rüstung sahen und sehen anders aus.

Trotz der im Vergleich zum 18. Jahrhundert immens gewachsenen Bevölkerungszahlen werden die preußischen Zahlen in der Gegenwart stellenweise erreicht, wahrscheinlich übertroffen. Zählt man für die *Bundesrepublik* Kombattanten und sämtliche Staatssicherungskräfte (Bundesgrenzschutz, Zoll, Polizei) zusammen (schätzungsweise rund 800 000), so ergibt sich ein Anteil an der Gesamtbevölkerung von 1,3 Prozent. In der wesentlich kleineren *DDR* mit ihrem hohen Reservistenstand (Betriebskampfgruppen und andere) sowie den paramilitärischen Grenztruppen dürften schätzungsweise etwa 690 000 Personen der militärischen und sonstigen Staatssicherung dienen. Das sind bei etwa 17 500 000 Einwohnern 3,9 Prozent. Das ist ein Anteil, der annähernd in der Mitte der Werte in Preußen zwischen 1755 (3,72 Prozent) und 1763 (4,14 Prozent) liegen dürfte. In der Bewältigung der Reservisten-Frage im Sinne der Staats-Ökonomie ergeben sich ebenfalls Parallelen.

Vergleiche dieser Art bedeuten wenig, wenn man nicht den weit höheren *Rüstungsaufwand* für die technisierten Armeen berücksichtigt, die Rüstungs-Budgets insgesamt also hinzuzieht. Die offiziellen Wehretats der westeuropäischen Staaten etwa liegen zwischen sechs und drei Prozent der Staatsetats. Die Höhe der Summen, die aus anderen Etatpositionen in die Rüstung fließen, ist jedoch meist schwer abschätzbar. Es kommt hinzu, daß die moderne Rüstungsindustrie als Mischindustrie auch andere Bedürfnisse befriedigt und daß aus den Entwicklungen der Rüstungsindustrie auch zivile Fertigungen mittelbar oder unmittelbar hervorgehen, ganz abgesehen von Qualifikationsprozessen.

Alles dies bleibt, cum grano salis, auch zu beachten, wenn man den *Verteidigungsaufwand Preußens* nach 1763 genauer betrachtet.

Gleichwohl wird sich am *friderizianischen Militärsystem* Kritik üben lassen. Die Ungleichmäßigkeiten im Wehrersatzwesen (Kantone) hätte sich nur durch eine grundlegende Reform beseitigen lassen. Dazu war die Zeit nicht reif. Eine Übertragung auf zivile Behörden, beispielsweise die Kriegs- und Domänenkammern, war für diese Zeit undenkbar. Die heutigen Staaten haben im Prinzip in West und Ost mit gleichen Problemen zu ringen.

Der »Kolonistenstaat«

Stärker als sein Vater hat Friedrich die *»Staatssiedlung«* mit in- und ausländischen Kolonisten betrieben. Bald nach dem Regierungsantritt wurden durch Werbung in Ländern, in denen wirtschaftliche Not oder konfessionelle Unduldsamkeit herrschten, Personengruppen für die Einwanderung gewonnen. Die Werber, die insbesondere von den ständigen Werbe-Residenturen Frankfurt/M. und Hamburg aus arbeiteten, wiesen die schriftliche Zusicherung des Königs vor, Reise- und Unterhaltskosten zu erstatten, Land von verschiedener Größe bis hin zu Vollhüfnerstellen zuzuteilen, Steuerfreijahre zu gewähren, keinen Militärdienst – auch für Kinder und Kindeskinder – leisten zu müssen und die Religion ungestört ausüben zu können. Nach Wunsch konnten Pfarrer mitgebracht werden. Gefordert wurde Arbeitsamkeit, etwas Kapital (200 Taler, »keine Bettler«) und die Bereitschaft zur Einordnung in die Rechtsordnung Brandenburg-Preußens. Viele Kolonistenorte erhielten sogleich Schulmeister. Einerseits war der König darauf bedacht, möglichst viele Personen auf dem Land anzusetzen; andererseits zeigte es sich, daß die Besitzer größerer Stellen sich als seßhafter erwiesen.

1769, bei der Vorbereitung der *Melioration des Rhin-Dosse-Bruchs,* forderte der König nach schlechten Erfahrungen mit ärmlichen Büdnern die Ansetzung von Bauern, »weil diese im Falle der Not blieben und Haus und Hof nicht so leicht verlassen«. Je größer die Zahl der wiederbesetzten Feldmarken war, desto stärker stieg der Aufwand für weitere Zuwanderer. 1747 bestimmte der König, daß ein Kolonist nicht mehr als 400 Taler kosten dürfe. Teurer ist lediglich die Ansetzung der Salzburger in Ostpreußen (500 bis 600 Taler) gewesen. In der Kapitalbeschaffung für sein Siedelwerk war Friedrich II. nicht wählerisch. Bei der »Kurmärkischen Landschaft«, dem Kreditinstitut der Stände, ließ er 220 000 Taler entleihen. Die Stände, zumal der Adel, wurden auf diesem Wege herangezogen, um nicht nur die Bevölkerung des Staates zu stärken, sondern auch um an der Zersetzung einer Sozialordnung mitzuwirken, auf der die Existenz der Stände beruhte.

Unter Friedrich waren die *Kur- und Neumark,* dazu *Pommern* und *Magdeburg* bevorzugte Gebiete der Staatssiedlung. Die Siedlungs- und Bevölkerungsdichte des ausgehenden Mittelalters, die durch Epidemien, Kriege und ungünstige Agrarkonjunkturen beeinträchtigt war, wurde wiederhergestellt und übertroffen. Um 1746 zählte man in der Kurmark bereits 94 Dörfer mehr als vor dem Dreißigjährigen Krieg. Dazu kamen dann die Neuansiedlungen (Dörfer, Etablissements, Gewerbeorte, Büdnerkolonien) der friderizianischen Zeit, die auf rund 350 Orte zu veranschlagen sind, so daß allein Brandenburg in der Zeit von 1688 bis 1786 einen Zuwachs von rund *450 ländlichen Siedlungen* verschiedener Größe zu verzeichnen hat. Die Zahl der tatsächlich angesetzten und nicht wieder abgewanderten Kolonisten überwiegend »ausländischer« Herkunft betrug in Stadt und Land 19 559 Familien, davon entfielen 14 383 Familien auf die Zeit von 1740 bis 1786 (Angaben des Ministers von Hertzberg). Damit lag Brandenburg in friderizianischer Zeit an zweiter Stelle der preußischen Provinzen, nach Ostpreußen und Litauen (14 886 Familien) und vor Schlesien (14 050 Familien).

Eine besondere Rolle nahm *Berlin* ein. Die gesamte Zuwanderung ist nicht berechenbar. Doch ist mit rund 4850 Familien der größte Teil der nichtpreußischen Zuwanderer erfaßt. In dieser Zahl sind etwa 1500 Familien (6000 Personen) der Französischen Kolonie enthalten. Um 1755 zählte man 100 336 Einwohner, 1790 waren es bereits 150 803 Zivil- und Militärpersonen.

Folgenreich wurde die Zuwanderung vor allem für die *Landeskultur.* Durch Entwässerungsarbeiten, Steigerung des Ackerbaues (mehrjährig beackertes

Land wurde nun Jahr um Jahr bestellt) und durch die Einführung von Edelkulturen (Tabakanbau in der Uckermark) konnte eine höhere Stufe der Landeskultur erreicht werden. Diese Arbeiten wirkten weit in das 19. und 20. Jahrhundert hinein. Ihre Ergebnisse sind noch heute, besonders in den deutsch gebliebenen Teilen Preußens, an Einrichtungen, Bauten und Wirtschaftsgewohnheiten abzulesen.

Die *Sozialstruktur* wurde durch die Zuwanderung stark verändert. Ein »Kolonistenstaat« entwickelte sich gleichsam neben der älteren Staatsgesellschaft; König und Staatsverwaltung erweiterten Zug um Zug ihr Terrain auf der lokalen Ebene. Ein solches Verfahren hatte bereits Pufendorf dem Großen Kurfürsten empfohlen, um seine Herrschaft auszuweiten. Nun entwickelten sich im 18. Jahrhundert in Stadt und Land neue privilegierte Gruppen mit eigenen »Freiheiten«, gleichsam Immediatstände, deren Existenz in der Folgezeit die Reform des sozialständischen Aufbaues der Bevölkerung mit herbeigeführt hat.

Zu den besonderen Leistungen der *Landeskulturarbeit* im 18. Jahrhundert gehören die Entwässerungsprojekte in der Altmark, im Havelland, im Oderbruch, im Warthe- und Netzebruch sowie an zahlreichen anderen Stellen der westlichen Provinzen. Im Oderbruch konnten durch Kanalbauten (1747 bis 1753) 130000 Morgen Land als landwirtschaftliche Nutzfläche gewonnen werden. 1134 Familien wurden in 30 neuen Dörfern und sonstigen Siedlungen angesetzt. Bei der Besichtigung 1763 sagte der König: »Hier habe ich im Frieden eine neue Provinz erobert«.

Nach den Meliorationsarbeiten in der Neumark und in Pommern wurden im Dossebruch und Rhinluch (zwischen Havelland und Land Ruppin) 15000 Morgen Land gewonnen und in 25 Siedlungen etwa 1500 Kleinbauern mit Hof und Acker ausgestattet. Der König hat im Juli 1779 die neuen Anlagen besichtigt. Der Bericht des Fehrbelliner Amtmannes Fromme, der den Landesherrn zu begleiten hatte, zeigt Friedrich »in Aktion«:

»Nun besorgte ich den Vorspann, richtete mich aber doch so ein, daß, sobald Ihro Majestät auf den Bergen waren, ich auch da war. Als Ihro Majestät ausstiegen aus dem Wagen, ließen Sie sich einen Tubum geben und besahen die ganze Gegend, und sagten dann: Das ist wahr, das ist wider meine Erwartung! das ist schön! Ich muß Euch das sagen, alle, die Ihr daran gearbeitet habt! Ihr seid ehrliche Leute gewesen! (Zu mir.) Sagt mir mal: Ist die Elbe weit von hier? *Fromme.* Ihro Majestät, sie ist zwo Meilen von hier! Da liegt Werben in der Altenmark, dicht an der Elbe. *König.* Das kann nicht sein! Gebt mir den Tubum noch einmal her.– Ja, ja; es ist doch wahr! Aber was ist das andre für ein Thurm? *Fromme.* Ihro Majestät, es ist Havelberg. *König.* Na! Kommt alle her! (Es waren der Amtsrath Klausius, der Bauinspector Menzelius und ich.) Hört einmal, der Fleck Bruch, hier links, soll auch noch urbar gemacht werden, und was hier rechts liegt, ebenfalls, soweit als der Bruch geht. Was steht für Holz drauf? *Fromme.* Elsen und Eichen, Ihro Majestät! *König.* Na! die Elsen können gerodet werden, und die Eichen, die können stehen bleiben; die können die Leute verkaufen, oder sonst nutzen! Wenn's urbar ist, dann rechne ich so dreihundert Familien und fünfhundert Stück Kühe; nicht wahr? Nun antwortete keiner; zuletzt fing ich an und sagte: Ja, Ihro Majestät; vielleicht! *König.* Hört mal, Ihr könnt mir sicher antworten: Es werden mehr oder weniger Familien! Das weiß ich wohl, daß man das so ganz genau sogleich nicht sagen kann. Ich bin nicht da gewesen, kenne das Terrain nicht; sonst versteh ich's so gut wie Ihr, wie viel Familien angesetzt werden können. *Bauinspector.* Ihro Majestät, das Luch ist aber noch in großer Gemeinschaft. *König.* Das schadet nicht! Man muß eine Vertauschung machen, oder ein Aequivalent dafür geben, wie sich's thun läßt am besten. Umsonst verlang ich's nicht. (Zum Amtsrath Klausius.) Na! Hört mal, Ihr könnt's an meine Kammer schreiben, was ich urbar will gemacht haben; das Geld dazu geb ich! (Zu mir.) Und Ihr geht nach Berlin und sagt es meinem Geheimen Rath Michaelis mündlich, was ich noch urbar will gemacht haben.«

Der Adel

Die Politik Friedrichs gegenüber dem ersten Stande im Staate war widersprüchlich. Der Landesherr nahm eine andere Position ein als der oberste Befehlshaber des Heeres oder als der »aufgeklärte« Theoretiker eines idealen Staatswesens. In Friedenszeiten ging Friedrich mit dem Adel fürsorglich um, in Kriegszeiten mußten die Privilegien mit Blut bezahlt werden. In seinem Verhalten lebte etwas von der *Schiedsrichterrolle* der spätmittelalterlichen und frühneuzeitlichen Landesherren fort. Dieses patriarchalische Oberregiment schien nicht selten dem Durchsetzen der absolutistischen Staatsidee entgegenzustehen. Die Gegensätze zwischen Fürst und freiem Adel verloren nach 1740 an Schärfe, weil der aufgeklärte Staatslenker immer erneut den Ausgleich und nicht den Konflikt im Sinne hatte. So wurde der eher theoretische und posthum von Staatstheoretikern und älteren Historikern konstruierte, jedenfalls überbetonte Herrschaftsanspruch nur sporadisch und dann vor allem gegenüber dem Adel in den Berufsständen der Amtsträger und Offiziere erhoben. Die Formen blieben in der Regel behutsam-landesväterlich. Sie unterschieden sich von der Egozentrik, die Friedrich Wilhelm I. soviel Kritik eingetragen hatte.

Der König hat wiederholt darüber nachgesonnen, wie die *Führungsqualitäten* und der wirtschaftliche Status des Adels zu fördern seien. Erinnert sei an die politischen Testamente mit ihren Charakterisierungen. Soweit diese Gedanken sich im Handeln niederschlugen, liefen sie auf eine bessere »Erziehung« (Ritterakademie Liegnitz und anderes) und auf das Bewahren der Schranken zwischen Adel und Bürgertum hinaus. Aber eine administrativ strenge Gruppierung größerer Teile der Bevölkerung in einen »Wehrstand« und einen »Gewerbestand« mußte als Anachronismus erscheinen, wo überschüssiges Kapital des

Manufaktur- und Handels-Bürgertums bereits eingesetzt werden konnte, um dessen »Sozialprestige« von den verschiedensten Ansatzpunkten her nach dem Beispiel des ersten Standes anzuheben. Auch die nichtadlige Bevölkerung brachte in zunehmendem Umfange »Amtsträger« hervor, die mit den adligen Staatsdienern erfolgreich in Wettbewerb traten. Die Haltung des Königs gegenüber seinem Adel zeichnete sich somit durch eine bis in viele Verästelungen hinein erkennbare Widersprüchlichkeit aus. Während er auf der einen Seite zu helfen suchte, schuf er auf der anderen Seite das modernere Staatsgefüge, in dem der Adel den alten Platz verlieren mußte. Dieser Abstieg der alten Führungsschichten in den sich stärker verstaatenden Gebietsherrschaften war eine europäische Erscheinung, der Preußen nicht ausweichen konnte. Eine strukturelle Reform des preußischen Provinzadels in seinen Abstufungen (zum Beispiel durch gesetzliche Eingriffe in das hergebrachte Erbrecht, eine andere Nobilitierungspraxis) lag außerhalb des Gesichtskreises Friedrichs des Großen. Seine Nachfolger gingen der Adelsfrage aus dem Wege, obwohl die Dringlichkeit auch von den Quantitäten her nicht mehr übersehen werden konnte.

Städte

Friedrich der Große hat das *Stadtreformwerk* seines Vaters fortgesetzt, Schärfen gemildert, das Wahlrecht des Magistrats gesichert. Er hat die Städte vom Kabinett aus und teilweise durch Augenschein beobachtet, soweit es bei der Größe des Landes möglich war. In der Instruktion für das Generaldirektorium (1746) heißt es: »Nota. Es ist nicht genug, die Stäte zu kennen, sondern es mus noch vohr ihre aufnahme gesorget werden und Mus die Industrie von denen presidenten [das heißt der Kriegs- und Domänenkammern] darauf gerich(t)et seindt, diesser Stat ihren bihrhandel aufzuhelfen, der andern diesee oder jene Manifactur zu Etabliren und auf die bürger ihre lebensart zu sehen, das Sie guht Wirtschaften, das die aussgaben bei denen Cämereien ordentlich angesetzet und zu der Stat besten angewandt werden, noch darüber, das Sie Ehrliche und brave burgemeisters haben, die Ihnen guht vohr Stehen und das der Stat aufnahme durch keiner art pregraviret (= überbürdet) werde.«

An diese Grundsätze einer wirtschaftspolitisch bestimmten *Staatsaufsicht* hat sich der König gehalten, ohne Illusionen über die tatsächlichen Zustände. Die Städte waren in seiner Staats-Strategie Wirtschafts-, Finanzierungs- und Bau-Objekte. Die Frage der Verbesserung und Reglementierung der kommunalen Verfassungen erschien ihm in Theorie und Praxis als etwas Zweitrangiges gegenüber der Notwendigkeit, in den Städten »alles massiv bauen zu lassen, sowohl um Holz zu sparen, wie um Feuersbrünsten vorzubeugen...« (1752); ähnlich 1768, als er in kurzer Form die zu finanzierenden Bau-Aufgaben notierte: »Festungen, Meliorationen, Manufakturen, Kanäle, Trockenlegungen, Aufbau von (abgebrannten) Städten, deren Holzhäuser man durch steinerne ersetzt, alles, um die Verfassung des Staates solider zu machen«. Die alten Freiheiten der Städte aller Provinzen (Gerichte, Wahlrechte etc.) sollten ihnen im wesentlichen erhalten bleiben, sofern sie sich in die Staatspolitik einfügten. »Ich habe«, schrieb er 1752, »den Städten in den alten Provinzen die Freiheit gelassen, ihren Magistrat zu wählen, und mich in diese Wahlen nur dann eingemischt, wenn sie Mißbrauch damit trieben und einzelne Familien zum Nachteil der anderen alle Gewalt an sich rissen. In Schlesien habe ich ihnen das Wahlrecht genommen, damit sie die Schöffenstühle nicht mit Leuten besetzen, die dem Hause Österreich ergeben sind. Mit der Zeit und sobald die gegenwärtige Generation ausgestorben ist, kann man den Schlesiern ihr Wahlrecht unbesorgt wiedergeben.« Nur für die Landeshauptstädte, wie Königsberg und Berlin, bestanden Sonderregelungen. Wesentlich war, daß Friedrich zwischen fiskalischem und kommunalem Eigentum unterschied und an keine »Verstaatlichung« gedacht hat.

Die Kontrolle der Städte durch die *Steuerräte* vollzog sich im Rahmen der Staatsaufsicht. Über Routine-Kontrollen hinausgehende konfliktreiche Eingriffe wurden nach Möglichkeit vermieden. Gegen die Mentalität der Steuerräte hat Friedrich angekämpft. Fortschritte wurden jedoch nur langsam erzielt. Gleichwohl hat man den Steuerrat (und die vergleichbaren Aufsichtsorgane) als positiv wirkende Errungenschaften der preußischen Verwaltung des 18. Jahrhunderts anzusehen. Sie erwiesen sich auch als Beförderer städtischen Fortschritts und bürgerschaftlicher Freiräume, besonders in mittleren und kleinen Städten. Der Beamte trat nicht nur als Repräsentant königlicher Gewalt auf. Er machte sich vielmehr, je länger er im Amte war, die Interessen der ihm unterstellten Städte zu eigen und vertrat diese in angemessener Form in der Kriegs- und Domänenkammer, der er angehörte.

Eine wesentliche Schwäche der Städtepolitik lag darin, daß die *Verfügungsmittel* der Städte zu gering bemessen waren, daß größere Überschüsse aus städtischen Vermögen mitunter von den Kammern eingezogen wurden und dem Staats-Etat zuflossen. Dazu kamen die Sondersteuern für Garnisonierungen (Servis), die Friedrich 1768 als sehr schädlich für das Aufkommen der Städte bezeichnet hat. Für diese Mängel tragen die beiden haushälterischen Könige die Verantwortung. Die direkten und indirekten Rückflüsse aus dem allgemeinen Staatsetat waren zwar nicht unerheblich, sie wurden jedoch im Zusammenhang der Peuplierungspolitik, der Gewerbe- und der Manufakturpolitik schwerpunktartig eingesetzt.

Gewiß gab es auch weiterhin in der Verwaltung *Mißstände*. In den Städten scheinen seit den späten dreißiger Jahren die Delikte abgenommen zu haben, nachdem Friedrich Wilhelm I. in Königsberg den Kriegsrat Schlubhut wegen Unterschlagung hatte hinrichten lassen (1731). Der Griff des kleinen Bediensteten in die Kasse, Defizite als Folge staatlich überzogener Planung, das kam zwar weiterhin vor, es wurde jedoch in der Regel aufgedeckt und mit kleineren Freiheits- oder Geldstrafen geahndet.

Die *Bevölkerungspolitik* folgte dem Grundsatz des Königs: »Man bevölkert die Städte und gewinnt neue Untertanen. Die Untertanen aber sind der wahre Reichtum der Fürsten.« Dies vollzog sich auf zwei Gebieten. Friedrichs Vorgänger hatten durch Kolonistenzuzug und Staatssiedlung Erfolge verbuchen können (ca. 55 000 Menschen). In die Regierungszeit Friedrichs fällt dann jedoch die Ansetzung von etwa 280 000 Kolonisten in allen Provinzen. Davon sind rund 76 000 (rund 27 Prozent) überwiegend gewerbetüchtige Personen in den Städten untergebracht worden. Reibungslos verliefen diese Aktionen nicht. Die Schwerfälligkeit der Behörden, unzulängliche Geldzuweisungen des Königs selbst und Widerstände der Stadtbewohner trugen die Schuld daran, daß Zuwanderer auf Häuser warten mußten. Der Staat zahlte stellenweise jahrelang Mietbeihilfen, um Spezialisten von der Rückwanderung nach Sachsen-Thüringen oder Süddeutschland abzuhalten. Waren die Grundstücksverhältnisse in den Städten zu verwickelt, wurden vorstädtische Arbeiterkolonien angelegt. Nach 1763, als der Kampf zwischen den Manufaktur-Staaten um die Facharbeiter härter geführt wurde, ist die Planung verbessert worden. Die Zahl der von der Militärwerbung befreiten Städte und Gebiete wurde erweitert. Sie erfreuten sich eines rascheren Zuzuges.

Das zweite Gebiet, das der König nicht aus dem Blick verlor, war die natürliche Reproduktion im Lande. So wurden kostenlos Heiratserlaubnisscheine an alle in den Kantonlisten eingetragenen Mannschaften und an alle inländischen Soldaten erteilt, wenn sie es verlangten: »Das geschieht, um das Land zu bevölkern und die Art nicht aussterben zu lassen, die bewunderungswürdig ist« (1752). 1747 gestattete man frischen Witwern kurzerhand, sich nach der unziemlich kurzen Zeit von drei Monaten zu verheiraten; Witwen sollten nicht mehr als neun Monate warten. Die Beispiele für diese Formen der zielstrebigen »Peuplierung« mit Inländern, heute gänzlich aus der Mode gekommen, ließen sich vermehren.

Die *Bevölkerung des Gesamtstaats* hat zwischen 1748 und 1800 eine Steigerungsquote auf 178,78 Prozent zu verzeichnen. In Zahlen: von 3 616 000 auf 6 220 000 Einwohner (ohne Militärbevölkerung). Das Stadt-Land-Verhältnis hat sich in diesem, von den Statistiken vorgegebenen Zeitraum nicht wesentlich verändert. Es betrug 1748 27,03 zu 72,97 Prozent. Der Anteil der städtischen Bevölkerung sank sogar leicht bis 1800: 26,12 zu 73,88 Prozent. Rechnet man für 1786 die Militärbevölkerung (rund 353 000 Personen) zur Stadtbevölkerung, so ergibt sich ein Verhältnis von 29,86 zu 70,14 Prozent.

Am stärksten nahm die Bevölkerung in der *Kurmark* und in *Berlin* zu. Um 1800 nähert sich das Stadt-Land-Verhältnis in der Zentralprovinz bereits den Werten von 50 zu 50. Und Berlin selbst wies in der Phase von 1740 bis 1800 eine Steigerungsrate von 243 Prozent auf. Auf den gesamten Zeitraum seit dem Tode des Großen Kurfürsten gerechnet, ergibt sich eine Vermehrung der Berliner Zivil- und Militärbevölkerung auf 966 Prozent, das heißt fast eine Verzehnfachung in 112 Jahren.

Manufakturen und Gewerbeförderung

Das in Preußen zwischen 1740 und 1786 beziehungsweise 1800 im Manufakturbereich investierte *Kapital* ist zum größten Teil den Städten zugute gekommen. Nach dem Taschenbuch des Dodo Heinrich Freiherrn von Knyphausen (1763 bis 1775, Geheimer Finanzrat im Fabrikendepartement) waren 1769/70 9,6 Prozent der Produzenten aller Provinzen (mit Ausnahme Schlesiens) auf dem Land ansässig. Es läßt sich sagen, daß zu diesem Zeitpunkt in den Mittel- und Ostprovinzen fast die gesamte Manufaktur-Investition in Städte, Vorstädte und in sonstige gewerbliche Siedlungen gegangen ist. Von den Unternehmen mit mehr als zehn Beschäftigten waren 42,6 Prozent (mit 45,9 Prozent der Beschäftigten) in der Kurmark, das heißt in der Zentralprovinz ansässig. Vergleicht man Ost- und Westprovinzen (ohne Schlesien), so standen sich (nach der Zahl der Unternehmen) die Gebiete wie 67 zu 33 gegenüber.

Hertzberg, Friedrichs Außenminister und Kenner der Finanzen, schätzte, daß der König insgesamt zwischen 1763 und 1786 rund 40 Millionen Taler für außerordentliche Aufwendungen der *Landeskultur*, der Residenzbauten und militärischer Sonderausgaben verwendet habe. Für die Landeskultur im engeren Sinne wurden 24 399 838 Taler ausgegeben, ungerechnet die Bauten des Hofbauamts in Berlin (etwa neun Millionen Taler) und die Kosten des letzten Schloßbaues in Potsdam (etwa zehneinhalb Millionen Taler.).

Setzt man den von Hertzberg und anderen für die Kurmark genannten Anteil (2 774 898 Taler) in Beziehung zur genannten Gesamtsumme, so ergibt sich ein Anteil von 11,37 Prozent. Dieser Betrag diente so gut wie vollständig der *Manufakturförderung*. Die entsprechenden Zuweisungen für die anderen Provinzen enthalten höhere Anteile an Landesmeliorations-, Festungsbau- und Siedlungsgeldern. Zieht man hierzu die Gelder für die Berlin-Potsdamer Residenz- und Hausbauten hinzu, so errechnet sich ein prozentualer Anteil an der Förderungsmasse von rd. 50 Prozent. Das entspricht der herausragenden Stellung der Zentralprovinz. Diese Summe, zu der noch weiteres gerechnet werden müßte und könnte (Teile der Militärinvestitionen, Teile der von 1740 bis 1763 aufgewendeten Gelder sowie erhebliche Privat- und Kreditkapitalien), war das Startkapital für die *»Modernisierung« Berlins* als einer der größten Industriestädte Europas. Berlin gewann in diesem Zeitraum zum erstenmal eine überragende Stellung. Durch die Manufakturförderung wurde das engere und weitere Einzugsgebiet Berlins erweitert. Die Berliner und Potsdamer Wollmanufakturen zum Beispiel (Lohnspinnerei) griffen nun bis nach Strehlen/Schlesien aus, nach Hinterpommern, in die Neumark. In Kolberg stieß die Anlage einer Manufaktur auf Schwierigkeiten, weil die dort verfügbaren Lohnarbeiter bereits für Berlin tätig waren. So verstärkte sich auch der Ring der Trabanten-Siedlungen, der »königlichen« Spinnersiedlungen im Dreißig-Kilometer-Radius Berlins. In die stellenweise in einen Dornröschenschlaf verfallene »Residenzlandschaft« Friedrichs I. sind unter Friedrich die Keimzellen der wirtschaftlichen Zentrallandschaft »Berlin« eingebaut worden. Der Verbund mit den Militäreinrichtungen besonders in Potsdam und Spandau verstärkte sich.

Berlin entwickelte, nachdem die Kurfürsten und Könige es »in den Sattel gesetzt« hatten, eine eigene wirtschaftliche und gesellschaftliche *Dynamik* und gewann mit dem gewerbefixen »Berlinertum« einen eigenen Menschenschlag. Es expandierte über alle Erwartungen hinaus. Vieles, was Friedrich angeregt hatte, trug erst Früchte in dem Doppeljahrzehnt vor 1806. Aber es verbanden sich damit auch düstere Züge im Sozialleben, wie sie sich bei einer solchen fast amerikanischen Entwicklung kaum vermeiden lassen. Um 1785 konzentrierte sich im Berliner Raum fast ein Drittel der Warenerzeugung Preußens.

Neben der mit Vorrang betriebenen Modernisierung der Hauptstadt behielten König und Beamte die Proportionen zwischen Berlin und sonstigen Städten im Auge. Die Erfolge der englischen Manufakturen ließen Friedrich nicht ruhen. Drei Wochen vor seinem Tode beauftragte er den Gewerbe-Minister von Werder, die *englischen Manufaktur-Maschinen* nachbauen zu lassen. Er schrieb ihm: Es würde zur Perfektionierung der Manufakturen beitragen, »wenn dabey, wie in England, die Maschinen eingeführt werden. Man müßte sich also keineswegs damit auf Berlin beschränken, sondern gleiche Rücksicht auf die kleinen Städte, als Wittstock, Perleberg, und wo sonst frabriqueln vorhanden sind, nehmen, und die Maschinen zu deren Verbesserung einführen.« Er gab für den Maschinenbau Geld, um die Konkurrenzfähigkeit der Tuchproduktion zu erhöhen. Man kann nicht sagen, daß dies und anderes Ausdruck eines erstarrten Systems war.

Nächstdem hat die Provinz *Schlesien* mit 25,4 Prozent der genannten Retablissementsumme (1763 bis 1786) bzw. mit 14,12 Prozent der genannten Gesamtsumme den zweiten Platz eingenommen. Dabei bleibt zu beachten, daß der König in seine schlesischen Festungen, die politische Demonstrations- und Prestige-Festungen waren und die auch nach 1806 als Stützpunkte, Arsenale und Magazine dienten, erhebliche Summen verbaut hat. »Die meisten meiner Festungen sind in Schlesien. Ich lasse sie jetzt ohne Rücksicht auf die Kosten verstärken; denn besser gar keine als schlechte Festungen«, so 1768. Ausgebaut wurden *Schweidnitz* (Fertigstellung 1769), *Kosel,* die neue Festung *Silberberg, Neiße, Breslau;* dazu kam der Umbau der noch heute erhaltenen Festung *Glatz*. Großfestungen wie Silberberg verlangten eine starke Armierung. Geringeres Ausmaß besaßen die Aufwendungen für die Festungen in den anderen Provinzen, für Kolberg und Stettin in Pommern, für Küstrin in der Neumark und für Magdeburg, später noch für Graudenz. Die Spandauer Festung wird vom König bereits 1768 als befestigtes Kriegsmagazin bezeichnet.

Diese und andere Investitionen werfen die Frage nach der *Herkunft der Staatseinnahmen* auf, und zwar bezogen auf das Stadt-Land-Verhältnis. Daß in Preußen wie anderswo fünf Siebentel aus der Landwirtschaft kamen und der Rest von Handel und Gewerbe aufgebracht wurde, ist für die Zeit von 1775 bis 1800 nicht sehr wahrscheinlich. Eher dürfte das Verhältnis bei 100 zu 60 oder noch höher gelegen haben. Es besteht aber kein Zweifel daran, daß ein großer Teil der Staatseinkünfte von der auf dem platten Land lebenden Bevölkerung aufgebracht worden ist, während umgekehrt der größere Teil der ordinären und extraordinären Ausgaben des Staates bis 1806 direkt oder indirekt den Städten zugeflossen bzw. von ihnen erarbeitet worden ist. Tatsächlich ist auch im Stadt-Stadt-Verhältnis eine Umverteilung des Umfanges vorgenommen worden, etwa zugunsten der »Wirtschafts-Festung« Berlin (»Hauptstadt des Mars«, »Nährmutter der Armee«), Potsdams und Spandaus mit ihren Gewehrfabriken oder der anderen Landeshaupt- oder Festungsstädte. 1769/70 gab es in nur 51 der preußischen Städte (ohne Schlesien) Unternehmen mit mehr als 10 Beschäftigten, d. h. in rd. 15 Prozent der 348 Städte und Flecken überhaupt. Schließlich ist daran zu erinnern, daß der Staat und die staatlich geförderten Unternehmer in nicht wenigen Fällen wegen des Mangels an Arbeitskräften auf die Dienste der Landbevölkerung im Umkreis der Ämter zurückgegriffen haben, um Gewerbeobjekte zu fördern (Neustadt/D., Krossener Eisenhammer, Malapane, Rüdersdorfer Kalkbergwerke etc.). Eine weitere Schwerpunktbildung wurde durch Garnisonen mit allen ihren gewerbeförderlichen Folgen eingeleitet. Es hat in Preußen zum erstenmal und in einem bisher unerhörten Umfang eine fiskalisch organisierte *Einkommensumverteilung* zugunsten des industriellen und kommerziellen Wachstums (einschließlich der infrastrukturellen und arbeitsmarktpolitischen Maßnahmen) gegeben, für die auf Gesamtstaatsebene über die Akzise hinaus sämtliche Staatseinkünfte, soweit es die Sicherheitspolitik gestattete, herangezogen worden sind.

Gegen *Ende des 18. Jahrhunderts* zeigte sich, daß die Wirtschaftsförderungspolitik Friedrichs und seiner Nachfolger trotz mancher Schwächen und Fehlinvestitionen Preußen auf den Weg zum »Industriestaat« gebracht hatte. Nach dem Wert der Waren gerechnet produzierte die Zentralprovinz am stärksten, nämlich 33,39 Prozent aller Warenwerte, obwohl sie mit 26,48 Prozent der Arbeiter einen geringeren Anteil an dem Gesamtpotential der Arbeitskräfte besaß. Die vorherrschende Stellung Berlins kündigte sich an. Bei den Berliner Manufakturen wurde 1799 ein Fabrikationsertragswert je Arbeiter von 567 Taler erreicht. Die Produktivität der Manufakturen wurde im Berliner Generaldirektorium aufmerksam verfolgt. Eine Tabelle von 1793 (O. Behre), umgerechnet auf Pro-Kopfwerte der Manufakturarbeiter, vermittelt einen Eindruck von der relativen *Produktivität* in den Staatsprovinzen.

1. Brandenburg	(297 Taler)
2. Kleve-Mark	(241 Taler)
3. Magdeburg-Halberstadt	(228 Taler)
4. Pommern	(222 Taler)
5. Schlesien	(220 Taler)
6. Ost- und Westpreußen	(199 Taler)
7. Ostfriesland	(192 Taler)
8. Westfalen	(135 Taler)

Die gesamte gewerbliche Produktion Preußens (»Nationalfabrikation«) erreichte 1793 den Wert von 37,1 Millionen Taler. An der Spitze standen die Wollwaren (10), gefolgt von Leinen (9,5), Seide (3,4), Leder (3,0), Baumwolle (1,9), Siedezucker (1,8), Tabak (1,7) und Eisen und Stahl (1,1). Der Export erreichte 1786 die Höhe von 16,6, der Exportüberschuß 8,5 Millionen Taler.

Preußens Bevölkerung hatte sich in ihrer Masse während des 18. Jahrhunderts mit Hunger und Not hochgearbeitet. Wer um 1800 zurückblickte, mochte noch eine Ahnung davon haben, wieviel bitter erzwungener Fleiß, wieviel Mangel an Freizeit und wieviel genaueste Sparsamkeit nötig waren, um nicht nur die wachsende Bevölkerung zu ernähren, den breiter werdenden Staat zu unterhalten, sondern auch das Kapital zu bilden, das »Zukunftsinvestitionen« zu dienen hatte. Immer wieder hat Friedrich jedenfalls die Versuchungen, den Staat auszunutzen oder über seine ökonomischen Grenzen hinaus in Anspruch zu nehmen, zurückweisen müssen. Er konnte »nein« sagen und nahm den mitunter nicht unberechtigten Vorwurf des Geizes hin. Meistens wahrte er noch freundliche Formen mit einem »Geduld, Geduld« oder mit dem Satz: »Rom ist auch nicht an einem Tag erbaut worden«. Im Ergebnis dieser Staatsökonomie stand Preußen, trotz der Einbußen unter Friedrich Wilhelm II., um 1800 »industriell hinter Frankreich, England und Holland an vierter Stelle« (Wilhelm Treue).

Die Provinzen jenseits der Weser

Die Außenprovinzen bedeuteten unter militärischen Gesichtspunkten eine Belastung und Gefahr. Jedenfalls war der Aufwand hoch, zumal in Kriegszeiten. So hat Friedrich Ende Oktober 1759 erwogen, mit Hilfe der Großmächte *Kleve, Mörs und Geldern* gegen Mecklenburg zu tauschen. Hatte schon sein Vater 1722 kein gutes Urteil über die Klever »Nation«, so meinte Friedrich (1752), die Bevölkerung sei zwar träge, doch wären von Fremden (unter anderen Mennoniten) seit 1740 gute Manufakturen eingeführt worden.

Kleve war dem geopolitisch denkenden König in erster Linie ein *Außenfort*, das nach den Erfahrungen des Krieges nicht zu halten sei, während er für Minden die Möglichkeit erfolgreicher Verteidigung einräumte. Es sei nicht zu vermeiden, riet er seinen Nachfolgern, Kleve-Mark im Falle eines Krieges mit Frankreich preiszugeben, sofern Preußen keine starken Verbündeten hätte: »Aus diesem Grunde habe ich die Befestigung von Geldern schleifen lassen und die von Wesel eingeschränkt. Auch beabsichtige ich, ein ganzes Polygon unterminieren zu lassen, um es in die Luft zu sprengen, sobald die Besatzung abrückt.« Realistischer kann das damalige Desinteresse an den Westprovinzen nicht zum Ausdruck gebracht werden. So hat er die Nebenlande »jenseits der Weser« späterhin nur 1763 und 1768 besucht. Der Blick des Königs war – trotz des wirtschaftlichen Aufschwunges durch die Seidenindustrie in Krefeld und zunehmend in der Grafschaft Mark – auf die Ostflanke gerichtet: »Wie wahnsinnig und verblendet ist Europa«, ruft der König 1768 dem Nachfolger zu, »daß es zum Aufstieg eines Volkes beiträgt, das ihm eines Tages selbst zum Verhängnis werden kann«.

Kirchenpolitik und Aufklärung

Seit 1740 vollzog sich der Durchbruch zur *aktiven Toleranz*. Doch blieb das Toleranzbewußtsein vor allem auf die Bildungsschicht beschränkt. Man wird die Weitergabe durch Beamte, Pfarrer und Lehrer nicht überschätzen dürfen. Das mit der Aufklärung rascher sich verbreitende Toleranz-Denken hat an dem überwiegend protestantischen Charakter des preußischen Staates vorerst wenig zu ändern vermocht. Die rechtlichen Bindungen und die geschichtlichen Traditionen waren zu stark, die Stände als Hüter der konfessionellen Ordnung eingeschlossen. Aber es war doch von hohem, auch außerhalb Preußens beachtetem Wert, daß in einem großen Landesstaat der Grundsatz der Toleranz wieder und wieder verkündet und zum Wohle aller Untertanen auch durchgesetzt worden ist, so daß der erbländische Herrschaftsraum der Habsburger, die geistlichen Fürstentümer und auch die freien Reichsstädte in eine als überholt empfundene und öffentlich kritisierte Stellung gerieten. In politischer Hinsicht waren somit Friedrichs auf die konfessionelle und humane Toleranz hin angelegte Schritte und Publikationen meisterliche Schachzüge im Interesse Preußens. Gelähmt und gereizt blickten die Gegner Preußens auf die progressiven Novitäten und sahen sich unter dem Druck der Zeitströmungen und dieses Potsdamer Beispiels teilweise genötigt, zögernd oder schließlich überstürzt, wie unter Kaiser Joseph II., einige Hindernisse auf dem Wege in freiere Zeiten fortzuräumen.

Friedrich hatte den Grundsatz der unbedingten Toleranz früh durch die Lektüre vor 1740 (John Locke, Pierre Bayle, Voltaire und andere) aufgenommen. Dabei hatten nicht so sehr die christliche Liebesforderung, sondern die aufklärerische Religionskritik und die Geschichte des eigenen Hauses Pate gestanden. Nach dem Regierungsantritt hat er seine kirchengeschichtlichen und religionsphilosophischen Studien überblicksartig fortgesetzt. Im Ergebnis verfügte er über ein relativistisch durchsetztes Toleranz-Bewußtsein, dem er unablässig Ausdruck gab. Am bekanntesten wurde bald die wie ein Programm wirkende Marginalresolution an das Geistliche Departement (katholische Schulen betreffend), drei Wochen nach dem Regierungswechsel (22. Juni 1740) formuliert: »Die Religionen müssen alle tolleriret werden und mus der Fiscal nuhr das Auge darauf haben, daß keine der andern Abruch tuhe, den hier mus ein jeder nach seiner Fasson selich werden«. 1751 hielt er fest, seine Vorfahren hätten bereits eine gemäßigte und tolerante Kirchenpolitik betrieben; die lutherische und reformierte Bevölkerung wäre nach gleichem Recht behandelt worden, auch die katholische Kirche sei nicht verfolgt worden. Protestantische Gruppen (Pietisten, Zinzendorfer) hätten sich frei entfalten können; sein hier merkantilistisch gefärbtes Credo lautete: »Der falsche Glaubenseifer ist ein Tyrann, der die Provinzen entvölkert, die Duldsamkeit eine zärtliche Mutter, die sie hegt und blühen macht«. Ähnlich äußerte er sich 1752, jedoch mit Vorbehalten gegenüber Juden (»Die Juden sind von allen diesen Sekten die gefährlichsten; denn sie schädigen den Handel der Christen und sind für den Staat nicht zu brauchen. Wir haben die Juden zwar wegen des Kleinhandels mit Polen nötig, aber wir müssen verhindern, daß sie sich vermehren.«) und den pro-österreichischen Jesuiten in Schlesien.

Im Testament von 1768 dann, nachdem Schlesien mit Hilfe der Münz-Juden behauptet worden war, ist seine Gelassenheit noch ausgeprägter. *Lutheraner und Reformierte* seien nicht in der Lage, dem Staat zu schaden. Innerhalb der Schranken, die der Staat setze, könnten sie sich frei bewegen. Als Postulat gelte dies auch für die *Katholiken,* die von der Regierung nicht nur wie bisher zu dulden, sondern auch vor Verfolgungen und Ungerechtigkeiten zu schützen seien: »Es geht den Staat nichts an, welche metaphysische Anschauung im Menschenhirn wohnt; genug, wenn jedermann sich als guter Staatsbürger und Patriot benimmt«.

Dies waren die *Leitsätze* der Toleranz-Politik. Der König wollte sie auch auf sich angewandt sehen, weil seine »private« deistische und deterministische Lebensphilosophie sich kaum noch mit einer der Hauptkonfessionen berührte. Er suchte in der täglichen Konfrontation mit der Intoleranz seinen Leitsätzen zu folgen, wennschon die geostrategische Lage Preußens ihn auch in der konfessionellen Innenpolitik vereinzelt zu personen- oder pressepolitischen Repressionen nötigte. Auch blieb es für ihn zu bedenken, wie in der Außenpolitik das Ansehen des Toleranz-Herrschers mit der Stellung eines Vorkämpfers der Protestanten im Reiche und in Mitteleuropa zu vereinen war. Und es darf nicht übersehen werden, daß in Preußen die Kräfte des landeskirchlichen und ständisch-konfessionellen Regionalismus mit Unduldsamkeit und Xenophobie nicht in einigen Jahrzehnten von »oben« her zu überwinden waren.

Toleranz hieß für Friedrich in der *täglichen Praxis,* die zitierte »metaphysische Anschauung« vor kleinlichen Eingriffen der Behörden und der Kirchen selbst zu bewahren. Den Lutherischen gestattete er sogleich 1740, alle jene Zeremonien und Kultgegenstände wieder einzuführen, die Friedrich Wilhelm I. rigoros als »papistisch« untersagt bzw. auf die staubigen Kirchenböden verbannt hatte. Friedrich wandte sich freigeistig gegen einen Hofprediger als Aufseher des Joachimsthalschen Gymnasiums (»keinen Pfafen, da kommt nichts mit heraus«); oder er folgte der »Bürgerinitiative« einer schlesischen Gemeinde, die sich gegen das Aufzwingen eines Predigers wandte (»Sie sollen die Leute nicht chicanieren, sie sollen ihnen den Priester geben, den sie haben wollen«). Nicht selten schützte er andererseits die Geistlichen gegen Intoleranz und Überheblichkeit von Gemeinden, Amtsbrüdern oder Ständen. Als eine Gemeinde (in Hinterpommern) den Pfarrer fortgeschickt sehen wollte, weil dieser das Auferstehen des Leibes am Tage des Jüngsten Gerichts in Zweifel gezogen hatte, entschied er ungerührt: »Der Pfarrer bleibt. Wenn er am jüngsten Tage nicht aufstehen will, kann er ruhig liegen bleiben.«

Als Glogauer Geistliche sich weigerten, eine Verwandten-Ehe einzusegnen, verfügte er nicht ohne Schärfe: »Wenn sie ihn nicht Trauen wollen, so sol das pahr nuhr aufs Rahthaus gehen, machen ihren Contract wie in Holandt, und ich declarire Kinder Ehlich geboren«. Der Beginn der Erweiterung individueller Grundrechte im Gefolge der vom Aufklärungs- und Toleranz-Staat angefochtenen kirchlichen Disziplinar-Rechte wird erkennbar. Der Toleranz-Gedanke schlug bereits zu Gunsten freigeistiger Strömungen durch. Den Predigern der Herrschaft Neufchâtel (Schweiz) ließ Friedrich eine Rüge zugehen, weil sie *Rousseau* verfolgten. Den Druck der Bücher des philosophischen Materialisten La Mettrie, den er im übrigen nicht schätzte, verteidigte er gleichwohl mit der Entscheidung: »Was in Potsdam gedruckt wird, geschihet unter meinen augen und wen es vohr einigen fafen nicht gefelt, so verbittet man ihnen auch nicht, dergleichen Impertinenzien zu drucken«. Demgemäß ließ er Verleger und Leser wissen, daß es in Preußen – anders als im theresianischen Österreich – grundsätzlich erlaubt sei, »alle Bücher« herzustellen und zu handeln. Der Zensur unterlag vor allem die staatspolitisch gefährliche Kritik. Der Ausbau des Militärwesens, der Wirtschaft sowie die energisch betriebene Staatssiedlung wirkten sich toleranzpolitisch in Kammerbezirken und Garnisonorten aus.

War die Voraussetzung erfolgreicher *Staatskolonisation* Toleranz, so war die Folge konfessionelle Vielfalt. Die Forderung nach einer konfessionell manipulierten Siedlungspolitik hätten König und Amtsträger als Absurdität verworfen. Berühmt ist die Antwort geworden, die der König auf die kleinmütige Frage gab, ob in Frankfurt a. d. O. ein Katholik das Bürgerrecht erwerben dürfte: »Alle Religionen sindt gleich und guth, wan nuhr die leute, so sie profesiren, Ehrliche leute seindt, und wen Türken und Heihden kämen und wollten das Land pöpliren, so wollen wir die Mosqueen und Kirchen bauen«. So ließ er in der mit Evangelischen besetzten Grafschaft Honstein (Harz) für 60 katholische Wollspinner Schulhaus und Kirche bauen und wies dem Priester ein Gehalt aus der Domänenkasse an (1779). Und im westfälischen Tecklenburg, wo nach der Landesordnung katholischer Gottesdienst untersagt war, gestattete er die Messe in der Schloßkapelle, nachdem der neue (katholische) Eigentümer die nicht ganz geringe Summe von 100000 Talern mitgebracht hatte. – So vermischten sich staats-, wirtschafts- und toleranzpolitische Motive und Akte.

Katholiken und Juden als bisher benachteiligte Minoritäten sind Nutznießer der aufgeklärten Kirchenpolitik geworden. Neben der zunehmenden Zahl katholischer Feldprediger steht das Ereignis des Baues der Berliner Hedwigskirche nebst Parochiebildung (1747 bis 1773). Bald entstanden auch Kirchen und Kapellen beim Berliner Invalidenhaus, in Spandau und Frankfurt a. d. O. (1776), aber auch in Stettin und vor allem in Schlesien (Fürstbistum Breslau). Die Rechte nichtpreußischer Bischöfe auf dem Boden des preußischen Staates wurden geachtet. Hier bildeten sich Ausgangspunkte für weitere Rekatholisierungen und für Streitfälle des 19. Jahrhunderts. Toleranz-Gebot und innere und äußere Rechts-Traditionen haben Preußen daran gehindert, die Kirchenverfassung einheitlich zu gestalten. Pläne und Versuche hat es hierzu gegeben (Cocceji, 1732, 1743, 1747). Die Toleranzpolitik hat ältere Spannungsfelder abzubauen geholfen, andererseits jedoch unvermeidlich jene konfessionelle Struktur begünstigt, deren Probleme nur mit einer konsequent liberalen und konfessionsdistanzierten Staatspolitik zu lösen gewesen wären.

Innerhalb der Toleranzpolitik Friedrichs scheint seine *Judenpolitik* eine Ausnahme gebildet zu haben. Friedrich war den Juden gegenüber von latentem Mißtrauen erfüllt. Die Wurzeln mögen wohl in der vierschrötigen Erziehung, vielleicht auch noch in der ungehemmten Judenfeindschaft Voltaires zu suchen sein. Gleichwohl erstreckte sich die Glaubens- und Gedankenfreiheit von vornherein auf sie wie auf alle anderen Minoritäten. Das Problem bestand darin, daß die Abschwächung der Generalprivilegien von 1730/50 soziale Emanzipation nach sich zog, mit Folgen für das von Friedrich aufrechterhaltene sozialständische System, vornehmlich in den östlichen und mittleren Provinzen.

Dazu kam das Problem der *Zuwanderung*. Preußen mit seinen offenen Grenzen war alles andere als ein moderner Polizeistaat. Der Zuzug mußte in gleichem Maße zunehmen, wie der verbesserte Rechtsstatus die Anziehungskraft der »Preußischen Staaten« steigern würde. Schließlich spielten im Denken Friedrichs militärische und sicherheitspolizeiliche Überlegungen eine Rolle. Die Niederlassung in Festungsorten war verboten (»Der Jude Sol Sich So vohrd aus Magdeburg Paquèn, oder der Comandant wird Ihm heraus Schmeißen«). Obwohl es den Juden gegenüber, wie man sieht, immer einmal zu drastischen Ausfällen kam (1775: »Ich habe Juden genung in meinem Lande«), nahm ihre

Zahl rasch zu. In Berlin-Brandenburg ist zwischen 1750 und 1800 eine Zunahme um 61,75 Prozent (4716 zu 7637 Personen), in Berlin allein um 64,61 Prozent (2188 zu 3386 Personen) zu verzeichnen, während es um 1688 nur 101 Personen gab. Mit Recht vermerkt der Berliner Statistiker Bratring 1804: »Welche Veränderungen hat die Toleranz der späteren Zeiten hierin hervorgebracht!« Aber nicht die Duldung allein. Die staatserhaltenden Leistungen vor allem der Berliner und Breslauer Finanz-, Handels- und Manufaktur-Juden während des dritten Krieges haben des Königs Entschlüsse nicht unbeeinflußt gelassen, auch wenn er – im Einklang mit den Grundsätzen seiner allgemeinen Staatssiedlungspolitik – daran festhielt, vor allem vermögende Personen mit Privilegien zu fördern und Schutz-Juden in den größeren Städten nur zuzulassen, sofern sie »sehr reich« seien. Ärmere Juden sollten an den polnischen Grenzen den Hausierhandel betreiben. Jüdische Rittergutsbesitzer und Akademie-Mitglieder (Ablehnung Moses Mendelssohns, 1771) wollten sich in Friedrichs aristokratisch geprägtes Staatsideal nicht einfügen.

Ein Problem ergab sich nach 1772 im *Netzedistrikt,* wo etwa 11 000 (= 6 Prozent) überwiegend arme Juden ansässig waren. Der König hat versucht, diese Zahl durch Abschiebung nach Polen bis auf 2000 Personen zu verringern. Vor allem sollte der für die Manufakturen als schädlich angesehene Grenzschmuggel getroffen werden (1780: »Je weniger derselben allda vorhanden sind, je besser ist es«). Auch Polen seien an den neuen westpreußischen »Grenzörtern nichts nütze« (1780). Hier verdrängten Erfordernisse der Grenzsicherung und ein besonderer, mitunter überzogener Fiskalismus die Grundgedanken der Toleranzpolitik. Das Erstaunliche ist nun aber, daß die in erster Linie von Friedrich und an preußischen und sonstigen Universitäten humanitär-naturrechtlich erzogene höhere Amtsträgerschaft (unter anderen Graf Hoym in Schlesien, Brenckenhoff und Domhardt in Westpreußen) das Toleranzgebot verantwortlich beachtete und Weisungen aus Potsdam unterschlug oder erheblich milderte, so daß sich die Ausweisungen in engen Grenzen bewegten.

Trotz der nicht unbegründeten restriktiven Tendenzen und trotz des bereits von sensiblen Zeitgenossen als diskriminierend angesehenen Generalreglements (1750) hat der soziale und der wirtschaftliche *Aufstieg der Juden* stetig und zeitweise sprunghaft stattgefunden. Friedrichs Politik der Erteilung von »Generalprivilegien« (an 20 Unternehmer, bis 1786) ließ eine Oberschicht preußischer Juden und jüdischer Preußen entstehen, deren Bedeutung für die weitere Entfaltung des wirtschaftlichen und geistigen Lebens in allen Provinzen, vornehmlich aber in Berlin, kaum zu überschätzen ist. Die Einfügung der zuwandernden Juden in den Staat und in Zwischenschichten der Gesellschaft vollzog sich unter den Bedingungen einer hellwach vertretenen Staatsräson, in der die Toleranzpolitik eine von Ausländern beneidete Stellung eingenommen hat.

Der Verstaatungsprozeß führte nicht zu einer Verbesserung der Funktionstüchtigkeit der *Pfarrerschaft.* Das wird deutlich, wenn nach der Stellung des

Pfarrers im Militärstaat gefragt wird. Der Krebsschaden sei dem Pfarrerstand des 18. Jahrhunderts aus dem Militärkirchenwesen und seinen Folgeerscheinungen erwachsen (O. Hintze). Der 1717 eingesetzte Feldpropst Gedicke, ein Francke-Schüler, besorgte – wie seine Nachfolger bis 1806 – als Vorsitzender eines von den geistlichen Behörden getrennten Kriegskonsistoriums Examinierung, Ordination und Einsetzung der Feldprediger. Nach fünf- bis achtjähriger Dienstzeit konnte der mit 18 Taler im Monat bezahlte Militärgeistliche Anspruch auf eine im Verhältnis dazu auskömmlich dotierte königliche Patronatspfarre erheben. Da das Oberkonsistorium (des Gesamtstaates) in der Regel aus diesen Geistlichen königlichen Patronats die Inspektoren (= Superintendenten) auswählte, vermochten die Feldpröpste indirekt auf die Zusammensetzung der höheren Geistlichkeit Einfluß zu nehmen.

Gegen dieses *System* haben die Berliner Geistlichen Süßmilch und Sack gestritten. Friedrich hat sich 1755 und öfter geweigert, von der Bevorzugung der Militär- und Hospitalprediger, die für das öffentliche Wohl gearbeitet hätten, abzugehen. Eine Folge dieses Systems bestand darin, daß durch die größere Mobilität der Feldprediger, von denen jeweils etwa 100 im aktiven Dienst standen, ein Gegengewicht zu den Heirats- und Beziehungs-Kreisen im Umkreis vieler Landpfarren nichtköniglichen Patronats gegeben war. Die Versetzbarkeit der Feldprediger hat einerseits der »Verpreußung« des Pfarrerstandes auch von dieser Seite her vorgearbeitet. Andererseits hat der nicht zu übersehende weitere Erfahrungskreis dieser Gruppe der Provinzialisierung unter den Geistlichen in einer Zeit entgegengewirkt, in der die Bildungsreise nach Westeuropa aus der Mode gekommen war und in der der obligatorische Besuch von Halle, Frankfurt oder Königsberg Landeskindern die Aussicht auf eine Pfarre eröffnete.

Der Sarkasmus Friedrichs in Glaubensfragen hat *Ansehen* und Selbstbewußtsein vieler Geistlicher beeinträchtigt. Einem Diakon, der sich um eine bessere Pfarre bewarb, ging der spöttische Bescheid zu, »daß die Aposteln in denen ersten Zeiten von ihren Gemeinden und Kirchen keine Revenues noch Tractamente gehabt, sondern bei ganz kümmerlichem Auskommen gelehret und geprediget hätten; dahero er als ein getreuer Nachfolger derselben die ihm einmal anvertraute Gemeinde nicht bloß um eiteln Gewinnst oder seiner Verbesserung halber verlassen ... müsse« (1751). Ein anderes Mal heißt es: »Gute Mores ist das erste vor einem Dorfpriester, und wenn er den Bauern gefällt, so muß man sie nicht schikanieren«.

Tod eines Königs

Seit dem Frühjahr 1786 zeigte sich immer deutlicher, daß die Kräfte des Königs im raschen Abnehmen begriffen waren. Er hielt sich an seinen Erfahrungsgrundsatz: »Man ist in der Welt nur glücklich, indem man sich beschäftigt«. Und er glaubte unverändert, daß er auf seine Weise – mit Härte und Duldsamkeit – die Bewohner der preußischen Provinzen und Lande »glücklich machen« könne, »soweit es die menschliche Natur zuläßt und die schwachen Kräfte, die ich aufwenden kann, es erlauben«. Zwischen weisem Wohlwollen, freundlichem Zuspruch und galliger Heftigkeit schwankte er bis zuletzt. Das entsprach auch seiner Einsicht in das Wesen des Menschen, das sich ihm überreichlich eröffnet hatte. Die seit 1760 bereits aufgetretenen Gebrechen des Alters verstärkten seinen Hang zur Skepsis und Weltflüchtigkeit und erklären manche flüchtige Ungerechtigkeit des letztlich unverdrossen, ja glücklich arbeitenden Regierungschefs. Denn seine Urteilskraft war auch in den achtziger Jahren ungeschwächt, sein Gedächtnis blieb gefürchtet, und den wesentlichen Inhalt ganzer Aktenberge vermochte er im Wachen wie im Traume zu memorieren.

Mit dem Stoizismus, den er sich angelesen und anerzogen hatte, sah er seiner Auflösung entgegen. Wassersucht trat auf. Ein guter Leibarzt, ein »Schwenninger«, der ihm die Freuden des Lukullus beschnitten hätte, fehlte.

Dagegen war kein Mangel an Besuchern; er war eine europäische Sehenswürdigkeit. Die alten Kriegskameraden erfreuten sich seiner Fürsorge, wie es Chodowieckis Stiche zeigen. Trotz aller Reizbarkeiten blieb Prinz Heinrich sein politischer Gesprächspartner und wohnte alljährlich mehrmals in Sanssouci. Anfang August 1785 empfing er Lafayette und ließ bald darauf den ersten preußischen Handelsvertrag mit den Vereinigten Staaten von Nordamerika abschließen. Im Januar 1786 empfing er Karl August von Sachsen-Weimar und überreichte ihm den Schwarzen Adlerorden. Den Offizieren des Generalstabes gab er im Februar zum letzten Mal ein Diner. Die Königin verfolgte sein Befinden aus der Ferne des Schönhausener Schlosses mit Sorge. Im April ritt er noch mehrmals aus, um das Exerzieren der Potsdamer Garnison zu beobachten. Seit Anfang Mai mußten die Kabinettsbeamten schon kurz nach vier Uhr früh erscheinen: »Die Zeit die ich noch habe, muß ich benutzen, sie gehört nicht mir, sondern dem Staate«, bemerkte er zu seiner Entschuldigung.

Noch am 1. August richtete er an den Ostpreußischen Kammerpräsidenten die in die Zukunft weisende Aufforderung: »Es ist ferner die Frage, ob nicht alle Bauern in meinen Ämtern aus der Leibeigenschaft gesetzt und als Eigentümer auf ihren Gütern angesetzt werden können?« Bis zum 15. August empfingen noch die Kabinettssekretäre allmorgentlich seine Entscheidungen. Am Tage darauf setzte Bewußtlosigkeit ein. Der Staat hielt den Atem an. Der König sagte noch, als eine Uhr schlug, er wolle am nächsten Morgen um vier aufstehen. Eineinhalb Stunden vorher trat der Tod ein.

Am 17. August 1786 umfaßte der Staatsschatz mit allen Tresoren 51 302 010 Millionen Taler. Kein Kurfürst oder König Brandenburg-Preußens hat seinem Nachfolger eine finanziell geordnetere Staatsverwaltung hinterlassen als der kinderlose König. Auf diese Weise glaubte er, den schlimmen Zufällen, die er auf seinen energiearmen Nachfolger zukommen sah, für einige Zeit vorgebeugt und dem Staat eine Stütze gegeben zu haben.

Nachleben

Wie kaum ein anderer Landesfürst oder Kaiser ging Friedrich noch zu seinen Lebzeiten und in dem nachfolgenden Jahrhundert in *Sage, Dichtung* und *Volkslied* ein. Er ist, besonders in der schwankhaften Volkssage, – trotz und wegen aller Aufklärung – der kugelfeste Held, der über Zaubermittel verfügt und selbst die Hilfe des Satans nicht verschmäht. Viele dieser Geschichten, sofern es nicht neueingekleidete Wandersagen sind, haben einen geschichtlichen Hintergrund. Sein hochgemutes Gefühl der Unverwundbarkeit bezeugte er selber nach der Schlacht bei Soor; seinem Kammerdiener Fredersdorf schrieb er (9. Oktober 1745): »Es hat bei Sohrr Schärfer gegangen, als Nihmahlen, und bin ich in der Suppe bis über die ohren gewessen. Sistu wohl, mihr thut keine Kugel was!«

In mehr als tausend *Schwänken* und *Anekdoten* wird der König, weit stärker als sein Vater, verkleinert, in den realen sozialen Konflikt eingebunden und andererseits in seinem geheimnisvollen Wirken überhöht wie ein neuer Heiliger. So erscheint er immer wieder als der Unterlegene, der in Kompensation des auch vom Vater her gefürchteten Krückstockes und Korporalstockes Schläge empfangen muß, der sich vom kleinen Manne überlistet sieht oder der als Genosse des aus arger Not meisterlich Stehlenden vorgeführt wird. Niemals jedoch ist er der Gefährte des Desertierenden.

Sein Tod hat im Volk, trotz vereinzelter Kaltschnäuzigkeiten der Berliner, eine kaum vorstellbare Bewegung ausgelöst. Man zeigte auf Hunderten von Kupferstichen und im Gedicht seinen Einzug in den Olymp; die Götter und Großen der Weltgeschichte empfangen ihn. Man sah ihn von der Hölle zum Himmel reiten, auf dem Königsschimmel Condé, der präpariert im Berliner Zeughaus stand. Den Himmel wollte Petrus ihm verwehren, weil er (wie man sich in Westfalen erzählte) den »luttersken Kerl nich bruken« könne, auch Gott Vater ihn »to slech för'n Himmel« hielt, also ließ der Feldherr seine Armee kehrtmachen, und Petrus und der Herrgott kapitulierten, denn sonst würde der Auszug aller Preußen den Himmel von seinen besten Leuten entvölkern.

Sage und Volkswirklichkeit gingen ineinander über. Aus *Pommern* wird überliefert, die Bauern, denen er stärker als vordem Recht und Beschwerde garantierte, seien nach dem 18. August 1786 bestürzt gewesen; einer habe sie über den Fortbestand dieser Monarchie mit dem Satz getröstet: »I nu, der neue Herr darf sich ja nur aufsetzen und zupeitschen«. Und im preußischen Harz soll ein Bauer ausgerufen haben: »Herr Gott, wer wird nun die Welt regieren!«

Fontane hat in seiner Zeit beobachtet und überliefert, Friedrich sei noch immer der Herrgott der Bauern und sie sprächen über ihn, als lebte er noch. Ähnlich empfand man Friedrich und sein Ende in nicht wenigen Teilen Europas, besonders dort, wo man unter dem kleinlichen Absolutismus unaufgeklärter Regenten litt. *Goethe* vermied es, in Süditalien von Friedrichs Tod zu sprechen, um sich nicht verhaßt zu machen. Er war es auch, der – bei aller Einsicht in die Schwächen Friedrichs – die Grundstimmung der Zeit in einer einzigen Zeile verfestigte: »Ihm schauten alle Völker der Welt mit traurigen Blicken nach«.

ACHTES KAPITEL

Das unerfüllte Testament: Friedrich Wilhelm II. und die Verschwendung des Staats-Schatzes in elf Jahren (1786 bis 1797)

»Lebe er wohl, er sieht mich nicht wieder. Ich werde Ihnen sagen, wie es nach meinem Tode gehen wird. Es wird ein lustiges Leben bei Hofe werden. Mein Neffe wird den Schatz verschwenden, die Armee ausarten lassen. Die Weiber werden regieren, und der Staat wird zugrunde gehen. Dann trete er auf und sage dem König: ›Das geht nicht. Der Schatz ist dem Lande, nicht Ihnen!‹ Und wenn mein Neffe dann auffährt, sage er ihm: ›Der alte König hat es so befohlen!‹ Vielleicht hilft das. Hört er?«

Friedrich zu Heynitz, 1785

Herrscher und Hof

Der Thronfolger Friedrich Wilhelm hatte in Potsdam das Ableben des Onkels erwartet. Als ihn in der Frühe des 17. August der Todes-Bote erreichte, ritt er nach Sanssouci, verharrte kurz vor der Leiche, vergoß Tränen, ließ sich noch die letzten Stunden beschreiben, befahl die Abnahme der Totenmaske und begab sich in das Zimmer des Ministers von Hertzberg, der seit dem 9. Juli auf Befehl des Prinzen bereits in Sanssouci logiert hatte. Dort ging Hertzberg dem neuen König sogleich bei den Regierungsgeschäften zur Hand. Als erstes ging eine Ordre an die Etatsminister des Generaldirektoriums heraus: »Meine lieben Etatsministres! Der König Mein Oncle ist heute früh mit Tode abgegangen und Ich bin dadurch zur Regierung gelanget, Ich mache Euch solches hiermit in Gnaden bekannt und werde Euch Meine Befehle unverzüglich bekannt machen lassen; ich versichere Euch meiner Gewogenheit und bin Euer gnädiger König.« Hertzberg erlebte seine Rolle als etwas eminent Historisches und hoffte auf eine außerordentliche Zukunft an der Seite des ebenso unerfahrenen wie genußfreudigen Nachfolgers. »Ich bin«, schrieb er dem ihm befreundeten Minister Tulemeier am übernächsten Tage, »Zeuge und erster Akteur dieser großen Szene gewesen. Ich habe die Augen dem verstorbenen König geschlossen, und ich habe einige Minuten später seinen Nachfolger auf den Thron gerufen.« Der neue König habe ihm den Schwarzen Adlerorden als Anerkennungszeichen verliehen, mit dem Bemerken, er hätte dies schon früher verdient. Der nunmehrige Kronprinz, ein Sechzehnjähriger, gratulierte ebenfalls in Sanssouci dem Vater. Er hat immerhin in seinem Tagebuch den Anblick des Verstorbenen in seiner schlichten Art festgehalten: »Er lag in dem Konzertsaale auf seinem Feldbett ausgestreckt, einen kleinen Hut auf dem Kopfe, der mit einer Serviette um das

Kinn befestigt war. Er hatte einen alten, blauen seidenen Mantel um, unter welchem er noch ein Pelzhemde an hatte. Seine Beine waren mit großen Gichtstiefeln bekleidet. Das rechte Bein war sehr geschwollen und man sah noch die Materie, die zu den Füßen herausgequollen war. Zwei Lakaien standen dabei, um mit grünen Zweigen die Fliegen vom Gesicht abzuhalten.« Am Abend des 18. August wurde der Körper des Entseelten, wegen großer Hitze, in die Garnisonkirche überführt; der König überging die letztwillige Verfügung Friedrichs, auf dem »Weinberg«, der Hauptstätte seines Wirkens, beigesetzt zu werden.

Der neue König brauchte sich nur auf das Staatspferd zu setzen und konzentriert und nervenstark weiterzureiten. Einer der unverändert am besten verwalteten Staaten Europas war ihm zugefallen. Der Regierungsstil des Monarchen war bis in alle Einzelheiten hinein vorgeprägt. Der Staatsschatz (51 302 010 Taler) war hinreichend gefüllt. Die Währung konnte demzufolge als stabil und gesichert gelten. Die Armee erwies sich in mancher Hinsicht als modernisierungsbedürftig. Das Volk in allen Staatslanden war regierbar, arbeitswillig und alles andere als aufsässig. Selten hat ein Thronfolger so günstige Voraussetzungen für eine glückliche Regierungszeit vorgefunden – und ebenso selten war ein so rascher Verlust des Ansehens zu beobachten wie bei Friedrich Wilhelm II., dem »Vielgeliebten« und auch deshalb Mißerfolgreichen.

Friedrich Wilhelm II. stand als ältester Sohn des Prinzen August Wilhelm, den Friedrich in Schlesien als unfähigen General mit beispielhafter Härte von sich gestoßen hatte, von vornherein im Gegensatz zu seinem Onkel. Der Gegensatz beruhte aber weit mehr noch auf dem Gegensatz der Charaktere. Der gutmütige und weichherzige, dabei kräftig-hochgewachsene Nachfolger verfügte über mancherlei Talente, nur nicht über die Gabe, einen Krieg zu führen und einen so komplexen Staat wie Preußen zusammenzuhalten. Man wird die Frage aufwerfen müssen, warum nach vier bedeutenden Herrschern ein Typ-Wandel und Leistungsabfall zu verzeichnen ist. Die nächsten Vorfahren stammten weitgehend aus den Häusern Hannover und Braunschweig; von den acht Urgroßeltern (Friedrich I., dreimal Hannover, Braunschweig-Bevern, Hessen-Eschwege, Braunschweig-Wolfenbüttel und Oettingen) führen Linien zu dem geisteskranken Herzog Wilhelm von Lüneburg († 1592), so daß sich die ohnehin bei den Hohenzollern vorhandenen Belastungen (durch Albrecht Friedrich von Preußen und Johann Wilhelm von Kleve) verstärkt haben können. Andererseits blieb bisher unbeachtet, daß Friedrich Wilhelm II. zweimal (in 4. und 5. Generation) von Herzog August d. J. von Braunschweig Wolfenbüttel (1579 bis 1666) abstammt. Von dort her war sein Urgroßvater Herzog Anton Ulrich, der Singspiele dichtete und geistliche Lieder und Romane geschrieben hat. So wird man nicht nur von dem »Schatten eines unheilvollen Ahnenerbes, das ihn willensschwach und haltlos« machte, zu sprechen haben (wie H. Banniza von Bazan), wohl aber auf die Komponente des quietistischen Lebensgenusses und

1. Otto IV., Markgraf von Brandenburg, und seine Gemahlin Hedwig von Holstein beim Schachspiel. Miniatur aus der Manessischen Liederhandschrift, 14. Jahrhundert.

2. Kaiser Karl IV. im Kreis der sieben Kurfürsten (mit Wappenschildern). Bronzener Türbeschlag am Lübekker Rathaus, zwischen 1350 und 1354 oder nach 1375.

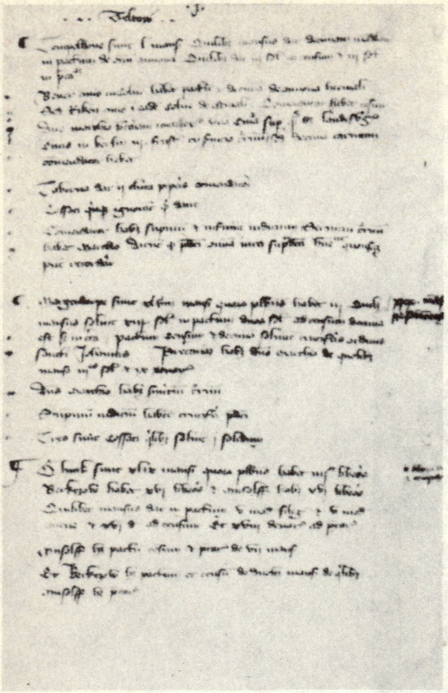

3. Dorfregister über den Teltow. Erste Seite in der Berliner Handschrift des Landbuchs Karls IV. von 1375, Kopie Anfang des 15. Jahrhunderts.

4. und 5. Burggraf Friedrich VI. von Nürnberg (als brandenburgischer Kurfürst Friedrich I.) und seine Gemahlin Elisabeth von Bayern-Landshut. Stifterbildnisse aus dem »Cadolzburger Altar«, erste Hälfte des 15. Jahrhunderts.

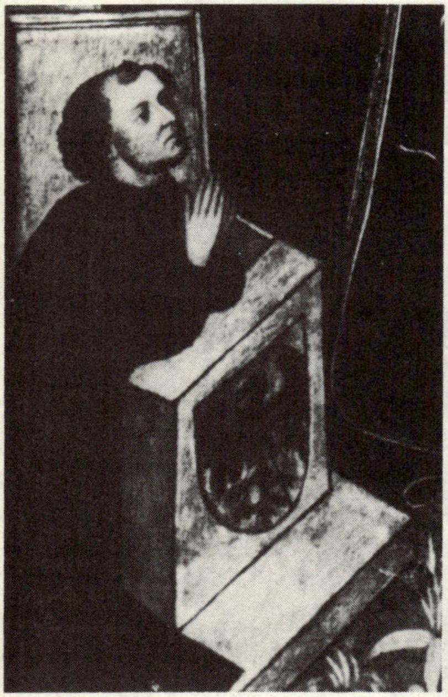

6. Bestätigung der Privilegien Friedrichs I., Kurfürst von Brandenburg, durch Kaiser Sigismund in Rom. Pergamenturkunde, 31. Mai 1433.

7. Kurfürst Johann Cicero. Bronze-Grabdenkmal im Berliner Dom nach einem Entwurf von Peter Vischer d. Ä., in der Vischer-Werkstatt gefertigt um 1524/1530.

8. Kurfürst Joachim I. Nestor. Gemälde von Lucas Cranach d. Ä. 1529.

9. Kurfürst Joachim II. Hektor. Gemälde von Lucas Cranach d. J. um 1555.

10. Kurfürst Johann Georg. Gemälde wohl von Andreas Riehl d. J., um 1600.

11. Kurfürst Joachim Friedrich. Zeitgenössischer Kupferstich.

12. Rochus Graf zu Lynar (und seine beiden Söhne), brandenburgischer General und Festungsbaumeister, seit 1578 im Dienst Kurfürst Johann Georgs. Stifterbildnis am Altar der Spandauer Nikolaikirche 1582.

13. Ringrennen auf dem Schloßplatz, Cölln im Jahr 1592. Zeitgenössischer Kupferstich.

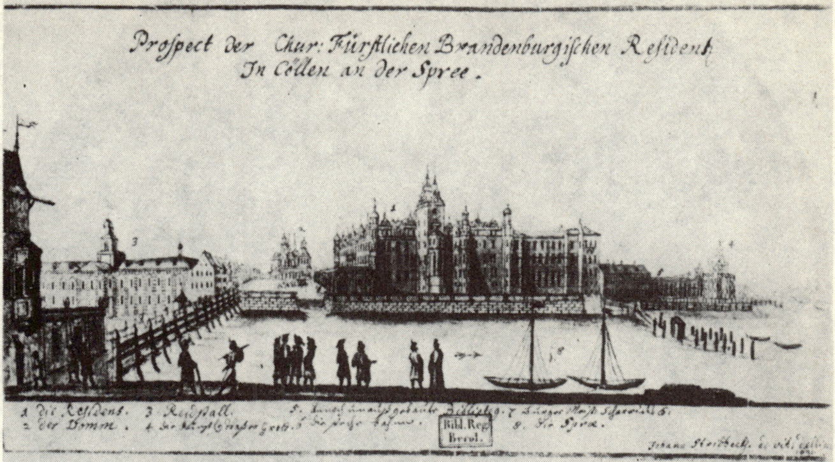

28. Ansicht des Schlosses von der Burgstraße aus. Aquarell von J. Stridbeck (1690)

14. Die Schloßplatzfront der Kurfürstlichen Residenz zu Cölln an der Spree, links die Dominikaner Kloster-(Dom-)Kirche, Grablege der Hohenzollern. Aquarell des unter Joachim II. errichteten Baus von Johann Stridbeck, 1690 (◀ oben).

15. Hochzeit Kurfürst Friedrich Wilhelms von Brandenburg mit Louise Henriette von Nassau-Oranien in Den Haag,
7. Dezember 1646: links und rechts vom Geistlichen das Brautpaar, dahinter der weißhaarige Statthalter Friedrich Heinrich. Gemälde von Jan Mijtens 1647 (◀ unten).

16. Herzog Albrecht in Preußen, bis 1525 Hochmeister des Deutschen Ordens. Miniatur von Heinrich Königswieser 1564.

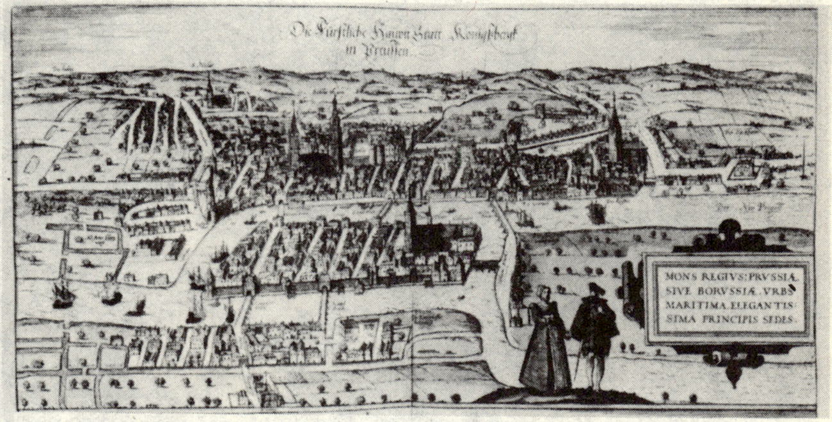

17. Die Marienburg an der Nogat, 1309–1457 Sitz des Hochmeisters des Deutschen Ordens. Stich von Wolff (Augsburg) nach einer Zeichnung von D. D. Werner um 1720.

18. Königsberg in Preußen, Sitz des Hochmeisters des Deutschen Ordens seit 1457 und Hauptstadt des Herzogtums (seit 1525). Kolorierter Kupferstich von Braun und Hogenberg um 1590.

19. Kurfürst Friedrich Wilhelm und seine Gemahlin Louise Henriette. Gemälde von Gerard van Honthorst 1647 (▶).

20. Stadt Kleve mit Schwanenburg, Residenz der westlichen Lande Brandenburgs. Kupferstich nach Henrik Feltmann 1653 (▶ ▶ oben).

21. Plan der Städte Cölln und Berlin. Kupferstich aus M. Merian, Topographie, von Johann Gregor Memhardt 1652 (▶ ▶ unten).

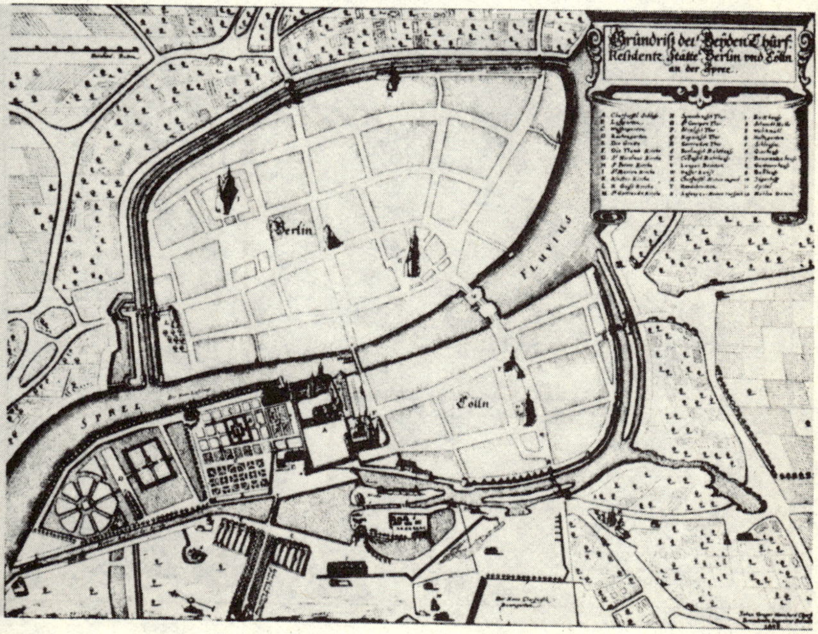
Grundriss der Beyden Churf. Residentz Stätte Berlin und Cölln an der Spree.
Berlin
Cölln
FLUVIUS
SPREE

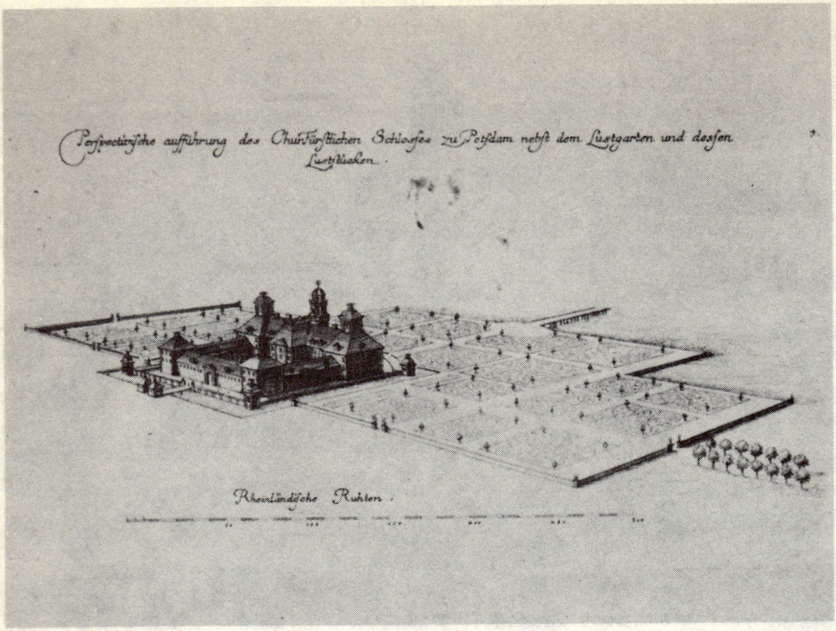
Perspectivische auffführung des ChurFürstlichen Schlosses zu Potsdam nebst dem Lustgarten und dessen Luststücken.
Rheinländische Ruhten.

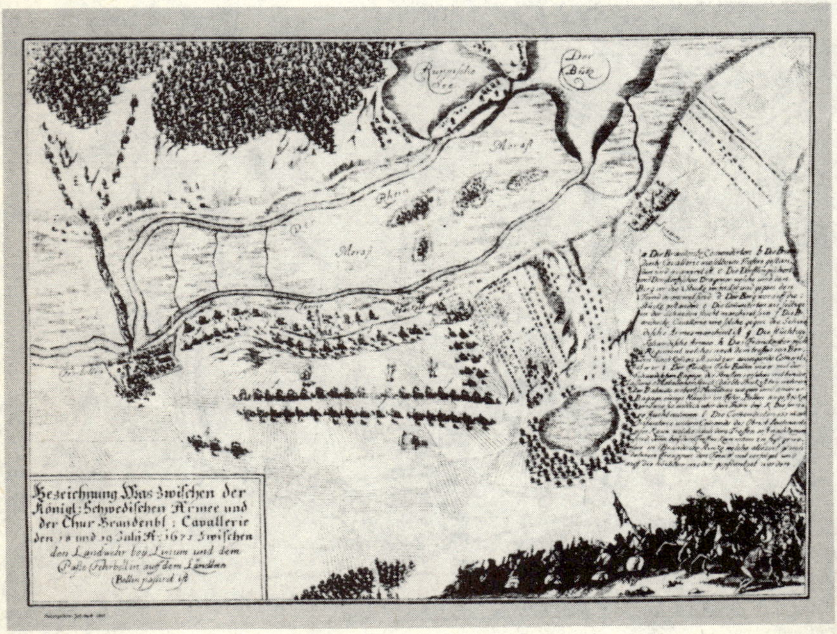
Bezeichnung Was zwischen der
Königl: Schwedischen Armee und
der Chur Brandenbl: Cavallerie
den 18 und 19 Julii A: 1675 zwischen
den Landwehr bey Linum und dem
Paße Fehrbellin auf dem Ländchen
Bellin passirt ist

22. Das Potsdamer Stadtschloß. Kupferstich von G. Bartsch nach Johann Gregor Memhardt um 1672.

23. Situationsplan der Schlacht bei Fehrbellin am 18./28. Juli 1675. Kupferstich aus dem Theatrum Europaeum.

24. Der Große Kurfürst Friedrich Wilhelm, der kaiserliche Feldherr Raimund Montecuccoli und der Marschall von Frankreich Henri Turenne. Flugblatt mit Texten auf die drei Kriegshelden aus dem Jahr 1675.

Ihro Churfürstl. Durchl. zu Brandenburg
Bewillkommung und Huldigung
in dero eroberten
Stadt Stettin/
Wie solche / laut eines aus dem Feld-Läger erhaltenen Berichts / daselbst angestellt
gewesen / am dritten Christ-Feyertag / 1677. st. v.

Stettinisches Willkomm an ihren Durchleuchtigen Überwinder.

Neuer Vatter! neuer Schützer!
Sieg-berechter Brennen-Held!
Du der Pommern Rechten-Stützer!
Held/ der Teutschen Helden Welt!
Sey willkommen neuer Herrscher!
Ruhm-erschollner Überwinder!
Gnad-beglänzte Fürsten-Sonne/ strahl
auf uns/ und unsre Kinder.
Unsre Demuht hier/ dich huldet/ grosser
African mit Freuden!
Wann die Trübniß überdultet/ pflegt
der Tag die Nacht zu scheiden/
Unser trübes Norder-Nächten/
ist nunmehro abgewichen/
Und das frohe Tages-Prachten/ hat
Stettin aufs Neu bestrichen:
Nur herein du Städte-Bezwinger/
Schrecken derer/ die dich höhnen!
Friederich/ du Friedens-Bringer!
komm und laß dich Sieg-bekrönen!

Oeffnet euch ihr Thor und Pforten/
laßt den Helden [illegible]
[illegible] den Brennen-Haus [illegible]
[illegible] Glück auf [illegible]
[illegible] Gnad für Ungnad [illegible]
[illegible] Stettin den Fürsten/ und
der Fürst Stettin [illegible]
Weicht ihr Schweden nun von hinnen/
[illegible] Sieg-Gnad und Glück
Heil muß unserm Hertzog grünen/ und
dem gantzen Chur-Geblüte!
[illegible] wer Schwedisch ist [illegible]
wer unserm Hertzog [illegible]
Der uns neue Gnad [illegible]/ und auf
[illegible] uns wohl [illegible]
So/ wie wir es nicht vermeinet/ über
Hoffen und Verlangen!
Ach! daß wir nicht [illegible] Vatter/ die [illegible] gangen!

Welcher Gestalt Ihre Churfürstl. Durchl. am 27. dieses/ Dero Einzug in Stettin halten werden/ solches kan man aus beygefügter Beschreibung ersehen. Die Ursache anbelangend/ warumb die Stadt sich ergeben müssen / soll seyn / weil sie wenig Pulver und Munition mehr übrig / auch in 7. Wochen keine Liechter zu brennen gehabt / ein Pfund Butter hat zwey Marck / ein Pfund Speck ein Marck Lübsch / und alle andere Sachen so nach advenant gegolten /

cker hierab nach ihren Winter-Quartieren/ und sind die Herren Officirer von Seiner Churfürstlichen Durchleuchtigkeit ansehnlich regaliret worden. Morgen marschiret die Schwedische Guarnison heraus / alsdann Seine Churfürstliche Durchlauchtigkeit die Ihrige herein marschiren lassen werden. Unter anderen Ceremonien werden folgende bey dem Einzuge zu sehen seyn.

1. Ausserhalb der Stadt für dem Thore sollen zween Knaben in Trauer-Kleidern / deren einer einen

stehet: Natura Æternum. Die Fünffte Person Philip Wilhelmen einen Greiffen-Fuß mit diesen Worten: Perge sine mora & habes. Die Sechste ein Sträußlein mit denen Worten DEO GRATIAS! präsentiren.

Alle sollen sagen:

Glück und langes Leben dem

27. dieses/ Dero Einzug in Stettin halten werden/ solches kan man aus beygefügter Beschreibung ersehen. Die Ursache anbelangend/ warumb die Stadt sich ergeben müssen / soll seyn / weil sie wenig Pulver und Munition mehr übrig / auch in 7. Wochen keine Liechter zu brennen gehabt / ein Pfund Butter hat zwey Marck / ein Pfund Speck ein Marck Lübsch / und alle andere Sachen so nach advenant gegolten /

Herren Officirer von Seiner Churfürstlichen Durchleuchtigkeit ansehnlich regaliret worden. Morgen marschiret die Schwedische Guarnison heraus / alsdann Seine Churfürstliche Durchlauchtigkeit die Ihrige herein marschiren lassen werden. Unter anderen Ceremonien werden folgende bey dem Einzuge zu sehen seyn.

1. Ausserhalb der Stadt für dem Thore sollen zween Knaben in Trauer-Kleidern / deren einer einen

Wilhelmen einen Greiffen-Fuß mit diesen Worten: Perge sine mora & habes. Die Sechste ein Sträußlein mit denen Worten DEO GRATIAS! präsentiren.

Alle sollen sagen:

Glück und langes Leben dem

25. Einzug des Großen Kurfürsten in Stettin am 6. Januar 1678 (27. Dezember 1677 alten Stils). Zeitgenössisches Flugblatt.

26. Georg von Derfflinger, brandenburgischer Feldmarschall. Kupferstich von J. Heinzelmann 1690.

27. Prinz Friedrich II. von Hessen-Homburg, brandenburgischer Reitergeneral. Zeitgenössische Radierung.

28. Die (voreilige) Huldigung Pommerns nach der Eroberung von Rügen, Stralsund und Greifswald (mit Wappenschildern): Der Große Kurfürst, seine Gemahlin Dorothea von Holstein-Glücksburg und der Kurprinz Friedrich (rechts).

29. Salbung Friedrichs III./I. vor der Krönung zum König in Preußen im Dom zu Königsberg am 18. Januar 1701. Kupferstich von Johann von Besser 1702.

30. Eigenhändiges Memorandum Kurfürst Friedrichs III. über den Erwerb der preußischen Königskrone: »Weil die Sache nicht unmöglich ist auch niemandt dadurch geschadet, hingegen aber die Ehre und der Nutzen meines Hauses sehr dar durch befordert wirdt, ... Wan ich alles habe was zu der Königlichen würde gehöret auch noch mehr als andere Könige. warumb sol ich dan auch nicht trachten den Nahmen eines Königes zu erlangen.« (▶ oben links.)

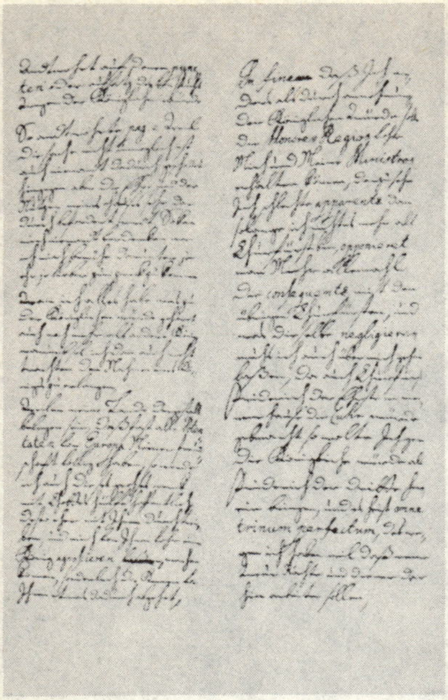

31. Friedrich I., König in Preußen im Krönungsornat. Gemälde von Friedrich Wilhelm Weidemann nach 1701 (oben rechts).

32. Königin Sophie Charlotte, Gemahlin Friedrichs I. Gemälde von Friedrich Wilhelm Weidemann (unten).

33. König Friedrich Wilhelm I. in der Uniform der Potsdamer Gardegrenadiere. Gemälde von Johann Harper um 1722.

34. Fürst Leopold von Anhalt-Dessau, Feldmarschall und Reformer des Heerwesens in Brandenburg-Preußen. Gemälde von Antoine Pesne (◀).

35. Eberhard von Danckelmann, leitender Minister und »Oberpräsident« unter Friedrich (III.) I. Kupferstich, nach 1722.

36. August Hermann Francke, Theologe und Erzieher in Halle. Zeitgenössischer Kupferstich.

37. Rheinsberg mit Schloß, Residenz des Kronprinzen Friedrich seit 1733. Gemälde von Georg Wenzeslaus von Knobelsdorff vor 1734 (◀ oben).

38. Schlacht bei Soor in Böhmen am 30. September 1745, Sieg König Friedrichs des Großen über die Österreicher unter Prinz Karl von Lothringen. Gemälde von Dismar Dägen (◀ unten).

39. Das Tabakskollegium Friedrich Wilhelms I. Gemälde eines unbekannten Künstlers.

40. Hans Hermann von Katte, der Jugendfreund Kronprinz Friedrichs, 1730 in Küstrin hingerichtet. Gemälde von Georg Lisiewsky 1730.

41. Potsdam: Neues Palais, Belvedere und Sanssouci, Blick vom Brauhausberg über die Brandenburger Vorstadt. Kupferstich von Andreas Ludwig Krüger 1772.

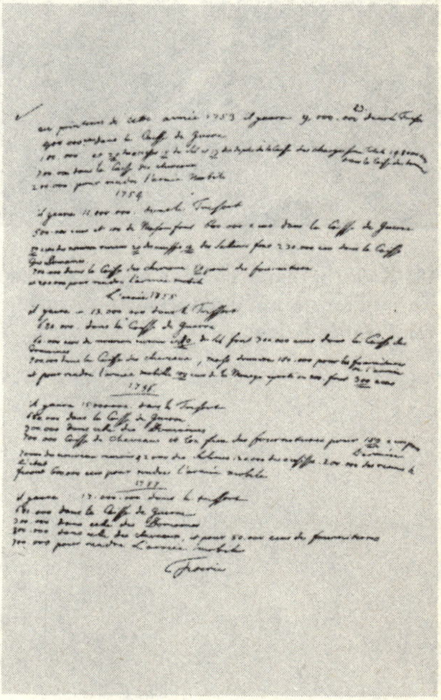

42. Eigenhändiger Voranschlag Friedrichs des Großen für die Finanzen des Staates aus dem Jahr 1753.

43. Kaiserin Maria Theresia und ihr Gemahl Kaiser Franz I. mit ihren Kindern. Gemälde von Pompeo Batoni.

44. Friedrich II., der Große. Gemälde von Johann Heinrich Christoph Franke um 1764.

45. Prinz Heinrich von Preußen. Gemälde von Anton Graff um 1786.

46. Prinz Ferdinand von Braunschweig. Feldherr Friedrichs des Großen. Gemälde von Anna Rosina de Gasc, 1763.

47. Tod Graf Kurt Christoph von Schwerins in der Schlacht bei Prag am 6. Mai 1757. Kupferstich von Daniel Berger nach Johann Christoph Frisch 1790.

48. Friedrich der Große bei Kolonisten im Rhinluch. Gemälde von Johann Christoph Frisch um 1800.

49. Georg Dietloff von Arnim, Staats-, Justiz- und Kriegsminister, Direktor der uckermärkischen Landschaft. Kupferstich von G. F. Schmidt nach Antoine Pesne, 1756.

50. Samuel Freiherr von Cocceji, »Chef de justice« und Großkanzler. Kupferstich von Georg Friedrich Schmidt nach Antoine Pesne (▶).

CO-
DEX
Liber Baro
de Cocceji
regiarum Cancellarius,

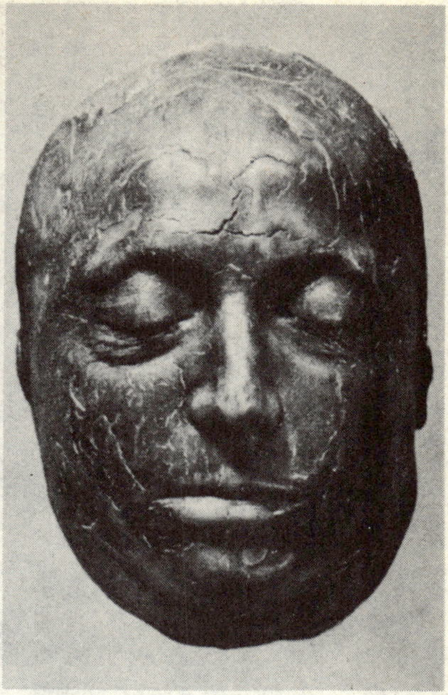

51. Heinrich Otto Graf von Podewils, Geheimer Kabinettsminister im Departement des Äußeren. Gemälde von Antoine Pesne.

52. Totenmaske Friedrich Wilhelms I.

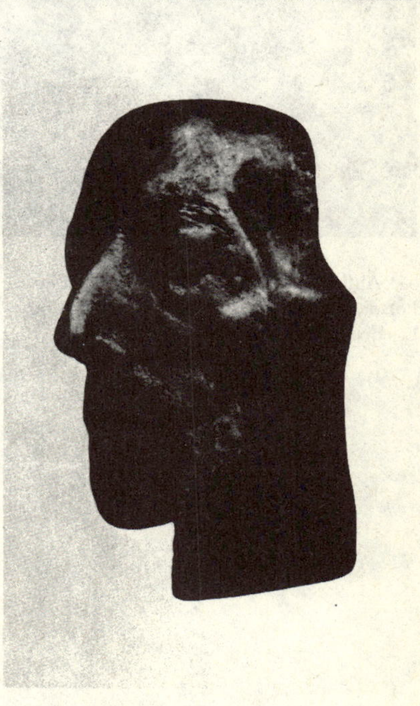

53. Totenmaske Friedrichs des Großen.

54. Aufbahrung Friedrichs des Großen im Potsdamer Stadtschloß 1786. Gemälde von Friedrich Bock.

der Abschweifung in Kunst und Wissenschaft hinzuweisen haben. Der Feldherr des Königs Herzog Karl Wilhelm Ferdinand von Braunschweig († 1806) besaß dieselben Vorfahren; sie waren zweier Geschwister Kinder und sahen sich nach Gestalt und Antlitz sehr ähnlich. Sie waren es auch dem Wesen nach: Unentschlossenheit und Kraftlosigkeit der beiden Enkel Friedrich Wilhelm I. haben Preußens Abstieg begleitet.

Aus der zweiten Ehe des Königs mit *Friederike von Hessen-Darmstadt* sind der Thronfolger und sechs weitere Kinder hervorgegangen, durch die Heiratsallianzen mit den Häusern Mecklenburg-Strelitz, Oranien-Holland, Hessen-Kassel und Hessen-Homburg begründet worden sind. Außerdem ließ sich der König nacheinander zwei Hofdamen seiner Gemahlin zur linken Hand antrauen. *Julie von Voß*, die Nichte der gestrengen Hofdame der Kronprinzessin Luise, wurde ihm auf Betreiben Woellners aus religiösen Gründen zur linken Hand angetraut, als »einziges Hilfsmittel wider einen jeden Gott mißfälligen Wechsel«. Die Hofprediger beruhigten sich wohl mit der Erinnerung an die von Luther gebilligte Doppelehe des Landgrafen Philipp I. von Hessen, zu dessen Nachfahren Friedrich Wilhelm über seine pfälzischen und hessischen Vorfahren in der Tat mehrfach gehörte. Der König, der bereits 1781 dem in Braunschweig, Sachsen und Berlin verbreiteten Orden der Rosenkreuzer aus Schwäche und religiöser Überspanntheit beigetreten war, hat in diesen Zusammenhängen von seinem »schwachen Astral« gesprochen und 1789 bekannt: »Stets in Gefahr zu stehen, durch Sünde die Gnade Gottes zu verlieren, dieses beunruhigt mir ungemein und verbittert mein Leben, besonders da mein weltlicher Posten dem Heil meiner Seele so höchst gefährlich ist.« Das erstaunlichste persönliche Zeugnis eines preußischen Königs!

Nach dem Tode der Gräfin Ingenheim(-Voß) hat der König, dessen reguläre Ehe längst gescheitert war, die Hofdame *Gräfin Sophie Juliane Dönhoff* sich ebenfalls zur linken Hand antrauen lassen. Aus dieser, mit zwei Kindern gesegneten Verbindung stammt Graf Friedrich Wilhelm von Brandenburg, der General und Ministerpräsident Friedrich Wilhelm IV. Die Verbindung wurde Ende 1793 vom König abgebrochen, nachdem die Gräfin Dönhoff versucht hatte, ihn zu einem Kurswechsel in der Außenpolitik zu bewegen.

Aus der 1767 begonnenen Verbindung Friedrich Wilhelms mit *Wilhelmine Enke* (1795: Gräfin Lichtenau) sind ein Sohn (Graf Alexander von der Mark, † 1787) und eine Tochter hervorgegangen; Friedrich Wilhelm III. hat 1815 seine sterbende Halbschwester in Paris besucht, auf ihre Bitte hin drei ihrer Kinder nach Berlin mitgenommen, wie Prinzen erziehen lassen und angemessen verheiratet (Grafen zu Stolberg, Grafen von Königsmarck-Berlitt-Karnzow und von Winterfeld). Das vielberedete Verhältnis, von Woellner und Bischoffwerder lange Zeit bekämpft, ging nach dem Regierungsantritt 1786 in freundschaftliche Formen über. Es hat auf den Gang der Staatsgeschäfte keinen Einfluß gehabt. Die kluge Potsdamer Musiker-Tochter war nicht bestechlich, wie die Regierungen in London und Paris erfahren mußten. Das Landhaus der Freundin des Thronfolgers in Charlottenburg hatte noch Friedrich der Große bezahlt.

Diese ganzen Affären, die den auswärtigen Höfen nicht unbekannt blieben, gewannen eine düstere Dimension dadurch, daß Friedrich Wilhelm seit dem Ende der siebziger Jahre durch seinen Schwager Friedrich August von Braunschweig und den Oberstleutnant Hans Rudolf von Bischoffwerder dem antiaufklärerischen Geheimbund der *Rosenkreuzer* zugeführt wurde; erst um 1792 erkalteten diese Beziehungen. Sie haben sich am ehesten noch in dem Woellnerschen Religionsedikt ausgewirkt. Eine Ausnutzung des Einflusses der mit religiösen Weltverbesserungsideen umgehenden Berliner Rosenkreuzer etwa für materielle Zwecke ist nicht nachweisbar. Bedenklicher waren auch hier die Folgen für den Ruf des Staates. König und Hof sanken für einige Zeit auf ein Duodezstaatenniveau ab. Ein Ruch von exzessiver Günstlingswirtschaft breitete sich aus. Das ganze erscheint wie eine Kleinausgabe der französischen Halsbandaffäre – nur ohne Revolution. Die Skribenten ergötzten sich. Noch bei dem durch den Charlottenburger Park streifenden Fontane ließ das »Belvedere« (1788, Langhans d. Ä.), wo sich Friedrich Wilhelm Geisterbeschwörungen aussetzte, frivole und makabre Meditationen entstehen, nicht ganz zutreffend, aber typisch: »Die Tage der Lichtenau standen wie ein Schlag vor mir: Sentimentalität und Sinnlichkeit, Schäferspiele und kurze Röckchen, Antonius und Cleopatra. Nur alles trivialisiert. Statt des Pharaonenkindes eine Stabstrompetertochter.« Freilich schien es ihm am Belvedere auch – und nicht nur ihm – »als ob ein doppeltes Grauen eben daraus erwuchs, daß die Geister, die hier auftraten, nur ein Schein, eine Lüge waren«.

Außenpolitik und Kriege

Die auswärtige Politik hat Friedrich Wilhelm vor allem dem Grafen Hertzberg überlassen, der sich als der Sachwalter und Vollstrecker der außenpolitischen Ideen Friedrichs des Großen verstand. Er besaß jedoch nicht die Flexibilität, sich auf die veränderte Lage einzustellen, die sich durch die Französische Revolution insgesamt ergeben hatte. So trat das ein, was Friedrich bis zuletzt befürchtet hatte: Nicht das unmittelbare Staatsinteresse, sondern »Ideologien« gewannen auf Preußens Politik Einfluß und führten sie auf Abwege.

Graf Hertzberg plante einen *nordischen Mächtebund*, der an die älteren englisch-preußischen Beziehungen anknüpfen und dem österreichisch-französischen Bündnis entgegenstehen sollte. Nach der anti-oranischen Revolution in Holland ließ sich der König dazu bereden, mit 20000 Mann unter dem Herzog von Braunschweig in Holland einzumarschieren und den Statthalter, der mit seiner Schwester vermählt war, nach dem Haag zurückzuführen. Das anschließende Bündnis zwischen England, Preußen und der Republik hat entgegen Hertzbergs

Hoffnungen nicht die Funktion eines bedeutsamen Dreibundes erfüllen können. Die gänzlich unfriderizianische Naivität von König und Außenminister kam auch darin zum Ausdruck, daß Preußen großmütig auf sechs Millionen Taler Kriegskosten verzichtete. Die Hoffnungen Hertzbergs, mit Englands Hilfe Österreich im Osten zu Tauschoperationen nötigen zu können, durch die Danzig und Thorn an Preußen gefallen wären, zerschlugen sich.

Aus der Orientkrise und dem Aufstand in den österreichischen Niederlanden, wo Preußen die Gegner Österreichs unterstützte, hat Hertzberg ebenfalls keinen nennenswerten Vorteil ziehen können. Der König schwankte zwischen den Vorschlägen verschiedener Berater und schloß dann mit dem neuen Kaiser Leopold II. den *Vertrag von Reichenbach* (27. Juli 1790), durch den lediglich die mit Preußen verbündete Türkei Vorteile hatte, während Österreich in der schwierigen Phase vor der Kaiserwahl Zeit gewann und bald darauf den formalen Ausgleich mit Preußen zu nutzen verstand. Lediglich der grundsätzlich unproblematische Anfall von *Ansbach und Bayreuth* nach dem Verzicht der dortigen Markgrafen (1791/92) brachte für Preußen einen territorialen Vorteil, der jedoch längerfristig nicht genutzt werden konnte. Ein etwas dilettantischer Versuch Hardenbergs, der der Verwaltung der fränkischen Markgrafenschaften vorstand, Nürnberg einzunehmen (Juli bis Oktober 1794) scheiterte am Einspruch Österreichs.

Die Abmachungen in Reichenbach haben eine langandauernde politische Zusammenarbeit von Österreich und Preußen eingeleitet, in der sich das natürliche Schwergewicht der insgesamt stärkeren Großmacht der Habsburger immer wieder durchgesetzt hat. Der aus Sachsen stammende Generaladjutant Rudolf von Bischoffwerder erlangte nun an Stelle Hertzbergs den maßgebenden Einfluß auf Friedrich Wilhelm II. und die Außenpolitik. Der außen- und militärpolitisch unverändert versierte Prinz Heinrich lebte in Rheinsberg und frondierte nunmehr gegen seinen Neffen, den er verabscheute und den er bewußt-unbewußt von einer friderizianischen Position aus kritisierte.

Bischoffwerder hat dem König die Idee beigebracht, daß sich Preußen an einem *Krieg* gegen das revolutionäre Frankreich beteiligen müsse. Im Sommer 1791 verdichteten sich die Beziehungen zwischen Wien und Berlin bis zu Kriegsvorbereitungen. Friedrich Wilhelm II. wünschte den Krieg, begehrte den Kriegsruhm und meinte, die französische Revolutionsarmee ebenso leicht zersprengen zu können wie die holländischen Aufständischen 1787. Der Irrtum kam Preußen teuer zu stehen. Am 20. April 1792 erhielt Kaiser Franz II., der Nachfolger Leopolds († 1. März 1792), die Kriegserklärung der girondistischen Regierung; Preußen beteiligte sich mit 20000 Mann. Neben der Restitution der Monarchie gab es in Berlin jedoch ebenso handfeste wie phantasievolle Territorialhoffnungen, über die ein Friedrich nur bitter gespottet hätte. Friedrich Wilhelm, »deutsch« gesinnt wie sein Großvater, träumte von der Wiedergewinnung des Elsaß und auch Lothringens, er meinte auch Jülich und Berg endlich gewinnen zu können. Dem Wiener Plan, Bayern zu übernehmen, setzte er keinen nennenswerten Widerstand entgegen, von Friedrichs Politik auch in diesem Punkt naiv abweichend.

Die *»Kampagne in Frankreich«* im Sommer und Herbst 1792 endete bekanntermaßen infolge gänzlich unzureichender Vorbereitung in der Nähe von Verdun bei Valmy. Während das Geschütz spielte, betrachtete Goethe, dem Stabe der Preußen attachiert, die weiterreichenden Perspektiven: »Von hier und heute geht eine neue Epoche der Weltgeschichte aus«. Wenig später, in Luxemburg auf dem Rückzug, ließ er sich noch einmal mit einer düsteren Prophetie vernehmen: »Europa braucht einen Dreißigjährigen Krieg, um einzusehen, was 1792 vernünftig gewesen wäre«. Und: »Dieser Feldzug wird als eine der unglücklichsten Unternehmungen in den Jahrbüchern der Welt eine traurige Gestalt machen.« Der Rückzug geriet zur Katastrophe und auch die Preußen verloren viel von dem seit 1700 aufgehäuften militärischen Nimbus. Am Rhein, vor allem vor Mainz wurde weitergekämpft. Ein großer Teil des Gerätes war verloren, rund 12 000 Mann des preußischen Kontingents lagen in den Lazaretten.

Den galligsten Kommentar zu dem Desaster schrieb *Prinz Heinrich* als außer Dienst gestellter General: »Ein Feldzug auf Phantasie und Laune hin unternommen, konnte nicht glücklich verlaufen ... Sie werden vielleicht glauben, daß ich übertreibe, aber es bleibt wahr, daß sie (die Franzosen) im nächsten Jahre 800 000 Mann auf den Beinen haben werden. Solche Menschenmenge ist schrecklich. Man könnte davon viermal 50 000 Mann schlagen und würde doch vernichtet sein, ohne etwas gewonnen zu haben. Stellen Sie einen Wollsack hinter ein Bataillon und setzen Sie dem Wollsack eine Krone auf, so werden Sie zugeben, vorausgesetzt, daß es unter dem Feuer feindlicher Kanonen geschieht, daß weder das Bataillon noch am allerwenigsten die Armee aus dem Vorhandensein des Wollsackes Vorteil zieht« (12. Dezember 1792). Diese scharfe Beurteilung des Königs war weit verbreitet; auch die Gräfin von Dönhoff hatte ihn, offenbar im Auftrag einer Adels- und Militärpartei gewarnt (»Entweder müssen Sie an der Spitze von 200 000 Preußen und 250 000 Österreichern marschieren oder auf jede Hoffnung des Sieges verzichten«). Massenbach überliefert die tiefe Skepsis des preußischen Oberbefehlshabers Karl Wilhelm Ferdinand von Braunschweig (»Ja, der Untergang Preußens ist unvermeidlich«). Mehr und mehr stellte sich heraus, daß die Emigranten, die die Verbündeten auch zu arroganten Manifesten bewegt hatten, das Urteil des preußischen Königs und der Österreicher unheilvoll beeinflußt hatten. Die preußischen Einzelerfolge 1793 (Eroberung von Mainz am 23. Juli, siegreiche Gefechte bei Pirmasens und Kaiserslautern) änderten nichts an dem negativen Verlauf des »Reichskrieges«, an der Unfähigkeit der Beteiligten, eine einheitliche Kriegführung zu organisieren.

Friedrich Wilhelm verließ die Armee, um sich in den Konflikten um Polen den unmittelbaren Interessen Preußens zu widmen. Gleichwohl blieb Preußen noch auf dem westlichen Kriegsschauplatz im Kampf gegen Revolution und Jakobinismus präsent, seit Januar 1794 unter dem Feldmarschall Möllendorff. Der Kriegsschatz Friedrichs des Großen war längst aufgebraucht, nun zeigte sich schlagartig, welchen internationalen Prestigeverlust ein Staat erleidet, der seine finanziellen Rücklagen und Soliditäten aufgegeben und bei innerstaatlichen Subventionen und außerstaatlichen Operationen weit über seine Verhältnisse gelebt hat. Preußen, dessen Anleihe-Kredit ebenfalls erschöpft war, hatte verlangt, daß die Reichsstände die Kosten für die Rheinarmee übernehmen sollten. Dies fand, obwohl die Feinde bereits auf Reichsboden kampierten, erwartungsgemäß keinen Beifall. Erst als die preußische Hauptarmee vor dem Abzug stand, sah sich England gezwungen, neben den Österreichern auch noch Preußen finanziell unter die Arme zu greifen (Haager Subsidienvertrag, 19. April 1794), damit dessen Westheer (62400 Mann) für die unmittelbaren Interessen der Seemächte weiter verfügbar blieb. Immerhin hatte Preußen auch seine niederrheinischen Besitzungen zu verteidigen. Tatsächlich sind jedoch nur geringe Zahlungen an Preußen erfolgt, weil England keine Erfolge erkennen konnte und sich durch die preußische »Friedenspartei« (u. a. General von Manstein, Feldmarschall von Möllendorff, Kabinettsminister von Alvensleben, Graf Hertzberg und der Kronprinz) getäuscht fühlte und offensichtlich auch getäuscht worden ist (K. Holzapfel). Die neuerliche Militärkonvention zwischen Preußen, Österreich, Holland und England (26. Juli 1794) änderte nichts daran, daß man in Berlin seit dem Frühjahr 1794 auf eine Gelegenheit zum Absprung wartete und der Ostpolitik den Vorrang einräumte. Die englischen Subsidien wurden gleichsam als Abschlußzahlung für das gescheiterte Unternehmen entgegengenommen. Mehrere Reichsfürsten, vor allem aber Prinz Heinrich drängten den ziemlich ratlos gewordenen König zum Entschluß. Am 21. September sprach er sich bereits intern für den Waffenstillstand mit Frankreich aus. Schon im August hatte Möllendorff hinter dem Rücken der Österreicher mit den Franzosen im Raum Kaiserslautern einen Scheinkrieg vereinbart. Am 5. Oktober stellte England die Subsidienzahlungen ein. Weder politisch-ideologische Interessen der Hof- und Adelspartei noch ein unmittelbares sozialökonomisches Interesse der preußischen Führungsschicht im Osten hatte die Schwerpunktverlagerung erzwungen. Es war vielmehr die geopolitische Situation Preußens, die die Berliner Führungsgruppe deutlich im Blick hatte. Lucchesini schrieb dem König: »Wenn Eure Majestät in Polen nicht stark sind, werden Sie die totale Aufteilung des Landes (sc. Polens) weder verhindern noch nach den Lebensinteressen der Monarchie beeinflussen können« (3. Dezember 1794).

Ende Oktober zog die Armee ab. Preußen kündigte den Haager Vertrag (25. Oktober) und nahm Verhandlungen mit den französischen »Königsmördern« auf. Die außen- und militärpolitischen Ratgeber des Königs (Haugwitz, Lucchesini, Möllendorff, Bischoffwerder, Hardenberg) drängten auf Frieden, um ein Ausbluten des Staates zu verhindern. Der *Friede zu Basel* (15. April 1795) bedeutete alles andere als einen Triumph, war jedoch unvermeidlich, um eine längere Zeit zur Erholung der Kräfte zu gewinnen. Das linksrheinische Gebiet wurde Frankreich überlassen, die Franzosen räumten dafür ihre rechtsrheinischen Positionen. Demarkationslinien trennten die weiterhin kriegsbereiten Heere. Die ungünstiger werdende Situation an den Ostgrenzen hatte die Kehrtwendung erzwungen. Wenn der preußische König in Wiener Schmähschriften als »Judas am Reiche« bezeichnet wurde, der sogar eine norddeutsche Kaiserkrone anstrebe, so zeigt das die Sensibilität, mit der man Hardenbergs Neutralitätspolitik, der sich nach und nach Hannover, Hessen-Kassel und auch Kursachsen anschlossen, verfolgte und beargwöhnte. Tatsächlich war Preußen erschöpft, die Bevölkerung ließ sich mit der gegebenen Steuerverfassung nicht stärker belasten. Der Staat erlebte damals zum ersten Mal größere und langandauernde Streikaktionen bei den spanischen Tuchwebern in Berlin, die teilweise auf die Festung Spandau gebracht werden mußten. Der Frieden entsprach einer starken Friedenssehnsucht, und er entsprach auch dem öffentlich nur selten geäußerten Wandel im Urteil über die französischen Ereignisse.

Die Diskussion über die *Reformbedürftigkeit preußischer Verhältnisse* setzte 1793/94 stärker ein und erfaßte vor allem auch Teile des Offizierskorps, darunter Träger ältester brandenburgischer Namen. Herder schrieb seine »Briefe zur Beförderung der Humanität« (1793), und Kants Schrift »Zum ewigen Frieden« (1795) ließ die Kulturwelt über Preußen hinaus aufhorchen. Preußen verhielt sich gewissermaßen so, wie sich Österreich seit 1917 verhalten hatte: Das Vertrauen zur Kraft des stärkeren Bündnispartners war im Schwinden, für seine Verläßlichkeit bei Friedensverhandlungen gab es, nach allen Erfahrungen, keine Garantie. Beachtet man diese Faktoren, so war »Basel« vom unmittelbaren und aktuellen preußischen Staatsinteresse her ein Akt berechtigter Realpolitik (Bismarck); ob es eine weitschauende Politik war, hing davon ab, was Hardenberg und Haugwitz und die gesamte sonstige preußische Führungsschicht aus diesem Frieden »machen« würden: Umkehr und Reform oder eine »Politik der Passivität«. Doch wird man Preußens Isolierung nicht negativ übertreiben dürfen (M. Braubach: »Man hatte sich den Haß Österreichs, die Abneigung Englands und die Verachtung Rußlands zugezogen und an Frankreich keinen Freund gewonnen«). Preußen war als kleinste Großmacht am ehesten an die Grenzen seiner Kräfte gestoßen, und es war den latenten Tendenzen des Wiener Hofes zur Zurückdrängung und Demütigung Preußens mit einer gewagten Aktion zuvorgekommen: Hinc illae lacrimae.

Preußens Politik in dieser international rasch kritischer werdenden Phase stand unter dem Zwang, an beiden Flanken des im Verhältnis zum verfügbaren Potential überdehnten Staatsgebietes tätig werden zu müssen. Denn *Rußland* hatte 1792/93 die polnische Frage wieder aufgegriffen und zum letzten Schlag gegen das anarchische Wahlkönigreich ausgeholt. Hier waren preußische Interessen und alte Hoffnungen unmittelbar berührt, obwohl es – von der geopolitischen Gesamtsituation her gesehen – nicht im preußischen Interesse liegen konnte, daß Rumpfpolen noch weiter aufgeteilt würde. Polen stand nach einer fünfzehnjährigen Reformpolitik am Beginn einer neuen positiven parlamentarischen Entwicklung (Regierungsgesetz vom 3. April 1791), als Katharina II. ihre Truppen in Polen einrücken ließ und, nach Verträgen mit Österreich und Preußen, daranging, das polnische Staatsgebiet erneut zu reduzieren. Sie schloß mit Friedrich Wilhelm II. einen *Teilungsvertrag* (23. Januar 1793) und ließ 228 600 qkm mit 3 055 600 Einwohnern annektieren. Preußen, das ebenfalls ein Korps unter Möllendorff hatte einmarschieren lassen, wurde als Äquivalent für Kriegskosten mit 58 400 qkm (rund 1 136 400 Einwohner) abgefunden, insbesondere mit dem Stadtgebiet von Danzig, mit dem Thorner Gebiet und mit Großpolen (Posen).

Das Einvernehmen zwischen Preußen und Rußland beruhte wesentlich darauf, daß preußische Truppen weiter die französische Revolutionsregierung bekämpfen sollten. Rußland, das Österreich vor vollendete Tatsachen gestellt hatte, sah sich jedoch wenig später der nationalen Insurrektion unter Führung des polnischen Generals Thadäus Kościuzko ausgesetzt und hatte 1794 acht Monate lang zu kämpfen, bis der Widerstand gebrochen werden konnte; österreichische und preußische Kontingente hatten mit wenig Erfolg teilgenommen; Friedrich Wilhelm II. hatte erneut vor aller Welt offenbaren müssen, daß der Geist seiner väterlichen Vorfahren in ihm keine Heimstätte hatte. Vor Warschau scheiterte er; als der russische Feldherr Suworow am 8. November Praga vor Warschau gestürmt hatte, sandte er dem Preußen-König die peinliche Triumph-Meldung: »Praga raucht. Warschau zittert! Auf den Wällen von Praga. Suworow.«

Polens Schicksal war entschieden. Mit der *dritten Teilung* zwischen Österreich und Rußland (3. Januar 1795), der sich Preußen nolens volens anschloß (24. Oktober 1795) hörte Polen auf zu bestehen. Preußen erhielt nun noch Restgebiete Masowiens mit Warschau, Podlachien nördlich des Bug und Litauen westlich des Njemen (43 000 qkm mit rund 1 042 400 Einwohnern). Das neue Gebiet wurde unter der Bezeichnung »Neuostpreußen« mit Ost- und Westpreußen in einem Departement des Generaldirektoriums zusammengefaßt.

Mit dieser Erwerbung hatte Preußen im Osten seine größte Gebietsausdehnung erreicht. Der größte Teil des heutigen polnischen Staates sah sich damals unter der Krone Preußens vereinigt. Die Beteiligung an der Vergewaltigung Polens hat Preußen nur Nachteile eingebracht. Die *Überdehnung* des Staates, die Überbeanspruchung seiner Verwaltung und Einkünfte hat dazu beigetragen, daß Preußen der Herausforderung Napoleons nicht mit der notwendigen Kraft und Geschlossenheit begegnen konnte. Es konnte auch nicht im Interesse Preußens liegen, zu einem »halbslawischen Mischreich« mit allen daraus folgenden Problemen zu werden. »Der polnische Besitz war ein totes Gewicht an der preußischen Staatsmaschine« (O. Hintze).

In *Südpreußen* – im wesentlichen die spätere Provinz Posen –, das nach dem Aufstand dem schlesischen Graf Hoym unterstellt war, sind 1795/96 in erheblichem Umfange Besitzungen der am Aufstand beteiligten Familien beschlagnahmt und sodann überwiegend verschleudert und verschenkt worden. Auch ein Teil der Beamtenschaft bereicherte sich in dieser Phase. Im Gegensatz zu Neuostpreußen konnte dann jedoch nach und nach in diesen Gebieten eine erhebliche »zivilisatorische Aufbauleistung« vollbracht werden, durch die diesen Räumen ein noch heute erkennbares und von Russisch-Polen sich deutlich abhebendes Aussehen gegeben worden ist. Andererseits ist mit Recht darauf verwiesen worden, daß die Begegnung mit diesen Gebieten, in denen sich – wie in Danzig – korporative Freiheiten erhalten hatten, »nicht unwesentliche Anstöße für das Reformdenken in Preußen vermittelt hat« (K. Zernack).

Katharina II. hat noch 1795 Preußen dazu zu bewegen versucht, den Kampf gegen Frankreich wieder aufzunehmen. Sie verlangte, in Berlin, daß 60 000 Mann in Richtung Rhein in Marsch gesetzt werden sollten. Friedrich Wilhelms Kriegserfahrungen bedurften keiner Fortsetzung. Nach der Besetzung der Teilungsgebiete ließ er die russische Forderung im Sande verlaufen.

Die Bilanz der Außenpolitik sah nicht günstig aus. Zwar hatte Preußen nunmehr die größte territoriale Ausdehnung in seiner Geschichte erreicht. Aber auf der Passiv-Seite war eine gefährliche Schwächung des Staates im Innern und eine Potenzierung der auswärtigen Bedrohungen zu verzeichnen. Der Nachfolger übernahm ein Erbe, das nur mit Härte und hoher Staatsklugkeit zu behaupten war.

Verfassung und Verwaltung

Friedrich Wilhelm II. suchte unmittelbar nach dem Regierungsantritt einen Teil der Schwächen und Mängel im System der friderizianischen Staatsverwaltung abzustellen. Eine solche Reformpolitik hätte jedoch nur bei schärfster Beaufsichtigung durch den König selbst Aussicht auf Erfolg gehabt. Einer Selbstregierung nach der Art Friedrichs war der neue König nicht gewachsen. Die Regierung aus dem *Kabinett* heraus, die sehr viel täglichen Fleiß und Entsagung verlangte, vermochte der neue König nicht durchzuhalten. Ein Teil der Regierungsgeschäfte ging unmerklich auf die Minister über, vor allem auf den ehemaligen Prediger Johann Chr. Wöllner (Zivilangelegenheiten) und auf Bischoffwerder, den Flügeladjutanten und (seit 1789) Generaladjutanten des Königs. Die königliche Selbstregierung blieb der Form nach aufrechterhalten; in der Verwaltungswirklichkeit ging die einheitliche Führung der Geschäfte immer wieder verloren. Das galt auch für die anschließende Zeit bis 1806, als Geheime Kabinettsräte unter dem unentschlossenen König entscheidend Einfluß auf die innere und äußere Staatspolitik nehmen konnten. Ihre Qualifikation reichte in der Regel nicht aus, neben den Ministern, denen sie Weisungen erteilten, die Staatsgeschäfte über die Tagesprobleme hinaus im Sinne einer inneren Reform zu beeinflussen.

Das *Generaldirektorium* erhielt neue Instruktionen (1786/1798). Doch verstärkten sich dadurch eher die Tendenzen zur Kollegialverfassung und zur Behördenvielfalt, es fehlte ein leitender Minister (»Premierminister«). Einen Fortschritt bedeutete es, daß die Kompetenzen der *Oberrechenkammer* erweitert wurden, daß ihr auch die Generalkassen unterstellt worden sind (1787). Der Prozeß der Herauslösung der Rechnungskontrolle aus dem Generaldirektorium ist 1798 dadurch vollendet worden, daß sie Immediatstatus erhielt.

Auch die *Militärsachen* vermochte Friedrich Wilhelm II. nicht mehr aus dem Kabinett heraus zu bearbeiten. Das »Oberkriegskollegium« (1787), mit Möllendorff und dem Herzog von Braunschweig an der Spitze, übernahm die kriegsministeriellen Aufgaben. Die Verwaltung der obersten Finanzangelegenheiten überließ der gutmütige König alsbald Wöllner, den königlichen Dispositionsfonds eingeschlossen.

Das wichtigste innen- und rechtspolitische Ereignis bestand in der Veröffentlichung des *»Allgemeinen Landrechts für die preußischen Staaten«* (1794). Die Ideen der friderizianischen Aufklärung haben in diesem präkonstitutionellen Gesetzeswerk ebenso eine Heimstatt gefunden wie die unter dem Einfluß der französischen Revolution freier gewordenen Gedanken einer jüngeren Beamtengeneration. Ein Entwurf war – nach langen Vorberatungen in den achtziger Jahren – 1791 im Druck erschienen, 1792 jedoch noch einmal zurückgezogen worden, weil das »monarchische Prinzip« zu stark eingeschränkt zu sein schien. Die Abschaffung der Machtsprüche des Königs konnte für die endgültige Fassung nicht durchgesetzt werden, obwohl Strafverschärfungen durch den König (Pastor Schulze; Kriegsrat Zerboni) nunmehr in Preußen als unberechtigt empfunden wurden. Für die Beamtenschaft brachte das Landrecht eine entscheidende Statusverbesserung: Die Versetzung oder Entlassung von Verwaltungsbeamten sollte fortan nur nach einem Mehrheitsbeschluß des Staatsrates nebst Bestätigung durch den König möglich sein. Richter durften nur durch ein richterliches Urteil aus ihrer Stellung entfernt werden. Mit dem »Rechtsstaat« wurde zugleich der »Beamtenstaat« konstituiert. Man sprach jetzt von »Beamten« oder von »Staatsbeamten«, nicht mehr von »königlichen Bedienten«.

Das Allgemeine Landrecht als Schöpfung der preußischen Justizaufklärer hat schon in seiner engeren Entstehungsphase von eineinhalb Jahrzehnten eine nicht unerhebliche Bedeutung erlangt. Die unaufhörliche Diskussion der zentralen und regionalen Rechtsgrundlagen des Staates verbesserte in der Praxis eben diese Rechtsgrundlagen. Der Weg zum Rechtsstaat war nicht nur mit den bekannten Präzedenz- und Konfliktfällen (wie dem Müller-Arnold-Prozeß) gepflastert, sondern auf ihm entwickelte sich auch ein geschärftes Problembewußtsein der Richter und Beamten, die sich vor wie nach Erlaß des Landrechts mit Rechtsgründen unterschiedlichster Herkunft zu befassen hatten.

Das Landrecht ist durch die Reformen seit 1807 teilweise überholt und außer Kraft gesetzt worden. Tatsächlich hat es jedoch als Zivilgesetzbuch bis zur Einführung des Bürgerlichen Gesetzbuches (1900) modifiziert Rechtskraft behalten. Einzelne staats- und landesrechtliche Teile mußten noch im Preußen Otto Brauns zu Rate gezogen werden. In seinem wesentlichen Inhalt erweist es sich als ein Kompromiß zwischen den Forderungen der aufgeklärten Staatsplanung und den sozialständischen Realitäten. Es verhieß die Zukunft der Staatsbürgergesellschaft und der grundrechtlich gesicherten »Privatglückseligkeit«, und es mußte das Herkommen, die Zustände festhalten, um überhaupt Rechtsprechung zu ermöglichen. Es hieße mit nicht vorhandenen Kräften rechnen und die Forderungen des Tages mißachten, wollte man die Zwiespältigkeiten des Landrechts lediglich mit dem Zurückweichen der Reformer vor »Klasseninteressen« erklären. Svarez und seine Mitstreiter konnten mit dem Codex keine Staatsreformen ersetzen. Sie halfen jedoch, ihnen den Boden zu bereiten, indem die Administration gegen die seit 1786 stellenweise wiederbelebten Landstände ein Instrument in die Hand bekam, mit dem sie sich selbst fundiert sah: »Gestützt auf das innere Staatsrecht gewann die Verwaltung das Monopol, generelle Gesetze zu schaffen, zu wahren und zu vollstrecken: die Städteordnung, die Gewerberegelung, die Agrarreform, die Steuerverfassung; sie alle ressortierten von der zentralen Verwaltung« (R. Koselleck).

Auch wenn dann im 19. Jahrhundert die Maßnahmen zur Durchsetzung des Einheitsstaates im wesentlichen von der Staatsregierung und allgemein von der gesamten Verwaltung ausgegangen sind, besteht doch kein Zweifel daran, daß das Landrecht für den einzelnen preußischen Staatsbürger zu einer Art Ersatzverfassung geworden ist. Bereits Svarez hat diese Wirkung im Blick gehabt. Es bedeutete einen entscheidenden Fortschritt, daß die seit 1740 übliche Praxis kodifiziert worden war. Der Rückgriff des Individuums auf das Recht war nun außerordentlich erleichtert; ein Weg vom innerlich freien Bürger zum auch äußerlich befreiten Bürger zeichnete sich ab. Und auch die Autorität des Königs war eine andere geworden, sie war nun stärker staatlich eingebunden.

Religionspolitik

In der Endphase des Zeitalters des »Aufgeklärten Absolutismus« bestand auf dem Gebiet der Kirchen und Religionsgesellschaften eine fortgeschrittene *Toleranz*. Sie erstreckte sich auf die Hauptkirchen ebenso wie auf Sekten und Juden. Die letztlich auf eine »Union« zulaufende Annäherung der Evangelischen Konfessionen war somit weit gediehen. Damit hatte die Toleranzpolitik der Landesherren insgesamt einen wesentlichen Erfolg erzielt. Das Allgemeine Landrecht faßte Teile der Verfassungswirklichkeit in Normen: »Die Begriffe der Einwohner des Staats von Gott und göttlichen Dingen, der Glaube und der innere Gottesdienst können kein Gegenstand von Zwangsgesetzen sein. Jedem Einwohner im Staat muß eine vollkommene Glaubens- und Gewissensfreiheit gestattet werden. Niemand ist schuldig, über seine Privatmeinungen in Religionssachen Vorschriften vom Staat anzunehmen. Niemand soll wegen seiner Religionsmeinungen beunruhigt, zur Rechenschaft gezogen, verspottet oder gar verfolgt werden.« So war weithin ein Zustand erreicht, zu dem England erst im Laufe des 19. Jahrhunderts gelangt ist. Es war kein Wunder, daß nach 1794 die aufgeklärten Geistesgrößen in Berlin, Halle, Frankfurt und Königsberg mit Genugtuung zurückblickten. Das Problem der Toleranz etwa stellte sich bereits als ein überschaubares Stück preußischer Historie dar. Die restriktive Phase unter Friedrich Wilhelm II. hat daran wenig zu ändern vermocht.

Das *Wöllnersche Religionsedikt* (1788), vordem ungünstig beurteilt, war »besser als sein Ruf« (O. Hintze). Es enthielt im ersten Hauptabschnitt ein allgemeines Toleranzpatent. Insofern zog das Edikt Folgerungen aus der aktiven Toleranzpolitik Friedrichs, der sich nicht hatte entschließen können, den Religionsbereich besonders kodifizieren zu lassen. Andererseits blieb Wöllners Kirchenpolitik zwiespältig, weil in einigen Zensurverschärfungen seit 1791 und in der dogmatischen Engherzigkeit der Staatsseite gegenüber der unter dem Eindruck der europäischen Zeitereignisse unruhiger gewordenen protestantischen Geistlichkeit ein Zug der Intoleranz auflebte. Mit dem Durchdringen der spätfriderizianischen Aufklärung auf den meisten Gebieten waren aber doch die Weichen unwiderruflich für die freiere Zukunft gestellt worden. Und das Allgemeine Landrecht bestätigte einen Verfassungszustand, der trotz fortbestehender sozialer Härten und Barrieren im Alltag im nichtpreußischen Ausland wohl als beispielhaft empfunden wurde. Nicht ganz selten sah sich Preußen in die Nähe der jungen freiheitlichen Vereinigten Staaten von (Nord-)Amerika gerückt.

In seiner Politik gegenüber den *Juden* ging Friedrich Wilhelm II. noch um einiges über die Konzessionen Friedrichs hinaus. Isaac Daniel Itzig (1750–1806) war bereits 1776 zum Hofbankier und Juwelier des Thronerben ernannt worden, offenbar mit Beihilfe des Prinzen Heinrich, für den Itzig ebenfalls tätig war. 1786 wurde Itzig Hofbankier und hatte als erstes die Schulden des Thronfolgers zu regulieren, die allein beim Kommissionsrat Ephraim 200 000 Taler betrugen. Itzig selbst erhielt dann für sich und seine Nachkommen 1791 gegen eine Ablösungssumme ein weitgehendes Naturalisationspatent, während zwei allgemeine Gesetzentwürfe zur Verbesserung der Lage der preußischen Juden an Widerständen aus dem Generaldirektorium scheiterten, obwohl sich der König wiederholt mahnend ausgesprochen hatte. Das Beispiel zeigt, wie stark die Macht der Bürokratie unter dem schwachen Herrscher angewachsen war. In den bürgerlichen Besitzrechten waren die Juden allen anderen gleichgestellt. Sie besaßen ihre Häuser zu Erbrecht oder als Eigentum, und das Generaldirektorium hatte 1790 den Provinzen bekanntgemacht, daß die staatlichen Bauhilfsgelder auch den Schutzjuden »unbedenklich« zu bewilligen seien.

Es scheint ein Widerspruch zu sein, daß Friedrich Wilhelm II. einerseits an dem Regierungsstil des aufgeklärten Absolutismus in wesentlichen Teilen festhielt und daß sich andererseits in diesen Jahren in Preußen mit der Ausbreitung des *englischen Klassizismus* ein alles und jedes ergreifender neuer Stil in kurzer Zeit ausbreiten konnte. Aber der neue König hatte nur mit einigen sehr kräftigen Anstößen eine Entwicklung gefördert, die sich schon seit den sechziger Jahren abzeichnete. Klassische Elemente waren in der Kultur Preußens auch vordem vorhanden, aber nun vollzieht sich der *Übergang* zu jenem herb-klaren Klassizismus, wie er sich seit 1797 (Friedrich Gilly: Friedrichdenkmal) durchzusetzen beginnt. Der Charakter der Übergangszeit ist auf fast allen Gebieten zu spüren und zu beobachten, aber auf keinem Gebiet sind die Erfolge und Leistungen so sichtbar wie auf dem der Künste.

Der neue Herrscher besaß durchaus künstlerisches Gefühl und war sich seiner *Mäzenatenrolle* bewußt. So sehr der Stilwandel als ein Prozeß von drei Jahrzehnten zu sehen ist, so sehr war Friedrich Wilhelm doch darauf bedacht, sich mit seinen eigenen Bauten, Gärten und Inneneinrichtungen alsbald von den Idealen des Vorgängers abzusetzen. So wurde in Sanssouci das Sterbezimmer Friedrichs durch den aus Dessau berufenen Friedrich Wilhelm von Erdmannsdorff im »deutsch-hellenischen« Stil umgebaut, und es ist schwer zu sagen, ob die pietätlose Weisung mehr vom Affront oder vom naiven Behagen diktiert war. Und ein gleiches widerfuhr den Schlüterschen Zimmerfluchten im Berliner Stadtschloß. Die junge Königin Luise verschenkte das mit Rosendekor versehene Rokoko-Porzellan Friedrichs an ihre Domestiken. »Griechenland« und »deutsche Art und Kunst«. Als Friedrich Wilhelm das vordem französische Komödienhaus am Berliner Gendarmenmarkt 1787 als »Nationaltheater« freigab, bemerkte er: »Wir sind Teutsche und wollen es bleiben«.

Die Hauptleistung des Königs und der Regierung bestand darin, mit glücklicher Hand einige vorzügliche Architekten und sonstige Künstler des neuen Stils in die Hauptstadt zu berufen. Sie fanden ein geistiges Milieu und Arbeitsbedingungen vor, die ihnen das Einleben in Preußen erleichterten. Neben *Erdmannsdorff* wurden aus Dessau der Landschaftsgärtner *Johann August Eyserbeck,* aus Breslau Carl Gotthard *Langhans,* aus Stettin David *Gilly* berufen. Das Bauwesen wurde neu geordnet, in die Kunst-Akademie traten frische Kräfte ein. Und bald bildete sich, von einigen grandiosen Leistungen ausgehend, ein besonderer preußisch-klassizistischer Stil aus, der den auswärtigen Beobachter über manche Rückständigkeit im Lande hinwegsehen ließ.

Carl von *Gontard,* der letzte bedeutende Architekt des alten Königs, setzte romantisch-klassizistisch das *Marmorpalais* in die Uferlandschaft des Heiligen Sees bei Potsdam. In der Abendstimmung erscheint es, nach einem Wort von Ludwig Sternaux, wie eine sanfte Ode des frühvollendeten Hölty. Der Kontrapunkt zum Ensemble um Friedrichs Weinbergschloß ist unübersehbar. Ein Naturpark, nach Wörlitzer Art, umgibt das Schlößchen und die Nebengebäude. Wenig später schuf Carl Gotthard Langhans als preußischer Hofbaudirektor das *»Brandenburger Tor«* (1788 bis 1791). Mit diesem Bauwerk (»Friedenstor«) hatte sich der König sein eigentlichstes Denkmal geschaffen. 1794 wurde die Quadriga (Schadow) fertiggestellt: »Das großartig ausgreifende, mutvoll mit sechzehn metallenen Hufen aufstampfende Viergespann rassiger Rosse wird von der groß und aufrecht im zweirädrigen Kampfwagen stehenden geflügelten Siegesgöttin gezügelt« (P. O. Rave). Die nach 1945 wiederhergestellte in edler Würde gefestigte Anlage bezeugt gleichsam die »Offenheit der selbstbewußten Residenzstadt gegen die Umwelt und ihre geistige Freizügigkeit« (H. Börsch-Supan). Darüber hinaus aber erscheint uns das Bauwerk wie ein preußisches Eingangstor zu einer neuen Zeit der Wissenschaften, des Staatsdenkens und der Befreiung des Menschen aus den letzten Fesseln europäischen Nachmittelalters.

Unter den Ministern dieser Zeit steht Friedrich Anton von Heynitz (1725 bis 1802) als Förderer der Künste an der Spitze. 1786 übernahm er die Oberaufsicht über die Berliner *Kunstakademie,* sorgte für Zuwahlen, gab ihr 1790 ein neues Statut; auch die Kunstschulen in den Provinzen unterstanden ihm. An der Gründung der *Bauakademie* (1799), deren erster Direktor der Landbaumeister Becherer wurde, war er maßgeblich beteiligt. Hier fand die Ausbildung der Architekten und Feldmesser eine Heimstätte, von der aus dann Schinkels Aufstieg begann. Heynitz, mit einem sicheren Blick für Begabungen, übertrug 1788, nach dem Tode Tassaerts, Gottfried *Schadow* die Position des Hofbildhauers. Der Fünfundzwanzigjährige schuf 1790 mit dem *Totenmal* für den Grafen Alexander von der Mark (den Königs-Sohn) das schönste deutsche Grabdenkmal überhaupt. Es zeigt den schlummernden Knaben, dem die Parzen den Lebensfaden reißen. Von gleichem europäischen Rang war dann das *Doppelstandbild* der Schwiegertöchter Friedrich Wilhelms, Luise und Friederike, von 1795 (beide Skulpturen: Nationalgalerie, Berlin-Ost). Schadow schuf dann auch eines der ersten bedeutenden Denkmäler Friedrichs, das die pommerschen Landstände in Auftrag gegeben hatten (Stettin 1793; Nachguß Berlin-Charlottenburg).

Das friderizianische Zeitalter, die »homerische« Periode Preußens, ist trotz mancher »politischer« Aversionen von den bildenden Künsten nicht aus dem Auge verloren worden. Der Danziger Daniel *Chodowiecki* illustrierte mit seinen weitverbreiteten Kupferstichen die brandenburgische und preußische Geschichte, den sozialen Alltag in Berlin, die Stimmungen und Aversionen der Regierten eingeschlossen. Auch hier hat der Minister von Heynitz fördernd eingewirkt, um den Reproduktionsstich preußischer Provenienz materiell und ideell exportfähig werden zu lassen. Neben Chodowiecki war Daniel *Berger* als Stecher tätig und hat u. a. die Szenen von Johann Christoph *Frisch* aus dem Kriegsleben Friedrichs in Kupfer umgesetzt. Auch Ausländer wie der Däne Johan Frederik *Clemens* kamen auf einige Zeit in die preußische Hauptstadt. Clemens hat das bekannte Blatt von

Cunningham (»Friedrich der Große vom Manöver heimkehrend, 1783«) in freier Nachahmung der Vorlage qualitätsvoll gestaltet. Die »Gesellschaft« Preußens ließ sich in dieser Phase zu einem guten Teil von Anton *Graff* porträtieren, der aus Dresden häufig an die Spree kam (»Berlin habe ich viel zu verdanken«). Neben dem Bild Friedrichs stehen die großen Ölgemälde des Prinzen Heinrich, Friedrich Wilhelms, das der Königin Friederike mit gnadenlosem Realismus, ein zauberhaftes Bild der Gräfin Lichtenau (1787/88: Berlin-Museum, Berlin-West); sodann die Porträts der Minister Philipp-Carl Graf von Alvensleben-Hundisburg (1745 bis 1802), Friedrich Wilhelm Graf (seit 1786) von Arnim-Boitzenburg (1790), dann – natürlich – des Bergbauministers Heynitz und des schlesischen Kammerpräsidenten Graf von Hoym (1739 bis 1807); auf das geistige Leben der Hauptstadt verweisen die Bildnisse der Henriette Herz (1764 bis 1847), Heinrich von Kleists, Moses Mendelssohns, Friedrich Nicolais, des Propstes Spalding, Friedrich Gedickes und des Breslauer Philosophen und Publizisten Garve sowie zahlreicher anderer.

Das besondere Interesse des Königs galt dem *Musikleben;* er hatte sich schon als Kronprinz eine kleine Kapelle gebildet, in der er selbst das Cello spielte; die spätere Hofkapelle mit etwa 70 Instrumentalisten galt als einer der besten Klangkörper Europas. *Mozart* hielt sich 1789 in Potsdam und Berlin auf und komponierte für den König Klaviersonaten und Streichquartette. Auch *Beethoven* spielte dem König vor und widmete ihm zwei Sonaten. Mit der 1790 gegründeten *»Singakademie«* (Fasch) erfuhr das Musikleben der Hauptstadt ebenso einen Aufschwung wie durch die königliche *Oper,* in der 1795 Glucks »Iphigenie in Tauris« erstmals mit deutschen Sängern aufgeführt wurde. Selbst der alte Prinz Heinrich, affektativ aller französischen Kultur verbunden, kam aus Rheinsberg und äußerte sich nicht mißfällig.

In den achtziger Jahren entwickelte sich vor allem in den Häusern der *Rahel Levin* (1771 bis 1833) und der *Henriette Herz* (1764 bis 1847) die hauptstädtische Salonkultur. Ungeachtet des Standes traf sich dort, wer über Geist, Wissenschaft und Informationen verfügte: Wilhelm von Humboldt, sein Bruder Alexander, Prinz Louis Ferdinand, der Arzt Hufeland, der Agrarökonom Albrecht von Thaer, etwas später Schleiermacher und Fichte, dann Dichter und Literaten wie Tieck und Schlegel, Jean Paul und Friedrich Gentz, Diplomaten und Offiziere, Schauspielerinnen wie Friederike Unzelmann-Bethmann oder die Fürsten Reuß und Radziwill. Aufklärung im höheren Sinne, Toleranz und eine bis dahin unbekannte intellektuelle Beweglichkeit bildeten die wesentlichen Grundlagen dieser »neuen Geselligkeit im Niemandsland« (R. Böschenstein-Schäfer). Als Jean Paul um 1800 die »Kleine« (Rahel) oftmals besucht hatte, beschrieb er mit einem Satz das sozialständische Milieu: »Gelehrte, Juden, Offiziere, Geheime Räte, Edelleute, kurz alles, was sich an andern Orten (Weimar ausgenommen) die Hälse bricht, fället einander um diese, und lebt wenigstens freundlich an Tee- und Eßtischen beisammen«.

Die Regierungszeit Friedrich Wilhelms II. ist mit großen Erwartungen begonnen worden. Über dem Ausgang lagen die Schatten des Scheiterns. Die Zügel der Regierung lagen schlaffer in den Händen des Königs. Er hat gleichwohl an Wochentagen von 7 bis 11 Uhr mit zwei bis drei Ministern die laufenden Geschäfte besprochen, von der Außenpolitik bis zu dem katastrophalen Zustand der *Staatsfinanzen*. Um die Tilgung der hohen Staatsschuld (1797: rund 48 Millionen Taler) zu beschleunigen, wurde eine neue General-Tabaks-Administration begründet (1. Oktober 1797), von der man jährlich etwa 4,5 Millionen Taler Einnahmen erwartete. Doch war auch diese Form der indirekten Belastung der Bevölkerung wenig populär, nachdem sich der Genuß ausländischer und uckermärkischer Tabake in allen Bevölkerungsschichten verbreitet hatte. Die Sparversuche gingen bis zu den vergleichsweise ohnehin nicht hohen Hofausgaben. Auch das Trauerreglement (7. Oktober 1797) des Königs für sich selbst huldigte der neuen Richtung.

Diese Einzelmaßnahmen griffen nicht in die Tiefe, umfaßten nicht den Staat als Ganzes. Die oppositionellen Köpfe litten schwer unter den Zuständen. Typisch dafür ist eine Bemerkung des wahrscheinlich besten Kopfes des Hauses, des Prinzen Louis Ferdinand, der in Lemgo ein Regiment kommandierte und seiner Schwester Luise schrieb, er befände sich in einer Lage, »daß man weder einen Plan für das Glück seines Lebens machen, noch an der Ausbildung der Fähigkeiten arbeiten kann, die man vielleicht besitzt. Nimm dazu noch den Anblick Europas. Hören müssen von glänzendsten Taten und dabei nur Galle destillieren können!«

Friedrich Wilhelm war körperlich am Ende. Er allein, unterstützt und geleitet durch Bischoffwerder, hatte auf Grund der Behördenorganisation den Einblick in sämtliche Verwaltungsangelegenheiten, ihm war es »überlassen, die Geschäfte der verschiedenen Departements so zu lenken, daß sie zu einer einheitlichen Wirkung zusammengefaßt wurden« (E. Ruppel-Kuhfuß). Und notdürftig hielt er das Ganze am Laufen. Im Sommer 1797 suchte er wegen der zunehmenden Anzeichen der Wassersucht wiederum Bad Pyrmont auf, begleitet von der Gräfin Lichtenau. Auf dem Rückweg führte er in Hannover und Braunschweig politische und höfische Gespräche, nahm am 25. September anläßlich seines Geburtstages an einem Ball im Berliner Schloß teil und lebte seit Anfang Oktober wieder in seinem Potsdamer Marmorpalais (1786–1789), seinem »Sanssouci«, gefaßt-zerquält dem Ende entgegensehend. Die Freundin seiner glücklichsten Tage war auch zuletzt an seiner Seite, daneben einige französische Emigranten und die der Gräfin Lichtenau zur Erziehung überantworteten Kinder aus der Dönhoff-Ehe, die »den sonst ziemlich trübseligen Aufenthalt durch großen Lärm belebten«. Die Melancholien der letzten Wochen wurden nur durch kleine Tischgesellschaften, bei denen die erlesensten Leckerbissen der europäischen Küchen vorgelegt wurden, unterbrochen. Außerhalb dieser Gesellschaft bewegte sich unter Führung des grobschlächtigen Kämmerers und Hofmeisters Rietz eine wenig disziplinierte Lakaienschar. Die Bilder dieses Wartezustandes hat die schöne Marquise von Nadaillac, spätere Herzogin von Escars, in ihren Memoiren bewahrt (G. Poensgen).

Die Distanz zum offiziellen Hof in Berlin entsprach dem Begehren des Königs, der die Formen des Hofes nur noch als Last empfinden mochte. Er richtete keine Gedanken mehr auf die Zukunft. So verfaßte er auch kein politisches Testament. Die Königin und die Kronprinzenfamilie pflegten in Berlin einen heiteren Lebensstil, der der »preußischen« Oberhofmeisterin Voß wenig behagte. Als die königliche Familie das sterbende Oberhaupt am 15. November ein letztes Mal aufsuchte, wurde ein Rest des Zeremoniells eingehalten. Friedrich Wilhelm bat die Königin um Vergebung, und er segnete nach alter Weise den todernsten Kronprinzen, der seine »Gedanken über die Regierungskunst« bereits zu Papier gebracht hatte und an den Beginn der »Prüfungszeit« dachte. Der vierte Preußenkönig ermahnte seinen Sohn: »Bemühe Dich, das Haus Brandenburg in allen Stücken in seinem alten Glanze zu erhalten«.

Der Ermahnte, aber unvollkommen Vorbereitete fuhr anschließend ins Theater, während der Vater im Todeskampf lag. Die »Lichtenau«, von der Königin beim Abschied umarmt, war körperlich zusammengebrochen, als Friedrich Wilhelm am frühen Morgen endlich starb. Nur Kammerdiener umgaben ihn. Bedenkt man die letzten Tage Friedrich Wilhelms I. oder des Großen Kurfürsten, so zeigt es sich, daß nicht nur die Formen des Sterbens, sondern auch die Haltung, der Inhalt, das Denken einem tiefen Wandel unterworfen waren. Der Prozeß der Erosion der Moralität hatte, wie sollte es anders sein, auch Preußen erfaßt. Nicht nur die Stabilität und das Prestige des Staates nahmen in kurzer Zeit auffällig Schaden – gefahrvoller noch: Stil und Ethik waren ins Wanken geraten.

Das Ende Friedrich Wilhelms II. gewährte dem Staat und der Dynastie die Chance der verstärkten Reform und der Besinnung. Denn das Beste vielleicht, was die späteren »Preußen« der Regierungszeit des »guten Königs« als *Lehre* entnehmen konnten, war die Einsicht, wie schnell das reale und ideale Kapital eines Staates verwirtschaftet werden kann, wenn eine Führungsgruppe die unabänderlichen Staatskonstanten vernachlässigt. Das »Vergnügen der Einwohner« reicht als Maxime nicht aus. Ein Spätabsolutist wie Friedrich Wilhelm hätte wegen Vernachlässigung der Staatsgeschäfte durch eine Palastrevolution beseitigt werden müssen. Dergleichen war in Preußen undenkbar. Der Thronfolger, in der Situation des Sehenden und Gehemmten, hielt sich von solchen Gedanken nicht allzu weit entfernt. Er sah, daß »die Einheit des alles beherrschenden Gedankens« (Ranke) seit Friedrichs Tod abhanden gekommen war. Berliner Diplomaten haben seine impulsive Motivation festgehalten: »Nicht durch eitle Worte, durch hohle Beteuerungen, durch hundertmal verletzte

Versprechungen bringt man sich bei der Welt wieder in Kredit; es gilt, Taten durch Taten wiedergutzumachen, und auf diese Art denke ich das Vertrauen zurückzugewinnen, das uns flieht.«

NEUNTES KAPITEL

Regierungskrise und Reform: Friedrich Wilhelm III. und der erneute Aufstieg des Staates (1797 bis 1840)

»Die französische Revolution giebt ein mächtiges fürchterliches Beispiel für alle schlechten Regenten, die nicht, wie gute Fürsten, zum Wohl ihres Landes da sind, sondern selbiges wie Blutigel aussaugen und der Untertan Geld blos zu ihren sinnlichen Vergnügungen verprassen ...«

Friedrich Wilhelm (III.), 1796/97

Herrscher und Hof

Friedrich Wilhelm III. fürchtete den Regierungsantritt und hat ihn dennoch herbeigewünscht. Der Herrscher, dessen Regierungszeit die zweitlängste in der Geschichte Brandenburg-Preußens werden sollte, begann seine Regentschaft mit einem Eklat, er kommandierte das Staatsschiff während der schwersten Krise, und er beschloß seine Tage in berechenbarer Friedfertigkeit. Die Sorge vor der Revolution hat ihn nicht verlassen. Sie beeinflußte das Handeln im Guten wie im Schlechten.

Der Tod Friedrich Wilhelms II. warf für den Nachfolger, der dem Vater die Zerstörung der Familie nie verziehen hat, Probleme auf, deren Behandlung Charakterzüge des Königs vor aller Öffentlichkeit zeigen mußte: Mangel an Großmut und Unentschlossenheit. Zwei Stunden vor dem Tode seines Vaters hatte der Kronprinz die Nachricht der Agonie in Berlin empfangen. Er ließ den Tag verstreichen und fand sich erst am Nachmittag im Neuen Palais ein. Inzwischen hatte er die Gräfin Lichtenau und deren Anhang (darunter einen seiner Halbbrüder), wohl auf eine Anregung von Haugwitz hin, unter Arrest stellen lassen, die Inhumanität auch soweit getrieben, der Gräfin den letzten Blick auf die Leiche des Königs zu verweigern. Eine *Sonderkommission,* außerhalb des Rechtsweges, konnte keine Straftaten oder sonstige politisch anstößige Handlungen »der Lichtenau« feststellen. Der König entzog ihr gleichwohl den Besitz (darunter Versorgungsgelder der Kinder) und zwang sie, in der Festung Glogau ihren Wohnsitz zu nehmen. Die Briefe Friedrich Wilhelms II. ließ der neue König aus der Berliner Wohnung entnehmen und hat sie verbrannt; im März 1797 war bereits im Charlottenburger Palais der Gräfin ein Einbruch ausgeführt worden: »Diebe, die keine Diebe waren, sperrten den Kastellan ein, und begannen nun ein Werk völliger Zerstörung ... ohne daß auch nur eine

Nadel entwendet worden wäre. Dagegen ließ man Karten zurück, auf denen die heftigsten Schmähworte gegen die Lichtenau standen. Alles offenbart einen Akt der Rache ... der König ist begreiflicherweise voll Entrüstung über einen Hergang, der sich unmittelbar gegen ihn selbst richtet« (Th. Fontane, Liebenberg). Das war ein Teil des emotionalen Hintergrundes, wenn es nicht überhaupt bereits die Vorgeschichte war. Vergeblich hatte der sterbende König seiner Gefährtin noch geraten – in Kenntnis des Charakters seines Sohnes –, nach England zu emigrieren.

Die Roheit des Verfahrens erregte in Europa Aufsehen und schädigte erneut das Ansehen Preußens, gewissermaßen wie ein negativer »Müller-Arnold-Prozeß«. *Napoleon* konnte es sich nicht versagen, noch 1807 den König daran zu erinnern, daß er der Gräfin Lichtenau *alle* Güter entzogen hätte, während Preußen nur die Hälfte seines Gebietes verlöre. Damit nicht genug, zwang er Friedrich Wilhelm im Friedensschluß, die Herrschaft »Lichtenau« der Besitzerin zurückzugeben. Diese Korrektur eines Rechtsbruches war auch insofern überfällig, als sich der König bereits mit Schreiben vom 24. April 1802 nach erneuter Prüfung »von dem Ungrunde der zu Eurem Nachteile verbreiteten Gerüchte überzeugt« erklärt hatte, nicht ohne den Zusatz jedoch, »daß Ihr jetzt zu meiner Zufriedenheit Euch benehmen werdet«. Das tat die Gräfin, indem sie 1812 in Paris Napoleon in einer Audienz ihren Dank abstattete. Die *Totenfeier* für den verstorbenen König (11. Dezember 1797) ist ohne Leichenpredigt im Berliner Dom vorgenommen worden. Lediglich eine Kantate erinnerte daran, daß hier ein evangelischer Fürst aufgebahrt war. Zum Abschluß folgten 864 Kanonenschüsse. Die Veranstaltung stellte der »human aufgeklärten Religiosität« (O. Hintze) des jungen Königs ein eigenartiges Zeugnis aus. Oder wollte er in aller Unbeholfenheit ein Zeichen der Umkehr setzen?

Der Staat wurde nun von einem Manne regiert, der vom Schrot und Korn der vorangegangenen Generationen wenig erkennen ließ. Eine harte und lieblose *Erziehung* in Potsdam und die Verhältnisse im Elternhaus hatten ihn auf sich selbst zurückgeworfen. Bescheidenheit und Nüchternheit waren ihm jedoch angeboren, wie es scheint. Dazu kam eine unvermittelt auftretende Rücksichtslosigkeit, unter der die Minister ebenso wie die Familie zu leiden hatten. Die Erziehung des Thronfolgers, durch Franz Leuchsenring und den General Graf Brühl, hinterließ keine auffälligen Spuren. Wohl aber sind die Vorträge des Juristen Svarez, des Schöpfers des Allgemeinen Landrechts, auf fruchtbaren Boden gefallen, wie die ersten selbständigen Ausarbeitungen des Kronprinzen bezeugen. Die naturrechtlichen Grundsätze des Staats- und Gesellschaftslebens hat er in sich aufzunehmen vermocht. Seine Bemühungen in der Phase der »Vorreformen« sind großenteils auf den starken Einfluß zurückzuführen, den Svarez auf ihn auszuüben vermochte.

In seiner äußeren *Erscheinung* paßte sich der König der Zeitmode an. Aber schwerlich wird man ihn als Preußens »einzigen echten Bürgerkönig« (H.-J.

Schoeps) zu bezeichnen haben. Es war ein auch sonst geübter »bürgerlicher« Anpassungsstil, den Friedrich Wilhelm und Luise insbesondere in *Paretz* pflegten; der unkonventionelle Umgang mit dem »einfachen Volke« gehörte zur Paretzer Gutsherren-Idylle und verwies auf unerfüllte Sehnsüchte. Die dynastischen Grenzen blieben gewahrt. 1795 war Paretz vom Kronprinzen erworben worden und noch im September erlebte das Paar dort einige heitere Tage. Der Vertraute und spätere Generaladjutant Köckritz berichtete nach der Rückkehr aus dem von David Gilly 1796 erbauten (und noch bestehenden) Gutshaus: »Wir haben uns ungemein divertiert und alles Angenehme des Landlebens in ganzer Fülle genossen, wobei die Jagd und Wasserfahrt [auf der Havel] die Hauptbelustigungen waren. Die guten Menschen [sc. das Kronprinzenpaar] genossen ... so ganz das Einfache der Natur, entfernt von allem Zwang nahmen sie so herzlich Anteil an den naiven Äußerungen der Freude des Landvolks, besonders bei dem Erntefeste, vergaßen ihre Hoheit, mischten sich in ihre Tänze, und hier war im eigentlichen, aber wahren Verstande Freiheit und Gleichheit.«

Der König wurde in den östlichen Provinzen wegen seiner Begrenzungen als ein sehr »preußischer« König empfunden. Das Volk vermochte sich in den Eigenheiten des Beharrens, der ökonomischen Ängstlichkeit und der Wortkargheit wiederzuerkennen. Das Erscheinungsbild des Königspaares hat auf das Verhalten eingewirkt. Der bürgerlich-soziale Teil der preußischen Tugenden war wohl nie stärker verbreitet als in der Zeit zwischen dem Müller-Arnold-Prozeß und der Märzrevolution. Die großstädtische Sittenlosigkeit der Zeit vor 1806, auf die wohl einschränkend verwiesen wird, wirkt geradezu rührend gegenüber den Zuständen in anderen europäischen Hauptstädten. Aufschlußreich für den Grad der »Krise« des ausgehenden 18. Jahrhunderts waren nicht so sehr bestimmte Sachverhalte (die von Schwätzern wie Mirabeau aufgebauscht wurden), sondern die »preußischen« Reaktionen. In Preußen war auch in dieser Phase das »Gewöhnliche« das Ungewöhnliche. Die unmittelbaren Zeugnisse vom Hofe und der Hofgesellschaft bestätigen, trotz unvermeidlicher Fatalitäten am Rande, das Bild weitgehend intakter Strukturen.

Königin Luise

Friedrich Wilhelm hatte 1793 Luise von Mecklenburg-Strelitz für sich gewinnen können. Ihre lebenslustigere Schwester Friederike wurde mit Ludwig, dem jüngeren Bruder des Kronprinzen, verheiratet. Leben und Sterben der Königin Luise im Schatten der napoleonischen Katastrophe haben die Bevölkerung über alles bisher bekannte Maß hinaus bewegt. Neben der heute kaum noch nachvollziehbaren Teilnahme entstand in der zweiten Hälfte des 19. Jahrhunderts ein Kult, der das Andenken an die den König in mancher Hinsicht überragende Gestalt nicht trüben konnte. Sie war und ist noch heute die bekannteste preußische Königin. Um 1892 meinten Berliner Droschkenkutscher, die Königin sei »Fritzens Frau« gewesen: Dem leistungsfähigsten König legte der Volksmund die tugendsamste Königin bei. Wer sich in die Hauptereignisse ihres Lebens vertieft, wird nicht ohne Bewegung auf das Mausoleum im Schloßpark von Charlottenburg schauen, wo mit dem Grabdenkmal Christian Daniel Rauchs (1811 bis 1814) zugleich das geistige Preußen hervortritt.

Reformen vor der »Reformzeit«

Die Reformtätigkeit der zentralen und regionalen Verwaltungsträger ist seit der Veröffentlichung des »Allgemeinen Landrechts« (1794) nicht zum Stillstand gekommen. Es kann keinem Zweifel unterliegen, daß in der gesamten Periode zwischen 1786 und 1806 eine grundsätzliche *Reformbereitschaft* bestanden hat und daß vieles erreicht worden ist, was der Forschung bisher nur andeutungsweise bekannt wurde, weil große Teile der Akten noch unbearbeitet sind. Man wird auch zu beachten haben, daß die Staatsverwaltung in dieser ziemlich kurzen Phase durch die Aufgaben bei der Eingliederung neuer Gebiete im Osten und Westen mit Sonderaufgaben belastet war, so daß es für die weithin als notwendig empfundene Reformarbeit an Kräften fehlte. Dazu trat freilich eine gewisse Ängstlichkeit der Beamtenschaft, weil unbeliebte Neuerungen nicht ganz selten ihren Urhebern als »Jakobinertum« angelastet wurden. Gleichwohl ist, wie auch die Akten der Verwaltung von Südpreußen und Neuostpreußen (Hubatsch-Bussenius) zeigen, mit der »unverdrossenen Zähigkeit« des friderizianischen Beamtentums an den Staatsverbesserungen gearbeitet worden.

Mit dem *neuostpreußischen Ressortreglement* (1797) wurde die Trennung von Verwaltung und Justiz erstmals in einer Provinz konsequent durchgeführt. Auch sonst hat der dort zuständige Provinzialminister Friedrich Leopold von Schroetter (1743 bis 1815) die Vereinfachung des Behördenaufbaues, die Ablösung bäuerlicher Lasten, die Befreiung von der Schollenpflichtigkeit und die Aufteilung der bisher gemeinsam bewirtschafteten Ackerfelder (Separation) in Ost- und Westpreußen sowie partiell in den fast unüberschaubaren Gebieten Neuostpreußens betrieben. Die Reformideen, die Stein und Hardenberg dann seit 1807 zu verwirklichen trachteten, waren längst vorgedacht und teilweise experimentell ausprobiert worden. Die jüngere, nachfriderizianische Generation der Beamten hatte von den Inhabern der kameralistischen und sonstigen Lehrstühle in Königsberg (Kraus, Kant), Halle und Frankfurt weitreichende Anregungen empfangen.

Die Agrarverfassung forderte in den meisten Provinzen am stärksten zu einer Veränderung heraus. Die Verhältnisse waren von Provinz zu Provinz verschieden. Auch innerhalb der Provinzen bestanden so starke Unterschiede in der Belastung der Hofinhaber, daß der Staat nicht nur vom Gleichheits-, sondern auch vom Gerechtigkeitsgrundsatz her zum Eingreifen allemal gezwungen war. Als erstes sind auf den Domänen-Ämtern die Dienste aufgehoben und die Ländereien den Bauern als Eigentum überlassen worden. Das betraf etwa 30 000 Stellen. Man wird diese Maßnahmen als einen erfolgreichen Auftakt zu werten haben, auch wenn nicht sogleich alle Verpflichtungen der Domänenbauern aufgehoben werden konnten.

Zu den Projekten gehörten die Zusammenfassung des Polizeirechts (1798), die Verbesserung der Kammer-Justiz (1800) sowie Eingriffe in die Steuervorteile des landsässigen Adels bzw. der Rittergutsbesitzer. Der Vorbereitung der Reformen dienten eine Militärkommission (seit 1795) und eine Finanzkommission (seit 1798). Insgesamt fehlte es nicht an Ideen oder praktischen Vorschlägen, wohl aber an einem »diktatorischen Willen« (O. Hintze). Anders als Friedrich der Große verließen sich seine beiden Nachfolger auf die Reformarbeit der Gremien. Nach älterer und jüngerer Erfahrung reproduzieren sogenannte Reformgremien nur Instabilität, wenn klare Weisungen ausbleiben. So verknüpft sich mit der Reformarbeit vor 1806 auch die schwer zu beantwortende Frage, ob nicht aus der auch publizistisch breit angelegten Reformdiskussion Zweifel und Unsicherheit hervorgegangen sind, die indirekt zum Zusammenbruch von 1806 beigetragen haben.

Außenpolitik und Kriege

Die Außenpolitik Preußens vor 1806 wurde durch die Unsicherheit und die Friedensliebe des Königs, durch die unterschiedlichen Schwerpunktsetzungen seiner der festen Führung entbehrenden Minister und durch die ungünstige Finanzlage des Staates bestimmt. Die mit dem Frieden von Basel begonnene Neutralitätspolitik wäre nur auf der Basis eines hohen, jeden Angriff als Risiko erscheinen lassenden Rüstungsstandes durchzuhalten gewesen. Daran fehlte es. Preußen vor Jena war kein »Militärstaat« im Sinne der friderizianischen Auffassung. Es wies ein starkes Rüstungs- und Heeresstärken-Defizit auf, das bei einer Gefährdung nicht in wenigen Monaten beseitigt werden konnte. Hier liegt das Zutreffende der Bemerkung der Königin gegenüber Napoleon, man sei auf den Lorbeeren Friedrichs des Großen eingeschlafen.

Als die *zweite Koalition* der Mächte gegen Frankreich gebildet wurde, lehnte Preußen sowohl die russischen als auch die französischen Bündnisanträge ab. Das rasche Ende der zweiten Koalition, die vor allem unter der Italienpolitik des österreichischen Staatskanzlers Thugut und der Kooperationsunfähigkeit der österreichischen und russischen Generalität litt, bestätigte die preußische Entscheidung. Während Rußland und Frankreich mehr und mehr in die Neugestaltung des mitteleuropäischen Raumes eingriffen und England die Frontstellung gegen Frankreich trotz des Friedens von Amiens (1802) beibehielt, konnte

Preußen nur eine lavierende Besitzstandswahrungspolitik in loser Anlehnung an Rußland betreiben. Die preußische Besetzung Hannovers (1801 bis 1802) erwies sich als eine überflüssige Demonstration.

In den Verhandlungen über die territorialen Entschädigungen nach dem *Reichsfrieden von Lunéville* (Februar 1801) gelang es dem preußischen Unterhändler Lucchesini, die Zustimmung Napoleons zur Übernahme der geistlichen und nunmehr säkularisierten Territorien Münster, Paderborn, Hildesheim, Eichsfeld, Erfurt sowie der Abteien Essen, Elten und Werden zu erhalten. 1803, nach dem Reichsdeputationshauptschluß, wurden die Gebiete unter der Leitung der Minister Schulenburg-Kehnert und Stein als Provinzen inkorporiert. Preußens Macht in Norddeutschland war durch diesen mit dem Verlust von Kleve und Geldern bezahlten Tausch erheblich gestiegen, seine Abhängigkeit gegenüber dem französischen Machtraum nahm nun jedoch rasch zu, zumal die Besetzung Hannovers durch Napoleon (Ende Mai 1803) die Truppen Frankreichs bereits in die preußischen Kernräume einfließen ließ. Zu diesem Zeitpunkt war die Aufrechterhaltung der bisherigen Form der Neutralität nicht mehr zu verantworten. Hardenberg hielt jedoch im Einvernehmen mit dem König an der Idee fest, nach und nach zur Gründung eines deutschen Staatenbundes zwischen den Großmächten kommen zu können. Seit 1803 hätte Preußen in schärfster Form rüsten müssen, wenn man sich während des nunmehr erkennbaren Aufeinanderprallens der außerdeutschen Großmächte behaupten wollte.

Als sich 1805 die *dritte Koalition* gegen Frankreich bildete (England, Rußland, Schweden und andere), verweigerte sich Preußen, das mit Rußland lediglich ein Defensiv-Bündnis (24. Mai 1804) unterhielt. Ein Bündnis-Angebot Napoleons wurde ebenfalls zurückgewiesen. Während die französischen Truppen bereits in Süddeutschland Zug um Zug die Truppen der Verbündeten aus dem Felde schlugen, unternahm Alexander I. einen letzten Versuch, mit Hilfe Hardenbergs den trotz der Verletzungen der preußischen Neutralität weiterhin unschlüssigen Preußenkönig auf die Seite der Koalition zu ziehen (Potsdamer Vertrag, 3. November 1805). Preußen sollte, falls weitere Vermittlungen scheiterten, bis zum 15. Dezember in den Krieg eintreten. Nun stand alles auf des Messers Schneide, Preußen hätte umgehend mobilmachen müssen, um sein Potential noch in die Waagschale werfen zu können. Tatsächlich aber suchte Friedrich Wilhelm, im wesentlichen in alleiniger Verantwortung, weiter den Frieden für Preußen zu erhalten und sogar mit Frankreich erneut zu verhandeln. Der König war der Lage nicht mehr gewachsen, aber es gab in Berlin keine geschlossene Partei, die dem Herrscher die Entscheidungen hätte diktieren können.

Die preußische Politik geriet nun von Monat zu Monat mehr aus dem Gleichgewicht. Der tief unsichere König wurde von sich erbittert bekämpfenden Ratgebern hin- und hergerissen. Hardenberg, der in *Haugwitz* seinen Konkurrenten sah, suchte diesen eher wohlmeinenden und ohne Gesichtspunkte agierenden Mann nachhaltig zu kompromittieren. Dies war ihm bereits im Falle des

Durchmarsches der Franzosen durch Ansbach gelungen. Es setzte sich fort in der Mission von Haugwitz, die Vermittlungsverhandlung mit Napoleon zu führen. Dabei war von vornherein wenig zu gewinnen. Seine Instruktion, durch den König und durch den ebenso schwachen und kriegsuntüchtigen Herzog von Braunschweig, enthielt die Kernpunkte Friedenserhaltung und Zeitgewinn. Bismarck hat geurteilt: »Ich wäre nicht nach Schönbrunn gegangen, hätte den König um meine Entlassung gebeten, wenn er mir unter den geschilderten Bedingungen die Zumutung gestellt hätte. Ihr Urgroßvater [Haugwitz] konnte das damals nicht, und nachdem er in solcher Lage Napoleon gegenüberstand, konnte er nicht anders handeln. Das ist die Verurteilung des absoluten Königtums.«

Als Haugwitz schließlich am 1. Dezember die Gespräche mit *Napoleon* in Brünn begann, wurde er von den Franzosen nach Wien geleitet, hingehalten und nach der Schlacht von Austerlitz (2. Dezember) Pressionen ausgesetzt und zu einem Bündnisvertrag genötigt (15. Dezember), der der Zustimmung des Königs bedurfte. Insoweit handelte er instruktionsgemäß. Der Herzog von Braunschweig hatte erklärt, daß er die Zeit bis zum 22. Dezember und möglichst noch darüber hinaus für die Vorbereitung eines Krieges brauche. Der Vertrag sah die Abtretung von Ansbach (zugunsten Bayerns), von Kleve, Wesel und Neufchâtel (zugunsten Frankreichs) vor. Preußen sollte Hannover erhalten und die Friedensverträge Napoleons mit Österreich und Rußland gutheißen. Dies waren Zumutungen, denen sich Haugwitz in Schönbrunn hätte widersetzen müssen. Er hätte auf den brandenburgisch-preußischen Besitzständen bestehen müssen und nicht um eines Augenblicksvorteils wegen Verzichte mit weitreichenden psychologischen Wirkungen abzeichnen dürfen. Die fränkischen Gebiete waren keineswegs wertlos geworden. Sie bedeuteten vielmehr im Sinne einer längerfristigen Politik eine Bastion südlich des Mains, auf die Friedrich der Große noch nachdrücklich hingewiesen hat. Die Berliner Politiker unterschätzten im übrigen Großbritannien, wenn sie hofften, sich in Hannover auf die Dauer festsetzen zu können. So wurde Preußen denn auch in England mit Kampfschriften und Karikaturen angegriffen. Am bekanntesten ist das Bild geworden, das den preußischen Adler am Rande der Backstube Napoleons zeigt, wie er sich aus der Teigbeute des Kaisers mästet.

Friedrich Wilhelm III. hat, wiederum von Hardenberg, Haugwitz, Lombard, Braunschweig und auch Stein falsch beraten, den mit einigen Änderungen und Vorbehalten versehenen *Vertrag* ratifiziert (4. Januar 1806). Das Unglück nahm seinen Lauf. Groteskerweise wurde in dieser Lage, da der gerüstete Diktator unweit der Grenzen Preußens verhielt, die Armee demobilisiert. Das war eine einseitige Vorleistung, die sich, wie die Geschichte zeigt, nur selten auszahlt. Haugwitz ging nach Paris und sah sich erneut einem Verhandlungsgegner ausgesetzt, der ihn so behandelte, als wäre Preußens Heer bereits zersprengt worden. Der nun folgende Pariser Traktat (15. Februar 1806) nötigte Preußen, seine Häfen gegenüber England zu sperren und Frankreich gegebenenfalls Kriegshilfe gegen Rußland zu gewähren. Friedrich Wilhelm hat dieses Diktat-Bündnis unverzüglich in Kraft gesetzt (25. Februar). Die Folgen dieser Friedenspolitik brachen Schlag um Schlag über Preußen herein.

Die *Besetzung Hannovers* wurde von England mit der Kriegserklärung (11. Juni 1806) und mit einem See- und Blockadekrieg beantwortet, durch den Preußen 300 Handelsschiffe verlor. Die Güter- und Kapitalbewegungen wurden stark reduziert, so daß die wirtschaftliche Blüte, deren sich Staat und Bevölkerung noch erfreuten, in wenigen Monaten verkümmerte. In Berlin glaubte man, den Pariser Traktat unterlaufen zu können, nachdem man sich seiner Folgen langsam bewußt geworden war. So tauschten Rußland und Preußen schon im Juli 1806 insgeheim Erklärungen aus, die für Preußen den Charakter eines Rückversicherungsvertrages besaßen und durch die das Kriegsbündnis von 1807 präfiguriert worden ist. Freilich war Rußland bei diesen Abmachungen, die Hardenberg mit Wissen des Königs auf seinem Gute Tempelberg mit dem Zaren-Gesandten Alopeus ausgehandelt hatte, wiederum im ungewissen, ob der König sich gegenüber der antirussischen Partei würde behaupten können. Wie verfahren die Kompetenz-Situation zu diesem Zeitpunkt in Berlin war, ergibt sich daraus, daß mit dem Grafen Keller nunmehr ein dritter Minister des Auswärtigen eingesetzt wurde, weil die russische Gesandtschaft mit Haugwitz nichts zu tun haben wollte. Die Projekte jagten sich. Preußen sah sich dem Vorschlag Napoleons gegenüber, alsbald – nach der Gründung des Rheinbundes – einen besonderen norddeutschen Bund zu gründen. »In Berlin glaubt man«, schrieb der weimarische Staatsminister Voigt seinem Freunde Goethe am 25. August 1806, »daß der König sich alsdann zum Kaiser von Norddeutschland erklären und Sachsen und Hessen zu Königen machen werde. Denn ein rechter Kaiser muß gleich auch Könige kreieren.« Dazu kam es nun nicht mehr.

Nach dem preußischen *Ultimatum* an Napoleon (6. August 1806), die französischen Truppen von den preußischen Grenzen zurückzuziehen, kam es zur Eskalation. Napoleon, der zu diesem Zeitpunkt Preußen nicht brüskieren wollte, verlangte die Einstellung der Mobilmachung und ordnete einige Truppenbewegungen an, die in Berlin, wo nun jede Übersicht verlorenging, als Beginn eines Überfalls auf Preußen gedeutet wurden. Die Chance zu Sondierungen über die tatsächlichen Absichten des Kaisers ist nicht gesehen worden. Am 20. September folgte der König den nach Thüringen ziehenden Truppen, die – wie bei der traurigen Kampagne in Frankreich – unter dem alten Herzog Karl Wilhelm Ferdinand von Braunschweig, dem Onkel des Königs, Frankreichs Regimenter in die Flucht schlagen sollten. In Naumburg erwarteten die Spitzen Preußens Napoleons Antwort auf ein neuerliches Ultimatum (26. September), mit dem der Abzug der Franzosen aus Süddeutschland und Westfalen und die ungehinderte Bildung des Norddeutschen Bundes gefordert worden waren. Die Königin schrieb dem Zaren in diesen Tagen aus Naumburg: »Das *muß* gut gehen. Die

Truppen sind vom schönsten Eifer beseelt, sie brennen darauf, sich zu schlagen und vorzugehen; nie war der Soldat von solcher Wut gegen den Feind erfüllt wie heute ... Sie können nicht glauben, wie das alles mich bewegt, und wie ergriffen der König auf seiner Reise hierher war, als die Bauern an seinen Wagen herankamen, um ihm zu huldigen und ihm all ihr Hab und Gut anzubieten, zur Unterstützung der *guten Sache,* das war ihr eigener Ausdruck. Wenn wir unterliegen, werde ich mein Unglück mit Ergebung tragen, weil wir es nicht verdient und nicht mit Feigheit und Gemeinheit herbeigeführt haben werden. Wir gehen den Weg der Ehre, der schreibt uns unsere Schritte vor, und lieber unterliegen als zurückweichen. Darüber gibt es nur eine Stimme« (29. September).

Der Zusammenbruch

Der Krieg gegen Frankreich war weder politisch noch militärisch hinreichend vorbereitet worden. Der König und die Generalität gingen mit einem bodenlosen Leichtsinn in den Kampf gegen die stärkste Militärmacht Europas. Zugunsten der preußischen Führung wird man nur anzuführen haben, daß sie sich des hohen Risikos bewußt gewesen ist. »Die besten Generale sagen, es sei ein bloßes Glück, worauf alles stehe und berechnet werden müsse«, vertraute am 4. Oktober der Weimarer Voigt dem ebenso unruhigen Goethe an. Lediglich Sachsen, Braunschweig und Sachsen-Weimar kämpften an Preußens Seite. Es bedeutete einen Vorteil für Napoleon, daß ihm das preußische Hauptheer bis in die Nähe des Thüringer Waldes entgegenkam. Vorteilhafter wäre es gewesen, den Gegner im Raum Halle–Leipzig zu erwarten. Daß der begabte und in der Armee beliebte Prinz Louis Ferdinand, der seine Tapferkeit schon in der Rheinkampagne bezeugt hatte, nicht in der Heeresleitung neben dem Herzog von Braunschweig tätig werden konnte und statt dessen den tödlichen Gefahren eines Vorhutgefechtes ausgesetzt wurde, wirft die Frage auf, ob der König den Prinzen, der ihn wiederholt als schwächlich verspottet hatte, aus seinem Gesichtsfeld entfernt sehen wollte. *Scharnhorst,* als Oberst faktisch der Stabschef des Herzogs von Braunschweig, erkannte die taktischen und strukturellen Schwächen der Armee: »Wir sind aber in allem zu langsam . . . Man muß dem Schicksal folgen und nicht alles aufgeben«, schrieb er noch kurz vor der Schlacht. Am 14. Oktober wurden die beiden getrennt marschierenden Armeekorps Hohenlohe-Ingelfingen und Braunschweig bei *Jena und Auerstedt* geschlagen, wenngleich nicht vernichtet. Bei Auerstedt, wo der unterlegene Marschall Davoust antrat, war der Herzog durch tödliche Verwundung bei Schlachtbeginn ausgefallen. Der König wagte nicht, den Befehl zu übernehmen. Scharnhorst beging als Generalquartiermeister den verständlichen Fehler, selbst zu stark in die Kämpfe einzugreifen. Ungebrochen schrieb er zwei Tage später seiner Tochter: »Die Armee des Königs siegte nicht, wurde aber auch nicht eigentlich geschlagen, setzte sich gleich wieder, und hätte von neuem wieder zu schlagen angefangen, da sie noch 22 Bataillone der besten Truppen hatte, die nicht ins Gefecht gekommen ... die Truppen haben zum großen Teil brav gefochten. Die Kavallerie hat nicht durchgehends der Erwartung entsprochen. Mit der Bravour waren wir den Franzosen überlegen« (16. Oktober).

Man wird nie errechnen können, in welchem Maße an der Niederlage die strukturellen Schwächen Preußens Anteil gehabt haben. Die Reformbedürftigkeit des Heereswesens stand außer Frage, insbesondere die Schulung in Strategie und Taktik, die Mobilität, die Ausbildung der Generalstabsoffiziere. Aber das beste Heer ist nur die Hälfte wert, wenn seine Führung überaltert ist und versagt.

Der *Rückzug des Heeres* artete in Flucht aus. Moralische Zusammenbrüche standen neben Aktionen hinhaltenden Widerstandes. Die Königin bewies alsbald Härte und Haltung: »Nur um Gotteswillen keinen schändlichen Frieden ... der Augenblick ist kostbar, handle, wirke, schaffe, überall wirst Du im Lande guten Willen und Unterstützung finden« (20. Oktober). Die Reste der Armee Hohenlohe ergaben sich ohne größeren Zwang bei Prenzlau (28. Oktober), statt in die Ostprovinzen zurückzugehen. Erfurt, Magdeburg, Stettin und Küstrin kapitulierten. Am 27. Oktober rückte Napoleon in Berlin ein und musterte seine neueste Eroberung und die überwiegend ablehnende und abwartende Bevölkerung. Er besuchte Sanssouci, nahm einiges an sich und ließ sich in die Garnisonkirche an den Sarg Friedrichs führen. Dort soll er geäußert haben, man würde hier nicht stehen, wenn dieser König noch lebte. Im Vorfeld der deutschen Erhebung ist die bewegende Szene dann zur derben politischen Karikatur des auflebenden Widerstandes geworden: Der Kaiser mußte am geöffneten Sarge bemerken, daß der König ihm den »Hintern« zugewendet habe.

Die Königin, in Graudenz, empfing wenig ersprießliche Nachrichten aus der Residenz. Der Gräfin Voß berichtete sie nach Königsberg, daß Bonaparte gegen sie Gemeinheiten und Beleidigungen ausspeie; auch hätten sich seine Flügel-Adjutanten »mit ihren Stiefeln auf den Sophas in meinen Gobelinsalons in Charlottenburg breitgemacht. Das Palais in Berlin ist noch respektiert worden; er wohnt im Schlosse. Es gefällt ihm in der Stadt Berlin, aber er hat gesagt, er wolle keinen Sand, er werde diese Sandgruben dem Könige lassen. Und man lebt und kann die Schmach nicht rächen!« (13. November).

Zwischenbilanz

Preußen war gedemütigt worden. Daß es ein heilsamer Schock war, ist erst den Nachlebenden bewußt geworden. Es wäre ein Akt der Staatsklugheit gewesen, wenn *Napoleon* – wie Preußen nach Königgrätz – vor den Toren der Hauptstadt dem König Friedensverhandlungen angeboten hätte. Den Sieger riß sein imperialer Hang fort; er ließ sich von der Schwäche Preußens zum Vorstoß in den sich ausweitenden Raum des östlichen Mitteleuropas verleiten. An der Überdehnung der Herrschafts- und Einflußräume ging er zugrunde. Die »fortschrittlicheren« Prinzipien, die er teilweise und zeitweise vertrat, besaßen demgegenüber geringeres Gewicht. Nicht erst der Zug nach Rußland leitete den Niedergang ein; die gesamte politische Konstellation begann sich seit 1805/06 gegen ihn zu wenden. Auch Hitler wäre, wenn er den Angriff auf Rußland 1941 unterlassen hätte, an der wachsenden wirtschaftlichen, technischen und militärischen Übermacht seiner Gegner gescheitert.

Es ist, neben anderem, das alte zerklüftete halbtote *Reichs-Monstrum* gewesen, mit seiner Vielfalt an Herrschaftsräumen und Beziehungsfeldern, in dem sich Bonaparte festgerannt hat: Europas gestaltreiche Mitte, bis in die konfessionellen Hinterstuben hinein, von den Gedanken der Revolution nur oberflächlich berührt. Eine Zettel-Karikatur, die auch in Preußen umging, zeigt ihn kleinkindartig gewickelt in den Armen des Teufels; die pseudoblasphemische Unterschrift lautet: »Dies ist mein lieber Sohn«. So ging es überall zu, insgeheim und offen, die Verzagten aufrichtend, Mutige antreibend. Nach Jena zog er in den Nordosten, seine beste Lebenszeit und die Ressourcen seiner Staaten verschwendend und verschleißend. Cäsar und Hannibal zugleich. Die preußisch-sächsisch-polnischen Probleme haben ihn Monate über Monate in Atem gehalten. Schließlich waren es Jahre, während die anderen Uhren der Geschichte weiterliefen. Man stelle sich vor, das Reich wäre eine zentralistisch verfaßte Monarchie gewesen, mit mediatisierten Herrschaften, flächenstaatlich gegliedert. Ein Regierungswechsel zugunsten eines Napoleon-Kandidaten hätte alles in Bonapartes Macht geraten lassen. Das Gegenteil war der Fall. Ihn erwartete ein Minenfeld von Dynastien, an denen der Neo-Legitimist nicht vorbeikam. Es bleibt unbegreifbar, warum er den Gefahren des Raumes nicht aus dem Wege gegangen ist.

Widerstand

Noch war Preußen nicht verloren. Als der erste Schock überwunden war, zeigten sich auch jene Kräfte, auf denen Preußens Wiederaufstieg beruhen sollte. Der General Blücher konnte sich mit seinen Truppenteilen wenigstens bis nach Ratekau bei Lübeck durchschlagen, wo er ehrenvoll kapitulierte. Andere Offiziere rafften Soldaten zusammen und warfen sich in die östlichen Festungen: Danzig, von Graf Kalckreuth verteidigt, fiel erst im Mai 1807, Graudenz an der Weichsel und Kolberg an der hinterpommerschen Ostseeküste (mit Gneisenau, Nettelbeck und Schill) blieben unbezwungen. Ebenso dauerten die Kämpfe im südlichen Schlesien gegen Rheinbundtruppen bis zum Friedensschluß an; Graf Goetzen hatte hier von der unbezwingbaren Festung Glatz aus den Versuch unternommen, auch in Böhmen neue Abteilungen zu sammeln, Österreich erneut zum Kriegseintritt zu bewegen und einen Aufstand in ganz Deutschland gegen die Franzosenherrschaft in Gang zu setzen. Gewiß waren das aufs Ganze gesehen Einzelfälle. Aber sie waren die ersten Anzeichen dafür, daß auf die grandiose Provokation des napoleonischen Vorstoßes in den mitteleuropäischen Raum eine ebenso grandiose Replik erfolgen würde.

In *Berlin* hatte der alte und hinfällig gewordene Staatsminister Graf von der Schulenburg-Kehnert (»Jetzt ist Ruhe die erste Bürgerpflicht«), dem der von allen guten Geistern verlassene König gegen seinen Willen die Gouverneurschaft anvertraut hatte, das Nötigste versäumt: das Fortschaffen der Waffen und Vorräte. Der Staatsminister Frhr. vom Stein schaffte den Tresor und die Staatskassen sowie andere wichtige Unterlagen nach Ostpreußen. In Osterode bei Allenstein in Ostpreußen entschied sich der König mit der Minderheit seiner Berater (Stein und Beyme) für die Fortsetzung des Kampfes, obwohl seine Unterhändler in Charlottenburg bereits einen Präliminarvertrag nebst Waffenstillstand unterzeichnet hatten (30. Oktober), der Preußen seiner sämtlichen westlichen Gebiete bis zur Elbe (jedoch ohne die Altmark und Magdeburg) berauben sollte. Dieser von Napoleon angekündigte Diktatfriede sowie die Forderung, an seiner Seite gegen Rußland zu kämpfen, erschien den Patrioten so entwürdigend, daß sie sich trotz der verzweifelten Lage des Staates, aber auch im Vertrauen auf russische Hilfe zur Mobilisation der letzten Kräfte entschlossen (21. November). Friedrich Wilhelm III. setzte jetzt und in der Folgezeit alle seine Hoffnungen auf Rußland, und diese Politik hat sich trotz aller Winkelzüge, zu denen sich Alexander I. genötigt sah, bewährt. Nur mit Rußland, nicht gegen Rußland konnte Preußen hoffen, eine Restitution seines Besitzstandes nach einem Fall des Revolutionskaisers zu erlangen. Das Interesse an diesem Dauerbündnis, das die preußische Politik bis in die Bismarckzeit beeinflußt hat, lag jedoch auch auf der russischen Seite. Konnte sich Napoleon des preußischen Potentials weitgehend oder völlig bedienen, vernichtete er Preußen gar, so gäbe es kein Hindernis mehr zwischen dem großfranzösischen Reich und den neugewonnenen westlichen Teilen Rußlands. Die Teilungsmächte von 1795 mußten befürchten, daß Napoleon die polnischen Freiheitsbestrebungen, die sich bereits in Aufständen gegen die preußische Herrschaft äußerten, ermutigen könnte, um mit einem »Weichselstaat« in Analogie zum Rheinbund die Ostflanke Mitteleuropas zu seinen Gunsten abzusichern. Wie immer sich in den folgenden Jahren die Machtkonjunkturen entwickelten, für die beiden Dynasten Friedrich Wilhelm und Alexander war und blieb Napoleon der große Widersacher ihres Herrschafts-, Staats- und Gesellschaftssystems.

Preußen kämpfte also, auf neue Heere der *Russen* hoffend. Im Reich war alles zusammengebrochen. Hessen-Kassel und Braunschweig waren von den Franzosen okkupiert worden. Die wettinischen Landesstaaten hatten Napoleons Frieden empfangen. Aufstände im Rücken der französischen Heere konnten vorerst nicht entfacht werden. Die russische Armee von etwa 50 000 Mann unter Graf

Friedrich Wilhelm von Buxhöwden (1750 bis 1811) und Bennigsen hatte mit wechselndem Erfolg in Neuostpreußen gekämpft, sich Napoleons Umzingelungsversuchen entzogen und stand in Ostpreußen. Als Napoleon bemerkte, daß sich der russisch-preußische Widerstand vertiefte, griff er trotz des Winters an, mußte jedoch nach der zweitägigen mörderischen Winterschlacht bei *Preußisch-Eylau* (südlich von Königsberg; 7./8. Februar) sieglos das Schlachtfeld verlassen. Scharnhorst, in Lübeck kämpfend in Gefangenschaft geraten und wieder ausgewechselt, war sogleich dem preußischen Korps unter General Iestocq als Generalquartiermeister beigegeben worden. Er hatte wesentlichen Anteil an dem noch günstigen Ausgang des Kampfes, der jedoch 12 000 Soldaten das Leben kostete.

Mit unbeschreiblicher *Härte* wurde gekämpft. Die preußischen Truppen zeigten vier Monate nach Jena, was sie bei besserer Führung und wiedergewonnener Kriegserfahrung vermochten. Am 15. Februar übermittelte Scharnhorst dem Sohne Blüchers den Rapport: »Wir sind auf dem Schlachtfelde bis 12 Uhr nachts geblieben und haben keinen Fuß breit Terrain verloren. Der Feind griff an. Das Terrain, was den Mittag von den Franzosen gewonnen war, wurde den Nachmittag wieder erobert; dennoch haben wir uns den andern Morgen nach der Methode der Russen zurückgezogen. Es ist eine Sünde und Schande!... Die Bravour der Russen übertrifft übrigens alles, was Menschen tun können... Man kann die russische Armee vernichten, aber nicht verjagen. Die französischen Gefangenen geben ihren Verlust zu 30 000 Mann an; die Russen haben *800 tote und blessierte Offiziere*. Blutiger ist keine Schlacht in diesen letzten Kriegen oder vielmehr seit der bei Zorndorf gewesen. – Man erwartet nun die Russischen Verstärkungen ... und dann geht es wieder ans Morden. Der Kaiser der Franzosen findet vielleicht bei dieser Nation endlich sein Ziel.«

Das nördliche *Ostpreußen* hatte sich in eine Wüstenei verwandelt. Vieles erinnerte an die härtesten Jahre des Dreißigjährigen Krieges oder an das Frühjahr 1945; Scharnhorst durchritt das Land mit den verwüsteten und entseelten Dörfern: »Die Pferde laufen auf der Straße oder im Felde umher – das übrige Vieh ausgezehrt – die Not macht, daß ein jeder tut, was er will. – Der Feind glaubt Recht dazu zu haben, – die Russen haben keine anderen Mittel, und die große Menge der Kosaken sind wild und nicht diszipliniert ... Die Dörfer noch voller Verwundeter, halb oder ganz verhungert ... Noch liegt das Schlachtfeld voller toter Körper – an manchen Stellen Mann an Mann. Man behauptet, daß die Zahl der Pferde gegen 15 000 und die der noch liegenden Menschen über 12 000 betrage ... Welch eine Verwüstung – welch ein Morden!«

Russen und Preußen behaupteten das nördliche Ostpreußen, während Napoleon von Osterode und von dem Dohna-Schloß *Finckenstein* aus sein Heer reorganisierte und Europa, soweit es ihm zu Füßen lag, regierte. Die westpreußischen Stände, geführt von den Grafen von der Groeben und Alexander Dohna, erreichten in Finckenstein die Befreiung von den außerordentlichen Kontributionen für Westpreußen. Napoleon arbeitete auf einen Separatfrieden mit Preußen hin. Auch General Blücher, den Frankreichs Kaiser weitsichtig vor seiner Freilassung zu sehen wünschte, wurde von ihm am 22. April aufgefordert, den König zum Frieden zu bewegen. Nach der Audienz meinte Blücher zu seiner deutschen Begleitung: »Hört, Kinder, das ist ein verfluchter Kerl! Er war so charmant, daß ich gar nicht an einen Haß gegen ihn dachte.«

Friedrich Wilhelm lehnte den Waffenstillstand ab, schloß vielmehr in *Bartenstein* mit Alexander ein Schutz- und Trutz-Bündnis (26. April), um sodann im Rahmen einer großen Koalition Napoleons Herrschaft zu zerbrechen, wie es Hardenberg in einer prägnanten kurzen Denkschrift darstellte. Mit England war bereits am 28. Januar in Memel Frieden geschlossen worden. Doch unterließ es England, die Preußen und Russen in Ostpreußen rechtzeitig zu unterstützen. Auch Österreich verweigerte sich einem neuen Bündnis. Seit dem 10. April hatte Hardenberg das Departement der auswärtigen Angelegenheiten übernommen und wurde zum Hauptratgeber und ersten Minister des Königs. Die Beratung des Königs durch die Kabinettsräte und Generaladjutanten endete damals. Die für die politische Katastrophe mitverantwortlichen Außenpolitiker Haugwitz und Lombard waren bereits am Jahresbeginn entlassen worden. Insoweit hatten sich Stein und Hardenberg in ihrem Widerstand gegen die Kabinettsregierung beim König schließlich durchgesetzt.

Die Entscheidung zuungunsten Preußens ist dann wieder auf dem Schlachtfeld gefallen. Der Armee der Verbündeten fehlte es an Geld, Getreide, Nachschubfahrzeugen; die Korruption in der russischen Heeresverwaltung war nicht zu unterbinden. Napoleon aber dirigierte die Reserven seines Imperiums nach Westpreußen. Er brach den Widerstand Danzigs, nachdem dort Munition und Nahrung ausgegangen waren und Bennigsen es nicht vermocht hatte, die Besatzung zu stützen. Das Ende kam rasch. Bei *Preußisch-Friedland* (14. Juni) wurde Bennigsen geschlagen. Der Zar ersuchte umgehend um Waffenstillstand. Die preußischen Truppen biwakierten zwischen Memel und Tilsit. Scharnhorst zog Bilanz: »Unsere Taten sind nicht groß gewesen, indes haben wir uns doch mit dauernder Achtung aus dem Spiel gezogen« (8. August).

Napoleon verlangte sofort die Entfernung Hardenbergs, der nach Riga ins Exil ging, wo er dem Staat weiter mit Reformdenkschriften und sonstigen Ratschlägen diente. Stein, auf den auch Napoleon hingewiesen hatte, konnte aus Nassau zurückberufen werden. Der russische Kaiser unterwarf sich weitgehend den Forderungen seines Gegners, beharrte jedoch – durch Hardenberg noch besonders gemahnt – auf der Existenz Preußens. Der *Friede von Tilsit* (9. Juli 1807), den auch ein Bittgang der Königin Luise zu Napoleon kaum mildern konnte, reduzierte Preußen auf einen Gebietsumfang, wie ihn Friedrich der Große für den Fall seiner Niederlage befürchtet hatte. Der halbe Staat war zerstört.

Im *Friedensvertrag* hieß es ausdrücklich, dem Hause Hohenzollern würde der Thron nur mit Rücksicht auf das befreundete Rußland gelassen. Alle Besitzungen westlich der Elbe, Magdeburg und die Altmark jetzt eingeschlossen, mußten ersatzlos abgetreten werden. Sie wurden zusammen mit braunschweigischen, oranischen, hessischen und hannoverschen (1810) Gebieten zum »Königreich Westfalen« zusammengefaßt. Die im Herbst 1806 von Napoleon wegen Unbotmäßigkeit der Studenten (»pereat«) geschlossene Universität Halle ist im Mai 1808 als »westfälische« Universität durch König Jerome wiedereröffnet worden. Andere westliche altpreußische Gebiete fielen an das »Großherzogtum Berg«. Die Erwerbungen aus der zweiten und dritten Teilung Polens sowie der Netzedistrikt wurden dem Herzogtum Warschau zugewiesen. Danzig erhielt einen Sonderstatus, eine französische Besatzung, hohe Kriegssteuern und wurde vom Handel mit England abgeschnitten, wie auch ganz Rest-Preußen an der Kontinentalsperre teilzunehmen hatte. Den Kernprovinzen Brandenburg, Pommern, Preußen und Schlesien wurden Kriegsentschädigungen und Kontributionen in einer Höhe auferlegt (154,5 Mill. Franken), die schlechthin irreal war und zum Aufstand herausforderte. Die tiefe Franzosenfeindschaft während des 19. Jahrhunderts hat hier eine ihrer stärksten Wurzeln, zumal sich die Abwicklung der Verbindlichkeiten (Kredite etc.) über den Pariser Frieden hinaus noch Jahrzehnte hinziehen sollte. Zwischen Tributentrichtung und der Räumung der okkupierten Landesteile wurde ein Junktim geschaffen. Lediglich Ost- und Westpreußen galten wegen der bisherigen Leistungen als losgekauft. Deshalb konnten sich dort zuerst die Reformkräfte entfalten und eine neue Idee vom preußischen Staat entwickeln.

Außenpolitisch hatte Preußen jedoch seine Handlungsfähigkeit weitgehend eingebüßt. Der Griff des Siegers lockerte sich auch dann nicht, als das Königshaus nach der *Räumung Berlins* aus Königsberg in die Residenz zurückkehrte (22. Dezember 1809). Am Widerstandskampf Österreichs 1809 konnte sich Preußen, so stark die Sympathien in allen Bevölkerungsschichten waren, noch nicht beteiligen. Der Zar warnte Preußen; auch Friedrich Wilhelm hat mit seinem Zögern in diesem Falle recht behalten. Die innere Erholung von Staat und Gesellschaft war noch nicht weit genug gediehen.

Staatsreform

Der Staat hatte eine Niederlage erlitten, er war verkleinert, aber er blieb trotz der chaotischen ersten Okkupationsjahre in seinen wesentlichen Bestandteilen und Einrichtungen erhalten. Es stellte sich nun für alle Verantwortlichen die Aufgabe, die materiellen und die geistig-moralischen Verhältnisse den Bedürfnissen der Stunde zu unterwerfen und doch die idealen Gesichtspunkte für eine bessere Zukunft des Staates nicht aus dem Auge zu verlieren. Dies macht die *Doppelnatur der Reformen* bis 1814 aus. Der physische und finanzielle Druck der französischen

Militär-Administration erzwang Improvisationen, verdrängte aber kleinliche Bedenken, überreizte die steuerfiskalische Motivation und verhinderte das Ausreifen der neuen Entwürfe. Alles stand unter dem Diktat des Augenblicks. So überrascht es nicht, daß manches der Zeit von 1807 bis 1813 Torso blieb, nach den Kriegen ein anderes Aussehen gewann und »konservativ« umgeformt und weiterentwickelt werden mußte.

Die Reformperiode war von der Sache und von den Personen her in den spät- und nachfriderizianischen Staats-Arbeiten verwurzelt und trug auch insoweit keinen revolutionären Charakter im klassischen Sinne. Die notwendigen Eingriffe in Sozial- und Besitzstrukturen erfolgten »von oben«; der Staat sicherte und kontrollierte die Umschichtungen und Freisetzungen. Es ist weiterhin erkennbar, daß wesentliche Reform-Ansätze der Stein-Hardenberg-Zeit im 19. Jahrhundert weiterentwickelt oder wieder aufgegriffen worden sind, bis zu den Verwaltungs-Reformen nach der Reichsgründung. Mythos und Realität der Reformzeit haben im preußischen Staat als zweite positive Tradition immer wieder die Kräfte der Nachlebenden angeregt. »Was im Jahre 1807 begonnen wurde, war ein Jahrhundertprogramm« (W. Hubatsch).

Es bedurfte der *Ausnahmesituation* der Niederlage, um über bestimmte rechtsstaatliche Grundsätze hinweggehen zu können, die bisher zugunsten verschiedener Schichten gewahrt worden waren. Der ideologische und militärische Vorstoß hat insofern den Anstoß zu einer langandauernden Erneuerung Preußens gegeben. Die Leistungen von Stein und Hardenberg sind richtungspolitisch nur schwer bestimmbar. Stein (geboren 1757) hatte sich seit 1780, Hardenberg (geboren 1750) seit 1791 in preußischen Diensten bewährt. Sie waren beide – Stein grundsatztreuer, Hardenberg beweglicher – »aufgeklärte« Reformpolitiker mit dem Mut und der Kraft, neue Wege zu beschreiten.

Da der König in Preußen 1807 unverändert und von niemandem ernsthaft bestritten die Staatsspitze darstellte, war jede Reform von seiner grundsätzlichen und speziellen Zustimmung abhängig. Trotz seiner Verhaltenheit und Autoritätsgläubigkeit ist er eben doch auch ein Reform-König gewesen, »weder ein der Zuziehung von Ständen gänzlich abgeneigter Autokrat noch ein prinzipieller Beschützer der ganzen überlieferten Gesellschaftsordnung« (P. Haake). Er hat den langsamen Umbau des Staates mit ersten eigenen Ausarbeitungen, mit Kritik und der Fähigkeit zum Ausgleich zwischen »hitzigen« Parteien begleitet.

Die bereits seit 1640 einsetzende *Anziehungskraft* Brandenburg-Preußens auf »Ausländer« hatte seit 1797 noch zugenommen, und zwar nicht nur in der Staatsverwaltung im engeren Sinne, vielmehr auf allen Gebieten des öffentlichen, besonders auch künstlerischen und wissenschaftlichen Lebens. So zeigt die Schicht der »Reformer« ein buntscheckiges Bild, in dem sich etwas von der Vielfalt der Einflußmöglichkeiten, aber auch von der Integrationskraft des nachfriderizianischen Preußens widerspiegelt: Neben Stein (Nassau) und Hardenberg (Hannover-Lüneburg) standen Scharnhorst (Schaumburg-Lippe, seit

1801), Neidhardt von Gneisenau (Thüringen-Sachsen, seit 1786,) H. J. von Auerswald (Ostpreußen), H. von Beguelin (Schweiz-Berlin), Freiherr vom Stein zum Altenstein (Franken, 1818 bis 1838 Kultusminister), H. von Boyen (Brandenburg-Berlin), A. H. von Borgstede (Pommern), C. von Clausewitz (Magdeburg), J. A. Fr. Eichhorn (Mainfranken, seit 1800), J. G. Frey (Ostpreußen), K. W. G. von Grolman (Kleve), J. Gruner (Osnabrück), Th. G. von Hippel (Verfasser des Aufrufs »An mein Volk«, Ostpreußen), B. G. Niebuhr (Kopenhagen, 1806 ff.), W. von Klewitz (Magdeburg, 1817 bis 1824 Finanzminister), Fr. Th. von Merckel (Schlesien), Fr. von Motz (Hessen-Kassel, seit 1795, Finanzminister 1825 bis 1830), F. L. G. von Raumer (Brandenburg), Christian Rother (Schlesien), J. A. Sack (Kleve), Th. von Schön (Ostpreußen), Fr. W. von Schroetter (Ostpreußen), Fr. A. Stägemann (Brandenburg), Chr. Fr. Scharnweber (Franken, seit 1791), L. von Vincke (Westfalen–Minden, seit 1798) und andere mehr.

Trotz der unvermeidlich aufbrechenden Differenzen zwischen Stein und Hardenberg und trotz der überspitzten Kritik des späten Stein an der unzweifelhaft großzügigen Geschäftsführung Hardenbergs gab es zwischen den beiden herausragenden Männern und ihren Anhängern in den Grundfragen der Reformarbeit Absprache und Konsens, wenngleich keine Gesamtplanung bestand: »Es gab ein breites Feld der Übereinstimmung zwischen Stein und Hardenberg; die Selbständigkeit und Unabhängigkeit Preußens nach außen, von Stein mehr als deutsche Aufgabe empfunden, von Hardenberg mehr als Wiederherstellung eines Staatensystems einiger ungefähr gleichstehender großer Mächte. Nach innen die rechtliche und tatsächliche Angleichung der Stände, von denen der Bauernstand die Freiheit erhalten mußte. Die Vereinfachung und Durchrationalisierung der inneren Verwaltung durch Fachministerien und durch einen überschaubaren Apparat von Mittelbehörden. Die Beteiligung des Volkes an Vertretungskörperschaften, die Beseitigung der Schranken, die die freie Tätigkeit des Individuums in Staat und Wirtschaft einengten ... die Unterschiede zwischen ihnen lagen weniger in den Zielen als in den historischen Schichten, in denen diese Ziele wurzelten« (H. Haussherr, 1960).

Mit dem *»Organisationsedikt«* (= »Verordnung, die veränderte Verfassung der obersten Verwaltungsbehörden in der preußischen Monarchie betreffend«: 24. November 1808) entstand aufgrund großer Vorarbeiten Steins (»Organisationsplan der Obern Behörden des Preußischen Staates«, 23. November 1807) das Kernstück der Verwaltungsreform, der Ministerialstaat mit dem damals gegründeten Innenministerium. Die wichtigste Abänderung nach dem Inkrafttreten (16./26. Dezember 1808) bestand in der Schaffung der Position des Staatskanzlers durch Hardenberg (27. Oktober 1810).

Mit dem *»Oktoberedikt«* (9. Oktober 1807) wurde die persönliche Freiheit aller Schichten der bäuerlichen Bevölkerung hergestellt und garantiert: »Mit dem Martinitag 1810 hört alle Gutsuntertänigkeit in unseren sämtlichen Staaten auf.

Nach dem Martinitag 1810 gibt es nur noch freie Leute.« Die Ablösung der Besitzrechte und der Dienste etc. wurde erst durch die Regulierungs-Edikte (1811, 1816) in der Weise geregelt, daß für den größten Teil der mittleren und größeren Bauern der Fortfall der Abgaben und Dienste und die Eigentumsverleihung des Bodens durch Entschädigung (Land oder Geld) geregelt wurde. Die Bauernschutzpolitik ist damit ebenso wie die ländliche Siedlungspolitik aufgegeben worden. Der Prozeß der Kapitalisierung aller agrarischen Beziehungen wurde in verhältnismäßig kurzer Zeit zum Abschluß gebracht. Die *bäuerlichen Betriebsflächen* sind insgesamt jedoch nicht in dem Maße zurückgegangen, wie man das lange Zeit vermutet hat. Allein durch die Separation auf den Gemarkungen konnten 2,4 Millionen Morgen Land gewonnen werden. Zwischen 1816 und 1859 verringerten sich die bäuerlichen Betriebsflächen in der Summe aller Provinzen um 2,7 Prozent (gegenüber 1816). Der Verlust an Vollbauernhöfen betrug jedoch 6870 Stellen (= 2 Prozent). Die Betriebsflächen der Rittergüter nahmen um etwa 18 Prozent zu, wobei 13,5 Prozent aus Ablösungen und 4,5 Prozent aus Zukäufen stammten. Der ostdeutsche *Großgrundbesitz* empfing mit diesen staatlich verordneten Landzuweisungen erst jene Aufrundung, die ihn als eine geeignete Zielscheibe sozial- und parteipolitischer Angriffe erscheinen ließ. Das etwa gleichzeitig infolge der *Bevölkerungsvermehrung* und rationellen Landwirtschaft entstehende Agrarproletariat der Ostprovinzen sah sich zur Auswanderung gezwungen und ist erst mit der Hochindustrialisierung nach Berlin und in die mittel- und westdeutschen Reviere abgezogen. Die »Bauernbefreiung« vereinigte ein humanitäres Anliegen mit wirtschaftlichen Tendenzen des Groß- und Mittel-Besitzes. Die Folgen waren für eine normale Regierung nicht vorhersehbar: »Nirgendwo im übrigen Deutschland haben die Reformen so tiefgreifende Umwälzungen verursacht, wurde die ländliche Verfassung so schnell auf neue Grundlagen gestellt, trat die Verbindung von Bauernbefreiung und großer Politik so sichtbar in Erscheinung, wurde gleichzeitig eine so große Menge von Menschen unmittelbar und mittelbar betroffen« (Wilhelm Treue, 1970).

Die *Städteordnung* (J. G. Frey: 19. November 1808), deren Wirkungen noch im folgenden behandelt werden, war ein Wechsel auf die Zukunft. Um 1810 lebten nur etwa 13 Prozent der Bevölkerung in Städten mit über 6000 Einwohnern.

Das *Bildungswesen* erfuhr durch die Errichtung der staatlichen Kultus- und Unterrichtsverwaltung (bis 1817 als Sektion des Innenministeriums) eine für die Zukunft günstige Zentralisierung. In der Gegenwart, ohne feste Etats, wurden vor allem Pläne entwickelt, aus denen sich nach und nach eine Förderung und Verbesserung des Schulwesens ergab. Die *Lehrerseminare* (seit 1747) wurden zwar nicht einer Reform (Ludwig Natorp) unterzogen, jedoch partiell verbessert. Die Einrichtung eines modellartigen neuen Lehrerseminars, das Natorp 1810 entwickelt hatte, ist durch ebenso antiquierte wie bezeichnende Einwände Schleiermachers zu Fall gebracht worden; er vertrat im März 1813 (!) in aller Ruhe die Auffassung, das »Volk« sei in der Mehrheit keiner literarischen, bis zum selbständigen Lesen von Büchern führenden Bildung fähig; in der Elementarschule sollte vielmehr durch »lebendige Tradition«, weniger durch das Medium der Schriftlichkeit gebildet werden. Die Kraft der Reformideen war hier aber dann so stark, daß um 1828 bereits 28 neue Lehrerseminare bestanden, als eine Grundlage für den »Siegeszug« des preußischen Volksschullehrers im Rahmen des kulturellen und wirtschaftlichen Aufstieges Preußens.

Ein unmittelbarer Erfolg war Wilhelm von Humboldt, der die Kultus-Sektion nur bis April 1810 leitete und Durchsetzungswillen vermissen ließ, mit der Gründung der *Berliner Universität* (16. August 1809) beschieden. Es gelang, gute Namen zu verpflichten (Savigny, Niebuhr, Fichte, Schleiermacher, Eichhorn, Wolf, Böckh, Hufeland, Klaproth, Wildenow). Nach wenigen Jahrzehnten hatte sich Berlin in die Spitzengruppe der europäischen Universitäten vorgearbeitet. Es folgten die Verlegungsneugründungen Breslau (Frankfurt/O.: 1812) und Bonn (Duisburg: 1818).

Im weimarischen »Athen« verfolgte man die preußischen Anstrengungen (von »großen Anstalten« berichtete 1810 der vormals Jenaer Mediziner Hufeland seinen alten Freunden) mit sanfter Selbstsicherheit: »Es ist doch immer gut, wenn man auf die Wissenschaft in diesen Zeiten einen Wert legt« (Voigt an Goethe, 11. August 1810). Aber die mitteldeutschen Universitäten sahen sich bald »preußischen Werbern« ausgesetzt, die Professoren, insbesondere Naturwissenschaftler, für Berlin und Breslau abzuwerben versuchten. Es gehört in den Umkreis des Mythos vom Humboldtschen Neuhumanismus, daß die neuen Universitäten vor allem die Geisteswissenschaften pflegen sollten.

Die Gründung der Berliner und der anderen Universitäten ist ein wesentlicher Schritt auf dem Wege zu einem preußischen »Vernunftstaat« geworden, wie er besonders in Berlin wiederholt postuliert wurde. Aber man darf das Prozeßhafte nicht verkennen. Wie bei den anderen Reformen war es auch hier überfällig, den entscheidenden Schritt zu vollziehen und der Hauptstadt zu geben, was ihr zukam. Man darf auch nicht gering achten, daß es in Berlin bereits »Fachhochschulen« (Akademien) gab, daß in der Stadt an die dreihundert Gelehrte lebten und daß sie auch über starkes Bürgertum verfügte. Denn in Berlin und Potsdam befanden sich mehr als 200000 Menschen. Nach Abzug der »Militärbevölkerung« und der gewerblichen Unterschichten blieben noch immer einige Fünfzigtausend übrig (einschließlich der ziemlich bodenständigen und immobilen Beamtenschaft), die das soziale Fundament für den raschen Aufstieg einer Universität abgaben, die nach dem Willen ihrer Gründer die Aufmerksamkeit und Achtung Deutschlands durch »wahre Aufklärung und Geistesbildung« erneut auf Preußen lenken sollte.

Mit dem *»Finanzedikt«* (27. November 1810) legte Hardenberg eine Art Regierungsprogramm vor, das stärker auf die unmittelbare Reorganisation, auf die Arbeitsfähigkeit der Staatsverwaltung gerichtet war. In der Not der fortwährenden Forderungen der Besatzungsmacht war die Finanz- und Steuerreform am vordringlichsten; aus der alten ländlichen »Kontribution« erwuchs eine moderne Grundsteuer, aus der »Akzise« eine allgemeine, auch hier die Trennung von Stadt und Land aufhebende Verbrauchssteuer. Zur Wirtschafts- und Finanzreform gehörten weiterhin die Verkündung der *Gewerbefreiheit* (2. November 1810), die Einführung der *Gewerbesteuer,* später noch die *Handelsfreiheit* (16. Mai 1818) und – als wirtschaftspolitischer und emanzipatorischer Akt – die »Bürgerliche Gleichstellung« der *Juden* (11. März 1812). Wie konsequent »liberal« Hardenberg sein konnte, geht aus dem Satz hervor: »Ich stimme für kein Gesetz der Juden, das mehr als die vier Worte enthält: gleiche Pflichten, gleiche Rechte«.

Den weiten Abstand zwischen Volk und Regierung, der durch die Reformen naturgemäß nicht in kurzer Zeit gemildert werden konnte, sollten nach dem Willen Steins und Hardenbergs die mehrfachen *Verfassungszusagen* überbrücken (1808, 1810, 1815). Friedrich Wilhelm III. verhieß der Nation »eine zweckmäßig eingerichtete Repräsentation sowohl in den Provinzen als für das Ganze«. Trotz einiger Anläufe (1812 bis 1814) blieb es dann bei der provinzialen vorparlamentarischen Repräsentation. 1821 verschob der König aus Gründen, die noch erörtert werden, die Frage auf unbestimmte Zeit.

Die Opposition und Marwitz

Der Widerstand gegen die Reformen von seiten der Landstände und insbesondere des kurmärkischen und neumärkischen Adels regte sich besonders, als im Februar 1811 eine aus allen Provinzen beschickte *Notabeln-Versammlung* in Berlin zusammentrat, um von den Reformplänen der Regierung Kenntnis zu nehmen. Es zeigte sich, daß die Stände im 18. Jahrhundert »unter« dem Absolutismus durchaus erhalten geblieben waren und daß sie in Notzeiten sogleich, in ungebrochener Tradition, genau formulierte Positionen gegenüber der »Landesherrschaft« einzunehmen in der Lage waren. Die Ritterschaft der Kreise Lebus und Beeskow-Storkow (in der östlichen Mittelmark) bildete gleichsam die Speerspitze der brandenburgischen Stände, denen Hardenberg allzu großzügig gestattet hatte, sich auf einem inoffiziellen Landtag zusammenzufinden, wo vor allem Friedrich August Ludwig von der Marwitz, Preußens wirkungsmächtiger Konservativer »mit altrömischem Charakter«, ein insoweit progressives ständisches Programm vertrat, als er auf das Steuerbewilligungsrecht verzichten wollte. Unter grundsätzlicher Beibehaltung der besonderen Stellung des Adels sollte, so meinte er, »die Teilnahme der Staatsbürger an den Staatsangelegenheiten und durch eine feste Gesetzgebung, entgegengesetzt den willkürlichen Edikten« erreicht werden. Er berief sich ungerührt auf die Abmachungen mit den Landesherren von 1653, 1717 und 1798 und forderte, wie Stein, »die lebendige Teilnahme der Staatsbürger«. Im Grunde war Marwitz »in der großen Not« zu allen Lasten und Abgaben bereit, wenn nur die ständische Verfassung grundsätzlich garantiert bliebe. Aber mit diesem Programm fand er wenig Beifall bei seinen »erbärmlichen Mitständen«, denen in der Mehrzahl die Finanzfragen und längerfristigen ökonomischen Vorteile wichtiger waren als ständisch-rechtliche Probleme.

Vor der Notabelnversammlung, wo sich Staat und Stände, Zentralismus und Regionalismus gegenüberstanden, forderte Hardenberg die Deputierten auf, einen höheren Standpunkt als den der Provinz oder Stadt einzunehmen und sich als »Bürger des ganzen Staats« zu betrachten und »das einzelne Interesse dem des ganzen unterzuordnen«. Das Gegenteil war jedoch der Fall. Ein unverbrauchtes und urwüchsiges Landes- und Provinz-Bewußtsein (wie es dann in den deutsch gebliebenen Teilen Preußens noch das Jahr 1945 überdauert hat) trat dem Staatskanzler entgegen und entfaltete sich in höchst ungemütlich-stürmischen Geldverhandlungen. An Stein schrieb der Kanzler, er müsse sich »gegen Torheit, Vorurteil und Egoismus auf der einen, gegen Überspanntheit, Extremismus und Systemwut« auf der anderen Seite wehren; Stein stimmte ihm zu mit Bemerkungen über das »elende Geschlecht«, das – wie vor 1789 – die Gefahren der Zeit nicht sehe. Ähnliche Auffassungen vertrat der Schwager Steins, Graf Abraham Wilhelm von Arnim-Boitzenburg (1767 bis 1812), der den Widerstand des kurmärkischen und sonstigen preußischen Adels gegen Reformen und gegen Verzichte auf anachronistisch gewordene Herrschaftsrechte mit erheblicher Skepsis betrachtete und eine Revolution für den Fall befürchtete, daß sich die Ideen Steins und Hardenbergs nicht durchsetzen ließen. Der unfertige Zustand der »Nation« Preußen lag vor aller Augen. Trotz einiger Konzessionen hatte sich Hardenberg aber in den wesentlichen Punkten seiner Gewerbe- und Finanzpolitik durchgesetzt.

Um so überraschender war es, daß er im Juni 1811 Marwitz und den alten Grafen Finckenstein auf die Festung Spandau bringen ließ, weil er sich durch die »Letzte Vorstellung« der Kreisstände von Lebus und Beeskow-Storkow beleidigt glaubte. Marwitz hatte der Regierung schlicht und deutlich vorgehalten, daß sie gewissermaßen verfassungsfeindlich nach »fremden Grundsätzen« regiere und der »alte Brandenburgisch-Preußische Staat aufgelöset sein sollte«. Man bekäme einen »neumodischen Judenstaat«, weil nun Juden mit ihrem Bargeld das Grundeigentum aufkaufen und zu »Hauptrepräsentanten des Staates« würden. Statt in dieser Lage mit Ironie oder Verachtung auf die querulatorische und unqualifizierte Eingabe zu reagieren, nahm der Staatskanzler den Fehdehandschuh auf – und machte Marwitz zum Märtyrer konservativ-ständischer Ideale. Er befriedigte auch dessen Geltungsbedürfnis: »Ich genoß seitdem einer weit verbreiteten Achtung und ward von allen Erbärmlichen geflohen als einer, in dessen Nähe man sich leicht verbrennen kann«. Auf den romantisch-ständisch empfänglichen Kronprinzen, an dem zufällig die Kutsche mit den Verhafteten vorbeirollte, verfehlte die Affaire ihren Eindruck nicht. Sie gewann von daher zusätzliche Geschichtsmächtigkeit.

Aber wer war Marwitz? Es ist ganz natürlich, daß dieser Erzvater der preußischen konservativen Partei alle Epitheta auf sich zog, vom »teutschen Ritter« (Friedrich Wilhelm IV.) über den »vollkommenen Vertreter adeliger Gesinnung« (Fontane) bis zum »plumpen eingebildeten märkischen Faselhans« (Varnhagen), während Clausewitz von einer »aus lauter Preußentum gezogenen konzentrierten Säure« gesprochen hat. Das sind Karikaturen und Abbilder. Was Marwitz vor allem auszeichnete, war seine Rezeptionsfähigkeit und Sensibilität; er war (wie später Fontane) ein politischer Seismograph, der die gesellschaftsrevolutionierenden Einflüsse und Vorboten und überhaupt Preußens Zukunft auf einer Skala anzeigte, die von Adels- und Staatsinteressen bestimmt war. Als deutsch-französischer Hybride stand er hoch über den meisten seiner Standesgenossen, erregte den Haß jener, die von sozialen Umwälzungen alles erwarteten, und fand den Beifall der anderen, die trotz allem an eine Harmonie der Privatinteressen glaubten und denen, besonders in der Landwirtschaft, die heraufziehende Kapital- und Industriewelt als eine tiefe Störung menschlicher Ordnung erschien. Ängste der Zeit spürte er auf und gab ihnen Ausdruck. Eine preußische Machtpolitik in Deutschland, wie sie von Friedrich Karl von Moser über Stein, Fichte, Pfizer bis zu Friedrich von Gagern immer wieder diskutiert worden ist, hielt Marwitz nicht nur während der Befreiungskriege für möglich; 1814 überraschte er seinen Gegner Hardenberg mit der Prophetie, daß in fünfzig Jahren der König (als Herrscher der »Teutschen in Preußen, Brandenburg und Sachsen«) »auch Franken, Schwaben, Rheinland ... in seinem Titel führen würde. Es sei sehr wohl möglich, bemerkt er noch 1818, »daß die Wiedergeburt der Nation durch Armee und Landwehr vollendet werde, wie sie durch selbige begonnen worden ist.«

Marwitz ist ein Mann zwischen den politischen Gruppen geblieben. Er gehörte nicht zu den Hof-Konservativen (Köckeritz, Ancillon, Zastrow, Voß, Herzog Karl von Mecklenburg), nicht zu den militärischen Antireformern (wie Yorck), er mied den Salon der Rahel, wo sein Bruder Alexander verkehrte, und bedachte die Regierung der »Ideologen und Philosophanten« mit dem Sarkasmus und Haß seines angeborenen Temperaments. So war er unzweifelhaft unter den Konservativen der bedeutendste Kritiker von Staat und Dynastie in der Hardenberg-Ära. Aber er besaß andererseits kein Verständnis für die Paradoxie, daß eine Regierung trotz eines Übermaßes an Fehlern, Rechtsbrüchen und Leichtfertigkeiten im einzelnen dennoch in der Summe zu einem respektablen Ergebnis, ja zu einem herausragenden Gesamterfolg gelangen kann. Eben das war die Situation seines Gegners Hardenberg, des Neupreußen, den die Probleme des Rapsanbaues und der Stallfütterung polnischer Jungochsen wohl nur am Rande interessierten und dessen Handlungen Marwitz mit der Bitterkeit des enttäuschten Liebhabers verfolgte. Nur wenige Verbindungen gab es zwischen dem Land-Preußentum des sittlich-frommen, ungestüm-furchtlosen, bodenständig-rastlosen und altjunkerlich-offenen Marwitz zu dem Reformstaats-Preußentum des weltläufigen Hofdiplomaten Hardenberg. Aber erst die Kombination dieser Eigenschaften in der Mehrheit der preußischen Führungsschicht hat das »Wunder« von 1813/14 möglich werden lassen.

Marwitz nahm sich schließlich im Rahmen seiner vielfältigen Pläne und Anregungen der Problematik der Stellung des Adels im reformierten Staate an. Er war klug und in den Autoren seiner Zeit belesen genug, um zu sehen, daß von den rechtlichen und materiellen Veränderungen her die Zeit des ständisch bevorrechtigten Geburtsadels dem Ende entgegenging. Die Wiederbelebung der Stände, deren Kontinuität gerade Marwitz verkörperte und empfand, hat er noch erlebt und gelenkt. Das historisch Gewachsene sollte (ähnlich wie es die politischen Romantiker empfanden) »veredelt«, nicht »zerstört« werden. Tatsächlich jedoch unterlag der Adel Preußens »einem sich in zunehmendem Maße vollziehenden Wandlungsprozeß« (K. Vetter), der den Beweis dafür enthält, daß mit den nach 1786 aufgelebten ständischen allgemeinpolitischen Bestrebungen zwar die althergebrachten Rechte (Patrimonialgerichtsbarkeit, gutsherrliche Polizeiaufsicht, Landratswahl) erhalten, aber die Stellung des Adels als eines wegen seiner Eigenwertigkeit geschützten Standes nicht rekonstruiert werden konnte. Mit der Reformzeit war die Schwelle zum »bürgerlichen« Staat endgültig überschritten.

»Vor dem Sturm«

Für die geistige Erhebung Preußens zu wirken, war eine Sache, eine andere, schwierigere Aufgabe war es, in dieser Lage außenpolitisch entscheiden zu müssen. Hardenberg und Friedrich Wilhelm III. haben, jeder auf seine Art, diesen Auftrag zu erfüllen vermocht. Mit einem *»Volkskrieg«* allein war der besten Armee Europas nicht beizukommen. Die Deutschen waren keine Spanier. Scharnhorst und Gneisenau hatten die Methoden des Volkskrieges in ihre Pläne miteinbezogen (August 1808). Die radikale Variante Gneisenaus (Sommer 1811) fand nicht den Beifall des Königs. Ein allgemeiner Volksaufstand gegen eine moderne Armee müsse scheitern: »Der Feind, der auf solche Dinge abgewitzt ist, wird der Sache schnell ein Garaus machen ... wenn ein Prediger erschossen sein wird, hat die Sache ein Ende ... ein paar Exekutionen und alles wird sich zerstreuen ...«; zu der sinnstiftenden Bemerkung Gneisenaus, im Aufstand würden Volk und Staat sich zu einer unlöslichen Einheit zu verschmelzen beginnen, notierte er: »Als Poesie gut«. Die Antwort Gneisenaus war nicht minder zutreffend wie der besorgte Realismus des Monarchen: »Ew. Majestät werden mir, indem ich dies schreibe abermals Poesie schuld geben, und ich will gern hierzu bekennen. Religion, Gebet, Liebe zum König, zum Vaterland, zur Tugend sind nichts anderes als Poesie. Keine Herzenserhebung ohne sie. Wer nur nach kalter Berechnung seine Handlungen regelt, wird ein starrer Egoist.

Auf Poesie ist die Sicherheit der Throne gegründet.« Ein heroischer Kampfeswille begegnete sich mit dem Ethos des in bestimmte unveräußerliche Pflichten eingebundenen Regenten. Mit »Schwäche« und »Stärke«, »Optimismus« und »Pessimismus« ist dieser Konflikt nicht zu umschreiben. Gneisenau hat in dieser Zeit der Vorbereitung auf den letzten Kampf den Leitsatz ausgegeben, daß die Macht Napoleons nicht so furchtbar sei, wie sie scheine. Und der König hat auf »die schwere Wahl zwischen Krieg und Frieden« verwiesen, »bei dem das Wohl und Wehe ganzer Nationen auf dem Spiele steht«, während ihm die Entscheidung »durch erbitterte Parteisucht und konstituierende Meinungen noch schwieriger gemacht« werde (April 1809).

Staatskunst *und* Kriegskunst hatten ein Amalgam zu bilden, hatten der »Dynamik des Napoleonischen Machtwillens« (G. Ritter) die besonnene Entschlossenheit des Widerstandes in wechselnden Formen, des Aufstandes mit ausreichenden Kräften entgegenzusetzen. So hat denn auch Scharnhorst behutsam und beharrlich die Möglichkeiten einer zweckmäßigen staatlichen Organisierung der Massen geprüft. Weit mehr als Gneisenau konnte er sich auf das Vertrauen des Königs stützen. Die skeptische und nüchtern-nervöse Art Scharnhorsts entsprach einem Wesenszug des Regenten; den gebändigten Heroismus Scharnhorsts mag Friedrich Wilhelm als eine notwendige Ergänzung eines selbst empfundenen Mangels angesehen haben. So ist der »Volkskrieg« von der Kerngruppe der Reformer immer wieder erwogen, doch 1813 nur bei einigen Landsturmgefechten begonnen worden.

Seit Ende 1810 zeigte es sich, daß *Rußland* den Konflikt mit Napoleon nicht mehr scheute. Es kündigte das Kontinentalsystem auf (31. Dezember 1810) und zog Schweden auf seine Seite. Napoleon suchte Österreich und Preußen an seine Politik zu binden. Für Wien und Berlin, für Metternich und Hardenberg brach jetzt die Zeit der höchsten Gefahr und des größten Risikos an. Metternichs Diplomatie war bei aller Verschlagenheit und raffinierten Bedenkenlosigkeit doch von den größeren Leitgedanken der österreichischen Stellung in Europa und der Friedensordnung nach einem Sturz oder einer Zurückdrängung Napoleons bestimmt. Hardenberg wiederum hatte noch 1811 einige der wichtigsten Reformen auf den Weg gebracht, dirigierte mit gleicher aristokratischer Geschmeidigkeit das schwankende Staatsschiff Preußens, in dessen Rumpf gewissermaßen die Gewaffneten unruhig auf ihre Stunde warteten.

Tatsächlich kam alles darauf an, das »Pulver trocken zu halten«, die Nerven nicht zu verlieren. Der Konflikt *Heinrich von Kleists,* der im November 1811 aus dem Leben schied, mit Hardenberg ist nur ein Beispiel für die Härte der Situation und der Regierungsmaßnahmen im Inneren, die sich aus den außenpolitischen Nöten ergaben. Im September trat Scharnhorst im Auftrag Hardenbergs und des Königs eine Reise nach Petersburg an, um Informationen auszutauschen und den Grad der russischen Rüstung festzustellen. Die von Scharnhorst unterzeichnete Militärkonvention (17. Oktober 1811) trat nicht in Kraft, da auch Metternich ein Schein-Bündnis mit Napoleon als unvermeidlich ansah und im März 1812 abschloß. Als Napoleon den preußischen Gesandten in Paris, Krusemarck, am 24. Februar 1812 zu einem Allianz-Vertrag zwang, war der Rußland-Krieg beschlossene Sache. Preußen hatte ein Hilfskorps von 20000 Mann zu stellen, freien Durchmarsch für die »Große Armee« zu gestatten und mußte Requisitionen für Militärzwecke (unter Anrechnung auf die Tilsiter Kontribution) dulden. An die 100000 Pferde sollen 1812 allein in den preußischen Provinzen requiriert worden sein. Der Druck dieser Lasten steigerte die Empörung im Lande und bildete eine der emotionalen Voraussetzungen für den Kampfwillen im folgenden Jahr. Nachdem der König den Unterwerfungsvertrag unter dem Eindruck neuer militärischer Bewegungen der Franzosen unterzeichnet hatte (3. März), nahmen Gneisenau, Clausewitz, Boyen und zahlreiche andere Offiziere – sicher voreilig – den Abschied und gingen nach Rußland oder England (Gneisenau).

Clausewitz hat damals, in weitgehender Verkennung der Zwangssituation der Regierung, sein »Bekenntnis« niedergeschrieben: »Ich glaube und bekenne, daß ein Volk nichts höher zu achten hat als die Würde und Freiheit seines Dasein; daß es diese mit dem letzten Blutstropfen verteidigen soll; ... daß der Schandfleck einer feigen Unterwerfung nie zu verwischen ist; daß dieser Gifttropfen in dem Blute eines Volkes in die Nachkommenschaft übergeht und die Kraft späterer Geschlechter nehmen und untergraben wird; ... daß ein Volk unter den meisten Verhältnissen unüberwindlich ist in dem großmütigen Kampf um seine Freiheit; daß selbst der Untergang dieser Freiheit nach einem blutigen und ehrenvollen Kampfe die Wiedergeburt des Volkes sichert und der Kern des Lebens ist, aus dem einst ein neuer Baum die sichere Wurzel schlägt«. Auch Scharnhorst, nunmehr in Breslau, erwog noch im Juli, außerhalb Preußens tätig zu werden. Dann aber, Mitte August, schrieb er Yorck: »Ich habe beschlossen, mein Vaterland nicht zu verlassen und mit demselben das ungewisse Schicksal zu teilen«.

Auf einem *Fürstentag Napoleons* in Dresden im Mai mußten auch Friedrich Wilhelm III. und der österreichische Kaiser erscheinen. 500000 Mann standen bereit, um im Vorfeld Asiens den letzten kontinentalen Widersacher niederzukämpfen, dessen Widerstand auch England, den eigentlichen Gegner, ermutigte. Die Hauptarmee, mit vielen Rheinbunddeutschen und Polen, wurde von zwei kleineren Korps flankiert, in denen sich die preußischen und österreichischen Kontingente befanden. In Petersburg hatte sich ein deutsches Komitee zusammengefunden, zu dem Stein, Boyen, Clausewitz und Ernst Moritz Arndt gehörten. Im Oktober zeigte es sich, daß Napoleon dem riesigen Raum Rußlands erlegen war; wenig später zerstörten der Winter und nachdrängende russische Verbände (Beresina: 25. bis 28. November) seine Hauptarmee.

Das preußische Korps unter seinem nunmehrigen Befehlshaber *Hans David von Yorck,* der nicht zur Gruppe der Militärreformer gehörte, hatte in den russischen Ostseeprovinzen operiert und konnte sich ohne größere Verluste auf die ostpreußische Grenze zurückziehen. Yorck schloß am 30. Dezember in *Tauroggen* (Kurland) mit dem russischen General Diebitsch, der von Clausewitz begleitet war, die Konvention über die Neutralisierung des preußischen Korps (14000 Mann) ab. Über eine unmittelbare Weisung des Königs verfügte er nicht. Er hatte bei Beginn des Feldzuges lediglich den Befehl erhalten, im Falle eines Rückzuges die preußischen Truppen in die Festung Graudenz zu führen. Gleichwohl handelte er nicht auf eigene Faust. Er war teilweise gedeckt durch das Votum hoher Staatsbeamter und Offiziere (unter anderen Carl Ludwig von Lehndorff) aus der ihm als Gouverneur unterstellten Provinz Ostpreußen. Die ostpreußischen Stände haben vor Abschluß noch der Konvention zugestimmt; erst auf diese Nachricht hin hat Yorck die Unterzeichnung vorgenommen. Dem König und Hardenberg kam die Nachricht nicht gelegen. Der Zeitpunkt für einen Bruch mit Napoleon schien ihnen noch nicht gekommen zu sein. So wurde die »Konvention« offiziell verworfen und Yorck des Kommandos entsetzt. Auch späterhin hat der König das Verhalten Yorcks als Eigenmächtigkeit gerügt. Es hatte immerhin ihn und die Berliner Regierung in die Gefahr gebracht, von den mit zehnfacher Übermacht um Berlin stationierten französischen Truppen aufgehoben und fortgeführt zu werden.

Hardenberg wollte vorerst behutsam vorgehen: »Es ist von der äußersten Wichtigkeit, vorerst die größte Anhänglichkeit an Napoleons System und Allianz zu zeigen und allen unseren Maßregeln die Gestalt zu geben, als ob sie für Frankreich geschähen, daher auch die Konzentration und Vermehrung unserer Streitkräfte als eine Folge der französischen Anforderungen darzustellen und herauszuheben sein wird«. Yorcks Tat aber warf alle feinen Pläne über den Haufen. Dem König schrieb er: »Jetzt oder nie ist der Moment, Freiheit, Unabhängigkeit und Größe wiederzuerlangen, ohne zu große und zu blutige Opfer bringen zu müssen. In dem Ausspruch Ew. Majestät liegt das Schicksal der Welt« (3. Januar).

In *Schlesien* hatte Scharnhorst bereits die Waffen- und Sprengstoff-Produktion in Gang gebracht; einen Tag vor der Konvention forderte er, offenbar informiert, Hardenberg auf, den König zu bewegen, seinen Aufenthalt nach Breslau zu verlegen. Mit höchster Energie betrieb er jetzt, durch Hardenberg gedeckt, die Aufrüstung: »Hierbei müssen die ungewöhnlichsten, die schnellsten Mittel angewandt werden« (9. Januar 1813).

So bildeten sich in Ostpreußen und in Schlesien gleichzeitig die Zentren der Erhebung aus. Stein und Arndt erschienen als Beauftragte des Zaren in *Ostpreußen* und organisierten zusammen mit Clausewitz und dem Generallandschaftsdirektor Graf Alexander von Dohna den Kampf. Mit der Einberufung einer Landwehr (20000 Mann) wurde begonnen. Nach und nach erfaßte die Kampfstimmung auch die übrigen Provinzen. In *Berlin-Brandenburg* bedurfte es kaum einer Kriegs-Propaganda, wie sie Arndt und andere nun mit aller Härte betrieben. Die Zentralprovinz hatte neben Ostpreußen am meisten zu leiden gehabt, hing dem Königshaus unverändert in besonderer Weise an und stellte deshalb auch den mit Abstand höchsten Anteil der preußischen Freiwilligen (40 Prozent). Am 22. Januar ging der König nach Breslau, nachdem Hardenberg noch von den russischen Bevollmächtigten Zusicherungen erlangt hatte, daß Preußens Gebietsstand wiederhergestellt werden würde.

In *Breslau,* wo sich in kurzer Zeit fast alle preußischen Patrioten und Militärreformer einfanden, folgte nun eine Entscheidung der anderen – der König wurde mitgerissen von der Woge des Aufstandes und der Kriegsbereitschaft. Die Bildung freiwilliger Jägerabteilungen wurde begonnen (3. Februar), Befreiungen vom Wehrdienst aufgekündigt (9. Februar), die Mobilmachung angeordnet (12. Februar), das Bündnis mit Rußland abgeschlossen, nachdem Stein noch scharf gedrängt hatte (27./28. Februar); nach dem Einzug des Zaren in Breslau wurde die Kriegserklärung Preußens an Frankreich abgesandt (15. März). Die Würfel waren gefallen. Nun mußte es sich zeigen, was Yorck dem König von Tilsit aus versichert hatte: »Wir werden uns wie alte echte Preußen schlagen«.

Diplomatie und Rüstung

Das *Zögern* Friedrich Wilhelms III. und Hardenbergs im Januar und Februar 1813 ist damals und späterhin getadelt worden. Aber man vereinfacht die Situation zu sehr, wenn man »eine risikofreudige Politik wagemutiger Entschlüsse« (M. Botzenhart, 1980) fordert und König und Staatskanzler für unbeweglich erklärt. Das sind Nachklänge der Patriotenstimmung in der Historiographie. Nur wenige haben mit Schärfe die These verfochten, daß eine Großmacht wie Napoleon nicht anders als durch eine *Große Koalition* der vier sonstigen europäischen Hauptmächte nebst ihrem Anhang zu Boden geworfen werden kann. Auf diesen Punkt richteten sich immer wieder die Überlegungen der beiden Staatslenker Preußens. Dies – der unfertige Zustand der Viermächte-Koalition – war der Grund für ihr Zögern und Zaudern. Es waren voraussichtlich mindestens 450000 Mann gegen 450000 Mann zu setzen, ausgebildete Mannschaften mit erfahrenen Kadern. Jede andere Politik, die das aus dem Auge verlor, näherte sich den Grenzgebieten zum Abenteuer.

Militärfachleute konnten sich im Frühjahr 1813 ausrechnen, daß es dem organisatorischen Genie Napoleons in kurzer Zeit gelingen würde, die Partie um Mitteleuropa neu zu eröffnen. Daß er den Waffenstillstand vom 4. Juni abschließen würde, den er als den »größten Fehler« seines Lebens bezeichnet hat, war nicht vorhersehbar. Der König hatte seine Lektion von 1805/06 gelernt, wer wollte ihn deshalb tadeln. Und Hardenberg bedurfte keiner Belehrung über die Tücke, mit der große Mächte ihren und nur ihren Interessen nachgingen und wie leicht die lebhaftesten Bündniszusagen gebrochen werden, wenn der Wind sich dreht. Daß »sich maßgebende russische Staatsmänner soeben mit dem Gedanken trugen, Ostpreußen zu annektieren und den Vormarsch an den Staatsgrenzen endgültig einzustellen« (P. G. Thielen), hätte ihn vielleicht nicht einmal überrascht, wenn er es erfahren hätte. Es bleibt ungewiß, ob zu diesen Plänen oder Tauschplänen (Ostpreußen gegen Sachsen) auch von deutscher Seite Anregungen gegeben worden sind.

So war es eine ziemliche *Verwegenheit* oder Leichtsinn (so Marwitz), ohne feste Bündniszusagen Englands und Österreichs in den Krieg mit Frankreich einzutreten. Man war sich in der preußischen Führung des »Rittes über den Bodensee« bewußt. Der Aufruf des russischen Feldherren Kutusow an die deutschen Fürsten, von Napoleon abzufallen, zeigte wenig Erfolg. Lediglich der Herzog von Mecklenburg nahm die Partei Rußlands und Preußens. Metternich löste vorerst nur die Bündnisbeziehungen zu Frankreich auf (11. April) und erwarb sich in kurzer Zeit in der Position des bewaffneten Vermittlers ein bedeutendes Ansehen, das ihn schließlich zum diplomatischen Führer der gesamten Anti-Napoleon-Koalition werden ließ. Als die Schweden unter Bernadotte, dem ehemaligen Heerführer Napoleons, mit Preußen das Bündnis schlossen und eine Armee von 30000 Mann verhießen (11. April), konnte man zum ersten Mal in Breslau aufatmen. England, das sich nun in einer Phase der wirtschaftlichen Hochkonjunktur befand, begann bereits im Frühjahr über die hinterpommerschen Häfen mit *Waffenlieferungen,* doch kam es erst nach langen Verhandlungen (Zusicherung der Wiederherstellung Hannovers), im Juni zu Verträgen, deren wichtigster Punkt die Zahlung von zwei Millionen Pfund Subsidien war, wovon Preußen ein Drittel erhalten sollte. Denn, was leicht übersehen wird, Preußen hatte sich in einen »Weltkrieg« eingelassen mit minimalen Bargeldreserven und in einem Überschuldungszustand, der einem Staatsbankrott gleichkam. Nun erst, mit den englischen Zahlungen und Lieferungen, konnte man auf Seiten der Verbündeten etwa eine halbe Million Menschen ausrüsten, verpflegen und einigermaßen regelmäßig besolden.

In der *Waffenstillstandsphase* vom 4. Juni bis zum 10. August war Hardenberg trotz der Annäherung Österreichs an die Koalition (27. Mai: Konvention von Reichenbach) letztlich im Ungewissen, ob Metternich nicht noch mit Napoleon einen modus vivendi finden würde. Am 17. Juni weiß Humboldt, der als Hardenbergs linke Hand in alle Verhandlungen eingeweiht war, zu berichten, daß Österreich mit allen Kräften auf den Frieden hinarbeite, daß der König die Fortsetzung des Krieges ohne Österreich für nicht möglich halte, daß die russischen Generale der Sache schon jetzt sehr müde seien und über die Weichsel zurück wollten (»Dabei sind die Russen in unserem Lande wahre Verwüster«), daß jeder diese Dinge (die Bündnispolitik) wie Geschäfte, keiner wie sein Leben ansehe und daß auch Hardenberg zuweilen erhebliche körperliche Schwächen zeige. Erst nach der berühmten Unterredung *Metternichs mit Napoleon* am 26. Juli im Palais Marcoloni in Dresden klärten sich die Fronten endgültig. Napoleon wollte keine Einschränkung seines Reiches hinnehmen, er – »der Sohn des Glücks« – müsse stark und gefürchtet bleiben. Moralische Argumente wegen der Zahl der Opfer wies er von sich: »Sie sind nicht Soldat und wissen nicht, was in einer Soldatenseele vorgeht. Ich bin im Feldlager groß geworden, und ein Mann wie ich schert sich den Teufel um das Leben einer Million Menschen.«

Nach dem Ablauf des *österreichischen Ultimatums*, mit dem Napoleon nicht gerechnet hatte, in der Nacht vom 10. zum 11. August, befand sich auch Kaiser Franz I. mit seinem Reich im Kriegszustand mit dem Schwiegersohn. Nun erst brachte die Koalition jene 500000 Kämpfer auf, die den 442000 Mann Napoleons gewachsen sein mochten. Österreich hatte in Böhmen inzwischen 127000 Mann zusammengeführt. Es konnte in einer der preußischen gleichwertigen Kraftanstrengung, gefördert durch englische Subsidien, während des gesamten Krieges an allen Fronten fast 600000 Mann aufbieten.

Auch Preußen hat unter unsäglichen Anstrengungen eine große *Rüstungsleistung* vollbracht. Die eigentliche Feldarmee bestand trotz der Verluste bei den Frühjahrskämpfen aus rund 160000 Mann; dazu kamen rund 120000 Mann Landwehr, die jedoch nur teilweise und zeitweise ins Gefecht geworfen worden sind. Dem Aufruf zur freiwilligen Meldung folgten rund 28000 Mann, vor allem aus den brandenburgisch-preußischen Stammprovinzen, an der Spitze Berlin-Brandenburg mit rund 40 Prozent, gefolgt mit Abstand von Schlesien mit 18,7 Prozent, Ostpreußen mit 11,5 Prozent und Pommern mit 8 Prozent. Die Freiwilligen kamen aus allen sozialen Ständen, keineswegs nur aus den »gebildeten« Schichten: Handwerker 40,6 Prozent; Bauern, Jäger und Förster 15,3 Prozent; Tagelöhner und Knechte 14,5 Prozent, Kaufleute und Handlungsgehilfen 9,8 Prozent, Schüler und Studenten 7 Prozent; Beamte 12,8 Prozent (R. Ibbeken). Mit Vergünstigungen wurde die Meldung der Freiwilligen beschleunigt. Drückeberger ermunterte man mit den verschiedensten Methoden.

In ein Berliner Tuchgeschäft, berichtet Fontane, trat eine adlige Dame »und wurde von einem hübschen jungen Manne mit blondem Schnurrbärtchen bedient. ›Ich wundere mich, Sie hier hinter dem Ladentisch zu sehen.‹ – ›Ich nicht, meine gnädigste Frau; ich stehe hier lieber als anderswo.‹ – ›Das seh' ich‹, antwortete die Dame, und dem hübschen Blonden eine Ohrfeige gebend, verließ sie das Lokal. Das war so die Stimmung damals ...«

Die Masse der Wehrfähigen wurde nach dem 22. Februar im Zuge der allgemeinen *Wehrpflicht* aufgeboten, wobei die Aushebungs-Kantone Friedrich Wilhelms I. letztmalig die organisatorische Grundlage für die Erfassung bildeten. Der Ausrüstungszustand der Landwehr war schlecht; sie erlitt hohe Verluste. Die Kampfkraft wurde von Gneisenau gelobt, doch gibt es auch negative

Äußerungen. Nur die außerordentliche Not des Staates rechtfertigte es, fast unausgebildete Kombattanten in die ersten großen Gefechte zu führen.

Der *»Landsturm«* (Verordnung vom 21. April 1813) erfüllte nicht die Hoffnungen der Militärreformer und Ernst Moritz Arndts. Das Aufgebot sollte zu einer »Militarisierung« der Restbevölkerung führen, wie es sie bis dahin in Preußen nicht gegeben hatte. Immer war das Heer ein begrenzter, ja ghettoisierter Bereich im Staate gewesen. Erst das militarisierte 20. Jahrhundert hat Rückblikkende veranlaßt, ihre Traumata auf die älteren Zeiten zu projezieren.

Einer klugen Beobachterin wie Sophie von Schwerin, der Fontane soviel für seinen Roman »Vor dem Sturm« verdankte, schien das Landsturmedikt (»welches aus Attilas Zeiten datiert schien«) aus »eines Gelehrten Stube« zu stammen. Moskaus Brand müsse anregend gewirkt haben, aber es sei absurd, notierte die Patriotin, einerseits den Bauern das Grundeigentum zu geben und andererseits nun von ihnen zu erwarten, daß sie ihr Eigentum mit eigener Hand vernichteten, um Feinden zu schaden. Zum Glück hätten nur wenige das Edikt gelesen und Pfarrer mit gesundem Menschenverstand hätten das Ablesen von den Kanzeln unterlassen.

In den Tagen der »Erhebung« war keine Stimme vernehmbar, die den Zusammenhang des stillen und stellenweise spontanen Kampfeswillens mit den zivilen Reformmaßnahmen hergestellt hätte. Es bestand überwiegend eine reine und religiös gegründete Bereitschaft, für König und Vaterland, gegen den Unterdrücker in den blutigen Kampf zu gehen. Möglicherweise haben hier die Schriften Ernst Moritz Arndts, die Gedichte Körners und Schenkendorfs, die Stimme Friedrich Ludwig Jahns und die Aufrufe des Königs mehr erreicht als alle Reformen zusammen. Und es gab die Staatstradition, die verklärte Erinnerung an Friedrich den Großen, von dem Arndt und andere nach 1806 wenig hören wollten. Als das weltbewegende Jahr 1813 sich dem Ende zuneigte, hat Humboldt die Kräfte überschaut, die Preußen aus der Krise trugen; Napoleon hätte den Eindruck zu erwecken vermocht, als wäre der Staat Friedrichs II. nur für Augenblicke aufgebaut worden, aber was er gebaut habe, würde jetzt erst recht sichtbar: »Was man auch sagen mag, der Grund des jetzigen Impulses in Preußen kommt unleugbar von ihm her«.

In einem engen Sinne mag es zutreffend sein, daß *»spontane Aktionen«* aus dem Volke »keinen entscheidenden Einfluß auf den Gang der Dinge ausübten« (so Th. Schieder, 1970). Aber es sind 1813 in Preußen und Nordwestdeutschland seit Tauroggen und mit der religiös-moralischen und staatlichen Ansprache, deren Dringlichkeit Arndt, Clausewitz und Boyen 1811/12 erkannt hatten, ganz ungewöhnliche und unerwartete Kräfte »spontan« wirksam geworden – aus einem schwerbeweglichen, verelendeten und unglücklichen Volke heraus. Die auf Harmonien und Persönlichkeitsbilder bedachte Historiographie der wilhelminischen Zeit hat es in dieser Hinsicht an Realismus fehlen lassen. Daß 1813 eine »verhängnisvolle Zeit«, ein »tränen- und freudenreiches Jahr« war, hielt die gewiß wohlsituierte Sophie von Schwerin fest – aber auch »die Wut des Volkes«, wenn sich Teile des Hofes und der Oberschicht voreilig davonmachten.

Es gab auch sonst Erhebendes und weniger Erhebendes. Die ländlichen Grundbesitzer der östlichen Provinzen hatten noch weit in das 19. Jahrhundert hinein jene Lasten abzutragen, die ihnen zur Kriegsfinanzierung über die Stände auferlegt worden waren. Gegenüber den Inhabern großer Vermögen vor allem in Berlin mußte Hardenberg bei seinen *Zwangsanleihen* 1813 mit ziemlicher Härte vorgehen, um eine Million Taler (5. Mai) zu erhalten, während der weit schwächere Königsberger Handelsstand damals 800000 Taler aufbrachte (P. Wallich). Der Nachlaß der Fürstin von der Osten-Sacken, das größte Privat-Vermögen in Berlin, mit vier oberschlesischen Herrschaften, konnte nur mit Gewaltmaßnahmen um 7000 Taler (weniger als ein Prozent) vermindert werden. Ähnliches gilt für andere Privat-Vermögen und für Bankhäuser und Unternehmen. Hardenberg hatte sich nicht rechtzeitig die gesetzliche und bürokratische Handhabe verschafft, im Notfall die großen Vermögen proportional annähernd gerecht mit Sonderabgaben zu belasten.

Nicht alle also kamen, als der König rief. Die gesamte reformerisch gesinnte Führungsgruppe, nicht nur der verhalten-gehemmte König, zeigten sich als wenig befähigt, das »Volk« in geeigneter Form anzusprechen und zu ermutigen. Nur notdürftig wurde dieser Mangel vor der Erhebung durch Schleiermachers Predigten, durch die Literatur und durch die Arbeit der patriotischen Bünde und Gesellschaften gemildert. Der »seelische« Zustand Preußens zwischen 1809 und Frühjahr 1813 ist verheerend gewesen und läßt deutlich erkennen, wie eine Staatsbevölkerung langsam verrottet, wenn die vaterländische Ansprache ausbleibt.

Kampf und Befreiung

Im Februar und März vollzog sich, teilweise noch unter den Augen der Besatzungsmacht, die geistige und materielle Vorbereitung der militärischen Erhebung und des politischen Aufstandes. Am 4. März erst verließen die französischen Truppen Berlin, von russischen und preußischen Einheiten langsam zurückgedrängt. Sechs Regimenter des Yorck'schen Korps zogen dann am 19. März in Berlin ein, wurden zusammen mit russischen Truppen (Wittgenstein) vom König besichtigt, in ihrem Kampfbündnis bestärkt und mit neuen Truppenteilen soweit aufgefüllt, daß die vereinigte ***preußisch-russische Armee*** Ende April etwa 90000 Mann umfaßte. Verschiedene »Insurrektionen« und Franzosen-Vertreibungen signalisierten, daß Napoleons Herrschaftssysteme auch im westlichen Mitteleuropa brüchig und unsicher zu werden begannen.

Die restlichen französischen Truppen hatten sich, bis auf die Festungen, gegen die Elbe hin zurückgezogen. Wittgenstein und Scharnhorst suchten mit den neuen russisch-preußischen Hauptarmeen in der Nähe von Altenburg-Leipzig die Straßen nach Sachsen zu sperren. Seit Mitte April rückten Napoleons neue Truppen aus Hessen und vom Main her nach Nordosten vor. Anfang Mai zog Napoleon gegen Leipzig, 180 000 Mann anführend, weitere Truppen erwartend, jedoch nur mit 250 Geschützen und 5000 Reitern ausgestattet. Es fehlte an jenen Pferden, über deren Skeletten in Rußlands Weiten die Krähen kreisten. Bei *Großgörschen-Lützen* (2. Mai) gerieten 125 000 Franzosen mit 40 000 Preußen und 50 000 Russen aneinander. Kaiser Alexander und Friedrich Wilhelm III. wohnten der Machtprobe bei. Der Zar schonte seine Garden, setzte Reserven zu spät ein und ließ die Preußen bluten, die mit größter Hingabe fochten, wie Scharnhorst überliefert: »Ein höheres Gefühl hatte die Streiter ergriffen. Die unerfahrenen Jünglinge von den freiwilligen Jägerdetachements, die rohesten Rekruten von den Regimentern fochten gleich den sieggewohnten russischen tapferen Soldaten« (3. Mai); aber neben diesem für die Öffentlichkeit bestimmten Bericht steht die bittere Wahrheit über die Führungsschwächen, die er seiner Tochter anvertraut: »Ich habe einen traurigen Tag gehabt. Schlechte Führung der Armee vom Grafen Wittgenstein, Mangel an Ideen von unserer eigentümlichen Lage, und in der Schlacht selbst ohne Leitung des Ganzen, was war da Großes zu erwarten? Mein alter Blücher ist ein braver Mann, ich habe für ihn alles getan, denn von der Führung der Armee weiß er nichts, aber er ist immer mit einem guten Geiste am Platze« (2. Mai). Die Verluste (8000 Preußen, 2000 Russen, dagegen 12 000 und mehr Franzosen nebst fünf Generalen) haben Napoleon zu der nachdenklichen Äußerung über die Preußen bewegt: »Die Tölpel haben etwas gelernt«. Die preußischen Regimenter, zur Hälfte aus Kadern der alten Armee von 1806 bestehend, hatten – auch zur Überraschung des Königs – gezeigt, daß Ziel und Glaube eine Truppe bei entsprechender Führung zu gänzlich anderer Leistung bewegen können.

Gleichwohl war die Lage nach dieser Halbniederlage wesentlich ungünstiger. Napoleon konnte sich ungehindert in den Besitz Sachsens, seines Heeres und Königs bringen. Das russisch-preußische Heer zog sich jedoch geordnet auf Schlesien zurück. Aber der leitende General Preußens war durch eine Verwundung ausgefallen. In Prag, von wo aus er noch die Österreicher zum Krieg zu bewegen suchte, ist *Scharnhorst* am 28. Juni 1813 seiner Verletzung erlegen, grübelnd über die Führungsschwäche seines Staates und dennoch überzeugt vom endlichen Siege der »edelsten Sache«. Die Lücke, die sein Tod riß, konnte nicht geschlossen werden.

Napoleon, der noch bei Bautzen (20./21. Mai) einen Erfolg erzielt hatte, ging damals mit der Idee um, die *Oderachse* zur Grenze zwischen dem westlichen und östlichen Europa werden zu lassen. Preußen sollte Brandenburg und Vorpommern abgeben und ein Sonderreich unter russischer Ägide zwischen Oder und Njemen bilden, mit Warschau oder Königsberg als Hauptstadt. Metternich ignorierte das exzentrische Angebot. Da auch die französischen Truppen derangiert und schlecht versorgt waren, nahm Napoleon das Waffenstillstandsangebot an (4. Juni). Als am 11. August der Kampf wieder anhob, hatte die Wende im geistigen und materiellen Kräfteverhältnis stattgefunden. Spanien ging verloren, Frankreich sehnte sich nach Frieden. Europa, in dem Preußen wieder etwas galt, begann Bonapartes überdrüssig zu werden.

Sachsen war das große Schlachtfeld, auf dem sich auch Preußens Zukunft entschied. Die unzulängliche Versorgung der französischen Armeekorps hielt an. Preußische Streifscharen (von Colomb), von Gneisenau dirigiert, unterbrachen immer wieder die Zufuhr auf den Etappenstraßen in Thüringen. Nach mehreren Treffen und Schlachten (*Großbeeren, Wahlstatt an der Katzbach, Kulm, Dennewitz)* wurden die französischen Korps im Leipziger Raum zusammengedrängt, Linie und Landwehr der Preußen bewährten sich vielfältig. Selbst der König erwarb sich bei Kulm persönlichen Ruhm. Letzte Friedensangebote des Gegners verfestigten nur das Bündnis (Teplitz, 9. September).

In der *Leipziger Schlacht* (306 000 gegen 190 000 Mann) verspielte Frankreichs Kaiser seine rechtsrheinischen Positionen und entging nur knapp einem Cannae. Die Preußen verloren 22,2 Prozent, die Österreicher 18 Prozent und die Russen 17,3 Prozent ihrer Truppen (Tote und Verwundete). Mit 60 000 Soldaten erreichte Napoleon den Rhein (2. November), von Blücher verfolgt und mit einer letzten Anstrengung bayerische Truppen bei Hanau beseite schiebend. Typhus wütete unter den Erschöpften.

Auch *Gneisenau* konnte im vertrauten Briefe keine Glanzbilder zeichnen: »Unsere Armee ist sehr geschmolzen und leidet den bittersten Mangel an Kleidungsstücken. Barfuß und in leinenen Hosen müssen viele der wackeren Soldaten durch die grundlosen Wege waten. Bei Eisenach trat auf einmal eine solche Kälte ein, daß uns viele Leute erfroren«; jenseits des Rheines erwarte man die Befreier mit Ungeduld, »um das verhaßte Joch abzuwerfen, und hier treibt man sich in Festen und Mahlzeiten herum. Ich für mein Teil lebe hier (Frankfurt) sehr einsam und predige schriftlich Lehren, die unbequem sind« (11. November). Gneisenau, von Arndt, Jahn, Friesen, Eichhorn und Schenkendorf umgeben, hatte vergeblich verlangt, bald über den Rhein zu gehen. Aber immerhin hatte er recht behalten mit einer Vorhersage vom September: Die Preußen würden im Spätherbst noch Trauben am Rhein essen.

Nach Paris und Wien

Als Blücher und Gneisenau entsprechend den Plänen der verbündeten Mächte in der Neujahrsnacht 1813/14 bei Kaub die Regimenter über den Rhein setzen ließen, konnten sie auf ein anderes Preußen zurückblicken als jenes, das Yorck, Stein und Clausewitz am 30. Dezember 1812 in Finsternis und Elend vor sich gehabt hatten. Zwölf Monate schärfster Arbeit und mutvoller Kämpfe hatten Staat und Volk aus »tiefer Erniedrigung«, weitverbreiteter Hoffnungslosigkeit und politischem Opportunismus herausgehoben. Erleichtert, aber auch tief erschöpft war Preußen; die Kriegskosten überstiegen alles Dagewesene. Seine Staatslenker haben es nicht vermocht, Entschädigungen auszuhandeln, die annähernd den Verlusten entsprochen hätten.

Während die Koalitions-Diplomaten in Freiburg ihre Bälle feierten, blickten Hardenberg und vor allem *Humboldt* mit Sorgen in die Zukunft: »Die Dinge sind alle erst begonnen, nur das Werk der Zerstörung ist vollendet, und auch dieser Vollendung fehlt noch die eigentliche Bekräftigung für die Dauer. Das Aufbauen ist unendlich schwieriger ... und macht mich oft besorgt und unruhig« (31. Dezember 1813). Bereits am 12. Januar wußte Humboldt, der Funktionen eines »Staatsvizekanzlers« einnahm, daß Preußen auf 12 Millionen Einwohner gebracht werden sollte. Kein Eroberungs-Enthusiasmus trübte seinen Blick; er sah nun mit den anderen Preußen, vor allem mit Stein, die Herrschaft dieses »Menschen« zerfallen (»Die Nemesis bleibt mir immer die größte Göttin«). Humboldts »moralischer Haß« gilt jenem Napoleon, der immer noch mit Hekatomben von Blut und Leben operierte: »Mit welcher Geringschätzung muß man seine Völker ansehen, wenn man eine so zahllose Menge von Opfern einer Sache bringt, die man mit einem Federstrich, fast noch unaufgefordert, aufgibt« (8. Januar 1814). So war die Stimmung damals, unter den Preußen.

Blücher mit seiner Armee und die anderen Korps zogen nach *Frankreich* hinein, mit dem Willen, Napoleon zu stürzen, um des Friedens der Welt willen. Darin waren sich der Zar, Stein, Humboldt, Hardenberg und die preußischen Generäle einig, während Österreich und England in *Châtillon* Napoleon die Chance der Herrschaft in den »vorrevolutionären« Grenzen boten. Auch der König ermunterte die Österreicher zum Kampf (Barsur–Aube, 27. Februar) und bezeugte in der Krise seinen eigenartigen Kampfesmut: »Habe es wohl gesagt, daß es nicht gut wäre, nach Frankreich zu gehen! Waren aber alle so hitzig! Nun gleich mutlos werden, und wieder herauslaufen! Hübsche Folgen haben! Nein, nun wir 'mal hier sind, auch da bleiben!« (Marwitz). Doch dann bildete wieder die preußisch-schlesische Armee »die Spitze von Stahl, in dem schwerfälligen eisernen Keil« (Clausewitz). Nach mehreren Gefechten, in denen Frankreichs großer Stratege noch einmal seine Beweglichkeit zeigte (9. bis 14. Februar), wurde er von der verstärkten Schlesischen Armee Blüchers bei *Laon* (9./10. März) geworfen. Er wurde der Feinde, die nun auf Paris zustrebten, nicht mehr Herr. Am 31. März rückte die Blücher-Armee mit 130000 Mann nebst dem russischen und preußischen Herrscher in Paris ein. Der Jubel sei ungeheuer, berichtet Humboldt, bis auf die Dächer sei alles mit Menschen bedeckt gewesen, nur sei es dem Volk nicht gelungen, die Statue Napoleons umzustürzen (»sie stand zu fest«). Über die Jahrhunderte hin bleiben sich die Verhaltensformen bei einem Herrschaftszusammenbruch gleich.

Gneisenau, nicht frei von Fehlentscheidungen bei den letzten Zügen, vertrat die Interessen der preußischen Patrioten und erging sich in revolutionären und territorialen Plänen und Phantasien. Preußen solle, schrieb er seinem Beschützer Hardenberg, »das Muster eines Staates« werden, »dreifach glänzend durch das, wodurch allein Völker sich hervortun können, nämlich Kriegsruhm, Verfassung und Gesetze, und Pflege von Künsten und Wissenschaften«.

Der erste *Friede von Paris* (30. Mai) beließ noch deutschsprachige Gebiete bei Frankreich – Napoleon korrigierte das im folgenden Jahr.

Die konservative *Opposition* war mit den Ergebnissen des Krieges und mit der Regierung nur begrenzt einverstanden. Die ständischen Kräfte vertraten unverändert Interessen und Meinungen der jeweiligen Provinzbevölkerung, und sie hatten auch den täglichen Kleinkrieg mit den Behörden zu führen. *Marwitz,* der mit seiner Lebuser Landwehr wacker bei Hagelberg, vor Magdeburg und am Rhein gestritten hatte, versäumt es in seinem Tagebuch nicht, die sehr persönlichen Affinitäten seines Königs in Paris herauszustellen, rügt die Behandlung der siegreichen Truppen an der Seine und an der Spree, und verweist dann mit Schärfe darauf, daß im Sommer 1814 nicht »regiert« worden sei: »Für das Land und die Armee ward nicht gesorgt. Es erfolgte keine Vergütung der Kriegsschäden, keine Hilfe an die zugrundegerichteten Einwohner, kein Erlaß der unerschwinglichen durchaus französischen Abgaben, keine Versorgung der Invaliden, keine Aushülfe des Ackerbaues, keine Ergänzung des Heeres, keine Instandsetzung der Festungen, keine Anschaffung von Bekleidungs- und von Waffenvorräten für die Armeen.« Diese Kritik ist im wesentlichen zutreffend. Aber sie geht von einem friderizianischen und sozialkonservativen Königs- und Verwaltungs-Ideal aus und übersieht in ihrem moralischen Rigorismus, daß der Regierungsstil des späteren Hardenbergschen Preußen wie anderswo auch von dem Bewußtsein getragen war, den Schrecken hinter sich gelassen zu haben.

Im *Frühjahr 1815* warf Preußen noch einmal seine Armee in die Waagschale. Trotz einiger Verzögerungen wegen fehlender Gelder und Ausrüstungen bei der Mobilisierung waren es dann die aus Engländern, Holländern und Deutschen zusammengesetzte *Wellington-Armee* und die *Blücher-Armee,* die dem auferstandenen Napoleon im Auftrage der vier Großmächte zum letzten Gefecht entgegentraten. Bei *Wavre/Ligny* (unweit von Brüssel) zwang Napoleon mit 120 000 Mann die Truppen Preußens (84 000 Mann) zum Rückzug (16. Juni); als er am 18. Juni bei *Waterloo* (Belle-Alliance) mit sämtlichen Kräften »im Rausche des Sieges« (Gneisenau) die englische Armee bestürmte, fielen gegen Abend die schlecht verpflegten und unzureichend munitionierten, aber von Blücher mit aller Energie herangeführten Preußen den mit »dem Mut der Verzweiflung« fechtenden Franzosen in den Rücken. »Das Schicksal von Europa stand auf dem Spiel, wir wagten daher die Schlacht«, heißt es in Gneisenaus Abschlußbericht. So führten den letzten Stoß die Preußen, deren Vernichtungswillen Napoleon in der Anstrengung dieser Tage verkannt hat.

Hardenberg müsse wissen, welche Sprache Preußen jetzt führen könne, meinte Gneisenau nach dem Sieg. Der zweite maßvolle *Pariser Friede* (20. November 1815) verurteilte Frankreich zu einer Kriegsentschädigung von 700 Millionen Francs, zur Auslieferung der verschleppten deutschen und italienischen Kunstschätze und zur Abtretung des westlichen Saarlandes mit Saarbrücken. Es wurde Preußen, das die höchste Zahl an Gefallenen zu verzeichnen hatte, als Siegespreis zuerkannt.

Anfang August 1814 kehrte ein Teil des Heeres in die Zentralprovinz zurück. In *Berlin* plante man einen triumphalen Empfang für die durch viele Feuer gezogenen Regimenter. Die Straßen wurden illuminiert, Allegorien aufgebaut. Der König, hierin Friedrich ähnlich, hatte sich für seine Person bereits alle Empfangsfeierlichkeiten verbeten. Am Vorabend des Einzuges besah er sich unerwartet den Festschmuck und befand vieles für unpreußisch und unritterlich, auch gegenüber einem Gegner wie Napoleon, der Preußen das Fürchten gelehrt hatte und den nicht zuletzt die Preußen in Flucht und Elend gestoßen hatten. Friedrich Wilhelm ließ mit Energie verschiedenes ändern und gab den Berliner Ministern und Kommunalvertretern zu verstehen: »Ehre alles als Ausdruck guter Gesinnung, ist mir aber zu prächtig. Am Zeughaus hat man die erbeuteten Fahnen und Kanonen zusammengetürmt. Mißfällt mir. Darf den überwundenen Feind nicht verhöhnen. Ist elende Prahlerei. Wollen mit dem Hochmut, der uns unglücklich gemacht hat, im Glück nicht wieder den Anfang machen. Ist aller Schicklichkeit zuwider, andere Völker, mit denen wir eben Frieden geschlossen, durch Ausstellung der Kanonen und Fahnen übermütig beleidigen zu wollen.«

Aus der Nationalbegeisterung fanden auch die Besonnenen unter den Offizieren zu den *Verhaltensformen des ritterlichen Berufskriegers* zurück, so wie in Paris bereits unter anderen die Generale von Bülow und von Müffling gegen die Blücher-Gneisenau-Gruppe vorgegangen waren, die ein verführtes Volk für die Fehler eines diktatorischen Regenten büßen lassen wollten. Als sich der General Yorck von seinem Korps verabschiedete, ließ er im Tagesbefehl erklären: »Mitten unter den Schrecknissen eines mit Erbitterung geführten Nationalkrieges, der seine Schritte durch Barbarei und Verwüstung bezeichnete, habt Ihr bewiesen, daß der wahre Soldat der Menschlichkeit nicht fremd werden darf. Die Zeugnisse fremder Generale und Obrigkeiten sind schöne Denkmäler des Geistes, der unter Euch waltet und Eure Schritte zum Ruhme und zur Menschlichkeit geleitet hat.« Noch deutlicher empfand Scharnhorsts Schüler Clausewitz, dessen Gebeine heute in Burg bei Magdeburg ruhen, den Zusammenhang zwischen halbwegs korrektem Kriegsende und einer dauerhaften Friedensordnung. Es sei ihm zuwider, schrieb er seiner Frau im Juli 1815 aus Paris, wenn ein Staat eine Stellung einnehme »mit dem Fuß auf dem Nacken eines anderen«.

Die preußischen Interessen sind auf dem Wiener Kongreß (1. November 1814 bis Juni 1815) von Hardenberg, Humboldt, daneben vom König, von Gneisenau und Stein vertreten worden. Mit der *»Deutschen Bundesakte«* (8. Juni) und der *»Wiener Kongreßakte«* (9. Juni 1815) wurden die politischen und territorialen Grundlagen Mitteleuropas für das 19. Jahrhundert gelegt.

Die preußische Politik richtete bei den Wiener Verhandlungen ihr Augenmerk vor allem auf *Sachsen,* das man vollständig übernehmen wollte. Hieraus ergaben sich starke Konflikte, bei denen sich Rußland und Preußen einem offensichtlichen Bündnis von England, Österreich und auch Frankreich gegenübersahen. Rußland hatte seinen Anspruch auf das gesamte »Großherzogtum Warschau« angemeldet, sofern Preußen Sachsen übernehmen sollte. Für Metternich und Talleyrand war es eine Schicksalsfrage, ob man gewissermaßen ein zweites Preußen entlang der Rheinachse und von der unteren Weser bei Minden bis nach Saarbrücken schaffen sollte. Metternich entschied sich schließlich dafür, ein Rest-Sachsen als Pufferstaat vor dem Nordrand des böhmischen Kessels bestehen zu lassen und Rußlands polnischen Herrschaftsraum auf der Linie Danzig–Oberschlesien enden zu lassen. Dazu kam die Überlegung, daß Preußen mit dem rheinischen Raum auch die Verpflichtung übernahm, die deutsche Westgrenze gegen Frankreich zu schützen. Talleyrand hat Anfang 1815 zur Überraschung der preußischen Vertreter mit legitimistischen Argumenten zugunsten Sachsens dafür plädiert, die rheinischen Lande Preußen zu überlassen; er mochte erwogen haben, daß die Assimilation dieses Gebietes mit seinen andersartigen Gesetzen, Konfessionen und Mentalitäten mehr als ein halbes Jahrhundert in Anspruch nehmen und Preußen insoweit beschäftigen und auch etwas aus der engen Bindung an Rußland herausziehen könnte. Tatsächlich sind diese Irritationen ja auch eingetreten, in Ausläufern bis in die Zeit der Weimarer Republik; aber andererseits brauchte es nur wenige Jahrzehnte, daß das andere, rheinische Preußen als wichtiges Sprungbrett, als Machtbasis und als stürmisch wachsender Wirtschaftsraum dem ganzen Preußen zugute kam. Und England, nach einem fast zwanzigjährigen Kampf ein gleichsam noch atemloser Sieger, war bemüht, Frankreichs Grenzen durch möglichst viele vorgestellte Mittel- oder Teilstaaten zu vermauern. Es erscheint fast wie eine Vorentscheidung über den künftigen Weg des deutschen Bundes, daß Österreich darauf verzichtet hat, im westlichen Deutschland mit einer größeren Enklave präsent zu bleiben; umgekehrt wurde die Reichsidee Preußen – wenn es nur stark sein wollte und sich nach Westen öffnete – gleichsam auf einem goldenen Tablett präsentiert. Es konnte in einem ganz anderen Maße als zuvor in eine »deutsche« Aufgabe hineinwachsen, wie immer die Konstruktionen im Wirtschaftsraum und auf dem Verfassungssektor aussehen sollten.

Preußens *Staatsgebiet* gewann mithin durch die Kongreßbeschlüsse eine wesentlich andere Gestalt als vor 1806, aber auch anders zusammengesetzte Wirtschafts-, Bevölkerungs-, Konfessions- und Sozialstrukturen. Durch einen Vertrag mit Rußland (3. Mai 1815) erhielt Preußen (neben Westpreußen mit Danzig) den westlichen Teil des ehemaligen »Südpreußen« zurück. Das Gebiet wurde als Großherzogtum (später Provinz) Posen unter Einschluß des Netzedistrikts (Bromberg) zusammengefaßt. Vom Königreich Sachsen übernahm es die restliche Niederlausitz, etwa zwei Fünftel der Oberlausitz, den Wittenberger Kreis, dazu die früheren Hochstifter Merseburg und Zeitz, Teile des Leipziger und Meißener Kreises, das Fürstentum Querfurt, die sächsischen Anteile an Mansfeld, Henneberg, Treffurt, Dorla, die Grafschaft Barby, Restgebiete des ehemaligen Erzstifts Magdeburg, Baruth und Sonnewalde, die Harz-Grafschaft Stolberg sowie zahlreiche Splittergebiete zwischen Harz und Thüringer Wald (Eichsfeld, Quedlinburg, Nordhausen, Mühlhausen, Erfurt). Mit Hannover wurden Gebietsbereinigungen vorgenommen, in deren Folge das Fürstentum Ostfriesland, die niedere Grafschaft Lingen sowie ein nördlicher Streifen des Fürstbistums Münster abgegeben wurden. Schwedisch-Vorpommern mit Rügen kam auf dem Umweg über Dänemark an Preußen, während Dänemark das Fürstentum Lauenburg (ohne das bei Hannover bleibende rechtselbische Amt Neuhaus) übernehmen konnte. In Westfalen und im Rheinland wurden mehr als 150 Gebietsteile zusammengefaßt; das waren neben den altpreußischen Besitzungen vor allem die westliche Hälfte des ehemaligen Bistums Münster, die Herrschaften Bentheim–Tecklenburg–Rheda, die Grafschaft Limburg, die Grafschaften Steinfurt, Recklinghausen und Rietberg, dann das eigentliche (bis 1803) kurkölnische Herzogtum Westfalen mit den Grafschaften Arnsberg und Wittgenstein sowie die Stammlande des Hauses Oranien-Nassau (Dietz, Hadamar, Dillenburg, Siegen), von denen jedoch die südlichen Teile tauschweise an Hessen-Naussau gegeben wurden. Der nunmehr preußische Kreis Wetzlar lag (bis 1866) als Enklave in Hessen-Nassau. Im Rheinland wurden übernommen das so lange begehrte Gebiet von Jülich und Berg, dann die gesamten ehemals kurkölnischen und kurtrierschen Lande links vom Rhein, Gebietsteile von Luxemburg und Limburg, das Fürstentum Aremberg, die Grafschaften Manderscheid und Schleiden, die Abteien Cornelismünster und Malmedy, die vormals freien Reichsstädte Aachen und Köln, dazu pfälzische, mainzische und rheingräfliche Besitzungen. Die anfänglich gebildeten beiden Provinzen »Großherzogtum Niederrhein« und »Jülich-Kleve-Berg« sind 1824 zur Rheinprovinz zusammengefaßt worden. Nach dem zweiten Pariser Frieden (20. November 1815) erhielt Preußen noch einen Nordostteil von Lothringen (mit Saarlouis) sowie die Grafschaft Nassau-Saarbrücken.

In der Summe der Erwerbungen war das für Preußen ein ungemein günstiger Friedensschluß. Der Gebietsstand war im Verhältnis sechs (alt) zu vier (neu) erweitert, die Bevölkerung verdoppelt worden. Nach der *Neuordnung* umfaßte Preußen eine Fläche von rund 278 000 qkm mit 10,4 Millionen Einwohnern. Mit der »Verordnung wegen verbesserter Einrichtung der Provinzialbehörden« (30. April 1815) entstanden zehn (später acht) Provinzen, an deren Spitze Oberpräsidenten standen. Hardenbergs Mitarbeiter, der Staatsrat und Statistiker Johann Gottfried Hoffmann, der auch in Wien mitwirkte, hat die eigentliche Organisationsarbeit im Staatskanzleramt geleistet. Zwei östliche und drei westliche Provinzen mußten völlig neu organisiert werden. Von den bekannten Reformern wurden der aus Kleve stammende Johann August Sack (Pommern), Theodor von Schön (Westpreußen), Friedrich Theodor von Merckel (Schlesien) und Ludwig Friedrich Freiherr von Vincke (Westfalen) als Oberpräsidenten übernommen. 1824 sind, wie erwähnt, die Rheinprovinzen sowie Ost- und Westpreußen zusammengelegt worden.

Es gehört zu den herausragenden Leistungen des preußischen Staates in dieser Zeit nach einem schweren Kriege, daß zwischen Memel und Aachen der Aufbau und Ausbau der seit 1808 geschaffenen Behördenorganisation zwischen 1817 und 1824 im wesentlichen vollendet werden konnte. Die Einheit des Staates in politischer und wirtschaftlicher Hinsicht wurde damit endgültig hergestellt und der einzelne Staatsbürger in seinen rechtlichen und wirtschaftlichen Beziehungen so weit freigesetzt, wie es dem Status des Individuums in den fortgeschritteneren Staaten Europas entsprach. Der Bruch mit der ständischen Gliederung der Gesellschaft und mit den verschiedenen Formen der Bevormundung durch den Staat des aufgeklärt-reformerischen Absolutismus war und wurde weiter vollzogen; denn es kam nun darauf an, in der Verfassungswirklichkeit alle jene Normen durchzusetzen, die von den Reformkräften aufgestellt worden waren.

Mit dem neuen *Wehrgesetz* des Kriegsministers Hermann von Boyen (3. September 1814) war die allgemeine Wehrpflicht für alle »Preußen« festgelegt. Ausnahmen (zum Beispiel Stellvertretungen) gab es nicht mehr. Jeder Staatseinwohner hatte damit dem Staat in Krieg und Frieden mit seinen Kräften, das Leben eingeschlossen, zu dienen und war verpflichtet, dem Ruf zu den Fahnen jederzeit zu folgen. Das war der Grundgedanke, der durch das Erlebnis von 1813 noch bestärkt worden war. Die Frage war, ob die Verpflichtung und Mitverantwortung für die Sicherheit des Ganzen auch auf anderen Gebieten des öffentlichen Lebens nach und nach, soweit sinnvoll, eingeführt werden konnte.

Die *oberste Leitung des Staates* wurde nun durch den König und die ihm unterstellte Ministerialverfassung repräsentiert. Über dem Ressortminister stand der Staatskanzler (bis November 1822: Hardenberg). Die Stelle blieb danach unbesetzt und ein bis zwei Minister (Lottum und Wittgenstein) besorgten den Geschäftsverkehr zwischen den Ministern und dem König, der sich von einem Generaladjutanten (von Witzleben) sowie Kabinettsbeamten zuarbeiten ließ. Die relative Einheitlichkeit der obersten Staatsorgane war im wesentlichen bis zur Märzrevolution gewahrt, weil die Ministerien fast selbständig arbeiten konnten. Es war eine rechtsstaatlich organisierte Bürokratie-Monarchie mit systemimmanenten Kontrollmechanismen.

Der bereits von Stein geplante *Staatsrat* (20. März 1817) war mit den Prinzen der Dynastie, den Ministern, Feldmarschällen sowie, berufungsweise, mit Oberpräsidenten und kommandierenden Generälen und sonstigen Persönlichkeiten besetzt. Er war zuständig für die Gesetzgebung, für Kompetenzstreitigkeiten zwischen den Ministern sowie für Disziplinarfragen; doch bereitete der Staatsrat nur mit Gutachten die Entscheidungen vor, die der König zu treffen hatte. Der Staatsrat hat insgesamt »eine segensreiche, der Öffentlichkeit freilich nicht bekannte Tätigkeit entfaltet« (F. Hartung). Er verlor an Bedeutung, nachdem 1849 die beiden Parlamente des Verfassungsstaates eingerichtet worden waren. Er hat jedoch in der Weimarer Zeit, nach der Abschaffung des Herrenhauses, noch einmal – in verwandelter Form – als Beratungs- und Kontrollorgan gegenüber der Regierung gedient.

Die eigentliche *Staatsverwaltung* war auf oberster Ebene im Ministerium des Innern (seit Ende 1808) konzentriert; neben ihm standen das Kriegsministerium (Boyen, 1814), das Justizministerium, das Finanzministerium und das Ministerium für Auswärtige Angelegenheiten. 1816 wurde vom Innenministerium ein besonderes Polizeiministerium abgeteilt (Wittgenstein). 1817 wurde, ebenfalls durch Herauslösung aus dem Innenministerium, das Kultusministerium gebildet (Altenstein). Erst 1848 folgte ein Ministerium für Handel und Gewerbe sowie Landwirtschaft, Domänen und Forsten und 1878 schließlich das Ministerium für öffentliche Arbeiten. Sämtliche Ministerien bildeten das »Staatsministerium« (1814/1817). Die *Provinzialverwaltung* lag bei den von den Oberpräsidenten kontrollierten Regierungen; das französisch-westfälische Präfektensystem wurde in den neuen Landesteilen sogleich abgeschafft. In der jeweiligen Provinzialhauptstadt hatte der Oberpräsident in der Regel auch das Amt des Regierungspräsidenten inne. Die drei bis höchstens vier Regierungen einer Provinz hatten jeweils eine Abteilung für Inneres (»Polizei«), für Kirchen- und Schulsachen und für direkte Steuern und Domänen. Neben ihnen bestanden bzw. entstanden Sonderbehörden wie die Konsistorien der Landeskirchen, dann die Provinzialschulkollegien für das höhere Unterrichtswesen, die Provinzialdirektoren (seit 1825) für die indirekten Steuern (später: Oberfinanzdirektionen), Medizinalkollegien, Oberpostdirektionen (seit 1849) und provinziale Oberbergämter (seit 1861) an Stelle der älteren Bergämter in allen jenen Landesteilen, in denen Kohle, Salz, Kalksteine, Gips, Bernstein und anderes gefördert wurde.

Die ältere *Kreisverfassung* Preußens, mit ihren brandenburgischen Wurzeln, wurde sogleich in allen neuen Landesteilen eingerichtet. Die neuen Kreisordnungen (seit 1825) sicherten den Eigentümern von Rittergütern die althergebrachten Rechte. Auf eine neue Landgemeindeordnung wurde 1820 verzichtet, weil die altständischen Widerstände zu stark waren.

Die *Städteordnung* (1808) wurde vorerst nicht in den neuen Provinzen eingeführt. Die Rheinlande behielten die »französische« Kommunalverfassung; in Westfalen, Posen und der Provinz Sachsen wurde erst die revidierte Ordnung von 1831 eingeführt. Auch (Schwedisch-)Neuvorpommern mit Greifswald und Stralsund behielt die älteren Stadtverfassungen. Der Respekt vor dem historisch Gewachsenen und die traditionelle liberale Anerkennung der regionalen Besonderheiten verhinderten auch auf dieser Ebene einheitsstaatliche Angleichungen.

Die Steinsche Städteordnung konnte als der stärkste nach außen sichtbare Erfolg der Reformzeit gelten. Obwohl der Kreis der Mitwirkenden an Grundbesitz oder Einkommen gebunden war, bildeten sich mit den Stadtverordnetenversammlungen nach und nach quasiparlamentarische Gremien, die den Magistrat wählten und ihn kontrollieren konnten. Die Magistrate bedurften der Bestätigung durch die zuständige Provinzialregierung; die Oberbürgermeister der größeren Städte wurden von drei von der Stadtverordnetenversammlung präsentierten Kandidaten ausgewählt und ernannt. In der Praxis vollzog sich die Einführung und Handhabung der neuen Stadtverfassungen recht zähflüssig, weil die lokalen Zustände sich nicht alsbald den hochfliegenden Ideen der Reformer anpassen wollten. Es ist jedoch unzutreffend, von einem »infolge der absolutistischen Gängelung verkümmerten Bürgertum« (I. Mieck) zu sprechen; es ist vielmehr das unter dem Reform-Absolutismus des 18. Jahrhunderts wieder zu Kräften und zu Selbstbewußtsein gekommene Bürgertum der preußischen Mittel- und Ostprovinzen gewesen, auf das sich die Verfasser der Städteordnung trotz der sonstigen ökonomisch bedingten lokalen Tristesse stützen konnten.

Nach den Erfahrungen zweier Jahrzehnte wurde dann 1831 das Aufsichtsrecht der Staatsbehörden über die kommunalen Einrichtungen sowie die Stellung des Magistrats gegenüber der Stadtverordnetenversammlung verstärkt, was noch die Zustimmung Steins gefunden hat. Hinsichtlich der Polizei (und des Gerichtswesens) blieben die Städte von vornherein der Staatsaufsicht in der Weise unterworfen, daß Polizeibehörden mit unmittelbaren Staatsbeamten eingerichtet oder die Polizeiaufgaben delegiert wurden. Dazu kamen die generellen Aufsichtsrechte der Staatsbehörden, so daß die Städte insofern weiterhin neben den Landgemeinden die unterste Stufe der staatlichen Verwaltungshierarchie bildeten.

Die *»Selbstverwaltung«* stellt einen Idealzustand dar, der in der Praxis häufig nicht erreicht worden ist. Die Normen der aus 208 Paragraphen bestehenden Städteordnung mit ihrem aus der friderizianischen Tradition her verständlichen obrigkeitlichen Anweisungscharakter bildeten einen Rechtsrahmen. Ob die Stadt als Individuum eine Minimalfreiheit behauptete oder eine Maximalfreiheit errang, war wie eh und je eine Frage ihrer personalen und ökonomischen

Potenzen. Insofern war die »Selbstverwaltung« trotz aller Einschränkungen ein freiheitliches Angebot auf lange Zeit. Doch führt die Realität der späteren Bürokratisierungs- und Politisierungsprozesse mit neuen Oligarchien und vor allem zunehmenden Reibungsflächen in Ballungsgebieten zu der Frage, ob die vollständige Verstaatlichung der größeren Städte (mit regionalen Vertretungskörperschaften) nicht eine Aufgabe war, die der sonst auf Kosteneffizienz bedachte preußische Staat spätestens seit 1871 versäumt hat.

Eine allgemeine *Justizreform*, obschon von Stein vorgesehen, ist nicht vollzogen worden. Die Kodifikation der Provinzialrechte, bereits 1780 gefordert, wurde zwar 1801/02 für Ostpreußen durchgeführt, ist aber erst in den dreißiger Jahren unter den Justizministern von Kamptz und von Mühler unter ständisch-konservativen Vorzeichen weitgehend vollendet worden. Auch hier waren die einheitsstaatlichen Tendenzen nur schwach ausgebildet. Die zentralen Staatsbehörden schützten und förderten geradezu den Regionalismus. In der Einleitung des »Provinzialrechts der Altmark«, mit dem der junge Deichhauptmann Bismarck zu leben und zu streiten hatte, heißt es: »So *müssen* an sich gültige Verträge den Lokal-Rechten, diese den Provinzial-Rechten und diese wieder den Landes- oder sogenannten gemeinen Rechten vorgehen; *alle* Rechte, die als solche existieren, gründen sich aber zuletzt in ganz gleicher Art auf dem einen festen Grunde, daß Gerechtigkeit anerkennen muß, was sich in erlaubter Weise und nach rechter Regel als ein Menschen gegeneinander bindendes Verhältnis gebildet hat, und daß eben nur dadurch Gerechtigkeit ist, daß sie mit gleicher Sorgfalt das Kleine wahrt, mit der sie das Große schützt« (A. W. Goetze, 1836).

Obwohl das Justizministerium zeitweilig aufgeteilt wurde (1817 bis 1825, 1832), um die Gesetzgebung zu fördern, gelang es nicht, eines der bedeutsamsten Reformpostulate der friderizianischen Periode wiederherzustellen, die *Rechtseinheit*. Zwar konnten in der Zeit von 1814 bis 1825 mit einfachem königlichem Patent das Allgemeine Landrecht und sonstiges erhebliches Recht auf neue Gebiete ausgedehnt werden. Aber jenseits des Rheines und in den rechtsrheinischen Gebieten des »Großherzogtums Berg« behauptete sich das französische, im rechtsrheinischen Teil des neuen Regierungsbezirks Koblenz und in Neuvorpommern und Rügen das jeweilige gemeine Recht. Eine allgemeine Gesetzrevision zur Beseitigung der Rechtsvielfalt (seit 1832) brachte nur Einzelergebnisse, die »als Vorstöße des rheinischen Rechts in das Gebiet des altpreußischen Rechts« (C. Bornhak) zu werten sind. So blieb insgesamt der Einfluß des rheinischen Rechts in Preußen verhältnismäßig stark und hat zur Liberalisierung der Rechtsnormen und der Rechtsprechung auch in den alten Provinzen beigetragen (Zivilprozeßrecht, 1833/46; Strafprozeßreform, 1846ff.). In den Rheinlanden galt in Strafsachen auch nach 1815 der »Code D'instruction criminelle« (1808).

Materielles Recht, Prozeßrecht und Gerichtsverfassung harmonierten jedoch nicht miteinander. Denn auch die *Gerichtsverfassung* wurde als Landeseigentümlichkeit geachtet und geschützt. Neben dem Geheimen Obertribunal (in Berlin) bestanden bis 1852 vier oberste Gerichtshöfe (Rheinischer Revisions- und Kassationshof in Berlin; Revisionshof für Koblenz in Berlin; Oberappellationsgericht in Greifswald; Oberappellationsgericht in Posen). Erst 1833, fast zwei Jahrzehnte nach der Eingliederung, wurde das Obertribunal zur zentralen Revisionsinstanz erklärt. Auf der provinzialen Ebene arbeiteten demzufolge neben den Oberlandesgerichten Gerichtshöfe in Köln, Ehrenbreitstein (bei Koblenz) und in Greifswald. Die Untergerichte waren in bunter Vielfalt teils königliche Gerichte, teils Patrimonialgerichte, die von Justitiaren unter staatlicher Aufsicht wahrgenommen wurden. Ihre Aufhebung hatte schon Stein vorgesehen. Sie ist dann 1849 im Zusammenhang mit der neuen Verfassung erfolgt. Ob die Uneinheitlichkeit in der Gerichtsverfassung in der Rechtspflege-Praxis der Restaurationszeit als ein Nachteil anzusehen ist, müßte durch genauere Untersuchungen noch geklärt werden.

Tatsächlich aber hatte seit der Reformzeit der *»Rechtsstaat«* über die älteren obrigkeitsstaatlichen Formen weitgehend die Oberhand gewonnen. Der preußische Landeseinwohner genoß einen Rechtsschutz, wie ihn im übrigen Europa nur wenige Staaten kannten. Lediglich auf dem Gebiet des auch heute unverändert problematischen Verwaltungsrechts gab es im 19. Jahrhundert einige Inkongruenzen, die sich zuungunsten eines gegen Staatsbehörden rechtsuchenden Individuums auswirken konnten. Hier waren es, nicht überraschend, französische Rechtseinflüsse (Rheinisches Ressortreglement 1818: Verwaltungsbehörden sind in ihren Amtsverrichtungen von den Gerichten unabhängig), die Schäden in der Rechtspflege hervorgerufen haben. Diese Rückschritte gegenüber den teilweise bereits um 1800 erreichten Zuständen sind erst seit 1847 (Gerichtshof zur Entscheidung von Kompetenzkonflikten) nach und nach beseitigt worden. Ein Abschluß wurde dann in der Bismarckzeit mit den besonderen preußischen Verwaltungsgerichten erreicht. Aber dies waren, quantitativ gesehen, Spezialbereiche, die nur einen geringen Teil der Bevölkerung und andere berührten.

Der Rechtsstaatscharakter Preußens in der ersten Hälfte des 19. Jahrhunderts ist durch den – in moderner Sicht – lückenhaften Verwaltungsrechtsschutz nicht in Frage gestellt worden. Tatsächlich hat es über die Zivil- und Strafrechtspflege hinaus einen vergleichsweise außerordentlich dichten *Rechtsschutz* gegeben, der noch dadurch verstärkt wurde, daß neben den Regierungen mit ihren gelegentlichen Ansätzen zum »Ministerialdespotismus« (O. Hintze) eine Gerichtsorganisation bestand, deren Träger überwiegend dem Rechtsliberalismus zuneigten. Sie haben, häufig genug zum Ärger der konservativen Kräfte, dem Zeitgeist trotzend Recht gesprochen und mit Liberalen (»Geheimräten«) in den Ministerien positiv zusammengearbeitet. Die Geschichte des Berliner Kammergerichts oder der »Neue Pitaval« von Julius Ernst Hitzig (1841) verraten etwas von diesen Strömungen. Etwas später hat dann Franz von Holtzendorff, »ein enzyklopädischer Geist auf fast allen Gebieten der Rechtswissenschaft« (C. Meltz), von der Berliner Universität aus (1857 ff.) für eine liberale Rechtspolitik, für eine Erneuerung des Strafrechts und des Strafvollzuges erfolgreich kämpfen können. Auch die politischen Prozesse bis 1870, auf die mitunter mit Vorliebe geblickt wird, um ein ausschließlich negatives Preußen-Bild zu illuminieren, bestätigen bei genauerer Betrachtung der Rechtssituation den ausgewogenen und eigenständigen Rang der Rechtsprechung in Preußen.

Die *Heeresreform* ist 1815 mit einer Verordnung über die Landwehr ergänzt worden. Die Armee der »Linie«, das eigentliche stehende Heer, sollte rund 136 000 Mann (mit dreijähriger Dienstpflicht) umfassen; daneben bestand die »Landwehr« des ersten Aufgebots mit rund 163 000 Mann, die nach der Entlassung aus der zweijährigen Kriegsreserve sieben Jahre lang jährlich zu kurzen Übungen einberufen wurden. Im Kriege war die Landwehr der Linie gleichgestellt. Das Feldheer konnte so ziemlich schnell auf rund 300 000 Mann gebracht werden, wozu noch 150 000 Mann Garnison- und Ersatztruppen kamen. Eine höhere Präsenzstärke der Linie war aus finanziellen Gründen nicht möglich. Die Truppen der Linie kamen aus den verschiedensten Teilen Preußens, in ihnen bildete sich neben dem Beamtentum am stärksten eine preußische Staatsgesinnung aus. Nach der Idee Boyens und seiner Mitarbeiter sollte die Landwehr stärker in den Provinzen verwurzelt sein, ihre Organisationsbezirke deckten sich mit den Gebieten der allgemeinen Verwaltung. So standen neben dem Kommandierenden General für das Armeekorps in einer Provinz die Generalkommandos der Landwehr. Die Unterführer und Offiziere der Landwehr sollten bis zum Bataillonskommandeur aus der Landwehr selbst stammen. Um den Bedarf zu decken, wurde die Einrichtung des Einjährig-Freiwilligen geschaffen, eines Wehrpflichtigen aus den sozial höher gestellten Schichten, der nach der Ausbildung in der Linienarmee der Landwehr zur Wahl als Offizier überstellt wurde. Das System blieb wegen des niedrigen Militäretats schwerfällig und mußte mit Aushilfen aufrechterhalten werden. Boyen trat 1819 als Kriegsminister zurück, weil ihm die beim König und dem größeren Teil der Generalität vorhandenen Tendenzen zur engeren Verbindung von Linie und Landwehr die Idee der »Volksarmee« zu schädigen schienen. Der König hat dann den Plan der Zusammenfassung von Linien- und Landwehrbrigaden zu Divisionsverbänden mit dem neuen Kriegsminister (von Hake) durchgeführt.

Eine befriedigende *Kriegsbereitschaft* besaß das Heer, wie die Mobilisierung von 1830 zeigte, mit dieser Organisationsstruktur nicht. Das zahlenmäßige Verhältnis von Heer und Bevölkerung entsprach noch weniger als bisher dem Rüstungsstand Preußens in der zweiten Hälfte des 18. Jahrhunderts, soweit hier Vergleiche möglich sind. In der Linie dienten rund 1,1 Prozent der Gesamtbevölkerung. Das entspricht etwa dem Stand in der Bundesrepublik Deutschland. Die Landwehr in ihrem älteren Zustand ist nach 1813/15 nie auf die Probe gestellt worden. Sie ist »von Anfang an vielfach überschätzt worden und erfreut sich bis heute eines gewissen romantischen Rufes« (W. Hubatsch, 1977).

Für das *Offizierskorps* galt nun allgemein der Grundsatz, daß nicht Herkunft, Stand oder Vermögen Zugehörigkeit und Beförderung mitbestimmte, sondern Leistung und Dienstalter, Tüchtigkeit und Können. Für Preußen hing viel davon ab, ob es überhaupt gelingen würde, die Qualität des Offizierskorps über den europäischen Durchschnitt hinaus zu heben. Denn die Heeresreform selbst hatte nur Anstöße auf den verschiedenen Gebieten liefern können: »Die Bedeutung des militärischen Reformwerkes liegt mehr in der Diskussion und geistigen Klärung der Probleme als in ihrer Durchsetzung in der Praxis« (R. Wohlfeil, 1964). Sie *konnte* »keine entscheidende Wende« bringen, weil sich im Heer nur Staat und Gesellschaft widerspiegeln können. Die traditionelle Abneigung des »Bürgertums« gegenüber dem Heer, die eng mit den Vorurteilen gegenüber dem »Adel« verknüpft war, konnte erst in einem komplizierten Prozeß während des 19. und frühen 20. Jahrhunderts abgebaut werden. Es kam hinzu, daß das Heer, wie vor 1806, als ein Instrument des Königs verstanden werden konnte. Der Wehrpflichtige leistete dem König persönlich den Fahneneid und war damit zu Treue und Gehorsam verpflichtet. Ein großer Teil der Bevölkerung Preußens war auf diese Weise stärker als im 18. Jahrhundert vom König »in die Pflicht« genommen. Dies hielt den Staat zusammen. In Krisen, wie bei den März-Kämpfen 1848, war es den »alten Soldaten« fast unmöglich, die Waffe auf die »anderen« Soldaten des Königs zu richten.

Die entscheidende *Erziehungsarbeit* für das preußische Heer des 19. Jahrhunderts wurde auf den neuen Kriegsschulen (1810: Königsberg, Breslau und Berlin) und auf der für die höheren Offiziere bestimmten »Militärakademie« (1810; 1816: Allgemeine Kriegsschule; 1858: Kriegsakademie) geleistet. Der Bildungsstand der Offiziere hat sich in den dreißiger und vierziger Jahren auf der Höhe der Zeit halten können. Der »preußische Offizier« gewann auch international ein besonderes Image. Zu erinnern ist an die schon früher einsetzenden Leistungen auf dem Gebiet der Militär-Kartographie, an Roon, der geographische Lehrbücher schrieb, an Moltkes Aufsätze und Schriften zu historischen und technischen Themen, an den regelmäßigen Besuch von Universitätsvorlesungen durch Offiziere oder an den Artillerie-Leutnant Werner von Siemens.

Als *Siemens* 1834 die Lübecker Katharinenschule absolviert hatte, empfing er von einem ehemaligen preußischen Offizier den Rat, in das preußische Ingenieurkorps einzutreten: »So wie es jetzt in Deutschland ist«, meinte der Mentor schon damals, »kann es unmöglich bleiben. Es wird eine Zeit kommen, wo alles drunter und drüber geht. Der einzige feste Punkt in Deutschland ist aber der Staat Friedrichs des Großen und die preußische Armee, und in solchen Zeiten ist es immer besser, Hammer zu sein als Amboß.« Zunächst war er Amboß, indem er im Drill die Grobheit als Manier kennenlernte: »Ist der Dienst vorbei, so ist die Grobheit vergessen, und das kameradschaftliche Gefühl tritt wieder in sein Recht. Dies kameradschaftliche Gefühl«, schreibt Siemens 1889, »welches die ganze preußische Armee vom Könige herab bis zum Rekruten durchdringt, macht die strenge Disziplin, die oft bis zur äußersten Grenze der Leistungsfähigkeit gehenden Mühen und Beschwerden erträglich und bildet ihr festes Bindemittel in Freud und Leid. Dem langgedienten Soldaten wird es daher auch in der Regel sehr schwer, sich im Civildienst zurecht zu finden; es fehlt ihm in diesem die rücksichtslose Grobheit auf kameradschaftlicher Grundlage.« Siemens hat dann, nach Absolvierung der Berliner Artillerie- und Ingenieurschule (1835 bis 1838), neben sonstigen Erfindungen in einer Generalstabskommission den elektrischen Telegraphen konstruiert und für die Einführung im preußischen Staat vorbereitet. Das weitere Wirken von Siemens gehört bereits in die preußische Wirtschafts- und in die Weltwirtschafts- und Technikgeschichte.

Als sich Preußens Armee die neuen technischen Erfindungen vom Eisenbahntransport bis zur elektrischen Nachrichtenübermittlung zunutze machte und auch in der Generalstabsausbildung erstmals in Europa neue Ausbildungsmethoden (Simulationstechniken) angewendet wurden, war *Carl von Clausewitz* (1780 bis 1831) einem nicht allzu großen Kreis als der führende Kriegstheoretiker des 19. Jahrhunderts bekannt geworden. Sein Hauptwerk »Vom Kriege« (zuerst 1832 bis 1834) entstand zwischen 1816 und 1830 in Koblenz und Berlin. Es enthält eine geschlossene Theorie des »großen« Krieges und seiner zeitlosen Wesenselemente (Arten der Kriege, Verhältnis von Politik und Krieg, moralische Größen, Bedeutung und Wesen der Theorie, die Rolle des Zufalls, die Abhängigkeiten vom Zweck, Ziele und Mittel, Angriff und Verteidigung). Clausewitz hat das Kriegserlebnis seiner Generation in einem einzigartigen Werk kondensiert; es gehört zu jenen Büchern, die insgeheim die Welt bewegen. Das Hauptwerk und die anderen Schriften von Clausewitz sind in der preußischen Armee nicht in dem Maße rezipiert worden, wie man es erwarten möchte. Mit Moltke, der die Praxis der politisch möglichst unbeeinflußten Kriegführung vertrat, und den Nachfolgern vollzog sich eine »allmähliche, fast bis zur Verständnislosigkeit gehende Abkehr von Clausewitz zugunsten einer vordergründigen, die Herauslösung des militärischen Sektors aus dem zivilen Gesamtlebensbereich befördernden und kaum mehr als ein reines Handwerkertum zum Idealbild erhebenden Anschauung« (W. Hahlweg).

Einzelne Provinzen

Unter den Provinzen, die auf dem Wiener Kongreß Preußen erneut zugeschrieben worden waren, steht im Osten die *Provinz Posen* an erster Stelle. Hier bestand unverändert ein hoher polnischer Bevölkerungsanteil (ca. 90 Prozent), während in Westpreußen mittlerweile etwas weniger als die Hälfte der Bewohner sich zur polnischen Nationalität bekannte. Doch empfanden sie sich größerenteils infolge der Entwicklung seit 1773 als preußische Staatsbürger. Obwohl Preußen während des 19. Jahrhunderts eine überwiegend polenfreundliche, auf Einfügung und weniger auf Einschmelzung gerichtete Politik gegenüber den anderssprachigen Minderheiten getrieben hat, auch der Muttersprache in der kirchlichen Verkündigung ihren Raum beließ, ist das Polen-Problem keiner auf die Dauer befriedigenden Lösung zugeführt worden.

Vor der Reichsgründungsphase haben sich König und Regierung gegenüber den Minderheiten stets als eine »objektive« Instanz verstanden, über den Nationalitäten, Interessengruppen und den sozialen Schichten stehend. Die Abweichungen in der Wirklichkeit waren nicht so erheblich, als daß das Programm als undurchführbar bezeichnet werden könnte. *Gleichheit* in den staatsbürgerlichen Rechten bestand jeweils seit der Übernahme der Landesteile. Das Allgemeine Landrecht oder die Verfassung von 1849 galt für jedermann. Im Gesetz benachteiligte »Autochthone« oder »Fremdvölkische« gab es nicht. Andererseits hatte sich bereits bei dem Aufstand von 1794 gezeigt, daß die Zugehörigkeit zu Preußen den durch die Französische Revolution angeregten neuen polnischen Nationalismus nicht gemindert hatte. Obwohl der Status der Polen in den preußischen Provinzen ein bei weitem günstigerer als in Russisch-Polen war, wirkten sich die drei Teilungen bei den nationalgebildeten Schichten unverändert belastend aus. Unter dem Einfluß der *katholischen Kirche,* die den polnischen Siedlungsraum weitgehend beherrschte, verschärften sich die Nationalitätskonflikte dann noch. In Ostpreußen standen die evangelischen Masuren in ihrer überwiegenden Mehrheit, wie sich noch 1920 zeigte, auf der deutschen Seite, während sich in Westpreußen die der katholischen Konfession anhängenden Kaschuben (zwischen Danzig und Stolp) in ihrer Mehrheit der polnischen Seite zuneigten.

In dieser Lage wäre nach 1815 eine eindeutige, gegen jede Benachteiligung gerichtete Polen-Politik nötig gewesen, Sprache und Kultur schonend und das geschlossene polnische Siedlungsgebiet achtend. Die allgemeine Politik der Staatsregierungen war hingegen, mit Rücksicht auf das verbündete Rußland, längerfristig uneinheitlich, jedenfalls nach ihren Proklamationen. Im täglichen Leben sah vieles anders aus. Man einigte sich und achtete sich, ganz abgesehen von den spontanen Verbindungen in den Überlappungsgebieten der Nationalitäten. Das Verhalten der großenteils bald im Lande verwurzelten Beamtenschaft wurde insgesamt als korrekt empfunden. Es deckte sich in der zweiten Hälfte des 19. Jahrhunderts nicht immer mit Vorstellungen, die man in Berlin ersonnen hatte.

1830 ist das *»Großherzogtum Posen«* in eine verwaltungsmäßig-normale preußische Provinz umgewandelt worden, nachdem auch dort Vorbereitungen zu einem Aufstand entdeckt worden waren. Die Unruhe nationalstolzer Polen wuchs damals von Jahr zu Jahr. Der befähigte Oberpräsident *Flottwell* mußte 1840 gehen, nachdem sich auch der Konfessionsstreit zugespitzt hatte. Es gehörte zu den Schwächen von König und Regierung, daß sie die Aufregungen und Provokationen vor allem der katholischen Geistlichkeit nicht mit einem höheren Maß an toleranter Gelassenheit zu beantworten vermochten. Wie später im Kulturkampf oder während der schlesischen Konfessions-Unruhen fehlte in Potsdam und Berlin die Kenntnis der sozialen Zustände und Mentalitäten. Wer sich hier mit eigenen Ideen zum Polenproblem hervortat, machte sich bald verdächtig, kam bei Hofe in den Ruf, ein »Volksmann« oder »Polenfreund« zu sein. Während der Berliner Märzrevolution und auch im Paulskirchen-Parlament brachen die Gegensätze mit großer Schärfe auf. Damals wurde deutlich, daß jedenfalls die Wortführer des Polentums einem künftigen gesamtdeutschen Staate nicht anzugehören wünschten, während sie sich den preußischen Staat, ungeachtet aller Kritik, noch gefallen ließen. Polnische Agitatoren wirkten in dem Berliner März-Aufstand mit. Ein *Aufstand* im Posenschen mußte durch Truppen niedergeworfen werden.

Während die nationalistische Agitation unterbödig weiterlief und scharfe preußische Reaktionen provozierte (Bismarck), änderten sich auch die Methoden. Mit dem Vereins- und Genossenschaftswesen (1840: Marcinskowski-Verein »für Unterrichtshilfe«), den inzwischen klassisch gewordenen Instrumenten des Nationalitätenkampfes, erreichten die Auseinandersetzungen weitere Höhepunkte. Die polnische »Bewegung« griff nun, seit den sechziger Jahren, stärker auf das südliche Westpreußen und Oberschlesien über. Andererseits wurden die Ostprovinzen im Zuge der Industrialisierung im rheinisch-westfälischen und im Berliner Raum zu Abwanderungsgebieten. Zusammen mit der Auswanderung nach Übersee wegen der unzureichenden Lebens-Möglichkeiten auf dem Lande ergaben sich Bevölkerungsrückgänge, und zwar in stärkerem Maße auf deutscher Seite.

Eine grundsätzliche *Entscheidung* war überfällig. Sie kam jedoch weder unter Friedrich Wilhelm IV. noch unter Wilhelm I. Das System der Aushilfen wurde in der Hoffnung auf bessere Tage fortgesetzt. Solange der Staat in keine Krise geriet, konnte er mit solchen Verfahren hoffen, eine Zeit zu erreichen, wo es als weniger bedeutungsvoll angesehen werden würde, ob nun 200 Hektar einem Herrn Schulz oder einem Herrn Kwasniewski gehörten oder ob man dem Christentum mit oder ohne Marienverehrung verbunden sein würde. Preußens Staat hat diese Zeit nicht mehr erreicht. Die Polen-Frage, mit allen ihren Hitzigkeiten und Blickverengungen auf beiden Seiten, wurde so zu einer der Schicksalsfragen Europas im 20. Jahrhundert. Die Teilungsmächte von 1772 und 1939 richteten die Waffen aufeinander. Im Ergebnis breiteten sich Chaos und Regression aus.

Das Emanzipationsedikt für die Juden vom 11. März 1812 bedeutete einen großen Fortschritt für die Juden in den preußischen Staaten, auch wenn das *Indigenat* (Einwohnerstatus) bis 1847 auf die Bewohner der fünf östlichen Provinzen beschränkt blieb. Aber 1812 waren die Juden zu »Einländern und preußischen Staatsbürgern« erklärt worden. Über Einwendungen der Lebuser Kreisstände wurde hinweggegangen. Nur der Staatsdienst und die Ausübung bestimmter ständischer und politischer Rechte blieben suspendiert. Wesentlich war, daß die Gleichstellung im wirtschaftlichen Leben, die sich längst an den älteren Bestimmungen vorbei durchgesetzt hatte, nun grundgesetzlich gesichert war. Das Judenedikt hielt fest, daß ein Ausfluß des Staatsbürgerrechtes der freie Handel und die Gewerbefreiheit sei. Mit Ironie, aber auch tieferem Rechte hat der Berliner Jurist und Rechtsphilosoph Eduard Gans (1798 bis 1839), dessen Vater Bankier und Finanz-Berater Hardenbergs gewesen ist und der nun selbst als getaufter Jude ein Ordinariat an der Berliner Universität erhalten hatte, die liberalen Rechtsgrundlagen für den preußischen Staatsbürgerstatus 1832 auf die Formel gebracht: »Preuße ist jeder, den die Lust anwandelt, es zu sein«. Die Hinwendung der Juden zu Preußen war längst eine Realität.

Von den größeren Staaten der Welt konnten damals nur die Vereinigten Staaten von Nordamerika mit der Liberalität der preußischen *Einwanderungsgesetzgebung* konkurrieren. Längst hatten sich nun auch die jüdischen alteingesessenen Mitbürger in bedeutende wirtschaftliche und soziale Positionen hineingearbeitet. 1835 gab es, nicht ohne Spott und Stirnrunzeln bei Nachbarn, 51 jüdische Rittergutsbesitzer (»Juden-Junker«) in den östlichen Provinzen, etwa die Hälfte von ihnen war in Schlesien ansässig. Man stritt sich darüber, ob diese Herrschafts-Inhaber nun die altständische Uniform der Rittergutsherren tragen dürften. Aber Staat und Gesellschaft wurden hier von den Folgen der Toleranz- und Reform-Politik, allgemeiner vom aufkommenden modernen Kapitalismus bald überrollt.

Auch die gesellschaftliche *Emanzipation* hatte nach 1815 erhebliche Fortschritte gemacht. Heiraten zwischen Juden und Nichtjuden sind in der preußischen aristokratischen und bürgerlichen Oberschicht nie selbstverständlicher gewesen als in der Phase zwischen 1810 und 1860 (von Bülow-Essenrode, von Heyden-Cartlow, von Posadowsky-Wehner und andere mehr). Es ist nicht zutreffend, daß nur jüdisch geheiratet wurde, »wenn man sich vor Schulden nicht mehr zu retten wußte«, und daß der Offizier dann seinen Abschied nehmen mußte »wie nach einem ehrenrührig verweigerten Duell« (von Krockow). Aber es gab, wie auch sonst, sozial abgegrenzte Heiratskreise mit bestimmten qualifizierten Bankier- und Wirtschaftsfamilien (unter anderen von Magnus, von Oppenheim, Fränkel, von Halpert, Lewald, von Krause), die in der Berliner Gesellschaft, bei Hofe oder in sonstigen Teilen der oberen Gesellschaft eingeführt waren. Am sinnfälligsten und am stärksten beachtet wurde das Beispiel der preußisch-jüdischen Symbiose beim Hohenzollern-Haus selbst. Friedrich Wilhelm III. erhob 1825 bis 1831 die sieben Kinder seines Oheims, des Generals der Infanterie August Prinz von Preußen, mit Auguste Arend in den Adelsstand unter dem Namen von Prillwitz. Doch war der König, nach dem Zeugnis Varnhagens, kein Freund der vollständigen staatsbürgerlichen Gleichberechtigung der Juden. Er wünschte sie grundsätzlich nicht im Lehramt an Universitäten zu sehen. Die Staats-Bürokratie, die Brüder Humboldt, Altenstein waren anderer Auffassung und haben sich teilweise durchsetzen können. Der Wandel trat unter Friedrich Wilhelm IV. ein.

Eine herausragende Rolle aber nahmen die *jüdischen Bank- und Handelshäuser* ein, nachdem sie schon an den Finanzoperationen der Hardenberg-Zeit, zumal der Kriegsschulden-Tilgung zum Teil maßgeblich mitgewirkt hatten. Zu erinnern ist an die Firmen Levy – Frhr. von Delmar (ursprünglich Posen, dann Berlin, 1764 bis 1824), Gebr. Veit (1750 bis 1930), Mendelsohn (1795 bis 1932), Bleichröder (1803ff.), Gebr. Berend u. Co. (1786 bis 1879, Rittergutsbesitzer zu Kl.-Beeren, Besitzer von Mariendorf), Crelinger (1788 bis 1826) und andere mehr. Die Spitzen der Hof- und Staatsverwaltung, die Generalität und das königliche Haus selbst bedienten sich in dieser Phase, lange vor Bleichröder, der Dienste und Fähigkeiten angesehener jüdischer Bankiers. Ein Beispiel dafür ist die Firma Gebr. Berend in Berlin, die durch Heereslieferungen und gute Beziehungen zu den Staatsbehörden, insbesondere zu dem Finanzminister von Bülow, aufgestiegen war. Seit 1815 beteiligten sich die Firmeninhaber stärker an den Kreditoperationen des unverändert finanziell geschwächten Staates und an industriellen Unternehmungen (Zuckersiederei). Die aus Tirschtiegel (Provinz Posen) stammenden Geschäftsinhaber residierten im chem. Moltkeschen Palais Unter den Linden 35. Zu ihren Kunden im Kontokorrent- und mittelfristigen Kredit-Verkehr zählten um 1820 die Feldmarschälle von Gneisenau und Bülow von Dennewitz, die Hofdame Gräfin Viereck, der spätere Finanzminister Maaßen, der Direktor im Finanzministerium Präsident Keßler, der Vortr. Rat im Polizeidepartement des Innenministeriums und spätere Justizminister (seit 1830) Karl von Kamptz (1769 bis 1849), der Staats- und Schatzminister Graf Wylich-Lottum, Hofmarschall von Maltzahn, der Bankierssohn und 1819 bei Savigny in Berlin habilitierte Jurist Moritz August Bethmann (1795 bis 1877), der Berliner Stadtbaurat Langerhans, der russische Gesandte von Alopeus, die Generäle von Witzleben und von Thiele oder Ernst von *Bülow-Kummerow* (1775 bis 1851). Letzterer befand sich mit seinem 1826/27 in Hinterpommern zusammengekauften Güterkomplex in finanziellen Schwierigkeiten und hat am Bankplatz Berlin Hilfe gesucht und mit Erfolg für sich gefunden.

Auch der Finanzminister (1813 bis 1818) und Handelsminister (1818 bis 1825) Hans von *Bülow-Essenrode* und andere Beamte der ausgehenden Hardenberg-Ära unterhielten zur jüdischen und christlichen Bankwelt nicht nur dienstliche, sondern auch enge gesellschaftliche Beziehungen verschiedenster Art. Das Beispiel, dem man ähnliches aus dem Geschäftsleben der Bankhäuser Gebr. Benekke und Gebr. Schickler hinzufügen könnte, zeigt recht gut, wie in Preußens Hauptstadt im Wirtschaftsalltag die agrarischen und industriellen Interessen und die bankgewerblichen Interessen mit Toleranz und Liberalität ausgehandelt worden sind. Die »jüdisch-preußische Symbiose« vollzog sich nun auf vielen Gebieten, nicht nur in Kunst und Wissenschaften.

Wirtschaft und Staatsfinanzen

Der gewonnene Krieg hat Preußen wenig Gelder eingebracht. Die preußischen *Staatsfinanzen* befanden sich auch seit der Wiederaufnahme des Zinsendienstes für die Staatsschulden (1814) in einem unglücklichen Zustand. Frankreich hätte, von den tatsächlichen Kriegskosten her, in Wien in weit stärkerem Maße, als es geschehen ist, zu Reparationen veranlaßt werden müssen. Preußische Städte haben noch bis in die Reichsgründungszeit hinein unter der Tilgung der Altschulden von 1807 bis 1813 zu leiden gehabt. Um 1817 erreichte der Staatskredit seinen Tiefstand. Die Staatskassen konnten nur liquide gehalten werden, indem mit hohen Kosten bei den christlichen und jüdischen Bankhäusern Berlins kurzfristige Darlehen aufgenommen wurden, so 1817 bei einem Konsortium 2,1 Millionen Taler.

Seit 1818 begann der Aufstieg *Christian Rothers,* nunmehr Geheimer Oberfinanzrat und Direktor in dem vom Finanzministerium abgetrennten neuen Schatzministerium. Er hat am 31. März 1818 durch einen Vertrag mit den Londoner Rothschilds die erste große Nachkriegsanleihe Preußens im Ausland untergebracht; die Berliner Bankiers wurden für lange Zeit aus dem Geschäft mit dem staatlichen Kreditbedarf herausgedrängt. Persönliche und finanzpolitische Motive scheinen bei Rothers Verhalten ineinanderzugreifen. Der 1778 in Schlesien geborene Rother, einer der Initiatoren auch der frühen Industrialisierung in Preußen, hatte 1810 als Kalkulator in der Staatskasse begonnen. Er wurde für Hardenberg unentbehrlich, als er die Organisationspläne für den Staatsrat (1816) und den großen Finanzreformplan (1820) entwarf. Die London-Anleihe (30 Millionen Taler, zu 5 Prozent) leitete eine enge Zusammenarbeit zwischen dem Berliner Schatzministerium und den *Rothschilds* ein. Rother verstand es, durch seine »unantastbare Rechtlichkeit« Vertrauen und Bewunderung der Weltbankiers zu gewinnen. 1822 hat dann Rother, »die Seele der preußischen Finanzverwaltung« und »unbestritten erste Autorität auf diesem Gebiet« (P. Wallich), in London mit Nathan Rothschild die zweite Anleihe ausgehandelt (14 Millionen Taler, Anfangskurs 84 Prozent). Hardenberg war zufrieden und meinte: Es käme bares Geld ins Land gegen eine Masse Papier. Das neue Kapital würde über 100 Prozent Früchte tragen. Der Grundgedanke Rothers war einleuchtend. Das originäre inländische Kapital sollte, wie es dann auch überwiegend geschehen ist, die gewerblichen Anlagen unmittelbar befördern, während das eingeführte bare Geld dem Zweck zu dienen habe, den hohen Marktpreis des Inlandgeldes und den teilweise bis in die Wucherzone gestiegenen Zinsfuß zu drücken. London sei in der Lage, das Zehnfache von Berlin zu leisten. Als Rother bei Hofe gelegentlich wegen der Härte gegenüber den inländischen Bankiers angegriffen wurde, bestätigte ihm Salomon von Rothschild, daß er im Interesse der Staatsfinanzen schwerlich hätte günstiger verfahren können. Der König und Hardenberg sandten den Rothschilds Dankschreiben.

Die Macht Rothers, der damals entscheidende Grundlagen für Preußens weiteren Aufstieg legte, war in der *Hofgesellschaft* wohlbekannt. In Berlin ging die Scherzfrage um: Warum wird König Friedrich Wilhelm der Dritte genannt? Antwort: Weil Hardenberg der Erste und Rother der Zweite ist. 1834 übernahm Rother die Leitung des als Voraussetzung für die weitere Industrialisierung unentbehrlichen Chausseebauwesens, 1837 wurde ihm auch das Präsidium der Königl. Bank übertragen. Nunmehr standen die wichtigsten staatlichen Bank- und Kredit-Institutionen (Staatsschuldenverwaltung, Seehandlung, Kredit-Institut für Schlesien) unter seiner Leitung (seit 1836: Staatsminister). An Anerkennungen fehlte es nicht: 1837 wurde er in den Adelsstand erhoben, 1847 erhielt er den Orden vom Schwarzen Adler. Nach der Märzrevolution nahm er den Abschied († 7. November 1849). Rother ist in der Vielseitigkeit seiner finanz- und wirtschaftspolitischen, aber auch allgemein politischen Tätigkeiten mit Schulenburg-Kehnert, unter den Nachfolgenden mit Rudolph von Delbrück und mit Johannes Miquel vergleichbar. Preußen hatte das Glück, im 19. Jahrhundert eine Reihe bedeutender Finanz- und Wirtschaftsminister an seiner Spitze zu sehen.

Auswärtige Politik

Mit der *»Heiligen Allianz«*, die Rußland, Österreich und Preußen am 26. September 1815 abgeschlossen hatten, sollte die neue Ordnung in Europa zusätzlich befestigt werden. Das Dreikönigsbündnis war in erster Linie, nach Metternichs Intention, auf die Erhaltung und Bewahrung bewährter Regierungsgrundsätze und politischer Besitzstände gerichtet. Der Deutsche Bund als politischer Rahmen für das alte Reichsgebiet bzw. das deutsch-beherrschte Mitteleuropa war in dieses System eingeschlossen. Es mußte sich nun erweisen, ob diese Konstruktion innerdeutscher und außerdeutscher Grundinteressen und Elemente elastisch genug war, die Eigeninteressen der großen und mittleren Staaten zu ertragen und Konflikte zu begrenzen.

Der Frieden war für Preußen günstig ausgefallen. Es war nicht umsonst gekämpft und geblutet worden. Eine tatkräftige Politik hätte nun aus dem

Schwung des Sieges heraus in Deutschland manche Chancen nutzen können. Aber *Friedrich Wilhelm III.* ließ 1815 keinen Zweifel aufkommen, daß es ihm künftighin in erster Linie auf die Erhaltung des Besitzstandes und die Friedenssicherung ankommen würde. Die Erinnerungen an die tödliche Gefährdung Preußens haben ihn, wie sollte es anders sein, nicht mehr verlassen. So fehlte es ihm an Kraft und Weitsicht, in der Stille eine »deutsche Politik« zu treiben. Noch in Paris hat der König anläßlich einer Kontroverse mit seinem »deutsch« gesinnten Schwager Georg von Mecklenburg-Strelitz (1779 bis 1860) bemerkt: »Deutschland im ganzen sei nichts, es wären wohl Österreicher, Preußen, Bayern, nirgends aber Deutsche, im kleinsten Teil der österreichischen Staaten rede man Deutsch, in einem bedeutenden der preußischen andere Sprachen. Der Erbprinz«, so berichtet Humboldt weiter, »ist aber immer dabei geblieben: Deutschland müsse *eins* sein, es müsse jetzt einen Kaiser haben, und der müsse der König selbst sein, und in Wien sei der Augenblick dazu dagewesen, und er habe sich schon gefreut... auf die Gesundheit eines protestantischen Kaisers trinken zu können ... der König hat gesagt, er habe es nicht gewollt und die andern hätten ihn nicht gewollt, so hätten sich beide Teile begegnet« (7. Oktober).

Die vier gegen Frankreich verbündeten Mächte hatten mit der *»Quadrupelallianz«* (20. November 1815) ein Bündnis geschlossen, das sie zu regelmäßigen Konsultationen und Konferenzen verpflichtete. Im Rahmen dieses Bündnissystems hat Preußen, wie sich nach und nach zeigte, nicht nur eine »ganz bescheidene Nebenrolle« (W. Hubatsch) gespielt. Es hat vielmehr nach Maßgabe seiner Kräfte eine in der Summe relativ kluge Interessen- und Friedenspolitik getrieben, die für das innere Wachstum des Staates und für die Eingliederung der neuen Provinzen vorteilhaft geworden ist. Auf dem Kongreß von Aachen (Herbst 1818) ist dann auch Frankreich in den Kreis der europäischen Großmächte zurückgekehrt (»Pentarchie«), obschon durch dieses relative Sicherheitssystem die natürlichen Rivalitäten der Mächte gemildert worden sind.

Das entscheidende Problem bestand darin, ob und wie sich die großen Mächte bei *»revolutionären« Veränderungen* engagieren sollten, ob jeder Umsturz eines Regierungssystems als ein Verstoß gegen die Prinzipien der »Restauration« angesehen werden sollte. Während Mitteleuropa zu den ruhigeren Zonen zählte, setzten in Südeuropa, in Spanien und Portugal, etwas später auch auf dem südlichen Balkan (Griechenland-Frage) politische Bewegungen ein, durch die die Interventions-Problematik immer wieder aufgerührt wurde. Auf der Konferenz in Troppau (Österreich–Schlesien) ist auf Anregung Rußlands der Grundsatz für die Politik der drei Ostmächte festgelegt worden, daß Staaten, in denen durch Aufruhr eine Regierungsänderung entstanden sei, auch mit Waffengewalt »in den Schoß der großen Allianz« zurückgeführt werden könnten. England und Frankreich widersetzten sich diesem Beschluß. Insbesondere England hat, nach dem Kongreß von Verona (Herbst 1822), die Grundsätze der Mächte-Solidarität und Intervention aufgekündigt (George Canning) und erklären lassen, daß die »Zeit der Areopage und dergleichen« abgeschlossen sei. Es gewann damit seine volle außenpolitische Handlungsfreiheit wieder und konnte sich von Fall zu Fall auf die Seite nationaler Strömungen, zumal in Griechenland, stellen.

In der *Orientfrage* (Befreiung Griechenlands, Integrität des Osmanischen Reiches) hatte allein Preußen keine unmittelbaren Interessen zu vertreten. Rußland hingegen zielte auf die Meerengen (Bosporus), England warf sich zum Anwalt des Philhellenismus auf, während Metternich das geschwächte türkische Reich eher für sich als einen Sicherheitsfaktor wertete. In der schweren Krise nach dem Beginn des russisch-türkischen Krieges (April 1828) gelangte Preußen so in eine Vermittlerrolle, der es sich auch im Hinblick auf die traditionellen preußisch-türkischen Beziehungen nicht verschließen wollte.

Im Sommer 1829 befand sich die Armee des russischen Generals Diebitsch (aus preußisch-schlesischer Familie) über die untere Donau hinweg im vollen Vormarsch, erzielte auch eine Reihe von Erfolgen, war jedoch bald durch Seuchen geschwächt, so daß Nikolaus I. mehr an einem günstigen Kompromiß als an einer Destruktion der europäischen Position der Türkei interessiert war. So übernahm Preußen, auf Bitten des russischen Staatskanzlers Nesselrode, die *Vermittlung*. Am 6. Juni 1829 erschien der Zar unangemeldet in Berlin und besprach die Aktion mit seinem Schwiegervater Friedrich Wilhelm. England war voller Mißtrauen, als sich Preußen in dieser Weise in Erinnerung brachte. Lord Aberdeen schrieb an Wellington: »Preußen würde sich nicht besinnen, Rußland die Unabhängigkeit Europas auszuliefern, wenn es dabei einen Gewinn für sich zu erwarten hätte«. Und Wellington antwortete argwöhnisch: »In Müfflings Mission steckt ein Kniff. Ich halte ihn für einen Agenten des Zaren, der nur, um den Schein zu wahren, vom König von Preußen gesandt wird.« Aber dann entschieden sich die beteiligten Mächte doch, die preußische Aktion zu unterstützen, um Konstantinopel nicht in die Hände der Russen fallen zu lassen.

Während sich der Zar mit großem Gefolge und das preußische Königshaus zum »Fest der Weißen Rose« trafen (19. Juli), war der preußische Generalstabschef Müffling bereits auf dem Wege zum Bosporus. Es gelang ihm, den Sultan zum Friedensschluß zu bewegen. Rußland gewann durch den *Frieden von Adrianopel* (14. September 1829) eine stärkere Stellung im südöstlichen Balkan und gegenüber der Türkei. Preußen hatte mehr als nur einen Prestige-Erfolg erzielt. Es hatte zum erstenmal nach langer Zeit wieder eine Mittel-Position eingenommen, von der aus die russisch-preußische Allianz einen anderen Akzent erhielt.

Das wurde sogleich deutlich, als *Frankreich* die Revision der Verträge von 1815 ins Gespräch brachte; die Aufteilung der Türkei sollte eine territoriale Kompensationsmasse hergeben, mit deren Hilfe Preußen vom Rhein entfernt, Frankreich aber Saarbrücken, Saarlouis, Belgien nebst Luxemburg sowie Seeland und Nordbrabant gewinnen wollte (General Richemont und Polignac). Preußen sollte mit Sachsen und Restteilen Hollands entschädigt werden, während der

König von Holland künftig in Konstantinopel zu residieren hätte. Für den König von Sachsen war Aachen als Mittelpunkt eines kleinen Rhein-Königreiches ausersehen. Der »große Plan« Frankreichs, durch König und Conseil gebilligt, faßte bewußt einen europäischen Krieg (Rußland, Frankreich, Preußen, Bayern gegen Österreich und England) ins Auge. Der Frieden von Adrianopel entzog dieser abenteuerlichen Politik einen Teil ihrer Grundlagen; als gegen Jahresende in der Folge französisch-russischer Gespräche geschickterweise von Petersburg in Berlin sondiert wurde, ob man bereit wäre, die Rheinprovinz gegen andere Gebiete zu vertauschen, ließ Graf Bernstorff, der von einem liberalkonservativen Standpunkt aus eine ethisch begründete Friedenspolitik betrieb, die Offerte scharf ablehnen. Bernstorff, voll gedeckt durch den König, erklärte, daß sich der König von Preußen niemals von Landesteilen trennen würde, mit denen er von Jahr zu Jahr enger verbunden sei; selbst größte materielle Vorteile könnten diesen Standpunkt nicht beeinflussen. Auch sei es unvertretbar, kurz nach dem Frieden von Adrianopel Pläne für den Fall der Auflösung des Osmanischen Reiches zu verabreden.

Dieser Vorgang und zahlreiche weitere Bewegungen der preußischen Außenpolitik der Jahre bis 1840 zeigen, daß sich die Politik der Außenminister *Bernstorff* (1818 bis 1832) und Ancillon (1832 bis 1837) keineswegs »mehr denn je im Schlepptau Metternichs« bewegt hat (E. J. Feuchtwanger). Allein die Durchsetzung der preußischen Zollvereinspläne durch Eichhorn, der von 1816 bis 1840 im Auswärtigen Amt wirkte, sollte vor einem solchen Urteil warnen. Die letzte Entscheidung lag beim *König*, der die Außenpolitik stärker noch als die Innenpolitik kontrollierte, den wesentlichen Schriftverkehr mit den auswärtigen Großmächten mitlas und der mehr Sinn für außenpolitische Fragilitäten und Risiken nunmehr besessen und bewiesen hat als Wittgenstein oder Lottum. Dem Zaren schrieb er noch 1829 die deutliche Warnung: »Vom Frieden in Adrianopel datiert eine neue Epoche für Europa, das endlich auf das Vernarben der letzten Wunden hoffen darf, die ihm lange Jahre der Kriege und Wirren geschlagen haben, um in Ruhe die Früchte der Zivilisation zu genießen«.

Wenig später hat die Pariser *Juli-Revolution* (1830), durch die Karl X. durch den »Bürgerkönig« Louis Philippe von Orleans ersetzt wurde, den still-freundlichen Genuß der Zivilisationsfrüchte erheblich gestört. Die belgische und die polnische Frage standen alsbald im Vordergrund. An der Bildung des Königreichs *Belgien* war Preußen maßgeblich beteiligt; der Londoner Gesandte Heinrich von Bülow brachte den Vorschlag ein, Belgien nach dem Muster der Schweiz den von den Großmächten zu garantierenden Status der Neutralität zu geben. Dementsprechend ist verfahren worden (15. November 1831). Die deutsche Reichspolitik von 1914 hat auch in Hinsicht auf Belgien von Preußens älterer Friedensarbeit keine Notiz mehr genommen.

Außenpolitisch und innenpolitisch wesentlich besorgniserregender war der *polnische Aufstand* in Russisch-Polen, der die Teilungsmächte wieder in engere

Fühlung und Zusammenarbeit gebracht hat. Preußens Gebiete waren nur mittelbar bedroht, denn die Polenpolitik seit 1815 mit erheblichen Investitionen auf allen Gebieten, aber auch die stärkere deutsch-polnische Durchmischung der Provinzen Posen und Westpreußen hat der preußischen Untertanenschaft polnischer Nationalität die Vorzüge des preußischen Regiments gegenüber dem russischen sichtbar werden lassen. An eine »belgische« oder Schweiz-Lösung für den zentralpolnischen Raum war schon wegen der russischen imperialen Position nicht zu denken. Polen als Glacis dreier Großmächte mußte es sich gefallen lassen, in seiner Nationalität übersehen oder – in unterschiedlichen Graden – unterdrückt zu sein.

Als die Nachrichten vom Warschauer Aufstand (29. November 1830) in Berlin eintrafen, wurden nach und nach bis zu 80 000 Mann für die Ostfront mobilisiert, die die Ostgrenze unter Feldmarschall Gneisenau und seinem Stabschef Clausewitz sichern sollten. Die Vorbesprechungen zwischen Militärs und Ministern in Berlin, an denen auch der russische Feldmarschall Diebitsch teilgenommen hatte, ergaben, daß sich die preußischen Armeekorps defensiv verhalten sollten. Die Russen wünschten die Polen allein niederzuwerfen. Immerhin brauchten sie fast ein Jahr, um mit rund 200 000 Mann die wesentlich schwächeren polnischen Aufstands-Truppen zu schlagen und zu zerstreuen.

Preußens Heer erlitt lediglich durch die aus Rußland herüberwehende Cholera Verluste: Am 23. August starb Gneisenau in Posen, am 16. November folgte ihm *Clausewitz* in Breslau. In dem Nekrolog in der Staatszeitung (22. November: Graf Karl von der Gröben) heißt es: »Ihm war zuletzt noch allzu Schweres beschieden. Gneisenau, Blüchers großer Waffengefährte, starb, mit ihm die Zierde von Preußens Waffenruhm. So mußte er, wie vordem Scharnhorst, nun den zweiten großen Freund begraben, Männer, welche die Geschichte Preußens, ja des ganzen deutschen Vaterlandes, stets mit Bewunderung nennen wird. Der Kummer nagte still an seinem Herzen, das mit der glühendsten Liebe unter einer bisweilen anscheinend kalten Außenseite schlug. Leicht ward er daher die Beute jener Krankheit, die in dunkler, unerkannter Macht nach dem heiligen Ratschlusse Gottes über den Erdboden dahinzieht. Mögen mit Clausewitz viele reiche und große Talente in der Armee wetteifern, einen geordneteren Kopf hat sie in ihren Reihen schwerlich jemals gezählt.«

Clausewitz hat während des Zuwartens auf das Kommando in Posen die Zeit genutzt, um über die Stellung Preußens gegenüber der *Polenfrage* nachzudenken, eine Standortbestimmung vorzunehmen und den Blick auf Frankreich zu lenken, wo er unverändert die stärkere Bedrohung erblickte. Clausewitz betrachtete das politische und Kriegstheater als »Deutscher« und als preußischer Offizier; auch bei ihm wird nicht sichtbar, daß »dieses Preußen ein Staat *zwischen* den Nationen, vor allem zwischen Deutschen und Polen« (so K. Zernack, 1981) gewesen war; Preußen war vielmehr immer ein nord- und nordostdeutscher Staat sui generis, der als Monarchie gegenüber inkorporierten Nationalitäten und Nationenteilen eine übernationale Position behauptete, aber vor allem seit 1815 nicht in so weitsichtiger Weise zu wahren vermochte, wie es den wesentlich mehr wissenden Nachlebenden als notwendig erscheint.

Eine andere Lösung als die langsame, auch ethnische *Inkorporierung* der ehemals polnischen Staatsgebiete hat Clausewitz nicht erkennen können. Er warnte davor, Polen wiederherzustellen, weil das Gleichgewicht Mitteleuropas dann ins Wanken geraten würde. Die österreichische Monarchie wäre in einem solchen Falle in »ihren Grundfesten erschüttert«; mit Preußen sähe es aber »noch viel schlimmer aus«, »es würde die Million Einwohner seines Großherzogtums Posen kaum abgetreten haben, so würden die westpreußischen Provinzen nebst Danzig gefordert werden und das mit eben dem Rechte, mit welchem man das Großherzogtum zurückfordert. Dann wäre das Herzogtum Preußen von den übrigen Landen getrennt, und da es einmal ein polnisches Lehen war, auch ein großer Teil seiner Einwohner den Polen und Litauern sprachverwandt ist [sic], so begreift man, welch ein unsicherer Besitz dieses Herzogtum für Preußen ferner sein würde.« Der Autor verweist dann, nicht minder hellsichtig, darauf, daß in Konfliktfällen sich ein freigewordenes Polen gegenüber dem russisch-preußischen Bündnis an Frankreich anlehnen würde.

Der Stratege betrachtet den *Raum* zwischen Ostsee und Riesengebirge (den »Trichter«, von dem wir eingangs sprachen) und kommt zu dem Ergebnis: »Preußen aber würde sich in dem Land zwischen Weichsel und Oder niemals behaupten können, sondern seine Verteidigung hinter der Oder, also zwölf Meilen von seiner Hauptstadt, einrichten müssen. Denn das Land zwischen Oder und Weichsel ist von der einen Seite ganz ohne Terrain-Abschnitt und mit Ausnahme des kleinen Colberg wäre es auch ohne Preußische Festungen; von der anderen (sc. dann feindlichen Seite) enthält es mit Ausnahme von Posen und Danzig, die beide befestigt sind, keinen namhaften Ort, so daß auch nicht einmal ein glücklicher Offensivstoß (sc. wie ihn die Russen gegen Warschau führen können) zu einem Resultate führen könnte, was für die Verteidigung des Ganzen brauchbar wäre. Eines Vierteils seiner Untertanen und eines Dritteils seiner Oberfläche beraubt, müßte dieser verstümmelte Kämpfer, während er mit dem Schwerte seines rechten Armes einen hundert Meilen weiten Ausfall gegen Frankreich zu tun hätte, mit der linken den Schild dicht über dem Haupte halten.« Die Situation von 1913/14 und 1918/19 drängt sich dem nachlebenden Betrachter auf; aber damals verstaubte Clausewitz in den Bibliotheken.

Das *Interesse Preußens,* von Clausewitz hart, eng und gleichsam friderizianisch verstanden, gestatte keine Konzessionen in »Glaubenssachen«. Nie würde ein »idyllisches Friedensverhältnis« zwischen den Völkern walten. Im Prinzip führt hier eine Linie zur Polen-Auffassung Bismarcks, Stresemanns und des Generals von Seeckt, der sich der von Clausewitz prophezeiten Situation dann gegenübersah. Bei Clausewitz, auch in seinem zweiten Aufsatz (»Deutschland«) von 1831, wird besonders deutlich, wie sich die geopolitische und strategische Blickrichtung mit der Problematik »der restaurativen Absicherung gegen die in der multiethnischen Struktur ihrer Staaten (sc. der Teilungsmächte) liegenden nationalrevolutionären Sprengkraft« (K. Zernack, 1965) verschränkt. Mit den staatsleitenden Gedanken und vor allem den Kräften des 19. Jahrhunderts war das Polen-Problem nicht überwindbar. Die »Lösungen« des 20. Jahrhunderts, mit einer vierten und fünften polnischen Teilung, kann man, von welchem Standpunkt auch immer, nur als absurd und unmenschlich ansehen. Sie haben im Grunde Clausewitz – bei allem Wandel der politischen Konstellationen, aber nicht der Raum-Gewalt – in seiner übergreifenden Sicht recht gegeben. 1831 meinte er abschließend, daß »der Streit der Interessen und Leidenschaften« nicht schweigen würde, weil »die Gegensätze der Völker nicht in Maximen« zu suchen seien, »sondern in der ganzen Summe ihrer geistigen und materiellen Verhältnisse zueinander, und darüber ist es wohl ratsam, die Geschichte zu befragen«.

Diese Auffassungen, die sich offenbar im Grundsatz mit denen Bernstorffs deckten, haben in der Praxis dazu geführt, daß Preußen im Westen defensiv verfuhr, weil jeder europäische Konflikt das ausgedehnte Staatsgebiet, in dem eben erst die durchgehenden Chausseen gebaut wurden, besonders gefährden mußte.

Überhaupt standen sich bei der Bestimmung der auswärtigen Politik in Berlin im wesentlichen *zwei Gruppen* gegenüber, die konservative Gruppe Wittgenstein (-Metternich) und die liberal-konservative und weltanschaulich weniger blickverengte Gruppe um Bernstorff mit Friedrich Eichhorn und – von Fall zu Fall – Ancillon. Die Stellung des Auswärtigen Amtes war stärker, als man bisher unter dem Eindruck des Restaurations-Klischees gemeint hat. Die eigennützigen Warnungen Metternichs vor revolutionären Gefahren verfingen dort nicht in dem Maße wie zeitweise bei Hofe. Der Versuch Metternichs, Humboldts Schwiegersohn von Bülow, den preußischen Gesandten in London, zu beseitigen, scheiterte (1830). Auch sonst versackte sich manche »Anregung« aus Wien im Getriebe Berlins.

In der Frage der *Pressefreiheit*, die in dieser Phase durch Zensurmaßnahmen eingeschränkt war, verlief vieles nicht nach den Wünschen Metternichs. Tatsächlich ließ es die mannigfache Verflechtung Preußens mit anderen oder dem Ausland nicht zu, die Presseerzeugnisse der in dieser Hinsicht freieren süd- und westdeutschen Staaten oder des Auslandes von Preußen fernzuhalten. Wer es wollte, konnte sich informieren; der Besitz einer nichtpreußischen Zeitung wurde nicht mit der Einweisung in ein Zucht- oder Irrenhaus geahndet. Überhaupt dürften die Informationsmöglichkeiten im Gebiet des Deutschen Bundes vergleichsweise nicht schlechter gewesen sein als heute in dem gleichen Raum. Die beiden Berliner Zensurbeamten von Tzschoppe und von Rehfues sahen sich öffentlich vom Kronprinzen und von Alexander von Humboldt verspottet und von Studenten verhöhnt (22. März 1838).

Nicht nur in der Zensur-Frage, auch in der Behinderung einer *deutschen Politik* hat der österreichische Staatskanzler Einfluß zu nehmen versucht. 1832 verhinderte er, daß Preußen gegen Frankreichs Belgien-Interventionspläne ein Truppenkontingent des Bundes organisierte. Als er jedoch 1833 *Eichhorn,* den besten Kopf im Auswärtigen Amt, zu beseitigen versuchte, drang er nicht durch, obwohl Wittgenstein zusammen mit den Ministern Graf von Wylich und Lottum, von Kamptz und dem einflußreichen Generaladjutanten von Witzleben den Fall Eichhorn im Staatsministerium und beim König zur Sprache brachte, um Metternich gefällig zu sein. Der König fand, wie zu erwarten war, einen Kompromiß, indem er Wittgenstein und Lottum eine Art Aufsichtsrecht in den deutschen Angelegenheiten zusprach (19. Juni 1832). Letzlich jedoch, das zeigen diese Beispiele, vermochte sich die Gruppe um Wittgenstein in der auswärtigen Politik Preußens nicht zu einer beherrschenden Position aufzuschwingen, weil es ihr zum Teil an Sachkenntnis fehlte und weil der König über den Gruppen stand, informiert blieb und sich die letzten Entscheidungen weder von Witzleben noch von Wittgenstein aus der Hand nehmen ließ, wie die Biographie Wittgensteins von Hans Branig zeigt.

Im Streit der Mächte um die weiteren Folgen der Pariser Juli-Revolution behielt Preußen seine Position im Kreis der konservativen Ostmächte bei. Im *spanischen Thronfolgestreit* unterstützten der Kronprinz, Radowitz und der König die Partei des Thronfolgers Juan Carlos; 473 624 Taler (bei einem Staatshaushalt von 51 Millionen) wurden aus Mitteln der Seehandlung bzw. des Staatsschatzes in den siebenjährigen Erbfolgekrieg jenseits der Pyrenäen geworfen, in ein Faß ohne Boden, 1839 waren die Carlisten geschlagen. Mit der spanischen Subsidienzahlung hätte Schinkel einiges bauen können.

In der Berliner Sicht waren *England* und *Rußland* die eigentlichen Scharfmacher und Friedensstörer in der internationalen Politik (1836). Preußens Interesse lag dagegen nicht in territorialen Expansionen, sondern in der Entwicklung von Industrie und Handel, in der Beruhigung Frankreichs, um nicht in die Situation zu geraten, eine überlange Westgrenze mit einer zu kleinen Armee verteidigen zu müssen. So hat Friedrich Wilhelm III. auch darauf hingearbeitet, daß dem Orleans-Thronfolger Frankreichs eine mecklenburgisch-schwerinsche Prinzessin zuteil wurde (1837), während die »Legitimisten« in Berlin und Petersburg entrüstet die Zungen und die Federn wetzten (1836/37).

Seit 1833 hatten sich im Fürstentum *Neuenburg* (Schweiz), das seit 1702/07 zu Preußen gehörte, stärkere Turbulenzen ergeben, die auf der unklaren Stellung des Ländchens zur Eidgenossenschaft und politischen Parteiungen beruhten. Auch hier hat die Berliner Politik versucht, durch Kompromisse eine friedliche Lösung vorzubereiten. Allerdings fehlte es in Berlin an einer politischen Konzeption, als sich Mitte der vierziger Jahre die Konflikte um die eidgenössische Heerfolge und die katholischen Sonderbundeskantone zuspitzten. Metternich hat 1845 den Berliner Diplomaten abgeraten, Preußens Rechte notfalls mit

Waffengewalt zu verteidigen; sein entspannungspolitisches Credo lautete, eines großen Krieges seien diese 80 000 Neuenburger nicht wert, und ein kleines Korps reiche nicht aus. 1847 verzichtete Friedrich Wilhelm IV. darauf, eine Brigade oder mehr zum Schutze der preußischen Rechte in Marsch zu setzen. Neuenburg wurde im November 1847 unterworfen, Ende Februar eine republikanische Verfassung eingeführt: das Menetekel zur Berliner Märzrevolution. Auch in der Reaktionszeit versagte Friedrich Wilhelm IV. in der Neuenburg-Frage und verzichtete schließlich im März 1857 gänzlich auf seine Rechte am Fürstentum Neufchâtel nebst der Grafschaft Valendis.

Die Monarchen der Ostmächte trafen sich 1835 erneut in *Teplitz*. Äußerlich blieb das Einvernehmen gewahrt. Aber Nikolaus I., der kurz zuvor in Kalisch zur Erinnerung an 1813 ein ebenso aufwendiges wie theatralisch-unehrlich wirkendes Verbrüderungsfest veranstaltet hatte, vermochte es nicht, Preußen in kriegerische Abenteuer zu verwickeln, zumal Österreich mit dem Regierungsantritt des schwachsinnigen Kaisers Ferdinand (2. März 1835) in eine innere Krise eingetreten war. Preußens Position hat Ancillon in einem Rundschreiben an die Gesandtschaften mit dem ihm eigenen Pathos umschrieben: »Unsere Haltung vereinigt in sich wahrhaft ungeheuere materielle Kräfte und die der Einigkeit entspringende moralische Macht; sie ist gewaltig und furchtbar gerade durch ihre Ruhe, sie erlaubt uns, die Ereignisse zu beobachten und abzuwarten« (9. Oktober 1835). In Teplitz war beschlossen worden, gemeinsam die kleine Republik Krakau, die auf dem Wiener Kongreß konstituiert worden war, wegen ständiger Neutralitätsbrüche zu besetzen (1836) und 1847 endgültig zu beseitigen. Englands Premierminister Palmerston protestierte, ließ aber unter der Hand erklären, er würde ganz wie die Teilungsmächte handeln.

Während *Rußland* in seiner Polen- und Orientpolitik Preußens Unterstützung einigermaßen sicher sein konnte, mußte es ansonsten doch bemerken, daß seine immer wieder unternommenen Versuche, in die innere Politik Preußens hineinzuwirken, kalt zurückgewiesen wurden. Die Dreistigkeit der Russen machte auch vor dem preußischen Militärwesen, mit dem sie in dieser Phase schwerlich zu konkurrieren vermochten, nicht Halt. Als der Zar 1837 über den General von Natzmer seinem Schwiegervater empfahl, die »demokratische« und »revolutionäre« Landwehr abzuschaffen, hat der sonst scheinbar so ruhige König äußerst empfindlich reagiert: »Ich will diese Vorschläge gar nicht hören. Ich bin mit meiner Landwehr in Krieg und Frieden zufrieden. Diese russischen Drohungen mit der Revolution dauern schon viele Jahre, sie haben ganz andere Gründe. Ich halte Gesetz und Ordnung aufrecht ohne Rußlands Hilfe und Ratschläge. Möge Kaiser Nikolaus nur dafür sorgen, daß sich in Rußland nicht die Soldatenmeutereien von 1825 und 1830 erneuern.«

Der für Rußland günstige *Handelsvertrag* von 1825 wurde 1836 nicht verlängert, weil Rußland durch extrem hohe Einfuhrzölle seine Industrie zu schützen suchte, wohl aber die preußischen Durchfuhrzölle gesenkt zu sehen wünschte. So blühte der Schleichhandel an der ostpreußischen Grenze, durch unredliche russische Beamte noch gefördert. Als daraufhin 1838 von Preußen verlangt wurde, die eigenen Kaufleute, die zollpflichtige Waren an Rußland verkaufen, zu bestrafen, ließ der preußische Finanzminister von Alvensleben-Erxleben antworten, Preußen sei kein Vasallenstaat Rußlands. In Ostpreußen, wo man die Besorgnis vor russischen Annektionsabsichten nie verloren hat, hieß es damals, der Zar wolle die Ostpreußen durch die Zollbarrieren zwingen, eine Vereinigung mit seinem Reiche zu verlangen. Die Abkühlung der russisch-preußischen Beziehungen zeigte sich schließlich auch auf dem Gebiet, auf dem noch am ehesten die Fassade der Umarmung und der Brüderschaft aufrechterhalten wurde, nämlich der der Dynastien. Keines der Kinder oder Enkelkinder Nikolaus I. und der preußischen Charlotte ist mit einem Angehörigen des Hauses Hohenzollern verheiratet worden.

Die Außenpolitik Preußens bis 1840 weist keine ungünstige Bilanz auf, wenn man von den typischen Schwächen der auslaufenden Regierungszeit absieht. Über fünfundzwanzig Jahre hin ist mit erheblicher preußischer Mitwirkung der *Friede in Mitteleuropa* erhalten geblieben. Die »stillen Jahre« der Restauration, deren preußischen Mikrokosmos Fontane in seinen »Kinderjahren« überliefert hat, verdienen von dieser Seite her wohl ein Wort der Anerkennung. Gewiß war es eine Politik gegen eine in ihrer Vorläufigkeit und Übergängigkeit erkannte »Zukunft«; doch ist es mindestens eine offene Frage, ob die Verzögerungen in der Übernahme der vornehmlich von Frankreich ausgehenden Normierungen und politischen Ideen-Reproduktionen Preußen existentiell geschädigt haben. Eher war das Gegenteil der Fall, wenn man den Blick auf die Wertverfallsprozesse und Tabubrüche seit der Mitte des Jahrhunderts richtet. Die leitenden Ideen in der Außenpolitik Preußens bis 1840 können als zwangsläufiger historischer Rückschlag gegen Bonapartes Sturmzüge angesehen werden.

Die politischen Führer Preußens waren nicht so unintelligent, wie es ihnen von ihren liberalistischen oder radikaldemokratischen Gegnern unterstellt worden ist. Den Strom der Geschichte konnten sie nicht aufhalten, aber sie wollten seine tatsächlichen oder vermeintlichen *Zerstörungskräfte eindämmen.* Die historisch gewachsenen Dinge, für die man nicht nur in Preußen und nicht nur bei »restaurativen« Staats- und Gesellschafts-Autoren weit mehr Sinn als bereits zwei Jahrzehnte später besaß, sollten nicht mit einigen raschen Entscheidungen verschleudert werden, da Fehlentwicklungen in der politischen Ökologie sich nicht in wenigen Jahrzehnten korrigieren lassen. Auf die Dauer war jedoch die emanzipatorische Lust am neuen Liberalismus nicht ablenkbar. Ohne ein durchdachtes liberal-konservatives Reformprogramm war in der Außen- und Innenpolitik nicht mehr weiterzukommen. Wer sollte es ersinnen, wer durchsetzen? Was der gescheite Rechtsphilosoph Eduard Gans 1838, kurz vor seinem Tode, mit dem Blick auf den hannoverschen Verfassungsstreit bemerkte, berührte allgemeiner auch das Kernproblem Preußens. Es ginge, äußerte er spöttischoptimistisch zu Varnhagen, doch alles anders, als die Machthaber meinten und wollten. Der König von Hannover zeige, ohne es zu wissen, »daß man mit Verfassungen nicht ausreiche, sondern auch Macht haben müsse«.

Hofgesellschaft im Biedermeier

In den Erinnerungen der *Caroline von Rochow* finden sich nicht ganz selten Andeutungen über den tatsächlichen Zustand des königlichen Hauses in den zwanziger und dreißiger Jahren. Die ernste Arbeit für den Staat war dem König allein vorbehalten. Die übrigen Familienangehörigen gingen mehr oder weniger den geselligen Freuden der Berliner Oberschicht, den Leidenschaften des Herzens oder der Reisepassion nach. In einer Kulturgeschichte der Berlin-Potsdamer Höfe wäre dies genauer zu betrachten und mit anderen Höfen zu vergleichen. Unser Interesse richtet sich auf die Frage, ob und wieweit in der Dynastie ein *Verantwortungsgefühl* für den Staat vorhanden war, ob der regierende Fürst in diesem Sinne auf seine Söhne, Vettern und Neffen eingewirkt hat.

Der König habe sich, berichtet Caroline von Rochow, nach der Vermählung seiner Tochter Charlotte mit Nikolaus I. von Rußland (1817) gelangweilt gefühlt: »Sonderbarerweise wußte er überhaupt nicht so recht mit seinen Kindern zu leben. Die Töchter mußten wohl immer um ihn sein; ob es aber je zu einem vertraulichen Wesen zwischen ihnen kam, weiß ich nicht und möchte es bezweifeln. Mit den Söhnen verkehrte er aber noch weniger, und je erwachsener und selbständiger sie wurden, je geringer blieb der innere Zusammenhang ihres Lebens. So war auch seine Einwirkung auf deren moralische Entwicklung eine viel geringere, als man von einem auf so hoher sittlicher Stufe stehenden Christen hätte erwarten sollen.«

Mit der *Theaterlust,* die durch den Schwager des Königs, den ebenso reaktionären wie leichtlebigen Herzog Karl von Mecklenburg noch ausgeweitet worden war, verbanden sich Vergnügungen und Verbindungen, die sich von ähnlichem der Zeit vor 1797 gewiß nicht unterschieden. In den Räumen des Prinzessinnen-Palais neben der Königlichen Oper wurden vor allem zwischen 1815 und 1830 »für die speziellere sogenannte Gesellschaft« mancherlei Privatvorstellungen von dilettierenden und professionellen Künstlern gegeben. Das führte zur »persönlichen Bekanntschaft aller jungen Prinzen mit dieser Gesellschaft«. Auch der König ließ sich dort »etwas vorschwätzen«, »es vertrieb ihm die Zeit, wenn er ermüdet war, aber es fiel niemand ein, darum seinen Sitten einen ernsten Vorwurf zu machen«.

Aus allen diesen Freizügigkeiten, die mit einer zielgerichteten Erziehung königlicher Prinzen für Aufgaben in Staatsverwaltung, Diplomatie oder der Armee nur wenig zu tun hatten, ergaben sich zwar einige hinreißend schöne Bastarde, aber auch sehr viel Arbeit für den Minister des Königlichen Hauses.

Im übrigen hat sich der Kronprinz davon ferngehalten: »Es amüsierte ihn eben nicht«. Er lebte längst in anderen Sphären, aus denen auch Wilhelm von Humboldt ihn nicht zu befreien vermochte, als er zusammen mit seinem Bruder immer wieder einmal zu dem Kreis hinzugezogen wurde, der sich um ihn gebildet hatte. Dort trafen sich Johann Friedrich Ancillon, der spätere Außenminister, Gustav von Rochow, Karl Friedrich von dem Knesebeck, der Theaterintendant Graf Brühl. Man sprach über die Verfassungsfrage in Spanien, ansonsten jedoch bevorzugte der Kronprinz »Kunstsachen, Reisen oder spaßhafte Geschichten«.

Der Berliner *Kronprinz* der zwanziger Jahre beschäftigte die Menschen der Residenz und darüber hinaus bereits in ungewöhnlichem Maße; er verhieß mit allem seinem unübersehbaren Temperament etwas Neues und gab denen, die noch Ansprüche an das Niveau des Staates stellten, etwas zu hoffen. Sicher war er nicht der erste »widerspruchsvolle problematische Charakter« unter den brandenburgisch-preußischen Landesfürsten, gewiß glich er nicht nur »einem kunstvoll zusammengesetzten Mosaikgemälde« (so H. von Treitschke), zumindest im Hinblick auf seine noch zu erörternden baukünstlerischen Arbeiten. Aber sonst bleibt an Treitschkes erster umfassender Charakteristik von 1885 noch genug Zutreffendes; manche dunkleren Striche sind in das Bild noch einzuziehen, auch wenn nicht deutlich genug darauf hingewiesen werden kann, daß insgesamt nur mit den vorhandenen Kräften gerechnet werden darf. Erstaunlich bleibt immer wieder, wie früh Friedrich Wilhelm in seine Traumwelt eingesponnen war, wie er mit Dingen befaßt war, die sein könnten, selten mit dem, was politische Realität war oder mit ziemlicher Sicherheit werden würde. Der Briefwechsel mit seinem Schwager Johann von Sachsen zeigt die Schwankungsbreite und Oberflächlichkeit des Fünfunddreißigjährigen (Berliner Unruhen, September 1830). Er wußte wohl auch, daß er in einem höheren Sinne »Chaos« in sich trug und daß nur Kunst und Religion ihm einen Halt gegenüber den kaum definierbaren Realitäten geben könnten.

Seine *Ausbrüche,* besonders gegenüber den jüngeren Geschwistern waren gefürchtet. Die ungezügelte Zunge schreckte viele: »Wenn unsere Eltern gebildete, wohlhabende Bürgersleute gewesen wären, so wäre ich jedenfalls Künstler, vermutlich Bildhauer geworden, Wilhelm wäre unter die Soldaten gegangen«, seinem Bruder Karl stellte er dagegen eine nicht unterbietbare Prognose. Dies und anderes belegt eine zugleich zynische und von der Frivolität des Moralisten getragene Unterströmung, mit der er rang und die sein geheimstes Denken und Entscheiden beeinflußte. Scharfe Augen haben ihn schon vor 1830 durchschaut: die tragische Existenz eines überzüchteten Wesens.

Vom nüchternen *brandenburgisch-preußischen Standpunkt* aus mußte er mit seinen goldblauen Farbenspielen und formvollendeten Radschlägen wie ein Paradiesvogel wirken. Caroline, die Schwester des August Ludwig von der Marwitz, hat ihn so objektiv betrachtet, wie der brandenburgische Adel seine Herrscher immer musterte: »Für die Eigentümlichkeit des Kronprinzen gestehe ich, kein rechtes Verständnis besessen zu haben, im Gegensatz zu den großen allgemeinen Hoffnungen, die man auf seine Zukunft von früher Zeit an setzte. Er hatte stets etwas so Exzessives in seiner Lustigkeit, seiner Heftigkeit, wie in seiner Abspannung, mit der er sich fallen ließ, was ihn kurz zuvor maßlos bewegt hatte; und ich glaube, das Maßlose und ein gewisser Mangel an momentaner Selbstüberwindung haben ihn durch sein ganzes Leben begleitet. Sein Geist und Verstand genossen schon damals (um 1818) einen großen Ruf, aber es haftete ihnen leicht etwas Gesuchtes an.« Die »natürlichen Fehler« hätten sich durch Erziehung nicht überwinden lassen; und dann der letzte Stich, im Rückblick und Seitenblick von 1854: Es hätten sich beim Kronprinzen »Unbedeutendheit, Eitelkeit, Zerstreutheit und Leidenschaft« die Waage gehalten, »und so wird es wohl in höheren, wie in anderen Kreisen dasselbe sein: das Leben erzieht die Menschen soweit, daß sich ihre Geschicke mit den Grundzügen ihres angeborenen Charakters, tant bien que mal, vereinen oder zerstören«.

Der Versuch des *Prinzen Wilhelm*, des Zweitgeborenen, die Prinzessin Elisa von Radziwill (Tochter des Fürsten Anton Radziwill) zu heiraten, scheiterte aus politischen und dynastischen Gründen. Friedrich Wilhelm III. hat frühzeitig zu erkennen gegeben, daß ihm die Verbindung mit einer polnischen Fürstentochter politisch unerwünscht war, vermutlich vor allem deshalb, weil er befürchtete, daß die Provinz Posen dann den Weg zur Autonomie finden könnte. Die Frage der Ebenbürtigkeit schien, da die Mutter der Elisa Hohenzollernblut führte (als Tante dritten Grades des Prinzen Wilhelm), minder bedeutsam. Tatsächlich hat aber dieser Punkt auch eine Rolle gespielt, weil Prinz Wilhelm als nächster Thronerbe dynastisch einwandfrei verheiratet sein sollte und weil der König über die desolaten Familienverhältnisse bei seinem Großonkel Ferdinand unterrichtet gewesen sein dürfte. Entscheidend wurde aber für den König, daß man in Petersburg eine Verbindung zwischen einer polnischen Adelsfamilie und dem Bruder der Zarin Charlotte nicht gern sah. Der Hausminister Wittgenstein hatte in seiner knochentrockenen Art den springenden Punkt schon Ende 1823 fixiert: In der jetzigen Zeit allgemeiner Begriffsverwirrung sei es um so notwendiger, dem dynastischen Prinzip Opfer zu bringen, dadurch unterscheide man sich vom »Privatstand«; Prinz Wilhelm könne aus dreißig evangelischen souveränen Fürstenhäusern wählen. 1829 kam es dann zur Heirat mit Augusta von Sachsen-Weimar, der Wilhelm von Humboldt schon 1826 ein vorzügliches Zeugnis ausgestellt hatte (hübsch, lebendig, geistvoll, eigentümlich). Er setzte fast ahnungsvoll hinzu, daß es wirklich sehr schade wäre, »wenn sie je durch eine Heirat einen kleinen Wirkungskreis erhielte«.

Die Schwester der Augusta, Marie, hatte bereits 1827 den jüngeren *Prinzen Karl* geheiratet, einen ausgesprochenen Reaktionär und Gesprächsstoffproduzenten, der sich als Kunstaufkäufer in Italien betätigte, Renten aus den Krongutherrschaften Flatow (18989 Hektar) und Krojanke (6435 Hektar) seit 1839 beziehungsweise 1863 (Alleinbesitzer) zog und im übrigen als Jäger und Reiter auch in weiteren Volksschichten bekannt geworden ist. Im Gegensatz zu seinem Sohn, dem Feldmarschall Friedrich Karl († 1885), dem Fontane das Dreilinden-Kapitel gewidmet hat, hielten sich seine Leistungen für den Staat in den denkbar engsten Grenzen.

Der *Grundbesitz des Hauses* konnte 1830 vermehrt werden, als des Königs jüngster Sohn Albrecht die vermögende Prinzessin Marianne von Holland gewann. Sie brachte ihm die Herrschaft Kamenz (Niederschlesien) ein. Das Zisterzienserkloster war 1810 zur Regulierung von Besatzungslasten säkularisiert und 1812 an die Oranier verkauft worden. Die Herrschaft, zu der als besondere Sehenswürdigkeit allein 400 Morgen Park- und Blumenanlagen gehörten, blieb bis 1945 im Besitz der verschiedenartigen Nachkommen der Albrecht-Linie. Das viertürmige Schloß oberhalb des Klosters, in dem einst Friedrich Schutz gefunden hatte, ist nach Plänen Schinkels zwischen 1840 und 1873 geschaffen worden. 1946 wurde es ruiniert. Die mumifizierten Körper aus dem Mausoleum wurden zum Spektakel verwendet und dann von Einsichtigen der schlesischen Erde übergeben.

Die *Trennung von Staat und Dynastie* hat unter dem Fürsten Wilhelm Ludwig von Wittgenstein, einem Urenkel des Oberhofmarschalls Friedrichs I., weitere Fortschritte zu verzeichnen. 1819 war Wittgenstein Minister des neuen Hausministeriums geworden, das für die Hoheitssachen und die Privatangelegenheiten des Königs, seiner Familie und für die Hofstaaten und Hofbeamten zuständig war. Durch Staatsschuldengesetz (17. Januar 1820) sind zum ersten Mal die Hoffinanzen von den Staatsfinanzen getrennt worden. Ein Teil der Domänen wurde zur Bestreitung der Hofausgaben (ca. 2,5 Millionen Taler) dem Haus zugewiesen. Sie wurden in einem Kronfideikommiss-Fond zusammengefaßt und vom Hausministerium bis 1918 verwaltet. Langsam entwickelte sich ein »echtes« Ministerium, dem 1835 die Domänen und Forsten (vom Finanzministerium) unterstellt wurden. Das Ministerium, das unter Wittgenstein († 1851) und dessen Nachfolgern auch durch hartnäckige Sparsamkeit bekannt wurde, blieb zuständig für die königlichen Kunstsammlungen und Theater, für die Erhaltung von Kron-Bauten (Burg Hohenzollern). 1848 kam dann noch das neu begründete Hausarchiv hinzu. Durch die Verfassung von 1850 sind die rechtlichen und finanziellen Beziehungen zwischen Staat und Dynastie weiter gelockert, jedoch nicht aufgelöst worden.

Das eigentliche »preußische« *gesellschaftliche Leben* spielte sich in dieser Phase in der Hofgesellschaft und in den Berliner Häusern einiger »Familien« ab. Neben dem Kreislauf der höfischen Bälle und Assembleen gab es hofgesellschaftliche Ereignisse, die sich durch besondere Originalität auszeichneten. An der Spitze steht das *»Fest der weißen Rose«*, das 1829 (13. Juli) im und beim Neuen Palais in Potsdam zu Ehren des russischen Kaiserpaares gegeben wurde. Neben poetischen, theatralischen und musikalischen Darbietungen erlebte man ein farbenprächtiges Turnier, an dem der Hochadel aller preußischen Provinzen beteiligt war. »Alles was Berlin, Potsdam und Umgebung nur irgend Präsentables aus allen Kreisen darbot«, schreibt Caroline von Rochow, »wurde dazu geladen. Es war zum Sterben fatigant, denn es dauerte zwölf Stunden, aber doch vielleicht einzig in seiner Art.« Die Teilnehmer erhielten zur Erinnerung eine heute recht selten gewordene farbig-lithographische Festgabe.

Unter den *Salons* der zwanziger Jahre und des Vormärz, die in ihrer Intensität naturgemäß wechselten, müssen vor allem die des Außenministers Christian Graf *Bernstorff* (»Sammelplatz der Elite der Berliner Gesellschaft«), das Haus der Sophie von *Schwerin* (wo der junge Fontane verkehrte), der Gräfin Luise von *Voß*, der Fürstin Friederike Karoline von *Hatzfeldt* und das des Friedrich Karl von *Savigny* (des Schwagers der Bettina von Arnim) erwähnt werden. Diese ohne jeden größeren Aufwand erwachsene literarisch-politische Salonkultur ist durch die Märzrevolution, aber auch durch einen eigentümlichen Generationenwechsel schließlich ins Stocken geraten und hat lebhafteren und vordergründigeren Veranstaltungen weichen müssen.

In den Äußerungen dieser Gesellschaftskreise tritt besonders dann ein klares *»Preußentum«* hervor, wenn regionales Interesse und Rangstreit entfallen, andererseits aber die Bindung an Staat und Dynastie kräftig genug bleibt und das brandenburgisch-preußische Erbe auch in den bewegter werdenden Zeiten nicht als etwas Überständiges angesehen wird. Den freien konservativen Geist dieser Zeit findet man bei der jüngsten Marwitz-Schwester ausgeprägt; 1851 schrieb sie ihrer Schwägerin von Pfuel: »Man ist überhaupt immer ungerecht in der Beurteilung der Gegenwart. Man verlangt soviel Fortschritt, Vervollkommnung, Veredeln, Schaffen; man möchte immer große Wirkungen sehen, womöglich in jeder Zeitung darüber lesen, wenn man nicht annehmen will, daß man sich im Stillstand befindet. Gibt man sich aber die Mühe, zwanzig bis dreißig Jahre zurückzublicken, so erkennt man, daß es gerade die Zeiten der Zerstörung waren, welche uns einzelne, sichtbare Wirkungen brachten, während der Aufbau der Dinge sich immer nur unmerklich, ich möchte sagen ohne Zutun der Menschen, das heißt ohne bestimmten Plan vollzog; das Leben in den einzelnen Zweigen schuf das Ganze; und so ist, ohne daß es gewollt oder erkannt wird, ein halbes Lebensalter hinreichend um eine neue Welt hervorzubringen. So glaube ich, daß jeder Mensch genug dazu beiträgt, wenn er sich in seinem, ihm gewiesenen Kreise nach bester Einsicht bewegt; wollen erst alle Menschen in der Allgemeinheit schaffen und verbessern, so werden sich krankhafte Erscheinungen zeigen. Es gibt keinen besseren Tröster für die Gegenwart als die Geschichte; in beiden zeigt sich die unausgeglichene Differenz zwischen dem: was *könnte* sein und was *ist?*«

Daß Friedrich Wilhelm III. sogleich die leidenschaftlich kritisierte Wöllnersche Oberexaminations-Kommission auflöste, den allgemeinen Teil des Religionsediktes jedoch bestehen ließ, ist nicht als Ausdruck einer ausgreifenderen Toleranzpolitik zu verstehen. In diesem Vorgang drückt sich eher etwas von der verschwommenen Liberalität und Unsicherheit des Königs, vor allem aber seine Abkehr von dem bisherigen Regierungssystem aus. Der Gemahl der alles andere als bigotten Königin Luise erwies sich als fester Protestant mit klaren und schlichten Glaubensauffasssungen. Innerhalb der lutherisch-reformierten Landeskirche, um die er sich durch die *»Union«* (1817) ein fortdauerndes Verdienst errungen hat, nahm er den Summepiskopat im *Agendenstreit* (1830) und anschließend gegenüber der hartnäckigen Opposition der *schlesischen lutherischen Orthodoxie* (1832 bis 1835) mit Bestimmtheit, im zweiten Falle sogar obrigkeitsstaatlich-brutal wahr. In Schlesien scheiterte Wilhelm III., weil er die Toleranz-Pflichten des Königs mit dem innerkirchlichen Führungsanspruch des Bischof-Monarchen nicht zu vereinbaren wußte.

Mit den *Reformen* von 1807/08 wurden die evangelischen Kirchen und sonstigen Religionsgemeinschaften der staatlichen Verwaltung unterworfen. Lutheraner und Reformierte sahen sich nun in einem Maße dem Staat untergeben, daß die Gefahr der Bevormundung sichtbar zu werden schien. Widerstandsstimmungen breiteten sich aus. Jedenfalls hat die Hereinnahme der Religionssachen in die unmittelbare Staatsverwaltung dieser Seite des preußischen Staates bis 1845/50, in mancher Hinsicht bis 1918 und bis heute ein eigenes Gepräge gegeben. Das leicht mißverstehbare Wort vom »Bündnis von Thron und Altar«, das späterhin auch auf die katholische Seite angewendet werden kann, hat hier seine Wurzeln. An die Stelle der älteren Konsistorien und der von Friedrich Wilhelm I. geschaffenen Oberbehörden traten nunmehr *Kirchen- und Schulabteilungen der Provinzial-Regierungen* und als Instanz für alle Religionssachen die Kultus-Abteilung in der III. Sektion des Ende 1808 begründeten Ministeriums des Inneren als der Zentralverwaltungsbehörde. In dem Gründungsschema des Innenministeriums wurde festgeschrieben, daß das Ressort erhalten solle »alle Rechte der obersten Aufsicht und Fürsorge des Staats in Beziehung auf Religions-Übung, ohne Unterschiede der Glaubens-Verwandten. Sie hat auch, nach Maßgabe der den preußischen Religions-Parteien zugestandenen Verfasssung, die Konsistorial-Rechte, namentlich in Absicht der Protestanten, nach dem Paragraphen 143, Teil 2, Titel II des Land-Rechts; auch gebührt ihr ferner die Beurteilung wegen Tolerierung einzelner Sekten, so wie die Juden rücksichtlich des Gottes-Dienstes unter derselben stehen; nicht minder führt sie die Aufsicht wegen des Religions-Unterrichts bei der Erziehung. Dabei sind angestellt: 1. Der vorsitzende Staats-Rat Nicolovius, und noch sind anzustellen zwei Staats-Räte, ein katholischer Staats-Rat und einige Mitglieder aus den Präsidenten oder

Direktoren der Ober-Konsistorien und geistlichen Oberbehörden zur Bearbeitung der eigentlichen Kirchenangelegenheiten. »Entscheidend und neu war, daß die Abteilung für alle Konfessionen zuständig war, ungeachtet des Summepiskopats über die evangelischen Landeskirchen. Auch in diesen Verwaltungs-Verfassungen ging Preußen vielen anderen Staaten voran. In der Realität überragte diese Abteilung die summepiskopalischen Rechte. Der faktische Vorrang der Landeskirchen in den überwiegend protestantischen Provinzen blieb davon unberührt, soweit diese nicht nunmehr durch andere Religionsgemeinschaften ihre überkommenen Vorrechte angefochten sahen.

Eine Zwischenstellung zwischen Landeskirchen und Sekten nahm die *katholische Kirche* ein. Ihr eröffneten die Reformen die Aufstiegsmöglichkeit zur zweiten, schließlich zur gleichberechtigten Hauptkonfession. So weit der Weg noch bis zum Konkordat von 1930 sein mochte, hier – 1808 – war mit der eigenen katholischen Abteilung im Ministerium eine Entscheidung gefallen, bedeutsam auch im Hinblick auf die Übernahme der Landesteile mit starkem katholischem Anteil 1815. Am Ende der Toleranz-Skala standen die sonstigen christlichen Sekten sowie die Juden. Nach Abschluß dieser Reformen, die auch auf das politische Toleranz-Denken zurückwirkten, konnte der Staat selbst die überständig gewordenen einseitigen konfessionellen Züge größtenteils aufgeben.

Ausgang der Regierungszeit

Als Friedrich Wilhelm III. am 7. Juni 1840 in dem Palais Unter den Linden starb, war nach allen Zeugnissen echte Trauer in weiten Teilen des Staates unverkennbar. Selbst in Berlin war man »erwartungsvoll und still«, als der Tod bevorstand. Die *Regierungsgeschäfte* waren schon seit längerem in schwebende Unverbindlichkeit übergegangen. Die Macht des monarchischen Faktors im Regierungssystem läßt sich auch hieran ablesen. Wittgenstein und Rochow dirigierten behutsam die wichtigsten Angelegenheiten, während der Kronprinz von der Politik einigermaßen ferngehalten wurde: »Die Gesundheit des Königs nimmt ab«, notiert Marie de la Motte-Fouqué, »und leider macht sich die Veränderung seines Wesens auch in allen Anordnungen bemerkbar. Nur der Moment übt noch sein Recht aus. Was er nicht gebieterisch fordert, geht unbeachtet vorüber. Die Rückwirkung davon auf die Umgebungen, ja auf die Richtung der Ereignisse kann nicht ausbleiben. Alt und schwach sind die Gefährten des Regenten und damit ist der Intrige Tür und Tor geöffnet ... Was in die Zukunft des Staates eingreift, wird beiseite geschoben, die Gegenwart so leicht wie möglich gemacht« (16. Oktober 1839). Täglich waren auch in dieser bürokratisch-spätabsolutistischen Phase vom König hundert bis zweihundert Kabinettsordres zu billigen und die Ausfertigungen zu unterzeichnen; mit Recht betonte Wittgenstein die in Generationen gewachsene Überzeugung des preußischen Volkes, »daß, wer sich an das Kabinett des Königs wende, nur eine Antwort erhalte, die der König selbst verfüge. Dieser persönliche Verkehr des einzelnen mit seinem Könige bedinge das Vertrauen in der Nation. So wie man fürchten muß, daß darin Lücken entstehen, so bleibt das königliche Kabinett eine Geschäftsstation, aber der schöne Gedanke, sich mit seiner Not an den König zu wenden geht verloren und mit ihm vieles andere mehr« (Ende Mai 1840). Das patriarchalische Regiment des Königs, das in diesen Formen nie wieder auflebte, beruhte vor allem auf Gewissenhaftigkeit und Stetigkeit, bis hin zum täglichen Ausfahren in Richtung Tiergarten oder über das Wochenende nach Potsdam: »In Regen und Sturm sah man sonst zwischen zwölf und ein Uhr seinen so einfachen halben Wagen, wie ihn schon damals fast niemand mehr besaß, und den jetzt kaum eine Kammerfrau gebrauchen würde, die Linden hinunter fahren; ein alter Kutscher und ein alter Bedienter in blauen Röcken und roten Kragen begleiteten ihn und das einzige Ausgezeichnete an der unscheinbaren Equipage waren die schönen Trakehner Pferde ... aber jeder Mensch vom Greise bis zum Kinde kannte den gelben Wagen, und niemand sah den geliebten und hochgeehrten Herrn ohne still zu stehen und zu grüßen; denn man wußte, sein Adlerblick erkannte bereits von weitem jeden dem er begegnete, und sein kurzer, fast strenger militärischer Gruß, mit dem er jedem einzelnen dankte, trug dennoch Abstufungen in sich, die den Menschen zeigten, daß er sie persönlich beachte.« So war das, jedenfalls in höfischer und »bürgerlicher« Sicht und Empfindung. Am 22. Mai brach der König beim Abnehmen der üblichen Frühjahrsparade Unter den Linden am Fenster zusammen. Er mußte dem Kronprinzen die laufenden Arbeiten übertragen. Am 1. Juni konnte noch in aller Eile die Grundsteinlegung für das Denkmal Friedrichs des Großen vorgenommen werden. Der Todestag des Königs am Pfingstsonntag sah nach dem Zeugnis Varnhagens »die ganze Bevölkerung auf den Beinen, dumpfe Unruhe und Gedränge, kein Geschrei, nur Rauschen der Volksmenge«.

Im Rauschen der Volksmenge in den folgenden Jahren ist aber auch ein Teil der still-stetigen *Leistungen* untergegangen, die Staat und König zwischen 1815 und 1840 vollbracht haben. Preußen war wieder zu einem gut verwalteten, wohlgerüsteten und wirtschaftlich-industriell zunehmend rascher wachsenden Staat geworden, der den Vergleich vor allem mit Österreich oder mit Frankreich auf vielen Gebieten nicht zu scheuen brauchte. Friedrich Wilhelm hat in einem kleinen politischen Testament (1827) den Nachfolger gewarnt, einerseits den Theorien des Tages zu sehr nachzulaufen, andererseits aber die Vorliebe für das Alte zu weit zu treiben. Im Grundsatz war er hier vom Freiherrn vom Stein nicht weit entfernt: »Man leite den Strom, dämme ihn aber nicht ab« (26. März 1826).

Schwieriger erscheint bis zuletzt die Position des Königs in der *Verfassungsfrage*, wo er es auf sich nahm, vor dem Volk mit einem uneingelösten Versprechen zu stehen. In Bayern etwa hatte Montgelas schon 1808 mit einer provisorischen

Verfassung begonnen, der 1818 eine oktroyierte Verfassung gefolgt war. Preußen hatte sein langsam weiterentwickeltes Allgemeines Landrecht, es besaß die gesetzlich geregelten Verwaltungs- und Selbstverwaltungseinrichtungen; dem König schien dies alles eine ausreichende Garantie für Ordnung und Gesetzlichkeit zu sein. In der Ergänzung seines politischen Testaments (1838) hat er den Nachfolger darauf verpflichtet, nur mit Zustimmung aller Agnaten des königlichen Hauses eine Einschränkung der Macht des Königs durch eine ständische Verfassung vorzunehmen. Er sah wohl die Unvermeidlichkeit der demokratischen Entwicklungen, aber der politische Streit der Kammern mußte ihm schon von seiner hauptsächlichen Charaktereigenschaft, der schlichten Kürze, äußerst unangenehm sein (»Szenen liebe ich nicht«).

Dem Argument, daß »Reichsstände« für den ausgedehnten Staat ein »mächtiger Integrationsfaktor« (R. von Thadden, 1981) hätten werden können, setzten beide Könige das Argument entgegen, daß Preußen der Zerreißprobe des Parlamentarismus gerade wegen seiner heterogenen Zusammensetzung noch nicht gewachsen sei. Aus moderner Sicht mag es als ein Gebot der Staatsräson erscheinen, dem Staat auch ein parlamentarisches Zentrum zu geben, damit auch auf der obersten Ebene eine Bevölkerungs-Repräsentation stattfände. Eine solche Betrachtung ignoriert die Abhängigkeit der inneren Politik von der auswärtigen Lage Preußens. Die Staatsräson war von primären und maximalen Gefährdungen bestimmt. Das System des grundsätzlich engen Einvernehmens mit Rußland und England, das Friedrich Wilhelm auch dem Nachfolger empfohlen hat, erzwang in der Verfassungsfrage eine weitgehende Rücksichtnahme, wenn man nicht zusätzlichen Sprengstoff in dieses Bündnissystem bringen wollte. Dies sind unleugbar die Motive gewesen. Sie klingen noch in der Rede Friedrich Wilhelms IV. vor dem Vereinigten Landtag 1847 an (»wägen Sie die Macht unserer Nachbarn«). Ob Friedrich Wilhelm III. dennoch, und gerade er, in den dreißiger Jahren mit »Reichsständen« außenpolitisch durchgekommen wäre, ist eine hypothetische Frage. Offensichtlich waren in der politischen Führungsschicht nicht die Kräfte vorhanden, mit denen Nachlebende immer wieder zu rechnen verleitet werden.

Friedrich Wilhelm III. war in der Verfassungsfrage nicht der stupide Verweigerer, der sich ausschließlich von Haus- oder »Klassen-Interessen« leiten ließ. Auch Stein hat nur jene Volksvertretung für wichtig »zur Entwicklung der moralischen und intellektuellen Kräfte der Nation« erklärt, die aus dem »Geschichtlichen, Eigentümlichen des Volkes« genommen sei (1831). Andererseits konnte es weder Friedrich Wilhelm noch seinen Beratern verborgen bleiben, daß die gesamtstaatlichen Verfassungswünsche auf den Nachfolger mit Macht einstürzen würden und daß die Zeit für Sonderlösungen abgelaufen war. Von allen Erbschaften war somit die Verfassungsfrage die unangenehmste, die der König seinem Sohn hinterließ.

Die Einsichtsfähigkeit und Urteilskraft des Königs waren trotz mancher

Fehlentscheidungen und Affekte nicht so mäßig ausgebildet, wie es scheinen mochte. Er verfügte über ein vorzügliches Gedächtnis und bedachte die Welt auch in ihren größeren Zusammenhängen. Subtilen philosophischen und theologischen Verdunklungen blieb er abgeneigt; aber daß der Boden weiter bebte und Sprengstoff gefertigt wurde, entging ihm nicht: »Unser Zeitalter«, ließ er in den dreißiger Jahren den Bischof Eylert wissen, »liebt die Extreme und bewegt sich in entgegengesetzten Richtungen. Es trennt und zerreißt das in sich zusammen Gehörige, das nur in seiner Verbindung große Effekte erzeugen kann, und da das im Heiligen und Höchsten geschieht, so hat natürlich diese innere Zerrissenheit fast in das ganze Leben eingegriffen, so daß alles angetastet, gerüttelt und wackelig wird. Parteisucht und Faktionsgeist kommt hinzu; Rechthaberei führt das große Wort; Schonung und Billigkeit verschwinden, und von allen Seiten sieht und hört man haderhafte Oppositionen. Bei der Abneigung gegen Alles, was Autorität heißt, und wo jeder die seinige hinstellt, giebt's natürlich keinen höheren Einigungspunkt mehr. Das Objekt der Wahrheit verschwindet und Alles löst sich in tausendfach verschiedene, subjektive Einfälle und Meinungen auf. Da das bis dahin gegoltene nicht mehr gelten soll, so stellt sich das Neue hin, um vom Neuesten verdrängt zu werden. Davon ist bei der großen Anzahl denkender Köpfe das Ende auch nicht abzusehen. Größer, wie je, ist diese Anzahl jetzt; aber ein Gewaltiger, ein Heros, der sie alle überflügelte, fehlt. Er wird aber kommen.« Wie man sieht, hat sich der »achtenswerte, aber schwunglose Charakter ohne tiefere Bildung« (so noch H. Hausherr) auch als Prophet versucht. Man wird sich die pragmatische Anthropologie des Königs (»Ganz gewiß faßt unsere Zeit in ihren Progressen den Menschen einseitig auf«) genau ansehen müssen, wenn man den Ursprüngen der Entscheidungen näherkommen will.

Das Ende der Regierungszeit Friedrich Wilhelms III. hat keinen tiefen Einschnitt im historischen Prozeß hervorgerufen. Aber die Stimmung und Hoffnung war auf die *»neue Zeit«* gerichtet. »Die Menschen fühlten etwas, wie wenn nach kalten Maientagen, die das Knospen unnatürlich zurückgehalten haben, die Welt plötzlich wie in Blüten steht« (Th. Fontane).

Der alte König hat selbst noch mit einem einzigen »seiner oft prosaisch und nüchtern wirkenden Aussprüche« einen Blick zurück und gleichsam einen Blick voraus auf das letzte Jahrhundert Preußens geworfen: »Die schmerzhafteste Erfahrung in meinem Leben ist die, daß durch die bittersten Erfahrungen die Menschen nicht klüger und besser werden«.

ZEHNTES KAPITEL

Auf dem Wege zum Verfassungsstaat: Friedrich Wilhelm IV. und die Folgen der Berliner Märzrevolution (1840 bis 1858/61)

»Vertraut auf mich, Euren König ›von Gottes Gnaden‹, der der 17. ist von einer Reihe von Fürsten und Königen, deren heldenmütige Beharrlichkeit ... in diesem Lande seit fünftehalb Jahrhunderten geherrscht und mit Gott dies Preußen gebaut haben, das viel geliebt und viel gehaßt, auf Ehre und Treue gegründet, aus herrlicher Vergangenheit einer herrlichen Zukunft entgegenharrt.« 7. November 1848

Herrscher und Hof

Friedrich Wilhelm IV. wurde bei seinem Regierungsantritt (7. Juni 1840) von den Liberalen mit hoffnungsvollen Wünschen, von den Konservativen mit dem Bewußtsein geheimen Einverständnisses, von der Beamtenschaft mit Skepsis und von der sonstigen Bevölkerung mit Neugier, Staunen oder Stumpfsinn begrüßt. Jedenfalls ging der Umfang der Erwartungen, eine »Konstitution« eingeschlossen, über das hinaus, was in absehbarer Zeit durchzusetzen gewesen wäre. Enttäuschungen mußten notwendigerweise folgen. In der Hofgesellschaft dagegen waren seine Eigenheiten, seine halbromantische Gesinnung und seine politischen Träume gut bekannt.

Die Emotionalität des Kronprinzen hatte Haus, Verwandtschaft und intime Freunde seit je in Atem gehalten. Auch der Zaren-Schwager sah sich gelegentlich zu Ermahnungen genötigt. Noch kurz vor dem Regierungswechsel bemerkten kühle Hof-Beobachter (Varnhagen) die Unbeherrschtheit, den Wechsel zwischen Heiterkeit und Heftigkeit, und einen über fürstliches Selbstbewußtsein hinausgehenden Eigensinn.

Es scheint so, als hätten die Prinzenerzieher Delbrück und Ancillon an den später geschichtsmächtig gewordenen Eigenschaften ihres Zöglings wenig ändern können. Sie konnten zusetzen und abschleifen, der Kern blieb der gleiche. Die strenge Verschlossenheit des Vaters trieb ihn immer wieder in die Arme der großzügig-schwärmerischen Mutter. Der Achtzehnjährige, der wie die Mutter den Zaren impulsiv verehrte, erlebte den Triumph des Dreikaiserbündnisses nebst England über die von Napoleon verkörperte Revolution und nahm auch manches von den traumhaften Hoffnungen eines wiedererstehenden Kaiserreiches aller Deutschen in sich auf. Die alten Stätten der Geschichte gaben ihm den Glauben an ein kulturchristliches nachmittelalterliches Deutschland, an ein wiederauferstehendes Reich der gottgeleiteten Fürsten, der gotischen Dome, altfränkischen Burgherren und treuschaffenden Bürger. Es war ein Reich der Romantiker, er hatte sie alle gelesen, die Fouqué, Tieck, Wackenroder, Arnim und Novalis-Hardenberg, und war ihrem Zauber verfallen. An dem Zwiespalt zwischen Schein und Sein hat er bis zuletzt gelitten. Er wollte mit großen Gedanken die preußischen und doch auch deutschen Lande »herrlichen Zeiten« entgegenführen. Erst ungläubig, dann verbittert nahm er die Schläge hin, die ihn aus fast allen Richtungen trafen. Aber er besaß doch neben aller nervösen Empfänglichkeit und Illusionsbereitschaft einen gewandten Realismus und eine luzide Intelligenz, die ihn über viele hinaushob. Das Erstaunen über den aus dem Rahmen gefallenen Hohenzollern kam nie zu einem Ende. »Sprich nicht geringschätzig von dem Könige«, schrieb der vierunddreißigjährige Bismarck seiner Frau, »wir fehlen beide darin, und sollten nicht anders von ihm reden wie von unsern Eltern, auch wenn er irrt und fehlt, denn wir haben seinem Fleisch und Blut Treue und Huldigung geschworen«.

Aber erst einmal war alles Hoffen des Kronprinzen auf den großen Anlauf und den Versuch gerichtet, in einer verdichtet und beschleunigt erscheinenden Zeit die Staatskarosse vor den als apokalyptisch empfundenen Abgründen des Demokratismus, Parlamentarismus und Revoluzzertums zu bewahren. Man wird diesem König nicht gerecht, wenn man nicht seine durch keine Ironie und keinen halbherzigen Relativismus verfälschte Religiosität im Blick behält. Sein immer noch tief im lutherischen Erlösungsglauben wurzelndes, insgesamt eher pessimistisches Christentum hat ihm Streit und Kompromiß mit den diesseitigen Mächten nicht erleichtert. Beim Anblick naher und ferner Immoralität und auch sonst flüchtete er sich gern in den Kleine-Leute-Jargon der Berliner, um seine Verwundbarkeit zu verhüllen. Was für ein Unterschied zu dem Prädestinations-Selbstgefühl seines kurfürstlichen Vorfahren Friedrich Wilhelm oder zu der Härte eines Friedrich!

Es gehörte zu seinen Grundüberzeugungen, daß nur die christlichen Religionen die Menschen aus den widersinnigen revolutionären Utopien zu lösen vermöchten. Frei von der konfessionellen Gebundenheit seines Vaters, hatte er sich mit Hilfe Schleiermachers und anderer Theologen in die Geschichte der »una sancta ecclesia catholica« eingedacht. Es gehörte zu seinem Programm, den Kirchen den Weg zur Erneuerung und zur gesellschaftlich-staatlichen Mitwirkung zu erleichtern. Die unmittelbare Verknüpfung der evangelischen Landeskirche mit dem Staat sollte weiter gelockert werden, damit sie am Reich Gottes in dieser Welt besser bauen könne. Er war längst der liberalen Überzeugung, daß den Katholiken mehr Raum gewährt werden müsse, soweit es nur dem politischen Staatsinteresse zuträglich war.

Das Programm eines »christlichen Staates« (Friedrich Julius Stahl, K. L. von Haller und andere) ist es mithin vor allem gewesen, das er in den letzten Jahren der langen Kronprinzenzeit aufgenommen hatte. Ein »reales« Preußen-

Programm mit einer scharfen Analyse von Staat, Wirtschaft und Gesellschaft fehlte ihm weitgehend. So trat er einerseits mit übervollen, andererseits mit fast leeren Händen die Regierung an. Gewiß hatte Friedrich Wilhelm III. es nicht völlig unterlassen, den Sohn in Staatsgeschäfte einzuführen (Staatsrat). Einige Jahre lang leitete er temperamentvoll die Kommission zur Einrichtung der Provinzialstände etc. Aber in das eigentliche Triebwerk der Staatsmaschinerie mußte er nicht hineinschauen. Zwei Jahre Arbeit auf der »Kammer in Küstrin« hätten ihm gutgetan. Er blieb der gescheit-originelle Mittelpunkt des Hofes, der Protektor der schönen Künste und der Liebhaber der Wissenschaften. Dort lagen seine starken Talente und dort vor allem hat er Bleibendes anregen und mitschaffen können.

Ein königlicher Baukünstler

Friedrich Wilhelm IV. war neben Schinkel, dessen Stern bei seiner Thronbesteigung erlosch, eines der stärksten baukünstlerischen Talente im Preußen der Zeit nach 1815. Diese Fähigkeiten und Sensibilitäten lagen unaufhörlich im Widerstreit mit den Regentenpflichten. »Wer ihm wahrhaft nahe kommen will, muß bei der Kunst anfangen, nicht bei dem Politiker« (L. Dehio). Diese, die helle Seite in seinem Leben, hat sich früh zu regen begonnen. Sein Erzieher Delbrück ließ ihm Zeichenunterricht erteilen. Bald bemerkte Delbrück, daß sich hier eine unter den Hohenzollern bisher nicht bemerkbare, fast geniale Begabung für den Baukörper in der Landschaft entfaltete. Das pädagogische Urteil Delbrücks aus der Zeit um 1810 verwies in nuce auf alles Künftige: »Es war dem Prinzen nicht gegeben, nach Vorlagen zu zeichnen; es trieb ihn bald zu Erfindungen der mannigfaltigsten Art ... Sein tief religiöses Gefühl ergeht sich in biblischen Kompositionen, seine Liebe zur schönen Natur in den überraschendsten und anziehendsten Landschaften, die großartige Richtung seines Geistes in ausgedehnten und stolzen Bauanlagen ...«

Die Bewunderung der Mutter war begleitet von der Sorge des Vaters, der dem neuen Erzieher Ancillon einschärfte, die musischen Extravaganzen des »lieben Fritz« einzuschränken. Preußen befand sich in seiner schwersten Krise, als Ancillon den Eigenwilligen mahnte: »Ich sehe Sie schon die ganze Zeit mit der Bleifeder in der Hand zubringen. Für einen künftigen Schinkel wäre dies eine sehr nützliche Anwendung. Allein da der Staat nicht in einem gotischen Tempel besteht und noch nie ein Volk vermittels romantischer Bilder regiert worden ist, so wird dieses ewige Zeichnen für Sie eine wahre Verschwendung der edlen Zeit.« Der Gemahnte nahm sich die Zeit, ließ sich seine Fluchtburg, seine arkadische Nebenwelt von niemandem einschränken.

Reisen vervollständigten die genaue *Kunstkenntnis*. In Paris, 1815, verfiel er halb widerwillig dem Zauber der Stadt, zeichnete den gotischen Chor von Notre-

Dame, fünfunddreißig Jahre bevor sein »biederer« Bruder der schweren Artillerie das Feuer freigab. Aber erst in der Zeit der Restauration wandte er sich, unablässig mit Schinkel im Austausch und Gespräch, der Antike zu. »Rom« hieß das Zauberwort seiner Zeit. Lange verweigerte ihm Friedrich Wilhelm III. die Reise zu den Quellstätten der klassischen Kunst. Er war von ähnlichen Sorgen erfüllt wie sein Urgroßvater, als dieser dem Thronfolger Vers und Flötenlied entriß. Um 1824, da der Kronprinz die schöne bayerische Elisabeth für eine unzweifelhaft glückliche Ehe an sich ziehen konnte, begann die produktivste Phase. Der Bau eines hochgelegenen Lustschlosses »Belriguardo«, für den Tornow-Berg im Gegenüber der Terrassen von Sanssouci vorgesehen, sollte den Ring der Königsschlösser krönen und vollenden. Als Friedrich Wilhelm endlich König war, ließ sich der hochgemute Traum nicht mehr verwirklichen. Es fehlte schlicht an Geld; auch die Eisenbahn, die nun von Potsdam weiter in den Westen führte, zerschnitt die Landschaft und verletzte wohl das klassische Ambiente. Zug um Zug verdrängten jetzt die Dampfmaschinen und Fabriken die »stille Zeit«, die Halt und Heilung für das verletzte Selbstgefühl der Fürsten gebracht hatte. Doch der Kronprinz, der 1828 – endlich – für zwei Herbstmonate Italien durchfahren durfte, träumte und entwarf; Schinkel griff es auf und formte es mit seiner Meisterhand. Wie in einem Wettlauf mit der Zeit wurden »große« Bauten als erhebende Orientierungspunkte für ein überbürgerliches Dasein angelegt. Der Reichtum an Formen, Farben und Gestalten sollte von »allen« mitgenossen werden und nicht, wie späterhin, verschämt verborgen sein.

Friedrich Wilhelm, dem mit dem »göttlichen Sanssouci« die Verbindung von südlicher Gartenkunst mit nordischer Weite aufgegangen war, hat Friedrich des Großen Kunst-Werk zu vollenden gesucht. Dabei wollte er sich nicht auf rasche Entlehnungen beschränken, er strebte vielmehr ein schöpferisches Umformen der Vorlagen architektonischer Gärten der Renaissance und des Barock an. Unablässig plante er weiter. Langsam löste er sich von den Formen des Klassizismus und wandte sich der italienischen Hochrenaissance zu, während sich der »alte« Schinkel in der Detailarbeit der über alle Provinzen verteilten Staatsbauaufträge und im Tagesstreit mit einer kunstunwilligen Bürokratie verzehrte und erschöpfte. Aber »Schinkel« lebte weiter. Mit seinen anpassungsfähigen Schülern August Stüler und Ludwig Persius hat Friedrich Wilhelm IV. dann »seine« Bauten in der Berlin-Potsdamer Residenzlandschaft entstehen lassen. In der Zusammenarbeit verhielt er sich generös und fast kameradschaftlich: »Hier haben Sie mein Geschmier, jetzt bringen Sie Vernunft hinein.«

Alles hing von der Finanzierbarkeit ab. Der als »absolut« erscheinende Monarch war längst nicht mehr Herr jener Summen, die die preußischen Monarchen des 18. Jahrhunderts für die Bauten des Hofes und Hauses aufwenden konnten. Er sah sich, außerhalb der »Staatsbauten«, auf etwa zweieinhalb Millionen Taler (Fideikommißrente) beschränkt. Dazu kam ein kleiner Teil des »Krontresors«. Der größere Teil (drei Millionen Taler) war von Friedrich

Wilhelm III. gesperrt worden. Er mißtraute, nicht ohne Grund, den Wirtschaftsfähigkeiten des Sohnes und hatte (wie sympathisch) einen eisernen Bestand für jene Notzeiten festlegen wollen, die nach seiner Erfahrung unversehens über Staat und Dynastie hereinbrechen konnten. Dessenungeachtet verbrauchte der neue Friedrich Wilhelm die mühsam aufgehäuften Ersparnisse seines Vorgängers. Er hat im Durchschnitt nicht mehr als rund 175 000 Taler jährlich für die höfischen »Extrabauten« übrigbehalten, nachdem er es sich angewöhnt hatte, den Hofhalt »bequem und unübersichtlich« (L. Dehio) zu führen. Die Mittel des Staates blieben begrenzt, solange die Verfassungsfrage ungelöst war. Nach der Revolution, als die Staatsausgaben dem Parlament unterworfen waren, verschlechterte sich die Lage eher noch. Für die künstlerische Selbstdarstellung eines Staates finden sich in Parlamentsausschüssen nur selten Mehrheiten.

Blieben auch aus diesen Gründen die großen Vorhaben unausgeführt, so ist doch Bedeutendes genug geschaffen worden. Die Potsdamer *Neue Orangerie* und das unvollendete *Pfingstbergschloß* bezeugen am stärksten den Willen des Bauherrn, mit neuen Dominanten in der Gartenlandschaft Ansatzpunkte für eine »allumfassende künstlerische Gestaltung« (Fr. Mielke) zu schaffen. Unter den Kirchen sind die Potsdamer *Nikolaikirche* (Schinkel, Persius, Stüler; 1830 bis 1850), die zauberhafte *Friedenskirche* mit dem *Marlygarten* (Persius, Hesse, Lenné; 1844 bis 1847) und die Sakrower *Heilandskirche* (Persius; 1841 bis 1844) hervorzuheben. Die Heilandskirche, heute von Betonzäunen einzigartig verfremdet, ist durch optische Achsen über die Grenzmarkierungen tragenden Havelseen hinweg mit Babelsberg, Glienicke und Potsdam auf der einen Seite, mit der Kirche von Nikolskoe und der vom Großen Kurfürsten erstmals betretenen Pfaueninsel auf der anderen Seite verbunden. Dazu im weiteren Umkreis die von Persius und von Arnim gebauten *Landhäuser,* Schloß *Lindstedt* (Friedrich Wilhelm), die Bauten des Prinzen Karl in *Klein Glienicke* (seit 1824). Alles dies war eingebettet in die grandiosen *Gartenarchitekturen* des Johann Peter Lenné und des Fürsten Hermann von Pückler-Muskau.

Unter den Leistungen Preußens nimmt die Schöpfung und Durcharbeitung der Potsdamer Architektur-Landschaft einen unvergleichlichen Rang ein. Vom Großen Kurfürsten bis zu Friedrich Wilhelm IV. ist auf der »Insel Potsdam« in zweihundert Jahren ein Gesamtkunstwerk geschaffen worden, das den Nachlebenden im wesentlichen erhalten blieb und dem sich auch die staatlichen Rechtsnachfolger positiv verpflichtet fühlen.

Preußen ist trotz seines starken äußeren machtpolitischen Prestiges seit dem Siebenjährigen Krieg und seit 1813/1815 nur »nominell eine Großmacht« gewesen, wie es Bismarck zuspitzte. Es besaß weit eher den realen Status der stärksten Mittelmacht in Europa oder bestenfalls der »kleinsten Großmacht«. Es entsprach der Einsicht in diese Lage, daß die äußere Politik bis 1849 im wesentlichen auf die territoriale und soziale Besitzstandswahrung, auf die Konsolidierung der Stellung einer Vormacht in Norddeutschland ausgerichtet war. Friedrich Wilhelm III. war nicht gesonnen, dem Staat eine »Großmacht«-Politik vorzuschreiben. Auch Friedrich Wilhelm IV. hielt sich in den ersten Jahren an die ausgefahrenen Spuren der Politik von vor 1840.

Der Weg zur tatsächlichen Großmacht hat sich in der ersten Phase in der Stille vollzogen. Er ist lange Zeit nicht bemerkt worden. Diese Periode begann bereits vor 1840 und kulminierte in den machtpolitischen Demonstrationen und Explosionen seit dem Ende des Krimkrieges. Im Rahmen des Deutschen Bundes hat sich die Berliner Politik überwiegend als zweite Führungsmacht verstanden. Die Konsens-Diplomatie mit ihren unverändert höfisch-dynastischen Zügen reichte bis zur Mitte des Jahrhunderts aus, um die Preußen betreffenden Spannungsfelder zu beseitigen. Tatsächlich aber ist das »stille« Preußen vor 1848 kein schwächer werdender, sondern ein Jahr um Jahr wirtschaftlich erstarkender Staat gewesen. Als er potent genug war, meldete sich die preußische Politik zu Wort, erst unbeholfen und von Österreich noch mehrmals zurückgedrängt, dann mit der Vitalität und Brisanz der spätpreußischen Realpolitik Bismarcks und seiner Helfer.

Der *wirtschaftliche Prozeß*, dessen Akkumulationsabläufe auf der preußischen Seite noch nicht hinlänglich erforscht werden konnten, setzte damit ein, daß Preußen neben vielfältigen innerstaatlichen Förderungsmaßnahmen für Handel und Industrie eine Zoll- und Handelsvertragspolitik getrieben hat, durch die Österreich nach und nach in eine ungünstige Abseitslage geraten ist. Mit dem Preußischen Zollgesetz von 1818 waren alle Binnenzölle aufgehoben, die Außenzolltarife wurden herabgesetzt. Es folgten Einzelverträge mit Nachbarstaaten wie Hessen-Darmstadt (1828) und Hessen-Kassel (1831), die schließlich alle in den größeren Zollverein (1. Januar 1834) einmündeten. Der Finanzminister Motz ist hier die treibende Kraft gewesen, unterstützt vom Auswärtigen Amt (Eichhorn). Motz hat bereits erkennen können, daß diese Politik Preußens langfristig, so oder so, zur Einheit Deutschlands führen würde. 1829 schrieb er: »Wenn es staatswissenschaftliche Wahrheit ist, daß Zölle nur die Folge politischer Trennung verschiedener Staaten sind, so muß es auch Wahrheit sein, daß Einigung dieser Staaten zu einem Zoll- und Handelsverband zugleich auch Einigung zu einem und demselben politischen Systeme mit sich führt«. Der Zollverein von 1834 vereinigte bereits achtzehn Staaten mit dreiundzwanzigeinhalb Millionen Einwohnern. Baden, Nassau und Frankfurt schlossen sich Mitte der dreißiger Jahre an. Lediglich Hannover (1854), Braunschweig (1842), Oldenburg (1854) sowie Hamburg (1888) und Bremen (1888) bestanden auf ihrer Zollhoheit.

Preußen vertrat den Zollverein nach außen. Das bedeutete, daß es seit 1834 als Sprecher eines großen deutschen Wirtschaftsgebietes auftrat, Handelsverträge mit Belgien, Holland und Großbritannien abschloß und daß man bereits 1842, als der Zollverein für zwölf Jahre verlängert wurde, in allen deutschen Ländern mit Befriedigung auf die Leistungen und Wirtschaftssteigerungsraten zurückblicken konnte.

Die besondere *räumliche* Gestalt Preußens hat sich wirtschaftspolitisch günstig ausgewirkt. Mit seinem agrarischen Osten konnte es nicht nur der eigenen, sondern auch der Industrie der angeschlossenen Staaten spezielle Absatzräume anbieten. Preußen kontrollierte vor allem aber die wichtigsten deutschen Wasserstraßen und baute sein Straßen- und Eisenbahnnetz rasch und gründlich aus. Seine Währung blieb immer intakt; neben der Zollvereinspolitik wurde eine entsprechende Währungspolitik getrieben. Der preußische Taler entwickelte sich mehr und mehr zur Leitwährung. Eine Vereinbarung mit dem österreichischen Gulden kam auch deshalb nicht zustande, weil Österreich auf seinem Papiergeld mit schwankendem Wert bestand. Die Banknoten der in den vierziger Jahren reorganisierten »Bank von Preußen« dagegen haben seit 1846 den Einfluß Preußens und seines nach der Märzrevolution expandierenden Bankgewerbes auf die außerpreußische Wirtschaft verstärkt.

Das Postwesen ist seit 1823 (Generalpostmeister Nagler) in Preußen, seit 1848 auch in den übrigen Staaten modernisiert worden. Später, unter Heinrich Stephan in der Bismarckzeit, ist das preußische Postwesen zum Vorbild für fast alle Teile Deutschlands geworden. Seit 1842, nachdem eine größere Kapitalbildung erfolgt war, konnte auch der Ausbau des Eisenbahnnetzes mit staatlichen Mitteln unterstützt werden. 1846 waren bereits 4567 Kilometer Eisenbahnlinien in Betrieb. Seit 1848, als die Möglichkeit der Anleiheaufnahme mit Zustimmung eines Gesamtparlaments bestand, begann eine noch systematischere staatliche Eisenbahnpolitik unter der Leitung des Handelsministers und Bankiers August von der Heydt. Diese Verkehrspolitik führte dazu, daß schließlich die Hälfte der preußischen Eisenbahnen mittelbar oder unmittelbar in den Besitz des Staates kam und das Eisenbahnwesen durch seine Streckenführung und eine fast militärische Präzision des Betriebes auch militärisch verwendbar wurde.

Während sich mit dem Zollverein und seiner Wirtschaftspolitik eine wesentliche Voraussetzung für Preußens hegemoniale Stellung bildete, vernachlässigte Österreich über längere Zeit hin die Zollwirtschaftspolitik. Die letzten Binnenzölle (zwischen Österreich und Ungarn) wurden erst 1851 aufgehoben. Der bedeutende österreichische, aus Remscheid stammende Minister Karl Ludwig Bruck scheiterte nach 1850 in den wesentlichen Fragen gegenüber Preußen.

Die deutsche Revolution von 1848 mit der Bewegung für ein geschlossenes Reichsgebiet mußte auch die Zollvereinsfrage aufrühren. Wenn die Reichsverfassung von 1849 in Kraft getreten wäre, hätte Preußen in dem dann erweiterten Zollgebiet seine führende Position verloren. Aber auch die Annahme der Kaiserkrone durch Friedrich Wilhelm IV. hätte Preußen in Konflikte mit Österreich gestürzt, denen es damals wahrscheinlich noch nicht gewachsen war.

In der Zollwirtschaftspolitik dagegen konnte Preußen mit der Rückendeckung der Mittel- und Kleinstaaten eine hegemonialistische Linie verfolgen. Pläne für einen österreichisch-deutschen Zollverein (1852/1860) zerschlugen sich an dem Widerstand der Berliner Wirtschaftsbürokratie. Insgesamt wurden in den vierziger und fünfziger Jahren nicht die Länder der österreichischen Monarchie, sondern die Mitgliedsstaaten des Zollvereins von der wirtschaftlich-industriellen Entwicklung begünstigt. Mit dem preußisch-französischen Handelsvertrag (Delbrück, 1862) gewann der Zollverein den Anschluß an den französischen und englischen Wirtschaftsraum, während Österreich sich 1863 genötigt sah, einen weniger günstigen Vertrag mit Preußen abzuschließen.

Der Kampf um die wirtschaftliche Führung in Deutschland war im Grunde bereits 1854 mit der Aufnahme der letzten norddeutschen Staaten entschieden, mehr als zehn Jahre vor der Schlacht von Königgrätz. Preußen habe sich zur drittgrößten Industrie- und Wirtschaftsmacht Europas hinter Großbritannien und Frankreich entwickelt, resümiert Karl Erich Born. Es wurde »nun zur wirklichen Großmacht. In der Mitte der sechziger Jahre, *vor* der militärischen Auseinandersetzung mit Österreich, war das wirtschaftliche Potential Preußens demjenigen der Habsburger Monarchie *hoch* überlegen.«

In Preußen waren in den sechziger Jahren nur noch 45 Prozent der Bevölkerung in der *Landwirtschaft* tätig (Österreich: 70 Prozent). Die *Getreideernte* Preußens übertraf 1865 mit 800 000 Tonnen die der Habsburger Monarchie um 100 000 Tonnen. Auch das *Eisenbahnnetz* wies in Preußen 1865 mit rund 11 000 Kilometern eine weit höhere Dichte in einem wesentlich kleineren Raum auf. Die *Staatseinnahmen* Preußens beliefen sich 1865/66 auf 240 Millionen Taler; Österreich kam mit seiner fast doppelt so großen Bevölkerungszahl nur auf 292 Millionen Taler. Die *Staatsschuld* Preußens war gering (290 Millionen Taler), während Österreich in einem so hohen Maße (1,67 Milliarden Taler) verschuldet war, daß seine Politik dadurch entscheidend behindert wurde. Hinsichtlich der *Militärausgaben* stand jedoch Preußen mit 45 Millionen Talern noch hinter den österreichischen Ausgaben (51 Millionen Taler) zurück.

Diese Zahlen sprechen für sich. »1866 erreichte Preußen in mancher Hinsicht einen endgültigen Höhepunkt« (W. Treue). Danach brachte Preußen sein rasch weiter wachsendes Wirtschafts- und Finanzpotential in das neue Reich ein. Preußische und deutsche Entwicklungen lassen sich nun auf vielen Gebieten nicht mehr voneinander trennen.

Trotz der Bedeutung der Eigengesetzlichkeit ökonomischer Gewichte und industrieller Modernisierungen wird man nicht verkennen dürfen, daß es eine mit einem spezifischen Staatsethos arbeitende Regierung und eine von liberalen Ideen bestimmte Bürokratie gewesen ist, die die entscheidenden wirtschaftspolitischen Weichen immer wieder gestellt hat. Ohne diesen Staat mit seinen alten und neuen Strukturen hätte sich eine Wirtschaftshegemonie in diesem Ausmaß mit Sicherheit nicht ergeben.

Vor der Revolution

Die Politik Friedrich Wilhelms vor der Märzrevolution zeichnete sich durch Versäumnisse, Unstetigkeit und Unruhe aus. Sie produzierte nicht nur »eine lange Kette von Mißverständnissen« (H. von Treitschke), sie entbehrte überhaupt einer erkennbaren Konzeption, weil es dem Staat an befähigten, überdurchschnittlichen Politikern fehlte. Des Königs rasch wechselnde Horizonte verdarben nicht wenige seiner Aktionen und Anstöße. Ein Nebellicht der Zweideutigkeit umgab das Handeln von König und Regierung. Daß er zu Anfang einige unverdientermaßen aus Amt und Würden entfernte ältere Patrioten wie Arndt, Jahn, Boyen rehabilitierte, die Brüder Grimm sogleich förderte (tausend Taler) und den unseligen Kölner Kirchenstreit beendete, war noch das mindeste, was man von dem liberalen »Romantiker« erwartete. Auch die Berliner Huldigung, die Franz Krüger noch zart besonnt eingefangen hat, schien die Hoffnung auf eine einigermaßen liberale Regierung zu rechtfertigen. Aber »der Lebruf war nur mäßig, nicht allgemein«, notierte der unverdrossen zwischen »Jakobinern«, Liberalen und Erzkonservativen pendelnde Varnhagen.

Die gleichzeitigen Standeserhöhungen, Ordensverleihungen und Beförderungen zeigten mit der Bevorzugung des Adels und einiger Angehöriger der Pietisten-Partei (Hassenpflug), daß sich in der Folge unbedachter Großzügigkeit bereits Probleme auftaten. An Ermahnungen der Umgebung hat es nicht gefehlt, vom noch im Amt befindlichen alten staatsharten Hausminister Wittgenstein bis zu dem altbrandenburgisch-wohlmeinenden Innenminister Gustav von Rochow, der vor der offiziellen Thronbesteigung dem König (dem »Mann des Schicksals für Deutschland«; Treitschke) warnend und hellsichtig einschärfte: »Sie besitzen die Gabe, Gedanken und Empfindungen zu erwecken, ja, den Menschen das Bewußtsein davon zu geben. Es ist dies eine seltene Eigenschaft, aber sie hat ihre gefahrdrohende, wie ihre segensreiche Seite. Wie mit einem Zauberworte haben Sie die Decke gelöst, die bis dahin die Arbeit des Zeitgeistes verhüllte.«

Das wichtigste Zauberwort wurde nun das der *Verfassung* (Konstitution), eine neue Welt verheißend. Alles, alles müsse sich wenden, wenn erst in der klaren Luft der Kammern, auf Provinz- und Gesamtstaatsebene, den tristen Realitäten mit den schöneren Wahrheiten des Geistes begegnet werden könnte. Bereits bei der Huldigung in Ostpreußen war dem König das in die Form einer Bitte gekleidete dringliche Ersuchen vorgelegt worden, entsprechend den Erklärungen von 1815 eine »Versammlung von Landesrepräsentanten« einzurichten; der Antrag war von einem dem Liberalismus zuneigenden Teil des ost- und westpreußischen Adels unter Führung des hochverdienten Königsberger Oberpräsidenten Theodor von Schön (1773 bis 1856) eingebracht worden. Die allzu verbindliche Antwort des Königs mußte Hoffnungen erwecken, die sich mit den Absichten des Königs kaum deckten. Schön hat dann mit seiner Schrift »Woher und wohin?« dem König zu zeigen versucht, daß eine Repräsentativverfassung nur die notwendige Ergänzung der preußischen Reformen von 1807 bis 1815 sei. Dieser winkte dann jedoch ziemlich dezidiert ab, als er Schön zum Staatsminister ernannt und mit dem schwarzen Adlerorden sichtlich ausgezeichnet hatte.

Weniger elegant ließ er seine Minister mit Johann Jacoby verfahren, einem Königsberger Arzt jüdischer Konfession, der für die volle Gleichberechtigung (Parität) der Juden im preußischen Staat mit aufregender Leidenschaft stritt und der nun, ähnlich wie der ihm gut bekannte Schön, dem König eine anonym in Leipzig gedruckte Schrift: »Vier Fragen, beantwortet von einem Ostpreußen« (Anfang 1841), zugehen ließ. Die meisterlich pointierte vorrevolutionäre Abhandlung mit dem Verlangen nach konstitutioneller Monarchie und allgemeiner Volksvertretung endete mit einem befremdlichen alttestamentlichen Verweis (1. Könige, Kap. 2) auf Israel, das von Rehabeam abfällt, weil er nicht tut, wie das Volk will.

Für Friedrich Wilhelms Gottes-Gnaden-Bewußtsein war dieser Ton aus Volkestiefen starker Tobak. Er wollte diese Sache gutmütig und »friderizianisch« hingehen lassen, ist aber vor allem vom Innenminister bewegt worden, den Fall dem Justizministerium zu übergeben. Nichts war unklüger. Die Verurteilung zu zweieinhalb Jahren Festungshaft (Majestätsbeleidigung, frecher unehrerbietiger Tadel, Verspottung der Landesgesetze, Erregung von Mißvergnügen) ist zwar im Januar 1843 in zweiter Instanz vom Ober-Appellationssenat des Berliner Kammergerichts unter dem Präsidenten von Grolman aufgehoben worden, so daß ein Jubelruf durch die liberalen Gruppen Deutschlands ging. Die Regierung hatte jedoch unnötigerweise eine schwere Niederlage erlitten, und das politische Leben in Preußen war durch den Jacoby-Prozeß zusätzlich belastet worden, obwohl in anderen Provinzen die Verfassungsfrage anfänglich weit weniger als in Ostpreußen beachtet worden war. Der König hatte in wenigen Monaten erreicht, daß die Stimmung sich zu seinen Ungunsten neigte, und zwar ringsum: »Die alte Beamtenwelt ist dem Könige entschieden feindlich. Der Liberalismus zeigt eine nicht geahndete Verbreitung und Offenheit gegen Aristokratismus und Pietismus. Im Volk ist viel gesunder, kräftiger Sinn, aber auch sehr viel Anlage zum Terrorismus« (Varnhagen, 2. Januar 1841).

Freilich bemerkte nicht nur Varnhagen, wie Gehässigkeit und Mißverstand, Verleumdung und Denunziation, Intrige und bequeme Unverantwortlichkeit, dazu Unsittlichkeit in den höheren Gesellschaftsschichten wie eine psychische Krankheit in den städtischen Zentren, besonders aber in Berlin, verbreitet waren. Mit Zensur (Tzschoppe) und Gerichten war gegenüber den verschiedenen Formen des Protests nicht mehr weiterzukommen. Es stellt sich nach alldem bereits die Frage, ob Friedrich Wilhelm nicht nur die hellen und dunklen Strahlen seiner Zeit in immer erneuten Ansätzen prismatisch aufnahm, sie rhetorisierte und, je nach Tagesbedürfnis, wieder ausschied. Jedes Ministerium mußte sich mit einem solchermaßen unberechenbaren Regenten starken Schwierigkeiten gegenübersehen.

Die Verfassungsfrage erwies sich je länger desto mehr als vorerst unlösbar. Der König wollte über die Idee der aus königlicher Machtfülle heraus gewährten *Ständeordnung* nicht hinausgehen. Die Provinziallandtage sollten eine Art von Reichsständischer Versammlung bilden, mit beratenden Aufgaben bei der Aufstellung der Staatsetats und der Mithilfe beim Staatsschuldenwesen. Das war ein Zustand, wie er in den Grundzügen bereits unter Joachim II. nach 1540 bestanden hatte. Eine Vorstufe bildeten dann die aus den acht Provinziallandtagen gebildeten »Vereinigten Ausschüsse« (Oktober 1842), deren nicht sonderlich befriedigendes Wirken den Mangel einer verfassungsmäßig festgeschriebenen Repräsentation um so deutlicher hervortreten ließ. Die Idee eines »Vereinigten Landtages« (seit 1844) wurde nach langen Beratungen 1847 Realität. Form und Verhandlungen dieser in vier Kurien (Herren, Ritter, Bürger, Bauern) tagenden Versammlung standen bereits in ursächlichem Zusammenhang mit den revolutionären Ereignissen des folgenden Jahres. Der Landtag besaß nun das Steuerbewilligungsrecht und sollte seine Genehmigung zu Staatsanleihen in Friedenszeiten erteilen, aber ihm war die Periodizität, d.h. die alljährliche Einberufung, vorenthalten. Die »Vereinigten Ausschüsse« und die Deputation für das Staatsschuldenwesen sollten weiterbestehen, eine gutachtliche Mitwirkung bei der Gesetzgebung sowie ein begrenztes Petitionsrecht waren vorgesehen (Patent vom 3. Februar 1847).

Die Mißstimmung über die verfassungspolitischen Halbheiten war allgemein verbreitet, von dem rührigen konservativen Agrar-Publizisten v. Bülow-Cummerow über Gervinus bis zu dem Breslauer Stadtrichter Heinrich Simon (»Annehmen oder Ablehnen?«), der die Politik von König und Regierung mit großer Schärfe angreifen konnte; das Bewußtsein der *Rechtsstaatlichkeit* in Preußen, zumal nach dem Jacoby-Prozeß, war gewachsen. Im Vertrauen auf die Haltung des Kammergerichts in politischen Verfahren konnte man sehr weit gehen, weiter als in den meisten anderen Staaten Mitteleuropas, von Rußland zu schweigen.

Der Nachfolger von Rochows als Minister des Innern, Graf Adolf Heinrich von Arnim-Boitzenburg hatte den König noch vor seinem Ausscheiden aus dem Amt (1845) auf die Komplikationen hingewiesen, die sich aus dessen Plänen ergeben mußten. Er hatte eine einzige Versammlung vorgeschlagen, die von den

Landtagen gewählt werden sollte. Der König blieb uneinsichtig, und Arnim ging. Seit der Landtagseröffnung (11. April 1847) zeigte sich, daß Arnim im wesentlichen recht behalten hatte. Die Unklarheiten über den Status der Versammlung nahmen zu. Bei Schluß der Sitzungen (7. März 1848) gestand der König zwar die vierjährige Periodizität dem Vereinigten Landtage zu, aber er hätte keine geeignetere Politik treiben können, um die politische Erregung im Lande auf den Siedepunkt zu bringen. Die Landtagsverhandlungen selbst haben die parlamentarische Parteibildung bei »Liberalen« und »Konservativen« erheblich gefördert. In das öffentliche Bewußtsein traten damals auf der Oppositionsseite der Westfale Georg Freiherr von Vincke (1811 bis 1875), der in Vorpommern ansässige Graf Maximilian von Schwerin-Putzar, Alfred von Auerswald aus Ostpreußen, dazu als Vertreter des niederrheinisch-westfälischen Großbürgertums Beckerath, David Hansemann und Ludolf Camphausen. Auf der konservativen Seite standen Otto Freiherr von Manteuffel, der spätere Ministerpräsident, Graf Arnim-Boitzenburg und der zweiunddreißigjährige Otto von Bismarck-Schönhausen, dessen Rede- und Provokationstalent hier erstmals aufleuchtete.

Die »Märzrevolution«

Die revolutionären und pseudorevolutionären Ereignisse in den Landesteilen Preußens, alsbald unter dem Namen »Märzrevolution« zusammengefaßt, haben – anders als in dem gefährlicher betroffenen Vielvölkerstaat Österreich – den Ablauf der (klein-)deutschen Revolution unmittelbar beeinflußt, vorantreibend, kanalisierend oder abbremsend. Es zeigte sich zum erstenmal eindrucksvoll die gewachsene Bedeutung des preußischen politischen Potentials im nord- und westdeutschen Staaten-Raum.

Zu den unmittelbaren *Voraussetzungen* und mittelbaren Anlässen der Unruhen, Umsturzforderungen, Gewalttätigkeiten und terroristischen Aktionen, in denen sich die tiefe Unzufriedenheit eines Teiles der Beherrschten mit den Herrschenden spontan Luft zu machen suchte, gehörte die Polenfrage, die bereits erörtert wurde. Der Mieroslawski-Prozeß vor dem Berliner Kammergericht mit großen Worten über die Tyrannei der Behörden, die Selbstbestimmung der Nationen, die Völkerfreiheit etc. eignete sich vorzüglich, um das schwerfällige preußische Volk vor allem der Mittel- und Ostprovinzen in Bewegung zu bringen. Auch Marx hat im Februar 1848 diese Chance, die in der »Polenschwärmerei« lag, scharfsichtig erkannt – und gleichzeitig die Polen für vollkommen staatsunfähig erklärt. Die Anführer der Posener Unruhen wurden verurteilt; die Vollstreckung der Strafen war nach dem 18. März nicht mehr möglich, weil die Betroffenen entwichen oder in Kämpfen ums Leben gekommen waren.

In *Oberschlesien*, wo sich schon seit dem Herbst 1847 eine Hungertyphus-Katastrophe angekündigt hatte, versagten die regionalen, vor allem aber die zentralen Behörden völlig. Das Innenministerium (»Bodelschwingh hat alles verächtlich gering behandelt«) erwies sich als unfähig, und der Hausminister Anton Graf Stolberg-Wernigerode hielt den König im Februar davon ab, sich an Ort und Stelle ein Bild von der Not seiner Untertanen zu machen. Die Hilfsmaßnahmen, die Stolberg zusammen mit dem Breslauer Fürstbischof seit Mitte Februar einleitete, gingen »im Strudel der Revolution unter« (Otto Graf zu Stolberg-Wernigerode).

Die *deutsche Frage* kam nur langsam voran, zu langsam, als daß mit den kleinen Fortschritten, die Radowitz mit Vorschlägen zur Bundesreform (November 1847) erzielte, das liberale Bürgertum oder gar die radikal-demokratischen Unterschichten hätten befriedigt werden können. Während die rheinischen Liberalen Hansemann und Mevissen im Oktober 1847 in Heppenheim die Gründung eines Zollvereinsparlaments mit einer entsprechenden preußischen Majorität gefordert hatten, zielte Radowitz auf das ganze Deutschland, unter Einschluß oder Mitwirkung Österreichs. Die Vorschläge betrafen die Zusammenfassung des militärischen Potentials der Bundesländer, den verbesserten Schutz der Bürgerrechte und eine Reform der Wirtschaftspolitik. Im Falle eines Scheiterns dieser Reform an Widerständen Österreichs sollten mit den Einzelstaaten Sonderverträge geschlossen werden. Eine scharfe und deutliche Politik wurde in Berlin nicht betrieben. Das Programm von Radowitz war nicht unumstritten, und der König blieb grundsätzlich »großdeutsch« gestimmt.

Noch am Tage vor dem Ausbruch der Pariser Februar-Revolution (22. bis 24. Februar) hatte der Monarch mit dem Ministerium, das heißt den Justizministern Karl Albrecht von Uhden (1798 bis 1878) und Friedrich Karl von Savigny (1779 bis 1861), dem Innenminister Ernst von Bodelschwingh-Velmede (1794 bis 1854), dem Außenminister Ernst Wilhelm Freiherr von Canitz und Dallwitz (1787 bis 1850), dem Kultusminister Johann Albrecht Eichhorn (1779 bis 1856), dem Finanzminister Franz von Duesberg (1793 bis 1872) und dem Kriegsminister Ferdinand von Rohr (1783 bis 1851) sowie dem Kabinettsminister Ludwig Gustav von Thiele (1781 bis 1852) die deutschen Angelegenheiten beraten. Es war der letzte Zeitpunkt, zu dem das unzeitgemäß gewordene Kabinett mit dem dreiundfünfzigjährigen König Beschlüsse hätte fassen können, um berechtigte Forderungen zu erfüllen und Preußens künftigen Weg erkennbar werden zu lassen. An Ermahnungen in dieser Richtung hat es nicht gefehlt. Eine Denkschrift des Generalintendanten Graf von Redern (1802 bis 1883) vom 22. Februar hielt dem Monarchen vor, daß Preußen die Gunst der Stunde auszunutzen habe; es sei durch Macht, Intelligenz und Lage zur Hegemonie in Deutschland berufen; Österreich sei durch Italien und seine sonstigen Provinzen mit seiner kraftlosen Regierung dem deutschen Einfluß fremd geworden; das Ausland könne oder werde nicht eingreifen, und die anderen deutschen Souveräne würden bei Sicherung ihrer bisherigen Rechte eine Einheit mit einem kräftigen Kaiser an der Spitze dankbar begrüßen. Die postwendend erfolgte Antwort des Königs enthält alle jene historisch-legitimistischen Argumente, die des Königs Haltung und Preußens Politik in der folgenden Krise bestimmt haben:

»Nach Ihrem Vorschlag müßte ich der Revolution durch eine ›Revolution‹ vorbeugen. Usurpation ist die gefährlichste Revolution, weil sie dem errungenen Unrecht oft Bestand gibt. Ihr warmes Gefühl täuscht Sie über die von Ihnen gewünschte Gestalt Teutschlands. Es würde nämlich danach eine Bildsäule – ohne Kopf sein. Österreich ist aber Teutschlands Haupt auch dann, wenn dies Haupt die Verrichtung des Hauptes nicht üben will. Es herrscht über Teutschlands schönste und wichtigste Länder und bildet eine Macht, die jede ihr entgegengestellte zum Unsinn oder Ridikül verdammt ... Ich habe Mut, mein Leben für Teutschland zu opfern, aber keinen, um es zu unterjochen.«

Goldene Worte, aber kein handfestes Programm für einen König von Preußen in dieser Lage, wo Unruhe und Gärung von Tag zu Tag wuchsen.

Freilich grollte es nicht überall, sondern punktuell im Rheinland (Kölner Petition, 3. März), in der Provinz Posen, in Breslau und vor allem in Berlin, wo ein Fontane, wennschon im leicht besonnten Rückblick, die demonstrationsbereite Grundstimmung der Hauptstadtpreußen in bildungsbürgerlicher Perspektive so zusammengefaßt hat: »Man hatte die alte Wirtschaft satt. Nicht daß man sonderlich unter ihr gelitten hätte, nein, das war es nicht, aber man schämte sich ihrer. Aufs Politische hin angesehen, war in unserem gesamten Leben alles antiquiert... alles berührte, wie wenn der Hof und die Personen, die den Hof umstanden, mindestens ein halbes Jahrhundert verschlafen hätten.« Preußen sei rasch gewachsen, aus den vier Millionen Einwohnern der Zeit Friedrich Wilhelms I. seien »24 Millionen geworden und diese 24 Millionen waren keine misera plebs mehr, sondern freie Menschen – wenigstens innerlich –, an denen die die Welt umgestaltenden Ideen der Französischen Revolution nicht spurlos vorübergegangen waren. Der ungeheure Fehler des so klugen und auf seine Art so aufrichtig freisinnigen Königs bestand darin, daß er diesen Wandel der Zeiten nicht begriff und ... nur sein Ideal, aber nicht die Ideale seines Volkes verwirklichen wollte.«

Und Fontane, dem die Unterscheidung zwischen ständisch-repräsentativen und modern-konstitutionalistischen parlamentarischen Organen geläufig war, fuhr mit erhobenem Zeigefinger fort: »Eine Regierung hat nicht das Bessere bzw. das Beste zum Ausdruck zu bringen, sondern einzig und allein das, was die Besseren und Besten des Volkes zum Ausdruck gebracht zu sehen wünschen.... Die Schwäche der preußischen Regierung... bestand in dem beständigen Sichauflehnen gegen diesen einfachen Satz.«

Um 1848/49 war das Ende einer längeren Depressionsperiode erreicht, oder es stand doch unmittelbar bevor. Aber in Berlin mit seinen mehr als vierhunderttausend Einwohnern sah es nicht zum besten aus. Die Preissteigerungen bei Grundnahrungsmitteln hatten die untersten Schichten seit 1847 zu Protestaktionen getrieben. Ein Viertel der Wohnbevölkerung mußte wegen Armut von der Mietsteuer befreit werden. Einige Gewerke, wie die Schuhmacher, erwiesen sich als stark überbesetzt; im Jahre 1841 zahlten von 2812 Schuhmachern 2412 (85,52 Prozent) keine Steuern. Auch die Einkommen der Weber (rund zweitausendeinhundert Arbeiter) und Schneider lagen im Gegensatz zu denen der Bäcker und Fleischer an der unteren oder unterhalb der Steuergrenze. Innerhalb der Gesamtbevölkerung (1846: 396 535, 1849: 412 445 Einwohner) nahmen die gewerblich Tätigen (14 700 Handwerksmeister, rund 30 000 Gesellen, rund 20 000 Lehrlinge; 22 500 Fabrikarbeiter und andere) mit etwa zweiundzwanzig Prozent der Bevölkerung den ersten Platz ein. Für 1849 ergibt sich für das Gewerbe ein Anteil von 53,90 Prozent an der berufstätigen Bevölkerung (= 38,70 Prozent der Gesamtbevölkerung), während sich der Anteil von Handel/Dienstleistungen auf 42,40 Prozent der berufstätigen Bevölkerung belief. Der Anteil des Militärs (1846: 19 194 Mann) liegt dagegen mit 4,75 Prozent der Gesamtbevölkerung erheblich unter den Werten der friderizianischen Zeit.

Zum sozialen Hintergrund des Aufstandes gehört die Frage nach den sozialen Defiziten in einzelnen Stadtteilen. Die Versorgung mit Wohnraum war, statistisch gesehen, nicht ungünstig. Zwischen 1840 und 1850 sind an die zwanzigtausend Wohnungen gebaut worden. 1849 entfielen auf die 78 338 bewohnten »Quartiere« 5,35 Bewohner je Wohnungseinheit. Der stärkste Zuwachs an Neubauten war, im Verhältnis zu 1840, zu verzeichnen in der Luisenstadt (81,90 Prozent), in der Rosenthaler Vorstadt (67,90 Prozent), in dem Stralauer Viertel (49,80 Prozent) und der Friedrich-Wilhelmstadt (41,10 Prozent). Auch die in den Märztagen auffällig unruhige Friedrichstadt war noch stark im Ausbau bzw. Umbau begriffen (37,90 Prozent). Vergleicht man hiermit jene Stadtteile, in denen ein hoher Anteil an von der Mietsteuer Befreiten (»Armut«) lebte, so ergibt sich teilweise eine Konkordanz. An der Spitze steht als »Armutszentrum« die Rosenthaler Vorstadt (33,80 Prozent Suspendierte), gefolgt von der Königsstadt (28,90 Prozent), dem Stralauer Viertel (27,80 Prozent), dem Spandauer Viertel (25,20 Prozent), der Luisenstadt (18,40 Prozent), welche damit bereits unter dem Durchschnitt (1849: 21,30 Prozent) lag. Diese Viertel und Vorstädte weisen einen hohen Prozentsatz an sozial unruhigen, dem Kleinbürgertum wenig angepaßten und in ihren Lebenschancen beeinträchtigten Neu-Berlinern auf. Demgemäß haben die Unruhezentren von dort her stärksten Zulauf erfahren. Umgekehrt verlief sich, bei Einsatz staatlicher Machtmittel, ein großer Teil der Demonstranten wieder in die sicherheitspolizeilich unzureichend überwachten Vorstädte. Dieser bekannten Taktik der Innenstadt-Demonstration und der Retirade in Stadtrand-Quartiere stand die Staats-Regierung über längere Zeit hin hilflos gegenüber.

Die *Machtmittel* des Staates reichten bei weitem nicht aus. Dem nur bedingt abwehrbereiten Polizeipräsidenten Freiherr von Minutoli unterstanden 204 Polizeibeamte. Das bedeutet, daß auf 4000 Einwohner ein im Außendienst tätiger Schutzpolizist entfiel. Der preußische »Polizeistaat« war insoweit nicht existent, trotz Demagogenzeit und Julirevolution. Es bestand weder ein zureichendes Instrumentarium noch eine konsequente Leitung. Die Sicherheitsprobleme im Berliner Raum sind von den zuständigen Innenministern Gustav Adolf von Rochow (1834 bis 1842), Adolf Heinrich von Arnim-Boitzenburg (1842 bis 1845) und von Bodelschwingh (1845 bis 1848) mit einer Großzügigkeit behandelt worden, die von biblischer Blindheit nicht weit entfernt war. In der letzten Phase haben Innenminister und Polizeipräsident vollständig versagt, indem sie unter anderem Sicherheitsanweisungen des Königs (14. März) im wesentlichen unausgeführt ließen. Man war allerdings, auf einen bösartigen Brief des Königs hin, damit beschäftigt, die Gräfin Hatzfeld (die Freundin Ferdinand Lassalles) aus Berlin abzuschieben. Varnhagen benutzte diesen Vorgang aus seiner Sicht zu einer grundsätzlichen Abrechnung mit der hilflos reagierenden Regierung:

»Den Versuch der Willkürgewalt kann unser Regierungssystem noch nicht lassen, und auch die Ausführung fehlt in vielen Fällen nicht. Wie weit noch von Freiheit!« Es fehle noch eine Habeascorpus-Akte, »die Gräfin v. Hatzfeldt, anstatt sich von Minutoli und Bodelschwingh einschüchtern zu lassen, hat ihnen getrotzt, und diese Herren haben sich nach dem feigen Versuche zurückgezogen; der ehmalige Minister v. Alvensleben hat auch für die Gräfin gesprochen, das ist wirksam gewesen; also doch nur Nebenrücksicht, Zufälligkeit, nicht Recht und Gesetz!« (19./23. Februar).

Gleichzeitig arbeitete der Berliner Handwerkerverein, der Beziehungen nach Königsberg, Thorn, Magdeburg, Köln, Germersheim und ins Ausland zu Kommunisten und radikalen Demokraten unterhielt, an der Vorbereitung des Aufruhrs. Er war zu einer »förmlichen Revolutionsschule« geworden, wie man post festum im Polizeipräsidium feststellen mußte. Vorschläge zur Errichtung einer Sicherheitswehr, durch die der Einsatz von Truppen hätte vermieden werden können, scheiterten vorerst am 13. März an der Ignoranz Bodelschwinghs. Lediglich unbewaffnete Bürgerbeauftragte wurden in letzter Minute eingesetzt. Wollte man die Hauptstadt nicht verloren geben, so mußte unter diesen von Bodelschwingh und dem König gleichermaßen zu verantwortenden Umständen Militär eingesetzt werden, als seit dem 6. März die Unruhen zunahmen.

Seit dem 14. März, nachdem der König Vertretern der städtischen Behörden lediglich die Einberufung des Vereinigten Landtags auf den 27. April versprochen hatte und Militär ungeschickt eingesetzt worden war, war dann täglich versucht worden, primitive Barrikaden zu bauen und das Militär erneut zu provozieren. Die Lage spitzte sich rasch zu. Am 16. März wurden zwei Bataillone des 1. Garde-Regiments nach Berlin gezogen, um die schwache Garnison (siebentausenddreihundert Mann) zu verstärken. Sieben weitere Bataillone wurden im Umkreis Berlins als Reserve stationiert; sie konnten bei Ausbruch der Straßenkämpfe großenteils in die Stadt gezogen werden. Das Verhältnis der Berliner zu den auswärtigen, mit Berliner Örtlichkeiten nicht ausreichend vertrauten Truppen betrug etwa fünfzig zu fünfzig. An Sicherungsaufgaben und Kampfhandlungen waren etwa zwölftausend Mann beteiligt, während sich die Zahl der Truppen auf etwa fünfzehntausend Mann belief. Dazu kamen sechsunddreißig bespannte Geschütze des Garde-Artillerie-Regiments. Die Infanterie war mit glatten Vorderladern ausgerüstet. Lediglich das Garde-Schützen-Bataillon und die Unteroffiziere des Füsilier-Bataillons des 1. Garde-Regiments zu Fuß führten bereits gezogene Büchsen. Die Rekruten dienten überwiegend erst im fünften Monat. Sie hatten nur mit Platzpatronen geübt. Die Ausrüstung wies Mängel auf. Munitionierung und Versorgung waren unzureichend. Gleichwohl ließ die Disziplin fast sämtlicher Truppen in der Krawall- und in der Kampf-Phase in der Sicht ihrer Offiziere nichts zu wünschen übrig. Die über das Stadtgebiet unsystematisch verstreuten Kasernen, Depots und Pulvermühlen erschwerten jedoch die Niederwerfung des Aufstandes.

Die Zahl der Aufständischen läßt sich nur berechnen. Das aktivierbare Potential dürfte nicht mehr als zwanzigtausend Menschen (fünf Prozent der Berliner Bevölkerung) umfaßt haben. Von diesen haben höchstens viertausend zeitweilig an Kampfhandlungen oder an Protest- und Aufstandsaktionen teilgenommen. Etwa zehn Prozent von diesen mögen Auswärtige und Ausländer gewesen sein. Berücksichtigt man, daß die Bevölkerung der Vorstädte an den Ereignissen teilhatte, so ergibt sich, daß weniger als ein Prozent der Bevölkerung den Kampf gegen das Militär aufgenommen hat. Rund 99 % der Bevölkerung haben dem Geschehen zugeschaut oder sich von ihm nach anfänglicher Sympathie abgewandt. Dies bestätigen zahlreiche Beobachter, unter ihnen Varnhagen und auch Fontane: »Ich hatte ... in den Stunden von Mittag bis Mitternacht nur ein paar beherzte Leute gesehen – natürlich alles Männer aus dem Volk –, die die ganze Sache gemacht hatten.«

Nach dem Ausbruch der Kämpfe in der Folge einer überflüssigen Teilräumung des Schloßplatzes (18. März, 14 Uhr) wurden nach vorbereiteten Plänen etwa vierzig Barrikaden errichtet. Die Agitations-Lüge, auf dem Schloßplatz sei Blut vergossen worden, führte unmittelbar zur Entladung der auf beiden Seiten aufgestauten Aggressionen. »Wie durch Zauberschlag war halb Berlin toll geworden« (H. von Meyerinck). Der König besaß nicht mehr die Kraft, der Situation Herr zu werden und die Barrikadenleute leer ausgehen zu lassen. Er wagte nicht, sich der letzten Stütze, die er hatte, dem Heer, zu widersetzen. Richtig wäre es gewesen, die Regierung nach Charlottenburg zu verlegen, Berlin defensiv zu behaupten und mit einem neuen Kabinett eine neue Politik zu betreiben. Kaltes Blut bewiesen in dieser Lage von der gesamtpreußischen Führungsschicht kaum mehr als drei Männer (Pfuel, Kleist, Vincke), alle anderen lagen, wie der König später meinte, »auf dem Bettuch«. Wenn es mithin richtig sein sollte, daß »die Niederlage des preußischen Königtums vor der Revolution in jenem Augenblick (dem 18. März) durch Bodelschwingh und andere nicht zu verhindern gewesen sei« (W. Bußmann), dann wegen der Innenpolitik des Königs, der die nichtmilitärischen Machtmittel des Staates nicht zeitgemäß zu formen und einzusetzen verstanden hatte.

Und während der Kämpfe erwies sich der König von einer geradezu gespenstischen Regierungsunfähigkeit, die die Hauptursache für das Ausmaß der Ausschreitungen und Verluste gewesen ist. Im übrigen besaß der König Gespür für das kommende Desaster und wollte sich am Morgen des 18. März und in den folgenden drei Tagen und Nächten wiederholt nach Potsdam zurückziehen, um die nötige Distanz zu gewinnen. Er ist durch von Bodelschwingh, den neuen Staatsminister Graf Arnim-Boitzenburg, durch von Vincke, Krausnick und andere wiederholt und aus den verschiedensten Motiven zurückgehalten worden.

Gegen drei Uhr begannen Kämpfe um Barrikaden, Straßenzüge und die Hochbauten des Staates und königlichen Hauses. Zeitweilig schienen – in der Sicht der vom Schloß aus widerspruchsvoll, ängstlich und desorganisiert Regierenden – die Dinge auf des Messers Schneide zu stehen. Niemand unter den Offizieren wußte, welches Potential die revolutionären Kräfte angesammelt hatten, welche Kraftfelder kämpferischer Leidenschaften sich ergeben würden. Niemand wußte auch, ob die Aufständischen ein am Pariser Vorbild geschultes Konzept würden durchsetzen wollen, mit Schwerpunktbildungen oder der handstreichartigen Eroberung militärischer Objekte. Nichts geschah von alledem. Bald zeigte es sich, daß es eine Sache ist, Barrikaden zusammenzuschieben, aus Dachluken verzweifelt zu schießen, Steine auf Uniformierte fallen zu lassen und Fahnen zu schwenken, eine andere aber, über viele Tage hin zu kämpfen und für das allgemein gehaltene Ideal einer Volksherrschaft zu sterben. Noch der alte Fontane hat, seines Engagements eingedenk, in bezeichnender Ambivalenz und nicht ohne Propheten-Pathos die Summe gezogen: »Als historisches Ereignis war es eine große Sache, als Heldenleistung urschwach, Scharmützel. Unsere Enkel werden erst die wirkliche Schlacht zu schlagen haben« (29. März 1898).

Um Mitternacht durfte sich Generalleutnant von Prittwitz mit einigem Recht als Herr der Lage in der Innenstadt betrachten. Die Barrikaden waren großenteils gestürmt oder weggeräumt worden. Die Brücken zum Schloßzentrum waren besetzt, die Zugangswege im Süden gesichert worden. Häuser, aus denen geschossen worden war, wurden gestürmt, wobei in der Wildheit des Geschehens auch einige Unbeteiligte ums Leben kamen. In der nördlichen Friedrichstraße und am Cöllnischen Rathaus mußte sogar Artillerie eingesetzt werden. Die

Truppe zählte gegen Mitternacht zwanzig Erschossene oder Erschlagene und immerhin zweihundertdreiundfünfzig Verwundete. Die Aufständischen verloren etwa zweihundert Tote, etwa fünfhundert überwiegend am Kampf beteiligte Zivilisten erlitten Verwundungen. Die meisten Neu- und Vorstädte, insbesondere im Norden und Nordosten, befanden sich jedoch am Morgen des 19. März nicht unter der Kontrolle des Militärs. Lediglich ein dünner Kavallerie-Cordon (vier Regimenter) umschloß das Stadtgebiet, kleine Kommandos die Ausfallstraßen. Es war zu erkennen, daß bei einer Fortsetzung der »Befriedung« mit militärischen Mitteln tagelang Kämpfe die Hauptstadt erschüttern und teilweise – bei weiterem Einsatz der Geschütze – zerstören würden. Prittwitz bemerkte am Morgen des 19. März die Grenzen der Leistungskraft seiner Truppen und die gefährlichen Folgeerscheinungen eines Straßenkampfes in einer Großstadt und bedachte andere Strategien, durch die das Heer als Fundament von Staat und Dynastie der innenpolitischen Zerreißprobe entzogen werden könnte.

»Revolution«, Kompromiß und »Gegenrevolution«

Der König und einige Minister entschlossen sich unter wenig erhebenden Umständen am frühen Morgen des 19. März, die Kampfhandlungen abzubrechen und eine politische Lösung des Konfliktes zu versuchen. Unter den gegebenen Umständen der insgesamt nicht eindeutig verlaufenen Machtprobe zwischen Staatsmacht und Volkswille hatte sich der König wohl zu einer richtigen Entscheidung durchgerungen und auch drängen lassen. Selbst Bismarck, der dem auf seine Erschöpftheit verweisenden König wenig später in Sanssouci die Schwächen seiner Regierung vorhielt (»Ein König muß schlafen können!«), sah sich von dem Kern der Argumente beeindruckt, so unbefriedigend die Gesamtsituation für die Royalisten nach den Märztagen auch sein mochte. Auf die Dauer konnte der König nicht in und mit der Hauptstadt in einem bürgerkriegsähnlichen Konflikt leben, schon von seiner körperlich-seelischen Konstitution her war das für ihn unerträglich. Daß Schloß und Regierungsviertel mit dem Zugang durch den Tiergarten militärisch-taktisch gehalten werden konnten, auch über Wochen hin, ist nicht zu bezweifeln. Wer gute Truppen in der Hand hat, wird Stadtaufstände durch Ermattungsstrategien in aller Regel zum Zusammenfallen bringen. Die Berliner Nachkriegskämpfe von 1919 und weitere Ereignisse bestätigen die unangenehme Wahrheit dieses Satzes. Freilich fehlte es, glücklicherweise vielleicht, der Regierung in den Märztagen an Erfahrung auf diesem Gebiet.

Die Generale Pfuel und Prittwitz hatten die Probleme zumindest militärisch durchdacht und auch die Pariser Ereignisse von 1830 studiert.

Prittwitz wollte, wie seine Erinnerungen zeigen, wichtige Punkte behaupten, die Staatsgewalt in Berlin sichtbar aufrechterhalten durch Schwerpunktbildungen, den König so bald wie möglich aus Berlin herausbringen, die Stadt zernieren, unerwünschte Ausländer aussperren und so die »Revolution« langsam und sicher in sich zusammensinken lassen. Auch ein solches Verfahren, das zudem einen »friderizianischen« König vorausgesetzt hätte, wäre nicht ohne überzeugende innenpolitische Entlastungsmaßnahmen und Kompromisse durchzuführen gewesen. Längere Kämpfe hätten sich weit stärker im politischen Bewußtsein der betroffenen Bevölkerungsteile eingegraben.

Der *König* hatte, seinem Naturell entsprechend, von vornherein eine »weiche«, die aufgebrachte Bevölkerung wiederholt besänftigende Linie bevorzugt (17. März). Die Kämpfe mußten ihm und seiner friedfertig-ängstlichen Gemahlin wie ein Unfall erscheinen, dessen Folgen man sich alsbald zu entledigen hatte, ohne daß er dafür jedoch eine handfeste Strategie besessen hätte.

So geriet er immer tiefer in einen kapitulationsähnlichen Zustand, der sich erst nach der Abreise (25. März) verlor. In der verfahrenen Lage des frühen 19. März mußten einige Positionen geräumt oder verändert werden. Als wenig geeignet, auch in militärischer Hinsicht, hatte sich der Prinz von Preußen erwiesen (»Kartätschenprinz«). Sein blutrünstiges Verhalten (»Grenadiere, warum habt Ihr die Hunde nicht auf der Stelle niedergemacht«), seine, am idealen Altpreußentum gemessen, unpreußischen Affekte ließen die rasche Entfernung aus Berlin als unumgänglich erscheinen. Nach dem ungenauen Befehl des Königs, die Truppen aus den Kampfgebieten herauszuziehen, hat er diesen angeschrien: »Bisher hab' ich wohl gewußt, daß Du ein Schwätzer bist, aber nicht, daß Du eine Memme bist! Dir kann man mit Ehren nicht mehr dienen.« Er soll seinem Bruder den Degen vor die Füße geworfen haben. Dieser habe in Tränen der Wut geantwortet: »Das ist zu arg! Du kannst nicht hier bleiben, Du mußt fort!« Und: »Ich bin verrathen, aber nicht feig, verrathen von meinen Ministern und verrathen auch von Dir, der Du Dich jetzt so erfrechst, daß ich Dich sollte verhaften lassen und vor ein Kriegsgericht stellen!«

Dies geschah denn doch nicht; aber zeit seines Lebens hat Friedrich Wilhelm den künftigen König infolge der Märzereignisse mit sorgenvollem Mißtrauen betrachtet. Der Prinz hat unter nicht gerade erhebenden Umständen sein Londoner Exil erreicht, wohin auch für mehr als ein Jahr Krone und Kronschatz gebracht worden waren. Seine Gemahlin Augusta, deren kühle Art vom Volke als antipreußische Herzlosigkeit gedeutet wurde, mußte sich verkleidet eilends nach Potsdam zurückziehen. Dies wirkte jedenfalls entspannend, während sich der König nunmehr demonstrativ mit seinem kaltblütigeren und auch persönlich verhältnismäßig integren Bruder Albrecht sehen ließ, der beim Volk beliebter war.

Fast gleichzeitig mit dem Zurückziehen der Truppen wurde die Bildung einer neuen Regierung unter dem regierungserfahrenen Grafen Arnim-Boitzenburg verkündigt. Dem schloß sich am 20. März die Amnestie für politische Straftaten, am 21. März der Umritt durch die Berliner Innenstadt (»Preußen geht fortan in

Deutschland auf«) an. Alle diese Entscheidungen brachten die Regierung schließlich über den Rubikon, der Weg in den Verfassungsstaat war eröffnet. Nichtwollend-wollend hatte der König daran mitgewirkt, Staats- und Gesellschaftsinteressen unablässig bedenkend. Der Inhalt der Entscheidungen – weiteren Bürgerkrieg zu vermeiden, die Monarchie zu erhalten, die Optionen für eine »deutsche« Politik nicht verlorengehen zu lassen – entsprach dem damaligen Staatsinteresse, unbeschadet der Schuldfrage an der Entwicklung zu den Märzereignissen hin, bei der der König sich späterhin nicht ausgenommen hat (»Wir lagen in diesen Tagen alle auf dem Bauch«). Trotz seiner schwierigen und zwiespältigen Gesamtposition, trotz tiefer Depressionen hat Friedrich Wilhelm in dieser Phase eine Abdankung nicht ernstlich erwogen. Insofern erwies er sich – in aller Schwäche – als der Besonnenere und »Stärkere« im Vergleich zu seinem halsstarrigen Bruder oder im Vergleich zu seinem Großneffen Wilhelm (II.), der in der Novemberkrise 1918 erschöpften und engstirnigen Ratgebern folgte und beide Kronen verlor. Der »Seiltänzer« (Bodelschwingh) von 1848 kam zum Erstaunen vieler durch die Hauptkrise hindurch, weil er nach dem 19. März annähernd zutreffend zu erkennen vermochte, was er den unteren Bevölkerungsschichten seines Staates zumuten konnte.

Andererseits wird man diesen *Berliner Ereignissen* für die weitere Entwicklung im Staat keine zu hohe Bedeutung beimessen dürfen. Gemessen an späteren Unruhen in Berlin mit ebenso eiligem Barrikadenaufbau und -abbau oder an Straßenkämpfen zwischen Randalierern oder Demonstranten auf der einen Seite und Polizei oder Militär auf der anderen Seite wirken die beiden Berliner Märztage wie eine kurze Episode der Brutalität in einer ansonsten friedfertig-eilig wachsenden Hauptstadt. Die Vertreter des Staates haben bei aller momentanen Unsicherheit dem »sozialen Exzeß« gegenüber zur Ordnung zurückgefunden. Dabei spielt auch eine Rolle, daß man es im 19. Jahrhundert in Berlin in der überwiegenden Mehrheit mit einer vergleichsweise grundvernünftigen Bevölkerung zu tun hatte, die meckerte und nörgelte, mit Recht mehr Freiheiten verlangte, aber sich immer wieder der nicht ungünstig verlaufenden Entwicklung einfügte. Aufrührerische Elemente von auswärts, ob sie nun als politische Flüchtlinge, Deserteure oder Desperados kamen, haben in dieser Phase nur für kurze Zeit Anhang finden können. Sobald sich die ökonomischen Grundlagen etwas verbesserten, die Zahl der sozial an der Kante des Abgrundes Stehenden sich verringerte (zum Beispiel durch neue Konjunkturen in der Bauwirtschaft), durften Staat und Dynastie, wie in den sechziger Jahren, mit einer gewissen Gelassenheit die quasirevolutionären Unruheherde betrachten. Aber nicht jeder verfügte über eine Standfestigkeit nach Art des Herrn von Bismarck-Schönhausen.

Im Herbst 1848 war die Gegenbewegung der *Konservativen* so weit gediehen, daß an durchgreifendere Maßnahmen zur Stabilisierung des Staates gedacht werden konnte. Auch in Berlin sollten »normale« Verhältnisse geschaffen werden. Mit der am 1. Juli 1848 gegründeten »Neuen Preußischen Zeitung« (wegen des Eisernen Kreuzes im Kopfbild als ›Kreuzzeitung‹ bezeichnet) verfügte die von dem Magdeburger Verwaltungsjuristen Ernst Ludwig von Gerlach wesentlich geschaffene Parteigruppe über eine besonders in der ersten Zeit wirkungsvolle publizistische Plattform, von der aus die Gedanken der Staatsethiker, Sozial-Konservativen und Treubund-Monarchisten in das Volk eingeführt werden konnten. Wesentlich aber waren die nunmehr rasch aufeinander folgenden politischen, militärischen und polizeilichen Entscheidungen.

Am 2. November wurde auf Vorschlag der Gerlach-Brüder und anderer Graf Friedrich Wilhelm von Brandenburg, Kommandierender General in Breslau und als außerehelicher Sohn Friedrich Wilhelms II. ein Oheim des Königs, zum Nachfolger Pfuels als Ministerpräsident ernannt. Ihm wurde als Innenminister Otto von Manteuffel beigegeben. Kriegsminister wurde von Strotha, Justizminister von Rintelen und Handelsminister blieb Freiherr von der Heydt (bis 1862). Bereits am 15. November zog General von Wrangel, Oberkommandierender in den Marken, in Berlin ein, nachdem am 12. November der Belagerungszustand über Berlin und Umgebung sowie einige weitere unruhig gewordene Städte verhängt worden war. Die Nationalversammlung wurde mittels königlicher Botschaft nach Brandenburg an der Havel verlegt, damit sie nicht den Zwängen der Volksmassen ausgesetzt sei. Sie blieb dort beschlußunfähig und wurde am 5. Dezember aufgelöst. Mit diesem »Staatsstreich« hatte sich das Ministerium vollends durchgesetzt, so labil die Regierungspartei auch tatsächlich noch war.

Die Verfassung von 1849/50

Die Nationalversammlung (402 Abgeordnete) war zu keinem abschließenden Ergebnis in der Verfassungsarbeit gekommen. Als sich der Zusammenbruch des Parlaments abzeichnete, gewannen im neuen Ministerium Brandenburg sogleich ältere Überlegungen an Gewicht, den Verfassungsgebungsprozeß vom Ministerium aus zu betreiben, eine Verfassung zu »oktroyieren«. Dies wäre nicht möglich gewesen, wenn nicht die europäische, deutsche und preußische Situation seit dem Spätherbst 1848 eine zunehmende *Tendenz zur politischen Beruhigung,* zur staatlichen Rekonstruktion und Verfestigung und auch der wirtschaftlichen Erholung gezeigt hätte. Die Wahl des Prinzen Louis Napoleon zum Präsidenten der französischen Republik (10. Dezember 1849) gehört ebenso in diesen Zusammenhang wie der Regierungsbeginn des Kaisers Franz Joseph in Österreich. Die Verfassungsberatungen in der Frankfurter Nationalversammlung kamen nur langsam voran, der Widerstand der kleinen und größeren Dynastien versteifte sich, und vor allem Österreich stellte sich nicht in, sondern neben die reichsdeutsche Bewegung.

In Preußen war man eben dabei, den ersten Schock der Märzereignisse und der nachfolgenden Turbulenzen zu überwinden. Die *Belastungsprobe* des Gesamtstaats war stärker gewesen, als es in der höfisch-ministeriellen Berlin-Potsdamer Sicht im Hochsommer erscheinen mochte. Der Eigenwille der westlichen Provinzen hatte sich deutlich artikuliert, die katholischen Bevölkerungsteile im Rheinland wie in Schlesien waren durch besonnene Kirchenführer noch zurückgehalten worden. Auf der anderen Seite hatten die Unruhen in der Provinz Posen Irritationen und Reform-Überlegungen ausgelöst, von denen auch Angehörige der oberen politischen und militärischen Führungsschicht (Heinrich von Arnim, von Willisen) erfaßt worden waren. Großstädte wie Magdeburg, Königsberg und Köln waren unverändert Zentren starker politischer Unruhe und konnten jederzeit bei einer Verschärfung der Lage ein nicht ungefährliches Demonstrationspotential freisetzen. Erst die Anfänge einer Stabilisierung des monarchischen Systems zeichneten sich ab.

Der politisch ungeschickte *Steuerverweigerungsbeschluß* der Nationalversammlung (15. November) hatte freilich in allen Provinzen ernüchternd gewirkt und den Boden für durchgreifendere Aktivitäten des Ministeriums zu bereiten geholfen. Neben den mentalitätskonservativen Schichten auf dem Land wandte sich nun auch ein immer größerer Teil des Bürgertums den zugleich ordnungspolitischen wie strukturreformerischen Absichten der Regierung mit gedämpfter Sympathie zu. Freilich immer unter der Voraussetzung, daß die Verfassung nun endlich zustande käme. Dafür gibt es unendlich viele Zeugnisse.

Während in Berlin die neue Verfassung bereits im Ministerium erarbeitet wurde, schrieb *Fontane* an Lepel über das Ministerium Brandenburg: »Und vertritt denn ein Ministerium nur die Krone? Ist es seine alleinige Aufgabe, wie Herr Camphausen sagte, deren Schild zu sein? Führt es nicht auch die Sache des Landes? Ist es nicht eigentlich die herrschende Macht? Und kann es dem Volke gleichgültig sein, wenn noch vor gesetzlicher Begrenzung dieser Macht, sie in Hände übergeht, die über ihr ›Schild-halten‹ alles andre vergessen.« Und er verweist auf England, wo sich der König eine »Verhöhnung des Volks und seiner Vertreter« nicht hätte erlauben können: »Und hätt' er es gewagt, so wäre der Kopf seines Günstlings und seine eigne Sicherheit gefährdet gewesen. Freilich stützt sich die Anklage auf Hochverrat immer erst auf Taten«, so schränkt Fontane bereits vorsichtig ein, »die man abzuwarten hat, aber beabsichtigt man solche Taten nicht, so ist es jedenfalls ein trauriges und gefährliches Spiel, den Groll eines Volkes aus Laune, um nichts und wieder nichts, erweckt zu haben« (22. November 1848). So war die Stimmung: Der *Umschlag zum demokratisch-*

parlamentarischen Denken ist mit Händen zu greifen. Es war hohe Zeit für die Verfassung und Neuwahlen.

In einer kurzen Phase des Schwankens und der allgemeinen Unsicherheit der politischen Kräfte hat die *»liberale Mitte«* ihre Chance genutzt und den König bewegen können, die vorläufige Verfassung in Kraft zu setzen. Als einen »Staatsstreich« wird man diesen notwendigen politischen Akt wegen der unklaren verfassungsrechtlichen Gesamtsituation wohl nicht bezeichnen können. Obwohl seit Mitte November wieder »royalistischer Wind durch das Land ging«, obwohl Heinrich von Gagerns »verführerisches Programm« für die Reichserneuerung auf dem Tisch lag und der König unverändert von einer Verfassung mit sozial- und provinzialständischen Attributen träumte, haben die Minister von Ladenberg (Kultus) und Rintelen (Justiz) das Verfassungsprojekt über die politischen Hürden gebracht. Sie besaßen dabei die Rückendeckung des verblüffend nüchtern denkenden Grafen Brandenburg, der über die Bedeutung der Verfassung für das weitere politische Leben Preußens offenbar nur oberflächliche Vorstellungen besaß (zu Otto von Manteuffel: »Solch Wisch Papier«). Aber der weiter rechts stehende Manteuffel mußte gewonnen werden. Die Beratungen im Ministerium vor der Oktroyierung sind nicht überliefert. Die Tendenz verrät sich in einem Brief des Ministerpräsidenten an Leopold von Gerlach: Es käme darauf an, »das von oben revolutionierte Land nur von der Anarchie zu retten, nicht das Beste, sondern das Mögliche zu tun und auf dieser ... Grundlage ... weiter zu bauen«. Der König befände sich statt dessen im Siegestaumel, verlange das Unmögliche, »Pairs, Lords, Alt-England und was weiß ich sonst noch. Ich mache alle, die den König umgeben, hierfür verantwortlich« (26. November).

Der König, zwischen »Extravaganzen« und Erschöpfungen, zwischen großen Entwürfen und kleinen Realitäten schwankend, ließ sich schließlich unter gedämpften Protestrufen über den politischen Rubikon ziehen. Aber hinter dem Vorhang der Täuschungen, Spötteleien und Tagträume war längst die Entscheidung gefallen: für »Preußen« und gegen »Frankfurt«, für die Dynastien und gegen antiösterreichische Verfassungsexperimente; »seinem« Unterstaatssekretär des Auswärtigen Hans Karl Graf von Bülow setzte er am Tag nach der Oktroyierung das Marginal in eine Denkschrift: »Bitte recht sehr. Ich will Großmacht und ungeschwächt bleiben.«

Aber das Kräftefeld während dieser vorletzten bedeutenden Umschwungphase preußischer Staatspolitik wies noch andere verfassungsinteressierte Gruppierungen auf. Die auf eine besondere konfessionelle Verfassungsgarantie hoffenden *katholischen Bischöfe* (unter anderen der mit dem König freundschaftlich verbundene bedeutende Fürstbischof von Breslau Melchior von Diepenbrock) haben über ihre Beamten im Kultusministerium dezenten Druck ausgeübt. »Was konnte günstiger für die katholische Kirche sein, als daß die alte Staatsautorität selbst ihnen die Gabe vermittelte, die sie vom neuen Liberalismus erhoffen konnten« (Fr. Meinecke). Man wird jedoch den sozialen Untergrund nicht vergessen dürfen. So lag auch in dem von der »Branntweinpest« befallenen Schlesien ebenso wie in den nun immer stärker industrialisierten Rheinlanden dem Klerus mehr daran, »die wenig gebildete Masse der Landbevölkerung vor liberalen und sozialistischen Tendenzen abzuschirmen; dabei aber stimmte er durchaus mit den Zielen der Regierung überein« (R. Vierhaus).

Unter den *rheinischen Liberalen* gab es auch publizistisch einflußreiche Kräfte, die im Herbst 1848 mit der Drohung aufwarteten, daß die in der Verfassungsfrage offensichtlich nicht handlungsfähige Monarchie in einen West- und einen Ostteil zerfallen könnte. Dem König, der sich sehr um die Zuneigung der Rheinländer bemüht hatte, bliebe dann allenfalls ein Oberkönigtum erhalten. Auch radikalere Äußerungen fehlten nicht. Nun waren diese gezielt für »Berlin« bestimmten Drohungen nicht übermäßig ernst zu nehmen. Das liberale rheinische Großbürgertum gab sich bereits damals keinem emotionalen Regionalismus hin. Das größere östliche Preußen war schon als »Markt« nicht zu verachten; das gesamte Preußen mit dem anhängenden Zollvereinsraum verhieß Absatz- und Expansionschancen für die nächsten Jahrzehnte. Der »rauhe Vernunftstaat« mit einigen sonst weniger geschätzten eckigen Absonderlichkeiten versprach – trotz und wegen der Märzereignisse – immerhin die Niederhaltung der nicht mehr übergehbaren utopisch-sozialistischen und radikal-demokratischen Strömungen (Karl Marx: »Neue Rheinische Zeitung«, seit 1. Juni 1848).

Es war mithin in vieler Hinsicht eine *Schicksalsstunde*, als am 5. Dezember die provisorische Verfassung als Regierungsakt in Kraft gesetzt wurde. »Westen« und »Osten«, Liberale und Liberal-Konservative hatten sich in einer Notsituation zu konstruktivem Handeln gefunden.

Ob Preußen mit seinem verstärkten konstitutionellen Eigenleben »neue Schranken gegen das übrige Deutschland« aufgerichtet hat, wie Friedrich Meinecke gemeint hat, ob es damit dem Frankfurter Verfassungswerk »eine erste schwere, vielleicht unheilbare Wunde« geschlagen hat, ist eine schwer zu klärende Frage. Doch wird man daran erinnern müssen, daß der Konstitutionalismus den späteren Weg der Reichseinigung nicht aufgehalten hat. Die Verfassung erhöhte in den Augen aller positiv Beteiligter die politische Aktivität und Stabilität Preußens. Seine Eigenstaatlichkeit in bezug auf seine deutsche Politik wurde damit nicht absichtlich präjudiziert, denn noch war in Berlin das Bewußtsein kaum vorhanden, daß das österreichisch-preußische Verhältnis in seine aggressive Periode eingetreten war. Unbestreitbar bleibt, daß trotz dieses Schwebezustandes durch die Verfassungs- und Gesetzgebungsarbeit bis 1850 politische Kräfte gebunden wurden, die sich andernfalls wenigstens teilweise stärker auf »Frankfurt« hätten ausrichten können.

Die provisorische Verfassung griff in zahlreichen Bestimmungen auf den *Entwurf der Nationalversammlung* zurück. Sie wurde deshalb von der Gerlach-

Gruppe alsbald mit der Schimpfbezeichnung »Charte Waldeck« bedacht. Die Regierung hat gleichzeitig zwei Kammern zur Beratung der Verfassung einberufen. Dann begann die Beratungsarbeit in den neu berufenen beiden Kammern. Die Regierung setzte einige Reformen wie die Aufhebung der *Patrimonialgerichtsbarkeit* und des besonderen *Gerichtsstandes* für Adel und Beamte sowie die Einführung der Schwurgerichte (2./3. Januar 1849) durch. Am 26. April nahm die zweite Kammer die Frankfurter Verfassung an und wurde anschließend wegen Überschreitung ihrer Befugnisse aufgelöst. Auf Anregung von Savigny, des Schwagers der Bettina von Arnim, und des Grafen Albrecht von Alvensleben, des vormaligen erfolgreichen Finanzministers (bis 1842), wurde das *»Dreiklassenwahlrecht«* für die Wahl der zweiten Kammer eingeführt (Verordnung mit Gesetzeskraft vom 30. Mai 1849). Die Regierung modifizierte dabei das Klassenwahlrecht der rheinischen Gemeindeordnung von 1845. Das neue Wahlrecht, von der demokratischen Partei sogleich erbittert bekämpft, ist dann von der neugewählten zweiten Kammer, in der nur die konservativen und liberalen Gruppen vertreten waren, bestätigt worden. Die Grundidee des Wahlrechts bestand darin, die Leistung des einzelnen Landeseinwohners für den Staat zum Maßstab der Stimmgewichtung zu erheben; notwendigerweise sahen die unterbürgerlichen Schichten sich damit in ihrem politischen Einfluß beschränkt. Die drei Klassen der Urwähler, die jeweils die gleiche Zahl an Wahlmännern wählten, umfaßten in der ersten Klasse 4,7 Prozent, in der zweiten Klasse 12,6 Prozent und in der dritten Klasse der Einwohner mit der geringsten Steuerleistung 82,7 Prozent der Wahlberechtigten. Dieses allgemeine, indirekte und schädlicherweise auch öffentliche Wahlrecht, von Bismarck später scharf kritisiert (»widersinnig und elend«), aber nicht revidiert, hat den weiteren Verfassungsberatungsprozeß außerordentlich erleichtert. Es war »eine Voraussetzung für das Zustandekommen des bürgerlich-konservativen Kompromisses, der die Grundlage der preußischen Verfassungswirklichkeit in der Epoche der Reichsgründung darstellte« (K.-G. Faber).

Im Herbst 1849, nach den erfolgreichen Augustwahlen, lag das Staatsruder bereits fest in den Händen der konservativen Führungsgruppen. Auch der *Liberalismus,* dem der Staat auf dem Wirtschafts- und Gewerbesektor wesentliche Fortschritte verdankte, geriet langsam in die Defensive. Ein Berliner Witzblatt ließ damals eine Annonce erscheinen: »Eine Partie Schutt, Müll un in Klump jefall'ner Altliberalismus soll abgefahren werden, die Fuhre acht Jroschen. Näheres Leipzigerstraße, uf'n Hof, zweite Kammer links.« Die Grundstimmung der staatsharten Konservativen fand neben den Brüdern Gerlach (»Preußen soll Preußen bleiben«) in einer Bemerkung des Grafen Alvensleben in der ersten Kammer Ausdruck: »Es hat sich bei mir der Erfahrungsgrundsatz festgesetzt, den die auf dem Land lebenden Mitglieder bestätigen werden, daß auf die Dauer Gnade und Freigebigkeit keinen Eindruck hinterlassen und daß nichts populärer ist als Strenge, Gerechtigkeit und Sparsamkeit« (25. November 1849).

Auf allen diesen Grundlagen konnte die Arbeit an der Verfassung bis Ende Januar 1850 vollendet werden. Am 6. Februar 1850 hat Friedrich Wilhelm IV. blutenden Herzens den *Verfassungseid* abgelegt. Er gebrauchte dabei den einschränkenden Zusatz, daß es auf verfassungsmäßigem Wege gelingen möge, die Konstitution »den Lebensbedingungen Preußens immer entsprechender zu machen«, und daß in Preußen der König »regieren« müsse und nicht die Volksvertretung; an anderer Stelle gebrauchte er in meisterlicher Doppeldeutigkeit das Bild, die Verfassung müsse sich wie der Schmetterling aus der Raupe entwickeln.

Die neue Verfassung blieb, mit einigen Änderungen, bis zum Ende der Monarchie in Kraft. In wesentlichen Teilen (jedoch nicht in den Bestimmungen über die »Volkssouveränität«) lehnte sie sich an die Hauptabschnitte der *belgischen Verfassung* an: konstitutionelle Monarchie mit Gewaltenteilung. Grundsätzlich gehörte damit der »Absolutismus« des preußischen Königs der Vergangenheit an. Er behielt jedoch zahlreiche Rechte aus dem Ancien régime, soweit sie ihm nicht ausdrücklich entzogen waren. Nach wie vor vereinigte der Monarch die gesamte unteilbare Staatsgewalt in seiner Hand. Die Ausübung war nur teilweise eingegrenzt. Die richterliche Gewalt blieb den unabhängigen Gerichten überlassen. In der zentralen Frage der Gesetzgebung hatten König und Kammern zusammenzuwirken – wie auch der Schmetterling zweier Flügel bedarf, um die Erdenschwere zu überwinden. Die Exekutive oblag allein dem Monarchen, dessen organisationsrechtliche Macht hier nur durch das Budgetrecht der Kammern eingeschränkt war. Die Auswahl der Minister war durch das Parlament nicht eingeschränkt; der König ernannte die Beamten, und sie wurden auf ihn, nicht auf die Verfassung, vereidigt:

»Ich N. N. schwöre zu Gott dem Allmächtigen und Allwissenden, daß Seiner Königlichen Majestät von Preußen, meinem allergnädigsten Herrn, ich untertänig, treu und gehorsam sein und alle mir vermöge meines Amtes obliegenden Pflichten nach meinem besten Wissen und Gewissen genau erfüllen will, so wahr mir Gott helfe usw.« Evangelische und katholische Geistliche, die katholischen Bischöfe und alle Angehörigen der Armee waren zu ähnlicher Eidesleistung verpflichtet. Der König behielt mithin nicht nur den Oberbefehl über das Heer, sondern auch – im Rahmen der Verfassungsbestimmungen – über die gesamte Staatsverwaltung.

Der Besitzstand der *Dynastie* wurde durch die Verfassung garantiert: »Die Krone ist, den Königlichen Hausgesetzen gemäß, erblich in dem Mannesstamme des Königlichen Hauses nach dem Rechte der Erstgeburt und der agnatischen Linealfolge« (Art. 53). Und: »Dem Kronfideikommißfonds verbleibt die durch das Gesetz vom 17. Januar 1820 auf die Einkünfte der Domänen und Forsten angewiesene Rente« (Art. 59).

Während die zweite Kammer das »Volk« repräsentieren sollte, wurde die *erste Kammer* (seit 1855: »Herrenhaus« = »House of Lords«) als Stände-Parlament konstituiert; ihr gehörten die volljährigen Prinzen der Dynastie, die mediatisierten Standesherren, Vertreter öffentlicher Körperschaften (größere Städte) und vom König ernannte Personen an; die in der Verfassung noch vorgesehene Wahl von Mitgliedern wurde 1854 beseitigt, so daß das Herrenhaus seitdem nur aus »geborenen« und aus vom König berufenen Mitgliedern bestand. Durch Pairsschub konnte die Krone die Zusammensetzung des Herrenhauses, in dem der Ständegedanke bis 1918 institutionalisiert war, jederzeit beeinflussen. Das geistig-politische Niveau des Herrenhauses war dem Ansehen des Staates durchaus förderlich. Gleichwohl hätte spätestens nach der Reichsgründung eine Reform der Einrichtung vorgenommen werden müssen.

Der modernste Teil der Verfassung betraf die *Grund- und Freiheitsrechte*. Dem Staatsbürger wurde die persönliche Freiheit, die Gleichheit vor dem Gesetz, die Freiheit der Auswanderung, des religiösen Bekenntnisses, der Versammlung in geschlossenen Räumen und weiteres mehr garantiert. Das *Briefgeheimnis* wurde für unverletzlich erklärt, die *Freiheit der Presse* vorbehaltlich der Strafgesetze verkündet. Festgeschrieben wurden weiterhin die *Unabhängigkeit der richterlichen Gewalt* (Art. 86 bis 97), die *Freiheit der Wissenschaft und ihrer Lehre* (Art. 20) und die Eigenständigkeit der gemeindlichen *Selbstverwaltung* (Art. 105). Diese überaus modernen Grundzüge der Verfassung sind auch in der unmittelbar anschließenden Reaktionsperiode nicht wesentlich oder nur vorübergehend gemindert worden. Lediglich die 1850 gewonnene Einheit des Kommunalrechts, die Fideikommisse (= unveräußerliche Familiengüter) wurden sinnvollerweise wiederhergestellt, Pressevergehen und politische Verbrechen aus der Zuständigkeit der Schwurgerichte herausgenommen und das Vereins- und Versammlungsrecht durch ein Vereinsgesetz eingeschränkt. Auch sonst war die Tätigkeit der Regierung dahin gerichtet, die Autorität des Staates und der sonstigen Obrigkeiten (Kirchen, Schule, Magistrate, Landräte) zu wahren. Immerhin blieb die Verfassung insgesamt unter dem liberal-konservativen Ministerpräsidenten Manteuffel (1850 bis 1858) insgesamt in Kraft, während in Österreich die Verfassung der Reaktion zum Opfer fiel. Manteuffel war es auch, der gegen den Widerstand eines Teiles seiner adligen Standesgenossen den *Abschluß der Agrarreformen* durchgeführt hat (2. März 1850); nunmehr konnten auch die Besitzer kleiner Stellen gegen Zahlung einer Ablösungssumme oder Geldrente (für die Rentenbanken zuständig waren) das Eigentum erwerben. Erst damit war das Werk der materiellen Bauernbefreiung in Preußen abgeschlossen. Die Folge dieser staatlich gesteuerten Bodenumverteilung war ein gesteigerter Landesausbau.

Trotz aller aus der preußischen Geschichte erwachsenen Sonderrechte und Einschränkungen war der Staat mit dem Verfassungs- und sonstigen Reformwerk von 1847 bis 1850 an progressive Teile der internationalen Entwicklung angeschlossen worden. Es bedurfte einer zähen und unverdrossenen Arbeit in allen Staatsprovinzen, in Verwaltung und Justiz, in Universitäten und Schulen, in Kirchen und sonstigen »Religionsgesellschaften«, um den Verfassungs-,

Rechts- und Toleranzstaat in seinen neuen Formen mit der Wirklichkeit in Übereinstimmung zu bringen.

Zwanzig Jahre nach der Verfassungsarbeit hat *Fontane* Rück- und Umschau gehalten, schleswig-holsteinische Zustände mit Brandenburg und Pommern vergleichend, in denen das »Alt-Preußentum« zu Hause ist. Diese »Preußen« der Kerngebiete seien, trotz mancher Beschränktheiten und eines anderwärts abgelehnten Borussismus, »die Reifen, die die Tonne zusammenhalten; man nehme sie fort, und alles fällt auseinander, das große gegenwärtige Preußen und Deutschland mit«. Im Rausch der Wirtschafts- und Territorialexpansion haben nur wenige die tiefe Verwundbarkeit des Staatswesens von diesem Punkt aus gesehen. Fontanes Gedanken über westliche und östliche Provinzen, die zu seinen Lebzeiten unveröffentlicht blieben, wenden sich dann der innerlichen Freiheit der Staatsbürger zu, der Schwierigkeit, den Einheitsstaat auf der höheren Stufe der Gesinnung zu stiften. »Etwas relativ Gutes« sei entstanden, aber von wirklicher »Freiheit« könne noch keine Rede sein; ebenso nüchtern wie anspruchsvoll zieht er Bilanz: »Aller gegebenen und gesetzlich garantierten Freiheit zum Trotz sind wir innerlich unfrei geblieben und teilen uns nach wie vor in Regierende und Regierte. Die Selbständigkeit fehlt, die Initiative; wir erwarten nach wie vor alles von der Regierung. Wir finden es bequem und vorteilhaft, uns regieren zu lassen. Wir fahren dabei auch nicht schlecht; aber es geht uns in Erscheinung und Auftreten etwas Freies, Sicheres, Weltmännisches dadurch verloren.«

Ausgang der Revolution

Die Politik Preußens im Hinblick auf die Frankfurter Nationalversammlung und die provisorische Regierung geriet seit Anfang 1849 mehr und mehr in einen Gegensatz zu Österreich. Unter dem Einfluß des katholischen Politikers Joseph Maria von *Radowitz,* der im Frankfurter Parlament maßgebend mitwirkte, entwickelte Friedrich Wilhelm IV. die Idee eines engeren Bundesstaates und eines weiteren, die österreichischen Länder umfassenden Staatenbundes. Diese Konstruktion sollte dann durch einen Zollverein verbunden werden. Der Grad der Ernsthaftigkeit des Königs gegenüber diesen Projekten ist letztlich nicht genau festzustellen. Jedenfalls fanden die großdeutschen Träume des Königs in dem Grafen Bülow, als verantwortlichem Leiter der Außenpolitik, und in dem preußischen Bevollmächtigten in Frankfurt, Camphausen, deutliche Gegner. Sie erwogen »kleindeutsche« Lösungen und machten sich über den austrozentrischen Charakter der Wiener Politik keine Illusionen, nachdem Fürst Felix *Schwarzenberg* (1800 bis 1852) im November die Ministerpräsidentschaft übernommen hatte. Sein Programm eines »Großösterreich« zielte geradewegs auf eine politische Abdrängung Preußens aus einem österreichisch-deutsch beherrschten Mitteleuropa.

So hatte die kleindeutsche Lösung mit Preußen als Führungsmacht von vornherein wenig Chancen. Am 28. März 1848 wählte das Frankfurter Paulskirchenparlament Friedrich Wilhelm IV. zum erblichen *deutschen Kaiser*. Der König hat die Annahme der Würde von einer Prüfung der Reichsverfassung und einer Anhörung der deutschen Fürsten abhängig gemacht, was einer verklausulierten Ablehnung gleichkam. Die legitimistisch-dynastischen Gründe (die »Revolutionskrone«) hat der König sicher nur in den Vordergrund geschoben, um seine wahren Gründe für die Ablehnung nicht offenbaren zu müssen. Er wußte, daß er gesundheitlich gefährdet und schon aus diesem Grunde der Aufgabe nicht gewachsen war. Auch in seiner politischen Leistungsfähigkeit fühlte er sich überfordert (zu H. von Beckerath: Friedrich der Große »wäre Ihr Mann gewesen, ich bin kein großer Regent«). Dazu trat nun die besondere Lage Preußens in dieser Phase der revolutionären Unruhen. Er habe, schrieb er dem Großherzog von Sachsen-Weimar, mit seinen »16 Millionen Untertanen so über und über zu tun, daß ich nicht einsehen kann, wie ich meine gebundene Pflicht und Schuldigkeit gegen dieselben noch erfüllen könnte, wenn ich über 45 000 000 gesetzt würde« (10. Januar 1849).

Der König konnte Preußens Machtstellung nicht einem ungewissen Reichsschicksal opfern. Er mußte davon ausgehen, daß sich ein längerer Konflikt mindestens mit Österreich und Rußland ergeben würde. Einem solchen politischen und möglicherweise sehr bald militärischen Mehrfrontenkrieg war Preußen trotz seiner intakten und technisch in voller Entwicklung begriffenen Armee nicht gewachsen. Vor allem fehlte es an Rücklagen in den öffentlichen Kassen. (Nur Bismarck und Fritz Schäffer hatten ihren »Juliusturm«.) Das Wort von einem neuen »Siebenjährigen Krieg« ist 1849/50 nicht zufällig in die Debatte geworfen worden. Lediglich in dem *England* Palmerstons konnte Preußen mit einer gewissen Sympathie rechnen, sofern es die Schleswig-Frage ignorieren und den Markt des Zollvereins dem englischen Handel öffnen würde. *Frankreichs* Interesse lief, wie sich schon in den dreißiger Jahren andeutete, auf eine Sprengung der Verträge von 1815, auf eine Behinderung der Einheit Deutschlands hinaus. Der Außenminister Heinrich von Arnim hatte mit seinem »einzigen wirklich ganz international gedachten Unternehmen der achtundvierziger Diplomatie« (E. Marcks) des Bundes mit Frankreich (gegen Rußland, für ein freies Polen) erfahren müssen, daß auch in Frankreich der Verbal-Liberalismus der Realpolitik nicht standhielt. *Zar Nikolaus* und sein Kanzler Nesselrode schließlich, der von seinem Schwager Friedrich Wilhelm nichts hielt, haben seit Juli 1848 den preußischen König unter scharfen Druck zu setzen verstanden. Am liebsten hätte man es in Petersburg gesehen, wenn Friedrich Wilhelm zugunsten seines Bruders abgedankt hätte und wenn in Berlin und an anderen Orten Preußens das Blut in Strömen geflossen wäre. Es mußte in Petersburg als eine subtile Feindseligkeit verstanden werden, daß im preußischen Köln eine Zeitung ungehindert den Satz bringen konnte: »Die Herstellung eines demokratischen Polens ist die erste Bedingung der Herstellung eines demokratischen Deutschlands« (K. Marx). Daß Preußen sich den freiheitsfeindlichen Tendenzen Rußlands Zug um Zug entzog und in seinen Verfassungszuständen eine europäische Mittelposition einnahm, war ein Vorgang, der die Interessenlage des Zarenreiches unmittelbar berührte. Die Zarin Charlotte schrieb ihrem Bruder Wilhelm: »Ja! wenn ein Mann Energie bewiesen hätte seit den Märztagen! Aber keiner! Ja! wenn ein Element benutzt worden wäre um sich zu helfen! – aber es ist nichts. Ja! wenn ein York oder Jelasich aufgetreten und nicht desavouiert worden wäre – da wäre Heil zu hoffen! Aber dieses Pomaden-System macht, daß ich mich wie gesagt schäme. Wilhelm, Wilhelm! wache auf« (28. Oktober 1848). Selbst die Drohung des Bündnisses mit Frankreich ließ der Zar Preußen zugehen.

Die großen Randmächte wünschten *Ruhe im Zentrum,* keine »Professorenpolitik«, vielmehr berechenbare Staatlichkeit. So hat Friedrich Wilhelm IV. mit seiner Ablehnung der Kaiserkrone möglicherweise Europa den Frieden erhalten und Preußens Wachstumsprozeß nicht der Gefahr einer Unterbrechung ausgesetzt. Das Paulskirchenwerk ist nicht an Preußens König, sondern an der Interessenpolitik der außer- und innerdeutschen Mächte und Dynastien gescheitert. Die auswärtigen Mächte zumal waren nicht bereit, »Deutschlands« Recht auf Selbstbestimmung anzuerkennen. Nicht nur Länder wie Polen und Italien können eine Geschichte der repressiven und offensiven Interventionen vorlegen. Die Eingriffe der westlichen und östlichen Randmächte auf den mitteleuropäischen Raum haben ihre Tradition. Auch bildeten die Ereignisse von 1849/50 nicht das letzte Glied in einer Kette von Eingriffen, denen freilich die partikularistischen und regionalistischen Tendenzen Deutschlands immer wieder den Weg gewiesen haben.

Revolution und Heer

Auf den Zusammenbruch in Frankfurt folgten die *Unruhen und Bürgerkriege* in Sachsen, in der Pfalz und in Baden, an deren Unterdrückung nach Aufforderungen der Regierungen preußische Truppen mitwirkten. Gleichzeitig kämpften preußische Regimenter in Jütland ohne strategisches Zusammenwirken mit den Verbänden der Schleswig-Holsteiner (März bis zum Waffenstillstand am 10. Juli 1849).

Anfang Mai mußte auch die gesamte Landwehr mobilgemacht werden. Selbst ein so steinruhiger Mann wie Helmuth von Moltke, damals Chef des Generalstabes des IV. Armeekorps in Magdeburg, betrachtete die Paradoxien in dem Verhältnis von Staat, Armee und Gesellschaft nicht ohne Bewegung, freilich auch mit der Gewißheit, daß man »durchkommen« würde: »Wahr ist, wir sind in einer ernsten Krisis. Bis zur Steuerverweigerung sind wir gekommen. Der nächste Schritt ist die rote Republik. Und alles dies unter dem vollen Beifall der Presse, begleitet von Adressen aus allen Teilen der Monarchie, unterstützt von den Bajonetten der bewaffneten Bürgerschaft. Mitten in diesem Sturm rufen wir die Landwehr ein, die Landwehr, die nichts anderes ist als das Volk selbst... Noch gestern haben Städte sich mit gewaffneter Hand dem Abmarsch der Truppen widersetzt, die Eisenbahnen verweigern den Tansport. Die Telegraphen sind zerstört, und die Bürgerkompanien bieten den Rekruten ihren Schutz, wenn sie der Einberufung keine Folge leisten wollen... Die Landwehrzeughäuser sind bedroht, zum Teil von Bürgern besetzt, einzelne Vorräte sogar schon genommen. Treue, Zucht und Gehorsam sind anscheinend nur noch im Heer und Beamtentum vorhanden, über welche denn auch die Presse die ganze Schale ihres Zornes ausgießt. In diesen Tumult hinein werden nun die wenigen Worte gesprochen: Zur Fahne! Tausende sollen Hof und Herd verlassen, um die Bewegung zu bekämpfen, für welche sie eben petitioniert, geredet oder Beifall gespendet, vielleicht die Waffen ergriffen. Das scheint allerdings etwas außerordentlich« (Anfang Mai 1849).

Besonders in der *niederrheinischen* und *bergisch-märkischen* Industrielandschaft mußten die Unruhen, an denen sich das eigentliche Bürgertum nicht beteiligte, von Linientruppen unterdrückt werden. In Elberfeld beispielsweise wurde Friedrich Engels aus der Stadt von den besonnenen Bürgern entfernt, nachdem er sich der Landwehrmeuterei angeschlossen hatte. In Iserlohn kamen auf beiden Seiten hundert Menschen ums Leben. Ein Teil der Aufständischen zog nach Süden weiter. Nach der Niederwerfung des Aufstandes in der Pfalz (Anfang Juni) hatten die von dem Prinzen Wilhelm kommandierten zwei preußischen Armeekorps mehr als vier Wochen zu kämpfen, um im Auftrag der provisorischen Regierung (Lorenz Brentano) und des in die Bundesfestung Mainz geflohenen Großherzogs den allgemeinen Aufstand in Baden zu unterdrücken. Die Masse der Anstifter und Verführer in diesem von vornherein politisch und militärisch aussichtslosen Aufstand verstand es, sich nach Frankreich abzusetzen. Nach der Kapitulation der *Festung Rastatt* (23. Juli), wohin sich 6000 Aufständische geflüchtet hatten, verhängten die in badischem Auftrag tätigen preußischen Kriegsgerichte, die mit Juristen besetzt waren, 26 Todesurteile und 68 Verurteilungen zu hohen Zuchthausstrafen. Die eigentliche Verantwortung für diese Verfahren nach dem Militärstrafrecht trug, soweit sie preußische Staatsbürger und Militärangehörige betraf, der König und die Regierung. Varnhagen notierte dazu: »Alle Welt ist empört darüber. Nur unsere Regierung, unsre Militärbehörden sind völlig verhärtet, verwildert« (24. Oktober 1849).

Der König gab den vehementen Bitten der Bettina von Arnim nach und begnadigte den bereits zum Tode verurteilten Revolutionär *Gottfried Kinkel*. Aber in seiner Aufgabe als Regent hat er in diesem »Militarismus-Konflikt« versagt. Es zeigte sich, daß in dem heraufziehenden Zeitalter der liberalen Demokratie mit den »Aufständen der Massen« an die Staats- und Regierungsarbeit zunehmend höhere intellektuelle und ethische Anforderungen gestellt wurden, während die Leistungsfähigkeit der preußischen und der meisten anderen Dynastien im Abnehmen begriffen war. Friedrich Wilhelm IV. wagte es 1849/50 nicht mehr, ebensowenig wie das Offizierskorps und das Heer, aus einer gesamtpreußischen Sichtweise heraus das Offizierskorps an die Grenzen des Militärs im Staat zu erinnern.

Je schwächer die Position des Königs wurde, desto selbstbewußter trat das *Heer* auf. Die Vereidigung auf die Verfassung unterblieb, nachdem auch der ehemalige Ministerpräsident Graf Arnim-Boitzenburg Ende August 1849 in einer Schrift erklärt hatte, er habe als Minister dem König den Rat gegeben, das stehende Heer auf die Verfassung vereidigen zu lassen, halte dies aber nunmehr für einen Fehler. Die eigentliche Zäsur für die preußische Heeresgeschichte liegt darin, daß sich nun, trotz der Eingrenzungen durch die Verfassung (Kriegsminister als Kabinettsmitglied), eine grundsätzlich andere »innenpolitische« Gesinnung herauszubilden begann. Das teilweise liberale und für Bildungs- und Zeiteinflüsse aufgeschlossene Heer der Zeit vor 1848 wandelte sich unter dem Druck der Revolutions-Erlebnisse, der Kriegserfahrungen, des sich verschärfenden deutschen Dualismus und der Reaktionstendenzen in Gehalt und Gestalt. »Das Heer«, hatte schon Roon in den bitteren späten Märzwochen 1848 erkannt, »ist jetzt unser Vaterland«. Offiziere und Mannschaften wurden 1850, wie nach 1806, einer genauen Untersuchung unterworfen, obwohl sich die Armee in beiden Teilen als Ordnungsfaktor bewährt hatte. Zahlreiche Entlassungen und Pensionierungen wurden vorgenommen, um den Geist der Revolution aus dem Heer zu entfernen. Dem schlossen sich unter der Leitung des Prinzen Wilhelm in den fünfziger Jahren die technischen Reorganisationsmaßnahmen an. Entscheidend wurde, daß das Heer in seinem durch die Revolution neu geformten Selbstverständnis eine *eigenständige Ordnungsmacht* neben der in Bewegung geratenen bürgerlichen Gesellschaft sein sollte. Der politische Liberalismus hat insgesamt vergeblich gegen diese Entwicklung anzukämpfen versucht. Doch vermochten auch die liberal gesinnten Offiziere keinen Weg zu nennen, »wie man Disziplin und politische Freiheitsgesinnung in der Armee miteinander vereinigen sollte« (G. Ritter). Am schwersten fällt bei alledem wohl die Vernachlässigung der ethischen, rechtlichen und bildungsmäßigen Bindungen im Offizierskorps ins Gewicht. Erst von dieser »neuen« Armee der fünfziger Jahre führen dann Entwicklungslinien zu den späteren Konflikten zwischen Militärbefehlshabern und politischen Verantwortungsträgern hin.

Der Plan einer über das engere Deutsche Reich hinausgreifenden *»Deutschen Union«* des Freiherrn von Radowitz scheiterte im wesentlichen aus ähnlichen Gründen wie schon die Übernahme der Kaiserkrone durch Friedrich Wilhelm IV. Trotz des »Unionsreichstages« zu Erfurt (März bis April 1850) fehlte dem gesamten Projekt der Schub eines größeren politisch-dynastischen Kräftefeldes. Auch der König selbst hat seinen Ratgeber und Außenminister Radowitz bis zu dessen Sturz (2. November 1850) nur halbherzig unterstützt; Beruhigungseffekte und Zeitgewinn gegenüber der revolutionären Phase besaßen für ihn einen höheren Wert als die Umformung der mitteleuropäischen Verfassungsverhältnisse. Im übrigen waren die inner- und außerdeutschen Mächte wiederum nicht bereit, das Risiko einer Kraftprobe zwischen Österreich und Preußen hinzunehmen. Die Gerlach-Gruppe wünschte aus dem Spannungszustand mit Rußland herauszukommen und die Kräfte auf die Restauration im Inneren zu konzentrieren. Gegen Preußen reorganisierte Schwarzenberg die Bundesverfassung und lud den Bundestag nach Frankfurt ein.

Rußland, als Protektor des dänischen Königshauses und als Interessent eines freien Ostseeausganges, zwang Preußen, mit Dänemark endgültig Frieden zu schließen (2. Juli 1850). Die Schleswig-Holstein-Frage, in die sich Preußen 1849 hatte hineinziehen lassen, war damit vertagt. Immerhin erwarb Preußen 1853 das Gebiet am Jadebusen von Oldenburg und errichtete dort seit 1855 einen eigenen Nordsee-Kriegshafen (Wilhelmshaven) für die kleine, 1842 begonnene und seit 1852 etwas stärker ausgebaute Kriegsflotte. Das verwies auf zukünftige Interessen.

Die *Unionspolitik* scheiterte im Herbst 1850. Als Preußen im Zusammenhang mit dem kurhessischen Konflikt seine Etappenstraßen-Interessen in diesem Raum mit militärischen Kräften schützen zu müssen glaubte, drohte Österreich mit Krieg. Durch Vermittlung Rußlands mußte Manteuffel, der Nachfolger des Grafen Brandenburg, nach Ölmütz gehen, dort schloß er die kapitulationsähnliche »Punktation« ab (30. November 1850). Aber auch Schwarzenberg blieb in der Folgezeit mit seinem Plan eines Großreiches stecken. Es ist Bismarck gewesen, der in einer bedeutungsvollen Rede vor der zweiten Kammer (3. Dezember 1850) die für Preußen wesentlichen Fragen nach dem Desaster herausgestellt hat: den zukünftigen Kampf um die Parität in der Leitung des Deutschen Bundes. Der Weg in die Zukunft müsse von der Einhaltung der kalten und unideologischen Staatsräson bestimmt sein. Die Rede trug dazu bei, daß er vier Monate später das Amt des preußischen Bundestagsgesandten in Frankfurt übertragen erhielt. Schwarzenbergs unkluges, weil überspitztes Diktat hat dem wirtschaftlichen, politischen und militärischen Dualismus auf allen Ebenen die volle Schärfe gegeben. »Bismarck« war die erste Replik Preußens auf die Olmützer Provokation. Die letzte war dann Königgrätz.

Den Schock der Revolution, die Demütigung seines Herrschertums hat Friedrich Wilhelm IV. nie verwunden, wohl aber zu verdrängen und zu verbergen verstanden. Mit neuer Revolution, mit Attentaten rechnete sein aufgewühlter Geist alle Tage. Sein Helfer gegen diese Nöte, sein geheimstes Herrschaftsinstrument wurde der Verwaltungsjurist Carl Ludwig von Hinckeldey; er übernahm am 18. November das zentrale Amt des Berliner Polizeipräsidenten, später außerdem den neugeschaffenen Bereich eines »Generalpolizeidirektors« für die höheren Sicherheitspolizeiangelegenheiten im Staat (4. August 1854). Daß Hinckeldey nun »der Hauptvertreter des rücksichtslos durchgreifenden, alles überwachenden Polizeisystems« wurde, daß »Spitzelwesen und Denunziantentum auf eine ungesunde Weise ins Kraut schossen« (O. Hintze), beschreibt die Situation vordergründig und einseitig. Es handelt sich vielmehr überhaupt um die Problematik von Sicherheitspolizei und Rechtsstaat und weiterhin um erbittert geführte Machtkämpfe zwischen den »Parteien« der Extrem-Konservativen und Liberalen, zwischen der im Schatten der Konstitution mächtiger gewordenen zentralen Bürokratie und dem König. Die Anbrüchigkeiten und sozialen Spannungen des gesamten Regierungssystems enthüllten sich vor den Augen der Öffentlichkeit.

Hinckeldey gehörte zu den ersten, die aus den negativen Erfahrungen der Märztage die notwendigen staatspolitischen Folgerungen zogen. Die »Schutzmannschaft« wurde nun in eine straff-militärisch aufgebaute Polizeitruppe verwandelt; der Ersatz an Offizieren und Mannschaften wurde aus dem Heer genommen. Unter den »Konstablern« waren auch demokratische Elemente, die Leistung der neuen Polizei war besser als ihr Ruf. Daß die uniformierte und vor allem die nichtuniformierte Polizei im Hinblick auf die Suche nach »Verschwörern«, Hausdurchsuchungen, Paßkontrollen auf Bahnhöfen, Bespitzelungen und differenziert vorgenommene Ausweisungen aus Berlin nicht beliebt sein konnte, liegt auf der Hand. Auch wenn man den Vergleich mit heutigen oder damaligen Zuständen in anderen Staaten Europas unterläßt, bleibt doch Anstößiges genug übrig, gemessen an dem bisherigen Stand der Rechtssicherheit und Grundrechts- und Freiheitswahrung in Preußen. Denn es war beispielsweise nicht üblich, aus Berlin »ausgewiesen« zu werden, so daß man in Potsdam Wohnung nehmen mußte (Arnold Ruge). Es war auch nicht üblich, sich mit Personalpapieren legitimieren zu müssen; es war nicht üblich, einzelnen Presseorganen ihre Tendenz vorzuhalten und einzelne Ausgaben zu beschlagnahmen.

Bei Varnhagen brauchte es einige Zeit, bis er die Ambivalenz der Tätigkeit Hinckeldeys erfaßte, obwohl er erkannt hatte: »In den oberen Regionen herrscht neben der größten Erbitterung die kleinlichste Furcht, sie leben in beständiger Angst und sehen überall Schrecken und Gefahr. Die Kamarilla und die Polizei sorgen dafür, daß dieser Jammer genährt werde« (28. März 1849). Und auch der erregte Fontane wandte sich in seinen Korrespondenzen für die Dresdner Zeitung mit »altpreußischem Stolz« gegen den »wiedergeborenen Polizeistaat« und erinnerte an die »arkadischen Zeiten« unter Friedrich Wilhelm III. (»Vorsichtiger sein! Leute schonen!«), wo die Kartoffel- und Schneiderrevolutionen noch mit der »flachen Klinge des Dragoners« reguliert worden waren. Jetzt aber sei »das Volk wie ein Königstiger« der Willkür des Wärters ausgeliefert (10. Dezember 1849). So war die Stimmung nach dem Waldeck-Freispruch, wenn man in den Berliner Kaffee-Häusern disputierte; aber auch der sächsische Korrespondent wußte, was er – ungeachtet aller Torheiten der altneuen Obrigkeit und des »augenblicklichen Katzenjammers« – als »Preuße« nicht aus dem Auge verlieren durfte: »Unseren Par-force-Demokraten zu Gefallen aber mein Vaterland zu schmähen und zu verkleinern, bloß um nachher eine vollständige Schweinewirtschaft und in dem republikanischen Flickenlappen, Deutschland genannt, noch lange nicht soviel deutsche Kraft und Tüchtigkeit zu haben wie jetzt in dem alleinigen Preußen – um diese Herrlichkeit zu erzielen, mag und werde ich Preußen nicht in den Dreck treten« (11. Dezember 1849).

Ein Mann wie *Hinckeldey* übernahm schließlich die verschiedensten Aufgaben der Volks-Wohlfahrt, um die sich die Könige des 18. Jahrhunderts noch selbst gekümmert oder die doch ständig in ihrem Gesichtsfeld gelegen hatten: Getreidebeschaffung für die Stadt Berlin mit ihren vierhundertfünfzigtausend Einwohnern, Preisregulierungen, Berufsfeuerwehr (1851), Wasserleitungen und Wasserwerk (seit 1852), Straßenreinigung durch dienstfreie Feuerwehrleute, Volksküchen, Gesindeherbergen, Bade- und Waschanstalten, Litfaß-Säulen, Straßenbäume und Grünanlagen und anderes mehr. Das Berliner Beispiel hat dann in vielen preußischen Städten Schule gemacht, über Hinckeldeys Duell-Tod hinaus. Es war höchste Zeit, daß der Staat in Gestalt des Polizeipräsidenten der inaktiven bürgerlichen Selbstverwaltung der Residenzstadt zu Hilfe kam. Nur so konnte man wenigstens einen Teil der sozialen und ökonomischen Wurzeln der revolutionären Unruhen abschneiden. Es gehört zu den nicht eben zahlreichen Pluspunkten der Regierung Friedrich Wilhelms IV., daß der König auch vorgesehen hat, den Mann seines Vertrauens zum Präsidenten eines neu einzurichtenden Regierungsbezirks Berlin zu machen (1853/54).

Der Plan des Königs scheiterte am Widerstand der Ministerial-Bürokratie, insbesondere an dem Finanzminister Karl von Bodelschwingh. Den gleichen Widerstand gegen Hinckeldey, dessen Recht des jederzeitigen Zutritts beim König von der Gerlach-Gruppe mit Eifersucht und Mißtrauen verfolgt wurde, hatte Friedrich Wilhelm zu überwinden, bis Hinckeldey zu seinen Berliner Aufgaben die Stellung eines selbständigen Polizeiministers (»Generalpolizeidirektor«) im Innenministerium (von Westfalen) erhielt. Diese Funktion gestattete es Hinckeldey und seinen zum Teil ungewöhnlich befähigten Mitarbeitern, darunter Bismarcks späterer Polizei-Intimus Stieber, in ganz Preußen und bis in die demokratischen und sozialistischen Emigrantenkolonien hinein Observationen vorzunehmen und Informationen für das Königs- und Staats-Interesse zu beschaffen. In wenigen Jahren war Hinckeldey so zu einer ebenso gefürchteten wie mächtigen Gestalt geworden. In Gesellschaften apostrophierte man ihn bereits als »zweiten König« im Staate. Die Machtfrage, die damit aufgeworfen war, berührte nicht nur das Ministerium und die Kamarilla, sondern auch die Armee. Gegen Ende des Krim-Krieges fand sich dann eine »zeitgemäße« Lösung.

Polen

Der neue Außenminister Heinrich von Arnim-Suckow hatte die Bedeutung der Polenfrage für das weitere Schicksal Preußens vielleicht am deutlichsten erahnt. Denn Nationalitäten-Fragen von dieser Größenordnung erledigen sich nicht von allein. Ihm schwebte eine grundsätzliche Wende der preußischen Polenpolitik vor, eine Neuordnung der gesamten Ostflanke Preußens. Längerfristig wollte er ein mit Preußen verbündetes Polen heranwachsen lassen, als Pufferstaat gegenüber dem erkennbar weiter aufsteigenden Zaren-Großreich. Der Plan versandete, denn der Zar intervenierte sogleich bei seinem Schwager in Berlin. Offensichtlich war sich Arnim der niedrigen Reizschwelle, die die Polenfrage unverändert in Petersburg besaß, nicht gänzlich bewußt. Ein solches Projekt hätte nur nach jahrelanger geduldiger Vorarbeit und von einer gefestigten Machtbasis aus gelingen können. Es zeugt nicht für die Erfahrenheit des Außenministers, daß er die familiäre Komponente in den preußisch-russischen Beziehungen als minder wichtig eingestuft zu haben scheint. Eine andere Frage war es, ob eine gleichsam »stille« Politik mit dem Ziel relativer Autonomie, wozu es mit dem »Großherzogtum Posen« bereits Anläufe gegeben hatte, nicht auf die Dauer aussichtsvoll und notwendig gewesen wäre. Eine Sekundogenitur mit einem Hohenzollern oder einem Angehörigen des Hauses Radziwill für Preußisch-Polen hätte nur von Friedrich Wilhelm IV. ausgehen können. Zu einer solchen liberalen Wendung waren weder er noch die Berater der Kamarilla bereit.

Die Kamarilla und die Gebrüder Gerlach

Seit dem Herbst 1848, als der wiederum erschöpfte König mit Abdankungsplänen gedroht hatte, stieg der Einfluß der höfisch-konservativen Ratgeber, die fast alle außerhalb der Regierungsverantwortung standen. Die im wesentlichen in Potsdam am Hofe wirkende »Kamarilla« der Hochkonservativen bestand in erster Linie aus den Generaladjutanten Leopold von Gerlach und von Rauch, aus den Hofmarschällen von Massow und Graf Keller (einem Schwiegersohn des Grafen Anton zu Stolberg-Wernigerode), Stolberg selbst, als Hausminister (seit

16. April 1851), aus dem Kabinettsrat Marcus Niebuhr und einigen Randgestalten. Königin Elisabeth fühlte sich den Gerlachs eng verbunden und diente willig als Medium für manche Gedanken und Wünsche, auch Kritik, die niemand sonst dem König in seinen unguten Stunden vorzutragen wagte. Diese Gruppe wirkte als besonderes Beratungskollegium neben dem verfassungsmäßigen Kabinett; es war eine Art Zivilkabinett, das dem langsam schwächer werdenden König das Regieren seelisch und praktisch erleichterte, ohne daß er sich völlig zum Objekt der Gruppe hätte herabwürdigen lassen. »Der Einfluß der Kamarilla blieb immer bedingt« (O. Graf zu Stolberg-Wernigerode). Gleichwohl ist den Ministerpräsidenten von Brandenburg und von Manteuffel durch die von Berlin aus schwer kontrollierbaren Einflüsse des Potsdamer »Küchenkabinetts« das Regieren nicht erleichtert worden.

Der Gerlach-Kreis lehnte von der Legitimitätslehre (Karl Ludwig von Haller) und von den Grundgedanken der Erweckungsbewegung her jede revolutionäre Änderung, jede großpreußische Machtpolitik und das Nationalstaatsstreben ab, weil es mit den Grundsätzen der europäischen Ordnung seit 1815 nicht in Übereinstimmung zu bringen sei. Demzufolge wurde Österreichs Vorrang in Deutschland im Grundsatz anerkannt. Der Weg nach Olmütz, wo Preußen seine Unionspolitik beenden und zum Status quo des Bundestages unter dem Vorsitz Österreichs zurückkehren mußte, fand deshalb auch den ungeteilten Beifall Ernst Ludwig von Gerlachs. Er verfügte, ungeachtet allen Zeitenwandels, über knapp-klare Formeln: »Preußens und Österreichs Einigkeit ist deutsche Einigkeit. Preußens und Österreichs Uneinigkeit ist Zerreißung von Deutschland und Untergang Preußens, Österreichs und Deutschlands. Niemand hat so entschieden und erfolgreich als die Unsrigen 1849 und 1850 die widersinnigen und widerwärtigen Versuche bekämpft, Österreich aus Deutschland hinauszuweisen. Ohne den von uns ersehnten und errungenen Tag von Olmütz, den unsere Gegner noch jetzt schmähen, würde von deutschen Großstaaten heute überhaupt nicht mehr die Rede sein.« Die weitere Entwicklung hat diese Theorie erst einmal widerlegt, wenngleich es – wie auch Bismarck in dieser Phase bemerkte – richtig ist, daß Preußen um 1850/51 noch zu schwach war, um allein mit den Mittelstaaten eine kleindeutsche Einheit durchzusetzen.

Die eigentlichen Mängel der Gerlachschen Positionen liegen darin, daß die Grenzen des ständisch-lutherisch-orthodoxen Welt- und Staatsverständnisses nicht überschritten wurden, als die aufkommenden wirtschaftlichen und politischen Probleme Preußens sich abzeichneten: »Das ist wahr, daß der hohe Genuß des idealen Anschauens der wesentlichen Wahrheit bis in ihre zartesten Details hinein mich leicht berauscht und mich darüber die Misere der nächsten handgreiflichen Praxis zu gering zu achten verleitet«, bemerkte von Gerlach zu einer Kritik Bismarcks, der auf das »Demoralisierende in der Kammerluft« verwiesen hatte, dort vergäße man, was zu tun nötig sei (9. Mai 1852).

Neben dem deutlichen Mangel an Realismus, der beiden Gerlachs von ihrem politischen Weggefährten Bismarck solcherart vorgehalten wurde, stand aber auch ein erstaunliches Halbwissen über den geschichtlichen Weg Preußens, seine pragmatische Staatsidee und seine zeitlosen Aufgaben. Die Ignoranz beruhte zum Teil darauf, daß sie Friedrich den Großen von vornherein wegen seiner Freigeistigkeit und demzufolge auch das Allgemeine Landrecht wegen der über das Christliche hinausgehenden Toleranz-Grundrechte verachteten und wiederholt bekämpften. Die Konstanten der Staatsräson erschienen ihnen fast als etwas Minderwertiges. Aus diesem Grunde blieb auch die Kritik Ernst Ludwig von Gerlachs an der neuen Staatsräson Bismarcks auf dem halben Wege des ethischen Rigorismus und antibonapartistischer Argumentationen stecken. Hier, im Fragenkreis der zeit- und zukunftsgemäßen Transformierung der älteren Staatsräson Preußens einschließlich der notwendigen Staatsreform, wäre Bismarck angreifbar, vielleicht auch zeitweise noch ansprechbar gewesen.

Daß die Gerlachs als Zeitkritiker auch eine produktive Rolle im nachmärzlichen Preußen gespielt haben, läßt sich mannigfach belegen. Aber sie haben sich, wie die Kreuzzeitungspartei überhaupt, mit tagespolitischen Streitfällen verzettelt und kein fundamentales »Preußen-Programm« vorlegen können. Als Basis für eine große konservative Parteibildung reichten die staatstheoretischen Werke Friedrich Julius Stahls nicht aus. Preußen ist vor seinem Ende als souveräner Staat nicht zum Thema eines abgeschlossenen historisch-politischen und gesellschaftskritischen Programmwerkes geworden. Weder die Philosophie noch die Geschichtswissenschaft, noch die Literatur haben in der nachhegelianischen Zeit ein solches Werk hervorgebracht. Für die Liberalen in Preußen gilt das gleiche, obschon hier die deutsche Frage und Probleme der weiträumigen Wirtschaftspolitik, daneben Justizpolitik und Verfassungsinterpretationen ebenfalls zu einer Zerstreuung der Kräfte führten. Der sich nun schneller entfaltenden Arbeiterbewegung die Forderung eines solchen Programms entgegenzuhalten, wäre vollends anachronistisch. Ihr brannten ganz andere naheliegende Probleme auf den Nägeln, und Preußen war für sie allenfalls ein gesellschaftspolitisches Tarifgebiet besonderer Prägung, dessen man sich im internationalen Vergleich positiv oder negativ bedienen konnte. Die Idee etwa, Preußen zum eigentlichen Zentrum der deutschen Arbeiterbewegung auszubauen, scheiterte schon von vornherein an dem frühen Duell-Tod Lassalles, an dem überheblichen Internationalismus der Marx-Engels-Gruppe und vor allem an den begrenzten Einsichten und Lernfähigkeiten der preußischen Führungsschichten gegenüber Fragen der Arbeiterbewegung, der Brisanz revolutionärer Programme und überhaupt den nivellierenden Tendenzen des heraufziehenden Zeitalters der Massen.

Es waren wiederum Köpfe der Gerlach-Gruppe, die den letztgenannten Problemkreis stärker zu durchdenken versuchten, wie Schoeps zeigen konnte. 1851 hob es Gerlach geradezu als die Aufgabe der Zukunft hervor, vom Staat her die Massen gleichsam organisch zu gliedern: »Die Masse als solche ist das

Bewußtlose. Das Bewußtsein setzt Organisation voraus, und die Organisation tilgt das Massentum. Wehe dem Staatsmann, der die Massen als Massen befragt. Es werden ihm wüste Antworten entgegenschallen. Wehe ihm, wenn er sie als Massen regieren will. Den Organismus in ihnen zu finden, den Samen dieses Organismus ... wecken und befruchten mit der Weihe von oben, das heißt eben regieren, das ist des Staatsmannes Aufgabe ...« Kein Zweifel, daß hier zu einem relativ frühen Stadium eine aktive staatliche Sozialpolitik (im Nachgang der preußischen pragmatischen Sozialarbeit des 18. Jahrhunderts) gefordert wird, mit Gruppen- und Tarifautonomie, freilich mit den überdeutlichen Akzenten der christlichen Sozialbewegung. Kurze Zeit zuvor hatte der gleiche Theoretiker, als Jurist im Staatsdienst kein Bodenbesitzer, seinen konservativen und sonstigen Standesgenossen unerhörte Dinge zugerufen, warnend und wahr: Das Eigentum sei »nur heilig wegen der Pflichten, in Beziehung auf die Pflichten und in engster Verbindung mit den Pflichten, die darauf haften. Es ist nur heilig in den Händen derer, die nicht für sich besitzen. Wie der Adel nicht um der Edelleute, so ist der Besitz nicht um der Besitzenden willen da. ... Der Kommunismus ist eine Absurdität. Aber nicht minder absurd ist der selbstsüchtige Konservatismus, der für seine Selbstsucht den Schutz der Obrigkeit von Gottes Gnaden anruft ... dem Konservatismus gegenüber, der das Eigentum nur als Genußmittel konservieren will, ist der Kommunismus in seinem Rechte. Und niemand tut ihm mehr Vorschub, als wer das Eigentum von den darauf haftenden obrigkeitlichen und menschlichen Pflichten möglichst trennt, es dem Pauperismus schroff und isoliert entgegenstellt und selbst dem Grundeigentum, seiner innersten Natur entgegen, den Hände und Herz schwärzenden mißtrauischen Egoismus des baren Geldes aufdrückt, welches davonrollt, sobald es eine Gefahr von weitem sieht oder an seine Pflichten erinnert wird« (Mai 1850).

Hier hat man in wenigen Sätzen den ganzen, idealen Zivil-Gerlach mit seiner scharfen Ethik, mit dem sozialpolitischen Gewissen, aber auch mit der historisch-moralischen Verklammerung des Grundeigentums mit öffentlichen Rechtsaufgaben (Patrimonialjustiz, grundherrliche Polizei) und in vollstem Widerspruch mit dem kapitalistischen Zeitgeist in allen Berufsständen und Schichten der »Besitzenden«.

Kein Zweifel, daß die Warnrufe der Sozialpartei unter den Konservativen, zu denen auch ein beträchtlicher Teil der evangelischen Pfarrerschaft zählte (»Thron und Altar«), viel Gutes, Hilfreiches hervorgerufen haben, jedenfalls in den fünfziger und sechziger Jahren, bevor der wirtschaftliche Rausch der Reichsgründungsphase die Ideen und Mahnungen der Sozial-Konservativen (auch Hermann Wageners) in den Hintergrund treten ließ. Nun gab es ein anderes »Preußen-Programm«, von hoher Ambivalenz und Flexibilität, ungedruckt und doch präsent: Bismarcks Programm. Wie einen gefallenen Engel hat Ernst Ludwig von Gerlach diesen seinen einstigen Schüler und Freund bitter-

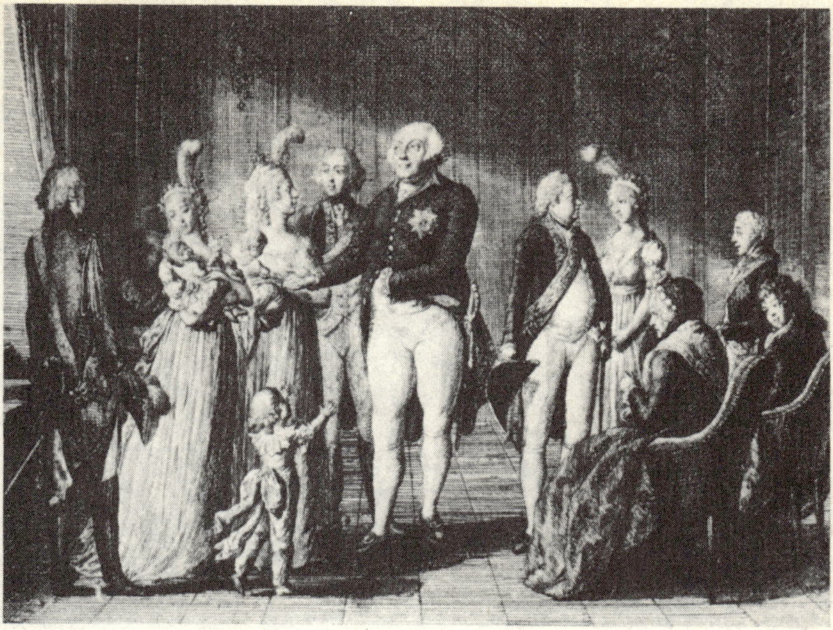

FRIEDRICHS GRABMAL.

Napoleon besucht mit einer heiligen Ehrfurcht das Grabmal Friedrichs des Grossen

55. Friedrich Wilhelm II. und seine Familie. Kupferstich von Daniel Chodowiecki (◀ ◀ oben).

56. Moses Mendelssohn, Philosoph und Vater der jüdischen Emanzipation. Kupferstich von J. E. Bause nach einem Gemälde von Anton Graff 1772 (◀ ◀ links).

57. König Friedrich Wilhelm II. Gemälde von Anton Graff 1788 (◀ ◀ rechts).

58. Empfang Kaiser Alexanders I. durch König Friedrich Wilhelm III. und Königin Luise in Memel am 10. Juni 1802. Kolorierte Lithographie von Fr. Bolt nach einem Gemälde von Dähling, 1805 (◀ oben).

59. Kaiser Napoleon I. vor dem Sarkophag Friedrichs des Großen in der Gruft der Garnisonkirche zu Potsdam im November 1806. Zeitgenössische Lithographie (◀ unten).

60. Schlacht bei Preußisch Eylau am 9. Februar 1807. Zeitgenössischer kolorierter Kupferstich.

61. Karl August Fürst von Hardenberg. Gemälde von Gebauer (◀ links oben).

62. Heinrich Theodor von Schön, Oberpräsident von West- und Ostpreußen. Stich von J. Wolff nach Eduard Eichens 1834 (◀ rechts oben).

63. Karl Reichsfreiherr vom und zum Stein (◀ links unten).

64. Wilhelm von Humboldt. Lithographie von Oldermann nach Franz Krüger (◀ rechts unten).

65. Königin Luise von Preußen. Pastell von Felicitas Tassaert.

66. Johann David Scharnhorst. Zeitgenössischer Kupferstich (◀).

67. August Graf Neidhardt von Gneisenau. Nach einer Zeichnung von Franz Krüger.

68. Gebhard Leberecht von Blücher. Lithographie von Gröger.

69. Carl von Clausewitz. Gemälde nach Wilhelm Wach 1830.

70. Propaganda gegen Napoleon. Zeitgenössischer kolorierter Kupferstich.

71. Napoleon als »Universalmonarch« über den Totenschädeln seiner Feinde, Karikatur. Kolorierter Kupferstich 1813.

72. Der Anfang vom Ende, Karikatur auf Napoleon und seine Verbündeten. Kolorierter Kupferstich von 1813.

73. Immanuel Kant. Scherenschnitt mit eigenhändiger Unterschrift, 1788.

74. Georg Wilhelm Friedrich Hegel. Kupferstich von Friedrich Wilhelm Bollinger.

75. Achim von Arnim. Zeitgenössisches Gemälde.

76. Parade in Berlin, Unter den Linden. Gemälde von Antonio Schrader zwischen 1817 und 1819.

An meine lieben Berliner!

Durch mein Einberufungs-Patent vom heutigen Tage habt Ihr das Pfand der treuen Gesinnung Eures Königs zu Euch und zum gesammten teutschen Vaterlande empfangen. Noch war der Jubel mit dem unzählige treue Herzen mich begrüßt hatten nicht verhallt, so mischte ein Haufe Ruhestörer aufrührische und freche Forderungen ein und vergrößerte sich in dem **Maaße** als die **Wohlgesinnten** sich entfernten. Da ihr ungestühmes Vordringen bis in's Portal des Schlosses mit Recht arge **Absichten** befürchten ließ und Beleidigungen wider meine tapfern und treuen Soldaten ausgestoßen wurden, mußte der Platz durch Cavallerie **im Schritt** und mit **eingesteckter Waffe** gesäubert werden und 2 Gewehre der Infanterie entluden sich von selbst, Gottlob! ohne irgend Jemand zu treffen. Eine Rotte von Bösewichtern, meist aus Fremden bestehend, die sich seit einer Woche, obgleich aufgesucht, doch zu verbergen gewußt hatten, haben diesen Umstand im Sinne ihrer argen Pläne, durch augenscheinliche Lüge verdreht und die erhitzten Gemüther von Vielen meiner treuen und lieben Berliner mit Rache-Gedanken um vermeintlich vergossenes Blut! erfüllt und sind so die gräulichen Urheber von Blutvergießen geworden. Meine Truppen, Eure Brüder und Landsleute, haben erst dann von der Waffe Gebrauch gemacht, als sie durch viele Schüsse aus der Königsstraße dazu gezwungen wurden. Das siegreiche Vordringen der Truppen war die nothwendige Folge davon.

An Euch, Einwohner meiner geliebten Vaterstadt ist es jetzt, größerem Unheil vorzubeugen. Erkennt, Euer König und treuster Freund beschwört Euch darum, bei Allem was Euch heilig ist, den unseeligen Irrthum! kehrt zum Frieden zurück, räumt die Barricaden die noch stehen hinweg, und entsendet an mich Männer, voll des ächten alten Berliner Geistes mit Worten wie sie sich Eurem Könige gegenüber geziemen, und ich gebe Euch mein Königliches Wort, daß alle Straßen und Plätze sogleich von den Truppen geräumt werden sollen und die militairische Besetzung nur auf die nothwendigen Gebäude, des Schlosses, des Zeughauses und weniger anderer, und auch da nur auf kurze Zeit beschränkt werden wird. Hört die väterliche Stimme Eures Königs, Bewohner meines treuen und schönen Berlins und vergesset das Geschehene, wie ich es vergessen will und werde in meinem Herzen, um der großen Zukunft Willen, die unter dem Friedens-Seegen Gottes, für Preußen und durch Preußen für Teutschland anbrechen wird.

Eure liebreiche Königinn und wahrhaft treue Mutter und Freundinn, die sehr leidend darniederliegt, vereint ihre innigen, thränenreichen Bitten mit den Meinigen. — Geschrieben in der Nacht vom 18—19. März 1848.

Friedrich Wilhelm.

Gedruckt in der Deckerschen Geheimen Ober-Hofbuchdruckerei.

[illegible]

77. Barrikade in der Breiten Straße, Berlin, am 18./19. März 1848.

78. Aufruf des Königs vom 18./19. März 1848, Flugblatt, erschienen in Berlin.

79. Sitzung der preußischen Nationalversammlung am 9. November 1849. Lithographie von Lecillet.

80. König Friedrich Wilhelm IV. Gemälde von Karl Wach.

81. Adolf-Heinrich Graf von Arnim, Ministerpräsident 1848. Nach einem Gemälde von E. Meyer.

82. Karl Ludwig von Prittwitz, General der Infanterie. Lithographie 1853.

83. Einzug der siegreichen Armee in Berlin am 21. September 1866.

84. Die Schloßbrücke beim Besuch der Königin Victoria von Großbritannien 1861. Gemälde von Eduard Gaertner 1861 (▶).

hurra !
Preussen

85. Königin (Kaiserin) Augusta, Prinzessin von Sachsen-Weimar, Gemahlin Wilhelms I. Fotografie, um 1865.

86. Wilhelm I., Deutscher Kaiser und König von Preußen. Gemälde von Franz Krüger.

87. Otto von Bismarck, preußischer Ministerpräsident und Außenminister (1862), seit 1871 Reichskanzler (links).

88. Albrecht Graf von Roon, Feldmarschall und Kriegsminister (1858). Gemälde von Gustav Graef.

89. Helmuth Graf von Moltke, Chef des Generalstabs und Feldmarschall.

90. Theodor Fontane in seinem Berliner Arbeitszimmer.

91. Rudolf Virchow, Arzt und Politiker. Gemälde von Hanns Fechner.

Extrablatt
des „Steglitzer Anzeiger"

Thronentsagung des Kaisers
Ebert zum Reichskanzler vorgeschlagen.

Amtlich.

Der Kaiser und König hat sich entschlossen, dem Throne zu entsagen.

Der Reichskanzler bleibt noch solange im Amte, bis die mit der Abdankung des Kaisers, dem Thronverzicht des Kronprinzen des Deutschen Reiches und von Preußen und der Einsetzung der Regentschaft verbundenen Fragen geregelt sind. Er beabsichtigt, dem Regenten die Ernennung des Abgeordneten Ebert zum Reichskanzler und die Vorlage eines Gesetzentwurfs wegen der sofortigen Ausschreibung allgemeiner Wahlen für eine verfassunggebende deutsche Nationalversammlung vorzuschlagen, der es obliegen würde, die künftige Staatsform des deutschen Volkes einschließlich der Volksteile, die ihren Eintritt in die Reichsgrenzen wünschen sollten, endgiltig festzustellen.

Berlin, 9. November 1918.

Der Reichskanzler.

Prinz Max von Baden.

92. Kaiser und König Wilhelm II. als Ritter des Johanniter Ordens. Gemälde von Artur Ferraris (◀).

93. Die Abdankung Wilhelms II. am Ende des ersten Weltkriegs.

94. Otto Braun, der letzte legale preußische Ministerpräsident.

95. Reichspräsident Paul von Hindenburg beim Verlassen der Potsdamer Nikolaikirche nach einem Gottesdienst anläßlich der Reichstagseröffnung am 31. März 1933, im Hintergrund Hermann Göring, preußischer Innenminister, und Otto Dibelius, noch Generalsuperintendent der Kurmark.

96. Vor dem Volksgerichtshof im Berliner Kammergericht Anfang August 1944: Generalfeldmarschall Erwin von Witzleben, einer der Hauptbeteiligten am Widerstand gegen den Nationalsozialismus und am Attentat des 20. Juli 1944.

97. Das Berliner Schloß, erbaut von Andreas Schlüter, nach der Zerstörung 1945.

98. Sanssouci bei Potsdam.

99. Das Schloß in Berlin-Charlottenburg (▶).

100. Die Marienburg an der Nogat. Fotografie um 1955 (▶ ▶ oben).

101. Die Burg Hohenzollern, der im 19. Jahrhundert wiederaufgebaute Stammsitz der brandenburg-preußischen Dynastie (▶ ▶ unten).

verzweifelt betrachtet, er selbst ein kraftlos gewordener Hiob, dem rollenden Wagen den Sturz nachrufend.

Krimkrieg und Neutralität

Nach dem Scheitern der preußischen Deutschland-Politik mit dem Olmützer Abkommen beschränkte sich die auswärtige Politik Preußens auf Interessenwahrung und Reaktionen. Die expansiven Tendenzen der europäischen Mächte, das Aufkommen des scharfen außenpolitischen Machtdenkens fanden im Preußen der Reaktionszeit keine unmittelbare Entsprechung, abgesehen von dem hellwachen Bundestagsgesandten in Frankfurt, der auf seine Stunde wartete. Preußens Prestige war lädiert; in der Sicht des Zaren Nikolaus I. war der Staat seines Schwagers zu einer abhängigen, weniger als zweitrangigen Macht abgesunken. *Rußland* zielte auf Konstantinopel, auf die Meerengen: Der »Krimkrieg« (1853 bis 1856) brach aus, nachdem England und Frankreich der Türkei zu Hilfe gekommen waren. In Berlin-Potsdam standen sich die Parteien schroff gegenüber. Die *Gerlachgruppe* neigte mehr zu Rußland, obwohl Erscheinungsformen des zaristischen Gewaltregiments auch hier auf scharfe Kritik stießen. Auch Leopold von Gerlach war bei aller Affinität für die Grundsätze der »heiligen Allianz« nicht gänzlich blind gegenüber der russischen Gesamtposition (»Wie colossal wuchs Rußlands Macht nach den Siegen von 1812«; 1855). Von einem Anschluß an Rußland konnte also keine Rede sein, zumal Preußens Wirtschaft und vor allem die ostpreußischen Häfen von dem großen Rüstungsgeschäft des Krieges profitierten. Bei einem Kriegseintritt wären die Lieferungen, die Preußen auf Grund seiner Lage nach beiden Seiten hin vornehmen konnte, nicht mehr möglich gewesen. An die Stelle vielfältiger Einnahmen wären ärgerlichnutzlose Ausgaben getreten. Die Neutralität, die Friedrich Wilhelm im Sinne seiner originären Friedfertigkeit durchhielt, lohnte sich also mehrfach.

Auf der anderen Seite sah sich der König der *»Wochenblatt-Partei«* der Liberalkonservativen mit der Prinzessin Augusta, Moritz August von Bethmann Hollweg und dem Grafen Robert von der Goltz (einem intimen Rivalen Bismarcks) gegenüber, die für den Anschluß an die *Westmächte* eintraten. Sie decouvrierten sich im Frühjahr 1854 mit einer Denkschrift des Londoner Gesandten Josias von Bunsen (»Über die gegenwärtige Lage und Zukunft der russischen Crise«), in der die Territorialgeschichte im östlichen Mitteleuropa gleichsam um zweihundert Jahre zurückgestellt wurde. Für den Fall des Sieges einer großen Koalition wurde das Zarenreich für disponibel erklärt. Die Ostprovinzen mit Petersburg sollten an Preußen und Schweden verteilt werden; ein zu schaffendes Großpolen könnte unter preußisches Protektorat kommen. Bismarck hat diese privatpolitischen Aufteilungsspiele sogleich als »Pläne von kindlicher Nacktheit« bezeichnet. Bunsen und andere sind dann wegen dieser Politik zu Fall gekommen. Der Kriegsminister von Bonin mußte nach antirussischen Äußerungen in der Kammer zurücktreten. Es liegt auf der Hand, daß bei dieser Schärfe der innerpreußischen Konflikte das königliche Haus am Nerv berührt war und daß das Verhältnis zwischen König und Nachfolger sich rasch dem Nullpunkt näherte. Es war nunmehr die dritte Niederlage, die Prinz Wilhelm in aller Öffentlichkeit hinnehmen mußte. Manteuffel gegenüber klagte er: »Jene müssen gehen, die meine Farben tragen, dahin hat es die Kamarilla gebracht«. An den Bruder schrieb er, der im Krimkrieg »einen liberalen Kulturkampf des Westens gegen den Osten« zu erkennen meinte, unter dem Einfluß seiner französisch gesinnten Gemahlin einen Wutbrief von solcher Schärfe, insbesondere Bunsens wegen, daß der König ihn von der Thronfolge hätte ausschließen und auf Festung setzen können.

Der *König* war im übrigen, wie häufig, in seinen Gefühlen hin- und hergerissen; die Emanzipation der Christen in der Türkei beschäftigte ihn. Aber im Ergebnis blieb es bei der Politik des Zuwartens im Gewande allseits verbindlicher Neutralität. Der Vertrag, den Österreich dann im Dezember 1854 mit Frankreich und England schloß, war mehr als diplomatisches Druckmittel gedacht und hätte von Österreich nicht erfüllt werden können. Das dem folgende Schutz- und Trutz-Bündnis der deutschen Mächte (20. April 1854) erlangte im wesentlichen keine Bedeutung, da sich Preußen durch Bismarck in Frankfurt allen Versuchen erfolgreich widersetzte, in die österreichische Balkanpolitik oder doch noch in eine antirussische Koalition verwickelt zu werden. Mit hohem Geschick vertrat er einen genuin »preußischen Standpunkt«, »eine selbständige Politik den Forderungen der Westmächte gegenüber« (27. April 1854), so daß Österreich in der Bundesversammlung in eine defensive Position geriet. So war das Ende des Krimkrieges für Preußen so ungünstig nicht. Es konnte nun nicht gerade erwarten, von den beteiligten Mächten am Verhandlungstisch besonders bedankt zu werden; aber man respektierte immerhin die besondere Position Preußens so weit, daß dessen Vertreter bei der Unterzeichnung des Pariser Protokolls (30. März 1856) anwesend waren.

Die Beziehungen zu Rußland blieben äußerlich ungetrübt, die russische Politik gegenüber dem zentraleuropäischen Raum verlor infolge des ungünstigen Kriegsausganges an Intensität, und Bismarck konnte diese dynastisch und militärtraditionspolitisch untermauerte Beziehung in der Reichsgründungsphase positiv in sein Kalkül einbeziehen. Andererseits sah sich Österreich nunmehr der italienischen Frage und einem nachhaltig gestörten Verhältnis mit Rußland gegenüber, wodurch die Dispositionsmöglichkeiten bei dem sich für die Frankfurter Diplomaten bereits abzeichnenden Kampf um die Vorherrschaft in Deutschland empfindlich eingeschränkt waren.

Friedrich Wilhelm IV. ist ein so »unpreußischer« Herrscher gewesen, wie ihn das Land bis dahin nicht erlebt hatte. Der Widerspruch zwischen verkündetem Ideal und erlebter Wirklichkeit wurde auch deswegen so deutlich bemerkt, weil sich von Jahrfünft zu Jahrfünft mehr das kritische Bewußtsein bei »gebildeten« und sonstigen Schichten verschärft hatte. Die »halkyonischen Zeiten«, die Leopold von Ranke noch vor 1840 ausmachen zu können glaubte, waren seit 1841/42 dahingegangen. Der von der Frühindustrialisierung angeheizte »soziale Hexenkessel« begann zu brodeln. Rosenfest-Romantik und Pfaueninsel-Idylle vertrugen sich damit nicht mehr. Leicht ist es, jene zu schelten, die sich eines Zeitenwandels zu spät bewußt wurden. Jedes Jahrhundert bietet dafür Beispiele. Gleichwohl war nun für Preußen ein Regent gefordert, der wieder »ganz Nerv« zu sein hatte – im Sinne der politischen Testamente des 18. Jahrhunderts, deren Lektüre immer noch anzuraten war. »Ganz Nerv« zu sein hieß nicht, aus einer Hypersensibilität heraus den unruhigsten Punkt in der Monarchie darzustellen. Es bedeutete, den Staatsdingen vorauszudenken, nicht so sehr Imaginationen nachzuhängen, sondern die Autorität und Regierungs-Arbeit des Königs-Amtes vorzuleben.

Seit 1852 zeigte es sich, daß der Herrscher den *Belastungen* nicht mehr voll gewachsen war. Ein auf Harmonie und Hierarchien eingestellter Herrscher mußte sich unbehaust vorkommen, wenn alle diese Wertvorstellungen aufgelöst wurden, und er hierzu noch die Hand zu leihen hatte. Die zunehmenden Unwägbarkeiten der frühparlamentarischen Politik taten ein übriges, dem Herrscher ein depressives Gefühl von der Unregierbarkeit des Staates und der Unzulänglichkeit des eigenen Handelns zu vermitteln. In den ersten Jahren nach den Märzereignissen vermochte sich der König noch am Schopf des eigenen Temperaments aus dem schwarzen Sumpf seiner Gewissensqualen und Verfolgungsideen zu ziehen. Karoline von Rochow, die Witwe des Innenministers, gab Ende August 1849 ihrer Schwägerin, der Generalin von Pfuel, ein Potsdamer Stimmungsbild: »Du mußt Dir Potsdam nicht als Mittelpunkt der politischen Macht vorstellen; sondern diese ist vielmehr, wie bisher das einige Deutschland, ein schwebender Begriff ohne realen Boden. An der Spitze steht der phantastische König, der sich mit Menschen der verschiedensten Richtungen umgibt, mit ihnen spricht, konferiert und aus jedem ein Fädchen zu dem bunten Gewebe herauszieht, mit dem er sich an den Mond heranspinnt, ohne darauf zu achten, wie oft der Faden in seiner Hand reißt.«

Je mehr die körperlichen Anfälligkeiten zunahmen, desto mehr bedurfte der König einer Umgebung, die ihm sein relatives seelisches Gleichgewicht wiederzugeben verstand. Die Königin Elisabeth, Gerlach, Rauch und Stolberg schirmten den immer mißtrauischer werdenden König von allen Aufregungen, das heißt der eigentlichen Regententätigkeit ab. Von Jahr zu Jahr mehr verlor er den

Anschluß an seine Zeit; noch lebend wurde er zur politischen Antiquität. 1854/55 traten die ersten Anfälle mit geistigen Störungen auf. Die *Hinckeldey-Affäre*, des Königs Mitschuld am Tod »seines« Polizeipräsidenten, ist von der Königin später unter die Ursachen des Zusammenbruchs gerechnet worden.

Der Tod des allmächtig erscheinenden Polizeiministers ist in Europa beachtet worden. Er zeigte das Ausmaß der Spannungen, die in Berlin auch infolge des Krimkrieges herrschten, und er beleuchtete das tatsächliche *Kräfteverhältnis* in der preußischen Führungsspitze – zwischen Kreuzzeitungspartei und Liberalen, zwischen Militär und Zivil, ja auch zwischen König und den leitenden Gestalten der Kamarilla. Hinckeldey und Leopold von Gerlach standen sich in tödlicher Feindschaft gegenüber, nachdem der Hofgeneral den Polizeipräsidenten als das »Aas« bezeichnet hatte, das in der Nähe eines Adlers herumläge. Hinckeldey revanchierte sich angemessen, indem er im Einverständnis mit oder sogar im Auftrag Manteuffels und des Königs den »Potsdamer Depeschendiebstahl« (15. November 1855) inszenierte, um Beweise für landesverräterische Verbindungen Leopold von Gerlachs und seiner Freunde mit Rußland in die Hand zu bekommen. Das Unternehmen gelang. Graf Münster, der preußische Militärbevollmächtigte in Petersburg, sah sich wegen einer vom Gerlach-Kreis und Teilen der Generalität gedeckten russenfreundlichen Separat-Politik durch Manteuffel gemaßregelt. Überdies befand sich die Berliner Polizei mit dem Militär im Streit, seitdem Hinckeldey auch Offiziere auf Bahnhöfen kontrollieren ließ. Das Verfahren lag im Staatsinteresse, weil Preußen mit der Eventualität eines Krieges rechnen mußte und Dokumentendiebstähle zugunsten Rußlands vorgekommen waren.

Anlaß der *Katastrophe* wurde dann die Affäre um einen Hazard-Spielklub des Adels, den Hinckeldey auf Weisung des Königs im Sommer 1855 hatte aufheben lassen. Einer der Beteiligten, das Herrenhausmitglied von Rochow-Plessow, verwickelte den Polizeipräsidenten im Auftrage seiner hochkonservativen Hintermänner in einen Ehrenhandel. Nichts kennzeichnet die Grenzen des preußischen »Fouché« besser als die Tatsache, daß er – schießunkundig und kurzsichtig – einen »geübten Schützen« auf Pistolen forderte. Rochow traf präzise, und Hinckeldey starb nach wenigen Minuten.

Ein tiefer Riß ging durch die Gesellschaft. Der Fluch von Tausenden traf den König, der zugab, von der beabsichtigten Tötung Hinckeldeys gewußt zu haben. Die Beerdigung, an der über hunderttausend Personen mit dem populären Feldmarschall Wrangel an der Spitze teilnahmen, war eine Demonstration gegen den um die Kreuzzeitung gescharten Teil des Adels, während das Herrenhaus voller Verblendung den Kunstschützen Rochow als Helden feierte. Die Wochenblattpartei mit dem Prinzen von Preußen erkannte dagegen Hinckeldey als das Opfer einer unfähigen Regierung. Für die Gerlach-Partei war es ein Menetekel, für den König der Anfang vom Ende. »Die Skrupel, welche sich der König über Hinckeldeys Tod gemacht, haben ihm den Stoß gegeben«, meinte die Königin.

Wankelmütig und unaufrichtig hatte er seinen Diener nicht aus der Gefahrenzone genommen. Damals sah er sich bereits mit aller Deutlichkeit als einen Gescheiterten, als einen vor der großen europäischen Revolution Zurückgewichenen. Als Mitte der fünfziger Jahre einmal die Rede von seiner Biographie war, bemerkte er düster: »Die Geschichte wird mir nie verzeihen, daß ich nicht den ersten, der es gewagt, in frecher Auflehnung die Hand nach meiner Krone auszustrecken, auf dem Sandhaufen niederknien und das Schwert auf ihn heranlassen ließ, das der Allmächtige in meine Hand gelegt. Ich verlange ein strenges Urteil.«

Anfang Oktober 1857 gab der König dann zu erkennen, daß er sich über den Verlauf seiner *Krankheit*, die von einer Serie von Schlaganfällen begleitet war, nicht täusche; während eines Manövers bei Halle, zu dem man den König trotz eines vorangegangenen Schlaganfalles genötigt hatte, äußerte er weinend zu Ernst II. von Coburg, mit dem er beiseite geritten war: »Ich bin sehr krank, lieber Herzog, viel kränker als man glaubt – Sie werden mich wohl nie wieder sehen – vergessen Sie mich nicht.« Und so geschah es. Wenig später trat der dauernde Krankheitszustand ein.

Der preußische Staat befand sich zum ersten Mal in der Lage, daß der *Regierungswechsel* nicht reibungslos innerhalb weniger Tage vonstatten gehen konnte. Zunächst wurde mit Hilfe der Königin eine Stellvertretung für Prinz Wilhelm auf drei Monate vom König erlangt (23. Oktober 1857). Dieser Zustand, mit regelmäßiger Verlängerung, blieb höchst unbefriedigend. Preußen, über dessen Existenz bereits unnötig viel debattiert wurde, verlor rasch an Prestige; niemand sah dies deutlicher als der Frankfurter Bundestagsgesandte Bismarck. Die lange Dauer des Provisoriums sei ein Unglück für das Land, denn sie befördere die ohnehin vorhandene Tendenz, »unser staatliches Räderwerk, in Gleichgültigkeit gegen das Resultat, maschinenartig fortspielen zu lassen und auf dem Strome der Zeit ohne bewußtes Ziel hinanzutreiben« (19. Dezember 1857). Am 26. Oktober 1858 übernahm Wilhelm (I.) die volle Regentschaft, ein Akt, der bereits einer Abdankung gleichkam, denn der neue Regent leistete den Eid auf die Verfassung und wechselte den Innenminister aus (statt von Westfalen nunmehr von Flottwell). Der König gesundete nicht mehr, unternahm jedoch Reisen und hielt sich von Herbst 1858 bis März 1859 längere Zeit in Rom auf, wo er zwei Gespräche mit Pius IX. führte. Die Königin, die man in Rom zur Rückkehr zum katholischen Glauben zu bewegen suchte, pflegte den siechen König bis zum Tode in Sanssouci (2. Januar 1861). Als die sterblichen Überreste, wie üblich, für achtundvierzig Stunden öffentlich ausgestellt wurden, war ein ungeheurer Andrang der Bevölkerung zu beobachten, so, als spürte man, daß ihn der Druck der Zeit zerrissen hatte.

Das *Urteil* über den König und seine Regierungszeit kann nicht von peripheren Leistungen und nicht von den gewinnenden Zügen seines Charakters her bestimmt sein. Der letzte ausschließlich preußische König muß sich an der preußischen Interessenlage messen lassen. *Bismarck*, dessen Wortgewalt Friedrich Wilhelm gefürchtet und als hilfreich benutzt hat, sah den Staat, wenn er, mit Varianten, urteilte: »Dieser Hohenzoller war ein ganz schwankender Charakter . . .« Leopold von *Ranke*, der den König ebenso genau kannte, hat es höfischer, doch nicht undeutlicher formuliert: »Von den entgegengesetzten Bewegungen der Zeit wurde Friedrich Wilhelm IV. immer in seiner Seele betroffen. Er hatte vielleicht mehr Gemüt als der Staat ertragen kann.«

Entscheidend war, daß er mit der Ideologie seiner Erzieher und Berater gegen die Traditionen seines Staates regiert hat. Unordnung und Inkonsequenz auf vielen Gebieten war die Folge. Dies gilt auch für wenig erbauliche Immoralitäten im königlichen Hause. Regierung und Verwaltung mit dem unumgänglichen Kanon der Gesetze und Verordnungen fanden in ihm keinen energischen Förderer, teilweise einen Widersacher. Seine hochgemute Königsidee verleitete ihn, bis zur Stellvertretung, dazu, »keine großen Leute neben sich zu ertragen und deshalb auch keine Dankbarkeit für die Großtaten anderer in seinem Herzen großziehen« zu können, notierte mit nachwirkender Bitterkeit *Fontane*. Es ist wiederum das Problem des »Premierministers«, an dem auch dieser Regent gescheitert ist. Der Kaiserkrone wäre er nicht gewachsen gewesen, schon die Königskrone erdrückte ihn schließlich. Und doch ist Preußen in dieser Phase der Gottes-Gnaden-Liberalität gewachsen und vorangekommen, ohne in europäische Kriege verwickelt zu sein und ohne etwas Entscheidendes aus der Hand gegeben zu haben – bis an die Schwelle der »Realpolitik«, wo das in der Stille gewachsene Wirtschafts-Preußen und das ebenso gewachsene Kultur-Preußen als Teil der Staatsmacht in die Waagschale europäischer Entscheidungen geworfen werden konnten.

ELFTES KAPITEL

Spätpreußischer Realismus: Otto von Bismarck und die Zertrümmerung der alten Formen (1858 bis 1871)

»Ihr Name steht in Preußens Geschichte schöner als der irgend eines Preußischen Staatsmanns.« Wilhelm I., 1869

Dynastie und Hof

Mit *Wilhelm I.* übernahm ein Hohenzoller die Regentschaft (Oktober 1858) und die Regierung (Januar 1861), der späterhin ein Preußen-Herrscher nach dem Herzen, wenngleich nicht immer nach den Wünschen des Volkes geworden ist. Seine Vorbildung für das Regentenamt war in vieler Hinsicht zufriedenstellend, obwohl es ihm an Auslandserfahrung und an einer tieferen historischen und literarischen Bildung fehlte. Der 1797 geborene Fürst hatte im Laufe der Jahre manches von dem ausgleichen und ergänzen können, was ihm in der Jugend versagt worden war. Seine Mutter Luise hatte noch 1810 nüchtern-liebevoll bemerkt, er sei vor allem »einfach, bieder und verständig«. Und diese Grundzüge, mit dem deutlichen Unterschied zu der Genialität seines älteren Bruders, sind ihm trotz leidenschaftlicher Ausbrüche erhalten geblieben. Sie ließen ihn geradezu im hohen Alter zu einer äußerlich idealen Herrschergestalt werden. Mit Recht ist von seinen Biographen auf die Stetigkeit des Willens, die rasche Entschlußkraft, Urteilsfähigkeit gegenüber Personen und eine schlichte Frömmigkeit hingewiesen worden. Die Selbstbeherrschung, über die er in vorgerückterem Alter verfügte und durch die er viele Konflikte gemildert hat, ist durch die langjährige militärische Laufbahn verstärkt worden. Er fühlte sich auch als Regent als der oberste Offizier seines Heeres und stand insofern wieder in der Tradition der älteren Könige. Die Sorgfalt seiner täglichen Arbeit, ob als Kommandierender General oder als Regent und König, unterschied sich auffallend von der seines Vorgängers. Es ist keine Übertreibung, wenn man ihn summarisch als ein »Muster von Pflichtgefühl und Gewissenhaftigkeit« bezeichnet hat (O. Hintze). Im schriftlichen Verkehr, zumal mit der eigenen Familie, vermochte er von schneidender Härte zu sein. Er reagierte mit hoher Empfindlichkeit, wenn er bemerkte, daß man die Sorgfalt seiner Entscheidungen in Zweifel zog.

Die Gemahlin, *Augusta von Sachsen-Weimar* (1811 bis 1890), ist in fast jeder Hinsicht eine umstrittene Erscheinung gewesen. Sie hat eine unerfüllbare Aufgabe nach besten Kräften zu lösen versucht. Im Hause der eher bieder-solide wirkenden, im Hofstil familiär sparsamen Hohenzollern der Zeit um 1829 wirkte die weimarische Prinzessin einigermaßen aufreizend exotisch; ihre Herkunft aus der Residenz Goethes, ihre Abkunft von der Großfürstin Maria Pawlowna von Rußland und eine kühle Intellektualität gaben ihr ein Flair und eine Überlegenheit, die unaufhörlich spannungsbildend gewirkt haben. Die mütterliche und vorbildliche Erziehung der beiden Kinder Friedrich (III.) und Luise (von Baden), auch die »fürstliche Erscheinung, vollendete Umgangsformen, die Gewohnheit, mit vornehmer Eleganz aufzutreten, der nie angetastete Ruf« bestimmten den äußeren Eindruck (M. von Bunsen). Daneben aber zeigte sie Eigenschaften, die Menschen aus allen Ständen schwer verständlich waren. Sie wirkte wie eine »romanhafte Gestalt«, mit den als glühend, unerbittlich und unergründlich beschriebenen schwarzblauen Augen und der dunklen, brüchigen Stimme. Das Bild dieser eigenartigsten aller preußischen Königinnen wäre nicht vollständig, verwiese man nicht auf ihre Depressivität, ihre bis an die Grenze der Hysterie reichende Reizbarkeit und Stimmungsabhängigkeit.

Zu diesen Eigenschaften kamen *Gesinnungen,* die das Zusammenleben der Augusta mit Staat und Dynastie störten. Ihre »Ausländerei« mit einem unstillbaren Hang zur französischen Kultur stieß nicht nur in Preußen auf Unverständnis; bis zu ihrem Tode (1890) bevorzugte sie das Französische als Hof- und Korrespondenzsprache, während sie zur deutschen Literatur und Kultur keine sonderlich gepflegten Beziehungen unterhielt. Im Umgang mit Ausländern, etwa dem französischen Botschafter (Graf Gontaut-Biron), war sie politisch unvorsichtig. Von den Damen der Potsdam-Berliner Hofgesellschaft zog sie nur wenige in ihren engeren Kreis. Andere jedoch überging sie mehr oder weniger, so Immermanns Lebensgefährtin Elise von Ahlefeldt, Ada von Tresckow, Bettina von Arnim, Marie de La Motte Fouqué, Ernestine von Wildenbruch, Karoline von Rochow, Ernestine von Manteuffel, die Fürstin Putbus, Gräfin Helene Harrach, Freda von Arnim-Boitzenburg, dazu die begabte Gattin des Hausministers Schleinitz (spätere Gräfin Wolkenstein), die in den sechziger Jahren in Berlin »das beste Haus gemacht« hat.

Eine unsichtbare Wand trennte sie von diesen und anderen Familien. Augusta blickte mit dem Selbstgefühl der noch von Goethe Gesegneten auf die meisten Angehörigen und Nachfahren jener Geschlechter, die dem brandenburgisch-preußischen Staat seit Jahrhunderten als Führungsschicht in Frieden und Krieg verpflichtet waren. Es war die »Bismarck-Schicht«, die der Königin mißfiel. Statt dessen bevorzugte sie Ausländerinnen, von der Prinzessin Biron von Kurland bis zu einer Herzogin von Hamilton. Sie hat sich dadurch ihre Wirkungsmöglichkeiten unnötig eingeengt. Als Königin war sie eine klassische »Dynastin«, die trotz liberaler tagespolitischer Neigungen und Meinungen mit

Härte Mißheiraten (»Katastrophen«) bekämpfte, demzufolge für die legitimen Fürstenhäuser (Augustenburger) eintrat und alle Annexionen bekämpfte. Ihrem Enkel Wilhelm, der ihr in betonter Zuneigung verbunden war, hat sie das Ebenbürtigkeits-Dogma zu treuen Händen übergeben. In England verhielt man sich großzügiger und einsichtsvoller.

Die *Moralität* der Königin, die Überheblichkeit einer ausgefeilten ethischen Position (an den Bruder in Weimar 1866: »Bedaure mich und traue nur nicht den herrschenden Ansichten; dies zu tun verhindert mich meine sittliche Unabhängigkeit«) gaben ihr etwas Unangreifbares, das sie einsam werden ließ. Insgeheim hat sie sich auch deshalb zur Kritikerin der Hohenzollern entwickelt. Ihrem Gemahl sagte sie intern Mangel an Unterscheidungskraft und überhaupt intellektuelle Schwächen nach. 1848, während der Prinz in London weilte, befaßte sie sich mit dem Plan, an seiner Stelle die Anwartschaft für den Thron zu übernehmen. Die Wurzeln des späteren »Ehezerwürfnisses« (M. von Bunsen) gehen wohl bereits auf diese Zeit zurück. Je länger desto mehr wußte sie um die Ambivalenz der Gefühle in dem »letzten Preußen« Wilhelm, der nicht nur der vergötterte Liebling der Armee gewesen ist, dem auch eine geheime Wildheit, vielleicht aus dem Erbe des Strelitzer Hauses, innewohnte, überspielt und überdeckt von besonderer Feinfühligkeit und Courtoisie, die ihm die Herzen vieler zufliegen ließ. Die eigenartige Bindung Wilhelms an Bismarck beruht nicht zuletzt auf seinem Verständnis für den Charakter des anderen.

Die Königin befand sich in einer – seit den fünfziger Jahren – *aussichtslosen Lage*. Sie war eine Gequälte und politisch Verdrängte, als sie 1864 ihrem Bruder Karl Alexander Geheimstes über den König anvertraute: »Er ist noch keineswegs in einer Verfassung, die Mitleid verdient. Denn in seiner Verblendung, in seiner unheilvollen Voreingenommenheit, sucht er Ersatz für Beziehungen, die er rücksichtslos verletzt. Einmal wird er erwachen und leiden, falls er die Fähigkeit besitzt, die Ungeheuerlichkeit seiner Fehler, die Art, in der seine Schwächen ausgenutzt werden, zu erkennen.« Von ihrem Schwager Karl, der mit ihrer Schwester Marie verheiratet war und sich vor allem als Jäger, Reitersmann und Bauherr hervortat, hielt sie überhaupt nichts. Auch ihren Sohn vermochte sie mit der kalten Distanz einer Erzieherin zu beurteilen: Der Mangel an Reife »wird sich ja geben«, vertraute sie dem Bruder 1867 an, »nicht jedoch jener an Vorurteilslosigkeit, an Urteilskraft und Logik. Es gelingt mir nicht, mich ihm verständlich zu machen. Und so sehr ich seinen vorzüglichen Charakter schätze, so sehr beunruhigt mich seine Zukunft und die Richtung, die er einschlägt oder in die er sich führen läßt.« Die Schwiegertochter Victoria fand vor ihrem »Kassandra-Blick« nur wenig Gnade, je mehr die Jahre vergingen. Ihre Liebe galt dem ältesten Enkelsohn, auf ihn hoffte sie. Der Tod bewahrte sie davor, den Irrtum zu erkennen.

Königskrönung

Die Krönung in Königsberg (18. Oktober 1861) hat Wilhelm I. gegen den Widerstand einiger Minister und antiquierter Prinzen durchgesetzt. Sie wollten – wie Roon – entweder an der nunmehr veralteten Huldigung festhalten, oder sie befürchteten, mit einer Krönung »von Gottes Gnaden« den Rahmen der konstitutionellen Monarchie zu verlassen und die liberale Opposition zu provozieren. Zu der *Provokation* ist es dann doch gekommen. Der König begrüßte die liberalen Abgeordneten, die die Mittel für die Heeresreorganisation nur als Provisorium bewilligt hatten, ungerührt als »Ratgeber« der Krone. Andererseits waren bereits jene Regimentskommandeure zugegen, deren Truppenteile mit Hilfe der vorläufigen Gelder aufgestellt worden waren.

Der dynastischen Sicht des Kronprinzen Friedrich blieb dies wohl verborgen. Er schrieb über die Selbstkrönung, die zur letzten derartigen Feier in Deutschland überhaupt geworden ist: »Schloßhof imposant, Krönungszug ging würdig vonstatten. Wir alle in Ordensmänteln schleppend, Helm in Hand, S. M. allein Helm auf dem Kopf. Herrlicher Augenblick beim Betreten der Freitreppe im Schloßhof. Anblick des Innern der Kirche unbeschreiblich schön und in evangelisch einfacher Würde, gleichfalls der Gottesdienst. Himmlisch, als S. M. kniete, dann, nachdem er den Krönungsmantel umhatte, er die Altarstufen ersteigend, die Krone sich aufs Haupt setzte, Reichsschwert erfaßte. Mama sah herrlich aus in Weiß und drap d'argent, wundervolle Haltung, Bewegungen, Verbeugungen. Ergreifend, als Papa ihr die Krone aufsetzte. Als beide Majestäten ihre Throne wieder bestiegen, näherte ich mich Papa, Vicky Mama; wir knieten nieder, küßten die rechte Hand. Hierauf Umarmung, sehr bewegt.« Die Gedanken des Königs gingen nicht bis 1701 zurück; er dachte an 1807: »Hier, wo ich meine Eltern und uns selbst geflüchtet und an der äußersten Ecke der Monarchie gesehen habe, mit Entbehrungen und Not kämpfend, hier sollte jetzt der strahlende Glanz der Krone sich wirksam stellen«.

Mit seinem Altgedächtnis begriff Wilhelm die Stellung des Monarchen und der Monarchie offenbar so, als kniete er im Jahre 1840 am Krönungsaltar. Die soziale und die parlamentarische Wirklichkeit blieb seinem Blickfeld mindestens teilweise entzogen. Auf dem Schloßhof stand auch der von Wilhelm bisher ängstlich übergangene preußische Gesandte in Petersburg, dem das innen- und außenpolitische Desaster gegenwärtig war. Für historische Momente besaß *Bismarck* allemal Nerv und Feder. Sein Kommentar, von grausamer Kürze, hieß im Klartext: ›*So* kommen wir nicht weiter‹. Er ließ seine Schwägerin wissen: »Von der Krönung schreibe ich kein Wort. Das dreimalige Anziehn täglich, der Zugwind in allen Sälen und Corridors liegen mir noch in allen Gliedern«.

Die »moralischen Eroberungen«, von denen Wilhelm I. bei Beginn der Regentschaft gesprochen hatte, blieben Preußen nicht versagt. Auch in diesem Punkt wurde Österreich überflügelt. Dieser Vorgang besaß fast die gleiche Bedeutung wie die wirtschaftspolitischen Erfolge Preußens. Es war in erster Linie einer in ihrer Quantität und Qualität verbesserten »preußischen« Literatur, Presse und vor allem Geschichtswissenschaft zu danken. Insgesamt, über Preußen hinaus, handelte es sich dabei um eine seit der Mitte der fünfziger Jahre stärker einsetzende Hinwendung zur Wirklichkeit, zum literarischen Realismus, zur Nationalpädagogik, zu den politisch und wirtschaftlich verwertbaren Produktionen. Die allgemeine Ernüchterung nach den gescheiterten Revolutionen wirkte sich ebenso aus wie die Zustände und Folgen der beginnenden Hochindustrialisierung. Nicht nur die liberal Gesinnten suchten nach Leitbildern und nach ungestörten Räumen des Geistes.

Der »reale Idealismus der Historie« sollte an die Stelle des phantastischen Idealismus der Philosophie treten (Max Duncker an J. G. Droysen). Rudolf Haym (1821 bis 1901) begründete 1858 die »Preußischen Jahrbücher«, in denen sich nationaler Liberalismus und liberaler Konservatismus auf hohem Niveau begegneten. Vor allem anderen zeichnete sich die Wende zum »Historismus« in den Werken Rankes und in Johann Gustav Droysens »Geschichte der preußischen Politik« (seit 1855) ab. Auch in populären Werken drückte sich das Bedürfnis nach genauerer Information über die preußische Geschichte aus, etwa in Ludwig Hahns »Geschichte des preußischen Vaterlandes« (1855) oder in Ferdinand Voigts »Geschichte des brandenburgisch-preußischen Staates« (1860). An die Stelle des gekünstelten und propagandistisch gesteuerten Preußen-Überschwanges (»Treubund«) der ersten Reaktionszeit traten nun ein etwas abgeklärterer Patriotismus und ein verstärktes Studium der schriftlichen und sonstigen Geschichtsquellen im Lande. Seit 1861 begannen in Berlin die Arbeiten für die Edition der »Urkunden und Aktenstücke zur Geschichte des Kurfürsten Friedrich Wilhelm von Brandenburg«.

Wichtiger für die Breitenwirkung war jedoch die politisch-historische *Publizistik*, durch die sich die neue Regierung mit ihrer aktiveren Politik gegenüber anderen Strömungen durchsetzen wollte. Hierfür gibt es mehrere Beispiele. Am aufschlußreichsten für den Stil der »neuen Konservativen« (seit 1860/61) ist wohl das Werk *Theodor Fontanes* in dieser Phase geworden.

Dem Neuruppiner Apothekerssohn waren wir zuletzt während und nach der Märzrevolution begegnet, wo seine Feder, diesseits und jenseits der Landesgrenzen, noch allerlei Preußisches und Unpreußisches aufspießte, freilich ohne den richtigen revolutionären Elan. In den Zwängen der fünfziger Jahre und im Dienste der »reaktionären« Pressepolitik des Ministeriums Manteuffel lernte Fontane die politischen Barometerstände zu beachten. Sein überwiegend aus

»Konservativen« aller Schattierungen bestehender Freundes- und Bekanntenkreis versorgte den produktiven Familienvater mit Arbeitsaufträgen jeder Art.

Von 1855 bis Anfang 1859 vertrat Fontane die Berliner Regierungen pressepolitisch in London. Damals fand er den Zugang zu *konservativen Strömungen*. Seit dem Sommer 1859 griff er in Berlin die Brandenburg- und Preußen-Themen wieder stärker auf. 1860 schließlich wurde ihm die Anstellung bei der »Kreuzzeitung« zuteil. Nun begann er, mit zusätzlicher Förderung durch das Kultusministerium, auf das Preußen-Bild der Zeitgenossen Einfluß zu nehmen. Die urpreußischen Berichte über seine »Wanderungen durch die Mark Brandenburg« (seit 1861) erschlossen breiteren Leserschichten das ältere Preußen, zeigten einem heimatlosen Großstadtpublikum die Reize einer vielhundertjährigen Geschichtslandschaft: »Ja, vorfahren vor dem Krug und über die Kirchhofsmauer klettern, ein Storchennest bewundern oder einen Hagebuttenstrauch, einen Grabstein lesen oder sich einen Spinnstubengrusel erzählen lassen – so war die Sache geplant, und so wurde sie begonnen«, schrieb er noch im Schlußwort zu »Spreeland« (1882).

Diese Preußen-Arbeiten haben den märkischen Dichter einunddreißig Jahre lang begleitet, von der »Grafschaft Ruppin« (begonnen 1859, erschienen 1861) über »Oderland« (1863), »Havelland« (1872) und »Spreeland« bis zu »Fünf Schlösser« (1889) und dem unvollendeten »Ländchen Friesack und die Bredows« (1889 bis 1890). Sie sind ihm mehr gewesen als nur »Materialsammlung« für die spätere Dichtung, mehr als ein »Ballast«, dem das »Berliner Salz der Ironie und Kritik« fehle (Hans-Heinrich Reuter). Die Welt der »Wanderungen« war ihm herzbewegende Lebenswirklichkeit. Vitriol und Salzsäure in die Geschichte zu spritzen, wäre Fontane barbarisch vorgekommen. Die »Geschichte«, wo er sich ihr als Historiker näherte, durfte nicht über den Leisten einer patentierten »Weltanschauung« geschlagen werden. Das machte die damalige und die bis heute andauernde Wirkung der »Wanderungen« aus.

Jeder aufmerksam Zuhörende spürt das »sehr verletzliche Organ für die Würde menschlicher Empfindungen und Taten, die Vorsicht, allzu eilig zu urteilen, wo Geheimnis sich offenbart, und der hingerissene Blick des Künstlers hindern ihn, im einzelnen Fall eine Unterscheidung, ob wahr oder falsch, gut oder böse, zu treffen; warnen ihn aber auch davor, daraus Schlüsse für das Ganze zu ziehen und gültige Maximen für ein rechtes Verhalten abzuleiten. So erklären sich«, meinte Hermann Kunisch, »seine wechselnden Urteile über die Gesellschaft, die Stände, insbesondere den Adel, über Preußen, Brandenburg und Bismarck. Eine wirkliche Lösung gelingt ihm nur in der vollendeten dichterischen Gestalt, wie es die Weise und das Glück der Kunst ist.«

Preußen konnte sich im Spiegel der Texte Fontanes entdecken und wiederfinden. Es begann in den sechziger Jahren, »sich selbst historisch zu werden«. Zeitweise erschienen Woche für Woche die Vorabdrucke der »märkischen« Kapitel im Feuilleton der Kreuzzeitung, im »Wochenblatt der Johanniter-

Ordens-Balley Brandenburg« und in sechzehn anderen Zeitschriften, die den deutschen Sprachraum abdeckten. Fontanes Brandenburg- und Preußen-Bild erreichte das Publikum mit der insgesamt millionenfachen Auflage der Zeitschriften, für die er schrieb. Den Umfang seiner neuen Studien hatte er zutreffend im Blick, als er um 1860 Theodor Storm gegenüber von den »Wanderungen« sprach, »die mich ohngefähr zehn Jahre kosten und zwanzig Bände füllen werden. So bricht jeder verschieden in den Tempel des Ruhmes ein, um drin zu verweilen, bis man durch andre rausgeschmissen wird, Sie wie ein Sonnenstrahl oder eine Toledoklinge, ich wie ein Frachtwagen.«

Mit preußischer Pünktlichkeit belieferte der »Frachtwagen« die Konsumenten. Berlin und Brandenburg, die in manchen Teilen des Deutschen Bundes als rückständige Landschaften angesehen wurden, gewannen ein anderes Angesicht, als ein undoktrinärer Konservativer seine Sympathien in die Waagschale warf. Er trat in der Tagespolitik für die Sache der *Konservativen* ein (1861), stand auf Seiten Leopold von Ledeburs (des Direktors der Königlichen Kunstkammer, später: Hohenzollern-Museum), Heinrich von Mühlers (des späteren preußischen Kultusministers), Wilhelm von Merckels (1861), Hermann Wageners (»Kreuzzeitungs-Wagener«, aus Kränzlin), Ernst Ludwig von Gerlachs, Botho von Hülsens (Generalintendant der Königlichen Schauspiele), Kleist-Retzows und, natürlich, Bismarcks. Diejenigen, die seine Wege mit Geduld gefördert hatten, wußten etwas von der Wirkung seiner Werke. Neben den »Wanderungen« schrieb er wohl auch vaterländische Prologe (»Du Adlerland«, 1861), die Stimmungsgedichte zum Einzug der Truppen nach den Kriegen und die drei zeitgeschichtlichen Kriegsbücher. Er fand den Beifall Rankes oder Treitschkes, war Gast von Ministern und Generälen. 1867, nach mehr als zwanzigjähriger Preußen-Produktion, empfing er vom König, neben anderen mehr spröden als sprudelnden Gaben, den »Kronenorden IV. Klasse«. So verhielt es sich mit den Rangordnungen im alten Preußen.

Für den politischen *Liberalismus* hat Fontane, so herzensliberal er sein konnte und so kritisch er altpreußische Zustände in Briefen und Romanen zu paraphrasieren pflegte, kaum Zuneigung verspürt. Nicht die Liberalen wie Max Duncker, sondern die Hochkonservativen wie Mathilde von Rohr hatten ihm mit patriarchalischer Zähigkeit Steine aus dem Weg geräumt. Er blieb bis zuletzt ein »Aristokrat« im Bürgerrock.

Außenpolitik und Heeresreform

Wilhelm I. begann seine eigenständige Politik, nachdem er im Oktober 1858 die volle Regentschaft hatte übernehmen können. Gleichwohl blieb er zu einer gewissen Rücksichtnahme auf den noch lebenden König genötigt, so stark er von vornherein von dem Willen durchdrungen war, nach den Erfahrungen des

Krimkrieges eine härtere Politik betreiben zu lassen. Als er am 8. November 1858 das neue Staatsministerium empfing, erklärte er insbesondere, Preußen müsse in Deutschland *»moralische Eroberungen«* machen. Das war ein Wort, das aus dem Munde dieses Erzpreußen und einstigen »Kartätschenprinzen« am wenigsten erwartet worden war. Aber es entsprach in dieser Form einer weitverbreiteten Stimmung, für die es in allen politischen Lagern Zeugnisse der Zustimmung gibt. Eine der frühen Ermunterungen nach der Märzrevolution stammt von dem Kulturphilosophen Paul de Lagarde: »Preußen ist ein Produkt der Not. Es ist nur existenzfähig, wenn es sich selbst über sich hinaus treibt: es muß laufen, um nicht schmählich zu fallen. Es muß vorwärts, weil es zu weit gekommen ist, um zurückzugehn. Preußen ist ein Wanderer, der drei Viertel des Weges aufwärts zurückgelegt hat und ... zum Gipfel zu steigen hat...« Nur wenige bedachten wohl, was aus Preußen werden sollte, nachdem es sich mit allem Gepäck des hergebrachten Partikularismus und der unverwüstlichen deutschen Eigenbrötelei auf den »Gipfel« nationalen Triumphes geschleppt hatte.

Das Hauptinteresse des Prinzregenten galt seit langem der *»Heeresreform«*. Damit war eine Reorganisation und Vermehrung der Armee in allen ihren Gliederungen gemeint. Die Zeit drängte. Ringsum zogen sich erneut schwarze Wolken zusammen. Die ersten Dynamitladungen des neuen Nationalismus gingen unter den älteren Staatsstrukturen hoch. Im italienischen Krieg von 1859 brauchte Preußen zwar nicht mehr einzugreifen, weil Österreich, das den Prinzregenten Wilhelm bereits um Hilfe gebeten hatte, Niederlagen erlitt (Magenta und Solferino) und sich mit Frankreichs Kaiser Napoleon III. verständigen mußte. Aber die Enttäuschung in Wien über die letztlich ausgebliebene preußische Hilfe war beträchtlich und hat nachgewirkt. Die gleichzeitigen Debatten im Norden und Süden über Wege zur deutschen Einheit rückten die nationale Frage in das Bewußtsein weiterer Bevölkerungskreise. Für Preußen wäre 1859/60 ein kriegerischer Konflikt zur Unzeit eingetreten. Staat und Heer waren wegen der latenten Dynastiekrise in der Bewegungsfähigkeit eingeschränkt. Das Heer wäre einem Kampf mit Frankreich oder Österreich nicht gewachsen gewesen. Die Mobilmachung zugunsten Österreichs hatte erhebliche Schwächen enthüllt, was nach dem zügellosen Regiment des Kunst-Königs nicht verwundern mußte.

Auf der Grundlage älterer Pläne der vom Prinzen von Preußen geleiteten Reorganisations-Kommission ist dann im Frühjahr 1860 durch den neuen Kriegsminister Albrecht von Roon (im Amt seit Dezember 1859) die eigentliche *Reform* mit großer Energie begonnen worden. An den Arbeiten sind außerdem der Generaladjutant Gustav von Alvensleben und der hitzige Edwin von Manteuffel, Chef des Militärkabinetts, beteiligt gewesen. Im Ergebnis verschiedener Gesetze und Verordnungen wurden die bestehenden Regimenter durch je ein zusätzliches Bataillon aufgefüllt. Die bereits 1814 erstmals eingeführte dreijährige Dienstzeit ist zur Dauereinrichtung erklärt worden, nachdem von 1833 bis

1856 nur eine zweijährige Dienstzeit gegolten hatte. Außerdem wurde die Landwehr, die unverändert als »bürgerliches« Reservat galt, insofern geschwächt, als ein Teil zur Reserve der Linien-Truppen erklärt wurde. Jährlich sollten nun mehr als sechzigtausend Mann eingezogen werden. Die Friedensstärke des Heeres würde sich um etwa dreiunddreißig Prozent erhöhen. Die Feldarmee sollte dreihundertneununddreißigtausend Mann, die Friedensarmee zweihundertdreizehntausend Mann umfassen. Neununddreißig Infanterieregimenter und zehn Kavallerieregimenter mußten neu aufgestellt, ausgerüstet und mit Kasernen usw. versehen werden. Jährlich waren neuneinhalb Millionen Taler mehr für Rüstung aufzubringen. Für die Finanzierung war eine Steuererhöhung (fünfundzwanzig Prozent) vorgesehen.

Nach den *Neuwahlen* zur zweiten Kammer (Dezember 1861) sahen sich König und Regierung unversehens in einer prekären Lage. Die Fortschrittspartei hatte hundertzehn Abgeordnetensitze gewonnen, während die Konservativen (»Kreuzzeitungspartei«) auf vierzehn Abgeordnete zurückfielen. Der Unmut fast der gesamten Bevölkerung konnte nicht mehr übersehen werden. Es war wenig wahrscheinlich, daß die Majorität dieser Kammer der Heeresreform zustimmen würde, weil sich die Fortschrittspartei für die Dienstzeit von zwei Jahren und für die Bewahrung der Landwehr ausgesprochen hatte.

Im März 1862 wurde dann das Abgeordnetenhaus vom König aufgelöst, nachdem die Fortschrittspartei gefordert hatte, daß die Ausgabenpolitik der Regierung der vollen parlamentarischen Kontrolle unterworfen sein müsse. Bei den Neuwahlen gewannen die liberalen Fraktionen aber mehr als achtzig Prozent der Sitze (Mai 1862). Der König, ratloser werdend, berief ein konservatives Kabinett mit Hohenlohe-Ingelfingen als Ministerpräsident und Graf Albrecht von Bernstorff als Außenminister. Der Konflikt spitzte sich zu.

Die wichtigste Stütze des Königs war Roon. Auch die liberale Opposition forderte eine kraftvollere Politik, aber sie scheute – wie weiland die altbrandenburgischen Stände – längerfristige Kosten. Auch die Forderungen Roons für die preußische Kriegsmarine erweckten wenig Freude, obwohl erkennbar war, daß um Schleswig-Holstein mit dem maritim gerüsteten Dänemark gefochten werden müßte. Die Leidenschaft des Kampfes machte die meisten Beteiligten blind für Kompromisse. Insbesondere die dreijährige Dienstzeit, an der der König starr festhielt und sogar mit Abdankung drohte, trieb den Konflikt schließlich auf die Spitze. Als das Abgeordnetenhaus alle beantragten Mehrausgaben im Etat gestrichen hatte, traten die Minister Hohenlohe und von der Heydt zurück (23. September 1862). Für den bedeutendsten preußisch-deutschen Staatsmann des 19. Jahrhunderts, für Otto von Bismarck-Schönhausen, eröffnete sich damit der Zugang zum Ministerium.

Bismarck stammte väterlicherseits von brandenburgischen, magdeburgischen und hinterpommerschen Landadligen ab (Schulenburg, Alvensleben, Katte, Dewitz), mütterlicherseits von der bürgerlichen halleschen Beamten- und Gelehrtenfamilie Mencken. Sein Großvater war Kabinettssekretär bei Friedrich dem Großen gewesen. Diese verschiedenen Erbgut- und Überlieferungsstränge haben ein Individuum entstehen lassen, in dem sich hohe Intelligenz mit einem unbändigen Durchsetzungswillen, mit Herrschlust und Gestaltungskraft, mit Phantasie und Risikobereitschaft vereinigten. Es gibt niemand in der preußischen Geschichte, der sich mit ihm vergleichen ließe – es sei denn der Dienstherr seines Großvaters.

Nach dem Jura-Studium in Göttingen und kurzer Tätigkeit in der Verwaltung war er auf die väterlichen Güter zurückgekehrt. Um 1840 hatte der auflebende pommersche *Pietismus* in dem »tollen Junker« die Wende zum pragmatisch-gläubigen Christen, nicht jedoch zum frömmelnden Muckertum der Gerlach-Richtung bewirkt. Nach seiner Paraderolle als Konterrevolutionär 1848/49 begann er, sich mehr und mehr der Politik zuzuwenden (1851: konservativer Abgeordneter im Preußischen Landtag und im Erfurter Unionsparlament; Bundestagsgesandter in Frankfurt am Main seit Mai 1851; Gesandter in Petersburg, 1859; Gesandter in Paris, seit Frühjahr 1862). In diesen politischen Lehrjahren hatte er nicht nur die gesamte politische Szenerie Europas kennengelernt, sondern auch erkannt, daß Preußen wieder seine eigene und möglichst unabhängige Politik unter Beachtung der nationalen und sozialen Strömungen treiben und durch militärische Macht abdecken müsse.

In der September-Krise 1862 wartete Bismarck auf den längst ersehnten Ruf aus Berlin. Als Roon ihm per Depesche nach Paris das Stichwort zurief: »Periculum in mora«, wußte er, daß der König, schweren Herzens, dazu überredet worden war, mit dem »Übermenschen« die neue Kabinettsbildung zu erörtern. Im Schloßpark von Babelsberg an der Potsdamer Havel fand am 22. September das Gespräch über eine Politik statt, die bereits nach acht Jahren zum Ende Preußens in seiner bisherigen Gestalt führen sollte.

Bismarcks Politik hat den Prozeß der *Selbstauflösung Preußens* eingeleitet und beschleunigt. Es gehört zu den erstaunlichen Erscheinungen der an Überraschungen nicht armen Politik des neuen Ministerpräsidenten, daß sich fast alle Mitglieder der Dynastie der Macht der von ihm geschaffenen Tatsachen immer wieder gebeugt haben, sei es aus Einsicht, aus Schwäche oder aus Desinteresse. Bismarck hat andererseits immer gewußt, daß eine stärkere Gruppierung im königlichen Hause seine Politik zum Scheitern bringen könnte. »Die geschichtliche Prädestination lag aber darin«, meinte er im Rückblick nach dem Sturz, »daß meine höfischen Talente hinreichten, um den König und damit schließlich sein Heer der deutschen Sache zu gewinnen.« Daß die Dynastien, auch die preußische, die Zeche seiner Politik mitzubezahlen hätten, ist ihm deutlich gewesen. Er hat im Rückblick davon gesprochen, daß das heterogene Preußen »ohne die Dynastie so nicht weiter leben würde«. In seinem Voranschreiten vom Royalisten zum heimlichen Anti-Dynasten lag etwas Umstürzlerisches. Vor den letzten Konsequenzen hat er die Augen verschlossen. Vielleicht gehörte es zu jenen Zukunftsträumen, an denen er niemanden teilhaben ließ. Andere, wie der konservative Hallenser Historiker Heinrich Leo, haben das Problem nüchterner angesprochen: »Preußen ist ein wesentlich königliches Land. Der alte Satz, daß Staaten durch die Dinge erhalten werden, durch die sie geschaffen sind... bewährt sich auch hier. Preußen stirbt, wenn sein Königtum schwindet – Preußen wird eine Beute der Fäulnis und der Würmer, wenn man das Königtum aus ihm herausnimmt oder in ihm schwächt« (1864).

Wilhelm I. hat es lange Zeit nicht bemerkt oder nicht bemerken wollen, wie Bismarcks »preußischer Patriotismus« ihn und sein Haus in einen gänzlich anderen Zustand überführte. Er hat andererseits das Bewußtsein besessen, daß er ohne einen herausragenden Ministerpräsidenten als Regent scheitern müsse. Er kannte seine Grenzen. Nach allen bitteren und unvergessenen Erfahrungen der eigenen Vergangenheit mochte er – auch mit Blick auf England – eingesehen haben, daß er eines »Premierministers« bedurfte, dem er die Regierungsgeschäfte weitgehend übertragen konnte.

Marinepolitik

Die Anfänge der neueren preußischen Marine gehen auf die Jahre 1849/50 zurück, als gegen Dänemark gekämpft wurde. Gegen Ende der fünfziger Jahre unternahmen dann die Schiffe ihre ersten Auslandsreisen. Wissenschaftliche Expeditionen (Vermessungen), das Zeigen der Flagge in Übersee im Interesse des nationalen Prestiges, Schutz und Förderung des Außenhandels und, last not least, die Erprobung von Schiffen und die Hebung der Seetüchtigkeit gingen dabei Hand in Hand. Nachdem England 1856/57 mit seiner Flotte China für den Handel der Europäer und Amerikaner geöffnet hatte, ergab sich auch für Preußen die Notwendigkeit einer Präsenz in Ostasien.

In Berlin wurde im August 1859 beschlossen, eine Expedition zu entsenden. Die Hauptaufgabe bestand darin, mit China, Japan und Siam Handelsverträge abzuschließen und diplomatische Beziehungen aufzunehmen. Rudolf von Delbrück, maßgeblicher Ministerialdirektor im Handelsministerium, bezeichnete die vierhundertzwanzigtausend Taler, die für die fast dreijährige Fahrt von drei Schiffen der Kriegsmarine und einem Transportschiff nebst Diplomaten (Graf Fritz Eulenburg) und wissenschaftlichen und kommerziellen Fachleuten hatten ausgegeben werden müssen, als »sehr gut verwendet«. Er meinte, der Gewinn für Preußen hätte vor allem in der Stellung gelegen, »welche wir als Großmacht neben Großbritannien, Frankreich, Rußland und Amerika gegenüber den ostasiatischen Reichen errungen hatten«, und zwar bereits als Vertreter des ganzen nichtösterreichischen Deutschland. Die Handels- und Konsular-Verträge (Japan: 1861; China: 1861, Preußische Gesandtschaft in Peking 1865; Siam: 1862), die sich kommerziell nach und nach auswirkten, bildeten den Auftakt zu zahlreichen weiteren Abkommen mit der Türkei (1862, unter Fortdauer des Vertrages Friedrichs des Großen von 1761), mit Chile (1862), Peru (1863), mit Sardinien-Italien (1859 folgende) und vor allem mit Frankreich (1862) und mit Belgien (Schiffahrtsvertrag, 1863). Diese Vertragspolitik, zum Teil im Auftrage des Zollvereins geführt, erwies sich als erfolgreich und stärkte das Ansehen Preußens, noch bevor Bismarck mit außenpolitischen Erfolgen auf den Plan treten konnte.

Bismarck und der Verfassungskonflikt

Als sich Bismarck nach Babelsberg begab, wußte er, welche Vorbehalte gegen ihn bestanden und wie sehr seit langem am Hof der Königin gegen seine Berufung in das Ministerium gearbeitet wurde. Die Stimmung im Lande war dem König nicht verborgen geblieben. Wenn er Unter den Linden in der Kutsche fuhr, so drehte ihm das Publikum demonstrativ den Rücken zu. Im Land war der »stupide, ingrimmige Haß gegen die Armee« (Bernhardi) weit verbreitet.

Es gelang Bismarck, den abdankungsbereiten König dazu zu bewegen, mit ihm noch einen Versuch zu unternehmen, Preußen besseren Zeiten entgegenzuführen. Er – Bismarck – wolle für die dreijährige Dienstzeit eintreten, gegen die parlamentarische Majorität regieren und die Staatsgeschäfte ohne ein verfassungsmäßig zustande gekommenes Budget führen. Darauf erklärte Wilhelm: »Dann ist es meine Pflicht, mit Ihnen die Weiterführung des Kampfes zu versuchen, und ich abdiziere nicht.« Bismarck lehnte es jedoch ab, sich auf ein Programm (»gegen eine mir zugetraute conservative Durchgängerei«) festlegen zu lassen. Er band sich in diesem Gespräch mit Vertragscharakter an König und Krone für – wie sich zeigen sollte – die Dauer von sechsundzwanzig Jahren.

In der gegebenen Lage konnte Bismarck nicht anders handeln, wenn Preußen nicht auf halbem Wege stehen bleiben sollte: »Der friderizianische Geist, den Bismarck oftmals beschworen hatte, konnte sich nur unter einer starken Krone entfalten und verwirklichen« (W. Bußmann). Der nicht nur verfassungsgeschichtlich folgenreiche »königlich-ministerielle Dualismus« (S. Kaehler), der sich aus dem Bund zwischen Bismarck und dem König ergab, ist auch durch den Tod und Sturz der beiden Erstbeteiligten nicht aufgelöst worden. Als am 8. Oktober 1862 Bismarcks endgültige Ernennung erfolgte, verschlossen sich nur wenige der Preußen-Kenner der Einsicht, daß eine fundamentale Weichenstellung vorgenommen worden war.

Der König hatte seine *Entscheidung* nicht nur gegen die liberal gestimmte öffentliche Meinung, sondern vor allem gegen die Ansichten in seinem Hause treffen müssen. Der Kronprinz gedachte sogleich des Schmerzes, den die Ernennung »des Todfeindes« bei seiner Mutter hervorrufen müsse. Die Intimfeindschaft zwischen *Augusta* und Bismarck, deren Wurzeln in einer inhaltlich beiderseits verheimlichten Unterredung im Schloßdienerzimmer 1848 zu suchen sind, gewann nunmehr erneut staatspolitisch relevante Dimensionen. In den Augen der Königin, der selbst Bismarck die Fähigkeit überlegener »Kritik« nicht versagen mochte, blieb der neue Chefminister eine »frivole und anmaßende Persönlichkeit bei sonst unverkennbaren Talenten«.

Im Grunde stand die Angehörige einer der ältesten Dynastien gegen einen anspruchsvollen Landjunker, dessen Bedeutung sie erst spät erkannte und dem sie bald nachsagte, daß er noch »lernen müsse, seinem Herrscher zu gehorchen«; es stand eine von ihrer Bedeutung durchdrungene Fürstin und Dame gegen einen handfesten patriarchalischen Politiker, den »der bloße Gedanke an eine ›Weiberherrschaft‹ ergrimmte« (*Frau von Kurowsky*); und es bekämpften sich – was wohl den Kern des Gegensatzes ausmachte – die Pazifistin und ein Altpreuße, der bereits am 30. September 1862 in der Budgetkommission des Abgeordnetenhauses den taktisch nicht unbedingt geschickten Kraftsatz herausgebracht hatte: »Nicht durch Reden und Majoritätsbeschlüsse werden die großen Fragen der Zeit entschieden – das ist der Fehler von 1848 und 1849 gewesen –, sondern durch Eisen und Blut«.

In Baden-Baden, wo der König am 30. September seiner Gemahlin zum Geburtstag aufgewartet hatte, war ihm infolgedessen noch einmal in einer äußerst erregten Aussprache die Warnung zuteil geworden, er würde sich mit diesem Minister bald in die Reihe derjenigen europäischen Dynasten eingereiht finden, deren Regierungszeit durch das Fallbeil abgebrochen worden sei. Bismarck verstand es, indem er dem König bis Jüterbog entgegenreiste, mit der ersten berühmt gewordenen *Bahnfahrt-Unterredung* den Monarchen so aufzurichten, daß nun eine kontinuierliche neopreußische Politik durchgeführt werden konnte.

In seinen Erinnerungen hat Bismarck das Gespräch wiedergegeben. Er habe den König in einem ungewöhnlichen Coupé erster Klasse ohne Begleitung vorgefunden: »Er war unter der Nachwirkung des Verkehrs mit seiner Gemahlin sichtlich in gedrückter Stimmung, und als ich um die Erlaubnis bat, die Vorgänge während seiner Abwesenheit darzulegen, unterbrach er mich mit den Worten: ›Ich sehe ganz genau voraus, wie das Alles endigen wird. Da vor dem Opernhaus, unter meinen Fenstern, wird man Ihnen den Kopf abschlagen und etwas später mir.‹ ... Als er schwieg, antwortete ich mit der kurzen Phrase: ›Et après, sire?‹ ›Ja, après, dann sind wir todt!‹ erwiderte der König. ›Ja‹, fuhr ich fort, ›dann sind wir todt, aber sterben müssen wir früher oder später doch, und können wir anständiger umkommen? Ich selbst im Kampfe für die Sache meines Königs und Eure Majestät, indem Sie Ihre königlichen Rechte von Gotts Gnaden mit dem eignen Blute besiegeln, ob auf dem Schaffot oder auf dem Schlachtfelde, ändert nichts an dem rühmlichen Einsetzen von Leib und Leben für die von Gottes Gnaden verliehenen Rechte. ... Eure Majestät sind in der Nothwendigkeit zu fechten, Sie können nicht capitulieren, Sie müssen, und wenn es mit körperlicher Gefahr wäre, der Vergewaltigung entgegentreten.‹ Je länger ich in diesem Sinne sprach, desto mehr belebte sich der König und fühlte sich in der Rolle des für Königthum und Vaterland kämpfenden Offiziers hinein. ... Er hatte sich bis dahin auf seiner Fahrt nur gefragt, ob er vor der überlegenen Kritik seiner Frau Gemahlin und vor der öffentlichen Meinung in Preußen mit dem Wege, den er nun einschlug, würde bestehn können. Dem gegenüber war die Wirkung unsrer Unterredung in dem dunklen Coupé, daß er die ihm nach der Situation zufallende Rolle mehr vom Standpunkte des Offiziers auffaßte. Er fühlte sich bei dem Porte-épée gefaßt und in der Lage eines Offiziers, der die Aufgabe hat, einen bestimmten Posten auf Tod und Leben zu behaupten ...«

Der König wäre dann, schreibt Bismarck weiter, in »kampflustiger Stimmung« in Berlin angekommen und hätte trotz der ernsten Situation seine »Heiterkeit« wiedergefunden. Heiterkeit war das letzte, was die Königin wiederum nach diesen Ereignissen hätte erfüllen können. Die Allianz zwischen dem Chef der Dynastie und dem »Chef« des Staates war im Herbst 1862 bereits so verfestigt, daß Augusta ihrem Bruder in Weimar den Umschwung bestätigend schreiben mußte: »Es entsetzt mich die zunehmende, durchgreifende Umwandlung in den Anschauungen und dem Wesen des Königs«.

Der Etat für 1863 fand im *Abgeordnetenhaus* nur in der um die Militärforderungen gekürzten Fassung eine Mehrheit. Das Herrenhaus aber lehnte den verkürzten Etat seinerseits ab und stimmte der Regierungsvorlage auf Antrag des Grafen Adolf Heinrich von Arnim-Boitzenburg zu. Nun bot sich Bismarck die Möglichkeit, darauf zu verweisen, daß die Verfassung eine *Lücke* habe; es fehle die Bestimmung über das Verfahren, wenn das Etatgesetz infolge von Differenzen zwischen den drei beteiligten Organen nicht zustande gekommen ist. Er nahm nun, durch Gutachten gestützt, für die Regierungsseite das Recht (als Ausfluß der Krongewalt) in Anspruch, nach pflichtgemäßem Ermessen zu handeln und über die Staatseinkünfte zu verfügen. Die Verwaltung arbeitete königstreu. So konnte die Regierung während der nächsten vier Jahre mit ungenehmigten Etats die Staatsgeschäfte betreiben. Die Drohung der Mehrheit des Abgeordnetenhauses (274 gegen 45 Stimmen), die Minister für verfassungswidrige Ausgaben mit ihrer Person und ihrem Vermögen haftbar zu machen, verfing nicht. Da es sich immerhin um mehrere Millionen Taler handelte, bemerkte Bismarck lakonisch: »Bei der Summe kann mir alles Wurst sein«.

Die innenpolitische Krise, in der Bismarck Gelassenheit bewahrte und dennoch alle Varianten der Repression, von der Ausweisung unerwünschter Ausländer aus Berlin bis hin zur Ersetzung des Dreiklassenwahlrechtes durch das allgemeine und gleiche Wahlrecht, geprüft und auch Gespräche mit dem Sozialisten-Führer Ferdinand Lassalle geführt hatte, wurde 1863 bald überlagert durch neue außenpolitische Entwicklungen in Polen und in Schleswig-Holstein.

Die Thronbesteigung (1855) Alexanders II., eines Enkels der Königin Luise, erweckte auch in *Polen* Hoffnungen, daß das reaktionäre russische Regime mit Polizeiwillkür, Korruption und Verfolgung von Intellektuellen nunmehr seinem Ende entgegenginge. Die liberalen Strömungen (Aufhebung der Leibeigenschaft 1861, Justizreform 1864) wurden von der polnischen Emigration in England und Frankreich als Schwäche gedeutet. Man ermunterte die antirussischen Kräfte, obwohl Voraussetzungen für einen erfolgreichen nationalen Aufstand weder im Militär noch in der Administration gegeben waren. Bismarck hatte bereits im Sommer 1862, als der Bruder des Zaren zum Statthalter in Polen ernannt worden und dem Kaiser Nachrichten über die Brutalität der russischen Verwaltung vorgelegt worden waren, Napoleon III. darauf hingewiesen, »wie fruchtbar die polnische Propaganda in Erfindungen und Übertreibungen sei«. Er glaube nicht »an die Möglichkeit einer dauernden Befriedung der polnischen Bewegungspartei wegen der Überspanntheit ihrer Forderungen«. Und er hat dann mit aller Härte, als wäre er bereits Ministerpräsident, Frankreich vor der Illusion gewarnt, daß Preußen im Interesse einer außerdeutschen nationalen Bewegung seine Ostflanke gefährden könne; er verwies darauf, daß für Preußen »nach unserer geographischen Lage (!) jede Möglichkeit ausgeschlossen sei, uns mit einer Auferstehung polnischer Nationalität zu befreunden, daß wir vielmehr durch unsere höchsten politischen Interessen unabweislich genötigt seien, den dahin gerichteten Bestrebungen innerhalb unserer Grenzen und in der unmittelbaren Nähe derselben mit aller Entschiedenheit und mit allen Mitteln entgegenzutreten«. Man wird Bismarck vor allem dahin zu interpretieren haben, daß ein mehr oder weniger antirussisches Engagement in der Polenfrage in hohem Maße töricht gewesen wäre, weil damit Preußens »Befähigung zu Allianccn nach allen Seiten hin« (Alexander M. Gortschakoff zu Bismarck, 1. März 1862) eingeschränkt worden wäre.

Als dann im Januar 1863 der Aufstand losbrach, entschied sich Bismarck, auch in der Konsequenz seiner schon 1848 bekundeten Polen-Auffassungen, für ein enges Zusammengehen mit Rußland, um »die Eröffnung der polnischen Frage nach Möglichkeit hintanzuhalten«. Auch von der innenpolitisch unruhigen Situation her handelte er folgerichtig, als er den Generaladjutanten Gustav von Alvensleben nach Petersburg sandte, um mit dem Zaren und dem Kanzler Gortschakoff im Sinne konservativer Polenpolitik ein Abkommen zu erzielen. Die »Konvention« (8. Februar 1863) regelte das Verfahren bei der Verfolgung Aufständischer über die gemeinsamen Grenzen hinweg.

Die polnischen Patrioten mußten ihren Widerstand bald aufgeben, zumal England, Frankreich und Österreich keine aktive Hilfe leisteten und sich auf diplomatische Interventionen beschränkten. Die Russifizierung Kongreßpolens (nunmehr: »Weichselgebiet«) mit der Expropriierung der Oberschicht, der Bekämpfung der polnischen Kirche und der Oktroyierung russischer Bildungseinrichtungen nahm ihren Anfang.

Die Wirkungen des Abkommens reichten jedoch erheblich über den Anlaß hinaus. Die antipolnische monarchische Richtung in Petersburg wurde gegenüber der panslawistischen gestärkt, die preußisch-russische Freundschaft belebte sich, und die von Bismarck besorgte Möglichkeit eines Zusammengehens von Rußland und Frankreich war im Keim erstickt. Obwohl Preußen kurzfristig während der Polenkrise Sympathien in England, Frankreich und Österreich sowie bei deutschen Liberalen einbüßte und die Konvention nach außen hin kündigen mußte, blieb doch der Vorteil erhalten, durch das gefestigte Einvernehmen mit Rußland den »Rücken« einigermaßen frei zu haben für eine aktive Politik im engeren mitteleuropäischen Raum, für die im übrigen bereits damals ein grundsätzliches russisches Einverständnis vorlag

Bundesreform

Die Reform des Deutschen Bundes (Frankfurter Fürstentag, August 1863) scheiterte am Widerspruch Preußens, dessen Stellung dadurch nur gemindert werden konnte. Ein fünfköpfiges Fürstendirektorium und ein Delegiertenparlament aus dreihundert Abgeordneten hätte Bismarcks Politik, wie immer sich diese gestalten sollte, nur behindert. Er bewog den König, dem Kongreß fernzubleiben, und stellte drei Punkte auf: 1. Ein Vetorecht für die beiden Großmächte bei Kriegserklärungen des Bundes. 2. Die Parität Österreichs und Preußens in der Wahrnehmung des Bundesvorsitzes. 3. Eine aus direkten Wahlen hervorgegangene Nationalvertretung. Die letztgenannte Forderung wirkte besonders aufreizend vor dem Hintergrund des Berliner Verfassungskonfliktes. Mit der Absage Preußens hatte Österreich als wichtigster, wenn auch nicht einziger Initiator des Projektes eine diplomatische Niederlage erlitten. Ob nach einer Bundesreform ein echter Ausgleich mit Österreich möglich geworden wäre, vermag niemand zu sagen. Bismarck wußte auch aus seinen Pariser Gesprächen, daß Napoleon III. gegen einen sich staatlich verfestigenden und reformierten »Deutschen Bund« unter Einschluß außerdeutscher Reichsteile der Habsburgermonarchie (durch Status-Garantie) Front gemacht hätte. Aber das Wichtigste blieb für den Leiter der preußischen Politik, daß ein »Großdeutschland« als Vielvölker- und Vieldynasten-Staat weit mehr Probleme aufgeworfen hätte als ein von Preußen zu bestimmender Weg zu einem kleindeutschen Bundesstaat. Schon 1857 (»Prachtbericht«) hatte er Manteuffel den kalten Satz übermittelt: »Ich will nur meine Überzeugung aussprechen, daß wir in nicht zu langer Zeit für unsere Existenz gegen Österreich werden fechten müssen«. Das war und blieb Bismarcks Credo. »Wer kann Bismarck völlig trauen!« – heißt es bei dem den Ereignissen nachschreibenden Bismarck-Mentor Ernst Ludwig von Gerlach (1864). In diesem Punkte konnte man ihm trauen.

Das Königreich Dänemark selbst ist es gewesen, das durch seine unglückliche Politik gegenüber den eiderdänischen Bestrebungen auf Einverleibung Schleswigs in den Gesamtstaatsverband die Voraussetzungen für den Verlust von zwei Fünfteln des dänischen Gebietes geschaffen hat. Nachdem Dänemark unter Verletzung des Londoner Protokolls von 1852 am 30. März 1863 Schleswig den Status einer normalen Provinz gegeben und den Grundsatz verletzt hatte, daß die Herzogtümer Schleswig und Holstein »up ewig ungedeelt« bleiben sollten, brach eine Krise aus, in deren Verlauf sich die Großmachtinteressen Preußens und Österreichs mit dem dynastischen Erbstreit in Dänemark (König Christian IX. von Schleswig-Holstein-Sonderburg-Glücksburg gegen Friedrich VIII. von Sonderburg-Augustenburg) sowie der nationalen und rechtsliberalen Schleswig-Holstein-Bewegung verquickten.

Bismarck selbst hat frühzeitig erkannt, daß hier die Chance für einen ersten *territorialpolitischen Erfolg* gegeben war. Freilich nur unter zwei Voraussetzungen, daß nämlich Geld in der preußischen Kriegskasse wäre und daß sich Österreich an dem Zuge beteiligte. Was das Geld betrifft, so war die friderizianische Tradition des wohlgefüllten Kriegsschatzes weitgehend abgerissen. Die Regierung lebte von der »Hand im Mund« und besaß nur eine kleine Rücklage von maximal einundzwanzig Millionen Talern. Obendrein verfügte Bismarck in seinem Kabinett mit dem Finanzminister Karl von Bodelschwingh (1800 bis 1873), dem Bruder des unglücklichen März-Ministers, über einen ebenso ängstlichen wie überalterten Kollegen, der sich auf Ratschläge seiner liberalen Beamten stützte und ungerührt auf Recht und Gesetz pochte. Ähnliches galt für den Handelsminister Heinrich Graf von Itzenplitz (1799 bis 1883), der im Kabinett ebenfalls zu jener Ministergruppe gehörte, die Bismarcks zum Teil rabiate Vorschläge zur Kriegsfinanzierung abwies. Dabei ist sogar an die althergebrachte »Zustimmung der Stände«, wie sie das immer noch gültige Staatsschuldengesetz Friedrich Wilhelms III. vorsah, ganz ernsthaft erinnert worden (Kronrat, 13. Juni 1864). Immerhin gelang es, die Kosten des dänischen Krieges (siebzehn bis zwanzig Millionen Taler) aus Rücklagen und laufenden Überschüssen einigermaßen zu finanzieren. Aber manches erinnert von ferne an die Zustände in Preußen um 1712/13, als man den Eintritt in den Nordischen Krieg eigenhändig zu bestreiten hatte.

Österreich ließ sich in der Hoffnung auf einen begrenzten politischen Erfolg seit dem Sommer 1863 von Bismarck dazu verleiten, am Streit mit *Dänemark* teilzunehmen. Einsprüche der auswärtigen Großmächte waren nicht zu erwarten. Nach außen hin galt die Formel, dem Londoner Protokoll Genüge zu tun und die Wiederherstellung der bisherigen Personalunion der Herzogtümer mit Dänemark zu erreichen. Dies jedenfalls erstrebte Österreich, das mit dem Blick auf das gefährdete Venetien und Napoleons Drohungen mit dem Nationalitätsprinzip Preußen auf dem Weg nach Norden folgte. Im Alleingang hätte Preußen die Aktion in Schleswig-Holstein nicht bewältigen können, weil dann die Gefahr einer europäischen Koalition gegen Preußen bestanden hätte. Österreichs Beteiligung halbierte die Kosten und verdoppelte die Aussichten.

Die Annexionsstrategie fand auch im November 1863, nach dem Tod des dänischen Königs (Friedrich, 15. November), im Berliner Kronrat nur wenig Beifall. Aber zu Silvester 1863/64 sagte Bismarck in aller Ruhe seinem Schwager Arnim-Kröchlendorff: »Die up ewig Ungedeelten müssen einmal Preußen werden. Das ist das Ziel, nach dem ich steuere; ob ich es erreiche, steht in Gottes Hand. Aber ich könnte es nicht verantworten, preußisches Blut vergießen zu lassen, um einen neuen Mittelstaat zu schaffen, der im Bunde mit den andern immer gegen uns stimmen würde. Die Halsstarrigkeit der Dänen wird uns wahrscheinlich schaffen, was wir brauchen, den Kriegsfall.« So geschah es dann auch. Nach dem Bundestagsbeschluß über die Exekution in Holstein (7. Dezember 1863) nahm das Kriegsgeschick seinen Lauf. Schleswig wurde gegen Jahresende besetzt. Dänemark lehnte ein Ultimatum der beiden seit dem 16. Januar verbündeten deutschen Großmächte ab (18. Januar), England leistete den Dänen keine militärische Hilfe und am 1. Februar überschritten Preußen und Österreicher in zwei Armeekorps (etwa fünfundvierzigtausend Mann) unter dem Oberbefehl des Feldmarschalls Wrangel die Eider. Die Dänen wurden zurückgedrängt, und die preußischen Truppen drangen nach Jütland vor. Bei einem der dortigen Gefechte ist auf preußischer Seite zum ersten Mal das Zündnadelgewehr mit durchschlagendem Erfolg eingesetzt worden; eine dänische Kompanie verlor innerhalb kurzer Zeit fünfzig Prozent ihres Bestandes, während die preußische Kompanie drei Verwundete zu verzeichnen hatte (Lundby). Am 18. April wurden die Düppeler Schanzen gestürmt; es war der erste aufsehenerregende Waffenerfolg preußischer Truppen seit langer Zeit. Die Dänen zogen sich auf die Insel Alsen zurück, von wo sie nach einem nächtlichen amphibischen Unternehmen (28./29. Juni) verdrängt wurden. Jütland war nach und nach bis zum Skagerrak besetzt worden. Die Seeherrschaft wurde von Dänemark weitgehend behauptet, doch hat das wenig an dem katastrophalen Ausgang des Krieges geändert. Die Londoner Konferenz der europäischen Mächte blieb ergebnislos. Der Friedensschluß von Wien (1. August/30. Oktober) nötigte Dänemark zum Verzicht auf die Herzogtümer und Lauenburg. Schutzklauseln für die dänische Bevölkerung in Schleswig fehlten.

Der *Kabinettskrieg* der beiden deutschen Großmächte hatte dazu geführt, daß die Schleswig-Holstein-Frage in relativ kurzer Zeit im nationaldeutschen Sinne bereinigt und aus dem Einflußfeld der anderen großen Mächte herausgenommen war. Für Bismarck stellte sich nun das Problem, auf welchen Wegen die beabsichtigte Annexion durchzuführen sei. Nach einer für alle Beteiligten wenig befriedigenden Phase des Kondominats (mit einer gemeinsamen Landesregierung auf Schloß Gottorp bei Schleswig) einigte er sich mit dem österreichischen

Außenminister Graf Rechberg in der Konvention von Gastein (14. August 1865) dahin, daß Holstein von Österreich, Schleswig aber von Preußen zu verwalten sei.

Lauenburg wurde gegen eine Entschädigung von zweieinhalb Millionen Taler von Preußen übernommen. Es behielt jedoch in Holstein Sonderrechte (Marinestützpunkte, Etappenstraßen), so daß Österreich hier eine ungesicherte Außenposition besaß, die über kurz oder lang verlorengehen mußte. Da auch die Kandidatur des Augustenburger Prinzen von Österreich aufgegeben worden war, erschien Preußen in der Öffentlichkeit als »Sieger«, freilich nicht im moralischen Sinne.

Der Weg nach Königgrätz

Die Erfolge in Schleswig-Holstein hatten den preußischen Landtag nicht dazu bewegen können, mit dem Bismarck-Kabinett Frieden zu schließen. »Bismarcks Dilemma bestand weiterhin: um außenpolitische Siege vorweisen zu können, die schließlich den Landtag bezwingen würden, brauchte er Geld, das zuzugestehen das Parlament nicht willens war« (F. Stern). Nach der Gasteiner Konvention haben Gruppen der internationalen Hochfinanz (Rothschild-Paris nebst Bleichröder-Berlin sowie die Heinemann-Gruppe) versucht, die brennende Lunte der Schleswig-Holstein-Frage noch auszutreten. Holstein sollte danach gegen eine Zahlung von vierzig oder sechzig Millionen Gulden von Preußen übernommen werden. Diese Verhandlungen zogen sich bis Ende November 1865 hin, verloren dann aber an Bedeutung, weil man sich in Österreich des Prestigeverlustes bewußt geworden war, den eine solche Transaktion zur Folge haben mußte. Auch Bismarck bekundete sein Desinteresse.

Die Grenzen der Einwirkungsmöglichkeiten des »Großkapitals« auf die Politik werden hier sichtbar. Wenn eine Machtfrage auszutragen war, wie 1866, beschafften sich die Regierungen die Gelder ohne politische Bindungen. Österreich, dessen Finanzlage 1865/66 ungünstiger war als die Preußens mit seinen stillen Reserven, nahm schließlich im November auf dem Pariser Markt eine größere Anleihe zu ungünstigen Konditionen auf, um die dringendste Geldnot zu beseitigen. Bleichröders Informationen haben Bismarck im Mai 1866 in der Auffassung bestärkt, daß die Donaumonarchie finanziell unzureichend gerüstet und daß die Gelegenheit für eine Auseinandersetzung nicht ungünstig sei. Ende Mai gelang es Bismarck, den Finanzminister Bodelschwingh durch den Bankier von der Heydt zu ersetzen und anschließend mit Hilfe Adolph von Hansemanns und Bleichröders die Kriegsfinanzierung (durch Verkauf von Eisenbahnaktien) regeln zu lassen. Die sonstigen Berliner und auswärtigen Bankhäuser beurteilten Preußens Aussichten überwiegend negativ und haben dem Staat zum Ärger Bismarcks ihre Unterstützung versagt.

Seit Anfang 1866 verschlechterten sich die Beziehungen Preußens und Österreichs vor allem in Holstein (Massenversammlung in Altona, 23. Januar) rasch. Beide Seiten sahen einem Krieg entgegen, obwohl die Bevölkerung, die öffentliche Meinung, Wirtschaftskreise und die auswärtigen Mächte mit den verschiedensten Argumenten zum Frieden mahnten. England und Rußland waren durch innerstaatliche Veränderungen und außereuropäische Entwicklungen gebunden. Frankreich bewahrte infolge der meisterlichen Diplomatie Bismarcks und des Grafen von der Goltz Neutralität. Es rechnete jedoch eher mit einer Niederlage Preußens und hegte für diesen Fall Pläne für eine Aufteilung Mitteleuropas. Italien war von Bismarck durch ein Offensiv- und Defensivbündnis (8. April) auf drei Monate an die Seite Preußens gebracht worden. Wenig später begann Österreich mit Mobilisierungsmaßnahmen. Letzte Vermittlungsversuche scheiterten. Als Österreich die Entscheidung über Schleswig-Holstein trotz der bestehenden Verträge mit Preußen an den Bundestag zurückgab, rückten preußische Truppen in Holstein ein. Die anschließende Mobilisierung des Bundesheeres gegen Preußen wurde in Berlin als Kriegserklärung gewertet. Die Truppen setzten sich in Bewegung »nicht für Ländererwerb, Gebietserweiterung oder materiellen Gewinn, sondern für ein ideales Gut – Machtstellung« (H. von Moltke).

Die Entscheidung in Böhmen

Eine der wesentlichen Fehlkalkulationen in Österreich bestand darin, die Kriegsunlust in Preußen zu hoch bewertet zu haben. Aber die Österreicher »machten die Rechnung ohne den Wirt; sie brachten nicht die das ganze preußische Wesen durchdringende Disziplin in Ansatz, die bei ›innerlichem Räsonnieren‹ (worin volle Freiheit herrscht) in einer gewissen dienstbegeisterten Freudigkeit gehorcht, sobald der König ruft. Es ist dies etwas Spezifisch-Preußisches und konnte sich nur in einem Lande ausbilden, wo seit anderthalb Jahrhunderten das Königtum dem Volke in Pflichterfüllung vorangeht und wo, trotz gelegentlichen, übrigens nicht tiefgehenden Schmollens und Grollens, jene Patriarchalität fortbesteht, die den schlichten Mann auf seiner Hufe fühlen läßt: Mein König ruft mich nur, wenn er mich braucht« (Th. Fontane, 1870). Eine ähnliche Empfindung äußerte sich bei Roon, als er mit Bismarck nach der Entscheidung über das Schlachtfeld ritt und aller Risiken und Waghalsigkeiten gedachte, die dem Feldzug vorangegangen waren: »Bismarck! Diesmal hat uns der brave Musketier noch einmal herausgerissen«.

Die Entscheidung fiel im Zentrum *Böhmens,* wo sich als Strategen der Feldzeugmeister Ludwig von Benedek und der preußische Generalstabschef Helmuth von Moltke gegenüberstanden. Der gebürtige Mecklenburger Moltke, der seine Befähigung bereits in Schleswig-Holstein gezeigt hatte, zielte im Sinne der Clausewitzschen Lehre vom »absoluten Krieg« auf die vollständige Vernichtung der Streitkräfte des Gegners ab, und zwar vorrangig durch Umfassungsstrategien. Das Schlachtfeld betrachtete er demgemäß mit dem kalten Realismus eines Wissenschaftlers, der sich in Kausalitäten, Quantitäten und Reaktionen auskennt. Bismarcks stärkster Trumpf war das »neue« Heer mit der größeren Beweglichkeit (Eisenbahnen), der besseren Infanteriewaffe (Zündnadelgewehr) und – Moltke.

Der böhmische Feldzugsplan sah die Vereinigung von drei preußischen Armeen im Böhmischen Kessel vor, und zwar in dem Raum, in dem sich die aus Mähren kommende österreichische Armee voraussichtlich zur Schlacht stellen würde. Es gelang dem Feldzeugmeister Benedek jedoch nicht, die beiden von Norden anrückenden Armeegruppen vor ihrer Vereinigung einzeln zu zerschlagen. So vereinigten sich die preußischen Armeen am 3. Juli in der Nähe der Festung Königgrätz, auf die sich Benedek ohne rechten Siegesglauben bereits zurückgezogen hatte. Insgesamt zogen je zweihundertzwanzigtausend Mann aufeinander zu. Artilleristisch besaßen die Österreicher eine leichte Überlegenheit. Die Schlacht entschied sich zu Gunsten der Preußen, als die verspätet eingetroffene Kronprinzenarmee die Flanke der Österreicher aufriß. Eine der letzten großen Reiterschlachten Europas fand statt. Benedek mußte den Befehl zum Rückzug geben, um sich einer Einschließung zu entziehen. Der Sieg war gegen die hartnäckig streitenden Österreicher schwer erkämpft worden. Deutsche fochten überwiegend gegen Deutsche. Die preußischen Truppen hatten sich in Märschen und Kämpfen so erschöpft, waren durch Krankheiten und Versorgungsmängel so behindert, daß keine Verfolgung wie bei Belle Alliance unternommen werden konnte. Die Verluste (Tote, Verwundete, Gefangene) der Österreicher beliefen sich auf etwa einunddreißigtausendfünfhundert Mann, die der Preußen auf rund zehntausend Mann. Die Zahl der Gefallenen war jedoch vergleichsweise gering: Auf preußischer Seite fielen nur neunundneunzig Offiziere und tausendachthundertdreißig sonstige Soldaten. Dazu kamen jedoch anschließend weitere Verluste durch Mängel im Sanitäts- und Versorgungswesen (Cholera).

Während sich die Armee Benedeks in kaum noch kampffähiger Verfassung in Richtung Wien zurückzog und die preußischen Truppen folgten, waren Bismarcks Gedanken bereits auf den Friedensschluß gerichtet. Noch einmal wollte er das Schicksal auf diesem Boden nicht herausfordern. »Unsere Leute«, schrieb er seiner Frau, »sind zum Küssen, jeder so todesmutig, ruhig, folgsam, gesittet, mit leerem Magen, nassen Kleidern, nassem Lager, wenig Schlaf, abfallenden Stiefelsohlen, freundlich gegen alle, kein Plündern und Sengen, bezahlen, was sie können, und essen verschimmeltes Brod. Es muß doch ein tiefer Fond an Gottesfurcht im gemeinen Mann bei uns sitzen, sonst könnte das alles nicht sein« (9. Juli).

Die unmittelbare Folge der »weltgeschichtlich entscheidenden Schlacht« (Th. Schieder) war, daß Preußen Österreich als führende deutsche Macht in Mitteleuropa ablöste, ohne in seiner Bewegungsfreiheit durch Bündnisverpflichtungen behindert zu sein. Da Österreichs deutsche Verbündete gegenüber den Truppen der preußischen Partei (Mainarmee) ebenfalls keine Erfolge erzielen konnten, setzten bereits seit dem 5. Juli Friedensgespräche ein, doch wurde erst am 22. Juli die Waffenruhe zwischen Preußen und Österreich verkündet. Die politische Intervention Napoleons, dem Bismarck keine territorialen Kompensationen zuzugestehen verstand, hat den Friedensschluß beschleunigt. Nachdem sich Bismarck noch in Nikolsburg, dem preußischen Hauptquartier, gegen den König und die Militärpartei mit seiner Konzeption eines maßvollen Friedens in schwersten Auseinandersetzungen hatte durchsetzen können, wurde dort der Präliminarfriede abgeschlossen (26. Juli). Der endgültige Friede kam am 23. August 1866 in Prag zustande. Österreich verzichtete auf seine Rechte an Schleswig-Holstein, stimmte der Auflösung des Deutschen Bundes und der Gründung eines Norddeutschen Bundes zu und billigte die Annexionen zur Abrundung der preußischen Territorien nördlich der Mainlinie. Preußens Staatsgebiet erweiterte sich dadurch um 72 000 Quadratkilometer mit 4,8 Millionen Einwohnern. Die Monarchie insgesamt umfaßte nunmehr rund 24 Millionen Menschen auf etwa 350 000 Quadratkilometer Fläche. Preußen war der Sieger. Würde es den Folgen des Sieges auf die Dauer gewachsen sein?

Die Indemnitätsvorlage

Als Bismarck von den böhmischen Schlachtfeldern zurückkehrte, fand er einen am Tage von Königgrätz gewählten Landtag vor, in dem sich die Mehrheiten über Nacht fast verkehrt hatten. Die Konservativen verfügten statt über achtunddreißig nunmehr über die stolze Zahl von hunderteinundvierzig Abgeordneten, während der zensusgesteuerte Wählerwille die Partei des »Fortschritts« von hundertdreiundvierzig auf dreiundachtzig hatte absacken lassen; auch die gemäßigten Liberalen (»linkes Zentrum«) konnten nur noch fünfundsechzig Volksvertreter (statt hundertzehn) um sich scharen. Die führenden Köpfe der Parteien hatten die Ereignisse noch nicht verarbeitet, geschweige denn verkraftet. Bismarck aber hatte schon vor dem Feldzug seine nächsten Schachzüge durchdacht und durch Gespräche mit den Liberalen Twesten und von Unruh vorbereitet.

Die Regierung sollte nunmehr im Abgeordnetenhaus wegen des ohne gesetzliche Grundlage geführten Staatshaushaltes die »Indemnität« (= Straflosigkeit) beantragen. Dieser Akt »tätiger Reue« ist weder beim König noch beim Justizminister Grafen zur Lippe noch bei den überraschten Konservativen auf ausgebreitetes Verständnis gestoßen. Der König, obschon in Nikolsburg (25. Juli) gewonnen, geriet wieder ins Schwanken, nachdem ihm staatsrechtliche Einwände vorgelegt worden waren. Bismarck, »ganz munter« während der Friedensverhandlungen, hatte einige Mühe, dem König seine mit den rechtsstehenden Liberalen bereits abgestimmte Fassung der Thronrede zur Eröffnung des Parlaments beizubringen. Erst während der Bahnfahrt von Prag nach Berlin fügte er sich der unwiderstehlichen Dialektik seines Fahrtgenossen: In der Gewährung der Indemnität läge die Anerkennung, daß die Regierung zwar ungesetzlich, aber den Umständen entsprechend richtig gehandelt habe.

Der Hintergedanke der ganzen Aktion, den deutschen Liberalismus und den preußischen Staat nach dem Konflikt so rasch wie möglich wieder in eine Konkordanz, ja, auch außenpolitisch verwertbare, Zusammenarbeit zu bringen, war für viele in seiner fundamentalen Bedeutung nicht erkennbar. Etwas mürrisch schrieb Bismarck seiner Frau, nachdem er »alle Schönheiten der Prager Landschaft« gemeinsam mit dem König eilends besichtigt hatte: »Die Leutchen haben alle nicht genug zu thun, sehn nichts als ihre eigene Nase und üben ihre Schwimmkunst auf der stürmischen Welle der Phrase. Mit den Feinden wird man fertig, aber die Freunde! Sie tragen fast alle Scheuklappen und sehn nur einen Fleck von der Welt.«

Seine Gegner erkannten in erster Linie eine tückische Spaltungsabsicht, den bedenkenlosen Kompromiß mit dem aufstrebenden demokratischen Zeitgeist. Bismarcks alter Freund Hans von Kleist-Retzow mußte von diesem mit dem ziemlich starken Geschütz der Staatsanwaltsdrohung dazu gezwungen werden, der Regierung im Herrenhaus und sonst keine Schwierigkeiten zu bereiten. Ernst Ludwig von Gerlach fühlte nun schmerzhaft alle seine schon vor Königgrätz in der Kreuzzeitung gedruckten Befürchtungen bestätigt, daß hier Stück um Stück die grundlegenden Überzeugungen der preußischen Konservativen den Götzen der Zeit und dem »Laster des Patriotismus« geopfert würden. Die Bitte um Indemnität sei ein »Faustschlag« in das Gesicht der treuesten Freunde Bismarcks, und – was das Schlimmste sei – die Konservativen ließen es sich ohne Protest und Widerspruch gefallen, aus ihrer primären und privilegierten Position zu Gunsten anderer Kräfte und Strömungen verdrängt zu werden. Bei aller Weltfremdheit und Ignoranz gegenüber dem Wesen des Politischen zeigt sich bei Gerlach doch das Gespür für das Schicksalhafte der Entscheidungen von 1866/67. Während sich Gerlach über die Bandbreite der Bismarckschen politischen Energie wohl die wenigsten Illusionen machte, haben andere Konservative noch 1873 und sogar 1892 aus ihrer nunmehr noch weit mehr eingeengten altpreußischen Position heraus die Politik der Indemnitätsvorlage zur Wurzel allen Übels erklärt – so weit reichten die akustischen Wellen dieses politischen Einschlages.

Die linke Gruppe der Liberalen sah sich, nicht viel anders als die Konservativen, einer realpolitischen Tatsache gegenüber, die sich mit den Träumen einer reinen und rechtskonformen Welt schlechterdings nicht vereinbaren ließ. Virchow, Hoverbeck, Schulze-Delitzsch, Harkort, Jacoby und Waldeck mochten denn auch diese Regierung nicht – durch ihre Zustimmung zur Vorlage – »tolerieren«. Auf der anderen Seite der Liberalen fand der aus Kiel stammende hochbegabte Jurist Karl Twesten, dem Edwin von Manteuffel im Juni 1861 im Duell ein Handgelenk zerschossen hatte, die nicht unbedenkliche Formel, die Geschichte selbst habe dem Ministerium Bismarcks die Indemnität erteilt. Unter diesem Zeichen konnten die künftigen Nationalliberalen siegen.

Die Stimmung in der gebildeten Bevölkerung hatte Bismarck exzellent getroffen. Vor dem Hintergrund der Gewalt-Politik bewunderte man nun vielerorts seine Großmut und wiedergewonnene Rechtlichkeit. Mit zweihundertdreißig zu fünfundsiebzig Stimmen wurde die Vorlage angenommen. Das Gesetz über die Annexionen wagten überhaupt nur vierzehn Abgeordnete abzulehnen; selbst der Linksdemokrat Waldeck sprach von einem »luftreinigenden Gewitter« und folgte errötend Bismarcks Spuren. Die Regierung erhielt nach diesem Schachzug nicht nur sechzig Millionen Taler Kriegskosten bewilligt, sondern auch weitere dreißig Millionen Taler als Grundstock für einen »Kriegsschatz« sowie eineinhalb Millionen Taler für die nunmehr wieder landesüblichen Dotationen, die die Generäle und Bismarck vom König erwarten durften. Der Ministerpräsident hat seinen Anteil (vierhunderttausend Taler), einem Wunsche des Königs entsprechend, in einer Herrschaft (Varzin bei Köslin, Hinterpommern; 22 500 Morgen) angelegt, die er mit der Leidenschaft des arrondierungslustigen Landedelmannes nach und nach ebenso ausgebaut und mit neuen Arbeitsplätzen ausgestattet hat wie das Deutsche Reich.

Der Abbruch des Verfassungskonflikts entsprach den innen- und außenpolitischen, den finanzpolitischen und den handelspolitischen Bedürfnissen Bismarck-Preußens. Tatsächlich aber war damit der Status der *konstitutionellen Monarchie* festgeschrieben. Es erhob sich kein Gegner von Rang mehr, der Bismarck fernerhin dieses komplizierte Modell aus den Händen winden konnte. Die Stellung des Königs über den Parteien und über dem Premierminister blieb erhalten. So sehr der Träger der Krone in der Folgezeit auf Bismarck angewiesen blieb, so sehr und mehr noch war Bismarck als Kanzler und Ministerpräsident von dem Regierenden der Hohenzollerndynastie abhängig. Die verfassungsmäßige Überbewertung der Dynastie, die nach 1888 zutage trat, konnte nach Bismarcks Abgang nicht mehr mit innenpolitischen Mitteln korrigiert werden. Sein Sturz zeigte mit schonungsloser Deutlichkeit, daß die historische Leistung mit der Autorität des altlegitimierten Herrschers nicht zu konkurrieren vermochte.

In den drei Verfassungskonstruktionen Preußens, des Norddeutschen Bundes und des Reiches, die der konservative Realpolitiker Bismarck ebenso zu verantworten hatte wie der politische Liberalismus, blieb das »monarchische Prinzip« (F. J. Stahl, 1845), das 1848 von Offizieren und Beamten gerettet worden war, trotz der Einschränkungen durch die Verfassungen und Parlamente erhalten. Das dynastisch-patriarchalische Regiment überwölbte mit der Entscheidungskompetenz die gouvernementalen und die parlamentarischen Kräfte. Bildlich gesehen handelte es sich nicht um ein liegendes, sondern um ein stehendes Dreieck. Diese Form des Konstitutionalismus bedeutete, daß die Entscheidung über eine Parlamentarisierung nach den Mustern Westeuropas hinausgeschoben blieb (C. Schmitt). Bismarck beharrte auf der »preußischen« Verfassungskonstruktion, weil er in der Verfassungspolitik nicht »Interessenpolitik«, sondern »Machtpolitik« getrieben hat. Vieles hing mithin von der politischen Qualität der Träger der Krone ab. Versagten die administrativen und parlamentarischen Führungsgruppen in der Verfassungswirklichkeit gegenüber der ungeschriebenen Aufgabe der Kontrolle monarchischer Gewalt, so konnte das »monarchische System zu einer Gefahr« für Staat und Reich werden (F. Hartung).

Wende 1866

Das *Schicksalsjahr* 1866 hat überhaupt weitreichende Perspektiven für den mitteleuropäischen Raum aufgetan. Die Wendung des politischen Liberalismus zu einer pragmatischen, rechts- und nationalstaatlichen Politik, der Verlust der bisherigen Geschlossenheit bei den Konservativen beruhte wesentlich auf Preußens Ausbruch aus der bisherigen Bewegungsunfähigkeit innerhalb weniger Jahre. Die ungleich härtere Gangart Bismarcks elektrisierte gewissermaßen die Politik in Mitteleuropa. Der publizistische Widerhall des Wandels war enorm. Er griff weit über Preußen hinaus. Aber welche harte Politik sieht sich nicht späteren Vorwürfen ausgesetzt? Lange genug hatten europäische Mächte ihre Verachtung gegenüber den konfliktscheuen Preußen verlauten lassen. Die Londoner Times veröffentlichte 1860 ungeniert folgende Analyse: »Preußen muß sich immer an irgendwen anlehnen, es sucht immer nach fremder Hilfe, aber will selbst niemandem beistehen. Preußen wird immer verhandeln, aber es findet nie einen Entschluß. Es findet sich gern auf Kongressen ein, aber es fehlt auf den Schlachtfeldern; ... es ist immer bereit, eine Menge von Idealen und Gefühlsmomenten vorzubringen, aber seine Politik scheut zurück vor allem, was nach Realität und Aktualität schmeckt. Preußen besitzt eine starke Armee, aber diese ist bekanntermaßen nicht in der Lage zu fechten. Niemand zählt Preußen als Freund, niemand fürchtet es als Feind. Wie Preußen zu einer großen Macht wurde, erzählt uns die Geschichte; wie es eine bleiben will, kann niemand sagen ... Ohne fremde Unterstützung kann Preußen weder den Rhein noch die Weichsel gegen seine ehrgeizigen Nachbarn verteidigen.« 1947 wäre ein Nachdruck dieses Artikels hilfreich gewesen.

So bewertete man jedenfalls damals Preußens Neutralität und Friedfertigkeit. Der preußische Gesandte in Petersburg dürfte jedoch diese Zustandsbeschreibung zur Kenntnis genommen haben. Das »ruhende« Preußen war nun aufgestanden. Abläufe wurden plötzlich »Geschichte«. Ob man diesen Aufbruch mit einem Lieblingsbegriff der Zeitgenossen als »Revolution« und Preußens Ministerpräsidenten gar als »weißen Revolutionär« bezeichnen sollte, mag fraglich sein. Eine Revolution im Wortsinne war es gewiß nicht. Weder änderten sich die Sozialstrukturen grundlegend, noch hat Bismarck sein Handeln (H. L. v. Schweinitz: »Diabolische Geschicklichkeit«) den Zwängen einer Ideologie unterworfen: »Wo es sich um die Existenz Preußens handelt, alliiere ich mich mit der Revolution und wo ich Hilfe finde« (15. Aug. 1866).

Die raschen Veränderungen in vielen Lebensbereichen wirken im Rückblick wie die ersten stürmischen Windstöße einer gewitterreichen Umbruchperiode, mit der ein großer nachmittelalterlicher Zeitabschnitt sich dem Ende zuneigte. Für Preußen bedeutete »1866« in der Tat jenen Einschnitt, von dem an das Staatswesen der Quadratur des Kreises ausgesetzt war: Es sollte »Preußen« bleiben und »Deutschland« werden. Für das ganze Deutschland aber öffnete sich seit dem Schicksalsjahr »der Vorhang vor einer längst aufgebauten Szenerie« (L. Gall). Die Bereitschaft zum Umbau und Ausbau trat überall stärker und schärfer zu Tage, Potenzierungen wurden plötzlich erkennbar, die nur von lange angestauten Kräften ausgehen konnten. Eine Wirtschafts-Welt drängte sich an das Individuum mit Forderungen und Verheißungen heran, alles und jedes ergreifend und umformend, wie eine Flut, in der sich nur die höhergelegenen Inseln des Unbeweglichen und Harten noch um einige Zeit länger zu behaupten vermochten.

Zwischenstufe: Der Norddeutsche Bund

So hatte das Jahr 1866 mit einem großen Erfolg geendet. Preußen vor allem hatte geblutet und hatte an Macht und Ansehen gewonnen. Aber was hatte es wirklich gewonnen? Viele Siege der Geschichte haben sich ins Gegenteil verkehrt. Noch einmal hatte das selbständige Preußen seine starke Militärtradition mobilisieren können, hatte sich der ostelbische Offiziersadel mit seinen Landarbeiter- und Bauernsöhnen reihenweise auf den böhmischen Boden legen lassen, für den »König« und für »Preußen«. Nur wenige wußten, daß man bereits für einen »Norddeutschen Bund«, für ein kleindeutsches Reich gefochten hatte, in dem »Preußen« von andersartigen nationalen und sozialen Kräften und Mächten überlagert und durchsetzt werden würde.

Um die *Annexionen* ist im Herbst 1866 und späterhin erbittert gestritten worden. Die europäischen Dynastien erregten sich über die Rücksichtslosigkeit des Königs und seines ersten Ministers. Königin Augusta bat tiefbewegt für Sachsen bei Bismarck. Des Königs Schwester Alexandrine (von Mecklenburg-Schwerin) warnte ihn rührend-dynastisch: »Laß ihnen ihre Länder, bedenke, es sind deutsche Länder und Völker ... Aus Hannover stammte die Königin Sophie Charlotte, Du kannst diese Länder nicht ausstreichen.« Lediglich das Königreich Sachsen vermochte die Selbständigkeit einigermaßen zu behaupten. Hannover, Nassau, Kurhessen und Frankfurt fielen an Preußen. Preußen hat sich durch dieses radikale Vorgehen viele frisch erworbene Sympathien in den betroffenen, aber auch in anderen Landesstaaten verscherzt. Es war ein folgenreicher Fehler. Während der Kurfürst von Hessen und der Herzog von Nassau ihre Einkünfte behielten und die Truppen vom Fahneneid entbanden, verweigerte der blinde König von Hannover jede Mitwirkung, kam jedoch in den Genuß der Zinsen seines beschlagnahmten Vermögens. Als diese Gelder dazu benutzt wurden, die Agitation der »Welfenpartei« gegen Preußen zu finanzieren, wurde der »Welfenfonds« beschlagnahmt und von Bismarck zur Stabilisierung seiner eigenen Politik verwendet. Er ist erst nach 1890 freigegeben worden.

Mit dem *Norddeutschen Bund* (16./17. April 1867) hat Bismarck die Hegemonie Preußens in Norddeutschland in einen bundesstaatlichen Rahmen gebracht. Die von ihm selbst in Putbus (Rügen) konzipierte Verfassung sah als oberste Organe den *Bundesrat* als Zentralbehörde (Gesamtministerium) vor, in dem der vom preußischen König ernannte *Bundeskanzler* das Präsidium zu führen hatte. Preußen verfügte über 17 von 43 Stimmen und konnte damit Verfassungsänderungen allein verhindern. Beim Bundespräsidium lag die gesamte Außenvertretung. Dem König von Preußen als dem *Bundesfeldherrn* unterstanden die Streitkräfte zu Lande und zur See. Beim Wahlverfahren wurde auf der Ebene des Bundes anders verfahren als in Preußen mit seinem Zensuswahlrecht. Dem aus allgemeinen und direkten Wahlen hervorgegangenen *Reichstag* oblag – zusammen mit dem Bundesrat – die gesamte Bundesgesetzgebung. Die Grundformen der Verfassung des Norddeutschen Bundes sind dann in die Verfassung des Deutschen Reiches von 1871 eingegangen.

Bereits im Norddeutschen Konstituierenden Reichstag bildete sich eine antipreußische Gruppe aus Welfen, Katholiken und sonstigen Opponenten Bismarcks (»Zentrum«, November 1870). Die anderen Parteien gewannen nun ebenfalls deutlichere Konturen. Die liberalen Kräfte schlossen sich weitgehend in der Nationalliberalen Partei zusammen, deren wichtigste politische Leitvokabeln Bismarck in seiner weiteren Politik bis zur Reichsbildung und darüber hinaus immer wieder als Substrate zu verwenden verstanden hat: das Nationalitätsprinzip, den Gedanken des Machtstaats, die Idee des Rechtsstaats und die sonstige Ideologie der »Freiheit«, die den Staatsbürger von älteren Bindungen loslösen sollte. Die Nationalliberale Partei (unter anderen Eduard Lasker, Karl Twesten) ist bei den Verfassungsberatungen in einem wesentlichen Punkt nicht durchgedrungen. Weder konnte die Verantwortlichkeit der Minister gegen Bismarcks Willen festgeschrieben werden, noch kam es zu einem vollen Budgetrecht des Reichstages in Militärfragen. Diese Kompetenzeinbußen verweisen auf eine Schwäche des Reichstages, die über das Jahr 1871 hinaus grundsätzlich nicht behoben worden ist. Die Stellung des neuen Bundeskanzlers hingegen – Bismarcks künftiges Erstamt – verschob sich noch etwas, weil durch einen der ersten Beschlüsse des Reichstages der Bundeskanzler als der selbständige Träger der Bundesregierung bezeichnet wurde; er sollte im Verständnis der übrigen Bundesstaaten, die sich ohnehin einer als erdrückend empfundenen Übermacht Preußens ausgesetzt sahen, mehr sein als nur ein »dienendes Organ des preußischen Außenministers«. Mit diesen Abänderungen der Verfassung konnten die Liberalen nach außen hin einige Pluspunkte für sich verbuchen.

Die *Konservativen* spielten im Norddeutschen Reichstag keine herausragende Rolle, weil es ihnen an Geschlossenheit fehlte. Während sich die Alt-Konservativen gegen die »cäsaristische« und als revolutionär empfundene Politik Bismarcks wandten, haben die »Freikonservativen« (seit Februar 1867) die Realien rascher verarbeitet; in dieser Gruppe verbanden sich Teile des großwirtschaftlich arbeitenden Industriebürgertums mit schlesischen Magnaten, dem Militäradel, der höheren Staatsbeamtenschaft, der Diplomatie und Teilen des kleineren ostdeutschen Großgrundbesitzes. Der sozialpolitische Mitarbeiter Bismarcks, Hermann Wagener (dem Fontane in den »Wanderungen« einen Platz einräumte), hat die Grundstimmung aller dieser nationalpreußischen Kreise mit dem Satz ausgedrückt, Preußen habe nunmehr auf den Schlachtfeldern Böhmens das Recht zur Neuordnung Deutschlands errungen. Diese Neuordnung vollzog sich sowohl innenpolitisch als auch außenpolitisch. Sie setzte unmittelbar nach dem Friedensschluß ein.

Da der Norddeutsche Bund in der Hand Bismarcks lag, bestand nun die Möglichkeit, zusammen vor allem mit den liberalen Kräften die gesellschaftliche und wirtschaftliche *Emanzipation* und *Erneuerung* im Bundesgebiet durch rasche und aktive gesetzgeberische und verwaltungsmäßige Maßnahmen voranzutreiben. Unter der Leitung Rudolf von Delbrücks, des ersten Präsidenten des Bundeskanzleramtes, wurden damals wesentliche Errungenschaften des liberalen Preußens sowie progressive Neuentwicklungen verwirklicht. In einem wechselseitigen Prozeß konnte aber auch Preußen selbst »aus feudalistischen und bürokratischen Formen zu einer modernen Erwerbsgesellschaft« (H. Wagener) hingeführt werden. Die Gewerbeordnung (21. Juli 1869) brachte die allgemeine *Gewerbefreiheit* und die *Koalitionsfreiheit* der Arbeiter für das Gebiet des Norddeutschen Bundes. Das volle metrische *Maß- und Gewichtssystem* (1868) schuf Voraussetzungen für die weitere industrielle Entfaltung. Dazu kamen Maßnahmen der *Währungsvereinheitlichung* (Mark und Goldwährung: 1871 bis 1874) und der Kodifizierung des *Wirtschafts- und Handelsrechts* (Handelsgesetzbuch, Oberhandelsgericht in Leipzig). In das neue Strafgesetzbuch (31. Mai 1870), das in der Tradition des französisch beeinflußten preußischen Strafrechts von 1851 stand, und in das unmittelbar anschließende *Reichsstrafgesetzbuch* (1. Januar 1871) übernahm man liberale preußische Bestimmungen. Seit 1851 bestand ein milderes Strafensystem, körperliche Züchtigung war ausgeschlossen, die Todesstrafe wurde nur noch für Mord, Hochverrat, schwere Totschlagsfälle und gemeingefährliche Delikte angedroht. Der Einfluß linksliberaler preußischer und sonstiger Strafrechtsreformer, insbesondere des mit Rudolf Virchow befreundeten Franz von Holtzendorff, hat sich bei alledem positiv, wenngleich nicht bestimmend ausgewirkt.

Die *Staaten südlich des Mains* gerieten nun mehr und mehr in den Sog der norddeutschen Entwicklungen. Durch geheime Schutz- und Trutzbündnisse, die unter dem Druck französischer Gebietsforderungen noch im August und September 1866 mit Preußen abgeschlossen werden mußten, bestand auf militärischem Gebiet für das Gebiet des kleindeutschen Reiches bereits ein Zustand der Anpassung an die Grundzüge der preußischen Heeresverfassung und Militärgesetzgebung. Gleiches gilt für den kleindeutschen Wirtschaftsraum. Die bisherige lockere Zollgemeinschaft wurde durch einen Zollbundesrat und ein Zollparlament stärker institutionalisiert und auf Bayern, Lübeck, Mecklenburg und Schleswig-Holstein ausgedehnt. Die freihändlerische Wirtschaftspolitik konnte fortgesetzt werden. Nord und Süd begannen sich auch auf diesem Gebiet an Preußens politische Führung zu gewöhnen.

Preußen gegen Frankreich

Bismarck hat im Rückblick gemeint, es hätte in der »historischen Konsequenz« gelegen, daß ein französischer Krieg auf den österreichischen Krieg gefolgt sei. Soweit sich diese Bemerkung auf Frankreich selbst bezieht, wird man ihr mit Einschränkungen zustimmen können. Die Hoffnungen auf Kompensationen in Frankreich waren unerfüllt geblieben. Auch der Versuch, das Großherzogtum Luxemburg zu erwerben (1867), mißlang Napoleon III., nachdem Bismarck den Konflikt um Luxemburg vermieden und dessen Unabhängigkeit und Neutralität durch eine eigenartige »Kollektivgarantie« der europäischen Großmächte hatte absichern lassen. Es gelang Napoleon, dessen innenpolitische Position sich zum Ungünstigen hin entwickelte, auch nicht, ein Bündnissystem mit Österreich und Italien zu errichten, durch das Preußen und der Norddeutsche Bund hätten eingeengt werden können. Bismarck wartete vielmehr auf seine Stunde, ohne daß man sicher sagen könnte, er habe allein die militärische Lösung für den Zusammenschluß Preußen-Deutschlands im Auge gehabt.

Erst durch die Kandidatur des Erbprinzen Leopold von Hohenzollern-Sigmaringen für den seit 1868 vakanten spanischen Thron ist seit 1869 eine politisch hochbrisante Streitfrage entstanden, die alle Möglichkeiten enthielt, einen internationalen Konflikt zu inszenieren. Preußen war dabei in einer ungünstigen Position, weil eine dynastische Frage wenig geeignet war, den nationalen Impuls zu Gunsten der preußischen Politik auszulösen. Obwohl die süddeutschen Hohenzollern und Wilhelm I. bereits ihr Desinteresse bekundet hatten, brachte Bismarck Anfang Juni 1870 die Kandidatur-Gespräche noch einmal in Gang, um die aggressive diplomatische Tätigkeit Frankreichs von ihrem Hauptziel abzulenken (W. Bußmann).

Die amtliche preußische Politik konnte jedoch die Fiktion der »dynastischen Frage« nach dem vorzeitigen Bekanntwerden der erneuerten Kandidatur nicht aufrechterhalten. Frankreich (Antoine A. Herzog von Gramont) warf die Gleichgewichtsfrage auf, verbunden mit Kriegsdrohungen, so daß die Krise ihre Eigengesetzlichkeit gewann. Als der Sigmaringer Prinz resignierte (12. Juli) und auch Wilhelm I. sich an dem Rückzug durch Gespräche mit dem französischen Botschafter Benedetti in Bad Ems beteiligte, stand Bismarck unmittelbar vor einer schweren Niederlage. Erst die Übersteigerung der französischen Forderungen gegenüber Wilhelm I. (dauernder Verzicht auf eine Wiederaufnahme der Kandidatur) spielte dem Ministerpräsidenten die Möglichkeit in die Hand, durch eine harte Zurückweisung (»Emser Depesche«, 13. Juli) der französischen Zumutungen gegenüber dem friedliebenden König den Umschwung der Stimmung in Deutschland zu erreichen und zugleich Frankreich aus der Contenance zu bringen. Der Funke des dynastischen Streitfalls war gleichsam in das Pulverfaß der deutschen Staatseinheitspolitik übergesprungen. Am 15. Juli stimmte Napoleon im Konseil der Kriegsforderung seiner Minister zu. Die Kriegserklärung gegenüber Preußen wurde am 19. Juli in Berlin übergeben. Die Kriegsereignisse gehören der allgemeinen deutschen Geschichte an. Als nach Moltkes Plänen die französische Hauptarmee unter Mac Mahon, bei der sich auch der Kaiser befand, in der Nähe der Festung Sedan eingeschlossen und zur Kapitulation gezwungen worden war, war der Krieg gegen das kaiserliche Frankreich gewonnen (2. September). Bismarck hat bei dieser Gelegenheit hellsichtig bemerkt: »Auf fünfzig Jahre ist die Monarchie nun gerettet«.

Am 28. Januar 1871, nach der Kapitulation des von revolutionären Exzessen erschütterten Paris, wurde der Waffenstillstand geschlossen. Der endgültige Friede kam am 10. Mai in Frankfurt zustande, in dem Bismarck das Elsaß und den größten Teil von Lothringen für das inzwischen gegründete Reich reklamierte. Bismarck hat es nicht vermocht und nicht für sinnvoll gehalten, den Territorialgewinn schärfer zu begrenzen und über die Zugehörigkeit der Gebiete durch Volksabstimmungen entscheiden zu lassen. Der höhere Preis für den Friedensschluß ist deshalb letztlich von der deutschen Seite entrichtet worden: Weder unter Bismarck noch unter seinen Nachfolgern hat die deutsche Politik jene weitgehende Handlungsfreiheit wiedergewinnen können, wie sie Preußen in seiner letzten Phase als selbständiger Staat besessen hat.

ZWÖLFTES KAPITEL

Verfall des Staatsgedankens: Borussismus, Partikularismus und wilhelminischer Obrigkeitsstaat (1871 bis 1918)

> »Die Hechte im europäischen Karpfenteich hindern uns, Karpfen zu werden, indem sie uns ihre Stacheln in unseren beiden Flanken fühlen lassen; sie zwingen uns zu einer Anstrengung, die wir freiwillig vielleicht nicht leisten würden, sie zwingen uns auch zu einem Zusammenhalten unter uns Deutschen, das unserer innersten Natur widerstrebt.«
>
> Bismarck, 1887

Dynastie und Reichsgründung

Das Kaiserreich war mit Mitteln der klassischen Kabinettspolitik und Kriegführung vorbereitet und mit »diplomatischen Verhandlungen im hergebrachten Stil der Bundespolitik« (S. A. Kaehler) vollendet worden. Daß für die Proklamationsfeier in Versailles, die den eigentlichen Reichsgründungsakt darstellen mußte, der 18. Januar in der Erinnerung der Königskrönung vor hundertsiebzig Jahren gewählt wurde, wirkte wie eine entschuldigende Verbeugung vor einer geschichtlichen Gestalt, der man das meiste verdankte, die jedoch nun ihre Pflicht erfüllt zu haben schien. Schon in der Stunde der Reichsgründung begann Preußens Stimme leiser zu werden. Es ist verständlich, daß in den Monaten und Tagen der nationalen Begeisterung die »Kehrseiten« des lange begehrten Reichsbaues mit ihren Provisorien und Brüchen kaum beachtet worden sind. Neben unzufriedenen Altkonservativen um Gerlach und den Annexions-Geschädigten waren es vor allem die deutschen Dynasten selbst, die bei den Verhandlungen Bismarcks mit den Einzelstaaten peinlich darauf bedacht waren, daß sich von dem Titel des neuen Kaisers kein landesherrlicher Anspruch der Hohenzollern auf nichtpreußische Gebiete ergäbe.

Wilhelm I. hat sich bis zuletzt gegen den Titel »Deutscher Kaiser« gesträubt. Er hatte gemeint, weiterhin als König von Preußen das »Bundespräsidium« im Reiche führen zu können. Der »König von Preußen« sollte nicht so stark in den Hintergrund treten. Der Kronprinz, dem die Formel »Kaiser und Reich« unter dem Einfluß liberaler Ratgeber weit mehr bedeutete, hat dann zusammen mit dem Großherzog Friedrich von Baden seinen Vater umzustimmen vermocht. Auch König Ludwig II. von Bayern hat mit Bismarcks Argumenten Wilhelms Widerstand überwinden geholfen (3. Dezember), nachdem ihm wesentliche Zugeständnisse in Aussicht gestellt worden waren. Als neben dem preußischen

Herrenhaus der Norddeutsche Reichstag zugestimmt hatte und eine entsprechende Adresse von einer Deputation unter der Führung Eduard von Simsons dem König überreicht worden war (18. Dezember), erklärte sich Wilhelm I. bereit, die Kaiserwürde anzunehmen. Die Proklamation verlief nicht ohne Mißstimmung, da der König bis zuletzt den Titel »Kaiser von Deutschland« begehrte. Bismarck setzte jedoch seinen Standpunkt durch, daß – vom 1. Januar 1871 an – der Inhaber des Bundespräsidiums als Haupt des neuen Reiches den Titel »Deutscher Kaiser« zu führen habe. Wie beim Norddeutschen Bund war das Präsidium mit der Krone Preußens vereinigt.

Die Krise am Vortage der Proklamation, die der Kronprinz in seinem Tagebuch festgehalten hat, zeigte noch einmal mit aller Deutlichkeit, wie sehr der Sohn Friedrich Wilhelms III. im alten Preußentum verwurzelt war. Er müsse vom alten Preußen, »an welchem er allein festhielte und fernerhin auch festhalten wollte, Abschied nehmen«. Sein Sohn sei mit ganzer Seele bei dem neuen Stand der Dinge, »während ich mir nicht ein Haarbreit daraus mache und nur zu Preußen halte«.

Einige Tage nach dem »schweren Schritt« schrieb er der Schwester Alexandrine, ihm sei nun, anders als seinem Bruder, die Reichskrone wie eine »reife Frucht in den Schoß« gefallen, »der ich nach dergleichen nie gerungen habe«. Die Antwort der Schwester fiel ebenfalls negativ aus: »Ich sehe es als ein notwendiges Übel an, denn wir Preußen können uns nicht so sehr darüber freuen; war doch der König von Preußen unser alleiniger Herr...«; es sei bislang allein »Preußen« gewesen, wofür das preußische Heer gestritten habe, »nun solle es ein Reichsheer werden[!], das wird nicht so begeistert fechten, da es nicht allein für seinen König, noch allein für sein Preußenland fechten soll«. Nicht ungeschickt war hier von dynastischer Warte aus der empfindlichste Punkt im Herrschaftsverständnis Wilhelms I. angesprochen. So hat sich Wilhelm I. in erster Linie als Preußenkönig gefühlt. In der Öffentlichkeit des Reiches, auf Reisen etwa, wurde er als Kaiser und erster Feldherr des Reichs gefeiert. Nicht ohne Skepsis bemerkte er dann zu seinem Vorleser, daß sich die Nation in ihm erst ihren Kaiser schüfe.

Im Leben des »alten Kaisers« hat das Gedächtnis der Toten der Dynastie immer einen besonderen, unprätentiös gewahrten Rang behalten. Für ihn bestand noch eine Gemeinschaft der Lebenden und Toten. Es verging kein Jahr, in dem er nicht trotz aller Herrscherpflichten der Gedenktage seiner Eltern und Geschwister und der sonstigen Verwandten schriftlich gedachte und die Grabstätten aufsuchte.

Sein Leben verlief bis 1888 in großer Regelmäßigkeit zwischen der stetig wahrgenommenen Regentenarbeit, Reisen, Hoffesten, Familienereignissen, Militär-Inspektionen und Kirchenregiment. Seine Gedankenwelt war dynastisch-politisch begrenzt, obschon er bis in das hohe Alter seine Urteilskraft behielt. 1873 fuhr er nach Petersburg, wurde »brillant« empfangen und verweilte lange an den Erinnerungsstätten seiner Schwester Charlotte. Die Höfe von Berlin,

Petersburg, Schwerin und Wien mit ihren Ereignissen waren »seine Welt« – der übrigen »Welt« Europas sah er eher entrückt zu, soweit nicht die preußisch-deutsche Politik ihn zur unmittelbaren Stellungnahme genötigt hat.

Eine weit ausgeprägtere Skepsis ist noch bei der Königin Augusta feststellbar. Sie war überhaupt über den Verlauf der Verhandlungen zur Reichsbildung nur unzulänglich unterrichtet worden und sah sich schließlich vor vollendete Tatsachen gestellt. Zur Kaiserproklamation war ihr keine Einladung zugegangen. So ließ sie sich auch erst nach der Rückkehr des Reichsoberhauptes als Kaiserin ansprechen. In der Titelfrage vertrat sie eine ebenso originelle wie bescheidene Position, die sie ihrem Bruder erläutert hat: »Meiner Ansicht nach ist es wünschenswert, daß der neue Titel sich nur auf den Herrscher beschränkt, nicht auf seine Familie. Je mehr dies der Fall ist, um so günstiger für Deutschlands Würde, wie für die Wirksamkeit der Bundesregierung. Ich halte es sogar für wünschenswert, mir den Titel (Kaiserin) nicht zu verleihen, das wäre der alten Monarchie (Preußen) gegenüber klug gehandelt.« Der König und Bismarck ließen diese Einwände unbeachtet. Während des Deutsch-Französischen Krieges und späterhin bis zu ihrem Lebensende hat die Frau des ersten Kaisers sich ganz ungewöhnliche Verdienste auf karitativem und sozialpolitischem Gebiet in Preußen und darüber hinaus erworben. Sie hat der Führungsschicht Preußens damit ein Beispiel gegeben und darauf verweisen wollen, daß die »soziale Frage« nicht mit Almosen oder Parlamentsreden, sondern durch tätige Hilfe und eine von der Praxis geleitete Sozialpolitik gemildert oder beseitigt werden kann.

Der von der Königin 1866 neu gegründete »Vaterländische Frauenverein« umfaßte in ihrem Todesjahr siebenhundertfünfzehn Zweigvereine in Deutschland. In den drei Kriegen war sie, nach dem Urteil des Gründers des Roten Kreuzes Henri Dunant, »die Seele des ganzen großen Liebeswerkes in Preußen«. Das Berliner Augusta-Krankenhaus und das Potsdamer Augusta-Stift (für Töchter gefallener Offiziere) sowie weitere Einrichtungen gehen auf ihre Initiativen zurück. Das Beispielhafte an dieser Tätigkeit aber ist gewesen, daß sie vor »Klassenschranken« nicht halt gemacht hat, obwohl dies gerade bei ihr nahe gelegen hätte. So unterstützte sie, beraten von Ärzten wie Virchow, die sozialdemokratischen Asylvereine und Volksküchenvereine und ähnliches mehr. Es will etwas heißen, daß ein scharfzüngiger Linksliberaler wie der Berliner Arzt, Hygieniker und Kommunalpolitiker Virchow ihr 1891 auf dem Internationalen Medizinischen Kongreß, mit deutlichem Fingerzeig auf andere Dynastien, einen schwer übertreffbaren Nachruf gehalten hat, der mit den Sätzen schloß: »Die Geschichte der Krankenpflege bewahrt die Erinnerung an patriotische Frauen, die leuchtende Vorbilder waren in selbstlosester Sorge für die leidende Menschheit; aber kein Beispiel ist bekannt, daß eine so hochstehende Frau in so umfassender und zugleich in so wissenschaftlicher Weise auf allen Gebieten der Krankenpflege tätig gewesen wäre«.

Eine glanzvollere, vom alten familiären Stil der Zeit Friedrich Wilhelms IV. sich abhebende Hofgesellschaft hat sich nur sehr langsam am kaiserlich-königlichen Hof entwickeln können. Das Preußen-Bewußtsein Wilhelms I., dazu das Lebensalter und der preußisch-eingeschränkte Aufwand wirkten mäßigend. Politische Einflüsse gingen in der Regel von der Hofgesellschaft nicht aus, es sei denn, es bildete sich innerhalb der Dynastie eine Fronde, so daß ein Teil-»Hof« als belebendes Ferment auf die übrige Gesellschaft wirkte. Der Hofstaat der Kaiserin Augusta oder des Kronprinzen Friedrich (III.) erscheint in solchen Zusammenhängen.

Die Hofgesellschaft bestand seit 1871 aus allen Mitgliedern des Hauses Hohenzollern und den bei ihnen tätigen Hofchargen. Die Zulassung »bei Hofe« erlangten mit einer gewissen Selbstverständlichkeit die volljährigen Angehörigen der standesherrlichen Familien (zum Beispiel Stolberg-Wernigerode), der gefürsteten Familien Preußens (zum Beispiel Henckel-Donnersmarck); dazu kamen die gesamte Generalität, die königlichen Gardeoffiziere, sämtliche »Exzellenzen« aus den militärischen und zivilen Ämtern. Der Landadel der preußischen Provinzen konnte, sofern er sich bei Hofe meldete, von Fall zu Fall auf die Einladungslisten gesetzt werden. Das galt auch für andere angesehene Familien, die am gesellschaftlichen Leben Berlins und Potsdams mit einem entsprechenden »Haus« teilhatten. Die in Berlin akkreditierten in- und ausländischen Botschafter, Gesandten und sonstige Spitzen-Diplomaten konnten dem Hofleben gewissermaßen als ständige Gäste beiwohnen.

Die Protokollfragen wurden vor allem durch die Hofrangordnung bestimmt. Unter Kaiser Wilhelm II. bestanden sechsundfünfzig Klassen von »hoffähigen« Personen. Für ihre Einordnung waren die genealogischen Handbücher (»Gotha«), aber auch Kriterien außerhalb des Gotha-Reglements maßgebend. Der Zutritt zur Hofgesellschaft in Berlin führte zu einem finanziellen Aufwand, der häufig in keinem Verhältnis zu den »Erträgnissen« stand. Viele Veranstaltungen wurden, wie die Tagebücher der Baronin Spitzemberg zeigen, als lästige Pflicht empfunden. Andererseits ergab sich mit dem Zugang bei Hofe die Chance der Information und Protektion, der familiären Anknüpfung. Die Zulassung bei Hofe galt auch um 1900 noch »als Auszeichnung. Sie gab das Gefühl, an herausgehobener und weithin sichtbarer Stelle dem Monarchen besonders eng verbunden zu sein und am Staate in besonderer, weit über Beruf und politische Funktion hinausgehender Weise teilzuhaben« (R. Vierhaus).

Hof und Hofgesellschaft waren auch ein Seismograph für den Wandel in »Preußen«, ja für die Auflösung und Durchmischung der altpreußischen Führungsschichten unter dem Druck und Einfluß der »Reichshauptstadt« mit ihrer Zuwanderer-Gesellschaft und ihrer so unpreußisch wirkenden Prosperität und sozial auftrumpfenden Vordergründigkeit. Daran änderte auch der höfische und sonstige Neo-Borussismus des letzten Kaisers nichts. Er versuchte, »dem Niedergehenden eine künstliche Hausse zu geben« (Th. Fontane), mit Entlehnungen, gewagten Nobilitierungen und einer engeren Verknüpfung der Kapital-, Hof- und Staatsaristokratie. Sehr »gute« Familien begannen diesen Hof bereits seit der Jahrhundertwende zu meiden. Wer weniger anspruchsvoll war oder nicht von Zweifeln ob der Haltbarkeit des wilhelminischen Gesellschaftsgefüges gequält wurde, konnte besonders bei den Hofbällen der Zeit zwischen 1900 und 1914 die reale Traumwelt der Monarchie voll auskosten. Man darf eben nicht verkennen, daß Berichte und Beispiele dieser Hof-Ereignisse besonders über das Offizierskorps noch in den abgelegensten Mittel- und Ostprovinzen aufgenommen und womöglich nachgeahmt worden sind. Die regelmäßige Zurschaustellung des Herrscherbewußtseins im Angesicht einer breit gemischten Hofgesellschaft hat sicher auch politische Folgen gezeigt. Kritik verstummte, wo sich alles beugte. Als man sich von dem Jahr 1918 etwas erholt hatte, bat Hindenburg in seinem Palais zu kleinen Tanztees – ein Abglanz.

Staat im Reich

Nach der Reichsgründung und dem Aufbau der neuen Institutionen konnte man auch auf altpreußischer Seite Bilanz ziehen und sich die Frage vorlegen, ob Preußens Interessen ausreichend gesichert worden waren. Bismarcks Wort allein genügte manchen Alt-Preußen nicht. Auch war zu fragen, ob Wilhelm I. in seinem vorangerückten Alter den kaiserlichen und den königlichen Aufgaben gewachsen sein würde, ob es nicht überhaupt sinnvoller gewesen wäre, einer anderen Linie des Hauses Hohenzollern Preußen zu belassen. Es hätte Bismarck das Regieren nicht erleichtert; so unterblieb es. Äußerlich mochte es scheinen, als wäre Preußen »im Reich« gut aufgehoben, dem es als Unterbau und Lastträger bei der Wahrung gesamtstaatlicher Interessen und auch Modernisierungen zu dienen hatte. Doch die eigentümliche dialektische Konsequenz von Bevorzugung und Bindung bestand darin, daß eine genuin preußische Führung weithin fehlte und der Staat als eine riesige Verwaltungskörperschaft dem politisch stagnierenden Reich keine entscheidenden Impulse zu geben vermochte.

Außenpolitisch war eine wesentliche Verschlechterung der Lage gegenüber dem Stand von 1863 eingetreten. Die Beziehungen zu *Frankreich* blieben nach der Übernahme von Elsaß-Lothringen, wo Bismarck auf eine Volksabstimmung verzichtet hatte, auf die Dauer gestört. Es war klassische Kabinettspolitik gewesen, mit der Bismarck die territorialen Gewinne 1866 und 1871 durchgesetzt hatte. »Revolutionär« wäre es gewesen, in Schleswig-Holstein und im Königreich Hannover über die Verbindung mit Preußen abstimmen zu lassen. Die Beziehungen zu *Österreich* blieben so beschaffen, daß jedenfalls an eine ständige stabilisierende Einwirkung auf die ihrem Zerfall entgegengehende Donaumonarchie nicht gedacht werden konnte. Einige der Todeskeime, mit denen der Vielvölkerstaat besetzt war, konnten auch Preußen-Deutschland erreichen. Die Polenfrage, von der vor allem zwei Provinzen stärker betroffen waren, würde sich nicht von allein erledigen. Es machte einen gewichtigen Unterschied aus, daß die bisherigen Untertanen Preußens polnischer Nationalität nunmehr auch Einwohner des Reiches geworden waren. Die *Polenpolitik,* zwischen Autonomie-Projekten und »Einpreußung« schwingend, wandte sich unter dem Eindruck nationalpolnischer Bestrebungen stärker der Idee der völkischen Amalgamierung zu. So lebte die Staatsregierung in der Nationalitätenfrage von Fall zu Fall in den Tag hinein, obwohl die Propaganda der russischen Panslawisten zunahm. Seit dem Berliner Kongreß verschlechterte sich das Verhältnis zu *Rußland.* Der Zweibund mit Österreich blieb auch in Bismarcks Überlegungen ein Notbehelf, eine Rückzugslinie. Rußland wurde als aktiver Machtfaktor in der europäischen Politik wieder stärker sichtbar; der Blick seiner Staatsmänner war nach Westen und auf den Südwesten gerichtet. Der Balkan, das Pulverfaß Europas, war mit dem Dynamit der Nationalitätenkonflikte gefüllt. Österreich war dem Druck auf die Dauer nicht gewachsen. *Italien* erhob ebenfalls territoriale Ansprüche (Welschtirol).

Von dieser hier angedeuteten Gesamtlage her war Preußen von den Bundesstaaten des Reiches am stärksten gefährdet. Einbrüche an seiner Ostflanke konnten zu einem Einsturz des gesamten deutschen Ostens führen. Sollte sich Rußland mit einem übergroßen Feldheer oder auf den Wogen einer Revolution über Russisch-Polen hinaus Preußisch-Polens und der Oder-Achse bemächtigen, was um 1880 von Zivilisten als widersinnig angesehen worden wäre, so hatte es die großen Barrieren, die das Eindringen in das nördliche Mitteleuropa behinderten, überwunden und konnte (wie es 1945 zu beobachten war) mit Hilfe des nunmehr ausgebauten Verkehrsnetzes der preußischen Mittelprovinzen sowie Sachsens die Elbe erreichen. Auch der Böhmische Kessel fiel dann dem Einflußgebiet derjenigen Macht oder Machtgruppe anheim, die sich zwischen Rügen und dem Erzgebirge festsetzen konnte. Was geschäftigen Bürgern oder friedfertigen Parlamentariern als eine Absurdität erscheinen mochte, war vom preußischen Generalstab und einigen Militär-Autoren in den Grundzügen bedacht worden.

Das Schlagwort von der »russischen Dampfwalze« kam auf. Bismarck litt unter dem »Alpdruck der Koalitionen«, die – im ungünstigsten Falle – gegen die »Festung Mitteleuropas« anrennen könnten. Für Preußen und das Reich ergab sich aus dieser Lage die Forderung nach einer verläßlich-festen Bündnispolitik, einer ökonomisch vertretbaren Rüstungs- und Rohstoff-Bevorratungspolitik und nach einer behutsamen »national-liberalen« Innenpolitik. Die politischen Folgen und Verletzungen dreier Kriege konnten nicht in wenigen Jahren überwunden werden. Regionale Spannungen innerhalb Preußens und im Verhältnis Preußens zu anderen Bundesstaaten mußten so weit wie möglich gemildert werden, weil auch die sozialen Spannungen in dem im raschen Aufstieg begriffenen deutschen Industriestaatsraum schärfer und gewichtiger wurden. Außenpolitisch ergab sich aus der Gesamtlage die Notwendigkeit, sich an eine europäische Großmacht anzulehnen, deren Politik nicht von territorialen Ansprüchen gegenüber Mitteleuropa bestimmt war. Nach Lage der Dinge konnte dies nur England sein. So ist Bismarck mit dem Draht nach London sorgsam umgegangen, die Anfänge der Kolonial- und Flottenpolitik eingeschlossen. Daß seine Nachfolger im Amt und auf dem Thron einer England-Allianz, die zu honorieren gewesen wäre, glaubten entraten zu können, hat sich als eine der wesentlichsten Ursachen dafür herausgestellt, daß das Reich und Preußen zu Fall kamen.

Verfassung und Verwaltung

Die Reform der Provinzial- und Kreisverwaltung bald nach der Reichsgründung beruhte politisch auf dem Bündnis Bismarcks mit den Nationalliberalen. Unter dem Innenminister Graf Friedrich von Eulenburg entstand vor allem die neue *Kreisordnung* für die sechs östlichen Provinzen (13. Dezember 1872). Einerseits wurde die Polizeigewalt der Gutsherren und der alten Erbschulzen (Lehnschulzen) aufgehoben, andererseits erhielten die Landkreise Aufgaben übertragen, die bis dahin den Regierungspräsidenten zukamen. Das Landratsamt blieb auch weiterhin trotz seines staatlichen Charakters eine Art von Reservat der eingesessenen Grundbesitzer in den Landkreisen. Aber das juristische Studium als Voraussetzung galt nunmehr als unumgänglich. Der Karrierebeamte des höheren Dienstes begann nunmehr fast regelmäßig seine Erfahrungen in einem abgelegenen Kreisamt zu sammeln, so daß ein Basiskontakt gegeben war, der nicht selten lebenslang günstig auf die Arbeit des Betreffenden eingewirkt hat. Im Kreistag wurde der Einfluß der Gutsbesitzer ebenfalls vermindert (zwanzig bis dreißig Prozent der Sitze). Außerdem wurden zwischen den Ebenen der Kreise und der Ortsgemeinden *Amtsbezirke* eingerichtet, die jeweils eine Gruppe von Gemeinden umfaßten (6000–8000 Einwohner). Dieses Verfahren war weit sinnvoller als spätere Gemeindereformen vor und nach 1945, bei denen häufig durch Eingemeindung Großgemeinden geschaffen worden sind. Der demokratische Impuls und das Interesse an den öffentlichen Angelegenheiten waren dann nicht selten zum Erlöschen verurteilt. Die Amtsvorsteher waren ernannte Beamte, während die nunmehrigen Gemeindevorsteher (Bürgermeister) in ihren Gemeinden gewählt wurden.

Die neue Kreisordnung konnte im Herrenhaus, der Ersten Kammer, nur durchgebracht werden, nachdem Wilhelm I. mit einem »Pairs-Schub« (25 neue Mitglieder) eine Mehrheit der zur Reform bereiten Kräfte geschaffen hatte. Die anschließende *Provinzialordnung* (29. Juni 1875) ließ – in letzter Fortbildung der altständischen Verbände – Provinzialverbände als Selbstverwaltungskörperschaften neben den staatlichen Provinzialverwaltungen entstehen. Diesen Verbänden, von Landesdirektoren oder Landeshauptleuten traditionell geleitet, blieben weiterhin Landeskulturaufgaben und Wohlfahrtseinrichtungen sowie die Denkmalpflege zugewiesen.

Kulturkampf

Der »Kulturkampf«, den Bismarck unmittelbar nach Kriegsende in Preußen und in einigen anderen Bundesstaaten gegen die Katholische Kirche führen ließ, war durch die Beschlüsse des Vatikanischen Konzils (18. Juli 1870, Unfehlbarkeitsdogma) ausgelöst worden. Der preußische Liberalismus mit seinem rechten und linken Flügel glaubte sich herausgefordert. Man ließ sich auf einen Streit ein, der nach aller Erfahrung jedenfalls nicht gewonnen werden konnte. Daß sich Bismarck als Speerspitze für die »intolerante« Politik der Liberalen verwenden ließ, ist auch heute noch kaum verständlich. Er hatte ursprünglich, seiner Natur folgend, die neuen Dogmen als interne Angelegenheiten der Römischen Kirche bezeichnet. 1870 war dann Graf Harry von Arnim(-Criewen), der den Beginn einer katholischen Offensive gegen den preußischen Staat erkennen zu können glaubte, von ihm angewiesen worden, Zurückhaltung und Neutralität zu üben. Als sich die Gruppe der Altkatholiken bildete (I. Döllinger), die in Opposition zu Rom stand, begann jedoch der Streitfall das Staatsinteresse Preußens unmittelbar zu berühren.

Die Römische Kirche entzog einigen von der offiziellen Lehre abweichenden Theologieprofessoren, Militärgeistlichen und Lehrern die Lehrbefugnis und forderte deren Entfernung aus den Staatsämtern. Da Preußen als paritätischer Staat alle Religionen verfassungsmäßig duldete, mußte das Verlangen Roms zurückgewiesen werden. Es erwies sich aber als ein Fehler und als ein Ausbrechen aus der überlieferten Politik aktiver Toleranz, daß unmittelbar danach Repressalien gegen diejenigen katholischen Oberbehörden angewendet wurden, die im Einklang mit der Kurie die Ämterentziehung gewünscht hatten. So wurden dem Bischof von Ermland in Ostpreußen die Staatszuwendungen gesperrt oder etwa der Armee-Feldprobst außer Funktion gesetzt. Im Grunde hatte Bismarck mit der Zustimmung zu diesen übereilten Maßnahmen bereits die klassische preußische Position verlassen. Bei Hofe war der Kulturkampf im übrigen recht unbeliebt. Die Kaiserin Augusta, auch hier in dieser Phase trotz ihrer liberalen Sympathien weitsichtiger, mißbilligte die Aggressivität Bismarcks und seiner Minister wiederholt. Der König schwankte in seinem Urteil dementsprechend.

Der Streit verschärfte sich durch die *Polenfrage*. Auch hier fehlte es auf staatlicher Seite am langen Atem, wo es galt, relativ kurzfristige Erscheinungen angemessen zu bewerten. Die Sprachenfrage in Teilen Posens, Westpreußens, Masurens und Oberschlesiens gab immer wieder Anlässe für Konflikte. Die katholischen Geistlichen und die geistlichen Orts- und Kreisschulinspektoren förderten, wie damals allgemein üblich, die Muttersprache. Daß sich nationalpolnische Tendenzen auch in dieser Phase fast ausschließlich über die Religion fördern ließen, liegt auf der Hand.

Die Frage, ob durch diese Praxis die Ausbreitung der deutschen Sprache behindert würde, wie Bismarck befürchtete, wird sich nicht eindeutig beantworten lassen. Tatsächlich ist es ein konfessionspolitischer Grundsatz schon unter Friedrich Wilhelm I. gewesen, die Muttersprache in der kirchlichen Verkündigung nicht zu behindern, sondern zu fördern. Im Grundsatz und in der Praxis ist dann in Preußen auch nach dem Kulturkampf und nach 1918 von beiden Hauptkonfessionen so verfahren worden. Man kurierte an einem Symptom, statt die Polenfrage vorsichtig einer dauerhafteren Regelung (mit Autonomierechten) entgegenzuführen. Zu einer deutlicheren Abgrenzung von Staat und Kirchen glaubte sich Bismarck auch durch die staatskirchlichen Tendenzen und Einrichtungen in den Kirchbezirken der Altpreußischen Union und der sonstigen Landeskirchen (Hannover etc.) berechtigt zu sehen.

Vom Grundsatz der Interkonfessionalität des Staates her gesehen, mußte es in der Tat als ein Widerspruch erscheinen, daß Krone und Summepiskopat identisch waren, daß der preußische Oberkirchenrat in Berlin im Auftrage des Königs die Landeskirchen »regierte«. Aber es war eine historisch gewachsene und auch insgesamt bewährte Konstruktion, die dem uneinheitlichen Staat ein zusätzliches Element der Festigkeit gewährte. Bismarcks ursprüngliche Herkunft aus der hinterpommerschen Erweckungsbewegung, die dem Staatskirchentum fremd gegenüberstand, verband sich mit machtpolitischen Überlegungen. Sie schlug insofern, wie der alte Ernst Ludwig von Gerlach bemerkte, in ihr Gegenteil um. Bismarck begann im Laufe des Streites grundsätzlich und aktiv den Einfluß geistlicher Gewalten auf den Staat zu bekämpfen, wobei er in seiner Reizbarkeit auch an den Einfluß von Hofpredigern oder sonstigen dem Herrscherhaus nahestehenden Theologen gedacht haben mag.

Hingegen wäre bei alledem eine defensive Taktik angemessen und ausreichend gewesen. Es fehlte an Weitblick und Selbstsicherheit. Auch hätte die Statistik ihn belehren können, daß sämtliche christlichen Kirchen in Preußen im Rückgang begriffen waren und daß deshalb die Aufgabe des ethisch handelnden Staatsmannes darin zu bestehen hätte, vor allem die sozialen Aktivitäten der Kirchen zu fördern und den Blick der weltanschaulich-dogmatisch veruneinigten Kreise jeder Konfession auf die gesellschaftspolitischen Fragen eines Industriestaates zu richten. Man wird dem Ministerpräsidenten jedoch zugute halten müssen, daß er neben seinen herrschaftspolitischen Motiven sich subjektiv im Einklang mit der Kirchenpolitik der Hohenzollern des 18. Jahrhunderts fühlen konnte, wenn er unkontrollierbare Einflüsse auf Staat und Regierung zurückwies. Die Kirchenpolitik Friedrichs des Großen war jedoch gewandter. Bismarck entwickelte sich eher zum Josephinisten. Aber man lebte nicht mehr im 18. Jahrhundert. Es war eine einfache Überlegung, die Bismarcks Kritiker sogleich anstellten, daß nämlich Krone und Regierung nicht die Kraft aufbringen würden, auf die Dauer mit den geistlichen Gewalten im Konflikt zu leben, abgesehen von den Folgen solcher die Seelen verletzenden und Autoritäten erschütternden Kämpfe.

Von den Einzelheiten des *Kulturkampfes,* den seit 1872 in der Nachfolge des konservativen Ministers Heinrich von Mühler der Nationalliberale Adalbert Falk zu führen hatte, ist von Belang die Aufhebung der katholischen Abteilung im Kultusministerium (8. Juni 1871), das Schulaufsichtsgesetz (11. März 1872: Beseitigung der geistlichen Aufsicht, staatliche Aufsicht aller privaten und konfessionellen Schulen), der Kanzelparagraph, eine Neuauflage der Lästeredikte des Kurfürsten Friedrich Wilhelm (10. Dezember 1871: auf bayerischen Antrag als Reichsgesetz beschlossen, gegen die den »öffentlichen Frieden gefährdenden« Predigten gerichtet); dem folgten die Preußischen Mai-Gesetze (1873: volle Staatsaufsicht über die Kirchen, Errichtung eines Königlichen Gerichtshofes für kirchliche Angelegenheiten; Reglementierung der Anstellungsvoraussetzungen für Geistliche) und schließlich die Einführung der obligatorischen Zivilehe nebst Standesamtspflichtigkeit (1874).

Es ist nicht zu übersehen, daß in einigen Punkten, wie der Beseitigung der geistlichen Schulaufsicht, die zu einer lästigen Gesinnungsschnüffelei ausarten konnte, oder mit der Zivilehe (durch die die unchristliche Mischehenpraxis der Kirchen wenigstens äußerlich entschärft wurde), zweckmäßigere und zeitentsprechendere Regelungen gefunden worden sind. Aber die Bündelung der Gesetze brachte die Schärfe. Bismarck erschien vielen als Vertreter einer liberalstaatlich kaschierten Intoleranz und Weltfremdheit. Die Grenzen seiner Kräfte wurden erkennbar. Daß die preußischen Konservativen ihn bei seinem konfessionspolitischen Kahlschlag nicht zu unterstützen vermochten, ist nicht nur verständlich, sondern war im Interesse des inneren Friedens geboten. Die weiteren Maßnahmen bis 1875 trugen Repressionscharakter und schädigten das Ansehen Preußens. 1876 hatten es König und Staatsregierung dahin gebracht, daß sämtliche Bischöfe Preußens ausgewiesen (Expatriierungsgesetz, 1874) oder vorläufig Festungen als Wohnsitz zugewiesen erhalten hatten. Sechshundert Pfarreien waren unbesetzt. Der Widerstand der Katholischen Kirche innerhalb und außerhalb Preußens war nicht zu brechen.

Das Zentrum stieg zur größeren Kirchenpartei auf; ihm schloß sich Ernst Ludwig von Gerlach aus moralischen Gründen an. Er war es auch, der dann und dort noch einmal das alte Toleranzgebot hochgehalten hat: »Es ist für mich eine heilige Pflicht, jedes gute Recht – es stehe der einen oder anderen Religion, dem einen oder anderen Menschen, der einen oder anderen Partei zu – jedes gute Recht zur Geltung zu bringen, soweit ich kann. Ich verletze mein Gewissen, wenn ich es nicht tue. Ich kann fehlen und fehle oft, aber der Wille muß immer da sein, sonst bin ich nicht wert, daß ich in meinem Amt bleibe.« Seit 1876 war Bismarck mit seinem »innenpolitischen Präventivkrieg« gegen die Zentrumspartei, den Oberkirchenrat und seine Gegner bei Hofe am Ende. Auch die Liberalen, deren atheistischem Vertreter Rudolf Virchow (Berlin) der sinnlose Konflikt seinen Namen verdankte (Kampf der Kultur), mußten erkennen, daß mit profanen Ideologien und Gendarmen die wohlgefügte bäuerlich-bürgerlich-regionalistische Welt Preußens und des übrigen Deutschland nicht aus den Angeln zu heben war.

Seit 1878 hat Bismarck zusammen mit Rom (Leo XIII.) den Kulturkampf so weit wie möglich beendet, nachdem die Kurie unter dem Eindruck des französischen Kulturkampfes ihre Gesprächsbereitschaft bekundet und Bismarck in den Sozialisten einen neuen, weit gefährlicheren Gegner ausgemacht hatte. Mit den »Milderungsgesetzen« (1882/83, 1888) und dem »Friedensgesetz« (1885/87) wurde der Kulturkampf beendet, nachdem Bismarck sich mit Erfolg der Kurie gegen die Zentrumspartei bedient hatte. Dem »Verteidigungssieg der Kirche« (Georg Franz) stand der zweifelhafte Ertrag einer Stabilisierung der Staatsaufsicht gegenüber. Schwerer wog die Schwächung der nationalen Verbundenheit, die zusätzliche Verschärfung der nationalpolnischen Politik in Teilen der preußischen Ostprovinzen, die emotionale Belastung der Staatsposition im Rheinland, in Westfalen und in Teilen der Provinz Hannover, wo sich Altwelfen und Zentrum in ihrer Gegnerschaft gegen die Unberechenbarkeiten der Hohenzollernmonarchie vereinigt hatten (Windthorst). Überhaupt gewann der Preußenhaß, der nach 1866 kaum zur Ruhe gekommen war, neue Argumentationsmöglichkeiten.

Der Kulturkampf hatte aber auch deutlich werden lassen, daß »Preußen« im Reich keine eigenen Entfaltungsmöglichkeiten besaß und kaum neue Aufgaben mehr erhielt. Es zeigte sich hier erstmals mit aller Klarheit, daß der Staat trotz aller Dominanz im Reich eingeklemmt und zum Objekt des Reiches degradiert war. Dies erscheint im Rückblick als der eigentliche Preis der Reichsgründung, und Preußen hatte ihn zu begleichen. Umgekehrt wäre der Staat auch ohne Reich im Nordosten existenzfähig gewesen. So hing seit den 80er Jahren innen- und außenpolitisch viel davon ab, ob der Kaiser-König und der jeweilige Kanzler-Ministerpräsident das genuine preußische Interesse im Auge behalten würden. Bereits beim Kulturkampf ist das nicht der Fall gewesen.

Sozialisten und Sozialpolitik

Der Kampf gegen die *Sozialdemokratie* griff noch weiter in die allgemeine deutsche Politik Bismarcks aus. Die Revolutionssorge saß dem Altgewordenen wie vielen seiner Generation im Nacken. Das Reichsgesetz »gegen die gemeingefährlichen

Bestrebungen der Sozialdemokratie« (18. Oktober 1878, bis 1890 verlängert) war ein Repressionsgesetz, das jedoch der Sozialdemokratischen Partei Deutschlands auch in Preußen weit mehr Möglichkeiten der Betätigung offenließ, als dies bei den totalitären Staaten des 20. Jahrhunderts gegenüber oppositionellen Strömungen der Fall ist. Das Ziel wurde nicht erreicht. Die Partei, die an den Reichstagswahlen weiter teilnahm, gewann unablässig an Anhängern (1890: 1,4 Millionen Stimmen).

Wesentlich war für die Folgezeit, daß in der Fortführung älterer Anregungen seit 1880 eine aktive Sozialpolitik (Kaiser-Botschaft, 17. November 1881) begonnen wurde, die neben der Arbeiterschutzpolitik zur Einrichtung der Krankenversicherung (1883), der Unfallversicherung (1884), der Alters- und Invalidenversicherung (1889) führte. Dem schlossen sich noch die Einführung der Sonntagsruhe und der Lohnschutz (1891), der Kinderschutz im Arbeitsleben (1903/04) und andere begleitende Maßnahmen an. Die Sozialprogramme der preußischen Kathedersozialisten oder des Mainzer Sozial-Bischofs Ketteler gaben lediglich Anregungen. Bismarcks Pläne waren teilweise noch weiter gegangen, doch fand er weder im Reich noch in Preußen eine parlamentarische Mehrheit, die die Kosten zu bewilligen bereit gewesen wäre.

Polen und der Nationalismus

Die *Polenfrage* war für Bismarck eine Frage des preußischen, später des deutschen Staatsinteresses. Nur in diesem Rahmen war er bereit, mit polnischen Abgeordneten über Rechte und Sonderrechte zu verhandeln. Trotz vereinzelter Zynismen in Briefen, die das Staatsinteresse als vorrangiges Motiv erkennen lassen, blieb er vom groben Nationalismus frei. Dieser Nationalismus, der nicht im preußischen Nordosten entstand, war ein Stimmungs-Nationalismus, der in wilhelminischer Zeit einen Höhepunkt erreichte. Er entwickelte sich gelegentlich als Replik auf polnische Übertreibungen, beschränkte sich aber letztlich auf Verbände, Interessenten und alldeutsch gestimmte Kreise. Die ruhige, teilweise schwerfällige deutsche Bevölkerung der preußischen Mittel- und Ostprovinzen wurden stellenweise unruhig, als sich die Angst vor einer Überfremdung ausbreitete. Polnische Ansprüche auf ausschließlich deutsch besiedelte Gebiete, wie sie vor und besonders nach 1918 mit Hilfe auch von polonisierten Landkarten geäußert wurden, waren wenig hilfreich. Ein Nationalitäten-Syndrom beruht auf wechselseitiger Vergiftung. Die Ausscheidung des Giftes braucht Jahrzehnte, manchmal Jahrhunderte. Man darf andererseits nicht den Druck übersehen, dem das geteilte Polen von den verschiedenen Seiten her ausgesetzt war und der zu Feindbildern geführt hat. Daß eine Nation sich gegen Überfremdung wehrt, ist ihr gutes Recht, damals wie heute.

In der *Provinz Posen* wurden 1873 die Bauernvereine zusammengefaßt, 1886 polnische Genossenschaftsbanken gegründet. Der preußische Staat ließ dies alles und anderes geschehen. Polnische und Zentrums-Abgeordnete vertraten im Reichstag und im preußischen Abgeordnetenhaus mit Schärfe die polnisch-katholischen, auch die besonderen ostpreußisch-ermländischen Interessen. Der Kulturkampf hatte weitere Entfremdungen zur Folge. Ein Großteil der polnischen Bauern wurde für die nationalpolnische Bewegung nun erst ansprechbar. Mit den Mitteln der 1886 gegründeten preußischen *Ansiedlungskommission,* die nicht ohne Erfolg arbeitete, waren die Probleme jedoch nicht grundsätzlich lösbar.

Für die preußischen *Konservativen,* die noch um 1860 von dem »Nationalitätenschwindel« nichts hören wollten, besaß das Polenproblem vor allem eine agrarpolitische Seite. Die polnischen Saison-Arbeiter mit ihrer Ausdauer und Genügsamkeit verhalfen den ost- und mitteldeutschen Großbetrieben zur Rentabilität. Andererseits ergaben sich hier wie durch das Militär Veränderungen, so daß die Zahl derjenigen, die sich trotz polnischer Abstammung und katholischer Konfession als zweisprachige »preußische« Staatsbürger empfanden, bis 1914 im Steigen begriffen war. Unbestreitbar ist auch, daß der preußische Staat besonders in der Zeit von 1871 bis 1918 in Posen und Westpreußen unbeschadet der jeweiligen Bevölkerungszusammensetzung eine große infrastrukturelle Aufbau- und Ausbau-Arbeit geleistet hat, mit einem modernen Verkehrsnetz, einem qualifizierten öffentlichen und privaten Bauvolumen und mit einer Industrialisierung, durch die die Ertragskraft des Landes um ein Mehrfaches angehoben worden ist. Niemand vermag mit Sicherheit zu sagen, wie die Entwicklung verlaufen wäre, wenn die beiden Weltkriege die Verhältnisse im östlichen Mitteleuropa nicht von Grund auf umgestaltet hätten. Für den Kenner der Mentalitäten und Wirtschaftsverhältnisse in den Provinzen Posen und Westpreußen spricht nicht weniges dafür, daß sich die durch die *»Ostmarkenpolitik«* nur verzögerten Vermischungs- und Anpassungsprozesse fortgesetzt hätten und daß sich nach dem Abklingen der heute bereits ridikül anmutenden nationalistischen Psychosen Ausgleich und freiheitliches Nebeneinander, möglicherweise im Rahmen von Autonomie-Bereichen, eingestellt hätten, so wie es in anderen Zonen Europas mit älterem Volkstumsstreit wenigstens teilweise inzwischen erreicht werden konnte.

Die Landverteilung in den östlichen und mittleren Provinzen hatte sich in der zweiten Hälfte des 19. Jahrhunderts weiter und rascher als bisher zugunsten des bürgerlichen und adligen Großgrundbesitzes verändert. Neben der generellen Anhebung der Betriebsgrößen ist ein Konzentrationsprozeß im Umkreis weniger Familien zu beobachten, wobei Erbschaften und Zukäufe, z. T. mit industriellem Kapital, eine Rolle spielten. Obschon sich diese Vorgänge fast überall in Mitteleuropa beobachten ließen, erregten sie doch in Preußen vor dem Hintergrund der sozialen Nöte der frühen und mittleren Industrialisierungsphase starke Emotionen. Es kam hinzu, daß auf den großen Betrieben durch die Einführung neuer Wirtschaftsmethoden in erheblichem Maße Arbeitskräfte freigesetzt wurden, die sich aus nackter Existenznot heraus den aufstrebenden gewerblichen Ballungszentren des Westens zuwandten oder ihr Heil in einer Auswanderung nach Übersee suchten.

Wilhelm II.

Der unvorhersehbare Tod Friedrichs III. (1888) zeigte die Unzulänglichkeiten dynastischer Thronfolgeregelungen, insbesondere bei stärkeren körperlichen Behinderungen. Der Kaiser und Kronprinz hätten den Prinzen Wilhelm zum Verzicht zugunsten seines jüngeren Bruders Heinrich bewegen können und müssen. Da jedoch kein geistiger Defekt feststellbar war, unterblieb ein solcher Akt, der mit den Hausgesetzen im Widerspruch gestanden hätte. Niemand vermag außerdem zu sagen, wie die Entwicklung Wilhelms II. als Regent verlaufen wäre, wenn er zehn oder zwanzig Jahre später die »Regierung« übernommen hätte. So aber geriet er in ein Spannungsfeld von Anfechtungen und Zeiterfordernissen, dem er in seiner Unstetigkeit nicht gewachsen war. Es kam hinzu, daß er zu subtileren Fragen von Kultur, Geschichte und Gesellschaft keinen Zugang gewonnen hatte, obschon er in der engen Welt der deutschen Dynasten einen vergleichsweise weiten Horizont besaß, jedenfalls in späteren Jahren. Nicht das blendende Gespräch, die verblüffende Belesenheit oder der Schwung einer Morgenpredigt auf dem Vorschiff einer schweren Schiffseinheit zählten, sondern die zwanzig oder dreißig wegweisenden Entscheidungen, die er zwischen 1890 und 1918 zu treffen hatte. Hier ist, bei aller Würdigung der Zeitumstände und des Versagens seiner Berater, festzuhalten, daß Oberflächlichkeit und Fehlgriffe vorherrschten. Nur wenige Männer wagten in Preußen, die Stimme gegen diese Art von Regierung zu erheben. Die Aufgabe, vor die er gestellt war, konnte gelöst werden mit viel Menschenkenntnis, mit Fleiß und einer weltoffenen Humanität; daran fehlte es, zu schweigen von dem Mangel an Toleranz gegenüber anderen Völkern oder Volksgruppen. Seine an Friedrich Wilhelm IV. erinnernden Interessen, bis hin zur Theologie und Archäologie, überdeckten die Mängel in der Regentenarbeit. Sein »persönliches Regiment« ist in seinen Grenzen und in den nicht zu unterschätzenden Wirkungen viel erörtert worden (F. Hartung). Er erscheint wie eine Schicksalsgestalt, die Preußen-Deutschland auf dem Wege in eine dunkle Zeit vorangeschritten ist.

Wilhelm II. blieb in die Pflichten und Rechte der preußischen und der Reichsverfassung eingebunden, war zugleich für die Mehrheit der Bevölkerung repräsentierender und regierender Staatsmann, sah sich als Nachfahre Friedrichs des Großen angesprochen, obwohl er im Wandel seiner Rollen das Bewußtsein der Schwäche, Unsicherheit, Bestimmbarkeit, der Durchschnittlichkeit und der körperlichen Behinderung immer wieder durchlitten und mit seiner raschen Auffassungsgabe, mit Charme und mit Repräsentations-Triumphen zu überwinden hatte. Die Reizstoffe, die er gegen Schwäche und Depression aufnahm und einsetzte, sind bekannt: Schmeichelei, Beifall, Unrast und Übermaß der äußeren Regenten-Tätigkeit. Denkmalsenthüllungen, Stapelläufe, Jagden und Reden über Reden, seit 1906 maßvoller werdend, wo er in Schlesien davon sprach, daß es nötig sei, sich von nun an »mit Aufbietung aller geistigen und körperlichen Kräfte nur der einen Aufgabe zu widmen, unser Land vorwärts zu bringen, für unser Volk zu arbeiten, ein jeder in seinem Stande, gleichviel, ob hoch oder niedrig, unter Zusammenschluß der Konfessionen dem Unglauben zu steuern und uns vor allen Dingen den freien Blick für die Zukunft bewahren und niemals an uns und unserem Volke zu verzagen«. Es waren Worte, die kaum auf Widerspruch gestoßen sein dürften, selbst wenn er »Schwarzseher« und Arbeitsscheue aufforderte, sich in bessere Länder zu begeben.

Der Kaiser gab in vielem als Wortführer der Deutschen nur Stimmungen und Tendenzen Ausdruck, die in weiten Teilen der Bevölkerung verbreitet waren. Die Doppelbödigkeit und die Bruchstellen im politisch-monarchischen Regierungssystem wurden nur von wenigen mit voller Schärfe gesehen. Ein Seelen-Kenner wie Rathenau faßte 1901 kongenial sein Urteil in den Worten zusammen: »Ein Bezauberer und Gezeichneter. Eine zerrissene Natur, die den Riß nicht spürt; er geht dem Verhängnis entgegen.« Dem Verhängnis ging letztendlich die gesamte alte Führungsschicht Preußens entgegen, die am forcierten Kriegsschiffbau interessierten Stahl- und Elektro-Industriellen eingeschlossen, zu schweigen von einer Bevölkerung, die sich in ihrer Mehrheit getreulich auf »Staatskunst und Kriegshandwerk« verließ.

Aber Wilhelm II. war so schwach und unsicher wiederum nicht, wie es manchem bohrenden Auge erscheinen mochte (Harden, Liman, Quidde) oder wie ihn die Karikaturisten umrissen. Neben seinem Glauben und dem alten Grundbesitz des Hauses besaß er ein Refugium, das leicht übersehen wird. Er blieb, allem Wandel in gewissem Sinne trotzend, *europäischer Dynast*, mit einem fast ungebrochenen Verantwortungsbewußtsein gegenüber dem dynastischen Gedanken und »mit den mächtigen elementaren Instinkten des Geblüts, der Familie und Sippe, die durch Jahrhunderte gepflegt eine schlechthin naturhafte Tradition des Denkens und Empfindens schaffen« (Fr. Meinecke, 1924). Wie sehr Wilhelm II. neben der rigoros, aber freilich ebensowenig in seinem Sinne gänzlich erfolgreich regierten eigenen Dynastie (Heirat des Prinzen Oskar mit der Grafentochter Ina Maria von Bassewitz, die der Kaiser vergeblich bekämpfte, 1914) das übrige fürstliche Geblüt der christlichen Welt als eine über der übrigen Menschheit stehende besondere Lebenssphäre verstand, zeigen seine persönlichen Zeugnisse, denen sich ähnliche anderer deutscher Dynasten hinzufügen ließen. Von Bedeutung war bei alledem die Vorstellung, daß die Fürsten alter und echter Herkunft Wesen besonderer Art seien, immer noch jenseits der sonstigen »Menschheit« stehend. Das waren alte und im ganzen Europa verbreitete Vorstellungen, die sich bis zum 20. Jahrhundert erhalten haben. Sie sind bei den Hohenzollern nach 1786 wieder langsam aufgelebt. Die dynastischen Grundsätze der Ebenbürtigkeit dienten dem Zweck, das als unsterblich gedachte Fürstentum zu erhalten. Wilhelm II. hat insofern die Heiratspolitik seines Hauses im Sinne dieser konservativen Normen des europäischen Nachmittelalters geführt.

Die europäischen Dynastien haben die große Bewährungsprobe der Friedenserhaltung während des letzten Jahrzehnts vor dem Untergang des alten Europa nicht bestanden. Sie waren nationalisiert worden, und sie verbargen sich fortan gewissermaßen vor den Hammerschlägen des demokratisch-imperialistischen Zeitalters. Man suchte zu überleben, um vielleicht Mythos und Aufgabe der Krone in vernünftigeren Zeiten wieder aufleben lassen zu können. Dynast zu sein war für Wilhelm II. (und seine Verwandtschaft) ein unveräußerliches und unverlierbares Erbgut, das über allem Herrschaftswesen steht und seinen Rang behält. Von daher wird die Paradoxie verständlich, daß ein gescheiterter Regent gleichwohl seine Tage als erfolgreicher Dynast beschließen konnte. Die Distanz Wilhelms II. zu Preußen beruht mithin nicht nur auf einem gewissermaßen oberflächlichen Bevorzugen der Reichssphäre mit der scheinbar glanzvolleren Krone. Es war vielmehr das spezifische, von den Widerständen her angereizte und verhärtete Dynastie-Denken der zweiten Hälfte des 19. Jahrhunderts, das ihm Stabilität in seiner widerspruchsvollen Existenz garantierte. Unter den in dieser Hinsicht aufschlußreichen Zeugnissen ragt der Brief heraus, den der neununddreißigjährige Kaiser nach dem Erscheinen von Bismarcks »Gedanken und Erinnerungen« 1898 an seine Mutter Viktoria gerichtet hat. Mehr als hundertfünfzig Jahre nach der Scheidung von Haus und Staat im Denken Friedrichs des Großen sind in diesem Brief die Wörter Staat und Preußen nicht ein einziges Mal mehr zu finden: Bismarck habe »auf Kosten unserer Dynastie und unseres Hauses« aufsteigen wollen, habe die »Ehre und Zukunft unseres Hauses« gefährdet; er – Wilhelm – aber habe die Krone gerettet vor dem »Wüterich«, das alte Reich werde durch das neue fortgesetzt: »Für immer und ewig gibt es nur einen wirklichen Kaiser in der Welt, und das ist der Deutsche Kaiser, ohne Ansehen seiner Person und seiner Eigenschaften, einzig durch das Recht einer tausendjährigen Tradition, und sein Kanzler hat zu gehorchen!«

Fünf Jahrzehnte vor 1918 hatte der Ablösungsprozeß der Hohenzollern vom preußischen Staat begonnen. Wilhelm I. hatte sich, als es 1871 einen ersten Abschied zu nehmen galt, an das absinkende Preußen geklammert und doch nicht verhindern können, daß sich das »Reich« über seinen Kopf hinweg entwickelte und ihn selbst sogar mit einem etwas anderen Herrscherbewußtsein durchsetzte. Weil die aktive Regierungskraft der Dynastie (im Sinne der »Selbstregierung«) bei fast allen Angehörigen erschöpft war, erwies sich der respektable

Rückzug auf die dynastische Repräsentation, auf die Monarchie englischen Stils als unausweichlich. Es kann keine Frage sein, daß spätestens um 1908 der Zeitpunkt für eine solche Verfassungsrevision gekommen war – und von allen politisch-parlamentarischen Kräften versäumt worden ist. So gesehen, wird man Wilhelm II., der einen vorgegebenen Verfassungsrahmen auf seine Weise auszufüllen trachtete, nicht damit belasten können, daß er die »Staatsidee« Preußens lediglich als dynastisch geprägte Tradition ansah und die Staatsrealitäten des preußischen Verwaltungsstaates locker beaufsichtigte. In dem latenten Konflikt Preußen – Reich hatte der Staat Friedrichs des Großen deshalb keine Unterstützung durch die Dynastie zu erhoffen. Die bestehenden Bindungen unterhalb des Verfassungsrahmens waren personeller, traditioneller und materieller Art; sie wurden am engsten noch im Militärwesen aufrechterhalten. Von diesen Verhaltenskonstanten her ergibt sich auch hier ein noch zu erforschender Zusammenhang zwischen persönlichkeitsbestimmter Geschichte und »Strukturgeschichte«.

Verwaltung und Innenpolitik

Nach dem Sturz Bismarcks (20. März 1890) durch Wilhelm II. sind unter dem Reichskanzler Caprivi, der zugleich Preußischer Ministerpräsident war, (bis 23. März 1892, danach Botho von Eulenburg) eine Reihe kleinerer Reformen durchgeführt worden. Der Finanzminister Johannes Miquel änderte das *Einkommensteuergesetz* zugunsten einer progressiven Einkommensteuer; der Einkommensteuersatz erhöhte sich nun von 0,62 Prozent (900 bis 1050 Mark) bis zu dem erregenden Satz von vier Prozent (über 100 000 Mark). Gegenüber der bisherigen Klassensteuer kamen höhere Erträge ein, durch die mittelbar Gemeindefinanzen aufgebessert werden konnten, weil der Staat nunmehr zugunsten der Gemeinden auf die Grund- und Gebäudesteuer sowie auf die Gewerbesteuer verzichten konnte. Problematisch blieb jedoch bis 1918 die Frage der Steuergerechtigkeit, weil der Grundsatz der Selbsteinschätzung der Steuerpflichtigen beibehalten wurde. Auf dem Land gehörte die Selbsteinschätzung zum Aufgabenbereich der Landräte, die mitunter im Interesse des sozialen Friedens innerhalb der begüterten Oberschicht erstaunlich gleichförmige »Selbsteinschätzungen« vorgenommen haben. Weiterhin bestanden unvertretbare Unterschiede zwischen Stadt und Land. Im Kreis Landsberg an der Warthe betrug 1908 die jährliche Einkommensteuerbelastung pro Kopf für das Land 1,70 Mark, für die Stadt jedoch 5,20 Mark. In einzelnen Landgemeinden ist die Freigrenze von 900 Mark von der gesamten bäuerlichen Bevölkerung (mit Ausnahme des staatstreuen Lehrers) in Anspruch genommen worden, während den Arbeitern die Steuer sogleich vom Tagelohn abgezogen, den Gewerbetreibenden nach

Maßgabe der Buchabschlüsse berechnet wurde. Im Durchschnitt ist in den östlichen Provinzen bei der Landwirtschaft nur der vierte Teil des Einkommens versteuert worden. Ein solcher Steuerklassenstaat konnte keine Zukunft haben.

Ein begrenzter Erfolg konnte 1891 mit der Reform der *Landgemeindeordnung* für die sieben östlichen Provinzen erreicht werden. Die Konservativen als Interessenpartei der Landwirtschaft verwässerten jedoch das überfällige Gesetz, indem sie für jede Fusion von Landgemeinden und Gutsbezirken einen Beschluß des Staatsministeriums im Gesetz festschreiben ließen. Auf diese Weise sind bis 1913 964 von den rund 16000 öffentlichen und privaten »Gutsbezirken« beseitigt worden. Die Staatsregierung erwies sich als zu schwach, um hier weitere Reformen durchzusetzen. Herrfurth wurde 1892 gestürzt. Sein Nachfolger Eulenburg hatte in der Reform der Landgemeinden keine Erfolge zu verzeichnen. Im übrigen war der agrarkapitalistische Flügel der Konservativen der gleichen Meinung wie der Domänenfiskus, daß nämlich ein Gut mit einem eigenen Kommunalbezirk einen höheren Verkehrswert hätte als ein eingemeindetes Gut. In dieser schwierigen Frage der Gutsbezirke kreuzten sich die verschiedensten Interessen. Vorherrschend war bei allen Beteiligten die Sorge vor zusätzlichen Belastungen (Zahlungen für Landarmenverbände und anderes). Da auch Fragen der inneren Kolonisation berührt waren, wäre es Pflicht der Staatsregierungen seit 1892 gewesen, die gesetzlichen Möglichkeiten voll auszuschöpfen. Das ist nicht der Fall gewesen.

Der Bau des *Mittellandkanals* ist durch die Konservative Partei verzögert worden. Der Kanal sollte als erster großer westöstlicher Binnenschiffahrtsweg die Elbe mit Weser und Rhein verbinden. Berlin sollte den direkten Anschluß an die Kanalsysteme des Ruhrgebietes finden. Die Kanalbauvorlage ist 1899 und 1901 im Abgeordnetenhaus zu Fall gebracht worden, weil die Konservativen befürchteten, durch verbilligte Frachtraten könnte sich die Konkurrenz überseeischen Getreides verstärken, die Eisenbahn aber, die mit ihren Überschüssen die Staatsfinanzen füllte, würde Schaden leiden. Der Kaiser hatte sich für den Kanalbau besonders eingesetzt. Er fühlte sich von der »grenzenlosen Borniertheit« und dem »junkerhaften Übermut« der Abgeordneten zur »Fehde« herausgefordert und hat – rechtlich anfechtbar – zwei Regierungspräsidenten und achtzehn Landräte, die an der Abstimmung beteiligt waren, vorläufig verabschieden lassen. Das Verhältnis von Monarch und den »Agrariern« blieb bis 1909 gestört. Bülow, als Ministerpräsident, hat 1905 die Kanalvorlage in verstümmelter Form (Verzicht auf das Verbindungsstück zwischen Hannover und der Elbe) vom Landtag bewilligt erhalten, nachdem der Kaiser ihn aufgefordert hatte, dem »Bund der Landwirte« und dem agrarischen Flügel der Konservativen »eines auf den Kasten« zu geben.

Das negative Urteil des Kaisers und der nichtkonservativen Öffentlichkeit war berechtigt. Eine Landwirte-Partei blockierte ein staatspolitisch bedeutsames Bauvorhaben. Mit dem Kanalbau war die Absicht verbunden, in den Ostprovinzen durch Anschlüsse an das mitteleuropäische Wasserstraßennetz die Ansiedlung neuer Industrien zu erleichtern. Ohne die Frachttarife des Wasserverkehrs, die nur ein Viertel der Bahntarife betrugen, war das nicht in dem wünschenswerten Umfang möglich. Die *Arbeitslosigkeit* in Ost- und Westpreußen hatte dazu geführt, daß zwischen 1871 und 1905 rund siebenhunderttausend Menschen aus Ostpreußen und eine halbe Million Menschen aus Westpreußen abgewandert und zum Teil auch ausgewandert waren, wie so viele schon zuvor in der ersten Hälfte des 19. Jahrhunderts. Eisenbahnverwaltung und Generalstab sprachen sich für den Kanalbau aus. Heydebrand, der Führer der Konservativen (zum Ärger des Kaisers als »ungekrönter König von Preußen« bezeichnet), obsiegte. Während des Krieges, als der Kanal sowie andere Versäumnisse im Wasserstraßenausbau im Herrenhaus zur Sprache kamen, erkannten die Konservativen ihre Torheit. Denn auch das Getreide der Ostprovinzen hätte billiger auf seine Märkte befördert werden können.

Die *Konservativen* vertraten, auch nachdem die Interessenpolitik stärker in den Vordergrund getreten war, die Ideen und Interessen des Altpreußentums gegenüber dem Reich. Sie beanspruchten die Interessenvertretung für die gesamte Landwirtschaft und für Teile der Industrie. Sie bekundeten, die eigentliche Partei des Monarchen und seines Heeres zu sein. Bismarck hat 1877, als er mit den Liberalen zusammenarbeitete, zu dem späteren preußischen Landwirtschaftsminister gesagt: »Der schlimmste Gegner des Reiches ist der preußische Partikularismus«. Die Konservativen, die seit 1879 wieder in der Gnade des Kanzlers standen, haben es jedoch nicht vermocht, die politische Chance, die in eben diesem »Partikularismus« lag, überzeugend zu formulieren. Das hätte ein unbefangenes Staatsverständnis vorausgesetzt, woran es nicht erst seit der Reichsgründung bei Wählern und den meisten Vertretern der Konservativen fehlte. Der durchgeistigte Konservatismus der Gerlach-Gruppe blieb selbst in seiner besten Zeit etwas Aufgepfropftes und auf kleinere Gruppen Beschränktes. Daneben gab es stets die Verteidigung der Rechte der ländlichen Bodeneigentümer gegenüber der Regierung in der Nachfolge der Landstände. Im Zeitalter der zunehmenden sozialen Konflikte und linken Strömungen wurde dann die teils naive, teils raffinierte und rücksichtslose Interessenvertretung als »sozialreaktionär« empfunden, obwohl sich das Verhalten der anderen Parteien (Nationalliberale, Freisinnige, Zentrum, Sozialdemokraten) von dem der Konservativen nur durch andere Interessenobjekte unterschied.

Die Antihaltung der Konservativen richtete sich in erster Linie gegen die Einschnürung Preußens durch das Reich, gegen den Liberalismus als Vertretung einer zu weit gehenden Demokratisierung, gegen die Sozialdemokratie als Klassenkampf- und Umsturzpartei, gegen die an niedrigen Zöllen interessierte Industrie, gegen alle Formen der Bildungs- und Sozialpolitik, die den besitzenden Klassen auf dem Lande zusätzliche Kosten auferlegen könnte. Mit dieser Grundstimmung der Angst vor Reformen und der Pfennigfuchserei, wie sie in der gesamten, nicht nur ostelbischen Landbevölkerung verbreitet war, war politisch wenig Staat zu machen.

Die Stimmen brachten bei Wahlen nicht die sonstigen Gruppen aus dem Heer oder der Beamtenschaft oder der Geistlichkeit; das eigentliche Wählerpotential war im »Landvolk« angesiedelt. Die Aufhebung des *Dreiklassenwahlrechtes* hätte das konservative »Bollwerk« Preußen über Nacht zum Einsturz gebracht. Daß damit eine »beständige Demütigung der Bevölkerung« verbunden war, nahm man in Kauf. Mit dem Fraktionsführer Ernst von Heydebrand verfügte die durch politische und soziale Inzucht deformierte Partei über einen tatkräftigen, aber engstirnig-ungewandten Führer. Daß ein solcher Mann die Regierungspartei in Preußen anführen konnte, zeigte, wie sehr sich bessere Köpfe konservativer Richtung der politischen Arbeit für »Preußen« entfremdet hatten. Verhaltensformen des reinen Besitzgenusses breiteten sich besonders, aber nicht allein bei den »staatstragenden« Schichten aus. Denn der Staat funktionierte mit einer Präzision, die der des preußischen Heeres kaum nachstand.

Eine vordergründige Betrachtung muß zu dem Ergebnis kommen, daß Preußens *Staatsverwaltung* mit der um die Verwaltungsgerichtsbarkeit (1883) erweiterten Rechtspflege und mit der ausgebreiteten kommunalen Selbstverwaltung den Landesbewohnern ein Maximum an Ordnung und Fürsorge gewähren konnte. Genaueres Hinsehen zeigt, daß die enge Anbindung Preußens an das Reich zu einem Stillstand in der gesamten Verfassungsentwicklung geführt hat. Die Vorrechte Preußens im Reich waren kompensiert durch Pflichten und Rücksichten. Jeder andere Bundesstaat genoß mehr Selbständigkeit: Bayern blieb Bayern. Preußen aber denaturierte zu einer mit Traditionsfahnen behängten und mit kaiserlichen Sonntagssprüchen abgespeisten übergroßen Reichsprovinz. Wie ein Symbol dieses Wandels wirkte die nunmehrige Reichshauptstadt Berlin, in der ein braver Altpreuße kaum mehr seines Königs Residenz erkennen konnte.

Der Staat entbehrte einer kraftvollen *Führung*. Das Experiment eines besonderen Ministerpräsidenten ist seit 1894 nicht mehr wiederholt worden. Teilweise nahmen Staatssekretäre des Reiches in Personalunion preußische Ministerämter wahr, ein Zustand, der nicht einmal in der Weimarer Republik vor 1932 zu beobachten ist. Je mehr sich die Selbstverwaltungs-Körperschaften in allen Provinzen ausbildeten und an politischem und administrativem Selbstbewußtsein gewannen, desto stärker verstanden sich in der Regel die provinzialen Behörden als Exekutiv-Organe der Berliner Zentrale. Das Eigenleben der Provinzen konnte sich jedoch weiter entfalten. Unter den provinzialpolitischen Schichten lebten die älteren territorialen Traditionen fort und traten nach 1945 zutage.

Aber die *Zukunft Preußens* hing von der Neugestaltung der Verfassung ab. Es war ein historisches Versäumnis der im übrigen sämtlich nichtpreußischen Familien entstammenden Reichskanzler seit 1890, dem Kaiser nicht die Zustimmung zur Reichs- und Staatsreform abgetrotzt zu haben. Als das Herrenhaus am

10. Januar 1914 einen Grundsatzantrag des Grafen Yorck von Wartenburg verhandelte (»Das Herrenhaus wolle beschließen – die Königliche Staatsregierung zu ersuchen, im Reich dahin zu wirken, daß der Stellung Preußens, auf die es seiner Geschichte und seinem Schwergewicht nach Anspruch hat, nicht durch eine staatsrechtliche Verschiebung der Verhältnisse zu Ungunsten der Einzelstaaten Abbruch geschieht«), hielt Bethmann Hollweg eine epigonenhafte Rede, die Programm und Impuls vermissen ließ. Die Sitzung wirkte wie »das selbstgesetzte Epitaph des alten Preußen« (S. A. Kaehler). Es war spät, aber noch nicht zu spät. Immer noch hätte die Verfassungsproblematik aufgegriffen werden können. Auch während des Krieges blieb die Wahlrechtsreform ein Objekt halbherziger Debatten. Die noch vorhandenen Träger des preußischen Staatsgedankens hatten sich ebenso wie die Vertreter der Reichsidee als zu schwach erwiesen, eine Existenzfrage des staatlichen Daseins der Deutschen zu lösen.

Allein der *»Militärstaat«* Preußen griff im Zusammenhang mit der Heeresverfassung des Reiches über die Landesgrenzen hinaus. Die Ansprüche und die Arroganz des militärischen Elementes in Staat und Gesellschaft sind jedoch bei weitem nicht überall widerspruchslos hingenommen worden. Auch gab es stille Kämpfe zwischen der Beamtenschaft und Teilen des Offizierskorps. Fontane kritisierte wiederholt die pennälerhafte Arroganz des »preußischen Leutnants«: »Ein Leutnant darf eben nur ein Leutnant sein und muß darauf verzichten, selbst wenn er bei den Zietenhusaren steht ... ein Halbgott oder überhaupt irgendwas Exzeptionelles sein zu wollen. Aber wir arbeiten immer noch mit falschen Werten und stecken immer noch im ›Wichtignehmen‹ drin, wo längst schon nichts mehr wichtig zu nehmen ist« (8. August 1880). Aber die Freunde des jungen Stechlin, die Offiziere Rex und Czako, hat derselbe Fontane dann beispielhaft-liebevoll stilisiert; das war die andere Seite, gewissermaßen das Gesinnungs-Militär – denn »nichts steht fest«. Aber es waren bei allen Auswüchsen und Ridikülitäten, die alte und neue Militärstaaten so an sich haben können, doch auch selbstverständlich-positive, von niemandem besonders erwähnte Folgen des Wehrdienstes zu verzeichnen: Zu erinnern ist an die Tatsache, daß die Bevölkerung in West und Ost das Heer, das sie mittelbar und unmittelbar immer wieder kennenlernte, als ein Stück des Staates begriff; daß sich die sozialen Gruppen trotz einiger Potsdamer und sonstiger Exklusivitäten vermischten und abschliffen und daß man bei allen sozialen Schichten in der Regel stolz darauf gewesen ist, bei »Preußens« gedient zu haben.

Selbst die *Sozialdemokraten* konnten sich den positiven Erscheinungen und Auswirkungen des preußischen Militärwesens nicht entziehen. Ihre Partei verdankte damals der militärisch straffen Organisation einen Teil der Erfolge. Der Abgeordnete Noske, dem noch spezielle Erfahrungen mit der Macht im Staate bevorstanden, verwies 1907 im Reichstag darauf, daß in keiner Institution der Welt die krassen Gegensätze so schroff aufeinanderstießen wie beim Militär, insonderheit bei der deutschen Armee zwischen Offizier und Mannschaft. Elard von Oldenburg-Januschau, eine der kraftvollen und redegewandten Junker-Gestalten der wilhelminischen und nachwilhelminischen Zeit, gab Noske daraufhin zu bedenken:

»Meine Herren, wer das sagt, der hat von dem Geiste, der durch die deutsche Armee geht, keinen Hauch verspürt. Vergessen sind vergangene Zeiten. Wer spricht noch von der Schlacht von St. Privat, wo die preußische Garde 315 Junker auf dem Felde liegen ließ? Wer spricht noch von der Garde-Dragoner-Attacke in einer Zeit, wo hier geschimpft wird auf die Junker und das Gardekorps? Meine Herren, wir wollen das nicht vergessen, und wenn Sie, meine Herren Sozialdemokraten, an diese Zeit nicht mehr zurückdenken wollen, dann darf ich Sie gerade angesichts der Angriffe auf die Gardekavallerie an Ereignisse in allerletzter Zeit erinnern. Am Waterberg [in Deutsch-Südwestafrika] sind gefallen der Leutnant Freiherr von Bodenhausen und der Leutnant Graf von Arnim vom Regiment der Gardedukorps. Der Graf von Arnim ist gestorben, weil er einen seiner Reiter vor dem Verbluten schützen wollte, und hat, allen Warnungen zum Trotz, sich dem sicheren Tode nicht preiszugeben, sein junges, glückliches und reiches Leben hingeworfen mit dem Rufe: Dir hilft keiner, ich werde Dir helfen! Meine Herren, wir wollen uns an die Brust schlagen und uns prüfen, ob wir in unserem Leben einen ähnlichen Zug von Nächstenliebe aufzuweisen haben, von Liebe zu einem der Ärmsten und Elendesten, wie sie dieser Offizier des Regiments der Gardedukorps durch seinen Tod besiegelt hat. Dem Offizierskorps des Regiments Gardedukorps, dem vorgeworfen wird, nicht in der Lage zu sein, den Offiziersnachwuchs zu erziehen, rufe ich von der Tribüne des deutschen Reichstages zu: Richtet Euch auf an euren Toten!«

Bilanz einer Friedenszeit

Als Wilhelm II. 1913 sein fünfundzwanzigjähriges Regierungsjubiläum als Kaiser und König feierte, konnte Preußen – trotz mancher Schwächen – im Vergleich mit anderen Staaten Europas als ein ungewöhnlich moderner Staat angesehen werden, in dem »sich leben ließ«. Es war ein Staat, der trotz seiner konservativen Strukturen viele Strömungen der Zeit aufnahm und verarbeitete, der auf vielen Gebieten, insbesondere der Wissenschaften, der Wirtschaft und der Technik enorme quantitative und qualitative Fortschritte zu verzeichnen hatte. Als Teil des Reiches, aber mit seinen eigenen Kräften hatte er Formen und Verfahren entwickelt, die der Bevölkerung mehr als anderswo das Ende einer sozialen Elendsstrecke verhießen. Rechtssicherheit und Sozialversicherung, Bildungsmöglichkeiten und Pressefreiheit, Koalitionsfreiheit der Arbeitnehmer und Wohnungsbau, Einkommenssteigerungen und individuelle Mobilität – es gab nur wenige Gebiete, auf denen Preußen den Vergleich mit anderen Ländern zu scheuen hatte. Die Verantwortung für den sozialen Status des Individuums war insgesamt im Wachsen begriffen. Vieles unterschied sich bereits von dem sozialen Kannibalismus mancher anderer Staaten. Alles kam mithin darauf an, das Erreichte auszubauen und dafür den Frieden zu erhalten.

Julikrise und Rüstungspolitik

Der Kriegsausbruch von 1914 ist in Schuld und Mitschuld der beteiligten Mächte ein europäisches Ereignis gewesen. Und doch kann eine Betrachtung der preußischen Geschichte nicht daran vorübergehen, weil die deutsche Führungsspitze die Repräsentanten Preußens umfaßte.

Für Preußen bedeutete der Krieg die *Schicksalsstunde* auf dem Wege zur Staatsauflösung. Das Versagen der Führung bestätigte, daß Regierende aus älteren Konfliktlagen kaum etwas zu lernen vermögen. Mehr noch, sie vermeiden den Blick in die Geschichte. Sie beruhigen sich mit dem Hinweis auf die andere Situation der eigenen Zeit und schrecken erst auf, wenn die Gunst einer Stunde ungenutzt blieb. Dies war die Lage in der *Julikrise*. Mit dem *»Blankoscheck«* für Österreich (Potsdam, 5. Juli), vom Reichskanzler gegengezeichnet, hatte sich der Kaiser »mit brennender Zigarre« (Churchill) auf ein Pulverfaß gesetzt. Das Pulverfaß nebst serbisch-russischer Zündschnur war das hochgerüstete, mit kriegssüchtigen und kriegsfatalistischen Gruppen durchsetzte Europa. Die Mitschuld des Herrschers bestand darin, ohne gründliche Beratungen und Informationen über die Leistungsfähigkeit Österreich-Ungarns, ohne Sondierung der russischen Position den Schritt auf eine schwere Balkankrise hin eingeleitet zu haben. Seine relative Ignoranz erstreckte sich jedoch nicht allein auf außenpolitische und wirtschaftspolitische Fragen. Sie muß ebenso für die Bewertung der Stabilität der eigenen und deutschen Position festgestellt werden. Drei Wochen später befand er sich mit einem wenig beweglichen Kanzler, mit einem Generalstabschef ohne Selbstvertrauen, mit einem ressortverengt arbeitenden Auswärtigen Amt, mit einem domestizierten Reichstag, mit einem anachronistisch gewordenen Verhältnis zur Arbeiterschaft, mit einem zu kleinen Landheer, einer zu großen Flotte und mit einem hinter den Erfordernissen der Zeit zurückgebliebenen Grad der Demokratisierung in Preußen in einer Weltkrise.

Im letzten wird es ein Rätsel bleiben, warum *Wilhelm II.* nicht noch zwischen dem 27. und 29. Juli die Kriegslawine, die er nun aufgeschreckt kommen sah, warum er dies alles nicht mit einer äußersten Kraftanstrengung abgelenkt hat, dem Konflikt ausgewichen ist, wie es seiner pessimistischen Einsicht und seinen trotz pathetischer Reden friedfertigen Neigungen entsprochen hätte. Fürchtete er Vorwürfe im Reichstag und in der öffentlichen Meinung? Ängstigte ihn der

Gedanke, das Ansehen des Königs und Kaisers im Offizierskorps von Heer und Marine so zu verspielen wie Friedrich Wilhelm IV. 1848/49? Scheute er die Verantwortung für einen ungünstigen Kriegsausgang, wenn er rechtzeitig eine defensive Strategie vom Generalstab verlangt hätte? Von alledem mag etwas mitgespielt haben.

Die Möglichkeiten und Pflichten, die sich aus seiner Stellung ergaben, sind von ihm nicht wahrgenommen worden. Das immer noch entscheidende »Nein« blieb unausgesprochen, obwohl er sah, daß Bethmann »staatsmännisch der Weltkrise in keiner Weise gewachsen« war. So war es neben der allgemeinen Stimmung des »Kriegsfatalismus« im letzten ein zu geringes Vertrauen in die eigene Urteilskraft und die Distanz zur Außenpolitik und zu den Generalstabsplänen, die den Hohenzollern an den Fehlentscheidungen der Mobilmachung und der Kriegserklärungen teilhaben ließ. Im Exil hat er, aufschlußreich genug, behauptet, man hätte den Waffengang vermeiden müssen und wollen, »bis wir wirtschaftlich, militärisch, zur See und nationalpolitisch uns eine derartige reale Weltstellung erworben hatten, daß es unseren Gegnern ratsam erscheinen mußte, von dem Risiko machtmäßiger Entscheidung abzusehen und uns an der restlichen Aufteilung und der Bewirtschaftung der Welt den unserem Können entsprechenden Anteil zu lassen. Wir wollten und durften unseren mühsam erarbeiteten Wohlstand nicht aufs Spiel setzen.«

Wie auch sonst in seiner Regierungszeit gingen 1914 Wort und Tat auseinander. Er ließ zu, daß sich die Dinge an ihm vorbei entwickelten, blieb mit Vordergündigkeiten befaßt, statt Entscheidungsträger wie Bethmann Hollweg, Moltke und Jagow nicht aus dem Auge zu lassen. Spätestens der 27. Juli, als Englands Vorschlag für eine Botschafterkonferenz einging, wäre der Tag des Kaisers gewesen, an dem der Kanzler notfalls mit der Waffe des Vertrauensentzuges hätte gezwungen werden müssen, den Konferenzvorschlag anzunehmen und Wien von der Kriegserklärung an Serbien abzubringen.

Doch dem Kaiser war ebenso wie dem Kanzler die Kontrolle über die strategischen und taktischen Absichten und Kriterien des Generalstabes entglitten. Sie befanden sich in der Abhängigkeit der für die Kriegführung unmittelbar Verantwortlichen. Die Entscheidungsfreiheit, über die Bethmann und der Kaiser grundsätzlich verfügten, blieb ungenutzt, weil nationales Geltungsbedürfnis und außenpolitische Unkenntnis die Entschlüsse unheilvoll bestimmten.

Der Verlust der altpreußischen Traditionen auf dem Gebiet des Militärwesens setzte, wie wir sahen, bereits unter Friedrich Wilhelm IV. ein. Die Zustände während der Märzrevolution bezeichneten schlagartig den Zerfall der einheitlichen Kommandogewalt. Im Bismarckreich hat sich dieser durch den Heereskonflikt eher noch verstärkte Prozeß fortgesetzt. Der Reichskanzler war nicht nur formal der Chef der Reichskriegsverwaltung, und Roon hat gegen Bismarck vergeblich versucht, Reichskriegsminister zu werden. Auch auf diesem Nebenkriegsschauplatz der Preußen-Reich-Problematik finden sich die verschiedensten Formen und Vorgänge der Selbstauflösung unter dem Druck der neuen Verfassungskonstruktionen und Gewichtsverteilungen. Was sich aber 1913/14 verheerend auswirken mußte, war die Zersplitterung der Zuständigkeiten, »daß es... weder eine straffe und eindeutige Überordnung der politischen Führung über die militärische gegeben hat, noch eine wirkliche Einheit des militärischen Oberkommandos, noch ein gemischtes Zentralorgan zu systematischer Kriegsvorbereitung im Zusammenwirken von militärischen und zivilen Stellen« (G. Ritter).

Generalstab, Preußisches Kriegsministerium, Reichsmarineamt, Auswärtiges Amt, Kanzler, Kaiser und Reichstag arbeiteten mit vielen Merkmalen systemimmanenten Bürokratie-Schlendrians nebeneinander her. Vergessen war Bismarcks Wort: »Wenn gut regiert wird, kann der Krieg vermieden werden«. So ging das Reich ohne einheitliche Führung und ohne Planungen in die Juli-Krise hinein. Österreich litt an ähnlichen und schwerwiegenderen strukturellen, personalen und rüstungsmäßigen Schwächen. Es wurde nicht ins Kalkül gezogen.

Für den ersten Krieg gilt das Gleiche wie für den zweiten. Er war für Deutschland an dem Tag verloren, an dem er begonnen wurde. Den eine Million zweihundertvierzigtausend Soldaten der Mittelmächte standen mindestens zweieinhalb Millionen Soldaten der Entente (Landstreitkräfte) gegenüber, dazu kam die große Überlegenheit der alliierten Flotten, die Möglichkeiten der Seeblockade und überhaupt der höhere Grad der Militarisierung (Rüstungsausgaben) in Rußland (fünfunddreißig Prozent), in Frankreich (sechsundzwanzig Prozent) und England (etwa zwanzig Prozent). In Preußen-Deutschland hatten die Parteien bis zur »großen« Wehrvorlage von 1913 sich nur zögernd zu höheren Rüstungsausgaben bereit gefunden (1914: etwa neunzehn Prozent).

Die *rüstungspolitische* Hauptfrage bestand in der ersten Jahreshälfte nicht darin, wann Rußland sein gesteigertes Rüstungsprogramm abgeschlossen haben würde (Denkschrift Moltke, Mai 1914: »1916/17«), sondern in der übergreifenden Frage, ob das Wirtschafts- und Kriegspotential der beiden Mittelmächte unter der Annahme der ungünstigen Mächtekonstellation hinreichen könnte. Solche Kalkulationen sind in umfassender Form, soweit wir wissen, nicht vorgenommen worden. Die großen Denkschriften des Generalstabes von 1912/13 waren auf akute rüstungspolitische Forderungen ausgerichtet und berücksichtigten vor allem das wachsende französische und russische Potential. Tatsächlich gestattete das Kräfteverhältnis im Sommer 1914, nach Valuta und Tonnage, nach Mannschaftsstärken und Ausrüstungskapazitäten etc. weder eine Risikopolitik noch eine offensive Kriegführung. Moltke und Falkenhayn haben, aus ihrer letztlich begrenzten Sichtweise heraus, verhindert, daß in den entscheidenden Besprechungen zwischen dem 27. Juli und 1. August mit »bismarckscher« Nüchternheit und Kälte Alternativen diskutiert werden konnten.

Das Gebiet der Mittelmächte war um 1914 in einem Mehrfrontenkrieg nur in der Defensive haltbar. Die von überholten Vorbildern bestimmte Niederwerfungsstrategie des Berliner Generalstabes (Schlieffenplan) mußte scheitern. Es war ein Vabanque-Spiel. Der Erfolg von 1870/71 stellte bereits den höchsten Gewinn in der Lotterie eines Krieges dar; ein zweites Mal fällt das Los nicht in dieselbe Richtung. Was für Österreich-Ungarn, den leichtfertigen Schicksalspartner dieser Krise, formuliert wurde, gilt auch für das deutsche Kaiserreich: »Mit soviel Blindheit ist wohl selten eine europäische Großmacht in einen Existenzkampf hineingestolpert, und die militärische Führungsspitze war daran wesentlich mitbeteiligt« (G. Ritter).

Unter der Führung vornehmlich preußischer Generäle und im Namen des Kaisers sind die preußischen und gesamtdeutschen Kräfte in Offensiven verschleudert worden. Ein Kräfte- und Intelligenzpotential wurde verschwendet, als seien Europas Kräfte unerschöpflich. Die Geschichte der Kulturvölker weist hierzu nur wenige vergleichbare Vorgänge auf. Daß sich an diesen – wie wir heute sehen – Primitivitäten (Verdun) mehrere europäische Kulturnationen mit annähernd gleichem politischen Schuldausmaß beteiligten, vermindert nicht die Belastung der deutschen Politik. »Was nur wenige vorausgesehen hatten, trat jetzt ein: Der Krieg bedeutete in fast jeder Hinsicht eine *Revolution,* eine Revolution des Denkens sowohl wie der sozialen, wirtschaftlichen und politischen Ordnungen, der technischen Entwicklung, die nicht nur aufgehalten, sondern in vielen Bereichen gesteigert und beschleunigt wurde« (Th. Schieder). Aus der politischen und moralischen Katastrophe des Krieges ist im Wechselschritt von Aktion und Reaktion die Oktoberrevolution in Rußland, der Diktatfrieden von Versailles, die vor allem durch Kapitalmangel ausgelöste Weltwirtschaftskrise und der Aufstieg Hitlers und seiner Bündnispartner erwachsen, mit allen Folgen bis zur Gegenwart hin. Eingeschlossen war in diesen Prozeß der Abstieg der europäischen Kulturen auf einer Erdkugel, dessen Zivilisationen nicht ohne intakte Leitbilder zu erhalten sind.

So große militärische Leistungen die durch die Schule des preußischen *Generalstabes* gegangenen Offiziere von 1914 bis 1918 im Einzelfall vollbracht haben, so muß doch die Bewertung des Generalstabes als Institution von anderen Kriterien ausgehen. War schon die Vorbereitung des Krieges unzulänglich, so hat auch der Verlauf die Erwartungen im In- und Ausland in die »preußische« Militärmacht enttäuscht. Es ist darauf zu verweisen, daß das System der Abhängigkeiten im Truppengeneralstab und bei den Truppenkommandeuren nicht eng und elastisch genug war, um im Großen Hauptquartier (OHL) gegen einen Ludendorff die Defensiv-Strategie durchzusetzen. Ein »Siebenjähriger Krieg« war unter den Bedingungen eines modernen Materialkrieges in der Mehrfrontenlage Mitteleuropas nicht zu gewinnen. So ist auch die wirtschaftsstrategische Seite moderner Kriegführung im Großen Generalstab vernachlässigt worden. Eine in gesellschaftlichen und berufsständischen Abläufen verharrende militärische Führungsschicht sah sich einer neuartigen Kriegssituation gegenüber. Diese war jedoch vor 1914 von einigen Köpfen in Umrissen vorhergesagt worden. Mängel, die dem preußischen Heer auch vor Jena und Auerstedt anhafteten, zeigten sich im moderneren Gewande erneut: der zwischen Aktion und Depression schwankende König, die Versäumnisse im Nachschub und Ersatzwesen (u. a. Ausstattung der Ersatzdivisionen, Kriegsrohstoffe, Rationierung, Technik), die unzulängliche Zusammenarbeit zwischen militärischer und politischer Führung, das Fehlen von Alternativ-Strategien, eine proportional gerechte Beteiligung aller Bevölkerungskreise an den Kriegslasten und dann überhaupt, je länger der Krieg sich hinzog, ein Mangel an Realismus. Die Oberste Heeresleitung sei »seit langem frontfremd geworden«, urteilte der kampferfahrene General von Lossberg im Juli 1918.

Bei Kriegsbeginn wurde deutlich, wie auch Preußens Schicksal an die Leistungsfähigkeit einiger weniger *Persönlichkeiten* gebunden war. Kaum ein bedeutender Kopf aus den älteren und neueren Provinzen Preußens mit der Autorität des Diplomaten oder Militärs hat die Stimme erhoben, um den Schleier der Illusionen von den Augen der in altgewohnter Weise Regierenden zu reißen. Der Botschafter in London, Karl Max Fürst von Lichnowsky (1860 bis 1928), hat 1914 die Berliner Wilhelmstraße nachdrücklich gewarnt. Er ist 1918 aus dem Herrenhaus ausgeschlossen worden. Warnende Stimmen gab es in der Presse, bei einigen Universitätsprofessoren (H. Delbrück). Aber nur wenige entzogen sich einer zwischen Hoffnung und Fatalismus schwankenden Stimmung. Der siegverheißende Vormarsch wurde wie eine Katharsis empfunden. Anfang August 1914 schrieb mit dem Pathos seiner Generation Bernhard von der Marwitz: »Das Schwert ist aufgerichtet, und ein ganzes Volk betet zu den Waffen. Denn dieser Krieg ist ein einziges großes Gebet, herausgestoßen mit dem Schrei der Schlachtendonner... Mein einziger Wunsch ist, auch bald in die vordere Reihe zu kommen.« Das Zutrauen zu den preußischen Kriegskünsten war allenthalben verbreitet. Im südlichen Schwarzwald rief ein katholischer Dorfgeistlicher in den frühen Augusttagen seiner Gemeinde zu: »Der Preuß ist eine alte Militärmonarchie, der wird's schon machen«. Doch »die der Armee gestellte Aufgabe erwies sich von Anfang an als undurchführbar« (W. Hubatsch).

Die preußischen Ostprovinzen konnten mit mehreren zum Teil kriegsgeschichtlich bedeutenden Schlachten (23. bis 31. August: Tannenberg) von den eingedrungenen russischen Armeen befreit werden. Am Jahresende sah jedoch die Bilanz für die Mittelmächte ungünstig aus. Das deutsche Feldheer hatte achthundertvierzigtausend Mann verloren, unter ihnen hundertfünfzigtausend Gefallene (11. November 1918: 1 834 524 Tote, 4 215 773 Verwundete). Im November 1914 bestätigte sich dem Nachfolger Moltkes, dem aus Westpreußen stammenden Generalleutnant Erich von Falkenhayn, dessen Einsicht, daß es ein Volkskrieg werden würde, »der nicht mit einer entscheidenden Schlacht abzumachen sein wird, sondern ein langes mühevolles Ringen mit einem Lande sein wird, das sich nicht eher überwunden geben wird, als bis seine ganze Volkskraft gebrochen ist, und der auch unser Volk, selbst wenn wir Sieger sein sollten, bis auf das äußerste erschöpfen wird. Wenn ich nun sehe, wie die strategischen Kriegsspiele, die Euer Majestät Jahr für Jahr (durch Schlieffen) unterbreitet werden, regelmäßig mit der Gefangennahme von 500 000 bis 600 000 Mann, und zwar nach Verlauf weniger Operationstage, enden, so kann ich mich der Empfindung nicht verschließen, daß dieselben den Verhältnissen des Krieges in keiner Weise gerecht werden« (1905). Das Heer sei, meinte Falkenhayn, »ein zerbrochenes Instrument«. Er verlangte Frieden mit Rußland, aber auch möglichst mit Frankreich.

Weder das Auswärtige Amt noch Bethmann Hollweg gingen auf diese rechtzeitige Forderung ein. Der Kaiser schwankte zwischen Depression und Euphorie. Im Dezember 1914 verkündete er als sein Ideal: »Mit Frankreich gegen England loszugehen, Belgien muß selbständiger Staat bleiben, obwohl Holland, Luxemburg, auch Frankreich davon Teile erhalten sollten und Deutschland alles, was strategisch notwendig ist. Große Kolonialgewinne. Kein selbständiges Polen. Die Reichslande unter allen Umständen aufteilen. Mit Bethmann sehr zufrieden: er macht sich besser, als ich gedacht habe« (zu von Berg-Markienen).

Das Weitere lief dann unter der Parole der beiden Strategen Hindenburg und Ludendorff: »Nicht durchhalten, sondern siegen«. Bethmann Hollweg, der Kaiser und Falkenhayn waren sich dagegen mehr und mehr darüber klar, daß ein Verständigungsfrieden noch das günstigste Ergebnis sein konnte; Zahlen, vor allem Tonnagezahlen mußten dazu allerdings richtig gelesen werden können. Aber, so meinte der AEG-Vorsitzende Walther Rathenau in immer neuen Varianten, »es gibt keine Dummheit, die man unterlassen wird, keine einzige, und zuletzt wird man den Krieg verlieren« (zu Annette Kolb, 1916).

Mit mathematischer Genauigkeit verschlechterte sich die Lage der Mittelmächte von Monat zu Monat. Militärische Fehler taten ein übriges. Die 5. Armee (Deutscher Kronprinz), mit dem 3. Armeekorps, führte auf Befehl Falkenhayns vor Verdun einen alles verheerenden Abnutzungskampf (21. Februar bis 2. September 1916). Der Kronprinz, ohne militärische Urteilskraft und auch sonst nicht zu friderizianischem Verhalten geneigt, versagte in dieser Lage ebenso wie seine Stabsoffiziere. Der Angriff wurde nicht rechtzeitig eingestellt. Dabei war der Kronprinz, weich und pessimistisch, durchaus kriegsunlustig und verlangte von Bethmann Frieden, »selbst mit Grenzabtretungen in Lothringen« (Frühjahr 1917).

Nach der *Katastrophe von Verdun* war der Zeitpunkt gekommen, erneut den Frieden zu suchen. Im Hauptquartier im oberschlesischen Pleß antwortete Wilhelm II. auf eine Frage des Oberhofpredigers Dryander: »Nein, ich kann nur auf ein Wunder warten; wie durch ein Wunder ist der Krieg ausgebrochen, ich hoffe immer, daß er auch durch ein Wunder enden wird«. Die Friedensbereitschaft der Mittelmächte (Reichstagsresolution, 6. Dezember 1916) wurde von der Entente schroff zurückgewiesen (30. Dezember).

Die Kriegsziele Englands und Frankreichs unterschieden sich in einigen wesentlichen Punkten. England arbeitete auf die »Eindämmung« Deutschlands hin, das als starkes Zentrum ohne Seemacht in Mitteleuropa erhalten bleiben sollte, um Rußlands Vormarsch nach Europa weiterhin zu blockieren. Frankreich hingegen konzedierte in geheimen Abkommen (14. Februar/10. März 1917) Rußland, »in voller Freiheit nach seinem Belieben seine Westgrenzen festzusetzen«.

Da ein Verständigungsfrieden im Westen nicht möglich erschien, mußte wenigstens der Versuch unternommen werden, mit *Rußland* zu einem Sonderfrieden zu gelangen. So sollte die Ostflanke des Reiches mindestens auf einige Zeit neutralisiert werden. Die Politik der 3. Obersten Heeresleitung hat aber die Chancen der Entlastung im Osten weitgehend ungenutzt gelassen. Negativ wirkte sich dabei die romantische Mitteleuropa-Konzeption Friedrich Naumanns aus, durch die die Idee einer deutschen Hegemonie im östlichen Mitteleuropa bis zu den baltischen Provinzen hin verstärkt wurde. Die Balancierung der verschiedenen Volks- und National-Kräfte, wie sie die preußische Politik jedenfalls in ihren besten Jahrzehnten im Auge gehabt hatte, war zugunsten einer imperialen Macht- und Militärpolitik aufgegeben. Nach dem Zurückweichen der russischen Truppen zwischen Februar- und Oktoberrevolution (1917) stellte sich für den Osten das Gefühl eines Ersatz-Sieges ein, verbunden mit einem geradezu rauschhaften Ausgreifen nach Rohstoff- und Ernährungs-Räumen. In den preußischen Ostprovinzen blieben dagegen weit dringendere Probleme ungelöst.

Die Proklamation eines selbständigen Königreichs Polen mit erblicher Monarchie und konstitutioneller Verfassung (5. November 1916), von Hindenburg und Ludendorff wegen der dortigen »Menschenreserven« (»hunderttausend Mann«) verlangt und durchgesetzt, erwies sich als ein glatter Fehlschlag und strategischer Mißgriff. Es hatte auf preußischer Seite nicht an warnenden Stimmen gefehlt, die brisante Polen-Frage überhaupt aufzugreifen. Die Konservativen, Freikonservativen und Nationalliberalen betonten noch Ende September 1916, daß mit einem Erfolg bei der Werbung polnischer Freiwilliger nicht zu rechnen sei, eine Polenproklamation den Separatfrieden mit Rußland verhindern könne und daß sich in der Folge die Selbständigkeitsbestrebungen in den preußischen Polengebieten verstärken würden. Die Vorstellung dieser Gruppen ging dahin, die Polenfrage so lange ruhen zu lassen, wie sich das Reich in einem Krieg befände; nach der Kriegsschlußphase hätten dann die drei Ostmächte über die Zukunft eines selbständigen Polen zu beschließen gehabt. Tatsächlich »legte Bethmann Hollweg eine erschreckende Konzeptionslosigkeit an den Tag«, seine Politik, die seiner Nachfolger und der sonstigen Beteiligten hat insgesamt »zur inneren und äußeren Entwicklung dieses Staates durch die Zulassung staatlicher Organe im besetzten Gebiet und durch das Herauslösen Polens aus dem russischen Herrschaftsgebiet Wesentliches beigetragen und ... die internationale Erörterung der polnischen Frage eröffnet« (W. Steglich).

Die Kriegs- und Friedenspolitik der *3. Obersten Heeresleitung* im gesamten Ostraum zwischen Finnland und der Ukraine nach dem Waffenstillstand mit Rußland (15. Dezember 1917) ergab somit für die preußischen Ostprovinzen verheerende Folgen. Es wäre der Lage im Westen angemessen gewesen, nach dem Frieden von Brest-Litowsk (3. März 1918) auf die Grenzen von 1914 zurückzugehen, unter vorläufiger Einbeziehung des Generalgouvernements Warschau in den Besatzungsbereich der Mittelmächte. Die Zerstreuung und Überspannung der Kräfte durch Ludendorff hat dagegen dazu geführt, daß in der Waffenstillstandskrise die Ostgebiete von kampffähigen Truppen entblößt waren.

Seit dem Sturz Bethmann Hollwegs (14. Juli 1917) erreichte die »Nebenregierung« Hindenburgs und Ludendorffs den Höhepunkt. Die politisch-zivilen Kräfte erlebten die Umkehrung des Satzes von Clemenceau, daß der Krieg ein zu ernstes Geschäft sei, als daß man ihn den Generalen überlassen könnte. Selbst ein Mann wie Rathenau erlag zeitweise der Faszination des diktatorisch arbeitenden Generalquartiermeisters: »Hindenburg ist ein olympisierter Spießbürger, aber in dem Auge Ludendorffs blitzt das Genie« (Frühjahr 1917).

Das mediatisierte Preußen

Die Eingriffe der 3. Obersten Heeresleitung in das Staatsleben haben die »Mediatisierung« Preußens, wie sie dann in der Weimarer Republik zu beobachten ist, teilweise vorweggenommen. Die Reichsämter, die neuen Kriegsbehörden und vor allem die Heeresleitung selbst benutzten die preußischen Behörden als nachgeordnete Vehikel zahlloser Maßnahmen und Forderungen, ohne daß aus dem Staatsministerium sich noch ein besonderer politischer Wille hätte artikulieren können. Nun wurde deutlich, daß der Staat nicht nur in die Sogkraft, sondern in alle Strudel einer verfahrenen Reichspolitik gerissen wurde. Auch als Hausmacht des Reichskanzlers vermochte er keine Funktion zu erfüllen. Die preußischen Reden Bethmanns vor Kriegsausbruch (»Nicht um preußischen Partikularismus zu vertreten, ist die Präsidialmacht Preußens geschaffen worden, sondern um in den Geschäften des Reichs die ganze Kraft des Staatsgedankens zum Ausdruck zu bringen, die Preußen verkörpert«) erwiesen sich vor der Verfassungswirklichkeit des Krieges als Phrasen, die noch dadurch einen besonders unangenehmen Akzent erhielten, daß Bethmann und seine Minister diesen »Staatsgedanken« weiterhin als Alibi für den Kampf gegen die »demokratischen Tendenzen« in Anspruch nahmen. Das Abbremsen der nunmehr unvermeidlichen demokratischen Entwicklung, vor allem in der Wahlrechtsfrage, war wohl die trivialste Funktion, die Preußen gegen Ende seines Weges von seinen politischen Führern zugemutet wurde.

Der Krieg hat den inneren Zusammenbruch der konservativen Strukturen Preußens beschleunigt. Der Machtverfall wurde erkennbarer. Zersplitterung der Verantwortlichkeiten lähmte die zentrale Staatsarbeit auf vielen Gebieten. Trotz des Krieges, der die Bevölkerung aller Provinzen zu schweren Opfern zwang, unterließ es die Staatsregierung, in wesentlichen Fragen (Steuerreform) zugunsten der schwächeren Gruppen massiv einzugreifen. Die besonderen Formen der Bereicherung und Verwahrlosung (Uk-Stellungen, Schwarzmarkt, exzessiver Vergnügungsbetrieb) in einigen Großstädten, vor allem aber im grauer werdenden Berlin, wurden unzulänglich bekämpft. Es gab keine »preußisch-harten« Eingriffe in die Reservate der gehobenen Klassen, keine verschärfte Justiz gegenüber der Etappen-Korruption, keine symbolische Verteilung der Erträge des Königsgutes Cadinen (Ostpreußen) an Berliner Volksküchen (vielmehr an Kabinettsbeamte), keine großen und überzeugenden Beispiele für einen Wandel der sozialen Gesinnungen.

Mit gewohnter Solidität führte dagegen die Ministerialbürokratie in Berlin ihre Arbeit fort, so als würde »weit unten in der Türkei« Krieg geführt und nicht täglich zwischen Palästina und Flandern aus zwölftausendfünfhundert Feldkanonen und Feldhaubitzen der Inhalt von zweihundert Munitionszügen verfeuert. Das letzte königliche *Staatsministerium,* in seinen Sitzungen überwiegend mit der Wahlrechtsreform beschäftigt, setzte sich aus den Herren Friedberg (Vizepräsident), Drews (Inneres), Hergt (Finanzen), Scheüch (Kriegsminister), Spahn (Justiz), Schmidt-Ott (Kultus), von Eisenhart-Rothe (Landwirtschaft), Fischbeck (Handel) und von Breitenbach (Öffentliche Arbeiten) zusammen. Die Minister hielten ihre Sitzungen, ohne Einfluß auf die »politische Gestaltung der Außenlage« und »unzureichend darüber unterrichtet«, in gewohnter Weise ab, bis die ersten Schüsse fielen, die das »Ausgehen äußerst erschwerten« und daran erinnerten, daß nun – wo die Truppen vorerst fehlten – »nur das strenge Pflichtgefühl des Beamtentums den Staat vor der Auflösung retten und die zuchtlosen Massen zur Ordnung zurückgewöhnen konnte« (Fr. Schmidt-Ott).

In den Arbeiten und Aufgaben des *Kultusministeriums* zeigte sich die Vermengung von Friedens- und Kriegsaufgaben beispielhaft. Der Ausbau der Institute der »Kaiser-Wilhelm-Gesellschaft« unter Harnack wurde unvermindert fortgesetzt; es entstand das Institut für Eisenforschung (1917), dazu kamen kriegstechnische Arbeitskreise. Die Planungen der Institute für Physik, Metallforschung, Textilforschung und Biochemie gediehen weiter und führten in der Nachkriegszeit zur Gründung mehrerer weltberühmter Forschungsstätten. Die Universitätskliniken, besonders in Münster, wurden ausgebaut; die Universitätsbibliotheken erhielten trotz des Krieges außerordentliche Zuweisungen. Auf der Berliner Museumsinsel mußten die Bauten nicht abgebrochen werden. Noch vor Kriegsende konnte in Kiel die Grundsteinlegung des Instituts für Weltwirtschaft vorgenommen werden. Das Ministerium ließ das von Otto Hintze und Friedrich Schmidt-Ott herausgegebene wissenschaftliche Verteidigungswerk »Deutschland und der Weltkrieg« (1915/16) erscheinen; an diesen und anderen Schriften und an Äußerungen aus dem Kriegsministerium zeigte sich freilich auch, daß man im Gegensatz zu England und Frankreich die Kunst der rabiaten Kriegspropaganda in der Kulturblüte der spätwilhelminischen Zeit verlernt hatte. Das Kultusministerium befaßte sich vielmehr damit, Vorschläge für eine Kunstakademie in Warschau (Herbst 1916) zu entwickeln, die Wiederbegründung der baltischen Universität Dorpat zu fördern, bei der Gründung der »Deutschen Gesellschaft zum Studium Rußlands« (O. Hoetzsch) zu helfen und Ausgrabungen deutscher Gelehrter, die im Heeresdienst standen, auf der Krim und im Nahen Osten zu unterstützen.

An den preußischen *Universitäten* lief der Lehrbetrieb uneingeschränkt weiter. Die Bildungswelle der wilhelminischen Periode war ungebrochen. Nur das Untergang und Übergang ankündende Beben verstärkte sich. Berliner Professoren begleiteten mit mehr oder weniger großem zeitlichen Abstand in ihren Debattier-Kreisen das Staatsdebakel. Als einer der verläßlichen Seismographen für den Verfall des preußischen »Systems« hat Friedrich Meinecke die Stimmung der späten Kriegszeit eingefangen. Der Krieg, schrieb er im Mai 1918, könne das werden, »was der Peloponnesische und der Dreißigjährige Krieg einst waren, der Anfang vom Abstieg unserer Nation und der europäischen Kultur. Wie Kühlmann in Brest zwischen den beiden Mühlsteinen des Militarismus und Bolschewismus zerrieben, – so wir überhaupt. ... Aber warum muß es in der Weltgeschichte auch immer vorwärts gehen? ... Die Hybris des Machtgedankens wird sich noch weiter austoben. Entsprechend werden auch die Extreme des Radikalismus, Sozialismus, Pazifismus sich verschärfen.« Und Hintze, der 1915 noch im Auftrage des Kultusministeriums und des Kaisers das Buch »Die Hohenzollern und ihr Werk« mit der verschlüsselten Forderung einer tatkräftigeren und moderneren Staatspolitik vorgelegt hatte, erkannte 1917/18, daß der Krieg Preußens tiefe Schwächen aufgedeckt, daß der letzte Hohenzoller und seine Umgebung »den schmachvollen Untergang des Vaterlandes« verschuldet hatten. Ein »Verhängnis« habe über dem wilhelminischen Preußen gelegen. Hintze hat es vermieden, dieses Verhängnis noch zu definieren. Vielleicht hat er es in dem Bewußtsein unterlassen, daß er dann den festen Boden des Beweisbaren verlassen und in die Bereiche der »historischen Optative«, der Wünschbarkeiten im Vergangenen eintreten würde. Keine politische Richtung vermag eine einwandfreie Staatsführung und Außenpolitik zu verbürgen. Rathenau, mit dem Bewußtsein der Fehlentscheidungen, hat über die Fragen der Auslese, der zu geringen Elastizität der Führungsgruppen wiederholt gesprochen. Er verwies neben den Protektionsmechanismen, die sich im modernen Parteienstaat in anderer Form wiederfinden, eher auf allgemeine Mentalitäten. Man hätte »zu gute Zeiten« gehabt, und: »Sie sind alle zu feig gewesen, für das Vernünftige stark und rücksichtslos einzutreten, auch gegen die stärkste Stimmung« (November 1914). Wer diesen Problemkreis mit der Absicht eines ausgewogenen

Urteils erörtern wollte, müßte wohl die Grenzen der preußisch-deutschen Geschichte überschreiten und weit ausgreifen.

Die Gestalt *Hindenburgs* begann seit Tannenberg die schmächtigere Figur des Kaisers im öffentlichen Bewußtsein zu verdrängen. Wenn Preußens König in Koblenz, Posen oder Homburg den Generalissimus mit einem Anflug von Devotion wie einen Bundesfürsten zum Kraftwagen geleitete, so mußte es wie ein Symbol wirken. Friedrich der Große hatte keinen General an sich vorbei aufwachsen lassen. Es fehlte Wilhelm II. auch an Regenteninstinkt. Der Hindenburg-Kult erwies sich als einer der Nägel zum Sarge der Hohenzollern-Monarchie. Als am 26. Oktober 1918 im Berliner Schloß Bellevue Bilanz gezogen und Ludendorff wegen erneuter politischer Pressionen nach einer Auseinandersetzung seine Entlassung erhielt, beging Wilhelm II. den Fehler, Hindenburg – der ebenfalls den Abschied als Generalstabschef erbeten hatte – zum Bleiben aufzufordern. Hindenburg ging darauf ein. Er hat dann seinerseits vierzehn Tage später dem Kaiser den Abschied gegeben. Normalerweise hätten Hindenburg und Ludendorff wieder eine Heeresgruppe übernehmen müssen. Es bezeichnet den Zerfall der Prinzipien des preußischen Offiziersstandes in dieser Phase, daß Ludendorff mit dem Blick auf das Scheitern seiner politischen Führerrolle abrupt aus der Armee ausschied. Er vollzog »den Bruch mit den bisher als unverbrüchlich geltenden Grundpflichten des preußischen Offiziers: Gehorsam gegen den königlichen Befehl und kameradschaftliche Verbundenheit, der ›Dienst an der großen Sache‹« (S. A. Kaehler).

Das *Ende der Monarchie* ereignete sich im Herbst 1918 mit der Unerbittlichkeit einer Tragödie. Die zivile und militärische Umgebung des Kaisers versagte weitgehend in den kritischen Novembertagen. Nicht um die derangierte Person Wilhelms II. ging es letztlich den noch aufrichtigen Interessenvertretern Preußens, sondern um den Fortbestand einer wie immer konstituierten Monarchie in Deutschland, daneben um das Ansehen Preußens und seiner Dynastie. Hierfür waren Optionen offenzuhalten. Manches spricht dafür, daß dies für eine Reihe von Monaten gelungen wäre. Die wenigsten bemerkten (den Kaiser eingeschlossen), daß der Monarch trotz Revolution und der ungesetzlichen Republik-Proklamationen eine Trumpfkarte besaß, die ihm kaum entrissen werden konnte: Nur er konnte rechtsverbindlich den Verzicht auf die Krone aussprechen und die Eide der Soldaten und Beamten lösen. Die Figur des Kaisers, so wie er in Unschlüssigkeit, Sprunghaftigkeit und Illusionismus beschaffen war, bedurfte besonders in dieser Lage einer Lenkung. Eine Regentschaft hätte – dies läßt sich im Rückblick erkennen – der Festigung der parlamentarischen Demokratie in Deutschland eine größere Chance eröffnet. Auch in England hat man die Dinge später so gesehen: »Der Sturz der Monarchie in Deutschland war unser größter politischer Fehler, ebenso die Zerschlagung der Österreichisch-Ungarischen Doppelmonarchie« (Churchill zu Schlabrendorff, 1939).

Doch es geht nicht um die konjunktivische Geschichte. Die Realität bestand darin, daß sich 1918 nach einer dreißigjährigen Regierung kaum noch eine einflußreiche Hand für den Kaiser regte, so als hätte er bereits die Krone niedergelegt. Seine *Fehlentscheidungen* während des Krieges hatten seine Position geschwächt. Es waren die falschen Strategen berufen worden. Über Hindenburg und Ludendorff hatte er die Kontrolle verloren und Bethmann Hollweg zum ungünstigen Zeitpunkt und ohne geeigneten Ersatz entlassen, der Berufung des ehemaligen Reichskanzlers Bülow sich obendrein aus persönlichen Gründen widersetzt. Er hatte sich selbst in der gesamten Krise ausgeschaltet, »nicht weil er auf Rechte, sondern weil er auf Pflichten verzichtet hat« (Admiral von Müller). Die Prognose Bethmann Hollwegs erwies sich als zutreffend: »Mit Falkenhayn verlieren wir den Krieg strategisch, mit Ludendorff politisch«.

Die Aufgabe des Vermittelns und Entscheidens bei Konflikten zwischen militärischen und zivilen Stellen, die dem Träger der beiden Kronen seit 1870 aufgegeben war, vermochte Wilhelm II. nicht mehr in ausreichendem Maße zu erfüllen, weil er der Verantwortung schwerster Entscheidungen seelisch-nervlich nicht gewachsen war. Er verfügte auch 1916/17 über keine eigene überzeugend-durchdachte Position, von der aus er zwischen dem Siegeswillen der obersten Heeresleitung und dem Friedenswillen des Reichstages hätte vermitteln können; eine Position, von der aus er das Preußische Abgeordnetenhaus und das Herrenhaus an Pflicht und Schuldigkeit hätte erinnern und mit aller Kraft hätte zwingen können, den Weg für Reformen des Wahlrechts und andere Reformen freizugeben. Mit der sogenannten »Osterbotschaft« (7. April 1917), die für Preußen das geheime und unmittelbare Wahlrecht und eine Reform des Herrenhauses verheißen hatte, war nichts Definitives zugesagt worden, verbindliche Termine fehlten. Konservative, Freikonservative und Nationalliberale verschleppten hilflos-verblendet die Wahlrechtsvorlage, lehnten sie im Mai 1918 sogar ab. Damals schrieb Bernhard von der Marwitz (Friedersdorf), der wenig später fiel, an seinen Freund Joachim von Winterfeldt: »Ob man hoffen darf, daß das Herrenhaus bei der Beratung des Wahlrechts die Stunde begreifen wird, um, statt in die Speichen des unaufhaltsamen Rades einzufallen, lieber auf den steuerlosen Wagen zu springen und die schleifenden Zügel an sich zu reißen? Wo sind die Nachkommen der Stein und Hardenberg? Ich glaube, selbst mein Urgroßvater wäre weitsichtiger als sie...« (26. Mai 1918).

Man ist nach dieser Bilanz geneigt zu sagen, daß Wilhelm II. scheiterte, weil in der furchtbaren Krise des Krieges die Diskrepanz zwischen Anspruch und Wirklichkeit unerträglich groß geworden war. Doch wäre das nur die halbe Wahrheit. Es bleibt zu erwägen, ob die Ursachen der Inkongruenz zwischen Staatserfordernissen und Dynastenleistung mehr noch als in der Persönlichkeitsstruktur Wilhelms II. in der Bismarckschen Reichsverfassung angelegt waren. Das monarchische System sei bereits für Bismarck eine Fiktion gewesen, so meinte Fritz Hartung, »mit der er die parlamentarischen Ansprüche bekämpfte. Daß Wilhelm II. daraus eine Wahrheit machen wollte und auf die selbst in der stärksten Monarchie der modernen Zeit unentbehrliche ministerielle Deckung verzichtete, wurde ihm selbst zum Verhängnis. So wird man sagen müssen, daß die Revolution von 1918 so gut eine Katastrophe des Bismarckschen Regierungssystems gewesen ist wie die Schlacht von Jena eine Niederlage des Staates Friedrichs des Großen.« Hartung relativiert sein ambivalentes Urteil jedoch mit der Frage, ob überhaupt eine Verfassungsform den Belastungen des Weltkrieges gewachsen gewesen wäre, »ob nicht vielmehr das Verschulden der Epigonen statt auf dem Boden der Verfassung in der auswärtigen Politik zu suchen sei«. Das ist zutreffend. Die Außen- und die militärische Sicherheitspolitik unterlag nicht in dem Maße allgemeinen systemimmanenten Zwängen, als daß die Beurteilung der realen Machtfaktoren und der bündnispolitischen Gesamtkonstellation davon entscheidend abhängig gewesen wäre. Hier liegen vor allem Schwächen der Urteilskraft vor. Sekundär ist das Versagen und damit die »Schuld« einer regierenden Schicht mit einem bestimmten Sozialmilieu zu verzeichnen. Gewiß hat es diese Schicht nicht in ausreichendem Maße vermocht, die Spannungen zwischen der zur Demokratie hindrängenden Bevölkerung der aufstrebenden Industriegesellschaft und den alten Herrschafts- und Sozialordnungen mit Reformen zu mildern oder zu beseitigen. Aber auch hier wäre, ähnlich wie bei der Verfassungsfrage, der Einwand berechtigt, daß auch ein stärker reformiertes Deutschland dem Potential der Alliierten erlegen wäre. Das Versagen der regierenden Schicht, der »unentschiedenen Generation« (O. Graf zu Stolberg-Wernigerode) gegenüber den Forderungen der technischen Zivilisation stellt sich bei näherem Zusehen als eine Erscheinung dar, mit der die klassischen Länder Europas sämtlich zu ringen hatten.

Das Ende ist rasch erzählt. Die *Abdankung* war schon lange im Gespräch gewesen. Schon im April 1917 hatte der Kaiser beiläufig bemerkt, er wisse, daß er nun um seine Krone kämpfen müsse. Noch einmal beobachtete seine Umgebung mit aller Spannung, wie er sich von Nachricht zu Nachricht in »äußersten Gegensätzen der Stimmungen« (W. Schüssler) bewegte. Am 3. November 1918 schrieb er, nachdem ihn einer der preußischen Minister zur Abdankung zu bewegen versucht hatte, einem unbekannten Adressaten einen Brief, der trotz aller Erregtheit und aller zwischen den Zeilen spürbaren Ahnungen des Endes und Abgrundes wie eine letzte Abrechnung wirkt.

Er habe Drews »angefahren«, nach den Konsequenzen der Abdankung gefragt und die Antwort »Chaos« erhalten: »Man muß solche Wirrköpfe nur fragen, immer nur fragen, dann kommt die ganze Verworrenheit und Hohlköpfigkeit heraus. ›Na also‹, sage ich, ›nun werde ich Ihnen sagen wie das Chaos aussieht. Ich danke ab. Alle Dynastien stürzen nach, das Heer hat keinen Führer, die Front löst sich auf und flutet über den Rhein. Die Untreuen rotten sich zusammen, hängen, morden, plündern und die Feinde helfen ihnen dabei. Ich denke gar nicht daran abzudanken. Der König von Preußen darf Deutschland nicht untreu werden etc. Ich denke gar nicht daran, wegen der paar 100 Juden und der 1000 Arbeiter den Thron zu verlassen. Das sagen Sie Ihren Herren in Berlin!‹ – Als er gehen wollte, rief ich den Feldmarschall und den Generalquartiermeister. Hindenburg hat ihm deutlich dasselbe gesagt, und dann Groener, der ein Württemberger ist, also ein Süddeutscher, ein kleiner gemütlicher Mann; was soll ich Ihnen sagen, der fährt den Drews an wie eine Wildkatze, er brüllt ihn an... Als er dann abschob, der Drews, ganz begossen, habe ich ihm Dörings Predigt gegeben... ›Das nehmen Sie mal mit, das mögen die Herren studieren und darin mal nachschauen über Deutsche Treue!‹ – Mag ich nun regiert haben wie ich will, gut oder schlecht, davon jetzt mal ganz abgesehen – das meiste war natürlich schlecht! Aber ich habe doch nun mal 60 Jahre und 30 Jahre auf dem Thron. Eins muß man mir doch lassen... die Erfahrung! Wer soll an meine Stelle treten? Etwa der famose Max von Baden? Jetzt sitzen sie zusammen in Berlin, beraten und beraten, kriegen immer dickere Köpfe und keiner weiß, was er eigentlich will. Natürlich sind gute Köpfe darunter. Da ist z. B. der David [SPD], ein ganz gescheuter Mann – kein Jude, nein, nein, der denkt gar nicht daran, voll von Menschenverbrüderung und kosmopolitischer Ideen – aber ein guter Kopf ist er. Da ist der Giesberts [Zentrum], der Führer der katholischen Arbeitervereine – für solche Leute kann man nur dankbar sein, mit denen läßt sich arbeiten – aber die anderen! An der Spitze Max von Baden, und der Traurigste von allen, der jämmerlichste, weibische Kerl, der mir je begegnet ist – dieser SOLF.« Und dann schaute sich der Autor weiter um, nach den übrigen staatstragenden Gruppierungen im »wilhelminischen« Preußen, dachte an Krupp, dessen Geschütze rund um den Erdball ihre Präzision bewiesen, und spürte, daß alles zu fliehen begann und nur noch an sich selber dachte: »Ich verstehe die Stimmung ganz genau. Es war alles so schön aufgeteilt, ganz Belgien, Nordfrankreich usw. Die Schwerindustrie hatte auch schon Beschlag auf alles gelegt, und nun kommt's mit einmal anders, und jetzt schimpfen sie natürlich, als wenn ich schuld wäre. Und die Rheinische Schwerindustrie, die ich überhaupt erst vom Schraubstock an hochgebracht habe..., die verhandelt jetzt mit der Entente, lieber einen guten Frieden ohne mich, als einen weniger guten mit mir – weg werfen sie mich.« Und dann noch das Sich-Aufbäumen, die kalte Wut: »Linsingen ist in Berlin mit treuen Truppen, und ebenso sind die anderen Großstädte besetzt. Wir schicken auch noch mehr. Und das sage ich Ihnen, wenn nur das geringste passiert, dann schreib ich denen die Antwort mit Maschinengewehren auf das Pflaster, und wenn ich mein eigenes Schloß zerschieße; aber Ordnung soll sein! ... Die ganze Sache geht überhaupt nur von diesem Berlin aus. Das Volk denkt gar nicht daran, Revolution zu machen...«

Alle Hoffnungen, vierhundert Jahre nach der erfolgreichen Niederwerfung des Quitzow-Aufstandes, verloren sich rasch. Am 4. November geriet Kiel in die Hände der »Roten Matrosen«. Aufstände und Straßenkämpfe kündigten die Phase der revolutionären Neubildungen und Aktionen an. Hindenburg und Groener kamen in der Nacht vom 8. zum 9. November unter dem Eindruck der

Hiobsbotschaften aus Teilen des Reiches zu dem Ergebnis, daß eine militärische Aktion gegen die Aufständischen unter Führung des Kaisers keine Aussicht auf Erfolg habe. Welche Erwägungen sie sonst im Hinblick auf das Prestige des Kaisers, Hindenburgs und des Heeres insgesamt angestellt haben, entzieht sich unserer Kenntnis. Ein Abtreten des Kaisers mußte kurzfristig die Folge haben, von der diktatorischen und katastrophalen Politik der 3. Obersten Heeresleitung abzulenken und die innerdeutsche Schuldproblematik stärker auf den Kaiser zu lenken. Das Königsopfer wog aus militärischer Sicht leichter als ein »Hindenburg-Opfer«, da Hindenburg das Heer zurückführen sollte. In der entscheidenden Besprechung am Vormittag des 9. November, in einem kalten Gartensaal eines Hotels in Spa, führte der Süddeutsche Groener angesichts des düster schweigenden Hindenburg den entscheidenden Schlag gegen die Monarchie in Deutschland und Preußen: »Das Heer wird unter seinen Führern und Kommandierenden Generalen in Ruhe und Ordnung in die Heimat zurückmarschieren, aber nicht unter dem Befehl Eurer Majestät, denn es steht nicht mehr hinter Eurer Majestät.« Der Fahneneid sei in solcher Lage eine »Fiktion«. Groener hatte das Votum der gleichzeitig befragten neununddreißig Frontoffiziere rhetorisch und provokatorisch zugespitzt. Lediglich die preußischen Generäle von Plessen und von der Schulenburg widersprachen dem Generalquartiermeister mit Schärfe, bestimmt von weniger Pessimismus und größerer Weitsicht.

Als am frühen Nachmittag aus Berlin die Meldung der unautorisiert bekanntgegebenen Abdankung zusammen mit weiteren Aufstandsnachrichten eintraf, verlor man in Spa den letzten Rest an Kaltblütigkeit und Überblick. Das Verhalten bei Aufständen und Revolutionen war auf der Berliner Kriegsakademie nicht hinreichend gelehrt worden. Nichts war organisatorisch für die Lage vorbereitet. Hindenburg, der Ersatz-Kaiser, meinte nun, den Herrscher überhaupt nicht mehr schützen zu können: »Ich muß Eure Majestät dringend ersuchen, sofort abzudanken und nach Holland abzureisen. Ich kann es als preußischer General nicht verantworten, daß sie von ihren eigenen Truppen verhaftet und der revolutionären Regierung ausgeliefert werden.«

Die preußische Geschichte kennt keine ähnliche Bankrotterklärung der Generalität. Admiral Scheer, dessen Flotte in diesen Tagen nur noch Schrottwert besaß, schloß sich der Erklärung Hindenburgs an. Im Osten wie im Westen gab es jedoch intakte Truppenteile, zu denen sich Wilhelm II. auf dem Land-, Luft- oder Seewege hätte begeben können. Der Ebert-Regierung wäre eine Erklärung zuzustellen gewesen, daß die Funktionen des Monarchen bis zu einer Volksabstimmung über die Monarchie ruhten. Der »König« in Wilhelm riet zum Ausharren: »Ich schäme mich so, ich kann nicht fortgehen, und wenn nur ein Bataillon treu bleibt, bleibe ich hier.« Der »Dynast« mit internationalem Sonderstatus gab dem erneuten scharfen Drängen Hindenburgs und Groeners nach: »Wenn es denn sein muß! Aber nicht vor morgen früh!« In der Morgendämmerung des 10. November glitt der Hofzug der holländischen Grenze entgegen.

Die »Flucht« des Hohenzollern hat dazu beigetragen, »den monarchischen Gedanken in Deutschland ein für allemal zu diskreditieren« (K. D. Erdmann). Dieser Hinweis verliert auch nicht an Bedeutung, wenn an den Niedergang der Dynastien als Gesamtvorgang im sich wandelnden Europa erinnert wird. In dem umfassenden Prozeß des sozialen und biologischen Zerfalls großer Teile der alten Aristokratien bildeten die preußisch-deutschen Ereignisse nur einen Ausschnitt. Trotz der Diskreditierung des monarchischen Gedankens waren für das Herrschaftsgebiet des verbannten Kaisers unabsehbare Folgen zu erwarten. Es macht einen Teil der geschichtlichen Bedeutung Friedrich Eberts (SPD) aus, daß er in der Staatskrise als einer der wenigen Gespür dafür besaß, was es bedeutete, die »Mitte des Reiches« aufzukündigen und, in einem allgemeineren Sinne, die Richtungslosigkeit zum Gesetz zu erheben. Denn die preußisch-deutsche Monarchie war mit ihren Krönungsdaten von 1701 und 1871 nur vordergründig eine Institution jüngeren Datums. Sie stützte sich auf ältere Herrschaftsformen und schloß sich im historischen und populären Bewußtsein an die ältere Reichstradition an.

Eine archetypische Institution wie die Monarchie wird auch im frühen 20. Jahrhundert nicht ungestraft gestürzt. Frankreich, Rußland oder Spanien belegen diese Tatsache je auf ihre Weise für die jüngere Zeit. Ein Unterschied besteht darin, ob man den zeitlichen, »verwundeten« Träger der Krone vertreibt oder ermordet, das Vakuum aber durch eine Reichsverweserschaft oder einen Regentenrat notdürftig abdeckt – oder ob man sich vom Königtum mit allen seinen primären und sekundären Kräften in einem Zuge lossagt. Es hatte so sein sollen. Durch die offene Wunde des Königs, so heißt es in frühmittelalterlichen Vorstellungen vom Königtum, bricht das Verderben in sein Reich ein. Die politischen Erben des nunmehr ausgelöschten Königreiches Preußen standen vor der Frage, ob Dienstethos und Staatsverbundenheit ausreichen würden, dem andrängenden Verderben zu steuern.

DREIZEHNTES KAPITEL

Selbstauflösung einer Staatsgesellschaft: Mythos und Realität der Preußen-Republik (1918 bis 1933)

> »Eine preußische Republik ist eine Unmöglichkeit; Preußen muß zerfallen. Seine Provinzen gleichen ebensovielen Eisenstäben, die ohne Anziehungskraft untereinander nur durch das Tau eines absoluten Willens zusammengehalten wurden. Das Tau ist mürbe geworden, es wird zerrissen, und die Eisenstäbe werden folgen, wohin der Magnet der Stammesgleichheit sie zieht.« Fontane, 1848.

Sicherung des Staatsgebietes

Die erste Aufgabe der neuen Machthaber nach dem Regierungswechsel bestand in der Sicherung des Staatsgebietes, in innerer wie äußerer Hinsicht. Mit revolutionären Experimenten war niemandem gedient. Demgemäß wurden alle Behörden Preußens am 12./13. November 1918 und fernerhin angewiesen, ihre Arbeit »im dringenden Interesse des Vaterlandes unter Anspannung aller Kräfte weiterzuführen«, wenngleich unter Aufsicht der sogenannten Arbeiter- und Soldaten-Räte, die Verwaltung und Bevölkerung mit ihrer Imbecilität terrorisierten.

Das republikanische Preußen des Kabinetts Hirsch sah sich in den Ostprovinzen territorialen Problemen gegenüber, die mit einer langen Vorgeschichte behaftet waren. Historiker und Publizisten, die die preußische Geschichte mit dem November 1918 enden lassen, können dafür manchen Grund ins Feld führen. Sie bemerken in der Regel jedoch nicht, daß der preußische Staat nach 1918 trotz seiner begrenzten Macht und schließlichen Ohnmacht doch so etwas wie eine eigene Staatsraison behalten hatte und vertreten mußte, untrügliches Zeichen einer vitalen politischen Existenz. Denn die Staatsraison des Reiches und die des Freistaates Preußen waren nicht in jeder Hinsicht identisch, so wie auch die Staatsraison der Bundesrepublik Deutschland erkennbar nicht mit einer »deutschen« Staatsraison gleichzusetzen ist.

Auf dem Gebiet der *äußeren Sicherung* der preußischen Grenzen, die nach Osten hin zugleich Reichsgrenzen waren, ergaben sich die dringlichsten Fragen. Sie waren besonders in *Posen* seit längerem erkennbar; aber die neue Landesregierung versäumte das Wichtigste, was in dieser Lage zu tun war: den sofortigen Schutz der Ostgrenzen und gefährdeter Provinzteile. Es hätte sogleich scharfer und deutlicher Anweisungen an das V. Armeekorps in Posen und an das

II. Armeekorps in Stettin bedurft. Als begrenzt handlungsfähig erwiesen sich jedoch nur das Preußische Kriegsministerium und die Oberste Heeresleitung (Kassel-Wilhelmshöhe); beide Stäbe waren jedoch mit der Rückführung der Armeen von der Westfront und der Überwindung der revolutionären Exzesse beschäftigt.

Als verhältnismäßig spät, am 31. Dezember 1918, ein seit dem Frühherbst vorbereiteter Aufstand der polnischen Bevölkerungsteile in der Provinz Posen zustande kam, war das preußische Militär zersplittert, durch eine unentschlossene Befehlsgebung gelähmt und allenthalben behindert durch das Rätesystem, in dem sich bereits zahlreiche preußische Staatsangehörige polnischer Nationalität festgesetzt hatten. Daß die »Festung« Posen besonders gefährdet sein würde, war unschwer vorauszusehen. Das Stellvertretende Generalkommando des V. Armeekorps in Posen (General d. Inf. von Bock und Polach sowie der ängstliche Stabschef Generalleutnant von Schimmelpfennig), der Oberpräsident von Eisenhart-Rothe und der Regierungspräsident Kirschstein erwiesen sich in ihrer bürokratischen Hilflosigkeit als würdige Nachfolger der Festungskommandanten und Behörden vom Herbst 1806. Sie und der von Berlin nach Posen ausgesandte neopreußische Unterstaatssekretär Helmut von Gerlach ließen sich täuschen und erkannten nicht die getarnten Vorbereitungen für den weder durch Waffenstillstandsbestimmungen noch durch andere Rechtsnormen gedeckten Aufstand auf preußischem Staatsgebiet.

Die Heeresleitung in Kassel hatte ebenfalls aus dem 9./10. November 1918 nichts gelernt und behandelte Posen-Westpreußen routinemäßig-ungeschickt. Den Posener Majorssohn Hindenburg trifft eine erhebliche Mitschuld an dem Umfang des preußischen Gebietsverlustes im Osten. Wenn der preußische Kriegsminister Generalleutnant Scheüch rascher auf diesem Sektor gearbeitet hätte, wäre die Entwicklung anders verlaufen. Anfang Dezember hätte bereits die Befehlsgliederung für den Ostraum herausgehen können. Lediglich zur Bildung des »Heimatschutzes-Ost« wurde vom Kriegsministerium (15. November) und durch Hindenburg (24. November) aufgerufen.

Es fehlte den preußischen Generälen in dieser Lage die Einsicht in die Unzulänglichkeiten der Posener Kommando- und Personal-Verhältnisse. Als die Kommando-Verhältnisse schließlich und zu spät neu geordnet wurden (7./12. Januar 1919), befanden sich große Teile von Posen und der südliche Teil von Westpreußen in den Händen Aufständischer (»Großpolnischer Aufstand«). Die ersten drei Dezemberwochen waren verschlafen worden.

Vom preußischen Ministerpräsidenten Paul Hirsch konnte auf diesem Gebiet nichts erwartet werden. Er war, bei einem Besuch in Posen am 15. Dezember, gewarnt worden und hat gleichwohl nichts unternehmen wollen. »Ruhe« war für ihn die erste Bürgerpflicht. Friedrich Ebert hat ihn als »Schlappschwanz« bezeichnet. Er galt als befähigter Kommunalpolitiker, der nun in dieser kritischen Lage auf den Stuhl Friedrichs des Großen gerutscht war; »den Erfordernis sen der Aufgaben, die ihm zugefallen waren«, urteilt Hagen Schulze, »genügte er in keiner Weise; er war unentschlossen und leicht zu beeinflussen, neigte zur Resignation, sah nur, mit den Worten eines Beobachters, ›einen gewaltigen Trümmerhaufen vor sich‹«. Im übrigen aber soll innerhalb des sechsköpfigen Kabinetts ein »ununterbrochener Grabenkampf« stattgefunden haben. Damit deckt sich der Eindruck anderer Zeitgenossen.

Als der liberale Diplomat Harry Graf Kessler, nach Abbruch der diplomatischen Beziehungen aus Warschau zurückgekehrter deutscher Gesandter, dem preußischen Staatsministerium über die Lage in Polen berichtete (21. Dezember 1918), bestand immerhin noch die Möglichkeit verschiedener Initiativen. Seine kritische Tagebuchnotiz belegt die neue Arbeitsweise am Rande des Bürgerkrieges und der Auflösung:

»Die meisten Minister – Rosenfeld, Hirsch, Braun usw. – jüdisch. Südekum mit seinem weißen vornehmen Botschafterkopf der einzige Vertreter des Ancien régime, auch der einzige . . ., der die andren mit ›Herr‹ anredet. Üblich ist unter den Ministern in der Debatte die Anrede ›Genosse‹. In dem geschmacklosen, in W. II.-Barock dekorierten Sitzungssaal mit vier schlechten Hohenzollern-Prunkbüsten in den Ecken wirkt die sozialdemokratische Phrase noch weniger unästhetisch als die höfische. Praktisch wichtig war, daß ich die militärische Schwäche der Polen feststellte. Beherrscht wurde die Debatte vom Bewußtsein unserer Ohnmacht. Im ganzen war der Eindruck, den die Korona auf mich machte, der einer Stadtverordnetenversammlung; salopp und schwunglos.«

Soweit der in dieser Situation noch anspruchsvolle und mit einem antisemitischen Affekt behaftete Gesellschafts-Chronist. Aber auch sein eigener Bericht über Polen scheint sich nicht durch Luzidität ausgezeichnet und das Kabinett auf Trab gebracht zu haben. Überall »Feigheit, unterstützt durch mangelnde Organisation«, was er selber als Gesamteindruck notiert (5. Januar 1919). Wie 1848 fand die Preußen-Regierung, die im Windschatten der Reichsregierung handlungsfähiger hätte sein können, nicht zu dem Entschluß, wenigstens den sicherheitspolitischen Teil der Regierungsgeschäfte von Berlin nach Potsdam oder an einen anderen geschützten Ort zu verlegen. So nahm das Schicksal in Posen-Westpreußen seinen Lauf. Entscheidend für den weiteren Prozeß blieb aber der unleugbare Tatbestand, daß alle wirklichen deutschen Abwehrversuche scheiterten, weil es dem Armee-Oberkommando überhaupt an einer politischen Direktive fehlte. Die Staatsregierung, hier dem Reich gegenüber primär verantwortlich, verfügte über kein Zukunftsprogramm für die Provinz Posen und wagte keine entscheidenden Schritte, weil sie das Ausbleiben der Kartoffeltransporte und sonstigen Lieferungen aus dem Posenschen befürchtete (D. Vogt).

Diese Kartoffel-Politik führte dann geradewegs in den Aufstand (31. Dezember 1918) hinein. Den nunmehr rasch in die Grenzräume geworfenen deutschen militärischen Verbänden (Grenzschutz, Einwohnerwehren) gelang es immerhin, Randgebiete zu halten. Doch durften sie nicht offensiv werden, obwohl die

Alliierten in der Beurteilung der Lage im östlichen Mitteleuropa uneins waren und die Offensive der Bolschewisten bereits das Land bedrohte. Die preußische Regierung (Minister ohne Geschäftsbereich Eugen Ernst) trieb ihre Erbärmlichkeit so weit, zu erklären, man könne die Interessen der deutschen Bevölkerung nicht mehr wahrnehmen, die achthunderttausend Posener Deutschen sollten sich selbst helfen (1. Januar 1919). Seit dem 16. Februar herrschte dann der in Frankreich ausgehandelte Waffenstillstand. Auf beiden Seiten waren je etwa tausendzweihundert Mann gefallen.

Mit dem *Versailler Vertrag* (28. Juni 1919) gingen auch jene Gebiete Westpreußens und Posens ohne Abstimmung an Polen über, die von Grenzschutztruppen gesichert waren. Die deutschen Truppen mußten am 10. Januar 1920, dem Tag des Inkrafttretens des Versailler Vertrages, die Restgebiete räumen. Neben Winston Churchill, der auf den Zusammenhang von Versailles und Hitler wiederholt hingewiesen hat, ist der Engländer John Maynard Keynes, der zur Verhandlungsdelegation gehört hat, mit einem späteren Resümee zu zitieren: »Es gibt wenige Episoden in der Geschichte, die die Welt mit größerer Berechtigung verurteilen wird. Ein Krieg, der zur Verteidigung internationaler Verträge geführt worden ist, hat mit dem offenen Bruch der heiligsten Versprechungen seitens der Sieger geendet.... Versailles war ein politisches Verbrechen, aus dem ein furchtbarer Krieg hervorgegangen ist.«

In *Ostpreußen,* das nicht minder gefährdet war, ist dagegen die Lage, vorrangig im Auftrag der Reichsregierung, im wesentlichen durch den Reichs- und Staatskommissar August Winnig (MSPD: Mehrheitssozialdemokrat) in Verbindung mit dem Armee-Oberkommando Nord (Bartenstein/Königsberg) stabilisiert worden. Als Winnig in Königsberg eintraf (25. Januar 1919), betrat er als Einzelperson eine verwahrloste, unter dem »Terror der Matrosen« leidende Königskrönungsstadt. Er leitete vom Oberpräsidium aus die Sicherungsmaßnahmen für Ost- und Westpreußen. Die Situation erinnerte an die ersten Wochen von 1807. Keine Nahrung, keine Waffen, hilflose Behörden und eine unruhige, verzweifelte Bevölkerung, die die Russeneinfälle von 1914 noch frisch im Gedächtnis hatte: »Zwei Millionen Ostpreußen beten jeden Abend: Winnig, hilf uns! Und Sie verhandeln! Wann werden Sie handeln?«

Die Generäle von Quast, Hans von Seeckt und Ludwig von Estorff sowie Winnig bereiteten den Schlag, für den nur achthundert Mann (unter anderen Freikorps Gerth) bereitstanden, sorgfältig vor, da in der Provinzialhauptstadt tausendfünfhundert Matrosen und andere Widerstand leisteten, umgeben von vierundsiebzigtausend heimgekehrten, tatenlos herumlungernden Soldaten sowie sechzehntausend Erwerbslosen. »Die Straßen waren voller Schmutz und Gedränge. Auf dem Schlosse wehte die rote Fahne und deckte diese Zustände« (F. Gause). Beim preußischen Ministerpräsidenten wurde derweilen – am Abend – »Skat gespielt und Sekt getrunken« und schöngeistige Konversation gemacht (Kessler, 25. Februar). Nur Eugen Ernst, seit dem 5. Januar als neuer

Berliner Polizeipräsident mitverantwortlich, und Otto Braun scheinen das Drama in Königsberg mit gespannter Aufmerksamkeit verfolgt zu haben. Am 3. März 1919 wurde die Anarchie der Matrosen-Räte, die Kurierverbindungen zur Roten Armee in Kurland unterhielten, in Königsberg beseitigt – der Anfang von relativer Ruhe und Ordnung in der nun mehr und mehr auf sich gestellten und ständig gefährdeten Provinz. Denn an Preußens Ostgrenze herrschten wieder Zustände wie vor 1772.

Das Reich trug zwar für die äußere Sicherheit die Hauptverantwortung; der preußische Innenminister (Hirsch und Breitscheid, ab 25. März 1919 Wolfgang Heine) blieb jedoch für die regionalen Teile der inneren Sicherheit verantwortlich, zusammen mit der vorläufigen Reichswehr (Hans von Seeckt); seinen Maßnahmen war es zu verdanken, daß das Institut der »Kreiskommissare« (wie während des Dreißigjährigen Krieges in Brandenburg) geschaffen wurde: zivile Offiziere als Sicherheitsbeauftragte in den Landkreisen. Das neue Preußen tat sich weiterhin mit den Ostpreußen-Problemen schwer. Die Realitätsfremdheit im Staatsministerium war besonders in Personalangelegenheiten spürbar. Freilich ist auch dies verstehbar. Vorerst reichten die personalpolitischen Erfahrungen, die man vor 1918 in Fraktionen und Ortsvereinen gewinnen konnte, vielfach nicht aus, den Erfordernissen einer von Rußland und Polen belagerten Provinz gerecht zu werden. Die Erinnerungen von Winnig (1935) und die Akten des Innenministeriums bieten dafür manches Beispiel.

Heine und Südekum stützten immer wieder Winnig, der – bei mancher Gutgläubigkeit und Ungeschicklichkeit – doch viele weiterreichende Probleme gesehen hat, vor allem das allgemeine Problem der zu schmalen Basis der Sozialdemokratie in Preußen und des mangelnden Mutes in der Regierungsverantwortung:

»Wir sind jetzt Regierung und müssen uns bewähren. Wir tragen die Sorgen für das Allgemeine«, sagte Winnig 1919 in einer Parteirede in Königsberg, »und Sie wissen, wie groß die Sorgen sind. Wir stehen in der härtesten Probe, die einer Partei auferlegt werden kann: als Widerspruch geboren und groß geworden, sollen wir jetzt als Regierung für das Ganze denken und handeln. Wir müssen die Probe bestehen. Die Macht erobert man durch Kampf, und im Kampfe ist alles erlaubt, was der Partei dienen mag. Hat man aber die Macht erobert, so ist aus der Partei eine Regierung geworden, und dann ist die Aufgabe anders gestellt. Die Partei kann nur Regierung bleiben, wenn sie nicht als Partei, sondern eben als Regierung handelt. Da gelten dann ganz andere Gesetze. Sie hat die Nation politisch erobert; jetzt muß sie die Nation moralisch erobern.«

Das waren Töne, die man in der damaligen SPD ungern vernahm, zumal aus dem Munde eines Mannes, der durch seine Zusammenarbeit mit neuem Heer, alter Beamtenschaft und national gesinnten Bevölkerungsvertretern jene Rolle einnehmen mußte, die Ebert und Noske im Reich und für das Reich auf sich genommen hatten. Jedenfalls verstand sich Winnig weit früher als sein ideologischer und persönlicher Antipode Braun, der erst im September 1921 auf dem Görlitzer Parteitag der SPD Winnigs Argumente positiv aufgriff, als staatstragend und nur sekundär parteiverpflichtet.

Für einen Augenblick mag man sich hier die Frage stellen, wohin Preußen geführt worden wäre, wenn nicht ein so sensibler, zwischen Strategie und Taktik schwankender, freilich ganz überwiegend verfassungskonform arbeitender Charakter wie Braun, sondern ein sich vom sonstigen klassischen Funktionärstyp abhebender populärer Staats-Mann wie Winnig von seiner Partei in das Amt des Ministerpräsidenten gebracht worden wäre. Die politische Wohnlichkeit in Preußen wäre vielleicht etwas besser ausgefallen. Denn das war es, was Preußen in den späteren Krisen auch fehlte: ein Gegen-Hindenburg, ein politisch-emotionaler Identifikationspunkt, auch für DVP, DNVP und Reichswehr.

Bevor Winnig abtreten mußte, hat er noch 1919 den Innenminister Heine veranlaßt, in Preußen Einwohnerwehren einzurichten (bis 1921). Außerdem wurde aus Resttruppen in Ostpreußen eine starke Sicherheitspolizei aufgebaut (einundzwanzigtausend Mann), die Landesschutzaufgaben erfüllte. Die regulären Truppen des Grenzschutzkommandos Ost (Kolberg-Königsberg) unterstanden bereits der Aufsicht des Reichswehrministers. Der letzte preußische Kriegsminister, Walther Reinhardt, der kurz vor der Annahme des Versailler Vertrages noch mit anderen Generälen die Gründung eines aus den preußischen Ostprovinzen bestehenden freien Preußen erwogen hatte, wurde am 1. Oktober 1919 von Ebert zum ersten Chef der Heeresleitung der neuen Reichswehr ernannt, mit Seeckt als Stellvertreter (Chef des Truppenamtes). Damit endete die preußische Militärgeschichte im Reichsverbande. Die Lage in Ostpreußen und in den übrigen östlichen Grenzgebieten wurde fortan vom Reichswehrministerium und vom preußischen Innenministerium gesteuert.

Den *preußischen Ostprovinzen* drohte die Zerstückelung. In Polen wurden 1919 offiziell die Grenzen der Zeit vor 1772 gefordert; ein Rekuperations-Rausch erfaßte die Intellektuellen Polens, das im Begriff war, seine lange entbehrte staatliche Einheit und Identität wiederzuerlangen, während Preußen seine politische Identität zunehmend verlor. Neben nationalistischen Exzessen gab es in Polen jedoch vielerorts Besonnene, die das Verhältnis zu Preußen-Deutschland nicht auf die Dauer belastet sehen wollten. Preußische Beamte, die sich offen oder verdeckt der Germanisierungspolitik in wilhelminischer Zeit widersetzt hatten, blieben teilweise bis Herbst 1920 in *Posen* und *Westpreußen* in ihren Ämtern, darunter auch in sicherheitsempfindlichen Bereichen. Aber an den ostpreußischen Grenzen waren die Emotionen kaum zu dämpfen.

Verschärfend wirkte es sich aus, daß von Norden her, aus *Kurland-Lettland* und dem neuen Litauen, der Einmarsch der dort operierenden Roten Armee zu drohen schien. Weißgardisten, polnische Legionäre und deutsche Resttruppen (von der Goltz) schlugen sich dort mit Roten Reiterarmeen. Das *Memelgebiet* (vor allem Kreise Memel und Heydekrug), 1919 auf Betreiben großlitauischer Agitatoren einer alliierten Sonderverwaltung unterstellt, geriet ins Abseits; Anfang 1923 annektierte Litauen dann das Memelland.

Im Süden der Provinz war der Regierungsbezirk *Allenstein,* der größere Teile des alten Ermlandes umschloß, per Friedensvertrag groteskerweise zum Abstimmungsgebiet erklärt worden. Eine interalliierte Kommission (Franzosen, Engländer, Italiener und Japaner) übernahm die Regierung in Allenstein; auf deutscher Seite war Freiherr von Gayl, der spätere Reichsinnenminister, mit geschickter Hand tätig. Alle preußischen Provinzen halfen.

Im Mai 1919 ließ Otto Braun, damals noch Landwirtschaftsminister, in Goldap überraschend verlauten, daß die Staatsregierung erwäge, die Gebiete von Allenstein und Oletzko ohne Abstimmung abzutreten, als Tauschmaterial für andere Gebiete. Der Hintergrund dieses Vorganges ist ungeklärt. Trotz einiger Wankelmütigkeiten bei den Sozialisten entschied sich die ohnehin ganz überwiegend deutsche Bevölkerung des Allensteiner Gebietes in aller Eindeutigkeit mit 97,8 Prozent der Stimmen für das Reich und Preußen (11. Juli 1920). Lediglich das ohne Abstimmung an Polen zwangsweise abgetretene Soldauer Gebiet (mit 75 Prozent pro-deutschen Wählern) blieb Spannungsgebiet. Hier waren im Juli/August 1920, gleichsam als Racheakt für die Abstimmungsniederlage, sechstausendeinhundert Menschen zum Teil ausgeplündert und dann verjagt worden – die erste größere Massenaustreibung zwischen den Kriegen. Zwei Drittel der Flüchtlinge kehrten einige Zeit später zurück, nachdem die Reichsregierung in Warschau interveniert hatte.

In *Schlesien* war es im August 1919 in den Kreisen Pleß und Rybnik (Süd-Oberschlesien) zu einem Aufstand gekommen; Freikorps unterdrückten ihn. Bei der Abstimmung in Oberschlesien (20. März 1921) votierten 59,6 Prozent für Deutschland, 40,4 Prozent für Polen. Eine polnische Insurgentenarmee (Korfanty) besetzte Teile des Landes, von Frankreich unterstützt. Der Vormarsch der Polen wurde vom »Selbstschutz Oberschlesien« am St. Annaberg in erbitterten Kämpfen aufgehalten (21. Mai 1921). Erst im Oktober einigte sich dann die Pariser Botschafter-Konferenz der Entente über die Aufteilung des Abstimmungsgebietes, in dem sich nach den Bevölkerungszahlen viele Polnischsprachige für Deutschland ausgesprochen haben müssen.

Im Juli 1922 konnte die preußische Verwaltung im Restgebiet ihre Tätigkeit wieder aufnehmen. In einer erneuten Abstimmung über die Zukunft Deutsch-Oberschlesiens haben sich dann über neunzig Prozent für die neu eingerichtete preußische Provinz Oberschlesien (Oppeln), die Minderheit für ein reichsfreies Gebiet ausgesprochen. Teile der oberschlesischen SPD und vor allem des Zentrums votierten gegen Preußen; lediglich die Deutschnationalen nahmen eine eindeutige Position zu Gunsten des Gesamtstaates Preußen ein.

Otto Braun, der die Gefahr weiterer Separationen in Schleswig, dem Rheinland (Adenauer), in Hannover oder auch Ostpreußen befürchten mußte, hat die Gesamtstaatsinteressen hier eindeutig vertreten, eine Reihe von Zugeständnissen (verstärkte »kulturelle Selbständigkeit«) gemacht und sich vor dem Landtag (22. Juni 1922) ohne Wenn und Aber geäußert: »Ich stehe vielmehr auf dem Standpunkt, daß der Einheitsgedanke heute bei uns in Deutschland am stärksten in einem großen geschlossenen einheitlichen preußischen Staatsgefüge zum Ausdruck kommt.«

Mit diesen Ereignissen, zu denen die mehr in die Reichsgeschichte gehörenden antirevolutionären Nachkriegskämpfe in Berlin, Mitteldeutschland (General Maercker) und im Ruhrgebiet sowie die Abwehr separatistischer Bestrebungen im Rheinland 1923 während der Besetzung des Ruhrgebietes durch Frankreich zu zählen wären, war die schwierige Phase der Bestandssicherung Preußens nach dem Zusammenbruch abgeschlossen. Preußen als neue Republik hatte sich behauptet – aber ohne das »alte Preußen« wäre die Republik in dieser Phase verloren gewesen.

Preußen und das Reich

Vor dem Hintergrund der äußeren und inneren Gefahren konnte es keine Frage sein, daß an eine rasche Verschmelzung Preußens mit dem Reich nicht zu denken war. Sie war auch deshalb nicht erwünscht, weil Preußen über sein eigenes Staatsinteresse hinaus wie eine zusätzliche Klammer Gebiete umschloß, die sich als selbständige Reichsteile auch von diesem leichter hätten ablösen lassen können. Die Debatten über diese Frage kamen bis 1933 nicht zur Ruhe. Das Verhältnis Preußen–Reich war von keiner der beiden Seiten nach 1919 von stiller Dankbarkeit bestimmt. Die Verfassungskonstruktion hat unglückliche und widersinnige Kontroversen und Konflikte ausgelöst oder begünstigt. Denn im Gegensatz zur Zeit vor 1918 waren nunmehr wesentliche Gesetzgebungs- und Exekutiv-Rechte dem Reich vorbehalten, doch wiederum nicht so viele, daß die Länder über kurz oder lang ihr Eigenleben hätten aufgeben müssen. Die Verteidigung, das Verkehrswesen, die Zölle nebst Abgabenverwaltung waren auf das Reich übergegangen. Durch die unglückliche Steuerreform Matthias Erzbergers waren die Länder zu Kostgängern des Reiches geworden. Entscheidend war demzufolge, daß das Reich die Länder aus Reichssteuern zu alimentieren hatte und der Streit um Finanz-Zuweisungen kein Ende nahm. Ein abschließendes Finanzausgleichs-Gesetz wurde nicht verabschiedet. Das Reich hatte von diesem Punkt aus die Möglichkeit, Länder, die sich unbotmäßig zu verhalten schienen, durch Aushungern zu disziplinieren. Der Eindruck der Schattenhaftigkeit und innenpolitischen Verhaltensschwäche, den das vom Bundesstaat zum »Land« herabgedrückte Preußen in der Weimarer Zeit immer wieder erweckt, beruht auf diesen Vorgaben. Man wird noch einen Schritt weiter zu gehen haben. Das von Hugo Preuß absichtlich und deutlich mediatisierte Preußen, im Reichsrat proportional benachteiligt und ohne institutionalisierten Einfluß auf die Reichspolitik, litt unter einem verfassungsbedingten Defekt, der sich in Zeiten der Instabilität ungünstig auswirken mußte. Wiederum zeigte es sich, daß das »Reich« mit seiner inhomogenen Führungsschicht den genuinen preußischen Problemen mit Überheblichkeit und Ignoranz begegnete.

So ist die Beziehung zum Reich zu einer wesentlichen Schicksalsfrage des republikanischen Preußen geworden. Im Zickzack-Kurs der Preußenregierungen wird der Druck ablesbar, dem der Staat ausgesetzt war. Weder konnte die Politik der »Bastion Preußen« für weite Bevölkerungsteile überzeugend durchgehalten werden, noch war es möglich, sich auf die Dauer allein als »Rückhalt des Reiches« zu etablieren. Die reichshauptstädtische Politik bietet hierfür die Belege. Der Zickzack-Kurs Otto Brauns, bravourös bis zum Scheitern, ist jedoch nicht immer und überall durch Außenfaktoren erzwungen worden. Er beruhte auch auf den Persönlichkeitsstrukturen der *Führungsgruppe*. Unter der vorgegebenen Verfassungskonstruktion, an der die Mittel- und Kleinstaaten mit dem Blick auf das quantitative Übergewicht Preußens festzuhalten wünschten, wäre der »Ausbau« Preußens ohne weitere Rücksicht auf das Reich insgesamt die erfolgversprechendere Strategie gewesen. Eine solche Position, die auch in vorhersehbaren schweren Krisen durchgehalten werden mußte, hätte um ihrer Dauerhaftigkeit willen von politischen Konzessionen begleitet sein müssen. Nach Lage der Dinge wäre eine stärkere Öffnung nach »rechts« über das Jahr 1925 hinaus nötig gewesen, überhaupt eine Politik als Volkspartei gegenüber abseits stehenden Gruppen und Sozialschichten.

Es ist in letzter Zeit herausgearbeitet worden, wie groß die ideologischen Scheuklappen waren (Wahlkampf 1924), wie unausgebildet die Fähigkeit zum parlamentarisch-politischen Kompromiß war und wie ein urwüchsiges politisches Freund-Feind-Denken in dem Weimarer »Hexenkessel« bis in die oberen Etagen durchschlug. Auch die für vieles verantwortlichen Preußen-Träger Heilmann, Hess und Braun begehrten in parteipolitischer und konfessioneller Blickverengung wieder und wieder möglichst »alles«, lavierten mit kleinsten Mehrheiten gegen große Minderheiten und standen am Ende vor einem furchtbaren Nichts.

Verfassung und Verwaltung

Nur kurze Zeit bestand in Preußen nach dem Regierungswechsel die Neigung, auf eine eigene Verfassung überhaupt zu verzichten und eine Art von Reichsland-Status in der Reichsverfassung zu verankern. Die Führer der das Reich stützenden Weimarer Parteien besannen sich bald auf die sicherheitspolitische Bedeutung Preußens. Auch deshalb blieb es der größte Staat im Reich.

Bereits am 20. März 1919 wurde ein Gesetz zur vorläufigen Ordnung der Staatsgewalt erlassen (provisorische Verfassung). Die neue *Verfassung* (30. November 1920, mit Änderungen vom 7. April 1921 und 27. Oktober 1924) sah einen *Landtag* vor, der aus vierhundertfünfzig Abgeordneten (je ein Abgeordneter auf vierzigtausend Stimmen) bestehen sollte. Daneben war ein *Staatsrat,* eine Provinzenvertretung, analog zum Reichsrat, eingerichtet worden. Seine neunundsiebzig Mitglieder wurden von den Provinziallandtagen und Kommunallandtagen der (ständischen) Provinzialverbände etc. gewählt (je ein Abgeordneter auf fünfhunderttausend Einwohner, mindestens drei aus jeder Provinz). Die Zustimmung des Staatsrats war erforderlich, wenn der Landtag über höhere Ausgaben beschließen sollte, als sie von der Staatsregierung genehmigt worden waren. Außerdem besaß er ein Einspruchsrecht mit aufschiebender Wirkung, das durch den Landtag nur mit zwei Dritteln seiner Stimmen aufgehoben werden konnte, es sei denn, ein Volksentscheid läge vor. An diesen Hauptlinien zeigt sich, daß der Staatsrat – dessen Präsident bis zum Ende der Republik der Kölner Oberbürgermeister Konrad Adenauer gewesen ist – der Regierung Schwierigkeiten bereiten konnte.

Zum Schaden Preußens ist das persönliche und politische Verhältnis zwischen Adenauer und Braun, in denen föderalistisches und zentralistisches Prinzip, rheinländische und ost-preußische Mentalitäten aufeinanderstießen, nicht von überparteilichen Einverständnissen, vielmehr von trivialer parteipolitischer Rivalität geprägt gewesen, insbesondere nachdem Adenauer Ende 1923 mit seinen *Rheinstaatsplänen* wesentlich auch an Otto Braun gescheitert war. Adenauer hatte in der Besetzungssituation von Teilen des Rheinlandes und Westfalens durch französische Sequester-Truppen (11. Januar 1923 und später) die Möglichkeit für eine langsame Herauslösung mindestens der Rheinprovinz aus dem preußischen Staatsverband erkannt; am 25. Oktober votierte er in Hagen gegenüber Berliner Spitzenpolitikern für ein eigenes rheinisches »Rechtsgebilde«, von Preußen getrennt, möglicherweise sogar vom Reich abgelöst – um der Gefahr der Ablösung zu begegnen. Daß ein solcher »Rheinstaat« auch nach der Okkupation sich nur schwer in die Rheinprovinz Preußens zurückverwandeln lassen würde, ist von Braun und anderen mit Deutlichkeit erkannt und ausgesprochen worden (H. Schulze). Nach einer Landtagsrede Brauns am 5. Dezember 1923, die unmittelbar gegen Adenauer und den rheinischen Fünfzehner-Ausschuß gerichtet war (»Die Staatsregierung muß es daher ablehnen, einer staatsrechtlichen Änderung, wie auch immer sie gestaltet sein mag, ausdrücklich oder stillschweigend zuzustimmen. Sie lehnt vielmehr jede territoriale Änderung preußischen Gebietes und jede Beeinträchtigung preußischer Hoheitsrechte mit allem Nachdruck ab«), zeigte es sich, daß man in Westfalen, aber auch in der Rheinprovinz Preußen nicht verlassen wollte, daß Adenauers Basis zu schmal war. Das verfassungspolitisch Folgenreiche dieser Affäre war, daß – bei Adenauers Charakter verständlich – der Präsident des Staatsrats aus seiner Anti-Berlin-Haltung, für die sich Beispiele geben ließen, nicht mehr herausgefunden hat. Im Interesse gedeihlicher Zusammenarbeit der Parteien hätte Adenauer 1924 die

Position des Staatsrats-Präsidenten aufgeben müssen – ein absurdes Verlangen gegenüber einem kommunalen Spitzenpolitiker von solchem Rang, die Partei- und Regionalpolitik der Staatspolitik unterzuordnen.

Gebietsabtretungen und Verwaltungsgliederung

Infolge des Versailler Vertrages kam der größte Teil von *Westpreußen* an Polen. Die östlich von der Weichsel liegenden Restgebiete wurden als besonderer Regierungsbezirk Westpreußen zur Provinz Ostpreußen gelegt (21. Juli 1922). Die westlichen Teile wurden vorerst zusammen mit Restgebieten der Provinz Posen in der »Grenzmark Posen-Westpreußen« zusammengefaßt. Sitz der Behörden wurde Schneidemühl. *Schlesien* ist im Hinblick auf die Abstimmungen in die Provinzen Nieder- und Oberschlesien zerlegt worden (14. Oktober 1919). *Berlins* Herauslösung aus der Provinz Brandenburg kam zum Abschluß (27. April 1920); die durch großzügige Eingemeindungen 1920 erweiterte Reichshauptstadt bildete fortan ein selbständiges provinzähnliches Verwaltungsgebiet. Der Kreis *Pyrmont* wurde der Provinz Hannover angegliedert (1. April 1922), während etwas später der Rest von *Waldeck* der Provinz Hessen-Nassau angegliedert wurde (1. April 1919); dies war der letzte größere Gebietszuwachs, den Preußen in der Geschichte der Erweiterung seines Staatsgebietes erreichte, wenn man von einigen Grenzberichtigungen 1937/38 und den von Hitler verfügten Angliederungen (Memelland, Zichenau, Ostoberschlesien, 1939) und Ausgliederungen (»Reichsgau Danzig-Westpreußen«, 1939) absieht.

Die territorialen *Verluste* Preußens 1919/20 beliefen sich auf 56 058 Quadratkilometer. Der Bestand am 1. November 1918 betrug 348 780 Quadratkilometer (ohne die größeren Wasserflächen). Demnach hat Preußen rund 16 Prozent seiner Fläche abgeben müssen. In der Hauptsache handelte es sich um das *Memelgebiet,* das Gebiet des späteren Freistaates *Danzig,* die überwiegenden Teile von *Posen* und *Westpreußen* sowie kleinere Teile von Pommern und Ostpreußen (an Polen), das oberschlesische *Hultschiner Ländchen* (an die Tschechoslowakei), *Nordschleswig* mit den Inseln Alsen und Röm/Romö (an Dänemark) und *Eupen* und *Malmedy* (an Belgien). Außerdem wurde von der Rheinprovinz ein Teil des *Saargebietes* abgetrennt und nach 1935 nicht wieder eingegliedert.

Das republikanische Preußen bestand aus zwölf *Provinzen,* der kommunalen Gebietskörperschaft Berlin und dem Regierungsbezirk Sigmaringen (»Hohenzollernsche Lande«), der dem Oberpräsidenten der Rheinprovinz unterstand.

Die *Bevölkerungszunahme* betrug zwischen 1925 und 1939 fast 10 Prozent, obwohl durch die politischen und rassischen Verfolgungen seit 1933 ein irregulärer Bevölkerungsverlust entstanden ist. Die mittleren und östlichen Provinzen, mit Ausnahme Berlins, erbrachten bis 1945 einen höheren Bevölkerungsüberschuß, der überwiegend den übrigen Provinzen, insbesondere den Industrie-Landschaften, zugute gekommen ist.

Die Provinzen waren in vierunddreißig *Regierungsbezirke* unterteilt, nämlich in Ostpreußen Königsberg, Gumbinnen, Allenstein, Westpreußen-Marienwerder; in Brandenburg Potsdam und Frankfurt/O.; in Pommern Stettin, Köslin und Stralsund; in der Grenzmark Schneidemühl; in Niederschlesien Breslau und Liegnitz; in Oberschlesien Oppeln; in der Provinz Sachsen Magdeburg, Merseburg und Erfurt; in Schleswig-Holstein Schleswig; in Hannover Hildesheim, Hannover, Lüneburg, Stade, Osnabrück und Aurich; in Westfalen Münster, Minden und Arnsberg; in Hessen-Nassau Kassel und Wiesbaden; in der Rheinprovinz Koblenz, Düsseldorf, Köln, Trier und Aachen. Diese Regierungsbezirke waren 1928 in 119 Stadtkreise und 416 Landkreise untergliedert.

Provinzen und Verwaltungsgebiete	Quadrat-kilometer	Einwohner 1925	Einwohner 1939
Ostpreußen	37 047	2 256 349	2 496 017
Stadt Berlin	878	4 024 165	4 332 242
Brandenburg	39 036	2 592 419	3 023 443
Pommern	30 208	1 878 781	2 405 021
Grenzmark Posen-Westpreußen	7 695	332 485	–
Niederschlesien	26 616	3 132 328	4 846 333 (Nieder- und Oberschlesien zusammen)
Oberschlesien	9 702	1 379 278	
Provinz Sachsen	25 274	3 277 476	3 622 546
Schleswig-Holstein	15 060	1 519 365	1 598 328
Hannover	38 584	3 190 619	3 537 390
Westfalen	20 209	4 811 219	5 205 705
Hessen-Nassau	15 703	2 396 871	2 688 922
Rheinprovinz (ohne Saargebiet)	24 547	7 256 978	7 931 942
Hohenzollern	1 142	71 840	74 151
Preußen (ohne Saargebiet)	291 700	38 120 173	41 762 040
Preußen 1939 (ohne Memelland)	294 158		

Ein *Oberpräsident* stand jeweils an der Spitze der Provinzialverwaltung. Er wurde vom Staatsministerium ernannt und unterstand dem Innenminister. Ihm war zugeordnet der Provinzialrat. Er setzte sich aus dem Oberpräsidenten, einem vom Innenminister ernannten Beamten und fünf vom Provinzialausschuß auf sechs Jahre gewählten Personen zusammen. Die *provinziale Selbstverwaltung* (»Stände« – »Landschaften«), wie sie in der Bismarckzeit eingeführt worden war, bestand jeweils in einem auf vier Jahre gewählten Provinziallandtag (als Beschlußorgan), daneben, als eigentlichem ausführenden Arbeitsgremium, in dem Provinzialausschuß, mit dem auf Lebenszeit gewählten Landeshauptmann oder Landesdirektor an der Spitze. Die provinziale Selbstverwaltung hat auch im 20. Jahrhundert in allen preußischen Provinzen vorzügliche Leistungen aufzuweisen (Verkehrswesen, Elektrifizierung, Sozialfürsorge, Denkmalspflege, Inventarisationen der Baudenkmäler und anderes mehr). Stellvertretend für die hervorragenden Landesdirektoren dieser Zeit sei Joachim von Winterfeldt-Menkin genannt, der von 1911 bis 1930 das Amt des Landesdirektors für die Provinz Brandenburg wahrgenommen und darüber nuanciert und zeittypisch zu berichten verstanden hat (»Jahreszeiten des Lebens«, 1942).

An der Spitze der oben genannten Regierungsbezirke stand ein ebenfalls von der Staatsregierung bestimmter *Regierungspräsident,* mit einem beschlußfassenden Bezirksausschuß an der Seite, der sich – ähnlich wie der Provinzialrat – aus dem Regierungspräsidenten selbst, zwei vom Staatsministerium auf Lebenszeit ernannten Personen sowie vier vom Provinzialausschuß auf sechs Jahre Gewählten zusammensetzte. Dem Regierungspräsidenten unterstand ein Behördenapparat, der in der Regel weit stärker ausgebaut war als bei den aufsichtführenden Oberpräsidenten.

Schließlich sind, auf der unteren Ebene der Staatsverwaltung, in den Landkreisen die vom Staatsministerium ernannten *Landräte* zu erwähnen, die »vor Ort« Preußen im Guten wie im Bösen zu repräsentieren hatten. Neben den Landräten standen Kreisausschüsse, bestehend aus dem Landrat und sechs vom Kreistag gewählten Eingesessenen; der Kreistag, auf vier Jahre gewählt, reichte als parlamentarisches Organ der Kreisselbstverwaltung seine Beschlüsse an den Kreisausschuß weiter. Die Ausführung oblag im Landratsamt dem Landrat, seinem Stellvertreter und vor allem dem Kreissekretär, der, wenn das Bild noch gestattet ist, dem »Hauptfeldwebel« in der Kompanie entsprach, und zwar in einem überwiegend positiven Sinne.

Außerhalb der Landkreise standen sonst lediglich die kreisfreien *Städte* (ab fünfundzwanzigtausend Einwohner), von mittelbaren Staatsbeamten geleitet. Organe waren der von der Stadtverordnetenversammlung oder vergleichbaren Vertretungskörperschaften auf unterschiedliche Zeit gewählte Oberbürgermeister oder Bürgermeister, der Stadtausschuß (Bürgermeister und vier vom Magistrat gewählte besoldete Stadträte) sowie die Stadtverordnetenversammlung, vor 1918 auf ein Zensus-Wahlrecht gegründet, danach dem allgemeinen und gleichen Wahlrecht angeglichen.

Dieser trotz kleinerer Varianten übersichtliche und einheitliche Behördenaufbau hielt einerseits die Staatsprovinzen zwischen Königsberg und Koblenz in mehrfacher Hinsicht zusammen, er garantierte andererseits vielstimmige Kontrolle und beließ dem provinzialen Sonderleben immer wieder, je nach Aktivität, die Chance der Selbstentfaltung und Selbstverwirklichung. Es ist eine Legende, daß die Demokratie vor 1918 in Preußen überhaupt keine Heimstätte besessen habe. In bestimmten ehemals preußischen Gebieten ist heute ein wesentlich geringeres Maß an Mitbestimmung, an echten Vertretungsorganen und an wechselseitiger Kontrolle nebst Auswechselbarkeit von Personen zu beobachten als im jüngeren und älteren Preußen.

Die preußische *Polizei*, vom Innenministerium und vom Berliner Polizeipräsidium aus geleitet, hat trotz der Schwächen der Staatsregierung in der Bekämpfung der Kriminalität und in der Niederhaltung verfassungsfeindlicher Gruppen Erhebliches geleistet. Von der Härte der Staatsgewalt wurde weit häufiger als heute, wo verurteilte Gewaltverbrecher vorzeitig freigelassen werden und gleiche Straftaten wiederum begehen, Gebrauch gemacht. Die Bevölkerung wurde im allgemeinen durchgreifend geschützt, notfalls durch das Heranziehen von Militär, etwa bei Banden-Terror (Max Hölz und andere). Demonstrationen, bei denen Aufruhr, schwere Sachbeschädigung und Personenverletzungen vorherzusehen waren, wurden in der Regel nicht genehmigt. Der Berliner Vizepolizeipräsident (1925 bis 1927) Ferdinand Friedensburg, der spätere Nachkriegsbürgermeister in der Spaltungsphase, gibt in seinen Erinnerungen (1969) ein gutes Bild von der Vielfalt der Aufgaben, die das »Präsidium«, die größte geschlossene Behörde in Deutschland mit einem Beamtenkörper von zweiundzwanzigtausend Köpfen, zu leisten hatte, »von der Aufrechterhaltung der allgemeinen Ruhe und Ordnung bis zur Überwachung der Theater und sonstigen Schaustellungen sowie zur Regelung des Dirnenwesens und zur Wahrnehmung der politischen Polizei für ganz Preußen.«

Neben dem Ministerialdirektor im Innenministerium, dem leidenschaftlichen Wilhelm Abegg (Deutsche Demokratische Partei), der bis 1926 die Umwandlung der königlichen in die republikanische Polizei wesentlich geleitet hat, ist vor allem der von den Nationalsozialisten erbittert bekämpfte Polizeipräsident (1925/26, 1930 bis 1932) und Innenminister (1926 bis 1930) Albert Grzesinski (SPD) hervorzuheben; er war, nicht nur nach dem Urteil Friedensburgs, ein Mann von bedeutender Kraft und Einsicht, »ein ausgezeichneter Behördenchef, parteipolitisch großzügig, loyal und rücksichtsvoll, so daß er sich auch bei den rechtsgerichteten Beamten ein erhebliches Ansehen erwarb«. Manches von den positiv zu bewertenden Leistungen der preußischen Polizei, besonders der Kriminalpolizei, ist sogar noch in der Zeit nach 1933 wirksam geblieben, bis hin zu dem aus der preußischen Polizei hervorgegangenen späteren Leiter des Reichskriminalpolizeihauptamtes Arthur Nebe, der – obschon in die Verbrechenswelt der SS verstrickt – den Widerstand unterstützte und nach dem 20. Juli 1944 von der Gestapo hingerichtet wurde. Es gehörte zu den nicht unerheblichen und auch folgenreichen Schwächen des Ministerpräsidenten, daß er nicht nur zum musischen Bereich, sondern auch zu Polizei und Militär keinen rechten Zugang fand. Insofern war er für sein Amt wenig geeignet.

Als Hindenburg nach der Class-Affäre von seinem Jagdgast Braun die Entfernung Friedensburgs aus Berlin verlangte, gaben Braun und die anderen Kabinettsmitglieder diesem »Wunsche« – ein schroffes Hineinregieren des Reichspräsidenten in preußische Kompetenzen – alsbald nach. Einer der harten Republikaner wurde »ab nach Kassel« geschoben. Friedensburgs Verdrängung war nicht das einzige Beispiel dafür, daß die »Bastion Preußen« auch wegen der unzulänglichen und im entscheidenden Moment halbherzigen Personalpolitik eingestürzt ist.

Andererseits wird man nicht leugnen können, daß es unter den gegebenen Umständen außerordentlich schwer gewesen ist, das rechts- und verfassungsstaatliche Bewußtsein in der Beamtenschaft zu heben. Die »pflichtgetreue Arbeit unter gleichzeitigem Gesinnungsvorbehalt« erschien den einen als eine Art Grundrecht, den anderen als bodenlose Doppelzüngigkeit. Neben den der Tagespolitik stärker anheimfallenden, besonders jüngeren Beamten gab es gleichwohl einen festen Stamm an höheren Beamten, auf die sich das Innenministerium unbeschadet ihrer politischen Sympathien verlassen konnte. Eine Patentlösung für dieses zentrale Problem des Parteienstaates gab es damals ebensowenig wie heute. Weder der totale Partei- oder Gesangbuch-Staat noch der weitgehend mit scheinbar unpolitischen Beamten besetzte Staat vermag die Problematik zu beseitigen, daß eine Bürokratie zum Handlanger zerstörerischer Kräfte werden kann, wenn rechtsstaatliche Prinzipien von Machthabern außer Kraft gesetzt oder umgangen werden. Göring als preußischer Ministerpräsident hat bis 1936 sämtliche Oberpräsidenten, 94 Prozent der Regierungspräsidenten, 92 Prozent der Vizepräsidenten bei den Oberpräsidenten, alle Regierungsvizepräsidenten, 81 Prozent der Landräte, jedoch nur 28 Prozent der höheren Beamten ausgewechselt. »Die Zahlen zeigen«, schreibt Wolfgang Runge, »daß die republikanische Personalpolitik an der Spitze der Verwaltungspyramide die größten Erfolge aufzuweisen hatte. Wie an der Säuberungsaktion Brachts (sc. 1932) sichtbar wurde, war es darüber hinaus gelungen, zahlreiche Republikaner in politisch bedeutsame Abteilungen und Referate innerhalb der Behörden einzuschleusen. Aber auf den unteren Stufen des Verwaltungsapparates . . . sah die personalpolitische Bilanz weit ungünstiger aus«. »Letztlich scheiterten die Bemühungen des Innenministeriums daran, daß es nur in sehr begrenztem Umfange gelang, die bürgerlichen Mittelschichten für den Weimarer Staat zu gewinnen, und daß andererseits die sozialdemokratische Arbeiterschaft ihrer Rolle als Trägerin dieses Staates weder in politischer noch in personeller Hinsicht gewachsen war.« Der Widerspruch liegt auf der Hand: Die Beamtenschaft sollte das leisten, wozu die doch wiederum mit Beamten durchsetzten Verfassungs-Parteien und deren Exponenten in den hohen Staatsämtern sich nicht hinreichend in der Lage sahen: Dem Interesse an der Sicherung des republikanischen Verfassungsstaates den Vorrang vor dem Partei-Interesse zu geben.

Zu einer durchgreifenden preußischen *Verwaltungsreform* ist es nicht gekommen. Die Regierungskoalitionen und die sie tragenden Landtagsfraktionen waren unfähig, Kompromisse zustande zu bringen. Erst unter dem Reichskommissariat Franz von Papens sind noch einige der vordringlichen Aufgaben in der Modernisierung der Verwaltung durchgeführt worden. Nur für Teilgebiete konnte das republikanische Preußen zu strukturellen Verbesserungen gelangen: Das Verwaltungs- und Polizeiverwaltungsrecht wurde kodifiziert, das Eingemeindungsrecht verbessert sowie einige kommunale Neugliederungen in westdeutschen Ballungsgebieten vorgenommen.

Schließlich wurden noch die *»Gutsbezirke«* abgeschafft (27. Dezember 1927). Auf die sozialdemokratischen Landagitatoren hatten sie immer wie feudal-autokratische Reservate gewirkt; die Bezeichnung verleitete zu Fehlinterpretationen. Tatsächlich waren sie ein Ergebnis der Regulierung der bäuerlichen Rechtsverhältnisse in der Reformzeit. Abgetrennte Gemeindeteile, nach innen auf geschlossenem Hofbesitz beruhend, nach außen mit allen Rechten und Pflichten der Gemeinde behaftet, waren der Aufsicht der Behörden unterworfen worden; ein Teil war erst nach 1815 durch einen Staatshoheitsakt entstanden (Forsten, Domänen und anderes). Im präfigurierten Blickwinkel von Otto Braun und seinen Mitarbeitern war die Abschaffung ein Stück Klassenkampf gegen die »feudaljunkerliche Reaktion« mit ihren patriarchalischen Strukturen; in Wirklichkeit hat es sich um eine wegen des Straßenlastenausgleichs zwar überfällige, aber doppelbödige Aktion mit starken politischen Reiz-Momenten gehandelt. Teilweise war es ein »Schuß nach hinten«, denn öffentliche Lasten, die bisher auch von Gutsbezirken getragen wurden, mußten zahlreiche Gemeinden nun selbst übernehmen. Die Gutsvorsteher besorgten bisher ihre Arbeiten unentgeltlich, während sich nun größere Gemeinden, denen Gutsbezirke zugeschlagen wurden, aus Steuermitteln einen besoldeten Gemeindevorsteher halten konnten. So standen bei dieser Gemeinde-Reform hinter großen Worten auch kleine Interessen.

Wirtschaft und Bevölkerung

Die wirtschaftlichen Interessen des Staates waren weitgehend im Ministerium für Handel und Gewerbe zusammengefaßt. Es ist nach dem Innenministerium das zweitstärkste Staatsministerium gewesen und hat binnen- wie außenwirtschaftlich erheblich über die preußischen Grenzen und Staatskompetenzen hinaus wirken können. Seine Geschichte ist ungeschrieben. Zwei typische staatswirtschaftliche Leistungen sind hervorzuheben.

Die preußische *Staats-Industrie* verfügte über *Bergwerke* und *Salinen,* deren Betrieb zum Teil bis in das Mittelalter zurückreichte (so Bernsteinwerke in Palmnicken/Samland; Kalkbergwerke Rüdersdorf/Mark; Erzgruben im Harz). Die Verwaltung dieser und anderer Werke oblag bis 1923 der 3. Abteilung für das Berg-, Hütten- und Salinenwesen im Ministerium. Danach übernahm die am 13. Dezember 1923 gegründete »Preußische Bergwerks- und Hütten AG« (»Preußag«) die »Verwaltung und Ausbeutung« der Staatsbetriebe, mit einer nominalen Kapitalausstattung von hundert Millionen Reichsmark (1928); die Aktien blieben im Besitz des preußischen Staates. Sie sind nach 1945 per Rechtsnachfolge auf die Bundesrepublik Deutschland übergegangen. Zwischen

1923 und 1945 war der Konzern beteiligt an den Kali-, Stein- und Braunkohlesyndikaten der späteren Weimarer Zeit; er betrieb Blei- und Erzbergwerke sowie Blei- und Silberhütten am Nordwestharz (Goslar – Oker), Kaliwerke in Staßfurt und Bleicherode (Provinz Sachsen), Salinen in Artern, Bad Dürrenberg und Schönebeck/Elbe (Provinz Sachsen), dazu die Bernsteingewinnung (1938: 397 362 Kilogramm), ferner Wasserversorgungsanlagen und Erdölgewinnung im norddeutschen Raum. Die Ausgliederung der Verwaltung der Staatsbetriebe aus dem Ministerium, das 1921 bis 1925 unter der Leitung von Wilhelm Siering (SPD) stand, hat sich als eine weitsichtige und erfolgsträchtige Maßnahme erwiesen.

Auf dem Gebiet der *Elektrizitätswirtschaft* ist das republikanische Preußen kontinuierlich auf den Wegen vorangeschritten, die vor 1918 angelegt worden waren. Die ökonomische Vernunft gebot es. Bei Grundstoff- und Energie-Versorgungsunternehmen mußte der Staat sich rechtzeitig einen qualifizierten Anteil sichern, ohne doch mit der unternehmerischen Verantwortung die Ministerialbürokratie zu belasten. Die Vorgänge weisen manche Ähnlichkeit mit der Entwicklung der Eisenbahnen in Preußen auf. 1913 war bereits vom Landtag der Bau von drei Kraftwerken an den neuen westdeutschen Talsperren (Eder, Diemel, Werra) bewilligt worden. Der Bau des Mittellandkanals (seit 1905) hatte hier bahnbrechend gewirkt. 1917 bis 1924 entstanden dann Dampfkraftwerke auf Stein- und Braunkohlenbasis bei Kassel und Hannover sowie die gesamte elektrizitätswirtschaftliche Infrastruktur mit dem Zentrum im Raum Nordhessen – Hannover-Braunschweig. Das Königliche Ministerium für öffentliche Arbeiten hatte während des Krieges Pläne entwickelt, auf der Grundlage der staatlichen Stromerzeugung ein einheitliches Stromerzeugungsgebiet in dem noch unzulänglich erschlossenen Raum »von Bremen bis zum Main« zu schaffen. Der Staat hatte hier, wie sich auch für andere Provinzen zeigen ließe, die Zeichen der Zeit rechtzeitig erkannt.

Mit der Privatwirtschaft wurde kooperiert, ohne daß man sich ihren Wünschen unmittelbar fügte, so weitreichend der Einfluß Walther Rathenaus oder Hans von Raumers und anderer Vertreter der Elektroindustrie auch gewesen sein mochte. Staatliche Elektrizitätsämter verwalteten die Anlagen in der ersten Phase. 1923 wurden die ersten Fusionen für die provinzialen Räume Hessens und Hannovers vorgenommen. Die neuen Großfirmen, in Zeiten schwerer Wirtschafts- und Finanznot aufgebaut, vereinigten in sich bald eine Vielzahl von Beteiligungen, wie sie in der Elektrizitätswirtschaft zweckmäßig geworden sind. 1927 hat dann der Staat in einer bedeutsamen Entscheidung eine Einheitsgesellschaft geschaffen: »Preußische Elektrizitäts-Aktiengesellschaft« (Preußenelektra, Grundkapital: achtzig Millionen Reichsmark). Allein von 1927 bis 1929 stieg die Stromeigenerzeugung des zweiten Staats-Konzerns von zweihundertvierundachtzig auf vierhundertvierundzwanzig Megawatt. Die Gesellschaft schuf in diesen letzten »guten« Jahren Preußens ausgezeichnete Werksiedlungen und

Wohlfahrtseinrichtungen. Entscheidend wurde aber, daß die Staatsregierung selbst den Übergang zur Großkraftwirtschaft vollzog, mit Hilfe einer Zentral-Gesellschaft, deren Kapital rasch stieg (1930: hundertfünfundzwanzig Millionen) und deren Beteiligungen ziemlich rasch den norddeutschen Raum abdeckten, zumal nachdem die Nordwestdeutsche Kraftwerke AG in Hamburg (NWK) an die Preußenelektra mehrheitlich (fünfundneunzig Prozent) übergegangen war. Außerdem wurden übernommen, ohne Rücksicht auf die Verwaltungsgrenzen des Staates, die Braunschweigischen Kohlenbergwerke AG in Helmstedt nebst Brikettfabrikation und »Überlandzentrale« sowie zahlreiche sonstige Kleingesellschaften vom Saarland über Thüringen bis nach Ost- und Westpreußen. Der Berlin-Brandenburger und der Raum Pommerns blieben ebenso wie die rheinisch-westfälischen Industriezonen anderen Gesellschaften vorbehalten. Auch die Versorgung des nichtpreußischen Hessen und großer Teile Schleswig-Holsteins ging 1929/30 direkt oder indirekt an die Preußenelektra über. 1939, nachdem die Elektrizitätswirtschaft durch die Aufrüstung weitere Impulse erfahren hatte, wurden tausendeinhundertsechsundzwanzig Megawatt produziert; von dem Kapital der Gesellschaft befanden sich noch dreiundachtzig Prozent im Besitz des preußischen Staates.

»Preußag« und »Preußenelektra« wurden 1929 in einer Holding-Gesellschaft zusammengefaßt, der *»Vereinigten Elektrizitäts- und Bergwerks-AG«* (»Veba«), von der aus die Finanzpolitik der staatswirtschaftlichen Unternehmungen gesteuert worden ist. Seit 1927 hat sich vor allem der vom Ministerpräsidenten unmittelbar beauftragte Ministerialdirektor Hans Staudinger (SPD, seit 1929 Staatssekretär im Handelsministerium) um die infrastrukturelle Wirtschaftspolitik bedeutende Verdienste erworben. Neben der Grundidee, mit den Staatsbetrieben gegen marktwirtschaftliche Verzerrungen vorzugehen, wurden von dieser Position aus in der sich verschlechternden Wirtschaftslage Maßnahmen der Arbeitsbeschaffung und der wirtschaftlichen Konjunktur-Förderung in Gang gesetzt, zum Teil im deutlichen Widerspruch zur Deflationspolitik Brünings. Auch auf diesem Gebiet der Staatsbetriebe und der Konjunkturpolitik bestand eine wenig glückliche Konkurrenzsituation zwischen Reich und Preußen. Es unterliegt keinem Zweifel, daß die preußische antizyklische Konjunktur- und Finanzpolitik sowie die mittelfristige Investitionspolitik die Zukunft für sich hatten. Nutznießer sind dann erst einmal die Nationalsozialisten geworden. Bis 1937/38 hat die unter Braun und Staudinger entstandene »moderne« Wirtschafts-Bürokratie als ein ziemlich geschlossener Block im Preußischen (Reichs-) Wirtschaftsministerium arbeiten können; erst dann, mit der chaotischer werdenden Wirtschaftspolitik, wichen viele der qualifiziertesten Beamten in die freie Wirtschaft aus. Aber noch das Bundeswirtschaftsministerium von 1949 konnte sich auf einen festen Stamm dieser preußischen Wirtschaftsbeamten gründen, mit den günstigsten Ergebnissen.

Der preußische Staat hat auch in seiner Schlußphase einen *positiven Beitrag* zur wirtschaftlichen Modernisierung und Erschließung der Provinzen und der neuen Wirtschaftsräume geleistet. Er hat neben Konzernen wie RWE oder den Elektrizitätsgesellschaften der Provinzialverwaltungen und der Kommunen auf diesen Prozeß, den man als zweite Stufe der Industrialisierung ansehen kann, leitend und treibend eingewirkt. Es bleibt hervorzuheben, daß es das von konservativen Kreisen als »sozialistisch« diffamierte Preußen unter der Regierung Braun war, das auf dem Wirtschaftssektor gegen ideologische Utopien privatwirtschaftliche und staatswirtschaftliche Kräfte in einen Verbund gebracht hat – insofern alten Traditionen folgend. Zu bedauern bleibt es, daß in der Landwirtschaft, der eigentlichen sozialpolitischen Domäne Otto Brauns, keine ähnlich fruchtbare Zusammenarbeit möglich geworden ist.

Landwirtschaft und Agrarpolitik

In der Landwirtschaft und Forstwirtschaft waren um 1925 rund neunundzwanzigeinhalb Prozent der Erwerbstätigen Preußens beschäftigt (Industrie und Handwerk: 40,9 Prozent; Handel und Verkehr: 17,1 Prozent). In der Grenzmark (60,9 Prozent), in Ostpreußen (55,6 Prozent) und in Pommern erwies sich der Anteil der in der Landwirtschaft Arbeitenden bekanntermaßen als besonders hoch, während er in der Rheinprovinz und in Westfalen nur bei etwa neunzehn Prozent lag. Dementsprechend scharf waren die agrarpolitischen Grundsatzdiskussionen in den Ost- und Mittelprovinzen ausgeprägt. Eine Art von *Agrarreform,* wie sie Braun als Landwirtschaftsminister vorschnell 1919/20 durchzusetzen versuchte, scheiterte im wesentlichen an der unzulänglichen Gesetzgebung des Reiches, dessen Minister sich sinnigerweise mit dem Reichssiedlungsgesetz (11. August 1919) Kompetenzen auf diesem Gebiet angeeignet hatten und die es nun an Ausführungsbestimmungen fehlen ließen.

Preußen konnte unbeschadet der alten Streitfrage nach dem Wert von Groß- und Kleinbetrieben in dieser auch ernährungswirtschaftlich schwierigen Situation eine forcierte *»innere Kolonisation«* brauchen. Braun jedoch rannte sich an der Reichsbürokratie, aber auch an seinem konservativen Finanzminister-Kollegen Südekum (SPD) fest, obwohl die landhungrigen entlassenen Soldaten auf der Straße standen. Lediglich rund viertausend Neusiedlerstellen und etwas mehr als 50 000 Anliegersiedlungen konnten fürs erste etabliert werden, eine kleine, aber »vorzügliche Bilanz« (H. Schulze). Im übrigen hatte der neue Landwirtschaftsminister erkannt, daß Fragen der Betriebsgrößenstruktur nicht mit einem Blick durch die antijunkerliche Brille zu entscheiden waren; Probleme der rationellen Betriebstechnik, der Kapitalausstattung und der langfristigen Agrar-Zyklen waren und blieben zu beachten. Es ist insoweit gewiß ein freilich verständliches Fehlurteil bei manchen agrarischen Zeitgenossen gewesen, in dem Otto Braun der Weimarer Zeit einen prinzipiellen Gegner des Großgrundbesitzes zu sehen.

In der Frage der notwendig gewordenen Einführung von *Tarifverträgen* in der Landwirtschaft der Ostprovinzen setzte er sich 1919/20 in einem von allen Seiten erbittert geführten Kampf durch; aber es wurde ein teuer erkaufter Erfolg. Der erbitterte Streit, den der in der Kunst des geduldigen Gesprächs wenig bewanderte Braun mit dem originellen Führer des *Pommerschen Landbundes* Johann Georg von Dewitz-Meesow (später Reichstagsabgeordneter und Hitler-Gegner) aufgenommen hatte, trug dann dazu bei, der Sozialdemokratie in großem Umfange Stimmen bei den kleineren Landwirten zu entziehen. Der auch in die Nachbarprovinzen ausgreifende Landbund zählte bereits am 1. Oktober 1920 an die hundertzwanzigtausend Mitglieder, bei nur sechshundertacht adligen Grundeigentümern (davon fünfundsiebzig mit mehr als tausendfünfhundert Hektar landwirtschaftlicher Nutzfläche) in Pommern, was Braun in der Eile wohl übersehen hatte.

Selbst wenn man die Zahl der Betriebsinhaber von Wirtschaften mit mehr als hundert Hektar als nicht beeinflußbare potentielle Rechtswähler in Abzug bringt (2644 = 1,4 Prozent von 186474 Betriebsinhabern in Pommern), bleibt die Diskrepanz zwischen »Ansprechbaren« und »Nichtansprechbaren« enorm hoch. Außerdem schlug der Konflikt Wellen in allen preußischen Provinzen und darüber hinaus. Die Landwirtschaftspolitik Brauns blieb weiterhin unter Beschuß von allen Seiten, auch vom Zentrum aus; mit Gesetz-Entwürfen zur Bodenverbesserung, Forstkultur und zu den Landwirtschaftskammern war er im wesentlichen gescheitert. Lediglich in der nicht unmittelbar schicksalhaften Frage der Subventionierung des Düngemittelerwerbs erzielte er einen – parteipolitisch nicht verwertbaren – Erfolg. Nicht das Richtige oder rechtlich Erwünschte zählte, sondern das politisch Machbare und politisch Zweckmäßige.

Das triste Wahlergebnis der *Reichstagswahlen* (6. Juni 1920), das Hagen Schulze in seiner aufschlußreichen Otto-Braun-Biographie nicht zu Unrecht unter der Überschrift »Finis Borussiae?« interpretiert, besaß eine starke Wurzel in dem ungeschickten Umgang des Landwirtschaftsministers mit der Landbevölkerung, die ihre eigenen, nicht von heute auf morgen zu ändernden Führungsbeziehungen unterhielt. Wesentlich sachgemäßere Verfahren wandte dagegen August Winnig im politischen Kampf um die Landarbeiter und Landwirte in Ostpreußen an; aber er blieb wohl ein Einzelgänger; Braun und andere haben ihn wiederholt bekämpft und nach dem Kapp-Putsch rüde aus der SPD gedrängt, die damals bereits im Hinblick auf ihren inneren Zustand als ein Schlangenpfuhl erscheinen mochte. Andere Faktoren traten hinzu: besonders in den Abstimmungsgebieten die Zusammenarbeit mit Polen und allgemeiner der sich ausbreitende Unmut der Stadt- und Landbevölkerung über Terrorismus, Überheblichkeit und Inkompetenz regionaler und lokaler Arbeiter- und Soldatenräte. Die SPD rutschte, im Vergleich zur Wahl im Januar 1919, von 37,9 Prozent auf 21,6

Prozent der Stimmen ab, während die beiden rechtsstehenden Parteien (DNVP: Deutsch-Nationale Volkspartei, und DVP: Deutsche Volkspartei) 13,0 Prozent zulegen konnten.

Bei den preußischen *Landtagswahlen* (6. Juni 1921) war das Ergebnis nicht viel günstiger; die Koalition von Deutscher Demokratischer Partei (DDP) (26), Sozialdemokraten (SPD) (114) und Zentrum (81) verfügte nur noch über eine Mehrheit von sechs Sitzen. Die Deutschnationalen (DNVP) hatten dreiundzwanzig (17,5 Prozent), die Deutsche Volkspartei (DVP) sogar neunundreißig Mandate (13,5 Prozent) hinzugewinnen können.

Mit diesem Ergebnis deutete sich an, daß das System Heilmann-Braun-Severing mit einem Fünftel der Wähler auf die Dauer keine tragfähige Grundlage besaß. Fundamentale politische Fehler des Jahres 1920 schlugen sich im Wählerverhalten 1921 nieder. Der Kampf um die sozialdemokratisch bestimmte Republik Preußen war bereits von der Basis her verloren, als man noch am Anfang einer verheißungsvollen Entwicklung zu stehen schien.

»Landjunker« und Großgrundbesitz

Hinter den Ergebnissen der Landwirtschaftspolitik Brauns, zu der naturgemäß andere destabilisierende Faktoren traten, stand nicht zuletzt als Agens die »Junkerfrage«, gleichsam der empfindlichste klassenkämpferische Nerv der alten Sozialdemokratie. Man war 1919/20 noch weit entfernt von jener gelassenen Betrachtungsweise, wie sie Braun und andere nach 1933 in Widerstands-Gesprächen mit den einstmals dämonisierten »Krautjunkern« und »Jrafen« an den Tag legten. Nicht selten stellte sich dann heraus, daß es ein eher belletristisches Bild von Sozialtheoretikern war (und wohl gelegentlich noch ist), pauschal von einer »machtgewohnten, machterprobten, machthungrigen und schließlich kopflos werdenden landbesitzenden Führungsschicht« zu sprechen. Die sozialen Mentalitäten sind nichts Singuläres, sondern Ausdruck weitreichender Zeitströmungen und erfahren in diesem Rahmen erst ihre bestimmten und auch sozialökonomisch bedingten Konturen. Eine Schicht – so wird weiter paraphrasiert –, besetzt mit »autoritären Persönlichkeiten«, jedoch »gedankenarm« und »skrupellos«, und überhaupt »in Schablonen denkende, in standardisierten Standeskonventionen erstarrende, ihren robusten Materialismus idealistisch und ›national‹ drapierende, stur auf ihre bevorzugte Stellung pochende Typenmenschen« (H. Rosenberg). Solche Vorstellungen aus der Studierstube waren in der Weimarer Zeit tausendfach anzutreffen. Nicht nur die geistigen Nachfahren bürgerlicher Demokraten des 19. Jahrhunderts polierten immer wieder ihre Feindbilder auf. Radikale, die »Klassenkampf« für das Endziel aller Dinge hielten, spielten die Junkerfrage im Kampf um die Stimmen der Landarbeiter mit zum Teil erheblichem Geschick immer wieder in den Vordergrund, auf Haß- und Neid-Psychosen hoffend.

In Ostpreußen unter Instleuten hat um 1919 ein begabter Land-Agitator der Kommunisten (KPD), von Beruf jedoch Hoteldiener, mit einem Genre-Bild gearbeitet: »So ein richtiger Agrarier haben bis acht oder halb neun gnädigst geruht. Alsdann setzt er sich zum Frühstück und genießt Kakao und Buttersemmel. Inzwischen hat Johann das Reitpferd gesattelt und vorgeführt, und der Agrarier reitet ins Feld und schnauzt die Leute an, die mal den Rücken gerade machen oder sich den Schweiß abwischen. Um elf kommt er zurück, nimmt eine Flasche Sauerbrunnen zu sich und liest die Zeitung. Von zwölf bis eins ist Galatafel und danach Bettruhe. Um vier nimmt er den Kaffee ein und ißt Pflaumenkuchen mit Schmant. Danach begibt er sich auf den Hof und macht sich etwas Bewegung, indem er die Jungens verprügelt. Von sieben bis acht ist wieder Tafel, und dann wird bis elf Rotspohn getrunken und gepokert. So lebt ein richtiger Agrarier! Und dann ist ein Agrarier nicht so dumm wie wir, und heiratet nicht schon mit fünfundzwanzig Jahren ein Mädchen von dreiundzwanzig Jahren. Ein Agrarier wartet, bis er vierzig Jahre alt ist, und nimmt sich dann so ein Appetitsild von achtzehn oder zwanzig Jahren. Die bleibt ihm lange frisch, unsere Frauen aber haben mit dreißig Jahren schon gelbe Raffzähne, so daß man sie gar nicht mehr ansehen mag.« Der Text könnte von Willi Münzenberg (KPD) stammen.

Die Wirklichkeit auf vielen Gütern sah anders aus; wer sich gehenließ und nicht um sechs Uhr auf dem Hof war, die Arbeit organisierte und wohl auch selbst auf dem Trecker saß etc., hatte bald den Gerichtsvollzieher auf dem Hof oder lebte von Ernte zu Ernte mit Wechseln und Dauerschulden. Die soziale Wirklichkeit des Landadels, den man nicht mit schlesischen Magnaten oder Krongut-Besitzern verwechseln darf, war von Krieg zu Krieg, von Krise zu Krise nicht so erheiternd, wie es Simpl-Karikaturen, Berliner Gesellschaftsaffären oder die mit Feudal-Surrogaten arbeitende Trivialliteratur erscheinen lassen mochten. Auch andere soziale Schichten mußten es sich vor und nach 1918 gefallen lassen, liebevoll oder giftig karikiert zu werden, als »Ballonmützen-Sozis«, als Amtsanwalt Wehrhahn, als »Börsen-Jude« oder als überheblicher »Garde-Leutnant«; überall steckte ein Quentchen Wahrheit, und doch waren es Trivial-Typen, die man auf sozialpsychologische Bedürfnisse hin anfertigte.

Problematisch ist es, von *dem* »Adel«, einer »Rittergutsbesitzerklasse« oder dem »Landjunkertum« zu sprechen. Rittergutsbesitz und Großgrundbesitz waren nicht mehr identisch. 1856 befanden sich im Staat noch 57 Prozent der kreistagsfähigen Rittergüter im Besitz altadliger oder später nobilitierter Familien. Der Abstieg der Aristokratien, ein europäischer Prozeß, war längst in vollem Gange. Zwischen den Familien des älteren Landadels und den Besitzern großer Agrarbetriebe wuchsen die Unterschiede in jedweder Hinsicht. Die locker gefügten agrarischen Interessengemeinschaften der Weimarer Zeit waren kein

Klassenersatz, keine sozialständischen, sondern berufsständische Organisationen, in denen vom Fünf-Hektar-Kleinbauern über traditionell betriebene Gespann-Gutswirtschaften bis zu voll mechanisierten Großbetrieben alles unter sachkundiger Führung vertreten war.

Das Problem des *Großgrundbesitzes,* das so stark zur Vergiftung der politisch-sozialen Atmosphäre und Tagespolitik im wilhelminischen und nachwilhelminischen Preußen beigetragen hat, ist nur zu beurteilen, wenn es vergleichend vor dem gesamtwirtschaftlichen Hintergrund betrachtet wird. Sozialpolitische Autoren und Politiker haben, zum Teil parteilich, den Eindruck zu erwecken verstanden, als sei der preußische Osten mit den »Ostelbiern« auch in der Weimarer Zeit noch eine Latifundien-Landschaft gewesen, mit einem denaturierten Bauernstand, einer verelendeten Landarbeiterschaft, mit »Schnitterkasernen« für Saisonarbeiter und einer parasitären Herrenschicht; es wäre nicht schwer, ein ebenso unwahres und vor allem die spezifischen Bedingungen (auf den Gutsbetrieben des preußischen Ostens) außer Betracht lassendes Bild für die industrielle Welt der rheinisch-westfälischen Wirtschaftsräume oder für andere Schichten zu entwerfen.

Die Zahlen vermitteln ein anderes Bild. Lediglich in *Schlesien* mit seinen nichtpreußischen agrarökonomischen Wurzeln, im nichtpreußischen *Mecklenburg* und im dünn besiedelten *Pommern* lag um 1925 der Anteil des Adelsbesitzes (Landadel, dazu ehemaliges Krongut, Verwaltungsgesellschaften) bei sechsundzwanzig bis siebenundzwanzig Prozent der landwirtschaftlichen Nutzfläche, Brandenburg mit der weiträumigen und stark sandigen Neumark weist nur noch zwanzig Prozent auf; alle anderen Provinzen liegen unter diesen Werten, insbesondere *Ostpreußen* (12,97 Prozent), wo die Agrarsozialstruktur der Ordenszeit und der Ämtersiedlung mit einer hohen Zahl mittlerer Bauerngüter unverändert erkennbar ist. Ein Viertel bis ein Fünftel des Adels-Landes war, wie die Tabelle zeigt, verpachtet. Eingestreut in diese Landschaften der ostdeutschen Gutswirtschaft sind einzelne Groß-Herrschaften (»Latifundien«) mit erheblichen Forsten, wie es sie in allen Teilen Deutschlands gab und heute noch gibt (Herzog von Arenberg-Nordkirchen, Hohenlohe-Oehringen, Hohenzollern-Sigmaringen, Thurn und Taxis und weitere).

Die zehn größten Betriebskomplexe in Preußen besaßen Graf von Arnim-Muskau (26 770 Hektar Gesamtfläche), Friedrich Joseph Reichsgraf von Brühl (22 428 Hektar), Conrad Graf Finck von Finckenstein (20 877 Hektar), Kronprinz Wilhelm (Preußisches Hausfideikommiß: 97 043 Hektar), Friedrich Leopold Prinz von Preußen (25 042 Hektar), der Herzog von Ratibor (31 128 Hektar), Friedrich Reichsgraf Schaffgotsch (27 668 Hektar), Friedrich Fürst zu Solms-Baruth (38 774 Hektar), Christian Ernst von Stolberg-Wernigerode (36 739 Hektar) und Graf Tiele-Winkler in Moschen/Schlesien (28 882 Hektar). In Ostpreußen hatten sich als größte Besitzer die zu Dohna und von Dönhoff, daneben Fürst von Reuß jüngere Linie und Freiherr von Parleske behauptet; in

Adelseigentum und Großgrundbesitz 1925

(nach Niekammer, Stat. d. Dt. Reiches, Bd. 409; Th. Häbich)

	Landwirtschaftliche Nutzfläche in Hektar insgesamt	Landwirtschaftliche Nutzfläche in Hektar Adel	Anteil des Adels in Prozent	Verpachtungen vom Adels-Anteil in Prozent	Anteil der Betriebe über 200 Hektar an der gesamten landwirtschaftlichen Nutzfläche in Prozent
Ostpreußen	2 323 088	301 376	12,97	21,10	28,60
Pommern	1 890 266	520 763	27,54	19,47	43,72
Grenzmark	395 994	50 524	12,75	20,50	24,81
Schlesien	2 194 337	575 413	26,22	24,03	23,30
Brandenburg (o. Berlin)	1 968 926	399 286	20,70	27,40	28,80
Provinz Sachsen	1 608 372	151 531	9,42	47,27	18,21
Schleswig-Holstein	1 038 053	125 433	12,08	52,24	11,30
Hannover	1 779 519	98 727	5,54	34,46	3,30
Hessen-Nassau	700 901	14 565	2,07	44,76	1,46
Westfalen	992 709	96 221	9,69	57,29	1,31
Rheinprovinz	1 137 028	67 684	5,95	76,69	0,66
Deutschland	25 599 000	2 964 770	11,59	31,91	15,30

Pommern Fürstin zu Putbus (17362 Hektar), von Bismarck-Varzin (7991 Hektar), von Kleist-Schmenzin (6898 Hektar), von Bonin-Canitz (5826 Hektar) und von Kleist-Retzow (5505 Hektar); in Schlesien neben dem Besitz der Hohenzollern, Wettiner und sonstiger ehemals regierender Häuser: Herzog von Sagan (18658 Hektar), Fürst von Hatzfeld-Trachenberg (17395 Hektar), Guidootto Graf Henckel (15041 Hektar), Andreas Graf von Maltzan (11448 Hektar) und Fürst von Pleß (10610 Hektar); in der Provinz Brandenburg standen an der Spitze: Dietlof von Arnim mit der Wald-Grafschaft Boitzenburg (14126 Hektar), von Eckardstein-Prötzel (8275 Hektar), von Waldow-Königswalde (10351 Hektar), Graf von Hardenberg-Neuhardenberg (7715 Hektar) und die Fürstin Lynar-Görlsdorf (13462 Hektar); in der Provinz Sachsen: Fürst zu Stolberg-Roßla (8899 Hektar), Fürst zu Stolberg-Stolberg (8001 Hektar), Freiherr von Bodenhausen (3352 Hektar), Graf von der Asseburg-Falkenstein (3257 Hektar); in Schleswig-Holstein: Fürst von Bismark (8893 Hektar), Sophie Gräfin von Westfalen (4986 Hektar) und Theodor Graf von Reventlow (4896 Hektar); in der Provinz Hannover: Graf von Bernstorff-Gartow (7300 Hektar), Fürst Dodo zu Inn- und Knyphausen (4767 Hektar) und Graf von der Schulenburg-Wolfsburg (4340 Hektar); auch in Westfalen und der Rheinprovinz waren noch im Jahre 1925 Spitzen-Betriebe mit 8000 bis 5000 Hektar zu finden, obschon die Durchschnittsgröße hier, auf besseren Böden, abnahm.

Überblickt man diese Zahlen und vergleicht sie mit den Angaben der Tabelle, so ist es unverkennbar, daß insgesamt nicht von einer unausgeglichenen Betriebsgrößenstruktur gesprochen werden kann. Lediglich in *Schlesien, Pommern* und *Mecklenburg* gab es eine einseitige Entwicklung des Großgrundbesitzes. Dort wurden stellenweise Betriebsgrößen erreicht, die sich mit damaligen französischen, englischen oder sonstigen ausländischen Besitzungen vergleichen lassen, vom Baltikum vor 1918 ganz zu schweigen. Nur *Polen,* mit seinem traditionellen Hang zur Kleinlandwirtschaft, hatte 1925 aus nationalistischen Gründen heraus eine Agrarreform durchzuführen begonnen, die vor allem den Großbesitz in den vormals preußischen Provinzteilen treffen sollte. 685667 Hektar deutschen Privatbesitzes wurden bis 1939 enteignet. Die Folgen sind bekannt.

Die Masse der Betriebe in den preußischen Ostprovinzen besaß, je nach Bonität, eine *Ausstattung* zwischen zweihundert und fünfhundert Hektar. Betriebe mit mehr als tausend Hektar, wie sie oben als Beispiele gebracht wurden, waren selten. Nur fünfunddreißig Besitzungen lagen beispielsweise in der Provinz Brandenburg über tausend Hektar, dagegen dreihundertzweiundsiebzig Betriebe zwischen fünfhundert und tausend Hektar und achthundertdreiundvierzig Betriebe zwischen zweihundert und fünfhundert Hektar. Überdies hatten seit 1882 die mittelbäuerlichen Betriebe (fünf bis zwanzig Hektar) um 225154 Höfe zugenommen, während sich die größeren Höfe (über hundert Hektar) um 4512 verringert hatten. Das alles sind heute, eine kurze Zeit nach jenen aufgeregten Agrardebatten, in der vollmechanisierten Landwirtschaft Westeuropas mit ihren noch nicht abgeschlossenen Konzentrationsprozessen, unumgängliche Mindestausstattungen für eine gleichbleibend hohe Nahrungsmittelproduktion. Auch in der staatswirtschaftlich organisierten Landwirtschaft der mitteldeutschen Länder/Bezirke wird in der Gegenwart in den »Kooperativen« für »Pflanzenbau« und »Tierzucht« aus ökonomischen Gründen mit jenen Betriebsgrößen gearbeitet, wie sie oben beispielhaft für »Latifundien« und Großgrundbesitz aufgeführt worden sind.

Krieg und Kriegsfolgen, die in ihrer Bedeutung für den preußischen Osten nach 1918 leicht unterschätzt werden, hatten zusätzlich schwer ersetzbare Verluste an Menschen, Betriebsausstattung und Kapital nach sich gezogen, auch wenn durch die Inflation Teile der Altschulden beseitigt worden sind. Im Grunde ist die Landwirtschaft in den Mittel- und Ostprovinzen seit 1919 aus der Krisensituation nicht herausgekommen; weder gab es einen langen konjunkturellen »Indianersommer« (H. Rosenberg), noch existierte auf Reichs- oder Landesebene eine konsequent durchgehaltene Agrarpolitik.

Die volkswirtschaftliche *Gesamtbedeutung* der gesamten Landwirtschaft in den preußischen Ost- und Mittelprovinzen ist trotz aller Schwierigkeiten und Strukturbereinigungen außerordentlich hoch geblieben. Seit 1919 wurden immer noch etwa zweiundsiebzig Prozent des Kartoffelbedarfs und sechzig Prozent des Getreidebedarfs im Reich vom ostdeutschen Großgrundbesitz gedeckt. Die Erträge, die zwischen 1913 und 1927 wegen der Bodenerschöpfung und des Düngemittelmangels etwas absanken, beruhten nicht zuletzt auf einer eingespielten arbeitsteiligen Organisation. Neben dem Feldfruchtbau betrieben die Güter Pferdezucht (unter anderem Remonten) und waren an den Herdbuchverbänden und so weiter beteiligt, während der kleinere Besitz sich auch mit qualifizierter Viehzucht und Viehmast befaßte. Dazu kamen ein entwickeltes Genossenschaftswesen und Einrichtungen der Beratung und Kreditversorgung. Nachdem die Bauern und Gutsbesitzer 1945/46 getötet oder verjagt, die Wirtschaftseinheiten zerschlagen und die Organisationen beseitigt worden sind, besteht in den ehemaligen preußischen Ostprovinzen eine Unterversorgung mit Nahrungsmitteln, so daß sich das westliche Europa und Nordamerika zur Alimentation aufgerufen sehen. Die Landwirtsfamilien, die vor 1945 in den Ostprovinzen gewirtschaftet haben, tragen heute zum Teil mit ihren neu errichteten Betrieben in der Bundesrepublik dazu bei, den Mangel in den ehemaligen preußischen Kornkammern zu mildern. Der agrarwirtschaftlichen Leistung des preußischen Staates und seiner Bewohner kann kein eindeutigeres Kompliment ausgesprochen werden. Zu schweigen ist von den sonstigen Ausfallerscheinungen auf dem Kultur- und Sozialsektor; Eigentümer von Groß- und Mittelbetrieben haben in ländlichen Gemeinden durch Fürsorge und positives Beispiel, durch Bauten und Technik, durch Stil und Ethos immer wieder aufgeholfen. Nicht alle dieser Pflichten konnten von den verbliebenen Kirchen und Geistlichen übernommen werden.

Die Abdankung von König und Kronprinz mit der Folge der Vakanz des Thrones traf die Bevölkerung unvorbereitet. Es war, als hätte man mit der Liquidierung der Krone dem provinzial aufgegliederten Einheitsstaat Preußen den Nerv gezogen, ein Band zerschnitten, welches das Ganze immer noch zusammengehalten hatte. Ein Teil der Bevölkerung, besonders in den ländlichen und kleinstädtischen Orten, mit tieferen Bindungen an das Königshaus, mußte sich ausgesetzt fühlen – in die Kälte des Parteienstaates, mit Straßenkämpfen und verwahrlosenden Rechts- und Ehrbegriffen. In Potsdam und Berlin war dies deutlich zu beobachten, und zwar in allen sozialen Schichten. Die Potsdamer und Berliner Hofgesellschaft hat sich endgültig erst während des zweiten Weltkrieges aufgelöst.

Kaiser und der Kronprinz (Rückkehr im August 1923) lebten zwar im holländischen Exil, aber das Haus Hohenzollern blieb in *Potsdam* weiterhin gegenwärtig; die Stadt (nicht die Arbeiter-Vorstadt Nowawes-Babelsberg) blieb die offen-heimliche Hauptstadt nicht nur des Königshauses, sondern auch Treffpunkt monarchistischer, militärischer und nationalistischer Gruppen und Verbände, mit zunehmender Stärke seit der Wahl Hindenburgs im April 1925. Die »Revolution« 1918/19 war in Potsdam rasch kanalisiert worden. Die ehemalige Kaiserin Auguste Viktoria blieb mit Familie und Hofstaat im Neuen Palais so gut wie unbehelligt und verließ erst am 27. November die Stadt, als längst wieder eine Ruhe an der Oberfläche eingekehrt war; die Anwesenheit des Ex-Kaisers im Neuen Palais, in Rheinsberg oder auf einem der schlesischen Schlösser hätte sich durchaus ermöglichen und sichern lassen, wenn Kaiserhaus, Generalstab und die politischen Spitzen in Berlin die Nerven behalten und aus dem Märzaufstand von 1848 etwas gelernt hätten.

Am 11. Dezember rückte bereits die 1. Gardedivision in ihre Kasernen ein; die mit roten Fahnen behängten Gebäude im Umkreis von Rathaus und Langer Brücke wurden in der folgenden Nacht von Gardesoldaten in den Normalzustand versetzt.

Trotz einiger Massendemonstrationen und Streiks im Januar 1919, während des Kapp-Putsches und anläßlich einer von Hindenburg und Ludendorff besuchten Tannenberg-Feier im August 1921 entwickelte sich die überwiegend von Angestellten, Beamten, Pensionären und Militärangehörigen bevölkerte Stadt unerwartet schnell zu einer Hochburg der bürgerlichen Rechtsparteien. Bei den Wahlen zur Weimarer Nationalversammlung erreichten die Bürger-Parteien 63,6 Prozent (DNVP: 28,5 Prozent; DDP: 21,4 Prozent; DVP: 13,7 Prozent), während die »Arbeiterparteien« (vor der Gründung der KPD) nur ein Drittel der Wählerstimmen gewannen (SPD: 22,3 Prozent; USPD: 11,1 Prozent). Das Potsdamer Stadtparlament, in dem die SPD wegen des Dreiklassenwahlrechts bis 1918 keine Vertreter besaß, erhielt im März 1919 eine ähnliche Zusammensetzung (35 Prozent SPD/USPD). Trotz des verlorenen Krieges, des Abganges des Königshauses und der sozialen Not konnten sich die Deutschnationalen schlagartig bis weit in die Mittel- und Unterschichten hinein eine starke Grundlage verschaffen. Hierbei sprachen auch ökonomische Gründe mit. Das Potsdamer Handwerk hatte seit zwei Jahrhunderten durch die Aufträge für die Garde- und sonstigen Regimenter sein Auskommen gefunden. Stellmacher, Sattler, Schneider, Schuhmacher, Uhrmacher, Frisöre, Gastronomen etc. lebten mit und von der Armee und dem Hof. Die Reichswehr (Brigade 3, dann verringert auf das I. Bataillon des Infanterie-Regiments 9) mit ihrer neuen, weniger aufwendigen Einheitsuniform, auch die Verringerung der Bediensteten in Schlössern und Gärten mußten Furcht vor Arbeitslosigkeit auslösen. Aber die Bindung großer Teile der Bevölkerung an »Preußen«, ein lokaler Patriotismus, der Potsdams Bewohner sichtlich von denen Berlins unterschied, blieb wirksam.

Hof und Hof-Einrichtungen wurden in stark verringertem Umfang aufrechterhalten. Kronprinzessin Cecilie vertrat mit Geschick von Cecilienhof aus das Haus. Die Familien der Söhne Wilhelms II. wohnten weiter im Umkreis der Residenz. Der Tod Auguste Viktorias (Doorn 11. April 1921) und die fast triumphale Heimfahrt der toten Kaiserin, die sich im Volk wohl stärkerer Sympathien als der Kaiser erfreut hatte, durch das Reich nach Sanssouci bewegten große Teile der Potsdamer Bevölkerung in einem Maße, wie es heute kaum vorstellbar ist. Die Beisetzung im Antikentempel wurde wie eine unerwartete Dank-Demonstration an das gescheiterte Herrscherhaus empfunden.

Zwischen neuem Staat und alter Dynastie mußten nach dem Umsturz zahlreiche Rechtsfragen geklärt werden. Am 28. November hatte der Kaiser nach hartnäckig geführten Verhandlungen mit Staatssekretär von Hintze die *Abdankungsurkunde* unterzeichnet: »Ich verzichte hierdurch für alle Zukunft auf die Rechte an der Krone Preußens und die damit verbundenen Rechte an der deutschen Kaiserkrone... Wilhelm.« Der Ex-Monarch entband alle Bediensteten ihres Treueids und forderte sie auf, den »Inhabern der tatsächlichen Gewalt in Deutschland« dabei behilflich zu sein, das Volk gegen Anarchie, Hungersnot und Fremdherrschaft zu schützen. Eine mit großem Atem geschriebene Proklamation des Rückblickes und des Dankes blieb aus. Die »Durchschnittlichkeit« (Churchill) und die Zeitverhaftung des Regenten waren unübersehbar.

Die *vermögensrechtlichen* Auseinandersetzungen zwischen *Haus und Staat* zogen sich bis 1926 hin. Der mit viel Lärm verbundene Volksentscheid über die Expropriation der ehemaligen Fürstenhäuser scheiterte (Juni 1926). In Potsdam, wo KPD und Reichsbanner für den Volksentscheid gemeinsam auf dem Bassin-Platz demonstriert hatten, kamen nur 29,8 Prozent der Stimmen für die Enteignung zusammen, in Nowawes (= Potsdam-Babelsberg) dagegen rund sechzig Prozent. Das wesenhaft konservativ-bürgerliche Deutschland hatte sich wiederum durchgesetzt. Otto Braun, der in den ersten Jahren den Vermögensentzug mit ziemlicher Radikalität gefordert hatte, war inzwischen nach den

Rechtsauseinandersetzungen um Einzelobjekte, bei denen die Angehörigen des Hauses und der Nebenlinien auf Kosten des Staates durchdrangen, einsichtiger geworden. Nichts belegt überzeugender sein Pflichtbewußtsein als die Tatsache, daß er im Oktober 1926 gegen die Mehrheit der SPD-Fraktion, die er mit Rücktritt bedrohte, die Annahme des außergerichtlichen Vergleiches mit dem Königshaus durchsetzte. »Linken« Kritikern hat er entgegengehalten, daß bei einem »Kampf ohne Kompromiß«, wie ihn Gesinnungsfanatiker und Verbalradikale verkündeten, »die Hohenzollern durch die preußischen Gerichte alles herausbekommen haben würden, und für das Volk fast nichts mehr geblieben wäre«.

Eine klare Scheidung von *Haus- und Staatsbesitz* war nicht möglich. Doch hat das Königshaus auch auf Gebäude und Grundstücke verzichtet, deren »private« Wurzel nicht umstritten war. Das Haus behielt, gleichsam als Abschlußzahlung für eine vierhundertjährige Regierungsarbeit, neben zahlreichen landwirtschaftlichen Betrieben mit rund zweihundertfünfzigtausend Morgen land- und forstwirtschaftlicher Nutzfläche östlich von Elbe und Saale (unter anderen Cadinen, Schildberg) und Grundstücken vornehmlich in Berlin und Potsdam vor allem die *Burg Hohenzollern,* das *Palais Kaiser Wilhelms I.* in Berlin, den dortigen *Niederländischen Palast,* in Potsdam die *Villa Liegnitz,* das Schlößchen *Lindstedt,* sodann die Burg *Rheinstein,* das *Denkmal des Prinzen Louis Ferdinand* bei Saalfeld, die Herrschaften *Rheinsberg* und *Schwedt,* das Thronlehen *Oels* (1884) in Schlesien sowie die Güter und ehemaligen Herrschaften *Paretz* (Havelland) und *Kamenz* (Niederschlesien), ferner das Jagdschloß *Rominten* (Ostpreußen), Schloß *Hemmelmark* bei Kiel und Schloß *Reinhartshausen* bei Erbach. Außerdem wurde eine Abfindungssumme gezahlt.

Der preußische Staat dagegen übernahm in Berlin das *Stadtschloß* (Museum), *Marstall,* Schloß *Monbijou,* das *Kronprinzen-* und das *Prinzessinnen-Palais,* das *Ordenspalais* am Wilhelm-Platz, das Palais *Prinz Albrecht,* die Schlösser und Gärten von *Bellevue, Charlottenburg* und *Nieder-Schönhausen* und das Jagdschloß *Grunewald.* In *Potsdam* wurde übernommen das *Stadtschloß* mit Lustgarten und *Marstall,* Schloß und Park von *Sanssouci* mit dem *Neuen Palais,* den Schlössern *Orangerie* und *Charlottenhof,* dem *Marmor-Palais* mit dem Neuen Garten, der *Pfingstberg* mit dem Belvedere, Schloß und Park *Babelsberg,* die *Pfaueninsel* sowie die Kolonien *Alexandrowka* und *Nikolskoe.* Sodann fielen dem Staat zu die Staats-, Königs- und Prinzenschlösser in *Königsberg, Marienburg, Oliva, Stettin, Oranienburg, Liegnitz, Breslau, Quedlinburg, Merseburg, Kiel, Hannover, Celle, Osnabrück, Münster, Kassel nebst Wilhelmshöhe, Wiesbaden, Homburg, Brühl, Engers, Koblenz, Sooneck, Stolzenfels,* dazu die Jagdschlösser *Stern* (bei Klein-Glienicke), *Königs Wusterhausen* und *Letzlingen,* schließlich auch der *»Königsstuhl«* bei Rhense und die *»Klause«* bei Kastel an der Saar. Außerdem wurden dem Staat die *Kroninsignien,* Kunstgegenstände des Hauses in den Berliner Museen sowie die *Schackgalerie* in München überlassen.

Die bislang Königlichen Theater in Berlin, Wiesbaden und Kassel hatte der Staat weiterzuführen. Die Ausstattung, soweit sie zu diesem Zeitpunkt noch in den Schlössern vorhanden war, verblieb dort; einige Gemälde von Watteau, Chardin, Menzel, Krüger, die Skulptur der Königin Luise und ihrer Schwester von Schadow sowie kunstgewerbliche Hinterlassenschaften der Hohenzollern gingen an das Haus über. Das Schloß *Homburg* sowie *Cecilienhof* wurden den Söhnen des Kaisers als Wohnstätte überlassen, dazu der *Antikentempel* in Sanssouci als Grabstätte. Der Staat war verpflichtet, das *Charlottenburger Mausoleum* und die Grabstätten an der *Friedenskirche* in Potsdam zu erhalten. Das Königshaus seinerseits räumte dem Staat das Vorkaufsrecht auf das Palais Kaiser Wilhelm I. in Berlin ein; es stimmte der Auflage zu, die ihm verbliebenen Schlösser und Gärten wie bisher der Allgemeinheit offenzuhalten und dort die Grundsätze der Denkmalpflege zu beachten. Außerdem nahm der Staat die *Schloßbibliothek* und das *Hohenzollern-Museum* (Schloß Monbijou) in seine Obhut. Das *Hausarchiv* in Berlin-Charlottenburg (zerstört 1943) wurde gemeinsamer Verwaltung überantwortet. Die Hohenzollern konnten mit diesem Ergebnis, das Rechte und Pflichten einschloß, mehr als zufrieden sein. Eine nüchterne, verfassungskonforme Hauspolitik hätte fairerweise die Konsequenz sein müssen.

Mit dem Vergleich war ein schwieriges, aber von der Verfassungswirklichkeit her aufschlußreiches Kapitel des republikanischen Preußen beendet worden. Aufschlußreich deshalb, weil zwischen den Vertretern des Königshauses (Graf Platen, der Generalbevollmächtigte General Dommes und andere) und der »republikanischen« Bürokratie bzw. neuen Ministern ungeachtet der politischen Kampagnen eine fruchtbare *Zusammenarbeit* bestand, die insgesamt, wie vieles andere, spätwilhelminische Züge trug und kaum »progressive« Akzente besaß. Für den Gesamtkomplex der Liquidierung der Monarchie in Preußen hätte ein überministeriell arbeitender Generalkommissar mit einem Beirat von unparteiischen Sachverständigen eingesetzt werden müssen. Aus den Resten des Ministeriums des Königlichen Hauses, insbesondere der für die wirtschaftlichen Fragen zuständigen Hofkammer, wurde dagegen im Finanzministerium eine »Kronverwaltung« gebildet, die die »beschlagnahmten Vermögensmassen des vormaligen Preußischen Königshauses« zu verwalten hatte. Die Hofkammer blieb aus praktischen Gründen erhalten, überwiegend mit den gleichen erfahrenen Beamten, die dort bereits 1905 tätig waren. In der zweiten Novemberhälfte 1918 waren bereits in einer Blitz-Aktion des königlich-preußischen Sicherheitskommissars Ritter von Berger – unter Aufsicht des Finanzministeriums – dreiundfünfzig Möbelwagen mit Gegenständen vor allem aus dem Berliner Stadtschloß nach Holland abgegangen. Auch sonst sind damals inoffiziell Abgänge entstanden, wie sich bald an Angeboten im Kunsthandel des In- und Auslandes ablesen ließ. Man wird nicht verkennen dürfen, daß die von der Regierung Braun und den hinter ihr stehenden Parteien zu verantwortende Verzögerung im Vermögens-Vergleich dazu beigetragen hat, daß wirtschaftliche Interessen bei allen Beteiligten zeitweise den Vorrang vor den grundsätzlich bedeutsameren Interessen einer preußischen Kunstschutz-Politik eingeräumt erhielten.

Für Otto Braun, den in seiner kargen Kindheit die Musen nicht geküßt hatten, waren die Hinterlassenschaften der Hohenzollern wohl eher ein tertiäres Thema. Ebert und Stresemann waren in diesem Punkt sensibler, vielleicht auch politisch ahnungsvoller. Brauns Manövrierraum war andererseits geringer. Seine Kontaktarmut hinderte ihn an einer aktiven und regelmäßigen Fühlungnahme mit liberal-konservativen oder mit Kunst- und Wissenschaftskreisen, wie sie in Berlin-Potsdam unverändert bestanden, wenngleich nicht immer auf preußischen Tugend-Fundamenten. Den Salon des Bankiers und Kunstfreundes Hugo Simon (1919: USPD) mied Otto Braun, obwohl dort unter der neutralen Bezeichnung »Klub von 1926« manche Fäden zusammenliefen und versponnen wurden. Simon, hier nur als auffälliges Beispiel herausgegriffen, unterhielt – auch mit Hilfe eines exzellenten, ehemals zaristischen Kochs – eine politisch-wirtschaftliche Clearingstelle auf dem Preußen-Sektor, deren Impulse in fast alle Parteien hineinwirkten. Manches erinnert an Bleichröder. Die Staatsregierung geriet häufiger, als es einige ihrer führenden Männer wohl annehmen mochten, in die Rolle eines Vollzugsorgans nichtstaatlicher Kräfte und Interessen, bis zu den Terrain-Gesellschaften hin. Simon, den Braun wohl nur als »willkommenen Jagdgefährten« und Skatspieler schätzte (H. Schulze), gehörte nach etwas anderem Urteil zu »den Prominentesten der von der Arbeiter- und Soldatenregierung des 9. November emporgetragenen neuen Aristokratie«. Seine Gesellschaften galten als »Stelldichein der neuen Männer mit den Vertretern der königlichen Verwaltung und des Hofadels« (H. Schmitz). Ausblicke auf diese wenig erhellte Welt finden sich in Tagebüchern, aber auch in der zeitgenössischen Literatur.

Die Mischung von Preußen, Reich und Industrie in dieser Einflußschicht wird mit Sinn für Farbnuancen von Harry Graf Kessler nachgezeichnet, nachdem er am 28. November 1922 bei Herbert Freiherr von Berger, dem früheren preußischen Gesandten in Dresden, zu Gast gewesen war: »Prachtvolle Räume in der [Lichterfelder] Roonstraße, fürstlich ausgestattet mit alten Sachen, zum Teil sehr kostbaren und schönen. Milliardärdiner: der junge Thyssen, Otto Wolff, Vera Guttmann (geb. Herzfelde), die ›reichste Frau Deutschlands‹. Auch Restbestände der alten Hofgesellschaft wie der Graf Platen, Frau von Loebell, Stohrer. Der Clou des Abends war aber die Frau von Wassilko, die ukrainische Gesandtin, eine kleine, magere Frau, die ganz aus knallrot gefärbtem Haar und Brillanten zu bestehen schien ... in dieser merkwürdigen und schwerreichen Gesellschaft vertraten Weismann [der persönliche Referent Otto Brauns], Stresemann und der frühere Minister Heine das neue Deutschland. Eine Gesellschaft für einen Balzac.«

Neben den offiziösen Salons mit ihrer Mischung von expressivem Neupreußentum und Finanz-Sozialismus bestand eine unermüdliche, jedoch stärker durchmischte Hofgesellschaft (»Kaiserin« Hermine, Frau von Dirksen und andere), postwilhelminisch-durchlässig, aber immer noch erkennbar als breite Schicht der Familien von Stand und Namen, in denen man sich »gegenseitig kennt und einigermaßen vertraut, und auf deren Reservoir man bei der Besetzung wichtiger Stellen ohne langes Suchen zurückgreifen kann« (F. Friedensburg). Insgesamt war der Einfluß der Hofgesellschaft und ihrer Exponenten mit konservativen Querverbindungen recht stark und immer noch regenerationskräftig genug, um ein royalistisches »Nebenpreußen«, mit der unterschwelligen Monarchie-Verheißung, erhalten zu können. Die fortdauernden bitteren Differenzen zwischen Ex-Kaiser und Ex-Kronprinz über die sinnvollste Taktik gegenüber »nationalen« Bewegungen und monarchistischen Strömungen in der Republik und über einen zugkräftigen Prätendenten haben dazu beigetragen, daß die Glut unter der Asche nicht mehr zur Flamme hochgeblasen werden konnte.

Das Ende der »Ordnungszelle Preußen«

Die Regierungszeit Otto Brauns und Carl Severings verdient es nicht, allein von ihrem wenig rühmlichen Ende her betrachtet und gewertet zu werden. Aber ein dunkler Schatten fällt von dort auf die zwanziger Jahre zurück. Braun hat im Exil gemeint, die preußischste aller preußischen Regierungen geführt zu haben. Daran ist manches Wahre, insbesondere wenn man Staatsverwaltung und Staatsreformen in Preußen mit denen anderer Länder vergleicht. Doch darf nicht unterbewertet werden, daß Sozialdemokratie und Zentrum trotz des verlorenen Krieges und trotz der Unruhen von 1919/20 ein qualifiziertes, diszipliniertes und weithin unbestechliches *Beamtentum* auf allen Verwaltungsebenen vorgefunden und überwiegend weiter im Dienst behalten haben, dazu eine verläßliche, befehlsgewohnte, teilweise sogar paramilitärisch ausgerichtete Schutz- und Landespolizei und – was vielleicht das Wichtigste gewesen ist – eine in der Mehrheit unverändert staatsvernünftige Bevölkerung, mit der sich selbst in Ballungsgebieten regieren ließ. Auch war die staatsbürgerliche Bildung nach 1918 in der Volks- und Mittelschule intakt, jedenfalls nicht so vernachlässigt wie in vielen Teilen Westdeutschlands seit den späten sechziger Jahren. Die preußische Lehrerbildung erhielt sich insgesamt ihren guten Ruf, gefördert durch die Reformen des Kultusministers H. C. Becker. Die »Preußischen Akademien« (Pädagogische Hochschulen), in denen die Lehrerseminare aufgegangen waren, zeigten einen Leistungsstand, wie er im damaligen Europa gewiß nicht häufig anzutreffen war.

Die schleichende *Krankheit,* an der Preußen litt, war von anderer Art. Die politischen Führer der »deutschen Musterrepublik«, wie sie nicht ohne Übertreibung von Hans-Joachim Schoeps bezeichnet worden ist, besaßen wohl republikanisches Grundverständnis, aber sie verfügten, in der Mehrzahl, über kein originäres und sturmfestes Preußen-Bewußtsein.

Viele plagte der Zweifel, ob die Tage dieses Preußenstaates nicht gezählt seien. Es war ihnen nicht gelungen, in den Preußen-Debatten der Staatsrechtler, Parteipolitiker, der Untergangs-Ideologen wie Spengler und politisierenden Literaten überzeugend zu zeigen, welche mittel- und langfristigen »Perspektiven« dieses republikanische Preußen im Reich und in Mitteleuropa nun haben würde. In ihrer Unsicherheit verrieten sie sich immer wieder. Ein zentraler politischer Nerv war damit gelähmt, jedenfalls angegriffen. Die politischen Todfeinde der Regierung spürten das. Sie zögerten nicht, mit Wort und Schrift diesen Punkt wieder und wieder zu treffen. 1922 hatte Braun im Landtag den Vorbehalt, unter dem Staat und Staatsregierung standen, angedeutet: »Es ist in die Debatte das Wort geworfen worden: Preußen müsse sterben, damit das Reich leben könne. Das zeugt von einer völligen Verkennung der staatlichen Bedeutung Preußens für den Bestand des Reiches. Wir sollten Preußen erhalten, wenn wir zu einem geschlossenen, einheitlichen Deutschen Reich kommen wollen.« Eine unklare Verheißung liegt in diesen Sätzen. Es dürfte Braun in der innenpolitischen Lage nicht als opportun erschienen sein, etwas zu offenbaren, was über die allgemeine Konzeptionslosigkeit hinausgegangen wäre.

Nachdem sich 1920 herausgestellt hatte, daß Preußen ohne Verringerung seines Territorialbestandes (Rheinprovinz) weiterbestehen würde, richtete sich die weitere Debatte auf die Frage, ob *»Großpreußen«* föderalistischer gestaltet werden könne, um die auf die Dauer schwer erträglichen Konflikte zwischen Regierung und Staatsrat zu mindern. Ein dezentralisiertes Preußen (mit Autonomie-Rechten der Provinzen) würde im Reich unitarisch wirken, hatte Ludwig Waldecker 1922 vorgeschlagen. Auch der Berliner Historiker Friedrich Meinekke warf sein Ansehen in die Waagschale; die Demontage Preußens sollte baldigst beginnen, hatte er Anfang 1919 mit einiger Nervosität gefordert: »Ein demokratisches oder gar bolschewistisch angehauchtes Preußen würde durch seine Herrschsucht den übrigen Deutschen ebenso auf die Nerven fallen, wie das konservativ-militaristische Preußen.«

In einer künftigen deutschen »Volksrepublik« hätte Preußen mit seinen geschichtlich überwundenen Kräften keinen Platz mehr, lautete die Prognose schon drei Wochen nach Kriegsende. Die Zerschlagung Großpreußens sei das Gebot der Stunde: »Der preußische Einheitsstaat, seines Lebensprinzipes und seiner Rechtfertigung beraubt, k a n n sich gar nicht mehr auf die Dauer behaupten.« Von diesen Ideen haben Meinecke, Preuß, Batocki und andere auch in den ruhigeren Jahren nicht abgelassen; sie haben damit das republikanische Preußen unaufhörlich in Frage gestellt und ließen ihm insoweit keine Chance. Sie beharrten darauf, daß das »aus Quadern gefügte Staatsgebäude Preußens niederzulegen« sei (1919), daß eine »Personalunion der wichtigsten Ministerien Preußens und des Reiches« nebst Fusion der Volksvertretungen dringlich sei und dergleichen mehr (Meinecke, »Osterbetrachtungen«, 1920). Dies zog sich hin bis 1931. Das Ansehen, das Meinecke bei Teilen des Bürgertums besaß, erhob seine antipreußischen Voten zwischen 1919 und 1931 über die sonstige Tagespolitik. Andere, wie der vordem erzpreußische Verfassungshistoriker Otto Hintze, vertraten unter dem verheerenden Einfluß soziologisch und nationalökonomisch akzentuierter Staatstheorien die Auflösung Preußens noch schärfer. Diese Studierstuben-Pläne gingen an der politischen Realität glatt vorbei.

Das republikanische Preußen stand vor Aufgaben, die in kurzen Zeiträumen nicht zu bewältigen waren und die unverändert die politische und wirtschaftliche Geschlossenheit des Staates erforderten, zumal bereits mit wachsenden radikalen Gruppen gerungen werden mußte. So ist auch Meinecke mit anderen in tieferem Sinne von der Geschichte widerlegt worden. Es hat sich gezeigt, daß der Einwand derjenigen nicht unberechtigt war, die gegen die Gruppe der Preußen-Auflöser die Frage aufwarfen, ob wegen der geschichtlichen Entwicklung Deutschland der »Einheitsstaat« überhaupt als angemessene Verfassungsform anzusehen wäre; das Reich bedürfe des Rückhaltes bei mindestens einem größeren Staat im Staate. Preußens Auflösung würde weit eher das Reich schwächen, sein Prestige mindern und die innenpolitischen Spannungen vermehren. Und exakt dies trat ein, als mit der »Sprengbombe« (Meinecke, 1931) des »Volksbegehrens für Preußen« der Rechtsparteien und mit Papens »Preußenschlag« einer der wichtigsten Machtpfeiler niedergelegt wurde, auf dem das Weimarer System überhaupt noch ruhte. So freilich hatten sich die Verfassungs-Theoretiker die Zerlegung »Groß-Preußens« und die Beseitigung der »politisch unerträglichen Übelstände des bisherigen Zustands« (1931) nicht vorgestellt. Auch in der Abstiegsphase seit 1928 hat die Staatsregierung in der Frage des »Einheitsstaates« keine überzeugende, die »preußischen« Grundbestimmungen beachtende Politik betrieben. Im offiziellen Handbuch des Staatsministeriums (1928), das vor der Landtagswahl in hoher Auflage unter die Bevölkerung und in die Hände der Beamten gebracht worden ist, wurde erklärt, Ministerpräsident Braun und der Finanzminister Dr. Höpker-Aschoff seien »besondere Verfechter des Einheitsstaatsgedankens«; die Erkenntnis von der Notwendigkeit des Einheitsstaates wüchse ständig, man könne die »Souveränität« jedoch erst aufgeben, wenn sich auch Bayern, Württemberg und Baden dem anschlössen. Bis dahin würde man als »Vorstufe zum Einheitsstaat« alsbald die *große Verwaltungsreform* in Angriff nehmen. Jeder Weg sei zu begrüßen, der zum dezentralisierten Einheitsstaate führe. Preußen als »Rückgrat des kommenden Einheitsstaates« dürfe deshalb nicht vorzeitig »zerschlagen« werden. Man stelle sich einen ostpreußischen Landarbeiter, einen Lehrer in Hinterpommern oder einen Polizeibeamten in der Grenzmark als Leser und Hörer einer solchen Staatsidee vor; geschickter konnte eine Regierung ihren Untergang, den Stimmenschwund nicht vorbereiten.

Damit jedoch nicht genug. Man weiß aus der Gegenwart, welche Emotionen durch Verwaltungs- und Gemeindereformen freigesetzt werden können. Ein stabiler Staat in normalen Zeiten mit guten Finanzpolstern kann sich solche Eingriffe leisten; denn es bestand 1928 – im Gegensatz zu 1808 bis 1812 – kein öffentlicher Notstand. Überdies haben Verwaltungsreformen fast immer experimentellen Charakter. Die spätere Praxis ist nie genau vorhersehbar und berechenbar. Die Staatsregierung strebte trotz »der verhältnismäßig geringen Ersparnisse an Besoldung usw.« nach Rationalisierung der Verwaltungsbezirke, Verwaltungszuständigkeiten und der Verwaltungsarbeit. Der preußischen Bevölkerung wurde (wie unlängst in der Bundesrepublik) »Erleichterung des Geschäftsverkehrs« verheißen. Nicht das Zentrum, sondern die Sozialdemokraten waren es, die den Programmpunkt großer Verwaltungseinheiten auch und endlich in Preußen durchsetzen wollten, nachdem bereits eine königliche Immediatkommission und nach 1918 eine Staatskommission unter Drews ebenso gescheitert waren wie einige Zeit vor 1928 Innenminister Severing mit einem »Ermächtigungsgesetz« zur Neuabgrenzung von kommunalen und staatlichen Verwaltungsbezirken im Landtag. Severing hatte danach die Politik der kleinen Schritte eingeschlagen; Eingemeindungsgesetze (Königsberg/Preußen, Breslau, Frankfurt am Main) sowie Gesetze zur Beseitigung störender Grenz- und Verwaltungs-Anomalien (Provinz Grenzmark-Posen-Westpreußen, Oberschlesien, Kommunalgrenzen im rheinisch-westfälischen Industriegebiet) waren durchgesetzt worden. Die »große Verwaltungsreform« jedoch, deren Auswirkungen das innenpolitische Leben in Preußen 1928 bis 1932 belasteten, sollte nun zur »Beseitigung zu vieler, kleiner und daher kostspieliger Verwaltungsstellen« führen. Einer der besten Verwaltungsspezialisten Preußens, der Kasseler Regierungspräsident Friedensburg (1927 bis 1933), hat zu dieser Reform aus seinen Erfahrungen heraus bemerkt, die sich allenfalls ergebenden Ersparungen wären dadurch mehr als aufgewogen worden, daß sie wichtige Beziehungen zwischen der Bevölkerung und den Kreisbehörden erschwert hätten; der Verwaltungsapparat wäre noch umfangreicher, schwerfälliger und unübersehbarer geworden. Das politisch Entscheidende aber war, daß Braun, Severing und Aschoff den Fehler begingen, in einer Phase, wo ihre parlamentarische Basis zu schrumpfen begann, ein heikles und umstrittenes Reformprojekt aufzugreifen. Bürokratie *und* Bevölkerung fühlten sich in den betreffenden Landesteilen verunsichert, ja in der Existenz bedroht. Sie wurden als Protestwähler in das Einzugsfeld der radikalen Parteien gedrängt.

Neben den Leistungen der Staatsregierung standen in der Spätphase in ihrem politischen Kalkül schwer verständliche Übereilungen, Ungeschicklichkeiten und Inkonsequenzen, die die Wahlergebnisse teilweise beeinflußt haben dürften und die insofern den Kollaps von 1932 mitverursacht haben:

- »Verfilzungen« bei öffentlichen Ämtern;
- Erscheinungen von Machtarroganz und Verschwendung bei der Berliner Ministerialbürokratie im Schatten der Staatsregierung;

- Mangel an Flexibilität in der Flaggenfrage (schwarz-rot-gold beziehungsweise schwarz-weiß-rot);
- überflüssige Konflikte mit dem Reich (unter anderem Reichsbahnstreit);
- Inkonsequenzen bei Verboten von verfassungsfeindlichen Gruppen (SA, SS, Rotfrontkämpferbund);
- Übereilungen bei der Aufdeckung des Putsch-Plans des Justizrats Class (1926/27);
- Justizpolitik (die Staatsregierung warf den Richtern öffentlich »Weltfremdheit« vor);
- Kritik an der Arbeitsweise von Professoren der Juristischen Fakultäten (»Republik-Erziehung«);
- Vermeidung öffentlicher oder vertraulicher Kontakte und Gespräche mit dem Chef der Heeresleitung und den Generalen und Stabsoffizieren der Reichswehr, besonders im Raum Berlin-Brandenburg;
- Abschaffung der studentischen Selbstverwaltung an Universitäten und Hochschulen;
- Volksschullehrer-Überhang, unzulängliche Lehrerbesoldung und überhöhte Klassenfrequenzen infolge Geldmangels.

Der *Zusammenbruch* der SPD-Zentrum-DDP-Regierung kündigte sich mit den Landtagswahlen vom 24. April 1932 an. Die Nationalsozialisten erreichten hundertzweiundsechzig (neun) Sitze. Ein politischer Erdrutsch. Sie hätten, zusammen mit den Deutschnationalen (Harzburger Front), die Regierung übernehmen können, da die Parteien der Weimarer Koalition nur noch hundertdreiundsechzig Sitze erreicht hatten. Doch war im Hinblick auf das bereits absehbare Ergebnis die Geschäftsordnung des Landtages geändert worden; für die Wahl des Ministerpräsidenten war fortan nicht mehr die relative, sondern die absolute Mehrheit erforderlich, über die auch die Rechts-Parteien nicht verfügten. Mit diesem parlamentarischen Schachzug hielt sich die Regierung Braun-Severing-Klepper geschäftsführend im Amt, auf bessere Zeiten, auf ein Wunder hoffend. Braun resignierte frühzeitig, ohne das Amt aufgeben zu können.

Seit der Wahlnacht hatte eine Krise von tödlicher Gefährlichkeit eingesetzt. Die Umzingelung der bürgerlichen Parteien, zu denen die Preußen-SPD nun bereits in größeren Teilen gerechnet werden konnte, war abgeschlossen. Die Regierung glich einer belagerten Festung, ohne Hoffnung auf Entsatz. Hindenburg ließ Preußen, ließ seinen Jagdgenossen und ostpreußischen Landsmann Braun, wie zu erwarten war, im entscheidenden Augenblick im Stich. Und wer sonst sollte helfen und retten, da doch Nationalsozialisten, Deutschnationale und Kommunisten den Dolch im Gewande trugen, gerichtet gegen die republikanische Staatsverfassung, gegen die politischen Parteien der Mitte, gegen die als »Sozialfaschisten« diffamierte SPD und gerichtet gegen den jeweils anderen extremistischen Konkurrenten im Kampf um die Macht. So ergab sich ein Hexensabbat der Kompromiß-Unfähigkeiten. Die vorsichtigen Kontakte des

Staatssekretärs Wilhelm Abegg und der SPD-Reichstagsabgeordneten Carl Mierendorff und Emil Kirschmann mit den kommunistischen Abgeordneten Ernst Torgler und Kaser sowie dem einflußreichen Publizisten und Organisator Willi Münzenberg wegen einer »Tolerierung« der Braun-Regierung durch die preußische Landtagsfraktion der KPD (um eine Einheitsfront gegen die Nationalsozialisten zu erreichen) wurden im Juni durch Wilhelm Pieck und Walter Ulbricht gestoppt. Münzenberg überbrachte schließlich die Botschaft: »Moskau war der Überzeugung, daß die Erben der sehr schnell Bankrott machenden Nationalsozialisten allein die Kommunisten sein würden«.

Braun jedenfalls konnte zu diesem Zeitpunkt nicht zu Gunsten etwa eines Zentrumpolitikers zurücktreten, was wegen seines Gesundheitszustandes angebracht gewesen wäre. Die Nationalsozialisten nebst den mit ihnen verbundenen Hugenberg-Deutschnationalen hätten sogleich in Preußen die Macht ergriffen. So nahm ein politischer Prozeß mit allen Zeichen der Tragödie seinen Lauf. Atemberaubend schnell ging es mit Preußen abwärts. Die Bevölkerung, auch die ahnungslos radikal Wählenden, vertrauten in ihrer Mehrheit Paul von Hindenburg. Unvorstellbar, daß dieser redlich wirkende Kriegsmann die Phalanx der Gegner und Feinde Preußens wissentlich-unwissentlich anführen, jedenfalls legitimieren könnte. Bei aller Würdigung der »ausweglosen Tragik« (W. Conze), in die sich der bereits viel zu alte Hindenburg infolge des Versagens aller Kräfte der Weimarer Republik verstrickt sah, bleibt doch in dieser Phase als Schuldfaktor bestehen, daß er gegen seine beschworene überparteiliche Funktion den Parteistandpunkt konservativer Kräfte begünstigte und deren Umgang mit Feinden der verfassungsmäßigen Ordnung duldete. Da es wohl zutreffend ist, daß er grundsätzlich auch 1932 noch »Herr seiner Entscheidungen« (A. Dorpalen) gewesen ist, wirkt es um so befremdlicher, daß er eine gegen Preußens Eigenständigkeit gerichtete Aktion mit seiner Unterschrift sanktionierte.

Die Unterstellung Preußens unter die unmittelbare Reichsverwaltung, auch populär als *Preußenschlag* oder »Staatsstreich« (H.-J. Schoeps) bezeichnet, war in erster Linie das Werk von drei Randpreußen, des Agrarpolitikers und Reichsinnenministers Wilhelm Freiherr von Gayl, aus einer rheinisch-kurländischen Familie, des oberflächlichen Kanzlers Franz von Papen, eines westfälischen Katholiken, und des Reichswehrministers Kurt von Schleicher, eines ungewöhnlich intriganten Offizierssohnes, der außerhalb der altpreußischen Tradition und des alten Grundbesitzes stand. Schleicher wollte vor allem die preußische Polizei in die Befehlsgewalt der Reichsregierung bringen; Gayl sah in der Entmachtung der Preußen-Regierung einen ersten Schritt auf dem Wege zur von ihm geplanten konservativen Reichsreform; bei Papen dürften wahltaktische Überlegungen den Ausschlag gegeben haben. Sprecher der Nationalsozialisten und der Deutschnationalen forderten geradezu eine Intervention in Preußen, als Beweis »nationaler Zuverlässigkeit«.

Seit Mitte Juni war der Tendenz nach die Preußen-Aktion Eingeweihten aller größeren Parteien bekannt. Vier lange Wochen verstrichen, in denen man die Abwehr organisieren, eine scharfe Kampagne hätte führen können, trotz der schwierigen finanziellen Abhängigkeit Preußens von den Reichsfinanzen. Am 17. Juli, unmittelbar nach dem erstaunlicherweise von Severing nicht unterbundenen blutigen Demonstrationszug der Nationalsozialisten durch die Altonaer Arbeiterviertel, wurde der Berliner SPD-Führung bekannt, daß der Angriff auf Preußen unmittelbar bevorstünde. Bereits am 18. Juli beschlossen die Führungsgremien der SPD, keinen bewaffneten Widerstand zu leisten und keinen Generalstreik auszurufen. Es wirkte wie eine Ermutigung für Papen. Otto Braun wurde von den Mitarbeitern nicht aus dem Urlaub zurückgerufen, als »sein« Staat auf dem Spiel stand. Severing, auf welche Art auch immer wie gelähmt wirkend, ließ sich am Vormittag des 20. Juli 1932, begleitet von den Ministern Hirtsiefer und Klepper, durch von Papen und von Gayl in der Reichskanzlei die Notverordnung des Reichspräsidenten auf Einsetzung des Reichskanzlers zum Reichskommissar für das Land Preußen nebst Amtsentsetzung der Minister vortragen. Am Abend wurde ihm durch den neuen Polizeipräsidenten Melcher (vormals Essen) und zwei Polizeioffiziere die Amtsausübung im Innenministerium (Unter den Linden 72) verboten.

In der Bewertung des Vorganges stehen sich unverändert die Meinungen scharf gegenüber. Karl Severing hat sogleich und später auf die Aussichtslosigkeit eines Kampfes verwiesen; nur das Ausschöpfen der Rechtsmittel – Klage vor dem Staatsgerichtshof – könne dazu beitragen, das Regime des Unrechts, das die Reichsregierung praktiziere, zu entlarven. Ähnlich Otto Braun, der Kampf als »verbrecherischen Wahnwitz« bezeichnete und – aufschlußreicher noch – seinem Sekretär, der ihn verzweifelt zum Widerstand aufrief, entgegengehalten hat: »Ich bin vierzig Jahre lang ein Demokrat gewesen und werde jetzt nicht Bandenführer werden«. Auf der anderen Seite stehen vor allem die Urteile des Severing-Mitarbeiters Hans E. Hirschfeld und Ferdinand Friedensburgs, die darauf verwiesen haben, daß das Geschehen nicht im voraus zu berechnen gewesen sei, daß auch die Papen-Regierung schwere Konflikte nicht durchgestanden hätte, daß man im Kampf um Freiheit und Recht auch beweisen müsse, daß man mit allen Kräften die Sache der Verfassung gewollt habe. Dazu kommt das bittere Wort des jungen Julius Leber (SPD) über Braun und Severing, sie hätten nicht anders handeln können, als sie es getan hätten, weil sie »Bürokraten der Politik« geworden wären.

Preußen hatte *kampflos kapituliert.* Der übermächtige Schatten Hindenburgs, der den von Max Weber erdachten Verfassungsartikel 48 in Händen hielt, ließ die Regierung vorzeitig resignieren. Braun, Severing, die anderen Minister, der Berliner Polizeipräsident Albert Grzesinski und der Kommandeur der Schutzpolizei trennten sich von ihren Ämtern, als wäre eine staatliche Konkursmasse zu verwalten gewesen. Die Redensart von der »lahmarschigen SPD« kam damals im Volksmund auf. Das Regierungsgeschäft wurde unter Protest einer unredlichen Konkurrenz überlassen. Kein Kampfeswille für eine preußisch-republikanische Staatsidee. Keine vitale Zuversicht, kein Preußen-Programm, auf das man sich hätte berufen können, nur ein schlecht geordneter Rückzug. Kein Aufschrei der demokratischen Presse, kein Generalstreik der sozialdemokratischen »Eisernen Front« (SPD, Reichsbanner, Freie Gewerkschaften, Arbeitersportvereine), kein Verweigern der Amtsübergabe, keine Blockade der Nachrichtenmittel, kein Exodus der Regierung in das entmilitarisierte Rheinland, nur Erschöpfung, Müdigkeit und wohlerworbene Pensionsansprüche. Nichts mehr vom Geist und Kampfesmut eines Friedrich Ebert, eines Gustav Noske oder August Winnig, die Staatsinteressen über Parteiinteressen gestellt hatten.

Gleiches gilt für sämtliche Führer des Zentrums in Preußen und im Reich. In dieser Situation den Freistaat Preußen dem politischen Hasardeur und Ignoranten Papen und den ebenfalls ohne parlamentarische Mehrheit regierenden Hindenburg-Konservativen auszuliefern, bedeutete für die Preußen-SPD und ihre beiden Koalitionspartner den politischen Selbstmord. Preußen mußte nicht zuletzt deshalb gehalten werden, um weitere Vorstöße der Nationalsozialisten abwehren zu können. Der ziemlich lautlose Zusammenbruch der Staatsregierung erinnerte fatal an den Abgang Wilhelms II. Über die tieferen Gründe der Paralysierung des Staatsbewußtseins in der preußischen und Reichs-SPD ist in jüngster Zeit manches Neue veröffentlicht worden (Hagen Schulze). Man hat auf das Fehlen einer sozialdemokratischen Staatstheorie, auf die allgemein verbreitete Scheu vor politischen Risiken, auf die abwartende Haltung gegenüber revolutionären Neuerungen, auf den biederen Organisationspatriotismus und auf die zurückgehende Fähigkeit zum Dialog mit den bürgerlichen und konservativen Parteigruppen verwiesen. Es bleibt, bei allem Verständnis für die historisch gewachsene SPD-Mentalität, das unleugbare Bild einer eng begrenzten Offensivfähigkeit und Abwehrbereitschaft. Der »Mut zur Macht« (Julius Leber, 1927) war unzulänglich entwickelt. Die »roten Preußen« räumten fast kampflos das Feld; der Zuruf eines gewiß nicht unproblematischen Herrschafts-Ideologen wie Oswald Spengler verhallte ungehört: »Pläne und Gedanken sind nichts ohne Macht« (Preußentum und Sozialismus, 1924). Ein konservativer Zeitgenosse notierte als Eindruck: »Ein Sozialdemokrat wie Otto Braun ist, obwohl parteimäßig Preußengegner, mehr Preuße als Deutscher. Im Amt trat er auf wie ein Junker, der den ungnädigen König sich selbst überläßt und ›seinen Kohl baut‹« (Wilhelm Stapel, 1932). Ein nicht ganz unzutreffendes Bild. Der »Staatskarren«, den man »auf der Bahn demokratisch-republikanischer Entwicklung vorwärtsschieben wollte« (Otto Braun) – und vorwärtsgeschoben hat –, kippte aus dem Geleise. Man mag es verstehend wenden wie man will: Otto Braun und seine engsten Mitarbeiter sind objektiv in der Schicksalsstunde Preußens dem Staats- und Verfassungsauftrag nicht gerecht geworden.

Hans-Joachim Schoeps hat gemeint, mit dem 20. Juli 1932 sei »die historische Entwicklung des Staates Preußen beendet worden«, der Staat habe de facto zu bestehen aufgehört. Das ist sicher unzutreffend. Demgegenüber ist an die Bemerkung Meineckes zu erinnern, daß »ein so gewaltiges geschichtliches Lebewesen wie die alte preußisch-deutsche Militärmonarchie nicht mit einem Schlage« stürbe. Daß der lediglich von den blickverengten Deutschnationalen unterstützte Katholik Papen in die »Bastion« Preußen eine Bresche geschlagen hat, durch die wenig später die Nationalsozialisten einströmen konnten, ist unbestreitbar. Spätere parlamentarische Reichsregierungen hätten Preußens Verfassung jedoch wieder vollständig in Kraft setzen können. Der Klage beim *Staatsgerichtshof*, der dem Leipziger Reichsgericht angegliedert war, war ein Teilerfolg beschieden. Die Absetzung der preußischen Minister wurde für verfassungswidrig erklärt, nicht jedoch die Einsetzung eines Staatskommissars, um »für Ruhe und Sicherheit im größten Teil Deutschlands zu sorgen«.

Das Durcheinander in den Kompetenzen war, mit zwei Regierungen, vollständig. Es gelang Braun und Severing nicht, beim Reichspräsidenten auch nur einen Termin zu erlangen, um einen modus vivendi auszuhandeln. Die Absicht Papens dagegen bestand darin, Zeit zu gewinnen, um die nicht rechtsstehenden Beamten auszuwechseln. Auch in dieser Phase ist von den »alten« Parteien kaum Widerstand geleistet worden, weil die Preußenregierung »auch das geringste Risiko scheute« (Ferdinand Friedensburg). So wurde im Berliner Polizeipräsidium, das mit seinen zweiundzwanzigtausend Beamten und Angestellten mit landespolizeilichen Aufgaben für den gesamten Staat betraut war, mit Magnus von Levetzow (1871 bis 1939) ein konservativer Beamter eingesetzt. Zahlreiche Umbesetzungen in den Provinzen folgten. Sie erwiesen sich dann als nützliche Vorarbeiten für die Ledermantelträger und Hundepeitschen-Besitzer, die »vom Kaiserhof zur Reichskanzlei« strebten.

In Preußen regierte der Reichskommissar, der seit dem 30. Januar 1933 *Hitler* hieß. Über ihn schrieb der Historiker Hintze damals einem Kollegen: »Dieser Mensch gehört ja eigentlich gar nicht zu unserer Rasse. Da ist etwas ganz fremdes an ihm, etwas wie eine sonst ausgestorbene Urrasse, die völlig amoralisch noch geartet ist.«

VIERZEHNTES KAPITEL

Provinzen-Staat im Hitlerreich: Identitätsverlust, Widerstand und Zusammenbruch (1933 bis 1945)

»Der sittliche Wert eines Menschen beginnt erst dort, wo er bereit ist, für seine Überzeugung sein Leben hinzugeben.«

Henning von Tresckow, 1944

Identitätsverlust

Nach dem 30. Januar 1933 standen die republikanischen Parteien vor einem Scherbenhaufen. Jeder schob anderen die Schuld zu. Den Ernst der Lage, den Zwang zum Umdenken haben nur wenige erfaßt. Namen würden weit abführen in die allgemeine Geschichte. Nur an Ewald von *Kleist-Schmenzin*, den Freund des tapferen Niekisch, sei erinnert, der buchstäblich bis zur Amtsübergabe im Reichspräsidentenpalais mit dem deutschnationalen Hannoveraner Alfred Hugenberg gerungen und mit anderen gegen ein Hitler-Kabinett angekämpft hat. Auch *Niekisch*, der Herausgeber der Zeitschrift »Der Widerstand« und Freund Ernst Jüngers, gehörte zu jenen, deren Ruf (»Hitler – ein deutsches Verhängnis«, 1932) kaum gehört verhallte und der mit schlesischer Starrköpfigkeit nicht aufgab, nicht in die Schweiz floh, vielmehr im Berliner Widerstand lebte, bis er, nach einem Prozeß vor dem »Volksgerichtshof« (1937/39) in das Prominenten-Zuchthaus Brandenburg/H. eingeliefert wurde. »In der Geschichte Preußens sah er die Wurzeln der deutschen Stärke« (F. v. Schlabrendorff).

Typisch auch *Fritz Schäffer*, später Bundesfinanzminister unter Adenauer, damals Vorsitzender der Bayerischen Volkspartei, der noch im Januar 1933 seine Preußen-Aversionen den Wählern nahezubringen suchte: »Der Bamberger Dom hat schon gestanden, als sich die Wildschweine in der Mark Brandenburg, wo heute Berlin steht, an den Tannen gescheuert haben«. Man könnte sich von einer solchen – zeittypischen – Äußerung rasch abwenden, wenn sich nicht die Erinnerung aufdrängen würde, daß jener Hitler, der nun ante portas stand, in seinen Anfängen der BVP manches verdanken durfte und daß die »Wildschweine«, die sich wenige Wochen später an der Potsdamer Garnisonkirche scheuern würden, auch aus oberbayerischen und fränkischen Wäldern zu ihrem Marsch nach Norden aufgebrochen waren. Schäffer, der dann noch mit viel Mut gegen die »Gleichschaltung« Bayerns kämpfte, hatte, mit anderen, zwölf Jahre Zeit, über Ursachen und Folgen des Partikularismus und des Parteien-Egoismus nachzudenken.

Außenseiter betrachteten das Trümmerfeld, das die Republik-Politiker hinterlassen hatten, meist nüchterner als Betroffene oder auch Historiker mit Parteizugehörigkeit. Jochen *Klepper* (SPD), der vor 1933 als Funkredakteur in Breslau tätig war, notierte über seinesgleichen: »Wir anderen hatten ja alle unsere Zeit und haben sie alle vertan«. Und Oswald *Spengler,* der Hitler zu seinen Lesern und bestimmte rheinische Industriekreise zu seinen Hörern zählen durfte (»Preußentum und Sozialismus«, Auflage 1934: einundachtzigstes Tausend), brachte das Versagen der demokratischen Führungsschichten gegenüber Hitler auf die doppeldeutige Formel: »Das war kein Sieg, denn die Gegner fehlten«.

Es gehört ein erhebliches Maß an Überheblichkeit oder Naivität dazu, die grobe Behauptung aufzuwärmen (Zweites Deutsches Fernsehen, 1981), *Preußen habe Hitler ermöglicht* (H.-U. Wehler, Bielefeld). Als Beleg wird in der Regel auf eine preußen-typische Haltung des Gehorsams verwiesen. Untertanen-Mentalität gibt es überall; aus ihr allein entstehen keine Diktaturen. Selbst wenn man den zitierten Satz auf das republikanische Preußen Otto Brauns bezöge, wäre er nicht haltbar, so sehr Ursachen festzumachen sind. Vom Teutoburger Wald her gesehen, wäre es bequem, Hitlers Aufstieg und Triumph in einer östlichen »preußischen« Rumpelkammer abzulegen und diese preußische Geschichte dann noch, wie es Wehler taktvoll empfiehlt, der DDR-Historiographie zur weiteren Behandlung zu überantworten, da man dort »preußische Korsettstangen« benötige. An solchen Offerten, unbequeme Teile der deutschen Geschichte zu verschleudern, ist abzulesen, wie sehr man mit der Zeit nach 1933 in eine auch heute umstrittene Geschichtsperiode eingetreten ist.

Entstehungs- und Auflösungsprozesse sind häufig für die historische Erkenntnis ergebnisreicher als Normalphasen. Ein so merkwürdiges Macht- und Verfassungs-Phänomen wie »Preußen im Hitlerreich« darf nicht übergangen werden. Methoden der nationalsozialistischen Machtdurchsetzung stehen dabei ebenso zur Debatte wie das Problem von Kontinuität und Diskontinuität in den Ländern des Reiches.

In der Machtdurchsetzung hat der »Tag von Potsdam« eine wesentliche Rolle gespielt. Hier interessiert dessen »preußische« Seite. Die politische »Rührkomödie« war von Goebbels und Hitler bis in alle Einzelheiten hinein vorbereitet worden. Das Schaustück diente als Narkotikum für den Reichspräsidenten, für die bürgerlichen Kabinettsmitglieder, die nichtnationalsozialistischen Verbände und Parteien, die Kirchen, die Reichswehr und alle politisch noch handlungsfähigen Kräfte; zwei Tage später konnte dann im Reichstag die Annahme des »Ermächtigungsgesetzes« mit Betrug und Brutalität durchgesetzt werden. Preußen und das Kaiser-Reich bildeten die Kulisse für den »Tag der nationalen Erhebung«. Es entbehrte nicht einer propagandistischen Genialität, das Spektakel in Preußens Weihestätten stattfinden zu lassen, in der mit den Reizwörtern von »Treue« und »Redlichkeit« verknüpften schlichten Garnisonkirche und über den Särgen Friedrichs des Großen und seines Vaters. Doch fehlte es zuletzt noch an einem leibhaftigen Hohenzollern, um dem Ganzen Glaubwürdigkeit und den Eindruck dynastischer Heilspendung zu sichern. Hitler und Goebbels hatten diesen heiklen Punkt im Blick, als sie am 20. März beim Kronprinzen in Cäcilienhof um Audienz nachsuchten. Das Gespräch, an dem Göring als geschäftiger Kontaktmann zu Kaiser und Kronprinz teilnahm, ist mittelbar überliefert. Kronprinz Wilhelm nahm schließlich die Einladung für den kommenden Tag an; er begnügte sich bei diesem Handel mit der wertlosen Zusicherung des Herrn Reichskanzlers, daß man in absehbarer Zeit die Hohenzollernmonarchie wiederherstellen wolle. Der Kaisersohn scheint seinerseits zugesichert zu haben, noch in konservativen Kreisen (Stahlhelm usw.) zugunsten der neuen Reichs- und Preußen-Regierung zu sprechen. Als Hitler nach Berlin zurückfuhr, durfte er sich einen weiteren Erfolg zuschreiben. Der Kronprinz fand sich auf der Verliererseite wieder. Für den Durchbruch der Nationalsozialisten vor allem in Nord- und Nordostdeutschland bedeutete es noch etwas, dort dem borussisch ansprechbaren Bürgertum aus der politischen Bildersprache die Vokabeln »Hindenburg« – »Potsdam« – »Hohenzollern« komplett anbieten zu können.

Als am nächsten Tage in dem schwarz-weiß-rot ausstaffierten Potsdam nach Gottesdiensten beider Konfessionen Hindenburg in der Generalfeldmarschallsuniform mit dem zivil-devot gekleideten »böhmischen Gefreiten« auf den Stufen der *Garnisonkirche* kurz vor zwölf Uhr den segenspendenden Händedruck tauschte, schien wohl für den weitaus größten Teil der Träger alter und neuer militärischer und ziviler Würden und Ämter eine positive Verschmelzung von Preußen und Deutschland, von NSDAP und Staat erreicht zu sein. In der Kirche, die durch Ansprachen Hindenburgs und Hitlers profanisiert wurde, war der Sessel Wilhelms II. sinnigerweise leer geblieben; und eben vor diesem Sessel der Kaiserloge hob Hindenburg, der Ratgeber, in gespenstischer Stille den königlichen Marschallstab, Auge in Auge mit dem Kronprinzen, der dahinter in der Galauniform der Danziger Husaren das angestammte Herrscherhaus repräsentierte. Orgelmusik, Choral von Leuthen, Tränen, Lorbeerkränze und die Lügen des Cutaway-Kanzlers, »in diesem für jeden Deutschen geheiligten Raum«, »zu Füßen der Bahre seines größten Königs«, für des »Volkes Freiheit und Größe« zu arbeiten, während doch schon in den frisch eingerichteten Konzentrationslagern ringsum Freiheit und Menschenwürde der Kommunisten, Sozialdemokraten und anderer mit Füßen getreten wurden und jene Tortur wieder eingeführt war, die Friedrich für immer außer Kraft gesetzt zu haben meinte.

Zwei Tage später endete der um 1930 begonnene Prozeß der Selbstabdankung der Parteien mit der Annahme des »Gesetzes zur Behebung der Not von Volk und Reich« (Ermächtigungsgesetz) durch die bürgerlichen Parteien (441 zu 94 Stimmen). Nur die Sozialdemokraten mit dem Berliner Gastwirtssohn Otto Wels an der Spitze widersetzten sich dem Verfassungsbruch, während sich die übrigen Abgeordneten, soweit sie nicht zur NSDAP-Fraktion gehörten, mit dem Trierer Prälaten Kaas und Hugenberg an der Spitze politisch entmündigen ließen.

Vor diesem Hintergrund wird man sich die Frage zu stellen haben, warum während dieser Vorgänge die Stimme des alten Preußen, die Stimme des Rechtsstaates nicht zu vernehmen war, warum sich die Übergabe des Staatsapparates an die Nationalsozialisten fast kampflos vollzog. Die Antwort wird lauten müssen, daß die Frage – die nach 1945 häufig aufgeworfen wurde – vom Ansatz her falsch gestellt ist. Eine *Preußen-Schicht* im Sinne eines politischen Willenszentrums gab es seit dem Ende der Monarchie nicht mehr, ebensowenig wie es »die Junker« noch gab als halbwegs geschlossene soziale Schicht mit relativ einheitlichen politischen Zielvorstellungen. Die einstige konservative Partei war längst zerfallen.

Es gab agrarische, industrielle und sonstige Interessengruppen mit entsprechenden politischen Plattformen, in denen mehr oder weniger verbürgerlichte Adelsfamilien mitwirkten, mitunter auch landschaftlich lose verbundene Familiengruppen, jedoch ohne die Geschlossenheit einer »Klasse« im soziologischen Sinne. Wenn aus der Nachkriegs-Perspektive heraus formuliert worden ist, die »Ostelbier«, die »Rittergutsbesitzerklasse« hätte ihre »letzte große Chance«, die Bildung einer demokratisch-konstruktiven konservativen Massenpartei verpaßt (Hans Rosenberg), so liegt der historische Anachronismus auf der Hand. Ebensowenig realistisch wäre die Forderung nach einer einzigen Partei des »Bürgertums« oder der »Arbeiterklasse«. Die weit vorangeschrittenen sozialen Differenzierungsprozesse und die dementsprechenden Mentalitäten standen dem entgegen. Aus einer bis 1870 wenigstens teilweise staatstragenden Schicht war eine Erwerbs- und Besitz-Schicht geworden.

Dieser Prozeß, nicht auf Preußen beschränkt, war nicht mehr aufzuhalten. Selbst in den »preußischen« Familien wurden lediglich bildhafte Traditionen und Standeserinnerungen weitergereicht. Ein Bezug zur Staatswirklichkeit war nur dann gegeben, wenn sich in einem Familienzweig mehrere Generationen dem zivilen Staatsdienst verschrieben hatten. Das war jedoch die Ausnahme, denn der »König von Preußen« als Ansporn und Bezugspunkt war entschwunden. Ein preußisches »Willenszentrum« bestand nicht in der »Gesellschaft« und nicht mehr im ehemaligen Herrscherhaus. Bestenfalls gab es in Berlin gesellschaftliche Zirkel, wie den überschätzten Herrenklub, in denen Zaungäste des Geschehens maliziös Meinungen austauschten. Eine Ausnahme bildete der spähöfische Salon der niederschlesischen Diplomatenfrau und Großgrundbesitzerin Victoria von Dirksen (geborene von Laffert), deren von Schloß Gröditzberg und Berlin aus gepflegtes Beziehungsfeld die schlesische Magnaten-Elite ebenso umfaßte wie die Angehörigen des Hauses Hohenzollern. Hier fanden Hitler und Göring 1932/33 Zugang zu naiven nationalbegeisterten Exponenten der preußischen Konservativen. Sie haben die Chance genutzt, die ihnen auch infolge der salon-gesellschaftlichen Inaktivität der Preußen-Regierung zugefallen war. Häufiger, als es bekannt geworden ist, haben Göring und Hitler in diesen Kreisen die Hoffnung zu nähren verstanden, wie in Italien eine Monarchie neben einer nationalfaschistischen Regierung zu restaurieren (so am 6. Mai 1932, Cäcilienhof; November 1933, Gröditzberg).

Noch war der Gedanke einer Wiedereinsetzung des Hauses Hohenzollern bei in- und ausländischen Politikern ganz gegenwärtig; er zählte zum wichtigsten politischen Spielmaterial in der heraufziehenden Krise bei denjenigen, die Hitler und seine Parteigänger noch für begrenzt beeinflußbar hielten. Im Hause des Kronprinzen Wilhelm dagegen erloschen seit Anfang 1934 alle Hoffnungen. Nach dem 30. Juni 1934 wußte man dort, daß man es mit einer besonderen Spezies von Mördern zu tun hatte. Hitler hatte am 30. Januar 1934 indirekt seine Absage an alle Formen dynastischer Restauration verkündet, indem er die früheren Herrscher »der rücksichtslosen Machtpolitik zugunsten ihrer eigenen Dynastie« angeklagt hatte. Eigenartig nimmt es sich aus, daß der preußische Kronprinz, der nach dem Tode seines Freundes Schleicher nicht selten auf »Blut am Boden« (statt: »Blut und Boden«) verwies, sich noch bis 1936 bei Geburtstagsfeiern (Göring, Ludendorff) als Statist verwenden ließ.

Hier spielen wirtschaftliche Überlegungen und das ambivalente Verhältnis zu Göring eine Rolle. Im Falle eines Hitler-Sturzes wollte man zu Göring nicht alle Brücken abgebrochen haben. Umgekehrt haben Göring und Hitler die Notwendigkeit der politischen Neutralisierung des Hauses Hohenzollern auch nach dem Tag von Potsdam nicht aus den Augen verloren. Eine wiederholte Kompromittierung der bekannteren Prinzen durch Unterwerfungsrituale (Tragen von NS-Uniformen) mußte Oppositionsgruppen stören und schwächen und konnte die Herrschaft Hitlers und die »preußische« Herrschaft Görings nicht unwesentlich stärken. Diese Taktik ist weder in Doorn, wo die »Kaiserin« Hermine längere Zeit für den vitalen Mann aus Braunau-Linz eintrat, noch in Potsdam-Oels hinlänglich durchschaut und zurückgewiesen worden. Göring, den der Kronprinz während des Krieges eigenhändig dekoriert hatte, spielte die Rolle eines Pseudo-Aristokraten und Hohenzollern-Protektors.

Im Herbst 1933 wurde zwischen dem Preußischen Staatsministerium und dem Beauftragten Wilhelms II., Geheimrat Albrecht Berg, ein Geheimabkommen unterzeichnet, wonach von sofort an Kaiser, Kronprinz und die übrigen preußischen Prinzen jeweils eine nicht unerhebliche Jahrespauschale vom preußischen Staat erhalten sollten – und bis 1945 erhalten haben. Als Grund für diese Dotation post festum wurden in dem Vertrag »Verluste« erwähnt, die das Haus durch die Verzögerung des Vergleichs erlitten hätte. Der Vertrag – der letzte der Hohenzollern mit Preußen – enthielt eine Pön-Klausel: Bei Kritik am Staat würden die Zahlungen entfallen. Da für das Haus keine wirtschaftliche Notlage bestand, war das Arrangement überflüssig und politisch töricht.

So schwieg Preußen zu Hitler und zu Hindenburgs katastrophalem Mißgriff.

Zu den wenigen Ausnahmen gehört Ewald von Kleist-Schmenzin, der bis 1939 gegen das Unheil ankämpfte. Festzuhalten bleibt, daß noch ein zweiter Alt-Preuße, Ludendorff, bei Hindenburg Protest eingelegt hat, zwei Tage nach der Ernennung: »Ich prophezeie Ihnen feierlich, daß dieser unselige Mann unser Reich in den Abgrund stürzen und unsere Nation in unfaßbares Elend bringen wird. Kommende Geschlechter werden Sie wegen dieser Handlung in Ihrem Grabe verfluchen.« Dieser Äußerung des Hohenzollern-Nachfahren Ludendorff, der Hindenburgs Grenzen kannte, ist nichts hinzuzufügen.

Die wenigen für Hitler allenfalls noch gefährlichen Köpfe Preußens wurden überwacht, zur Rückkehr in das Privatleben gezwungen oder in die Emigration gedrängt. Der Terror in allen Provinzen Preußens, der bis zu SA-Angriffen auf Herrenhäuser (von der Osten-Warnitz) oder grundloser Gestapo-Haft ehemaliger höherer Beamter gehen konnte (Ferdinand Friedensburg, Hans-Joachim von Rohr-Demmin und andere mehr), ließ viele gefügig werden. Andere wurden von Göring und Himmler vor dem 30. Juni 1934 auf die Liquidationsliste gesetzt und größtenteils ermordet (Erich Klausener, Edgar Jung). Wenn Hitlers legale »Revolution« je revolutionäre Züge gehabt hat, dann während der Verhaftungs- und Mordaktionen in Berlin, München-Stadelheim und vor allem in Schlesien, mit denen die Opposition eingeschüchtert werden sollte.

Der Erfolg stellte sich ein. Die Korrumpierung der Reichswehrführung und die Verwahrlosung der Rechts- und Moralbegriffe waren einkalkuliert. Die berufenen Sprecher Preußens waren zum Schweigen verurteilt oder mußten sich verborgen halten. Der aus Kurland stammende Reichskriegsminister von Blomberg dankte Hitler »für sein entschlossenes und mutiges Handeln«, das heißt für den Mord an seinen Berufs- und Standesgenossen, den ehemaligen Generälen von Schleicher und von Bredow. In der urteilslosen Bevölkerung fand die Erledigung des »Röhm-Putsches« überwiegend Beifall, wie sich auch aus den Deutschland-Berichten der Auslands-SPD ablesen läßt. Lediglich der preußische Generalfeldmarschall von Mackensen hat als Vorsitzender der Schlieffen-Vereinigung (ehemaliger Generalstabsoffiziere) nach acht Monaten in einer Nachruf-Erklärung die dezente und zweideutige Formel gefunden, »daß unsere Kameraden [Schleicher und Bredow] ohne Verletzung ihrer Ehre auf einem Schlachtfeld gefallen sind, auf das sie ihr Geschick geführt hat«.

Trotz der offenkundigen Lethargie der Opposition angesichts der Erfolge Hitlers scheint die Annahme berechtigt zu sein, daß sich nach den Ereignissen von 1934 jene noch kleinen Widerstandszellen in der preußischen Staatsverwaltung (Erwin Planck), in der Diplomatie und später auch in Heer und Luftwaffe bildeten, von denen aus eine überwiegend jüngere und in wiederentdeckten altpreußischen Werten denkende Generation den Weg zu den Staatsstreichplänen, überhaupt zu den verschiedenen Formen von »Hoch- und Landesverrat« gefunden hat.

Auch die *Bevölkerung* war keineswegs in ihrer Gesamtheit für den Hitlerstaat gewonnen. Das Plebiszit vom 19. August 1934 zeigte, obwohl unter Einschüchterungen, Terror und einer hemmungslosen Regierungspropaganda abgehalten, einen Rückgang der Stimmen für Hitler. In Berlin (74,2 Prozent) wurden in den Bezirken Wilmersdorf (68,8 Prozent) und Charlottenburg (69,6 Prozent) neben Aachen und einigen westfälischen Orten die niedrigsten Stimmenzahlen erreicht. Auch in Herford, Bielefeld, Münster, Olpe und Breslau gab es unverändert sozialdemokratische und bürgerlich-konfessionelle Gruppen, die in dem begrenzten Rahmen dieser »Wahlen« den Führerstaat ablehnten. Noch deutlicher konnte sich die Opposition breiter Bevölkerungsschichten in den preußischen Provinzen artikulieren, als im April 1935 die »Vertrauensratswahlen« der Deutschen Arbeitsfront stattfanden und im Durchschnitt zwischen fünfzig und sechzig Prozent Ja-Stimmen für die NS-Listen abgegeben wurden. In der Provinz Brandenburg wurden in fünfundvierzig Gutsverwaltungen und kleineren industriellen Betrieben nur zwischen sechzehn und neunundvierzig Prozent Ja-Stimmen verzeichnet (Sopade, 1935).

Für die latente Ablehnung des Nationalsozialismus gibt es eine Fülle größtenteils noch unausgewerteter Zeugnisse. Die Parteibuchwirtschaft mit der Bevorzugung leistungsschwacher und korrupter »alter Kämpfer« erregte in vielen Gebieten Unwillen und auch gerichtliche Auseinandersetzungen, bei denen man sich mit Erfolg auf die preußischen Verwaltungsgrundsätze und rechtsstaatlichen Maximen berufen konnte. Teilweise deckte die Reichswehr mit Waffengewalt Gerichtsverhandlungen (Landgericht Nordhausen), oder es wurde Anklage gegen den Kommandanten eines Konzentrationslagers erhoben (Landgericht Magdeburg). An diesen leicht vermehrbaren Beispielen zeigt sich, daß von einem »Primat der Partei« auch späterhin nicht die Rede sein konnte. Vielmehr standen sich verschiedene Machtapparate mit entsprechenden Bürokratien gegenüber, Preußen als größter Verwaltungs-Machtkomplex eingeschlossen. »Das dritte Reich verharrte im Zustand der permanenten Improvisation« (K. D. Bracher, 1976).

In dem offenen Dualismus der alten und neuen Institutionen lag die Chance für die »preußischen« Kräfte und Tendenzen. Wieweit diese Chance unter den Bedingungen einer sich seit 1938/39 verschärfenden Überwachung genutzt werden konnte, wird die künftige Forschung zu zeigen haben.

Verfassung und Verwaltung

Die *Machtergreifung* in Preußen vollzog sich schrittweise, obwohl Göring bereits im Rahmen der Regierungsbildung vom 30. Januar zum kommissarischen preußischen Innenminister, Papen erneut zum Reichskommissar bestellt worden war. Göring begann sogleich »eine durchgreifende Säuberung von Beamtentum und Polizei«. Aber noch gab es Verfassungsorgane wie den Landtag, der am 4. Februar mit 214 Stimmen (SPD, KPD, Staatspartei, Zentrum) gegen 196 Stimmen (NSDAP, DNVP) einen Antrag auf Landtagsauflösung ablehnte. Nach der preußischen Verfassung (Artikel 14) war der Landtag nur durch einen Beschluß des Staatsausschusses (Ministerpräsident, Landtagspräsident, Präsident des Staatsrates) auflösbar. Noch am 4. Februar widersetzten sich *Braun* und *Adenauer* der Forderung des Landtagspräsidenten Kerrl (NSDAP), den Weg für Neuwahlen freizugeben. Daraufhin erwirkte Papen, der sogar mit der Idee umgegangen war, Hindenburg noch zum Staatspräsidenten Preußens zu machen, eine weitere Verordnung des Reichspräsidenten, durch die das Urteil des Staatsgerichtshofes (25. Oktober 1932) im Hinblick auf die verfassungsrechtliche Vertretung Preußens durch die gewählten Organe aufgehoben wurde – ein weiterer *Verfassungsbruch* der »legalen« Machthaber. »Kommt es auf dieser Erde zu einem schweren Konflikt, so siegt derjenige, der über die Macht verfügt und von ihr Gebrauch macht. Daran werden auch alle Verfassungen nichts ändern, weil es eine Tatsache ist. Und Tatsachen sind stärker als Wahrheiten« – so der spätere Bundesverfassungsrichter Fabian von Schlabrendorff (1979). Demgemäß heißt es kaltschnäuzig in der 2. Preußen-Verordnung Papens (den kein deutsches Gericht nach 1945 belangen konnte) vom 6. Februar: »Durch das Verhalten des Landes Preußen gegenüber dem Urteil des Staatsgerichtshofs für das Deutsche Reich vom 25. Oktober 1932 ist eine Verwirrung im Staatsleben eingetreten, die das Staatsleben gefährdet. Ich übertrage daher bis auf weiteres dem Reichskommissar für das Land Preußen und seinen Beauftragten die Befugnisse, die nach dem erwähnten Urteil dem Preußischen Staatsministerium und seinen Mitgliedern zustehen.«

Proteste Otto Brauns bei Hindenburg blieben unbeantwortet. Nunmehr konnte der Staats-Ausschuß mit den Stimmen von Kerrl und Papen mehrheitlich die Auflösung des Landtages und Neuwahlen für den 5. März beschließen. Adenauer nahm an der »Abstimmung« nicht teil, nachdem er zu Protokoll gegeben hatte, daß das Gremium verfassungswidrig zusammengesetzt sei. An der neuerlichen Klage des rechtmäßigen Staatsministeriums gegen das Reich vor dem Staatsgerichtshof beteiligte sich Adenauer dann nicht mehr, weil der Staatsrat vom Ministerium Braun »in seiner ganzen Amtszeit« unfreundlich behandelt worden sei. Kluge Duelle post festum. Fortan bestand die verfassungsmäßige preußische Regierung »nur noch in einem rechtlich-moralischen Schattenreich« (Hagen Schulze). Am 25. März 1933 ist dann der endgültige *Amtsverzicht* des Staatsministeriums beschlossen worden.

In den *Landtagswahlen* hatte die NSDAP wiederum die Mehrheit verfehlt (44 Prozent), blieb mithin äußerlich auf die Deutschnationalen (9,4 Prozent) angewiesen; die übrigen Parteien hatten sich behauptet. Die Sozialdemokraten, denen die »Flucht« Otto Brauns in die Schweiz am Vorabend der Wahl geschadet hatte, fielen von 21,2 Prozent auf 16,6 Prozent zurück, während die

Kommunisten, am stärksten verfolgt, sechs Mandate hinzugewinnen konnten (13,1 Prozent).

Mit dem *»Reichsstatthaltergesetz«* (7. Februar 1933) hat sich Hitler die Möglichkeit verschafft, von sich aus die Regierungen der Länder zu ernennen und zu entlassen. Hitler übernahm selbst das Amt des Reichsstatthalters, übertrug jedoch die Befugnisse sogleich auf den neuen Ministerpräsidenten Göring (11. April). Neben Göring (Ministerpräsident, Inneres) waren Popitz (Finanzen), Kerrl (Justiz), Rust (Unterricht und Wissenschaft) und Hugenberg (Wirtschaft, Landwirtschaft) tätig. Die »Gleichschaltung« war im wesentlichen vollzogen. Durch Reichsgesetz vom 30. Januar 1934 ist dann auch der formal noch bestehende Landtag aufgelöst worden.

Das Handbuch für den Preußischen Staat (1935) nennt unverändert als oberste Staatsbehörden den *Ministerpräsidenten,* das *Staatsministerium* und den *Staatsrat.* Insbesondere die Bestimmungen über das Staatsministerium als Ganzes zeigen den sonderbaren Verfassungszustand, in den der von seiner Beamtenschaft allein noch getragene Staat nunmehr geraten war. Dabei bleibt zu bemerken, daß die preußische Verfassung von 1920 nie außer Kraft gesetzt worden ist; sie ist vielmehr in Teilen ersetzt, ergänzt und insgesamt politisch entwertet worden. Im Geschäftsbetrieb der Staatsbehörden sind die funktionalen Elemente und Rechtsetzungen der Weimarer Zeit nie systematisch beseitigt worden. Auch die Staatshandbücher beziehen sich in vielen Einzelheiten auf die politisch geschmähte vorangegangene Periode.

In den Präambeln von 1935 heißt es unter anderem: »Das Staatsministerium vertritt den Staat nach außen. Es beschließt über Gesetze. Der Ministerpräsident bestimmt die Richtlinien der Politik, für die er dem Führer und Reichskanzler gegenüber die Verantwortung trägt. In diesem Rahmen verwaltet jeder Minister nach Maßgabe seiner vom Ministerpräsidenten bestimmten Zuständigkeit und der etwa vom Reiche gegebenen Anordnungen seinen Geschäftskreis selbständig.« Und: »Das Staatsministerium berät bei der Führung der Staatsgeschäfte den Staatsrat.« Neben den Mitgliedern kraft Amtes (Staatsminister, Staatssekretäre) saßen im Staatsrat, von Göring ernannt, sämtliche Oberpräsidenten und provinzialen Polizeipräsidenten, die Spitzen von SS (Himmler, Heydrich, Daluege, Krüger) und SA (von Jagow, Lutze, August Wilhelm Prinz von Preußen), die Oberbürgermeister von Berlin (Sahm, Lippert), Frankfurt (Krebs) und Düsseldorf (Jarres), sodann versteinerte Traditionsgestalten der Armee und Flotte (von Mackensen, Litzmann, von Trotha), der Bischof von Osnabrück (Dr. Berning) neben Reichsbischof Müller, Vertreter von Kunst und Wissenschaft (Furtwängler, Johst, Sauerbruch, Carl Schmitt), der Präsident des Reichslandbundes (Meinberg), »Männer« der Hitler und Göring verpflichteten Industrie und Bankwelt (unter anderem Thyssen, von Strauß) sowie der Generalforstmeister von Keudell. Interessant ist, welche Personen nicht von Göring berufen worden sind. Auffällig ist der geringe Anteil der älteren, außer Dienst gestellten Generalität. 15 Mitglieder gehörten alt- oder neuadligen Familien an (20,2 Prozent), während in dem von Adenauer geleiteten alten Staatsrat der Anteil des Adels geringer war (17,7 Prozent). Das Ganze besaß für Göring dekorativen und traditions-propagandistischen Charakter. Das Gremium ist selten zusammengetreten. Für einzelne Mitglieder jedoch war die Mitgliedschaft mehr als nur eine Pfründe. Sie schützte vor Verfolgungen, und sie konnte wohl auch zum Schutz Verfolgter ausgenutzt werden.

Göring als letzter preußischer *Ministerpräsident* wird, wenn alle Akten ausgewertet sind, eine tiefere Beleuchtung erfahren. Ein günstigeres Bild wird nicht entstehen, aber die Ambivalenz seines Handelns und Nichthandelns, seiner Günstlingsherrschaft auch in Preußen wird sich genauer belegen lassen. Ihn als »Preußen« aufzubauen, von Hindenburg noch zum General der Infanterie befördern zu lassen, mit dem »Pour le merite« bekleidet, war einer der raffinierten Schachzüge Hitlers. Görings politische Existenz lähmte Millionen von Menschen. Hitler ließ sich das Spiel mit dem neuen Preußen-General etwas kosten. Göring half ihm, die polizeistaatliche Ruhe in den Provinzen zu sichern. Mit blutiger Brutalität nach »unten« und jovial-liberalem Charme gegenüber unentschieden verharrenden Vertretern der Oberschichten hat er diese Aufgabe erfüllt. Seine Jagdpassion, der er auch auf großen Forstgütern des Nordostens mit Hilfe etwas gewaltsam beschaffter Einladungen nachging, verlieh ihm mindestens bei Naiven ein landesväterliches Flair. Er gab gelegentlich zu, daß er sich mit einer Gruppe von politischen Mördern verbunden hatte. Alle Hoffnungen, die man von Zeit zu Zeit im Berliner Widerstand auf ihn setzte, trogen. Nur im Falle von Hitlers vorzeitigem Tod hätte er sich auf die andere Seite zu schlagen und Prestige und Beziehungen auszuspielen versucht. So aber verhielt er bis zuletzt auf ausgehöhlten Positionen, pseudo-kriegerisch, sybaritisch und rauschgiftsüchtig, aber mit insgeheim deutlicher Einsicht in die Unaufhaltsamkeit des Zusammenbruchs der Hitler-Herrschaft.

In diesem NS-Preußen bestand unter der unmittelbaren Aufsicht und Verantwortung von Göring die *»Preußische Geheime Staatspolizei«* (Berlin, Prinz-Albrecht-Straße 8) mit Himmler, Heydrich und Best. Es war die Basis-Institution für das spätere Reichssicherheitshauptamt, nachdem Himmler sich der Unterstellung unter Göring entzogen hatte. Hier liefen Fäden der staatspolizeilichen Überwachung zusammen, für Preußen und das übrige Reich. Eine politische Nebenregierung als unmittelbare Konkurrenz zur Staatsregierung hat sich dort nicht bilden können, weil die SS seit 1936 eigene Herrschaftsbereiche auf Reichsebene einrichtete. Das Eigeninteresse Görings war stärker als Gesichtspunkte einer einheitlicher zu gestaltenden Reichsinnenpolitik.

In einer Rede vor dem Preußischen Staatsrat (18. Juni 1934) hat Göring im Rahmen der üblichen propagandistischen Dekorationen darauf verwiesen, »daß Preußen vorläufig noch als wichtige Verwaltungs- und Finanzeinheit vorhanden ist«. Preußen bleibe ein »Staatsbegriff«, ein »Staatsgebilde«, dessen »Staatsmaschine tadellos weiterlaufen« müsse, damit nach etwa einem Jahrzehnt die Aufteilung in Reichsgaue vorgenommen werden könne; allerdings sei der Führer der Meinung, daß das Ganze »noch länger dauern könnte«. Im Zusammenhang mit Phrasen über die künftigen Gaue findet sich der für die Ambivalenz der Göring-Position bezeichnende Satz, wie eine Warnung wirkend: »Wir werden uns also vor einer übermäßigen Zentralisierung hüten müssen. Das deutsche Volk ist bekanntlich für solche Zentralisierung nicht zu haben; sie paßt nicht für das deutsche Volk.«

An der Aufrechterhaltung der Preußen-Position Görings änderte sich auch dann nichts, als das *Innenministerium* (1. November 1934), das *Justizministerium* (22. Oktober 1934), das *Ministerium für Wissenschaft, Kunst und Volksbildung* (1. Mai 1934), das Ministerium für *Wirtschaft und Arbeit* (2. Mai 1935), das *Landwirtschaftsministerium* (1. Januar 1935), das *Arbeitsministerium* (vor 1933: Volkswohlfahrt; 11. März 1935) und das *Verkehrsministerium* (11. März 1935) mit den entsprechenden Reichsministerien formal zusammengelegt worden waren. Die Ministerialbeamten sind in ihrem bisherigen Verhältnis als preußische Beamte verblieben. Die Dienstgeschäfte wurden, von einigen verlegten Abteilungen abgesehen, in den alten Dienstgebäuden wahrgenommen. Preußisches Landesforstamt und Reichsforstamt sind noch am ehesten, unter Göring, zu einer einheitlichen Behörde verschmolzen worden (1. März 1935). Gänzlich unabhängig von Reichsbehörden blieb das Preußische *Finanzministerium* (Am Festungsgraben 1) mit nachgeordneten Geschäftsbereichen (Staatsbank-Seehandlung, Staatslotterie, Staatsmünze, Beamtenfürsorgebehörden, Hochbauabteilung-Bauakademie, Staatsschuldenverwaltung und anderes mehr). Mit der Rückendeckung Görings und seiner Staatssekretäre hielt der Finanzminister Popitz wiederholt schriftlich fest, daß er zusammen mit dem Reichs- und Preußischen Minister des Inneren zuständig sei für die »Allgemeine Landesverwaltung« (Oberpräsidenten der Provinzen, Staatskommissar der Hauptstadt Berlin, Regierungspräsidenten und Präsident der Bau- und Finanzdirektion Berlin). An diesem Punkt besonders zeigten sich die Schwierigkeiten, die einer raschen Eingliederung Preußens in die Reichsverwaltung entgegenstanden. So blieb denn auch das Ganze bereits im ersten Drittel der Wegstrecke stecken. Die tatsächlichen administrativen und verwaltungsrechtlichen Hindernisse haben mindestens eine ebenso große Verstärkung durch den Widerstand eines Teiles der preußischen Bürokratie gefunden. Das Macht- und Selbsterhaltungsinteresse in den einzelnen Ministerien und Behörden, auf der zentralen wie auf der provinzialen Ebene, war so stark, daß selbst Hitler seit 1939/40 hier alles auf die Zeit nach Kriegsende verschoben wissen wollte, die Zeit- und Reibungsverluste einer großräumigen Reichsreform scheuend.

Fritz Hartung hat schon 1950 darauf verwiesen, daß im Ergebnis der NS-Zeit die preußisch-deutsche Verwaltungsproblematik nicht bereinigt worden ist. Wenig Wahrscheinlichkeit hat die Annahme für sich, daß Hitler Preußen einfach in ein unmittelbares Reichsland umgewandelt hätte; wahrscheinlicher ist es, daß das Reich in Form von Reichsgauen durchgängig neu gegliedert worden wäre. Die Einfügung der aktiven Landesverwaltung in die bislang als »Gesetzgebungsministerien« arbeitenden Reichsministerien 1934/35 blieb vordergründig-formal, die Abtrennung war bis 1944/45 jederzeit möglich. Zum unfertigen Zustand des Verwaltungsaufbaues, der mit viel vernebelndem Preußen-Pathos angekündigt worden war, gehörte auch, daß die Gauleiter ihre Machtkomplexe nicht mit Reichskompetenzen verstärken konnten und daß die 1939 einverleibten Gebiete des Warthegaus und Danzig-Westpreußens nicht in die Preußen-Konstruktion hineingenommen worden sind, vielmehr als »Reichsgaue« unter dem Reichsinnenminister einen reichsunmittelbaren Status zugewiesen erhalten hatten.

Das System der konkurrierenden Gewalten und Machthaber, mit dem Hitler arbeitete, hat auch in der preußischen Verwaltungswirklichkeit Folgen gezeitigt. Da Hitler etwa sechs Jahre nach der Machtergreifung zu einer aggressiven Außenpolitik übergehen wollte und in der Aufrüstungsphase Ruhe benötigte, blieb ihm nicht die Zeit, der »Hydra« der *Ministerialbürokratie* den Kopf abzuschlagen. So bestanden an vielen Stellen, am stärksten wohl in der preußischen *Justizverwaltung,* Traditionsinseln, die ihre eigenen Methoden der Opposition entwickelten. In der Sprache des Regimes, zumal der Preußen-Phraseologie, wurde im Rahmen des Möglichen traditionelle Verwaltungs- und Rechtsprechungsarbeit geleistet. Alte Leitbegriffe wie Toleranz, Sparsamkeit, Pflichttreue, Finanzredlichkeit und Ehre konnten immer wieder einmal mit Erfolg gegen Übergriffe nationalsozialistischer Amtsträger angewendet werden. Der aus dem Dienst entfernte preußische Generalsuperintendent Otto Dibelius erhielt in zweiter Instanz vor dem Landgericht Neuruppin (1935) gegen erbitterten Widerstand von SS und Partei Recht zugesprochen, indem ein Pfarrer, der ihn als Landesverräter bezeichnet hatte, zu einer Geldstrafe verurteilt wurde. Der Jurist Fabian von Schlabrendorff verwies 1944 vor dem Volksgerichtshof darauf, daß Friedrich der Große die Tortur abgeschafft hätte, er – Schlabrendorff – aber gefoltert worden wäre. Er wurde freigesprochen, von der Gestapo jedoch wieder verhaftet.

Beispiele für das Nebeneinander von preußisch-rechtsstaatlich verpflichteter und korrupter, ideologisierter NS-Verwaltung ließen sich ausbreiten. Die Anbindung höherer Beamter durch Parteimitgliedschaft an das System hat nur zum Teil Erfolg gezeigt, häufig wurden vorhandene Strukturen konserviert und Alt-Beamte behinderten von Fall zu Fall die Durchsetzung des totalitären »Staatswillens«. Es kam hinzu, daß die traditionellen sozialen Hierarchien in Preußen erhalten geblieben sind. Forderungen von Funktionären der mittleren Ebene nach einer zweiten sozialen »Revolution«, die sich gegen »Grafen« und »Schlotbarone« richten sollte, wurden von vielen Seiten her erstickt.

Heydrich, Himmler und andere Köpfe in den SS-Zentralen beobachteten die sozial bedingten Anpassungs- und Oppositions-Strömungen mit ziemlicher

Klarheit. Sie haben dem Preußen-Bereich nie getraut. Keine Division der Waffen-SS trug einen preußischen Namen, im Gegensatz zu Abteilungen des Reichsarbeitsdienstes (»Friedrich von Katte«). Nach dem 20. Juli 1944 lüftete das publizistische Zentralorgan der SS (»Das Schwarze Korps«) etwas das Visier und nannte den Feind Hitlers beim Namen: Preußen. Himmlers Gespräch mit Popitz über eine »Entlastung« Hitlers zeigte andererseits, daß man in der Prinz-Albrecht-Straße, ungeachtet aller Tagespropaganda, nach tragfähigen Rettungsinseln auch beim Preußen-Lager Ausschau hielt.

Nationalsozialismus und Preußen-Traditionen

Der Nationalsozialismus hat vor allem aus wahltaktischen Gründen Namen und Fragmente der preußischen Geschichte verwendet. Am bekanntesten ist eine Postkarte geworden, die zum Tag von Potsdam gedruckt worden war. Sie zeigte Friedrich, Bismarck, Hindenburg und Hitler und war mit dem propagandistisch kaum übertreffbaren Spruch versehen: »Was der König eroberte, der Fürst formte, der Feldmarschall verteidigte, rettete und einigte der Soldat«. Die Schwierigkeit der Nationalsozialisten bestand darin, daß die überzogene Preußen-Propaganda zweischneidige Wirkungen entwickeln konnte, ja daß sie eine Gegen-Ideologie enthielt. Kein Zweifel, daß Hitler, Goebbels und Himmler, der den Germanen-, Sachsen- und Staufer-Kult betrieb, dieses Problem im Auge behalten haben. Die NS-Ideologie in ihrer Sterilität befriedigte Gemüts- und Phantasie-Ansprüche nicht; mit Germanen und Mittelalter-Kaisern war in den preußischen Mittel- und Ostprovinzen niemand bei Staats-Laune zu halten. So liefen die verschiedenen Preußen-Aufwertungen nebeneinander her, je nach Motivation, ob in der Partei-Schulung, im Traditions-Unterricht in der Wehrmacht oder in der Preußen-Forschung an einigen Universitäten. Nur Eingeweihte bemerkten die Akzente, wenn von den ministerialen Traditions-Inseln oder von Kulturabteilungen in Provinzialverbänden noch Preußen-Impulse ausgingen.

Für Hitler selbst waren das weit entfernte, erledigte Dinge. Er hat sich über die Verwertbarkeit der Führungsschichten Preußens kaum Illusionen gemacht. Nichts belegt das stärker als die Tatsache, daß von den rd. 500 höheren Partei- und SS-Führern, die er ernannt hatte, nur 3,4 Prozent (17) aus preußischen Provinzen stammten. Nach dem Anteil der Bevölkerung Preußens an der des Reiches hätten es fast zwei Drittel (328) sein müssen. Die Funktionäre kamen aus Österreich-Ungarn, aus Böhmen, Bayern, dem Baltikum und aus dem Ausland. Sie setzten sich wie Okkupanten in Preußens Provinzen fest. Preußischer Herkunft waren militärische und zivile Mitläufer, von denen sich nach den ersten Jahren ein Teil auf Positionen der Skepsis, des Abwartens und der Widerstandsbereitschaft zurückzog. Es ist kein Zufall, daß unter den Verschwörern von 1943/

44 einige Oberpräsidenten und Regierungspräsidenten von preußischer Herkunft gewesen sind.

Friedrich der Große war für Hitler von Anfang bis Ende nur ein Dekorationsstück. Das Friedrich-Bild Anton Graffs im Führerbunker 1945 hatte dem Zweck zu dienen, mit großer Geste die Generalität an die Durchhaltekraft des Königs zu erinnern. Tatsächlich haben die »preußischen« innen- und außenpolitischen Probleme, die der Sache nach weiterbestanden, in Hitlers Denken kaum eine Rolle gespielt. Sie lagen sozusagen weit unterhalb seiner weltgeschichtlichen Dimensionen und Träume. Nicht etwa die Gebeine heroisierter Preußenkönige sollten in die geplante monumentale Berliner »Soldatenhalle« umgebettet werden; vielmehr wurde die Idee entwickelt, den Stauferkaiser Friedrich II. von Palermo nach Berlin zu bringen, um ihn unter die großen Soldaten des neuen Reiches einzureihen. Hitler blieb insgeheim von einem starken Widerwillen gegen das substantiell Preußische erfüllt. Den Untergrund bildeten die österreichisch-bayerischen Lebenseinflüsse. Entscheidend war, daß die ältere »preußische« Mentalität der Rechtlichkeit und des Festhaltens an Kontinuitäten mit einer Politik des imperialen Aufbruchs und mit dem monomanischen Regierungsstil unvereinbar war. Nicht in Berlin oder gar in Potsdam sollte sein Jahrtausendgrab errichtet werden. Ausersehen war vielmehr der Münchener Königsplatz oder nibelungennah ein Linzer Steingigant von hundertsechzig Metern Höhe, der den Ausbau der Heimatstadt (gegen Wien und Berlin) zur Metropole der Hitler-Bewegung abschließen sollte.

Jochen Klepper

Während sich politischer Terror, Unfreiheit und die Verfolgung der Juden in allen Provinzen ausbreiteten, entwickelte sich eine Sehnsucht nach dem »echten« Preußen mit Toleranz, Recht und Kirchlichkeit. Man wandte sich der preußischen Geschichte wieder stärker zu. Vieles, was dort an Härten und Ungerechtigkeiten enthalten sein mochte, erschien nun, da das laute Spektakel der Einheitspartei und die Korruption der Funktionäre den Alltag ausfüllten, in einem besonnten Lichte.

Dem niederschlesischen Pfarrerssohn *Jochen Klepper* wuchs die Aufgabe zu, an das andere Preußen zu erinnern. Er hatte sich schon vor 1933 von der landesüblichen protestantischen Theologie, die wenigstens teilweise zu einer Spielart des bürgerlichen Intellektualismus geworden war, abgewandt. Gegen das Staatsidol und die Christenverfolgung der neuen Machthaber richtete er in einer Synthese von Luthertum und Preußentum das Bild eines um Gerechtigkeit bemühten gottesfürchtigen Königs – Friedrich Wilhelms I. – auf. Er wagte sich an einen historischen Roman des Soldatenkönigs und schuf fast eine Biographie. Mitte

September 1933 begann er, dem Lebensweg des märkischen »Bürgerkönigs« in den noch unverletzten Stätten nachzugehen. Er ließ märkisches Rokoko in sich eindringen, durchwanderte das entseelt dahindämmernde Potsdam mit seiner altmodischen Hofadelsgesellschaft, durchstreifte das zum Touristenort gewordene Kronprinzenstädtchen Rheinsberg mit dem »verwahrlosten« Schloß und vermerkte für sich: »Preußen ist mehr, als die geschworenen Preußenfreunde es ahnen können. Ich habe einmal den Moment genau gespürt, an dem ich ein Schlesier wurde. Jetzt werde ich ein Preuße« (3. Oktober 1933). Er entdeckte die Oderfeste Küstrin, wo Kattes Haupt zu Boden fiel, und ließ keinen Ort aus, an dem sich Preußens Geschichte verdichtet hat, bis hin zu dem »vernagelten« königlichen Gutshaus Paretz im Havelland, zu dem »die Preußen« keinen Zugang mehr haben sollten (22. April 1935). Der »Vater«, mit der »realisierten Staatsutopie von der vollendeten Ordnung«, gewährte ihm Zuflucht und den »Ausweg aus entsetzlicher Verwirrung« seiner Tage.

Als das Werk Ende Februar 1937 vorlag, wurde es den Buchhändlern aus den Händen gerissen. Ein scharfer zensurpolitischer Kampf umgab den mit einer Jüdin verheirateten Autor, von dessen Preußen-Büchern dann bis 1945 mehr als hunderttausend Exemplare (bis 1980: mehr als dreihunderttausend) verlegt werden konnten. Göring, Blomberg und Frick, die zwielichtigsten »Preußen« in der Hitlerregierung, wurden von ihrer Umgebung für das Buch gewonnen, lasen und verschenkten es. Über Kleppers Tod hinaus vollzog sich seine Verbreitung im Reich, insbesondere in den Kirchen und im Heer. Das bedarf einer Erklärung.

Interessen und Sehnsüchte trafen zusammen. Nicht nur, daß die raffinierte Propaganda eines Goebbels früh dafür gearbeitet hatte, Friedrich Wilhelm I. zum Vorläufer des Führers zu erklären, mit den Hinweisen auf staatlichen Zentralismus, absolutistisches am Gemeinwohl ausgerichtetes Führertum und dem Durchsetzen von Aufrüstung und Wehrhaftigkeit; es bestand überhaupt ein Nachholbedarf, da das republikanische Preußen sich nur vereinzelt in der Öffentlichkeit zur eigenen Staatsgeschichte zu bekennen vermocht hatte und dieses Feld anderen überlassen hatte.

Es mochte so erscheinen, als ob Last und Gefahr der Gegenwart im Widerschein einer bedrängteren Vergangenheit erträglicher werden könnten. Viele erfuhren hier erstmals etwas über eine preußische Kultur, Ethik und Fürstenreligiosität, in voller Gegensätzlichkeit zum Nationalsozialismus. Tatsächlich hatten es die Zensur-Köpfe in Berlin nicht vermocht, den Hintergrund des Buches und der Beibände zu enträtseln; Stil und Thema blendeten sie. Im Geschichtsbild über Friedrich Wilhelm I. schien sich Kleppers Preußen-Verständnis mit den Wünschen der NS-Stellen zu verknüpfen. Klepper schrieb aber: »Das ist ein Vorgang, der einen ganz durchschüttelt: das Preußentum und das Judentum gleichzeitig nebeneinander begreifen zu müssen in ihrer unlösbaren Verknüpfung durch den Knecht-Gottes-Glauben.« Dies und anderes, der Appell an die Verantwortlichkeit des Führenden, blieben unerkannt.

Es waren eigentlich drei Schichten, deren Bildungshorizont einen »preußischen« Sektor aufwies, wobei sich Traditionen und aktuelle Formeln mischten. Die regierungs- und parteiamtliche Schicht, von Goebbels, aber auch von Göring–Popitz und den hinter ihnen stehenden »Staatspreußen« repräsentiert, betrieb die Verbreitung der Themen in den Medien, bis zu Theater, Film und Ausstellung. Die Legitimation des Führerstaates, die Beruhigung der in konservativen Grundhaltungen verharrenden Beamten spielten dabei ebenso eine Rolle wie die Täuschung des Auslandes über die Natur des Regimes. Die zweite Schicht, die eigentliche Klepper-Schicht, bestand aus Teilen der nicht regimekonformen Ober- und Mittelschichten, aus protestantischen Geistlichen, staatlichen und kommunalen Amtsträgern einschließlich der Lehrerschaft sowie aus einem Teil des Offizierskorps der Wehrmacht. Hier verband sich häufiger das Bedürfnis nach einem nuancenreicheren Preußenbild mit einer abwartenden Grundhaltung, mit Obrigkeitsabhängigkeit und Widerstandsunfähigkeit. Nur die dritte Schicht war von Haus aus kategorial preußisch eingestimmt, verachtete die Preußen-Surrogate des Nationalsozialismus und lebte in Formen der inneren Emigration.

Aber die produktiven Gestalten in diesen drei Schichten förderten Preußen-Traditionen, durch die sonstige Leitbilder des Nationalsozialismus verschattet wurden, gleichviel, ob nun Friedrich Wilhelm I. oder – wie in der zweiten Kriegsphase – Friedrich der Große und die Generalität von 1813 in den Vordergrund gestellt wurden. Keine Gestalt der preußischen Geschichte, vom Großen Kurfürsten über Gneisenau bis zu Bismarck, keine Hohenzollern-Fürstin, die damals nicht eine Biographie empfangen hätte. So erklärt es sich, daß Jochen Kleppers Preußen-Bücher starke Resonanz gefunden haben. Dem tagespolitischen Verhalten sind damit wohl einige Richtwerte gesetzt worden. Preußen im Spiegel des Klepper-Buches wurde bis in abgelegene ostpreußische Kleinstädte hin von jener gebildeten Bevölkerung diskutiert, die trotz äußerlicher Anpassung das Werk als »Kritik, nicht als Verherrlichung des Heutigen« empfand, wie Klepper noch selbst vor seinem Freitod bemerkt hat.

Die Hohenzollern im zweiten Weltkrieg

Es wird immer schwer begreiflich bleiben, wie sich ein ganzes Volk von der Hitler-Regierung und der Hitler-Partei in den Krieg ziehen und auf die Schlachtfelder führen ließ. Mit Preußen scheint dies alles nur wenig zu tun zu haben, denn in den anderen Teilen des Reiches verhielt sich die Mehrheit der Bevölkerung nicht weniger apathisch, dienstwillig oder resignierend. Nationales Bewußtsein und Abneigung gegenüber dem Regime lagen im Widerstreit. »Die Menschen«, notierte Klepper bei Kriegsbeginn, »aller Schichten ernst, still, gefaßt, unheimlich ruhig. Ein Krieg ohne Kriegserklärung, ohne Mobilisation. In der Stille werden die Männer geholt.« Aber dann die Abwehr gegenüber denen, die von der Idee des Rechtsstaats her aufbegehrten: »Wir wollen keine Prognosen, die der furchtbaren deutschen Zwiespältigkeit entspringen. Wir können nicht aus Bitterkeit gegen das Dritte Reich Deutschland den Untergang wünschen, wie viele es tun. Das ist ganz unmöglich. Wir können auch in dieser von außen so bedrohten Stunde nicht hoffen auf Rebellion und Putsch« (3./4. September 1939). Diese Worte stehen für eine weit verbreitete Stimmung, wie sie auch in den Deutschland-Berichten der SPD (Sopade) für 1939/40 überliefert ist. Verfolgungen und Bespitzelung, wohin man blickte. Gegen einen Unrechtsstaat, der den Stimmzettel als letzte Waffe der Beherrschten abgeschafft hatte, konnte man nur mit Gewalt oder mit List vorgehen. Wenige wußten etwas vom Widerstandsrecht des einzelnen. Kaum mehr als zehn Prozent der Erwachsenen haben den Mut besessen, gegen eine übermächtig erscheinende schwarz und braun uniformierte Gesellschaft politischer Verbrecher vorzugehen. Um so bemerkenswerter erschienen öffentliche Aktionen, durch die den Machthabern Verachtung gezeigt werden konnte.

Zu einer letzten regimefeindlichen *Demonstration* kam es, als am 29. Mai 1940 der älteste Sohn des Kronprinzen, der in Frankreich gefallene Prinz Wilhelm von Preußen († 26. Mai 1940), in Potsdam beigesetzt wurde. Wilhelm II. hatte ihn 1933 wegen einer den Hausgesetzen nicht entsprechenden Ehe von einer Thronfolge ausgeschlossen. Nun fand sich nicht nur das alte Preußen am Park von Sanssouci ein, fünfzigtausend Menschen, ein stummes Spalier zwischen Friedenskirche und Antikentempel bildend. Hier ist Klepper der von Königs-Bildern tief bewegte Chronist: »Welch ein Bild war dies: die Reste des kaiserlichen Hauses im Trauerkleid – die Ehrenwache der beiden von der Front beurlaubten Brüder Louis Ferdinand, Prinz Hubertus, der beiden Fliegeroffiziere. Dahinter, in der zerknitterten, verwitterten Uniform, wie sie von der Front kamen, zwei einfache Soldaten aus der Kompanie des Prinzen Wilhelm am Altar.« Und der Dichter, der sich dessen bewußt ist, daß zweihundert Jahre zuvor im nahen Stadtschloß der Soldatenkönig im Todeskampfe lag, beobachtete die Angehörigen der Dynastie, wissend, daß die Monarchie in Deutschland kaum mehr eine Zukunft haben würde; er stand »ganz nahe bei den Hohenzollern: Kronprinz, Kronprinzessin, der Witwe, Prinzessin Cäcilie, den Söhnen (Friedrich ist vor Kriegsausbruch nicht aus England zurückgekehrt!); Herzogin Victoria Luise von Braunschweig, der schönen Kaisertochter; Prinzessin Louis Ferdinand, der Großfürstin Kyra von Rußland – den Kaisersöhnen Prinz Oskar, Prinz Eitel Friedrich, August Wilhelm. Wie ähnelt der Kronprinz Friedrich dem Großen, wie erinnert Eitel Friedrich an Friedrich Wilhelm I.« Und ein letzter, vom Ideal bestimmter Blick auf den Toten, auf den Widerstandskreise ihre letzte Hoffnung gesetzt hatten: »Durch und durch Soldat, ähnelte im Wesen Prinz Wilhelm am meisten Kaiser Wilhelm I. Weite und Tiefe fehlten: Aber es waren da: Ritterlichkeit, Glaube, Güte.« Neugier, vor allem aber Teilnahme und Trauer ringsum: »Unzählbar die hohen Offiziere der alten und der neuen Armee; unübersehbar, wider jedes Erwarten, die Menschenmengen, die am Schluß dem Kronprinzenpaar zuriefen. Seit früh um neun hatten die Straßenbahnen die Menschenmassen nicht bewältigen können: Potsdam und Berlin. So stark ist also noch die Anhänglichkeit.« Und alle diese Bilder und Zeichen verleiten Klepper, der es längst hätte besser wissen müssen, zur emphatischen Sentenz: »Nun sind die neuen, gewaltigen deutschen Siege doch wieder mit dem Hause Hohenzollern verbunden.« Nicht nur Siege des Unrechts, auch vorübergehende Siege.

Wie viele mit ihm hatte sich Klepper von den Triumphbildern rollender Armeen täuschen lassen. Nicht zu täuschen war der Diktator, dem tags darauf der Bericht über die größte unorganisierte Demonstration seiner Regierungszeit vorgelegt wurde. Ihm war bewußt, wie geringe Einbrüche er in die Reihen der hohen und niederen Aristokratie Preußens zu verzeichnen hatte. Sogleich erkannte er die Gefahr für seine Popularität und entschied: Alle Prinzen aus ehemals regierendem Hause, vor allem aber die Hohenzollern, durften fortan nicht mehr an den Fronten eingesetzt werden, »wegen internationaler Versippung«. Der Aufzucht-Ideologe Himmler dagegen gewann dem Vorgang praktischere Seiten ab. Er forderte die aus dem Heer Entlassenen auf, sich mit hohen Dienstgraden in der SS einstellen zu lassen; er benötige »hochwertiges Zuchtmaterial«, ließ der einstige oberbayerische Geflügelzüchter einige Herren der Hocharistokratie wohlwollend wissen. Man lehnte ab.

Noch lebte halbvergessen Wilhelm II. in den Niederlanden. Er hatte nun fast alle jene überdauert, die eine Mitschuld am ersten Krieg zu tragen hatten. So war ihm Zeit geblieben zu schauen, wie andere ernten würden, was auch er eingesät hatte. Seit 1934 hatte die Gestapo über ihn ein Überwachungsnetz gelegt. Vor Kriegsausbruch sagte er englischen Besuchern ärgerlich, er sei ein Gefangener in seinem eigenen Haus, die Nazis »behandeln mich viel schlechter, als die Sozialisten mich je behandelt haben«. Seine zweite Gemahlin Hermine war seit Anfang 1935 von ihren Hoffnungen auf Hitler abgekommen. Die Furcht vor Enteignung des Hausvermögens in Deutschland und sein Status als preußischer Staatspensionär nötigten ihn, sich bei politischen Gesprächen zurückzuhalten. In England hatte er in den letzten Jahren vor 1939 wieder an Sympathien gewonnen. Chamberlains Flug zu Hitler schien ihm den Frieden bewahrt zu haben. Churchill, der die Gefahren vollständig überblickte und unter anderem durch Ewald von Kleist-Schmenzin über oppositionelle Strömungen in Berlin unterrichtet war, hat nach 1945 den Punkt getroffen, als er über den weniger durch »Schuld« als durch »Schicksal« gefallenen Kaiser schrieb: »Die Zeit verschaffte ihm eine überraschende und paradoxe Rache an seinen Überwältigern. Er erlebte einen Zeitabschnitt, da der größte Teil Europas, insbesondere seine mächtigsten Feinde, Großbritannien und Frankreich, die Rückkehr der Hohenzollern, die sie vormals mit unausdenkbarem Abscheu betrachtet hatten, als verhältnismäßig hoffnungsvolles Ereignis und als ein Anzeichen, daß die Gefahren im Abklingen waren, ansahen.«

Wilhelm II. blieb eine kleine Figur auf dem Spielbrett der Giganten; sein letzter Entschluß von einer gewissen Tragweite zeigt noch einmal die Linie der dynastischen Selbstbehauptung: Am 11. Mai 1940 schlug er das Angebot Churchills aus, nach England zu fliegen und damit das Land seiner Mutter und Großmutter im Kampf gegen den Tyrannen zu unterstützen. Nicht nur der Gedanke an sechzehn in der Wehrmacht dienende Hohenzollernprinzen hielt ihn zurück. Er wolle, meinte er mit später Selbstkritik, nicht noch einmal davonlaufen, und er wolle die Holländer in ihrem Unglück nicht alleinlassen. Er wies seinen Adjutanten an, der englischen Regierung seinen »tiefen Dank« auszusprechen, und wurde, wie alle Deutschen, zum Gefangenen Hitlers: Glaube, Haltung, aber kein kämpferischer Impuls. Nach dem Einmarsch der deutschen Truppen in Paris ließ er sich unnötigerweise von seinem Hofmarschall von Dommes, den man in Berlin nach den Potsdamer Ereignissen unter Druck gesetzt hatte, dazu bewegen, Hitler ein Glückwunschtelegramm zu senden, das postwendend durch die Presse Europas ging. Das war dann die letzte der Handlungen ohne das Gespür dafür, wie diese Texte auf die preußisch-monarchistische Opposition wirken mußten. Dem Wesen Hitlers und seiner mörderischen Staatsmaschinerie kam er nicht mehr bei. Nur ein Ahnen erfüllte ihn, daß der »Österreicher« nach allen Erfolgen fallen würde.

Von friderizianischem Mobiliar, einigen an St. Helena gemahnenden Getreuen und mit Sonderausweisen angereisten Familienangehörigen umgeben, ist Wilhelm II. am 4. Juni 1941 verstorben. Hitler plante ein »Staatsbegräbnis«, gewissermaßen einen letzten »Tag von Potsdam«, der Führer den Sarg des letzten Kaisers zynisch grüßend, vor einem Wald von Hakenkreuzfahnen. Aber Wilhelm hatte sich testamentarisch Trauerreden, Kränze und eben diese Fahnen verbeten. Und der Kronprinz, hier eindeutig, verweigerte unter Berufung auf den letzten Willen seines Vaters der Reichskanzlei die Überführung nach Deutschland. Gleichwohl kam es am 9. Juni zu einem besonderen Begräbnis mit Seyß-Inquart als Führer-Stellvertreter und Abordnungen der Wehrmacht und des alten Heeres. Der uralte Feldmarschall von Mackensen sprach kniend das Abschiedsgebet für den unglücklichen Regenten. Die Salven eines Bataillons über der Gruft in Doorn galten – protokollarisch – dem preußischen Generalfeldmarschall, der mit diesem Rang Anfang Mai 1900 vom Kaiser und König ausgezeichnet worden war. Das geistliche Geleit gab der Berliner Oberhofprediger Doehring. Das letzte überraschende Wort hatte sich der Monarch, als bibelkundiger Summus episcopus, selbst gewählt: »Lobt mich nicht, denn ich bedarf keines Lobes. Rühmet mich nicht, denn ich bedarf keines Ruhmes. Richtet mich nicht, denn ich werde gerichtet werden.«

Der preußisch-deutsche Generalstab hat in der Reichswehr- und Wehrmachtszeit immer noch einen »preußischen Typ« hervorgebracht oder doch an sich gezogen. Dies wird von vielen Beobachtern bezeugt. Er ist auch physiognomisch und phänotypisch erkennbar. Eine Frage ist es, ob dieser Offiziers- und vor allem Generalstyp sich in den politischen Prüfungen des zweiten Krieges bewährt hat und neben dem Kriegshandwerk ein sittliches Prinzip zu wahren verstanden hat. Andererseits waren preußische Konservative und Offiziere am wenigsten geeignet und vorgebildet, eine von Mordinstinkten erfüllte Gestalt zu erkennen und mit adäquater Brutalität niederzuschlagen. Die Einsicht, einem Verbrecher als oberstem Kriegsherrn zu dienen, war noch in den ersten Kriegsjahren nicht weit verbreitet.

»Es ist merkwürdig«, schreibt der hellsichtige Diplomat Ulrich von Hassell († 1944) im vierten Kriegsjahr, »wie stark die deutsche Tugend ›eine Sache um ihrer selbst willen zu treiben‹ für eine wirkliche politische Auffassung der Dinge hinderlich sein kann«. Und er notiert als Summe seiner Erfahrungen mit der »preußisch« geprägten Generalität: »Je länger der Krieg dauert, desto geringer wird meine Meinung von den Generalen. Sie haben wohl technisches Können und physischen Mut, aber wenig Zivilcourage, gar keinen Überblick oder Weltblick und keinerlei innere, auf wirklicher Kultur beruhende geistige Selbständigkeit und Widerstandskraft, daher sind sie einem Manne wie Hitler völlig unterlegen und ausgeliefert. Der Mehrzahl von ihnen sind außerdem die Karriere in niedrigem Sinne, die Dotationen und der Feldmarschallstab wichtiger als die großen auf dem Spiel stehenden Gesichtspunkte und sittlichen Werte. Alle, auf die man gehofft hatte, versagen, und zwar insofern in besonders elender Weise, als sie alles, was ihnen gesagt wird, zugeben und sich auf die tollsten Gespräche einlassen, aber den Mut für die Tat nicht aufbringen« (20. April 1943). Namen wie die der Generäle von Rundstedt, Blaskowitz, von Bock, von Kluge, von Kleist, von Manstein, von Brauchitsch oder von Reichenau belegen dies trotz aller Unterschiede im einzelnen beispielhaft. Ähnlich kritisch hat sich Generaloberst a. D. Ludwig Beck 1942 zu Fabian von Schlabrendorff über die amtierende Generalität geäußert.

Es war nicht so sehr der soziale Aufstieg, sondern die Möglichkeit der Berufserfüllung in der militärischen Aktion, die die eben genannten Generale aus preußischem Milieu an der Seite Hitlers hielt. Daß »Europa« gegen »Asien« kämpfe, wurde als eine der Motivationen für die Entscheidungen der obersten Führung häufig ebenso naiv hingenommen, wie heute die alles erklärenden Hinweise auf den »unversöhnlichen Kampf« zwischen »Sozialismus« und »Kapitalismus« stellenweise noch geglaubt werden. Die Manstein-Generalität erhielt die Chance, ein letztes Mal im größten Stil Truppenverbände zu führen, Panzerarmeen wie Reitergeschwader aufeinanderprallen zu lassen, »Schlachten in einer mystischen Zone« und »Ausbrüche vulkanischer Kräfte durch die erstarrende Lava der Zivilisation« zu erleben (Udo von Alvensleben).

Bock, Manstein und andere haben gegenüber den Offizieren des Widerstandes immer wieder auf den »Eid« verwiesen, der sie an das Staatsoberhaupt binde. Der Verlust an ethischer Bildung im höheren Offizierskorps, in wilhelminischer Zeit einsetzend, wird hier evident. Eine Kultureinheit hatte sich aufgelöst, die gemeinsame Sprache der »Preußen« war unter dem Druck der materiellen und destruktiv-säkularisierenden Zeitkräfte verlorengegangen. Man macht es sich zu leicht, wenn man nur den Nationalsozialismus, die Aufblähung des Heeres, die nachgewachsenen Leutnants-Jahrgänge für die Substanz-Defizite und Behinderungen der Widerstandswilligen verantwortlich macht. Ein Militär-Technokrat wie der Chef der Heeresleitung, von Fritsch, hat nach dem Juni-Mord von 1934 gemeint: »Wir können Politik nicht ändern, ›müssen‹ unsere Pflicht tun«. Diese Grundhaltung der »politischen Unfähigkeit und unpolitischen Überheblichkeit« (K. D. Bracher, 1976) hat die Armee in die Katastrophe des Krieges und Spitzen der Generalität in die Abstinenz gegenüber dem Widerstand geführt. Es war ihnen nicht begreiflich zu machen, daß Hitler den Eid selbst mehrfach gebrochen und jeden Anspruch auf Gehorsam und Treue verwirkt hatte. »Treue« war nur so lange zu halten, wie das Staatsoberhaupt selbst das »gute alte Recht« einhielt. Seit dem Mittelalter schon waren Widerstand und Aufruhr gegen jede Tyrannis berechtigt und erforderlich. Die Tatsache, daß man seit 1945 und bis heute in anderen Armeen »Generale« beobachten konnte, die kriegsverbrecherische Befehle ausführten, mindert nicht die Schuld auf seiten der Deutschen, verweist aber auf die Hilflosigkeit des Individuums gegenüber übermächtigen Gewalten des Jahrhunderts. Ein aus der Altmark stammender Preuße wie Udo von Alvensleben notierte unter dem 1. November 1941: »Canstein und der katholische Divisionspfarrer besuchen mich. Ich höre zum ersten Mal das Entsetzliche, das hinter unserem Rücken in dem von uns eroberten Gebiet mit den Juden geschieht. Hier in Mariupol wurden allein zwölftausend bis fünfzehntausend Juden umgebracht. Man erstarrt. Von diesem Augenblick an ist jede Freude, jede wahre Hoffnung zerstört. Verbrechen heftet sich an unsere Fersen.« Und Generaloberst Kurt von Hammerstein, der ehemalige Chef der Heeresleitung, bemerkte im Februar 1943: »Ich schäme mich, einem Heere angehört zu haben, das alle Verbrechen gesehen und zugelassen hat.«

Zu diesem Zeitpunkt fielen in Berlin die Entscheidungen der Widerstandskämpfer, Stauffenberg, Tresckow, Olbricht und Beck, Hitler mit einem Sprengstoff-Attentat zu beseitigen, nachdem mehrere frühere Versuche gescheitert waren. Von Henning von Tresckow, der als Generalmajor an der Ostfront stand, ist die motivierende Weisung überliefert: »Sollte es nicht gelingen, so muß trotzdem in Berlin gehandelt werden. Denn es kommt nicht mehr auf den praktischen Zweck an, sondern darauf, daß der deutsche Widerstand vor der Welt und vor der Geschichte den entscheidenden Wurf gewagt hat. Alles andere ist daneben gleichgültig.« Das Attentat müsse erfolgen, koste es, was es wolle. In diesen Sätzen schwingt schon eine Ahnung mit, daß Attentat und Staatsstreich mißlingen würden.

Es fehlte in Stauffenbergs Plan der zweite und dritte Nachstoß durch Offiziersgruppen mit Faustfeuerwaffen im Rastenburger Hauptquartier für den Fall, daß die Bombe nicht ihren Zweck erfüllen sollte. Daß in dieser alles entscheidenden Frage keine »Reserven« von Generalstabsoffizieren bereitgehalten wurden, ist nur aus der Übereilung des Unternehmens in seiner Schlußphase zu erklären. Bei diesem Stande durften die Staatsstreichmaßnahmen von der Berliner Bendlerstraße aus erst auf die bestätigte Todesnachricht hin ausgelöst werden, wenn man nicht Suizid und Genozid einer ganzen Führungsschicht riskieren wollte. Andere Schwächen vor allem in der Geheimhaltung, die den Sonderkommandos der Gestapo ihr Werk erleichterten, traten hinzu. Tresckows Skepsis war insoweit berechtigt. Eine Figur wie Hitler zu beseitigen erforderte am Tatort einen weit höheren Aufwand. Es bestätigte sich die geschichtliche Erfahrung, daß die großen Blutsäufer der Weltgeschichte fast nie einem Attentat der moralisch Integren erliegen, sondern von Ordonanzen und Leibwachen behütet ihren eigenen Tod sterben.

Es sind zum größeren Teil Militärs aus altpreußischen Familien gewesen, die am Widerstand gegen Hitler unmittelbar mitgewirkt haben. Unter den mehr als sechzig Offizieren (darunter achtzehn Generäle), die nach dem Attentat auf Hitler (20. Juli 1944) durch Mord oder erzwungenen Freitod ihr Leben lassen mußten, stammen einige aus den alten und traditionsreichen brandenburgisch-preußischen Familien: Major Hans-Jürgen Graf von Blumenthal († 13. Oktober 1944), Generalmajor Heinrich Burggraf und Graf zu Dohna-Schlobitten († 14. September 1944), Oberst i. G. Wessel Freiherr von Freytag- Loringhoven († 26. Juli 1944), Oberstleutnant Fritz von der Lancken († 29. September 1944), Oberst i.G. Hans-Ottfried von Linstow († 30. August 1944), Major i. G. Hans Ulrich von Oertzen († 21. Juli 1944), General der Infanterie Friedrich Olbricht († 20. Juli 1944), Generalmajor Hans Oster († 9. April 1945), General der Artillerie Friedrich von Rabenau († 12. April 1945), Generalmajor Helmut Stieff († 8. August 1944), General der Infanterie Carl Heinrich von Stülpnagel († 30. August 1944), Generalmajor Henning von Tresckow († 21. Juli 1944), Oberstleutnant Gerd von Tresckow († 6. September 1944), Oberstleutnant i. G. Hans-Alexander von Voß († 8. November 1944), Generalfeldmarschall Erwin von Witzleben († 8. August 1944) und zahlreiche weitere, die den preußischen Ost- und Mittelprovinzen entstammten oder durch ihren Berufsweg in der preußischen Verwaltung, in preußischen Regimentern oder auch durch preußische Vorfahren entscheidend geprägt worden sind. Insofern sind die Grafen Claus und Berthold Schenk von Stauffenberg, auch als Nachfahren Gneisenaus, dem preußischen Beziehungsfeld zuzurechnen. Unter den Beteiligten des Widerstandes, die der Hinrichtung entgingen, sind vor allem Fabian von Schlabrendorff, General d. P. Hans Freiherr von Esebeck sowie Generalmajor Siegfried von Stülpnagel zu nennen.

Die »preußischen« Offiziere im »Nationalkomitee Freies Deutschland«, einer nach Stalingrad in Rußland gebildeten Propaganda-Organisation aus Gefangenen, haben, mit wenigen Ausnahmen, gegen und nach Kriegsende die Aussichtslosigkeit ihres Bemühens erkennen müssen und sind, wie General der Artillerie Walter von Seydlitz-Kurzbach, erst durch die Intervention des Bundeskanzlers Adenauer 1953 freigekommen. Einige Stabsoffiziere und Generäle (mit preußischer Vorgeschichte) des »Bundes deutscher Offiziere« fanden von 1945 bis 1949 den Weg in politische oder militärische Spitzenstellungen in der damaligen Sowjetischen Besatzungszone Deutschlands (unter anderem Otto Korfes, Arno von Lenski).

Weit größer als beim Militär mit seiner Bindung an Fahnen, Eid und Befehl erwies sich der Kreis der sonstigen »Preußen« im Widerstand. Pommern, West- und Ostpreußen, die Mark Brandenburg, Berlin und die Provinz Sachsen sind hier wohl am stärksten vertreten. Ewald von Kleist-Schmenzin († 16. April 1945) gab seinem Sohn, dem Leutnant Ewald Heinrich von Kleist, auf die Frage, ob er sich an dem Attentat auf Hitler beteiligen solle, die Antwort: »Ja, Du mußt es tun. Jeder, der eine Gelegenheit wie diese vorübergehen läßt, wird in seinem Leben nie mehr glücklich sein können.«

In Pommern wurden nach dem 20. Juli sämtliche im Verdacht der Opposition stehenden Großgrundbesitzer verhaftet, nachdem bereits im Frühjahr Elisabeth von Thadden († 8. September 1944) mit anderen Oppositionellen (unter anderem Otto Kiep) in Berlin verhaftet worden war. Aus Ost- und Westpreußen stammten die Brüder Carl († 2. Februar 1945) und Fritz Goerdeler (Stadtkämmerer von Königsberg, † 1. März 1945), Major Helmuth Groscurth († März 1943), Heinrich Graf von Lehndorff-Steinort († 4. September 1944). In Schlesien arbeiteten für den Umsturz der »Kreisauer Kreis« mit Helmut Graf von Moltke-Kreisau († 23. Januar 1945), Theodor Steltzer, Adolf Reichwein († 20. Oktober 1944), Adam von Trott zu Solz († 26. August 1944), dem Regierungspräsidenten von Niederschlesien Fritz-Dietlof Graf von der Schulenburg († 10. August 1944), Eugen Gerstenmaier sowie Regierungsdirektor Michael Graf von Matuschka († 14. September 1944). In Berlin-Brandenburg, dem Zentrum des Widerstandes wegen der Einheit von Reichshauptstadt und Preußen-Zentrum, waren es in dieser Phase vornehmlich Ernst von Harnack († 5. März 1945), der Berliner Stadtkommandant Generalleutnant Paul von Hase († 8. August 1944), der aus der Provinz Sachsen stammende Berliner Polizeipräsident Wolf Graf von Helldorf († 15. August 1944), Wilhelm-Friedrich Graf zu Lynar-Lübbenau († 29. September 1944), der Sohn des Physikers Staatssekretär außer Dienst Erwin Planck († 23. Januar 1945), der im Amt befindliche Preußische Finanzminister Johannes Popitz († 2. Februar 1945), Botschafter Friedrich-Werner Graf von der Schulenburg († 10. November 1944), die der zentralen Widerstandsgruppe angehört haben. Der Potsdamer Regierungspräsident Graf Gottfried von Bismarck-Schönhausen (auf Reinfeld), ein Enkel des Reichsgründers, erlebte das Kriegsende im SS-Konzentrationslager Sachsenhausen-Oranienburg. So ließen sich mehrere hundert Mitwisser und Beteiligte des Juli-Aufstandes benennen.

Dies alles bestätigt die These, daß wohl mehr als zwei Drittel der am 20. Juli 1944 in irgendeiner Form Mitwirkenden dem »preußischen« Milieu im Reich zuzurechnen sind. Hitler wußte sehr wohl, daß neben größeren Teilen der Arbeiterschaft in der Berliner Zentrallandschaft, in Stettin und in den mitteldeutschen Revieren und neben der Kirchenopposition vor allem konservative und progressive Altpreußen seinen Sturz herbeisehnten und dafür zu bluten bereit waren.

Hitlers Haß und Rachsucht kannten keine Grenzen. Alle Vorgänge, von den Volksgerichtshofverhandlungen bis zu den Hinrichtungen, wurden gefilmt und dem Diktator vorgeführt. Nur wenige blieben ihm entzogen. Dazu gehörte Henning von Tresckow. Eines seiner letzten Worte lautete: »Der sittliche Wert eines Menschen beginnt erst dort, wo er bereit ist, für seine Überzeugung sein Leben hinzugeben.«

Die Verfolgungen nach dem Attentat zeigten die Dichte und Stärke des Widerstandes in allen sozialen Schichten. Etwa fünftausend Menschen sind auf Grund von zivilen Urteilen hingerichtet worden. Dazu kamen die Urteile der Kriegsgerichte. Die für einen Wiederaufbau geeignete politische und militärische Führungsschicht war damit auf etwa ein Zehntel ihres Bestandes vor dem 20. Juli reduziert worden. Dementsprechend hatte sich der Anteil der verantwortlichen Persönlichkeiten Preußens verringert. Wie der Krieg überhaupt und die Verbrechen in Lagern und Zuchthäusern hat diese Niedermetzelung Folgen gehabt, die Gegenwart und Zukunft einschließen: »Wie jede Niedermachung einer Fronde, so wird auch diese eine weitere Senkung des Nationalcharakters nach sich ziehen. Die letzten alten Stämme fallen, und mit ihnen verschwindet das Bewußtsein der Urfreiheit dahin, die zur Person gehört und von der jede politische Freiheit, jede Freiheit der Verfassung lebt. Bald wird sie nicht einmal mehr vermißt werden« (Ernst Jünger, 26. Juni 1945).

Staatsverwaltung im Krieg

Die Zukunft Preußens im Rahmen des deutschen Reiches war ein zweitrangiges Thema für die Widerstandsgruppen. Die Diffamierung Preußens im In- und Ausland hat die Verwaltungs-Juristen wohl nicht unbeeinflußt gelassen. Aus den Herkunftsländern der führenden Nationalsozialisten berichtete Ulrich von Hassell im September 1941: »In Bayern und Österreich herrsche ein nie dagewesener Haß gegen Preußen. Daher sei übrigens auch eine Hohenzollern-Monarchie unmöglich.«

Der preußische Finanzminister und Verwaltungs-Chef, Popitz, hatte mit Kronprinz Wilhelm († 1951) Gespräche geführt und dabei im Juli 1941 die Zusage des nunmehrigen Chefs des Hauses Hohenzollern erhalten, sich an einem Staatsstreich zu beteiligen. Die Frage der Wiedereinführung der Monarchie überhaupt und die Problematik der Übernahme einer politischen Funktion (»Reichsverweser«) durch einen Hohenzollern blieb unentschieden. Sie wurde »späterer Entwicklung« überlassen; dies auch deswegen, weil man bei einem Scheitern des Attentats und einer Entdeckung der Beteiligten ein Ausmorden des Hauses durch Hitler zu befürchten hatte.

Popitz hat jedoch das Problem Preußen in seinem Ministerium als eine Art Raumordnungsproblem im Rahmen der auch von Hitler angekündigten *»Neugliederung des Reiches«* für die Nachkriegszeit bearbeiten lassen. Einige Grundgedanken sind in Denkschriften, Gesetzentwürfe und Programme der zentralen Widerstandsgruppe aufgenommen worden. Daraus ergibt sich, daß auch Popitz und seine Mitarbeiter das Preußen-Problem (seit 1939) in der Weise zu lösen hofften, daß die Länder entgegen der juristisch und teilweise noch faktisch gültigen Weimarer Reichsverfassung als dem Reich nachgeordnete Provinzen (mit Selbstverwaltungskörperschaften) neugegründet werden sollten: »Das Reich ist Rechtsnachfolger der bisherigen Länder«. So lautete der entscheidende Satz in dem »Vorläufigen Staatsgrundgesetz« (Herbst 1943), das auf Gesprächen vor allem zwischen Popitz und Goerdeler beruhte. Preußen als Verwaltungseinheit sollte in Provinzen zerlegt werden, mit Gebietsaustausch und Grenzänderungen: »Preußen vollendet seine reichsbildende Mission, indem es auf den staatlichen Zusammenhang seiner Provinzen verzichtet.« Die Ereignisse sind über diesen in der Bibliothek von Popitz versteckten Gesetzentwurf hinweggegangen. Immerhin ist es nicht ohne Interesse, daß die letzten »Preußen« im zentralen Staatsapparat gleichsam Hand an diesen legten, ohne ein Votum (Volksentscheid) der Bevölkerung in den Provinzen überhaupt zu erwägen. Es ist nicht zu bezweifeln, daß im Falle eines früheren Kriegsendes mit einer besseren Bewahrung der Reichseinheit Verfassungsreformen in der Richtung auf ein »Rumpfpreußen« als Reichsprovinz möglich gewesen wären.

Aber es ist noch einer Leistung der preußischen Verwaltung im Hitlerstaat zu gedenken. Popitz und die Beamten seines Ministeriums sowie die Staatskanzlei haben in der Stille unschätzbare Werte erhalten. Gemeint ist die *Kulturgutverlagerung*. Hinter dem Rücken Görings, aber doch wohl nicht ohne sein pauschales Einverständnis, ist bei Kriegsausbruch, dann stärker seit dem Frühjahr 1940 (Staatsbibliothek) mit Sicherungsmaßnahmen und Auslagerungen aus Berlin begonnen worden; bei einer positiven Prognose für den Kriegsverlauf, insbesondere den Luftkrieg, wären diese Maßnahmen an sich überflüssig gewesen. Die Angst vor Hitler und Goebbels hat dann zwar immer wieder lähmend gewirkt, aber die Kulturinstitute handelten schließlich, je mehr sich ein verheerendes Ende abzeichnete, im Rahmen ihrer Kompetenzen. Obwohl immer noch vieles zu spät oder überhaupt nicht aus der Hauptstadt herausgeschafft worden ist, wurden doch insgesamt mehr als zwei Drittel der gesamten Kulturgüter auf diese Weise in West und Ost erhalten. Neben den Sammlungen der großen Museen war auch die gesamte Überlieferung zur preußischen Geschichte gefährdet.

Das *Schloßmuseum,* dessen unersetzliche Bestände zum Teil in den Kellern aufbewahrt wurden, brannte bei dem großen Bombenangriff auf die Berliner Innenstadt am 3. Februar 1945 aus; weitere Teile des Schloßmuseums gingen in der Neuen Münze zugrunde, als dort am 11. März 1945 ein unentdeckt gebliebener Zeitzünder einen Brand auslöste. Die Preußische *Staatsbibliothek* hatte fast ihre gesamten Bestände auf dreißig Bergungsstellen verteilt, so daß sich die Abgänge in engen Grenzen hielten und nach und nach in beiden Teilen Berlins (Deutsche Staatsbibliothek; Staatsbibliothek Stiftung Preußischer Kulturbesitz) wieder zusammengeführt werden konnten. Lediglich nach Schlesien verlagerte Handschriften werden noch in Krakau verwahrt, ein Rest soll sich noch in Moskau befinden (Militaria). Das Preußische *Geheime Staatsarchiv,* unmittelbar dem Ministerpräsidenten unterstellt, hat seit September 1941 seine wertvollsten Reposituren in die Mark Brandenburg und vor allem in die Kali- und Salzbergwerke der Preußag in Staßfurt und Schönebeck an der Elbe bei Magdeburg bringen lassen. Ein Teil verbrannte am 29. April 1945 in Dahlem. Das ungenügend geschützte *Hausarchiv* der Hohenzollern in Charlottenburg ist im Frühjahr 1943 durch Bomben völlig zerstört worden, es waren lediglich einige wertvolle Teile in Salzbergwerke geschafft worden. Auch hier ist von den Verlagerungsorten her die Überlieferung zwischen Ost (Staatsarchiv Merseburg) und West (Geheimes Staatsarchiv, Stiftung Preußischer Kulturbesitz) aufgeteilt.

Das mit seinen wertvollsten Abteilungen rechtzeitig in die spätere Britische Zone verlagerte *Staatsarchiv Königsberg* lagert heute in Berlin-Dahlem. Die anderen preußischen provinzialen Staatsarchive befinden sich überwiegend an ihren alten Standorten (Breslau, Stettin-Greifswald, Berlin-Dahlem und Potsdam, Magdeburg, Hannover, Schleswig, Münster, Düsseldorf und Marburg). Es ist somit den Bediensteten aller dieser Kulturinstitute zu danken, daß das kulturelle Erbe Preußens über alle Irrwege hinweg erhalten werden konnte.

Zusammenbruch

Kein Buch zählt die Verluste auf, die die sämtlichen preußischen Provinzen und ihre Bevölkerung 1944/45 hinnehmen mußten. Der von Hitler begonnene Krieg schlug mit Härte zurück. Die fünf westlichen Provinzen wurden im Februar, März und April von Amerikanern, Engländern und Kanadiern eingenommen und behielten bis zur Ebene der Regierungsbereiche ihre bisherige Verwaltungsstruktur. Im Osten zogen die russischen Regimenter unter anderen Führungszeichen als 1812/13 in die Provinzen ein. Sie erschienen als die ihre Toten und

Ermordeten rächenden »Skythen«, aber auch als Fremdlinge in einer andersartigen Zivilisation. Nur wenige von ihnen wußten noch etwas von den jahrhundertelangen Kultur- und Militär-Beziehungen zwischen Rußland und Preußen vor der Zeit des Hitler-Stalin-Paktes.

Millionen von Menschen gingen in Ansturm und Widerstand, auf Straßen und in Lagern, in Hungersnöten und Epidemien zugrunde, während die letzten Amtsschilder mit dem Ordnung verheißenden Preußen-Adler von den Mauern gerissen wurden. Als Beispiel sei auf einige der ältesten Adels-Familien des preußischen Osten verwiesen, die wie in allen Kriegen einen hohen *Blutzoll* im Krieg, im Widerstand und auf der Flucht entrichten mußten. Die höchste Zahl an Kriegstoten und Ermordeten (Gefallenen) weisen auf: von Arnim 62 (33), von Puttkamer 62 (18), von Bülow 47 (35), von Wedel 47 (27), von Zitzewitz 45 (14), von Kleist 38 (18), von Dewitz 37 (22), von Winterfeld 37 (18), von Bredow 29 (20), von Klitzing 27 (14), von Knobelsdorff 27 (10), von der Schulenburg 26 (12), von Schwerin 25 (15), von Kalckstein 24 (6), von Bonin 24 (16), von der Marwitz 21 (5), von Tresckow 21 (8), von Richthofen 19 (7), von Schlieffen 17 (13), von Werder 17 (8), von Borcke 17 (9), Finck von Finckenstein 15 (5), von Blücher 14 (12), von der Osten 14 (9), von Dohna 13 (8) und von Bismarck 13 (8). Den Vorrang unter den Herkunftsgebieten dieser Familien nehmen Pommern, Ostpreußen und die Mark Brandenburg ein. Mehr als fünfhundert Personen des Adels sind bei der Besetzung der Provinzen sogleich in der Nähe ihrer Besitzungen ermordet, erschossen oder auf andere Art ums Leben gebracht worden. Die gesamte Führungsschicht als »Klasse« sollte dezimiert, »Preußen« an der Wurzel getroffen werden.

Dieser Direktive entsprechend ist vielerorts auch mit *Schlössern* und *Herrensitzen* verfahren worden. Am härtesten traf es West- und Ostpreußen sowie Hinterpommern. In Ostpreußen gingen unter anderem durch Brandlegung zugrunde die Schlösser Finckenstein, Schlobitten, Gallingen, Prassen, Wicken, Dönhoffstädt, Groß-Wohnsdorff, Auer, Waldburg und Friedrichstein, sämtlich mit unersetzbaren Kunst- und Handschriftensammlungen sowie Bibliotheken. In Schlesien wurden die Schlösser Trachenberg, Freiburg, Kamenz, Liegnitz, Muskau, Neukirch, Ohlau und Pilgramsdorf eingeäschert. In Brandenburg brannten aus oder wurden abgetragen unter anderem das Brühl-Schloß in Pförten, Friedensdorf und Wolfshagen, in Pommern unter anderem Stargordt und Versin, das von zurückweichenden Truppen gesprengt wurde.

Die Liste ließe sich verlängern. Das durch Bomben beschädigte Schloß in *Königsberg* verfiel später dem Abbruch. Die Zerstörungen in Städten und Dörfern, auch durch Brandlegung, sind nicht annähernd zu umschreiben. Dazu kam die Verwüstung der Industrie durch sofort einsetzende Ausschlachtungen und Demontagen.

Potsdam war bereits seit Juni 1940 mit Bomben belegt worden. In der Nacht noch vom 14. zum 15. April 1945 wurde die Symbol-Stadt Preußens von vierhundertneunzig Bombenflugzeugen der Britischen Luftwaffe angeflogen. Die Präzision des Angriffs war so beschaffen, als hätte König Georg II. aus dem Grabe heraus den Befehl gegeben. Achthundertsechsundfünfzig Häuser der Innenstadt wurden zerstört, 3578 Menschen getötet. Das Glockenspiel der Garnisonkirche, die ausbrannte, lag geborsten am Boden. Die schlichten Särge Friedrich Wilhelms I. und Friedrichs des Großen waren rechtzeitig geborgen und nach Hessen in Sicherheit gebracht worden. Heute stehen sie in der Kapelle der Burg Hohenzollern, umgeben von Fahnen der ältesten Regimenter. Werden sie eines Tages nach Potsdam zurückkehren?

In wenigen Wochen brannten nach Bombenangriffen die Innenstädte von Königsberg, Breslau, Berlin, Stettin und Magdeburg aus; Küstrin, Kolberg und Glogau, noch einmal erbittert verteidigte alte Festungsorte, gingen großenteils in Erdkämpfen zugrunde. Die Stätten der preußischen Geschichte schienen nicht mehr zu existieren. Die Reste des Staates glühten gleichsam aus. Das Finale hätte nicht schreckensreicher ausfallen können. Eine Kulturarbeit von Jahrhunderten schien großenteils aufgegeben und eingeebnet. Was in allen Kriegen des 18. und 19. Jahrhunderts vermieden werden konnte, trat ein: Rußland konnte sich, mit Hilfe der Deutschen, Österreicher, Franzosen und Engländer bis an die Elbe, bis in die Zentralräume Europas vorschieben. Preußens Auflösung hatte ihm den Weg bereitet.

Epilog

»Meine Söhn' erwürgt und hinweggerissen die Töchter,
ausgeplündert die Kammern der Burg, und die stammelnden Kinder
all' auf den Boden geschmettert in schreckenvoller Entscheidung.«
Homer

Okkupation und Preußenhaß

Die Zertrümmerung der alten Formen, die Bismarck als eine seiner Aufgaben bezeichnet und die er begonnen hatte, ist von den nachfolgenden Mächten so gründlich weitergetrieben worden, daß es heute vielen schwerfällt, die Welt des alten Preußen zu verstehen. Von allen Seiten her ist der Staat seiner zeitlichen Existenz gestoßen worden.

In den vier Besatzungszonen und in den Annektionsgebieten der am Sieg beteiligten Mächte war »Preußen« unerwünscht. Seine Fragmente gehörten zur *Kriegsbeute,* waren zur Deportation oder Ausplünderung freigegeben. Im Falle einer schweren Niederlage, wie sie das Reich als Haupturheber des Krieges hinnehmen mußte, waren dem Beutemachen der Sieger durch das ältere und jüngere Völkerrecht nur wenige Grenzen gesetzt; der »Raub« von Menschen und Sachen, die unbefristete Fortnahme von Kulturgütern beispielsweise, besitzt eine weit zurückreichende Tradition. Die Rechtlosigkeit des Besiegten wird nur durch Nützlichkeitserwägungen gemildert. Der Humanitäts- und Kultur-Konsens zivilisierter Völker verliert an Kraft, wenn die Führer der Besiegten dagegen verstoßen haben. Atavistisches lebt als Reaktion auf: Feindestötung und Herrschaftsauslöschung, Hauszerstörung und Versklavung, Vertreibung und Landraub, als Enteignung oder Annexion. Allen internationalen Proklamationen entgegen bestätigt sich in solchen Zeiten der aus der Antike geläufige Satz, daß das Recht des Siegers nicht das Recht des Besiegten ist. Das Verhalten Preußens, seiner Verbündeten und seiner Gegner nach gewonnenen Kriegen im 18. oder 19. Jahrhundert zeichnete sich durch zivilisiertere Formen aus. Tempi passati. Das Jahrhundert des Kolonialismus und Imperialismus, des Bolschewismus und Faschismus hat andere Kategorien und Mord-Techniken aufkommen lassen.

Vor diesem Hintergrund der geschlagenen und angeklagten Deutschen hatte »Preußen« bis zum offenen Beginn des »Kalten Krieges« (1948) eine *Verbrä-*

mungs-Funktion im politischen Kampf um das zerschlagene Reich zu erfüllen. Im Sommer 1945 lebte das Bild eines immer noch nicht ausgelöschten Preußen in diplomatischen Denkschriften und Meinungstraktaten bei denen wieder auf, die aus dem besetzten Reich Teile herauslösen wollten, jene Randstaaten Deutschlands eingeschlossen, die die Kriegsmaschinerie Hitlers mehr beliefert als gestört hatten. »Preußen« galt allenthalben als eine Art Signalwort für deutschen »Militarismus«, derweilen auf alten Kasernenhöfen in Ost und West schon wieder die Bereitschaft zu Wehrbeiträgen getestet wurde. »Preußen« als Synonym für »Annexionismus«, derweilen Provinzen ausgeräumt wurden; »Preußen« als Symbol für eine »Magnatenherrschaft des monopolistischen Großkapitals«, während nach den Gruben und Zechen des Saargebietes, des Ruhrgebietes oder Schlesiens gegriffen werden sollte; »Preußen« schließlich auch als Reizwort für Großgrundbesitz, um mit der Zerstörung agrarwirtschaftlicher Strukturen in Mittel- und Ostdeutschland die Sozialisierung auf dem Lande voranzutreiben.

Neben den zynischen, im Auftrage von Regierungen und Parteien handelnden Propagandisten standen jene ratlos Gewordenen, Enttäuschten und mit Recht Verbitterten, für die der negative Begriff eine Art Entlastung bedeutete, weil er geeignet zu sein schien, die »Schuld« auf andere abzuwälzen. Sie gehörten zu den letzten Opfern der Hitlerschen Propaganda. Daß der Nationalsozialismus preußische Leitvokabeln lediglich aufgegriffen und ausgeschlachtet hatte, daß beides von der Wurzel und Entwicklung her nichts gemeinsam hatte, war in den ersten Nachkriegsjahren öffentlich kaum vertretbar. Der *Preußenhaß* hat nach 1945 in den Besatzungszonen Deutschlands die absonderlichsten Blüten getrieben, von serienweise ausgetauschten Straßen-, Schul- und Ortsnamen (Neuhardenberg, heute Marxwalde) bis hin zur Sprengung der Schlösser in Berlin (1951) und Potsdam und der Potsdamer Garnisonkirche (1968). In Potsdam hat die Denkmalsstürmerei nach 1945 besonders absurde Züge angenommen. 1947 wurde eine Veranstaltung von Übereifrigen in Szene gesetzt, bei der ein alter Sarg mit der Aufschrift »Geist von Potsdam« auf der Havel versenkt werden sollte. Obwohl Schüsse abgegeben wurden, wollte die Kiste nicht absacken. Man hatte einige physikalische Gesetze nicht beachtet. Das Experiment wurde nicht wiederholt.

Das Ende der Nationalsozialisten und ihrer Herrschaft verband sich jedoch mit der Auslöschung Preußens noch in anderer, schwerer zu erkennender Weise. Es ist keine Frage, daß Hitler trotz aller Widersprüchlichkeiten, die ihm und seiner Bewegung anhafteten, eine provokatorische Figur gewesen ist, durch die die emanzipatorischen Prozesse in Europa »außerordentlich beschleunigt« worden sind, daß er »in Wirklichkeit die deutsche Erscheinung der Revolution« gewesen ist (J. Fest). Die Deutschen und besonders die Preußen waren, wie ihnen von Jacques Riviere in seinem Buch über den Deutschen nachgesagt wurde, ein Volk, das in seiner Mehrheit der Grundhaltung des ›Sowohl-als-auch‹ zuneigt, nicht dem ›Entweder-Oder‹. Hitler war, trotz einiger Romantizismen, ein Mann des ›Entweder-Oder‹. Nur so wurde er zu einer der bewegenden Figuren in einer Zeitenwende, die in den Umbrüchen der Jahre 1940 bis 1950 den Scheitelpunkt erreichte. In tieferem Sinne war es wohl kein Zufall, daß im hitlerischen Berlin die erste Kernspaltung gelang, daß er als erster einen Raketenkrieg führte und daß in seinem Todesjahr die ersten Atombomben abgeworfen wurden. Nicht nur in das 20. Jahrhundert mit seinen Links-Tendenzen und Weltbürgerlichkeitsströmungen, auch in die Anfänge des dritten nachchristlichen Jahrtausends hat Hitler als Gewaltphänomen die »rückständigen« Deutschen und die ihm erreichbaren Teile Mitteleuropas gestoßen. Konservative und liberale Strukturen und Gestalten wurden dezimiert. Den Rest der Arbeit besorgten, was Preußen betrifft, diejenigen, die sich als Sieger fühlen durften. Um die Verantwortung für die Folgen sind die Liquidatoren nicht zu beneiden. Staatsmänner wie Winston Churchill und Charles de Gaulle haben ihre Zweifel laut werden lassen. Die Beseitigung Preußens ist mit der Paradoxie verbunden, daß sich einige Gegner Hitlers in einer eher prekären Rolle erblicken: Vollender eines über Hitlers Anstöße hinausgehenden Prozesses zu sein, der in siderische Zeiten einzumünden scheint.

Preußen vor dem Kontrollrat

Vor diesem Hintergrund gewinnt der verspätete Berliner Kontrollratsbeschluß der Alliierten von 1947 seine Dimensionen. Eines besonderen Beschlusses über die Auflösung des preußischen Staates hätte es nicht bedurft, da er nicht mehr existent war und teilweise bereits neue Verwaltungseinheiten an die Stelle der alten getreten waren. Aber das sowjetische Rußland, Preußens einstiger Seniorpartner, wünschte den letzten Hammerschlag gegen Preußen zu führen. Frankreich, das England Attlees und die Vereinigten Staaten beteiligten sich interessiert, arglos oder gleichgültig. Das Interesse der Sowjetunion an solchen Festschreibungen war verständlich, da diese mit ihrer Klientel als eigentlicher Gewinner im östlichen Mitteleuropa eine territoriale Basis errichtet hatte. Einige Schriften über das »Reaktionäre Preußentum« dienten gleichzeitig dazu, den ideologischen Überbau zu liefern. Der Tauroggen-Mythos, für einige gefangene Generäle des Nationalkomitees Freies Deutschland bestimmt, konnte zu den Akten gelegt werden. So war es in erster Linie ein Akt sowjetrussischer Besitzstandssicherungspolitik, aber auch ein Vorgang, der bestimmten Strömungen und Hoffnungen in Frankreich und in Polen entgegenkam. England hatte lange gezögert; noch in Jalta (5. Februar 1945) und in Potsdam (21. Juli 1945) hatte Churchill gegenüber Stalin Bedenken angemeldet, die die Zertrümmerung der Ostflanke des deutschen Reiches betrafen. Am 25. Februar 1947 verkündete der Kontrollrat, ironischerweise im Gebäude des Preußischen Kammergerichts in Berlin-Schöneberg tagend, in einem *Dekret*: »The Prussian State together with its central government and all its agencies is abolished.« Der Beschluß ist durch deutsche Parlamente nicht bestätigt worden. Zur Begründung führten die Kontrollratsmächte an, Preußen sei ein Herd des Militarismus und der Reaktion in Deutschland gewesen (»a bearer of militarism and reaction in Germany«). Man hätte sich eine etwas intelligentere Begründung einfallen lassen können. An den in der zivilisierten Welt zwischen 1701 und 1933 geführten Kriegen sind Frankreich mit achtundzwanzig Prozent, Großbritannien mit dreiundzwanzig Prozent, Rußland-Sowjetunion mit einundzwanzig Prozent und Preußen-Deutschland mit lediglich acht Prozent beteiligt gewesen.

Die Qualität der Kriege der »kleinen Großmacht« war die gleiche wie bei den anderen zeitgenössischen Mächten. Aber in dem Charakter und der politischen Mentalität der Völker und Rassen gibt es immer Vorurteile, die vom Eigeninteresse her verbreitet und publizistisch gepflegt werden. Preußen macht hierin keine Ausnahme; es ist eher schon ein Musterfall für ein Objekt, an dem sich allgemeine Vorurteile und Abwehrhaltungen gegenüber den Deutschen bzw. Norddeutschen fast lustvoll personifizieren und tradieren lassen. Es bleibt festzuhalten, daß das Preußen-Dekret des Kontrollrats kein Gegenstück für das Reich gefunden hat. Viel Ehre für den längst am Boden liegenden Preußen-Adler, daß vier Großmächte nach einem Wege von »Versaille« über »Moskau« nach »Jalta« einige Schwanzfedern des edlen Greifvogels post mortem an das Gerüst dieses sonderbaren Auflösungsgesetzes nageln zu müssen meinten.

Verluste und Rekonstruktionen

Das Ende Preußens wirft aber auch Fragen auf, die den Überresten und der Nachwirkung gelten.

Wenn es richtig wäre, daß Preußen nie einer »Idee« gedient hat, in der Staats-Erhaltung als Selbstzweck sich ausdrückte, wenn es wegzudenken und »der Welt« entbehrlich gewesen wäre, wie Sebastian Haffner mit großer Geste gemeint hat, dann gäbe es heute nur ein historisches Schaustück, in dem als Tugenden und Laster der Potsdamer Akteure »Geist, List, Frechheit, Tücke und Heroismus« zu betrachten wären. Eine abgelebte »Staatskultur« – und, mit Haffner, der »helle Schlußakkord« des Vergeltungs-Verzichts der vertriebenen Preußen. Doch in ein so enges Gewand wird sich die Geschichte und Nachgeschichte Preußens nicht einfügen lassen.

Preußens *Hinterlassenschaften* erstrecken sich über weite Gebiete, gleichviel, ob es sich um materielle Kulturen, um Ideen oder um politische und militärische Konstellationen oder Verhaltensformen handelt. In Preußen haben sich neue Bewohner mehr oder minder wohnlich einrichten müssen. So wie altpreußische Burgen, Schlösser und Herrensitze zwischen Ostpreußen und der Altmark mit zum Teil seltsamen Methoden neuen Zwecken dienstbar gemacht worden sind. Deshalb ist die Frage nach den preußischen Hinterlassenschaften (Bevölkerung, Staats- und Rechtsideen, Militärtraditionen, Hauptstadt und Kultursammlungen) nicht zur Ruhe gekommen. Ein bedeutendes Staatswesen ist nicht mit einem Kontrollrats-Dekret abzustellen. Das Gefühl eines Verlustes bewegt viele, die ihre Gedanken auf die Zukunft der Deutschen richten. Es bewegt wohl auch jene verspäteten Nachfahren preußischer Geschlechter, die aus Weltangst und Bewegungsfurcht »Warnungen vor Preußen« aussprechen. Charles de Gaulle hat kühl die Frage aufgeworfen, was »Deutschland« ohne Preußen überhaupt sei.

Zu den Hinterlassenschaften zählte neben der Verwaltung, in der sich auf deutscher Seite preußische Formen, Einrichtungen und Rechtsgrundlagen bis heute erhalten haben, vor allem die *Bevölkerung*, zumal die der mittleren und östlichen Provinzen. Es ist bekannt, daß die Einwohnerschaft der Ostprovinzen mehr als jeder andere Bevölkerungsteil im Deutschen Reich unter den Folgen des Krieges und Kriegsausganges zu leiden hatte. Um 1950 lebten noch hundertvierzigtausend Ostpreußen, dreißigtausend (Hinter-)Pommern, zwanzigtausend Ostbrandenburger und achthundertvierzigtausend Schlesier in ihrer Heimat.

Die übrigen Bewohner, mehr als sieben Millionen Menschen, waren während des Krieges geflohen oder wurden nach Kriegsende durch Verschleppung in russische Arbeitslager und durch die vom Alliierten Kontrollrat gebilligten »Ausweisungen« von ihren Wohnsitzen gewaltsam verdrängt. Insbesondere Polen, das 1945/46 fast ein Drittel seines einstigen Staatsgebietes an Sowjetrußland abtreten mußte, hat damit einen nicht ganz geringen Teil westslawischer Randvölkerschaften (Masuren, Kaschuben, Pomoranen, Oberschlesier und andere), soweit diese eingedeutscht waren, aus seinem Staatsverband ausgeschlossen und auf die Siedlungsgebiete vor allem Westdeutschlands verwiesen. Über den Umfang der von Polen aufgenommenen deutschen Volksteile (nach 1918 und nach 1945) liegen keine verläßlichen Zahlen vor.

So war es nicht ein »Hauptteil der preußischen Bevölkerungssubstanz«, der entwurzelt worden ist, wie man aus westdeutscher Sicht gemeint hat. Aus den von der Sowjetunion und Polen annektierten Provinzen sind rund vierundzwanzig Prozent der gesamten preußischen Bevölkerung (Stand 1933) vertrieben oder ausgesiedelt worden. Da sich noch etwa dreihunderttausend ehemalige preußische Staatsbürger vor allem in Oberschlesien und Ostpreußen befinden, dürfte der tatsächliche Abwanderungsprozentsatz etwas geringer sein. Weitere sechsundzwanzig Prozent der preußischen Altbevölkerung (und deren Nachkommen) behielten 1945/46 ihre Wohnsitze in den preußischen Mittelprovinzen (Brandenburg, Berlin, West-Pommern, Sachsen, West-Niederschlesien). Ein Teil dieser Bevölkerung (1933: 10 589 517 Einwohner) hat dann, im wesentlichen zwischen 1948 und 1961, den Wohnsitz in Richtung Westen gewechselt. Andererseits ist ein Teil der Vertriebenen in den ehemaligen Mittelprovinzen ansässig geworden. Es läßt sich mit Sicherheit sagen, daß mehr als drei Viertel (rd. sechsundsiebzig Prozent der »Preußen« nach 1945) in Gebieten verblieben sind, die 1932 zum Freistaat Preußen gehört haben. Der Gebietsverlust, den Preußen durch die Annexionen nach dem zweiten Weltkrieg erlitten hat, beläuft sich auf neununddreißig Prozent seines Staatsgebietes (Stand 1934).

Die bis Ende 1950 in Restdeutschland ansässig gewordenen Vertriebenen aus den preußischen Ostprovinzen (einschließlich Danzigs: 7 390 000) haben beim *Wiederaufbau* eine herausragende Rolle gespielt, besonders in den industriellen Kernräumen der Bundesrepublik Deutschland. Die »preußischen« sekundären Tugenden der Pflichterfüllung, der Redlichkeit, der Sparsamkeit, des Fleißes und des Vertrauens gegenüber verläßlichen Obrigkeiten waren Verhaltensformen, die bei dem Aufstieg einer Wirtschaftsrepublik dienlich sein mußten. Andererseits waren »preußische« Flüchtlinge und Vertriebene in weiten Teilen Westdeutschlands, soweit diese fast ungeschoren durch den Krieg gekommen waren und unversehrte Stammes- und Konfessionsstrukturen aufwiesen, einem partikularistischen Egoismus ausgesetzt, der zwar die fortdauernde Kraft des geschichtlich gegründeten Regionalismus in Mitteleuropa bezeugt, jedoch das Nationalbewußtsein in nicht nur günstigem Lichte erscheinen ließ.

Traditionen

Zur Nachlebensgeschichte Preußens gehört die Geschichte der Staatsprovinzen und des dort verbliebenen kulturellen Erbes durch die Nachfolgestaaten. In *Polen,* wo man unter den Belastungen des ersten Nachkriegsjahrzehnts Jahrhunderte der preußischen und deutschen Geschichte der Ostprovinzen für nicht existent erklärt oder dämonisiert hatte, wandte man sich dennoch stärker den historischen Realitäten zu, auch wenn noch Teilen der Bevölkerung, zumal jüngeren Generationen, unklar bleibt, auf welchem vielschichtigen Geschichtsboden sie leben. Aber es darf gehofft werden, daß eines Tages jeder in der Schule unbefangen erfahren kann, daß größere Teile des polnischen Staats- und Verwaltungsgebietes über zwei oder drei Jahrhunderte hin zu Brandenburg-Preußen gehört haben. Daß die Warschauer Regierung sich noch 1980 nicht bereit finden konnte, für die Berliner Preußenausstellung Kunstgegenstände freizugeben, zeigt, wie neuralgisch die Geschichts- und Gebietsproblematik geblieben ist und mit welcher fast unheimlichen Macht Geschichte auf das politische Denken und Handeln einwirken kann.

Im anderen Teil *Deutschlands,* in der aus der Sowjetischen Besatzungszone Deutschlands hervorgegangenen DDR, wurde Preußens Geschichte für längere Zeit als etwas politisch Erledigtes, Abgelebt-Früheres und aus dem historischen Kontinuum weitgehend Herausgelöstes angesehen. Man zerlegte die Geschichte gleichsam, um sozialgeschichtlich oder militärgeschichtlich interessante Preußen-Teile herausschälen zu können. Ein langsamer Wandel zur vielseitigeren Darstellung hin ist zu beobachten. In erweitertem Umfange werden Teile der preußischen Geschichte und die materiellen Überreste als Bestandteil eines geschichtlichen und kulturellen »Erbes« verstanden. Sie werden jedoch nicht in den engeren Kreis der »Traditionen« der DDR hineingenommen. Von einer »Preußen-Renaissance« kann nicht die Rede sein, jedenfalls nicht offiziell. Die preußischen Relikte und Bilder im öffentlichen Bereich wirken deshalb etwas aufgesetzt und gleichsam illegitim, weil sie mit Realitäten der Gegenwart nicht harmonieren wollen. So wird mit »Preußen« offiziell noch zurückhaltend verfahren, obwohl die vielfältige preußische Vergangenheit in Berlin und Brandenburg, in Vorpommern und in Sachsen-Anhalt als Grundmuster in der geschichtlichen Landschaft ruht. Fontane, Schinkel, Clausewitz, Scharnhorst und Boyen sowie andere erhielten für Forschung und Publikation besondere, auch international gültige Freibriefe. Ihre Grabstätten, zum Teil in exponierter Lage in Grenzzonen, werden gepflegt. Dem Friedrich-Denkmal von Christian Rauch wurde, nach dreißigjähriger Entrückung, der klassische Platz vor der Berliner Universität eingeräumt, ein Preußen-Politikum hohen Ranges. Die auf preußische Objekte bezogene Denkmalspflege kommt mit steigendem Sozialprodukt rascher voran; manches wird noch gerettet, was bereits dem Verfall oder Abbruch preisgegeben war. Das Berliner Stadtschloß (Sprengung 1950) würde man heute gewiß nicht mehr abräumen. Potsdam und die Berliner »Linden« sind, nach Maßgabe des Möglichen, wiederaufgebaut worden. Nicht jedes aus der preußischen Vorkriegszeit stammende Baudenkmal weist jene Substanz und Qualität auf, durch die es erhaltenswert wird. Für Überheblichkeiten aus westlicher Richtung besteht in dieser Hinsicht kein Anlaß mehr. Auch in den ehemals preußischen Teilen Niedersachsens und in Nordrhein-Westfalen ist in den Wiederaufbaujahren unter marktwirtschaftlichen Vorzeichen und aus regionaler oder parteipolitischer Borniertheit heraus vieles unwiederbringlich abgetragen oder in ein historisch totes Beziehungsfeld gerückt worden. Der Ausfall der preußischen Provinzialverbände seit 1945 hat sich ungünstig ausgewirkt. Hüben wie drüben bedürfen die Bürokratien des Gegengewichts und der Kontrolle durch neutrale Selbstverwaltungskörperschaften für die Baudenkmal- und Stadtbildpflege.

Den nördlichen Teil Ostpreußens hat die *Sowjetunion* 1945 sogleich an sich gezogen. Das »Ostpreußische Tagebuch« (1945 bis 1947) des Grafen Lehndorff gibt, neben anderen Quellen, Einblick in die Zustände eines Gebietes, in dem alle bisherigen Gesetze außer Kraft gesetzt sind, die Haager Landkriegsordnung eingeschlossen. Kein Vergleich mit dem Schicksal Ostpreußens während des Siebenjährigen Krieges. Die Grenzen zum polnischen Südteil Ostpreußens wurden mit einem Federstrich gezogen, quer durch eine von Balten, Deutschen und Slawen erarbeitete Kulturlandschaft. Das war eine Art der Grenzziehung, wie sie Stalin und Ribbentrop im August 1939 bei der vierten Teilung Polens bereits praktiziert hatten (durch Armauflegen auf die Landkarte). Demgemäß ist offenbar mit dem ostpreußischen Annexionsgebiet verfahren worden. Nicht nur die Austreibung fast der gesamten, Nachfahren der alten Prussen und Litauer einschließenden Bevölkerung (Ausnahme: Kurische Nehrung), sondern auch die Beseitigung der meisten Denkmäler der preußischen Geschichte des Landes erweisen, daß sich die Methoden der Landeroberung im Laufe der letzten drei Jahrtausende nicht wesentlich geändert haben. Kaum ein ostpreußischer Ortsname, der hier anklangsweise erhalten blieb, dazu ein Desinteresse an der Geschichte und Landeskultur des annektierten Gebietes, vielleicht mit der Ausnahme des Königsberger Kant-Grabes und der Zucht von Rassepferden im Staatsgestüt Trakehnen.

Man wird an einen Satz aus einer alten Moskauer Chronik erinnert, in der von den Ereignissen des Tatareneinfalls erzählt wird: »Und diese unhaltbaren Zustände dauerten vierhundert Jahre lang.«

Im *westlichen Deutschland,* vor allem in katholischen Gebieten des Rheinlandes und Westfalens bot Preußens Niedergang den willkommenen Anlaß, durch die Fabrikation von Schmähschriften verschiedener Art in einen Gleichklang zu Auffassungen im westlichen Ausland zu kommen. Mit dem Verweis auf »Preußen« konnten Schuldkomplexe verdrängt, Rechercheure in andere Richtungen gewiesen werden. Die Wochenzeitung »Rheinischer Merkur« hat in den ersten Jahrgängen die provinziale Preußenfeindlichkeit mit schwer überbietbarer Überheblichkeit zum Programm erhoben. Nun mag dies neben aller Opportunität einige weit zurückreichende Wurzeln haben, im Konfessionalismus und rheinischen Regionalismus. Aber es läßt sich nicht leugnen, daß in die preußisch-deutsche Geschichte mit »Hybris« und »Schuld« auch rheinisch-westfälische Gestalten hineingehören, ob man nun an Heinrich Claß-Alzey, Franz von Papen, Baron Schröder-Köln, Ludwig Kaas-Trier, an Heinrich Brüning oder an Leitfiguren wie den 1939 in die Schweiz emigrierten Fritz Thyssen (»Ich bezahlte Hitler«), an Albert Vögler oder Emil Kirdorf denkt. Rudolf Morsey bemerkt zu diesem wenig erörterten Punkt: »Hingegen fiel der personelle Beitrag des Rheinlands zur braunen Führungsspitze mit Joseph Goebbels und Robert Ley etwas ergiebiger aus« (1965). Der Herausgeber des »Rheinischen Merkur«, Franz Albert Kramer, war nach 1945 nicht der einzige Reisende in Ausgliederungsprojekten nach Vorstellungen, wie sie in Paris (George Bidault) gutgeheißen wurden. Neue Forschungen (H. Köhler) werden zeigen, wie Preußen seinen Schatten immer noch auf die Schreibtische der Diplomaten und Publizisten warf. Die Summe aus manchen Schäbigkeiten der Nachkriegszeit hat Friedrich Sieburg mit zwei nüchternen Sätzen gezogen: »Das große Alibi hieß Preußen, und der Nachweis, daß man schon immer gegen Preußen gewesen sei, genügte häufig, um den neuen Machthabern die von ihnen verlangte innere Wandlung vorzuführen. Die Willfährigkeit, mit der das deutsche Volk oder wenigstens seine gebildeten Schichten sich damals von Preußen getrennt, seine Auflösung gutgeheißen oder gar ignoriert haben, sollte so schnell nicht vergessen werden, wie peinlich es auch sein mag, daran zurückzudenken« (1954). Es gab Stimmen, vor allem in Norddeutschland, die gerechterweise daran erinnerten, mit welchen überproportional hohen Opfern das mittlere und östliche Preußen die Zusammenführung des Reiches und die von allen Reichsdeutschen letztlich zu verantwortenden Fehlentscheidungen in Wahlen und Kabinetten zu begleichen hatte. Mit der nötigen Klarheit hat von Hamburg aus DIE ZEIT unmittelbar nach dem Kontrollratsbeschluß an einige Kernfragen erinnert: »Der preußische Staat war ein Gebilde von solcher Dauer und solcher Wirkungskraft, daß er sich nicht einfach in einem extremen moralischen Werturteil, noch weniger in einem Mythos einfangen läßt. Der Erkenntnis wird weit besser gedient, wenn man nach der historischen Funktion fragt, die Preußen innerhalb der gesamtdeutschen Geschichte zukommt. Und da läßt sich gar nicht verkennen, daß der preußische Staat der Weg zum deutschen Staat gewesen ist. Wer nicht nachzuweisen vermag, daß die Deutschen, zum Unterschied von den anderen Völkern Europas, eines Nationalstaates überhaupt nicht bedurften, wer nicht zeigen kann, daß es einen brauchbareren als den preußischen Weg zum deutschen Staat gegeben hat, der ficht mit seiner grundsätzlich antipreußischen Argumentation an der Geschichte vorbei« (7. März 1947). Und Sozialdemokraten aus den Hansestädten haben darauf verwiesen, daß Preußens Aufgabe nicht erfüllt sei und daß es in dem westdeutschen Rumpfstaat eines längerfristig wirkenden Gegengewichts gegen die zu stark an Zufälligkeiten der Wirtschaftsabläufe angelehnte Industriestaats-Demokratie bedürfe. Dazu kamen dann die Stimmen der Historiker (Fritz Hartung, 1950; Hans-Joachim Schoeps, 1951; Hans Rothfels, 1949; Walther Hubatsch, 1951/1953, und andere), die nicht bereit waren, »den letzten Moment zum Maß aller früher durchlebten Phasen« zu erheben (J. G. Droysen).

In der praktischen Politik, die sich unter dem »Schleier des Zeitdenkens« (Friedrich Meinecke) vollzieht, bot sich für einen Vertreter Preußens kein Platz an. Die Vertreter des verfassunggebenden »Parlamentarischen Rates« haben zwar auch in der preußischen Tradition stehende Bestimmungen in das Grundgesetz aufgenommen; im übrigen fehlte eine angemessene Vertretung im Kabinett. Es war kein Zufall, daß es der erste Bundeskanzler vermieden hat, profilierte »Preußen« in den Kreis seiner Minister und Berater aufzunehmen. Unter den kurzfristigen Gesichtspunkten der Politik von Wahl zu Wahl läßt sich manches Argument für den lautlosen Prozeß der Integration preußischer Restbestände anführen. Es wird sich aber kaum widerlegen lassen, daß die offizielle Bundesrepublik einen Teil der deutschen Geschichte über Jahrzehnte hin wenig beachtete und damit die Chance ungenutzt ließ, eine fundiertere Staatsidee zu entwickeln. Einem Mann wie Adenauer, der in sich den »Preußen« mit dem »Antipreußen« zu vereinigen wußte, waren historische Rückblicke oberhalb des Anekdotischen zwar nicht fremd, sie blieben jedoch im Bereich des Verwertbaren. Typisch für diese Benutzung der Geschichte scheint es zu sein, wenn er 1949 den Alliierten Hochkommissaren, anläßlich eines bitteren Rückblickes der Gastgeber auf die jüngere deutsche Geschichte, in unzweifelhaft grandioser Unbefangenheit entgegenhielt, daß letztendlich Frankreich und England den Aufbau der preußischen Position am Rhein zugelassen hätten. Eine kühne Spekulation und mehr nicht ist es, daß die deutsche Geschichte einen anderen Verlauf genommen hätte, wenn Brandenburg-Preußen seine westfälisch-rheinischen Positionen nicht hätte ausbauen können. Die Grenze zum politischen Scherz ist eigentlich überschritten. Inzwischen ist dies alles zur tiefen Vergangenheit geworden, und die Folgen einer aus den älteren Wert- und Traditions-Bindungen leichthin entlassenen Politik beginnen im ökonomischen Bereich einen als lästig empfundenen Umfang anzunehmen. Mit wieder aufgenommenen preußischen Leitvokabeln wird sich der Zustand schwerlich beheben lassen, daß »Staat«, »Geschichte« und »Freiheit« von einem Teil der Nachwachsenden nur schemenhaft gesehen oder mit heroischer Ignoranz verspottet werden. Die gesamte staatsbürgerliche Bildungsarbeit sollte möglichst noch »vor 1806« einer Reform unterzogen werden. Das gehört zu den »Warnungen«, die Preußen aus seinem Schattenreich heraus den nachlebenden Deutschen nördlich und südlich des Mains anzubieten vermag.

Bilanz: Gleichgewicht oder Hegemonie

Die Bedeutung des Ausscheidens Preußens aus dem Kreis der gestaltenden Kräfte in Europa seit 1918 ist nicht leicht abschätzbar. Erst nach einem Abschluß des in den dreißiger Jahren erneut ausgelösten und entfesselten Ringens um strategische Zonen, Rohstoff-Räume und Absatzgebiete für Ideologien wird sich überschauen lassen, wie sich Zerlegung und Verlagerung des preußischen Kraftfeldes insgesamt ausgewirkt hat. Das kann noch sehr lange dauern. Rom ist auch nicht an einem Tage untergegangen. Die bisherigen Folgen der Preußen-Destruktion ergeben kein sonderlich günstiges Bild, sofern man sich nicht zu tief vor dem Zeitgeist verbeugt. Kritiker und Analytiker, Historiker und Publizisten in Ost und West sind sich mehrheitlich in einem Punkt heute ziemlich einig, daß man über die ersten Notjahre der Nachkriegszeit hinaus mit einem gewichtigen historisch-politischen und kulturellen Erbe nicht angemessen umgegangen ist und die Verluste des Krieges vermehrt hat. Neben diesen materiellen und geistigen Verlusten ist an eine der wichtigsten Funktionen Preußens zu erinnern. Der stabile Staat mit seinen vergleichsweise toleranten und liberalen Grundzügen hat – vor wie nach 1918 – Heterogenes zusammenhalten können, was andernfalls in der Vereinzelung verkümmert wäre. Der Hinweis auf Hannover und die beiden Mecklenburg, auf kraftvolle Modernisierung und rührende Rückständigkeit mag hierfür hinreichen. Mit Preußen gab es eine

Klammer, die unterhalb der wie immer gestalteten gesamtdeutschen Verfassungen Osten, Mitte und Westen verbunden und zu fruchtbarem Austausch bewegt hat. Und es war eine Drehscheibe politisch-kultureller Gegensätze, wie sie sich in dem differenzierten Mitteleuropa zwangsläufig ergaben und wie sie unablässig neu entstehen. Aber nun fehlt die Drehscheibe und die verschiedenen »Preußen« zwischen Kleve und Frankfurt/Oder müssen einige Anstrengungen unternehmen, um miteinander zu sprechen und sich zu verständigen. Nur Berlin, das »letzte Stück der Urzelle Preußens« (Marion Gräfin Dönhoff, 1973), mit seinem Sonderstatus und seinen Anbindungen, ist ein deutsches und »preußisches« Kommunikationszentrum geblieben: Preußens heimliche Hauptstadt. Wer bedenkt, wie rasch sich Menschen eines Volkes, einer Sprache und einer Kultur aus dem Blickfeld geraten können, wird dem Satz zustimmen, daß man Preußen auch im 20. Jahrhundert noch hätte »erfinden« müssen, wenn es dieses »Phänomen« nicht schon seit langem gegeben hätte.

Preußens Liquidation veränderte aber noch andere Beziehungsfelder. Das gilt vor allem für die östlichen Nachbarn, einerseits Rußland, andererseits Polen. Albert Speer, der in der Spandauer Militärstrafanstalt über die Folgen der Hitler-Politik nachzudenken Zeit hatte, notierte: »Mit der Abtretung der Ostgebiete vom deutschen Reich hat Stalin in ganz anderem Sinne noch die Chance auf Deutschland verspielt. Denn jene Gebiete waren doch auch in kultureller, handelspolitischer und allgemeinpsychologischer Hinsicht die Verbindung Deutschlands mit Rußland sowie überhaupt mit dem Osten.« In dieser in den fünfziger Jahren häufiger vertretenen Meinung drückt sich unter anderem das Erstaunen darüber aus, daß Rußland bei den faktischen Grenzveränderungen 1945/46 auf eine gemeinsame Grenze mit Restdeutschland verzichtete, vielmehr Polen im Rahmen der 5. Teilung eine Form verlieh, die es insgesamt zu einem ost-westlichen »Korridor« werden ließ. Die Probleme, die sich daraus ergeben, sind heute etwas aktueller geworden, und die Argumentationen des sowjetischen Außenministeriums enthalten deutliche Hinweise auf geopolitische Zwänge. Auch im Zeitalter der sich mit Überschallgeschwindigkeit fortbewegenden Flugkörper verlieren Landwege nichts an Bedeutung.

Aber eine »Chance« auf einen hegemonialen Einfluß auf das gesamte Restdeutschland (wenn Speer dies gemeint haben sollte), hat Rußland 1945 bis 1947, nach allem was geschehen war, gewiß nicht besessen. Es fehlten alle Voraussetzungen, nachdem die Möglichkeiten des Kriegsbündnisses mit den Westmächten bis zu den Kurilen hin ausgeschöpft worden waren. Und für eine Art »Rapallo-Politik« des Ostens gegenüber den Vertretern des rasch wieder zu Kräften gekommenen westdeutschen Industrie-Bürgertums mangelte es in der späten Stalin-Ära vor allem an psychologischen Voraussetzungen. Die Berija-Affäre mit ihren deutschlandpolitischen Hintergründen blieb auch deshalb Episode. So betrieb man vor wie nach 1952 eine Politik der Absicherung neuer Besitzstände. Allenfalls wurden Versuche unternommen, störende Ecken abzuschleifen wie bei der Berliner Blockade. Das scheiterte an etlichen Rest-Preußen und an den Westmächten, die schließlich bemerkten, welche Melodie an der Spree gespielt werden sollte. Innerhalb der neuen, ehemals preußischen, aber auch polnischen und sonstigen Gebiete wurden, wie schon in der Antike üblich, Militärkolonien und neue Tempel errichtet; im übrigen aber waren die preußische Infanteriekasernen von so vorzüglicher Substanz, daß Legionen und Kohorten gut untergebracht werden konnten. Es war nicht jedermanns Sache, diesen Zuständen beizuwohnen. So hat die Moskauer Politik der einseitigen Ressourcenverwertung im östlichen Mitteleuropa den Aufstieg des westlichen Deutschland, auch die Aufnahme und Einsetzung preußischer Potenzen und sonstiger verlagerungsfähiger Traditionen und Substanzen nicht unwesentlich begünstigt. Die Bundesrepublik Deutschland, auf deren Gebiet ohnehin fünf ehemalige preußische Provinzen liegen, wurde besonders seit 1956 funktional und teilweise strukturell-inhaltlich zu einem Ersatz-Preußen und blieb es fortan. Lobredner und Kritiker Preußens begehen immer wieder den Fehler, ältere Zustände den heutigen gegenüberzustellen, um mit einer negativen oder positiven Schlußfolgerung aufwarten zu können. Gäbe es Preußen als Bundesland heute in der Bundesrepublik, so sähe es politisch-wirtschaftlich kaum anders aus als Niedersachsen oder Nordrhein-Westfalen. Vielleicht wäre die Ignoranz in Sachsen der preußischen Landes- und Staatsgeschichte bei den breiteren Bevölkerungsschichten etwas weniger ausgeprägt.

Starke Staatstraditionen geraten grundsätzlich nicht in Vergessenheit. Diese Erfahrung bestätigt sich auch dann, wenn der die Tradition stiftende Staat vergangen ist. Denn leitende politische Tendenzen und Beziehungen erhalten sich wegen ihrer räumlichen und wirtschaftlichen und sonstigen Fundierung und werden von neuen Machthabern aufgenommen und unter anderen Namen und Herrschaftszeichen genutzt. Doch der Blick in die Zukunft ist uns verwehrt. Niemand vermag zu sagen, ob sich der Phönix noch einmal aus der Asche heben wird, ob er bereits in Stille steigt oder ob ein anderes »Preußen« im Halbdunkel einen langen Entwicklungsweg angetreten hat. An Zielen fehlt es nicht, solange das deutsche Volk seine Einheit nicht wiedergefunden hat und solange die Folgen und Schäden des Krieges und der Spaltung zur Zusammenarbeit der ähnlich Gesinnten aufrufen.

Preußen, obschon zerfallen, konnte nicht ausgelöscht werden. Die Denkmäler seiner geschichtlichen Größe, in Erz und Stein, umgeben die Nachlebenden. Die Stätten seines geschichtlichen Verhängnisses werden schuldlos-neugierig von Nachgeborenen betreten, denen Sparsamkeit und Strenge, Härte und Opferbereitschaft nichts Selbstverständliches mehr sind. Dennoch lebt die nicht aufteilbare Geschichte dieses ungewöhnlichen Staatsgebildes in wechselndem Lichte mit uns und in uns fort. Sie begleitet jene, die Geschichte auch als einen Bund der Lebenden mit den Schöpfungen der Toten begreifen, und sie verstummt vor jenen anderen, die mit dem Schrei der Anklage sich selbst vergessen wollen. Auf das Vergängliche und Überzeitliche gründet sich jede Kultur. Für Preußen und seine gestaltenden Kräfte, deren Weg wir nachzuzeichnen suchten, mag der Satz gelten, den die Sibylle (nach 1250) dem zweiten Friedrich von Hohenstaufen als dem letzten Kaiser vor dem Interregnum nachrief: »Er lebt und er lebt nicht.«

ANHANG

Das Haus der Askanier in Brandenburg I
(Auswahl)

Otto I.
1127/1130–1184,
Markgf. v. Brandenburg 1170
∞ 1. 1148 Judith v. Polen, † nach 1171
∞ 2. vor 1176 Adelheid

Hermann
† 1176
Gf. v. Orlamünde

Siegfried
† 1184
Bf. v. Brandenburg
1173–1180
Erzbf. v. Bremen
seit 1180

Albrecht
† nach 1170
Gf. v. Ballensted
∞ nach 1157
Adela v. Meissen
† nach 1172

1. Ehe

Otto II.
1148/1157–1205, Markgf. 1184
∞ Ada v. Holland

Heinrich
† 1192
Gf. v. Gardelegen

Johann I.
1213?–1266, Markgf. 1220
∞ 1. 1230/1235? Sophia v. Dänemark
† 1247, ∞ 2. 1255 Jutta v. Sachsen, † 1287

Otto III.
1214/15?–1267, Markgf. 1220
∞ nach 1233 Beatrix v. Böhmen † 1290
(siehe Askanier II)

1. Ehe

Johann II.
(um 1231–1236)–1281
Markgf. 1266
∞ 1257–1266 Hedwig
v. Werle † 1287

Otto IV.
mit dem Pfeil
(um 1238)–1308
Markgf. 1266
∞ 1. 1262 Heilwig
v. Holstein † 1305
∞ 2. 1308 Jutta,
Gfn. v. Henneberg † 1316/17
Witwe Markgf. Diezmanns
v. d. Lausitz

Konrad I.
(um 1240)–1304
Markgf. 1266
∞ 1260 Constantia
v. Polen † 1281

Erich
(um 1242)–1295
Erzbf. v. Magdebur
seit 1283

Konrad (II.)
† zw. 1308 u. 1319

Johann
postulierter Bf.
v. Havelberg 1290
† 1292

Johann IV.
1261 (später?)–1305
Markgf. 1286

Otto VII.
† (1297)
Markgf. 1291

Woldemar
1281 (spätestens)–1319
∞ (1309) Agnes
v. Brandenburg,
To. Markgf. Hermanns † 130

Albrecht der Bär
um 1100–1170, Markgf. der Nordmark (Brandenburg 1134)
∞ vor 1130 Sophie Gfn. v. Winzenburg † 1160

Dietrich
† 1183
Gf. v. Werben
∞ Mathilde v.
Thüringen

Bernhard
um 1140–1212
Gf. v. Aschersleben
1180 Hzg. v. Sachsen

Hedwig
† 1203
∞ Markgf. Otto
v. Meissen † 1190

Gertrud
∞ Hzg. Diepold
v. Böhmen † 1167

N.
∞ 1152 (?)
Hzg. Wladislaw
v. Polen

2. Ehe

Albrecht II.
vor 1177–1220, Markgf. 1205
∞ 1205 Mechthild v. d. Lausitz † 1255

Gertrud
∞ Walter Gf. v. Arnstein † nach 1199

Mechthild
† 1261
∞ (1219) Hzg. Otto v. Braunschweig † 1252

Grafen v. Lindau u. Ruppin

2. Ehe

Helene
1241–1304
∞ 1258 Markgf. Dietrich
v. Landsberg † 1285

Mechthild
∞ vor 1278
Hzg. Bogislaw IV.
v. Pommern-Wolgast
† 1309

Agnes
∞ 1273 Kg.
Erich Glipping
v. Dänemark
† 1286

Hermann
(1259/60)–1291
Bf. v. Havelberg
seit 1290

Heinrich I.
1260/1266/67–1318
Markgf. 1293
∞ (1298/1302)
Agnes v. Wittelsbach,
Witwe Ldgf.
Heinrichs v. Hessen † 1345

Agnes
† 1329
∞ 1300 Albrecht I.
v. Anhalt-Köthen
† 1316

Sophie
∞ um 1327
Hzg. Magnus
v. Braunschweig

Jutta
∞ vor 1318
Hzg. Heinrich II.
v. Braunschweig-
Grubenhagen
† 1351

Heinrich II.
1308–1320
Markgf. 1319

Das Haus der Askanier II
(Auswahl)

Johann III.
1244–1268
Markgf. 1267

Otto V.
nach 1244–1298
Markgf. 1267
∞ 1268 Jutta
v. Henneberg
† 1295 (spätestens)

Albrecht III.
um 1250–1300
Markgf. 1267/1299
∞ 1269 Mechthild
v. Dänemark
† 1299

Otto
† 1295
∞ 1295 (spätestens)
Hedwig v.
Schlesien-Liegnitz
† nach 1343

Albrecht
† 1295

Hermann
† 1308
Markgf. 1295
∞ 1295 Anna
v. Österreich,
Hzgn. v. Schlesien-
Breslau † 1327

Beatrix
∞ 1284
Hzg. Bolko I.
v. Schlesien-Jauer
† 1301

Mechthild
∞ (1287)
Hzg. Heinrich IV.
v. Schlesien-Breslau

† 1290

Agnes
∞ 1. (1309) Markgf.
Woldemar v.
Brandenburg
† 1319
∞ 2. 1319
Hzg. Otto v.
Braunschweig
† 1344

Mechthild
∞ 1310/1312
Hzg. Heinrich II. v.
Schlesien-Glogau
† 1342

Jutta
∞ (1317) Gf.
Heinrich VIII.
v. Henneberg
† 1347

- **Otto III.**
  Markgf. 1220
  - **Otto VI.**
    1264–1303
    Markgf. 1280
    ∞ 1279 Hedwig
    v. Österreich
    † vor 1286
    - Jutta
      ∞ nach 1298
      Hzg. Rudolf v.
      achsen-Wittenberg
      † 1356
    - Otto
      † kurz
      vor 1299
    - Johann
      † kurz
      vor 1299
    - Beatrix
      ∞ 1292
      Hzg. Heinrich II.
      v. Mecklenburg
      † 1329
    - Margarete
      ∞ 1. vor 1293 Hzg., Kg.
      Przemyslaw v. Polen
      † 1296
      ∞ 2. 1302 Hzg.
      Albrecht III. v.
      Sachsen-Lauenburg
      † 1308
  - Kunigunde
    ∞ 1264 Bela
    v. Ungarn
    † 1269
  - Mechthild
    ∞ vor 1267
    Hzg. Barnim I.
    v. Pommern
    † 1278

- **Johann V.**
  1302–1317
  Markgf. 1314

Das Haus Hohenzollern I
(Auswahl)

Elisabeth 1403–1449
∞ 1. 1418 Hzg. Ludwig II.
v. Liegnitz † 1436
∞ 2. 1439 Hzg. Wenzel
v. Teschen

Johann 1406–1464
∞ 1412 Barbara v.
Sachsen-Wittenberg
† 1465

Magdalene † 1454
∞ 1429 Hzg.
Friedrich v.
Braunschweig-Lünebur
† 1478

Elisabeth 1425–1465
∞ 1. 1437 Hzg.
Joachim v.
Pommern † 1451
∞ 2. 1453 Hzg.
Wratislaw v.
Pommern † 1478

Dorothea 1430–1495
∞ 1. 1445 Kg.
Christof III. v.
Dänemark † 1448
∞ 2. 1449 Kg.
Christian I. v.
Dänemark † 1481

Dorothea 1446–1519
∞ 1464 Hzg.
Johann V. v.
Sachsen-
Lauenburg † 1507

Margarete † 148
∞ um 1477 Hzg
Bogislav
v. Pommern
† 1529

Kasimir 1481–1527 Markgf.
v. Kulmbach
∞ 1518 Susanne v.
Bayern † 1543

Georg 1484–1543 Markgf.
zu Ansbach 1536
∞ 1. 1509 Beatrix v.
Frangepani † 1524
∞ 2. 1525 Hedwig v.
Münsterberg † 1531
∞ 3. 1532 Emilie v.
Sachsen † 1591

Sofie 1485–153
∞ 1518 Hzg.
Friedrich II. v.
Liegnitz † 1547

Marie 1519–1567
∞ Kurfst.
Friedrich III.
v. d. Pfalz † 1576

Albrecht Alcibiades
1522–1557 Markgf.
v. Kulmbach 1536

2. Ehe

Sabine 1529–1575
∞ 1548 Kurfst.
Johann Georg v.
Brandenburg † 1598

3. Ehe

Sofie 1535–158
∞ 1560 Hzg.
Heinrich XI. v.
Liegnitz † 158

Friedrich I.
1371–1440 Markgf. u. Kurfst. v. Brandenburg 1415/17
∞ 1401 Elisabeth von Bayern-Landshut † 1442

Friedrich II.
1413–1471
Kurfst. 1440–1470
∞ 1441 Katharina
v. Kursachsen † 1476

Albrecht Achilles
1414–1486
Kurfst. 1470
∞ 1. 1446 Margarete v. Baden † 1457
∞ 2. 1458 Anna v. Kursachsen † 1512

Friedrich
um 1424–1463
Markgf. d.
Altmark u.
Prignitz 1447

1. Ehe

Ursula
1450–1508
∞ 1467 Hzg.
Heinrich v.
Münsterberg
† 1498

Johann Cicero
1455–1499
Kurfst. 1486
∞ 1476 Margarete
v. Sachsen † 1501

(siehe Hohenzollern II)

2. Ehe

Friedrich V.
1460–1536
Markgf. zu Ansbach 1486
zu Bayreuth 1495
∞ 1479 Sofie v.
Polen † 1512

Barbara 1464–1515
∞ 1472 Hzg.
Heinrich XI. v.
Glogau † 1476

Sibylle 1467–1524
∞ 1481 Hzg.
Wilhelm IV. v.
Jülich u.
Berg † 1511

Albrecht
1490–1568
Hochmeister d. Dt. Ordens 1512
Hzg. i. Preußen 1525
∞ 1. 1526 Dorothea v. Dänemark † 1547
∞ 2. 1550 Anna Marie v. Braunschweig-Kahlenberg † 1568

Johann Albrecht
1499–1550
Erzb. v.
Magdeburg 1545

Georg Friedrich
1539–1603 Markgf. v.
Ansbach 1543
∞ 1. 1558 Elisabeth
v. Brandenburg-
Küstrin † 1578
∞ 2. 1579 Sofie v.
Braunschweig-
Lüneburg † 1639

1. Ehe

Anna Sofie 1527–1591
∞ 1555 Hzg.
Johann Albrecht I.
v. Mecklenburg † 1576

2. Ehe

Albrecht Friedrich
1553–1618
Hzg. i. Preußen 1568
∞ 1579 Marie Eleonore
v. Jülich-Kleve-Berg † 1608

Anna 1576–1625
∞ 1594 Kurfst.
Johann Sigismund
v. Brandenburg † 1619

Eleonore 1583–1607
∞ 1603 Kurfst.
Joachim Friedrich
v. Brandenburg † 1608

Das Haus Hohenzollern II
(Auswahl)

Joachim I.
1484–1535 Kurfst. 1499
∞ 1502 Elisabeth
v. Dänemark † 1555

Anna 1487–1514
∞ 1502 Kg.
Friedrich I.
v. Dänemark † 1533

Kinder Joachims I.:

Joachim II.
1505–1571
Kurfst. 1535
∞ 1. 1524 Magdalene
v. Sachsen † 1534
∞ 2. 1535 Hedwig
v. Polen † 1573

Anna 1507–1567
∞ 1524 Hzg.
Albrecht VI. v.
Mecklenburg-
Schwerin † 1547

Elisabeth 1510–1558
∞ 1. 1525 Hzg.
Erich I. v.
Braunschweig-
Kahlenberg † 1540
∞ 2. 1546 Gf.
Poppo XVIII. v.
Henneberg † 1574

Kinder Joachims II.:

1. Ehe

Johann Georg
1525–1598
Kurfst. 1571
∞ 1. 1545 Sofie v.
Liegnitz † 1546
∞ 2. 1548 Sabine v.
Brandenburg-
Ansbach † 1575
∞ 3. 1577 Elisabeth v.
Anhalt † 1607

Barbara 1527–1595
∞ 1545 Hzg.
Georg II. v.
Liegnitz † 1586

2. Ehe

Elisabeth 1537–1595
∞ 1559 Hzg.
Franz Otto v.
Braunschweig-
Lüneburg † 1559

Kinder Johann Georgs:

1. Ehe

Joachim Friedrich
1546–1608
Kurfst. 1598
∞ 1. 1570 Katharine
v. Brandenburg-
Küstrin † 1602
∞ 2. 1603 Eleonore
v. Preußen † 1607
(siehe Hohenzollern III)

2. Ehe

Erdmuthe 1561–1623
∞ 1577 Hzg.
Joachim Friedrich
v. Pommern † 1600

Anna Marie 1567–1618
∞ 1581 Hzg.
Barnim XII. v.
Pommern † 1603

Sofie 1568–1622
∞ 1582 Kurfst.
Christian I.
v. Sachsen † 1591

Johann Cicero
1455–1499

Ursula 1488–1510
∞ 1507 Hzg.
Heinrich V. v. Mecklenburg-
Schwerin † 1552

Albrecht 1490–1545
Erzb. v. Magdeburg u. Bf. v. Halberstadt 1513,
Erzbf. u. Kurfst. v. Mainz 1514
Kardinal 1518

Margarete 1511–nach 1577
∞ 1. 1530 Hzg.
Georg I. v.
Pommern-Wolgast † 1531
∞ 2. 1534 Fst.
Johann II. v.
Anhalt-Zerbst † 1551
∞ 3. 1553 Hans Jonas v.
Goltz † nach 1566

Johann I.
1513–1571
Markgf. v.
Küstrin 1535
∞ 1537 Katharina v.
Braunschweig-
Wolfenbüttel † 1574

Sigismund 1538–1566
Erzbf. v.
Magdeburg 1553

Hedwig 1540–1602
∞ 1560 Hzg.
Julius v.
Braunschweig-
Wolfenbüttel † 1589

Elisabeth 1540–1578
∞ 1558 Markgf.
Georg Friedrich
v. Ansbach † 1603

Katharine 1549–1602
∞ 1570 Kurfst.
Joachim Friedrich
v. Brandenburg
† 1608

3. Ehe

Christian
1581–1655
Markgf. v.
Bayreuth 1603

Markgrafen
v. Bayreuth

Joachim Ernst
1583–1625
Markgf. v.
Ansbach 1603

Markgrafen
v. Ansbach

Agnes 1584–1629
∞ 1. 1604 Hzg.
Philipp Julius v.
Pommern † 1625
∞ 2. 1628 Hzg.
Franz Karl v.
Sachsen-Lauenburg † 1660

Dorothea Sybille 1590–1625
∞ 1610 Hzg.
Johann Christian v.
Liegnitz † 1639

Das Haus Hohenzollern III
(Auswahl)

Johann Sigismund
1572–1619
Kurfst. 1608 u. Hzg.
i. Preußen 1618
∞ 1594 Anna v. Preußen † 1625

Anna Katherine 1575–1612
∞ 1597 Kg.
Christian IV.
v. Dänemark † 1648

Johann Georg 1577–162
Hzg. v. Jägerndorf 1606
∞ 1610 Eva Christine
v. Württemberg † 1657

Georg Wilhelm
1595–1640
Kurfst. 1619 u. Hzg. i. Preußen
∞ 1616 Elisabeth Charlotte v. d. Pfalz † 1660

Anna Sofie 1598–1659
∞ 1614 Hzg.
Friedrich Ulrich
v. Braunschweig-Lüneburg † 1634

Luise Charlotte 1617–1676
∞ 1645 Hzg. Jakob
v. Kurland † 1681

Friedrich Wilhelm d. Gr.
1620–1688
Kurfst. 1640 u. Hzg. i. Preußen 1640/1657
∞ 1. 1646 Luise Henriette v. Nassau-Oranien † 1667
∞ 2. 1668 Dorothea v. Holstein-Glücksburg † 1689

1. Ehe

Karl Emil
1655–1674

Friedrich III./I.
1657–1713
Kurfst. 1688 u. Kg.
in Preußen 1701
∞ 1. 1679 Elisabeth Henriette v. Hessen-Kassel † 1683
∞ 2. 1684 Sofie Charlotte v. Hannover † 1705
∞ 3. 1708 Sofie Luise v. Mecklenburg-Schwerin † 1735

1. Ehe

Luise 1680–1705
∞ 1700 Landgf. Friedrich I. v.
Hessen-Kassel † 1751

2. Ehe

Friedrich Wilhelm I.
1688–1740 Kurfst. u. Kg. 1713
∞ 1706 Sofie Dorothea v. Großbritannien † 1757

Joachim Friedrich
1546–1608

1. Ehe

Barbara Sofie 1584–1636
∞ 1609 Hzg.
Johann Friedrich v.
Württemberg † 1628

Christian Wilhelm 1587–1665
∞ 1. 1615 Dorothea v. Braunschweig † 1643
∞ 2. 1650 Barbara Eusebia v. Martinitz † 1656
∞ 3. 1657 Maximiliane v. Salm-Neuburg † 1663

Marie Eleonore 1599–1655
∞ 1620 Kg.
Gustav II. Adolf
v. Schweden † 1632

Katharine 1602–1644
∞ 1. 1626 Fst. Gabor v. Siebenbürgen † 1629
∞ 2. 1639 Hzg. Franz Karl II.
v. Sachsen-Lauenburg † 1660

Hedwig Sofie 1623–1683
∞ 1649 Landgf. Wilhelm VI.
v. Hessen-Kassel † 1668

2. Ehe

Philipp
1669–1711
Markgf. v. Schwedt
∞ 1699 Johanna Charlotte
v. Anhalt-Dessau † 1750

Albrecht
1672–1731
∞ 1703 Marie Dorothea
v. Kurland † 1743

Elisabeth 1674–1748
∞ 1. 1691 Hzg. Friedrich Kasimir
v. Kurland † 1698
∞ 2. 1703 Markgf. Christian Ernst
v. Bayreuth † 1712
∞ 3. 1714 Hzg. Ernst Ludwig I.
v. Sachsen-Meiningen † 1724

Friedrich Wilhelm 1700–1771
Markgf. v. Schwedt 1711
∞ 1734 Sofie v. Preußen † 1765

Heinrich Friedrich 1709–1788
Markgf. v. Schwedt 1771
∞ 1739 Leopoldine v. Anhalt-Dessau 1782

Das Haus Hohenzollern IV
(Auswahl)

Wilhelmine 1709–1758
∞ 1731 Markgf.
Friedrich v.
Bayreuth † 1763

Friedrich II. d. Gr.
1712–1786 Kurfst. u. Kg. 1740
∞ 1733 Elisabeth
v. Braunschweig-
Wolfenbüttel † 1797

Friederike Luise 1714–1784
∞ 1729 Markgf. Karl v.
Ansbach † 1757

Philippine Charlotte 1716–180
∞ 1733 Hzg. Karl I. v.
Braunschweig-
Wolfenbüttel † 1780

Friedrich Wilhelm II.
1744–1797 Kurfst. u. Kg. 1786
∞ 1. 1765 (gesch. 1769) Elisabeth v. Braunschweig-Wolfenbüttel † 1840
∞ 2. 1769 Friederike v. Hessen-Darmstadt † 1805

1. Ehe

Friederike 1767–1820
∞ Hzg. Friedrich
v. Yorck † 1827

2. Ehe

Friedrich Wilhelm III.
1770–1840 Kurfst. u. Kg. 1797
∞ 1. 1793 Luise v.
Mecklenburg-Strelitz † 1810
∞ 2. 1824 Auguste
v. Harrach † 1873

Ludwig 1773–1796
∞ 1793 Friederike v.
Mecklenburg-Strelitz † 18

Friedrich Wilhelm IV.
1795–1861 Kg. 1840
∞ 1823 Elisabeth
v. Bayern † 1873

Wilhelm I.
1797–1888
Regent 1858, Kg. 1861, Dt. Ks. 1871
∞ 1829 Augusta
v. Sachsen-Weimar † 1890

Friedrich III.
1831–1888 Kg. u. Ks. 1888
∞ 1859 Viktoria v.
Großbritannien † 1901

Luise 1838–1923
∞ 1856 Grhzg.
Friedrich I. v.
Baden † 1907

Wilhelm II.
1859–1941 Kg. u. Ks. 1888–1918
∞ 1. 1881 Auguste v. Schleswig-Holstein † 1921
∞ 2. 1922 Hermine v. Reuss ä. L. † 1947

Friedrich Wilhelm I.
1688–1740

- Sofie 1719–1765
  ∞ 1734 Markgf.
  Friedrich Wilhelm v.
  Schwedt † 1771
- Ulrike 1720–1782
  ∞ 1744 Kg.
  Adolf Friedrich
  v. Schweden † 1771
- August Wilhelm 1722–1758
  ∞ 1742 Luise v.
  Braunschweig-
  Wolfenbüttel † 1780
- Heinrich 1726–1802
  ∞ 1752 Wilhelmine
  v. Hessen-
  Kassel † 1808
- Ferdinand 1730–1813
  ∞ 1755 Luise v.
  Schwedt † 1820
  - Luise 1770–1836
    ∞ 1796 Fst. Anton
    v. Radziwill † 1833
  - Louis Ferdinand
    1772–1806
  - August
    1749–1843

- Wilhelmine 1774–1837
  ∞ 1791 Kg. Wilhelm I.
  d. Niederlande † 1843
- Wilhelm 1783–1851
  ∞ 1804 Marie Anna v.
  Hessen-Homburg † 1846

- Charlotte 1798–1860
  ∞ 1817 Ks. Nikolaus I.
  v. Rußland † 1855
- Karl 1801–1883
  ∞ 1827 Marie v.
  Sachsen-Weimar † 1877
- Albrecht 1809–1872
  ∞ 1. 1830 (gesch. 1849)
  Marianne d.
  Niederlande † 1883

Ahnentafel I: **Friedrich der Große**

		v. Brandenburg (Friedrich (III), 1657–1713, Kurfürst 1688; König in Preußen 18. 1. 1701	v. Brandenburg Friedrich Wilhelm 1620–1688 V.: Kurfürst Georg Wilhelm M.: Elisabeth Charlotte v. d. Pfalz, Schwester des Winterkönigs
			∞ 1. Haag 7. 12. 1646
	v. Brandenburg Friedrich Wilhelm, 1688–1740, König in Preußen 1713	∞ 2. Herren- hausen 8. 10. 1684	v. Nassau-Oranien Louise Henriette 1627–1667 V.: Prinz Friedrich Heinrich, Sohn Wilhelms I. u. d. Luise, T. d. Admirals v. Coligny M.: Amalia, Gräfin v. Solms-Braunfels
Friedrich II. * Berlin 24. 1. 1712 † Potsdam 17. 8. 1786 König in Preußen 31. 5. 1740; König von Preußen 1772		v. Braunschweig- Lüneburg Sophie Charlotte 1668–1705	v. Braunschweig-Lüneburg Ernst August 1629–1698, erbt Hannover 1679, Kurfürst 1692 V.: Georg zu Calenberg M.: Anna Eleonora, T. d. Landgrafen Ludwig V. v. Hessen-Darmstadt
			∞ Heidelberg 17. 10. 1658
∞ Salzdahlum 12. 6. 1733			v. d. Pfalz Sophie 1630–1714 V.: Kurfürst Friedrich (»Winterkönig«) M.: Elisabeth, T. König Jakobs I. v. England
Elisabeth Christine, T. d. Herzogs Ferdinand Albrecht zu Braunschweig- Lüneburg- Wolfenbüttel (-Bevern) 1715–1797	∞ 1706 Berlin	v. Braunschweig- Lüneburg Georg Ludwig 1660–1727 Kurfürst von Hannover; König von Großbritannien 1714: Georg I.	v. Braunschweig-Lüneburg Ernst August 1629–1698 ∞ v. d. Pfalz Sophia 1630–1714
		∞ Celle 2. 12. 1682 (geschieden 28. 12. 1694)	v. Braunschweig-Celle Georg Wilhelm 1624–1705 V.: Georg zu Calenberg M.: Anna Eleonora v. Hessen-Darmstadt
	v. Braunschweig- Lüneburg- Hannover, Sophie Dorothea 1687–1757 Bruder: König Georg II. v. England	v. Braunschweig- Celle Sophie Dorothea (1666–1726 (»Prinzessin von Ahlden«)	∞ Celle 20. 12. 1675 d'Esmier d'Olbreuse Eleonore 1637–1722 V.: Alexander d'Esmier, Herr v. Olbreuse M.: Jakobäa, T. d. Joachim Poussard a. Vandré u. der Susanne Gaillard auf St. Dizant

---

Quellen: Prinz von Isenburg, Stammtafeln, Bd. 1, 1965. – Banniza v. Bazan, Ahnentafeln, 1943. – Nachträge.

Ahnentafel II: **Kurfürst Friedrich Wilhelm**

Friedrich Wilhelm
* Cölln a. d. Spree
16. 2. 1620
† Potsdam
9. 5. 1688
1. 12. 1640
Kurfürst;
1656/57 souveräner Herzog
in Preußen

∞ 1. 7. 12. 1646
Louise Henriette,
T. d. Prinzen
Friedrich Heinrich
v. Nassau-Oranien
1627–1667

∞ 2. 14. 6. 1668
Dorothea, T. d.
Herzogs Philipp
v. Holstein-Glücksburg,
1636–1689
Witwe des Hg.
Christian Ludwig
v. Lüneburg

- v. Brandenburg
  Georg Wilhelm,
  1595–1640,
  Kurfürst 1619
  - v. Brandenburg
    Johann
    Sigismund,
    1572–1619,
    Kurfürst 1608;
    Herzog in
    Preußen 1618
    - v. Brandenburg
      Joachim Friedrich, 1546–1608,
      Kurfürst 1598 [∞ 2. 1603 Eleonore, T. d. Hg. Albr. Friedr. v. Preußen (1583–1607)]
      V.: Kurfürst Johann Georg, Sohn Joachims II.
      M.: Sophie, T. d. Herzogs Friedrich II. v. Schlesien-Liegnitz
    - ∞ 1. 1570
    - v. Brandenburg
      Katharina, 1541–1602
      V.: Markgraf Johann zu Küstrin, Bruder Joachims II.
      M.: Katharina, T. d. Herzogs Heinrich II. v. Braunschweig-Wolfenbüttel
  - ∞ 1594
  - v. Brandenburg
    Anna,
    1576–1625
    - v. Brandenburg
      Albrecht Friedrich, 1553–1618,
      Herzog in Preußen
      V.: Albrecht, Großmeister d. Deutschen Ordens 1512, Herzog in Preußen 1525
      M.: Anna Maria, T. d. Herzogs Erich I. v. Braunschweig-Calenberg
    - ∞ 1568
    - v. Jülich u. Berg
      Maria Eleonore, 1550–1608
      V.: Wilhelm IV. Herzog
      M.: Maria v. Österreich, T. d. Kaisers Ferdinand I.
- ∞ 1616
- v. d. Pfalz
  Elisabeth
  Charlotte,
  1597–1660
  - v. d. Pfalz
    Friedrich IV.,
    1574–1610
    Kurfürst 1583
    (Vorkämpfer für die protestant. Union)
    - v. d. Pfalz
      Ludwig VI., 1539–1583,
      Kurfürst 1576
      V.: Kurfürst Friedrich III.
      M.: Marie, T. d. Markgrafen Kasimir v. Brandenburg-Kulmbach
    - ∞ 1560
    - v. Hessen
      Elisabeth 1539–1582
      V.: Landgraf Philipp der Großmütige
      M.: Christine, T. d. Herzogs Georg des Reichen von Sachsen
  - ∞ 1593
  - v. Nassau-Oranien
    Luise Juliane,
    1576–1644
    Schwester:
    Elisabeth, Mutter des frz. Marschalls Turenne
    - v. Nassau-Oranien
      Wilhelm I., 1533–1584
      (»Der Schweiger«, Führer im niederländischen Freiheitskampf)
      V.: Graf Wilhelm v. Nassau-Dillenburg
      M.: Juliane, T. d. Grafen Botho III. v. Stolberg-Wernigerode
    - ∞ 3. 12. 6. 1574
    - v. Bourbon-Montpensier
      Charlotte 1555–1582, vorher Äbtissin v. Jouarre
      V.: Herzog Ludwig III., Pair de France
      M.: Jakobäa v. Longwy, T. des Herrn v. Givry

Ahnentafel III: **Kurfürst Friedrich I.**

- Burggraf Friedrich VI., * 1371 † Kadolzburg in Franken 20. 9. 1440 regiert seit 1398 das Fürstentum Ansbach, wirkt 1400 bei Absetzung König Wenzels mit, 1410 bei der Kaiserwahl Sigismunds; 8. 7. 1411 Statthalter des Kurfürstentums Brandenburg; 30. 4. 1415 erhält er die Mark; 18. 4. 1417 zu Konstanz belehnt ∞ 1401 Elisabeth, T. d. Herzogs Friedrich v. Bayern-Landshut, 1383–1442
  - v. Nürnberg Burggraf Friedrich V., (1333)–1398, regiert 1357–1397; Reichsfürst 1363
    - v. Nürnberg Burggraf Johann II. (1305)–1357
      - v. Nürnberg Burggraf Friedrich IV., 1287–1332 V.: Burggraf Friedrich III., lenkte die Königswahl auf Rudolf v. Habsburg M.: Helene, T. d. Herzogs Albrecht v. Sachsen, eines Urenkels Albrechts des Bären
      - ∞ 1307
      - v. Kärnten Margarethe, † 1348 V.: Albrecht Herzog v. Kärnten, S. d. Herzogs Meinhard, Gf. v. Görz-Tirol M.: Agnes, T. d. Gf. Albrecht II. v. Hohenberg
    - ∞ (vor 1333)
    - v. Henneberg Elisabeth, † 1377/91
      - v. Henneberg-Schleusingen Graf Berthold V., 1271–1340 Reichsfürst (durch kais. goldene Bulle), Verwalter v. Böhmen V.: Graf Berthold M.: Sofie, T. d. Gf. Günther VII. v. Schwarzburg u. d. Sofie v. Orlamünde
      - ∞ (1284)
      - v. Hessen Adelheid 1268–1317 V.: Landgf. Heinrich I., Enkel des heiligen Ludwig u. d. heiligen Elisabeth, gewinnt Hessen als Reichsfürstentum M.: Adelheid, T. d. Hg. Otto v. Braunschweig-Lüneburg, Enkelin Heinrichs des Löwen
  - ∞ 1350
  - v. Meißen u. Thüringen Elisabeth, 1329–1375, Bruder: Ludwig, Kurfürst und Erzbischof v. Mainz 1373–1381; Erzbischof v. Magdeburg 1381–1382
    - v. Meißen Markgraf Friedrich II., 1310–1349, Landgraf v. Thüringen 1324
      - v. Meißen Markgf. Friedrich 1257–1323 1280 Pfalzgf. v. Sachsen, 1310 mit Meißen u. Thüringen belehnt V.: Markgf. u. Landgf. Albrecht (der »Entartete«) M.: Margarete, T. d. Kaisers Friedrich II. v. Hohenstaufen
      - ∞ 2. 1300
      - v. Lobdeburg-Arnshaugk Elisabeth 1286–1359 Erbtochter V.: Graf Hartmann XI. M.: Elisabeth, T. d. Grafen Hermann III. v. Orlamünde, 1290–1333 Landgräfin v. Thüringen
    - ∞ 1328
    - v. Bayern Mathilde (1309)–1346; Brüder: Kurfürsten v. Brandenburg Ludwig d. Ältere, Ludwig d. Römer, Otto der Faule
      - v. Bayern Herzog Ludwig 1287–1347 1314 Deutscher König; 1328 Kaiser V.: Herzog Ludwig von Oberbayern M.: Mathilde, T. d. Königs Rudolf I. v. Habsburg
      - ∞ 1309
      - v. Schlesien-Glogau Beatrix † 1322 V.: Herzog Heinrich III. [Enkel Heinrichs II., † 1241 i. d. Mongolenschlacht bei Liegnitz] M.: Mechthild, T. d. Herzogs Albrecht I. v. Braunschweig-Lüneburg [Urenkel Heinrichs des Löwen]

Ahnentafel IV: **Fürst Leopold I. von Anhalt-Dessau**

v. Anhalt-Dessau
Fürst (seit 1693)
Leopold I.
* Dessau 3. 7. 1676,
† Dessau 9. 4. 1747
Des Heilig. Röm. Reiches und kgl. pr. Generalfeldmarschall
∞ Dessau 4. 9. 1698
Anna Luise Föse
1677–1745
T. d. Apothekers u. Bürgermeist. Rudolf Föse u. d. Agnes Ohme in Dessau;
zur Reichsfürstin erhoben 29. 12. 1701
10 K., darunter: Leopold Maximilian, kgl. pr. Generalfeldmarschall Dietrich, kgl. pr. Generalfeldmarschall, Eugen, kursächs. Generalfeldmarschall Moritz, kgl. pr. Generalfeldmarschall

---

v. Anhalt-Dessau
Fürst (seit 1660)
Johann Georg II.,
1627–1693,
1658 Brandenb. Gen. d. Kav. Statth. d. Kurmark
1670 Generalfeldmarschall,
1683 am Entsatz von Wien beteiligt

∞ 1659

v. Oranien
Prinzessin Henriette Katherine
1637–1708
[Schwester der Louise Henriette]

---

v. Anhalt-Dessau
Fürst (s. 1618)
Joh. Kasimir,
1596–1660

∞ 1. 1623

v. Hessen-Kassel
Agnes,
1606–1650

v. Oranien
Prinz Heinrich Friedr.,
1584–1647,
in niederländ. Diensten

∞ 1625

v. Solms-Braunfels
Gräfin Amalie,
1602–1675

---

v. Anhalt
Fürst Johann Georg 1567–1618
V.: Joachim Ernst
M.: Agnes, Gfn. v. Barby

∞ 2. 1595

v. Simmern
Pfalzgräfin Dorothea, 1581–1631
V.: Pfalzgraf Joh. Kasimir
M.: Elis., T. d. Kurfürsten August v.Sachsen

v. Hessen-Kassel
Landgraf Moritz 1572–1632
(»Der Gelehrte«)
V.: Wilhelm zu Kassel, Sohn Philipps
M.: Sabine v. Württemberg, T. d. Hg. Christoph u. d. Anna Marie v. Brandenburg-Ansbach

∞ 2. 1603

v. Nassau-Siegen
Gräfin Juliane, 1587–1643
V.: Graf Johann II.
M.: Magdalena v. Waldeck, T. d. Gf. Philipp IV.

v. Oranien
(Graf zu Nassau) Prinz Wilhelm, 1533–1584,
(»Der Schweiger«)
V.: Wilhelm I. v. Nassau-Dillenburg
M.: Juliane v. Stolberg-Wernigerode, T. d. Gf. Botho III.

∞ 4. 1583

v. Coligny
Luise 1555–1620
V.: Gaspard II., Admiral von Frankreich
M.: Charlotte v. Montfort-Laval, T. d. Gf. Guido

v. Solms-Braunfels
Graf Joh. Albrecht I. 1563–1623
V.: Konrad
M.: Elis. v. Nassau-Dillenburg, T. Wilhelms I.

∞ 1590

v. Sayn-Wittgenstein
Gräfin Agnes 1568–1617
V.: Ludwig, Graf v. S.-Wittgenstein
M.: Elis. v. Solms-Laubach

Ahnentafel V: **Heinrich Otto von Podewils**

- Podewils Heinrich Otto Gf. (1741) * 3. 10. 1695 † Magdeburg 30. 7. 1760 preuß. Minister des Auswärtigen, H. a. Suckow, Hasenfier, Jannowitz, Gantow u. a. ∞ 1. 1721 Charlotte, T. d. Ministers v. Grumbkow † 1724
  - v. Podewils Ernst Bogislaw, 1651–1718, H. a. Krangen, Suckow, Lantow, Wintershagen, Hasenfier, Gr.-u. Kl.-Quesdow, Braunschw.-Lüneburg. Oberst
    - v. Podewils Adam, 1617–1697 a. Krangen, Wusterwitz, Wintershagen u. a., kurf. brandenb. Geh. Staatsrat, pomm. Reg. Rat, Kammerpräsident, (Bruder: Heinrich 1615–1696 hannov. Generalfeldmarschall, Geh. Kriegsrat)
      - v. Podewils Joachim 1578–1619 Burg- u. Schloßgesessener auf Krangen u. Demmin, kgl. dän. Rat V.: Felix v. P. Landrat M.: Anna v. Hahn
      - ∞ 28. 10. 1610
      - v. Ramel Margarete V.: Heinrich v. R., dän. Kanzler, Reichsrat M.: Abel, T. d. Daniel v. Rantzau a. d. H. Sathau-Neuhaus (Holstein) u. d. Dorthe Ahlefeldt
    - ∞ 1644
    - v. Zitzewitz Klara, 1629–1704
      - v. Zitzewitz Georg (1598)–1653, H. a. Varzin, Kurbr. Geh. Rat V.: George v. Z. a. Varzin, Ob.-Einnehmer M.: Sofie, T. d. Tessen v. Parsow a. Ramelow
      - ∞ 1623
      - v. Zitzewitz Augusta (1605)– n. 1656 V.: Joach. v. Z. a. Budow holst. Amtmann M.: Ursula v. Barkentin, Oberhofmeisterin der Hgn. Anna v. Croy in Stolp
  - ∞ 1694
  - v. Dewitz Barbara Katharina, 1667–1742 (Bruder Stefan = Vorfahr O. v. Bismarcks)
    - v. Dewitz Joachim Balthasar, 1636–1699, pr. Gen.-Lt. d. Kav., Gouv. zu Kolberg
      - v. Dewitz Steffan 1607–1668 V.: Jobst v. D., Erbherr u. Schloßgesessener a. Daber u. Hoffelde, Landr. in Pommern-Stettin M.: Anna, T. d. Jobst v. Wedel a. d. H. Blumenberg a. Krempzow u. d. Ilse v. Arnim
      - ∞ Hohenfinow 20. 5. 1630
      - v. Pfuhl Eva Essa 1611–1667 V.: Ludwig v. Pfuhl a. Quilitz u. Hohenfinow M.: Marg., T. d. Curd v. Flemming zu Boeck u. d. Barbara v. Wedel
    - ∞ 1. Zellin 18. 2. 1666
    - v. Mörner Anna Hedwig, 1650–1672
      - v. Mörner Bernhard Joachim 1621–1675, H. a. Zellin u. Klossow, brandenb. Kav.-Oberst V.: Creutzwende v. M., Johanniter-Ordensrat u. Oberhauptmann M.: Anne Maria, T. d. Baltzer v. Mörner a. Zellin u. d. Hedwig v. Holtzendorff-Sydow
      - ∞ 1645
      - v. Schapelow Anna Katharina, 1629–1653 V.: Hans Ehrentreich v. Schapelow, a. Quilitz u. Quappendorf M.: Katharina, T. d. Christoph v. Lindstedt a. Trampe u. d. Katharina v. Krummensee-Alt-Landsberg

Zeittafel

1134	Der Askanier **Albrecht (der Bär)** wird mit der Nordmark (zwischen Altmark und Oder) belehnt.
um 1150	Neugründung des Bistums Havelberg (seit dem Wendenaufstand 983 verloren).
1157	Albrecht erobert Brandenburg; Neugründung des Bistums Brandenburg(seit dem Wendenaufstand 983 verloren).
1180	Gründung der Zisterzienserabtei Lehnin als Hauskloster der Askanier.
um 1200	Anfänge von Berlin-Cölln.
1226/1230	Auf Ersuchen Herzog Konrads von Masowien und mit Ermächtigung Kaiser Friedrichs II. beginnt der Deutsche Orden mit der Eroberung des heidnischen Preußen.
1255	Gründung von Königsberg in Preußen.
1258/1270	Gründung der Zisterzienserabtei Chorin als zweites Hauskloster der Askanier.
1309	Der Hauptsitz des Deutschen Ordens wird von Venedig nach der Marienburg verlegt.
1319/20	Nach dem Aussterben der Askanier fällt die Markgrafschaft Brandenburg als erledigtes Reichslehen an das Haus Wittelsbach, das sich bis 1373 in der Mark behauptet (Ludwig der Ältere, 1323–1355; Ludwig der Römer, 1351–1365; Otto, 1351–1373).
1373–1415	Die Luxemburger (Kaiser Karl IV., 1373–1378; Sigismund, 1378–1388; Jobst von Mähren, 1388–1411) besitzen die Landesherrschaft in Brandenburg.
seit 1373	Kaiser Karl IV. baut Tangermünde zu seiner Residenz aus.
1402	König Sigismund veräußert die brandenburgische Neumark an den Deutschen Orden.
1412	Burggraf **Friedrich (VI.)** von Nürnberg aus dem Geschlecht der (Hohen-)Zollern wird vom Kaiser als Verweser in der Mark eingesetzt.
1414	Unterwerfung einer Adels-Opposition (von Quitzow und andere).
1415	Friedrich I. wird als dem neuen Landesherrn und Kurfürsten von den Ständen in Brandenburg und Berlin gehuldigt.

1415–1918	Fürsten aus dem Hause (Hohen-)Zollern regieren in der Mark Brandenburg beziehungsweise in Brandenburg-Preußen.
1417	Feierliche Belehnung Kurfürst Friedrichs I. durch Kaiser Sigismund in Konstanz.
1440–1470	Kurfürst **Friedrich II.**
1442/1447	Unterwerfung der Residenzstadt Berlin-Cölln durch den Kurfürsten. Bau eines Stadtschlosses.
1455	Rückerwerbung der Neumark aus dem Besitz des Deutschen Ordens in Ostpreußen.
1466	Königsberg wird Residenz des Hochmeisters.
1470–1486	Kurfürst **Albrecht (Achilles).**
1473	Erlaß einer Erbordnung (Dispositio Achillea).
1478	Rückgewinnung verlorener Gebiete: Kämpfe mit Pommern.
1486–1499	Kurfürst **Johann (Cicero).**
1493	Neuer Erbvertrag mit Pommern.
1499–1535	Kurfürst **Joachim I.**
1506	Gründung der Universität Frankfurt an der Oder. Niederzwingung einer Adelsopposition.
1524	Heimfall der Herrschaft der Grafen von Ruppin.
1535–1571	Kurfürst **Joachim II.**
1535–1571	Markgraf Johann, der Bruder des Kurfürsten, wird mit der Neumark ausgestattet.
1537	Heiratsverträge und Erbvereinbarungen mit den schlesischen Herzögen von Liegnitz, Brieg und Wohlau.
1537–1540	Die beiden Landesherren (Joachim II. und Johann) treten nach und nach zur Reformation über. Einführung einer neuen Kirchenordnung (1540).
1540/1545	Säkularisation des Bistums Brandenburg.
1553/1571	Säkularisation des Bistums Havelberg.
1555/1571	Säkularisation des Bistums Lebus.
1568	Brandenburg erhält von Polen die Mitbelehnung für das seit 1525 von einer Nebenlinie der Hohenzollern regierte Herzogtum Preußen (Ostpreußen).
1571–1598	Kurfürst **Johann Georg** regiert Brandenburg als einen orthodox-lutherischen Landesstaat.

1598–1608 Kurfürst **Joachim Friedrich.** Beginnende Öffnung nach Westen: Niederländische Bewegung, Calvinismus.

1604 Begründung des Geheimen Rats als Zentralbehörde.

1608–1619 Kurfürst **Johann Sigismund.**

1609 Nach dem Tod des letzten Herzogs von Jülich fällt Cleve, Mark und Ravensberg an Brandenburg.

1613 Kurfürst Sigismund und ein Teil des Hofes treten zum reformierten Bekenntnis über.

1618 Auf dem Weg der Erbfolge gelangt das Herzogtum Preußen als polnisches Lehen an das Haus Brandenburg.

1640–1688 **Friedrich Wilhelm,** der Große Kurfürst.

1648 Als Folge des Westfälischen Friedens vergrößert sich der Herrschaftsbereich um Hinterpommern, Halberstadt und Minden, das Herzogtum Magdeburg (1680).

1653 Im Landtagsabschied von 1653 werden dem landbesitzenden Adel Herrschaftsrechte über einen Teil der bäuerlichen Bevölkerung in der Mark Brandenburg bestätigt. Nach Ansicht der Stände bildet der Rezeß bis in das 19. Jahrhundert hinein die Grundlage der Beziehungen von Landesherr und Ständen. In den anderen Territorien werden vergleichbare Verträge (siehe Cleve und Preußen) abgeschlossen.

1655–1660 Am Schwedisch-Polnischen Krieg nimmt Brandenburg-Preußen in wechselnden Koalitionen teil. Grundlage bildet das neue Heer des Kurfürsten.

1660 Im Frieden von Oliva gelingt es Brandenburg, sich der polnischen Lehenshoheit über das Herzogtum Preußen zu entledigen.

seit 1660 Die Kriege, die Europa erschüttern, führen auch in Brandenburg-Preußen zu einem Ausbau der Verwaltungsorgane (zentrale Behörden, Akzise- und Kontributionswesen). Nach 1675 werden auch die Bereiche der Polizei- und Wirtschaftsgesetzgebung von dieser Entwicklung erfaßt.

1685 Im Edikt von Potsdam wird den französischen Hugenotten (Réfugiés) eine neue Heimat angeboten. Ihnen wird relative Autonomie (Kirchen-, Schul- und Gerichtswesen) zugestanden.

1688–1713 Kurfürst und König **Friedrich III./I.**

1694 Stiftung der Universität Halle. Die Universität wird zum Zentrum der Frühaufklärung in Nord- und Mitteldeutschland (Thomasius und Wolff).

1700/01 Auf Anregung von Leibniz wird in Berlin eine Akademie der Wissenschaften gegründet.

1701 Kurfürst Friedrich III. krönt sich in Königsberg/Pr. zum König in Preußen.

1713–1740 König **Friedrich Wilhelm I.**

1713 Die Landesstaaten und Gebiete der Hohenzollern werden durch einen »Ewigen Fideikommiß« für unteilbar erklärt.

seit 1713 In einem allmählichen, von Territorium zu Territorium verschieden ablaufenden Prozeß werden die Städte einer regelmäßigen staatlichen Aufsicht unterworfen. Die Magistratskollegien treten in stärkere Abhängigkeit von der königlichen Verwaltung.

1717 Die Einführung einer Kriminalgerichtsordnung und die Einsetzung von Kriminalkollegien verstärken die Aufsicht über die Gerichte der Stände. Gründung der Kadettenanstalt in Berlin.

1720 Im Frieden von Stockholm erhält Preußen Teile von Vorpommern mit Stettin, Usedom und Wollin.

1723 Der in der Behördenorganisation herrschende Dualismus von allgemeiner Landes- und Steuerverwaltung und Generalkriegskommissariat wird durch die Einrichtung des General-Ober-Finanz-Kriegs- und Domänen-Direktoriums (»Generaldirektorium«) beseitigt. Maßnahmen zur Wirtschaftsförderung, Sparsamkeit bei Hofe und Neustrukturierung der Verwaltung dienen dem Unterhalt des Heeres, das von etwa 30000 (1688) auf etwa 80000 (1740) Soldaten anwächst.

1733 Mit dem Kantonreglement erhält das Heer eine bessere Personalgrundlage. Jedem Regiment wird ein Kanton (etwa 5000 Feuerstellen) zugewiesen, um seine Rekruten auszuheben. Die Wehrpflicht der bäuerlichen Bevölkerung wird festgeschrieben; Adel, Geistlichkeit, Amtsträger, Kaufleute und spezialisierte Handwerker sowie größere Städte bleiben freigestellt.

1740–1786 König **Friedrich II., der Große.**

1740 Friedrich II. fällt in Schlesien ein und erobert das Land.

1744 Ostfriesland gelangt durch Erbfolge in den Besitz des Hauses Brandenburg.

1744–1752 Urbarmachung und Besiedlung des Oderbruches zwischen Küstrin und Freienwalde.

1745 Im Frieden von Dresden wird Preußen der Besitz Schlesiens zugestanden.

seit 1746	Ausbau von Wirtschaft und Militärorganisation. Im Generaldirektorium wird ein Departement für den Truppenunterhalt eingerichtet.
1756–1763	Siebenjähriger Krieg. Wechselvoller Kampf Preußens und Englands gegen eine große Koalition von Österreich, Frankreich, Rußland (bis 1761), Schweden und anderen. Im Frieden von Hubertusburg behauptet Preußen seine sämtlichen Erwerbungen.
1766	Nach französischem Vorbild wird eine Akzise- und Zollverwaltung (»Regie«) eingeführt. Auf der zentralen Ebene bezeugt die Gründung von Departements für Bergwerke und Hütten (1768) und Forsten (1770) eine moderne Wirtschaftspolitik.
seit 1767	Erhöhung der Heeresstärke.
1767–1782	Entwässerung und Besiedlung des Warthe- und Netzebruches.
1772	Preußen erhält Westpreußen, das Bistum Ermland sowie den Netzedistrikt zugesprochen (1. Polnische Teilung). Friedrich II. führt fortan den Titel »König von Preußen«.
1784	Die ersten Dampfmaschinen werden in Betrieb genommen.
1786–1797	König **Friedrich Wilhelm II.**
1791	Durch Kauf gelangen die Fürstentümer Ansbach und Bayreuth der fränkischen Hohenzollern in den Besitz der preußischen Hauptlinie.
1793	Mit der 2. Polnischen Teilung erwirbt Preußen Gebiete um Posen und Kalisch sowie Danzig und Thorn.
1794	Einführung des »Allgemeinen Landrechts«.
1795	Gebiete um Warschau sowie Neuschlesien fallen durch die 3. Polnische Teilung an Preußen. Im Basler Frieden tritt der Staat linksrheinische Gebiete an Frankreich ab.
1797–1840	König **Friedrich Wilhelm III.**
1803	Als Entschädigung für Gebietsverluste im Westen werden Preußen die Bistümer Hildesheim und Paderborn sowie Teile der Bistümer Münster und Mainz sowie kleinere Reichsstände zugewiesen.
1805	Preußen muß unter dem Druck Napoleons die Fürstentümer Ansbach und Bayreuth an Bayern abtreten.
1807	Im Frieden von Tilsit verliert das nach der Schlacht von Jena und Auerstedt zusammengebrochene Preußen die westelbischen Territorien. Aus dem größten Teil der polnischen Gebiete wird das Großherzogtum Warschau gebildet. Danzig erhält erstmals den Status einer freien Stadt. Preußen muß 400 Millionen Taler Kriegsentschädigung an Frankreich abführen.

Mit dem Edikt vom 9. Oktober (Aufhebung ständischer Beschränkungen für Handel, Gewerbe und Grundbesitzerwerb sowie Aufhebung der Erbuntertänigkeit) beginnt in den östlichen Provinzen eine Veränderung der ländlichen Sozialverfassung, die nach Rückschlägen (1816, nur spannfähige Bauerngüter können von älteren Lasten befreit [reguliert] werden) mit dem Auslösungsgesetz vom 2. März 1850 ihren Abschluß findet.
Heeresreform.

1808 Die Städteordnung begründet eine neue kommunale Selbstverwaltung. Die grundbesitzenden und gewerbetreibenden Bürger erhalten das Recht, eine Stadtverordnetenversammlung zu wählen, die wiederum den Magistrat als ausführendes Organ wählt.
Nach französischem Muster wird ein aus fünf Fachministerien zusammengesetztes einheitliches Ministerium gebildet. Große Teile des königlichen Domänenbesitzes werden veräußert.

1810 Gewerbefreiheit für Stadt und Land (Aufhebung der Zünfte). Gründung der Universität Berlin.

1810/11 Heinrich von Kleist: »Prinz von Homburg«.

1812 Das Edikt über die »bürgerliche Verfassung der Juden« erhebt vorerst die rund 30 000 Schutzjuden zu rechtlich und wirtschaftlich gleichberechtigten Mitbürgern.

1814 Mit dem Wehrgesetz, das die Wehrpflicht festlegt, sowie dem Landsturmedikt von 1813 wird die Heeresreform abgeschlossen.

1815 Preußen erhält Danzig, Thorn, das Kulmerland, Posen und den Netzedistrikt zugewiesen. Außerdem werden Schwedisch-Vorpommern mit Rügen, der nördliche Teil Sachsens (Görlitz, Wittenberg, Torgau, Merseburg) sowie Teile Westfalens und des Rheinlandes bis an die Mosel und Saar dem Staat eingegliedert.

1816 In Preußen bestehen 3162 Kilometer Chausseestraße (davon unter anderem 1109 Kilometer im Rheinland, 689 in Westfalen, 679 in Schlesien, 466 in Sachsen und 209 in Brandenburg).

1817 Einrichtung eines Staatsrates. Die »Preußische Union«, eine Kultusunion zwischen Reformierten und Lutheranern, stößt bei (Alt-)Lutheranern und anderen auf Widerstand.

1818 Das Zollgesetz verfügt die Abschaffung aller Binnenzölle sowie der Akzise. An ihre Stelle tritt ein Grenzzollsystem.

1819 Die »Karlsbader Beschlüsse« werden am 18. Oktober auch in Preußen als Gesetz übernommen.

1820	Im Staatsschuldengesetz wird das 1815 gegebene Versprechen einer Verfassungsurkunde erneuert.
1823	Die Einrichtung der Provinzialstände, die die verschiedenen Grundbesitzerklassen (adlige und bürgerliche Großgrundbesitzer, die Städte sowie Bauern) repräsentieren, begrenzt die konstitutionellen Bestrebungen. Auf acht Provinziallandtagen besitzen Standesherren und Adel 278, Städte 182 sowie die Landgemeinden 124 Stimmen.
1825	Einführung der Pensionsberechtigung für Beamte.
1828	Ernennung von Generalsuperintendenten für alle Provinzen.
1830	Industrialisierung: 245 Dampfmaschinen mit 4485 PS.
1831	In den preußischen Provinzen sind 6784 Kilometer Chausseestraße seit etwa 1815 fertiggestellt worden.
1837/1842	Kölner »Wirren«: Mischehenstreit zwischen der katholischen Kirche und dem Staat.
1837	Fortschritte der Industrialisierung: 423 Dampfmaschinen mit 7523 PS.
1838	Die erste preußische Eisenbahnlinie verbindet Berlin und Potsdam.
1840 bis 1859/61	König **Friedrich Wilhelm IV.**
1841	Die Berliner Firma Borsig beginnt mit dem Lokomotivbau.
1844	Rascher Ausbau der Eisenbahnen (861 Kilometer Strecke).
1847–1867	Wiederaufbau der Burg Hohenzollern.
1847	Einberufung der Ausschüsse der Provinziallandtage nach Berlin als vereinigter Landtag (Aufnahme einer Anleihe für den Bau der Ostbahn).
1848	Märzrevolution. Straßenkämpfe in Berlin (18./19. März), Unruhen in den Provinzen. Flucht des Prinzen von Preußen nach England. 11 852 Kilometer öffentlicher und 3188 Kilometer privater Chausseestraße; 2363 Kilometer Eisenbahnstrecke. Unter dem Eindruck der Unruhen werden der Bevölkerung politische Zugeständnisse gemacht (unter anderem im April das allgemeine, gleiche und geheime Wahlrecht). Gegen Ende des Jahres gewinnen konservative Kräfte ihre beherrschende Stellung zurück.
1848/1850	Verfassung (31. Januar 1850 bis 9. November 1918): Dreiklassenwahlrecht, das erstmalig 1845 mit der rheinischen Gemeindewahlordnung eingeführt wurde, bewirkte, zumindest in den östlichen Provinzen, das Übergewicht der besitzenden Klassen. Verstärkt

wird die Position der Führungsschichten durch die Zusammensetzung der ersten Kammer des Landtages (seit 1853/54: Herrenhaus), der Mitglieder durch Geburt oder königliche Ernennung angehören.

1849 1264 Dampfmaschinen mit 67 149 PS.

1850 Aufhebung der Patrimonialgerichte. Die neue Gemeindeordnung verstärkt die Staatsaufsicht.
Olmützer Vereinbarung mit Österreich auf Druck Rußlands.
3869 Kilometer Eisenbahnstrecke; 1284 Personen- und 6825 Güterwaggons der Bahn.
Enthüllung des Friedrich-Denkmals von Rauch Unter den Linden.

1851 Das jährliche Pro-Kopf-Einkommen in Preußen liegt bei 248 Goldmark.

1852 Im Landtag erringen die Konservativen 196, die liberale Opposition 152 Sitze.

1858 Die Liberalen vermehren ihre Landtagssitze von 36 auf 147, die Sitze der Konservativen gehen von 224 auf 60 zurück.
Wilhelm (I.), Prinz von Preußen, übernimmt die Regentschaft an Stelle seines erkrankten Bruders.

1859 Beginn der Heeresreform.

1860 Liberale Abgeordnete lehnen das von der Regierung vorgelegte Heeresgesetz (unter anderem dreijährige Dienstpflicht und Herausnahme der Landwehr aus der Feldarmee) ab.
7169 Kilometer Eisenbahnlinie.

1861–1888 König **Wilhelm I.**

1861 Abschluß der Heeresreform; Gründung der liberalen Fortschrittspartei.
In Preußen 6669 Dampfmaschinen mit 137 377 PS. Die Rittergutsbesitzer verlieren die Grundsteuerfreiheit.

1862 Theodor Fontane: »Wanderungen durch die Mark Brandenburg«, 1. Band: »Die Grafschaft Ruppin« (2., 3. und 4. erschienen 1863, 1872, 1882).
Das Abgeordnetenhaus versagt dem Budget seine Zustimmung. Die Regierung muß gegen den Landtag regieren. Aus den Wahlen geht die Fortschrittspartei als Sieger hervor (133 Sitze); die Konservativen erringen 11 Sitze.

1864 Krieg Österreichs und Preußens gegen Dänemark. Preußen erhält die Verwaltung von Schleswig übertragen.

1866	Krieg mit Österreich. Im Frieden von Nikolsburg stimmt Österreich der Auflösung des Deutschen Bundes zu. Preußen annektiert Schleswig-Holstein, Hannover, Kurhessen, Nassau sowie Frankfurt am Main. Die Abgeordneten nehmen die Indemnitätsvorlage an (230 gegen 75). Die Konservative Partei gewinnt 100 Sitze hinzu.
1867	Gründung des Norddeutschen Bundes.
1870	In Preußen 11 523 Kilometer Eisenbahnlinie; die Bahn besitzt 5552 Personen- und 76 824 Güterwaggons.
1870/71	Deutsch-Französischer Krieg.
1871	Wilhelm I. wird in Versailles zum »Deutschen Kaiser« ausgerufen (18. Januar). Pro-Kopf-Einkommen in Preußen 336 M. Es leben 62,8 Prozent der preußischen Bevölkerung in Gemeinden unter 2000 Einwohnern (Provinz Rheinland 42,7 Prozent).
seit 1871	Amt des preußischen Ministerpräsidenten zeitweise (1894–1918 ständig) in Personalunion mit dem des Reichskanzlers; Amt des preußischen Außenministers 1871–1918 ständig in Personalunion mit dem des Reichskanzlers.
1872	Das Schulaufsichtsgesetz beseitigt die Schulaufsichtsrechte protestantischer Geistlicher. Im Kultusministerium wird die Katholische Abteilung aufgehoben. Kulturkampf (bis 1886/87). Die neue Kreisordnung hebt in sechs östlichen Provinzen die gutsherrliche Polizeigewalt auf (13. Dezember).
1873	In den polnischen Teilen Preußens wird Deutsch obligatorische Unterrichtssprache, 1874 allgemeine Amts- und Geschäftssprache.
1874	Einführung der obligatorischen Zivilehe.
1875	Die Provinzialordnung verfügt eine deutliche Abgrenzung von staatlicher Provinzialverwaltung und provinzieller Selbstverwaltung.
1878	Ost- und Westpreußen werden selbständige Provinzen. Sozialistengesetze (1890 Aufhebung).
1881	Das jährliche Pro-Kopf-Einkommen in Preußen erreicht 361 Goldmark.
1883	Abschluß des Ausbaues der Verwaltungsgerichtsbarkeit (30. Juli/1. August).
1888	**Friedrich III.**, Deutscher Kaiser, König von Preußen (9. März bis 15. Juni).
1888–1918	**Wilhelm II.**, Deutscher Kaiser, König von Preußen.

1890	Es leben 51,6 Prozent der preußischen Bevölkerung in Gemeinden unter 2000 Einwohnern (Provinz Rheinland 32,5 Prozent).
1891	Landgemeindeordnung (3. Juli). Das Pro-Kopf-Einkommen in Preußen liegt bei 424 Goldmark.
1898	Theodor Fontane: Der Stechlin.
1901	Das Pro-Kopf-Einkommen in Preußen ist auf 501 Goldmark gestiegen.
1906	Modifizierung des Dreiklassenwahlrechts durch Einrichtung von zehn neuen Wahlkreisen (28. Juni).
1908	Die SPD erringt bei Reichstagswahlen seit 1890 die meisten Stimmen; es gelingt ihr, mit sieben Abgeordneten in den Preußischen Landtag einzuziehen.
1910	Preußen-Parteitag der SPD. Referat Karl Liebknechts über die »Erringung der Demokratie in Preußen«. 38,4 Prozent der preußischen Bevölkerung leben in Gemeinden unter 2000 Einwohnern (Provinz Rheinland 20,7 Prozent).
1911	Das Pro-Kopf-Einkommen in Preußen hat sich gegenüber 1871 verdoppelt: 671 Goldmark.
1914–1918	Erster Weltkrieg.
1918	Novemberrevolution. Abdankung Wilhelms II. und Emigration nach Holland. Die neue »Preußische Regierung« fordert alle Behörden und Beamten auf, ihre amtliche Tätigkeit fortzusetzen (12. November).
1919	Versailler Vertrag: Preußen verliert den größten Teil der Provinz Posen, größere Teile Westpreußens und Oberschlesiens, weiterhin das Memelgebiet, Eupen-Malmedy sowie Nordschleswig. A. Moeller van den Bruck: Der Preußische Stil.
1920	Die preußische Verfassung tritt in Kraft (30. November). Zwischen 1919 und 1932/33 regieren sechs Kabinette der »Weimarer Koalition« (SPD, Zentrum, Deutsche Demokratische Partei) unter maßgeblicher Leitung von Otto Braun (SPD) und Carl Severing (SPD).
1921	Konrad Adenauer (Zentrum), Oberbürgermeister von Köln, wird Präsident des Preußischen Staatsrats.
1925	Der ehemalige Preußische Generalfeldmarschall Paul von Hindenburg wird zum Reichspräsidenten gewählt. Der Freistaat Preußen zählt 38 846 000 Einwohner (= 61,46 Prozent der Bevölkerung des Deutschen Reiches).
1926	Gesetz über die Vermögensauseinandersetzung zwischen dem Preu-

ßischen Staate und den Mitgliedern des vormals regierenden Preußischen Königshauses mit großer Mehrheit im Landtag angenommen (15. Oktober).

Gründung »Pädagogischer Akademien« (Lehrerausbildung) für eine »einheitliche Volksbildung« durch den Kultusminister C. H. Becker.

1927 Aufhebung der öffentlich-rechtlichen Gutsbezirke.

1932 Hindenburg wird mit Unterstützung der SPD und der Preußischen Staatsregierung im Amt des Reichspräsidenten bestätigt (4. April).

»Preußenschlag«: Reichskanzler von Papen übernimmt auf der Rechtsgrundlage einer Notverordnung des Reichspräsidenten als Reichskommissar die Regierungsgeschäfte in Preußen. Amtsentsetzungen der Minister und leitenden Beamten (20. Juli).

1933 Bei den Landtagswahlen nach der Machtergreifung Hitlers erringen Nationalsozialisten (44 Prozent) und Deutsch-Nationale Volkspartei (9,4 Prozent) die absolute Mehrheit (5. März).

Reichstagspräsident Hermann Göring, seit dem 30. Januar preußischer Innenminister, wird von Hitler zum Preußischen Ministerpräsidenten ernannt (11. April). Göring übernimmt den Vorsitz im gleichgeschalteten Preußischen Staatsrat (17. Juli).

Verfolgung und Terror gegenüber Sozialdemokraten, Kommunisten und bürgerlichen Oppositionellen in allen Provinzen Preußens.

1934 Mit Ausnahme des Finanzministeriums werden die Ministerien Preußens mit Reichsministerien zusammengelegt (22. Oktober bis 11. März 1935).

1935 Reichsstatthaltergesetz. Der Preußische Ministerpräsident übt zugleich die Funktion des Reichsstatthalters in Preußen aus (30. Januar).

1937 Jochen Klepper: Der Vater (Friedrich Wilhelm I.).

1938 Ausstellung: Aus dem Schaffen altpreußischer Landbaumeister im deutschen Osten unter vier preußischen Königen (22. Januar).

1939 Letzte Bevölkerungszählung: Preußen zählt 41 517 776 Einwohner in 12 Provinzen und Gebietskörperschaften mit 29 104 Gemeinden (17. Mai). Der Anteil an der Reichsbevölkerung (einschl. Österreich) beträgt 52,19 Prozent.

1940 Preußen-Ausstellung in der National-Galerie: 1813–1815.

1941 Tod Wilhelms II. in Doorn/Holland (4. Juni).

1943 Zerstörung des Hohenzollernschen Hausarchivs und großer Teile des Schlosses Charlottenburg durch Luftangriff (23. November).

1944 Bombenanschlag auf Hitler in Ostpreußen unter maßgeblicher Beteiligung preußischer Beamter und Offiziere (20. Juli). Verhaftung und spätere Ermordung des preußischen Finanzministers Popitz. Schwere Verluste der oppositionellen Führungsschichten durch Verfolgung und Hinrichtung.

1945 Teilzerstörung des Berliner Stadtschlosses (Januar/Februar). Bombardement Potsdams durch die Royal Air Force (14./15. April). Eroberung der preußischen Ost- und von Teilen der Mittelprovinzen durch die Rote Armee (13. Januar bis 8. Mai). Englische und amerikanische Truppen verzichten nach der Besetzung des Westens auf den Einmarsch in den Berlin-Brandenburger Raum. Einnahme Berlins durch die Rote Armee (26. April bis 3. Mai).

Kapitulation der Wehrmacht (8. Mai). Preußen als politische Gebietskörperschaft hört auf zu bestehen. Potsdamer Konferenz der drei Siegermächte: Abtrennung der preußischen Ostgebiete (17. Juli bis 2. August).

1947 Der Alliierte Kontrollrat in Berlin (Gesetz Nr. 46) verfügt die rechtliche Auflösung des Staates Preußen (25. Februar).

1948 Ausstellung im Berliner Stadtschloß: Märzrevolution 1848.

1950 Sprengung des Berliner Stadtschlosses.

1957 Bundesgesetz zur Errichtung einer Stiftung »Preußischer Kulturbesitz« und zur Übertragung von Vermögenswerten des ehemaligen Landes Preußen auf die Stiftung (25. Juli).

1959/60 Abriß des Potsdamer Stadtschlosses.

1962 Beginn der Arbeit der Stiftung Preußischer Kulturbesitz in Berlin (29. März).

1963 Übernahme des Preußischen Geheimen Staatsarchivs (mit Brandenburg-Preußischem Hausarchiv) Berlin-Dahlem in die Stiftung Preußischer Kulturbesitz (1. Januar).

1968 Sprengung der Potsdamer Hof- und Garnisonkirche.

1978/79 Übernahme des Königsberger Staatsarchivs aus dem staatlichen Archivlager (Göttingen) in die Stiftung Preußischer Kulturbesitz.

1980 Schinkel-Ausstellung im Alten Museum (23. Oktober).

1981 Schinkel-Ausstellung im Schloß Charlottenburg (15. März).

Wiederaufstellung des 1951 nach Potsdam verlagerten Denkmals Friedrichs des Großen Unter den Linden (Januar).

Preußen-Ausstellung im ehemaligen Preußischen Kunstgewerbemuseum (14. August).

Herrschaftsbereich der Markgrafen von Brandenburg, Könige (in) von Preußen

		Fläche in Quadratkilometern	
bis 1440	Mark Brandenburg	23 310,9	
	Ansbach und Bayreuth	6 166,6	
1440	Herrschaftsbereich		29 477,5
bis 1470	*Erwerbungen*		
	Neumark	8 280,9	
	Teile der Uckermark	743,3	
	Böhmische Lehen	1 227,8	
1470	Herrschaftsbereich		39 729,5
bis 1486	*Erwerbungen*		
	Krossen, Züllichau (usw.)	1 845,6	
	Teile der Uckermark	275,3	
	zu Ansbach	165,2	
1486	Herrschaftsbereich		42 015,6
bis 1499	*Erwerbungen*		
	Zossen	412,9	
	Verluste		
	Ansbach und Bayreuth	6 331,8	
1499	Herrschaftsbereich		36 096,7
bis 1535	*Erwerbungen*		
	Ruppin	1 776,8	
1535	Herrschaftsbereich		37 873,4
bis 1598	*Erwerbungen*		
	Beeskow-Storkow	1 283,4	
1598	Herrschaftsbereich		39 156,8
bis 1619	*Erwerbungen*		
	Kleve	1 793,8	
	Ravensberg	915,1	
	Mark mit Zubehör	2 760,6	
	Herzogtum Preußen	36 180,9	
1619	Herrschaftsbereich		80 807,2

			Fläche in Quadratkilometern
bis 1688	*Erwerbungen*		
	Hinterpommern mit Zubehör	19 120,9	
	Magdeburg, Halberstadt mit Lehen	8 185,6	
	Minden	1 198,1	
	Lauenburg und Bütow	825,9	
	Schwiebus	440,5	
1688	Herrschaftsbereich		110 578,2
bis 1713	*Erwerbungen*		
	Mörs	218,6	
	Lingen	730,1	
	Tecklenburg (usw.)	412,4	
	Neufchâtel	768,1	
	Verluste		
	Schwiebus	440,5	
1713	Herrschaftsbereich		112 266,7
bis 1740	*Erwerbungen*		
	Teile von Geldern	1 208,0	
	Teile von Vorpommern	5 193,7	
1740	Herrschaftsbereich		118 668,4
bis 1786	*Erwerbungen*		
	Schlesien mit Glatz	37 463,8	
	Ostfriesland	2 987,5	
	Westpreußen	35 512,5	
	Wernigerode	255,5	
1786	Herrschaftsbereich		194 887,7
bis 1797	*Erwerbungen*		
	Ansbach und Bayreuth	8 764,3	
	Neu-Ostpreußen	45 067,4	
	Südpreußen	55 883,2	
	Neuschlesien	2 254,1	
	Thorn	246,7	
	Danzig	950,3	
	Verluste		
	links des Rheins (Kleve, Geldern, Mörs)	2 390,7	
1797	Herrschaftsbereich		305 663,0
bis 1803	*Erwerbungen*		
	Erfurt, Eichsfeld, Mühlhausen (usw.)	2 136,2	

		Fläche in Quadratkilometern	
	Hildesheim, Goslar, Paderborn	4 085,9	
	Teile von Münster	2 990,2	
	Quedlinburg, Elten, Essen, Werden	330,4	
1803	Herrschaftsbereich		315 205,7
bis 1806	*Erwerbungen*		
	Hannover	31 693,6	
	Verluste		
	Ansbach, Teile von Kleve		
	Neufchâtel		
bis 1807	*Verluste*		
	Neu-Ostpreußen, Südpreußen, Teile des Netzedistrikts, Thorn, Danzig (usw.)		
	Hannover		
	Erfurt, Eichsfeld, Mühlhausen, Hildesheim, Paderborn, Teile von Münster		
	Quedlinburg, Elten, Essen, Werden		
	Minden, Ravensberg, Tecklenburg, Lingen, Ostfriesland		
	Altmark, Teile von Magdeburg, Halberstadt, Wernigerode		
	Bayreuth	188 895,3	
1807	Herrschaftsbereich		158 006,1
1815	*Erwerbungen*		
	Danzig, Thorn, Netzedistrikt, Südpreußen, Kottbus		
	Niederlausitz, Teile der Oberlausitz, Kur- und Wittenberger Kreis		
	Altmark, Magdeburg, Halberstadt		
	Eichsfeld, Erfurt, Quedlinburg, Nordhausen, Mühlhausen		
	Neuvorpommern		
	die alten rheinischen Besitzungen		
	westfälische Gebiete, Jülich, Berg, Teile von Kurköln, Kurtrier, Saarbrücken und Saarlouis	120 035,9	
1815	Herrschaftsbereich		278 042,0

		Fläche in Quadratkilometern	
bis 1861	*Erwerbungen*		
	Hohenzollern, Lichtenberg, Teile von Lippstadt	1 759,3	
	Verluste		
	Neufchâtel	768,1	
1861	Herrschaftsbereich		279 025,24
bis 1888	*Erwerbungen*		
	Hannover, Lauenburg (1876)	39 643,0	
	Kft. Hessen, Hzgt. Nassau, Frankfurt (usw.)	15 945,0	
	Schleswig-Holstein	17 640,9	
1888	Königreich Preußen		352 253,7
1918/20	*Verluste*		
	an Belgien	1 036,0	
	an Dänemark	3 993,0	
	an Polen	46 142,0	
	an Tschechoslowakei	316,0	
	Freie Stadt Danzig	1 914,0	
	an Litauen	2 657,0	
1933	Ostpreußen	36 991,0	
	Grenzmark Posen-Westpreußen	7 715,0	
	Pommern	30 270,0	
	Brandenburg	39 039,0	
	Berlin	884,0	
	Niederschlesien	26 600,0	
	Oberschlesien	9 714,0	
	Sachsen	25 528,0	
	Schleswig-Holstein	15 073,0	
	Hannover	38 788,0	
	Westfalen	20 214,0	
	Hessen-Nassau	16 845,0	
	Rheinprovinz	23 974,0	
	Hohenzollern	1 142,0	
1933	Staat Preußen		292 776,0

Quellen und Literatur

Die Bibliographie gibt eine Auswahl aus den neueren Arbeiten zur brandenburgisch-preußischen Geschichte. Insbesondere wurden Titel herangezogen, die nach der letzten vollständigen Auflage des »Dahlmann-Waitz« (F. Chr. Dahlmann und G. Waitz, Quellenkunde der deutschen Geschichte, 9. Auflage, nebst Registerband herausgegeben von H. Haering, Leipzig 1931/32) erschienen sind. Die Abkürzungen der Zeitschriften- und Reihentitel sind mit Hilfe der entsprechenden Verzeichnisse im »Gebhardt« (Handbuch der deutschen Geschichte, Band 1 bis 4, 9. Auflage, Stuttgart 1970) auflösbar.

FBPG: Forschungen zur Brandenburgischen und Preußischen Geschichte. GiWuU: Geschichte in Wissenschaft und Unterricht. HZ: Historische Zeitschrift. JGMOD: Jahrbuch für die Geschichte Mittel- und Ostdeutschlands. NDB: Neue Deutsche Biographie. VSWG: Vierteljahrschrift für Sozial- und Wirtschaftsgeschichte.

Bibliographien und Bibliothekskataloge

Badstübner-Gröger, S.: Bibliographie zur Kunstgeschichte von Berlin und Potsdam. Berlin (Ost) 1968. (= Schr. z. Kunstgesch., H. 13).

Baumgart, W.: Bücherverzeichnis zur deutschen Geschichte. Hilfsmittel, Handbücher, Quellen. Frankfurt/M., Wien-Berlin 1971. (= Dt. Geschichte, hrsg. v. W. Hubatsch).

Berlin-Bibliographie (bis 1960). Bearb. v. H. Zopf u. G. Heinrich. Berlin 1965. (= Veröff. d. Histor. Komm. zu Berlin, Bd. 15); 2. Teil, 1961–66 (1973).

Bibliografia Sląska (Schlesische Bibliographie) 1960–1972. Bd. 1–14. Kattowitz 1963–1970; Krakau 1971; Warschau 1972–1975; Warschau/Krakau 1976.

Bibliographie zur Geschichte der Mark Brandenburg. Bearb. v. H.-J. Schreckenbach. T. 1–4. Weimar 1970–1974. (= Veröff. d. Staatsarchivs Potsdam, Bd. 8–11).

Bibliographie zur Geschichte der Mark Brandenburg und der Stadt Berlin 1941 bis 1956. Hrsg. v. d. Arbeitsgruppe Bibliographie im Inst. f. Gesch. a. d. Dt. Akad. d. Wiss. zu Berlin. Berlin (Ost) 1961. (= Dt. Akad. d. Wiss. Berlin. Schriftenreihe d. Inst. f. Gesch. R. 2, 6).

Bibliographie zur Geschichte der Provinz Brandenburg und der Stadt Berlin. ... bearb. v. W. Polthier. 1932–1940. Berlin 1932–1941. (= FBPG Anh.).

Bömer, A. u. H. Degering [Bearb.]: Westfälische Bibliographie zur Geschichte, Landeskunde und Volkskunde. Bd. 1–3. Münster 1955–1957. (= Veröff. d. Histor. Komm. f. Westfalen, Bd. 24).

Busch, F.: Bibliographie der niedersächsischen Geschichte. Bd. 1. 2. Hildesheim 1938 u. 1959.

Demandt, K. E.: Schrifttum zur Geschichte und Landeskunde von Hessen. Bd. 1. 2. Wiesbaden 1965. (= Veröff. d. Histor. Komm. f. Nassau, Bd. 17).

[Fontane]: Literatur von und über Theodor Fontane. Mit fotografischen Wiedergaben aus dem Fontane-Archiv. Hrsg. v. d. Brandenburgischen Landes- und Hochschulbibliothek Theodor-Fontane-Archiv. Bestandsverzeichnis, T. 2, Potsdam 1960.

Heinrich, G.: Bibliographie zur Geschichte und Landeskunde der Mark Brandenburg. In: F. W. A. Bratring: Statistisch-topographische Beschreibung der gesamten Mark Brandenburg, Neudr. Berlin 1968, S. 1–116.

Kletke, K.: Quellenkunde der Geschichte des Preußischen Staats. Bd. 1. 2. Berlin 1858–1861.

–,– Allgemeine Bücherkunde des brandenburgisch-preußischen Staates. Berlin 1871.

Krieger, B.: Hohenzollern-Bibliotheken. Die Königl. Hausbibliothek. Biesefeld (usw.) 1902.

Loewe, V.: Bibliographie der Schlesischen Geschichte. Hrsg. v. d. Histor. Komm. f. Schlesien. Breslau 1927. (= Bd. 1 der Schlesischen Bibliographien).

Madurowicz-Urbánska, H. [Hrsg.]: Bibliografia historii Polski (Bibliographie der Geschichte Polens). Bd. I: bis 1795. Teil 1–3. Warschau 1965. Bd. II: 1795–1918. Teil 1. 2. Warschau 1967.

Neubauer, E. u. G. Schlegelmilch: Bibliographie zur brandenburgischen Kunstgeschichte. Berlin (Ost) 1961. (= Schr. z. Kunstgesch. H. 7).

Patze, H. [Hrsg.]: Bibliographie zur thüringischen Geschichte. Bd. 1. 2. Köln 1965/1966. (= Mitteldeutsche Forschungen Bd. 32/I, II).

Rister, H.: Schlesische Bibliographie 1928–1934, Marburg/Lahn 1961–63; 1942–1947, Marburg/Lahn 1953–57; 1961–1963, Marburg/Lahn 1975–77. (= Einzelschr. d. Histor. Komm. f. Schlesien, Bd. 1–4, 6–8, 10/I, II).

–,– u. H. M. Meyer: Schrifttum über Polen mit bes. Berücksichtigung des Posener Landes 1954–55 und Nachträge. (Auswahl). Marburg/Lahn 1958. (= Wiss. Beitr. zur Gesch. u. Landeskde. Ost-Mitteleuropas 33).

Spruth, H.: Landes- und familiengeschichtliche Bibliographie für Pommern. Drucke und Handschriften. Neustadt a.d. Aisch 1962–1965. (= Genealogie u. Landesgesch., Bd. 2).

Aus der Veröffentlichungstätigkeit der Historischen Gesellschaft für Polen. In: Deut. wiss. Zt. i. Polen 29 (1935), S. 1–74.

Weber, W. (Fa.): Friedrich der Große und seine Zeit. Katalog. Berlin 1912. (642 Nrn.).

Wermke, E.: Bibliographie der Geschichte Ost- und Westpreußens. Bd. 1–4 (– 1974). Königsberg 1933 – (Aalen 1962); Aalen 1964; Bonn-Bad Godesberg 1974; Marburg/ L. 1978.

Weitere regionale Bibliographien in den Bänden des Handbuchs der Historischen Stätten Deutschlands, s. unter Heinrich, Klose, Patze, Petri, Sante, Schwineköper, Weczerka, Brüning und Weise.

Archive

Beck, F. u. a.: Übersicht über die Bestände des Brandenburgischen Landeshauptarchivs Potsdam. T. 1: Behörden u. Institutionen in den Territorien Kurmark, Neumark, Niederlausitz bis 1808/16. Weimar 1964. (= Veröff. d. Brand. Landeshauptarchivs Potsdam – Staatsarchiv Potsdam, Bd. 4); T. 2: Behörden und Institutionen in der Provinz Brandenburg 1806/16 bis 1945. Weimar (1967). (= Veröff. d. Staatsarchivs Potsdam, Bd. 5).

Branig, H. u. a.: Übersicht über die Bestände des Geheimen Staatsarchivs in Berlin-Dahlem. T. 1. 2. Köln u. Berlin 1966/67.

Forstreuter, K.: Das Preußische Staatsarchiv Königsberg. Göttingen 1955. (= Veröff. d. Niedersächs. Archivverwaltung. H.3).

Klinkenborg, M. [Hrsg.]: Das Archiv der Brandenburgischen Provinzialverwaltung. Im

Auftr. d. brandenburg. Provinzialverwaltung. Bd. 1: Das kurmärkische Ständearchiv. Strausberg (1920); Bd. 2: Das neumärkische Ständearchiv. Strausberg (1925).
Müller, E. u. a.: Übersicht über die Bestände des Geheimen Staatsarchivs zu Berlin-Dahlem. 3 Teile. Berlin 1934–1939. (= Mitt. d. preuß. Archivverwaltung, H. 24–26).
Ruppert, K.: Heeresarchiv Potsdam 1936–1945. In: Der Archivar 3 (1950), S. 177–180.
Schwineköper, B. u. a.: Gesamtübersicht über die Bestände des Landeshauptarchivs Magdeburg. Bd. 1–4. Halle 1955–1972.

Quellen und Darstellungen

Acta Borussica. Denkmäler der preußischen Staatsverwaltung im 18. Jahrhundert. Bd. 1–31. Berlin 1892–1981.
Altmann, W.: Ausgewählte Urkunden zur brandenburg-preußischen Verfassungs- und Verwaltungsgeschichte. T. 1. 2. Berlin 1897/98.
Altpreußische Forschungen. Jg. 1–20. Königsberg 1924–1943.
Alvensleben, U. von: Besuche vor dem Untergang. Adelssitze zwischen Altmark und Masuren. Frankfurt/M. u. Berlin 1968.
–,– Mauern im Strom der Zeit. Schlösser und Schicksale in Niederdeutschland. Hrsg. v. H. von Koenigswald. Berlin 1969.
–,– Schlösser und Schicksale. Herrensitze und Burgen zwischen Donau und Rhein. Hrsg. v. H. von Koenigswald. Berlin 1970.
–,– Lauter Abschiede. Tagebuch im Kriege (1939–1945). Berlin 1971.
Andreas, W.: Die russische Diplomatie und die Politik Friedrich Wilhelms IV. von Preußen. Berlin 1927. (= Abhandl. d. preuß. Akad. d. Wissenschaften 1926. Phil.-Hist. Klasse, Nr. 6).
–,– Der Briefwechsel Friedrich Wilhelms IV. und Nikolaus I. von Rußland 1848–1850. In: FBPG 43 (1930), S. 129–166.
Angel, N.: Prussianism and its destruction. London 1914.
Apel, E.: Die Entwicklung des Rechtsschutzes in der preußischen Monarchie. Rechts- u. staatswiss. Diss. Marburg 1961.
Arenhövel, W. [Hrsg.]: Berlin und die Antike. Katalog. Ausstellung Schloß Charlottenburg. Berlin 1979.
Aretin, K. O. Frhr. von: Heiliges Römisches Reich 1776–1806. Reichsverfassung und Staatssouveränität. T. 1. 2. Wiesbaden 1967.
–,– [Hrsg.]: Der Aufgeklärte Absolutismus. Köln 1974. (= Neue Wiss. Bibl. 67).
Arndt, F.: Die Politik der preußischen Regierung während der beiden Brüning-Kabinette (März 1930 bis Mai 1932). Phil. Diss. Berlin (Ost) 1966.
Arnheim, F.: Der Hof Friedrichs des Großen. T. 1: Der Hof des Kronprinzen. Berlin 1912.
(Arnim, von:) Beiträge zur Geschichte des Geschlechtes von Arnim. T. 1. 2. o. O. 1957; Kiel 1969.
Arnim-Muskau, H. Graf von u. W. A. Boelcke: Muskau. Standesherrschaft zwischen Spree und Neiße. Berlin 1978.
Arnim, Maxe von. Tochter Bettinas. Gräfin von Oriola. 1814–1894. Hrsg. v. J. Werner. Leipzig 1937.
Aron, R.: Clausewitz. Den Krieg denken. Frankfurt/M. u. Berlin 1980.
Ass, J.: Die preußisch-russischen Beziehungen in den Jahren 1713–15 und Preußens diplomatischer Kampf um Stettin. Phil. Diss. Berlin 1933.
Attwood, K.: Fontane und das Preußentum. Berlin 1970.
Aubin, H. u. a. [Hrsg.]: Geschichte Schlesiens. Hrsg. v. d. Historischen Kommission für

Schlesien. Bd. 1. Stuttgart (3. Aufl. 1961). [Bd. 2: Vom Jahre 1526 bis zur Gegenwart (noch nicht erschienen). – Von den 3 geplanten Bänden der 1. Aufl. erschien nur Bd. 1. Breslau 1938].

Baack, Lawrence I.: Christian Bernstorff and Prussia. Diplomacy and Reform Conservatism 1818–1832. New Jersey 1980.

Bär, M.: Die Behördenverfassung der Rheinprovinz seit 1815. Bonn 1919. [Neudruck Bonn 1965]

–,– Bücherkunde zur Geschichte der Rheinlande. Bd. 1: Aufsätze in Zeitschriften und Sammelwerken bis 1915. Bonn 1920.

Bailleu, P.: Königin Luise. 3. Aufl. Berlin 1926.

Banniza von Bazan, H. u. R. Müller: Deutsche Geschichte in Ahnentafeln. Bd. 1. Berlin 1939; 2. Aufl. 1943.

Bassewitz, M. F. von: Die Kurmark Brandenburg in Zusammenhang mit den Schicksalen des Gesamtstaates Preußen während der Zeit vom 22. Oktober 1806 bis zu Ende des Jahres 1808. Bd. 1. 2. Leipzig 1851–1852.

Baumgart, P.: Zur Gründungsgeschichte des Auswärtigen Amtes in Preußen (1713–1728). In: JGMOD 7 (1958), S. 229–248.

–,– Absoluter Staat und Judenemanzipation in Brandenburg-Preußen. In: JGMOD 13/14 (1965), S. 60–87.

–,– Erscheinungsformen des preußischen Absolutismus. Texte eingeleitet u. zusammengestellt v. P. Baumgart. Germering 1966.

–,– Zur Geschichte der kurmärkischen Stände im 17. und 18. Jahrhundert. In: Ständische Vertretungen in Europa im 17. und 18. Jahrhundert, hrsg. v. D. Gerhard, Göttingen 1969, S. 131–161.

–,– Expansion und Integration. Die Eingliederung Schlesiens in den brandenburgisch-preußischen Staat (Vortrag 1978).

–,– [Hrsg.]: Bildungspolitik in Preußen zur Zeit des Kaiserreichs. Stuttgart 1980. (= Preußen in der Geschichte, Bd. 1).

–,– Acta Borussica. Tendenzen der spätfriderizianischen Verwaltung im Spiegel der Acta Borussica. In: P. B. u. G. Heinrich: Die Behördenorganisation und die allgemeine Staatsverwaltung Preußens im 18. Jahrhundert, Bd. 16, 2, Hamburg u. Berlin 1981, S. XXI-XXXVII. (= Einzelveröff. d. Histor. Komm. zu Berlin, Bd. 5, Quellenwerke Bd. 5; Acta Borussica).

–,– Epochen der preußischen Monarchie im 18. Jahrhundert. In: Das Preußenbild in der Geschichte. Hrsg. v. O. Büsch, Berlin u. New York 1981, S. 65–96. (= Veröff. d. Histor. Komm. zu Berlin, Bd. 50).

Baur, W.: Die Burg Hohenzollern. Tübingen 1963.

Behnen, M.: Das Preußische Wochenblatt (1851–1861). Nationalkonservative Publizistik gegen Ständestaat und Polizeistaat. Göttingen 1971.

Benninghoven, F. [Hrsg.]: Immanuel Kant. Leben – Umwelt – Werk. Ausstellung des Geheimen Staatsarchivs Preußischer Kulturbesitz zur 250. Wiederkehr von Kants Geburtstag am 22. April 1974. Berlin 1974.

Berckenhagen, E.: Die Malerei in Berlin vom 13. bis zum ausgehenden 18. Jahrhundert. Tafelbd. Berlin 1964.

Berney, A.: Friedrich d. Große, Entwicklungsgeschichte eines Staatsmannes (bis 1756). Tübingen 1934.

Besier, G.: Preußische Kirchenpolitik in der Bismarckära. Die Diskussion in Staat und Evangelischer Kirche um eine Neuordnung der kirchlichen Verhältnisse Preußens zwischen 1866 und 1872. Berlin u. New York 1980.

Beutin, L.: Die Wirkungen des Siebenjährigen Krieges auf die Volkswirtschaft in Preußen. In: VSWG 26 (1933), S. 209–243.

Beuys, B.: Der Große Kurfürst. Der Mann, der Preußen schuf. Reinbek 1979.
Beyreuther, E.: August Hermann Francke (1663–1727). In: NDB 5 (1961), S. 322–325.
Bieberstein, J. Rogalla von: Preußen und Preußentum. In: Aus Politik u. Zeitgeschichte. Beil. z. Wochenzeitung Das Parlament, H. 2 (1980), S. 26–38.
Birtsch, G.: Gesetzgebung und Repräsentation im späten Absolutismus. Die Mitwirkung der preußischen Provinzialstände bei der Entstehung des Allgemeinen Landrechts. In: HZ 208 (1969), S. 265–294.
Bismarck, O. von: Politische Schriften, Reden, Briefe, Gespräche. Friedrichsruher Ausgabe, Bd. 1–19, Berlin 1924–1935.
Bissing, W. M. Frhr. von: Königin Elisabeth von Preußen (1801–1874). Ein Lebensbild. Berlin 1974. (= Schr. d. Ver. f. d. Gesch. Berlins, H. 60).
–,– Sein Ideal war der absolutistisch regierte Staat. Prinz Carl von Preußen und der Berliner Hof. In: Der Bär von Berlin 25 (1976), S. 124–144.
Bitter, R. von: Handwörterbuch der preußischen Verwaltung. Bd. 1. 2. Leipzig 1903. – 3. Aufl., hrsg. v. B. Drews u. F. Hoffmann. Berlin 1928.
Blasius, D.: Bürgerliche Gesellschaft und Kriminalität. Zur Sozialgeschichte Preußens im Vormärz. Göttingen 1976.
Bleckwenn, H.: Unter dem Preußen-Adler. Das brandenburgisch-preußische Heer 1640–1807. München 1978.
Bleiber, H.: Zwischen Reform und Revolution. Lage und Kämpfe der schlesischen Bauern und Landarbeiter im Vormärz 1840–1847. Berlin (Ost) 1966.
–,– [Hrsg.]: Bourgeoisie und bürgerliche Umwälzung in Deutschland 1789–1871. Berlin (Ost) 1977. (= Schr. d. Zentralinst. f. Gesch. Reihe 1. Bd. 50).
Bleich, E.: Der Hof des Königs Friedrich Wilhelm II. und des Königs Friedrich Wilhelm III. Berlin 1914. (= Gesch. d. Preuß. Hofes. Bd. 3, T. 1).
Bodensieck, H. [Hrsg.]: Preußen, Deutschland und der Westen. Auseinandersetzungen und Beziehungen seit 1789. Festschrift für O. Hauser. Göttingen u. Zürich 1981.
Böhme, H.: »Bauernbefreiung« oder »Bauernfreisetzung«? In: Das Preußenbild in der Geschichte. Hrsg. v. O. Büsch, Berlin u. New York 1981, S. 115–166. (= Veröff. d. Histor. Komm. zu Berlin, Bd. 50).
Boelcke, W. A.: Krupp und die Hohenzollern in Dokumenten. Frankfurt/M. 1970.
–,– So kam das Meer zu uns. Die preußisch-deutsche Kriegsmarine in Übersee 1822 bis 1914. Berlin 1981.
Boer, L.: Der Apanagestreit der Markgrafen Friedrich Heinrich und Friedrich Wilhelm von Brandenburg-Schwedt. In: FBPG 52 (1940), S. 119–127.
Börner, K. H.: Die Krise der preußischen Monarchie von 1858 bis 1862. Berlin (Ost) 1976. (= Schr. d. Zentralinst. f. Gesch. a. d. Akad. d. Wiss. ..., Bd. 49).
Börsch-Supan, E.: Berliner Baukunst nach Schinkel. 1840–1870. München 1977.
–,– u. a.: Berlin. Kunstdenkmäler und Museen. Stuttgart 1977. (= Reclams Kunstführer; Deutschland, Bd. 7).
Börsch-Supan, H.: Die Kunst in Brandenburg-Preußen. Berlin 1980.
–,– Marmorsaal und blaues Zimmer. So wohnten Fürsten (Innenansichten preußischer Schlösser und Palais in Aquarellen des 19. Jahrhunderts). Berlin 1981.
Bonin, H. von: Der Adel in der höheren Beamtenschaft in der preußischen Monarchie 1794–1806. Ein Beitrag zur Sozialstruktur des Preußischen Staates vor den Reformen. Diss. Göttingen 1961.
Booms, H.: Die deutschkonservative Partei. Preußischer Charakter, Reichsauffassung, Nationalbegriff. Düsseldorf 1954.
Born, K. E.: Preußen und Deutschland im Kaiserreich. Tübinger Universitätsrede 23. Mai 1967.
–,– Preußens Weg von der europäischen Macht zur deutschen Hegemonialmacht. In: Das

Preußenbild in der Geschichte. Hrsg. v. O. Büsch, Berlin u. New York 1981, S. 167–182.
Bornhak, C.: Preußische Staats- und Rechtsgeschichte. Berlin 1903.
–,– Die Entstehung der preußischen Ministerien. In: FBPG 52 (1940), S. 52–65.
Borries, K.: Preußen im Krimkrieg (1853–1856). Stuttgart 1930.
–,– Friedrich Wilhelm IV. In: NDB 5 (1961), S. 563–566.
Bothe, R.: Burg Hohenzollern. Von der mittelalterlichen Burg zum nationaldynastischen Denkmal im 19. Jahrhundert. Berlin 1981.
Bracher, K. D.: Die deutsche Diktatur. Entstehung, Struktur, Folgen des Nationalsozialismus. 2. Aufl. Frankfurt/M. usw. 1976.
Branig, H.: Wesen und Geist der höheren Verwaltungsbeamten in Preußen in der Zeit des Vormärz. In: Neue Forsch. z. Brandenburg-Preußischen Gesch. 1, hrsg. v. F. Benninghoven u. C. Lowenthal-Hensel, Köln-Wien 1979, S. 161–171. (= Veröff. a. d. Archiven Preuß. Kulturbesitz, Bd. 14).
–,– Fürst Wittgenstein. Ein preußischer Staatsmann der Restaurationszeit. Köln u. Wien 1981. (= Veröff. a. d. Archiven Preuß. Kulturbesitz, Bd. 17).
Bratring, F. W. A.: Statistisch-topographische Beschreibung der gesamten Mark Brandenburg. Bd. 1–3. Berlin 1804–1809. Neuausg. v. O. Büsch u. G. Heinrich, Berlin 1968. (= Veröff. d. Histor. Komm. zu Berlin, Bd. 22, Neudr. Bd. 2).
Braubach, M.: Der Aufstieg Brandenburg-Preußens 1640–1815. Freiburg i. Br. 1933. (= Gesch. d. führenden Völker, Bd. 15).
–,– Vom Westfälischen Frieden bis zur Französischen Revolution. In: Gebhardt, Hb. d. Deutschen Geschichte, 9. Aufl. Hrsg. v. H. Grundmann, Bd. 2, Stuttgart 1970, S. 241–359.
Braun, H.: Zur Geschichte des brandenburgisch-preußischen Landratsamtes. In: Archivmitt., Jg. 12 (1962), S. 23–30.
Brecht, A. von [Hrsg.]: Preußen contra Reich vor dem Staatsgerichtshof. Berlin 1933.
Breysig, K.: Geschichte der brandenburgischen Finanzen in der Zeit von 1640 bis 1697. Darstellung und Akten. Bd. 1: Die Zentralstellen der Kammerverwaltung, die Amtskammer, das Kassenwesen und die Domänen der Kurmark. Leipzig 1895.
Brunschwig, H.: Gesellschaft und Romantik in Preußen im 18. Jahrhundert. Die Krise des preußischen Staates am Ende des 18. Jahrhunderts und die Entstehung der romantischen Mentalität. Frankfurt/M. u. Berlin 1976.
–,– Bemerkungen zum Preußentum. In: Preußen in der deutschen Geschichte. Hrsg. v. D. Blasius, Königstein/Ts. 1980, S. 73–78 (ersch. 1948).
Büsch, O.: Militärsystem und Sozialleben im Alten Preußen 1713–1807. Die Anfänge der sozialen Militarisierung der preußisch-deutschen Gesellschaft. Durchges. u. erw. Taschenbuchaufl. Frankfurt/M. usw. 1981. (= Ullstein Materialien. UB 35082).
–,– [Hrsg.]: Das Preußenbild in der Geschichte. Protokoll eines Symposions. Berlin u. New York 1981. (= Veröff. d. Histor. Komm. zu Berlin, Bd. 50).
–,– u. W. Neugebauer [Hrsg.]: Moderne Preußische Geschichte 1648–1947. Eine Anthologie. Bd. 1–3. Berlin-New York 1981. (= Veröff. d. Histor. Komm. zu Berlin, Bd. 52/1–3).
Bunsen, M. von: Kaiserin Augusta. Berlin 1940.
Bussenius, Ch.: Die preußische Verwaltung in Süd- und Neuostpreußen 1793–1806. Heidelberg 1960.
–,– Urkunden und Akten zur Geschichte der preußischen Verwaltung in Südpreußen und Neuostpreußen 1793–1806. Frankfurt/M. 1961.
Bußmann, W.: Friedrich der Große im Wandel des europäischen Urteils in Deutschland und Europa. In: Festschrift für Hans Rothfels, hrsg. v. W. Conze, Düsseldorf 1951, S. 375–408.

–,– Politische Ideologien zwischen Monarchie und Weimarer Republik. In: HZ 190 (1960), S. 55–77.
–,– Die innere Entwicklung des deutschen Widerstandes gegen Hitler. Berlin 1964.
–,– Otto von Bismarck. Geschichte – Staat – Politik. Wiesbaden 1966. (= Inst. f. europ. Gesch. Mainz, Vortr. Nr. 43).
–,– Das Zeitalter Bismarcks. In: Hb. d. Dt. Gesch., Bd. 3, 2, 4. Aufl. Frankfurt/M. 1968.
–,– Wandel und Kontinuität in Politik und Geschichte. Ausgew. Aufsätze, hrsg. v. W. Pöls. Boppard a. Rh. 1973.
Buttlar, M. von: Die politischen Vorstellungen des F. A. L. v. d. Marwitz. Ein Beitrag zur Genesis und Gestalt konservativen Denkens in Preußen. Frankfurt/M. usw. 1980.
Carsten, F. L.: The Origins of Prussia. Oxford 1954. – Dt. Übers.: Die Entstehung Preußens. Köln u. Berlin 1968.
Charlottenburg, Schloß (Schloßführer). 2., veränd. Aufl. Berlin 1970. (= Verwaltung d. Staatl. Schlösser und Gärten).
Clausewitz, C. von: Vom Kriege. Vollständige Ausgabe im Urtext. Mit völlig überarbeiteter und erweiterter historisch-kritischer Würdigung v. W. Hahlweg. 19. Aufl. Bonn 1980. – Vom Kriege. Vollständige Ausgabe im Urtext. Frankfurt/M. u. Berlin 1980. (= Ullstein TB Nr. 35 051).
Conrad, H.: Die geistigen Grundlagen des Allgemeinen Landrechts für die preußischen Staaten von 1794. Köln 1958. (= Arbeitsgemeinschaft für Forschung des Landes Nordrhein-Westfalen, Geisteswissenschaften, H. 77).
–,– u. G. Kleinheyer [Hrsg.]: Vorträge über Recht und Staat von Carl Gottlieb Svarez (1746–1798). Köln u. Opladen 1960. (= Wissenschaftl. Abhandlungen d. Arbeitsgemeinschaft für Forschung des Landes Nordrhein-Westfalen, Bd. 10).
–,– Rechtsstaatliche Bestrebungen im Absolutismus Preußens und Österreichs am Ende des 18. Jahrhunderts. Köln 1961. (= Arbeitsgemeinschaft für Forschung des Landes Nordrhein-Westfalen 95).
–,– Das Allgemeine Landrecht von 1794 als Grundgesetz des friderizianischen Staates. Berlin 1965. (= Schriftenreihe d. Jur. Gesellschaft Berlin, H. 22).
–,– Staatsverfassung und Prinzenerziehung. Ein Beitrag zur Staatstheorie des Aufgeklärten Absolutismus. In: Festschrift f. L. Brandt, Köln u. Opladen 1968, S. 589–611.
–,– Preußen und das französische Recht in den Rheinlanden. In: Recht und Rechtspflege in den Rheinlanden. Hrsg. v. J. Wolffram u. A. Klein, Köln 1969, S. 78–113.
–,– Staatsgedanke und Staatspraxis des aufgeklärten Absolutismus. Opladen 1971. (= Vorträge der Rhein.-Westf. Akad. d. Wissenschaften G 137).
Conrad, J.: Die Latifundien im preußischen Osten. In: Jb. f. Nationalökonomie u. Statistik, NF 16 (1888), S. 121–171.
Consentius, E.: Friedrich der Große und die Zeitungszensur. In: Preußische Jb. 115 (1904), S. 220–249.
–,– Alt-Berlin. Anno 1740. 3. Aufl. Berlin 1925.
Constabel, A.: Die Vorgeschichte des Kulturkampfes. Quellenveröff. aus dem Dt. Zentralarchiv. Mit einer Einleitung v. Fr. Hartung. 2. Aufl. Berlin (Ost) 1957. [3. Aufl. 1965].
Conze, W.: Hindenburg. In: NDB 9 (1972), S. 178–182.
Craig, G. A.: The Politics of the Prussian army 1640–1945. Oxford 1955; (Dt. Ausgabe:) Die preußisch-deutsche Armee, 1640–1945, Düsseldorf 1960.
Croon, H.: Die kurmärkischen Landstände 1571–1616. Brand. Ständeakten 1. Berlin (1938).
–,– Rheinische Städte. In: Das Rheinland in preußischer Zeit. Hrsg. v. W. Först, Köln u. Berlin 1965, S. 87–108.

Dahrendorf, R.: Gesellschaft und Demokratie in Deutschland. München 1965.

Dallinger, G.: Karl von Canitz und Dallwitz. Ein preußischer Minister des Vormärz. Eine Biographie mit Quellenanhang. Köln u. Berlin 1969. (= Veröff. a. d. Archiven Preußischer Kulturbesitz, Bd. 3).

Danneil, J. F.: Das Geschlecht der von der Schulenburg. Bd. 1.2. Salzwedel 1847.

Dehio, L.: Zur Novemberkrise des Jahres 1850. Aus den Papieren des Kriegsministers v. Stockhausen. In: FBPG 35 (1923), S. 134–145.

–,– Benedikt Waldeck. In: HZ 135 (1926), S. 25–57.

–,– Die preußische Demokratie und der Krieg 1866. Aus dem Briefwechsel von Karl Roddertus mit Franz Ziegler. In: FBPG 39 (1927), S. 229–259.

–,– Friedrich Wilhelm IV., ein Baukünstler der Romantik. München 1961.

–,– Der Zusammenbruch der preußisch-deutschen Geschichte. 1640–1945. In: Gibt es ein deutsches Geschichtsbild? Hrsg. v. K. Forster, Würzburg (1961), S. 67–90.

[Delbrück, Fr.]: Die Jugend des Königs Friedrich Wilhelm IV. von Preußen und des Kaisers und Königs Wilhelm I. Tagebuchblätter ihres Erziehers Delbrück (1800–1809). Bd. 1–3. Berlin 1907. (= Monumenta Germaniae Pädagogica, Bd. 36, 37, 40).

Delbrück, H.: Das Leben des Feldmarschalls Grafen Neidhardt von Gneisenau. Bd. 1. 2. 4. Aufl. Berlin 1920/1921.

Delbrück, R. von: Lebenserinnerungen 1817–1867. Mit e. Nachtr. aus d. J. 1870. Bd. 1. 2. Leipzig 1905.

Demeter, K.: Das deutsche Offizierskorps in Gesellschaft und Staat 1650–1945. 4. erw. Aufl. Frankfurt/M. 1965.

Deppermann, K.: Der hallesche Pietismus und der preußische Staat unter Friedrich Wilhelm III. (I.). Göttingen 1961.

Deutschland-Berichte der Sozialdemokratischen Partei Deutschlands (Sopade). 1934–1940. Jg. 1–7. Frankfurt/M. 1980.

Devrient, E. u. W. K. von Arnswaldt: Das Geschlecht von Arnim. Bd. 1–4. Leipzig 1914–1924.

Dieterici, F. W. C.: Statistische Übersicht des öffentlichen Unterrichts im preußischen Staate im Jahre 1816 und im Jahre 1846. In: Mitt. d. stat. Büros in Berlin 1 (1848), S. 33ff.

Dietrich, R. [Hrsg.]: Preußen. Epochen und Probleme seiner Geschichte. Berlin 1964.

–,– Kleine Geschichte Preußens. Berlin 1966.

–,– Das Reich, Preußen und die Einzelstaaten bis zur Entlassung Bismarcks. Bemerkungen zur Problematik einer Verfassungsgeschichte des Bismarckreichs. In: Aus Theorie und Praxis der Geschichtswissenschaft. Festschrift f. H. Herzfeld. Hrsg. v. D. Kurze, Berlin u. New York 1972, S. 236–256. (= Veröff. d. Histor. Komm. zu Berlin, Bd. 37).

–,– Die Anfänge des preußischen Staatsgedankens in den politischen Testamenten der Hohenzollern. In: Neue Forsch. z. Brandenburg-Preußischen Gesch., Bd. 1, hrsg. v. F. Benninghoven u. C. Lowenthal-Hensel, Köln u. Wien 1979, S. 1–60. (= Veröff. a. d. Archiven Preußischer Kulturbesitz, Bd. 14).

–,– [Hrsg.]: Berlin. Zehn Kapitel seiner Geschichte. 2. Aufl. Berlin 1981.

Dill, G. [Hrsg.]: Clausewitz in Perspektive. Materialien zu Carl von Clausewitz: Vom Kriege. Frankfurt/M. u. Berlin 1980. (= Ullstein-TB Nr. 35052).

Dilthey, W.: Friedrich d. Gr. und die deutsche Aufklärung. In: Gesammelte Schriften, Bd. 3, 4. unveränd. Aufl. Stuttgart u. Göttingen 1973.

–,– Zur Preußischen Geschichte. Gesammelte Schriften, Bd. 12, 4. unveränd. Aufl. Stuttgart u. Göttingen 1973.

Disch, K.: Der Kabinettsrat Beyme und die auswärtige Politik Preußens 1805/06. In: FBPG 41 (1928), S. 331–366; 42 (1929), S. 93–134.

Dissow, J. von [d. i. J. A. von Rantzau]: Adel im Übergang. Ein kritischer Standesgenosse berichtet aus Residenzen und Gutshäusern. Stuttgart 1961.
Diwald, H.: Von der Revolution zum Norddeutschen Bund. Politik und Ideengut der preußischen Hochkonservativen 1848–1866. Aus d. Nachlaß v. E. L. von Gerlach. 1. T.: Tagebuch 1848–1866; 2. T.: Briefe – Denkschriften – Aufzeichnungen. Göttingen 1970. (= Dt. Gesch.qu. d. 19./20. Jhs., Bd. 46).
Döhner, R. [Hrsg.]: Briefe der Königin Sophie Charlotte von Preußen und der Kurfürstin Sophie von Hannover an hannoversche Diplomaten. Mit Einl. Neudruck d. Ausg. 1905. Osnabrück (1965). (= Publ. a. d. Preuß. Staatsarchiven 79).
Dohm, Chr. W. von: Denkwürdigkeiten meiner Zeit oder Beiträge zur Geschichte des letzten Viertels des 18. und des Anfangs des 19. Jahrhunderts. Bd. 1–4 u. Register-Bd. Lemgo u. Hannover 1814–1819.
Dohna, L. Graf zu: Finck v. Finckenstein. In: NDB 5 (1961), S. 151–154.
Dohna, S. Graf zu: Kurfürstliche Schlösser in der Mark Brandenburg. Bd. 1. 2. Berlin 1890.
Dollinger, H.: Preußen. Eine Kulturgeschichte in Bildern und Dokumenten. München 1980.
–,– Rückschau auf Preußen. Zur Position der DDR-Geschichtswissenschaft. In: Preußen in der deutschen Geschichte, hrsg. v. D. Blasius, Königstein/Ts. 1980, S. 79–91.
Dorpalen, A.: Hindenburg in der Geschichte der Weimarer Republik. Berlin (usw.) 1966.
Droege, G., s. Petri.
Droysen, H.: Tageskalender Friedrichs d. Gr. T. 1: 1732–1740; T. 2: 1740–1763. In: FBPG 25 (1912), S. 417–443 u. 29 (1916), S. 95–157.
Droysen, J. G.: Geschichte der preußischen Politik (– 1756). T. 1–5. Berlin 1868–1886.
Dungern, O. Frhr. von: Ahnen deutscher Fürsten. Bd. 1: Haus Zollern. Papiermühle 1906.
Easum, Ch. V.: Prince Henry of Prussia – Brother of Frederick the Great. Wisconsin 1942. Deutsche Ausgabe: Prinz Heinrich von Preußen. Göttingen 1958. (= Göttinger Bausteine zur Geschichtswissenschaft 24).
Eckert, G.: Von Valmy bis Leipzig. Quellen und Dokumente zur Geschichte der preußischen Heeresreform. Hannover u. Frankfurt/M. 1955.
Eichholtz, D.: Junker und Bourgeoisie vor 1848 in der preußischen Eisenbahngeschichte. Berlin (Ost) 1962. (= Dt. Akad. d. Wiss. zu Berlin, Schr. d. Inst. f. Gesch., R. I, Bd. 11).
Eimers, E.: Das Verhältnis von Preußen und Reich in den ersten Jahren der Weimarer Republik (1918 bis 1923). Berlin 1969. (= Schr. z. Verfassungsgesch. 11).
Endres, R.: Die Erbabreden zwischen Preußen und den fränkischen Markgrafen im 18. Jahrhundert. In: Jb. f. fränk. Landesforsch. 25 (1965), S. 43 ff.
Erdmann, K. D.: Adenauer in der Rheinlandpolitik nach dem ersten Weltkrieg. Stuttgart 1966.
–,– Die Zeit der Weltkriege. In: Gebhardts Handbuch der Deutschen Geschichte, 9. Aufl., hrsg. v. H. Grundmann, Bd. 4, 1 u. 2, Stuttgart 1973/1976, S. 1–976.
Ernst, Fr.: Die Deutschen und ihre jüngste Geschichte. Stuttgart 1964. (= Urban-Bücher 75).
Etzdorf, W. von: Brandenburg-Preußen. Hamburg 1958.
Etzin, Fr.: Die Freiheit der öffentlichen Meinung unter Friedrich dem Großen. In: FBPG 33 (1920), S. 89–129; 293–326.
Faber, K.-G.: Die kommunale Selbstverwaltung in der Rheinprovinz im 19. Jahrhundert. In: RhVbll 30 (1965), S. 132–151.
–,– Die Rheinlande zwischen Restauration und Revolution. Probleme der rheinischen Geschichte von 1814 bis 1848 im Spiegel der zeitgenössischen Publizistik. Wiesbaden 1966.

–,– Deutsche Geschichte im 19. Jahrhundert. Restauration und Revolution. Von 1815 bis 1851. Wiesbaden 1979. (= Hdb. d. dt. Gesch. Bd. 3/1, T. 2).
Faden, E.: Berlin im Dreißigjährigen Kriege. Berlin 1927. (= Berlinische Bücher 1).
Feckl, K.-L.: Preußen im Spanischen Erbfolgekrieg. Frankfurt/M. (usw.) 1979. [Diss. FU Berlin]. (= Europ. Hochschulschriften, Bd. 123).
Feuchtwanger, E. J.: Preußen. Mythos und Realität. München 1978.
Graf Finck von Finckenstein, H. W.: Die Entwicklung der Landwirtschaft in Preußen und Deutschland 1800–1930. Würzburg 1960.
Fischer, H.: Judentum, Staat und Heer in Preußen im frühen 19. Jahrhundert. Zur Geschichte der staatlichen Judenpolitik. Tübingen 1969.
Fischer, W.: Wirtschaft und Gesellschaft im Zeitalter der Industrialisierung. Aufs., Studien, Vorträge. Göttingen 1972.
Fix, W.: Die Territorialgeschichte des preußischen Staates. 3. Aufl. Berlin 1884.
Först, W. [Hrsg.]: Das Rheinland in preußischer Zeit. Köln u. Berlin 1965.
Foerster, W.: Prinz Friedrich Karl. In: Militärwiss. Rundschau 8 (1943), S. 89–94.
Fontane, Th.: Briefe an Georg Friedländer. Hrsg. v. K. Schreinert. Heidelberg 1954.
–,– Wanderungen durch die Mark Brandenburg, Bd. 1–4: Ruppin; Oderland; Havelland; Spreeland. – Fünf Schlösser. – Register u. Nachweise. München 1960–1969. (= Sämtl. Werke, 2. Abt., Bd. 9–13).
–,– Meine Kinderjahre (etc.). München 1961. (= Sämtl. Werke, 3. Abt., Bd. 14).
–,– Von Zwanzig bis Dreißig (etc.). München 1967. (= Sämtl. Werke, 3. Abt., Bd. 15).
–,– Politik und Geschichte. München 1969. (= Sämtl. Werke, 3. Abt., Bd. 19).
–,– Fragmente und frühe Erzählungen. Nachträge. Hrsg. v. R. Bachmann u. P. Bramböck. München 1975. (= Sämtl. Werke, 3. Abt., Bd. 24).
Forschungen zur Brandenburgischen und Preußischen Geschichte (FBPG). Bd. 1–55. Leipzig (usw.) 1888–1944.
Frahm, F.: Entstehungs- und Entwicklungsgeschichte der preußischen Verfassung. In: FBPG 41 (1928), S. 248–301.
Franz, E.: Der Entscheidungskampf um die wirtschaftspolitische Führung Deutschlands 1856–1867. München 1933.
Frauendienst, W.: Preußisches Staatsbewußtsein und polnischer Nationalismus. Preußisch-deutsche Polenpolitik 1815–1890. In: Das Östliche Deutschland, Würzburg 1959, S. 305–362. (Lit.).
–,– Das preußische Staatsministerium in konstitutioneller Zeit. In: Zs. f. d. ges. Staatswiss. 116 (1960), S. 104ff.
Freudenfeld, B.: Das preußische Lebensgefühl. In: Preußen. Porträt einer politischen Kultur, hrsg. v. H.-J. Netzer, München 1968, S. 167–184.
Freund, I.: Die Emanzipation der Juden in Preußen. Bd. 1. 2. Berlin 1912.
Freund, M.: Das Drama der 99 Tage. Krankheit und Tod Friedrichs III. Köln 1966.
Freytag, G.: Preußen und Deutschland. Stuttgart 1968.
Freytag-Loringhoven, H. Frhr. von: Die Exerzierreglements für die Infanterie von 1812, 1847, 1888 und 1906. In: Beih. z. Militär-Wochenbl. H. 1, Berlin 1907, S. 27–40.
Friedensburg, F.: Lebenserinnerungen. Frankfurt/M. u. Bonn 1969.
[Friedrich II., König von Preußen]: Œuvres posthumes de Frédéric II, roi de Prusse. Bd. 1–15. Berlin 1788.
Preuß, J. D. E. [Hrsg.]: Œuvres de Frédéric le Grand. Bd. 1–30. Berlin 1846–1856. (= Akademie-Ausgabe).
–,– [Hrsg.]: Table chronologique générale des ouvrages de Frédéric le Grand ... Berlin 1857. (= Akademie-Ausgabe, Annex).
Politische Korrespondenz Friedrichs des Großen. Bd. 1–46. (Bearb. v. R. Koser, A. Naudé, K. Treusch von Buttlar, O. Herrmann u. G. B. Volz). Berlin 1879–1939 (Bd. 35:

Weimar 1912). – Nebst Erg.-Bd.: Die politischen Testamente Friedrichs des Großen. Rev. v. G. B. Volz. Berlin 1920.
Die Kriege Friedrichs des Großen. Hrsg. vom Großen Generalstabe, Abt. Kriegsgeschichte. Berlin 1893.
Volz, G. B. [Hrsg.]: Die Werke Friedrichs des Großen. In dt. Übersetzung. Bd. 1–10. Berlin 1912–1914.
Hein, M. [Hrsg.]: Briefe Friedrichs des Großen. Bd. 1. 2. Berlin 1912/1914.
Volz, G. B.: Die politischen Testamente Friedrichs des Großen. Berlin 1920. (= Politische Korrespondenz Friedrichs des Großen. Erg.-Bd.).
Friedrich der Große: Die Politischen Testamente. Übersetzt v. F. von Oppeln-Bronikowski. Berlin 1922. (= Klassiker der Politik, Bd. 5).
Friedrich der Große und Wilhelmine von Baireuth. Bd. 1: Jugendbriefe 1728–1740; Bd. 2: Briefe der Königszeit 1740–1758. Hrsg. v. G. B. Volz. Leipzig 1924/1926.
Friedrich II., König von Preußen: Briefwechsel mit Grumbkow und Maupertius 1731–59. Hrsg. v. R. Koser. Mit Nachträgen zu dem Briefwechsel Friedrichs des Großen mit Maupertius und Voltaire. Neudruck der Ausg. (1898–1912). Osnabrück (1965). (= Publ. a. d. Preuß. Staatsarchiven 72, 90).
–,– Briefwechsel mit Voltaire. Hrsg. v. R. Koser, H. Droysen, F. Caussy u. G. B. Volz. T. 1–3 u. Nachträge zu dem Briefwechsel Friedrichs des Großen mit Maupertius und Voltaire. Neudruck der Ausg. 1908–1919. Osnabrück (1965). (= Publ. a. d. Preuß. Staatsarchiven 81, 82, 86, 90).
[Friedrich Wilhelm IV.]: Reden und Trinksprüche. Leipzig 1855.
Friese, Chr.: Rußland und Preußen vom Krimkrieg bis zum polnischen Aufstand. Berlin 1931.
Friese, J.: Die politische Haltung der Kronprinzessin Victoria bis zum Jahre 1871. Phil. Diss. Leipzig 1932. Berlin 1932.
Führer durch das Schloßmuseum. Berlin 1921.
Gall, L.: Liberalismus und »bürgerliche Gesellschaft«. Zu Charakter und Entwicklung der liberalen Bewegung in Deutschland. In: HZ 220 (1975), S. 324–356.
–,– Bismarck. Der weiße Revolutionär. Frankfurt/M. u. Berlin 1980.
Gandert, O. F. u. a.: Heimatchronik Berlin. Köln 1962.
Gantzer, P.: Geschichte der Familie v. Dewitz. Bd. 1–3. Halle a. d. Saale 1912–1918.
Gatz, W.: Akten zur preußischen Kirchenpolitik in den Bistümern Gnesen-Posen, Kulm und Ermland 1885–1914. Mainz 1977. (= Veröff. d. Komm. f. Zeitgesch., R. A.: Quellen, Bd. 21).
Gause, F.: Die Geschichte der Stadt Königsberg in Preußen. Bd. 1–3. Köln (usw.) 1965–1971.
Gaxotte, P.: Friedrich der Große. (Dt. Ausgabe). Frankfurt/M. u. Berlin 1973.
Gembruch, W.: Das Reformwerk Scharnhorsts. In: Wehrwiss. Rundschau, H. 11 (1958), S. 627–642.
Gemeindelexikon für den Freistaat Preußen. Nach dem endgültigen Ergebnis der Volkszählung vom 16. Juni 1925 u. a. amtlichen Quellen unter Zugrundelegung des Gebietsstandes vom 1. Juni 1932 bearb. v. Preußischen Statistischen Landesamt. Bd. 2. 3. Berlin 1932.
Gericke, W.: Glaubenszeugnisse und Konfessionspolitik der brandenburgischen Herrscher bis zur preußischen Union. 1540–1815. Bielefeld 1977. (= Unio et Confessio, Bd. 6).
Gerlach, E. L. von: Aufzeichnungen aus seinem Leben und Wirken. 1795–1877. Hrsg. v. J. von Gerlach. Bd. 1. 2. Schwerin 1903.
Gerschler, W.: Das preußische Oberpräsidium der Provinz Jülich-Kleve-Berg in Köln 1816–1822. Köln 1967. (= Stud. z. Gesch. Preußens, Bd. 12).

Gersdorff, R. C. von: Soldat im Untergang. Frankfurt/M. 1977.
Gesetzessammlung für die Kgl. Preußischen Staaten. Berlin 1810–1906. – Kgl. Preußische Gesetzsammlung. Berlin 1907–1908. – Preußische Gesetzsammlung. Berlin 1919–1945.
Geyer, A.: Geschichte des Schlosses zu Berlin. Bd. 1. 2. Berlin 1936.
Gieraths, G.: Die Kampfhandlungen der brandenburgisch-preußischen Armee 1626–1807. Ein Quellenhandbuch. Berlin 1964. (= Veröff. d. Histor. Komm. zu Berlin..., Bd. 8).
Giese, F.: Preußische Rechtsgeschichte. Berlin u. Leipzig 1920.
Gilbert, F. [Hrsg.]: Bankiers, Künstler und Gelehrte. Unveröffentlichte Briefe der Familie Mendelssohn aus dem 19. Jahrhundert. New York 1975.
Göring, H.: Rede vor dem Preußischen Staatsrat vom 18. Juni 1934 über Preußen und die Reichseinheit. In: Ursachen und Folgen, Bd. 9, Berlin 1964, S. 122–124.
Görlitz, W.: Die Junker. Adel und Bauer im deutschen Osten. 2. Aufl. Glücksburg 1957.
Goldbeck, J. F. [Hrsg.]: Vollständige Topographie des Königreich Preussen. T. 1. 2. Königsberg u. Leipzig (1785); Marienwerder 1789. [Neudruck Hamburg 1966/1967].
Goldschmidt, H.: Das Reich und Preußen im Kampf um die Führung. Von Bismarck bis 1918. Berlin 1931.
Gollmert, L.: Geschichte des Geschlechts von Schwerin. Bd. 2. Berlin 1878.
Goltz, C. von der: Von Rossbach bis Jena. 2. Aufl. Berlin 1906. – Von Jena bis Preußisch-Eylau. Berlin 1907.
Gooch, G. P.: Frederick the Great. The Ruler, The Writer, The Man. London 1947. Dt. Ausg.: Friedrich der Große, Herrscher, Schriftsteller, Mensch. Göttingen 1951; Fischer-Tb. Nr. 637/638.
Grabower, R.: Preußens Steuern vor und nach den Befreiungskriegen. Berlin 1932.
Grais, R. Graf Hué de u. a.: Handbuch der Verfassung und Verwaltung in Preußen und dem Deutschen Reiche. 24. Aufl. Berlin 1927.
Granier, H.: Hohenzollernbriefe aus den Freiheitskriegen 1813–1815. Leipzig 1913.
Grautoff, O. [Hrsg.]: Bernhard v. d. Marwitz. Eine Jugend in Dichtung und Briefen an G. v. Seckendorff, J. v. Winterfeldt und andere. Dresden 1923.
Gray, M.: Der Ostpreußische Landtag des Jahres 1808 und das Reformministerium Stein. Eine Fallstudie politischer Modernisation. In: JGMOD 26 (1977), S. 129–145.
Grieshammer, W.: Studien zur Geschichte der Refugiés in Brandenburg-Preußen bis 1713. Phil. Diss. Berlin 1935.
Griewank, K.: Hardenberg und die preußische Politik 1804–1806. In: FBPG 47 (1935), S. 227–308.
–,– Königin Luise. In: Die großen Deutschen 2, Berlin 1935, S. 476–489.
–,– Hardenberg 1750–1822. In: Die großen Deutschen 3, Berlin 1936, S. 28–41.
–,– Preußen und die Neuordnung Deutschlands 1813–1815. In: FBPG 52 (1940), S. 234–279.
–,– Preußische Neuordnungspläne für Mitteleuropa aus dem Jahre 1814. In: Dt. Arch. f. Landes- u. Volksforschung 6 (1942), S. 342–360.
–,– Gneisenau. Ein Leben in Briefen. 3. Aufl. Leipzig 1943.
–,– Königin Luise. Ein Leben in Briefen. 2. Aufl. Leipzig 1943.
Gritzner, Ad. M. F.: Chronologische Matrikel der Brandenburgisch-Preußischen Standeserhöhungen und Gnadenacte von 1600–1873. Berlin 1874.
Groote, W. von u. U. von Gersdorff [Hrsg.]: Entscheidung 1866. Der Krieg zwischen Österreich und Preußen. Stuttgart 1966.
Grossmann, J.: Genealogie des Gesamthauses Hohenzollern. Nach d. Quellen bearb. mit E. Berner, S. Schuster u. K. Th. Zingeler. Berlin 1905.
Grünhagen, C.: Schlesien unter Friedrich dem Großen. Bd. 2: 1756–1786. Breslau 1892.

Grund, H.: »Preußenschlag« und Staatsgerichtshof im Jahre 1932. Baden-Baden 1976. (= Stud. u. Mat. z. Verfassungsgerichtsbarkeit, Bd. 5). Rez.: JGMOD 27 (1978), S. 383f. (H. Möller).

Gugel, M.: Industrieller Aufstieg und bürgerliche Herrschaft. Sozialökonomische Interessen und politische Ziele des liberalen Bürgertums in Preußen zur Zeit des Verfassungskonfliktes 1857–1867. Köln 1975.

Guttmann, B.: Preußens Ausgang. In: Die Gegenwart (31.3.1947), S. 1–7.

Haake, P.: J. P. F. Ancillon und Kronprinz Friedrich Wilhelm IV. von Preußen. Berlin 1920.

–,– Der preußische Verfassungskampf vor 100 Jahren. München 1921.

–,– Der erste Hohenzollernkönig und August d. Starke vor und nach 1700. In: FBPG 46 (1934), S. 381–390.

–,– Kursachsen oder Brandenburg-Preußen? Geschichte eines Wettstreits. Berlin 1939.

Hackl, O. u. M. Messerschmidt [Hrsg.]: Handbuch zur deutschen Militärgeschichte. 1648–1939. Bd. 1–9. München 1979.

Häbich, Th.: Deutsche Latifundien. Ein Beitrag zur Berichtigung unserer Vorstellungen von der bestehenden Verteilung des ländlichen Grundeigentums. Königsberg/Pr. 1930.

Haenchen, K.: Revolutionsbriefe 1848. Berlin 1930.

Haffner, S.: Preußen ohne Legende. 2. Aufl. Hamburg 1979.

–,– u. W. Venohr: Preußische Profile. Königstein/Ts. 1980.

Hahlweg, W. [Hrsg.]: Carl von Clausewitz. Schriften – Aufsätze – Studien – Briefe. Dokumente aus dem Clausewitz-, Scharnhorst- und Gneisenau-Nachlaß sowie aus öffentlichen und privaten Sammlungen. Bd. 1. Göttingen 1966. (= Dt. Gesch.qu. d. 19./20. Jhs., Bd. 45).

Hahn, H. u. W. Zorn [Hrsg.]: Historische Wirtschaftskarte der Rheinlande um 1820. Bonn 1973.

Hahn, P.-M.: Struktur und Funktion des brandenburgischen Adels im 16. Jahrhundert. Berlin 1979. (= Histor. u. Päd. Studien, hrsg. v. O. Büsch u. G. Heinrich, Bd. 9).

–,– »Absolutistische« Polizeigesetzgebung und ländliche Sozialverfassung. In: JGMOD 29 (1980), S. 13–29.

[Halberstadt]: Topographisch-statistisches Handbuch vom Fürstenthume Halberstadt mit einer Einleitung über die gegenwärtige Beschaffenheit desselben und einem ganz vollständigen Provinzial-Addreß-Buche. Magdeburg 1804.

Handbuch des preußischen Adels. Hrsg. unter Förderung d. königl. Herolds-Amtes. (Red. M. Janecki). Bd. 1. 2. Berlin 1892/1893.

Handbuch über den Königlich preußischen Hof und Staat. (1922ff.: ... über den preußischen Staat). Berlin 1794–1939.

Hansen, J.: Das Rheinland und Preußen. Bonn 1918.

–,– Rheinische Briefe und Akten zur Geschichte der Politischen Bewegung 1830–1850. 2. Hälfte, 1. Januar 1846 bis April 1848. Essen 1919.

Hansen, R.: Militär und Demokratie in der deutschen Geschichte. Kiel 1970. (= Gegenwartsfragen, H. 26).

Hardtwig, W.: Von Preußens Aufgabe in Deutschland zu Deutschlands Aufgabe in der Welt. Liberalismus und borussianisches Geschichtsbild zwischen Revolution und Imperialismus. In: HZ 231 (1980), S. 265–324.

Harnisch, H.: Statistische Untersuchungen zum Verlauf der kapitalistischen Agrarreform in den preußischen Ostprovinzen (1811 bis 1865). In: Jb. f. Wirtschaftsgesch. 1974/4, S. 149–182.

–,– Landgemeinde, feudal-bäuerliche Klassenkämpfe und Agrarverfassung im Spätfeudalismus. In: Zs. f. Geschichtswiss. 26 (1978), S. 887–897.

Hartung, Fr.: Hardenberg und die preußische Verwaltung in Ansbach-Bayreuth von 1792 bis 1806. Tübingen 1906.
–,– Die politischen Testamente der Hohenzollern. In: FBPG 25 (1913), S. 333–363.
–,– Preußen und das Deutsche Reich. In: Die Grenzboten 80; 3 (1921), S. 52–60.
–,– Preußen und Deutsches Reich seit 1871. Rede... am 18. Jan. 1932. Berlin 1932.
–,– Das Problem Preußen–Deutschland. In: Süddt. Monatsh. 29 (1932), S. 436–439.
–,– Verantwortliche Regierung, Kabinette und Nebenregierungen im konstitutionellen Preußen 1848–1918. In: FBPG 44 (1932), S. 1–45, 302–373.
–,– Preußen und die deutsche Einheit. In: FBPG 49 (1937), S. 1–21.
–,– Volk und Staat in der deutschen Geschichte. Ges. Abh. Leipzig 1940.
–,– Die Ausbildung des absoluten Staates in Österreich und Preußen. In: Das Reich und Europa, 2. Aufl. Leipzig 1943, S. 75–90.
–,– Die deutschen Mächte und der Osten seit Bismarck. In: Dt. Ostforschung, hrsg. v. H. Aubin, Bd. 2 (1943), S. 104–120.
–,– Deutsche Geschichte 1871–1919. 6. Aufl. Stuttgart 1952.
[–,–] Forschungen zu Staat und Verfassung. Festgabe für Fr. Hartung. Hrsg. v. R. Dietrich u. G. Oestreich. Berlin 1958.
–,– Der aufgeklärte Absolutismus. [Zul.] In: Ders., Staatsbildende Kräfte der Neuzeit, Berlin 1961, S. 149–177.
–,– König Friedrich Wilhelm I., der Begründer des preußischen Staates. [Zul.] In: Ders., Staatsbildende Kräfte der Neuzeit, Berlin 1961, S. 123–148.
–,– Staatsbildende Kräfte der Neuzeit. Ges. Aufsätze. Berlin 1961.
–,– Das persönliche Regiment Kaiser Wilhelms II. [Zul.] In: Ders., Staatsbildende Kräfte der Neuzeit, Berlin 1961, S. 393–413.
–,– Der preußische Staat und seine westlichen Provinzen. [Zul.] In: Ders., Staatsbildende Kräfte der Neuzeit, Berlin 1961, S. 414–430.
–,– Deutsche Verfassungsgeschichte vom 15. Jahrhundert bis zur Gegenwart. 9. Aufl. Stuttgart 1969.
Hassel, P.: Geschichte der preußischen Politik 1807–15. T. 1: 1807–08 [alles Erschienene]. (Neudruck d. Ausg. 1881). Osnabrück 1965. (= Publ. a. d. Preuß. Staatsarchiven 6).
Hassel, U. von: Vom Andern Deutschland. Aus den nachgelassenen Tagebüchern 1938–1944. Frankfurt/M. 1964.
Hassinger, E.: Brandenburg-Preußen, Rußland und Schweden 1700–1713. München 1953.
Hattenhauer, H. [Hrsg.]: Allgemeines Landrecht für die Preußischen Staaten von 1794. Textausgabe. Frankfurt/M. u. Berlin 1970.
Hauser, O.: Preußische Staatsraison und nationaler Gedanke. Neumünster 1960.
–,– Zum Problem der Nationalisierung Preußens. In: HZ 202 (1966), S. 529–541.
–,– Preußen und die Preußenforschung heute. In: Jb. Stiftung Preuß. Kulturbesitz 1974/75 (1976), S. 54–70.
Haussherr, H.: Provinz und Staat in der altpreußischen Finanzwirtschaft (Westpreußen unter Friedrich dem Großen). In: Forschungen zu Staat und Verfassung. Festgabe für Fr. Hartung, Hrsg. v. R. Dietrich u. G. Oestreich. Berlin 1958, S. 269–288.
–,– Heinrich Eduard v. Flottwell (1786–1861). In: NDB 5 (1961), S. 257–258.
–,– Friedrich Wilhelm II. In: NDB 5 (1961), S. 558–560.
–,– Friedrich Wilhelm III. In: NDB 5 (1961), S. 560–563.
–,– Hardenberg. Eine politische Biographie. Bd. 1 u. 3. Köln u. Graz 1963, 1965^2.
Heinemann, M.: Schule im Vorfeld der Verwaltung. Die Entwicklung der preußischen Unterrichtsverwaltung von 1771–1800. Göttingen 1974.
Heinrich, G.: Der Adel in Brandenburg-Preußen [1540–1806]. In: Deutscher Adel 1555–1740, hrsg. v. H. Rößler, Bd. 2, Darmstadt 1965, S. 259–314.

–,– Amtsträgerschaft und Geistlichkeit. Zur Problematik der sekundären Führungsschichten in Brandenburg-Preußen 1450–1786. In: Beamtentum und Pfarrerstand 1400–1800, hrsg. v. G. Franz, Limburg/L. 1972, S. 179–238.

–,– u. a.: Historischer Handatlas von Brandenburg und Berlin. Begr. v. B. Schulze. Berlin 1972–1980. (= Veröff. d. Histor. Komm. zu Berlin).

–,– Berlin und Brandenburg. Stuttgart 1973. (= Hb. d. Histor. Stätten Deutschlands, Bd. 10).

–,– Festung, Flüchtlingsstadt und Fürstenresidenz. Zur Entwicklung und Raumfunktion brandenburgisch-preußischer Neustädte im 17. und 18. Jahrhundert. In: Abh. a. d. Päd. Hochschule Berlin, Bd. 1, Berlin 1974, S. 137–177.

–,– Hauptstadtraum und Militärstaat. Grundzüge der Entwicklung der Militärlokation in der Berliner Zentrallandschaft seit der Roonschen Heeresreform. In: Stadt u. milit. Anlagen, Hannover 1977, S. 237–249. (= Veröff. d. Akad. f. Raumforschung u. Landesplanung; Forschungs- u. Sitzungsber., Bd. 114).

–,– Friedrich der Große und die deutsche Geschichte. In: Actio formans. Festschrift f. W. Heistermann, Berlin 1978, S. 155–184.

–,– »Die isolierte Provinz«. Brandenburg-Preußen und Kleve seit dem 17. Jahrhundert. In: K. Flink, Kleve im 17. Jahrhundert, Studien und Quellen, T. 3: 1667–1688, Kleve 1980, S. 9–31.

–,– Acta Borussica. Ein Rückblick nach hundert Jahren. In: P. Baumgart u. G. Heinrich: Die Behördenorganisation und die allgemeine Staatsverwaltung Preußens im 18. Jahrhundert. Bd. 16,2, Hamburg u. Berlin 1981, S. VII–XIX. (= Einzelveröff. d. Histor. Komm. zu Berlin, Bd. 5, Quellenwerke Bd. 5; Acta Borussica).

–,– Staatsaufsicht und Stadtfreiheit in Brandenburg-Preußen unter dem Absolutismus (1660–1806). In: Die Städte Mitteleuropas im 17. und 18. Jahrhundert, T. 1, hrsg. v. W. Rausch, Linz 1981. (= Beitr. z. Gesch. d. Städte Mitteleuropas, Bd. 5).

Helfritz, H.: Geschichte der preußischen Heeresverwaltung. Berlin 1938.

Hellige, H. D. u. E. Schulin [Hrsg.]: Walther Rathenau. Gesamtausgabe. Bd. 2. Heidelberg 1977.

Henderson, W. O.: The state and the Industrial Revolution in Prussia 1740–1870. 2. Aufl. Liverpool 1967.

–,– Die Struktur der preußischen Wirtschaft um 1786. In: Zs. f. ges. Staatswiss. 117 (1961), S. 292–318.

Herre, Fr.: Kaiser Wilhelm I. Der letzte Preuße. Köln 1980.

Hertz-Eichenrode, D.: Politik und Landwirtschaft in Ostpreußen 1919–1930. Untersuchung eines Strukturproblems in der Weimarer Republik. Köln-Opladen 1969. (= Schriftenreihe d. Inst. f. polit. Wiss., Bd. 23).

Herzfeld, H.: Johannes Popitz. Ein Beitrag zur Geschichte des deutschen Beamtentums. In: Forschungen zu Staat und Verfassung. Festgabe für Fr. Hartung. Hrsg. v. R. Dietrich u. G. Oestreich, Berlin 1958, S. 345–365.

–,– [Hrsg.] unter Mitw. v. G. Heinrich: Geschichte von Brandenburg und Berlin. Bd. 3: Berlin und die Provinz Brandenburg im 19. und 20. Jahrhundert. Berlin 1968. (= Veröff. d. Histor. Komm. zu Berlin . . ., Bd. 25).

Hildebrand, A.: Das Bildnis Friedrichs des Großen. Zeitgenössische Darstellungen, Berlin u. Leipzig 1940.

Hildebrand, K.: Preußen als Faktor der britischen Weltpolitik. 1866–1870. Studien zur Außenpolitik Großbritanniens im 19. Jahrhundert. Habil.-Schrift Mannheim 1972.

–,– Hitlers Ort in der Geschichte des preußisch-deutschen Nationalstaates. In: HZ 217 (1974), S. 584–632.

Hinrichs, C.: Die Wollindustrie in Preußen unter Friedrich Wilhelm I. Darstellung mit Aktenbeilagen. Berlin 1933. (= Acta Borussica . . ., Abt. 1, 4, Bd. 1).

–,– Der Kronprinzenprozeß. Friedrich und Katte. Hamburg 1936.
–,– Das Ahnenerbe Friedrich Wilhelms I. In: FBPG 50 (1938), S. 104–121.
–,– Der allgegenwärtige König. Friedrich der Große im Kabinett und auf Inspektionsreisen. 3. Aufl. Berlin 1943.
–,– Preußen als historisches Problem. Zur heutigen Auffassung Friedrich Wilhelms I. In: Ders., Preußen als historisches Problem. Ges. Abh., hrsg. v. G. Oestreich, Berlin 1964, S. 15–39.
–,– Das Reich und die Territorialstaaten im Zeitalter des Absolutismus. In: Dt. Geschichte im Überblick, hrsg. v. P. Rassow, 2. Aufl. Stuttgart 1962.
–,– Preußentum und Pietismus. Der Pietismus in Brandenburg-Preußen als religiös-soziale Reformbewegung. Göttingen 1971.
–,– Friedrich Wilhelm I., König in Preußen. Bd. 1 (nebst Ergänzungen). 4. Aufl. Darmstadt 1974.
Hintze, O.: Einleitende Darstellung der Behördenorganisation und allgem. Verwaltung in Preußen beim Regierungsantritt Friedrichs II. Berlin 1901. (= Die Behördenorganisation u. d. allg. Staatsverwaltung Preußens im 18. Jh. 6,1 = Acta Borussica. 2,6,1).
–,– Die Hohenzollern und ihr Werk. 9. Aufl. Berlin 1916. [Neudruck Moers 1979/80]
–,– Gesammelte Abhandlungen, hrsg. v. G. Oestreich. Bd. 1–3. 2. erw. Aufl. Göttingen 1962–1967.
Hinze, K.: Die Arbeiterfrage zu Beginn des modernen Kapitalismus in Brandenburg-Preußen 1685–1806. 2. erw. Aufl. Berlin 1963. (= Veröff. d. Histor. Komm. zu Berlin, Bd. 9).
Hirsch, P.: Der Weg der Sozialdemokratie zur Macht in Preußen. Berlin 1929.
Höhn, R.: Verfassungskampf und Heereseid. Der Kampf des Bürgertums um das Heer (1815–1850). Leipzig 1938.
–,– Scharnhorsts Vermächtnis. 2. Aufl. Frankfurt/M. 1972.
–,– Sozialismus und Heer. Bd. 1.2. Bad Homburg (usw.) 1959.
Hömig, H.: Das Preußische Zentrum in der Weimarer Republik. Mainz 1979. (= Neue Dokumente aus dem Kirchenkampf, R. B., Bd. 28).
Höß, I.: Die konfessionelle Lage in Brandenburg-Preußen und Österreich im Zeitalter des Absolutismus. In: GWU 15 (1964), S. 616–626.
Hoffmann, H.: Handwerk und Manufaktur in Preußen 1769. (Das Taschenbuch Knyphausen). Berlin 1969. (= Dt. Akad. d. Wiss. zu Berlin. Schrr. d. Zentralinst. f. Gesch. R. II.: Landes- und Regionalgesch. Bd. 10).
Hofmann, H. H.: Die preußische Ära in Franken. In: Jb. Hist. Ver. Mittelfranken 79 (1961), S. 224–244.
Hohenzollern-Jahrbuch. Forschungen u. Abh. zur Gesch. d. Hohenzollern in Brandenburg-Preußen. Bd. 1–20. Berlin u. Leipzig 1897–1916.
Holmsten, G.: Friedrich II. in Selbstzeugnissen und Dokumenten. Hamburg 1969 (= Rowohlts Monographien 159).
Holtze, Fr.: Beiträge zur brandenburgisch-preußischen Rechtsgeschichte. Bd. 1–6. Berlin 1890–1904.
Holzapfel, K.: Preußen im Vorfeld des Friedens von Basel. In: Zs. f. Geschichtswiss. 28 (1980), S. 851–861.
Hoßbach, Fr.: Die Entwicklung des Oberbefehls über das Heer in Brandenburg, Preußen und im Deutschen Reich von 1655–1945. Würzburg 1957.
Hubatsch, W.: Kreuzritterstaat und Hohenzollernmonarchie. Zur Frage der Fortdauer des Deutschen Ordens in Preußen. In: Deutschland und Europa. Festschrift für H. Rothfels, Düsseldorf 1951, S. 179–199.
–,– Eckpfeiler Europas. Probleme des Preußenlandes in geschichtlicher Sicht. Heidelberg 1953.

–,– Das Problem der Staatsraison bei Friedrich d. Gr. Göttingen u. Frankfurt/M. 1956.
–,– Preußen als internationales Forschungsproblem. In: GWU 13 (1962), S. 71-86.
–,– Der preußische Staat. Probleme seiner Entwicklung vom 16. bis zum beginnenden 19. Jahrhundert. In: Jb. d. Albertus-Universität Königsberg 12 (1962), S. 107–148.
–,– Schweden, Rußland und Preußen-Deutschland als Ostseemächte. In: Studien zur Geschichte des Preußenlandes. Festschrift für E. Keyser zu seinem 70. Geburtstag. Marburg 1963, S. 28–41.
–,– Das Zeitalter des Absolutismus 1600–1789. 3. Aufl. Braunschweig 1970. (= Geschichte der Neuzeit. Hrsg. v. G. Ritter).
–,– Hohenzollern in der deutschen Geschichte. 2. Aufl. Frankfurt/M. 1971.
–,– Friedrich der Große und die preußische Verwaltung. Köln u. Berlin 1973. (Lit.)
–,– [Hrsg.]: Grundriß zur deutschen Verwaltungsgeschichte 1815–1945. Reihe A: Preußen. Bd. 1–12. Marburg/Lahn 1975–1980.
–,– Die Stein–Hardenbergschen Reformen. Darmstadt 1977. (= Erträge d. Forschung, Bd. 65).
Huber, E. R.: Deutsche Verfassungsgeschichte seit 1789. Bd. 1. 2. Aufl. Stuttgart (usw.) 1967.
Hülle, W.: Das Auditoriat in Brandenburg-Preußen. Ein rechtshistorischer Beitrag zur Geschichte seines Heerwesens mit einem Exkurs über Österreich. Göttingen 1971. (= Göttinger rechtswiss. Stud. 83).
Ibbeken, R.: Preußen 1807–1813. Staat und Volk als Idee und in Wirklichkeit. Darstellung und Dokumentation. Köln 1970. (= Veröff. a. d. Archiven Preuß. Kulturbesitz, Bd. 5).
Immekeppel, H.: Das Herzogtum Preußen 1603–1618. Köln u. Berlin 1975.
Jany, C.: Geschichte der königlich preußischen Armee ... Bd. 1–4. Berlin 1928–1933 [2. Aufl. Osnabrück 1967].
Jersch-Wenzel, St.: Juden und »Franzosen« in der Wirtschaft des Raumes Berlin/Brandenburg. Berlin 1978. (= Einzelveröff. d. Histor. Komm. zu Berlin, Bd. 23).
Johnson, H. C.: Frederick the Great and his Officials. New Haven-London 1975.
Jonas, K. W.: Der Kronprinz Wilhelm. Frankfurt a. M. 1962.
Jünger, E.: Jahre der Okkupation. Stuttgart 1958.
Kaehler, S. A.: Das preußisch-deutsche Problem seit der Reichsgründung. In: S. A. K., Studien zur deutschen Geschichte des 19. und 20. Jahrhunderts, Göttingen 1961, S. 204–219, 390.
Kallenberg, Fr.: ›Vom Fels zum Meer‹. Die Politisierung der dynastischen Beziehungen der schwäbischen zu den brandenburgisch-preußischen Hohenzollern. In: Gedenkschr. M. Göhring, hrsg. v. E. Schulin, Wiesbaden 1968, S. 200–213.
Kaltheuner, H.: Der Freiherr Georg von Vincke und die Liberalen in der preußischen zweiten Kammer 1849–1855. Phil. Diss. Berlin 1928. In: Zs. f. vaterl. Gesch. 85 (1928), S. 1–96.
Kania, H.: Potsdamer Baukunst. Berlin 1926.
Kaps, J. [Hrsg.]: Die Tragödie Schlesien 1945/46. München 1962. (= dtv dokumente 62).
Kathe, H.: Die Hohenzollernlegende. Berlin (Ost) 1973.
–,– Der »Soldatenkönig«. Friedrich Wilhelm I. 1688–1740. König in Preußen – Eine Biographie. 2., durchges. u. verb. Aufl. Berlin (Ost) 1978.
Kaufhold, K. H.: Das Gewerbe in Preußen um 1800. Göttingen 1978. (= Gött. Beitr. zur Wirtschafts- u. Sozialgesch., Bd. 2).
Kessel, E.: Die preußische Armee 1640 bis 1866. In: Dt. Heeresgesch., hrsg. v. K. Linnebach, Hamburg 1935, S. 146–192.
–,– Clausewitz über den Gedanken eines Länderaustausches zur Verbindung der Ost- und Westmasse der Preußischen Monarchie. In: FBPG 51 (1939), S. 371–377.

Kessel, E.: Moltke. Stuttgart 1957.
Kessler, H. Graf: Aus den Tagebüchern 1918–1937. Hrsg. v. W. Pfeiffer-Belli. München 1965. (= dtv 320).
Kettig, K.: Berlin im 19. und 20. Jahrhundert (1806–1945). In: Heimatchronik Berlin, Köln 1962, S. 347–472. (= Heimatchroniken der Städte und Kreise des Bundesgebietes 25).
Keyser, E.: Die Bevölkerung der östlichen Provinzen des preußischen Staates von der Mitte des 19. Jahrhunderts bis zum Jahre 1939. In: Die Ostgebiete d. Dt. Reiches, Würzburg 1955, S. 50–80.
Kitzel, K.: Die Herrfurth'sche Landgemeindeordnung. Stuttgart 1957. (= Schriftenr. d. Ver. z. Pflege kommunalwiss. Aufgaben e. V. Berlin, Bd. 3).
Klatt, R.: Ostpreußen unter dem Reichskommissariat. 1919/1920. Heidelberg 1958. (= Stud. z. Gesch. Preußens, hrsg. v. W. Hubatsch, Bd. 3).
Klein, E.: Funktion und Bedeutung des preußischen Staatsministeriums. In: JGMOD 9/10 (1961/1962), S. 195–261.
–,– Von der Reform zur Restauration. Finanzpolitik und Reformgesetzgebung des preußischen Staatskanzlers K. A. von Hardenberg. Berlin 1965.
Klepper, J.: In tormentis pinxit. Briefe und Bilder des Soldatenkönigs. Stuttgart u. Berlin 1938.
–,– Der Vater. Roman eines Königs. Stuttgart 1937; 122.–131. Tsd. 1957.
Knesebeck, L. G. von dem: Unveröffentlichte Briefe Friedrich Wilhelm IV. und Wilhelm I. an Landrat Fritz von Berg. In: FBPG 42 (1929), S. 300–315.
Knoetel, P.: Geschichte der Provinz Posen. Kattowitz 1911.
Knoop, W.: Preußen. Versunkener Staat – lebendiges Erbe. Köln 1980. (= Walter-Raymond-Stifung, Kl. R., H. 21).
Koch, U. E.: Berliner Presse und europäisches Geschehen 1871. Eine Untersuchung über die Rezeption der großen Ereignisse im ersten Halbjahr 1871 in den politischen Tageszeitungen der deutschen Reichshauptstadt. Berlin 1978. (= Einzelveröff. d. Histor. Komm. zu Berlin, Bd. 22).
Koch, W.: Hof- und Regierungsverfassung König Friedrichs I. 1697–1710. Breslau 1926. (= Unters. zur dt. Staats- und Rechtsgesch., AF 136).
Köhler, H.: Das Ende Preußens in französischer Sicht. (Vorauss.) Berlin 1981. (= Veröff. d. Histor. Komm. zu Berlin).
Koenigswald, H. von: Preußisches Lesebuch. Zeugnisse aus Jahrhunderten. München 1966.
Kohte, J.: Verzeichnis der Kunstdenkmäler der Provinz Posen. Bd. 1–4. Posen 1895–1898. (Mit e. gesch. Abriß in Bd. 1 v. A. Warschauer).
Koselleck, R.: Preußen zwischen Reform und Revolution. Allgemeines Landrecht, Verwaltung und soziale Bewegung von 1791–1848. 2. berichtigte Aufl. Stuttgart 1975. (= Industrielle Welt, Bd. 7).
Koser, R.: Die Abschaffung der Tortur durch Friedrich den Großen. In: FBPG 6 (1893), S. 575–581.
–,– u. P. Seidel: Die äußere Erscheinung Friedrichs des Großen. In: Hohenzollern-Jb. 1 (1897), S. 87–112 (Abb.).
–,– Staat und Gesellschaft zur Höhezeit des Absolutismus. In: Die Kultur der Gegenwart, hrsg. v. P. Hinneberg, T. II, Abt. 5, 1, Berlin u. Leipzig 1908, S. 231–332.
–,– Geschichte der brandenburgischen Politik bis zum Westfälischen Frieden von 1648. 2. Aufl. Stuttgart u. Berlin 1913.
–,– Zur preußischen und deutschen Geschichte. Stuttgart 1921.
–,– Friedrich Wilhelm IV. am Vorabend der Märzrevolution. In: R. K., Zur preuß. u. dt. Gesch., Stuttgart u. Berlin 1921, S. 287–329.

–,– Die Anfänge der politischen Parteibildung in Preußen bis 1849. In: R. K., Zur preuß. u. dt. Gesch., Stuttgart u. Berlin 1921, S. 376–400.
Kotowski, G.: Preußen und die Weimarer Republik. In: R. Dietrich [Hrsg.], Preußen. Epochen und Probleme seiner Geschichte, Berlin 1964, S. 145–169, 176 f.
Krebs, A.: Fritz-Dieter v. d. Schulenburg. Zwischen Staatsraison und Hochverrat. [Eine Biographie]. Hamburg 1964. (= Hamburger Beiträge zur Zeitgesch. 2).
Krieger, B.: Die Hausbibliothek der Hohenzollern. In: Mitt. d. Ver. f. d. Gesch. Berlins, Jg. 42 (1925), S. 14–17.
[Kriegsministerium] Das Königlich Preußische Kriegsministerium. 1809–1909. Berlin 1909.
Krockow, Chr. Graf von: Warnung vor Preußen. Berlin 1981.
Krüger, H.: Zur Geschichte der Manufakturen und der Manufakturarbeiter in Preußen. Die mittleren Provinzen in der zweiten Hälfte des 18. Jahrhunderts. Berlin (Ost) 1958. (= Schr.-R. d. Inst. f. allg. Gesch. an d. Humboldt-Univ., Bd. 3).
Krug, L.: Topographisch-statistisch-geographisches Wörterbuch der sämtlichen preußischen Staaten oder Beschreibung aller Provinzen, Kreise, Distrikte, Städte, Ämter, Flecken, Dörfer, Vorwerke, Flüsse, Seen, Berge usw. in den preußischen Staaten. T. 1–13. Halle 1796–1803.
–,– Betrachtungen über den Nationalreichtum des preußischen Staates. Bd. 1.2. Neudruck d. Ausg. Berlin 1805. Aalen 1970.
Kühn, M.: Schloß Charlottenburg. Berlin 1970. (= Die Bauwerke u. Kunstdenkmäler von Berlin, Bez. Charlottenburg, Bd. 1).
Küntzel, G. u. M. Haß: Die politischen Testamente der Hohenzollern. Bd. 1.2. 2. Aufl. Leipzig u. Berlin 1919/1920.
Kunisch, J.: Das Mirakel des Hauses Brandenburg. Studien zum Verhältnis von Kabinettspolitik und Kriegführung im Zeitalter des Siebenjährigen Krieges. München u. Wien 1978.
Kurth, W.: Sanssouci. Seine Schlösser und Gärten. (Hrsg. v. d. Verwaltung d. Staatl. Schlösser u. Gärten Potsdam-Sanssouci.) Berlin (Ost) 1956. [2. Neudruck 1968].
Land, H.-L.: Die Konservativen und die preußische Polenpolitik 1886–1912. Phil. Diss. Berlin 1963.
Laubert, M.: Die preußische Polenpolitik von 1772–1914. Berlin 1920.
–,– Der Posener Statthalter Fürst Radziwill über seine Stellung an Hardenberg 1816. In: FBPG 39 (1927), S. 275–279.
Lehmann, M.: Scharnhorst, Bd. 1.2. Leipzig 1886/1887.
Lehndorff, E. A. H. Graf von, s. K. E. Schmidt-Lötzen
Lehndorff, H. Graf von: Ostpreußisches Tagebuch. München 1961.
Lenz, M.: Geschichte der kgl. Friedrich-Wilhelms-Universität zu Berlin, Bd. 1–4. Halle a. d. S. 1910–1918.
Lesnik, W. M.: Was hat Preußen Deutschland gegeben? (Deutscher Imperialismus und Preußentum). Berlin (Ost): Verlag der Sowjetischen Militärverwaltung in Deutschland 1946.
Lewalter, C. E.: Preußen als Mythos und Realität. In: Merkur 4 (1950), S. 887–898.
Lewalter, E.: Friedrich Wilhelm IV. Das Schicksal eines Geistes. Berlin (1938).
Liebe, W.: Die deutschnationale Volkspartei 1918–1924. Düsseldorf 1956.
Lorck, C. von: Preußisches Rokoko. Oldenburg 1964.
Lowenthal-Hensel, C.: Hardenberg und seine Zeit. Katalog, zum 150. Todestag des preußischen Staatskanzlers am 26. Nov. 1972. Berlin 1972. (= Geh. Staatsarchiv Preußischer Kulturbesitz). (Lit.)
Lünig, Ch.: Studien zum preußischen Herrenhaus 1890–1918. Phil. Diss. Göttingen 1956.
Mähl, H.: Die Überleitung Preußens in das konstitutionelle System durch den zweiten

vereinigten Landtag. München u. Berlin 1909. (Neudruck Aalen 1978). (= Historische Bibliothek, Bd. 23).
Mann, G.: Deutsche Geschichte des 19. Jahrhunderts. Frankfurt/M. 1958.
–,– Wilhelm II. München 1964.
–,– Das Ende Preußens. In: Preußen. Porträt einer politischen Kultur, hrsg. v. H.-J. Netzer, München 1968, S. 135–165.
Manteuffel, O. von: Unter Friedrich Wilhelm IV. – Denkwürdigkeiten des Ministerpräsidenten. Bd. 1.2. Berlin 1901.
–,– Preußens auswärtige Politik 1850–1858. Bd. 1–3. Berlin 1902.
Markert, W.: Preußisch-russische Verhandlungen um einen europäischen Sicherheitspakt im Zeichen der Heiligen Allianz. In: W. M., Osteuropa und die abendländische Welt, Göttingen 1966, S. 145–158.
Martin, G.: Die bürgerlichen Exzellenzen. Zur Sozialgeschichte der preußischen Generalität 1812–1918. Düsseldorf 1979.
Martin, P. C.: Die Einbeziehung der Rheinlande in den preußischen Währungsraum. In: RhVbll. 32 (1968), S. 482–497.
Martiny, F.: Die Adelsfrage in Preußen vor 1806 als politisches und soziales Problem. Stuttgart u. Berlin 1938.
Marwitz, L. von der: Vom Leben am preußischen Hofe 1815–1852. Aufzeichnungen von Caroline v. Rochow geb. v. d. Marwitz und Marie de la Motte-Fouqué. Berlin 1908.
Marx und Engels über das reaktionäre Preußentum. Moskau: Verlag für fremdsprachige Literatur 1947. (1. Aufl., hrsg. vom Marx-Engels-Lenin-Institut Moskau, 1942; die dt. Übersetzung nach der erweit. russ. 2. Aufl., Moskau 1943).
Marzian, H. G.: Selbstbestimmung für Ostdeutschland. Eine Dokumentation zum 50. Jahrestag der ost- und westpreußischen Volksabstimmung. Göttingen 1970. (= Der Göttinger Arbeitskreis).
Massenbach, H. Frhr. von: Die Hohenzollern einst und jetzt. 10. Aufl. Limburg/L. 1977.
Maurenbrecher, M.: Die Hohenzollernlegende. Bd. 1.2. Berlin 1906.
Mayer, K.: Die Herkunft des Brandenburger Adlers. In: Brandenburgische Siegel und Wappen. Festschrift Ver. f. d. Gesch. d. Mark Brandenburg ... 1837–1937, hrsg. v. E. Kittel, Berlin 1937, S. 9–13.
Mediger, W.: Moskaus Weg nach Europa. Der Aufstieg Rußlands zum europäischen Machtstaat im Zeitalter Friedrichs des Großen. Braunschweig 1952.
–,– Ferdinand, Herzog von Braunschweig-Lüneburg (1721–1792). In: NDB 5 (1961), S. 87–88.
–,– Mecklenburg, Rußland und England–Hannover 1706–1721. Ein Beitr. z. Gesch. d. Nordischen Krieges. Bd. 1.2. Hildesheim 1967 u. 1970. (= Qu. u. Darst. z. Gesch. Niedersachsen, Bd. 70).
Megander, F. W.: Brauchen wir jetzt noch ein Groß-Preußen? Volkswirtschaftliche Untersuchungen über die Preußische Frage unter besonderer Berücksichtigung der Möglichkeit des Ausscheidens Hannovers aus dem Preußischen Staatsverband an Hand der Statistik und der geschichtlichen Quellen. Hannover 1921.
Meinardus, O.: Protokolle und Relationen des Brandenburgischen Geheimen Rathes aus der Zeit des Kurfürsten Friedrich Wilhelm. Bd. 1–7 [1640 bis 1666]. Leipzig 1889–1919. (= Publ. a. d. Preuß. Staatsarchiven, Bde. 41, 54, 55, 66, 80, 89, 91).
Meinecke, F.: Preußen und Deutschland im 19. und 20. Jahrhundert. München 1918.
–,– Die deutsche Katastrophe. Wiesbaden 1946.
–,– Werke. Hrsg. im Auftrag d. Friedrich-Meinecke-Inst. d. Freien Universität Berlin v. H. Herzfeld, C. Hinrichs u. W. Hofer. Bd. 1–9. Stuttgart (usw.) 1957–1979.
Meisner, H. O.: Denkwürdigkeiten des Generalfeldmarschalls Alfred Grafen v. Waldersee, Bd. 1.2. Stuttgart u. Berlin 1922.

–,– Zur neueren Geschichte des Preußischen Kabinetts. In: FBPG 36 (1924), S. 39–66, 180–209.
–,– [Hrsg.]: Kaiser Friedrich III. Das Kriegstagebuch von 1870/71. Leipzig u. Berlin 1926.
–,– [Hrsg.]: Kaiser Friedrich III. Tagebücher von 1848–1866. Leipzig 1929.
–,– Preußen und der »Revisionismus«. Eine Abwehr. In: FBPG 43 (1930), S. 252–289.
–,– Das Regierungs- und Behördensystem Maria Theresias und der preußische Staat. In: FBPG 54 (1943), S. 324–357.
–,– Militärattaché und Militärbevollmächtigte in Preußen und im Deutschen Reich. Ein Beitrag zur Geschichte der Militärdiplomatie. Berlin (Ost) 1957. (= Neue Beitr. z. Geschichtswiss. 2).
–,– Die monarchische Regierungsform in Brandenburg-Preußen. In: Forschungen zu Staat u. Verfassung. Festgabe für Fr. Hartung. Hrsg. v. R. Dietrich u. G. Oestreich, Berlin 1958, S. 219–245.
–,– Friedrich III., deutscher Kaiser. In: NDB 5 (1961), S. 487–489.
–,– Verfassung, Verwaltung, Regierung in neuerer Zeit. Berlin (Ost) 1962. (= SB d. Dt. Akademie d. Wiss. zu Berlin, Kl. f. Philosophie, Gesch. etc., Jg. 1902, Nr. 1).
–,– Archivalienkunde vom 16. Jahrhundert bis 1918. Leipzig 1969 (Göttingen 1969).
Merten, D.: Der Katte-Prozeß. Berlin 1980. (= Schriftenreihe d. Jurist. Ges. Berlin, Bd. 62).
Messerschmidt, M.: Militär und Politik in der Bismarckzeit und im wilhelminischen Deutschland. Darmstadt 1975. (= Erträge der Forschung, Bd. 43).
–,– Die politische Geschichte der preußisch-deutschen Armee (1514–1890). München 1975.
–,– Die Armee in Staat und Gesellschaft – die Bismarckzeit. In: M. Stürmer (Hrsg.): Das kaiserliche Deutschland. Politik und Gesellschaft 1870–1918. 2. Aufl. Kronberg/Ts. 1977, S. 89–118.
Meusel, Fr. [Hrsg.]: Friedrich August Ludwig v. d. Marwitz. Ein märkischer Edelmann im Zeitalter der Befreiungskriege. Bd. 1. 2. (= 3 Tle.). Berlin 1908/1913.
Meyer, A. O.: Hans von Kleist-Retzow. In: Pomm. Lebensbilder, Bd. 2, Stettin 1936, S. 1–22.
Meyer, Chr.: Geschichte des Landes Posen. Posen 1881.
Michaelis, W.: Die Staatskrise Preußens in den Jahren 1709/10. Der Ruin des Landes, seine Ursachen und der Reformbeginn. In: GiWuU 24 (1973), S. 156–168 [druckt den Bericht der Hofkammer vom 1. 11. 1710 erstmals ab].
Michalsky, H.: Bildungspolitik und Bildungsreform in Preußen. Weinheim 1978.
Mieck, I.: Preußische Gewerbepolitik in Berlin 1806–1844. Staatshilfe und Privatinitiative zwischen Merkantilismus und Liberalismus. Berlin 1965. (= Veröff. d. Hist. Komm. zu Berlin, Bd. 20).
Mielke, Fr. u. J. von Simson: Das Berliner Denkmal für Friedrich II., den Großen. Frankfurt/M. (usw.) 1975.
Mittenzwei, I.: Preußen nach dem Siebenjährigen Krieg. Berlin (Ost) 1979.
Moegelin, H.: Das Retablissement des adligen Grundbesitzes in der Neumark durch Friedrich den Großen. In: FBPG 46 (1934), S. 28–69; S. 233–274.
Möller, H.: Aufklärung in Preußen. Der Verleger, Publizist und Geschichtsschreiber Friedrich Nicolai. Berlin 1974. (= Einzelveröff. d. Histor. Komm. zu Berlin, Bd. 15).
–,– Preußens demokratische Sendung. Zur Otto-Braun-Biographie von Hagen Schulze. In: JGMOD 29 (1980), S. 113–119.
–,– Das demokratische Preußen. In: Das Preußenbild in der Geschichte, hrsg. v. O. Büsch, Berlin u. New York 1981, S. 231–245. (= Veröff. d. Histor. Komm. zu Berlin, Bd. 50). (Lit.)

Moeller van den Bruck, A.: Der preußische Stil. 2. Aufl. Breslau 1922. (Neue Fassung:) 5. Aufl. Breslau 1931.
Mörner, Th. [Hrsg.]: Kurbrandenburgs Staatsverträge von 1601 bis 1700. Berlin 1867.
Moritz, E.: Preußen und der Kościuszko-Aufstand 1794. Zur preußischen Polenpolitik in der Zeit der französischen Revolution. Berlin (Ost) 1968. (= Schr. r. d. Instituts f. allgem. Gesch. a. d. Humboldt-Universität Berlin, Bd. 11).
Morsey, R.: Zur Geschichte des »Preußenschlags« am 20. Juli 1932. In: Vjhh. f. Zeitgesch. 9 (1961), S. 430–439.
–,– Die Rheinlande, Preußen und das Reich 1914–1945. In: RhVbll. 30 (1965), S. 176–220.
Mueller, K.: Preussischer Adler und Hessischer Löwe. Hundert Jahre Regierung in Wiesbaden 1866–1966. Wiesbaden 1966.
Müller-Link, H.: Industrialisierung und Außenpolitik. Preußen-Deutschland und das Zarenreich von 1860 bis 1890. Göttingen 1977. (= Kritische Studien zur Geschichtswiss., Bd. 24).
Müsebeck, E.: Das Preußische Kultusministerium vor 100 Jahren. Stuttgart 1918.
Muret, E.: Geschichte der Französischen Kolonie in Brandenburg-Preußen unter besonderer Berücksichtigung der Berliner Gemeinde. Berlin 1885.
Mylius, Chr. O.: Corpus Constitutionum Marchicarum. Bd. 1–6 u. 4 Fortsetzungsbde. (bis 1750). Berlin u. Halle 1737–1755.

Naudé, W.: Die Getreidehandelspolitik und Kriegsmagazinverwaltung Brandenburg-Preußens bis 1740, Berlin 1901. (= Acta Borussica ... [Abt. 1,2; Bd. 2]).
Netzer, H.-J. [Hrsg.]: Preußen. Porträt einer politischen Kultur. München 1968.
Neue Deutsche Biographie (NDB). Bd. 1–11. Berlin 1953–1977.
Neugebauer, W.: Zur neueren Deutung der preußischen Verwaltung im 17. und 18. Jahrhundert. In: JGMOD 26 (1977), S. 86–128.
Neuhaus, E.: Die fridericianische Kolonisation im Warthe- und Netzebruch. Landsberg (W.) 1906. (= Schr. d. Ver. f. Gesch. der Neumark, H. 18).
Nicolai, Fr.: Beschreibung der königlichen Residenzstädte Berlin und Potsdam, aller daselbst befindlichen Merkwürdigkeiten und der umliegenden Gegend. Bd. 1–3. 3. Aufl. Berlin 1786. Nachdruck Berlin 1968.
Normann, K. von: Tagebuch aus Pommern 1945/46. München 1962. (= dtv dokumente 29).
Noske, G.: Erlebtes aus Aufstieg und Niedergang einer Demokratie. Offenbach 1947.
Novum Corpus Constitutionum Prussico-Brandenburgensium Praecipue Marchicarum oder Neue Sammlung Kgl. Preuß. u. Churfürstl. Brandenburgischer, sonderlich in der Chur- und Marck Brandenburg, wie auch anderen Provintzien publicirten und ergangenen Ordnungen, Edicten, Mandaten, Rescripten etc. etc. Bd. 1–12. Berlin 1753–1822.
Nürnberger, R.: Rauch's Friedrichdenkmal historisch-politisch gesehen. In: Jb. Stiftung Preuß. Kulturbes. 10 (1972), S. 115–124.

Oertzen, F. von: Junker. Preußischer Adel im Jahrhundert des Liberalismus. Oldenburg i. O. u. Berlin 1939.
Oesfeld, C. L.: Topographische Beschreibung des Herzogthums Magdeburg und der Grafschaft Mansfeld Magdeburgischer Hoheit. Berlin 1780.
Oestreich, G.: Der brandenburg-preußische Geheime Rat vom Regierungsantritt des Großen Kurfürsten bis zu der Neuordnung im Jahre 1651. Würzburg-Aumühle (1937). (= Berl. Stud. z. neueren Gesch., H. 1).
–,– Friedrich I., König in Preußen. In: NDB 5 (1961), S. 536–540.
–,– Friedrich Wilhelm (Großer Kurfürst). In: NDB 5 (1961), S. 495–501.

–,– Fundamente preußischer Geistesgeschichte. Religion und Weltanschauung in Brandenburg im 17. Jahrhundert. In: Jb. Preuß. Kulturbesitz 7 (1969), S. 19-45.
–,– Verfassungsgeschichte vom Ende des Mittelalters bis zum Ende des alten Reiches. In: B. Gebhardt, Handbuch d. dt. Gesch., Bd. 2, hrsg. v. H. Grundmann, 9. neubearb. Aufl., Stuttgart 1970, S. 360–436.
–,– Die Niederländische Bewegung und Brandenburg-Preußen. Geschichtliche Einführung in die Ausstellung: Die Niederlande und Brandenburg-Preußen. Ein Jahrhundert geistiger Beziehungen in der europäischen Gelehrtenrepublik. Berlin 1968. – Auch separat: Nachbarn, hrsg. v. d. Kulturabteilung der Kgl. Niederländ. Botschaft Bonn, Nr. 7, Bad Honnef a. Rh. (1970).
–,– Friedrich Wilhelm I. Preußischer Absolutismus, Merkantilismus, Militarismus. Göttingen (usw.) 1977. (= Persönlichkeit u. Gesch., Bd. 96/97).
Ohff, H.: Auch sie waren Preußen. 15 Lebensbilder. Berlin 1979.
Ohnishi, T.: Zolltarifpolitik Preußens bis zur Gründung des Deutschen Zollvereins. Ein Beitrag zur Finanz- und Außenhandelspolitik Preußens. Göttingen 1973.
Oldenburg-Januschau, E. von: Erinnerungen. Leipzig 1936.
Oncken, H.: Lassalle. 2. Aufl. Stuttgart 1912. (= Politiker u. Nationalökonomen, hrsg. v. G. Schmoller u. O. Hintze, Bd. 2).
Opgenoorth, E.: »Ausländer« in Brandenburg-Preußen. Würzburg 1967. (= Beihefte zum Jahrbuch d. Albertus-Universität, Königsberg/Pr., 28).
–,– Friedrich Wilhelm, der Große Kurfürst. Bd. 1.2. Göttingen 1971/1978.
Opitz, E.: Österreich und Brandenburg im Schwedisch-Polnischen Krieg 1655–1660. Vorbereitung und Durchführung der Feldzüge nach Dänemark und Pommern. Boppard a. Rhein 1969. (= Wehrwiss. Forsch. Abt. Militärgesch. Stud. 10).
Oppeln-Bronikowski, Fr. von: Abenteurer am preußischen Hofe. 1700–1800. Berlin u. Leipzig 1927.
–,– Friedrich Wilhelm I. König von Preußen. Der Baumeister des preußischen Staates. Jena 1934.
Orlow, D.: Preußen als parlamentarische Demokratie 1918–1933. Bd. 1: 1918–1925. Hamburg 1981.
Overesch, M.: Presse zwischen Lenkung und Freiheit. Preußen und seine offiziöse Zeitung von der Revolution bis zur Reichsgründung (1848–1871/72). München 1974.
Patze, H. [Hrsg.]: Thüringen. Stuttgart 1968. (= Hdb. d. Histor. Stätten Deutschlands, Bd. 9). (Lit.)
Paul, H.: Die preußische Eisenbahnpolitik von 1835–1838. In: FBPG 50 (1938), S. 250–303.
Petersdorff, H. von [Hrsg.]: Bismarcks Briefwechsel mit Kleist-Retzow. Stuttgart 1919. (= Cottasche Handbibl. 211).
Petri, Fr. u. G. Droege: Rheinische Geschichte, Bd. 2: Neuzeit. Düsseldorf 1976.
Philippi, F.: 100 Jahre preußische Herrschaft im Münsterlande. Münster 1904.
Philippi, H.: Preußen und die braunschweigische Thronfolgefrage 1866–1913. Hildesheim 1966. (= Veröff. d. Histor. Komm. f. Niedersachsen, 25,6).
Pierson, W.: Preußische Geschichte. Bd. 1.2. 10. Aufl. Berlin 1910.
Pietsch, P.: Die Formations- und Uniformierungsgeschichte des preußischen Heeres 1808–1910. Neudr. der Ausgabe von 1912. Bd. 1.2. Hamburg 1963–1966.
Platonow, S. F.: Geschichte Rußlands. Hrsg. v. Fr. Braun. Schlußkapitel von O. Hoetzsch. Leipzig 1927.
Poensgen, G.: Das Marmorpalais und der neue Garten zu Potsdam. Berlin 1937 (= Verwaltung der Staatl. Schlösser u. Gärten).
(Politik:) Die auswärtige Politik Preußens. Diplomatische Aktenstücke. Abt. I–III. (= Bd. 1–12. Oldenburg i. O. 1932–1945).

Politische Korrespondenz Friedrichs des Großen, s. Friedrich d. Gr.
Portzek, H.: Friedrich der Große und Hannover in ihrem gegenseitigen Urteil. Hildesheim 1958. (= Veröff. d. Histor. Komm. f. Niedersachsen, 25, 1).
Preradovich, N. von: Die Führungsschichten in Österreich und Preußen 1804–1918. Wiesbaden 1955. 2. Aufl. 1966.
Preuß, J. D. E.: Friedrich der Große. Bd. 1–5. Berlin 1832–1834. Nebst: Urkundenbuch, T. 1–5. – S. a. Friedrich d. Gr.
Preußen 1928. Politik in Stichworten. Hrsg. v. d. Pressestelle des Preußischen Staatsministeriums. Berlin 1928.
Preußens Könige. Hrsg. v. Friedrich Wilhelm von Preußen. München (u. a.) 1972.
Preußische Gesetzsammlung, s. Gesetzessammlung.
Preußische Jahrbücher. Begr. v. R. Haym, H. v. Treitschke u. H. Delbrück. 1 (1858) – 240 (1935). Berlin 1858–1935.
Preußische Staatsmanufakturen. Ausstellung der Preußischen Akademie der Künste zum 175jährigen Bestehen der Staatlichen Porzellan-Manufaktur Berlin. Berlin 1938. [Darin u. a.: Die Staatliche Porzellan-Manufaktur Berlin 1763–1938. – A. Amersdorffer: Der preußische Eisenkunstguß. – R. Schmidt: Die brandenburgischen Glashütten. – Moser u. A. Suhle: Preußische Münzen und Medaillen.]
Protokolle und Relationen, s. O. Meinardus.
Prutz, H.: Preußische Geschichte. Bd. 1–4. Stuttgart 1900–1902.
–,– Aus des Großen Kurfürsten letzten Jahren. Berlin 1897.
Publikationen aus den Preußischen Staatsarchiven. Veranlaßt und unterstützt durch die Archivverwaltung. Bd. 1–94 (mehr nicht ersch.). Leipzig 1878–1938. (Teilnachdr. Osnabrück 1965–1969).
Puhle, H. J.: Agrarische Interessenpolitik und preußischer Konservativismus im Wilhelminischen Reich (1893–1914). Ein Beitrag zur Analyse des Nationalismus in Deutschland am Beispiel des Bundes der Landwirte und der Deutsch-Konservativen Partei. 2., verb. Aufl. Bonn-Bad Godesberg 1975. (= Schriftenreihe d. Forschungsinst. d. Friedrich-Ebert-Stiftung, Bd. 51).
–,– u. H.-U. Wehler [Hrsg.]: Preußen im Rückblick. Göttingen u. Zürich 1981. (= Geschichte u. Gesellschaft, H. 6).
Pundt, H. G.: Schinkels Berlin. Berlin 1980. (Cambr. Mass. 1972).
Putlitz: von Gans, C. T. Frhr., Edler Herr zu Putlitz: Der Nationalcharakter des preußischen Volkes und seine historische Entwicklung. Leipzig 1843.

Rachel, H.: Der Merkantilismus in Brandenburg-Preußen. In: FBPG 40 (1927), S. 221–260.
–,– Die Handels-, Zoll- und Akzisepolitik Preußens 1740–1786. Bd. 3. Hbd. 1. 2. Berlin 1928 (= Acta Borussica).
–,– Das Berliner Wirtschaftsleben im Zeitalter des Frühkapitalismus. Berlin 1931.
–,– u. a.: Berliner Großkaufleute und Kapitalisten. Bd. 1–3 [– 1856]. Neu hrsg., ergänzt u. bibliographisch erweitert v. J. Schultze, H. C. Wallich u. G. Heinrich. Berlin 1967.
Rachfahl, F.: Die deutsche Politik Friedrich Wilhelms IV. im Winter 1848/49. München u. Leipzig 1919. (= Veröff. d. Ver. f. d. Gesch. d. Mark Brandenburg).
Ranke, L. von: Zwölf Bücher Preußischer Geschichte (Sämtliche Werke Bd. XXV–XXIX). 2. Aufl. 1878 f. Krit. Ausg. v. G. Küntzel, 3 Bde. München 1930.
Rassow, P.: Der Konflikt König Friedrich Wilhelm IV. mit dem Prinzen von Preußen 1854. Wiesbaden 1961.
–,– [Hrsg.]: Paul Bronsart von Schellendorff, Geheimes Kriegstagebuch 1870/71. Bonn 1954.
Raumer, K. von u. M. Botzenhart: Deutsche Geschichte im 19. Jahrhundert. Deutschland

um 1800: Krise und Neugestaltung. Von 1789 bis 1815. Wiesbaden 1959–1980. (= Hdb. d. Dt. Gesch., Bd. 3,1; T. 1). (Lit.).
Rauschning, H.: Preußen. In: Zs. f. Geopolitik 24 (1953), S. 36ff.
Rave, P. O. u. a.: 1813 bis 1815. Großdeutschlands Freiheitskampf. Ausstellung in der National-Galerie. Berlin 1940.
Ravens, J. P.: Staat und katholische Kirche in Preußens polnischen Teilungsgebieten 1772–1807. Wiesbaden 1963.
Real, W.: Von Potsdam nach Basel. Basel u. Stuttgart 1958.
Redslob, E.: Barock und Rokoko in den Schlössern von Berlin und Potsdam. Berlin 1954.
Regge, J.: Kabinettsjustiz in Brandenburg-Preußen. Eine Studie zur Geschichte des landesherrlichen Bestätigungsrechts in der Strafrechtspflege des 17. und 18. Jahrhunderts. Berlin 1977. (= Strafrechtliche Abhandlungen N. F. 30).
Reif, H.: Westfälischer Adel, 1770–1860. Göttingen 1979.
Reininghaus, R. R.: Graf Friedrich zu Eulenburg, preußischer Minister des Innern 1862/78. Schramberg i. Württ. 1932; phil. Diss. Tübingen 1932.
Reissig, H.: Das Berliner Lagerhaus 1713–1816. Zum Einfluß von Regierung und Wirtschaft auf die Entwicklung einer altpreußischen Staatsmanufaktur. In: JGMOD 29 (1980), S. 68–95.
Rejewski, H.-J.: Die Pflicht zur politischen Treue im preußischen Beamtenrecht (1850–1918). Eine rechtshistorische Untersuchung anhand von Ministerialakten aus dem Geheimen Staatsarchiv der Stiftung Preußischer Kulturbesitz. Berlin 1973. (= Schr. z. Rechtsgesch. 4).
Reuter, H.-H.: Fontane, Bd. 1. 2. Berlin (Ost) 1968.
Reventlow, E. Graf zu: Von Potsdam nach Doorn. Berlin 1940. – Rez.: Bln. Monatsh. 18 (1940), S. 814–818 (Fr. Hartung).
Rheinbaben, W. Frhr. von: Kaiser, Kanzler, Präsidenten. Erinnerungen. Mainz 1968.
Rhode, G.: Brandenburg-Preußen und die Protestanten in Polen 1640–1740. Ein Jahrhundert preußischer Schutzpolitik für eine unterdrückte Minderheit. Leipzig 1941. (= Dtld und der Osten 17). Phil. Diss. Breslau 1941.
Ribbe, W.: Adler und Krone. Zur Symbolik der deutschen Reichsgründung von 1870/71. In: A. Mächler u. a. [Hrsg.], Historische Studien zu Politik, Verfassung und Gesellschaft. Festschr. f. R. Dietrich z. 65. Geburtstag, Bern usw. 1976, S. 206–226.
Riedel, A. F.: Der brandenburgisch-preußische Staatshaushalt in den beiden letzten Jahrhunderten. Berlin 1866.
Riemann, G. [Hrsg.]: Karl Friedrich Schinkel 1781–1841. Ausstellung im Alten Museum v. 23. Okt. 1980 bis 29. März 1981. Berlin (Ost) 1980.
Ritter, G.: Stein. Eine politische Biographie. Bd. 1. 2. Stuttgart u. Berlin 1931. – 4. Aufl. 1981.
–,– Der Anteil des Militärs an der Kriegskatastrophe von 1914. In: HZ 193 (1961), S. 72–91.
–,– Friedrich der Große. Ein historisches Profil. 3. Aufl. Heidelberg 1954. Engl. Ausg.: Frederick the Great, an historical Profile, 2. Aufl. London 1968.
–,– Staatskunst und Kriegshandwerk. Das Problem des »Militarismus« in Deutschland. Bd. 1–4. München 1964ff. [Auflagen]
Ritter, G. A.: Staat und Arbeiterschaft in Deutschland von der Revolution 1848/49 bis zur Nationalsozialistischen Machtergreifung. In: HZ 231 (1980), S. 325–368.
Ritthaler, A.: Die Hohenzollern. Ein Bildwerk. Bonn 1961.
Röseler, R.: Handels- und Gewerbepolitik Preußens zur Zeit Friedrich Wilhelms II. Phil. Diss. Marburg 1935.
Rogalla von Bieberstein, J.: Preußen und Preußentum. In: Aus Politik u. Zeitgesch. Beil. z. Wochenztg. das Parlament B2/80 (12. Jan. 1980), S. 26–38.

Rosenberg, H.: Die Pseudodemokratisierung der Rittergutsbesitzerklasse. (Zul.) In: H.-U. Wehler: Moderne deutsche Sozialgeschichte, Köln u. Berlin 1966, S. 287–308, 519–523.
–,– Die Überwindung der monarchischen Autokratie (Preußen). In: Der Aufgeklärte Absolutismus, hrsg. v. K. O. Frhr. von Aretin, Köln 1974, S. 182–204.
Rosenmöller, B.: Schulenburg-Kehnert unter Friedrich dem Großen. Berlin 1914.
Rothfels, H.: Friedrich d. Gr. in den Krisen des Siebenjährigen Krieges. In: HZ 134 (1926), S. 14–30.
–,– Ostraum, Preußentum und Reichsgedanke. Leipzig 1935.
–,– Theodor v. Schön, Friedrich Wilhelm IV. und die Revolution von 1848. Halle 1937.
–,– Bismarck, der Osten und das Reich. 2. Aufl. Darmstadt 1960.
–,– Friedrich der Große und der Staat. In: GWU 13 (1961), S. 625–636.
–,– [Hrsg.]: Tagebuch meiner Reise nach dem Morgenlande 1869. Bericht des preußischen Kronprinzen Friedrich Wilhelm über seine Reise zur Einweihung des Suez-Kanals. Berlin 1971.
Rüfner, W.: Verwaltungsrechtsschutz in Preußen von 1749–1842. Bonn 1962. (= Bonner rechtswiss. Abh. 53).
Rumler, M.: Die Bestrebungen zur Befreiung der Privatbauern in Preußen 1797–1806. In: FBPG 33 (1921), S. 179–192, 327–367; 34 (1922), S. 1–24, 265–296; 37 (1925), S. 31–76.
Runge, W.: Politik und Beamtentum im Parteienstaat. Die Demokratisierung der politischen Beamten in Preußen zwischen 1918 und 1933. Stuttgart 1965.
Ruppel-Kuhfuß, E.: Das Generaldirektorium unter der Regierung Friedrich Wilhelm II. Würzburg 1937. (= Berliner Studien zur Neueren Geschichte, H. 2).
Saalfeld, D.: Zur Frage der bäuerlichen Landarbeiter im Zusammenhang mit den preußischen Agrarreformen. In: ZAA 11 (1963), S. 163–171.
Saring, T.: Luise Henriette. Kurfürstin von Brandenburg 1627–67. Die Gemahlin des Großen Kurfürsten. Göttingen (1939).
Schade, Th.: Atlas zur Geschichte des Preußischen Staates in 12 Blättern. Glogau 1875.
Schaefer, E.: Friedrich Wilhelm von Grumbkows Rolle in der auswärtigen preußischen Politik, vornehmlich in den Jahren 1732–1735. Ein Beitrag zu einer Biographie Grumbkows. Phil. Diss. Marburg 1914.
Scharfe, W.: Abriß der Kartographie Brandenburgs 1771–1821. Berlin–New York 1972. (= Veröff. d. Histor. Komm. zu Berlin, Bd. 35).
Scharff, A.: Der Gedanke der preußischen Vorherrschaft in den Anfängen der deutschen Einheitsbewegung. Bonn 1929.
–,– Die europäischen Großmächte und die deutsche Revolution. Deutsche Einheit und europäische Ordnung 1848–1851. Leipzig 1942.
Scheel, H. [Hrsg.]: Das Reformministerium Stein. Akten zur Verfassungs- und Verwaltungsgeschichte aus den Jahren 1807/08, bearb. v. D. Schmidt. Berlin (Ost) 1966–1968. (= Dt. Akad. d. Wiss. zu Berlin. Schrr. d. Inst. f. Gesch. R. I.: Allg. u. dt. Gesch., Bd. 31/A–C).
Scheuner, U.: Der Staatsgedanke Preußens. Köln – Graz 1965. (= Studien zum Deutschtum im Osten 2).
Scheurig, B.: Henning von Tresckow, 2. Aufl. Oldenburg 1973.
Schieder, Th.: Reichtum und Gefahr der Mittellage Deutschlands. In: GWU 13 (1961), S. 268–281.
–,– Strukturen und Persönlichkeiten in der Geschichte. (Zul.) In: Geschichte als Wissenschaft, 2. Aufl. München u. Wien 1968, S. 157ff.
–,– Vom deutschen Bund zum deutschen Reich. In: Gebhardts Handbuch der Deutschen Geschichte, 9. Aufl., hrsg. v. H. Grundmann, Bd. 3, Stuttgart 1970, S. 99–220.

–,– Staatensystem als Vormacht der Welt. 1848–1918. Berlin 1977. (= Propyläen Geschichte Europas, Bd. 5).
Schinkel, K. Fr., s. G. Riemann.
–,– Lebenswerk. Hrsg. v. d. Akademie des Bauwesens. Bearb. v. P. O. Rave u. a. Bd. 1–13. Berlin u. München 1939–1969.
Schissler, H.: Preußische Agrargesellschaft im Wandel. Wirtschaftliche, gesellschaftliche und politische Transformationsprozesse von 1763–1820. Diss. Bielefeld; Göttingen 1978.
Schlabrendorff, F. von: Begegnungen in fünf Jahrzehnten. Tübingen 1979.
Schlenke, M.: England und das friderizianische Preußen 1740–1763. München 1963.
–,– Nationalsozialismus und Preußen/Preußentum. Bericht über ein Forschungsprojekt. In: Das Preußenbild in der Geschichte, hrsg. v. O. Büsch, Berlin u. New York 1981, S. 247–264. (= Veröff. d. Histor. Komm. zu Berlin, Bd. 50).
–,– [Hrsg.]: Preußen. Versuch einer Bilanz. Katalog nebst Aufsatzband. Hamburg 1981. (= Ausstellung Berlin 1981).
Schlesinger, W.: Der Nordosten. In: Gebhardts Handbuch der Deutschen Geschichte, 9. Aufl., hrsg. v. H. Grundmann, Bd. 2, Stuttgart 1970, S. 667–764.
Schmidt, E.: Beiträge zur Geschichte des preußischen Rechtsstaates. Berlin 1980. (= Schr. zur Verfassungsgesch., Bd. 32).
Schmidt-Lötzen, K. E. [Hrsg.]: Dreißig Jahre am Hofe Friedrichs des Großen. Aus den Tagebüchern des Reichsgrafen Ernst Ahasverus Heinrich von Lehndorff ... nebst Nachträgen. Bd. 1. 2. Gotha 1907/1910. Rez.: FBPG 21 (1908), S. 284–294; 23 (1910), S. 273f. (Fr. Meusel).
–,– [Hrsg.]: Des Reichsgrafen Ernst Ahasverus Heinrich Lehndorff Tagebücher nach seiner Kammerherrnzeit. Bd. 1 [1775–1784]. Gotha 1921.
Schmitt-Ott, Fr.: Erlebtes und Erstrebtes. 1860–1950. Wiesbaden 1952.
Schmoller, G. von u. O. Hintze: Die Preußische Seidenindustrie im 18. Jahrhundert und ihre Begründung durch Friedrich den Großen. Bd. 2 u. 3. Berlin 1892. (= Acta Borussica).
–,– u. a.: Die Behördenorganisation und die allgemeine Staatsverwaltung Preußens im 18. Jahrhundert. Bd. 1–15. Berlin 1894–1936. (= Acta Borussica).
Schmoller, G. von: Preußische Verfassungs-, Verwaltungs- und Finanzgeschichte 1640–1888. Berlin 1921.
–,– Das Städtewesen unter Friedrich Wilhelm I. In: Ders., Deutsches Städtewesen in älterer Zeit, Bonn 1922 (Aalen 1964), S. 231–428.
Schnabel, F.: Deutsche Geschichte im 19. Jahrhundert. Bd. 1–4. 2. Aufl. Freiburg i. Br. 1948–1951.
Schneider, H.: Der Preußische Staatsrat 1817–1918. Ein Beitrag zur Verfassungs- und Rechtsgeschichte Preußens. München u. Berlin 1952.
Schneider, R.: Die Hohenzollern. Berlin 1933.
Schoeps, H.-J.: Die Ehre Preußens. Stuttgart 1951. – 6. Aufl. o. J.
–,– Rückblicke. Die letzten dreißig Jahre (1925–1955) und danach. 2. erw. Aufl. Berlin 1963.
–,– Das andere Preußen. Konservative Gestalten und Probleme im Zeitalter Friedrich Wilhelm IV. 3. Aufl. Berlin 1964.
–,– Aus den Jahren preußischer Not und Erneuerung. Tagebücher und Briefe der Gebrüder Gerlach und ihres Kreises 1805–1820. 2. Aufl. Berlin 1966.
–,– Preußen. Geschichte eines Staates. Berlin 1966.
–,– Preußen. Bilder und Zeugnisse. Berlin 1967.
–,– Das Wilhelminische Zeitalter in geistesgeschichtlicher Sicht. In: Zeitgeist im Wandel, hrsg. v. H.-J. Schoeps, Bd. 1, Stuttgart 1967.

–,– Das war Preußen. Zeugnisse der Jahrhunderte. Eine Anthologie. 3. erw. Aufl. Berlin 1968.
–,– Neue Quellen zur Geschichte Preußens im 19. Jahrhundert. Berlin 1968.
–,– Preußen und Deutschland. Wandlungen seit 1763. 2. Aufl. Berlin 1970.
–,– Von Olmütz nach Dresden 1850/51. Ein Beitrag zur Geschichte der Reformen am Deutschen Bund. Darstellung und Dokumente. Köln u. Berlin 1972. (= Veröff. a. d. Archiven Preuß. Kulturbesitz, Bd. 7).
–,– Preußen, gestern und morgen. In: Neue Preuß. Jb. 2 (1976–1978), S. 9–35.
–,– Üb' immer Treu' und Redlichkeit. Preußen in Geschichte und Gegenwart. Düsseldorf 1978.
–,– Ein weites Feld. Gesammelte Aufsätze. Berlin 1980.
Schraepler, E.: Linksliberalismus und Arbeiterschaft in der preußischen Konfliktszeit. In: Forsch. zu Staat u. Verfassung, hrsg. v. R. Dietrich u. G. Oestreich, Berlin 1958, S. 385–401.
Schroetter, R. Frhr. von: Der deutsche, insbesondere der preußische Adel im 19. Jahrhundert und die deutsche Adelsgenossenschaft. Neudamm (1908).
–,– Das preußische Offizierkorps unter dem ersten Könige von Preußen. In: FBPG 26 (1913), S. 429–495; 27 (1914), S. 97–167.
–,– Die preußische Münzpolitik im 19. Jahrhundert. 1806–1873. In: FBPG 39 (1927), S. 117–123.
Schüssler, W.: Preußen in der deutschen Geschichte. In: W. Sch., Um das Geschichtsbild, Gladbeck 1953, S. 58–87. (= Glaube u. Forschung 5).
–,– Kaiser Wilhelm II. Schicksal und Schuld. Göttingen [u. a.] 1962. (= Persönlichkeit u. Geschichte 26/27).
Schütz, R.: Preußen und die Rheinlande. Studien zur preußischen Integrationspolitik im Vormärz. Wiesbaden 1978. – Rez.: HZ 230 (1980), S. 721–725.
Schuller, W.: Schäker und Schlingel. In: Fruchtblätter. Freundesgabe für Alfred Kelletat, Berlin 1977, S. 285–294.
Schulte, W.: Volk und Staat. Westfalen im Vormärz und in der Revolution 1848/49. Münster 1954.
Schultze, J.: Max Duncker. Politischer Briefwechsel aus seinem Nachlaß. Stuttgart u. Berlin 1923. (= Dt. Gesch.qu. d. 19. Jhs. 12).
–,– Kaiser Wilhelm I. Weimarer Briefe. Bd. 1. 2. Berlin u. Leipzig 1924.
–,– Kaiser Wilhelm I. Briefe an seine Schwester Alexandrine und deren Sohn, Großherzog Friedrich Franz II. Berlin u. Leipzig 1927.
–,– Kaiser Wilhelm I. Briefe an Politiker und Staatsmänner. Bd. 1. 2. Berlin u. Leipzig 1930–1931.
–,– Eberhard Dankelmann. In: Westfälische Lebensbilder, Bd. 4, Münster i. W. 1933, S. 162–179.
–,– Gräfin von Voß. Neunundsechzig Jahre am Preußischen Hofe. 11. Aufl. Berlin 1935.
–,– Die Mark Brandenburg. Bd. 1–5. Berlin 1961–1969.
Schulze, B.: Preußen 1815–1945 (Territoriale Entwicklung. Bearb. unter Mitarb. v. Hans Schulze. 1 : 750 000). Darmstadt 1962 [Schulwandkarte].
Schumacher, B.: Geschichte Ost- und Westpreußens. 6. Aufl. Würzburg 1977.
Schuster, G.: Aus der Geschichte des Hauses Hohenzollern. Berlin-Lichterfelde 1915.
Schwartz, K. [Hrsg.]: Leben des Generals Carl von Clausewitz und der Frau Marie von Clausewitz geb. Gräfin von Brühl. Bd. 1. 2. Berlin 1878.
Schwieger, K.: Das Bürgertum in Preußen vor der Französischen Revolution. Kiel 1971.
Schwineköper, B.: Provinz Sachsen Anhalt. Stuttgart 1975. (= Hb. d. Histor. Stätten Deutschlands, Bd. 11).
Scurla, H.: Begegnungen mit Rahel. Der Salon der Rahel Levin. Berlin (Ost) 1962.

Seddin, W.: Preußentum gegen Sozialismus. Preußisch-sozialistisch – die Tarnungsphrase der deutsch-nationalen Reaktion. Berlin 1935.

Seidel, P.: Die Insignien und Juwelen der preußischen Krone. In: Hohenzollern-Jb. Jg. 17 (1913), S. 1–69.

Sellin, V.: Friedrich der Große und der aufgeklärte Absolutismus. Ein Beitrag zur Klärung eines umstrittenen Begriffs. In: Beitr. z. Gesch. der modernen Welt, hrsg. v. W. Engelhardt u. a., Stuttgart 1976, S. 103ff.

Severing, C.: Mein Lebensweg. Bd. 1. 2. Köln 1950.

Siebert, E.: Heinrich von Kleist und Prinz Louis Ferdinand von Preußen. In: JGMOD 26 (1977), S. 146–160.

Siedler, J.: Die Gärten und Gartenarchitekturen Friedrichs des Großen. Diss. Darmstadt 1911. In: Zs. f. Bauw. 1911, S. 2–30; 202–234. Atlas Bl. 1 u. 2.

Sieske, G.: Preußen im Urteil Hannovers. 1795–1806. Hildesheim 1959. (= Veröff. d. Histor. Komm. f. Niedersachsen 25,2).

Simon, E.: Friedrich der Große. Das Werden eines Königs. Tübingen 1963.

Skalweit, A.: Die Getreidehandelspolitik und Kriegsmagazinverwaltung Preußens 1756 bis 1806. Darstellung mit Aktenbeilagen und Preisstatistik. Berlin 1931. (= Acta Borussica).

–,– Die Eingliederung des friderizianischen Heeres in den Volks- und Wirtschaftskörper. In: Jb. f. Nat.ök. u. Stat. 160 (1944), S. 194–200.

Skalweit, St.: Die Berliner Wirtschaftskrise von 1763 und ihre Hintergründe. Stuttgart u. Berlin 1937. (= Beihefte zur VSWG 34).

–,– Frankreich und Friedrich der Große. Der Aufstieg Preußens in der öffentlichen Meinung des »ancien régime«. Bonn 1952. (= Bonner Histor. Forsch. 1).

–,– Preußen als historisches Problem. In: JGMOD 3 (1954), S. 189–210.

–,– Friedrich Wilhelm I. und die preußische Historie. In: JGMOD 6 (1957), S. 107–131.

–,– Adalbert Ludwig Falk. In: NDB 5 (1961), S. 6.

–,– Friedrich der Große und der Aufstieg Preußens. In: Die Europäer und ihre Geschichte, hrsg. v. L. Reinisch, München 1961, S. 101–119.

–,– Heinrich Christian Kurt Graf v. Haugwitz (1752–1832). In: NDB 8 (1969), S. 94f.

Spengler, O.: Preußentum und Sozialismus. München 1924.

Stadelmann, Rudolf: Moltke und der Staat. Krefeld 1950.

–,– Scharnhorst. Schicksal und geistige Welt. Wiesbaden 1952.

Stadelmann, Rudolph [Hrsg.]: Preußens Könige in ihrer Thätigkeit für die Landescultur. T. 1–4. Leipzig 1878–1887. (= Publikationen a. d. K. Preuß. Staatsarchiven, Bd. 2, 11, 25, 30).

Stapel, W.: Preußen muß sein. Hamburg 1932.

Stark, A.: Die Leinenindustrie in Preußen unter Friedrich Wilhelm I. Phil. Diss. Berlin 1939.

Preußische Statistik, hrsg. in zwanglosen Heften vom Königl. Statistischen Bureau in Berlin (ab H. 181, 1909, (Kgl.) Preußisches Statistisches Landesamt). H. 1–305. Berlin 1859–1934.

Stein, Frhr. vom: Briefe und amtliche Schriften, bearb. v. E. Botzenhart, neu hrsg. v. W. Hubatsch. Bd. 1–10. Stuttgart 1957–1974.

Steinmann, Fr.: Geschichte der Revolution in Preußen. Zwölf Bücher preußischer Geschichte für das deutsche Volk. Berlin 1849.

Steltzer, H. G.: »Mit herrlichen Häfen versehen«. Brandenburg-preußische Seefahrt vor dreihundert Jahren. Berlin 1981.

Stern, A.: Abhandlungen und Aktenstücke zur Geschichte der preußischen Reformzeit. 1807–1815. Leipzig 1885.

Stern, Fr.: Gold und Eisen. Bismarck und sein Bankier Bleichröder. Frankfurt/M. u. Berlin 1978.

Stern, S.: Der preußische Staat und die Juden. Bd. 1–4. Berlin u. Tübingen 1925–1975.

Stolberg-Wernigerode, O. Graf zu: Friedrich II., der Große. In: NDB 5 (1961), S. 545–558.

–,– Die unentschiedene Generation. Deutschlands konservative Führungsschichten am Vorabend des Ersten Weltkrieges. München 1968.

Stribrny, W.: Die Rußlandpolitik Friedrichs des Großen 1764–1786. Würzburg 1960. (= Beihefte zum Jb. d. Albertus-Universität Königsberg/Pr., Bd. 26).

Studium Berolinense. Aufsätze u. Beiträge zu Problemen der Wissenschaft u. zur Geschichte der Friedrich-Wilhelm-Universität zu Berlin. Hrsg. v. H. Leussink u. a. Berlin 1960.

Stürmer, M.: Das zerbrochene Haus. Preußen als Problem der Forschung. In: Militärgeschichtl. Mitt., Bd. 10 (1971), S. 175–195.

–,– : Bismarck und die preußisch-deutsche Politik. 1871–1890. 3. Aufl. München 1978. (= dtv, Dokumente 2907).

Svarez' Vorträge, s. H. Conrad.

Sydow, A. von [Hrsg.]: Wilhelm und Caroline von Humboldt in ihren Briefen. Bd. 1–7. Berlin 1906–1916.

Sydow, H.: Die Handelsbeziehungen zwischen Belgien und dem Zollverein 1830–1885. Köln 1979. (= Diss. z. neueren Gesch. 4,1 u. 4,2).

Taack, M. van: Königin Luise. Tübingen 1978.

Tenfelde, K.: Ländliches Gesinde in Preußen. Gesinderecht und Gesindestatistik 1810–1861. In: Archiv f. Sozialgesch. 19 (1979), S. 189–230.

Terveen, F.: Gesamtstaat und Retablissement. Der Wiederaufbau des nördlichen Ostpreußen unter Friedrich Wilhelm I. 1714–1740. Göttingen 1954. (= Göttinger Bausteine z. Geschichtswiss. 16).

Thadden, R. von: Fragen an Preußen. Zur Geschichte eines aufgehobenen Staates. München 1981.

Thielen, P. G.: Karl August von Hardenberg. 1750–1822. Eine Biographie. Köln 1967.

Thieme, H. u. a. [Hrsg.]: Humanismus und Naturrecht in Brandenburg-Preußen. Ein Tagungsbericht. Berlin 1979.

Treitschke, H. von: Deutsche Geschichte im Neunzehnten Jahrhundert. Bd. 1–5. (bis Anfang 1848). Leipzig 1879–1894 (u. ö.). Reg. Leipzig 1921.

Treue, Wilh.: Wirtschaftszustände und Wirtschaftspolitik in Preußen 1815–1825. Stuttgart 1937.

–,– Hohenzollernfürsten und Unternehmertum. In: Tradition 7 (1962).

–,– Wirtschaft, Gesellschaft und Technik in Deutschland vom 16. bis zum 18. Jahrhundert. In: Gebhardts Handbuch der Deutschen Geschichte, 9. Aufl., hrsg. v. H. Grundmann, Bd. 2, Stuttgart 1970, S. 441–545, bes. S. 525 ff.

–,– Wirtschaft und Technik in Preußen bis zu den Reformen. In: JGMOD 29 (1980), S. 30–67.

–,– Das industrielle Preußen. In: Das Preußenbild in der Geschichte, hrsg. v. O. Büsch, Berlin u. New York 1981, S. 183–212. (= Veröff. d. Histor. Komm. zu Berlin, Bd. 50).

Treue, Wolfgang: Die preußische Agrarreform zwischen Romantik und Rationalismus. In: RhVbll 20 (1955), S. 337–357.

Trumpp, Th.: Franz von Papen, der preußisch-deutsche Dualismus und die NSDAP in Preußen. Diss. Tübingen 1963.

Tümpel, L.: Die Entstehung des brandenburg-preußischen Einheitsstaates im Zeitalter des Absolutismus (1609–1806). Breslau 1915. (= Unters. z. Dt. Staats- u. Rechtsgesch., H. 124). [Neudruck Aalen 1965]

Twesten, K.: Der preußische Beamtenstaat. (Nachdruck) Darmstadt 1979.
Uhlitz, O.: Der König als gerechter Richter. Friedrich der Große und die Müller-Arnold-Prozesse. Eine preußische Justiz-Krise vor zweihundert Jahren. In: Der Herold Jg. 22 (1979), S. 225–236.
Unruh, G.-Chr. von: Der Landrat. Mittler zwischen Staatsverwaltung und kommunaler Selbstverwaltung. Köln 1966.
Urkunden und Actenstücke zur Geschichte des Kurfürsten Friedrich Wilhelm von Brandenburg. Bd. 1–23. Berlin/Leipzig 1864–1930.
Varnhagen von Ense, K. A.: Biographische Porträts. Nebst Briefen von Koreff, Clemens Brentano, Frau von Fouque, Henry Campan und Scholz. Leipzig 1871. (Nachdruck Bern 1971).
–,– [Hrsg.]: Rahel. Ein Buch des Andenkens für ihre Freunde. Bd. 1–3. Berlin 1834. (Nachdruck Bern 1972).
–,– Tagebücher. Bd. 1–15. Berlin 1905. (Nachdruck Bern 1972).
–,– Briefwechsel. Bd. 1–6 (1808–1829). Leipzig 1874. (Nachdruck Bern 1973).
Vaupel, R.: Die Reorganisation des preußischen Staates unter Stein und Hardenberg. Leipzig 1938. (= Publ. a. d. Preuß. Staatsarch., Bd. 94).
Vehse, Ed.: Eduard Vehses Illustrierte Geschichte des preußischen Hofes, des Adels und der Diplomatie vom Großen Kurfürsten bis zum Tode Kaiser Wilhelm I. Fortges. von Vehse redivivus. Bd. 1. 2. Stuttgart 1899.
Venohr, W.: Preußische Porträts. Hamburg 1969.
Vetter, K.: Kurmärkischer Adel und preußische Reformen. Weimar 1979. (= Veröff. d. Staatsarchivs Potsdam, Bd. 15).
Vierhaus, R. [Hrsg.]: Das Tagebuch der Baronin Spitzemberg geb. Freiin v. Varnbüler. Aufzeichnungen aus der Hofgesellschaft des Hohenzollernreiches. Göttingen 1960. (= Dt. Gesch.qu. d. 19. u. 20. Jh., Bd. 43).
–,– Preußen und die Rheinlande. 1815–1915. In: RhVbll. 30 (1965), S. 152–175.
–,– Deutschland im Zeitalter des Absolutismus (1648–1763). Göttingen 1978. (= Dt. Gesch., Bd. 6; Kl. Vandenhoeck-R. 1439).
Vietsch, E. von: Bethmann Hollweg. Staatsmann zwischen Macht und Ethos. Boppard/Rh. 1969. (= Schr. d. Bundesarchivs, Bd. 18).
Vogel, B. [Hrsg.]: Preußische Reformen 1807–1820. Königstein i. Ts. 1980. (= Neue Wiss. Bibl., Bd. 96: Geschichte)
Vogel, W.: Zweihundert Jahre Preußische Staatsbank. In: Jb. Preuß. Kulturbesitz 10 (1972), S. 175–188.
–,– Brandenburg. Marburg/L. 1975. (= Grundriß der dt. Verwaltungsgesch., R. A.: Preußen, hrsg. v. W. Hubatsch, Bd. 5).
Vogel, W. u. L. Zoegner: Preußen im Kartenbild. (Kat.) Geheimes Staatsarchiv u. Staatsbibliothek: Stiftung Preußischer Kulturbesitz. Berlin 1979.
Vogler, G. u. K. Vetter: Preußen. Von den Anfängen bis zur Reichsgründung. 4. Aufl. Berlin 1975. [weit. Auflagen].
Vogt, D.: Der Großpolnische Aufstand 1918/1919. Bericht, Erinnerungen, Dokumente. Marburg/L. 1980.
Voigt, M.: Handbuch für den Preußischen Staatsrat. Berlin 1922.
Volkmann, H.: Die Arbeiterfrage im preußischen Abgeordnetenhaus 1848–1869. Berlin 1968.
Volz, G. B.: Friedrich der Große und die erste Teilung Polens. In: FBPG 23 (1910), S. 71–143; 224 f.
–,– Prinz Heinrich und die Vorgeschichte der 1. Teilung Polens. In: FBPG 35 (1923), S. 193–211.
–,– Friedrich der Große im Bilde seiner Zeit. Berlin u. Leipzig 1926.

–,– Friedrich der Große im Spiegel seiner Zeit. Bd. 1–3. Berlin (1926–1927).
–,– Friedrich der Große und die bayerischen Erbfolgekriege. In: FBPG 44 (1932), S. 264–301. S. B. 8.
–,– s. a. Friedrich d. Gr.
Waldecker, L.: Das preußisch-deutsche Problem und die preußische Verfassung. Berlin 1922.
Weber, W.: Innovationen im frühindustriellen deutschen Bergbau und Hüttenwesen. Friedrich Anton von Heynitz. Göttingen 1976.
Webersinn, G.: Christian v. Rother. Ein Leben für Preußen und Schlesien. In: Jb. d. Schles. Friedrich-Wilhelms-Universität 10 (1965), S. 150–187.
Weczerka, H.: Schlesien. Stuttgart 1977. (= Hb. d. Histor. Stätten).
Wegmann, D.: Die leitenden staatlichen Verwaltungsbeamten der Provinz Westfalen 1815–1918. Münster 1969.
Weis, E.: Absolute Monarchie und Reform im Deutschland des späten 18. und des frühen 19. Jahrhunderts. In: Geschichte in der Gesellschaft. Festschr. f. K. Bosl, Stuttgart 1974, S. 436–461.
–,– Der Durchbruch des Bürgertums 1776–1847. Berlin 1978. (= Propyläen Geschichte Europas, Bd. 4).
Weise, E.: Ost- und Westpreußen. Stuttgart 1966. (= Hb. d. Histor. Stätten).
Wende, E.: C. H. Becker. Mensch und Politiker. Ein biographischer Beitrag zur Kulturgeschichte der Weimarer Republik. Stuttgart 1959.
Westarp, C. Graf von: Konservative Politik im letzten Jahrzehnt des Kaiserreiches. Bd. 1.2. Berlin 1935.
Westarp, K. Graf von: Preußen. Deutschlands Vergangenheit und Deutschlands Zukunft. Berlin 1913.
Widder, E.: Reich und Preußen. Vom Regierungsantritt Brünings bis zum Reichsstatthaltergesetz Hitlers. Phil. Diss. Frankfurt 1959.
Willoweit, D.: Preußische Vergangenheit und deutsche Gegenwart. Überlegungen zum Ursprung und zur Aktualität der preußischen Aristokratie. In: JGMOD 27 (1978), S. 186–205.
–,– Das Modell des preußischen Staates. Grundlagen – Auflösung – Nachwirkungen. In: Das Preußenbild in der Geschichte, hrsg. v. O. Büsch, Berlin u. New York 1981, S. 265–276. (= Veröff. d. Histor. Komm. zu Berlin, Bd. 50).
Winkler, H. J.: Preußen als Unternehmer 1923–1932. Staatliche Erwerbsunternehmen im Spannungsfeld der Politik am Beispiel der Preussag, Hibernia, Veba. Berlin 1965.
Winnig, A.: Heimkehr. Hamburg 1935. 2. Aufl. 1955.
Winter, G.: Die Reorganisation des Preußischen Staats unter Stein und Hardenberg, I. Allgemeine Verwaltungs- und Behördenreform. Bd. 1 [mehr nicht ersch.]. Leipzig 1931. (= Publ. a. d. Preuß. Staatsarchiven, Bd. 93).
Wippermann, W.: Der Ordensstaat als Ideologie. Das Bild des Deutschen Ordens in der deutschen Geschichtsschreibung und Publizistik. Berlin 1979. (= Publ. z. Gesch. d. dt.-poln. Beziehungen, Bd. 2).
Wirth, O.: Das preußische Ministerium für Handel, Gewerbe und öffentliche Arbeiten. Ein Beitrag zu seiner Entstehungsgeschichte. Jur. Diss. München 1962.
Wischhöfer, H.: Die ostpreußischen Stände im letzten Jahrzehnt vor dem Regierungsantritt des Großen Kurfürsten. Göttingen (usw.) 1958.
Witte, B. C.: Der preußische Tacitus. Aufstieg, Ruhm und Ende des Historikers Barthold Georg Niebuhr. 1776–1831. Düsseldorf 1979.
Wölk, M.: Der preußische Volksschulabsolvent als Reichstagswähler 1871–1912. Ein Beitrag zur historischen Wahlforschung in Deutschland. Berlin 1980. (= Einzelveröff. d. Histor. Komm. zu Berlin, Bd. 28)

Wohlfeil, R.: Vom Stehenden Heer des Absolutismus zur Allgemeinen Wehrpflicht (1789–1814). Freiburg i. Br. 1964/65. (= Hdb. zur dt. Militärgesch. 1648–1939, Bd. 2).

–,– u. H. Dollinger: Die deutsche Reichswehr. Zur Geschichte des Hunderttausend-Mann-Heeres 1919–33. Wiesbaden (1977).

Wolmar, W. W. von: Ein Requiem für Preußen. Göttingen 1957.

Wolters, Fr.: Geschichte der brandenburgischen Finanzen in der Zeit von 1640–1697. Darstellung u. Akten. Bd. 2: Die Zentralverwaltung des Heeres u. der Steuern. München u. Leipzig 1915. (= Urk. u. Aktenstücke z. Gesch. d. inneren Pol.... T. 1, 2).

Wyluda, E.: Lehnrecht und Beamtentum. Studien zur Entstehung des preußischen Beamtentums. Berlin 1969. (= Schr. z. Verfassungsgesch. 9).

Zedlitz-Neukirch, L. von: Neues Preussisches Adels-Lexicon... Bd. 1–5. Leipzig 1839 u. 1843.

Zernack, K.: Negative Polenpolitik als Grundlage deutsch-russischer Diplomatie in der Mächtepolitik des 18. Jahrhunderts. In: Rußland und Deutschland. Festschr. f. G. v. Rauch, Stuttgart 1974, S. 144–159.

–,– Preußen als Problem der osteuropäischen Geschichte. In: O. Büsch u. W. Neugebauer [Hrsg.], Moderne Preußische Geschichte 1648–1947, Bd. 3, Berlin–New York 1981, S. 1602–1622. (= Veröff. d. Histor. Komm. zu Berlin, Bd. 52/3).

[Zeughaus] Das Königliche Zeughaus. Führer durch die Ruhmeshalle. 2. Aufl. Berlin 1901.

Ziekursch, J.: Sachsen und Preußen um die Mitte des 18. Jahrhunderts. Breslau 1904.

–,– Das Ergebnis der friderizianischen Städteverwaltung und die Städteordnung Steins. Breslau 1908.

–,– Politische Geschichte des neuen deutschen Kaiserreiches. Bd. 1–3. Frankfurt/M. 1925–1930.

–,– Zur Geschichte des Feldzuges in der Champagne von 1792. In: FBPG 47 (1935), S. 20–77.

–,– Hundert Jahre schlesischer Agrargeschichte. Vom Hubertusburger Frieden bis zum Abschluß der Bauernbefreiung. Neudruck d. 2. Aufl. 1927. Aalen 1978. (= Darstellungen u. Quellen z. schles. Gesch., Bd. 20).

Zimmermann, W.: Die Entstehung der provinzialen Selbstverwaltung in Preußen 1848–1875. Phil. Diss. Berlin 1932.

Ergänzungen

Barmeyer, H.: Hannovers Eingliederung in den preußischen Staat. Annexion und Integration. 1866–1868. Hildesheim 1982. (= Veröff. der Histor. Komm. f. Niedersachsen u. Bremen 25).

Baumgart, P. (Hrsg.): Ständetum und Staatsbildung in Brandenburg–Preußen. Ergebnisse einer internationalen Fachtagung. Berlin u. New York 1983. (= Veröff. der Histor. Komm. zu Berlin, Bd. 55).

–,– Die preußische Armee zur Zeit Heinrich von Kleists. In: Kleist-Jb. 1983 (1983), S. 43–70.

Berckenhagen, E. u. G. Wagner: Der bunte Rock in Preußen. Militär und Ziviluniformen 17. bis 20. Jahrhundert in Zeichnungen, Stichen und Photographien aus dem Bestand der Kunstbibliothek Berlin. Berlin 1981.

Biewer, L.: Preußen in der Weimarer Republik. Eine Ausstellung des Geh. Staatsarchivs Preuß. Kulturbesitz. Berlin 1982.

Böhme, W. (Hrsg.): Preußen – eine Herausforderung. Beitr. von U. Scheuner, W. Bußmann, V. Sellin, B. vom Brocke, H. Möller u. W. Böhme. Karlsruhe 1981. (= Herrenalber Texte 32).

Büsch, O. u. M. Erbe (Hrsg.): Otto Hintze und die moderne Geschichtswissenschaft. Ein Tagungsbericht. Berlin 1983. (= Einzelveröff. der Histor. Komm. zu Berlin, Bd. 38).

Büsch, O. (Hrsg.): Preußen und das Ausland. Beiträge zum europäischen und amerikanischen Preußenbild am Beispiel von England, den Vereinigten Staaten von Amerika, Frankreich, Österreich, Polen und Rußland. Berlin 1982. (= Einzelveröff. der Histor. Komm. zu Berlin, Bd. 35).

Corni, G.: Stato assoluto e società agraria in Prussia nell' età di Federico II. Bologna 1982.

Craig, G. A.: Deutsche Geschichte 1866–1945. München 1980.

Dralle, L. (Hrsg.): Preußen – Deutschland – Polen im Urteil polnischer Historiker. Eine Anthologie. Bd. 1. Berlin 1983. (= Einzelveröff. der Histor. Komm. zu Berlin, Bd., 37).

Graf, Chr.: Politische Polizei zwischen Demokratie und Diktatur. Die Entwicklung der preußischen Politischen Polizei vom Staatsschutzorgan der Weimarer Republik zum Geheimen Staatspolizeiamt des Dritten Reiches. Berlin 1983. (= Einzelveröff. der Histor. Komm. zu Berlin, Bd. 36).

Heinrich, G.: Berlin 1848. Das Erinnerungswerk des Generalleutnants Karl Ludwig von Prittwitz und andere Quellen zur Berliner Märzrevolution und zur Geschichte Preußens um die Mitte des 19. Jahrhunderts. Berlin 1984. (= Veröff. der Histor. Komm. zu Berlin, Bd. 58).

Hubatsch, W. u. Fr. W. Wehrstedt: Preußische Zentralbehörden und unmittelbare Gebiete Preußens. Marburg/L. 1978. (= Grundriß zur deutschen Verwaltungsgesch. 1815–1945, Bd. 12).

–,– u. I. Gundermann: Luther und die Reformation im Herzogtum Preußen. Ausstellung des Geh. Staatsarchivs Preuß. Kulturbesitz. Berlin 1983.

–,– Grundlinien preußischer Geschichte. Königtum und Staatsgestaltung 1701–1871. Darmstadt 1983.

Kamińska, A.: Brandenburg-Prussia and Poland. A Study in Diplomatic History (1669–1672). Marburg/L. 1983. (= Marburger Ostforschungen, Bd. 41).

Köhler, H.: Das Ende Preußens in französischer Sicht. Berlin 1982. (= Veröff. der Histor. Komm. zu Berlin, Bd. 53).

Lowenthal-Hensel, C.: Preußische Bildnisse des 19. Jahrhunderts. Zeichnungen von Wilhelm Hensel. Ausstellung Nationalgalerie Berlin, Staatl. Museen Preuß. Kulturbesitz. Berlin 1981.

Mirow, J.: Das alte Preußen im deutschen Geschichtsbild seit der Reichsgründung. Berlin u. München 1981. (= Historische Forschungen 18).

Nipperdey, Th.: Deutsche Geschichte 1800–1866. Bürgerwelt und starker Staat. München 1983.

Preußen, Louis Ferdinand Prinz von: Im Strom der Geschichte. München u. Wien 1983.

Preußen, Versuch einer Bilanz. Katalog. Bd. 1–5. Reinbek b. H. 1981.

Radtke, W.: Die Preußische Seehandlung zwischen Staat und Wirtschaft in der Frühphase der Industrialisierung. Berlin 1981. (= Einzelveröff. der Histor. Komm. zu Berlin, Bd. 30).

Röhl, J. C. G.: Kaiser Wilhelm II., Großherzog Friedrich I. und der »Königsmechanismus« im Kaiserreich. In: HZ 236 (1983), S. 539–577.

Schieder, Th.: Friedrich der Große. Ein Königtum der Widersprüche. Frankfurt a. M. usw. 1983.

Schlenke, M. (Hrsg.): Preußen-Ploetz. Eine historische Bilanz in Daten und Deutungen. Freiburg u. Würzburg 1983.

Treue, Wilh.: Wirtschafts- und Technikgeschichte Preußens. Berlin u. New York 1984. (= Veröff. der Histor. Komm. zu Berlin, Bd. 56).

Zernack, K. (Hrsg.): Polen und die polnische Frage in der Geschichte der Hohenzollern-Monarchie 1701–1871. Referate einer deutsch-polnischen Historiker-Tagung ... Berlin 1982. (= Einzelveröff. der Histor. Komm. zu Berlin, Bd. 33).

Personenregister

Das Register verzeichnet die im Text vorkommenden Personen mit Ausnahme zitierter moderner Historiker. Regierende Personen wurden in der Regel mit ihren Regierungsdaten aufgeführt.

Abkürzungen: Abg. = Abgeordneter; Bea. = Beamter; Bf. = Bischof; Brdbg. = Brandenburg; Dt. = Deutscher; Fam. = Familie; GFM/FM = Generalfeldmarschall/Feldmarschall; Gf./Gf.n = Graf/Gräfin; Hz./Hz.n = Herzog/Herzogin; Kg./Kg.n = König/Königin; Ks./Ks.n = Kaiser/Kaiserin; Lgf. = Landgraf; Mgf. = Markgraf; Min. = Minister; Off. = Offizier; pr. = preußisch(er); Pol. = Politiker; u. ö. = und öfter beiläufig erwähnt. Außerdem werden die herkömmlichen Parteibezeichnungen verwendet. Die Angehörigen regierender Häuser erscheinen unter ihren Vornamen.

Quellenverzeichnis der Abbildungen

Wolf Werner Graf von Arnim, Bad Godesberg 49, 81 · Berlin Museum, Berlin 58, 59, 79 (Fotos: Hans Joachim Bartsch) · Bildarchiv Preußischer Kulturbesitz, Berlin 1, 6, 17, 18, 26, 27, 33, 40, 63, 78, 83, 85 · Foto Marburg, Bildarchiv, Marburg (Lahn) 7 · Geheimes Staatsarchiv Preußischer Kulturbesitz, Berlin 3 · Märkisches Museum, Berlin 77 · Musée des Beaux-arts de Rennes 15 · Museum für Kunst und Kulturgeschichte, Lübeck 2 · Rijksmuseum Amsterdam 19 · Verwaltung Schlösser und Gärten, Berlin 8, 9, 10, 28 (Foto: Jörg P. Anders), 31, 32, 34, 37 (Anders), 38 (Anders), 44 (Anders), 45 (Anders), 46 (Anders), 47, 48, 52 (Anders), 54 (Anders), 57, 65 (Anders), 76, 80 (Anders), 84 · Sammlung Horst Behrend 93 (Foto: Heinrich Paulmann) · Staatliche Museen Preußischer Kulturbesitz, Kupferstichkabinett, Berlin 22 (Foto: Jörg P. Anders), 50, 55 (Fotos: Walter Steinkopf) · Staatliche Museen zu Berlin, Kupferstichkabinett und Sammlung der Zeichnungen 41 · Städtisches Museum Haus Koekkoek, Kleve 20 · Ullstein Bilderdienst 4, 5, 16, 61, 64, 67, 68, 75, 89, 94, 95, 96, 97, 98, 99, 100, 101 · Archiv des Autors 52, 56, 60, 66, 70, 71, 72, 82 · Archiv des Verlags 11, 12, 13, 14, 21, 23, 24, 25, 29, 30, 35, 36, 39, 42, 43, 53, 62, 69, 73, 74, 86, 87, 88, 90, 91, 92

Bitte beachten Sie
die folgenden Seiten:

Sebastian Haffner / Wolfgang Venohr

Preußische Profile

Mit zahlreichen Illustrationen

Ullstein Buch 34084

Ullstein Sachbuch

Über Preußen, seine Politik und Gesellschaftsstruktur gehen die Meinungen auseinander. Für die einen ist Preußen ein nationaler Mythos, für die anderen ein nationales Verhängnis. Was ist Preußentum? Die beiden Autoren versuchen, eine Antwort zu finden, indem sie eine Reihe von Persönlichkeiten porträtieren, die selbst Preußen waren und das Preußentum mit geprägt haben: Theodor Fontane, Friedrich II., Otto von Bismarck, Friedrich Engels, Erich Ludendorff, Wilhelm II., Ernst Niekisch u. a.

Lothar Gall

Bismarck

Der weiße Revolutionär

Ullstein Buch 27517

Lebensbilder

Die Bismarck-Biographie unserer Zeit: modern, kritisch – seit Jahrzehnten die erste eines deutschen Historikers.

»Wer wissen will, wie alles gewesen und wozu alles gut oder schlecht war, und was der Preuße Otto von Bismarck in Mitteleuropa angerichtet hat, muß künftig den Gall lesen.« Rudolf Augstein, DER SPIEGEL

»Ein Buch, von dem ich glaube, daß es ein Klassiker werden wird. Es hat mich so gefesselt wie seit mehreren Jahren kein anderes.«

Sebastian Haffner

Joseph Wulf

Presse und Funk
im Dritten Reich
Ullstein Buch 33028

Literatur und Dichtung
im Dritten Reich
Ullstein Buch 33029

Die bildenden Künste
im Dritten Reich
Ullstein Buch 33030

Theater und Film
im Dritten Reich
Ullstein Buch 33031

Musik im Dritten Reich
Ullstein Buch 33032

Ullstein Zeitgeschichte